天
Borderless
下

天下，在乎正义和你

天
Borderless
下

法律文化研究文丛

明清法律与社会变迁

邱澎生　何志辉——编

法律出版社 LAW PRESS·CHINA

本书封面取自《姑苏繁华图》，清代宫廷画家徐扬所画。

作者简介

邱澎生 (Chiu Pengsheng)

台湾大学历史学博士，上海交通大学历史系特聘教授。曾任香港中文大学历史系教授、台湾“中央研究院”历史语言所副研究员，兼任台湾大学副教授、暨南国际大学副教授、香港城市大学中国文化中心客座副教授，并赴哈佛大学燕京学社、法国里昂高等研究院、日本学习院大学、德国马克斯·普朗克欧洲法律史研究所担任访问学者。主要研究明清经济、法律与物质文化史，出版专著《十八、十九世纪苏州城的新兴工商业团体》(1990)、《当法律遇上经济：明清中国的商业法律》(繁体版 2008 年，简体版 2017 年)、《当经济遇上法律：明清中国的市场演化》(2018)，合编《明清法律运作中的权力与文化》(繁体版 2009 年，简体版 2017 年)，并在《“中央研究院”历史语言研究所集刊》《历史研究》《新史学》《台大历史学报》《中外法学》《江海学刊》《开放时代》《明代研究》《法制史研究》《历史人类学学刊》等期刊发表论文三十余篇。

寺田浩明（Terada Hiroaki）

东京大学法学学士，京都大学法学部荣誉教授。主要研究明清中国法、比较法律史，出版专著《权利与冤抑：寺田浩明中国法史论集》（王亚新等译，2012）等，合编《东洋文化研究所所藏中国土地文书目录 · 解说》（1983/1986）等,在《东洋史研究》《中国史学》《法学》《法学论丛》等日文刊物及《中外法学》《清华法学》《法制史研究》等中文刊物发表论文数十篇。

陈惠馨（Chen Hwei-syin）

雷根斯堡大学法学博士，台湾政治大学法学院退休教授。曾任台湾政治大学法律科际整合研究所所长（2005~2007）、台湾政治大学法学院院长（2007~2009）、中国法制史学会第 16、20 届理事长、台湾性别平等教育法草案立法参与之研究计划主持人、草案拟定召集人、“行政院”妇女权益促进委员会第 4、5 届委员、台湾女性学学会第 6 届会长。主要研究德国法制史、清代法制史、民法亲属编与继承编、性别与法律、非营利组织相关法律规范，出版专著《宗教团体与法律——非营利组织研究观点》（2013）、《清代法制新探》（2014 第 2 版）、《多元观点下清代法制研究》（2015）《向法规范回归之清代法制研究》（2017）、《性别关系与法律—婚姻与家庭》（2018 第 3 版）、《民法亲属编—理论与实务》（2019 第 2 版）、《民法继承编 – 理论与实务》（2017）、《德国近代刑法史》（2016 第 2 版）、《法学概论》（2019 第 16 版）等。

岸本美绪（Kishimoto Mio）

东京大学文学硕士，御茶水女子大学荣誉教授。曾任东京大学东洋文化研究所助教、东京大学文学部副教授、东京大学研究院人文社会系教授、御茶水女子大学基干研究院教授。主要研究明清社会经济史与法律史，出版专著《清代中国の物价と经济变动》（1997）（中译本《清代中国的物价与经济波动》2010）、《明清交替と江南社会》（1999）、《明清史论集 1· 风俗と时代观》（2012）、《明清史论集 2· 地域社会论再考》（2012）等，在《史学杂志》《东洋史研究》《历史学研究》等学术期刊发表论文数十篇。

步德茂 (Thomas Michael Buoye)

密歇根大学历史学博士，塔尔萨大学历史系教授，兼任密歇根大学中国文化研究所研究员、《清史研究》编委。主要研究清代中国法、明清中国史，出版著作 *Manslaughter, Markets, and Moral Economy: Violent Disputes over Property Rights in Eighteenth-Century China*（2000）、*Study Guide to China*（2005）、《过失杀人、市场与道德经济：18 世纪中国财产权的暴力纠纷》（2008）等，合编文集《世界学者论中国传统法律文化（1644–1911）》（2009）等，在 *Late Imperial China*（美国）、《法制史研究》（台湾地区）等学术期刊发表论文数十篇。

杜正贞 (Du Zhengzhen)

香港中文大学哲学博士，浙江大学历史系教授。主要研究中国社会史、中国法律史。出版专著《村社传统与明清士绅：山西泽州乡土社会的制度变迁》(2007)、《近代山区社会的习惯、契约和权利》(2018)等，参与主编《龙泉司法档案选编》，在《历史研究》《历史人类学学刊》《近代史研究》《文史》《政法论坛》等学术期刊发表论文数十篇。

何志辉(He Zhihui)

澳门科技大学法学博士、日本关西大学文化交涉学博士，澳门理工学院"一国两制"研究中心副教授。曾任京都大学访问学者、香港大学访问学者，兼任中国人民大学法律文化研究中心研究员。主要研究近代中国法、港澳法制史、东亚文化交涉学，出版专著《近代澳门司法：制度与实践》(2012)、《治理与秩序：全球化进程中的澳门法(1553-1999)》(2013)、《外来法与近代中国诉讼法制转型》(2013)、《华洋共处与法律多元》(2014)、《澳门刑事法：制度源流与文本分析》(2018)、《澳门法制史新编》(2019)等，主编《澳门人文社会科学研究文选 · 历史卷》(2010)、《香港法律文化专题》(2016)、《香港法律文化研究》(2017)等多部，主持"跨域法政文丛"、《跨域法政研究》等，在《东アジア文化交涉研究》(日本)、《澳门研究》(澳门地区)等学术期刊发表论文数十篇。

田　宓 (Tian Mi)

中山大学历史学博士，陕西师范大学西北历史环境与经济社会发展研究院副教授。主要研究区域社会史、历史人类学。目前重点利用地方衙门档案、民间契约文书等资料探讨明清时期内蒙古归化城土默特地区的历史演变。在《民族研究》《近代史研究》《中国经济史研究》《清史研究》《中国历史地理论丛》《中国社会历史评论》《历史人类学学刊》等学术期刊发表论文十余篇。

张瑞威 (Cheung Sui Wai)

牛津大学历史学博士，香港中文大学历史系教授。出版专著 *The Price of Rice: Market Integration in Eighteenth-Century China*（2008）、《拆村：消逝的九龙村落》（2013）、*Colonial Administration and Land Reform in East Asia*（2017）等，在《新史学》《中国社会经济史研究》《明代研究》《中国文化研究所学报》等学术期刊发表论文数十篇。

谭家齐 (Tam Ka-chai)

牛津大学哲学博士，香港浸会大学历史系助理教授，专攻近世中国法制、社会经济及海洋史。在《中国文化研究所学报》《汉学研究》《法国汉学》*Ètudes chinoises* 和 *The International Journal of the Humanities* 等学术期刊及国际会议发表论文 60 多篇。2014 年获香港特区大学教育资助委员会颁发“杰出青年学者”奖项。

赖惠敏(LaiHweimin)

台湾大学历史学博士，“中央研究院”近代史研究所研究员。主要研究清代社会、经济与法律史。出版专著《明代南直隶赋役制度的研究》（1983）、《天潢贵胄：清皇族的阶层结构与经济生活》（1997）、《但问旗民：清代法律与社会》（繁体版2007，简体版2020）、《清代的皇权与世家》（2010）、《乾隆皇帝的荷包》（繁体版2014，简体版2016）等。在《“中央研究院”近代史研究所集刊》《“中央研究院”历史语言研究所集刊》《近代中国妇女史研究》《新史学》《故宫学术季刊》《法律史译评》等学术期刊发表论文数十篇。

吴海杰(Michael H.K.Ng)

香港中文大学历史学博士，香港大学法律学院副教授，专门研究十九、二十世纪中国和香港法律史。著有*Legal Transplantation in Early 20th Century China: Practicing Law in Republican Beijing (1910s–1930s)*（2014），合编*Chinese Legal Reform and the Global Legal Order – Adoption and Adaptation*（2017）、*Civil Unrest and Governance in Hong Kong: Law and Order from Historical and Cultural Perspectives*（2017）等，文章曾发表于*Law and History Review*、*Law and Literature*、*China Quarterly*、*International Journal of Asian Studies*、*Business History*、*Journal of Comparative Law*，《法制史研究》等国际国内学术期刊。

谷井阳子 (Tanii Yoko)

京都大学文学博士，天理大学教授。曾任京都大学人文科学研究所助教，天理大学文学部讲师、副教授。主要研究明清政治制度史与法律史，出版专著《八旗制度の研究》（2015）等，在《史林》（日本）、《东洋史研究》（日本）等学术期刊发表论文二十余篇。

伍　跃 (Wu Yue)

京都大学文学博士，大阪经济法科大学国际学部教授。主要研究明清制度史与社会史。出版著作《明清時代の徭役制度と地方行政》（2000）、《中国の捐納制度と社会》（2011）、《中国的捐纳制度与社会》（2013）等，在《中国史研究》、《史林》（日本）、《东洋史研究》（日本）等学术期刊发表论文数十篇。

尤陈俊 (You Chenjun)

北京大学法学博士，中国人民大学法学院副教授、博士生导师，教育部“长江学者奖励计划”青年学者（2018年度），兼任《法学家》副主编。主要研究法律社会学、法律文化、中国法律史、法学学术史和法学研究方法论。出版专著《法律知识的文字传播：明清日用类书与社会日常生活》（2013），编著《从诉讼档案出发：中国的法律、社会与文化》（2009）、《百年回眸：法律史研究在中国（当代台港卷）》（2009）、《司法、政治与社会：中国大陆的经验研究》（2012）、《历史社会法学：中国的实践法史与法理》（2014）等多部，在《法学研究》、《中外法学》、*Modern China*（美国）、《中国史研究》（韩国）等学术期刊发表论文四十余篇。

陈　利(Chen Li)

美国哥伦比亚大学历史学博士（Ph.D），伊利诺伊大学法律博士（J.D.），现任加拿大多伦多大学历史系副教授。2016~2019 年任该校历史与文化系主任，2014~2017 年任注册美国的中国法律与历史国际学会（ISCLH）创始会长；现任*Law and History Review*和*World History Review*编委。主要研究明清以来法律、政治及文化三者的交叉关系，涉及中国法律文化史、中西比较法研究、中外关系及近代国际法史等。出版专著 *Chinese Law in Imperial Eyes: Sovereignty, Justice, and Transcultural Politics*（2016）并合编 *Chinese Law: Knowledge, Practice and Transformation, 1530s-1950s*（2015），在 *Law and History Review*、*Late Imperial China*、*Journal of the History of International Law*、《法制史研究》（台湾地区）、《浙江大学学报》、《北大法律评论》、《复旦法律评论》等学术期刊和其他文集中发表多篇文章；2018 年荣获亚洲研究协会（1900 年以前）中国研究最佳专著列文森奖。

主编者言

《法律文化研究文丛》自 1996 年始,先后由中国政法大学出版社和广西师范大学出版社出版,收有海内外学者专著、文集、译著约二十种,内容涉及法律理论、法律史、比较法、法律社会学、法律人类学等诸多领域。如今,这套丛书转由法律出版社出版,编者不改初衷,将通过本丛书的编撰,继续坚持批评和反思的学术立场,倡导和推动法律的跨学科研究,为深入探究和理解中国法律与社会的历史、文化和现实,改善中国的法学研究,推进中国的法治事业,略尽绵薄。

梁治平

己亥年冬月

目　录

第二编　由法律运作看社会与族群关系

第三编　经济活动与法律体系的互动

第四编 政治理念与司法实践

导论：明清中国的法律与社会变迁如何相互影响？

邱澎生

明清两代(1368—1911年)将近550年的历史，大概出现两波重要的社会变迁：一是晚明16世纪以至清代中叶18世纪的“晚明与清中叶期”；二是19世纪后半叶以至20世纪初的“晚清期”。在这两波重要明清中国社会变迁的变化历程里，如何考虑法律与社会各种不同层次之间的交互作用？这大致即是本书17篇文章共同关心的核心议题。

明清社会变迁与法律之间的关系究竟如何？这个问题对某些人而言可能颇难想象。因为在不少人的历史印象里，法律在社会上能够发挥重要作用，主要应该是一种独特的“西方”历史经验，放在中国历史上来问这类法律与社会变迁之间关系的问题，似乎有些不太合拍。

法律对西方历史社会的巨大影响力，可借用某位著名法律学者的一段概括陈述作阐明：“法律秩序随着现代欧洲的自由社会一起出现。政治(或行政)以及司法的区别，成为立宪主义的基石，也成为政治思想的指导原则。在自由主义国家，有独立的法规体系、专业的法律机构、明确的法学传统,以及具备独特看法、关心和理想的司法人员。"①传统中国何曾出现这种"立宪主义"? 而且,即使晚清政府推动的立宪运动与议会制度,似乎也没能真正影响当时中国社会的实际状况,这类现代欧洲"自由社会"相应的"法律秩序"应与中国情况很不相同,顺此历史发展路径,则法律之于中国社会变迁的重要作用也便无从想象。

更有甚者,即使我们不止着眼于欧洲"立宪主义"与"自由社会"的法律秩序,将时间往上拉长,则西方情形也还是与中国极不相同。有学者将西方"近代法律体系"的首次出现,定位在12世纪因为"教皇革命"而开创的新式"教会法",以及受这套新式教会法的深远影响而并存于欧洲的各种"王室(royal)法、封建法、城市法、商人法";之后,西方历史又接续出现一系列宗教与政治革命,深刻影响了西方法律的发展历程,即由16世纪日耳曼的路德教派革命、17世纪英国的清教徒革命,到18世纪后半叶的美国与法国革命,乃至于20世纪初苏联的社会主义革命,均反映了西方法律与社会变迁之间的密切关系。概括来看,12世纪到20世纪长达900年的西方"近代法律体系"的演变历程,都伴随上述一系列宗教与政治革命,从而共同形塑了西方的近代法律传统。②

相较于西方近代法律与社会变迁之间各种密切互动的历史过程,法律在中国传统社会的作用便显得远非重要,甚至有点像是直到晚清

① [美]罗贝多·温格:《现代社会的法律——社会理论的批判》,王佳煌译,台北,商周出版公司2000年版,第52页。

② Harold J. Berman, *Law and Revolution II: The Impact of the Protestant Reformations on the Western Legal Tradition*, Cambridge, Massachusetts and London: The Belknap Press of Harvard University Press, 2003, pp. 1 – 4.

为了救亡图存与富国强兵才被迫引入的某种“西方舶来品”。如光绪三十二年(1906年)薛允升《读例存疑》在出版之际,曾经邀请袁世凯为此书作序,这篇序文强调了研习法律知识的重要性:“尝闻国之程度愈文明者,其条目亦愈纤悉,故法律之学,标为专科。惟其习之也豫,故辨之也精。”作序者称赞《读例存疑》对清代律例的仔细考究可以帮助更多人研习法律这种专门学问,认为此书出版既有利于当时清政府“博采中外良法,定为宪典”的政策目标,更能便利中国早日跻身西方“法治国”之林。① 在中国传统历史上,研究法律条文的专门学问当然并不始于晚清,然而,藉由“法治国”这类源自西方的法律与政治理念,却显著提升了法律之于社会的重要性。这类源自西方的法律价值观,在相当程度上也促成清末民国以来主流社会价值观走向日益重视法律知识的轨道,并在近代中国形塑了“法治、宪政”有助于中国社会进步的某种法律信念。

然而,即使有上述中西法律与社会互动关系的巨大差异,我们还是应该留意:虽然未曾出现前述12世纪到20世纪长达900年的西方“近代法律体系”演变历程,但却并不必然表明法律对于明清中国社会变迁不具有任何重要意义。随着近年来学界种种研究成果的出现,以及众多明清法制史料的印行、中央与地方各级司法档案的开放,法律与明清中国社会变迁的交互作用,愈来愈成为不少学者关心的重要议题,这个议题已然变得不再那么无关紧要。

---

① 原文如下:“方今圣朝修明刑制,将博采中外良法,定为宪典,悬诸不刊。是书所言,实导先路。抑尝闻:国之程度愈文明者,其条目亦愈纤悉,故法律之学,标为专科。惟其习之也豫,故辨之也精。他日者,庠序盈门,人才辈出,使规制粲然咸备,以跻于所谓‘法治国’者,则先生昌明绝学之心,益以大慰也已。”转引自(清)薛允升:《读例存疑(重刊本)》(第1册),黄静嘉编校,台北,成文出版社1970年版,第57页。

回到明清中国发生的两波重要社会变迁。法律对晚清中国社会的作用开始愈来愈大，主要为了面对西方强权及其在军事、政治与经济诸个层面带来的巨大冲击，由西方传来的政治与法律思想及其相关制度，开始成为影响晚清社会变迁的显著力量。伴随西方政治法律制度对晚清中国社会的冲击，不仅知识分子由“师夷长技以制夷”逐渐向维新、立宪等一系列政治与法律改革的知识结构典范转移，也同时关联到当时中国社会精英考虑自身实际利益的各种生涯规划。

无论是晚清政府由 19 世纪 60 年代以后积极译介“万国公法”80 年代翻译《法国律例》的法国民、刑、商业法典与林业法规，[①]再到 90 年代与 20 世纪初年召开“经济特科”、修定新刑律、制定大清商律，以及取消科考、改设新式学堂与法政学堂，乃至于在上海等租界地方以及香港英国殖民地社会出现愈来愈多的买办、律师、会计师等专业人士，[②]都为学习西方法律提供了更大的吸引力；晚清以降，学习西方法律已经隐然成为某些年轻学子“办大事、做大官与发大财”的新渠道。法律在晚清社会变迁过程中确实已然具备重要作用，但也值得同样关注的是：影响晚清社会变迁的法律因素，真的只是纯然由西方移植而来的吗？如前引光绪三十二年(1906 年)署名袁世凯为薛允升《读例存疑》所作的序文，即由西方“法治国”联系到传统中国对固有“律例之学”的“习之也豫”与“辨之也精”，如何同时考察西方传入法律与传

---

① 王健：《沟通两个世界的法律意义——晚清西方法的输入与法律新词初探》，中国政法大学出版社 2001 年版，第 138 ~ 217 页。

② 黄源盛：《法律继受与近代中国法》，台北，元照出版有限公司 2007 年版；陈煜：《清末新政中的修订法律馆：中国法律近代化的一段往事》，中国政法大学出版社 2009 年版；孙慧敏：《清末中国对律师制度的认识与引介》，载《中央研究院近代史研究所集刊》2006 年总第 52 期；陈同：《近代社会变迁中的上海律师》，上海辞书出版社 2008 年版。

统中国法律在晚清的相互紧张、矛盾以及彼此的可能衔接?①

在晚清社会变迁之前,法律之于"晚明与清中叶期"社会变迁的作用究竟如何? 首先,为了大致掌握这段社会变迁的具体内容,或可借用著名中国经济史家吴承明的看法,将16世纪以后中国社会经济变化的重要轨迹综括为六项范畴:一是大商人资本的兴起;二是民间海外贸易带来的大规模世界白银内流中国;三是包括散工制(putting-out system)在内的工场手工业的巨大发展;四是因为一条鞭法普及,而更加确立的财政货币化发展;五是由押租制与永佃制普及,导致经营权与土地所有权分离,进而形成租佃制的演变;六是由短工与长工在法律上人身自由的进一步解放所带来的雇工制演变。② 前三项范畴可视作当时中国商业、商人与资本在海内外的扩大与加速流动,不仅渗入各种商业与手工业组织,也连带影响同乡、同业乃至宗族与宗教等各种团体结社,进而导致种种社会变化。后三项范畴则可视为当时政府财政与货币政策、商业与土地各类契约及其执行方式,以及在经济与司法领域中出现的有关"工作意义"重新调整的种种重要社会变化。

伴随前述六项范畴的重要社会变化,16世纪以后的中国法律也出现了不少新现象,例如,不少地区聚集了众多协助民众进行诉讼的讼师,在全国范围内出现了以钻研法条协助官员处理司法案件或是协助

---

① 对此问题的一些相关讨论可见:张伟仁:《清代法学教育》(上),载《台大法学论丛》1989年总第18辑第1期;张伟仁:《清代法学教育》(下),载《台大法学论丛》1989年总第18辑第2期。亦可参见[法]巩涛(Jérôme Bourgon):《西方法律引进之前的中国法学》,林蕙娥译,载《法国汉学》第8辑《教育史专号》,中华书局2003年版,第220~249页;[美]欧中坦(Jonathan Ocko):《解释群体:清律释义》,陈煜译,周东平、朱腾编:《法律史译评》,北京大学出版社2013年版,第118~151页。

② 吴承明:《现代化与中国十六、十七世纪的现代化因素》,载《中国经济史研究》1998年第4期。需要说明的是,为了分析方便,笔者略微调整了吴承明综括六项变化范畴的先后顺序。

收税工作的大量幕友，以及清政府在18世纪开始更认真地执行“五年一小修，十年一大修”的全国律例整编政策；同时，在18世纪，中央政府也开始更积极地修改有关土地买卖、商业债务、雇佣工人的各类法条，而在江南、广东等经济发达地区的各级地方政府，更是针对土地、商业、运输、劳务纠纷而做成种种可以正式援用的地方成案；还有，清政府也对内蒙古、新疆、西藏、澳门等地区进行一些涉及少数民族与外国人的法律调整。这些明清时期出现的种种司法具体事例，配合前述吴承明综括六项社会经济范畴的变化轨迹，不禁让人问道：由晚明16世纪初到19世纪中叶为止的所谓传统中国社会经济变化，法律因素难道真的不曾在其间扮演重要作用吗？

总而言之，无论是“晚明与清中叶期”出现的法律与社会变迁互动关系，或是“晚清”中国引入西方法律政治经济制度的具体实践历程，面对丰富多元的史料与档案，涉及这些相关课题的许多既有认识恐怕都需再做检讨与反思。希望本书的17篇论文能对上述议题提供一些有用认识与重要讨论。

对于本书收录的17篇文章，我们按其议题性质而大致区划为以下四编：司法审判与法律推理、由法律运作看社会与族群关系、经济活动与法律体系的互动、政治理念与司法实践。希望我们的集体努力，可为明清中国法律与社会变迁如何相互作用的相关问题，提供一些具体案例的考察以及若干有用的观察视野。

第一编

司法审判与法律推理

从明清法看比较法史

——裁判与规则

[日]寺田浩明/著　黄琴唐/译

一、绪论

长期以来,学界对于明清法在比较法史上的定位,都是以西方法或近代法的视角进行的。既然法学和法史学源自近代西方,则在出发点上采取此种方法,或多或少也是不得已的。但在此情况下,无论如何,讨论的形式都易流于着眼在明清法中是否存有西方法或近代法的各种要素(多数时候是陈述其欠缺),且纵使研究者主观上想要做到对等的相互比较,然而只要是采取此种讨论方式,终究难以从中得出将西方法、近代法相对化之后的内容。可是,如今透过契约文书、裁判文书等相关研究,运用具有自主性的研究方法,明清法在当时社会中运作的实际情形,已在相当程度上清楚地呈现出来。因此,目前正是一个适当的时机,可以从明清法的此种动态面向,回过头去观察西方法与近代法的形态,借此厘清西方法和近代法迄今难以察觉的历史性特征,并以之为基础,试着为包括非西方法史在内的比较法史,形成较具普遍性的理论架构(以此方式贡献于全球的法史研究)。

不过,虽然说要设定持平对等比较的目标,但明清法与西方法、近代法之间并不存在指涉法的相同词汇和相同事物。那么,从两者之中应该各自举出什么来对比,方属适当的做法?又既然是对比,则在差异之外,同时必定有共通之处(完全不相关的事物无法进行对比),那么,在此情形下可以考虑的共通基础为何?我们一旦踏出既存的研究架构,能够仰赖的理论性指标将会消失殆尽,结果,或许只能在不稳定的立足点上反复摸索,在其中一点一点地找出让东西双方的法特性浮现的对比事项,逐步朝向较现在更明朗的地方持续前进。

在此想法下,笔者先后研究了裁判性质(判决的基础奠定)及实定法在裁判中所扮演角色功能的问题,同时,也持续思索传统中国法与近代法之间的关系。各项的讨论,只是循着各个时期的疑问依序展开,绝非自始即追求体系性的理论,但目前看来,笔者却发觉在结果上,这将厘清一直被混为一谈的裁判与规则此项论题所具有的三个不同侧面。或许,这一系列的各个问题,正是困扰着前辈研究者们,也困扰着笔者的争点聚集之所在。因此,以下将以裁判和规则的关系为取径,试着整理、介绍笔者至今为止的研究成果。

二、判决的正当化:法与裁判的社会性奠基

在讨论裁判的性质时,任何人首先都会着眼于判决和规则的关系。但是,在不断下达的判决之间能否看出某些规则性,和对于规则性的"遵循"是否能够作为各该判决的正当化之用,两个问题必须予以区别。

关于前者,正如同黄宗智的研究所强调的那样,①清代的民事裁判绝非由裁判官恣意进行,若大量观察,就可以在其中看出一定的(与律例立于共通基础上的)规则性。又日本学界擅长的民事惯例研究,也发现了惯例调查和立法、判决例中共同可见的规则性,并对之重新进行了理论性的建构。② 无论内容良窳,传统中国的法现象之中确实也充满了规则性,在此种整体性的事实认识方面,专家之间几乎不存在对立的意见。

产生歧异、形成问题的,完全在于后者。就连黄氏也承认,中国的裁判官们在论证方法上,并未主张自己的判决因符合社会上的某些一般性规则而为正确。在非属刑罚案件的判决中,实定法几乎不见引用,又即使裁判中会提及地方性的民事惯例,但也是将它们视为"风俗"而予以相对化,未曾赋予"习惯法"的规范性价值。③ 其实,在裁判中看到的规则性,基本上只是成为案件处理的重心,判决中还纳入了

---

① 有关黄宗智(Philip C. C. Huang)教授研究内容的详细介绍,以及笔者对此的评价,参见[日]寺田浩明:《清代聴訟に見える"逆説"的現象の理解について——ホアン氏の"表象と実務"論に寄せて》,载中国社会文化学会主编:《中国——社会と文化》1998 年第 13 期;中文版参见[日]寺田浩明:《关于清代听讼制度所见"自相矛盾"现象的理解——对黄宗智教授的"表达与实践"理论的批判》,载《私法》第 4 辑第 2 卷(总第 8 卷),郑芙蓉译,北京大学出版社 2004 年版,第 431 ~ 461 页。

② 最明显的例子,参见滋贺秀三:《中国家族法の原理》,创文社 1967 年版;中文版参见[日]滋贺秀三:《中国家族法原理》,张建国、李力译,商务印书馆 2013 年版。其中,请特别参见"序说"部分。

③ Jérôme Bourgon, "Uncivil Dialogue: Law and Custom did not merge into Civil Law under the Qing", *Late Imperial China* Vol. 23, No. 1 June 2002, pp. 50 – 90;日文版参见ジェローム・ブルゴン:《アンシビルな対话——清代では法と惯习とがシビルローの中に融合しなかった件について》,载《中国——社会と文化》2005 年第 20 号,寺田浩明译,第 272 ~ 310 页;中文版参见[法]巩涛:《失礼的对话:清代的法律和习惯并未融汇成民法》,载《北大法律评论》第 10 卷第 1 辑,邓建鹏译,北京大学出版社 2009 年版。

其他各式各样的要素,而当事人们所要求、裁判官们所致力的裁判公正性,乃是均衡考虑此等各式各样要素后作成的判断。[①]

部分研究者之所以特意试图说明中国的裁判在实际上也遵循了规则,只是为了主张那些裁判不是裁判官恣意作成的。可是,非属恣意的裁判有着各式各样的种类,且防止裁判恣意性的方法,除了用客观的规则束缚裁判官的判断外,还存在其他多种多样的选择。目前的研究仍欠缺的,乃是积极地说明那些其他的方法为何,以及它们和西方式的正当化方法有何不同。笔者最初的努力,即在阐明这个问题,谨将研究中获得的结论,简明陈述如下。[②]

(一)传统中国裁判的实貌

传统中国的裁判格外重视案件的个别性,它所追求的目标,是在每个案件中,将身为人皆应具有的普遍理则(理),与那些案件特有的种种情况(情)充分观照后,表明当事人各自应当获得的"应分之物",以实现该一时点中能够达到的最佳共存状态。当然,在此有一个前提,即确信纵使采取这种个别主义式的取向,仍然存在世人一致承认(只能承认)的至公解决方案,亦即"天下的公论",又即使在观照情理的过程中会产生种种混乱,但最终仍将找到此项众人都承认的公

① 滋贺秀三:《民事的法源の概括的検讨——情・理・法》,同氏著《清代中国の法と裁判》,创文社 1984 年版;中文版参见[日]滋贺秀三:《清代诉讼制度之民事法源的概括性考察——情・理・法》,范愉译,载王亚新、梁治平编:《明清时期的民事审判与民间契约》,法律出版社 1998 年版,第 19 ~ 53 页。

② 关于本节的实证性的脉络,主要参见拙稿《"非ルール的な法"というコンセプト——清代中国法を素材にして》,载《法学论丛》第 160 卷第 3、4 号,京都大学法学会 2007 年版,第 51 ~ 91 页;中文版参见[日]寺田浩明:《"非规则型法"之概念——以清代中国法为素材》,魏敏译,载寺田浩明:《权利与冤抑:寺田浩明中国法史论集》,王亚新等译,清华大学出版社 2012 年版。

论。当然,理想的情况是:由当事人们透过自发性的交涉(互让),找出最适当的分配界限,达到共存的结果。但是,由于人们心怀欲望,故有时纷争难以避免。于是此时,公正有德的第三者,即“大人”,乃先于众人提出解决纷争的答案,倘若当事人双方及其他关系人皆曰“诚然”,对此表示心服,则彼此的意见对立将会消失,纷争亦将因此止歇。以上,是本文对于传统中国的纷争与纷争解决所抱持的标准理解。

不过,这种解决纷争的方式说来容易,实行起来却很困难。在裁判中,将考虑的范围扩大到案件的所有要素,其结果是,提出答案的人几乎无法用论证式的方法来表明,这次提出的答案确实是如同他们所标榜的最适当分配界限。此外,提示答案的人本身是否为至公无私的有德大人,具备提出答案的资格,论证上显得更加困难。在当事人怀疑眼前提出的答案是否真为天下万民咸认为正确的答案(天下的公论),或眼前之人是否果系能够说出答案的大人时,这个裁判制度处理此项难题的方针,是使当事人负担相关的成本,让他们不断确认这些疑问,直到心满意足为止。事实上,传统中国的人们若对调停的结果不满而主张调停者“徇情不公”,从而将问题带到更广泛的场域和更高的权威之下寻求解决,这种做法是被允许的。又国家方面为了消除人们对于民间调停的此种不满,以及响应民间对于公正无私的有德大人现身的期盼,遂将没有地缘关系的科举官僚分发为各地方长官,受理人民的诉讼事宜,甚至直接认为,人民怀疑这些基层官僚是否公正无私及是否有德,乃是当然可能发生之事,因而也设计了当事人有所不满时得将案件提至上位官僚(终极为皇帝)处的制度(上控和京控等)。在这里,答案的真实性以此种方式获得确保,而且,也只能用此种方式予以确保。①

有了这样的机制,裁判者就不能道出个人的喜恶。又无论裁判者在主观上、道德上多么正确,答案若无法获得当事人及其生活圈内受牵扯人们的附和,是没有意义的。虽然说裁判是天下公论的发现与提示,但实际上进行的,乃是调和、统合人们的判断。此外,当事人方面固然可以一直抵抗,但并不存在足以让他们彻底抗拒的坚实依据,他们争执的内容,终究是围绕着让步的程度,倘若争论持续,经过裁判者的前述努力,社会全体的判断也会逐渐统合为一。当事人会一面观察公论的归趋,一面衡量独自顽抗会遭受孤立的可能性及率先让步可提升社会评价的长期利益等,而且假使坚持下去,等待他们的只是纷争状态的持续。在通常的情况下,会出现将纷争终止于某处的"损益平衡点"。

既然纷争的处理是此种模式,那么纷争的解决在何处露出眉目,则在相当程度上取决于当事人的努力,通常其终结不脱富余一方的若干让步。的确,从某方面来看,可以说这种做法体恤了一直以来不得不坚持的一方当事人的苦衷(反过来说,是考虑到富余的他造当事人可以承受此种程度的损失),是允合情理的解决方案,但从另一方面来看也可以说,这是伴随着"会吵的小孩有糖吃"和忍气吞声两种现象,而在事实上造成纷争的沉寂。无论这样的处理模式是好是坏,在传统中国裁判中存在的,乃是此种正义透过此种方式的实现。

总而言之,在裁判的基础中,若将藉由裁判展现、实现的社会正义

① 如以下所见,虽然裁判终究不过是当事人之间半事实性地形成妥协,但特地由国家(最终为皇帝)之手来承担,又以"德"和"情理"等奇妙的评价性词汇来说明,或许其背景即在这里。

全体称为“法”，那么传统中国的法在抽象化之后会成为“情理”这个词汇（理念或华丽的词藻），具体化之后，会完全分解成拥有具体内容（且仰赖个别情境）、允合无数情理的纷争解决案例。而此具体的法，是在每个案件中，由包含当事人在内的全体诉讼参与人当场即时形成，并在形成的同时获得实现。

若从传统中国的法与裁判的此种形态回过头来看，可以发现在西方的裁判中，法是远较情理具体但远比个别案件抽象的中间层次的陈述（与个别裁判有别，能够具体说出法的内容），在这个角度上，我们反而重新意识到了西方法的不可思议。

在西方，法是一种明确的陈述，它规定了具有一定幅度的行为类型以及位于该幅度内的个别行为所产生的效果，亦即它是以规则的形式被理解，而判决乃是这些规则对于相关案件的适用。当然，这并非意味着裁判之际，事前总是存在实定化的规则，且讨论也不会仅止于此。例如，现行法中亦设想裁判之际实定法阙如的情形，此时，必须探求不具实定性质的“条理”。但是，此处的条理，如同《瑞士民法典》第1条“依据自己如为立法者时应会提出的法规内容裁判”所言般，其本身也被想象成一种规则的形式。而在其他的近代西方自然法论中，实定法背后所设想的“自然的法”“事物的本性”等，似乎亦如同所谓的“内在于社会生活关系中的秩序”般，呈现规则的形式。

此外，追溯历史，此种西方所共有的规则，其内容与形成程序，有着如下的巨大历史性转变，即所谓神预先在人类和人类社会中埋下的理法、社会的构成成员主动按照程序协议作成的规约、统合着社会全体的主权权力所制定的命令命题等，又这些规则的形态也随之变化为不成文法、单行规约及体系性法典。但是反过来说，就法是采取规则的形式这一点而言，它们却是共通一致的。然而，在最初发生的“神的理法”阶段，规则的内容甚至并非事前获得公开。在那里，裁判官作出(大概与传统中国裁判没有大异的实质主义式的)判断时，并非将它们当作个人的见解提出，而是以“发现”客观存在的神法这样的形式来表示，此种情形称为单纯的修辞技法是比较恰当的。不过，所谓弄假成真或假戏真做，在裁判中将判断的根据和权威求诸隐藏的客观性规则，然后以发现、适用那些客观性规则的逻辑持续处理案件，此种做法经由判决例的不断累积，反而导出那些规则的明确化与实定化的发展。在此，法采取规则的形式以及裁判须依循那些规则进行的想法，似乎先行于所有的事实与现象。

那么，中国与西方这两个法与裁判的状态差异，究竟要以什么样的对比来掌握方属适当？或者从相反的角度来说，裁判，亦即国家为社会准备的终极性的纠纷解决方式，依照地域不同而以如此两极的形态呈现，就此现象我们应该作何思考？仅仅对于中国不存在规则感到诧异是不足的，但西方存在规则的这个现象，其实也是个谜团。为了进行持平的比较，首先我们必须把镜头拉到将二者同时摄入画面之处。

(二)中西差异的实际内容

西方所行的规则型裁判，系指以下的判决正当化方式，亦即在社会(社会构成成员全体)固有其客观性规则的前提下，个别的案件系该一般性规则的个别呈现，裁判者在此处提出的解决方案，并非个人的价值判断，而是这种一般性规则对于个别案件的适用。不过，回过头来看，在传统中国的裁判中，大人所提出的解决方案，也不是他个人的价值判断，而毋宁说是天下的公论，是天下所有正派人士皆当作如是想的意见。东西方的共通之处，是要求遇到纷争时须表明“社会全体的判断”并遵循之；而二者的差异，乃在于社会判断的内容及其导出的方式。

传统中国的非规则型裁判里，设想着全天下人就一个个案件所共同抱持的“天下公论”之存在，且尝试在每件诉讼中直接形成及出示此种天下的公论。相对于此，在西方式的裁判中，“社会全体的判断”是以间接的方式导出的，亦即在那里，着重于事前普遍共存于各个社会构成成员中的具体要素，将它们以规则的形式汇集，接着设想裁判是那些业已被全员共有的规则对于个别案件的适用。反过来说，所谓的规则，正是导出社会全体判断的媒介物。当然，在社会全体判断的导出方面，直接方式与间接方式各有其相应的优点与缺点。

申言之，以规则作为媒介的此种方法，仅从纷争所包含的所有要素中，挑选出牵涉规则的要素，并整理存在于其中的问题。在裁判中，只有这部分的案件要素被赋予特权的地位，此外的要素则视同不存在，因此，当然地，可能发生案件在裁判上虽已终结，但现实中双方当事人的纠纷仍未解决的情形。相对于此，传统中国式的纷争解决方式，标榜将案件所含有的全部要素都纳入纷争解决的过程中，故而无此忧虑。不过相反地，既然对于纳入的要素未加限制，则欲仅仅凭借着逻辑的作用导出结论，就会变得困难。

此外，将裁判中遵循某种规则性而采纳的要素，与视同不存在的要素作全有或全无的区分，这种做法反而对于社会中规则性的形态也产生了影响。实际上，在人类社会中，我们会在各种强度上观察到无数的规则性，而在规则型的裁判中被采纳为规则者，不过只是其中一部分。然而由于这些规则性被采纳为裁判规范，因此获得了裁判权力的支持，使它们不容置疑的程度骤然增加。此种由权力坚定支持其实现的社会中的规则性，正是规则型裁判中所谓的“民事法”，而这样的法所支持的利益主张，就是所谓的“权利”。但是，传统中国式的裁判，因将案件的全部要素纳入考量，故而欠缺此种将社会的规则性以全有或全无的方式差别化的社会机能。当然,中国社会也存在以建构日常交际作为前提而被社会成员共同拥有的种种概念框架(其典型为“典”等契约类型),以及支撑市场社会(market society——译者注)的最低限度伦理(其代表性的例子当属“有借必还一定之理”),又这样的要素在裁判中当然也因被视为重要的部分而纳入考量。然而,由于其他要素同样毫无限制地获得考量,遂导致市场性质的规则性在整体中的重要程度评价被相对化了(在解决财产诉讼时不以为意地表明“以骨肉为重,以钱财为轻”)。

此外,在裁判这个框架的安定程度上,二者之间也有很大的差异。非规则型的裁判中,裁判官的任务在于先于众人说出如上所述的答案,且只有在实际上说出答案后,其裁判官(公正无私的有德大人)的资格才会获得承认。本来,所述答案的正确性与述说者的正确性互为表里,且答案的正确性与纷争的真正终结几乎同义,因此,在非规则型的裁判中,当事人也主动承担了一个角色。当事人对于裁判内容的不满,与对于裁判官资格本身的怀疑,产生了直接的连结,而此连结将会破坏裁判时的实质性基础。与此相反,在规则型的裁判中,被视为法的东西与该纷争案件之间,业已设定了一般性规则与个别性事件的关系,且对当事人如此宣示:既然在一般的形式上接受了规则,那么对于该规则所个别适用的案例也只能接受而别无其他选择。当然,相应地关于何者是这个裁判中应该适用的规则,可能会发生争议,又裁判官之所为是否在此种逻辑推导作业的范围内进行,也会不断受到质疑,但只要解决这个问题,裁判官就会被赋予以法作为后盾的坚固地位。

到目前为止,中西两种裁判制度之间的差异也经常受到学界讨论,而在此,可以从导出社会判断方式的直接性与间接性此一角度,予以清楚说明。

(三)差异的由来

那么,在中西两个地域之间,同样属于国家的纷争解决方法,何以产生如此两极的差异?既然是历史性的现象,关于这一点,应该也有其历史性的原因,而迟早必定有人会作出相关的说明。不过,笔者目前就此问题仍感力有未逮,在这里,只是希望指出围绕此一问题而存在的某种奇妙感与焦虑感。

我们刚才看到,在西方法史的世界中,法采取规则的形式,乃是先行于所有历史现象的一个前提,这甚至一直没有成为质疑的对象。实际上,在中国方面,也可以看到类似的情形。

亦即中国的裁判无论采取怎样个别主义式的方式,在其设想当中,所有的个别案件都存在一个任何人都认同的答案,且在某个地方有能够指明答案的人。正是这个设想,促成了不满下级官员判断的当事人向上位者提出控诉,而且最终也创造出迫使当事人接受判决的压力。但是,这个设想究竟在什么程度上不证自明?至少我们认为,在制度选择上,只要采取个别主义式的解决方案,就永远不可能获得所有人都信服的答案,若强行提出,则该解决方案将成为恣意性的产物。而实际上,即使在中国,我们也难以找到所有人都信服的答案以及能够指明答案的人。然而不知何故,传统中国的人们自始就不以之为不可能而探求其他的方向,他们认为解决纠纷的答案和能够说出答案的人即使不在此处也必然身在某处(上级或中央),因此持续将案件带到更广阔的场域及更高的权威之下,如果现实中不存在至公无私的人,则最终自己设法努力成为那样的人。

虽然觉得奇妙,但一说到社会全体的判断,在西方,是以汇集为规则层次的形式浮现于脑海,而在中国,则会想到所有人对于某个问题抱持一个意见的状态。关于其原因的说明,至少在有关裁判的讨论中是不存在的。只是笔者在环视之后发现,二者之间的不同,和说到社会全体的判断时,对于所谓的"社会"所浮现的不同意象,也有对应的关系。

亦即在中国,纷争解决之际所唤起的是"天下公论"的意象,但从反面来说,认为全天下人对于一个个案件的状况,共同持有一个纤细的评价,这其实是不合常情的设想。关于社会秩序的形成,反复高举的口号,也是"齐心""同心"这两个词汇,①人们所梦想的,不仅是各个纠纷解决判断的一致,更是产生那些判断的"心"本身的一体化。毋宁说,或许正是因为从"一心"这个意象开始思考,灵活因应逐案而异的所有情事的奇异做法,才会进入人们想象的范围。在此,说到社会全体判断时所设想的"社会",指的就是此种全体人民一心同体化的状态。

另外,虽然是身在现代的我们所无法想象的事情,但传统中国的"家"直到清末为止,在现实中正是依照此种设想运作着。② 在那里生活的人们,按照"分形同气"的血缘观,在本质上具有一体性,实际上也依照"同居共财"的原理共产过活。家庭成员赚取的收入,皆属全体成员的财物,个人一己之物没有存在的余地。家产处分被认为是父亲的专权事项,但其背后的想法,与其认为父亲的意志压倒其余主体的意志,不如说是家的所有成员自始只存有一心,而由父亲代表将那一心的内容表达出来。

① 关于规范共有的社会形态的特征,参见[日]寺田浩明:《明清法秩序における"约"の性格》,载沟口雄三等编:《社会と国家》("アジアから考える"系列第四卷),东京大学出版会 1994 年版,第 69 ~ 130 页;中文版参见[日]寺田浩明:《权利与冤抑:寺田浩明中国法史论集》,王亚新等译,清华大学出版社 2012 年版,第 136 ~ 181 页。

② 参见[日]滋贺秀三:《中国家族法の原理》,创文社 1967 年版。

上面关于社会的论述,是将此种想法原原本本地扩大到社会全体。详言之,全体成员取得共存而生活着的状态是"公",此公的状态所抱持的一个想法即是"公论";在社会中谋求一己利益者为"私",而社会成员抱持"私心",正是利害对立和纷争的原因。于是,"至公无私"的某个人代表社会全体说出某些意见,争论的各个主体趋同于此项发言,舍弃了各自的"私心",社会全体的"公"的状态因此获得回复。在传统中国,纷争解决与消弭分歧意见时所援用的,就是这样的意象,而我们难以针对传统中国的社会强制机制中固定且确定的"命令—被命令"结构进行讨论,原因亦即在此。在那里,始终稳定发挥作用的,是"公"(全体)对于"私"(个体)持有的强制趋同结构,当事人乃相对于此种"公"而被理解,裁判官也处于这个构图中,在扮演"公论之口"的前提下施展其力量。

当社会朝向契约型社会演变而实际上发生纠纷时,无论社会"全体"是否愿意,他们已经分化成为"个体",可是,他们仍想要藉由提示个体化前的意象来解决纷争,这就是传统中国裁判的形态。的确,即使从概念上来看,"公"和"私"也不可能同时并存。"公"的形成,只能透过"私"的灭却。但实际上,全面性的齐心与同心,甚至对于处在那个意象根源的"家"而言,都是自始有点难以办到的事。当齐心与同心确实变得勉强时(多指父亲死亡而剩下的兄弟们将各自的"心"从各自的"口"任意表达出来的时候),通常会进行家产分割,到此为止存在的"家"乃解体成兄弟们各自成为父亲——"口"——的复数小型的家,而社会乃是这样分裂后的许多姓氏的家的单纯集合。在此种地方,无法立刻期待所有成员齐心一致,但人们持续盼望着能够跨越此项困难而达成一时齐心的至公无私者的出现。他即使不在基层的州县,应该也会在中央。如果各处都不存在至公无私者,则人们会设法努力让自己成为那样的人,甚至可能对皇帝发动革命。在此方向上反复努力之后,有一部分的情况会获得成功。只要有成功的案例,事态就不会朝向人们认为不存在答案或自始难以达成齐心的方向发展。或许可以说,社会全体成员投入此种反复努力之中的状态,即是传统中国的法秩序。

相对于此,在西方的规则型世界中,一开始就放弃了如此全面性的一体化,或者是因为放弃了一体化之后,才得以思考秩序的问题。与无法兼容的“公”“私”对比不同,西方的公众(public),是位于个体间的公共空间,它可以和位于个体内的私人(private)空间同时存在。“社会”成立于公众的场域,公权力在此处并非一体化之后的社会全体的代表者,而毋宁是以个体间共同事务管理人的身份现身。在此,“社会全体的判断”也不得不作为个体间所具体共有之物来构思,但是,“社会全体的判断”一旦成为自由且自律地四处活动的个体间实际上所共通、共有之物,则其内容自然而然会受到限制。在此意义上,“社会全体的判断”采用规则的形式无疑是很自然的。当然,这样的公权力最初拥有的力量很薄弱,不过,它愈是将自己的角色限定于客观正义在形式上的实现者,亦即对于自身愈是课以法治(rule of law)的制约,反而愈容易要求私人方面让出权力。不久之后,其力量变得远远超越了非规则型世界的公权力,最终,产生了以规则作为依据,独占性地担负起实现正义这一任务的近代国家。

东西方两种法形态的区别背后,存在与社会意象相关的此种根本性差异。或许,一旦超出面对面程度的人际交往范围,“社会”就仅存在于人们的意象之中,而在那里可能怀有的意象,无论如何都会两极地区分为全体成员一体化的状态或是个体分化的状态。围绕法与裁判形态的类型论,其中一端与此种深层的文明差异相接壤。

三、判决的统一:规模庞大的裁判制度之运用方法

在传统中国的裁判中,处理命盗重案时也可以看到律例——实定法的身影。因此,研究比较法史之际,也会反复将它们提出,与西方刑事裁判中的刑法典进行比较。似乎理所当然地,一方面,有研究者指出律例未必有效统制着传统中国的整个刑事裁判,并阐述那里法治理念的欠缺或不足;而另一方面,为了与这种观点对抗,也有研究者揭示当时裁判中援引律例的状况和立法上积极改订条例的情形,主张律例绝非具文。但是,实定法的积极运用和裁判符合法治(rule of law)是有区别的两件事,因此,若以律例的积极运用作为抗辩的依据,则相关的讨论将一直无法找到交集。在此,有必要针对东西方的比较对象为何,以及要放置什么在比较的共通基础上,再次进行整理。

(一)传统中国裁判中实定法的作用

传统中国关于命盗重案的处理(量刑决定),和户婚田土案件的处理一样,均以个别主义作为基础。在那里,仔细看待每个案件所具有的无限犯情差异,然后下达适切轻重刑罚的所谓"情法之平"(犯情与刑罚轻重之间的适当平衡),取代了"情理"这个词汇,引导、制约着裁判,而有时涉及剥夺人民生命的问题,因应其重大性,会将案件的判断全权委诸承受天命的皇帝本人。若只谈理念,在此,案件也是一次性的东西,既然如此,与其他案件进行比较(案件相互的类型化),可以说本来就是不必要且不可能的。

不过,命盗重案的量刑部分,存在一些特有的情况。第一,命盗重案甚至在提供的解决方案内容上,也与选择性千差万别的民事案件有所不同,其处罚方式只有刑罚一种,而且该刑罚业已在体系上区分为五种刑、二十等级,如同一把嵌有二十个刻度的量尺而被理解。无论如何标榜个

别主义，一旦大量处理类似的案件，必然会以刑罚的轻重作为共通项目，开始进行犯罪情节的相互比较与类型化。即使是身为最终判断者的皇帝本人，其案件判断的“一贯性”在理论上也可能遭到追问。第二，案件处理的整体过程，和基本上以地方官一人之心完结的州县自理案件不同，由于全国发生的案件数量庞大，不可能由皇帝从头到尾独自处理。于是，不得不以分工体制来面对这个问题，先由基层的州县官作成原案，再运用官僚制度进行覆审，最后由有裁决权者批准。可是，一旦试着让众多官僚们作成原案，汇集一处，其中呈现的零散纷异情况将不得不让人哑然吃惊。① 在此，上述的一贯性问题之上，更交杂了皇帝官僚制度内部的众多主体所作判断之间的“画一化”问题。于是，皇帝方面以至目前为止的判断案例作为素材，预先细致地将犯罪情节类型化，对它们各自规定了符合“情法之平”的轻重刑罚，制作数量庞大的条文与刑罚对象一览表，分送给臣下，并赋予臣子们在作成原案时必须援引其中一条条文的义务。② 这是传统中国的裁判制度中律所占有的位置。③

不过，虽然制定了律，但这并非放弃了个别主义式的裁判原理本身。此外，由于想在条文内写明特定犯罪情节所对应的特定轻重刑罚，故规定的方式也只好采取相当具体的形式。可是，如同谚语所云：“有定者律

---

① 世祖章皇帝（顺治帝）《御制大清律原序》（顺治三年）：“人民既众，情伪多端，每遇奏谳，轻重出入颇烦拟议。律例未定，有司无所禀承。爰勅法司官广集廷议，详译明律，参以国制，增损剂量，期于平允。”

② 《大清律例·刑律·断狱》“断罪引律令”条：“凡断罪皆须具引律例，违者笞三十。”

③ 参见［日］寺田浩明：《清代刑事裁判における律例の役割・再考——実定法の“非ルール的”なあり方について》，载大岛立子编：《宋——清代の法と地域社会》，财团法人东洋文库 2006 年版，第 263 ~ 307 页；中文版参见［日］寺田浩明：《清代刑事审判中律例作用的再考察——关于实定法的“非规则”形态》，曹阳译，陈新宇校，载［日］寺田浩明：《权利与冤抑：寺田浩明中国法史论集》，王亚新等译，清华大学出版社 2012 年版，第 323 ~ 356 页。

例,无穷者情伪",只要采取此种规定方式,就不可能预先将所有犯罪情节书写出来。故而律本身不得不明言"凡律令该载不尽事理"(《大清律例·名例》"断罪无正条")的情况,且为了因应臣子们认为案情乃律所未载的此种情形,乃设置了"比附"的制度,命他们在此时要立即援引和类似犯罪情节有关的条文,按其刑罚进行加减后,制作断刑的原案呈请皇帝作出裁断。又即使臣子认为犯罪情节符合律之所载,援引律条提出原案,但皇帝本人阅读上奏文后,若认为案件的情节与该律条所设定的情节不同(此乃律中所无之情),仍会要求臣下重新考虑,或当场亲自下达不同的量刑判断。如上所述,虽然制定了律,但是律以外的个别判断仍随时进行,这是传统中国裁判中实定法的运用所具有的特征。①

不过,此处必须再次注意的是,律以外的判断基础是和律内完全一样的"情法之平"这一价值,而下达判断的主体同样是律的立法者——皇帝。亦即在传统中国,律内和律外的判断,并非如通常的想象般,是一般性规则及其个别例外(或逸脱)事例之间的关系,就结果言,不如说它们同是因应情的差异,由皇帝这个立法者所判断的"情法之平"。在此意义上,律内与律外的判断是处在单纯并列的位置。从反面来说,由于律采用了抽象条文的形式,因此乍见之下类似于我们的刑法典,但律的实际内容,与其说是处理个别案件时应该依据的一般性规则,毋宁说其本身亦是一种案件,是过去所作裁判案例的集合物。"断罪引律令"条内对于臣子们要求的"援引"律条,并不是把律条当作规则,作为个别判断的"准据",而是将律条当作过去的裁判案

① 此外,以下的说法通常是可能且必要的,亦即不仅仅是案情所包含的客观情事,若将各时代、各地域的重罚化、轻罚化必要性等社会方面的情况纳入考虑,情节也将会不同。这样一来,此种量刑操作将会无止尽地进行。

例,强制臣子们在此次进行判断时予以“参照”。当然,在大部分的案件中,汇集到律里面的过往经验会自然而然地获得沿用,而既然重要的事情是“情法之平”的实现本身,那么一旦认为案情有异,则必须立即思考不同的“情法之平”,然后下达判断。又最终担当此项任务者,除了皇帝,别无他人。立法者直到最后都不能从现任裁判官的位置上退位下来,其理由正是在此。而在那些新的判断中,一些已在实务上扎根的内容,不久之后会被条文化,以条例的形式进入律的体系中。

综言之,律例是一种活生生的法律,会受到皇帝官僚制度所作最新案件判断的反复涂改。此外,律例获得官僚们每日参考对照,且大多数的判决内容甚至与律例“重迭”。无论在何种意义上,律例都不是具文,但是,它们也并非裁判的基础奠定所在。裁判的奠基在于“情法之平”的实现,它由皇帝的权威暂且予以担保。相对于此,规则型的裁判中,求诸刑法典的,是要藉由刑法典奠定裁判的基础。相关的讨论之所以发生偏离,根本的原因在此。

那么,西方法中,可以和传统中国律例进行对比的对象为何?此种要素在西方和现代的裁判中究竟是否存在?这些疑问,才是本来应该要探究的问题。

(二)量刑制度中“案例参照”要素的普遍性

律例具有的第一项功能,在于统一官僚间的量刑判断。那么,现代刑事裁判中,量刑判断的统一是以什么样的机制进行的?①

① 以下内容的实证性的脉络,参见[日]寺田浩明:《裁判制度における“基础付け”と“事例参照”——伝统中国法を手挂かりとして》,载《法学论丛》第172卷第4、5、6号,京都大学法学会2013年版,第46~79页;中文版参见[日]寺田浩明:《审判制度中的“依据”和“案例参考”——以传统中国法为线索》,魏敏译,载周东平、朱腾主编:《法制史译评》(2013年卷),中国政法大学出版社2014年版,第138~161页。

在现代日本,全国过去的量刑案例由法院全面性地编入资料库,裁判官在进行量刑判断时,会主动参照相关的案例,此种实务运作的整体情形,称作“量刑行情”(原文为“量刑相场”——译者注)。当然,在此,判决的奠基在于对刑法典的遵循,因此,参照“量刑行情”的实务运作实况,在刑事裁判的相关法规里不会浮上台面。然而,刑法典一般仅表示就某犯罪可以下达的最高刑度,具体的量刑则委由裁判官决定,只是,纵使量刑皆在裁量权限的范围之内,若各个裁判官所定的刑罚分歧不一,从现代日本的国民感情来看,实际上是不被允许的。为了克服独立判断但各个结果无法互相同步配合的难题,法院内部及裁判官们彼此间所做的努力,正是“量刑行情”的参照。当然,参照既有案例之后要作出何种决定,一任各个裁判官的独立判断,有因情状相同而“沿袭”既有案例的量刑者,也有“区别”既有案例和本次案件情状而下达异于既有案例的量刑判断者,甚至也可能认为情状虽然相同但时代情势有异,因而作出其他的量刑判断(“改订”判断)。这样作出的判断本身,也会登入资料库中,成为日后量刑行情的其中一个要素。在现代日本,裁判官的相等资质和他们所具有的适度趋同取向互相结合,透过此种主动且相互的参照作业,全国的量刑判断(以所谓市场式的、“行情”式的方式)获得了宽松的统合。

前面将律例看作过去量刑判断案例的精华汇集,又认为传统中国裁判中所见的律例援引,在性质上属于对过去案例的参照,但是,在量刑之际参照过去的判断案例(大部分单纯沿袭先例,但有时会作出其他判断),实际上是现代日本的裁判官也同样每天在进行的事。

那么,在其他国家,量刑统一又是如何进行的?根据刑事法专家的研究,与现代日本立于相反两极的是美国。在那里,裁判官的面貌似乎更为多样,且具有强烈的独立精神,其量刑的情形,起初呈现了极度纷乱的状态。但是,这个现象引发了社会的不满,尤其对于裁判官的量刑是否出于种族偏见,产生了疑虑,而监狱亦时常发生暴动。于是,在经历了民权运动之后的20世纪80年代,美国进行了量刑制度的改革,由设置于联邦最高法院中的美国联邦量刑委员会实施宽松的量刑统制。在制度上,一方面设置了"联邦最高法院量刑表",这是由43个"犯罪等级"和6个"犯罪历史标度",以纵横轴的形式相乘后产生的258个量刑格构成的图表,每个量刑格中,徒刑的上限与下限(指针范围)以小幅度的月数标示。另一方面又设置了"量刑指南",这是将每个罪名依据检查确认单进行犯罪情节分类,加算点数的一种机制。上述的"犯罪等级",基本上是按照"量刑指南"机械式地计算得出,但是各个裁判官仍有相当的空间作成超出"量刑指南"的量刑判断(当然,此时必须附上充分的理由,且当事人得以量刑偏离作为理由提起上诉),若该判断在实务中扎根,则"量刑指南"将配合进行修改。

这个制度的功能及这个做法的本质,与现代日本的量刑行情一样,在于统一裁判官们的量刑判断。但是,有别于日本的裁判官们彼此主动互相参照第一手案例资讯的情形,在美国,既有案例系由裁判官们的代表人之手以类似实定法的形式汇集整理,赋予一定的权威,提供裁判官们作为每日实务运作的参照框架。不过,在此回首顾盼,这个机制备妥了按照重大性而予刻度化的刑罚,和以之为目标而细致区分构成要件的刑罚规定,且在实务上赋予裁判官审判时参照这些刑罚和刑罚规定的义务,同时保留了一定程度的偏离空间,这和传统中国的五刑二十等刑罚体系及律例的组成暨其运用方法,存在不可思议的类似性。令人感到吊诡的是,与传统中国律例最相似之物,竟然是在现代美国中发现的。

那么,在中国、日本、美国的量刑实务中呈现的三种手法,其相互的关系应该如何思考？首先，最初须确认的是，现代日本的“量刑行情”参照，以及现代美国的“量刑指南”参照，甚至传统中国的律例援引，都不是前一节中所见的“判决的奠基”本身。日美两国现代刑事裁判的奠基(判决面对社会时的正当化)，皆在于对刑法典的遵循，以及一般性规则对于个别案件的适用。无论对于“量刑行情”或“量刑指南”的参照，充其量只是等于法院的内规，与裁判的正当化无关。而传统中国裁判的奠基，在于“情法之平”的实现本身，在此，对于律例的参照，亦非裁判奠基的本质部分。结果，上述三种参照作业中所进行的，都是在各自的体系下，将具备裁判奠基而作出的判断，与运用同样方法作成的周遭其他判断或过去的判断进行“整合”。

这项作业背后共同存在的，是“相同事物相同处理，不同事物不同处理”这一法则的当然要求，然而，在规模庞大的裁判制度之下，其面临的是多数裁判主体同时并行，彼此间的判断实际上必然发生纷异的严峻现实。当然，若仅就理论而言，在规则型的裁判中，判决是客观性规则的纯粹逻辑推导，故无论何人所为，应该都会出现依照案件异同而“相同事物相同处理，不同事物不同处理”的判决。又在传统中国，判决是天下的公论，亦即世间所有正派人士都应该会如此思考的答案，有德的大人只是将它们体现、讲述出来而已，故只要天性有德的大人承担起这个责任，则无论由谁来做，应该都会细致地按照案件异同，作出“相同事物相同处理，不同事物不同处理”的判决。然而实际上，规则自身不会自动进行逻辑推导，支撑个别案件的逻辑推导者，乃是裁判官所作的法解释；而解释之人不同，解释的内容也自然会产生纷异。而在规则都不存在的传统中国型裁判中，想要进行较细致的判断，显得更加困难，即使社会全体成员努力地将皇帝之心作为自己的心念来行动，由于官僚们“贤愚不一”，终究还是无法实现“一心同体”

的理想。因此,无论在哪里,裁判奠基的结构,实际上连统一各该裁判制度下众多判决的要求都无法达成。于是,为了弥补此种欠缺,裁判机关内乃设置了某些整合判断的机制,而这些整合的机制,正是问题的大致所在。

有趣的是,在裁判奠基的层次上,规则型裁判与传统中国裁判的情况迥然各异,但在整合各种判断这一点上,两者之间却出乎意料地未有不同。或者较正确地说,如果跨越裁判奠基的彼此差异,关于整合的方法,从"量刑行情"此种裁判官们互相参照第一手案件资讯的日本式做法,到裁判机关的中央高层汇整案例资讯并予成文化后,重新分发至基层的此种美国联邦最高法院量刑手册和传统中国律例式的做法,其间的区别变得更加巨大。造成此种变化的,与其说是裁判正当化原理的不同,毋宁说主要是沟通技术上的差异,例如,为共享案例资讯而作的软硬件准备,以及接收资讯的裁判官们的趋同取向程度等。就沟通技术的层面而言,相较于由某些人将参照案例成文法化(抽象化)的此种类型,毋庸置疑的,由裁判官们即时互相参照第一手案例的做法,显然属于较高度的阶段。

在此,若试着观察明清法制史的演变则可知,最初裁判官们参照的对象仅限于律例,但随着官场内部资讯流通的活络,先是发生了基层州县的裁判实务中对于成案的实际参照,继而有中央大规模刊行、分发的成案集,最后导致律例被埋没在庞大的参照资讯里。① 这种现

① 清代所有行政领域中"则例""省例"的丛生,以及皇帝官僚制度全体对于案例资讯的及时共享和参照体制的成立,也可以在同样的演变中理解。另外,滋贺秀三氏以"从'法的世界'到'例的世界'的移行",表示在清代所见的此种推移。参见[日]滋贺秀三:《中国における法典编纂の歴史——新著刊行の报告》,载《日本学士院纪要》2003年第58卷1号,第21~32页。

象，目前从法治的观点来看是被否定的，但从案例参照制度的脉络来看，传统中国的实定法制度朝着此一方向“进化”或“高度化”发展的说法，将会成立。

（三）“判决奠基”与“案例参照”的混淆

在前项中，笔者指出现代刑事裁判中量刑判断的统一方法与清代裁判上律例援引的实务运作在功能上具有同质性，亦指出裁判制度的理论中，案例参照这个要素是与判决奠基并存的独立要素。不过，一旦注意到此种要素的存在，我们就会立刻明白，此要素并非仅在量刑实务上，而是在整个民刑事裁判中都能够普遍看到，而且可以说，通常这两个要素在裁判官进行法解释的操作时，会混同在一起（或被统合）。

详言之，例如，即使观察居于规则型裁判核心的“法解释”，也会发现，在法典法国家，关于判决的奠基，虽然描绘了成文法—裁判官—案件的单线式示意图，但各条单线不可能孤立存在。在裁判官的周遭，存在同僚们针对许多类似案件所作的判断事例（判例），虽然官方宣称判例不是正式的法源，但实务的实际运作中，裁判官在导出结论时，会慎重看待那些既有的判例，于是，和量刑的情形一样，裁判官们进行法解释时也会采取沿袭、区别、改订等各种因应方式。而在判例法国家，平常实行的是更为复杂的做法，即在裁判时参照相关的先例，随时从中抽绎出规则，并将此规则运用于自己的判决奠基。是以，无论法典法或判例法国家，在一个法解释的操作中，裁判奠基和案例参照几乎都是一体不可分地进行着。透过这样的操作，规则的内容被分门别类，又透过相互的参照，规则的内容遂为裁判官集团的全体成员所共有。

此外，就非规则型的裁判而言，虽然操作的方向完全相反，但可说几乎仍属一事。亦即在此，律例的援引并非从一般性规则推导出个别结论的判决奠基作业，而是单纯的案例参照行为。但是，此处的判决奠基作业,即由"情法之平"导出实质性的正当化,与案例参照也并非完全两回事。因为,从体制顶端的皇帝眼中看来,过去的判断事例,都是和自己一样的至高皇帝为了实现"情法之平",针对相关犯罪情节所作成的先例。而且,那些先例全部都被记录下来,在刑部的内部进行整理。无论是如何实质性的案件判断,事实上,所有的判断都是彻底意识到那些先例的存在之后,在官僚们的注视之下,将此次的判断"插入"先例之中。而先例中扎根程度较高的部分,会以律例条文的形式,事先发交到扮演最初判决原案作成者这一角色的地方官员处,且地方官员在作成判决原案时,被明确课以援引其中一条条文的义务。此外,为了让自己所作的判决原案最终能够实现,官员们首先必须通过上司覆审的过程(说服上司),而律例也是整个官场共同拥有的判断架构。而且,时代愈是发展,最新的成案资讯也会以附加各种重点的方式,在官场内部逐日流通,为官僚们所共享。在此,对于相关案件作出合于自己"情法之平"的判断,以及参照律例、成案后,将自己的判断在既存共有判断架构的某个区块中标示出来,两种作业完全以表里一体的方式进行,而这就是传统中国的裁判中,法解释所处的位置。

根据判决奠基与案例参照在实务层次上的此种一体化,从中,又显现出两个不同方向的有趣论题。

首先,一方面,发生了规则型裁判与非规则型裁判的等质化。无疑地,对于大多数人而言,且在大部分的情形中,裁判制度是作为一种既存事物而出现的,无须逐次重新追问其存立的根据。在裁判制度中,当事人首先要求的,是无论面对何种裁判,自己都能够获得公平的对待,亦即获得与最近的类似案例相同的处理,且在裁判官每天进行的审判作业中,大部分的审判作业都会将此次的案件处理方式汇入既有案例的某个类群里。针对本文第一节从原理上对比东西方裁判的相关论述,自称熟悉实务的人可能会批评:"无论在哪一点上皆未有如此不同",而此项意见并非毫无根据。在实务中,一旦察觉到案件处理的互相歧异造成了混乱,则不分规则型或非规则型的裁判,在第一线裁判官的倡议之下,促使案件"画一办理"的规则类的内容将会相继获得制定。那么,这些规则类的内容是否即为第一节中所阐述的规则?或许,作此区别几乎没有任何实益。如果不去追问东西方的裁判奠基为何,则实务运作中所做的一切几乎都会被纳入案例参照的世界当中,而我们只要从案例参照这个侧面来观察,就会发现东西方有着无数的相似之处。①

不过,尽管如此,并非即谓与裁判奠基有关的要素就此全部消失,或与之相关的讨论变得完全没有必要。如果从另一方面来观察,将会发现两个明显的区别。

第一,因裁判奠基原理所存在的差别,裁判机关所呈现的形式也会截然不同。在规则型的裁判中,即使存在"相同事物相同处理,不同事物不同处理"的要求,各个判决本身只要在形式上是根据规则作成,就会因此完美地成立。是故,每个裁判机关各自独立,且在概念上,那些裁判机关的累积,即是裁判组织的整体内容。又即使是歧异的判断,也会先以判决的形式浮上台面,而参照与统合的作业也是以这样客观化之后的判例作为对象公开进行的。相对于此,非规则型的裁判

① 正是由于此种共通性,故有研究者将现代裁判中的"类推"适用与传统中国裁判中的"比附"当作相同的"法解释方法",尝试进行比较。但是,前者在法学上是朝向"奠基"的方向扩展范围(为了将既有条文运用于规则型裁判的奠基,而扩大其包摄范围,是为类推),相较于此,后者是在"案例参照"的脉络中被运用(无论是通常的援引或比附援引,条文发挥的作用终究不过是判断标准的提供)。不指出两者在脉络上的根本差异,仅作形式上的比较,只会得出空洞的结论。

中，既然将答案之所以正确的理由求诸天下的公论或所有正派人士都会作出的判断，则自然不允许裁判制度内的判断纷乱情形（甚至是官场内部的不一致意见）被公开化。官僚间的判断歧异，必须于案件未决之时，逐件在裁判机关内部事先统合。传统中国的裁判制度是由皇帝下面的一个裁判机关，以及存在于其中的有力裁判监督机制所构成的，其原因在此。①

第二，在互相调整的过程中产生的裁判官共识，最终呈现的状态有所不同。在规则型的裁判中，裁判官们透过判例共同享有特定的法解释内容，但是该项解释愈是安定，就愈不被看作裁判官们的想法，而会被当作最初即写入规则的内容和规则所具有的"意义"对待。裁判官们为了弥补规则本身不会自动逻辑推导的缺憾而每日进行的共同作为，最终却如此地被规则回收、吸收，而讽刺的是，其最后呈现的结果却是下面的图像，即对于所有个别案件指出适当的逻辑分化的此种全能规则，以及淡泊地承担此项逻辑推导作业的谦抑裁判官。相对于此，非规则型的裁判中，透过案例参照等做法在官僚制度内部提炼出来的所有判断，最终是以皇帝针对相关案例深思熟虑后作出最高判决的形式浮上台面。在此处，最后呈现的是这样的图像，即对于所有个

① 关于州县自理案件，似乎可以认为州县官组成了具有自主性的法庭。唯在此一言以蔽之，州县地方官所出示的判决，与其说是他个人的意见，不如说是"天下的公论"或世间有德之士（其最终的代表为皇帝）一致阐明的答案。地方官在那里，是以皇帝代理人的身份（或以皇帝之心为自己之心）陈述判决。在此意义上，即使是州县自理裁判，还是认为制度上的裁判官为皇帝（与一心同体化的官僚制度全体）比较恰当。实际上，正因为有这样的设想，人民方面对于地方官的判决不满时，将质疑这是否果真为皇帝（官僚制度全体）的想法，进而采取向上司或皇帝控诉的行动。不过，由于这毕竟只是利害之争，若当事人停止争讼，案件将就此结束，且案件解决的答案有着千差万别的可能性，因此遂产生了暂且将案件的解决完全委任给基层州县，只要当事人没有意见则一切就此终结的处置方式。

别案件实现“情法之平”的全能皇帝(与皇帝一心同体的皇帝官僚制度),以及在皇帝之下依犯情差异作成的至高判断案例的罗列。在这之上,不存在任何用具体方法可以束缚它们的事物。

结果,无论在哪里,为了弥补裁判奠基神话的欠缺而由实务现场裁判官们实行的案例参照,最终强化了各自的裁判奠基神话,然后从制度的表面消失。目前为止,案例参照这个侧面的研究罕被提起,其理由或许亦即在此。

关于法与裁判,律例使我们意识到的事情是如此重要,但是,迄今的研究没有提出类似上述的问题,而拘泥于律例是否属于法治此种与律例本质大抵无关的论点,这无论对中国法还是西方法的研究而言,都是相当可惜的事。

四、作为社会基础的法:近代法与传统法

至目前为止的比较,乃是两个时空迥异世界中的法形态的对比,充其量只是文明论方面的讨论。但是,到了近现代,近代法在西方诞生,随后又向亚洲传播,明清法和西方传来的法具体接触,呈现对抗与混杂的复杂情况。可以说,正是在这里,有关明清法和西方法的对比的真伪(及其对于现代法研究具有的意义)才受到考验。“从明清法看比较法史”这个研究课题,以此种形式和近现代中国法的研究产生了联系。职是之故,本文在最后,也希望探讨中国近现代法的问题。

然而,此时不能忘记的是,绝非因此让东西传统法的横向对比,“换汤不换药”地出现在传统法与近代法的纵向对比中。从西方具体来到亚洲的,不是西方法传统的全部,而是其特殊的近代形态;此外,发生对抗与混杂的时期不是明清,而是近现代。为了避免无谓的混乱,虽然看起来迂回,但有必要依序解答以下三个问题:第一,近代法

仅在西方自然形成(其在传统中国法中未自然产生),故理应存在西方法传统与近代法中可见,但在中国法传统中没有的要素。那么,这个要素是什么?第二,实际存在的近代法,并非自西方古代以来即维持着那样的状态。那么,近代法,即规则型法的近代形态,其历史性的形成及其特有的性质为何?第三,此种近代法来到了亚洲,那么,近现代中国法中的传统中国法要素与近代法要素的关系为何?或者,现代中国的传统要素、近代要素的混存形态,与其他各国的传统法、近代法的混存形态进行对比时,具有什么样的特征?在此,首先试着从第一、第二点问题开始思考。

(一)规则型的法所具有的社会基础提供机能

到此为止,本文主要按照纷争的发生及其解决的状况来探讨法与裁判的问题。但是,在现代,所谓的法,与其说和处理纷争相关,不如说是与建立社会秩序的制度性架构相关。然而,针对明清法,几乎没有余地进行这样的讨论。那么,关于西方法制史又是如何?可以说,是否能够回溯至前近代,完全系于其讨论方式为何。以下,笔者试着基于契约来思考这个问题。[①]

明清法的相关研究带来的成果之一,系厘清了明清中国在前近代中,乃是一个极为例外的契约社会,亦即无论土地所有、买卖、地主佃农关系,或社会性的互动关系,许多社会关系是经由人们的选择与合

① 关于以下论述的实证性的脉络,参见[日]寺田浩明:《合意と契约——中国近世における“契约”を手挂かりに》,载三浦彻等编:《比较史のアジア——所有·契约·市场·公正》(イスラーム地域研究丛书④),东京大学出版会2004年版,第89~112页;中文版参见[日]寺田浩明:《中国契约史与西方契约史——契约概念比较史的重新探讨》,郑芙蓉、魏敏译,载寺田浩明:《权利与冤抑:寺田浩明中国法史论集》,王亚新等译,清华大学出版社2012年版,第113~135页。

意反复形成的。既然是契约社会，则传统中国人民之间的争执大多也是契约方面的纷争，而国家的法庭对于这些纠纷不加区别地予以受理。只是，问题在于国家法庭处理纠纷的方式。

亦即在传统中国的裁判机关中，争议若与契约有关，也会先调查契约文书。不过，就那里所下达的结论而言，按照契约文书实现契约的内容，不被当作最高的命题。例如，债权的额度经常被打折扣，如果有必要，甚至会废弃相关契约，当场缔结其他新约。即使契约文书获得仔细调查，毋宁也是因为它们呈现了纷争发展至此的原委，作为证据的一种而受到重视与尊重。在那里，充分根据这些过去的原委，然后重新思考此时此刻的适当安排，才是符合情理的基本方针。当然，无论在什么样的文明里，在缔结契约的时点，双方当事人的意向都是契约的完全实现。如果契约不履行单纯是一方当事人不诚实的结果，则另一方要求按照契约文字实现契约，应该理所当然会得到支持。但是，当事人无法履行契约的原因，如果存有值得体谅之处，则正派人士采取的态度，是思考自己若站在对方的立场会怎么做，然后同意重新交涉，而此种人性上基于互惠的信义，也支持着契约的实现。这样的伦理，无论在日常性的社会交涉或裁判的场合，都同样发挥着作用。

与之相对，回顾西方契约史，首先最应该注意的是以下的事实。一方面，对于法庭中受理的契约，与现代相同，原则上以完全按照契约内容实现为目标；但另一方面，涉及人与人之间约定的纷争，并非全都在法庭中以契约纷争受理。不同于传统中国，在西方，“普通的约定”和具有法意义的“契约”，以全有或全无的方式加以区别；或者不如说，裁判乃是为了进行此种区别而存在的其中一种设施或场所。另外，此种区别受到严格讨论的本身让人预期到，法庭中未被采纳的“普通约定”，可能基于双方当事人间的信义而被履行，但也可能依据状况的变化而进行变通。如果在这一点上西方与中国没有区别,则决定性的区别乃在于是否存在和“普通约定”不同,属于百分之百实现类型的特殊约定。而归根结底,其存否与裁判形态和公权力行动方式的差异有关。

申言之,若将公权力当作主语,重新说明上述的情况,那么存在于西方的是这样的一种方式,即无论情事如何变化,司法权力都将百分之百实现当初的约定,且创造出仅凭当事人难以稳定构成的社会关系状态,以作为商品化社会的社会基础,供人们普遍利用。双方当事人当然也可以作成“普通的约定”,但在特别想要作成与单纯信义不同的百分之百实现类型的牢固约定时,则仿照这个制度所要求的特殊形式,践行特殊程序来进行该项约定,这就是西方法史中所说的“契约”。[①] 此种契约制度无论如何粗糙,其对于市场社会具有的效用都大得无法估量。因此,不仅现实中存在之物,人们甚至也可以将实际上不存在之物(将来出现之物)安心地作为交易的对象。契约制度是一种时光机器,在西方,此种选项由公权力提供。

相对于此,在传统中国,公权力深入现实的核心位置,每日致力于实质正义与信义的实现,因此,西方权力的形式性行动方式和社会基础提供模式,原则上不会在这里出现。[②] 其结果,无论在社会中或法庭

① 或许有说法会认为,在古代,由于国家权力较弱,对于契约的法律保护未能在各方面都十分周到。但按照历史性的定义,并非契约之中有区别受法律保护者和不受法律保护者,而是只有受到法律保护者才是契约。区别的主导权,在法律制度。

② 在传统中国,透过税契制度等,国家对于契约也确实作了一定的“公证”。但在西方史上的“公证人”,是以上述法律上契约与普通约定的两极结构作为前提,其担负的任务,是为双方当事人的合意赋予法律上契约的地位。相较之下,传统中国里看到的“公证”机能,只不过是对于传统中国式约定的作成此一事实,给与较确实的证明。虽说作成了公证,但并非因此将“普通的约定”变成“法律上的契约”。此种作成公证的事实,在裁判时是当作案件原委之一处理,并依照必要予以变通。

内,只存在根据情况可能被实现也可能被变通的契约(或约定)。[①] 如第一节中所见,分别对应着规则型法与非规则型法的两种公权力形态,随着裁判做法的不同,也产生了这样的差异。

当然,仅仅如此尚非近代法。事实上,在西方的前近代,最初契约在社会关系形成之际发挥的功能有限,于是国家提供的此种服务项目,也限定于买卖、赠与、租赁这几种契约类型,契约与人的关系所呈现出的构图,乃是人们依其必要"利用"这些"制度"。此外,同样地,尽管是规则型裁判中的规则,在前近代中,某种意义上,那些也不过只是具备权威,数量庞大且未经整理的单一、片段性的因果关连之陈述。规则型裁判运作的形态,乃是法律家以如此各式各样武器库的管理人身份而存在,援引这些规则进行五花八门的个别辩论战。而且,进行这些事务的法空间,如同前述般,在地域方面及社会阶层方面都被切割成许多层。

然而到了近代,首先,伴随主权国家的形成与封建制度的消灭,以民族国家为单位的法平面成立。随着这个发展,社会关系的结合,也从身份上承袭支配与被支配的形式,朝向自发、随意的市场性与经济性结合的形式变化,又与之互为表里,上述由国家提供的契约服务范围也彻底扩大。关于什么是法律上的契约,身为制度设计者的国家曾根据促进共善(common good——译者注)的观点,单方面地决定,但在当时,决定的主导权已经移转到了人民的手中,人与人间认真作成的约定,原则上全部按其原样成为法律上的契约,国家原则上被赋予协

① 因此,即使称明清社会为"契约社会",然其不过意味着一个个的社会关系(不是在传统式关系的持续之下)是透过当事人的自由合意创造,而非指那些合意是如我们所思考般的法律上"契约"。西方社会关系上"从身份到契约"的变化,同时采取了让法律上契约普及的形式,而这也可以说是西方近代化的特征。

助这些契约实现的义务(契约自由原则)。又由于近代法学者们的努力,规则相互间的整序、统合获得进展,其结果,使规则几乎涵盖了全部的社会关系,且彼此紧密配合,成为一个拥有自给自足逻辑空间的无矛盾体系。

伴随此种变化,规则型的法在过去尝试性地拥有的社会基础提供机能急速扩大,不久之后便涵盖了法的所有范围。虽然规则型的法在现实中的历史性发展系浑然一体地前进,但若从理论上整理,大概可以区分为以下三个侧面(若从对于人类社会的渗透程度这个角度来说,即是三个阶段)来思考。

1. 近代法 A(法的国家法化)

与一切权力皆集中至国家的情况相互对应,大体上,法也遭到国家法化。当然,那些法的实际内容大多是往昔以来内在于社会中的规则,但连它们也被当作基于国家理性所制定的法——作为社会基础的法——而重新定型,变得开始具有实效性。此时,规则成立的基础从形式上来看,全都变成了国家的制定行为或命令,而裁判与其说是用来发现根本性的法的场域,毋宁变成以实现"法安定性"为其主要的任务,即针对国家以明确形式提出而作为社会基础的法,辅助其运行。

2. 近代法 B(透过法进行的社会关系合理化)

透过契约自由原则,此时,所有重要的社会关系可以重新改造为由国家确保履行的明确法律关系,而实际上,人们也变得依赖它们。而且,在西方史中,此种社会关系的法律化,与封建制度的解体,及在国家制度上伴随而来的社会关系"由身份向契约"的变化,以互为表里的形式进行。在那里,人们于社会关系形成之际,或者自己利用或者使他人利用法律关系(国家所提供,作为社会基础的法),这种现象,也可以理解为他们从自古以来(由封建式的各种力量与道德担保)存在的承袭式社会关系中解放出来。在此意义上,那里所进行的不仅仅是国家对于法律服务范围的扩大,更可以看作以法律关系替换社会关系的过程,以及"从巫术中解放"的理性个体以集中后的国家权力为工具,将社会形态本身改造得合乎理性(进行"合理化")的过程。

3. 近代法 C(近代人的创造)

前述法律关系所形成的社会关系标准化,最终拥有了与之相应的政治哲学(或意识形态)。亦即实际上因近代主权国家的庇护,才开始普遍出现、存立的各个自律性个人的并立状态,在社会契约论中被描绘成似乎于国家出现前的状态(自然状态)中业已存在。在那里,个人投入劳动而获得了原始的土地所有权,基于自由的意志订定契约,又依照该自由意志下具有的禁反言原则,以自己的意思受到契约的拘束。在国家成立前的阶段,近代国家和近代法所创造的事物,几乎已全部存在于自律性的个人之间,故在定位上,国家只是那些自律性个人为了让自己的权利变得更加确实,而在事后透过契约重新建构的组织。当然,此一理论的目的,在于统制那已肥大到了骇人程度的国家权力。但是,由于各个自律性的个人最后形成近代国家,乃命中注定(如果不这么做,实际上自己也会消失),因此,社会契约论所做的事,近似于将近代国家与市民的关系视为理所当然后,重新安排国家与个人在一个体系内部的各别负责范围,并将国家权力在近代法中扮演的部分机能回置到人们的内部(根据人类理性所为之自我统治)。透过这项操作,作为社会基础而由人为创造的法,再次成为内在于人类本性中的事物。

若按照 A,近代法单纯只是国家的一个制度;如果根据 B,近代法是几乎承载了所有社会关系的社会基础;若思考 C,则近代法几乎成了世界构成的原理。此外,从法与社会的关系这个方面来看,由 A 的要素自社会和人类中取出的法，透过 B 的要素成为社会关系形成的主要媒介，又透过 C 的要素再度回置到人类与社会之中。在规则型的世界中，最初埋藏于历史、社会里的法，经过这样的过程，最终遭到理性创造、集中的国家权力所担保的且作为社会基础的法所替换。从某个方面来看，这即是法的工具化，亦即法从人类社会内部向外表露的极限形态；但从另一方面来看，这也是法的内在化，亦即法向人类行动内部渗透的极限形态。

来到近代，亚洲具体接触且被迫因应的西方法，即规则型法的近代形态，其内部从一开始就混入了如此多样的要素。

（二）中国观点下的近代法

东亚国家的近代法移植，毋庸置疑地，其背景在于国际政治的因素。无论它们是否愿意，都不得不因应西方近代型的国家形态，若不希望被殖民地化，国家的形态就必须符合当时的帝国主义时代标准。在某些国家内，人们在政治上急速觉醒，为了抵抗外侮，遂将权力集中至国家。这些觉醒后的国家领导精英们为了富国强兵、殖产兴业（及条约改正、加盟 WTO 等），运用集中后的国家权力，循着既有的近代民族国家形成的公式，在完善铁道网和邮政制度的同时，也进行近代法的导入。其具体导入者，是上述所见的近代法 A，亦即体系性的国家法典及作为其运行辅助机构的国家法院。

如上所述，一方面，近代法依其运作的形态，拥有范围大小足以和整体秩序等置的侧面；但另一方面，如果仅局限于集中后的国家权力实际作用于其中的部分来说，它的范围又意外地狭小。当然，为了导入近代法，必须要有相应的土壤（主要是官僚制度的成熟度），也要付出辛劳去适应新的事物。不过，倘若仅就国家权力实际作用于其中的部分而言，近代法终究只是近代国家制度的其中一个部门，而且只是对于在其他地方已被“发明”的社会技术的“利用”或“应用”。近代法的导入方法与铁道网的铺设一样,是先选定模范的国家,接着对其规格进行一定程度的本土化,并为了培训专门人员而设立学校。当该学校的第一期毕业生成为国家机关的领导阶层,制度就会逐渐自律地运作。在此意义上也可以说,让近代法的此种移入成为可能者,乃是近代法制度的高度可移植性。而且,由于近代法所标榜的是人类的普遍理性,故在原理上它甚至已经不是“西方法”。

在近代东亚,围绕法所发生的事况,最初是变得强大的主权权力导入了社会基础提供型的国家法制度。但既然是此种制度导入的模式,则并不会立即当然地产生上述近代法 B、C 处所提到的结果。① 毋宁说,这样的近代法和固有的国家社会形态之间,可能会发生各种摩擦,而即使同样处在亚洲,此摩擦的形态也会随着既存的社会秩序形态而在每个国家产生大幅度的差异。

例如,在日本,近代国家的形成,是在克服从前封建国家制度的过程中进行的;而市场性质、契约性质的关系,乃藉由近代法创设存在。此种发展的大体框架与西方史类似,但因其未伴随着激烈的市民革命,遂使固有的社会关系与近代法式的关系,在近代以后被选择性地分别利用而并存。在这当中,近代法的移转与扎根获得了缓慢的

---

① 例如,近代法 C——特别是其中市民社会式、立宪主义式的秩序构想,确实与近代法 A 同时并行,以“思想”的形式到来,为对抗主流与权力的精英们(counter elite——译者注)对于国家权力基础所进行的质问(参政的要求),提供了理论上的依据。不过,在西方史上,国家的权力集中,是在国家接受人民的法律保护要求过程中进展,而正好对应于此,同时也出现了以下两个情况,即对国家权力赋予市场社会方面的任务,以及对国家权力的运用进行立宪主义式的统制。与此相对,东亚近代的国家权力集中,乃是国际关系下的产物,这些强大的国家权力为了富国强兵等目的,乃以近代法制度进行国内的布局。在此,国家权力对于近代法的导入,以及国家权力的立宪主义化之间,没有西方史般的必然连结,欲实现国家权力的立宪主义化,需要付出其他的努力。

推进。①

与此相较，中国与西方、日本皆不相同，市场社会在统一的国家权力下扩展的景象，从近代以前就正常存在，且那里甚至也已经有了成套的法与裁判，运用独自的方式因应流动性的市场秩序，这对于秩序的形成，发挥了不可或缺的作用。也因此，近代法的导入不是进行"从身份到契约"的转换，而是将社会秩序中以松弛的形式存在的既得权式的因子形塑成严密的"权利"，将规则性的要素形塑成"习惯法"，而后再形塑成"民事成文法"。但是，乍见之下似乎合理的此种改革，实际上破坏了传统秩序的形态和裁判在那里扮演的角色。若从反面来说，全有或全无型"权利"制度的整顿配备，是指可以拿到法庭里的论据受到限制，以及部分论据的特权化。例如，土地所有权的保护，意味着占社会大多数的佃户与贫民阶层其生存权的要求从公的世界被排除出来。如果根据传统的裁判理念，这种情况并非权利保护制度的充实，而毋宁纯粹是裁判权力不公平化，甚至意味着应该公平的国家却存有"偏私"。事实上，不久之后已成常态的"革命"发生，共产党以直接体现全体人民的生存作为旗帜而掌握了政权。

新政权所实施的措施，正是因应上面的事实，将民国时期的"六法全书"废弃，让私权本身在原理上灭绝。在社会底层，称作人民公社，超越家范围的社会性"同居共财"体制获得创设。此外，刚刚开始导入的近代裁判制度，被重新整顿配备的人民调解制度取代，这是共产党

① 此种缘由，让日本的近代法导入产生了圆滑度，但导入近代法时回避掉全面冲突的结果，也导致法在秩序形成中占有的位置和任务始终无法明确。仅以近代法导入的先后关系来把握日本、中国间差异的看法，容易忽略了此种质的差异。

基层干部全面性实施传统中国非规则型裁判的体制。不过,秩序形成的风格虽然类似传统中国时期,但近代国家权力向社会渗透的程度却非帝制时期可比。运用如此强大权力进行的"齐心"与"整风",发挥了前所未有的趋同强制力,但也招致整体生活层面的过度政治化,最终走向了"文化大革命"。

于是,20 世纪 80 年代以后,中国基于这个历史教训而重新整舵,修改体制,容许社会主义体制下的市场经济化与全体人民生存范围内受管控的私权。再次地,中国开始进行近代法制度的积极导入。经过三十多年的努力,在法典整备与人员养成方面,可说大致上已到达了完成的阶段。这是现代中国实定法学,特别是民事法学的世界,它正直接与世界的民事法学和民事法制度接壤。

但是,若问中国整体上是否已经成为和西方相同的国家社会,则答案当然并非如此。[①] 其中最重要的理由是,身为近代法导入主体的中国国家和政权,其存立的基础与传统时期一样,在于它必须作为全体人民共存状态的体现者。而且,在远离革命激情的今日,其正当性不得不求取于调整社会关系、达成现实上共存的此种日常实际操作之中,而传统上,裁判正是那实际操作的场域。但是,近代法对于裁判的要求,乃是中立冷静地实现既存的客观规则,以确保法的安定性。两种角色的矛盾相当显著,而传统类型的要素,如同刑事裁判中的"公论""公愤"等机能一般,会在许多关键之处涌现出来,又导入近代法制度的政权本身所揭示的"社会主义法治理念",也忙于宣传司法对于政

① 关于笔者对此种局面的理解,参见拙稿《民间法论を超えて》,载《ジュリスト》1258 号,有斐阁 2003 年版,第 57 ~64 页;中文版参见[日]寺田浩明:《超越民间法论》,吴博译,载寺田浩明:《权利与冤抑:寺田浩明中国法史论集》,王亚新等译,清华大学出版社 2012 年版,第 394 ~408 页。

治的从属。

当然，由于市场经济化，利害纷争与私权保护的欲求皆会明显激增，但与此种“维权”相关的行动，并未立即导致近代法式权利保护需求的增加。这些维权行动中，大部分关于确保经济性权益的要求，由于国家方面的强力诱导等原因，藉由向各级政府陈情（信访）的方式，在行政救济的管道中获得处理。①

虽然现代中国也确实存在一套近代法制度，但是近代法在此发挥作用的空间，显然被局限在全体秩序中的一个狭小部分。

（三）社会基础型的法与全体秩序

那么，关于此种接受近代法的历史与现状，宜置于什么样的脉络中讨论？以往从近代法的角度讨论法的历史时，多数意见认为只有近代法才是法，并将此外的一切要素当作妨害法实现的法外部要素来处理。因此，那里设想的历史趋势，也以近代法 C 所描绘的近代法世界的完全实现作为当然的终点，并将现状定位在到达那里为止漫长过渡期中的某个地方。但立足于明清法研究的我们知道，在近代法的另一侧，是另外一种法的形态，对于任何人而言，从两种法形态的对抗、交错与改变等过程着眼进行讨论，都已成为最起码的出发点。而在掌握这两种法形态的交错、变化时，其间采取的方法，将会成为重要的问题。

因为，大致上说来，在此可以看出两个对抗轴。第一，是明清法以来的传统中国秩序形成方法（法的理念、公权力的任务、裁判的任务）

---

① 反过来也可以说，民众的经济权益保护欲求是一种政治资源，而围绕此种政治资源，有两种秩序构想持续展开争夺战。近代法型的秩序构想拟运用司法制度保护权利（然后要藉由保护的实际功绩获得自己的正当性）；而传统中国型的秩序构想是透过行政分配实现“应分之物”（然后要藉由“应分之物”的实现证明自己的有用性）。

与来自西方的秩序形成方法(法与权力在那里的形态)之间的紧张,这可以看作两个传统法理念的对抗,也可以看作传统中国法对于近代法的抵抗。然而,第二,在此也存在另外一个侧面,亦即传统(埋藏在历史社会里的法)与近代(从巫术中解放、基于理性的秩序形成)之间的紧张对立,这是全世界都可见到的现象。如前所述,在西方法上,近代法亦与其传统法对立,又就中国而言,近代法的导入是中国自身决定的,在此,显然包含着中国自身朝向近代蜕变的要素。以此观点来看则会发现,就连乍见之下与传统相似的制度(如革命时期的人民调解制度),其实也是有意识地获得选择的新制度("新传统")。

亦即与法的形态有关的对抗关系,虽然可以从传统的改变这个角度来理解,但同时也可以理解为近代理性作成了其他的选择。在现实上存在的相异之处,没有理由单纯地把它完全归因于传统的改变,也没有理由只针对西方有的要素才从理性选择的角度来进行讨论。必要的是,要整理这两个对比轴(不同传统相互间的对比轴,以及传统和近代之间的对比轴)相互之间的关连方式。思考跨越明清法和西方法的法概念这个工作,最终会走向这样的问题。

又根据本节到此为止的分析,关于这个问题,主要的着眼点在于:近代法(或更广泛地说,是存在其背后的强大主权国家权力与人类理性这两个要素)对于社会秩序此一历史性存在,渗透到了多深的程度?而在不同深度的每个层次里,历史性存在的呈现方式将会改变。或许,以下四个问题层次(理论的阶段)的区别,是可能且必要的。

第一,近代法制度——社会基础提供型的法——的导入装置这个层次是独立存在的,其基础在于近代主权国家权力与人类理性。关于这一点,和传统已经没有任何关系。

西方所发明,到近代才完成的社会基础型的法,与电器、铁道此等近代发明物一样,拥有压倒性的力量。在社会关系形成之际备妥此种选项,在任何人看来其利益都是显著的,尤其对于交换将来利益和风险的机制,就资本主义而言,若欠缺这个类型的法,其殆无成立可能。西方近代法的运作,系由近代国家的主权权力所支撑,而中国也和其他国家一样,运用自身的国家权力积极导入近代法。不过,既然近代法是按照制度的合理性来设计,关于其改良,就会产生国际性的合作与竞争。在法的层面上,与全世界彼此毗连的地方是确实存在的,而中国也已经加入其中。

第二,近代法制度——社会基础提供型的法——此种人为的、合理的、权力性的、片面性的法制度,以及遵循它的社会关系所呈现的形态,在各个社会中要如何对待,这个问题,与近代法制度本身具有的上述共通性要作区别,而由每个历史社会各自提问、各自回答。

我们在上面看到了近代法在中国的活动空间受到限制,但是,即使在西方社会,虽然法律关系与社会关系之间,及法律关系的维持与公权力的任务之间,通常被理解为具有正相关的关系,然而将近代法予以相对化的观点,也同样存在。亦即社会关系的法律关系化,从一方面来看,确实如同前面有关近代法 B 的讨论般,可能是将每个个人从依存当事人间人际关系的此种地方性社会关系或惯例式的制约之中解放出来的过程,或者是社会关系“除魅化”的过程,但从另一方面来看,这也是个体之间的关系变成以国家权力作为媒介(深化对于国家的体系性依赖)的过程。而且,在此处备置的法律关系所具有的性质,依其本质,为抽象的、形式的且限定式的,同时对于大多数的市民而言,法机制的内部关连是不明确的。因此,我们不能不意识到这样的危险性,即标榜从巫术中解放的近代法制度的利用本身,对于近代法的新手而言有可能成为另一种“巫术”。

甚至在西方近代中，近代法 B 型的社会关系合理化论述中所呈现出来的，也未必被理解为毫无束缚的社会状态。意识到这一点，又最终决定其归趋的，乃是位于近代法制度外部，产生并支撑近代法制度的整体秩序，亦即历史性地被创造、存在的社会。在现代中国，由于法律关系的贯彻与公权力角色的定位呈现着逆相关的关系，故可以强烈意识到两者的分界，而其分界点本身可能存在任何一个地方。

第三，孕生近代法的"除魅化"运动，不会仅止于运用近代国家的力量创造一套当作社会基础的法，其势必回过头来继续影响支撑着这套法的国家、社会及全体秩序。

首先，集中后的国家权力不只可以强迫改变具体的社会秩序形态，甚至也可以强迫改变人类的形态，既然将此种强大的权力交给了国家，则所有人都必须亲自积极地选取自己的秩序在现在与未来的形态。[①] 无论选择改革还是维持现状，所有人都会被迫按照人类理性重新检讨、验证自己所在的整体秩序。上面所述如何对待近代法的问题，实际上不得不和这个问题一起解决。

其次，前面所见的近代法 C 和社会契约论型的世界观，与其狭隘地把它们理解为支撑近代法制度的论述，毋宁应该理解为世界史上对全体秩序进行反省的理论先驱。在此，就连人的形态也会成为重新定义的对象。此外，若将透过近代国家与近代法达到的成果原原本本地投射到人类秩序中，则制度形成的所有要素完全内化于每一个个体中的人类图像将被描绘出来，而国家在这幅秩序图像中，将再次被重新

① 人们努力思考自己所在秩序的形态，又依据思考的成果将秩序改造得更好，这种尝试本身当然不待近代到来也会存在。但是，在主权国家成立的近代以后和近代以前，人们因此得以活动的范围全然不同。

构筑。在此存在的情况,几乎接近循环论证。但是,说起来,近代共产主义也只是透过这种理性重构出来的全体秩序的其中一个种类。也可以说,在强迫人们“翻身”成为共产主义式的人类的那个阶段,中国已用充分的方法加入了这个世界。①

在对全体秩序进行反省的过程中,各式各样理性的整体秩序图像会被提出。的确,若正视资源的有限性,则不可能将个体利益视为绝对。实际上,即使在近代国家的形成阶段,也唯有在严峻的国际环境中谋得国家的存立,才可能有国民的权利,甚至在除去国家框架的情况下,唯有人类全体获得生存,个体才有可能生存。或许,与近代法的意识形态成立之时相比,目前,来自全体共存方面的制约,其重要性已远远增加。在有限的资源中,关于全体的共存与个体的固有权保障之间,其平衡要如何拿捏,又其调整作业要由个体或全体主导进行,存在各式各样的调和方式可以选择。在那里呈现的理论性对比结果,仿佛第一节所见的东西方法秩序的对比,又这些对比的结果反过来也告诉我们,历史上的东西方法秩序差异,并非只是历史先后的关系,而毋宁具有另一个侧面,即此种差异是“类群与个体”这个人类永恒课题的展现。因此,指出传统中国法具有出人意表的“现代性”的相关论述,或许也会成立。

但是,不管论题如何相似,此处的对比已经不是历史事实上的东西方差异,而是人类(首先以民族国家为单位)所作价值选择和制度选择的差异。又任何人都必须以普遍性的言语,说明那些制度和价值被采用的理由。这样的讨论从一方面来看,可以说是藉由积极带入亚洲

① 在此意义上,从民族传统的方面来拥护现代中国法的形态,乃是相当怪诞的事情,不过,以下第四论点或许仍然成立。

传统的价值,将有关人类理性的问题从西方的独占中解放出来的过程;但从相反方面来看,也可以说是亚洲以此种形式最终被卷入西方式论述方法(有利于西方的立场)的过程。确实,在此过程里,无论谈论了什么,论述的内容都只会成为近代法意识形态的改订版本。与法相关的文化问题,至少在理论层面,会以这样的方式,在理性的选择中再生或消灭。

第四,如上所述,理性主义式和建构主义式的秩序形成在现实中具有界限,这个问题将来大概仍会继续存在。是否只要我们想改变某些事物,秩序就会相应地改变?关于现实中支撑真实秩序的事物为何,我们仍不清楚其全貌。法的文化要素是此种难以处理的事实部分,而其日后应该也会以此种状态在各个社会中悄悄地持续发生作用。

看起来,本文似乎一再追问着同样的问题,但实际上问题的情境却如此漂浮不定。或者反过来说,即使问题的情境不断浮动着,但同样的主题却执拗地反复出现。当然,不必赘言,这四个问题都不仅是中国的问题,在导入近代法的所有国家里,同样的问题都有可能发生。

五、结语

以上几乎是笔者迄今为止围绕“从明清法看比较法史”这个课题所进行的理论性考察的全部内容。如同最初的预告般,在第一节至第三节中所看到的问题,都与裁判和规则此项论题一点一点地产生关联。但是,发生关联的方式,三者之间稍微有所不同。最后,笔者拟整理这些问题点,以结束本文的分析。

首先,第一节是与社会中的规则性有关的问题。此种规则性,无论在哪个社会里都或多或少可以看到。但是,未必每一个社会都会小至为了个别判决的正当化,大至为了裁判运作本身的奠基,而调集那些规则性。在传统中国,市场社会中的规则性是“市道之交”,而公权力认为这些规则性贯彻的结果只是弱肉强食的降临,故而站在体现全体共存此一价值的至公无私者的立场上,抑制这些市场方面的规则性,并从中寻找自身的存立之道。与此相较,西方型的公权力则是扮演社会规则性守护者的角色,并在当中找出存立之道。在那里,竖立着如下的理解架构,即社会里潜藏着所有人都实际遵循,且在理念上认为应当遵循的一般理法,而个别纷争也应该要依照那些理法处理。裁判权力是那些理法最重要的仆人,反过来说,其以最重要仆人的角色而君临于其他人民之上。在这当中,社会里的规则性分化为伴随权力强制的部分与不伴随权力强制的部分,而前者逐渐明确化,不久之后,从中产生了私法的体系。

相对于此,第二节里出现的规则性,基本上是裁判制度内部的问题。无论裁判的奠基为何,只要规模庞大的裁判制度持续运作,其所作判断的总体一贯性,以及该裁判制度的多数成员针对各式各样案件同时并行下达的判断的“画一性”,一定会受到要求,而为了满足此种要求,必须努力进行相关的擘画。其擘画的内容之一,是由组织的中央制定实定法规,要求基层的官吏遵守,中国律例的定位,即在于它是这个脉络中出现的现象之一。另外,在传统中国,裁判制度中下达的判断,其规则性可能会受到追问,但是成为这些规则性的素材者,也是裁判机关下达的判断。在此意义上,此处所谓的规则性,结果变成了规则性的自我认同问题。而只要是正派的主体进行的判断,传统中国的判决将自然成为一个具备松散体系性的总体。当然,将存在此处的整体思考方式当成法提出来讨论也是有可能的,[①]但是,该整体思考方式会全面性地渗透到这里所生存的所有人的所有判断中,并与这些判断一体化,因此,即使想要运用它建构起规则如何对于个别判决进行制度性统制的相关论述,仍将无法顺利进行。

第三节中所见的规则性,是形成社会关系的工具所拥有的规则性。国家权力制造了符合某种要件则所定的结果必然实现的机制,广泛地提供人民利用,而人们在缔结社会关系时也会利用它们,规则型的法制度将此种机制作为其一部分而创造出来。要设计什么样的工具,以及在此机制内要设定什么样的因果关联,即规则性,这是人类从制度合理性的观点来决定的问题。到了近代,前近代时在西方初步存在的此种机制飞跃性地扩大,几乎在全世界攻占了法与裁判的全部领域。在此,所有的规则都变成是人类(具体而言是国家权力)从合理性的观点创造出来的东西,而法院主要的任务也变成以权力确保此种因果关联(法安定性的确保)。当然,国家并非什么都可以决定。此外,无论近代主权国家的权力如何强大,其力量仍有限制,决定的内容未必全部都能实现。而与规则相关的旧有理念与想法,更名为理性或自然法,仍然在那里发挥着功能,但它业已作为国家立法的制约原理而起作用,不再直接规定秩序。

围绕裁判与规则的关系所看到的此种变奏,如众所周知般,在西方法史上,被定位在人类把社会中固有的规则性明确化、自觉化,并将自己的社会改造成符合理性的此种直线式的发展历史中。根据这样

① 实际上,到目前为止就传统中国法所进行的研究内容,无论是身份法研究还是刑事法研究,皆是对于(皇帝或皇帝官僚制度代表的)全体正派中国人心理层面具有的价值体系和思考理路进行的复原作业。

的整理,看起来上述三个问题点确实都是法治这个课题的各种展现。但明清法制史的研究告诉我们,这三者的维度稍微有异,若试着列举其不一致的地方,除了引用规则性的方式之外,尚有裁判运作方式的不同。亦即,实定法以及裁判中的法解释,未必只在法治类型的裁判奠基此一脉络下进行。在个别主义式的裁判中,实定法的制度也很发达;而在规则型的裁判中进行的法解释,也未必仅朝向裁判奠基的方向前进。而作为社会基础的法制度,在本质上只是一种装置,它之所以具有规则性,乃因为它是为了此种用途而设计的装置,而支撑它的,与其说是法观念,毋宁说单纯只是近代国家的权力。但是,中西的这些差异之处,在某些意义上也各别与其社会正义相关,在各自的意义上它们或许都可以被称为法。

即使局限于有关规则性的某个论点,如上所述,每个维度的对比对象与对比基础都不相同,而这些维度有时甚至也会互相交错。在未区分维度的情况下,将此论点与中国的各种事实和现象进行对比,不可能成为一个持平的讨论。

法这个现象,由意外多样的维度构成。是以,为了创造出比较法史研究的普遍性理论架构,我们仍须投入更多的努力。

从明清法律文书看社会、法律制度的变与不变[*]

陈惠馨

一、绪论

本文透过《大明律》、《大清律》及《钦定户部则例》有关人口的相关规定，分析明末清初与清末民初之际法律与社会变动的关系。当代人对于清朝法规范的认识主要以《大清律》为主；[①]但《大清律》之外，清朝各部会还订有各种"则例"规范各相关事务。以跟户口有关的法规范为例，除了《大清律·户律》户役门之外，乾隆朝《钦定户部则例》针对旗人与直省人民户口制度也有规定。

本文比较明朝《大明律》与清朝《大清律》有关人口制度的规定，并分析清朝《钦定户部则例》，藉此说明清朝统治者以少数民族入主中

---

* 本文初稿曾发表于2014年9月香港中文大学历史系举办的"明清法律与社会变迁"会议。

① 本文在此用《大清律》指称研究者称呼清朝之《大清律例》。清朝统治中国之初，顺治四年颁布之法规范名为《大清律集解附例》，今日学术界所称《大清律例》是乾隆五年修订《大清律》时确定之名称。参见田涛、郑秦点校：《大清律例》"点校说明"，法律出版社1999年版，第1～4页。

原,统治中国之际,如何运用既有明朝法律结构,统治多数汉人并透过《钦定户部则例》响应社会变迁。清顺治年间颁布的《大清律集解附例》序言中提到,这部法律是通过“详译明律,参以国制”而订定的。[①]

究竟顺治年间清朝统治者在“详译明律”时参考《大明律》的哪个版本?当时如何“参以国制”订定《大清律集解附例》?另外,清朝统治中国之初,满人“从龙入关”,虽然人数无法与中原汉人数量相比,但是,入关之后的满人是主要统治阶级,对于中国整体人口结构有重大影响。清朝如何运用法规范处理社会的变与不变?清朝除了“详译明律”,颁布《大清律集解附例》外,还订定了哪些法规范?清朝在顺治四年(1647 年)颁布《大清律集解附例》与《大明律》在内容上有哪些相同与相异之处?这些都是本文讨论的重点。

《大清律集解附例》的结构与《大明律》相同,都分为七篇,包括《名例律》、《吏律》、《户律》、《礼律》、《兵律》、《刑律》及《工律》,内容太多无法一一进行比较。本文仅选择跟人口相关的规范进行比较,藉以说明清朝法律如何处理满人与汉人户口制度并藉此说明清朝法律如何响应社会变迁。

本文分为三部分:第一部分比较清朝、明朝法律与户口制度有关的规定,主要着重以《户律篇》户役门“人户以籍为定”律文与条例规定进行比较,说明清朝统治者如何运用法律处理社会人口变迁现象及

---

① 顺治朝究竟于顺治二年、三年或四年颁布《大清律集解附例》,众说纷纭。参见王宏治、李建渝:《〈顺治律〉补述》,载《法律史学研究》(第一辑),中国政法大学出版社 2004 年版,第 125 ~ 132 页。两位作者认为顺治三年说应该采取制成奏定时间,四年说则采颁布施行时机。全文参见 google 图书网页:https://books. google. com. tw/books,最后访问日期:2015 年 4 月 27 日。另参见黄彰健编:《明代律例汇编》(上册),台北,“中央”研究院历史语言研究所 1979 年版,第 55 页。

明、清两朝法律规范的变与不变。① 第二部分探讨清乾隆朝《钦定户部则例》有关户口制度的规定，说明清朝统治者除了延续明朝《大明律》规范模式在《大清律集解附例·户律篇》规范户口问题外，更以《钦定户部则例·户口门》处理旗人与直省人民户口的相关事项。第三部分从清朝光绪末年有关建议如何处理满汉畛域相关奏折的内容，探讨清朝末年法律与社会变迁的关系。②

二、比较《大明律》与《大清律》与户口有关之《户律篇》户役门规定

清朝在顺治年间公布《大清律集解附例》时，于序言中写道：

> 朕惟太祖、太宗创业东方，民淳法简，大辟之外，惟有鞭笞。朕仰荷天休，抚临中夏，人民既众，情伪多端，每遇奏谳，轻重出入，颇烦拟议。律例未定，有司无所禀承。爰敕法司官广集廷议，详译明律，参以国制，增损剂量，期于平允。③

上述这段话旨在说明清朝统治中国之初，订定法律时的考虑。序言说明清朝创业东方，原来是一个“民淳法简”社会，处罚规定，除了大

① 关于《大清律集解附例》与明律的差异讨论甚多，可参见王宏治、李建渝：《〈顺治律补述》，载《法律史学研究》（第一辑），中国政法大学出版社 2004 年版，第 130 ~ 132 页；瞿同祖：《清律的继承和变化》，载《历史研究》1980 年第 4 期。

② 法律与社会变迁的研究与论述，请参见 Sally Falk moore, “Law and social change: The semi-autonomous social field as an appropriate subject of study”, *Law & Society Review*, Volume 7, Num. 1, Fall 1977, pp. 719 – 746。在这篇文章中 Moore 教授强调许多中央集权政府往往透过立法企图改变社会，但是创新立法往往可能无法达到立法的目的（参见第 723 页）；清朝政府在清朝初期则选择沿用明朝的法律。

③ 本段文字取自《世祖章皇帝御制大清律原序》，网络上可看到此序全文，参见 http://lsc.chineselegalculture.org/eC/DQLL_1740/2.1，最后访问日期：2014 年 8 月 16 日。

辟之外，只有鞭笞。也就是说，清朝开始统治中国时，清朝统治者自己的社会既有法律制度是简单的。但是，为了因应中夏数量甚多人民（主要是汉人），清朝统治者乃“详译明律，参以国制，增损剂量”，订定清朝初期的重要法律规定——《大清律集解附例》。

究竟清朝如何“详译明律”，所“详译明律”究竟是哪个版本的“明律”？其内容为何？经过清朝法司官广集廷议“参以国制”之后，当时订出的《大清律集解附例》内容为何？清朝政府如何“增损剂量”？如是种种，值得进一步研究。瞿同祖曾比较明、清律之差异，并强调清朝延续明朝法律的重要意义。① 王宏治与李建渝仔细比较了某些条文内容，则强调《大明律》与《大清律》的差异之处。② 本文针对《大明律》与《大清律》有关户口制度的规定进行比较分析，说明清朝统治者如何选择，修订明朝法律并建立新的法律，因应清初社会变迁。

前面提到，《大明律》与《大清律》在结构上都分为七篇体例，本文主要选择第三篇《户律篇》有关户口的规定进行分析。由于现存《大明律》与《大清律》版本甚多，③本文在《大明律》部分主要参考王樵私笺、王肯堂集释《大明律集解附例》；这个《大明律》版本附有万历十三年（1585）及万历四十年（1612）序言。④ 至于《大清律》，选择附有康熙九

---

① 瞿同祖：《清律的继承和变化》，载《历史研究》1980 年第 4 期。

② 王宏治、李建渝：《〈顺治律〉补述》，载《法律史学研究》（第一辑），中国政法大学出版社 2004 年版，第 133 ~ 134 页。

③ 当代明律各种版本，请参考黄彰健编：《明代律例汇编》（上册），台北，“中央”研究院历史语言研究所 1979 年版，第 1 ~ 61 页。黄彰健教授在序中介绍了他所见到明宪宗以后的明代律例刊本与抄本。

④ 目前藏于东京大学东洋文化研究所，标题为万历四十年王樵私笺、王肯堂集释《大明律集解附例》；内附有王肯堂“律例笺释自序”及万历十三年“进新刻大明律附例题稿”等字，其后并有五刑之图、狱具之图及丧服总图等诸图，接着是弘治十年奏定“附真犯杂犯死罪”等条文，后面才是《大明律》总目凡 460 条计 30 卷。

年(1670)及四十一年(1702)序文之钱氏思补堂刊本《大清律笺释合钞三十卷》。[①] 之所以选择这两个版本,是因为其在户役门有关"人户以籍定"条律文及条例规定方面有高度相似性;针对这个条文进行比较,或许能说明清朝如何参考明朝法律处理人口的问题。[②]

(一)比较明、清《户律篇》户役门"人户以籍为定"条规定

万历四十年(1612)王樵私笺、王肯堂集释《大明律集解附例·户律篇》户役门共有15个条文。这些条文标题分别为:(1)脱漏户口;(2)人户以籍为定;(3)私创庵院及私度僧道;(4)立嫡子违法;(5)收留迷失子女;(6)赋役不均;(7)丁夫差遣不平;(8)隐蔽差役;(9)禁革主保里长;(10)逃避差役;(11)点差狱卒;(12)私役部民夫匠;(13)别籍异财;(14)卑幼私擅用财;(15)收孤养老。

《大明律集解附例·户律篇》这15条律文规定跟《大清律笺释合钞三十卷·户律篇》户役门15条律文内容几乎完全一致;有变化之处在于清朝在15条律文中增加小注,并删除律文后所附某些条例或大明令的规定。另外,清朝在保留明朝大明令内容时,删除了"大明令"

① 目前藏于东京大学东洋文化研究所,附有康熙四十一年序钱氏思补堂《大清律笺释合钞三十卷》刊本,应该也是康熙九年版本,因为在这个刊本中附有清朝刑部衙门说明如下:"刑部等衙门题为请旨事,该刑部提前事内开律内未译小字业经译完,但阅大字内有满字不符汉字者亦有汉字未译满字者,查系顺治三年内院校定议发臣部,其不符及未译之处,臣等不便即为改正。况律文一代大典所关,应仍请敕内院,将满汉文义不符及未译之处校定画一交发臣部之日刊刻遵行可也……"在这段文字后面并列有"康熙九年十二月十二日题,十六日奉旨依议"等字。参见钱氏思补堂《大清律笺释合钞三十卷》刊本,卷首,五刑之图前的说明,史—政书—法令—律学,索书号:大木—法类—律例—102,东洋文化研究所汉籍目录,编号:B3802200。

② 目前日本东京大学东洋文化研究所汉籍善本全文影像数据库中,收有这两部法典,其中《大清律笺释合钞三十卷》缺卷一至卷三内容。如无特别说明,本文所引《大明律集解附例》及《大清律笺释合钞三十卷》均为此版本。在下文的脚注中,不再另外标注所藏地点及数据库。

三个字。由于15条律文内容甚多，下面仅比较与人口制度有关的户役门第2条“人户以籍为定”的内容。

《大明律集解附例》“人户以籍为定”条除了律文外，还附有大明令及两个条例，说明如下：

第一，“人户以籍为定”条律文内容：“凡军民驿灶医卜工乐诸色人户并以籍为定，若诈冒脱免避重就轻者，杖八十。其官司妄准脱免及变乱版籍者罪同，若诈称各卫军人不当军民差役者，杖一百，发边远充军。”①在这个版本中的律文后面，直接附有王樵私笺、王肯堂集释说明。

第二，大明令内容：“凡军民医匠阴阳诸色人户，许各以原报抄籍为定，不许妄行变乱，违者治罪，仍从原籍。”

第三，条例一内容：“军户子孙畏惧军役，另开户籍或于别府州县入赘寄籍等项，及至原卫发册清勾买嘱原籍官吏里书人等，捏作丁尽户绝回申者，俱问罪。正犯发烟瘴地面，里书人等，发附近卫所俱充军，官吏参究治罪。”

第四，条例二内容：“各处卫所并护卫仪卫司官军舍余人等及灶户置买民田一体坐泒粮差，若不纳粮当差致累里长包赔者，俱问罪，其田入官。”

上述“人户以籍为定”条律文与两条条例与附有康熙九年及四十一年(1702)序，清朝钱氏思补堂《大清律笺释合钞三十卷》版本同一条律文及条例相同度甚高；有变化之处仅在于《大明律集解附例》中的“大明令”被删除；另外，《大清律笺释合钞三十卷》“人户以籍为定”条

① 从这条律文可以了解明朝人民分为军、民、驿、灶、医、卜、工、乐等人户，在户籍上会呈现上面不同地位人们的身份。这条法律对于人民及官司妄准人民脱免及变乱户籍时都要加以处罚。

律文增加小注。增加小注后内容如下：①

> 凡军民驿灶医卜工乐诸色人户并以(原报册)籍为定,若诈(诈军为民)冒(民)脱(匠)免避(已)重就(人)轻者,杖八十。其官司妄准脱免及变乱(改军为民改民为匠)版籍者罪同(军民人等各改正当差),若诈称各卫军人不当军民差役者,杖一百,发边远充军。

《大明律》与《大清律》"人户以籍为定"条律文与条例结构的高度相似性,说明清朝统治中国初期,从顺治四年(1647)到康熙四十一年(1702)之《大清律笺释合钞三十卷·户律篇》户役门"人户以籍定"条文的维持,与万历四十年(1612)《大明律集解附例》的相关规定高度类似;有变化之处,仅在于删除大明令规定。这是否说明清朝有关人民户口制度,基本上依循明朝政策而未作大变动?值得进一步了解。如果仅看这个条文,或许可以说明清朝统治中国之初,基于考虑其统治人民主要是明朝汉人,因此有必要维持明朝既有户口制度的相关规定。

但清朝统治者如何处理新发生的社会情境呢?清朝在入主中国之后,废除明朝军卫制度。清朝军事防卫事务主要由满人、蒙人及汉军组成的八旗负责。这是否表示《大清律笺释合钞三十卷》"人户以籍为定"条律文依旧维持明朝"军、民、驿、灶、医、卜、工、乐诸色人户并以(原报册)籍为定"之规定与实际社会状况有所落差?清朝究竟如何因应社会变迁?除比较清朝与明朝有关《户律篇》户役门其他条文外,或

① 在《大清律笺释合钞三十卷》与《大明律集解附例》版本的排列方式不同。例如,前者的版本分为上、下两个字段,有关该条文的说明解释主要放到上字段,而后者的说明直接放到律文之后,并在律文与说明之后附上条例规定。

许还要了解清朝是否另外有其他法规范的订定。

本文下面先比较《大清律集解附例》与《大明律集解附例》中关于《户律篇》户役门的其他条文结构，以便了解清朝法律对于社会变迁情形是否有所回应。

比对《大清律集解附例》与《大明律集解附例》关于《户律篇》户役门15条规定可以发现，清朝在各条律文原则上保持明朝律文文字，仅删除某些条例或大明令规定，但也因应社会变迁需要而增加某些条例。[①] 下面透过分析《大清律集解附例》增加之条例与变动之大明令或条例，说明顺治年间清朝法司官如何“详译明律，参以国制，增损剂量”。

(二)《大清律笺释合钞三十卷·户律篇》户役门增加之条例

比较《大明律集解附例》与《大清律笺释合钞三十卷》后，可以确定清朝透过增加新条例，因应新社会情境的变迁。

1.《户律篇》户役门第5条“收留迷失子女”条增加之条例

《大清律笺释合钞三十卷·户律篇》户役门第5条“收留迷失子女”条律文后，清朝加入标题为“隐匿满州逃亡新旧家人”新条例：

> 一、凡隐匿满州逃亡家人者须逃案，先在兵部准理。或被旁人告首，或失主察获，或地方官察出，将隐匿之主及邻佑九家、百家长尽行捉拏，并隐主家资，起解兵部审明记簿，转送刑部勘问的确，将逃人鞭一百，归还原主；隐匿犯人处斩，其家资无多者，给失主；家资丰厚者，或全给、半给，请旨定夺处分。将本犯家资三分

① 例如，在立嫡子违法条例中将“凡无子立嗣除依律令外”的“令”字删除。比较王樵私笺，王肯堂集释：《大明律集解附例》卷三，第9页；《大清律笺释合钞三十卷》刊本，卷四，第5~6页。

之内,以一分赏给首告人,大约不出百两之外。其邻佑九家、百长,各鞭一百,流徙边远。如不系该地方官察出者,其本犯居住某府、州、县,即坐本官以怠忽稽察之罪;府降州,州降县,县降县丞。若本犯出于某县,其该管上司,若知州、知府、道官,计隐一人,罚俸一个月,至十二人,应罚俸一年,则降一级;该管巡抚失于稽察,亦计逃人多寡,递为罚俸;巡按失于稽察,回道严加考核。各地方逃人,若经一月不行察送者,本府、本州、本县官如律问罪。知府、司道,若系所属地方,其逃人经四十五日以内不行察送者,如律问罪;抚按六十日以内不行察送者,如律问罪。如隐匿之人自行出首,罪止逃人。或一邻举首,亦罪止逃人,并隐匿之人,余俱无罪。如邻佑、百家长举首,亦将隐匿家资,赏给三分之一;自回投主者,隐匿之家并左右二邻,俱流徙边远;余邻七家、十长,各责五十鞭;该管官员及百家长俱免罪;抚按及各该地方官,以察解之多寡,为功殿最。有犯此律者,欲赦不赦。①

条例说明:"此条,本朝特重逃人而设有,新例备详在督都现行例内。"②这个新增条例说明强调清朝对于满州逃亡家人一事的重视并规定逃人案件主要由兵部与刑部共同处理。隐匿逃人者,将受到处斩刑处罚且失去家资。条例并针对如何分配隐匿犯人者家资,以及如何处罚隐匿者之邻佑、九家及百家长,以及各级官员的处罚;例如,规定"其本犯居住某府、州、县,即坐本官以怠忽稽察之罪;府降州,州降县,县

① 参见东京大学东洋文化研究所附有康熙四十一年序钱氏思补堂:《大清律笺释合钞三十卷》刊本,卷四,第7~8页。分类号:史—政书—法令—律学,索书号:大木—法类—律例—102,东洋文化研究所汉籍目录,编号:B3802200。

② 同上书,卷四,第7~8页。

降县丞”之处罚，以及“其该管上司若知州、知府、道官，计隐一人，罚俸一个月，至十二人，应罚俸一年，则降一级；该管巡抚失于稽察，亦计逃人多寡，递为罚俸；巡按失于稽察，回道严加考核。”

这个新增条例说明，清朝统治者对于满州家人行踪掌控的重视；也说明，清朝统治者在牵涉统治集团利益时，如何“详译明律，参以国制，增损剂量”。①

2.《户律篇》户役门第10条“逃避差役”条增加之条例

“逃避差役”条律文后增加一个条例，这个条例没有标题，其内容为：

> 一因兵荒逃避之民，有司多方招抚仍令附籍复业当差，或年久逃远，府州县造逃户周知文册，备开逃民乡里、姓名、男、妇口数、军、匠、灶等籍及遗下田地税粮若干，原籍有无人丁应承粮差，送各处抚按督令复业。其已成家业，愿入籍者给与户由执照附籍当差；如仍不首，虽首而所报人口不尽或展转逃移及窝家不举首者俱发附近卫所充军。②

这个条例主要处理“逃民”，所针对的“民”主要为汉人。从条文

---

① 参见胡祥雨：《“逃人法”入“顺治律”考——兼谈“逃人法”的应用》，载中国人民大学清史研究所网页。作者在此文中说明：“台湾学者刘景辉最早注意到尽管顺治律和大明律高度相似，但逃人法暨‘隐匿满洲逃亡新旧家人’律仍体现出顺治律和明律的不同。日本学者谷井俊仁认为，‘隐匿满洲逃亡新旧家人’律可以很好地解释顺治律制定的时间差。他认为，顺治律在顺治三年（1646）五月已经完成，但是由于逃人法尚未入律，所以没有颁行。直到顺治四年（1647）三月二十四日‘隐匿满洲逃亡新旧家人’律完成后才颁布执行。”以上文字取自下面网页：http://www.iqh.net.cn/info.asp? column_id=7830，最后访问日期：2015年4月27日。

② 参见东京大学东洋文化研究所附有康熙四十一年序钱氏思补堂：《大清律笺释合钞三十卷》刊本，卷四，第12页。分类号：史—政书—法令—律学，索书号：大木—法类—律例—102，东洋文化研究所汉籍目录，编号：B3802200。

内容可以看出清朝统治者对于满州“逃人”处罚比对于汉人“逃民”处罚相对轻微。在清朝多数法规中，对于汉人犯罪处罚往往比满人为重，但是在关于逃人规定中则有不同考虑，或许与以满人为核心的统治团体人数多寡将影响其统治实力有关。①

（三）《大清律笺释合钞三十卷·户律篇》户役门变动之大明令或条例

比较《大明律集解附例》与《大清律笺释合钞三十卷》后，可以确定清朝在《户律篇》户役门中对于某些条例或大明令进行的变动处理。例如，《大明律集解附例·户律篇》户役门“立嫡子违法”律文后所附三条大明令及两条条例被整合到《大清律笺释合钞三十卷》“立嫡子违法”律文后的三个条例。其中一条大明令规定被移到《户律篇》婚姻门“男女婚姻”条之条例，另一条例则被移到《刑律篇》斗殴门“奴婢殴家长”条。

1.《户律篇》户役门“立嫡子违法”条大明令与条例变动情形

《大明律集解附例·户律篇》户役门“立嫡子违法”律文后有三条大明令规定。其中两条大明令成为“立嫡子违法”条之条例，一条大明令被移动成为《户律篇》婚姻门“男女婚姻”条例。该大明令内容如下：

> 凡招婿须凭媒妁明立婚书，开写养老或出舍年限；止有一子者，不许出赘。如招养老女婿者，仍立同宗应继者一人承奉祭祀，

---

① 有关满汉人在刑法处罚方面的差异，请参见吏部文选司员外郎胡潜在光绪三十三年八月十七日的奏折，收于《清末筹备立宪档案史料》（下册），五、满汉关系；台北，文海出版社 1981 年版，第 952 页（以下所引均为此版本，不再标注），在奏折中八个建议其中之一标题为“不分满汉之刑罚”。

家产均分,如未立继身死从族长依例议立。[1]

这条被移到《大清律笺释合钞三十卷·户律篇》婚姻门“男女婚姻”条例之大明令,其文字没有变动。[2]

《大明律集解附例·户律篇》户役门“立嫡子违法”另一条例没有被清朝纳入;后来这个条例在嘉庆六年(1801)被纳入《大清律例·刑律篇》斗殴门“奴婢殴家长”条成为条例。该条例在《大明律集解附例》“立嫡子违法”条中被标为“续例”。其规定如下:

今后官民之家凡倩工作之人立有文券议有年限者,以雇工人论。止是短雇月日受值不多者,依凡论。其财买义男,如恩养年久,配有室家者,照例同子孙论;如恩养未久,不曾配合者,士庶之家依雇工人论,缙绅之家比照奴婢律论。[3]

这条“续例”主要对于雇工人身份加以厘清,如果“官民之家”“凡倩工作之人立有文券议有年限者,以雇工人论”,身份比照“凡人”。如果是“财买义男”则区分有无恩养,或根据恩养时间判定其身份应该比照子孙、雇工人或奴婢律加以决定。《大清律笺释合钞三十卷·户律篇》户役门并未将这条“续例”规定纳入。但是在薛允升所编《读例存疑》中可以看到清朝于嘉庆六年修改了明朝这条“续例”内容,成为《大清律例·刑律篇》斗殴门“奴婢殴家长”条之条例。其内容如下:

---

① 在《大明律集解附例》版本,有并排小字说明:“右令三条尽法意合人情,大凡同姓争承继,异姓争分财产者不出此断案矣。”参见王樵私笺,王肯堂集释:《大明律集解附例》卷四,第9页。

② 比较《大明律集解附例》卷四《户役门》,第9页;《大清律笺释合钞三十卷》卷六《婚姻门》,第3页。

③ 参见王樵私笺,王肯堂集释:《大明律集解附例》卷四,第9~10页。

白契所买奴婢,如有杀伤家长及杀伤家长缌麻以上亲者,无论年限及已、未配有室家,均照奴婢杀伤家长一体治罪。其家长杀伤白契所买、恩养年久、配有室家者,以杀伤奴婢论。若甫经契买未配室家者,以杀伤雇工人论。至典当家人隶身长随,若恩养在三年以上,或未及三年,配有妻室者,如有杀伤,各依奴婢本律论。傥甫经典买,或典买隶身未及三年,并未配有妻室,及一切车夫、厨役、水火夫、轿夫、打杂受雇服役人等,平日起居不敢与共,饮食不敢与同,并不敢尔我相称,素有主仆名分,并无典卖字据者,如有杀伤,各依雇工人本律论。若农民佃户、雇欠耕种工作之人,并店铺小郎之类,平日共坐共食,彼此平等相称,不为使唤服役,素无主仆名分者,如有杀伤,各依凡人科断。至典当雇工人等议有年限,如限内逃匿者,责三十板,仍交与本主服役。[①]

这个修改的条例说明清朝立法者在订定此一条例时,显然是配合清朝社会状况而有所修正,此可从条例出现"典当家人隶身长随"和"车夫、厨役、水火夫、轿夫、打杂受雇服役人等"字眼可以看出。

2.《户律篇》户役门第6条"赋役不均"条之大明令及条例删除

《大明律集解附例·户律篇》户役门第6条"赋役不均"条原来有两条大明令、两条条例及附有"会典"之内容。在清朝时下面两条大明令及会典内容被删除,另外两条条例则被保存。被删除之两条大明令如下:

凡民年八十以上止有一子,若系有田产应当差役者,许令雇

---

① 参见寺田浩明教授网页《读例存疑》,《刑律篇》斗殴门"奴婢殴家长"条,第5条例,载 http://www.terada.law.kyoto-u.ac.jp/dlcy/index.htm,最后访问日期:2015年4月29日。

工人代替出，官无田产许存侍丁与免杂役。

凡民间寡妇年三十以前，夫亡守志至五十以后，不改节者，旌表门闾，除免本家差役。①

这两个被删除的大明令后来是否在清朝其他法规范中被纳入，尚待进一步研究。而被删除的明朝会典内容如下：

洪武十七年令，各处赋役必验丁粮多寡，产业厚薄以均其力违者罪之。

十八年令，有司第民户上中下三等为赋役册贮于厅事，凡遇徭役取验以革吏弊。

二十六年定，凡各处有司十年一造黄册分豁上中下三等人户仍开军民灶匠等籍除排年里甲依次充当外其大小杂泛差役，各照所分上中下三等人户点差。

嘉靖十五年题准，今后凡遇审编均徭务要查照律例申明禁约如某州县银力二差原额各该若干，实该费银若干，从公查审，刊刻成册，颁布各府州县候审编之时，就将实费之数编作差银分为三等九则，随其丁产量差重轻，务使贫富适均毋致偏累违者纠察问罪。

四十四年议准，江南行十段锦册法算该每年银力差各若干，总计十甲之田派为定则，如一甲有余则留二三甲用不足即提二甲补之。

隆庆四年题准，江西布政司所属府州县各项差役逐一较量轻重系力差者则计其代当工食之费量为增减，系银差者，则计其扛

① 王樵私笺，王肯堂集释：《大明律集解附例》卷四，第12～13页。

解交纳之费加以增耗通计一岁共享银若干照依丁粮编派开载各户由贴立限征收，其往年编某为某役某为头户贴户者，尽行查革；如有丁无粮者，编为下户，仍纳丁银，有丁有粮者编为中户，及粮多丁少与丁粮俱多者编为上户俱照丁粮并纳着为定例此一条鞭法之始。[①]

上述被删除的会典内容与明朝不同时期之政策有密切关系，这显示清朝立法者在订定《大清律》时，确实有“增损剂量”。

从比较分析清朝康熙四十一年《大清律笺释合钞三十卷》与万历四十一年《大明律集解附例》两个法典之《户律篇》户役门相关条文可以看到，清朝统治者统治中国初期，一方面宣称延续明朝法律制度，另一方面针对其所面临中原地区新的社会情境，通过订定新条例，变动原有大明令、条例及明朝会典之内容而有所因应。在《大清律集解附例・户律篇》户役门之内容中看不到清朝统治者如何处理新加入中国之满人、蒙古人与汉军之户口制度，但乾隆朝《钦定户部则例》则在户口门区分以满人、汉军与蒙古人为主的“八旗户口”及以明朝人民为主的“直省户口”加以规范。

三、乾隆朝《钦定户部则例》有关户口的规定

乾隆朝《钦定户部则例》卷一到卷四主要规范户口事务，其中卷一与卷二规范八旗户口，卷三与卷四规范直省户口。[②] 究竟清朝统治者

---

① 王樵私笺，王肯堂集释：《大明律集解附例》卷四，第 13 ~ 14 页。

② 故宫博物院编《钦定户部则例》之内容，出现乾隆二十六年、四十一年、四十五年及四十六年等字眼。参见故宫珍本丛刊：《钦定户部则例》（第 1 册），海南出版社 2000 年版，第 1 ~ 5 页。关于户口之规定，主要在第 46 ~ 71 页。

何时开始在《大清律集解附例》之外另以《钦定户部则例》处理户口问题,还待研究。[①] 乾隆朝《钦定户部则例》内有清朝户部提出之奏折说明,自乾隆二十六年(1761)开始,户部将有关成例案件参校,在乾隆四十一年(1776)完成共12门、例2729条之《钦定户部则例》。[②]

乾隆朝《钦定户部则例》卷一户口"八旗户口上"共9条例文,卷二"八旗户口下"有11个;卷三与卷四规范"直省人口",卷三有4个条文,卷四有7个条文,从条文标题可看出清朝对于八旗户口与直省户口的区分政策。

《钦定户部则例》卷一户口"八旗户口上"9条条文标题如下:(1)比丁;(2)族长;(3)子弟随任;(4)台湾各官携带家口;(5)选验秀女;(6)旗人禁居外城旗员子弟分居咐;(7)旗人犯逃;(8)迷失幼丁;(9)汉军为民。《钦定户部则例》卷二户口"八旗户口下"11条,条文标

---

① 定宜庄指出,八旗户籍编审制度早在入关前就已建立,但各种户籍名称的规范化是从雍正朝开始,乾隆初年进而又定。参见定宜庄《有关清朝八旗人丁户口册的几个问题》,载 http://www.qinghistory.cn/qsyj/ztyj/ztyjjj/2011-05-17/32608.shtml,最后访问日期:2015年4月29日。本文发表于《清史论丛》2009年号。定宜庄教授在文中说明,其主要参考资料为《皇朝经世文编》卷三〇、《清朝文献通考》卷二〇、《清世宗实录》卷六〇及《清圣祖实录》卷一三五。

② 根据《清朝文献通考》记载,《钦定户部则例》共126卷,乾隆四十一年大学士于敏中等奉敕纂,在其中强调:"臣等谨按:户部向无则例,创始于乾隆二十六年。至四十一年告成,奏御刊布,嗣是五年一修,如刑部律例馆之例。"另请参见乾隆《钦定户部则例》(第1册),第1~10页;参见林乾:《关于〈户部则例〉法律适用的再探讨》,载中华文史网:http://www.qinghistory.cn/qsyj/ztyj/ztyjzz/2009-11-13/4353.shtml,最后访问日期:2014年8月16日。在网络上可见清惠祥纂《钦定户部则例一百卷》的说明:"继同治四年(1865)续修《户部则例》而成。同治十三年告成。分户口、田赋、库藏、仓庾、漕运、盐法、茶法、参课、钱法、关税、税则、廪禄、兵饷、蠲恤、杂支、通例十六类。于道光以前常制,咸丰以后变通章程,均有辑录。惟厘金、洋税、勇饷、局费以及海运诸事,仅钞存备案,未予纂入。"参见网页:http://www.booksforest.com/thread-74169-1-1.html,最后访问日期:2014年8月16日。

题如下:(1)厘清旗档;(2)私出为民;(3)继嗣;(4)孀妇准继独子;(5)归宗;(6)屯目;(7)军功跟役出户、军功另户;(8)吉林官庄壮丁;(9)黑龙江官庄壮丁;(10)奴仆;(11)入官人口作价。卷之一与卷之二共有20个条文。

《钦定户部则例》卷三户口"直省户口上"仅有4条条文,其标题如下:(1)奏报民数;(2)丁额;(3)保甲;(4)民壮。

《钦定户部则例》卷四户口"直省户口下"有11条条文,标题如下:(1)入户籍贯;(2)官员任所入籍;(3)流民入籍遣犯入籍附;(4)豁除贱籍;(5)募雇在官夫役继嗣;(6)奴仆;(7)番界苗疆禁例。共11个条例。

从上述户口卷一到卷四的标题可以看出,清朝区分八旗户口与直省户口的统治策略。八旗户口编审方式主要规定在《钦定户部则例》卷三第一条"比丁":

> 八旗壮丁每三年编审一次,在京者由京城佐领编审造册,在屯者派领催赴屯查对办理,陵寝各衙门及外省驻防、外任旗员、家口,由该管官编审造册。凡壮丁以年及十六岁核实入册;年未及十六已挑养育兵者一体造入。每户书某氏某官,未仕者书闲散某。上书父兄官职名字,傍书子弟、兄弟之子及户下家奴名字。比较旧册,事故者声明裁除,新增者声明注入,具册二分。该佐领及绕骑校、领催并于册内列名开写保结。由该管都统钤印,系由京编审丁册,一存旗,一送部,系由外编审丁册,送部后,一份户部核存,另一份咨旗检校,仍行送部,如有隐冒查时题参。①

① 《钦定户部则例》(第1册),第46~47页。

根据比丁条规定,八旗壮丁每三年才编审一次,而且分由京城、在屯、陵寝各衙门、外省驻防、外任旗员、家口编审。条文规定,八旗的壮丁都要一存旗,一送部(户部),由此可见清朝户部应该有旗人壮丁数量之完整汇整数据。但光绪三十三年(1907)民政部右侍郎赵秉钧奏请"分期蠲除旗籍并划一旗汉官员称谓升途折"中,却显示清朝有关旗人数量之统计数据并不清楚或者是混乱的。赵秉钧建议:

> 调查京旗各驻防户数及老幼丁壮男女口数,分别食饷与否,务得确数,详细造册,以凭考核。……旗籍兵册,相沿已久积弊莫别,多非实数。①

相较于八旗壮丁数量的不清楚,直省人口的数量相对明确。乾隆朝《钦定户部则例》卷三"直省户口上"第一条"奏报民数"规定如下:

> 直省民数令各省督抚统饬所属州县查具实在民数,于每岁十一月同谷数一并造册奏报,仍将奏明数目咨部汇奏,若奏报不实予以议处。凡州县造报每岁名数令各按现行保甲门牌底册核计汇总无庸挨户细查花名,若藉端滋扰或科派者参究。若奏报逾限者,即行查参。至从前五年一次,编审增益人丁,造册奏报之处,永行停止。②

根据这条规定,每岁十一月各省督抚要求所属州县,将谷数与民数一并造册奏报。乾隆朝《钦定户部则例》上述两个条文说明清朝统治中国时,在体制上将旗人与民人户口分开处理;其中旗人又区别为

---

① 《清末筹备立宪档案史料》(下册),五满汉关系,民政部右侍郎赵秉钧在光绪三十三年七月二十八日奏折,第937页。

② 《钦定户部则例》(第1册),第61页。

在京旗人、在屯旗人、陵寝各衙门旗人、外省驻防、外任旗员及家口等。目前根据清朝各直省奏报民数加以统计,可以算出清朝统治中国之际的民数总数,但究竟清朝有多少旗人,旗人中壮丁又有多少,似乎缺乏完整统计资料。

何炳棣《明初以降人口及其相关问题 1368—1953》一书附录乾隆六年(1741)到道光三十年(1850)的人口数,从中可知人口总数在乾隆六年为143,411,559人,道光三十年为429,931,034人;这显示中国在清朝统治下,一百年间人口增三倍左右。[①] 但这份人口统计可能仅是清朝各直省人口总数,不当然包括满人、蒙人等人口数量。姜涛《清代人口统计制度与1741—1851年间的中国人口》一文的附录呈现跟何炳棣一书同样的统计资料,但姜涛附录下标题为"民数",何炳棣则标示"官方人口数"。[②] 究竟清朝宗室觉罗等贵族以及八旗人口数是否包含在这份统计资料中,还待进一步厘清。[③]

赖惠敏《天潢贵胄》一书提到,根据《玉牒》统计,清代皇族居住在北京的人数共有37,241人;四品宗室16,087人,闲散宗室18,811人,共34,898位,占宗室总人数94%。[④] 究竟清朝有多少旗人,或者多少

---

① 何炳棣:《明初以降人口及其相关问题 1368—1953》,葛剑雄译,三联书店2000年版,第328~330页。

② 姜涛:《清代人口统计制度与1741—1851年间的中国人口》,载《近代史研究》1990年第5期。其中附录1741—1851年历年人口统计以及何炳棣《明初以降人口及其相关问题 1368—1953》第328~330页附录所列1741—1850年官方人口数。姜涛文章说明数据源:民数是根据《清实录》历年观各卷卷末,校正数据是根据第一历史档案馆馆藏《汇奏各省民数谷数清册》。

③ 姜涛《清代人口统计制度与1741—1851年间的中国人口》指出:"我们不可忘记,不在民数统计之中的满清宗室贵族、八旗、绿营兵籍人口、蒙、藏等少数民族人口,他们的总数虽然不多,但始终占清朝总人口数的一定比例。"

④ 赖惠敏:《天潢贵胄:清皇族的阶层结构与经济生活》,"中央"研究院近代史研究所专刊(81),台北,"中央"研究院1997年版,第43、71页。

满人、蒙古人及汉军？有无可能，在清朝旗人之结构与组织型态是一个禁忌话题，以至于没有相关之详细资料？清朝一般人民，不能也不敢随便谈论此事。此可从康乾年间的文字狱看出，文字狱的实际情况可从姚廷遴《历年记》中了解，其中记载了康熙元年（1661）的文字狱事件：

> 其时有嘉兴府南浔镇人朱姓，据说其家有几万之富，养一子，少年聪慧，无书不读，为擅修国史事发，全处死。连累浙直二省富宦名家二十户，并害现任宪司官府具削籍，构成大狱，处死者百人。妇女揭发配满州，用囚车解北，见闻颇惨。此江南第一巨案也。[①]

有关清朝时期的满人究竟有多少的提问，或许能从清末在来势汹汹的革命浪潮下来自各方奏折的内容中加以了解。光绪三十三年（1907），宁夏副都统志锐上书建议满汉应视一律时，提到"满人大数约五百余万，与二十二行省较之，相形见绌，自不待言"。[②] 民政部右侍郎赵秉钧也奏请"分期蠲除旗籍并划一旗汉官员称谓升途折"，并说明"今八旗无分长幼男女，皆注籍于旗，殊于宪政有碍。计京旗与各省驻防人口数不下数百万，兵额不下数十万"。[③] 吏部文选司员外郎胡潜奏

---

① 姚廷遴：《历年记》，载 http://wenxian. fanren8. com/06/15/152/1. htm，最后访问日期：2014 年 8 月 17 日。关于该书之说明，参见岸本美緒：《明清交替と江南社會十七世紀中國の秩序問題》，第七章"歷年記に見る清初地方社會の生活"，東京大学出版社 1999 年版，第 235 ~ 279 頁。

② 宁夏副都统志锐奏（光绪三十三年七月二十八日），载《清末筹备立宪档案史料》（下册），第 934 ~ 936 页。

③ 民政部右侍郎赵秉钧奏（光绪三十三年七月二十八日），载《清末筹备立宪档案史料》（下册），第 937 页。

折则提到“本朝入关定鼎近三百年,京师、驻防八旗,生齿日繁,不下数百万人”。①

由上面这些奏折,可以了解清朝旗人的大约人数。作为当代研究者,或许要进一步问的是,为何在清朝相关资料中似乎看不到全部旗人户口数?究竟基于什么样的考虑,清朝政府没有在相关文书中呈现旗人的户口与数额?

四、清朝时期法律制度与社会变迁的关系

透过比较分析清朝与明朝法律有关户口的规范,可以看出清朝统治者在刚开始统治中国之际,延续明朝法律,尤其是大明律有关《户律篇》户役门的规定并参以国制,从新考虑如何统治多数汉人。除此之外,清朝还另订新法律规范,以《钦定户部则例》处理八旗与直省民人之人口登记与统计事务。

从法律与社会关系角度来看,清朝统治者在统治中国初期,有意识地考虑其应该如何处理旗人与汉人的关系。在京师里面区隔旗人与民人居住区域。旗人主要居住在京城内城(旗人禁居外城);民人则移居外城。又在外省各地建立满城,尽量避免旗人与民人密切接触,防止冲突发生。除此之外,在婚姻政策方面也采取满、汉原则上不通婚,或者仅能满人娶汉人女子,满人女性不得与汉人男性结婚的政策。在刑罚制度上也采取满、汉或旗、民不同的处罚制度。

清朝采取满、汉或旗、民分治的政策,确实在统治中国初期收到了不改变社会基本规范进行统治的效果。但随着清朝统治中国越久,满人、

① 吏部文选司员外郎胡潜奏(光绪三十三年八月十七日),载《清末筹备立宪档案史料》(下册),第950页。

蒙人与汉人或者旗人与民人接触日趋频繁并逐渐成为生活共同体,此时清朝统治者并没有采取整体法规范修改政策,响应已经改变之社会情境。清朝统治者一直要到被八国联军战败两次之后,面对社会中来势汹汹的革命运动,才开始启动变法的讨论与行动,但终究已经无法挽回民心。

清朝末年,尤其是光绪三十三年(1907)六月之后,从各种有关满、汉畛域问题应该如何改变的讨论中,可以看到清朝在统治两百多年之后,满人与汉人之间或者旗人与民人之间的种种矛盾情结。例如,两江总督端方代替安徽旌德县廪贡生李鸿才提出之奏折内容,说明清朝末年之际,有关清朝统治者如何差别对待满人与汉人的情况。李鸿才在这份建言中提出下面几个重点:

第一,满汉刑律宜归一致。他说明:

> 刑律在天下至公且平者也,画一之为公,不偏之谓平。然律载旗人犯笞杖罪,照数鞭责,军流徒免发遣,分别枷号。徒一年枷号二十日,每等递加五日,军罪亦如之,至重者不过九十日。一则赭衣道路罪役期长,一则略示薄惩安居乡井?显生区别,讵谓公平。嗣后满、汉当同罪同罚,以归画一。驻防之州县?概加理事衔,其同知一并裁撤,旗、民案件务照平民归地方官办理,庶无出入之嫌矣。①

第二,满臣不宜称奴才。在这份建言中,李鸿才强调:

> 我朝汉人官无论大小,自称则曰臣,满人虽以王公之贵,均以奴才自称。伏查道光五年九月十二日奉上谕:向来督抚等奏折,

① 两江总督端方代奏李鸿才条陈化除满汉畛域办法八条折(光绪三十三年六月二十二日),载《清末筹备立宪档案史料》(下册),第915~916页。

有关地方公务,例俱称臣。从前乾隆年间,屡奉圣谕通饬各省,自应永远钦遵。近日各省奏折,画一殊属未协,嗣后各省旗员督抚、藩臬,除请安谢恩外,凡奏事具折,一律称臣,以符体制。①

第三,满汉通婚宜切实推行。他建言强调:

满汉通婚,已奉明诏,然行之者鲜,联合基难,多因礼节不同,遂致推行不易。拟请饬下礼部纂修通礼之时,议定满汉联姻典礼,务求其简便易行,而不偏倚于满汉,致有窒碍,将见上行下效,草野从风,十年以后,满汉姻娅遍于全国矣。②

第四,满汉分缺宜行删除。他在建言中说明:

向来部院官制分满缺、汉缺,自改官制以来,此例已废。而军机为枢要之地,其章京满、汉分缺如故。内阁翰林院乃清要之班,其学士、中书等官,满汉分缺如故。他项官制,业已全更,何独留此一二班阶,以存形迹。嗣后军机、内阁、翰林院,应请一如各部院简放各缺不分满、汉,则无畛域之见矣。③

在这份奏折中,李鸿才针对满人与汉人姓名陈列方式有别、缠足以及京营二十四旗向来区分满洲、蒙古、汉军三部等情形,提出了改进建议。

透过上述奏折提到的满、汉差别待遇,可以了解清朝在统治中国两百多年之后,当社会情境已经有所变化,满人与汉人经过百年以上的相处与交往,产生各种新的问题时,法规范并未有所回应。清朝政

① 两江总督端方代奏李鸿才条陈化除满汉畛域办法八条折(光绪三十三年六月二十二日),载《清末筹备立宪档案史料》(下册),第916页。

② 同上。

③ 同上。

府在统治中国末期所面对的困境,不仅在于汉人对于满汉分治政策的不满,还包括满人或旗人的生活困境。此可从御史贵秀的奏折内容中看出。贵秀"化除满汉畛域办法六条"折提到了撤驻防,并说明:

国家定鼎之初,伏莽未净,分派劲旅驻防各省,以为镇摄,犹古屯田之遗意也。然犹示以限制,不许与小民争利?虽有官田,并不责以自为耕种,惧妨武功也。乃承平既久,人不知兵,器械败,已不堪用,虽岁糜巨款,以养成骄惰之姿?殊失本意。当此海禁大开,商战日烈,即匹夫匹妇,均宜自谋生计,以进富强?况此世仆,尤当振刷精祈为汉先,何得专恃皇仁,以为衣食。①

这段话说明清朝末年之际,旗人由于数量增加太多,国家已经无法负担其生计,但是多数的旗人已经习惯于倚靠国家饷粮,处于没有能力自己谋生计的困境;最终造成清朝必须面对变法与失掉统治权之情境。光绪三十三年(1907)两江总督端方提出建议,希望:

旗人悉令就原住地方,如军籍例为旗籍,呈明给咨赴各府州县,照商籍例褊为旗籍?户婚、田土、命盗诸务归地方官管理。今拟师其意而推广之,无语(论)京旗及屯居、驻防,一律就所在地方入籍,归地方官管理,不独均平齐一,天下之观听一新,即将来地方议会权利义务,均得与汉人一体,不致虚悬而无薄矣。②

端方并建议:

① 御史贵秀化除满汉畛域办法六条折(光绪三十三年七月十日),载《清末筹备立宪档案史料》(下册),第921页。

② 两江总督端方奏均满汉以策治安拟办法四条折(光绪三十三年七月十六日),载《清末筹备立宪档案史料》(下册),第928~929页。

旗人分年裁撤发给十年饯粮州使自谋生理也……无论马甲、养育兵、闲散,听往各省以舒国用。今请将京外所有旗营分年裁撤,仍给十年口粮为之安顿生计。切善后事宜,责成该省督抚妥为经理,其将军、都统依前此裁缺各官,以相当之缺另补。今于裁撤之日,仍给以十年之粮,则自此别谋生理,皆有世业以长子孙,二百年来屡劳圣虑之八旗生计问题,可以从兹解决焉。[①]

但是,上述建议已经无法挽回清朝所面临的将要失去政权的困境。从清朝的经验,可以看出法律变迁与社会变迁之重要关系。一个法规范无法因应社会变迁的政权,终究将面临溃败的危机。

五、结语

本文藉由探讨清朝初年如何“详译明律,参以国制”,订定与户口有关的法规范,说明清朝在统治中国之际,发展出多重且多元法规范体系。在清朝初期,透过延续明朝法律制度,统治以汉人为主的中国社会,并透过《钦定户部则例》发展出处理旗人与直省人口之户口的法规范。20世纪以来,有关清朝法制的研究,主要以《大清律例》作为分析对象,但清朝法律制度并不仅有《大清律例》。清朝整体法规范更为多元且多层次。宣统三年(1911)奕劻等奏请“饬各衙门编纂现行法规及具奏办法”折,对于清朝法律有一段重要说明:

窃查内阁法制院官制第一条内载,各项法规整理编纂事件,法规者即包含法律命令及一切章程规则而言。质言之,向来律例

---

① 两江总督端方奏均满汉以策治安拟办法四条折(光绪三十三年七月十六日),载《清末筹备立宪档案史料》(下册),第929页。

馆之编纂律例及各部之褊纂则例是也。①

由上述这段话可知,清朝整体法律制度包括律例馆编撰的律例以及各部会编纂之则例。本文透过分析清朝初年如何吸取明朝法律规范内容,延续明朝统治中夏人民政策,说明清朝统治中国初期法制如何因应社会变迁。此外,本文透过分析清朝末年有关变法之各项奏折,说明清朝统治者在其统治后期,因为无法创造新的法规范体系,响应新的社会情境变迁所带来之新挑战,因而走向失去统治权的困境。本文希望藉此呈现法规范与社会的变与不变的关联性。

① 内阁总理大臣奕劻等奏请“饬各衙门编纂现行法规及具奏办法”折(宣统三年闰六月二十九日),载《清末筹备立宪档案史料》(下册),第906页。

礼教、契约、生存[*]

——试析明清民事审判中的衡平原则

[日]岸本美绪[**]

一、绪论

过去二十多年来,后期帝制中国的民事审判(亦即关于户婚田土等“细事”的州县自理审判)的性质,可以说是中国法制史研究的重点之一,许多研究者更特别关注州县官裁断时的根据或是所谓的“法源”问题。简单地说,其主要争论点在于,州县官进行裁断时究竟是依据法律,抑或依据“天理、人情”等非实定性的判断基准?这个围绕“情、理、法”的论题,一般多认为发端于黄宗智(Philip C. C. Huang)和滋贺秀三之间的论战,即便两者的对立点实际上并不仅止于法律与情理之

* 本文初稿曾发表于“明清中国的法律与社会变迁”国际学术研讨会(香港中文大学历史系举办,2014 年 9 月 5 ~6 日,香港中文大学)。会上承蒙组织人邱澎生教授以及与会学者们的宝贵指教,之后《法制史研究》的两位匿名审查人也给笔者提供周到的改善意见,在此对各位学者的帮助,表示衷心感谢。

** 日本御茶之水女子大学基干研究院教授。

间单纯的二者择一。①

本文讨论的“衡平原则”虽与上述“情、理、法”问题密切相关,但目的并非厘清三者的相对重要性,而在于进一步具体地探讨当时人谈论“情、理、法”时的思考理路。清代官员往往用“衡”字来说明他们裁断的过程,诸如:

> 讼狱之烦兴也由乎人情,其受理也准乎国法,持国之法以断人情,使之各有轻重之分,而无轻重之紊,在听者之善用其心如权衡。②
>
> 刑名家之恒言,曰按律、查例,然一于法,而不权以情,则百姓人人在犯法之中,官亦人人在犯法之中,幸而未发觉耳。律例者,借已发觉,防未发觉,故不得不严备。情者,乃律例之精意,变化无方,非可以事物言语尽者,在人善悟耳。吾乡左笏卿(按:左绍佐)刑部为言:治民用四分律可耳,用律及六分,则民不堪矣。此即孔子薄责于人、不为已甚之心,真读书人知律之言也。有犯必惩,乃论甘心怙恶之人。若寻常百姓,以一时血气之误,遂陷刑网,为父母妻子终身之忧,以父母斯民之心衡之,必有一番平恕之道处此也。③

“衡”是这些文章的关键词,但“衡”的对象究竟为何?乍看之下,他们似乎在追求国法和人情之间的平衡。但正如第二条引文所云,情

① 曾介绍或涉及黄宗智与滋贺秀三论战的文章不胜枚举,此处仅引用两位学者明确交相批评的两篇论文:Philip C. C. Huang, *Civil Justice in China: Representation and Practice in the Qing* (Stanford: Stanford University Press, 1996), Introduction;[日]滋贺秀三:《清代の民事裁判について》,载《中国——社会と文化》(13),中国社会文化学会1998年6月。

② (清)潘杓灿:《未信编》卷四《刑名下》,康熙四十三年刊本,第1a页。

③ (清)吴光耀:《秀山公牍》卷三,光绪二十九年刊本,第8a~b页。

者乃律例之精意,则两者在内容上并无二致,甚至可说是“情一元论”。[1] 若是如此,他们又该透过何种途径来达到“情”的最适点?这点实难言传,因为据其自称:“情者……变化无方,非可以事物言语尽者,在人善悟耳。”这种不着边际的性质,似乎使人无法进一步具体追问当时州县官审判时的内在逻辑。

滋贺秀三曾在其大作《清代诉讼制度之民事法源的概括性考察》末尾,述及日后有待继续探究的课题:

> (本文)即便日后完成,也依然存在根本上的不足。这主要是因为,如前所述,“情”“理”只是一种修辞,并非有着概念规定的术语,而像本文这种着眼于文字的研究方法,存在根本的局限性。或许惟有不拘泥于字义,关注案情内容本身,进而试探出审判过程中实际发挥作用的判断类型或思考倾向,才能如实地解明中国式情理之结构。由于这种方式无法对复杂而多样的案件内容进行总体性的研究,是以或许必须针对婚约、金钱债权或地界等争等事案分类进行研究。[2]

究竟是否能够按照滋贺的方案,从个别领域审判过程的具体分析出发,尝试厘清“中国式情理结构”之全体样貌?本文以“礼教、契约、生存”三个要素为中心,试图分析支撑清代民事审判的内在逻辑。不同于“情、理、法”,由于“礼教、契约、生存”三个概念并非当时之人经

---

① 滋贺秀三早已注意到“王道近人情”“王法本于人情”等当时的常套说法,指出不仅国法与情理之间并无矛盾,且人情更被视为一切基准之首。[日]滋贺秀三:《清代中国の法と裁判》,创文社 1984 年版,第四章。

② [日]滋贺秀三:《清代中国の法と裁判》,创文社 1984 年版,第 292 页。译文参考[日]滋贺秀三等著、王亚新等编:《明清时期的民事审判与民间契约》(法律出版社 1998 年版)所收录范愉的汉译,唯有若干改动。

常并称的一组语词，故未免令人产生突如其来之感。其实，这三个概念出自笔者阅读民事审判史料的过程时自然浮现的灵感，亦即影响地方官裁断的各种要素，是否能够大致归纳为这三个？是否能以这三个要素为基准点，测绘出当时州县官的思考理路？

若要更认真地说，则要想藉由这三个要素来完全理解明清州县官的思路，恐怕仍不容易，但我们历史学者恐怕也只能试图掌握他们习用的话语，试着提出整合式的解释，藉以形成暂订的假说。期待本文提供的暂时性假说，能得到更多读者的指正。

由于本文主要只是提供一个暂时性假说，有几点问题要先请读者谅察。

第一，本文在实证方面几乎没有增添新的史实，内容主要基于笔者先前关于田宅买卖（找价回赎问题）和人口买卖（买妻、典妻问题）研究课题的既有成果。史料方面，笔者以往的研究以判牍为中心，其中又特别受惠于东京大学东洋文化研究所“大木文库”所收集（以及滋贺秀三制作的复印本）判牍。近年来，随着《历代判例判牍》①等法律文献集的陆续出版，以及判牍目录的制作，②更多有用的判牍变得比以前更加容易使用。但本文尚未充分利用这些史料，更广泛的研究只能期之将来。本文除了判牍史料，还参考诸位学者最近作品中使用的巴县、南部县等原始档案。由于笔者从未在档案馆直接阅读过县衙档案，所以本文涉及的档案史料，除少数已然出版和日本国内可以阅览的复本之外，都基于这些学者的论文，在此先行致谢，下文引用时亦将

① 杨一凡等主编：《历代判例判牍》，中国社会科学出版社2005年版。

② 目前最完备的判牍资料目录当属三木聪等编《传统中国判牍资料目录》（汲古书院2010年版）。本文所用判牍资料当中有关诸如制作年代、庋藏机关等详情，仍请参见此书。

注记出处。①

第二,本文主要针对州县民事审判进行分析,并不包括刑科题本等有关人命案件的中央政府审理记录。不过,本文有时候会涉及省级与中央政府高阶官员对民事法律的讨论内容,因为无论是法律的制定,还是法条解释的变更,都能反映当时官员有关民事审判的思考逻辑。实定性的法律并非一成不变,那么各级官员又是基于何种考虑而改变法律?即便州县官未必依法审理,但就官员的思考逻辑而言,州县官和上级官员之间可能是分享了一定程度的共识。

此外,本文使用的判牍史料中,有许多是知府或推官所制作,并不止于州县层次。虽然从形式上来看,府层次的判牍和州县层次的判牍十分相似,与中央政府的司法档案大不相同,但就内容而言,府的裁断和州县的裁断之间是否具有不同倾向?这个问题目前仍未有明确结论。② 本

① 以黄宗智为代表的一群学者认为,判牍史料和档案史料之间有着明显差异,前者着重在"表达"(representation)而后者则偏重在"实践"(practice)。参见 Philip C. C. Huang, *Civil Justice in China: Representation and Practice in the Qing*;[美]苏成捷:《清代县衙的卖妻案件审判:以 272 件巴县、南部与宝坻县案子为例证》,载邱澎生、陈熙远编:《明清法律运作中的权力与文化》,台北,"中央"研究院、联经出版事业公司 2009 年版。但本文并未避免使用判牍,其理由有三:第一,清代前期以前,几乎没有档案史料可用;第二,在判牍史料中,作者为显示自己的能力,倾向于收录较为复杂(需要"准情酌理")的案件,故可从中窥见地方官的思路,对本文的分析较有帮助;第三,从内容来说,笔者不认为判牍文章与原件之间真的在审判主旨方面存在重大差异,但这点仍待今后详加研究。

② 笔者曾经在有关找价回赎的前稿(《明清时代における"找价回赎"问题》,载《中国——社会と文化》12,1997.6)中指出,顾及感情的裁断在州县审判较多,但在府以上的判词中则少见。对此,姜永琳的评论指出,松江府推官毛一鹭的判牍中也有许多重视"情"的裁断。参见 Yonglin Jiang(姜永琳),"Haggling over Property: Land Sales Lawsuits during Late Ming China," *Études chinoises*, 28(Nov. 2009), p. 45。笔者在撰写前稿时,对明末推官的判牍调查不够,正如姜永琳指出,明末推官的裁断中有很多案例侧重于"情"。笔者接受他的批评。

文姑且将府的判牍和州县的判牍放在一起,作为基层地方审判(广义的州县审判)的史料来进行分析。

第三,在本文的副题中笔者使用“衡平”一词,并在行文间将欧洲的“衡平”概念放在心头。苏成捷(Matthew H. Sommer)在他有关卖妻案件审判的力作中指出:

> 假如我们想要借用西方法律传统,来模拟解释县官处理这些一般县级案件的弹性模式,那可能是“衡平”(equity)概念。在英国的传统,法官在审判时为了缓和抽象的成文法规定之粗暴,会引用“衡平”的概念,即藉由考虑实际案件中值得同情的情况以轻减刑责。……我们在卖妻案件的审判里发现某些类似于英国衡平概念的运作现象。[①]

这种中西模拟可能招致批评,毕竟整个司法制度中“弹性”判断的位置和作用,中英之间恐怕存在许多差异。但与此同时,笔者对苏成捷指出的模拟深感兴趣。英国衡平法官的“衡平”思路和明清官员的“权衡”思路之间,有多少异同之处?囿于能力所限,本文无法详细讨论,但副题中的“衡平”一词仍代表本文背后存在的问题意识。

二、作为研究假说的三个要素:礼教、契约、生存

由于“礼教”“契约”“生存”等语词的含义颇为复杂,因此笔者将在第二节先简单讨论其含义,并解释本文当中的用法。

---

① [美]苏成捷:《清代县衙的卖妻案件审判:以272件巴县、南部与宝坻县案子为例证》,载邱澎生、陈熙远编:《明清法律运作中的权力与文化》,台北,“中央”研究院、联经出版事业公司2009年版,第389页。

(一)礼教

本文将在较为广泛的意义上使用“礼教”一词。沟口雄三等编辑的《中国思想文化事典》,对于“礼”的项目有如下总括性说明:

> 藉由维持尊卑差等的阶层秩序来谋求社会秩序的规定。本来是有关亲族集团或乡村社会内部父权制尊卑秩序的规定,但后来扩张为维持统治者间内部秩序的规范,如君臣关系和国际外交等。作为日常一般的礼俗,表现为伴随宗法上祭祀礼仪习俗的积累,以及据此为背景的人伦秩序规定。特别在庆吊仪式等人生大事之际,参加人员的差等关系为仪式进行时十分重要的关键,因此对各人在仪式中的动作、措词、服装仪容等都有详细指示。[①]

就关于民事审判的观点而言,重要的是日常一般礼俗的部分。明代以后,这些礼俗透过国家和乡绅推进的教化活动,逐渐渗透于乡村社会。“礼”的这种实践性层面,可以称为“礼教”。“礼教”一词或许使人想起“五四”时期思想家所批评的“吃人”式非人性道德,但此处并不蕴含贬意。礼教不但涵括这种僵硬的面向,也代表较为自然的家族内尊尊、亲亲情感。

滋贺秀三早已讨论过“礼”是否为民事法源之一,其结论如下:

> 听讼时基本上在官员脑海里发挥主导作用的,是上述所考察的情理。经义和“礼”的功能不过只是对情理的作用提供端绪。情理本身是无法写成文章的无形之物,相异于此,经义和礼则依据古典文章等有形之物。相对于纯粹非实定性的情理,经义和礼具备某种实定性,因此能够提供端绪。在这个意义上,经义和礼

① [日]沟口雄三等编:《中国思想文化事典》,东京大学出版会 2001 年版,第 230 页,户川芳郎、小岛毅执笔部分。

> 的位置相当近似于国家法律。……(但相较于经义、礼,法律具有较大的实定性和具体性。因此)人们首先援用法律作为依据,而经文的引用只有在补足或加强法律时才出现。而且在私法领域内,礼能够提供端绪的范围事实上只限于包括继承法的身份法范畴,财产法则几乎与礼无关。就此所见,礼的功能也有限制。实际上,就比率来看,言及礼的事例意外地少。①

滋贺此处讨论的“礼”和本文想分析的“礼教”有所不同。滋贺所谓的“礼”属于古典文章内的规范,相对于此,本文中的“礼教”是较为日常性的伦理观念。诚如地方官在关于卖妻纠纷的告示或堂谕中常使用“败伦伤化”“廉耻罔恤”等语斥责卖妻行为,可见他们在此当下意识到当时人所认知的“礼教”概念。

虽然滋贺认为就整体看来礼的作用并不大,但也诚如他所指出,礼在身份法领域中仍有不少影响力。从地方官每天面临的实际情况来看,他们意识的重点应该因案件而不同。例如,在审理卖妻案件时,可能从“礼教”的立场严斥违背人伦的行为;隔天处理土地买卖案件时,则专门注意到“契约”,而不谈“礼教”;但如果这是宗族内部的买卖,又可能从人伦(礼教)的立场来修正裁断;等等。地方官的着眼点,随着案件性质和具体情节而灵活地变化。一言以蔽之,这种灵活性总归因于“情理”的作用;然而,是否能够更具体地分析“情理”判断的内容?本文将采取微观且动态的视角,考察在不同时空环境和案件背景之下,“礼教”(以及“契约”“生存”等)之要素对于地方官的判断发挥何种作用。“礼教”并不是一套完全整合且毫无内部冲突的体系。如

① [日]滋贺秀三:《清代中国の法と裁判》,创文社 1984 年版,第 316 ~ 317 页。

某位地方官指出：

> 妇人从一而终，转卖有关风化。但其中不无贫极颠连，两图活命。或因父母病故无资，甘心舍妻棺敛，或值本夫病危莫措，需费势迫出身，似觉情可矜原。①

此处讨论的内容主要是“礼教”（“妇人从一而终，转卖有关风化”）和“生存”（“贫极颠连，两图活命”）之间的平衡问题，但地方官还提出另一种“礼教”论点（“因父母病故无资，甘心舍妻棺敛”）来加强他的主张（“情可矜原”）。因此，本文所关注的问题，不仅是这三个要素之间的关系，还包括各个要素内部的对立情况。

（二）契约

关于“契约”的含义，近年有几篇论文讨论中国的“契”和西方“contract”概念的不同。曾小萍（Madeleine Zelin）等编论文集所收录的几篇论文均涉及这个问题，如孔迈隆（Myron Cohen）在其论文的开头提问：“西方的‘contract’概念，即使如何广义，可否适用于帝政后期中国文化所产出的各种具备签名和证人的文书？”②孔迈隆的论文和欧中坦（Jonathan Ocko）的论文都指出，中国的“契约”与其说是两者间的法律关系，不如说是位处多方向网络中的人们所形成的社会关系。③

① （清）万维翰辑：《治浙成规》（清刊本）卷六，《因贫居丧嫁娶援照因贫卖妻成例量减科罪免其离异》，第44a页。

② Myron Cohen, "Writs of Passage in Late Imperial China: The Documentation of Practical Understandings in Minong, Taiwan," in *Contract and Property in Early Modern China*, eds. Madeleine Zelin, Jonathan Ocko, and Robert Gardella (Stanford: Stanford University Press, 2004), p. 37.

③ Cohen, "Writs of Passage in Late Imperial China", p. 88; Jonathan Ocko, "The Missing Metaphor: Applying Western Legal Scholarship to the Study of Contract and Property in Early Modern China," in *Contract and Property in Early Modern China*, pp. 196 - 197.

巩涛(Jérôme Bourgon)的中文论文《地毯上的图案》用更锐利的笔锋抨击“contract”和中国“契据”的混同。据其所说:(1)西方式“contract”的基础是绝对且排他的财产权,但清代中国没有这种绝对财产权;(2)清代的契据一般不采用双务合同而采取单契形式,卖方和买方的地位不平等,这种形式与西方 contractual doctrine 中自由合意的法理完全相反;(3)中国契据上有很多签署者,他们形成社会压力来干涉土地买卖,这种情况和西方的专门性公证人保护交易安全的形式显然相反。巩涛主张,中国的契据和西方的“contract”完全不同,因而“将两者用相同的术语称作‘契约’或‘契约关系’将会引起误解”。[①]

对上述中西“契约”异质论,笔者表示同意。[②] 本文中使用的“契约”一词是指中国式的契约,即明清时代官员和庶民所了解的“契、约”概念。“契、约”并不是一种如同西洋“contract”般严密的法律概念,只是经由人们自愿而达成合意的社会性事实(以及作为其证据的文书),但一般认为它应该受到尊重。因为从实际的观点来看,人们自愿而非强迫的合意,正是经济秩序稳定的基础。“契、约”被使用的范围颇广,涵盖不动产、动产、人口等买卖和借贷等各方面。在中国的民事法领域,除了人口买卖、官有地(官田、旗地、屯田等)买卖以外,对一般不动

① [法]巩涛:《地毯上的图案》,载邱澎生等编:《明清法律运作中的权力与文化》,台北,“中央”研究院、联经出版事业公司 2009 年版,第 245 页。实际上,笔者不太清楚巩涛是否反对汉字圈的学者将明清中国的“契”“约”称作“契约”。如果本文中“契约”一词的用法不合适的话,笔者将乐意换成别的语词。

② 关于 20 世纪初期以来在日本学界展开的相关讨论,笔者曾在 1993 年发表的论文《明清契约文书》及 2009 年发表的《明清契约文书研究の动向——1990 年代以降を中心に》中做过简单的整理。参见[日]岸本美绪:《明清契约文书》,载滋贺秀三编:《中国法制史——基本资料の研究》,东京大学出版会 1993 年版;[日]岸本美绪:《明清契約文书研究の动向——1990 年代以降を中心に》,载大岛立子编:《前近代中国の法と社会——成果と课题》,财团法人东洋文库 2009 年版。

产、动产的买卖以及借贷等经济关系,政府基本上采取保护民间契约的态度,取缔霸占、盗卖等行为,尽管相关律文为数不多。

政府对民间契约的保护,未必意味着政府的目的在于保障所有权。以土地契约为例,当时政府的目的可以说是藉由厘清土地归属关系,消除别人介入的余地,避免土地相关的混乱和纠纷发生,并且希望征税得以顺利进行。其结果虽然导致土地关系的相对稳定,但并不能认为政府坚持的一贯原则,目的在于维护土地所有者对国家权力及全体社会所能主张的土地所有权。反之,这是以全社会的安宁为第一要务,根据具体情况所采取的行政调整。

诚如上述诸论文指出,中国的契约无法脱离当事者周边的社会关系网络。这些社会关系在支撑契约关系的同时,有时也阻碍契约的顺利实行。政府要"保护"契约时,对这种社会关系的态度随时空环境不同而有变化。以亲邻的先买惯行为例,宋元时代有法律承认亲邻的先买权,但到明代却被取消,清朝司法实践中对亲邻先买权也采取不支持的态度。[①] 政府态度的变化,与其说是由于土地所有权观念的变化,不如归因于政府关注到这种惯行对契约秩序的恶性影响。

相较于上述诸论文所提示的西方模式,中国的契约关系,从某种角度来看确实多样而自由。20 世纪初在中国台湾地区进行民事惯行调查的日本学者认为:"无论任何内容的契约,人民都可以自由缔结,所以存在着各种私法性关系。"[②]例如,"田面买卖"或"典卖(附回赎条件的买卖)"等契约关系,就维护绝对财产权的立场而言应该遭到排

① 柴荣:《中国古代先问亲邻制度考析》,载《法学研究》2007 年第 4 期。

② 临时台湾旧惯调查委员会:《台湾私法》(第一卷上),临时台湾旧惯调查委员会 1910 年版,第 159 页。

斥,但明清政府的基本方针是,只要没发生严重的问题,即对“自愿非逼”的各种契约采取容忍态度。容忍且尊重民间契约的这种态度,乃是本文假设的三个要素之一。虽然这个要素多在土地买卖案件上发挥作用,但也不可忽视它在人口买卖案件中的效用。

(三)生存

保障人民的生存,使“人人得其所”,是建立良好社会秩序的基础条件。盛清政府在这方面的成就相当可观,常平仓等大规模的粮食政策并非同时期欧洲国家所能实现。政府保障人民生存的意向,主要在行政方面发挥作用,而在民事法的领域很少看到相关规定。以清朝中期的粮食问题为例,政府有时发布有利于贫民的规定,诸如令富家出卖粮食、令地主减免佃租等,但基本上对这种立法采取十分消极的态度,其理由之一在于防止贫民藉此政令掀起暴动。① 若要维持社会安宁,政府不该明确表露袒护贫民的姿态,亦即不让贫民感到自己有维持生存权般的正当性,对贫民的关怀应该表现为常规之外特别的恩惠。

虽然如此,在有关民事的若干规定中,依然能够发现对窘迫性买卖的特别措施(如“因贫卖妻”“因贫卖墓地”等)。特别是在明清时代的州县审判中,“生存”要素也在地方官的脑海里发挥重大作用。明末文人曾记载了其对于找价诉讼流行的观察:

> 寿(福建寿宁)讼最简亦最无情。如鬻产者再三加贴,尚告白占。……所望不奢,故年月稍近,有司往往怜贫量断,亦从俗云。②

---

① 参见[日]岸本美绪:《清代中国の物价と经济变动》,研文出版 1997 年版,第八章。

② (明)冯梦龙:《寿宁待志》(卷上),狱讼,载魏同贤主编:《冯梦龙全集》(第 9 册),上海古籍出版社 1993 年版,第 79 页。

> 俗卖产业与人，数年之后，辄求足其直，谓之尽价。此最恶薄之风，而闽中尤甚。官府不知，动以为卖者贫而买者富，每讼辄为断给。[①]

买卖双方之间的贫富差距，是影响州县官裁断的重要要素之一。“得业者应吃亏”（因为买主富裕，所以他应该向卖主让步）之语，在几种清代判语中都可得见（详后述）。

值得注意的是，地方官脑海中的贫民形象不但基于经济上的贫穷，而且与“愚”“无知”“无耻”等文化上、道德上的缺陷难以分割。地方官对贫民的容忍态度，一方面表现为对贫穷的同情；另一方面则表现在放弃对这些“虮虱之民”施行教化的无奈感上。本文所谓的“生存”要素，指的是官员既对社会底层人民展露一种家长式关怀，而又无可奈何地放任其自由，由这两种情感相互结合而成的一种特殊心态。诉讼当事者也积极利用这种形象，试图博取官员的同情和宽恕。

三、田宅买卖——以找价回赎问题为中心

（一）有关找价回赎的法律规定

在明清时代有关田宅买卖的诉讼中，关于找价回赎的案件占相当大的部分。[②] 18 世纪前半期广东省罗定州知州逯英记述道：

> 田经绝卖，例无收赎，勒索不遂，捏典翻控，此奸民之故智，而罗定州为尤甚。卑职抵任以来，日逐收阅呈词，具控伪契占产者

① （明）谢肇淛：《五杂组》卷四，上海书店 2001 年版，第 79 页。

② 就典卖的不动产来说，找价回赎并不违法，但对已经绝卖的不动产要求找价回赎却属于不合法的行为，即便民间有绝卖后要求找价的习惯。因此，找价回赎纠纷的关键，主要在于当初本来的买卖是“绝”或“典”。

十之七八，亦迨吊契验讯，十皆九虚。[①]

即便逯英的记述无法适用于全国，但在明末以来土地价格攀升的趋势中，[②]这类关于围绕找价回赎的纠纷，也在全国各地呈现明显增加的倾向。[③]

为应付找价回赎诉讼增加的情况，中央政府遂于明代中期以后制定了几种法律。[④] 第一种是试图藉由设定出诉年限来减少诉讼的法规。如下述弘治《问刑条例》所收录的条例，此后均以户律"典卖田宅"条的附例收入明律和清律，在清代中期以前多被视为田宅回赎相关问题的主要基准：

> 告争家财田产，但系五年之上，并虽未及五年，验有亲族写立分书已定，出卖文契是实者，断令照旧管业，不许重分再赎，告词立案不行。[⑤]

然而，这条规定由于五年的期限太短、时间限制和文书具备之间的优先顺位暧昧等理由招致混乱，逐渐变得有名无实。

---

① (清)逯英：《诚求录》卷四《遵缴田价等事》，乾隆十一年序刊本，第1a页。

② 关于土地价格上升和找价回赎纠纷的关系，参见［日］岸本美绪：《土地市场と"找价回赎"问题》，载大島立子编：《宋—清代の法と地域社会》，财团法人东洋文库2006年版，第241～246页。

③ 据姜永琳研究，17世纪初担任松江府推官的毛一鹭，其判牍集《云间谳略》收录的12件土地讼案中，全部都和找价、回赎或同时与两者相关。参见Yonglin Jiang, "Haggling over Property", p. 29。

④ 关于中央政府有关找价回赎的法律之制定过程，参见［日］寺田浩明：《清代中期の典规制における期限の意味について》，载《东洋法史の探究——岛田正郎博士颂寿记念论集》，东京，汲古书院1987年版。

⑤ 黄彰健编：《明代律例汇编》(下)，台北，"中央"研究院历史语言研究所1979年版，第493页。

第二种是明确区别“绝卖”和“典”的法规。雍正八年(1730)与乾隆十八年(1753)的定例即属此类。如下述乾隆十八年的定例:

嗣后民间置买产业,如系典契,务于契内注明“回赎”字样;如系卖契,亦于契内注明“绝卖永不回赎”字样。其自乾隆十八年定例以前,典卖契载未明之产,如在三十年以内,契无“绝卖”字样者,听其照例分别找赎。若远在三十年以外,契内虽无“绝卖”字样,但未注明回赎者,即以绝产论,概不许找赎。如有混行争告者,均照不应重罪治罪。[①]

这条定例使人民在立契时严格区别典契和卖(绝卖)契,企图为找价回赎的审判提供明确基准。“三十年”的年限是一种临时措施,与乾隆十八年以后订立的契约无关。

第三种是承认回赎已绝卖土地的规定,作为灾害时的特别措施。此类地方官的建议虽然零星存在,但乾隆中期前均未获得皇帝的同意;然而在乾隆五十年(1782)大饥荒之际,河南巡抚毕沅上奏的提议,却在皇帝积极推动之下得以实施。乾隆五十一年(1783)五月辛未,皇帝发布上谕道:

据毕沅奏,豫省连岁不登,凡有恒产之家,往往变卖糊口。近更有于青黄不接之时,将转瞬成熟麦地,贱价准卖。山西等富户,闻风赴豫,藉此准折地亩。贫民一经失业,虽遇丰稔之年,亦无凭借。现在饬属晓谕,勒限报明地方官,酌核原卖价值,分别取赎,毋许买主图利占据等语。所奏实属可嘉。……但折内所奏,犹有

① (清)吴坛:《大清律例通考校注》,马建石等主编,中国政法大学出版社 1992 年版,第 437 页。

未尽周到之处。若非明降谕旨严定章程,恐地方官力量有所不及,而为富不仁者,尤无所畏惧,仍属有名无实。……此等贱买贵卖之田,核其原价,勒限听原主回赎。……倘有财力不赡,不能给与本利回赎者,在买主已获厚利,自当于本利十分之中,酌减三四分听赎,方合天理人情。①

这个措施原先限于山西富户在河南放债准折的事例,但此后又推广于其他地区:

谕军机大臣等:据明兴奏,东省各属灾区,当粮贵食缺之际,贫民迫不及待,即恒业亦作绝产求售,而有力之家,亦未免乘人之急,图贱绝买。应照豫省之例,一概准令回赎……等语。所办尚好。东省灾歉之区,虽无晋省等处富商大贾越境放债准折地亩之事,但该省民人谊属桑梓,尤宜共敦任恤,若因贫乏食,急于售产,遂致乘机贱买,希图占为己有,即与晋民之利债准折无异。②

同样的措施还可在嘉庆年间的直隶、河南、山东等处得见,③即便这些命令似乎未能获得恒常性的法律地位。

接下来稍微将焦点转向关于找价回赎的地方性法规。由于绝卖后要求找价的行为自明末以后扩展到全国,在若干省份逐渐形成比较稳定的习惯,所以清代有些地方官将找价习惯引进地方性规定之中。如康熙末年浙江天台县知县戴兆佳在告示中指出:

① 《清高宗实录》卷一二五五,乾隆五十一年五月辛未条,第23a～25b页。

② 《清高宗实录》卷一二五七,乾隆五十一年六月庚子条,第24b～27a页。

③ 《清仁宗实录》卷二八六,嘉庆十九年闰二月乙亥条,第16a～b页;卷二九六,嘉庆十九年九月戊戌条等,第24a～b页。

至于找价一项,现奉抚宪通行饬令勒石永禁催取。……但此一卖不容再赎,一价不许再找,乃据他处之契明价足者而言。若在天台,则有难以一例施行者。天台田土交关,有正必有找,有卖契而无捣根(按:找价收据),不许推收过户。……是从前大小一切田土买卖,若不分已绝未绝,概以不赎不找之法绳之,在买者坐拥膏腴,固志得而意满,在卖者剜肉无填,呕心无血,能不禺禺然向隅而泣乎?然天台百姓又最贪而最黠,若一开断赎断找之门,皆纷纷抱牍前来……讼端蜂起,案牍星繁。

由此可见戴兆佳承认,有正契而无"捣根"者,卖主与原中人及买主协商,依照俗例,照时价收取代价。①

从上节提示的"礼教、契约、生存"这三个要素来看,明清时代有关找价回赎的法律特点何在?由于在田宅买卖的范畴中,"礼教"要素几乎没有作用,所以在此姑且不论。② 在关于田宅买卖的范畴中,最为核心的要素是"契约"。第一种年限式规定,乃是出自官衙单方面企图减少诉讼负担的构想而来,与尊重当事者们的合意之准则有所违背,其实效性十分有限。

第二种规定的目的是通过"契约"内容的明确化,来加强司法判断的规则性,即若系典契便允许找赎,若系绝契则禁止找赎。"契约"要

---

① (清)戴兆佳:《天台治略》卷六《一件严禁富户措赎刁民告找告赎事》,康熙六十年序刊本,第9a~10b页。

② 不过值得注意的是,墓地买卖的相关法律,则在"契约""生存"之外还同时涉及"礼教"要素,笔者对此一课题虽感兴趣,但限于篇幅,只能在本文中从略。参见[日]中岛乐章:《墓地を卖ってはいけないか?——唐—清代における墓地卖却禁令》,载《九州大学东洋史论集》37,福冈:九州大学文学部东洋史研究会2004年版,第66~125页;以及[日]森田成满:《清代法における坟冢の秩序》,载《星药科大学一般教育论集》17,星药科大学1999年版,第21~56页。

素几乎是这些规定唯一的基础。相较于此，戴兆佳《天台治略》的告示，乍看之下似乎已对“契约”要素加以改变，但其逻辑却未必与重视“契约”的态度互相矛盾。戴兆佳主张：找价的习惯已经扎根于天台地区，人们在订立买卖契约时，已经先考虑该习惯后才决定价格，换言之，即便在契约上并未记载，支付找价仍属于他们当初合意内容的一部分。为此，一律禁止找价的规定势必将抵触人们本来的合意内容，而无法得到支持。值得注意的是，如果某种习惯的形成是基于人们的共识，进而得到稳定的地位，该习惯就将成为人们订立“契约”时的（无论明示与否）合意事项之一，所以以维持契约秩序为目的的官员们会重视这些习惯，亦属理所当然。同时，有些习惯则会对契约秩序发挥负面作用，导致地方官对习惯的态度因时因事而有不同。

第三种规定明确表现出“契约”和“生存”两项要素之间的调整过程。实际上，不仅在自然灾害的年份，即便在平常时期，卖地者一般也都困于家计之窘迫。当时的官员如何看待这种在穷困状态下卖地之契约的正当性？从清代地方官对此类事件的批示中，经常可以发现他们对以原价过于便宜为借口，要求找价回赎的原告严厉斥责的事例：

> 田房交易，此卖彼售，必凭中保官牙，照时值低昂，公评定价，一姓得银，一姓受业，俱系情愿，若价昂则售者不售，价亏则卖者不卖，原无勉强于其间也。或有依势逼勒，或借利债盘算，果有冤抑，在受害之人当时必然陈控，何待远年始行告理乎？揆其实情，不过借端装头，以餍其加找之欲耳。①

① （清）卢崇兴：《守禾日纪》卷三《一件严禁田房加价以遏刁风以奠民生事》，乾隆五年两浙抚署诚本堂校订重刊本，第16a页。

> 售卖产业，急需减价，事所常有，何能借口？①

这些都是明确地站在"契约"立场的发言。卖主出于迫切需要，自愿减价出售，不外乎是"自愿非逼"的契约，谁能规避？如果按照市场经济原则，买主利用卖者的穷困，减价收买土地也是正当的行为，无从置喙。但是，乾隆末年饥荒时的上谕却采取完全相反的立场，即允许穷困潦倒的农民回赎土地，认为商人乘农民穷困之机囤买土地实属"为富不仁"之举，"其情甚恶"。可见乾隆侧重于"生存"的立场，十分明显。

但实际上，以"生存"要素为中心的穷民救济法律将会面临两项困难。第一，这些法律相当容易引起穷民对富民的反抗风潮。濒临生存危机的庶民并不像皇帝想象中那样淳朴可怜。乾隆五十一年(1786)六月乙酉，皇帝对毕沅奏折的内容进行了以下告诫：

> 其(毕沅)所称……恐有中州无籍之徒，希图白退地亩，不偿原价，准令买主呈控，照数退还，以昭平允一节，此论甚公。……河南业户，倘因朕如此加恩，竟欲白退地亩，不偿原价，则地方无籍之徒，志在希图便宜。此风亦不可长。试思从前弃产时，原因灾旱频仍，饥寒涛迫，故将地亩贱值售卖，以救目前之急。晋民在彼，虽系乘机贱买，究非白占人田。今因地方官查办，辄思不交原价，归还旧产，有是理乎？②

皇帝面对"白退地亩"运动的危险，在一定程度上仍承认山西商人"乘机贱买"契约的正当性。

---

① (清)逯英：《诚求录》卷二《案后风波等事》，乾隆十一年序刊本，第8a页。

② 《清高宗实录》卷一二五六，乾隆五十一年六月乙酉条，第15a～16b页。这个时期的回赎风潮也影响到曲阜的孔府。参见《曲阜孔府档案史料选编》(第3编第6册)，齐鲁书社1983年版，第259～264页。

第二,以改变本来契约内容为主旨的这类命令,导致契约秩序的不稳定化,进而可能对遭逢灾害的贫民生存造成恶性影响。究其原因,对于富民来说,购买贫民灾后能够以原价回赎的地亩,实无利益可图,导致富民踌躇不前,反而让灾区贫民失去谋生之路。

总而言之,制定明确包含“生存”要素的法律,在实际上颇为困难。在民事司法上,若要从“生存”角度来关怀人民,恐怕只有在自由度较高的州县自理审判范围中得以实现。这可以说是一种默认的分工,而不仅是州县官遵守法律与否的问题。

(二)找价回赎诉讼

据上面所引逯英记述,当时诉讼中,以已卖不动产的找价回赎问题为主要内容的案件为多,其中卖主或其家族以“伪契占产”为由告买主或其家族的案件亦占多数。笔者调查各种判牍(包括部分档案)后得到的印象也接近逯英的看法。但通过定量分析来计算出此种案件比率的方法,实际上十分困难,因为在对案件进行分类时,没法制定明确且客观的标准。即便原告告状时的目的在获得找价,也未必会以找价回赎为核心事由来提起诉讼。告状上的事由各式各样,诸如勒买土地、无理霸占、欺侮孤寡、倚势逞凶、屠杀抄家,甚至准备谋反、协助叛乱,等等。原告的最终目的是借端威逼对方给钱,不问具体理由如何。为求一耸地方官之听闻,原告往往捏造荒诞无稽的罪状,即所谓“无谎不成状”;而地方官也绝非生手,运用熟练而敏锐的观察力,看穿案件的起因和原告的目的。在此兹举一件简单的案例:

审得:周茂之父周君斐,有田售于周见山,为日已久,一卖一加之外,又复索增,业已有违宪禁矣。乃因所索不遂,而周茂捏为运米通叛之诬词,朦准肆害。今再三穷诘,则见山所载者,乃田中之籽粒，而并非海上之糇粮也。即所列之词证吴甫、周仲辉，亦证其虚诳矣。昔起不风之波，今消见晛之雪。虽经责儆，尚应坐诬，念其乡愚，姑开一面，以示矜宥之仁矣。①

地方官在审理过程中发现事件的起因仍是要求找价回赎，即原告要求找价回赎未遂，故采取诬告诉讼的手段。唯有经过地方官推断之后，该案件才可能进行分类，诸如户婚田土或斗殴杀人、找价回赎或勒买霸占，等等。研究者在对判牍中的案件进行分类时，也必须基于地方官的判断，亦即"分类"本身即包括地方官的主观判断因素。

一旦地方官将案件判定为与找价回赎有关，此后的思路便较为明朗。问题的中心（原告的要求是否具备正当性）在于当初买卖的性质：如果是典，原告便可找价回赎；如果是绝，则不可以。地方官透过调查，探究双方说词是否属实，诸如契约属于绝或典，有无找价收据，契约是否伪造、有无涂改，等等。几乎在所有的判词中，地方官皆根据这些调查来论述事实经过，明断是非。地方官基于"契约"准则所作的判断，与法律并无矛盾，故从结果来看，地方官的裁断基本上与法律一致。但就次要性判断而言，地方官裁量的余地相当大，未必与法律相同。以下将着眼于"生存"和"礼教"二者，探索地方官进行次要性判断的思考模式。

1. 生存

在有关找价回赎的审判中，特别引人注目的是，即便不少判词认定一方当事者并无过错，但由于种种理由，依然判定当事者必须向对方让步。其中最常见的理由，是其中一方的贫困（大多数是卖主）或双方之间的贫富差距。有一件案例记载，一位家境贫困的卖主趁着妻子

① （清）卢崇兴：《守禾日纪》卷六《一件违禁通叛等事》，乾隆五年两浙抚署诚本堂校订重刊书本，第12a页。

离世，兹以“霸地殴命”状告买主，地方官虽然斥责卖主“顽钝至此，真未如之何也”，却命令买主付给对方五两的助丧费；[①]另一件案例则是不顾找价已经付清的事实，以“民间有找价之例，子幼母寡”为由，引用“得业者亏”的谚语，命买主支付找价五两；[②]又有一件案例记载，尽管买主已付找价，没有找价的余地，地方官却援用“得业者亏”的谚语，命令买主支付找价；[③]更有一件案例述及，原经绝卖之地产，业无找价之理，地方官却以可怜卖主年老贫困为由，命令支付找价。[④]

关于令买主让步的幅度，地方官的判断未必一致。如松江府推官毛一鹭对某件上海县的找价案件的裁断所示：

> 唐模楫所告之田，乃黄卿先年卖之乔官，转数年而归大成，即大成今再鬻之模楫，已将十年矣。卿妻薛氏一旦挈幼孙黄恩以剿杀鸣府，盖非氏本意，则姚德与黄希孟挑之也。此事于理于法俱左，而前断尚许回赎者，盖怜老妇弱子茕茕相吊，而思完其旧巢也。第孤寡可悯，而律例不可越，刁风不可长。夫以辗转相售历年久远之田，令薛氏遽得尽赎，则自薛氏而上谁无原主，自薛氏而下谁非原主？倘彼此俱以主自恃，此田终何归宿也？且令弃业者无日不可回赎，无人不可回赎，而受业者殆矣。即以薛氏老寡，孙甫垂髫，宜少加恩恤。奈此告又不尽出薛氏之意也，无已，则参情法之中，以半归薛氏取赎，半听模楫管业。……且与前怜老恤孤

---

① （清）张肯堂：《𥴩辞》卷九《刘泽久》，载《明代史籍汇刊》，台北，台湾学生书局1970年版，第26a～b页。

② （清）李之芳：《棘听草》卷二〇《本县一件为占抄剧变事》，第11a页。

③ （清）戴兆佳：《天台治略》卷十《一件僧秀峰具》，康熙六十年序刊本，第11b页。

④ 《太湖厅档案》第十九宗《为撤泼诈扰等事》。

之意，又不至矛盾也。①

此处所谓“前断”，指的应是上海知县的裁断。依毛一鹭所见，前断太过侧重于“情”，有撼动契约秩序之虞，遂主张将“全部回赎”的前断改为“一半回赎”，希望达到“情法之中”。

2. 礼教

第二项次要要素是礼教，特别是一族内的尊卑或情谊问题。张肯堂在前引关于找价的判词中首先写道：“五服之内有贫而饕者，复在尊行，斯亦人生之一累。”这句话表示，族内的卑幼不能拒绝“贫而饕”的尊长所提出的找价等要求，即便卑幼方面毫无任何瑕疵。张肯堂也认为，这毕竟是无可奈何的情况，卑幼只得接受。在找价回赎的案件中，同族内的纠纷相当多，而地方官裁断时或多或少都会考虑到原告和被告之间的亲族关系如何。

有一件案例记载，卖主对买主（卖主之兄）要求找价，买主不付，地方官遂以“不能广尺布斗粟之谊，使成雀角，富而好礼，非其人也”为由，斥责买主，又拟一并对卖主、买主施以杖刑；②另一件案例是堂兄弟之间的纠纷，卖主（兄）向买主（弟）六次勒索找价，之后再以烤烙父母、诈银千两等为由诬告买主，但地方官念及“衅起阋墙”，姑从宽免；③又有一件案例是卖主（堂侄）绝卖后向买主（堂叔）要求找价，虽然曲直分明，但因卖主贫困且双方有叔侄之谊，故地方官下令买主应

① （明）毛一鹭：《云间谳略》，收入杨一凡等主编：《历代判例判牍》（第3册），中国社会科学出版社2005年版，第446页。此案例已为姜永琳所介绍，参见 Yonglin Jiang，“Haggling over Property”，pp. 42－43。

② （明）颜俊彦：《盟水斋存牍》谳略五卷《息词卢祈延卢新元》，第228页。

③ （清）卢崇兴：《守禾日纪》卷四《一件不共冤深事》，乾隆五年两浙抚署诚本堂校订重刊本，第91a～92a页。

该每年对卖主支付若干钱谷。①

总而言之，在找价回赎的诉讼中，地方官主要的着眼点在“契约”（法），而“生存”“礼教”则作为次要要素，对“契约”（法）的僵硬性发挥缓和作用。以下将接着探讨“契约”“生存”“礼教”这三者在“卖妻、典妻”审判中的作用。

四、人口买卖——以卖妻、典妻问题为中心

（一）有关卖妻、典妻的法律规定

在明律、清律中有关卖妻、典妻的律条大致有三。清律规定（括号内为清律原文的小注）：②

（1）户律婚姻“典雇妻女”条：凡将妻妾受财（立约出）典（验日暂）雇与人为妻妾者，（本夫）杖八十，典女者（父）杖六十，妇女不坐。若将妻妾妄坐姊妹嫁人者杖一百，妻妾杖八十。知而典娶者各与同罪，并离异（女给亲，妻妾归宗），财礼入官。不知者不坐，追还财礼（乃离异）。

（2）刑律贼盗下“略人略卖人”条：略卖……若己之妾，子孙之妇者，杖八十徒二年，（略卖）子孙之妾，减二等……其（和略）卖妻为婢，及卖大功以下（尊卑）亲为奴婢者，各从凡人和略法。若（受寄所卖人口之）窝主及买者知情，并与犯人同罪。……并追价入官。不知者，俱不坐，追价还主。

（3）刑律犯奸“纵容妻妾犯奸”条：凡纵容妻妾与人通奸，本

① （清）胡学醇：《问心一隅》卷上《宋自修控宋兴仁殴辱一案》，第21a～22b页。

② （清）吴坛：《大清律例通考校注》，马建石等主编，中国政法大学出版社1992年版，第444～445、749、955页。

夫奸夫奸妇各杖九十……若用财买休卖休(因而)和(同)娶人妻者,本夫本妇及买休人各杖一百,妇人离异归宗,财礼入官。若买休人与妇人用计,逼勒本夫休弃,其夫别无卖休之情者不坐,买休人及本妇各杖六十徒一年,妇人余罪收赎,给付本夫,从其嫁卖……

这些法律明文禁止卖妻、典妻行为,即便此种习俗在民间相当普遍。这些法律所依据的主要原理,是以家族道德为中心的"礼教"。"典雇妻女"条主要的着眼点,在问责于以金钱为目的强迫妻妾、女儿接受不正当婚姻之夫、父等主婚者之罪,而"纵容妻妾犯奸"条的"买休卖休"项目则将卖妻行为视为通奸的一种衍伸,可见这两条法律都是以维持礼教秩序为目的。"略人略卖人"条之制定,目的在于处罚人身买卖业者,本与家族道德无甚关系,唯因贩卖家中妇女属人身买卖其中一项,而使该条有所涉及,并于条文中明令禁止。由此可见,不同于土地买卖,在卖妻、典妻的范畴中,法律站在与"契约"完全对立的立场。

在这些律条当中,明清时代的卖妻、典妻审判里最常被援引的是"买休卖休"条,但明清时代的官界对于这条律文的解释却有分歧。对此,曾就薛允升《唐明律合编》卷二六的记事详加讨论。究竟"买休卖休"条规定的适用对象是否仅限定于本妇与买方间已有奸情的前提之上?据苏成捷研究,针对此一问题,明末已有主张限定的大理寺卿王净,和主张不限定的刑部尚书毛恺等人交相论辩。结果是根据隆庆三年(1569)的御旨,判定"买休卖休"条只适用于有奸情的情况。然而,"买休卖休"条的广义解释(在没有通奸的情形下亦可适用)依然存续，到了清代之后甚至占据优势地区。①

在上述论战中，都察院左都御史王廷反对刑部的广义解释，并提议道：

> 欲将图财嫁卖者，问以不应，量追财礼入官；其贫病嫁卖及后夫用财买娶，别无此情者，不坐。于情虽便，颇属纷更，惟上加裁定。②

王廷似乎是将卖妻案件分为三种情况，分别提议拟罪方法：(1)若在买卖前已有奸情者，适用"买休卖休"规定；(2)虽无奸情但图财嫁卖者，问以不应为律；(3)既无奸情，困于贫病而被迫卖妻，并且经人购买者，本夫、后夫和本妇都不坐罪。王廷的看法大致是：犯奸明确违反礼教，应照本条处罚。至于图谋利益的卖妻行为，即便没有奸情，由于礼教优先于契约，是以仍应受罚，唯其刑罚轻于"买休卖休"。因贫卖妻是为求生存而万不得已之举，生存优先于礼教，故不应该处罚。针对王廷的提议，隆庆皇帝回答："买休卖休本属奸条，今后有犯，非系有奸情者，不得引用。"然而，就如何处罚因贫卖妻者一事，皇帝的意见仍不太明确。

除了中央政府的法律专家之外，遇到卖妻诉讼的地方官也对此提出看法。明末的陕西按察使许维新，记述其调查辖区内审判记录时所发现的"不近情"情况道：

> 如贫人卖妇，问以买休卖休罪，银追入官。因与属吏议曰：

---

① Sommer, *Sex, Law, and Society in Late Imperial China*, Stanford, Stanford University Press, 2000, pp. 57 – 64.

② 中央研究院历史语言研究所校印：《明实录》第10册《明穆宗实录》卷二九，隆庆三年正月甲戌条，台北，"中央"研究院历史语言研究所1962年版，第1b页。

"贫人至卖妇,亦不啻剜肤矣。白弃一妇,银入官又加罪,不已甚乎?"曰:"夫妇从一而终,恶其二三也,故交罪之。"曰:"似矣。继妻改嫁,律未尝禁也。此律之后曰,妻追本夫从其嫁卖,如何又不令从一,而律自二三乎?然此用律之误也。买休卖休原在奸条,自先通奸而遂买之者言耳。其曰买休者,买之使休,卖休者以休为卖,若所谓卖奸之文也。此为败伦伤教,所以交罪,岂与贫人卖妻者等乎?"①

上述围绕贫民卖妻问题的对话,"属吏"拘泥于礼教立场,与许维新重视生存的立场呈现鲜明对比。许维新的看法与清代后期包世臣的主张颇有共同之处:

凡民间以本夫不能养活嫁卖其妻者,皆科卖休。……窃谓,买休卖休若非有奸在前,自当入嫁娶违律之门。且夫妻相守,人之至情,或以贫难饥馑离散逃生,任教养斯民之责者,方当引以为愧。至小民力不能依礼聘娶,买妻以图宗祀者,揆以情理,又岂能齐以一切之法?是寻常因贫卖妻之案,不得指为买休卖休,断无疑义。②

郭松义、定宜庄的研究从刑案等资料中收集到102宗清代卖妻事例,其中以家贫无法生活为由的有54宗,占一半以上,其他的理由则为"丈夫外出未归"(20%)、"妻子有私通行为"(11%)、"夫妻不和与

① (明)许维新:《许周翰先生稿钞》卷四,河东按牍,兵事略三(17世纪初),明刊本,第6a~7a页。

② (清)包世臣:《齐民四术》卷七上《议刑条答》(嘉庆二十五年),中华书局2001年版,第234页。包世臣的说法已为苏成捷引用在其著作的结论部分。Sommer, *Sex, Law, and Society in Late Imperial China*, p. 319.

婆媳关系不睦”(9%)等。[①] 因贫卖妻比率之高,究竟是实际情况,抑或是当事者博取审判者同情的策略,目前暂且不论。如何处理因贫卖妻案件,确为明清时代官员遭逢卖妻诉讼时的一大问题。

与上节所讨论的土地问题相同,官府似乎在处理因贫卖妻案件上也存在一种分工。在较高层次的地方行政机构,藉由制定新的法规、修正从来的法律解释等方法,来谋求法律和实情的平衡;而在州县层次,地方官比较自由地发挥准情酌理的能力。州县审判容后再述,在此先简单介绍清代中期为应付因贫卖妻问题而制定的省级新例。[②]

因贫卖妻相关新例之制定,兹以江苏省为开端。[③] 乾隆初年江苏曾发生一起卖妻案件,按察使引用“买休卖休”律拟罪(尽管他建议的实际处理方法与法律相左)。为此,按察使的提议遭巡抚陈大受批驳道:

> 若贫病卖妻之类,概引此条,其财礼既不能为治生与医殓之用,而费去者又难复追。或本妇无宗可归,离异必致失所。如后夫原不知情,不追还其财礼又拟以满杖,亦属冤抑。《据会》有云:“家贫将妻不告官嫁卖与人为妻妾,依不应,妇人乃归后夫”洵足补律文之未备。总之此等案件,犯者颇多,全在随事揆情,或比附典雇妻女,或援引妄作姊妹嫁人,或照《据会》拟以不应,庶几情罪不致两相矛盾。

① 郭松义、定宜庄:《清代民间婚书研究》,人民出版社 2005 年版,第 231 页。

② 关于这些定例的制定和传播过程,参见[日]岸本美绪:《妻を卖ってはいけないか? 明清时代の卖妻、典妻惯行》,载《中国史学》(8),中国史学会 1998 年版,第 243 ~ 246 页。

③ 以下有关江苏省新定例的记述,依据万维翰辑《治浙成规》卷六《因贫居丧嫁娶援照因贫卖妻成例量减科罪免其离异》,第 42b ~ 44b 页。

此处所谓的《据会》,指的是崇祯年间彭应弼撰写的注释书《明律刑书据会》。此案被退回到按察使处,按察使遂根据巡抚意见修定定案(修定定案的大意是:本夫、本妇和后夫按照不应重律,处杖八十。妇人与后夫完娶,财礼银毋庸议追)。日后巡抚将此案通饬江苏全省,其文如下:

> 查:妇人从一而终,转卖有关风化。但其中不无贫极颠连,两图活命,或因父母病故无资,甘心舍妻棺殓,或值本夫病危莫措,需费势迫出身,似觉情可矜原,自应照《据会》科断,又宜比附典雇各条,期于情罪允协。至实系卖休买休,乃当援引本律定拟,不致有干出入。此等案件情态百端,江苏各郡颇多,引断须归平允。合亟通饬,嗣后,凡遇此等案件,务须参考律意,揆情准法,毋致拘泥失平。

这条新规定为浙江省所仿效,其后扩大到湖北、江西、福建等各省,但似乎未被中央政府采纳为全国性的规定。究竟这条新规定的核心为何?值得注意的是,这条规定并不像明末一部分官员所建议的,让因贫卖妻的当事者“不坐罪”。依照“不应为”或其他法律,当事者必须接受(至少在名目上)相当严重的身体刑罚。但按照新法规,买卖契约本身不被取消。对因贫卖妻的当事者来说,重要的不是一过性(而且往往减免的)杖刑,而是财礼和女人到底判归谁家的问题。

值得注意的是,在土地买卖的相关法律和卖妻典妻的相关法律当中,“生存”与“契约”两者关系的差异。在土地买卖的相关法律上,考虑“生存”要素和严格遵守“契约”两者相互矛盾。对贫民的同情往往显现在与原契约相抵触的命令中,例如,在自然灾害时允许回赎的特别措施。但在有关卖妻的案件中,对贫民的同情却反而导致承认卖妻契约的结果。“生存”和“契约”站在相同立场,缓和“礼教(法)”的强硬规定,共同发挥“平允”的作用。

(二)卖妻、典妻诉讼

关于卖妻、典妻诉讼的事由,已有扎实的先行研究利用清朝后期的地方档案来进行分析。苏成捷整理了四川巴县、四川南部县、直隶宝坻县总共251件有关卖妻的诉讼文书,将其诉讼理由归纳为三种类型。各类型所占的比率如下:①

遭到卖夫或他家人的勒索41%;

妻子和(或)她的娘家反对交易32%;

其他人勒索或金钱纠纷10%;

其他琐碎纠纷17%。

此外,吴佩林则将南部县91件诉讼例分类为:②

嫁后图索(原夫、原夫家族、娘家人对买方勒索)69.2%;

未得到家族和妻子娘家等同意18.7%;

未得到嫁卖钱(财礼分配不当)3.3%;

其他8.8%。

虽然苏成捷和吴佩林的分类方法不同,但可以确定在清代后期的四川,嫁后图索的案例相当多。对于这种嫁后图索的案件,地方官的裁断如何?首先可举数则明末清初判语为例证:

① [美]苏成捷:《清代县衙的卖妻案件审判》,载邱澎生、陈熙远编:《明清法律运作中的权利与文化》,台北,“中央”研究院、联经出版事业公司2009年版,第353页。

② 吴佩林:《清代南部县之婚姻与社会研究》,载蔡东洲等著:《清代南部县衙档案研究》,中华书局2012年版,第543页。

张化行须糜丈夫，不能庇其一妻，售之崔明旺……盖伉俪情绝矣，乃索诈不休，并逮之讼，去帷之妻视为奇货，为明旺者拒之不能，啖之不饱，舍上控而外，岂有御之之策乎？夫田产贸易，价或有昂于旧者，然自一加再加而外，亦自赧焉不能出口，曾是一妇人耳，华落理贱，势所必然，而求多不已，化行之贪而忘丑则已甚矣。……非（按：与教唆者一起）并杖之以死化行之心，明旺之祸，正未有已耳。①

看得：沈弘素无耻刁棍也。有妻郑氏不能自赡，遂改号瑞山，假以亲弟身故大伯主婚为名……嫁与高禹门为室，且华烛之夜，亲迎过门，与之合卺，素方恬然无语，婚书炳然可凭也。未转眄即有十两之诈，岂以妻为金穴而夫妇之间不妨有市道乎？今复再肆狂吠，致烦宪听，而郑氏、原媒供证凿凿，即弘素亦自认年荒愿卖，并无奸拐情由。弘素无耻刁诬，法应重拟，但事在赦前，姑与援宥，然而幸矣。郑氏仍高禹门领回，以安家室。沈弘素不得藉端讦骗，以滋寡廉鲜耻之风。可也。②

上述两例明确显现出明末清初时判词的特色，亦即并不言及“买休卖休”等禁止卖妻的法律，只站在“契约”的立场来斥责图索者。只要卖妻契约属于自愿非逼，且有明确证据，那就应该遵守。仅就这点来说，与土地买卖毫无二致。

为何明末清初的地方官会如此思考？可能是因为他们面对诉讼

① （明）张肯堂：《㽜辞》卷七《张化行》，载《明代史籍汇刊》，台北，台湾学生书局1970年版，第14a～b页。

② （清）卢崇兴：《守禾日纪》卷六《一件奸拐事》，乾隆五年两浙抚署诚本堂校订重刊本，第15a～b页。

时,最重视的是谁惹起了祸端,而非双方的行为合法与否。将背约图索的卖主和被迫出钱的买主相较之下,加害者和被害者的区别昭然可判。因此,地方官自然会站在买主的立场,命令卖主遵守契约。

到清代后期,地方官的判词中频频出现"买休卖休"一语。有些地方官主张,卖妻审判应该严格地遵照法律进行,例如光绪年间董沛的《汝东判语》写道:

> 夫妇为人伦之始,列在三纲,百世不易,惟夫亡再醮,不入禁令,此圣人体恤之情也。至卖休买休,律有明条,风俗日偷,难免违犯,如其无人控告,官长断不能挨户稽查,一经亲属讦发,官长即不得不按例剖断。如谓有媒妁婚书,即是明媒正娶,此尤大谬。世有典雇妻女、同姓为婚、尊卑为婚等类,发觉到官,虽有媒妁,亦必照律更正,虽有婚书,亦必照律离异。盖国家所以治民者,贵于立法,官长所以治民者,贵于奉法,安有百姓而可违法妄行者乎?①

董沛对审理只重契约的批评颇为严厉,但从他必须如此极力主张此事来看,恐怕正反映出当时审理只重契约的流行。就董沛的判语所见,他似乎也在实际的审判中采取较为严格的遵法(遵礼)方针;但一般而言,即便清末地方官曾经言及"买休卖休"律,却也未必会按照法律裁断。例如,李钧《判语录存》记载的一件案例:

> (按:刘海德迫于负债,将妻子阎氏卖给齐明韶。其后海德以霸妻逼约为由,控明韶于县)刘海德本应照卖休律折责,念已受杖,姑免重科,掌责三十,以示薄惩。齐明韶虽非知情买休,然误娶有夫之妇,亦应离异归宗,但刘海德赤贫无藉,断不能追还财

① (清)董沛:《汝东判语》卷三《陈王氏呈词判》,光绪九年序刊本,第5b页。

礼,未免向隅,且该氏情恋后夫,再三哀恳,姑从权仍准完娶,酌令帮给刘海德钱二十千,以资生理。[1]

值得注意的是,这个判词的文章采用"本应……姑(念)……"形式,亦即"原则上虽应遵守法律,但在考虑实际情况之后,姑且采用缓和措施"之意。此一格式在县衙档案中也频频出现,兹举南部县档案中结构最简单的例子(甘结状中引用的堂词)如下:

杨大志(卖主)同王正坤(买主)不应买休卖休,均各掌责。例应将财礼充公,姑念贫民,免充。其陈氏已在王正坤家下产生一子,免离,仍令王正坤领回团聚。[2]

毛立平在其讨论南部县民事案件的论文中,注意到"例应……姑念……"之格式,指出"透过从'例应'到'姑念'的转换,县官既可部分地遵从清律,又能灵活地顾及百姓的实际情况,使判决具有实际操作性"。[3] 相较于上文曾稍微提及的省级"因贫卖妻"定例制定过程,制定"因贫卖妻"定例的官员则试图藉由制定新的法规,来减少法律和实际情况之间的差距。相异于此,州县的"例应……姑念……"格式虽仍保持法律和实情之间的"鸿沟",但却也可在此鸿沟中发现官员"权衡"的余地。

那么,清代后期地方官的实际裁断和法律之间究竟有多大差距?苏成捷详尽地分析了"买休卖休"规定的三个面向(①妻子离异归宗;②财礼入官;③对本夫本妇后夫加以杖刑)在实际裁断中的实现程度。

① (清)李钧:《判语录存》卷四《已卖复讹事》,道光十三年刊本,第8a~9b页。

② 转引自吴佩林:《从〈南部档案〉看清代县审民事诉讼大样——侧重于户婚案件的考察》,载《中外法学》2012年第6期。

③ 毛立平:《"妇愚无知":嘉道时期民事案件审理中的下层妇女》,载《清史研究》2012年第3期。

限于篇幅,在此只能介绍大致的结论。在以巴县为中心的180件堂谕中,①妻子回归娘家71件,回归后夫60件,回归本夫26件;②财礼入官7件,由卖主保留111件,退回给买主17件;③本夫受杖99件,后夫61件,媒人58件,妻子26件。[①] 毛立平也以南部县的36件案例为对象进行同样的调查,结果为妻子回归娘家共12件,回归后夫16件,回归本夫8件。[②] 由此可见,地方官的裁断结果在两个调查中都呈现分歧。以下再从“契约”“礼教”“生存”三个方面来探讨其多样性的背景。

1. 契约

如上所述,尽管法律上明文禁止,但民间依然相当重视卖妻、典妻契约,即便在审判时也亦同。唯地方官支持其契约与否,则视案情而定。主导地方官判断的要因之一,在于该契约是否得到关系人的充分合意。

从契约书的形式来看,卖妻契约和卖地契约并无多大差异。但一般地说,卖妻契约需要较多关系者的承认,尽管立契人只有一个。记载中国台湾地区习惯的《台湾私法》早已指出:

> 行将典雇或者嫁卖妻子时,首先需要与妻子的娘家协议,若娘家方面不赞成,就一般的惯例,应归还聘金并赎回妻子。若娘家无意赎回,则无论其原因如何,本夫可以公然典或卖妻子。另外,台湾有因贫困卖妻的实例。在台湾,只要妻子同意,无论何时

---

① [美]苏成捷:《清代县衙的卖妻案件审判》,载邱澎生、陈熙远编:《明清法律运作中的权利与文化》,台北,“中央”研究院、联经出版事业公司2009年版,第361~375页。

② 毛立平:《“妇愚无知”:嘉道时期民事案件审理中的下层妇女》,载《清史研究》2012年第3期。

> 本夫均得嫁卖之。[1]

换言之,在中国台湾地区的一般家庭中,典或卖妻子时需要娘家的同意。即使是因贫卖妻,本夫也必须先得到妻子的承诺之后,方可卖之。

据吴佩林对南部县档案的研究,嫁卖行为需得到丈夫、夫家人、母家人(妻子的娘家)三方的同意,[2]否则有可能被诉之衙门。从诉讼的结果来看,"对于不通家人或族人知晓的嫁卖行为,衙门一般不予支持"。[3] 苏成捷也强调卖妻行为中妻子和娘家的主体位置。据其统计,在妻子或娘家明确反对卖妻交易的情况下,县官倾向将其断归娘家;然而在妻子或娘家不反对卖妻一事,且本夫的主要目的仅在获取金钱的情况下,将妻子断归后夫是最方便而顺利的解决方法。按照苏成捷的看法来说,州县官令妻子离异归宗的裁断也未必能表示出他们的遵法方针,而是重视妻子或娘家意向之结果。

以本夫为立契人的契约文书,背后存在许多关系人的同意。地方官所重视的契约不仅是契约文书本身,而是支撑契约的整体合意。王又槐在乾隆中期成书的《办案要略》中,指出了因贫卖妻案件的多样性:

> 因贫卖妻者,虽意起于男人,而其情多由于妇人怨嫌贫苦,不肯安居也。若妇人果勤于纺绩针线,夫妻和合,虽贫不作嫁卖之想。亦有男人浪荡萧条,因而卖妻,妻不愿离者。又有年荒无度,

---

① 临时台湾旧惯调查委员会:《台湾私法》(第二卷下),神户:临时台湾旧惯调查委员会1911年版,第343页。

② 吴佩林认为,契约书中所谓的"三面说合",指的是丈夫、夫家人和母家人三者。在一般契约中,"三面"意指卖主、买主和中人三者。或许南部县有特别的用法。

③ 吴佩林:《清代南部县之婚姻与社会研究》,载蔡东洲等:《清代南部县衙档案研究》,中华书局2012年版,第545、549页。

苟延性命者，更有买休卖休者，本夫或于当卖之时藏踪匿迹，改名换姓，既卖之后出而控称拐带私逃者，不可不察。[①]

如此多样的情况正是地方官在审理卖妻案件时候必须掌握的重要背景。

2. 礼教

在地方官处理卖妻案件时，礼教要素发挥两种作用。第一，某些时候地方官认为母子之情高于法或契约。例如，毛一鹭在一件诉讼中，接受其子女之恳求而取消卖妻契约，让妻子回归本夫：

沈显与妻诸氏业生子女五人，后以好赌之故，不能保其家室，将妻卖于沈霓。霓与显固同姓不族者也。越三年而诸氏在霓亦且生女数月矣，乃显以加价不遂，先捏欺奸诳宪，县断绝卖属真，各坐以杖，仍断加银二两。原媒陆义乃左袒沈霓，不以断银付显，致显复以前词为控。今细勘原契，固出自显手，况妇归霓有年，宜无复全之理。第临审时，沈山（显）二子抱母哀号，神色为动，且必欲卖身赎母，泪如雨，头抢地，阅其情景，大为恻然。继犹以原价难之，而彼且不出三日具矣。夫结发之妇，既生既育，中道而辄弃之，固显落魄使然，今其子必欲得母，乌哺之情，自是真恳，即霓亦有幼女在抱，终不能以此易彼也。惟是沈显迭词太诳，沈霓违断启衅，陆义从中阻挠，难免再科。……诸氏给与沈显完娶，幼女听沈霓收养。[②]

---

① （清）王又槐：《办案要略》，群众出版社 1987 年版，第 54 页。

② （清）毛一鹭：《云间谳略》，收入杨一凡等主编：《历代判例判牍》（第 3 册），中国社会科学出版社 2005 年版，第 538 ~ 539 页。相同的判词也收入于《凭山阁增辑留青新集》，但当事者之名却改作陈旭，不知是否仅为误植，兹记于此，留待日后考察。

在被卖的妻子希望回归本夫时，子女的情况似乎影响到地方官的判断。又如在一件案例中，妻子和后夫之间有了孩子，但和本夫之间没有。虽然妻子要求回到本夫家，但地方官依然判为：

> （后夫）明婚正娶而生子，则后夫当为亲夫。……（令妻子归后夫）不特正夫妻之义，亦以全母子之伦也。[1]

与此相反，另有一件在妻子被卖后，仅仅三天便奔回原夫的事例：

> 俞氏（妻子）以不忍割其幼女为辞。夫妻子母总有天性，嫁妇复回岂得已哉？……（至于聘金，令卖主、中人等想办法）清还德桂（买主）以全俞氏子母可也。[2]

地方官重视礼教的第二个方向是犯奸等有关性道德的问题。地方官谈及母子之情时，口气较为和蔼，但若卖妻案件涉及犯奸或者族内买卖时，地方官的态度却十分强硬。例如，在某件案例中，地方官使用“犬猪不若”“人貌畜行”等语，指责将妻子典为姐夫之妾的当事者，并对本夫、后夫加以实刑，令妻子回归本夫。[3] 又有一件案例是本夫把孕妾卖给邻居，地方官认为买夫事先应该已知道妻子怀孕，“未婚之先不无苟行可知……寡廉鲜耻，一至于斯”，遂将妻子断离归宗，买主决杖示惩。[4] 另一件案例中，买主刁奸之后和买妻子，“买休卖休”之情十分明确，地方官采断妻子离异归宗，至于财礼，应该入官，但念及本

---

① 《资治新书》初集叶自灿《极惨即变事》，载《李渔全集》（第 16 卷），浙江古籍出版社 1991 年版，卷一三，第 509 ~ 510 页。

② （清）李之芳：《棘听草》卷二〇《本县一件为宪剿局拐事》，第 16a ~ b 页。

③ （清）李清：《折狱新语》卷五《奸占事二》，第 332 ~ 333 页。

④ （清）朱在镐：《活拆发妻事》，收入《资治新书》二集，载《李渔全集》（第 17 卷），浙江古籍出版社 1991 年版，第 756 ~ 757 页。

夫赤贫,已经花费采用免追措施。① 在事先有奸情的案例中,无论地方官是否按照“买休卖休”律来论断,契约最终都被取消。

3. 生存

在卖妻、典妻诉讼中,地方官承认契约的裁断本身,便已寓含保护生存之意。因此不同于土地买卖,在卖妻诉讼的嫁后图索案件中,地方官令买主支付找价的例子似乎较少。至于卖地后的找价,只要恶质性不太强烈,往往被认为是出于不得已,而能受到同情;但卖妻后的找价一般则认为是寡廉鲜耻之举,故饱受斥责和侮蔑。就免追财礼及缓和刑罚等方面来说,地方官往往以“乡愚”“贫民”“妇愚无知”“蚁虱之民”等为由采取缓免措施,也可以说是地方官重视生存要素的一个表现。苏成捷在他关于招夫养夫的论文中指出:

> 表现形式不尽相同的一妻多夫现象是一种生存策略,是“小人物”应对重大的社会和经济问题的一种方式,这些问题在过去几个世纪里一直困扰着中国。概括地说,这些策略凝聚着更广阔的三种力量,即失衡的性别比例和随之而来的单身男子过剩,遍布各地的妇女身体和生殖力的市场,以及越来越多的农民家庭的生存危机。②

虽然这篇论文的主题是招夫养夫,但卖妻、典妻、租妻等行为的背景,也正是上述引文所指出的三种力量,故在这层意义上,卖妻、典妻、租妻等行为与招夫养夫等行为之间实有其连续性,彼此关系颇为密切,在实际社会行为上经常不易截然区分。清代官员也了解这些行为

① (清)施宏:《未信编二集》卷五《奸占拆婚事》,第 14b ~ 15a 页。

② [美]苏成捷:《作为生存策略的清代一妻多夫现象》,载黄东兰主编:《身体、心性、权力》,浙江人民出版社 2005 年版,第 258 页。

出于小民为维持生存的策略,正因如此,“买休卖休”的法律和“因贫卖妻”之间的关系特别受到官员的注意。然而,严格禁止卖妻、典妻的法律和现实社会小民的生存策略之间相去甚远,使地方官不得不忽视法律,或者援用“例应……姑念……”格式来因应这段差距。

总结起来,在卖妻、典妻问题上,法律站在礼教的立场,严格禁止这些行为。“契约”“生存”作为次要要素,对“礼教(法)”的僵硬性发挥缓和作用。但相较于土地买卖的相关法律,关于卖妻、典妻的法律与现实差距较大,使地方官的裁断离开法律的幅度不得不随之扩大,裁断的多样性也为之增加。

五、结语

以“情、理、法”为焦点的民事审判研究,倾向以“法”为基准点,来测量其与地方官“情、理”判断之间的距离。相异于此,本文试图以“礼教、契约、生存”为基准点,来测绘法律和裁断如何随着事案性质的差异,而移动于这三个基准点之间。非但地方官的裁断有随事权衡的灵活性,法律(或其解释)本身也在这三个要素之间,以追求达到“平允”的均衡点而不断变化,即便其灵活性远不及于地方审判。

“礼教、契约、生存”之间并非三者择一的关系。实际上的法律和裁断,乃是这三种要素或多或少结合而成的结果,恰似色彩上的三原色。然而,清代民事司法中所见复杂多彩的各种判断标准,究竟是否能够归纳于这三者?诚如前言所述,“礼教、契约、生存”三者只是本文的初步性假设,或许尚有其他原色存在,这个课题仍待日后再论。

过去有关“情、理、法”的讨论,似乎倾向着眼于中国和西方之间的司法制度及法律观念的异同。“礼教、契约、生存”论无意否定或取代“情、理、法”问题。但笔者认为,透过“礼教、契约、生存”的框架，或许可以从新的视角来探讨清代人和现代人"衡平"思考的异同。兹以现代社会面临的问题为例：我们是否可以在某种程度上承认或管制性工作、代孕等行为？诸如此类的问题，至今都无法得到普遍性的合意。每个人都会从各自的道德观点（我们的"礼教"）——如基本人权、宗教等——来评论这些行为，但同时我们也知道问题绝非如此简单。究竟应该如何考虑当事者的主体性判断（契约），以及当下难以改变的社会状态（生存）？又该如何综合各方考虑，方能达到较为平允的结论？[①]

虽然清代人的"礼教"和我们的道德观念之间在内容上存在相当大的差异，但我们的社会却也尚未解决清代人所面临与"礼教、契约、生存"相关的问题，从而也未能达成尽善尽美的结局。在这层意义上说，则清代人对于"礼教、契约、生存"问题的摸索，或许还是可以为我们带来某些启发的。

---

① 在这些问题意识来说，本文与其说是属于法律史乃至法制史的范畴，不如说是从思想史的角度来探讨人们的公平感觉之一个尝试。

菁英理想与满族威权

——清代刑事司法的意识形态困境

[美]步德茂(Thomas Buoye)/著　卢伟基/译

一、绪论

在1753年的秋审谕旨中,乾隆皇帝表现出明显的愠怒,尖锐地嘲弄各省督抚总是展现出"妇人之仁"。[①] 事实上,"妇人之仁"一词无疑带贬义,并隐含性别歧视,长久以来都是形容只懂给予小恩小惠而无法顾全大局。[②] 乾隆认为官员提出的缓决要求缺乏恰当理据。皇帝对省级官员这些表面仁慈的动作感到特别厌恶。皇帝感到困惑的地方在于过往任职中央的能干官员到各省上任后对于死刑的处理却显得相对宽松。为了提醒他的臣下要看清"大局",皇帝明确告诫他们"盲目地"姑息犯罪者只会削弱法的阻吓力,他更警告"法轻则

---

① 要向魏淑民的先驱研究论文《君臣之间:清代乾隆朝秋审谕旨的政治史解读》(载《中州学刊》2012年第6期)特别致敬,笔者藉此方能留意到乾隆朝秋审谕旨的重要价值。

② 譬如司马迁(公元前145—公元前85)在其经典著作《史记》中就曾使用"妇人之仁"一词。

犯者愈众”。[①]

从乾隆言辞中的强度和叱责程度可知,秋审已沦为另一个顽固皇帝与慎重省级官员冲突的官僚政治战场。正如孔飞力(Philip Kuhn)在其著作《叫魂》中所表明的,乾隆皇帝与省级官员之间的冲突实际上是一场长时间的斗争,并在18世纪晚期朝着官员胜利的方向所倾斜。[②] 孔飞力透过集中研究1768年的妖术恐慌向读者展示了一场针对重大“政治案件”的调查如何成为必要,[③]好让清皇室维持对日益根深柢固的官僚系统的独断权力。[④] 像剪辫妖术恐慌事件这种大受瞩目的案件可视之为政治争议的冰山一角,蕴藏着帝国权力威信以及强固司法规范之间的冲突与对峙。无疑地方上的确存在破坏安宁的妖术指控,然而,孔飞力认为皇帝是故意干涉调查,志在动摇省级官员的自满。皇帝是特意精心安排一场妖术恐慌的骚动从而达到其政治目的。由此观之,妖术恐慌是一件单一和富戏剧性的事件,却慢慢地失去了官员的注意力。相反,有关缓决的冲突是一种由来已久和根本的困境,需要置于逐渐浮现的清代刑事司法危机的脉络下理解。

二、18世纪的刑事司法危机

刑事司法的危机根源于18世纪的人口和经济扩张,这种扩张带

---

① 魏淑民:《君臣之间:清代乾隆朝秋审谕旨的政治史解读》,载《中州学刊》2012年第6期。

② 参见 Philip A. Kuhn, *Soulstealers: The Chinese Sorcery Scare of* 1768, Cambridge, Harvard University Press, 1990, chapter 10。

③ 据孔飞力所言,政治案件包括“所有形式的谋反,如宗教异端、文字诽谤或公开的造反。因政治罪所危及的是王朝的基础,所以它与无所不在的贪污不同,后者只是仅仅降低制度的效率而已”。参见 Kuhn, *Soulstealers: The Chinese Sorcery Scare of* 1768, p. 187。

④ Kuhn, *Soulstealers: The Chinese Sorcery Scare of* 1768, p. 227.

来了一个繁荣但争议不断的社会。例如，笔者就18世纪在广东、四川和山东等地发生的围绕产权的暴力争执所作的研究表明，众多以杀人收场的暴力争执的出现是由于人们对产权的观念发生了转变。[①] 随着时间的推移，官方的响应包括大举立法打击暴力罪行以及随之而来对犯罪行为的重新认识，导致可判处死刑的罪行大幅增加，挑战着司法官僚所能承受的极限。因此，18世纪的刑事司法危机背后带出的是对延续清朝统治至关重要的意识形态、法律和政治因素。乾隆皇帝并非首次对省级官员作出尖锐的批评，尽管当中有皇帝一贯的嘲笑和霸道，但更有着正当的政治和行政理由去担心秋审的实施。不幸的是，对于困惑的皇帝来说，其减少缓决的目标不但挑战存在已久的司法实践，更是要求改革令人敬畏的司法机构以及重新适应中国根深蒂固的犯罪行为概念。

三、司法观中的宽大仁慈

清代死刑复核中复杂和精密的司法程序背后所反映的是中国文化中根深蒂固、真诚关怀人命的原则。中国的司法观从不支持或尊敬动辄施行死刑的法官（hanging judges）。[②]相反，过去二千多年来谨慎且

---

① 参见 Thomas Buoye, *Manslaughter, Markets, and Moral Economy: Violent Disputes over Property Rights in Eighteenth-Century China*, (Cambridge, UK: Cambridge University Press), 2000。

② "绞刑法官"的概念是指法官欣然接受使用死刑，在美国已有很长时间的历史。其中一个典型例子是阿肯色州史密斯堡的联邦法官 Isaac Parker。在1873—1896年，他判处79名犯人死刑（当中大部分为美洲土著）。参见 Baker, David V. "American Indian Executions in Historical Context", *Criminal Justice Studies*, (USA: Taylor & Francis, 2007) 20:4, pp. 315－373。

恰当的判刑(特别是死刑案件)是中国法律书籍中恒久和一致的主题。[①] 在帝制晚期,复核死刑的精密程序已在秋审过程中彻底确立。顺治年间,清代的秋审重新建立,代表中国法制史上统一司法执行和皇帝直接控制死刑的巅峰。法律上,秋审既非上诉程序亦非意味重新调查案件或引入新证据。罪名早已在前期审判中确立且不可逆转。秋审期间,最高级的司法官员会与皇帝仔细讨论,就暂定的死刑作出确认或驳倒的决定,并一并考虑缓决和减刑的正式要求。当然,皇帝保留最终决定死刑的权利,无人可在缺乏皇帝的许可下被处决或被"宽恕"。所以,秋审是皇帝展示仁慈的礼仪场域。

中国的司法传统是清朝统治的一条重要支柱,可惜直至近年来才逐渐摆脱被忽略和被诽谤的局面而受到重视。中国历史上无一伟大的朝代能够在缺乏良好的司法体制下扩张领土,建立精密的行政架构以及发展蓬勃的商业经济,而清代在这点上比任何朝代都要杰出。尽管他们是异族出身,满州统治者不但拥抱中国的法律传统,并不断加以调整使其能够适应在汉族领土上所发生的社经变迁。[②] 事实上,整个 18 世纪连续几位清朝皇帝都颁布了数百条"例"将税制上、社会上和行政上的改变编成法典,解决引起纷争的经济事务和严惩日益增多

---

① 参见 Geoffrey MacCormack,"The *Lü Hsing*: Problems of Legal Interpretation." Monumenta Serica,(Germany: Monumenta Serica Institute,1986 - 87),37,pp. 35 - 47。《康诰》——现存最古老的一份讨论法律执行的文件(可以追溯到周朝早期)——当中便有因死刑不可逆转,故力劝从政者应审慎施行体罚和对有怀疑的案件应以罚款取代体罚的说法。同样,战国时代(公元前 475—公元前 221)编成的《吕刑》都极力主张对使用死刑要谨慎和仁慈。

② 参见 Zheng Qin,Guanyuan Zhou trans,"Pursuing Perfection: Formation of the Qing Code," *Modern China*,(New York: SAGE Publications,July 1995) 21. 3: pp. 310 - 344 for an overview of this process。

的特定罪案。[1] 这一波立法在18世纪达到顶峰,令清律的条例数目相比明律足足增加了4倍。[2] 满族统治者很快就采纳秋审制度,是其全面拥抱中国司法制度的一部分。纵观整个清代历史,一如其他的制度创新,维持满族威权与建立在宋明理学上的合法性是政治上两大当务之急。[3] 在清代的刑事司法中,这些相互比竞的考虑非常明显,包括平衡保护满族特权、维持社会秩序和高举法律背后的宋明理学价值。

在遵从中国司法传统的同时,清朝统治者在执行刑事司法中独具创意地平衡满族威权与宋明理学合法性两者。这在理解犯罪行为的演化中是十分明显的,并最初体现于定期宣讲的《康熙圣谕》(以下简称《圣谕》)中。《圣谕》于1670年颁布,其时康熙帝刚从鳌拜手中重新掌权;《圣谕》被视为康熙努力宣示在意识形态上的真诚并安抚在鳌拜治下遭受迫害的汉族精英。《圣谕》共有16条,被称为是"儒家道德价值之集大成者"[4]和"最简明和权威的儒学"[5]。《圣谕》中所描写的是一个秩序井然的社会:当中,皇帝的子民遵守法律,避免争讼,尊崇

① 这些政策包括"摊丁入地"、"开豁贱籍"和"改土归流"。参见 Zheng Qin, Guanyuan Zhou trans, "Pursuing Perfection: Formation of the Qing Code", pp. 330 - 331。

② 大明律共有382条"例",而清律仅顺治年间(1644—1661)已有例449条,直到雍正年间的1725年(1723—1735)已增至824条。清代第三次大规模修律在乾隆年间的1740年完成,当中包含1049条修正和新增的"例"。在之后的20年又增加了407条新例,令总数达到1456条。

③ 欧立德(Mark Elliott)出色地在其研究八旗制度著作的序言中总结了此等窘境。参见 Mark C. Elliott, *The Manchu Way; The Eight Banners and Ethnic Identity in Late Imperial China*(Stanford, California: Stanford University Press, 2001), Introduction。

④ Jonathan Spence, *The Search for Modern China* (New York: W. W. Norton, 1999), p. 60.

⑤ Victor Mair, "Language and Ideology in the Written Popularizations of the Sacred Edict", David Johnson, Andrew J. Nathan, Evelyn S. Rawski eds., *Popular Culture in Late Imperial China* (Berkeley: University of California Press, 1985) (325 - 359), p. 325.

正教,依时纳税,勤务农耕。① 有趣的是,法律在这份充斥儒学价值的公告中是不可缺少的一部分,正如第八条所言“讲法律以儆愚顽”。② 此条简要地辨识出犯罪的源头——“愚”和“顽”,并提供“讲(解释)法律”作为解决办法。事实上,仔细考察《圣谕》的传播可以发现清代对传播法律知识有持续的强烈倾向。

理论上,《圣谕》需要每月在各城各村大声宣读两次(初一、十五),此规定反映出《圣谕》明显被设想为大众政治宣传的载体。整个18世纪康熙的继承者皆持续推广《圣谕》。1724年,康熙的儿子雍正皇帝颁布《圣谕广训》,将《圣谕》的内容以较浅白的民间用语去表达。此等做法明显是针对“愚昧的百姓”。将《圣谕》的内容变得更易理解令针对“乡愚”的公开讲读更为便利。③ 根据礼部的报告,“宣讲《圣谕广训》的原意是要教化不知财产、礼法、规矩为何物的乡愚”。④ 康熙的孙子乾隆皇帝(1736—1795)继位后就下旨要求官员应该“落力”执行公开宣读《圣谕》,并分别于1737年及1743年重新颁诏。1753年,乾隆更下令“除每月朔望二次宣讲外或于听讼之余以及公出之便,随事随时加以提命不妨以土音谚语敬谨诠解明白”。⑤ 虽然难以估量公开宣读《圣谕》的影响,有一点可以确定的是18世纪清朝皇帝对传播法学知识至更多受众是非常认真的。

---

① 参见 Xiao Kongchuan, *Rural China: Imperial Control in the Nineteenth Century*, Seattle, University of Washington Press, 1960, pp. 185 – 190.

② “杀人犯”不论任何状况一律都会被形容为“不知法律的愚民”和常以“顽”标签。即使经历18世纪后期大举简化死刑记录,这些公式化的措辞仍然保留,可见“愚”“顽”的概念对认识犯罪行为的重要性。

③ 这份奏折被引述在 Hsiao, *Rural China*, p. 618, n. 33。

④ Hsiao, *Rural China*, p. 191.

⑤ Ibid., p. 186

在1679年出版的其中一部最早对《圣谕》作注释的书《圣谕合律批注》中，作者将《圣谕》第16条对应清律当中的条文并提供可应用的法律指引作例子，反映出传播法律知识与宣扬儒家价值是链接在一起的前提。[①] 作者陈秉直用14页半的篇幅解释《圣谕》第8条在法律上是如何运作的。[②]《圣谕》第8条对受儒学训练并负责刑事司法的官员有明显的意味。以公开宣讲《圣谕》来针对大众对法律的无知意味着以下信念：法律是有效的，而社会精英有责任去传播法律知识。[③] 乐观来说，《圣谕》第8条所意含的是宣扬法律会传播法律知识并减少罪案，从而减少公开宣读的需要。另一个重要意含是隐含着在某些罪案乃因愚昧而犯事，故此在可以补救的前提下，为官员提供从宽的内在理由。

四、清律中的"愚昧"

"愚"和"顽"二字毫不意外地都出现在清律中，然而，"乡愚""愚民"等词却成为减轻惩罚的理由经常出现在八条条例中。例如，在《刑律·人命·威逼人致死》下一条1740年颁布用以保护女性贞节的条例中，如果一名男子被认定是"村野愚民本无图奸之心"，即使他出言亵押妇人导致该妇自杀，仍可以免于死刑。[④] 轶事中的证据表明"愚"

---

① Mair, "Language and Ideology in the Written Popularizations of the *Sacred Edict*", p. 329. 陈秉直撰写《圣谕合律批注》的序言。

② Mair, "Language and Ideology in the Written Popularizations of the *Sacred Edict*", p. 330.

③ Janet Theiss 在其18世纪有关贞节崇拜的研究中注意到"教养"或"教化"是帝国意图转化社会的重要部分。

④ 该条例全文为"凡村野愚民本无图奸之心又无手足勾引挟制窘辱情状不过出语亵狎本妇一闻秽语即便轻生照强奸未成本妇羞忿自尽例减一等杖一百流三千里"。

的辩护是非常有效的。Janet Theiss 在其有关法律与贞节的著作中引述了一件案件,案中男子因其猥亵的言语引发了一宗以杀人终结的暴力案件。在该男子的证供中他承认"一切都是因为他是一名乡愚"。[①] 无可否认,"师爷"撰写案件纪录时充满了算计,运用刑事具结上的特殊法律用语意图影响上级官员。[②] 在另一本著作中, Geoffrey MacCormack 亦讨论过一件相似的案件:案中一名已婚女士因为邻居讹称两人曾经一起睡过而羞愤自杀。刑部判定这只是一件村野愚民出语亵狎,并不代表张妇因而失去贞节的平常案件,故此,该位唐姓邻居被判以流放。[③] 这位"流氓"的性命因为被认定是一名"乡愚"而得以保存。县官与其簿记明显是有目的地在该犯人的具结书中嵌入此等用语。

"乡愚"一词在官方的用语中十分普遍,反映在出仕文化精英与寻常百姓之间的巨大社会分野。不同来源的轶闻都表明认定犯罪行为乃"愚"所致确实会较易得到仁慈的处理。例如,在 1768 年的妖术恐慌中,遭受剪辫的受害者被带到北京接受军机处的审问后被释放,当中因由在于"无人会把此等乡愚等同于僧侣"。[④] 同样,孔皓峰在其有关 18 世纪群众抗议的著作中详细引述了一件案件:官员经详细调查

---

① Janet M. Theiss, *Disgraceful Matters: The Politics of Chastity in Eighteenth-century China*, Berkeley: University of California Press, 2004, pp. 172 – 178.

② 例如,笔者亦找到一份相似的供词,内容与例文一字不差;该份证供来自一位 17 岁、大概未接受过任何正式教育的农家子弟。参见"Filial Felons: Leniency and Legal Reasoning in Qing China", in Robert C. Hegel and Katherine Carlit edit, *Writing and Law in Late Imperial China: Crime, Conflict, and Judgment*, Seattle: University of Washington Press, 2007, (109 – 24), p. 117。

③ Geoffrey MacCormack, *The Spirit of Traditional Chinese Law*, Athens, Georgia: University of Georgia Press, p. 143.

④ Kuhn, *Soulstealers: The Chinese Sorcery Scare of* 1768, p. 138.

后因抗议仅是“一起愚民卑微的请愿”而释放疑犯。[①] 标签犯罪者为“乡愚”的目的明显是减轻惩罚。

五、打击暴力罪案

《圣谕》中所隐含对犯罪行为的理解和儒家对教化的信念与长久以来中国法律原则中的“仁慈”是相符的,但它似乎越来越不适合一个渐趋暴力社会的迫切需要。清朝官员在不同的描述中都越加关注18世纪明显增加的暴力案件,从中可见立法打击暴力罪案是清朝管治下立法转向的一部分。对暴力罪案的不安导致大量扩大死刑适用范围至各种暴力与非暴力案件的立法。此种以重刑震摄暴力罪案所做的努力与传统中国刑事司法的道德观和程序要求发生了冲突。

事实上,针对暴力罪案的立法大幅增加。例如,明代(1368—1644)在《刑律·贼盗·强盗》下只有两条条例,但清代就增加了49条,并大多在十七八世纪期间立例。[②] 针对性侵的新例正好提供了另外一个清晰例子,可供我们了解持续立法打击暴力罪案以及暴力的恐怖程度。两份针对18世纪中国性侵的研究都同意加重性侵及相关罪案惩罚的立法激增背后反映出政府最上层的焦虑。[③] 两者都注意到针对不正当性行为的条例是在雍正、乾隆年间颁布的,当中,Theiss认为

---

① Ho-fung Hung, *Protest with Chinese Characteristics: Demonstrations, Riots, and Petitions in the Mid-Qing Dynasty*, New York: Columbia University Press, 2011, p. 81.

② Marinus Johan Meijer, *Murder and Adultery in Late Imperial China: A Study of Law and Morality*, Leiden: Brill, 1991, p. 24.

③ Matthew Sommer, *Sex, Law, and Society in Late Imperial China*, Stanford: Stanford University Press, 2000, and Janet Theiss, *Disgraceful Matters: The Politics of Chastity in Eighteenth-century China*, Berkeley: University of California Press, 2004.

“无数的新条例集体地反映出清中叶精英的普遍焦虑”。[①] Sommer 在讨论强奸律法时亦提出相类的意见,“过多的新措施去针对现在被想象成性侵者的‘光棍’”。[②][③]无论是“无数”还是“过多”,有关性侵立法的增加都令人不安地察觉出 18 世纪暴力罪案的危险性质。例如,在《刑律·人命·谋杀人》下一条乾隆五十三年(1783)颁定、嘉庆十四年(1809)修改的条例就有“将十岁以下幼孩逞忿谋杀者”首犯的刑罚增加到“斩立决”;[④]“若有图财,或有因奸情事,加以枭示(公开展示人头)”。[⑤] 清朝立法者特别针对非法杀害十岁以下儿童,反映出 18 世纪中国所经历的骇人暴力类型。我们必须假定正是这些十恶不赦行为的不断发生导致了需要通过上述律例。

六、光棍[⑥]

“光棍”一词在 1443 年的明律中就已经出现,[⑦]通常严格地指称未婚无根的男性,但在清朝之前并无所谓“光棍例”。尽管“光棍”一词在 14 条不同的条例中都有出现,但清律并无有关“光棍”的法律定义。

---

① Theiss, *Disgraceful Matters*, p. 47.

② Sommer 更倾向翻译“光棍”一词作英语中的 rootless rascal(无根的流氓/无赖)。

③ Sommer, *Sex, Law, and Society in Late Imperial China*, p. 10.

④ “斩立决”的判刑需经过完整的司法复检方能执行。

⑤ 所有“例”的原文皆来自网上的薛允升《读例存疑》(光绪三十一年京师刊本,五十四卷),载 http://www. terada. law. kyoto-u. ac. jp/dlcy/index. htm (accessed 23/05/2013),最后访问日期:2013 年 5 月 23 日。

⑥ 有关更多“光棍”现象的详情请参见 Thomas Buoye, “Bare Sticks and Naked Pity: Rhetoric and Representation in Qing Dynasty (1644 – 1911) Capital Case Records,” *Crime, History and Societies*, Switzerland: Librairie Droz, 2014 18. 2, pp. 27 – 47。

⑦ Zhang Guanghui, “Rogue Crime in the Criminal Law of the Ming and Qing Dynasties,” *Asian Studies Review*, USA: Taylor & Francis, 2008. 5. 30, pp. 147 – 160.

清律中虽然没有相类的法律定义去判定谁是“光棍”，但在《刑律·贼盗·恐吓取财》下的第7条条例在整部律法中常被引用成“光棍例”。[①] 其他14条条例曾提及“光棍例”[②]用以在犯罪者被认定为光棍的情况下加重刑罚。有趣的是，雍正和乾隆皇帝都对认定由“光棍”所犯的一系列罪案颁布了更严厉的惩罚。

历史上，18世纪的中国并非唯一在人口膨胀下经历暴力罪案急剧增加的国家。有关罪案与人口学之间关系的研究发现暴力罪案中无论是受害者或犯罪者都不成比例地牵涉年轻男性。[③] 例如，有关19世纪美国边疆的研究就用大量的“年轻单身男性”解释当地频生的暴力案件。[④] 该研究就年轻男性的暴力行为发现尽管文化规范和社会制度也是重要决定因素，但“得到历史学、犯罪学和跨文化研究支持的内分

---

① 有趣的是，此例列举了一系列罪案包括“凡恶棍设法索诈官民，或张贴揭帖，或捏告各衙门，或勒写借约吓诈取财，或因斗殴纠众繫颈，谎言欠债逼写文券，或因诈财不遂，竟行殴毙”，而且如果“此等情罪重大，实在光棍事发者”，判罚会更为严厉。条例的编号皆跟随薛允升的《读例存疑》（台北，成文出版社1970年版）。

② 例415.2（“例载比照光棍条款，仍照例斟酌定拟外，其余情罪相仿，尚非实在光棍者，不得一概照光棍例定拟”）处理程序。其他罪行，例如，《激变良民》（210.2）处理一系刑非法的集体行动，包括“抗税、罢市、构讼或借事罢考”。若擅自聚众至四五十人，为首者照光棍例拟斩立决。同样，《白昼抢夺》（268.23）特地标注五伙在四省横行的匪徒，并将“为首者照光棍例拟斩立决”。《犯奸》律拥有最多援引“光棍例”的例文但情形更为复杂。骇人听闻的是，四条例文中有两条牵涉侵犯未成年者。当中包括“轮奸良人妇女已成未成及杀死并致本妇自尽”（《犯奸》，366.2）、“伙众强行及一人强行或和同鸡奸良人子弟幼童”（《犯奸》，366.3）、“强奸幼女致死及强和奸幼女”（《犯奸》，366.4）和“喇嘛和尚强奸致死人命”（《犯奸》，366.9）。

③ 参见 Scott J. South and Steven F. Messner, “Crime and Demography: Multiple Linkages, Reciprocal Relations,” *Annual Review of Sociology*, USA: Annual Review, 2000, 26: pp. 83 – 106。

④ David T. Courtwright, *Violent Land: Single Men and Social Disorder from the Frontier to the Inner City*, Cambridge, Mass: Harvard University Press, 1996, p. 2.

泌研究”认为“这个趋向是普遍适用的,而且具有生物学的基础”。①有趣的是,18 世纪大量移民迁入明清更替时损失大量人口的四川省,情况非常类似边疆并同样出现最高因土地和负债而谋杀的人均案件数字。② 雍正和乾隆皇帝虽然未必具有现代社会学知识去理解暴力罪案剧增背后的动力,但深切地感到对社会秩序的潜在威胁。所以,在18 世纪人口膨胀令年轻男性的绝对数量急增的情况下,中国皇帝不时将日益上升的社会不稳归咎于“光棍”不会令人意外。

要统计 18 世纪的暴力罪案率是非常困难的,但年轻男性人口数量的上升无疑令暴力罪案增加;然而“光棍例”关注的范围非常广泛,同时包括暴力和非暴力罪案。在清代,“光棍例”涵盖衙役的不法行为、“松棍”、诬蔑、诈骗、掘坟、囤积货物、抗税、巫术、抢劫以及强奸。③故“光棍犯”不只限于被视作性罪行代罪羔羊的单身基层男性。举例,在《户律 · 市廛 · 把持行市》下第 4 条条例是针对“内府人员家人,及王、贝勒、贝子、公、大臣官员家人”所犯之罪,他们明显不会被视为社会底层的未婚男性,但仍按“光棍例”拟罪。④ “光棍例”的共同特性并非如刻板印象中的无根和向下流动等以犯罪者的社会地位来决定。相反,这些罪行大多都与日益复杂的商业经济和高度流动的人口所产生的社会副作用有关。

---

① Courtwright, *Violent Land: Single Men and Social Disorder from the Frontier to the Inner City*, p. 23.

② Buoye, *Manslaughter, Markets, and Moral Economy: Violent Disputes over Property Rights in Eighteenth-Century China*, pp. 154 – 162.

③ 薛允升:《读例存疑》,台北,成文出版社 1970 年版,第 156 ~ 158 页。

④ 据薛允升所言,《把持行市律》源自明朝,但从未援引死刑,载 http://www.terada.law.kyoto-u.ac.jp/dlcy/index.htm, accessed 23/05/2013,最后访问日期:2013 年 5 月 23 日。

立法加重惩罚和针对光棍来响应罪案也许是合理的，特别是在一个人口剧增的年代，但历史纪录告诉我们这未必是最有效的。尽管就不同类型的罪案制定了更严厉的惩罚，司法官员明显不太情愿适用死刑。故此，“持续关押”①成为大多等待秋审最终判决囚犯的实质惩罚。档案中的证据虽然大多零碎，但反映出上千不幸的灵魂在地方监狱中消磨数十年，当中更有不下数百未能捱过长期囚禁。囚犯在关押中死亡是工作过度的司法官僚，资源不足的刑事司法制度和死刑扩展三者汇集的悲剧结果。

七、持续关押

康熙年间的刑部尚书赖都在1717年的一份奏折中最早提及为数不少的死刑案件被重复判处缓决的现象。② 他发现“甚多罪犯在缓决，囚犯因病而故渐增”。③ 官方文件中有关“新”“旧”案件的讨论明显反映出缓决对秋审所带来的负担。安庆巡抚王纮援引雍正八年(1730)的新例将秋审的案件区分为“新事”(首次提及)和“旧事”(已在上次秋审中审核)，并在一份奏折中报告328件“新事”和306件“旧事”。在306件“旧事”中，10件是“情实”，284件判以缓决，12件则“可矜”。④ 至于“新事”，11件是“情实”，305件判以缓决，12件则“可矜”。假设“情实”案件确切执行了死刑而“可矜”案件则被释放或流放，仍然有589件(占总数93%)案件积压到来年的秋审再作考虑。

每年秋审中的招册正好说明复核缓决所带来的庞大文书工作量。

---

① 笔者用“持续关押”去形容无了期监禁这种实质惩罚。

② KX 57. 11. 27.

③ “中央”研究院历史语言研究所藏明清史料，档案号:008674。

④ “中央”研究院历史语言研究所藏明清史料，档案号:120284。

乾隆二十三年(1758),大学士兼刑部尚书鄂弥达已经察觉秋审中大量的案件都被判以缓决。由于鄂弥达的报告是在乾隆二十六年(1761)颁下改变编写“新事”和“旧事”的新令之前出现,当中所提及的176册应该包括新案件和数以千计在上次秋审时已重新检视的旧案件。表1展示了裁决的分布如何倾向一侧。当中12件是“情实”,有4件是“可矜”,176件是“缓决”。虽然个别案件纪录的长度可能会有轻微的变化,但每个登记的长度是有统一标准的。所以,我们可以有把握假设“缓决”案件的数量远超其他种类的案件。

表1 1758年各省重犯的招册①

单位:件

种类	数量
目录	8
情实	12
缓决	176
可矜	4
犯罪官员	1

乾隆二十六年(1761)所颁下的条例正是处理复核死刑所带来的庞大物质成本。大学士刘统勋的其中一份奏折就准备招册事宜引用乾隆二十六年(1761)的条例:②因招册数目繁多而且需费日力准备,刑部和大学士议决如果该案已经连续3年被判缓决,则无须再印招册,提供“唱名”已经足够。该份奏折约计每年共有2400~2500件“新事”,“旧事”则在5700~5800件(已推迟两次)。大学士指出这些年来

① “中央”研究院历史语言研究所藏明清史料,档案号:049499。

② QL 34.7.3.

甚少有缓决案件从轻发落或改处更重的惩罚。大部分改判的案件都是“新事”,只有一两起“旧事”改拟“可矜”。该份奏折总结认为只有当前年份的“新事”需要印刷并分发;如果“旧事”已经拨入“缓决”的目录下则无须重印。该份奏折最后敦促官员即使面对大量积压的案件仍要继续细心审视。①

乾隆即位首二十年不间断地努力去减少因缓决而持续关押的囚犯数目。大学士鄂尔泰的奏折中引述乾隆四年的谕旨如有任何犯人在秋审中拟缓决超过五次,②其案件则需再加审视,并根据罪行的严重程度加以流放。皇帝在该份奏折强调处以程度合适的惩罚是非常重要,因为乾隆元年(1736)和乾隆二年(1737)的大赦导致“改发烟瘴人犯太多”,令广西巡抚杨锡绂上奏要求增拨米谷作犯人口粮。为了防止上述问题和减轻长期关押的成本,可矜的犯人需要根据其罪行的严重程度分为四等,加以“发遣、烟瘴、内地或军流”。③

刑部尚书盛安在类似的奏折中亦针对官员持续不情愿地就连续五年缓决的案件减刑。④ 奏折中引述了吏部左侍郎田懋就此问题所拟之时间表:⑤如果一件案件缓决达五次,接着一年的判决可以减轻到流放。该份奏折直接批评山东巡抚拖延两宗案件超过十年,并命令山东

---

① “中央”研究院历史语言研究所藏明清史料,档案号:026042。有趣的是,这种减少文书工作的努力与乾隆年间另一项显而易见的死刑纪录发展——简化报告内容同时发生。

② QL 7. 11. 7.

③ “中央”研究院历史语言研究所藏明清史料,档案号:062467。该档案将流放的种类按以下次序排列:“发遣”“烟瘴”“内地”“军流”,虽然“军流”通常被视作较“流放内地”更严重。

④ QL 10. 6. 5.

⑤ QL 9. 12.

官员草拟计划处理另外 51 件已缓决五次的案件。①

尽管上级不断施压要求处理积压未解决案件,问题仍然持续存在。乾隆十八年(1753)刑部的一份奏折,②讨论了 3354 件在康熙或雍正年间作首次秋审检视的案件(有趣的是,假设这些犯人在乾隆即位前 18 年被判,他们已在狱中待了接近 20 年)。③ 大学士兼刑部尚书阿克敦一开始引述皇帝察觉秋审中缓决的案件"为数益多"。皇帝下令官员调查这些推迟了超过三次的案件的情节严重性,并要求减刑至相应程度的流放,"朕心深为悯恻,图圄徒滋淹繁"。④ 在这 3354 名囚犯中,有 2459 名囚犯的判刑建议可减刑至流放。剩下的 895 名犯人的罪行尽管在每年的秋审中审视了无数次,但仍视作情节严重而无法减刑。因为无法减刑,所以他们理论上仍需在狱中等待下次秋审。

刑部的一份奏折精妙地捕捉到了乾隆中期刑事司法制度的两难。当中首先引述皇帝在 1765 年一份谕旨中观察到秋审的缓决案件"为数渐多"。⑤ 虽然这些犯人被证实有罪,但在惯常的标准下难以宽大处理或从轻发落。皇帝总结下令官员重新审视缓决的案件并在适当时候提出减刑要求以展示仁慈。刑部在一份奏折中作出了响应并勾勒出了问题的严重程度。⑥ 刑部起初注意到有超过 10,000 名犯人正处于缓决以及多于一百名犯人在朝审被判缓决。在过万名缓决的犯人中,多于 6000 人的判决已推迟超过三次。⑦ 奏折最后提及这

① "中央"研究院历史语言研究所藏明清史料,档案号:015311。
② QL 18.5.22.
③ "中央"研究院历史语言研究所藏明清史料,档案号:100534。
④ "中央"研究院历史语言研究所藏明清史料,档案号:021862。
⑤ QL 30.8.1.
⑥ QL 30.8.9.
⑦ "中央"研究院历史语言研究所藏明清史料,档案号:081898。

些案件将会根据早前的条例仔细审核检视。将这些数字放入本文的脉络作分析，可以发现，在乾隆三十年（1765），整个中国约有10,000名囚犯被判处缓决，同期执行了2863宗死刑。[①] 这意味着处决与缓决的比例约为1∶4。[②] 将处决与缓决的数字加起来，可以发现，1765年秋审的官员需要在数月内审视超过12,000件案件。我们假设秋审期间没有引入新证据，不难猜测官员不情愿作最终量刑判决。然而，无论这些判决因何原因未作最终定论，即使是草草地审视一宗案件都需要无可计量的人力、物力。纵使皇帝和中央官员曾努力减少案件积压，但问题在乾隆后期依旧存在。

就笔者掌握的资料而言，乾隆后期的情况相对不太清晰，但缓决案件过多的问题仍未完全解决。例如，"新事"和"旧事"二词仍在使用。乾隆五十四年（1789），云南巡抚谭尚忠奏报184宗"旧事"，当中只有9宗"情实"，175宗推迟；52宗"新事"中则有41宗推迟，只有11宗"情实"。[③] 云南已经是乾隆年间各省之中上报死刑较少的省份，但缓决案件在数量上仍以4∶1的比例远超处决案件。在三年后的一份奏折中，[④]谭尚忠奏报了173宗"旧事"。当中有些案件在秋审中已被视作"情实"但皇帝仍多次未作最终朱批。这种情况在法律用语上称为"情实十次未勾"，因为只有皇帝才能在犯人名字旁边朱批作实死刑。乾隆在位首三十年，未有发现案件出现"情实十次未勾"。可是，

---

① Thomas Buoye, "Economic Change and Rural Violence: Homicides Related to Disputes over Property Rights in Guangdong during the Eighteenth Century" *Peasant Studies*, 17.4 (Summer 1990), 233 – 59, p. 252.

② 因众多被判处缓决或已经处决的犯人之前已通过覆检，所以上述数字并不代表1765年实际发生的死刑数目。

③ "中央"研究院历史语言研究所藏明清史料，档案号：097780。

④ QL 57. 5. 13.

乾隆四十年(1775),大学士舒赫德批准缓决12名对上十次秋审被判有罪的各省犯人;[①]一年后,再次批准缓决9名对上十次秋审被判有罪的犯人。[②] 同样,乾隆五十八年(1793)大学士阿桂要求缓决35名来自十三个省份已判罪但连续十年暂缓行刑的囚犯。不幸的是,个别案件降至缓决的原因并无清楚说明。我们假设这些犯人仍然关押在地方监牢;与此同时,他们的案件在"缓决"的目录下于随后的秋审中再作审视。有趣的是,这些案件反映出即使在秋审已经判定"情实"超过十年的案件,皇帝本人都不太愿意运用死刑。

八、关押中死去

监禁在清律下不是法定惩罚,不过长期扣押等待最终判刑已经成为上千暂时被判死刑犯人的实质惩罚。由于缺乏长期监禁的制度,犯人大多被关押在地方厅、县的监牢。缓决问题的持续存在证明过千囚犯在地方监牢里生存了很久,但对在监牢里逝去死刑犯的例行调查为我们提供了有关长期监禁所造成的意料不到的悲剧后果的详情。监牢里的情况固然因县而异,而有关监牢里死亡的报告透露了一系列不同的经历。有些囚犯捱过了三次秋审(考虑减刑的最低要求),但最终不敌致命疾病。

我们就有关囚犯监禁中死去的证据仍需对档案作全面的考察,但就暂时研究所得也能反映出整个中国都发生了囚犯在监禁期间死去的情况,这意味着额外的人力、物力成本加剧了清代刑事司法危机。清律规定每宗犯人在囚期间死去都需要撰写一份全面报告,调查关押

① "中央"研究院历史语言研究所藏明清史料,档案号:026607。
② "中央"研究院历史语言研究所藏明清史料,档案号:021608。

原因并确保无人因虐待而死。死亡原因及治疗尝试,包括医生到诊和所开药方,都需要详细纪录在案。故此,长期监禁和在囚犯人不幸死亡都对地方的刑事司法执行带来额外成本。正当司法制度因大量案件涌入而不胜负荷,监察流放犯人和关押暂时被判死刑犯人的成本为地方官员带来了更大的财政和行政负担。

九、结语

清代审核死刑的法定程序到了乾隆年间(1736—1795)已经开始令司法官僚不胜负荷。对于县级官员来说,没有什么工作能比调查、审讯、检视和判决死刑更费时和劳师动众。中央政府在刑事司法系统已经缺乏充足人力、物力处理现行职责下扩大死刑的适用范围,令情况更为严峻。清朝皇帝在18世纪相继颁布数百条条例将税制上、社会上和行政上的改变编成法典,以应对引起分歧的经济事务和打击暴力罪案。我们只要细读稳定渐增的条例,不难察觉清代其实是在寻找一个立法上的解决办法,平衡存在已久的司法实践与竞争日益激烈的社会需求。如何通过立法解决复杂社会事务的挣扎持续不断,增加死刑适用的罪行亦充满争议。18世纪的立法转向尽管是多方面的,当中最明显的是"光棍例"的扩展,代表着统治者决定严厉打击暴力罪案,并标志着中国刑事司法的新方向。在意识形态上,对于犯罪行为的理解被扩大。"光棍例"区分出一群卑鄙和任性的无赖,在不同暴力和非暴力罪案中会被判予更重的惩罚。不同于《圣谕》中的愚昧和无知的罪犯可被纠正,光棍并不会得到任何宽容。制定"光棍例"或许最能有力地反映一直以来请求仁慈的倾向与维持社会秩序的实际需要之间的张力。尽管清代法律论述中早已意识到某些犯罪行为是故意和事先经过计算的,但县官一般都会将犯罪行为归咎于百姓的愚昧甚至顽固。“光棍例”的增加标志着对犯罪行为理解的重大转移,意味采用更无情的策略遏制暴力罪案。如此看来,18 世纪的立法转向加剧了菁英理想与满族威权之间的对抗,并同时增加了刑事司法系统的行政负担。

颁布新条例,扩大死刑适用范围至不同种类新加入和准确定义的罪行,但没有相应地增加资源,只会加重司法官僚的负担。就着不断上升的特定罪案制定严厉惩罚,区分出特定种类的罪犯和实施更严格的缓决要求都是经过计算的举措,以响应暴力罪案的增加。要完全理解这一系列立法的影响仍需更多的研究,但对清代刑事司法的影响可以在秋审积压的案件中明显见到。增加死刑适用的罪行大幅增加了司法官僚的行政负担。由于缺乏资源处理增加的工作量,司法官员面对不断增加的未作实死刑判决,有些甚至推迟超过十年。司法系统增加的负担,加上刑事司法意识形态基础的消磨,毫不意外地在官员之间乃至官员与皇帝之间产生政治张力。尽管运用严刑广泛打击暴力罪案,皇帝本人仍然试图展现出仁慈的形象。这种道德上和修辞上的婉转/“走钢丝”做法是复杂且令人佩服的。事实上,乾隆利用中国法律概念的作风证明了其政治的精明乃至学识的灵巧。乾隆一如其他清代的满族统治者对平衡借用回来的传统中国政治和法律修辞是相当灵活的。

第二编

由法律运作看社会与族群关系

由“礼、法、俗”看明清“禁立异姓为嗣”的法律演变和社会实践*

杜正贞

一、绪论

《大明律·户律》有“立嫡子违法”条：“其乞养异姓义子，以乱宗族者，杖六十。若以子与异姓人为嗣者，罪同。其子归宗。其遗弃小儿，年三岁以下，虽异姓仍听收养，即从其姓。”①清律继承了明律，并在顺治三年(1646)添加了，收养遗弃三岁小儿“但不得以无子遂立为嗣”一条。② 至此，可以说彻底断绝了“异姓承嗣”的合法性。

关于相关律例的来源，论者多追溯至唐律中的“即养异姓男者，徒

---

* 本文受到香港特别行政区大学教育资助委员会卓越学科领域计划(第五轮)“中国社会的历史人类学”，以及教育部人文社会科学重点研究基地中山大学历史人类学研究中心重大研究项目“地方民事习惯与明清国家的法秩序”(12JJD770023)的资助，是国家社会科学基金重大项目“龙泉司法档案整理与研究”(13 & ZD151)的阶段性成果。

① 《大明律》卷四《户律一》，怀校锋点校，法律出版社1999年版，第47页。

② (清)薛允升：《读例存疑重刊本》(第二册)，黄静嘉点校，台北，成文出版社1970年版，第247、248页。

一年"和"诸立嫡违法者,徒一年"。[①] 然而,唐代以来相关律法之间虽有承袭关系,但唐令中的"养异姓男"以及针对身份继承而设的"立嫡违法",与明清律中适用于所有民众的"异姓乱宗"和"立嗣",两者之间实有重大的差别,其中包含了法律和社会的巨大转变。薛允升在《唐明律合编》中即已注意到这一点,[②]近年来法史学界也有讨论,其中尤以张小也《法律与社会变迁——以户绝财产继承问题为中心》一文论述最为清晰和深入。[③]

在梳理这一法律变化的前提下,我们还发现,尽管宋明以来法律上对于择立"嗣子"的程序、人选范围都趋于严格,但民间仍大量存在"异姓承嗣"的风俗,而且司法官员在判牍中对异姓承嗣诉讼的态度也

---

① 《唐律疏义》卷十二《户婚》,刘俊文点校,法律出版社 1999 年版,第 258 ~ 259 页。

② (清)薛允升:《唐明律合编》卷十二《户婚上》,中国书店 2010 年版,第 114 ~ 116 页。

③ 学界对立嗣的研究成果丰硕,一般性的讨论有:[日]滋贺秀三:《中国家族法原理》,法律出版社 2003 年版,第 254 ~ 320 页;程维荣:《中国继承制度史》,东方出版中心 2006 年版。关于唐代立嗣法律,研究者多关注其与财产继承的关系,参见李淑媛:《争财竞产:唐宋的家产与法律》,北京大学出版社 2007 年版,第 102 页。邢铁:《唐宋时期的立嗣继产问题》,载《河北师院学报》(社会科学版)1994 年第 3 期;郑显文:《唐代家庭财产继承制度初探》,载《中国文化研究》2002 年秋之卷,第 126 ~ 135 页。宋代的相关讨论主要是对《名公书判清明集》的案例分析为主,例如,王善军:《从〈名公书判清明集〉看宋代的宗祧继承及其与财产继承的关系》,载《中国社会经济史研究》1998 年第 2 期;蒋义斌:《〈名公书判清明集〉中立继与继绝的判例》;柳立言:《南宋的民事裁判:同案同判还是异判》,载《中国社会科学》2012 年第 8 期;李锡厚:《宋代户绝立嗣与遗嘱继承》,载 http://www.historychina.net/magazinefree/html/9/45/content/79.shtml。明清时期的研究开始关注诉讼和社会实践,例如,[美]安·沃特纳(Ann Waltner):《烟火接续:明清的收继与亲族关系》,浙江人民出版社 1999 年版;俞江:《清代的立继规则与州县审理——以宝坻县刑房档案为线索》,载《政法论坛》2007 年第 5 期。但对这一问题做长时段的综合考察是张小也《法律与社会变迁——以户绝财产继承问题为中心》一文,参见张小也:《法律与社会变迁——以户绝财产继承问题为中心》,载《官、民、法:明清国家与基层社会》,中华书局 2007 年版,第 49 ~ 50 页。

相当多样化。各地围绕“异姓承嗣”的族规谱例,也应对着法律的变化和宗族的发展,而进行调整。因此,“禁立异姓为嗣”问题,不仅是古代律法传承演化的一个例子,同时也有助于我们管窥中国传统的礼法关系、司法实践与社会习俗互动的历史过程。

二、有关“禁立异姓为嗣”法律的演变

关于中国古代的继承,今人常以现代的观念,将其区分为宗祧继承、身份继承和财产继承三种,然而在古代它们相互间却关联密切。其中,与“立嗣”直接相关的是所谓宗祧继承。“宗祧”二字之本出自于周礼。在周代礼制中,大宗之庙百世不迁者谓之宗,小宗之庙五世则迁者谓之祧。因此,宗祧继承是一种与祭祀祖先的权利和义务相关的继承。确定继承宗祧之人,称为“立嗣”或“立嫡”。在周代它应该只存在于天子诸侯卿士大夫中。张小也认为,平民也可以或者需要“立嗣”的观念和法律都出现得很晚。

唐代法律对平民阶层有关于“养子”的规定,并没有平民“立嫡”“立嗣”一说。《唐律疏义》中的“立嫡违法”条,所针对的仍是爵位、身份的继承,即“立嫡者,本拟承袭”。针对平民的继承问题,唐代的户令有“无子者,听养同宗于昭穆相当”①的规定。但唐律中还出现了禁养异姓男的法令:“即养异姓男者,徒一年;与者,笞五十。其遗弃小儿年三岁以下,虽异姓,听收养,即从其姓。”《唐律疏义》对此的解释是:

> 异姓之男,本非族类,违法收养,故徒一年。违法与者,得笞五十。养女者不坐。其小儿年三岁以下,本生父母遗弃,若不听

① [日]仁井田升:《唐令拾遗》户令第九,东京大学出版会1993年版,第233页。

收养，即性命将绝，故虽异姓，仍听收养，即从其姓。①

虽然这里只是在解释“养子”而非“立嗣”，但提到了“异姓之男，本非族类”，这句话源自《左传》所说的“神不歆非类，民不祀非族”，②这也是后代人们在论述异姓养子、异姓承嗣时最经常引用的经典。③也就是说，之所以不能任意收养异姓子，是因为祖先不会接受外姓人的祭祀，其中已经包含异姓不得为嗣的观念。但在唐律中的确还没有将平民的养子称为“立嫡”或“立嗣”。

宋代法律开始将原来唐律中上述适用于平民“养子”的各条和仅适用于贵族袭爵的“立嫡”条放在了一起，而且在反映实际诉讼情况的《名公书判清明集》中，将平民的收养子称为“立嗣”，这背后当然与宋代开始的宗法庶民化的趋势有关：④

诸无子孙听养同宗昭穆相当为子孙，此法也。诸以子孙与人，若遗弃，虽异姓，三岁以下收养，即从其姓，听收养之家，申官附籍，依亲子孙法，亦法也。既曰无子孙者养同宗为子孙，是非同宗不当立矣。而又一条曰：虽异姓听收养，依亲子法者，何也？国家不重于绝人之义也。如必曰养同宗，而不开立异姓之门，则同宗或无子孙少立，或虽有而不堪承嗣，或堪承嗣，而养子之家与所生父母不咸，非彼不愿，则此不欲，虽强之，无恩义，则为之奈何？

---

① 《唐律疏义》卷十二《户婚》，刘俊文点校，法律出版社1999年版，第258页。

② 《春秋左传正义》，北京大学出版社2009年版，第416页。

③ （唐）杜佑：《通典》卷六九《异姓为后议》，中华书局1988年版，第1914～1916页。对这一句经典在宋代立异姓案中的表现的考察，参见蒋义斌：《〈名公书判清明集〉中立继与继绝的判例》，载宋代官箴研读会编：《宋代社会与法律——〈名公书判清明集〉讨论》，台北，东大图书股份有限公司2001年版，第25～46页。

④ 张小也：《官、民、法：明清国家与基层社会》，中华书局2007年版，第52～59页。

是以又开此门,许立异姓耳。[1]

根据这条史料,可知宋人已有“非同宗不当立”的看法,但法律上仍允许收养三岁以下异姓小儿为嗣,而这一例外主要是因为“不重于绝人之义”,也可以理解为是顺应人情的考虑。《元典章》中记录有明确禁止立异姓养子为嗣的禁令:

[禁乞养异姓子]

至元二十九年十二月,福建行省:

据邵武路申:承准福建廉访分司牒:体知得南方士民为无孕嗣,多养他子以为义男,目即螟蛉。姓氏异同,昭穆当否,一切不论。人专私意,事不经久,及以致其间迷礼乱伦,失亲伤化,无所不至。有养诸弟从孙为子者,有不睦宗亲、舍抛族人而取他姓为嗣者,有以妻之弟侄为子者,有以后妻所携前夫之子为嗣者,有因妻外通、以奸夫之子为嗣者,有由妻慕少男养以为子者,甚至有弃其亲子嫡孙、顺从后妻意而别立义男者,有妻因夫亡、听人鼓诱、买嘱以为子者,有夫妻俱亡而族人利其赀产、争愿为义子者。由是民间氏族失真,宗盟乱叙,争夺衅作,迭兴词讼,始谋贻患,终致破家,亦绝蒸尝,莫保丘垄。纵有异姓之子能奉香火,然神不歆非类,宁得感通?有后名存、实为绝嗣。人情至此,孰不哀怜?切照旧例:诸人无子,听养同宗昭穆相当者为子。如无,听养同姓。皆经本属官司告给公据,于各户籍内一附一除。养异姓子者有罪。古人思患预防,立法如此,存亡继绝,可行无弊。看详,南人立嗣,不经官司,致此多端乱伦伤教,若不早图禁止,非惟祸败私族而

① 《名公书判清明集》,中华书局 1987 年版,第 220 页。

> 已，深恐渐将官司所抄户籍坏乱难整，又致改名过房、贩卖良人者得以籍口遂其奸计。如酌旧例，更定教条，除在先已立者姑听外，此后悉令依例布告远近，一新污俗，庶几民习还淳，尽革前弊。为此，移准总司牒，申奉行御史台札付该：仰与有司从长讲究，行移合属，就申行省定夺施行。奉此，今与本路总管府官一同讲究得：父子嗣续，人伦大本，同宗继绍，气脉感通。非我族类，神不歆享，私立异姓，徒启祸源。如前弊俗，理宜更革，兼可预防废乱户籍，潜息贩卖人口，准上禁治为便。牒可照验，备申行省，照详施行。①

这则文书中虽然以“神不歆非类”作为理由禁止立嗣异姓，但其实更重视的是户籍赋役的问题，即所谓：

> 南人立嗣，不经官司，致此多端乱伦伤教，若不早图禁止，非惟祸败私族而已，深恐渐将官司所抄户籍坏乱难整，又致改名过房、贩卖良人者得以籍口遂其奸计。

换言之，元朝政府更强调的是立嗣之类的行为不能不经官司。事实上，《元典章》中还有“养子须立除附”“妻侄承继以籍为定”“异姓承继定居”等数条，都说明其实异姓并非不能承继，而是承继要变更户籍。例如“异姓承继定居”条，记录了大德四年(1300)万珙的侄儿万永年和养子姜(万)佛儿争继的案件。湖广行省理问所官司检照户册，认为“万佛儿系至元二十七年抄户籍面内，万珙生前已立为嗣”，“万珙生前将姜二亲子于至元二十七年作男佛儿供报入籍”，所以主张姜(万)佛儿承继万珙家业。但行御史台另有主张：

---

① 《元典章》，陈高华、张帆等点校，中华书局、天津古籍出版社2011年版，第602～603页。

> 若依理问所凭籍议拟，呈准行省札付，断付养子佛儿承业，本人终是异姓之子，有失人伦之道。莫若于万珙所争家财内，以十分为率，量以二分付给佛儿，以充养育归宗之资，余听万年承继万珙户名，庶使户不差迭，又且杜绝后讼。

案件到了中书省后，中书省却同意了行省的方案：

> 都省议得，江南似此乞养过房为子者多，比及通行定夺以来，依准行省所拟，断令万佛儿承继万珙家业定居当差，仰照验施行。①

对于国家来说，养子或立嗣，所关涉的不仅是由谁来祭祀的问题，最重要的是关系到家户的存续和析分，也就是国家对人口和赋役的控制。因此，“承继以籍为定”才是元代司法处理这类纠纷的基本原则。

其实早在晋代，即有关于“无子而养人子”的令文，“无子而养人子，以续亡者后，于事役复除，无回避者听之，不得过一人”，②所强调的就是国家如何控制赋役的问题。也就是说，如果是养人子为后，此人可以（像本生子一样）享受丧期除役的优惠，但只限于一人。前述宋代“听养三岁以下异姓小儿”的法令中，也有“听申官附籍”一语。这些法令，主要都是从“户籍”“赋役”的角度考虑、制定的。唐以后的法令，不仅将原来针对贵族宗祧继承中的“立嗣”概念延用到平民继承中，并且用“神不歆非类”的道理来作为法令的依据，但国家对继承行为中涉及的户籍和赋役问题的关切，一直都是法令中的重点。

---

① 《元典章》，陈高华、张帆等点校，中华书局、天津古籍出版社 2011 年版，第 607 ~ 608 页。

② ［日］仁井田升：《唐令拾遗》户令第九，东京大学出版会 1993 年版，第 233 页。

随着从晚明“一条鞭法”到清初“摊丁入地”的赋役改革，赋役归并到田亩上，按田亩多少征钱，而不再按“户等”派役。所以，虽然仍有完整的“户籍”系统，赋税征收也仍然按这个“户籍”系统来进行，但是这个时候的“户”已经不再与现实中作为生活单位的家庭相对应，而完全变化为一个赋役单位。[①] 换言之，到了这样的一套赋役制度之下，除了一些特殊身份的“役”的继承之外，平民家庭的收养、立嗣行为已经与国家的赋役征派脱离了关系。清代的张甄陶就说：

> 是宗法废则为人后之说亦宜废，然犹有不可废者。一则如凡公侯伯以下以至世职流官之分应承袭者，则按照为定例，使利无可争；一则如屯兵卫军则有勾丁，盐丁工匠则有世业，前朝犹千里勾符，荷戈应役，必按例承替，使害无可避。至若蚩蚩编氓，既无袭可争，又不以世业贻累，则所有田产，自有律内无男归女，无女入官充公之条，所有承继，殊不足论。然圣君贤相，体恤人情，以生者必有所养，死者必有所归，不可不为之所，故于律内首载先尽同父周亲，以次旁及，务于昭穆伦序不失之语，使暮年失子之人，有所倚依以慰，又别列嗣子不得于所后之亲，听告官别立之条，使为人后者，不敢以非天属忤于所后之亲，互相牵制，意义至深远也。[②]

张甄陶认识到，对于明清的君主来说，除了官爵的承袭和军、灶、

① 参见刘志伟：《在国家与社会之间：明清广东地区里甲赋役制度与乡村社会》，中国人民大学出版社 2010 年版，第 204 页。

② （明）张甄陶：《示邑艮争继祀谳语》，载贺长龄编：《清经世文编》卷五九《礼政六》，沈云龙主编：《近代中国史料丛刊》（第七十四辑），台北，文海出版社 1966～1973 年版，第 2186～2187 页。

匠户的承袭之外，普通人的立嗣对国家并没有什么影响。而且明清法律中也并没有强制一般百姓立嗣的法条。律中有关立嗣的条文，是对前代法令的保留，也是为处理民众之间纠纷的需要。在这之前，明代邱濬也有类似的观点，即立嗣并非对一般百姓的要求：

> 圣祖之意盖以兴灭继绝，必前代帝王功臣贤人之后，不可绝其嗣，使其不血食也。先王制礼不下庶人，庶人之家若其生前自立继嗣，及将昭穆相应之人自幼鞠养，从其自便。然又恐其前既立继而后又有子或所养之人而中道背弃，及有尊卑失序者，故立为律令以禁戒之也。①

正因为明清士大夫对立嗣的法律有类似的认识，所以他们在面对民间有关"异姓承嗣"的纠纷和诉讼时，有的官员会严格按照"禁止异姓继嗣"的律例判决；而一些官员也会认为，继嗣、立嗣一说本不为民而立，在很多情况下，就以"人情"或地方的"俗"为理由，认可了养异姓子的行为。在诉讼实践中，这样看似不严格遵照法律的判决，其实是基于官员对整个礼法变迁历史的认识而产生的。

综上所述，将平民百姓的"养子"称为"立嗣"，并禁止平民百姓"立异姓子为嗣"，是一个法律上的变化过程，它在很大程度上是宋代以后庶民化宗族被提倡和发展的产物。宋代以来关于平民立嗣法律的种种讨论和变化，涉及对"宗祧祭祀"、"户籍赋役"和"人情"三种因素的考虑。元代"禁止异姓承嗣"的观念屡屡出现在法律文书中，但元朝政府实际上是以养子是否进入户籍，作为承嗣合法与否的标准的。

---

① （明）邱濬：《大学衍义补》卷五二，吉林出版集团有限公司2005年版，第653页。

及至明清,一方面,随着宗族法律中有关立嗣的条例越来越多,对子嗣身份的规定也越来越严格,立异姓养子为嗣也被最终确立为“乱宗”之罪。但另一方面,随着明清赋役制度的变化,“立嗣”(或“养子”)的活动与国家的赋役征派越来越脱离了关系,“立嗣”反而真正变成了“民事”。

上述是法律的演变过程,但从社会史的角度来看,我们还想探究的是,上述法律变化,对民间的继承观念和行为产生了怎样的影响?“立嗣”以及“禁立异姓子为嗣”的观念究竟是如何进入地方社会、被平民所认识?换言之,在社会中本来普遍存在的“收养异姓子”,怎么开始被人们称为“以异姓为嗣”,民众是怎样理解和利用这些法律变化的?这些问题的回答需要考察法典之外的材料。

三、“禁立异姓为嗣”观念的发展——宋明学者的理念和行动

宋代平民“立嗣”的观念出现之后,“养异姓子”“以异姓为嗣”并未立即成为社会禁忌。“禁立异姓为嗣”成为人们观念中的一部分,同样经历了一个过程。这个过程与上述法律上的变化有关,但不能简单地认为是法律变化的结果。在不同的地区和宗族个体中,这一过程发生的时间、进程也都有差异。

如前所述,《名公书判清明集》的记载说明,宋代法律仍允许收养三岁以下异姓子为嗣,当时不少学者和官员对于以异姓为嗣也都有着较为宽容的态度。永嘉人徐寓曾经就自己家乡以异姓为嗣的现象求教朱熹:

> 后世礼教不明,人家多以异姓为后。寓所见乡里有一人家,兄弟二人,其兄早亡无后,遂立异姓为后。后来弟却有子,及举行

祭礼,异姓子既为嫡主,与凡题主及祝版皆用其名。若论宗法,祭惟宗子主之,其他支子但得预其祭而已。今异姓为后者,既非祖宗气血所传,乃欲以为宗子而专主其祭乎。寓意欲以从弟之长者共主其祭事,亦同著名行礼,庶几祖先之灵或歆享之,不知可以义起否?伏乞裁教。

朱熹对此的回答是:

立异姓为后,此固今人之失。今亦难以追正,但预祭之时尽吾孝敬之诚心可也。①

朱熹的高足黄榦,曾办理一件有关立异姓子为嗣的诉讼“陈如椿论房弟妇不应立异姓子为嗣”。这桩案件中,辰溪知县陈敏学诉房弟妇刘氏“不应立异姓子为嗣”,但却被揭发其父亦是被抱养的异姓之子。黄榦在判语中说:

今据刘氏所供,辰溪知县陈敏学之父一机宜,亦是陈安抚收养遗弃之子,今乃罪刘氏不合收养为不当,是责其祖,辱其父也。为人子者,责其祖,辱其父,诬其零丁孤寡之叔母,罪莫大焉!②

黄榦并没有谴责士大夫家庭中的立异姓为嗣的行为。但是从另一个方面来看,这些讨论和纠纷也说明,至少在南宋士人当中,“以异姓为嗣”确已成为一件有争议的事情。袁采曾表达他对以异姓为后的反感,他在《袁氏世范》中就写有“养异姓子有碍”:

---

① (宋)朱熹:《晦庵先生朱文公文集》卷五八,载朱杰人等编:《朱子全书》,上海古籍出版社、安徽教育出版社 2002 年版,第 2790 页。

② 《名公书判清明集》,中华书局 1987 年版,第 220 页。

养异姓之子，非惟祖先神灵不歆其祀，数世之后，必与同姓通婚姻者，律禁甚严，人多冒之，至启争讼。设或人不之告，官不之治，岂可不思理之所在？①

袁采所关心的是家族血统的纯粹性。前述《元典章》中的案例和判词，也同样透露出在元代官员群体中有反对异姓承嗣的声音。

这一趋势在明代继续发展。明初大儒宋濂对于异姓为嗣的态度，就颇为谨慎，他在一篇为蔡姓人士所写的墓表中说：

尝念（蔡氏）三世皆以异姓为后，虽于先王之礼有所未合，原其情之所至，岂得已哉。彝家素积善，天必福之，异子孙或众多，各俾一人承蔡、许之嗣而彝复姓孔氏，则于礼为得矣。②

在宋濂看来，以异姓为后是不得已的选择，只要有机会就应该让他们各归本姓。

明代中后期的判牍，留下了更多反映士大夫官员的态度的资料。万历年间祁彪佳在一件争继案的判词中，两次提及"螟子不宜承祧""螟子无预继事"，但他仍然给抱养螟子酌分了三亩田地。③ 而在同书的"夺巢灭禋事"中，祁彪佳以"从权"之说，支持了异姓养子的承继。在这个案例中，祁孙是陈志逊夫妇的养子，"若立继应侄光凤承祀"，但两人生前并未立继，他们去世后，祁孙变卖田产以营葬事，所遗只剩二间房而已。祁彪佳在判词中说：

① （宋）袁采：《袁氏世范》卷一，知不足斋丛书本，第21页下。

② （明）宋濂：《宋学士文集》卷第二九《滁阳蔡氏道山阡表》，四部丛刊本。

③ （明）祁彪佳：《莆阳谳牍》卷一《惨灭禋祀事》，载杨一凡等编：《历代判例判牍》（第5册），中国社会科学出版社2005年版，第39页。

以二间之房判与光凤，令之承祀，理之正也。但些须所遗俱为祁孙费尽，而凤守此空房承祭，是反不利于凤矣。祁孙虽不肖，而在志逊之家已二十八年，陈族似亦相安之。责之以承祀，而还其原房，事之权也。祁孙不居此房，必至流落失所，光凤不得此房尤可别图生计。俯念穷民，从权可耳，即乡里亦怜而宽之。不责其前费之赀可也。①

祁彪佳在将房产判归养子的同时，还“责之以承祀”，这就是让养子作为嗣子承担祭祀的责任了。在“王知事一件灭禋杀叔事”中，祁彪佳有同样的判决：

钦高以螟孙而承六亩之业，不供蒸尝，今又外荡，究恐献宗绝祭废葬矣，责钦高一同承祭埋葬可也，取实收缴。②

在这个案例中，异姓螟孙继承了财产，但并不履行祭祀，祁彪佳判令让他“承继埋葬”，也即承担作为嗣子的责任。祁彪佳将这种处理方式称为“事之权”，相对的则是应该由同宗昭穆相当之人承嗣的“理之正”。

与祁彪佳这两则判词相似的是，《新镌官板律例临民宝鉴》中收录的“夺祀”一案的判决：

陈秉高无子死，论序应秉同孙陈准立嗣。秉同往日与高结仇，故高死立有遗嘱，以抱养良主与婿张来鸾承管家业。此虽真情，终非治命也。但秉同业为仇人，使之继嗣，秉高当不瞑目于九泉之下。合于所遗田地中，量拨三十亩给陈准，其后田业仍听良

① 祁彪佳：《莆阳谳牍》卷一《历代判例判牍》，载杨一凡等编：《历代判例判牍》（第5册），中国社会科学出版社2005年版，第66页。

② 同上书，第336页。

主、张来骞管业承祭。[1]

这位官员将部分财产拨归应嗣族人，以平息纷争，但是将大部分产业和“承祭”的资格或责任留给了两位异姓。

在这些判牍中，《大明律》禁以异姓为嗣的法律并未被执行，尽管司法官员都有异姓不宜承嗣的观念，但承嗣祭祀的责任似乎更多地是与财产继承相联系的，他们将财产的大部分和祭祀的责任都判给了异姓养子。

稍晚于祁彪佳的李清留下了《折狱新语》，这是他在宁波府任推官时候的判语汇编，其中卷二《承袭》里记载了多则有关异姓承嗣的诉讼。李清有强烈的“神不歆非类”的观念，在“冒袭事”中他还引述了一则故事：

> 尝览稗官所记，有甲族无子，其妻潜构一屠沽家儿育之。中外不知也。后逢祭日，昧爽，巫见堂中悉科袒睢盱，据案长饮；而金紫贵人数辈，反徒倚门外，乃信鬼神不歆非类。[2]

这则故事在判词中讲述出来，带有很强的教化和劝喻的意味。诉讼、庭审一定是士大夫大力宣扬禁止异姓承嗣观念的场合之一。《折狱新语》中的这些案例透露出，在晚明的一些地方或宗族中，立异姓为嗣已经多少成为人们自觉的一种禁忌。在“赤冤事”中，王姓有钟、钰、钫三兄弟，王钫与其他二人是同母异父的关系，后王钟绝嗣，王钰仅一子不能出继，李清的判词说：

> 议及王钫子，然非我族类，其神不馨，恐若敖之鬼，名饱而实

---

① 《新镌官板律例临民宝鉴》卷九，载杨一凡等编：《历代判例判牍》（第 4 册），中国社会科学出版社 2005 年版，第 263 页。

② （明）李清：《折狱新语》卷二，吉林大学藏明末刻本，第 8 页。

馁矣。此族人王镜欲以子仁兴继也。嗟乎，仁兴与钰亦有何亲，正恐垂涎阿堵物者，将柩前一恸并无急泪耳。钰之愤愤不平，与钫合控，情也。今廷质时，明知一子难以出继，而独以身壮妻少将继未生之次子为言。①

在这件纠纷中，王钫尽管与王钟有同母之亲，但因为并不同出一父，没有出嗣的可能性，甚至不如其他疏远的族人。李清判决仍然立族人之子为嗣，但是将田产酌分与王钰、王钫和嗣子。李清在处理这类纠纷时的观点很明确。首先，他坚持异姓不能承嗣。其次，他将承嗣和继产分别对待，异姓养子虽然不能承嗣，却往往可以分得养父母的部分产业。最后，在李清的眼中，那些争嗣的远房族人以及参与诉讼的宗族长们也大都是贪图财产的刁民。在司法实践中，他的这一认识与他坚持同宗才能承嗣的主张之间，多少有点矛盾。事实上，他甚至在一份判词中劝告说：“夫人而无子，可作达观想矣。”②

这些明代中晚期的判牍显示，即便是同一位官员对这类纠纷的处置结果也往往并不一致。但显然他们也都明白，在同宗中以昭穆亲疏择嗣是“理之正”，而出于各种理由的异姓承嗣是“事之权”。这种认识通过他们的理讼和教化活动，而传布给地方社会。除此之外，士大夫在组建宗族组织、编订家训族规中的行动，也直接地将这些理念带入族众中。在上述判牍中多次出现“族”的概念，甚至在《新镌官板律例临民宝鉴》的“夺祀”一案中还出现了“族长”的参与。事实上，如果没有宗族组织制度的支持，单个家庭在面临乏嗣的时候，养育异姓为后是自然的选择之一。“禁立异姓子为嗣”从一种观念发展成一种在

① （明）李清：《折狱新语》卷二，吉林大学藏明末刻本，第9～10页。

② 同上书，第15页上。

地方社会中的制度,是必须依赖宗族的组织架构的。

浙江浦江郑氏义门,修订于元末明初的《郑氏家仪》有"立春祭先祖毕,于义祠祭无嗣宗人"①一项,说明其时和之前郑氏族中不乏绝嗣之人。但在《浦江郑氏家范》中添加了一项:"宗人无子,实坠厥祀。当择亲近者为继立之,更少资之。"②要为无子宗人立嗣的观念在宗族发展的过程中逐渐加强。但与我们在清以后的族谱中常看到的严密、繁复的立嗣规矩相比,这时候宗族内的立嗣规范依然是简略的。而且在这两种家训中,也并没有禁止异姓承嗣的文字。

明代中期以后的家训中,开始更多地出现禁止立异姓为嗣的规条。例如,姚舜牧(1543—?)在《药言》中说:

> 族人有不幸无后者,其亲兄弟当劝置妾媵以生育,不可萌利其有之心。其人或终无生育,即当择一应继者为嗣。切勿接养他姓,重得罪于祖宗。③

何尔健(1554—1610 年)在《尉廷公训约》中说:

> 吾族务要恪遵祖训,以继嗣为定礼。神不歆非类之禋,民不飨非族之祀。自古来乏嗣者,即于本族择应继之人以续之。气脉相通,仍是一本骨肉。乃有昧义之人,不肯显立同宗之子,潜养异姓之儿,阳若有继,阴实绝矣。今后我族,倘有乏嗣者,须立同族之子为继。先尽近服,后择远枝。切不可过继异姓之胤,以致乱

---

① (元)郑泳:《郑氏家仪》,载《四库全书存目丛书》经部第 114 册,齐鲁书社 1997 年版,第 418 页。

② (元)郑涛:《浦江郑氏家范》,载《续修四库全书》子部第 935 册,上海古籍出版社 1996 ~ 2003 年版,第 280 页。

③ (明)姚舜牧:《药言》,中华书局 1985 年版,第 3 页。

宗灭祀,得罪祖先。不孝之罪,实莫大焉。①

我们注意到,这两条家训所针对的对象都是“族”。伴随着宗族的建设,与立嗣有关的观念,包括无后者应该立嗣,择嗣的范围不能超越本族,更不能立异姓子为嗣,等等,才开始普及开来,并成为宗族的制度。这些观念和制度也因为有“族”的组织机构、尤其是有稳定居地、有地方权力的宗族组织机构,才可能被实践。

概言之,与“禁立异姓子为嗣”法律的出现几乎同步,“神不歆非类”“禁立异姓子为嗣”的观念越来越多地出现在士大夫、官员的著作中,当这些士大夫的著作不再仅仅是理论上的阐述,而是具有社会实践性的家训族规和反映了司法实践的判牍时,就意味着这些观念在社会层面的推广。尤其是宗族的发展,对这一观念的传播和制度化,是最为重要的推动。以往的宗族研究已经证明,庶民宗族组织大规模的出现,是在明代中晚期以后才开始的事情。上述判牍、族规家训的材料也说明,明代中后期是有关立嗣的观念和异姓承嗣的禁忌开始广泛传播的时代。但是,由于每个地区宗族发展的时间表并不一致,有关立嗣的各种规则的建立也不同时。具体到各宗族的个案中,才能让我们更清楚地了解,明清时期已经成为法律的“禁立异姓子为嗣”,在地方社会中被认识、被认同或被利用、被修改的过程。

四、地方宗族中有关“异姓承嗣”的族规的演变——以浙西南山区为例

如前所述,在法律禁止平民“立异姓为嗣”的过程中,福建、浙江等

① (明)何尔健:《始祖廷尉公训约十四条》,载何兹全、郭良玉编校:《按辽御珰疏稿》,中州书画社1982年版,第100页。

地民众立异姓子为嗣的情况一直存在。地方的立嗣习惯如何形成和演变？法律的变化在地方习惯的演变过程中扮演了何种角色？对这些问题的回答，需要考察具体的地方实例。

郑振满在论及福建的“异姓承嗣”时说：

> 在清代福建，有不少宗族禁止“血抱螟蛉”，只许在近亲之内为无后者择立继嗣，以免导致“乱宗”及使本族资产流入外人之手。然而，由于立继大多是在被继承者年老或者去世后才确定的，而且嗣子易于受到其本生父母的支配，不足以弥补绝嗣家庭的缺陷。因此，无后者往往乐于抱养“螟蛉”之子，而不愿意采取择立继嗣的做法。清代后期，有些宗族不得不承认既成事实，对收养义子采取较为宽容的态度。①

根据这个论述，禁立异姓为嗣的规矩在宗族建设初期最为严格，此后迫于实际情况，而不断松弛。我们集中关注的浙西南山区，在人口的流动和经济文化的联系上，与福建西北部关系密切，在宗族的发展上，也深受闽西北的影响。② 但我们从族谱资料中，却看到与上述过程相反的事例。有一部分族谱显示，在宗族刚开始建构的阶段，对立嗣和“异姓乱宗”的规定往往只有寥寥数语，甚至根本没有。但是随着

---

① 郑振满：《明清福建家族组织与社会变迁》，中国人民大学出版社2009年版，第25页。

② 郑振满对闽西北宗族的研究发现，虽然这里的人通过契约、祭簿等在明后期和清初即已发展出宗族经济，但“闽西北地区的绝大多数聚居宗族，直至清中叶以后才开始建祠堂、修族谱”。（第93页）浙西南宗族大规模的出现类似于闽西北，但也有个别仕宦大家在元末和明中期就已经开始有宗族建设。例如，龙泉北宋何执中的后人在元明之际就曾经纂修族谱。然而，这些仕宦家族宗族的组织性和延续性并不好，如何氏的后人，大都散居于外地。因此，这些宗族在明代的继嗣制度，我们知之甚少。参见邓小南：《何澹与南宋龙泉何氏家族》，载《北京大学学报》2013年第2期。

宗族的发展,尤其是当宗族开始积累了大量族产之后,立嗣的问题才开始变得备受关注。强调必须为绝后者立嗣,并且严格禁止异姓承嗣,或者将异姓子孙与本姓子孙进行严格的区别,这类族规、谱例才开始出现在族谱中。

每个宗族发展的进程不同,“禁立异姓子为嗣”这类族规出现的时间和执行的严格程度会有差异。但在这之前,首先是无子者需要(甚或必须)立嗣的观念开始普及,甚至成为族规。我们研读过一些编撰时间较早、延续性较好的族谱,发现在族谱记载的早期,族人中无子者常被注以“不嗣”或“无传”,很少有过继或立嗣的记载。这些族人的生卒年月、婚娶和生育记载详细可信,在排除了族谱伪造的嫌疑之后,这种情况说明在宗族还未建立或宗族发展的早期,无子者并不被强制要求立嗣,或者女儿继承父母产业的情况也不如之后那样备受质疑和阻挠。

浙南遂昌县的平昌俞氏,在明代宣德年间有族人俞得济官至刑部主事,而且较早就有了宗族建设的意识和行动。根据谱序,俞氏先人在正德年间初修族谱,此后在万历、雍正、乾隆、嘉庆、光绪年间都有重修。该谱所录明代前期的族人中因无子而“不嗣”“不祀”者甚多。在成化以后开始零星出现继嫡侄为嗣的事例。在明末清初,立嗣的记载开始增多,同时也出现了不少出继异姓为嗣的记录。在雍正以后,则出现了立异姓为嗣的记录。乾隆以后无子立继成为通常的情况,而“不嗣”“无传”者则成为少见的个案。[①] 与这个变化过程同步的,是俞氏从一个小型的以高层士大夫为核心的家族,随着子孙的繁衍和分化,变成一个大宗族。这也是出现异姓承嗣的背景。

---

① 《平昌俞氏宗谱》,民国十五年,藏于浙江省遂昌县图书馆。

但是直到嘉庆年间重修宗谱时，俞氏族人才专门针对“立异姓为嗣”制定族规。他们借鉴了当地其他宗族的做法，为这些雍正、乾隆年间立继的异姓子孙另立《外篇》，附于族谱的最后，并且制定了《外篇规则》：

嗣后附外篇者仅与行不与第，聊为别同，终恐以稗乱苗也。凡遇祠祭，主祭及执事者推举本族亲派，而异姓子孙勿与焉，亦所以辨正宗之意也。夫此外篇之说，既已一一从俗矣，而异姓助祠，别族亦有此例，夫独不当从俗乎。今而后如有欲继异姓者，即于立继承祧之日，将其继产公计，总以三股为率，内取肥田一股，入祠祭享，永以为例。不得徇情。若挨延至后，庸有继产荡废，斯无及矣。倘恃强不遵者，众当鸣鼓相攻，不容载谱，并其继产尽行入祠，庶为后人继异者所警畏也。①

《外篇规则》正式承认了立异姓为嗣的行为，但又通过设立《外篇》和专门针对异姓子嗣的族规，如不许主祭、执事，必须捐助祠产等，将他们和本姓子嗣区别开来。

就像俞氏宗谱中所说，这种处理方法在清代浙南山区的宗族中很常见，他们称本族这样做是“从俗”。遂昌上坪毕氏对立异姓为嗣也采取了相同的做法：

立嗣过继，经有明训，律有正条。务在昭穆相应，须从幼抚养，浃肌沦髓，告庙闻众，置立请帖付卷。以存日为主，不许于殁后溺爱妄立，以种讼胎，以致累及祖宗祀产，数年家计破荡……异姓不许过继立嗣，紊乱宗支，以致上祖不安。如悯其无后不得已而或继

① 《平昌俞氏宗谱》，民国十五年，藏于浙江省遂昌县图书馆，卷之末。

之,则议出祭资银二十四两,准其载在谱尾,不得入于正谱。[1]

龙泉宗族数据中也有类似例子。龙泉《高浦李氏宗谱》的谱例中规定:"凡抱异姓为嗣者,必书明由何姓而入。俾其日后知所从来。敦族规也。"[2]在《族谱旧规九条》中说:

> 抱养异姓之子,例无承立。但移花接木,事既有矣,举废继绝,义亦因之,然而立之之例,当先通之族长,上告宗庙,下谋合族,始许入继。如悖众违规而逞私擅立者,授受俱议罚银十两,贮祠公用,仍行公择。异姓原不承祧故也。[3]

这些表述,与前述祁彪佳等学者的"经权之道"如出一辙,即在充分了解到"禁止立异姓为嗣"乃"律有正条""例无承立"的前提下,制定了宗族自己的规则,而这些规则在很多时候就被称为"俗"。

这种"俗"弥漫于地方社会中,但何时、因为什么契机被某个宗族、村落所"捕捉"到,开始对这些宗族村庄中生活的人们发生影响,则各有不同。龙泉季山头季氏在道光年间才开始修订族谱,在这版宗谱的记载中,大量的成年已婚族人无后且没有立嗣,也没有关于立嗣继承的族规。但是在龙泉司法档案民国十一年(1922)的一件诉讼档案中,存留了一件该族族人在民国元年(1912)所立的契约,这件契约说明,在当时季山头季氏宗族中立异姓为嗣也被要求捐助祠产:

> 立拨字。季有森娶妻张氏,未生有子,续弦金氏,叨生一男,取名季马清,配妻叶氏,单生一女,并未生男。不幸马清夭逝,恨

① 《上坪毕氏宗谱》,民国十年,藏于浙江省遂昌县图书馆。

② 《高浦李姓族谱》(第1册),藏于龙泉市高浦村,第29页下。

③ 同上书,第106页上。

无继嗣承继，亦无相当。予思不孝有三，无后为大。承亲族抱得潘恒举之子，取名季永生为孙。复将媳叶氏招得张学松入赘，言定长子回宗，幸生一子，取名福生为孙。二孙接继宗枝，即将祖父遗下并自手创置产业，拨出租一十硕正与季山头本源祠族内，以作冬至祭产，其租自拨之后，任凭祠内收租，过割完粮，永远管业，日后修造宗谱，任凭抱养之子添名入谱，两无异言，恐口难凭，立拨字永远为据。

一批安福庄正字八号后坑园粮一亩零九厘九毛

正字九号土名后坑园粮一亩九分三厘五毛

其粮向季有赐户推割

中华民国元年阴历十月二十九日立拨字季有森(押)

在见侄　永佳　永书　永嘉　永恭

依口代笔　季火仁①

根据这份契约，季有森要向族祠捐助田产，以换得所立的两位异姓抱孙能够登入族谱。但进入族谱是否等于他们今后就能享有和同姓子孙相同的宗族权益，则是另一个问题。

道光《埠川张氏族谱》还没有禁止异姓抱养子入谱的族规。② 有关的族规是在光绪年间出现在新增谱例中的。光绪族规中说，“异姓不得乱宗，例有明条”。但异姓为嗣之人在张姓宗族中已有十数家，谱例斥责他们的这种行为是“藐先祖而舍亲爱，悖宗法而违国典，实属有

① 《民国元年阴历十月廿九日季有森立拨字》，载《龙泉民国法院民刑档案卷(1912—1949)》，浙江省龙泉档案馆藏，档案号:M003－01－14929，第1页。

② 这个族规看起来是一个通行的版本，在龙泉市图书馆藏《何山头季氏族谱》中有同样的文字。

意乱宗以害后世;理有不合,法所当诛",并称:

> 兹族众所以严议修续宗谱,毋论幼长,凡属异姓螟蛉之子一概不准载入宗谱,并不准附载族谱,杜非防种防乱宗也。后裔永遵此议,即或无子,应照例承祧以归一本,违者即属不孝,禀之官长,律以欺宗渎祖之罪。

这些引经据典的论述,接受并重申了法律上的规定,即严禁立异姓为嗣。但紧接着的下一条谱例却补充说:

> 螟蛉之子既遵例永不准载入宗谱,时姑念……(缺文)出钱一千文入祠,注明轮流祭谱内者,递年清……(缺文)准其全家子孙入祠与燕,以宾客论;如逞强越分……(缺文)例,遂逐归本宗。至祭田轮及该螟蛉抱父名下,该螟蛉有无承值,是螟蛉本房事,着自抱父遗据为凭,与别房无涉。[①]

这个安排把宗祧继承和族产继承分割开来,异姓子不允许入谱,但却可以通过捐助祠产,而进入祭谱,参加宗族祭祀的聚会。谱例还强调了祭田利益的继承问题,即异姓嗣子可以因抱父的遗嘱享有轮值祭田的权利。在现实中,有关异姓承嗣的争议很多是与财产的继承、尤其是族产的利益有关的。因此族规谱例中对此有特别的规定。

上述遂昌县和龙泉县的四则宗族事例都说明,有关立嗣的观念和规则在地方社会的出现和变化,是与宗族发展过程相伴随的。在"禁立异姓为嗣"的法律逐渐为人们知晓的同时,宗族对这一禁忌灵活处置,也通过族规的形式而形成一种地方上的"俗"。但这种所谓的

---

① 《龙泉张氏宗谱》卷七《增修条例》,藏于浙江省龙泉市图书馆。

“俗”并非该地统一的规范,在同样认识到异姓承嗣有悖宗法、律例的背景下,各宗族作出的应对是不尽相同的。有些宗族订立条规、申明律例,批评本族以往违背律例的“陋习”,强调限制或禁止立异姓为嗣;另一部分宗族则为这些“陋习”另开方便之门,罚银入祠或捐助族产,被认为是对违反这一法律和禁忌的补偿。宗族对异姓继嗣的态度,取决于每个宗族当时的具体情况:旧的传统、族产的数目、分配方法和宗族内部的权力格局、异姓抱养子及其后代的势力等。由于这些具体情况在不断改变,因此相关的族规也总是在修订和改变中。

与《大清律例》“立嫡子违法”律下的条例越来越多的趋势一样,族规谱例中关于立嗣的条规,一般也总是有越来越繁复的趋势。在多部族谱“续修谱例”“再修谱例”的部分,都可以看到关于立嗣的规定越来越具体,越来越严格。遂昌石练吴氏是典型的例子。族谱记载,吴氏最早的修谱是明代隆庆年间。尽管现存的版本是民国三十三年(1944)的重修本,但保留有隆庆、万历、雍正、乾隆、嘉庆、道光、同治、宣统年历次重修所撰的谱序和“修谱祠规”。每一版的“修谱祠规”都在前次祠规基础上,应对新的问题作出补充和修正。因此这些祠规,记录了吴氏宗族从晚明到清末的宗族规范的变化,其中重要的内容就是有关异姓立嗣的变化。在《隆庆已巳续谱祠规》中,有这样一条:

> 若本宗子孙出继为异姓嗣者,分注而不列图;其继异姓子为嗣者,正派不书,姑附之余录,防乱宗也。①

在这份最早的祠规中,并不禁止以异姓为嗣,而只是说明在族谱中需要另列一篇,来区别这些异姓子嗣和本宗正派,除此之外,也没有

① 《栝昌吴氏宗谱》卷一《祠规一》,藏于浙江省遂昌县图书馆。

说明两者在族内权利和义务上的分别。

《万历戊午续谱祠规》中没有针对异姓继嗣的更改条文。但是到了《雍正癸丑续谱祠规》中就有了更严格的规定：

> 子孙不幸乏嗣，立继先推同胞，次堂再从堂，由近及远，总以本宗推立，此定例也。吾族祖训有异姓立继者，编入余录，不许正图，原以惩乱宗而杜后人继异之念。兹谱之续，仍循旧规。嗣后乏嗣，如再有不从本宗昭穆推继而敢异姓继子者，即余录亦概不收。祭祀不许入祠。如本宗应继者或以其人贫乏不肯承祧，族房共行攻击，以律例斩嗣论。余录者乏嗣，惟向余录推继，无容正派承祧余录，庶免内篇降为外篇，别异也。①

雍正时期改定的祠规，连异姓承嗣编入外篇余录的可能性也斩绝了，并且规定原来余录中的异姓子嗣如果乏嗣，只能在余录子孙（异姓子孙）中择继。《乾隆甲午续修祠规》《嘉庆已巳修谱祠规》没有修改这一祠规。《道光戊戌续修祠规》中还记载了这样一件事情：名列于余录中的国盛公乏嗣，但余录中没有合适的继嗣人选，根据雍正祠规，他不得不面临绝嗣的结果：

> 国盛公因余录乏嗣，无从推继，愿将手置产业请纳入祠奉祀房祖仕俊公生辰并本生祖父坟茔。当时酌定祭规，举行已久。查旧谱有俟身后酌加其孝一条，尚无定论。今议以其夫妇生辰各设一祭，酬其孝思。②

根据他在余录中的小传，国盛公生于康熙五十二年（1713），卒于

---

① 《栝昌吴氏宗谱》卷一《祠规八》，藏于浙江省遂昌县图书馆。
② 《栝昌吴氏宗谱》卷一《祠规三》，藏于浙江省遂昌县图书馆。

乾隆四十三年(1778),他的曾祖父是由章姓过继而来的。国盛公生有一女,并招有赘婿,但因为年老乏嗣,他生前就将水田十三亩、计租四十一硕的地,还有居住的房屋、店屋等都捐为祠产。他的女儿和赘婿只是得到了作为奁资的浮租三十硕田产。① 国盛公的这则记载,说明了雍正年间强化禁止异姓承嗣的族规,在吴姓宗族当中曾经得到相当严格地执行。

但是,同治年间吴姓宗族的族规又作出了调整。《同治辛未续修祠规》对雍正祠规进行了解释:

> 继立异姓,律所不禁。我祠旧规,有不从本房推继而再立异姓者,即余录亦不许入等语。此特为本房尽有可继而妄为立异者遏其流弊,不得不剀切言之。乃后人从此误会,遂谓一概不准继,以致令本房无从推立者,枉作若敖之鬼,九原之下能无怨痛?如果旧规本意若是,则斩祀一言不几自蹈其咎乎?谨将该规意义细绎申明:凡有不幸乏嗣而本房亲疏实属无可推继,准于外甥内侄中相与商定,择而继之。仍遵祠规,收入余录,却不准徇私乱收,致贻不类之诮。若曾娶妻室而无端出嫁(家)者既已自甘绝祀,何必再事乱宗;且或本房尚有可继,均不得援以为例。此盖仰体祖训,谨行申释,以免后来再误,致负前辈初心,并非敢有更张,邻于违背也。②

这次对祠规的重新解释,开篇即是对《大清律例》有意或无意的误读。所谓"继立异姓,律所不禁",正与《大清律例》的相关规定相反。

① 《栝昌吴氏宗谱》卷七《人八房余录》,藏于浙江省遂昌县图书馆,第13~14页。
② 《栝昌吴氏宗谱》卷一《祠规二》《祠规三》,藏于浙江省遂昌县图书馆。

引述法律以及在这段话最后的再三声明,都显示出族人对重新解释祠规是相当慎重的。虽然重启了异姓承嗣之例,但相比于最早的隆庆祠规,强调了只有在本宗无人可继的情况下,才能够异姓承嗣;而且异姓承嗣的范围也缩小了,即只有外甥和内侄可以承嗣。

我们从吴氏宗谱和之前的例子中都可以看到,族规处于不断地被建立、被打破和被修改的过程中,而这往往是宗族利益纠纷和权力争夺的结果。遂昌《李氏宗谱》也是一个例子。《李氏宗谱》的族规表达了要严格排斥异姓继嗣的意图:

> 严继异。我族从前甚多,不谓乱宗,抑且有害。自兹以始,须依昭穆推立,不许再行继异。倘无可推,产业归祠公祭。若蹈前辄,不孝同论。夫已继者,奈先人所为,今仍听其与祭而已。至若本祠大小事务,不得与闻,紧要字墨不得与存。虽属分尊,而族长亦不得居,以别同异也。

但同时,族谱中又记载了这样一则契约:

> 立议拨约,族房长承礼等,缘有永寿公派下仕教无传,螟蛉周姓之子承煌为嗣。先年造谱之后,突被长房有等不法之祠孙将谱扯毁,遂绝其后。承煌随时改还原族。今仍有长房之长孙家齐复绝无传,自幼抱领姜姓之子日枕为嗣。公议怜其长孙不可绝祀,故着家齐代贴伏理钱十二千文,交祠公用,谱造外篇。另将祠产划出土名东司坛田一丘,计实租二硕,拨与仕教公亲房子孙承管。历代任凭仕教亲房后裔自种自收管业,永作祭扫生终之资,递年完粮,祠内自行料理,不涉仕教公系下之事。自拨之后,不准私行盗当,并无反悔枝节等情,各有此色,以作不孝论。恐口无凭,特立拨约,永远为据。

光绪丁丑三年夏月　　日立

族房　承礼　承喜　经管　家宏　家扬　家荣①

这则契约记录了宗族内部先后两场关于异姓子继嗣的纠纷。永寿公派下的异姓承嗣遭到了长房的阻挠，抱养子被迫归宗，以致永寿公派下的一支绝嗣。但是若干年后，长房同样遭受绝嗣而希望抱养异姓子为嗣，永寿公派子孙得到了一个报仇的机会。长房不得不将自己的一部分祠产划归永寿公派承管收益，作为补偿和获得承认的条件。在这个例子中，宗族规则的制定、打破和重建都仰赖于族内各派的斗争和协商，这恐怕才是所谓“族规”“习俗”在社会中的实际运行状态。

在这些族规的形成和变化过程中，法律不仅为各方的斗争和协商提供了“道理”或“说辞”，而且诉讼活动还是一些宗族确立“禁立异姓为嗣”禁忌的直接助力。遂昌汤溪叶氏大约在明代嘉靖后期开始编修族谱。明代初修的族规谱例现已不可见。在清代雍正二年（1724）的《重修族谱引》中有这样一段话：

故谱书甫修于康熙辛巳，仅二纪而必亟亟又修者，乖因族人艰于嗣续，不明一本之谊，枉以立异为爱，殊失亲亲之道。爰索，式穀似之，藐兹蛉属，杂沓成风，浩然嫡支，悉为颠倒。予少及壮，常怀意起，势孤力微，有志未逮。今也，弟侄森森，协义正伦，会之族，鸣之公，斥异篡，崇嫡脉，商之于予。予欣然曰：嫡异不辨，族义不彰，急公报本，予能不曳仗而前乎。幸也，奉断立谱，分别内外，请梓就刊，不数月而谱成。②

① 《李氏宗谱》，藏于浙江省遂昌县图书馆。

② 《汤溪叶氏族谱》卷首，藏于浙江省遂昌县图书馆。

根据这则记载,叶氏族内多有立异姓为嗣的情况。纂写这篇《重修族谱引》的叶可露尽管对此愤愤,却也无可奈何。雍正二年(1724),叶可露得到一个机会。族谱中保留雍正元年(1723)知县姚公的一则审语,说明叶可露在雍正元年曾经就族中立嗣异姓提起诉讼,知县谴责异姓立嗣的行为,认为这与律例不符,但同时也说:

> 如叶可露等不控于当事之始,而谪发于数十年之后,则已晚矣。再查遂邑异姓入继者多,其始皆起于妇人之见,而其后遂无可如何,以致大家望族,设立宗谱,遂有内外篇之分。内篇以叙嫡派,异姓入继者列诸外篇,与其助祭,不与其主祀。是尤为非礼之礼,非义之义也云。尔廷讯既明,应着叶可露等仿照遂邑谱例,如异姓立继者一概不许主祭,另立新谱,遂将旧谱缴衔,以杜争端,以全族义。斯权而不害于经,和而不流于党欤。
>
> 立案　雍正元年四月初五发①

知县审单中的建议是从俗,也就是承认异姓继嗣,但要求“异姓入继者列诸外篇,与其助祭,不与其主祀”。叶可露借由这次诉讼,重修了族谱,新修谱例也并没有完全听从知县的建议,而是确立了更为严格的“禁立异姓子为嗣”的原则。雍正二年(1724)新谱例中规定:

> 异姓原无立继之条。从前异姓入继者,另为一编,亦存厚之道。嗣后倘有乏嗣者,必当遵守律例,会同族房,推明昭穆以承宗祧。如昭穆无可继,其产应归入祠,虽产厚薄,着祠首备祭到坟,祭其生辰死忌。倘有继异乱宗者,合祠共攻之,即姓同族异,昭穆无稽,亦不得妄立,其血脉同属不贯也。

① 《汤溪叶氏族谱》卷末审语,藏于浙江省遂昌县图书馆。

强制无后族人立嗣,并绝对禁止抱养异姓子为嗣,由此成为了叶氏的族规。在此之后,族谱中记录了乾隆和道光年间的三则“拨约”或“助约”。这些契约均由绝嗣的妇人所立,表示因为没有合适的立嗣人选,而情愿将财产在死后拨入宗族,作为公产,由宗族负责她们死后的祭扫。汤溪叶氏的个案,提供了一个宗族中有关异姓承嗣的禁忌从无到有的制造过程,而这个过程,至少从程序上来看,是借由一次诉讼完成的。

综上所述,与法律中禁止平民异姓承嗣一样,“禁立异姓为嗣”的观念在地方社会中被认识、成为族规或者对继承发生影响,也经历了一个从无到有的过程。但是地方宗族如何应对、利用和诠释这个观念以及法律,则是各宗族根据本族的情况作出的选择。地方宗族的主动性是我们首先要强调的一面。其次,我们还注意到,在这个看似规则不断改易的地方社会秩序中,这些形成于不同时期的族规,无论是严厉禁止异姓承嗣还是对此网开一面,都引述法律。这说明,明清法律的有关条文,经过长期的司法实践以及士绅的传播,已经为民间所认识。虽然纠纷和争夺总是从实际的利益出发的,但“神不歆非类”的理论和“异姓不得乱宗”的律条,为各方的竞争和协商提供了一套话语的基础,无论这些纠纷是否进入官方的诉讼程序,都是如此。但诉讼活动不仅为官员提供了宣扬这一观念和法律的舞台,同时也是宗族中的一些人争取建立相关族规的方法和途径。

五、“礼、法、习惯”的历史过程

梳理古代“禁立异姓为嗣”法律的出现,我们发现这一禁令经历了从贵族的“礼”到平民的“法”的演变。在周代宗法制下,“立嗣”的本意是确立宗祧,属于贵族的“礼”的范畴,礼不下庶人。而“法”则是另外一套完全不同的东西,是在编户齐民政策下,为统治平民而设。它的重点在管控人口和赋役征派。根据法制史专家们的研究，唐律完成了“援礼入法”的过程，成为礼法的集大成者。一些原来针对贵族而设的“礼”，在这个过程中开始被用于定义和规范平民的行为。①

这不仅是一个法律上的变化，也是社会变化的结果。与士大夫倡导、发展庶民宗族的过程相配合，平民立嗣的观念和行为开始普及开来。“禁立异姓为嗣”的法律观念，以及使立嗣和继产相关联的做法，才开始延用到平民的继承中。这是宋代以后才逐渐普遍的。也正是在这个过程中，抱养异姓子与“异姓承嗣”等同起来，并成为官员和法律专家们笔下的“污俗”“弊俗”或者所谓“地方习惯”。不仅在官方的档案和士大夫的文章中是这样，在族谱和状词中也逐渐变成这样。

“异姓承嗣，不合礼法”的观念，进入地方社会的途径有很多种。士大夫的教化和直接引导一定是重要的方式；诉讼也是途径之一。如前文所述，判决或诉讼的结果，会直接影响人们的观念或宗族族规的制定。批词、审语、堂谕中的言词，都会成为诉讼中各方辩论理据的资源，同时它们也会被编进族谱，成为新的“族规”。通过种种途径，普通民众得以了解，“异姓承嗣”为法典所禁止，即便在自己的村庄和宗族中普遍存在，那也只能是一种“俗”。在这套话语中，“俗”或者“习惯”不是作为“法”的后备资源而存在的，而恰恰相反，是作为“礼法”的对立面而出现的。

但在这个演变过程中，原来“礼”“法”分别的历史并没有完全被遗忘。明清时期的官员和法学家时时提醒：“立嗣”以及“禁立异姓为嗣”都是原来针对贵族的“礼”，这套“礼”原来所适用的封建社会和贵

① 这个法律变化的过程，参见张小也：《法律与社会变迁——以户绝财产继承问题为中心》，载《官、民、法：明清国家与基层社会》，中华书局2007年版。

族阶层,都已经消失了。它虽然进入了后代的法典,但是否需要平民严格遵守,则成为可以讨论的问题。反过来,它的对立面"异姓承嗣"出于"人情",也是可以理解的。就像前文中邱濬等人对明清律中"立嗣"法条的理解一样,无论是法典中有关"立嗣"的各条律例,还是民间"异姓承嗣"的习惯,它们的合理性都被认为是来自于"人情"。而"人情"之瞬息万变,就使无论是法律还是习惯都不具有确定性,在司法实践中往往沦为各人的一种"说辞"。

在晚清法律改革的浪潮下,有一部分法学家开始表达了扩大择嗣范围,赋予立嗣者更多自主权的思想。律学家薛允升曾经说:

> 取外姓亲属之人承继,似亦可行。古来名人以异姓承继者,不知凡几,亦王道本乎人情之意也。①

在晚清修订民法的过程中,沈家本也主张废除旧制。他认为,宗法制度既然已经徒具形式,则:

> 异姓亲属之人,情谊素来亲密,虽事由人合,与同宗一族之以天合者,似属有间,而血脉究亦相通……然寻常异姓诚不可乱宗,若异姓而为至亲之亲属,似亦不妨变通矣。②

沈家本举出了古今立嗣异姓的故事,又说"其他之以异姓亲属为嗣者,更难偻指数。此亦风俗之习惯,不能遽禁者也"。③ 当沈家本用"风俗之习惯"来为"异姓承嗣"辩护时,背后也是一套"礼法"与"习

---

① (清)薛允升:《读例存疑(重刊本)》(第二册),黄静嘉编校,台北,成文出版社有限公司1970年版,第250页。

② (清)沈家本:《寄簃文存》卷三《变通异姓为嗣说》,载徐世虹主编:《沈家本全集》,中国政法大学出版社2010年版,第675页。

③ 同上。

惯"相对立的观念。"禁立异姓为嗣"是清代的一条法律,其背后是"神不歆非类,民不祀非族"这套"礼",因此他将与礼法相反的行为归为一种"风俗之习惯"。但是与古代的律学家、士大夫不同的是,沈家本这样定义"异姓承嗣"的目的,是将"风俗之习惯"作为这种行为的合法性的来源,以期在法律上改革原来"禁立异姓为嗣"的法条。

在晚清和民初,沈家本的认识和逻辑大概是较为普遍被接受的。法律的来源不再仅仅是"礼",普查各地的"习惯",在此基础上制定"民法",是很多法学家的思路。晚清和民国进行了数次的"习惯调查"。① 在这些调查报告中,"异姓承嗣"被认为是很多地方的"地方习惯"。如民国初年浙江民商事习惯调查会的报告中,就有"嘉兴县异姓为后之习惯""吴兴县异姓得继承本宗之习惯","螟蛉为后(富阳嘉兴吴兴海盐金华等县习惯)""赘婿入嗣(安吉龙泉等县及旧金华府属习惯)","义男赘婿得入继为后",②等等,多则异姓承嗣习惯的汇报。与沈家本的论述一样,这些调查报告将"异姓承嗣"定义为习惯、风俗,这种定义背后的主张是:这些行为虽然与现时的法律相违背,但新时代立法的原则不再仅仅是"礼","习惯"也能够成为法律的渊源,因此在新民法修订中应该重新考虑"异姓承嗣"的问题。

正是在类似思路下,1911 年完成的《大清民律草案》,将择嗣的条件,从"同宗昭穆相当者",扩大至"姐妹之子""婿""妻兄弟姐妹之子"。③ 1925 年编定的《民国民律草案》,在《继承编》下专列《宗祧继

---

① 俞江:《民事习惯调查与中国民法典编纂》,载《中国法学文档》(第 1 卷),法律出版社 2005 年版。

② 《浙江民商事习惯调查会第一期报告》,载《浙江民商事习惯调查会第二期报告》,《浙江民商事习惯调查会第五期报告》,见于东洋文库收藏。

③ 《大清民律草案》,杨立新点校,吉林人民出版社 2002 年版,第 177 页。

承》一章，也允许“姊妹之子”“母舅之孙”“妻兄弟之子”承继宗祧，或立“女之子”为嗣孙。但《大清民律草案》和《民国民律草案》都没有正式执行。在大理院时期，作为民事审判之依据的《大清现行刑律》民事有效部分，仍然遵循《大清律例》中的诸项条文。大理院判决例三年上字第 709 号确认：

> 现行律载，凡乞养异姓义子以乱宗族者处罚云云。此项法规为强行法规，不容当事人以意思或习惯擅为变更寻绎。该条文语义至为显著（现行律户役门立嫡子违法条律）。[①]

也就是说，尽管在众多新法律人的观念中，因为对法律来源的认识发生了变化，对社会中普遍存在的异姓承嗣行为趋向于承认的态度，但在 1930 年之前的法律中，“异姓承嗣”仍然被认为是违法的。而且该判决例还特别强调，不能以“习惯”作为挑战这条法律的理由。现存龙泉司法档案中“宣统二年—民国八年叶发开与叶必暹、叶刘氏立继案”[②]“民国八年洪大支、洪大田与洪大珍互争祭田案”等有关异姓承嗣的案件的判决，都说明在民国初年地方司法判决中，仍然坚持了大理院的立场。

---

① 郭卫编：《大理院判决例全书》，台北，成文出版社有限公司 1972 年版，第 264 页。

② “宣统二年—民国八年叶发开与叶必暹、叶刘氏立继案”档案存于浙江省龙泉档案馆，《龙泉民国法院民刑档案卷（1912—1949）》，档案号：M003-01-14691，M003-01-11905，M003-01-10505，M003-01-11981。“民国八年洪大支、洪大田与洪大珍互争祭田案”档案存于浙江省龙泉档案馆，《龙泉民国法院民刑档案卷（1912—1949）》，档案号：M003-01-04080，M003-01-08265，M003-01-01330。关于两案的详情，参见杜正贞：《晚清民国时期的祭田轮值纠纷——从浙江龙泉司法档案看亲属继承制度的演变》，载《近代史研究》2012 年第 1 期。

六、结语

20世纪20年代末，南京国民政府立法院开始起草继承法，就九点疑问咨询中央执行委员会政治会议。其中第一点即：“宗祧继承应否规定？”中央政治会议将这些疑问交法律组审查，法律组最后认定“宗祧继承毋庸规定”。[①] 1930年，新民法亲属、继承两编颁布，在继承上只以亲等规定遗产继承，不再规定宗祧继承。这一纠缠于礼、法、习惯三者之间的“禁立异姓为嗣”问题，在法律上才告终止。梁治平在讨论清代习惯法的问题时，将“异姓承嗣”作为是被法律和一般“宗族法”严格禁止，又在各地广泛存在的习惯。他说：

> 这种情形不但可以表明社会情态之复杂，地方习惯之多样，而且向我们显示出个体偏离社会模式的行为，如何在特定情境之下逐渐演成一般习惯的过程。[②]

梁治平并没有对此一过程进行具体的研究。而我们通过历史过程的梳理，获得的印象可能是恰恰相反的：从长时段来看，这并不是一个个体偏离社会模式的行为演成一般习惯的过程，而是一个在社会中本来普遍存在的“养异姓子”现象，如何在国家法律和宗法伦理的“入侵”之下，被定义为“非法”，从而被归入“习惯”的过程。所谓的“习惯法”固然可以理解为“在国家法所不及和不足的地方，生长出另一种秩序，另一种法律”，[③]但反过来它们也可以被理解为是在国家法的入侵之下，被国家法所排除出去的那一部分行为和规矩。这部分行为和规

---

① 胡长清：《中国民法继承论》，商务印书馆1936年版，第261页。

② 梁治平：《清代习惯法：国家与社会》，中国政法大学出版社1996年版，第79页。

③ 同上书，第32页。

矩,被掌握话语权的士大夫称为“俗”。在近代法律改革中,借由西方习惯法的理论,这些“俗”又被冠之以“习惯”之名,反过来成为新的、现代法律的资源。

明代澳门葡人有限自治体系中的司法权

何志辉

一、绪论

明初统治者不仅重视立法,也重视通过司法进行治理。在法律实施上,一体遵行“明礼以导民,定律以绳顽”之思想,注重礼、法、情三者结合。就司法制度而言,宗法伦理特征明显,如中央司法权统归皇权,地方行政官兼理司法,专职司法机构未获独立,但组织架构更为完备。其时,往来中国的各国商人、旅者及使节,对这套司法制度有着深浅不一的认识。[①] 其中一部分早期来华亦商亦盗的葡萄牙人,还因触犯帝国法网而遭受过刑讯拷虐、审理判决,直至被关押入狱。这在《广州葡囚信》等葡文史料中可见端倪。[②] 明末来华传教士往返粤澳、深入内地或进入京城,亦有种种机缘得识其时的中国司法制度。

待澳门开埠且允准葡人居留之后,这片同在天朝治下的边陲王土,同样适用中华法系特质的司法制度。一旦发生刑事案件及民事纠

---

① 参见田涛、李祝环:《接触与碰撞:16 世纪以来西方人眼中的中国法律》,北京大学出版社 2007 年版。

② 参见金国平编译:《西方澳门史料选萃(15 ~ 16 世纪)》,广东人民出版社 2005 年版,第 78 ~ 119 页。

纷，如事涉华人（无论是华人内部还是华洋之间），则依据案情之轻重大小，循既有的司法制度而运作。但鉴于华洋共处之地的族群差异，澳葡内部还是获得了弥足珍贵的有限自治空间，澳葡内部之间的刑事案件及民事纠纷，遂基本上得以摆脱中华帝国司法场域的掌控。由此所形成的状况便是，一方面狱讼分殊、刑民有别；另一方面又根据狱讼所涉当事人的属人身份进行分别管辖。这套双管齐下的司法格局，成就了早期澳门司法领域的多元景观。

澳葡社会的纠纷解决虽然处于明政府的控制下，但其自治趋势在不断强化。当然，这里探讨的澳葡司法自治化，是相对于明政府行使司法权的整体格局而言的。至于澳葡内部，议事会（包括普通法官、检察官、孤儿法官）、王室大法官、巡航兵头及其演化而成的澳门总督，都在不同程度上分享澳葡内部的司法治理权。这种多元化的司法管辖，有复杂的分权，无合理的制衡，因权力交错而纠葛丛生，使早期澳葡社会内部矛盾重重。这种状况一方面有利于明政府对澳门华洋共处型社会的主导治理；另一方面也使葡人在澳门获得进一步拓展司法自治空间的历史机遇。① 本文通过勾稽相关文献的记载，回溯明代澳门葡人有限自治体系中的司法变迁，指出其时有三股势力分享内部有限的司法权：葡萄牙王室大法官、澳葡议事会之普通法官以及从巡航兵头演变为总督的澳葡行政首脑，并分析三者之间究竟存在怎样的权力纠葛，以期人们进一步了解明代澳门司法变迁的轨迹。

① 此种状况延续至鸦片战争爆发后发生彻底的逆转。关于鸦片战争前澳门的治理格局与法律秩序，参见何志辉：《治理与秩序：全球化进程中的澳门法（1553～1999）》，社会科学文献出版社2013年版；何志辉：《澳门法制史新编》，社会科学文献出版社2017年版。

二、王室大法官及其司法职能

(一)王室大法官的派遣

明代澳门的王室大法官(Ouvidor)制度,与葡萄牙海外殖民扩张的传统有密切关联。有学者指出,在葡萄牙大航海时代,向所谓征服地派出总督之时,一般都委派一位王室法官协助司法。在葡萄牙向东方进行殖民扩张的过程中,大西洋沿岸地区的模式得以沿用,即委派一位王室大法官协助葡属印度总督司法。其司法职责主要包括:通过准备卷宗及共同签署判决等方式,辅助葡印总督,依法行使审判权;作为葡印总督的代表,单独审理较轻的罪案;受理民事案件。①

王室大法官在明清文献中多称判事官。如祝淮称“判事官,掌刑名,来自大西洋,五年一代”。② 因系葡萄牙王室派来,该职又有特使(minister)之称,中文文献亦称其为“番差”,如《澳门记略》称:

> 判事官掌刑名,有批验所,挂号所,朔望、礼拜日放告。赴告者先于挂号所登记,然后向批验所投入。既受词,集两造厅听之,曲者予鞭,鞭不过五十,亦自小西洋遣来。③

王室大法官派往澳门,始于1580年(万历八年)。是年,葡西王室派出首任王室大法官马沙度(Rui Machado),从里斯本来到澳门。④ 其

---

① António Manuel Hespanha, *Panorama da História Institucional e juridica de Macau*, pp. 72 – 76. 中译本参见[葡]叶士朋:《澳门法制史概论》,周艳平、张永春译,澳门基金会1996年版,第61页。

② (清)祝淮:《新修香山县志》卷四《海防·澳门》。

③ (清)印光任、张汝霖:《澳门记略》卷下《澳蕃篇》。

④ Manuel Teixeira, *Os Ouvidores em Macau*, p. 8. 另可参见[葡]徐萨斯:《历史上的澳门》,黄鸿钊等译,澳门基金会2000年版,第31页。

后不久，一位对海外事务具有丰富经验的葡萄牙官员写成一份关于葡萄牙在东方领地的长篇报告《市堡书》(1582 年成稿)，对派往澳门的王室大法官有简短介绍：

> 这个居留地从未有过常驻在此的总督，只有赴日船队的队长。另外该地还有一位王室大法官，一位公文、司法与记录文书官，同时他也兼任为死者与孤儿开证明的文书官。王室大法官不从国王的金库中领取薪金，但这是一个美差，是全印度最好的王室大法官职位，是最吃香的。其收入大致上视其能干程度而定，但就以一个正派程度中不溜的(王室大法官)来说，他三年的收入为 3000～4000 克鲁扎多。上述文书官在三年期间可以得到大约 2500～3000 克鲁扎多的收入。这个职位通常每三年任命一次，由不同的人担任。①

自 1586 年(万历十四年)2 月起，各地的大法官开始同葡萄牙各地方法官及王室法官一样，要在王家司法委员会接受培训后方可任职。② 1587 年 1 月(万历十四年十二月)，菲利浦二世致函葡印副王梅内泽斯，决定派遣学士雷贝罗(Alexandre Rabello)出任澳门的王室大法官。此人有在西班牙王室的印度(实际是指拉丁美洲)各地出任这一职务的工作经验，且口碑甚佳，但无任何资料证明其来澳赴职。③ 需要指出

---

① ［葡］佚名：《市堡书》，载《16 和 17 世纪伊比利亚文学视野里的中国景观》，大象出版社 2003 年版，第 118 页。另一份早期葡文文献则指出，王室大法官薪俸为 10 万雷阿尔，由马六甲海关支付。参见［葡］博卡罗：《要塞图册》，载《16 和 17 世纪伊比利亚文学视野里的中国景观》，大象出版社 2003 年版，第 217～229 页。

② ［葡］叶士朋：《澳门法制史概论》，周艳平、张永春译，澳门基金会 1996 年版，第 62 页。

③ 唐·菲利浦二世致函葡印副王梅内泽斯函，1587 年 1 月 10 日于里斯本。参见 António da Silva Rego, *Documentação para a história das missões do padroado português do Oriente: Insulíndia*, Vol. 5, p. 56。亦可见 Manuel Teixeira, *Os Ouvidores em Macau*, p. 8。

的是,此举旨在削弱中日贸易船队司令在澳门充任临时总督时所具有的民事与刑事等方面的权力。

1587 年(万历十五年)3 月,葡西王室颁行《王室大法官条例》。[①] 1589 年(万历十七年)1 月以来,王室先后任命巴里路(Estêvão Barreiro)、卡狄龙(João Ximenes Calderon)出任王室大法官,但他们均未到任。[②] 2 月 6 日,菲利浦二世致函葡印总督梅内塞斯,任命学士巴波沙(Francisco Machado Barbosa)出任澳门王室大法官,以此来安抚该市居民。[③] 当时澳门党派纷争激烈,王室指望此人能使澳门恢复平静,但他却颁布了更多的烦琐法令,招致更大的不满,破坏法令的人反而比奉公守法者更受尊敬。澳门市民遂选派马塔(Gil de Mata)前往果阿,向梅内泽斯总督递交抗议书,要求撤销巴波沙颁布的法令,但未获批准。[④] 1591 年 1 月(万历十八年十二月),菲利浦二世致函葡印总督阿布克兰克(Matias de Albuquerque),要求继续执行前任总督的政策,委派王室大法官巴波沙前往澳门实地探访,制止那里发生的动乱。[⑤] 巴波沙到澳门后,执行国王的命令,将所有的西班牙人赶出澳门,包括西班牙方济各会士,并把方济各修道院交给了葡萄牙方济各会。[⑥]

---

① 关于"王室大法官条例",参见前引金国平编译:《西方澳门史料选萃(15 ~ 16 世纪)》,广东人民出版社 2005 年版,第 257 页。但另有学者认为是在 1588 年 3 月 25 日颁布第一部澳门"王室大法官规章",参见[葡]施白蒂:《澳门编年史:16 ~ 18 世纪》,小雨译,澳门基金会 1995 年版,第 24 页。

② Manuel Teixeira, *Os Ouvidores em Macau*, pp. 12 – 13. 亦见[葡]施白蒂:《澳门编年史:16 ~ 18 世纪》,小雨译,澳门基金会 1999 年版,第 25 页。

③ Artur Basílio de Sá, *Documentação para a história das missões do padroado português do Oriente*, Vol. 5, pp. 132 – 133.

④ [葡]徐萨斯:《历史上的澳门》,黄鸿钊等译,澳门基金会 2000 年版,第 29 页。

⑤ Manuel Teixeira, *Macau e a Sua Diocese*, Vol. 3, pp. 431 – 432.

⑥ Manuel Teixeira, *Primódios de Macau*, pp. 27 – 28.

此后数年间,王室陆续派出多名王室大法官。例如,1629 年(崇祯二年)12 月委任博捷斯(Luís Mergulhão Borges),1630 年(崇祯三年)7 月委任佩撒尼亚(Lopo de Lagares Pessanha),1636 年(崇祯九年)11 月委任拉莫斯(Manuel Ramos),1640 年(崇祯十三年)6 月委任安马图(António de Macedo),1641 年(崇祯十四年)10 月委任利马(Leonel de Sousa de Lima),1643 年(崇祯十六年)12 月委任巴华路(Diogo Vaz Bavaro)。①

(二)王室大法官的职权

自 1586 年 2 月 22 日起,各地大法官开始同葡国的地方法官及王室法官一样,要在王室司法委员会接受培训后方可任职,使大法官的职业化程度得到提高。1587 年颁行的《王室大法官条例》,旨在进一步改良澳葡内部的司法管理制度。在王室大法官之权力方面,该条例作出了如下安排:

第一,明确赋予王室大法官以独立的司法权限。

依据条例规定,除非葡印总督或王室高等法院下令,王室大法官任职期间不得被逮捕(第 22 条)。② 另外,大法官独立于中日贸易船队司令(巡航兵头),后者对大法官没有任何管辖权和优越地位,也不得对其职权进行任何干预(第 23 条)。

该条例明确指出,王室大法官一职是王室恩赐的,并不隶属于中日贸易船队司令。王室委派的兵头没有任何司法权,也不比王室大法官优越,更不能干预任何属于大法官职权之内的事情。王室大法官只在军事管理方面服从中日贸易船队司令。当中日贸易船队司令不在澳门之时,由王室大法官与推选兵头(驻地兵头)及议事会成员共同管

---

① Manuel Teixeira, *Os Ouvidores em Macau*, pp. 31 – 37.

② Manuel Teixeira, *Primórdios de Macau*, p. 14.

理该城镇,直到下一个中日贸易船队司令到达。① 正因条例明确了王室大法官的任命制度,葡印总督利尼亚雷斯(Linhares)伯爵在1631年(崇祯四年)4月通过一份敕令,决定澳督和议事会可以任命具备条件、有足够能力的人填补民军职位的空缺,但不得任命司法职位,因为这不在其权限范围之内。②

第二,王室大法官与葡国王家地方法官(地方法官及王室法官)拥有相似的职权,同样具有民事、刑事案件的一审管辖权。

依据条例的规定,大法官单独审理的民事案件,有关动产案件的上诉利益限额为12万雷耳,不动产的限额为8万雷耳。大法官还负责审理超过上诉限额的刑事案件。葡人若有重大案件,大法官要向果阿葡印总督请示执行或送交审判。若刑事案件未超出上诉限额,当兵头在澳门时,大法官与之共同审理;当出现争议时,由最年长的议员参与(第4条、第6条);可向果阿中级法院的刑事总大法官提出抗诉或实体上诉(第1条、第5条)。若被告为侍从以上的军官,则在执行死刑前必须将判决告知葡印总督;若被告为平民,则原法典《菲利浦法典》第二篇第四十七章所定的限额可扩大至最高判处"自然死"(morte natural)的罪行(第11条至第13条),这种刑罚是古葡法律中的一种将罪犯放入一个装有各种野兽、毒虫的箱子任其咬死的酷刑,但这一刑事权限仅包括葡国居民(第31条)。③

第三,王室大法官还享有一些葡国王室法官的特权。例如,出具担

---

① [葡]叶士朋:《澳门法制史概论》,周艳平、张永春译,澳门基金会1996年版,第62页。

② [葡]施白蒂:《澳门编年史:16~18世纪》,小雨译,澳门基金会1999年版,第39页。

③ [葡]叶士朋:《澳门法制史概论》,周艳平、张永春译,澳门基金会1996年版,第62页。

保信、释放证书，任命署理司法官员，确认司法官员的委任（第10条、第17条）。大法官还有权兼任孤儿法官（第7条），直至1603年（万历三十一年）1月29日以后，才因恢复选举孤儿法官制度而不再兼任该职。

当然，这份条例也对王室大法官作出了若干规范及约束。其中最重要者，是王室大法官不得拥有对华人的任何民事或刑事审判权。依据条例规定，大法官不得干预中国官府对华人案件的管辖权，以及中国官员起诉其他居民的案件（第32条）。但当案件牵涉葡国人时，大法官有权介入管辖（第13条、第31条）。

此外，巡航兵头不在澳门期间，本可与推选兵头共同行使军事管理权的大法官若有过错或嫌疑时，改由最年长的议员代替之，即所谓"授权法官"。① 若大法官在司法领域主事不力，则应被召回，甚至需要承担相应的责任。例如，1598年（万历二十六年）11月21日，葡萄牙王室致函印度总督弗朗西斯科·达·伽马，告知已知悉澳门大法官主事不力，同意将其召回。② 又如，王室贵族克拉斯科（Francisco Lopes Carrasco）曾在1615年（万历四十三年）11月28日被葡印总督以国王名义任命为澳门兵头兼王室大法官，独立于日本贸易船队队长，成为第一任澳门总督，并于1616年（万历四十四年）8月31日就职，但他就职以后，既没能在澳门之防卫工程方面有所作为，又因在任王室大法官之职务上令人多有不满，以及他失职放纵，不服命令，最终被印度总督下令押回果阿。③

① ［葡］叶士朋：《澳门法制史概论》，周艳平、张永春译，澳门基金会1996年版，第63页。

② ［葡］施白蒂：《澳门编年史：16～18世纪》，小雨译，澳门基金会1999年版，第29页。

③ 同上书，第33页。

随着大法官的职权不断扩大,王室对其任职的要求也在提高。1606年(万历三十四年)12月12日,菲利浦二世致函 D. Pedro de Castilho,规定受过法律教育者才能出任该职,以使澳门有精通法律的大法官。此举进一步提高了大法官的职业化水平,也由此加强了其既有的权力。①

需要指出的是,在当时的司法实践中,王室大法官受理的案件较为少见。依据有限的文献记载,王室大法官曾处理过一宗盗窃案。②1625年1月(天启四年十二月),因为澳门葡商塔瓦雷斯(João Tavares)之黑奴摧毁了明政府驻澳门之守澳官的宅第,并盗出该宅之木材,盗毁木料损失包括门梁、栅栏及板材,总计是色纹银350两。因事涉中国官府的利益,盗窃数额亦非寻常,王室大法官卡美洛(António Gamelo Serrão)有权进行司法管辖,于是下达传票给塔瓦雷斯。后者辩称这些黑奴并非他的,而是他女婿的;但表示愿意承担责任,并向守澳官赔礼道歉。随后,澳督马士加路也下令,要求他就黑奴拆毁守澳官宅第并盗其木材一事向守澳官道歉。议事会的普通法官带领书记官、市政官及通事(翻译)等人,遂前往被盗毁的守澳官数座宅第之处道歉,并命三名木匠进行了修复。此外,王室大法官还有权介入澳葡内部政事纠纷。例如,1643年(崇祯十六年)12月30日,由于澳督施罗保抵制任期为3年的市议员选举,并企图取消该选举,议事会决定不顾两位普通法官席尔瓦(Gonçalo da Silva)和梅罗(Vasco Barbosa de Melo)的反对,推迟检票,直至王室大法官对抵制行为的理由是否成立

① 阿儒达档案馆51-V-71第164V号档案,转引自 António Manuel Hespanha, *Panorma da História Institucional e Jurídica de Macau*, p. 63。中译文参见[葡]叶士朋:《澳门法制史概论》,周艳平、张永春译,澳门基金会1996年版,第62~63页。

② 埃武拉公共图书馆及区档案馆第CXV I/2-5号手稿,第301页。

作出判决为止。①

王室大法官对澳门葡人的司法裁决,通常能获得葡印果阿总督乃至葡西联合王国王室的认可。例如,1595 年(万历二十三年)2 月 13 日,菲利浦二世给葡印总督阿尔布科尔(Mathias d'Albuquerque)下达敕令:

> 居住在中国澳门的人不服从我的裁决,请予以关注。为此,请你通过王室大法官坎巴(Francisco de Campo)学士把裁决送达澳门,下令把认为有罪的人及其家眷迁至果阿,我认为这种做法正确,我特别提醒,那里必须保持安定,并且精心管理。关于那里只有耶稣和尖帽会②两种宗教一事,你应告知,他们都是为上帝和我效劳。③

又如,1626 年(天启六年)4 月 27 日,葡印总督达伽马敕令澳门王室大法官和普通法官,主教和神父如果提出请求,可以协助法官执行判决,但必须在权限范围之内。④ 据此可见,王室大法官之权限与职责是有章可循的。

不过,王室大法官在明代澳葡有限自治的权力架构中颇具地位,但在清代其地位几经周折。例如,在 1720 年(康熙五十九年)4 月 20 日御状中,葡萄牙国王同意撤销大法官,将其权限赋予市政法官;自 1787 年(乾隆五十二年)起,国王又重新任命大法官;而自 1803 年(嘉

① [葡]施白蒂:《澳门编年史:16 ~ 18 世纪》,小雨译,澳门基金会 1999 年版,第 50 ~ 51 页。

② 尖帽会,即嘉布遣小兄弟会(Capuchins Friars Minor)。原意为“尖顶风帽”,因该会会服带有尖顶风帽而得名,为方济各会的一支。

③ [葡]施白蒂:《澳门编年史:16 ~ 18 世纪》,小雨译,澳门基金会 1999 年版,第 27 页。

④ 同上书,第 37 页。

庆八年)以来,大法官的司法职能又有扩张。但几经反复之后,根据1836年(道光十六年)12月7日的法令,在果阿中级法院辖区内进行的一次司法行政改革中,澳门最终撤销了王室大法官一职。①

三、议事会之检察官与普通法官

(一)议事会之成立及发展

澳葡议事会的成立,标志着居澳葡人在族群及小区内部开始有限自治。一方面因为澳门隔葡萄牙王室有千山万水,另一方面也因为其时适逢葡、西共事一主,议事会除了必须处理与明政府主导治理的关系,不必担心来自葡萄牙王室方面的过多干预。正因如此,议事会在明末澳门华洋共处社会的二元治理史上充当另一主角,其影响力是另外几股权力——王室大法官、澳门总督和澳门教区主教——难以抗衡的,缔造着澳门政治史上所谓"议事会时期"的早期荣耀。②

如前所述,1582年(万历十年),两广总督陈瑞传召澳门主教、民政长官及治安判事等人前往省城肇庆府,对葡人居留澳门之后的所作所为进行严厉的质问。此时距葡萄牙被西班牙国王兼并之事不过两

---

① [葡]叶士朋:《澳门法制史概论》,周艳平、张永春译,澳门基金会1996年版,第63~64页。

② 关于澳葡议事会之构成及运作,参见[瑞典]龙思泰:《早期澳门史》,东方出版社1997年版,第58~60页;[葡]施白蒂:《澳门编年史:16~18世纪》,小雨译,澳门基金会1995年版,第22页;吴志良:《生存之道——论澳门政治制度与政治发展》,澳门成人教育学会1998年版,第54页;[葡]徐萨斯:《历史上的澳门》,黄鸿钊等译,澳门基金会2000年版,第27~28页。近期相关的专题研究,可参见叶农:《澳葡殖民政府早期政治架构的形成与演变》,载《澳门历史研究Ⅱ》2003年卷总第2期;何永靖:《澳门议事亭杂考》,载《澳门历史研究Ⅱ》2003年卷总第2期;娄胜华:《混合、多元与自治:早期澳门的行政》,载吴志良、金国平、汤开建主编:《澳门史新编》(一),澳门基金会2008年版,第125~160页。

年光景,而大明帝国朝野上下一直为居澳葡人的去留问题发生争执,主张武力驱逐的声浪甚至有相当可观的影响力。置于这种内外交困氛围中的居澳葡人,顿感这次突如其来的召见波谲难测。不过,值得他们庆幸的是,在澳葡代表"卑辞厚礼"的应对之下,这位高级官员最终对居澳葡人的去留问题作出了代表朝廷意旨的默许。转危为安的居澳葡人,迅速抓住机遇并藉此推进自治化。

1583 年(万历十一年)4 月,[①]在澳门主教萨神父(D. Leonardo de Sá)的倡议和主持下,居澳葡人选举成立了议事会(Leal Senado)。萨主教于 1581 年被教宗任命,以接替因健康问题而在 1580 年提出辞职的贾尼劳神父(D. Belchior Carneiro,又译卡内罗),将其在澳葡自治化方面作出诸般努力的精神进一步发扬并落实,遂成为实至名归的议事会创始人。[②] 在这次选举中,他们选出了两名判事官(Juiz Ordinário),三名市议员(Vereador,或曰长老),以及一名理事官(Procurador,或曰司库,今译检察官),并获得葡印总督(或译印度副王)马斯加雷尼斯(Francisco Mascarenhas,或译马士加路也)伯爵的认可。

1584 年(万历十二年),葡萄牙与大明帝国各以自己的方式介入

---

① 据《市政厅古文献》第 91 本第 8 ~ 9 页称:1583 年 4 月,澳门市政厅作为市政当局首次由居民选举产生。另英国学者博克塞(C. R. Boxer)《热带葡萄牙社会》一书称:"1582 年 6 月,果阿批准了第 1 届选举,于 1586 年 4 月 10 日成立。"转引自[葡]潘日明:《殊途同归:澳门的文化交融》,苏勤译,澳门文化司署 1992 年版,第 95 页。值得注意的是,一般文献均将议事会成立在 1583 年,而《大西洋国》中引录的一份 1592 年的葡语文献称:至 1585 年澳门仍无任何形式的议院(Camera),于是在主教及本地首领的建议下集议,决定澳门如同王国及葡属印度的城市那样组织政府。

② 很多澳门史著作(如龙思泰、施白蒂或澳门教会方面的书籍)均将贾尼劳视作澳门议事会的创始人,然当时贾尼劳提出的辞职已被接受,作为无职衔的神父是不能越权组建议事会的;另外,贾尼劳长期有很严重的哮喘病和结石病,在 1583 年 8 月之前已卧床不起并于当月去世,不可能有精力组建议事会。参见吴志良、汤开建、金国平主编:《澳门编年史》(第一卷),广东人民出版社 2009 年版,第 202 页,注释 6。

了澳葡议事会的诞生。其时,西、葡共事一主的葡西联合王国国王菲利浦二世得知澳门发展甚快,遂致函葡印总督梅内塞斯(D. Duarte Meneses,或译孟尼斯),要求对方提供有关澳门的资料。[①] 梅内塞斯扩大了澳门议事会的行政、政治和司法管理权,但军事权仍由巡航首领(中日贸易船队司令)掌握,特殊重大事务则须交市民大会(Conselho Geral)表决,王室法官和主教也应邀参加会议。[②]

至于大明帝国,则由广东官员正式委任议事会理事官(Procurador)为"督理濠镜澳西洋事务理事官",负责对华事务。这一委任意味着议事会被视为广东官府的从属机构,理事官也因之而被广东官员称为"夷目"。

1586年(万历十四年)4月10日,葡印总督梅内塞斯在澳门居民的要求下,沿袭中世纪葡萄牙市政组织模式,并报葡西联合王国国王菲利浦二世批准,恩赐澳门称"城市"的特权,命其为"中国天主圣名之城"(Cidade do Nome de Deus na China),并给予其基督十字盾形城徽。由于该特权与科英布拉得到的二级行政权级别相同,自此澳门被升格为拥有和葡萄牙埃武拉、印度科钦(Cochain)同等自由、荣誉和显著地位的城市,[③]享有同等的城市管理权力和优惠。澳葡议事会也被授予了人事任免等方面更多的权力。

1596年(万历二十四年)4月18日,经葡西联合王国国王颁令并

---

① [葡]施白蒂:《澳门编年史:16~18世纪》,小雨译,澳门基金会1999年版,第22页。

② Manuel Teixeira, *O Frundador do Leal Senado*, Macau, Tipografia da Missão do Padroado, 1968, p. 7。另参见[葡]施白蒂:《澳门编年史:16~18世纪》,小雨译,澳门基金会1999年版,第22页。

③ [葡]施白蒂:《澳门编年史:16~18世纪》,小雨译,澳门基金会1999年版,第23页。

承认,澳门正式设立市议事局(Caza da Câmara)。[1] 成立这一正式的市政组织机构,宗旨是通过对澳门葡人内部事务进行有效的管理,并与中国政府展开相关交涉事宜,来维持澳门葡人小区的内部秩序,保证海上商贸活动正常运作。

值得指出的是,这一机构有多种称呼。或据其建筑风格而称为"议事亭"或"议事庭"(O Senado),[2]或据其渊源而称为"元老院"或"金巴喇"(Câmara,即办事处),或据其职能而称为"议事公局"或"议事忠局"(Leal Senado)、"澳门市政厅"(paços do Concelho)、"澳门市政局"(Câmara Municipal de Macau),或据其堪为核心的四名成员而称为"四大头人""四头人",再据此音译为"事打丁"(Cidadão),总之是葡文 Senado 的汉语意译和音译两种。[3]

这一机构既是澳葡政府的办事处,自非中国政府所设的管理机构。不过,但凡中国官员来澳门临时办公,亦在此处与澳葡政府官员会面。清吴历诗云:"海上太平无一事,双扉久闭一空亭。自注:凡海上事,官绅集议亭中,名议事亭。"[4]凡中国官员向议事会理事官("夷目")宣读政府命令,双方官员会谈政务以及中葡商谈贸易等重大问题,均在此亭进行。葡人遇有问题时,也须到议事亭向守澳官请示报告:

---

① 吴志良:《生存之道——论澳门政治制度与政治发展》,三联书店 1998 年版,第 53 页。

② 金国平、吴志良:《过十字门》,澳门成人教育学会 2004 年版,第 155 页。

③ 关于议事会/议事亭的名称考证,参见何永靖:《澳门早期议事会研究:1586 ~ 1850》,暨南大学中国古代史 2003 年博士学位论文;《委黎多〈报效始末疏〉笺正》,广东人民出版社 2004 年版,第 17 ~ 22 页;金国平、吴志良:《过十字门》,澳门成人教育学会 2004 年版,第 150 ~ 155 页。

④ (清)吴历:《三巴集》第七首诗,小石山房丛书本。

> 文武官下澳,率坐议事亭,夷目列坐。进恭毕,有欲言,则通事翻译传语。通事率多闽粤人。①

此亭后来还放置石碑,以中葡两种文字刻录重要法令,作为官员办事的依据,亦为约束葡人的准则。至于该机构的主要负责人,在中国官员眼中多记为四人,即一名理事官、三名市议员,并未将两名法官纳入其中。议事局成立之后,居澳葡人继续通过不同途径,多次要求王室对上述城市管理权限的自治性质予以追认,从而通过获得中葡两方面的正式承认,享有有限的自治管理权力,负责居澳葡人内部政治、行政和司法管理,处理葡人小区的内部事务。至此,代表居澳葡人的自治机构议事会、代表葡萄牙王室的兵头和王室法官,以及代表罗马教廷的澳门主教,遂构成直至 1783 年《王室制诰》(*Providencias Regias*)颁行之前所谓"议事会时期"的澳葡政府。

(二)议事会所涉司法权

关于议事会的构成,中外史籍均有记载。中文史籍方面,乾隆时《香山县志》载"国朝澳中彝目为西洋理事官,督理濠镜澳事务,通事一名,番书一名",②但仅提及议事会内负责与中方打交道的理事官和翻译人员。另有清人汤彝称:

> 内剌兵一百五十名,其渠目:曰兵头一,掌兵;理事官一,司库;判事官一,司狱,而总领于蕃僧一人。③

该处文献仅提及议事会的理事官和判事官,但已注意到其时澳葡

---

① (清)申良翰:《康熙香山县志》卷九《澳夷》。

② (清)暴煜:《(乾隆)香山县志》卷八《濠镜澳》。

③ (清)汤彝:《盾墨》卷四《澳门西番》。

政府还有澳门总督(兵头)与澳门主教(总领之蕃僧)这两股权力。而《澳门记略》不仅介绍了议事会的判事官和理事官,谓“判事官掌刑名”,“理事官一曰库官,掌本澳蕃舶税课、兵饷、财货出入之数”;还介绍了澳门主教(法王)和总督(兵头),前者即“司教者曰法王,由大西洋来,澳酋无与敌体者,有大事、疑狱,兵头、蕃目不能决,则请命,命出奉之惟谨”,后者则谓:

> 夷目有兵头,遣自小西洋,率三岁一代,辖蕃兵一百五十名,分戍诸炮台及三巴门。蕃人犯法,兵头集夷目于议事亭,或请法王至,会鞫定谳……夷目不职者,兵头亦得劾治。[①]

此后,祝淮撰《新修香山县志》、田明曜撰《重修香山县志》、梁廷楠撰《粤海关志》等均以《澳门记略》为张本。至于西方文献,记载相对确切。例如,龙思泰指出居澳葡人选出的“这一集体(议事会)由两名法官、三名高级市政官和一名理事官组成”。[②] 徐萨斯也指出议事会的官员有“二个法官、三个市政议员以及一名检察官”,另外还有二名治安官,并保持一支市卫队。[③] 相比之下,中文史籍往往将澳门总督与主教一并列入,未辨别他们与议事会的区别,对澳葡内部权力架构的认知存在局限。

概言之,议事会作为澳葡有限自治的权力机构,兼具一部分司法职能。其间所涉司法权者包括:

---

① (清)印光任、张汝霖:《澳门记略》卷下《澳蕃篇》。

② [瑞典]龙思泰:《早期澳门史》,吴义雄等译,东方出版社 1997 年版,第 57 ~ 59 页。

③ [葡]徐萨斯:《历史上的澳门》,黄鸿钊等译,澳门基金会 2000 年版,第 23 ~ 28 页。

1. 检察官

在澳葡议事会的所有成员中,检察官(Procurador,或译检察长)因负责华洋事务及对华交涉,故而最为中国官府及民众所熟知,亦被中方认为其在澳葡政府内最具代表地位。实际上,检察官的职责远不止于此。

检察官有多种中文名称,最常见者为音译"委黎多"、"唩嚟哆"或"委啰哆"等。从语源学看,"委黎多"之类并非葡文 Procurador 的对音,而是葡文 Vereador(市政委员)的对音。但该词指称的不是市政委员,而是检察官。

究竟何时发生这一译音错位已不可考,但为何发生这一错位,金国平先生的文章考证甚详。该文认为,Procurador 本义是指代理人或委托人,澳葡议事会成员中担任该职者即受议事会市政委员会之托负责与中方打交道。其初期的职能主要是管理公共财政,兼理对华事务。由于市政委员是其职务,因此可能在向中方官员介绍时自称 Vereador,结果被音译且约定俗成为"委黎多"或"唩嚟哆"。凡汉语文书中使用夷目"唩嚟哆"处,相应葡译件均作 Procurador de Cidade 或 Procurador do Senado。[①] 另据汤开建考证,明清中国官府的正式公牍提及 Procurador 时皆写作"唩嚟哆",澳葡自述时则写作"委黎多"。[②] 但澳葡方面有时亦写作"唩嚟哆",且将其置于"理事官"等字之后。[③]

---

① 澳门史学者金国平先生的《夷目唩嚟哆考正》一文考订甚详,参见金国平:《西力东渐——中葡早期接触追昔》,澳门基金会 2000 年版,第 108 ~ 113 页。

② 汤开建:《委黎多〈报效始末疏〉笺正》,广东人民出版社 2004 年版,第 24 ~ 25 页。

③ 例如,葡萄牙国家档案馆藏中文档案第 38 号档称"督理濠镜澳事务西洋理事官唩嚟哆为禀明事",第 19 号文件称"西洋理事官唩嚟哆禀",参见刘芳辑、章文钦校:《葡萄牙东波塔档案馆藏清代澳门中文档案汇编》(上册),澳门基金会 1999 年版,第 23、31 页。

检察官另有意译为“理事官”或“库官”者。例如,《澳门记略》将其称为“理事官”,且谓“理事官一曰库官”,[①]并据其葡文音译为“备喇故路多卢”。[②] 因为检察官最初兼任澳门财政长官、海关总监、公共事务主管等职,同时还代表议事会与明朝官员打交道,故而得名理事官。例如,乾隆朝《香山县志》谓“澳中彝目为西洋理事官,督理濠镜澳事务”,[③]《新修香山县志》亦称“理事官,掌税饷、财货,澳夷推择,一年一代”,[④]《澳门记略》则有详细介绍:

> 理事官,一曰库官,管本澳蕃舶税课、兵饷、财货出入之数,修理城台街道,每年通澳佥举诚朴殷富一人为之。凡郡邑下牒于理事官,理事官用呈禀上之于郡邑,字遵汉文,有蕃字小印,融火漆烙于日字下,缄口亦如之。理事官食其所赢,不给俸。[⑤]

检察官还经常被广东官员视为澳葡议事会的头目,即所谓“夷目”。因明政府经常派出官员前往澳门办事,澳葡方面由检察官负责接待及代表议事会接受中方的管理,此举甚为契合中华帝国素有渊源的“以夷制夷”策略,检察官因之而被广东官府授予“督理濠镜澳西洋事务理事官”之衔,平时则俗称为“夷目”。

这里须辨正一个问题,即关于检察官在明代官僚体系中的职级。后世有一些史家认为,所谓“理事官“是由万历皇帝正式敕封的二品官衔,即所谓官居二品的“中国第二级官员”(mandarim de

① (清)印光任、张汝霖:《澳门记略》卷下《澳蕃篇》。
② (清)印光任、张汝霖:《澳门记略》卷下《澳译》。
③ (清)暴煜:《(乾隆)香山县志》卷八《濠镜澳》。
④ (清)祝淮:《新修香山县志》卷四《海防・澳门》。
⑤ (清)印光任、张汝霖:《澳门记略》卷下《澳蕃篇》。

segundo grao)。[①] 实际上,澳门为香山县恭常都辖下的"乡"一级行政单位,[②]澳葡理事官由于直接对香山知县负责,因此职属香山县辖,即香山知县下的次一级官。至于西方文献所谓"第二级"(segundo grao),实际上是"二等"、"不入流"或"等外"的意思。[③] 而中文文献所谓"夷目"则与"蕃目"同义,是一种泛指澳葡官员的蔑称。在明清时期粤澳往来公函文书的称呼格式中,即使是佐堂这样的八品小官亦有权对"夷目"发号施令,可见理事官在中国官员眼中实际地位之低,不会是比七品知县高的二品职级。[④]

检察官的职责很广。首先,作为理事官或库官,即海关总监和公共部门首领,负责税务、财政、海关和执行行政措施。其次,作为夷目,即受中方之封而纳入大明帝国职官体系的不入流职官,代表议事会及所有居澳葡人,协调澳门华洋共处关系及涉华事务,并负责与中方打交道。此外,在司法权的行使上,无论是葡人与华人之间的纠纷,还是澳门境内的华人犯罪,中国官府都将知会检察官,命令其捉拿犯人归案,送交官府处置,[⑤]可见其兼有部分司法职能。

---

① Eudore de Colomban, *Resumo da historia de Macau*, pp. 14 – 15. 学者金国平考证了这一以讹传讹的来源,列举了如下谬误,例如,[葡]木里亚斯:《给北京主教的指示和澳门史的其他文献》,澳门文化学会 1988 年版,第 23 页;[瑞典]龙思泰:《早期澳门史》,吴义雄等译,东方出版社 1997 年版,第 38 ~ 39 页;[葡]徐萨斯:《历史上的澳门》,黄鸿钊等译,澳门基金会 2000 年版,第 32 页。此外还有张天泽:《中葡早期通商史》,姚楠、钱江译,中华书局 1988 年版,第 116 页;费成康:《澳门四百年》,上海人民出版社 1988 年版,第 35 页,等等。

② 新发现王廷钤纂辑的《香山县恭常都十三乡采访册》卷首页 3 称"澳门"。

③ 相关考证参见汤开建:《澳门开埠初期史研究》,中华书局 1999 年版,第 208 页。

④ 金国平:《西力东渐——中葡早期接触追昔》,澳门基金会 2010 年版,第 108 ~ 113 页。

⑤ 吴志良:《澳门政制》,中国友谊出版公司 1996 年版,第 18 页。

2. 普通法官

议事会的普通法官(判事官)享有司法职能。其任期跟议事会其他成员一样,也是三年,可续任一次。普通法官必须30岁以上方可参选。由于当时愿意且有能力担任公职的人并不多,因此一旦获选,便不能拒绝出任公职,否则要受罚,甚至丧失澳门"公民"的权利。

到17世纪初期,普通法官开始由选举产生改为任命产生,但附加相关的限制性条件。例如,1626年(天启六年)4月26日,葡印总督达伽马敕许澳门议事会(市政厅)享有直接任命普通法官的特权,但要求必须是白种人。1629年(崇祯二年)8月31日,印度州临时总督冯塞卡(Gonsalo Pinto da Fonseca)等发布敕令,规定所有罪犯、降级者和犯有过错者均不得在澳门担任公职、副职或选任该等职务,①这一敕令的效力亦延伸至普通法官的选任上。1639年(崇祯十二年)4月30日,葡印总督科斯达(D. Rodrigo da Costa)下令,确认了1626年达伽马和阿尔沃尔(Alvor)伯爵的敕令,授予市政厅任命白人司法官员的权利。②

两名普通法官有初步的分工。一位负责审理澳葡内部发生的较轻的民事案件,超过12万雷耳(Reis)的动产和8万雷耳的不动产民事案件,则须送往果阿高等法院审理。另一位负责刑事案件,澳门葡人若有犯罪,轻案由其进行简易判决,较重的案件由王室大法官判处。当然,在司法实践中,普通法官对于居澳葡人的审判权是有一定限制的:

以他是否信教(基督教)为标准而区别对待。这样,异教徒的

① [葡]施白蒂:《澳门编年史:16~18世纪》,小雨译,澳门基金会1999年版,第37~38页。

② 同上书,第47页。

法律即使有极深的宗教渊源,例如印度和伊斯兰法,他们仍要受其自身法律的约束。①

这两名普通法官不仅有权审理普通的民、刑事案件,还有权监察议员。1584 年(万历十二年),葡印总督梅内塞斯(D. Duarte de Meneses)扩大议事会的行政、政治和司法管理权。自此以后,其司法权限虽然从属于议事会,但在整个明朝,就整体发展趋势而言是在不断加强。正如葡国学者研究指出,“市政司法逐渐朝地域性方面演化,将所有居民都包括在内”,直至 18 世纪后期,其司法职权才“开始受到中央政权的限制,后者根据新的主权观念,力争将华人及澳门土生全部纳入其管治之中”。②

3. 孤儿法官

议事会还有孤儿法官(Juiz dos Órfãaos)一职,③一度称为孤儿书记官(escrivãodos órfãos)。孤儿法官制度起源于葡国司法制度,可在其法律体系中找到渊源。其人之所以手执红棍(vara vermelha),是因为这一职务移植到澳门后发生变异,属于议事会选举产生的正式成员,不使用葡国本土代表司法权的白棍,而选择持用象征市政权力的红棍。④ 其职责主要是“于夷人就暝时,察其赀财而籍记之,询其人以若干送寺庙,若干遗子女,若干分给戚属,详书于册,俾无后争”。⑤

---

① [葡]叶士朋:《澳门法制史概论》,周艳平、张永春译,澳门基金会 1996 年版,第 65 页。

② 同上书,第 66 页。

③ [葡]施白蒂:《澳门编年史:16 ~ 18 世纪》,小雨译,澳门基金会 1999 年版,第 22 ~ 23 页。

④ 相关考证见金国平、吴志良:《镜海飘渺》,澳门成人教育学会 2001 年版,第 272 ~ 274 页。

⑤ (清)印光任、张汝霖:《澳门记略》卷下《澳蕃篇》。

在议事会成立前，依照葡国传统，孤儿法官由王室法官兼任。1582年（万历十年）3月，葡萄牙王室致函葡印总督维地格依拉伯爵（Conde da Vidigueira）时批准了澳门的申请，将其改为当地选举产生：

> 孤儿法官的职务不再像沿用至今的那样由王室法官兼任，而应由对各方了解、能很好地履行职务的已婚居民担任，这样我就可以理解王室大法官这一职务的管辖权如何分开了。①

但在议事会成立之后，孤儿法官到底是沿袭传统由王室法官兼任，还是依据澳门市政组织的特殊情况进行选举，其间几经反复。

议事会成立后最初几年，孤儿法官本属议事会普通法官的一员，系从已婚居民中由选举产生，任期三年。② 1586年（万历十四年）4月10日，葡印总督梅内塞斯下达敕令，授予澳门市政厅任命任期三年的孤儿法官的文案，③遂改由议事会行政委任产生，成为王室大法官的手下，职务名称则是孤儿书记官。但依据1587年（万历十五年）2月16日澳门大法官特别章程第7条规定，孤儿法官又改由王室大法官兼任，④并一直延续至1603年（万历三十一年）才恢复原名。⑤ 1596年（万历二十四年），菲利浦二世应澳门市民之请求，在给维地格依拉伯

---

① ［葡］施白蒂：《澳门编年史：16～18世纪》，小雨译，澳门基金会1999年版，第20页。

② 里斯本海外历史档案馆：《若泽·托雷斯文件汇编》，第568（E）簿，第107页。转引自金国平、吴志良：《镜海飘渺》，澳门成人教育学会2001年版，第274页。

③ ［葡］施白蒂：《澳门编年史：16～18世纪》，小雨译，澳门基金会1999年版，第23页。

④ ［葡］叶士朋：《澳门法制史概论》，周艳平、张永春译，澳门基金会1996年版，第62页。

⑤ 参见里斯本海外历史档案馆：《若泽·托雷斯文件汇编》，第568（E）簿，第72页、102页、107页及第162页。转引自金国平、吴志良：《镜海飘渺》，第273页。

爵达伽马的指示中决定，孤儿法官的职务不再由王室大法官兼任，改为由“已婚并称职之市民”担任，然而这一指示似乎从未被实际履行。[①] 自1603年1月29日开始，又像设王室大法官一职之前那样，重改名孤儿法官，但不再由王室大法官兼任，而是由选举产生。

四、从巡航兵头到总督的司法权

至于澳门总督的司法权，实际是对1623年前之巡航兵头司法权的承续。巡航兵头分享司法权的做法，在中外文献中屡有记载。例如《澳门记略》称：

> 夷目有兵头，遣自小西洋，或请法王（主教）至，会鞫定谳，籍其家财而散眷属，上其狱于小西洋，其人属狱候报而行法。其刑或戮或焚，或缚之炮口而烬之。夷目不职者，兵头亦得劾治。[②]

此与祝淮所称“兵头遣自小西洋，今有大事，附达大西洋”无异。[③] 前引《葡属印度城镇要塞图志》亦称“在那里驻留期间，他们就充当在那里的葡萄牙人居留地的行政长官，拥有民事和刑事司法权”。[④] 另一方面，巡航兵头还有权充当死者财产管理人的角色。据前引《葡属印度城镇要塞图志》记载：

---

① ［葡］施白蒂：《澳门编年史：16～18世纪》，小雨译，澳门基金会1999年版，第28页。

② （清）印光任、张汝霖：《澳门记略》卷下《澳蕃篇》。需指出的是，中文文献所言之兵头权限应是1622年以后的兵头，1622年以前的兵头均由中日贸易船队司令充任，是临时性的，故在1622年之前称兵头，之后称总督。

③ （清）祝淮：《新修香山县志》卷四《海防·澳门》。

④ Francisco Paulo Mendez da Luz（ed.），*Livros das Cidades e Fortalezas da Índia*（1582），p. 128.

> 这些船队长们同时也担任在往返航行中或是在澳门去世的死者的管理人,这个职位给他们带来一大笔收入。授权航行的特许状上载明,(船队总指挥)也是死者的(财产)管理人;如果特许状上没有载明,总督也会在印度授予他们这种职位。①

巡航兵头分享司法权,与葡国政治传统中赋予船长以审判权有密切关联。在一定程度上说,葡国在东方的司法管理正是在这些审判权的基础上开始发展的。据葡国学者叶士朋分析,传统上,葡国船只上的船长拥有审判权,而一些法典也赋予了非洲葡国领地的兵头相同的权力。所有的葡国船只,即便是私人的,其船长也拥有与指挥职务相关的审判权,其中包括可采取强制性措施。王家船只或舰队的船长还享有其章程所赋予的权力。各军事要塞的兵头为军事首领,因此根据一般法律的规定,他对一切与战争有关的事情享有完全管辖权。②

叶士朋还指出,关于兵头的权力,葡国法律规定的制度有较多限制,但在刑事方面赋予其比葡国本土的领主更大的权力。兵头对最高可判处断肢的轻罪或其他严重罪案(尤其是关系到要塞安全的罪行如叛乱、偷盗船只、爬越城墙,同时还包括鸡奸及违反保证信的行为)有终审权。其他案件则应依照一般的程序上诉到王室法院,在东方则上诉到后来成立的果阿中级法院(1544 年)。兵头在民事方面无管辖权,这类案件由当地的法官或国王委派的大法官负责审理。兵头的管辖权为属地性质,所有生活在这一地区的军事或非军事人员都受其管

---

① Francisco Paulo Mendez da Luz (ed.), *Livros das Cidades e Fortalezas da Índia* (1582), p. 129.

② [葡]叶士朋:《澳门法制史概论》,周艳平、张永春译,澳门基金会 1996 年版,第 60 ~ 61 页。

辖;除正式的职责之外,尤其是在偏远的要塞,他实际上还拥有更大的权力,常超越章程规定而滥用职权。①

根据1579年1月5日的规章,巡航兵头在刑事方面,可以审理直至判处自然死的罪行,但前提是被告为葡国或当地的平民。在民事方面,法定上诉利益限额订为5万雷耳,超出就要向果阿中级法院提出抗告,但并非实体之上诉。抗告及实体之上诉皆为上诉的形式,前者主要针对形式方面,后者主要是针对实质内容方面。当然,在较为偏远的要塞,例如,马六甲和摩鹿加,他的权力自然就比较大。因此同一章程将法定上诉利益限额提升至10万雷耳。②

五、一权多主司法体制的权力角逐

澳门葡人的自治机构形成议事会与澳门总督并存的体制,持续到1783年(乾隆四十八年)葡萄牙王室颁行《王室制诰》时为止,一直是议事会占主导地位,形成澳门政治与法律发展史上的"议事会时期"。而这一时期的澳门总督,虽然往往从葡萄牙或葡印贵族中挑选,地位显赫,却没有同等实权,只限于"统管炮台和名誉",议事会给其"戴上贵族的光环,作状给华人和欧洲对手看"。③ 由于议事会长期在澳门自治体系中占主导地位,葡印总督及其选任的澳门总督却试图代表王权力量介入自治管理,二者之间经常发生权力冲突。直至《王室制诰》颁行之前,葡印总督试图通过澳门总督去抑制议事会的努力并没有取得实质效果。

① [葡]叶士朋:《澳门法制史概论》,周艳平、张永春译,澳门基金会1996年版,第60~61页。

② 同上书,第62页。

③ 吴志良:《澳门政制》,中国友谊出版公司1996年版,第16页。

反之,澳门总督对于议事会如此坐大的实权也深为不满。议事会在澳门防务方面,长期对澳门总督构成牵制力量。由于议事会有权指派分别负责炮台、要塞和海上守备的军官,控制在澳门制造火炮及火药的工匠,澳门总督在弹药不足时往往得向其求助。即使是从议事会出身的澳门总督,如果不听从议事会也将难以顺利执政,不受议事会欢迎的澳门总督常常被改派到帝汶任职。

二者之间的敌对情绪,到18世纪中期达到白热化程度。时隔150余年,这种状况正如澳督梅内塞斯于1732年关于他与议事会之间深刻矛盾的评论:葡萄牙国王将澳门的政治及经济管辖权授予了议事会,在解决这些管辖权涉及的有关问题上,总督不知道自己能否有所作为,因为议事会太自行其是,自己决定是否征求总督的意见,而"不把总督放在眼里"。[①]

至于代表葡萄牙王室力量的王室大法官,同样在澳门受到议事会的排挤。葡萄牙于1580年(万历八年)开始从里斯本向澳门派遣王室大法官,1588年(万历十六年)还颁布了王室大法官规章,但澳门一直没有设置皇家法院。1596年(万历二十四年),菲利浦二世应澳门市民的请求,指示葡印总督转告他的决定:王室大法官不再兼任影响重大的孤儿法官,改由被澳门当地各方面了解的"已婚并称职之市民"担任该项职务。在1587年至1600年,先后有六名王室大法官因"不称职"而被更换,[②]实践中其职务更形同虚设。

---

① [葡]施白蒂:《澳门编年史:16~18世纪》,小雨译,澳门基金会1999年版,第119页。

② 罗晓京:《试析1846年以前葡萄牙管理澳门的历史特点》,载《广东社会科学》1998年第2期。

六、结语

如果关注明政府对澳门的司法治理,可见其与当时的治澳政策、相关立法与行政管理之实践构成一个整体。

澳葡为争取司法自治的努力,不仅需要与明政府进行司法较量乃至于政治较量,也需要在内部协调分享司法权的议事会(普通法官、孤儿法官和检察官)、王室大法官、巡航兵头和澳门总督之间的关系。在明末六十余年间,随着议事会的成立及其走向自治化,澳葡的司法自治渐露端倪。它与明政府在司法治理上的较量,集中体现在中葡居民之间案件的处置上:一旦牵涉澳葡的切身利益,澳葡往往设法对抗明政府的司法管辖与审判权,除了惯常使用的"恭顺"与"贿赂"两手交替操作之外,也不乏直接而尖锐的激烈交锋,甚至在特定情势下还可能演化为惊心动魄的政治较量和剑拔弩张的军事较量。但是,在明政府日益强硬的治澳政策以及相关的举措面前,澳葡并没有足够的抗衡能力。人们或许始终记得,那些早期东来的葡人曾经对其以武力征服中国是何等地信心百倍;而现在,明政府即使处于四面烽火的绝境中,依然只需要把关闸一闭,就可以使其嚣张的气焰立即熄灭。聚居于弹丸之地、仰赖于天朝之恩的澳葡自然明白这一道理,在司法自治的路上,只能以退为进。

澳葡在司法自治上还面临一个极为棘手的问题。正如葡国学者所言,地方政治利益(以议事会为代表)、司法机构的观点(以大法官为代表但事实上并不都是受过法律训练的)和军事政府的需要(由兵头或总督决定)三者之间的关系,在整个 17 世纪至 18 世纪一直都很紧张。[①] 这种紧张关系根源于多个审判权的并存。首先,议事会与王室大法官之间的芥蒂难消。议事会对王室大法官的敌意并未消除,因为"这位由国王任命的独立官员不仅控制而且侵占了一些原属议事会的职权"。[②] 其次,王室大法官与巡航兵头之间也有司法权之抵牾。尽管 1587 年澳门大法官特别章程在司法方面使王室大法官独立于巡航兵头(章程第 23 条),但巡航兵头及后来的总督介入其司法管辖权的趋势并未因此而根除。最后,巡航兵头与议事会和王室大法官之间也有龃龉。有学者指出,市政司法及大法官都很难对兵头行使其权限,因为兵头总试图超越军事领域,将其意志强加于民事政府及司法机关,这种情况在有"边缘性"氛围的时期及地方尤为常见。[③]

正是由于从议事会的普通法官和检察官,到王室大法官、巡航兵头及澳门总督,都在不同程度上分享了澳葡内部的司法权,只有复杂的分权,而无合理的制衡,在权力交错的层层矛盾以及政治利益的互相较量下,形成澳葡内部权力的紧张关系,作为整体却在竭力争取澳门葡人更大的司法自治空间。

---

① [葡]叶士朋:《澳门法制史概论》,周艳平、张永春译,澳门基金会 1996 年版,第 17 页。

② 同上书,第 63 页。

③ 参见 1690 年 12 月 9 日的令状,载《澳门档案》1988 年第 4 期。关于议事会与大法官之间的紧张关系,例如,1689 年议事会以对大法官大量承办民事案件表示不满为由,重申市政司法机关拥有的自主权,参见《澳门档案》1988 年第 4 期。

清代内蒙古土地契约秩序的建立

——以“归化城土默特”为例*

田　宓

一、绪论

内蒙古地区存在不少土地契约文书，它们是在内蒙古由游牧社会向农耕社会转变的历史进程中产生的。清代以来，内地民人通过官垦或私垦的方式来口外种地谋生。其中私自出口的民人为了获得长期耕种土地的权利，采用了与蒙古[1]订立契约的方式，这使一套源自汉地的土地契约书写传统逐渐在内蒙古确立下来。本文以“归化城土默特”（今呼和浩特、包头二市及其下辖部分旗县）为例，尝试从一个侧面对内蒙古土地契约秩序的建立过程进行探讨。

关于中国传统社会“土地契约”的研究，主要从其内容出发，在法制史和社会经济史两个领域内展开。法制史方面，侧重将源于西方的现代司法观念与中国传统社会的“典”“田面权”“田底权”“一田两主”

---

* 本文曾发表于《清史研究》2015 年第 4 期，此次收入文集时对原文进行了部分改写。

① 在清代文献中一般将蒙古人直接称为“蒙古”，本文在行文过程中采用了这一文献中的固有说法。

等概念进行比对,以此确定后者的含义,进而理解传统中国的法律形态。[①] 社会经济史方面,关注从"永佃权"到"一田二主"的演变过程及其推动因素等议题,试图归纳传统中国经济运行的总体趋势。[②] 内蒙古的"土地契约"研究大体也是上述两个思路的延展。研究者或分析契约的形制、类型,或讨论地价、地租,或指出从"永佃制"到"一田两主"的变化态势。[③] 这些均可视为对以往法制史和社会经济史研究理路的深入和补充。

在上述分析架构下,无论是法律关系还是经济关系,往往都被抽

① 相关文献如,[日]仁井田陞:《明清时代的一田两主习惯及其成立》,载刘俊文主编:《日本学者研究中国史论著选译·法律制度》,姚荣涛、徐世虹译,中华书局1993年版,第409页;[日]岸本美绪:《明清契约文书》,载王亚新、梁治平编:《明清时期的民事审判与民间契约》,王亚新、范愉、陈少峰译,法律出版社1998年版,第280页;[日]寺田浩明:《田面田底惯例的法律性——以概念性的分析为主》,载杨一凡总主编:《中国法制史考证》丙编第四卷《日本学者考证中国法制史重要成果选译·明清卷》,郑民钦译,中国社会科学出版社2003年版,第344页;[美]黄宗智:《法典、习俗与司法实践——清代与民国的比较》,上海书店出版社2003年版。

② 相关文献如,傅衣凌:《明清时代永安农村的社会经济关系》,载傅衣凌:《明清农村社会经济》,三联书店1961年版,第20页;杨国桢:《明清土地契约文书》,人民出版社1987年版;[美]孔迈隆:《晚清帝国契约的构建之路——以台湾地区弥浓契约文书为例》,载曾小萍、欧中坦、加德拉主编:《早期近代中国的契约与产权》,李超等译,浙江大学出版社2011年版,第35页;曹树基:《传统中国乡村地权变动的一般理论》,载《学术月刊》2012年第12期。

③ [日]安斋库治:《清末绥远的开垦》,载《满铁调查报告》1939年第1、2号,那木云译,《蒙古史研究参考资料》1963年第6、7辑;黄时鉴:《清代包头地区土地问题上的租与典——包头契约的研究之一》,载《内蒙古大学学报》1978年第1期;哈斯巴根:《鄂尔多斯农牧交错区域研究(1697—1945)——以准噶尔旗为中心》,内蒙古大学出版社2007年版;哈斯巴根、杜国忠:《村落的历史与现状:内蒙古土默特右旗西老将营社会调查报告》,载《蒙古学信息》2006年第4期;牛敬忠:《清代归化城土默特地区的土地问题——以西老将营村为例》,载《内蒙古大学学报》2008年第3期;牛敬忠:《清代归化城土默特地区的社会状况》,载《内蒙古社会科学》2009年第5期;钟佳倩:《蒙古金氏家族契约文书初探——以光绪年间土默特地区契约文书为例》,中国社会科学院研究生院2012年硕士学位论文;程丽:《清朝至民国时期归化城土默特土地契约研究》,内蒙古大学2013年硕士学位论文。

离了具体的历史情景和社会空间,变成带有普遍意义的理论模型。而中国社会各个地区都有自己的发展脉络,其整合进入大一统中国的方式也不尽相同。因此,从“土地契约”的形式出发,将其视为一种历史文本,置于它所植根的社会环境,透过“土地契约”的出现、演化和流布来呈现地方社会的独特历史进程,这对于理解大一统中国的形成具有十分重要的意义。在这方面,陈秋坤通过中国台湾地区“岸里社人”的个案研究,说明了土著族群地权私有化、土地商品化以及部落组织官僚化的演变过程;科大卫在里甲制变迁的历史背景下,考察了珠江三角洲书面契约和土地市场的形成。① 这些研究的分析向度颇富启发性。

在前人研究基础之上,本文从“归化城土默特地区”入手,主要利用“归化城副都统衙门档案”和“民间土地契约文书”,探析在王朝军政策略、旅蒙贸易、蒙古、民人的互动关系中,一套源自汉人社会的土地契约书写传统如何在内蒙古地区扎根、演变并广为运用,由此反映内蒙古社会由“游牧”到“农耕”的转变历程,进而深化对传统中国社会整合机制的理解。

二、“户口地”的划拨

归化城土默特地区位于内蒙古西部,大致是指大青山(阴山支脉)以南、黄河以北的一片区域。元明鼎革,元顺帝率蒙古贵族退至草原。此后,诸部各据水草,互为雄长,归化城土默特地区为各方势力轮番占

① [英]科大卫:《契约安排与土地市场的形成——16至18世纪的珠江三角洲》,载科大卫:《近代中国商业的发展》,周琳、李旭佳译,浙江大学出版社2010年版,第3页;陈秋坤:《清代台湾土著地权——官僚、汉佃与岸里社人的土地变迁(1700—1895)》,台北,“中央”研究院近代史研究所1997年版。

据。15世纪，土默特部开始在这里驻牧。明代嘉靖年间，俺答汗成为该部的最高领导者。在他的带领下，土默特部逐渐成为一个强大的部落。[①] 其时土默特部主要的社会组织是爱马克和鄂托克，这些社会组织由缘自同一祖先的大小头目及其属民组成。[②] 每个爱马克和鄂托克都有自己的游牧地，土地归所有成员共同所有，但大小头目在土地利用方面，拥有较大的支配权。[③]

天聪六年（1632），土默特部归附后金。崇德元年（1636），清廷将其编为左右两翼，每翼一旗，分别领以都统。不久之后，又划定旗界，不准他们向界外移动。入清以后相当长一段时间，有关土默特部内部土地使用情况的记载，未见只言片语，这表明朝廷可能并未对其过多干预。关于清代早期土默特部内部的土地使用状况，阿拉善旗可作一参照。阿拉善蒙古属和硕特部，从康熙年间开始驻牧阿拉善。直到20世纪50年代，阿拉善蒙古基本以放牧为生，大部分定居游牧，小部分不定居游牧。虽然阿拉善蒙古与归化城土默特蒙古的历史存在时空差异，但因同为蒙古且都曾以游牧为生，因此，借由阿拉善旗的情况，仍可了解归化城土默特地区早期的地权形态。

清代和民国时期，阿拉善旗的土地由阿拉善王爷领有。王爷无权出卖牧场，但可以向生活于其上的牧民收税。彼时阿拉善旗地广人稀，各牧户对牧场的使用在旗地范围内基本上是自由的。他们都有比

---

① 土默特左旗《土默特志》编纂委员会编：《土默特志》（上卷），内蒙古人民出版社1997年版，第102～103页。

② 关于爱马克与鄂托克的关系，达力扎布曾指出，“鄂托克通常指由若干个爱马克组成的较大的游牧集团，但是在性质上没有多大区别”。参见达力扎布：《明代漠南蒙古历史研究》，内蒙古文化出版社1997年版，第171页。

③ ［日］田山茂：《清代蒙古社会制度》，潘世宪译，商务印书馆1987年版，第165、166页。

较固定的常住和常牧牧场，但对牧场并没有土地所有权，不能买卖或出租。王公贵族和各级官员依仗权势占有大片水草丰美的优良牧场，不许他人牧用。具体而言，各牧户拥有比较固定的“冬营地”和“夏营地”，一般以“山”“丘”为界，前者较后者的界限更为明确。年景不好的时候，则走“敖特尔”（走场、游牧之意）。占有牧场一般以打井、修圈、架包、盖房子为标志。从历史上看是先打井，再有圈，其后盖房子。至迟到乾隆年间，阿拉善旗的牧民就懂得靠掘井汲水的办法来解决人畜饮水的问题。从一两百年前起，他们开始为牲畜修圈，供其过冬避寒。打井、修圈对牧场的固定化有着重要的作用。到了近 60 年，盖房子逐渐成为占有土地的最重要的标志。夏季牧场很少有圈，只有包、井。牧民依靠习惯的力量固定着牧场的占有关系。如果有人想在无人占用的牧场上盖房子、打井、修圈时，不必请示任何人，只需根据自己的经济力量和意志决定。假如一旦因为修建房屋和牧场使用发生纠纷，其解决方式大都依靠传统习惯和舆论力量，有时也会找巴格达木勒判断。①

阿拉善蒙古对待土地的态度，在一定程度上能够反映归化城土默特蒙古早期的“地权”观念。康熙二十七年（1688），钱良择在过长城抵归化城途中，见到“穹庐簇簇，畜产成群，黑白相错，如垒雪堆云”，②可见此时蒙古居于毡账之中，并以游牧为生。托克托县至今依然留有一

---

① 内蒙古自治区编辑组编：《中国少数民族社会历史调查资料丛刊》修订编辑委员会：《蒙古族社会历史调查》，民族出版社 2009 年版，第 23 ~ 24、42 ~ 47 页。

② 钱良择：《出塞纪略》，收入《明清史料汇编》（初集）（第 8 册），台北，文海出版社 1967 年版，第 4054 ~ 4055 页。

些村名,那木架是秋营地的意思,珠斯郎则意为夏营地。[①] 这表明蒙古曾经根据季节的更替转换牧场。在当时归化城土默特社会之中,也存在势豪之家恃强占地的情形,“任有力者多垦,则侵占既多,无力之人,不得一体立业”。[②] 材料中提到的“有力者”大概就是土默特蒙古中的都统、参领、佐领等一些有权势的人,而“无力之人”则是指普通披甲兵丁。也就是说,土默特蒙古大小头目在土地使用方面拥有较大的支配权,普通兵丁难与其相提并论。以上所说的情况都与阿拉善旗十分相似。不过,随着汉人不断进入,归化城土默特地区开始了农耕化的进程。

明代嘉靖年间,在俺答汗的推动下,汉人在归化城土默特地区筑立“板升”,进行农作。在明末清初的战火兵燹中,“板升”遭到破坏。入清以后,社会环境相对较为安定,尽管朝廷明令禁止内地民人私自出口种地,但他们依然源源不绝地来到归化城土默特地区。上文提到康熙二十七年(1688)钱良择出塞西行,在长城至归化城一段,他还看见一些地方“茅舍分列,地皆耕种”,又观察到归化城附近“地多垦辟,颇饶耕具”。[③] 这些材料显示在康熙中叶甚至更早以前,内地民人已经在这一带展开拓垦活动。

康雍乾时期,朝廷西征朔漠,为解决军需问题,在归化城土默特地区陆续放垦了大量土地,招募民人耕种。朝廷的土地放垦政策,为民

---

① 杨诚:《托县村落类型及其命名习俗》,载《托克托文史数据》编辑委员会、政协托克托县委员会编:《托克托文史资料》(第 7 辑),内蒙古呼和浩特市宏达鑫彩印有限公司 2009 年版,第 424 页。

② 《清高宗纯皇帝实录》卷一七八,乾隆七年十一月丙辰,中华书局 1985 年影印本。

③ 杨诚:《托县村落类型及其命名习俗》,载《托克托文史数据》编辑委员会、政协托克托县委员会编:《托克托文史资料》(第 7 辑),内蒙古呼和浩特市宏达鑫彩印有限公司 2009 年版,第 4055、4064 页。

人移居口外提供了合法依据。此后，内地民人互相牵引，大量进入归化城土默特地区。① 从雍正元年（1723）开始，朝廷在归化城土默特地区建立了归化城、托克托城、和林格尔、萨拉齐、清水河等数个"厅"，负责管理放垦官地、归化城土默特与附近各札萨克部落的蒙古、民人交涉事务。② "厅"的设置表明民人数量已经达到一定规模，与蒙古的关系也日益复杂，需要有专门的行政机构予以管理。

在人地关系日益紧张的情况下，明晰土默特蒙古保留土地的所有权，成为政府不得不面对和解决的问题。乾隆八年（1743），朝廷开始划拨土默特蒙古的保留土地。经过清查，土默特两旗蒙古人口共有43,559口，土地共有75,048余顷，其中，土地包括"地亩"、"牧场"与"典出田地"三类。③ "典出田地"的存在说明在乾隆八年之前，已经有民人租佃蒙古土地的情况了。"典出田地"年满赎回之后要分与贫乏蒙古。"地亩"则似乎已经较为固定地为个人占有，这次划拨就是从田地多余之人的"地亩"中抽出一部分给无地或少地之人，保证每口至少有一顷土地"以为常业"，这些土地后来被蒙古称作"户口地"。"牧场"为公有土地，此次调拨明文规定"将牧场禁止开垦"。④ 牧场包括以"村"为单位划拨的"草厂"，也是不允许开垦的。⑤ 而关于"户口地"能否开垦，却并未明确规定，这就为以后民人的租佃垦殖留下了操作

① 田宓：《清代归化城土默特地区的土地开发与村落形成》，载《民族研究》2012年第6期。

② 《清朝文献通考》卷二七三《舆地考五 · 山西省》，文渊阁四库全书本，台北，台湾商务印书馆1986年版，第638册，第309页。

③ 《清高宗纯皇帝实录》卷一九八，乾隆八年八月壬子，中华书局1985年影印本。

④ 同上。

⑤ 归化城副都统衙门档案，乾隆三十九年八月八日，内蒙古自治区呼和浩特市土默特左旗档案馆藏，档案号：80/5/19，（三个数字分别为全宗号、目录号、件号，下同，不一一注明）。

空间。

乾隆八年的土地划拨还因归化城土默特的土地“向俱任意开垦,无册档可稽”,而对其进行了清丈和造册,[①]此后,这些土地档册成为土默特蒙古确定土地权属的重要凭据,一旦涉及土地诉讼,查阅土地档册便成为不可或缺之事。道光十六年(1836),麻花板申村领催萨巴克等和骁骑校额琳补因地亩纠纷而引发争讼,衙门便要求查阅档册以确定土地的归属。[②]“土地档册”的设立将土默特蒙古的土地占有权固定下来,使其对土地的占有法定化,这为他们相对自由地支配“户口地”,埋下了伏笔。

“户口地”和“草厂”的划拨,拉开了土默特蒙古土地开垦的大幕。此后,随着民人的大量进入、旅蒙贸易的发展以及国家行政力量的参与,归化城土默特地区的蒙古和民人逐渐开始利用契约来维护自己的权益,蒙古的“地权”观念随之发生了深刻变化。“草厂”的经营管理与“户口地”不尽相同,笔者将另外撰文探讨。本文主要以“户口地”为中心,分析归化城土默特地区“土地契约秩序”的建立以及蒙古地权观念的转变。

三、从“酒肉邀问”到“永远耕种”

为防止蒙古土地被侵占,清廷起初禁止民人出口种地。从康熙年间开始,由于内地民人不断进入、蒙古王公对“押荒银”和“岁租”的需求以及西征朔漠亟待解决军粮问题,朝廷开始在内蒙古地区组织官

---

① 《清高宗纯皇帝实录》卷一九八,乾隆八年八月壬子,中华书局 1985 年影印本。

② 归化城副都统衙门档案,道光十六年四月十二日,档案号:80/5/147。

垦。官垦之外,禁止私垦,不过,相关规定多为一纸空文。① 在喀喇沁三旗,康熙年间户部每年给其800张印票,但前来耕种的民人日益增多,以致"此项印票竟成具文"。② 对于内蒙古地区愈演愈烈的土地垦殖情况,清廷屡次规定"不准多垦一亩、增居一户",除此而外,似乎也没有更为有效的应对办法。③ 截至清末新政蒙地放垦之前,内蒙古地区已经有相当一部分土地被开垦成农田。

在归化城土默特地区,"户口地"划拨之后,蒙古兵丁开始陆陆续续将土地租给民人耕种。施添福和陈秋坤曾对台湾"平埔族"出租土地的原因进行探讨,前者侧重差事繁重的因素,后者强调开田费用和土地距离的因素。④ 虽然归化城土默特与台湾山水相隔,但土默特蒙古与台湾平埔族所面对的问题及其处理的方式具有某种相似性。土默特蒙古租地的原因大体有三个方面:

其一,差役繁重,无暇种地。土默特蒙古平日当差,战时出征。日常差役包括守卫卡伦和渡口、驿递、在衙门轮值、看守衙署和旗库、承缉命盗人犯、操演以及到本参领、佐领处听差等。⑤ 在这种情况下,他们往往无力顾及土地的经营。蒙古渠金架等在朝号尔村有户口地,但"自己按月轮流当差,不暇承种"。⑥ 此外,土默特蒙古还需在战时从

① 况浩林:《评说清代内蒙古地区垦殖的得失》,载《民族研究》1985年第1期。

② 《大清会典事例》卷九七八《理藩院·稽查种地民人》。

③ 同上。

④ 施添福:《清代台湾的地域社会——竹堑地区的历史地理研究》,新竹县文化局2001年版,第117页;陈秋坤:《清代台湾土著地权——官僚、汉佃与岸里社人的土地变迁(1700—1895)》,台北,"中央"研究院近代史研究所1997年版,第59页。

⑤ 土默特左旗《土默特志》编纂委员会编:《土默特志》(上卷),内蒙古人民出版社1997年版,第122页。

⑥ 归化城副都统衙门档案,乾隆五十年十一月二十五日,档案号:80/5/89。

征。从顺治朝直至清末,曾多次奉调出征,死伤甚多。[①] 清末战事频仍之际,“男丁出征他省,女口乞食斯境,此等苦处实难尽诉”。[②] 可见频繁征战对土默特蒙古的生活造成了很大影响。久而久之,“情因差事紧急,别无周转”等类似表述,成了契约中的模式化表达。[③] 也有蒙古以此作为托辞欲“夺地”自种或者转租,和林格尔厅蒙古就曾以“当差艰难,家口繁重,欲自行种地”为词而“呈控夺地”。[④]

其二,不具备开田的技术与费用。土地分给个人之后,如要开垦,一来需要掌握一定的耕作技术,二来需要农具、耕牛等生产工具,土默特蒙古很难即刻达到上述条件。民人赵天相与蒙古贡布札布发生土地争控,前者就以后者家里“又没会种地的人,又没农具,又无工本”的说法,来指摘其“夺田”行为。[⑤]

其三,土地与住地距离过远,不便照料。蒙古兵丁的居住地与田地不一定在一处。蒙古清泰居于归化城厅小毕斜气村,在王毕斜气村有祖遗房地基一块、户口地 30 亩。[⑥] 蒙古补音图是黄河渡口的渡丁,在托克托城厅召湾村“搬船”,其祖上一块 25 亩户口地,坐落在西营子村。[⑦] 蒙古尔林报住在归化城厅大浑津村,在巧尔什营村有“祖产”1 顷有余。[⑧] 三个例子中的蒙古兵丁居住地都与田地都有一定距离,这

---

① 土默特左旗《土默特志》编纂委员会编:《土默特志》(上卷),内蒙古人民出版社 1997 年版,第 122、123 页。

② 归化城副都统衙门档案,光绪十二年十二月,档案号:80/5/285。

③ YJW 收藏契约,嘉庆十四年十二月二十九日契约,这批契约是笔者于 2015 年 5 月 20 日在呼和浩特市收集,下同,不一一注明。

④ 归化城副都统衙门档案,乾隆四十七年八月二十三日,档案号:80/5/62。

⑤ 同上。

⑥ 归化城副都统衙门档案,咸丰九年六月二十一日,档案号:80/5/188。

⑦ 归化城副都统衙门档案,同治四年二月二十六日,档案号:80/5/197。

⑧ 归化城副都统衙门档案,光绪十四年十月,档案号:80/5/293。

往往降低了人们前去开田耕种的意愿。

总之，由于差役繁重、不具备开田技术与工本以及离田甚远等原因，“户口地”划拨之后，土默特蒙古很快就将其租与民人耕种了。

在土地开垦的早期，由于地多人少，内地民人较易取得蒙古的许可，获得耕种土地的权利。曲有升等 12 人出口谋生，“不过酒肉邀问，邻近达子地方各盖土房，并无租银，打草活生”。① 以“酒肉邀问”的方式获得居住和打草的权利，显然只有在人地关系不太紧张的情况下才可能发生。为了能够耕种蒙古的土地，除了“酒肉邀问”，内地民人也会通过其他方式跟蒙古拉近关系。其中有与蒙古认干亲者，据今呼和浩特市土默特左旗把什村村民张虎心回忆，“他的爷爷为人很好，勤劳俭朴，和蒙人善交，并取蒙名为讨合气，还和蒙人珍珠、玉柱认了‘干亲’，和蒙人海宽接成奶亲”。② 也有娶蒙妇者，雍正十一年（1733），有官员巡查归化城等地，发现不少民人娶蒙妇并生有子嗣的情况。③ 尽管清廷实行蒙汉隔离的政策，但在实际生活中蒙古与汉人还是逐渐建立了密切的联系。

通过与蒙古建立良好关系，民人在口外“扎占”下来。④ 为了能够较为固定地耕种蒙古的土地，他们需要借助一定的手段，确立自己的权利。在这一情形下，汉人社会中立契的做法被引入了本无书契传统

---

① 归化城副都统衙门档案，乾隆元年十月，档案号：80/5/3。

② 编纂委员会编：《把什村史》，内蒙古人民出版社 2003 年版，第 18 页。

③ 《清世宗宪皇帝实录》卷一二九，雍正十一年三月丙戌，中华书局 1985 年影印本。

④ “扎占”是当地汉人在描述自己在口外定居时常用的词汇，蒙古则被称为“原占”，有时最早在一个地方定居的民人也称“原占”。

的蒙古社会。[1] 最早的契约可能只是一个简单的记账单。笔者收集到一份记账单,里面写着"前雍正五年(1727)正月村南地一块十五亩,典与殷金源,祁县人氏,典银十两"等内容。[2] 这份记账单的收藏者是蒙古,应该是其先人为了方便收租而写下的。此后归化城土默特地区逐渐出现了正式的契约,不过,早期的契约十分简单,乾隆十三年(1748)的一份契约记载:

> 立地租约人左贵恒今租到更杜名下计地三顷六十六亩,言定每亩银一分八厘,孔(原字如此—引者注)后无凭,立约存照,此。
>
> 乾隆十三年　左贵恒立
>
> 照抄约
>
> 荣合公左姓[3]

在上述契约中,只有立约双方人名、土地数量、租金,没有提到土地四至、租种年限、中见人等其他更为详尽的信息。换言之,当时的蒙古与民人虽然有了确立土地权属的观念,但是这些观念还比较模糊,对围绕土地的各种权利还没有进行更为细致的规定。

由于蒙古最初不识汉字,较早出现的契约有不少是蒙汉并书或者全部用蒙古文书写,乾隆十年(1745)五月初六、乾隆十八年(1753)二月十五日的两份契约,在汉文旁边都书有蒙古文,内容与汉文大致相

① "蒙古一部落最朴野,无书契,无文饰,无诞妄(如云不攻某堡,信然),近则狡诈甚矣。"[峨岷山人:《译语》,薄音湖、王雄点校:《明代蒙古汉籍史料汇编》(第1辑),内蒙古大学出版社2006年版,第230页]。

② YJW收藏契约,雍正五年正月至乾隆五年三月。

③ 归化城副都统衙门档案,乾隆十三年,档案号:80/14/3。

同。[1] 乾隆四十年(1775)十二月一日的一份契约则全部用蒙古文书写。[2] 三份契约的内容都比较简单。随着蒙古汉化程度加深,只用蒙古文或者蒙汉并书的契约逐渐减少,到清末,就以汉文契约为主了。

在人烟稀少、土地富余的情况下,蒙古和民人确定土地权属的意识都不强烈。随着时间的演进,土地成为越来越稀缺的资源,土地纠纷也开始增多。一旦纠纷发生,没有契约或者契约未明确土地权属,则很难保证自己的权益。乾隆四十年正月二十九日,和林格尔厅篩忽洞村民人白广旺与蒙古根札布、丹巴尔札布就一块六犋牛土地的归属问题产生纠纷。蒙古根札布和丹巴尔札布都声称是白广旺所租种六犋牛土地的原主。解决问题的关键是确定争议土地的准确位置。对此,根札布说"只求照档册查丈就是恩典了",丹巴尔札布也说,"只求从都统大人衙门把这二佐领的地亩档册要来就明白了"。[3] 涉案三人只字未提约据的情况。如果曾立过有利于案件的约据,在打官司时,拿出约据可增加胜算。既然三人均未提到,那么有两种可能:一是没有订立约据,二是订立的约据没有标明争议土地的准确位置,无助于案件的解决。无论是哪种情况,都反映出在归化城土默特草莱初开的时期,人们利用契约来明确土地权属的观念还不强烈。

随着归化城土默特地区土地开垦进程的加快,民人对土地的权属意识不断增强,这主要与如下两个方面因素有关:一方面,蒙古常以"退地"为由,要求民人"长租"。乾隆四十三年(1778)十月二日,归化

---

① 归化城副都统衙门档案,乾隆十年五月初六,档案号:80/14/2;归化城副都统衙门档案,乾隆十八年二月十五日,档案号:80/14/5。感谢包青松老师帮助翻译两份契约。

② JRH 收藏契约,乾隆四十年十二月一日,此份契约是笔者于 2011 年 11 月 11 日在托克托县收集。感谢包青松老师帮助翻译此份契约。

③ 归化城副都统衙门档案,乾隆四十年六月二十二日,档案号:80/5/24。

城厅巴札尔村蒙古色尔古楞与民人王自喜等争控土地。蒙古色尔古楞以“不敷当差度(原字如此——引者注)运”为由,欲将租与王自喜等人的土地抽回自种,但王自喜等“总不退地”,因此状告衙门。对于这次争端,归化城都统认为色尔古楞告状的真实目的实为“长租”,因此判定王自喜等每年一顷地向色尔古楞加租一两,两造遂告息讼。① 尽管蒙古不见得真为退地自种,实际上是假“退地”以“长租”,但是因为要不时应对这类事情,民人需要采用一定的方式,以保证他们对土地的占有。

另一方面,由于民人数量的增多和旅蒙贸易对粮食需求的增长,投资土地具有了更大的利润空间,土地成了人们竞相追逐的对象。乾隆四十四年(1779)三月十二日,在归化城厅石轴村骁骑校达尔玛与民人侯国成的一起土地争讼案中提到,民人侯国成等将所租蒙古达尔玛3顷80亩土地中的1顷“拨租”于民人张士玉等四人,每年租银8000文,又将90亩“典”与张士禄等二人,得价钱31,000文。而截至案发,侯国成等租达尔玛的3顷80亩地土地,一共才纳租12两,由此可见,转租土地是一桩十分划算的生意。② 因为投资土地获利丰厚,民人唆使蒙古“夺地转租”的事情时有发生。“近年以来,民人流寓日众,往往有挟资谋地之奸民,见有土脉较好之地,潜嘱地主,愿出多租,唆令夺地转租。”③也就是说,相当一部分土地争控案件表面上看是蒙古想要抽地自种,事实上,其不见得具备种地能力,主要是想收回转租。因此,民人在租种蒙古土地时,必须考虑如何保障对土地的固定占有。

---

① 归化城副都统衙门档案,乾隆四十三年十二月十九日,档案号:80/5/36。

② 归化城副都统衙门档案,乾隆四十五年十一月二日,档案号:80/5/48。

③ 归化城副都统衙门档案,乾隆四十七年八月二十三日,档案号:80/5/62。

为了应对上述状况，民人开始通过订立“永租约”，来获得对土地的“永远耕种”。乾隆四十七年（1782）九月二十七日的一份契约，可以让我们了解这一时期“永租约”的情况，

立合同约（骑缝）

立租约人达林太，自因使用不足，今将自己新地地一段，系东西畛，计地一十五亩，东至郭志宏，南至郭志宏，西至渠，北至哈儿炭，四至分明，情愿出租于王继成耕种为业，同众言定，押地钱四千五百文，每一年租钱一千文，秋后钱，永远耕种，恐后无凭，立租约存照用。

乾隆四十七年九月二十七日立

公盖、苏斩魁、达利、孟添宝　中见人①

这份契约是“合同约”，在签订契约之时，一式两份，在两份契约的骑缝处，写上“立合同约”字样，交易双方各执一份，以为凭据。在这份契约中，已经有了“永远耕种”的表述。文约中提到的“押地钱”，是民人借此获得“永租权”的一种方式。乾隆四十九年（1784）十月十九日，归化城厅察素齐村音克拉状告恼木汉村民人秦宏明“硬霸地亩不退”时说，“彼时原图压（原字如此—引者注）地钱文，贱租与他租种”。②可见一些蒙古是为获得押地钱，才将土地租于民人。

“永租约”的签订，使民人在纠纷发生时可以凭此获得一定保障。乾隆四十六年（1781）八月二十九日，归化城厅民人张秀与蒙古元登架争控土地，民人张秀供称，其伯弟张绵曾租种了蒙古元登架 20 亩荒

① 归化城副都统衙门档案，乾隆四十七年九月二十七日，档案号：80/14/38。
② 归化城副都统衙门档案，乾隆五十年十二月十日，档案号：80/5/91。

地,“苦费辛勤,垦开成熟,历已二十余年,倒换新约数次”,后张绵去世,留下孀妇抚孤守节。蒙古元登架见状,欲夺回土地。经人说和,令孀妇给元登架长使两年租银,此后土地由前者“永远耕种”。但是元登架仍要夺地,因此上告衙门。此案以张秀拨地 10 亩给元登架自种而告息讼。[①]

在这个案件中,从“倒换新约数次”的表述来看,双方当时应该订立了契约。引文中又有“着寡妇永远耕种糊口养命”的说法,这显示在约据中存在类似“永远耕种”字样的记述。官府的判定则是各打五十大板,即没有令民人失地,也没有让蒙古一无所获,这样的处置办法在一定程度上保障了契约的效力。

乾隆四十七年(1782),和林格尔厅通判世麟对这些土地争讼案件的判案准则作了一番总结,其基本原则是“总视租地之情形定断”,并具体区分了三种情况:其一,如果是民人将荒地开成熟地,并且已经投入大量工本,因其“辛勤不易”,所以“不准夺回”。其二,如果承租的是熟地,在契约中写明了“永远租种、许退不许夺字样”,也不许夺地。但是体谅“蒙古地主”困乏,给予一定救济。其三,如果契约载有年限或短租熟地,则或退或撤,由蒙古自便,民人不得指留。这三条内容被世麟奉为“断理民种蒙地之章程”。[②] 从中可知,除第三条以外,第一条、第二条都有利于保护民人“永租”的权利。

其他各厅处理这类案件的做法跟和林格尔厅大同小异。乾隆四十七年(1782)五月初六在归化城厅巧尔报村发生的争地案、乾隆四十九年(1784)二月初八在托克托城厅发生的争控案、乾隆五十年(1785)

---

① 归化城副都统衙门档案,乾隆四十六年九月二十七日,档案号:80/5/57。

② 归化城副都统衙门档案,乾隆四十七年八月二十三日,档案号:80/5/62。

九月十二日在萨拉齐厅发生的争讼案等,大体都是按照这样的原则处理。① 官府对待民蒙私佃以及契约的态度,很大程度上维持了契约在土地交易确权方面的有效性,这为契约在归化城土默特地区长久存在和广为流传提供了可能。

与管理民人的各"厅"衙门不同,管理蒙古事务的归化城都统衙门一直试图禁止蒙古土地的"永租"与"买卖"。归化城都统衙门在乾隆四十八年(1783)五月颁布法令,禁止民人租种蒙古地亩在文约内写"永远"二字。民人温恭在租种蒙古波尔巴逊等地亩时,在文约内写了"永远耕种,不退地亩"字样,因此被官府追查。② 嘉庆十八年(1813)十一月,蒙古阿参领查获了一个案子,根据案卷记载,张德厚等与蒙古倒旺等在交易土地时将约据写为"卖契",而此案被查之人改正的做法,只是"将牌扁(原字如此——引者注)文约另新更换典契,日后钱到回赎,以为后照"。③ 这不过是官样文章,名义上不准买卖,而永租权的获得,已经使民人对土地有了更大的支配权。

民人的"地权"观念逐渐影响了蒙古。乾隆四十七年(1782)六月二十九日,和林格尔厅石嘴子村前锋校贡布札布呈控民人赵天相"恃强抗不退地"。这个案子中几位涉案人的说法颇堪玩味。民人刘书官、蒙古托克托户说,"把合同写就,眼同贡布札布念了一遍,都是听见的"。贡布札布的"家人"改力兔说,"小的不识汉字,彼时主人贡布扎布在跟前听写约人念与听的"。从这些说辞来看,贡布札布可能是不

---

① 归化城副都统衙门档案,乾隆四十九年闰三月二十五日,档案号:80/5/77;归化城副都统衙门档案,乾隆四十九年闰三月二十四日,档案号:80/5/78;归化城副都统衙门档案,乾隆五十年十二月二日,档案号:80/5/90。

② 归化城副都统衙门档案,乾隆四十九年闰三月二十四日,档案号:80/5/74。

③ 归化城副都统衙门档案,嘉庆十八年十一月,档案号:80/5/132。

识汉文的。这位“不识汉文”的贡布札布在公堂上的表现，给众人留下了深刻的印象：他径直走上公堂，站在公案之前，大声推翻了众人的供词和约据记载的内容，坚称自己不识汉文，推说什么都不知道。当和林格尔厅通判申斥他遵循礼制、跪下回话时，他“竟置若罔闻，昂然出署而去”！①

贡布札布到底识不识汉文成了争论的焦点之一。其实，无论是真的不识，还是假的不识，他的表现都十分耐人寻味。如果真的不识，那么可以想象，在面对一套陌生的汉人处理土地问题的方式时，贡布札布内心一定有很多的困惑与不解。如果是假的不识，那么很显然，贡布札布是将“不识汉文”当成托词，藉此应对汉人，争得权益。当和林格尔厅通判训导贡布扎布遵循“礼制”时，贡布扎布却不以为然，“昂然出署而去”。此案的当事人各执一词，孰是孰非，一是难辨。不过，相较于探究案件的“真相”，本文更加关心的是当事人缘何采用这样一套表述方式。换言之，诸如贡布扎布是否识得汉文、遵循礼制之类的争论，只有放在蒙汉文化相互激荡的大背景下才变得容易理解。涉案诸人的不同表现所反映的无非是在时代潮流之中，他们如何因势而动，应势而为。

似此“昂然出署而去”者，不只贡布札布一人。乾隆四十八年（1783）五月二十四日，在和林格尔厅讨速号村，太平召喇嘛达尔济与民人侯发旺争控土地，当衙门官员赴争控土地处勘验筑坝情形时，达尔济之兄中兑“一味混狡，且肆咆哮”。在审案过程中，又有白燕兔“词色俱厉，肆行咆哮”，审判官员见状当面申斥，而白燕兔“竟不候断，昂

① 归化城副都统衙门档案，乾隆四十七年八月二十三日，档案号：80/5/62。

然出署而去”。[①] 此案的主理者与上一案件均为和林格尔厅通判世麟。在对案件经过的描述上,两案有许多相似之处。尽管有流于程式的嫌疑,但相信类似文本的表述方式,依然带着挥之不去的时代印记。

正是在蒙汉两种文化的碰触之中,蒙古越来越熟悉民人的办事方式,并且逐渐学会了民人用契约保护自己土地权属的方法。乾隆四十八年(1783)正月二十四日,在萨拉齐厅蒙妇伍把什与民人杨天沼的争控案中,蒙妇伍把什说,杨姓“立写假约”。[②] 乾隆四十八年(1783)四月十日,在归化城厅前锋校朝克图等与民人王满金的争地案中,朝克图等道:“现有合同文契可证。”[③]乾隆四十八年(1783)五月,在和林格尔厅讨速浩村发生的争讼案中,蒙古太平召喇嘛达尔济称其曾“立写汉字文约”。[④] 这些表述都表明蒙古已经越来越熟练地运用契约这种技术手段。

在蒙古对“地租”的需求、旅蒙贸易的发展、国家行政力量的介入,以及民人对土地固定占有的诉求等多方面因素的共同影响下,“永租”成为了归化城土默特地区蒙古与民人土地租佃的常见形态,而“永租权”的获得又为土地的转租留下了空间。

四、从“一地数约”到“一约数主”

民人获得“永租权”之后,最初蒙古原主不许其将土地易手。乾隆四十四年(1779)三月十二日,在归化城厅石轴村骁骑校达尔玛与民人侯国成的土地争控案中,达尔玛先后阻拦侯正、侯国成父子“私行转

---

① 归化城副都统衙门档案,乾隆四十八年七月十日,档案号:80/5/71。
② 归化城副都统衙门档案,乾隆四十八年五月二十四日,档案号:80/5/66。
③ 归化城副都统衙门档案,乾隆四十八年六月二十一日,档案号:80/5/67。
④ 归化城副都统衙门档案,乾隆四十八年七月十日,档案号:80/5/71。

典”。此案经归化城厅衙门裁断，以侯国成长租八两，并“不许私佃”而告甘结。[①] 不准租佃的字样还被写入契约之中，乾隆四十七年（1782）六月二十九日，在和林格尔厅石嘴子村前锋校贡布札布与民人赵天相涉讼案件所提到的契约中就写有，“亦不许赵天相租佃，如若转佃，地主七不重与钱十千，地归原主”。[②] 由此可见，这时无论是蒙古还是衙门都禁止土地转佃。

尽管官府与蒙古不允许土地转佃，但是“永租权”的获得以及官府对于“永租权”的保护，使民人取得了对土地的实际支配，土地转佃的情况日益增多。乾隆五十六年（1791）十二月一日，参领宁补家人那音太代主人控诉民人李士魁拖欠租银，在这个案件中，从宁补到李士魁，土地数易其手。根据涉案双方的供词、约据以及衙门的调查，大致可以勾勒土地流转的链条。参领宁补在和林格尔厅土城子村有“铺房一所，水旱地二犋”，最早租与民人姚姓、刘姓、贾姓等耕种；乾隆四十三年（1778），姚存德将土地房产推与贾林元、刘玉昌；其后，土地房产如何流转无法厘清，只能知道张通从其舅贾赖章手中佃到了此项资产；到乾隆四十六年（1781），张通又推与李士魁、刘驸、刘培基。从中可知，从参领宁补到李士魁等人的土地交易链上，有些环节已经漫漶不清，贾林元、刘玉昌的土地是如何转入姚赖章手中就无从查证。[③] 易言之，土地的频繁流转使归化城土默特地区出现了所谓“一地数约”的情况。

面对不断发生的转佃，蒙古采取了一些应对策略。嘉庆六年

① 归化城副都统衙门档案，乾隆四十五年十一月二日，档案号：80/5/48。
② 归化城副都统衙门档案，乾隆四十七年八月二十三日，档案号：80/5/62。
③ 归化城副都统衙门档案，乾隆五十六年十二月，档案号：80/5/108。

(1801)五月十七日的一个案件中,蒙古佐领札什札布称他将六顷多土地租与民人王祥云耕种,嗣后王祥云“偷典”给民人张立豹。此事被札什札布查知,不过,在张立豹向其交纳押地钱400吊、每年租钱40吊后,土地仍归前者耕种。[①] 嘉庆十八年(1813)九月,蒙古色克牙呈称他有60亩土地,租给民人雷海宽承种,后来雷海宽将地推给王刚明。此事被色克牙知晓后,要求王刚明向他交押地钱48,000两。[②] 以上蒙古的供述都表明他们已经认可了土地转佃的事实,并希望通过收取“押地钱”了结纠纷。在一系列的冲突和角力过程中,土地转手之时收取“押地钱”逐渐变成一个民间俗例,“押地钱”又称为“过租钱”,嘉庆二十年(1815)的一份契约中便言道:

立过收地租约人三将喇嘛,今有村东北荒地一块,原系段复明之祖开垦成熟,以(原字如此——引者注)历有年,今收足开垦功(原字如此——引者注)本钱,情愿推佃与蔚廷楼名下永远耕种承业,同众言明,三将喇嘛现使过过租钱六百文,嗣后从蔚廷楼名下每年收吃地租钱六百文,不许长支短欠。此地许佃主永远长种。嗣后倘有推佃,不许蒙民人等拦阻,倘有拦阻,有三将喇嘛一面承当,恐口难凭,立过收地租约人存照。

合同约约(骑缝,原文为两个“约”字——引者注)

嘉庆廿年十二月初三日立

中见人　德庆扣　张秉秀　庞璋　笔[③]

蒙古从最初的不准,到后来不得不承认土地转租的事实,并在土

---

① 归化城副都统衙门档案,嘉庆六年五月十八日,档案号:80/5/124。

② 归化城副都统衙门档案,嘉庆十八年九月六日,档案号:80/5/125。

③ 归化城副都统衙门档案,嘉庆二十年十二月三日,档案号:80/14/112。

地转租之时,收取一定数量的"过租约",此后,土地"或推或佃,由钱主自便",蒙古原主不能干涉。① 不过,诚如上言,在土地转佃之后,蒙古依然保有每年收取地租的权利。

随着土地易手愈加频繁,蒙古土地的权属越来越复杂,这为一些投机之徒提供了可乘之机。在这一过程中,"地主"("归化城副都统衙门档案"中也称"蒙主"或"蒙古地主")的身份成为各方争夺土地的一个工具。在咸丰九年(1859)六月萨拉齐厅王毕斜气发生的一个案件中,民人孀妇渠魏氏呈控民人张林祥霸地盖房逞凶,渠魏氏声称的"蒙古地主"丹则巴之子清泰说,张林祥勾串蒙古万家保冒充"地主",霸占他家祖产。② 到了光绪末年,似乎还出现了惯于"霸地"的"专业户",光绪二十九年(1903)二月,托克托城厅召湾村蒙古军功与民人韩生云争地,据军功供说,韩生云诡串"久惯强霸绝户产业之恶蒙领催长命子假充蒙主",妄图霸占土地。③ 显然,像这样"勾串冒主,捉羊抵鹿"的事情,④恰恰表明无论是蒙古还是民人,都可以利用"蒙古地主"的身份,为自己对土地的占有提供合理性依据。

在争控案发生之后,断案也越来越困难。一方面,地方衙门开始有了拖延疲沓的情况。托克托城厅从乾隆五十二年(1787)二月至五十九年(1794)三月,有四件蒙民争控房地案件易结而未结,其中有些已迁延八九载。⑤ 此种状况意味着地方衙门的不作为。即便讯断结案,被告方是否遵断也难以保证。嘉庆五年(1800)四月,蒙古世袭佐

① 归化城副都统衙门档案,同治元年九月十五日,档案号:80/14/416。
② 归化城副都统衙门档案,咸丰九年六月二十一日,档案号:80/5/188。
③ 归化城副都统衙门档案,光绪二十九年二月,档案号:80/5/429。
④ 归化城副都统衙门档案,光绪三十一年三月,档案号:80/5/487。
⑤ 归化城副都统衙门档案,乾隆六十年闰二月二十一日,档案号:80/5/122。

领札什札布控告民人张立豹“霸地抗租”,萨拉齐厅通判等断令张立豹还钱,但其“抗断不还”。其后萨拉齐厅通判一推再推,“总不见面”。札什札布于是辞退了佐领一职,赴京城九门提督衙门告状。① 另一方面,由于蒙古、民人已经谙熟契约的运用,这也给断案带来了一定的难度。其中有各执一端,约据不符者,“查讯两造供词各执一端,查验各约据均不相符”。② 又各有说辞,约据相合者,“调验各约与所供相同”。③ 双方均有约据可凭,这说明蒙汉双方都非常懂得利用契约来维护自己的权利,甚至不排除为了达到目的而采用制造“假约”的行为。总之,新约旧约重重迭迭、枝蔓缠绕,令有司在断案时无从下手,十分挠头。

民人永租权的获得使蒙古逐渐失去了与土地的直接联系,只保留了“收租”的权利,最终由游牧为生转变为吃租当差。乾隆四十五年(1780)七月初七,在萨拉齐厅巴拉盖村的土地争讼案中,蒙古圪得格尔说其“当差生计,全赖地亩”,而今则“将自己产地出租”。④ 乾隆五十年十月初十,在萨拉齐厅蒙古渠金架等与民人孟成贵等的土地争控案中,归化城副都统说蒙古向来“以牧养牲畜为生”,如今则“赖地租为业”。⑤ 可见到乾隆末期,许多蒙古已经以“地租”为生了。

蒙古收取的地租叫作“地谱”,用来收“地谱”的文书则名为“地折”。蒙古收租初不立折,但随着租佃关系日益复杂,蒙古、民人在交易中,为方便收租,开始立折。现在内蒙古自治区呼和浩特市托克托

---

① 归化城副都统衙门档案,嘉庆六年五月十八日,档案号:80/5/124。
② 归化城副都统衙门档案,道光二十六年七月一日,档案号:80/5/148。
③ 归化城副都统衙门档案,咸丰九年六月二十一日,档案号:80/5/188。
④ 归化城副都统衙门档案,乾隆四十五年七月十一日,档案号:80/5/46。
⑤ 归化城副都统衙门档案,乾隆五十年十一月二十五日,档案号:80/5/89。

县格尔图营子村蒙古高家就保留着 85 个地折子,每个约有火柴盒大小,封皮书写收租对象名字、立折时间等信息,里面则记载历年收租情况。以光绪四年(1878)一份地折为例,这份地折封皮上书,"光绪四年八月立、高明地租折",具体内容为:

自光绪四年起,每年与伊出地租钱一千文,常年到秋季凭折来取,认折不认人,倘若河塌水占不能耕种,与伊不出地租。八月二十四日收现钱一千文;五年三月二十八日收糜谷钱八百文;九月十三日收现钱二百文;六年十一月二十一日收现钱一千文;七年十二月二十五日收现钱一千文。①

其他地折的形制与这份大同小异。蒙古将土地永租于民人之后,如果需要银钱,往往将"收租权"作为抵押物向人借取。打什札布弟兄二人"央"广裕粮店梁生虎等"转借钱二百余千",后因"无力偿还",于乾隆四十三年,"将每年所收陶大志租银二十七两,兑与小的收取九年顶还各债"。② 在转让"出租权"的时候,蒙古、民人也逐渐订立契约,以为凭据。道光十五年(1835)十一月十一日的一份契约就属于这种情况,

立典地铺约人刘溁后今典到纳顺名下托克(疑漏"托"字——引者注)城原收到营房南地铺钱一千一百五十文整,情愿出典与刘溁后名下每年经收,同众言明,典价钱三千四百五十文整,其钱当交不欠,日后钱到回赎,不计年限,如召户内人等争夺,召纳顺一

① CYG 收藏契约,光绪四年八月,这批契约是笔者于 2011 年 11 月 12 日在托克托县收集,下同,不一一注明。感谢吴滔、申斌、陈贵明等师友帮助识读此条材料。

② 归化城副都统衙门档案,乾隆四十九年闰三月二十日,档案号:80/5/73。

面承当,恐口无凭,立合同典约存照用。

道光十五年十一月十一日 立

合同执照各执一张(骑缝)

中人 立山喇麻、王万顺、马里不第[①]

从这份契约来看,蒙古纳顺经收营房南地铺钱时,似乎没有立折。有了"地折"之后,契约中开始直接写明典、兑"折"等字样,道光三十年(1850)五月十五日的一份契约中就说,蒙古铁圪达将自己收吃永兴店的一个地租银折"兑"与永和如收使。[②] 值得注意的是,这里与蒙古交易的都是商号。无独有偶,咸丰元年(1851)十一月初二,蒙古纳顺同子天来宝将自己应收万和店、蔡玉信、陈才、李本顺、张景太、赵秉荣、自成局、永合店、双和店、和成局、恒盛店12个地折(其中万和店为两个地折),也兑与永和如收使,[③]在这宗交易中涉及7个商号。由上可知,随着商品货币经济的发展,商号在"地折"的交易过程中扮演了越来越积极的角色。

"收租权"一旦转让,还可继续流转。乾隆三十八年(1773)八月二十七日,张德虎、张治国二人从蒙古古尔架处"赁到"地基、场面各一块,后古尔架将此地基的收租权典与木札布,木札布又将其转典于根敦扎布,但在收租权转手之时,交易各方只兑过地铺,并未换过文约。[④] 到了清末,人们也用契约来确立"收租权"的权属关系,光绪十七年(1891)十一月二十五日的一份契约中写道:

---

① CYG收藏契约,道光十五年十一月十一日。
② CYG收藏契约,道光三十年五月十五日。
③ CYG收藏契约,咸丰元年十一月初二。
④ 归化城副都统衙门档案,乾隆四十一年十二月十八日,档案号:80/5/31。

立出典地租折子约人双林子，今因银钱紧急，将自己原典到恼木气地租折子每年收地租钱一千八百四十文，情愿典与高明、二明弟兄名下收吃，同人言明，作典地租折子钱，外钱五千五百二十文，其钱当交不欠，嗣后钱到回赎，不计年限，如钱不到，折子由钱住（原字如此——引者注）自办，倘有蒙民人等争夺者，有双林子一面承当，恐口无凭，立典地租折子合同约为证。

立合同纸二张，各执一张（骑缝）

大清光绪十七年十一月廿五日立

中见人：刘宝子、刘璠、刘政义、陈三①

双林子、恼木气、高明、二明都是蒙古，这意味着此份契约中的"收租权"是在蒙古之间流转。不仅如此，民人在获得永租权之后，也会将"收租权"转出。乾隆年间，归化城厅西五速图村长寿寺执事喇嘛斗林三、长命子之"前辈师长"，将香灯地亩1顷30余亩租于民人温姓"长久耕种，不准转典"。后来温姓偷偷将土地出典，又以众姓典约作为抵押，向郭得胜借钱。② 可见"收租权"像"地权"一样，也是纠葛重重、缠绕不清，以致逐渐出现了"一约数主"的状况。

土地易手频繁，收租权也屡有流转，因此在收取地租之时，逐渐确立了"认折不认人"的俗例。道光九年（1829）四月初八，四成局租到把儿旦之子纳顺佃与祥云店河口后街路东空地基一块，"地谱钱凭折来取，忍（原字如此——引者注）折不认人"。③ 道光二十八年（1848）二月，那顺、天来保父子，将自己祖遗土地租给李本顺，"永远耕种修理管

---

① CYG收藏契约，光绪十七年十一月廿五日。

② 归化城副都统衙门档案，光绪三十一年五月，档案号：80/5/471。

③ CYG收藏契约，道光九年四月初八。

业”,每年收地租钱 440 文,“当日立折一个,每年凭折来取”。[①] 咸丰元年(1851)二月二十二日,蒙古纳顺、有福子将地基一块出租于天德店史褒晋“永远管业”,并立下地折,“嗣后凭折来取,认折不认人”。[②]“认折不认人”“凭折来取”等俗例的形成,正是土地、收租权交易不断活跃的结果,这反映出蒙古社会已经日益卷入到商品货币经济的浪潮之中。

在民人获得“永租权”之后,蒙古失去了对土地的实际支配。其后,“收租权”成为单独的抵押物,以契约的形式在市场上流转。到了清末,归化城土默特蒙古的土地“转相租典,迭经分割,始则蒙与民私立约据,继则民与民私立约据”,最终形成了“一地数约,一约数主”的局面。[③]

五、结语

直到今天,在内蒙古地区依然保留着许多土地契约文书,作为一种历史文本,这些土地契约从哪里来,发生了什么变化,为何能够流传并保存至今,又反映了怎样的社会演变?换言之,这样一套“土地契约秩序”在内蒙古各个地区得以确立和维系的具体社会机制是什么?本文以归化城土默特为例,试图从一个侧面回答上述问题。

如果将其视为一种历史文本,不难发现,归化城土默特的“土地契约”经历了一个从无到有,由简单到复杂的演变过程。明中叶至清初,土默特蒙古以游牧为生,土地是有力者多占,无力者少占,其时并无书

---

① CYG 收藏契约,道光二十八年二月十□日。

② CYG 收藏契约,咸丰元年二月二十二日。

③ 归化城副都统衙门档案,光绪三十三年十二月十五日,档案号:80/5/598。

写契约的传统。乾隆八年,朝廷划拨户口地,此后土默特蒙古对自己的土地,有了较大的支配权。在朝廷西征朔漠和放垦土地的背景下,民人数量不断增加,旅蒙贸易显著发展,这使归化城土默特地区的土地投资具有了可观的利润回报。由此,民人和蒙古对待土地的权属意识逐渐增强,始则口头约定,继而订立简单的契约,之后用"永租约""押地钱"等来维护彼此的权益。"永租权"的确立又使蒙古失去了对土地的实际支配,其后"收租权"成为单独的抵押物,以契约的形式在市场上流转。土地契约能够长久存在并广为流布,则是建立在人们相信其具有法律效力的假定之上。虽然清廷在法令上一直禁止蒙地私垦,但地方衙门对民人租种蒙古土地实际上采取了默许的态度,并将契约作为断案的重要依据。这一态度潜在地支撑了土地契约秩序的有效性。总之,正是在王朝军政策略、旅蒙贸易、蒙古、民人的共同作用下,一套源于汉人社会的土地契约书写传统,得以在归化城土默特地区扎根、演化并广为流传,甚至时至今日在百姓的日常生活中仍具有实用价值。

土地契约在归化城土默特地区出现、演化和流布的过程,也是蒙古面对异文化冲击,主动进行调适和改变的过程。既往对于"土著"社会地权问题的研究或因相关材料的缺乏,或因问题意识的不同,较少关注"土著"人群在世易时移之下的行为和心境。① 从本文的分析可以发现,面对陌生的民人处理土地问题的方式,蒙古不是被动地接受与顺应,在彷徨与纠结之中,他们主动地学习了汉人社会"永租""押地

① 相关研究如:杨国桢:《明清土地契约文书》,人民出版社 1987 年版,第 380 页;陈秋坤:《清代台湾土著地权——官僚、汉佃与岸里社人的土地变迁(1700—1895)》,台北,"中央"研究院近代史研究所 1997 年版,第 19 页。

钱”“一田数主”等观念,在涉及与民人的地权纠纷时,逐渐熟练地利用这类知识以及朝廷的有关律令,为自己争取最大的权益。在这一长达数百年的历史进程中,大部分蒙古的生计方式从游牧为生转为吃租当差,整个归化城土默特地区也从广袤无垠的大草原变成了沃野千里的米粮川。

第三编

经济活动与法律体系的互动

明代钱法中的“多重货币系统”

——以隆万朝为例*

张瑞威

一、绪论

明中叶以后的货币系统来自铜钱和白银两种金属，其中铜钱是皇帝铸造的硬币，每一枚铜钱的票面价值是一文；白银则是民间通过海外贸易从外国输入，再经过税收，进入政府的库房。与铜钱不同，这些白银是没经过铸打，而以银块的方式流通，每块白银的价值关乎它的重量和含银量。在民间，两种货币都广泛流通，大体上来说，大宗交易以白银为主，零星买卖则以铜钱为工具。基于这些理解，我们可以将明清的货币体制笼统地称为“金属复本位制”（bimetallism）。

一个国家实行两种货币系统，不能说不可能，但至少是难度极高的事情。近代欧洲是一个好例子，20 世纪之前不少国家同时使用银币和金币，但在市场上，却时常出现一种货币排挤另一种货币的情况，即所谓的“劣币驱逐良币”。它的发生，在于官方对两种法定货币的兑换价，偏离了民间的市价，于是人们便将市价较高的货币（良币）收藏起

* 笔者感谢香港大学教育资助委员会优配研究金（General Research Fund）的资助。

来,用市价较低的货币(劣币)去缴税,而结果是,政府库房充斥了劣币。经济学家斐雪(Irving Fisher)认为只要市场是开放的,两种货币系统便可以同时存在一个国家里面。他指出,官方兑换价偏离市价,是由于其中一种货币变得昂贵,然这个情况会刺激人们开采这种货币的金属,制造更多的货币,于是过了一段日子,昂贵的货币又会回复便宜,接近官价的水平了。① 斐雪的经济理论虽然成立,但在实际的环境中,要多少时间才能让两种金属货币重新回到原来的平衡点?不要忘记,当大量劣币涌入政府的库房,是会严重影响国家的财政的。

陈昭南则认为,欧洲的经验难以套用在明清中国,此因铜钱和白银的价格相差太大,两者的互补性很弱,故此在市场上的流通是自成体系的,各自成为不同商品的交易媒介,而二者又存在不断浮动的兑换率。与其说明清时期是"金属复本位制"(bimetallism),不如说是"二重货币系统"(duometallism)。② 陈昭南的理论很具启发性,但我们可以补充,铜钱和白银的缺乏互补性,也是来自政府的安排。在明朝中叶,虽然政府承认两种金属的法定地位,但对于它们的作用各有安排,一些税项是收纳铜钱的,一些税项是收纳白银的,各不相干。这种安排,使明朝政府在白银流通的年代,能够继续保持制钱的发行。

那么明中叶中国货币的问题在哪?这篇文章,将以隆庆至万历初年的制钱的流通情况作为例子,指出明代的铜钱从来不是单一的货币系统,所谓"劣币驱逐良币"就在不同的铜钱之间发生。

---

① Irving Fisher, "The Mechanics of Bimetallism," *The Economic Journal*, Vol. 4, No. 15 (Sept. 1893): 527 - 537.

② Chen Chau-nan, "Flexible Bimetallic Exchange Rates in China, 1650 - 1850, A Historical Example of Optimum Currency Areas," *Journal of Money, Credit and Banking*, Vol. 7, No. 3 (Aug. 1987), p. 360.

二、铜钱之间的劣币和良币

嘉靖三十二年(1553),朝廷在京官的薪俸支放上出了一个小风波。那一年,内阁首辅严嵩发现司京城库房内的制钱堆积如山,便向皇帝进言,何不按照1两兑700文的价格,折给京城的文官武将?此时明朝的薪俸均是以白银支放,明朝中国的白银经马尼拉和日本输入,再经过税收吸纳到户部管辖的太仓里面,用以支付各种费用。对于朝廷来说,白银在供应上,始终不及自己铸造的铜钱来得稳定。故此严嵩这个建议,一方面既可消耗库房内的制钱之余,另一方面又能增强朝廷的白银库存,可谓一举两得。疏入,嘉靖皇帝非常满意,立即下旨提出司钥库“新旧制钱”8100万文用作折俸。这个数额,足足是嘉靖六年(1527)铸造通宝数额的两倍,可以说非常巨大。[①]

但措施随即引起风波,一些官员指出了以这个官价进行折换并不合理,但问题不是1∶700这个官价,而是这700文是什么铜钱?嘉靖谕旨中的“新旧制钱”中,“新钱”是嘉靖通宝;“旧钱”是明代前朝的各种通宝并唐宋古钱。两者相较,嘉靖通宝是由较贵的黄铜铸造,而旧钱是由较为廉宜的青铜铸造,这包括唐宋两代至明初历朝的铜钱。虽然每枚铜钱都是1文,但它们的市场购买力各异。折俸政策出炉之后,一些官员指出,皇帝出内库钱给在京文武官员,无论新旧年号及铜钱美恶,悉以700文折算,但当他们以同样价钱,在京畿市场购买以白银标价的商品的时候,便遭到商户的为难。这些官员开始攻击户部有关官员,最后嘉靖皇帝下旨,若官员支薪的时候,每1分白银,等于嘉

① 张瑞威:《论法定货币的两个条件:明嘉靖朝铜钱政策的探讨》,载《中国文化研究所学报》2015年1月,第190页。

靖通宝是7文,或洪武通宝10文,其他则一律30文。皇帝的命令,勉强平息了官员的矛盾,因为按照这个命令,若户部发给官员的不是嘉靖通宝,便须多发铜钱。①

嘉靖三十二年(1553)因折俸而导致的“减薪”风波,反映了货币制度内一个很严重的问题。这个问题并不是白银和制钱之间的兑换官价脱离市场价格那么简单,而是所谓制钱,根本有很多种,其中包括明朝的洪武通宝、永乐通宝、宣德通宝、弘治通宝、嘉靖通宝,以及唐宋各式各样的制钱。这么多种的铜钱,票面价值都是1文,但质量各异,市场价格也各异。

制钱的多样性,是格雷欣法则“劣币驱逐良币”滋生的温床。明朝户部在北京设有宣课司,地方设有税课司,对商店收取税项,称为“宣课”或“门摊”。在京畿一带,征收门摊的衙门主要有三个,包括宣课司辖下的崇文门分司和德胜门分司,和顺天府辖下的安定门税课司。明朝初年门摊是折钞的,但自成化元年(1465)开始,钱钞各半征收。朝廷的决定,使民间可以用制钱缴纳税项。于是人们权衡各种认可制钱后,便把市价高的留在口袋,将市价最低的缴纳门摊。嘉靖三十二年(1553)的折俸事件,便是皇帝内库劣钱堆积如山的结果。

在嘉靖一朝,虽然民间的小买卖还是使用铜钱,但白银已经大行其道,在国家管治的层面,不单大部分赋役已经折银,而且不少政府的账目也以白银计算,根本不需要铜钱这种民间小额货币。嘉靖皇帝仍然铸造铜钱,原因之一是铸钱是天子的专利,是他可以自由调动花费的钱包,因此每当急需用钱的时候,皇帝便想到铸钱;原因之二是既然

① 张瑞威:《论法定货币的两个条件:明嘉靖朝铜钱政策的探讨》,载《中国文化研究所学报》第191页。

铸钱是天子的专利,那么铸造新一朝的制钱,便表示了王朝的正统性。史载嘉靖皇帝不但自己铸嘉靖通宝,还试图补铸洪武到正德九个年号的钱,每一个年号补铸100万锭。①

明朝政府已经逐步以白银进行运作,因此皇帝不大知道如何有效地花掉从铸造和门摊而来的铜钱。此等制钱,若是由工部在南北两京开设的宝源局铸造出来,质量还有些保证,但若从门摊而来,则大多是劣钱。根据朝廷的规定,当宣课司征收门摊的时候,只要铜钱完整无缺,无论是哪个朝代,1个便是1文钱。于是京畿一带的轻劣铜钱,都被辗转买运至京师,用作缴付门摊。

嘉靖四十四年(1565),皇帝对内库堆积如山的制钱不胜其烦。这一年,他采纳了内阁首辅徐阶的建议,规定以后的门摊一概征银。虽然这个政策,使北京的铜钱突然失去了主要的法定出路,钱价下跌之余,商户更要筹措白银交纳门摊,但对于皇帝来说,的确是将内库劣钱的源头成功堵塞了。② 不过,措施的实施只得一年,嘉靖四十五年(1566),嘉靖皇帝驾崩,他的儿子裕王朱载垕继位为帝,改元隆庆。

隆庆皇帝刚即位,便否定了先帝的措施,再次准许门摊征收铜钱。隆庆元年(1567),他命司礼监到户部传达圣旨:"朕闻京城内外钱法不通,军民人等难过,尔户部会同都察院,体访民情,议处来说,钦此。"③在明朝的官方文书里面,每凡提到"钱法不通",意思就是市场上铜钱

---

① 彭信威:《中国货币史》,上海人民出版社1958年版,第641~642页。按每锭是五千文。

② 张瑞威:《论法定货币的两个条件:明嘉靖朝铜钱政策的探讨》,载《中国文化研究所学报》2015年1月,第193页。

③ (明)张学颜等:《万历会计录》卷四一《钱法》,收入《续修四库全书》(第831~833册),史部政书类,影印万历九年(1581)刻本,第10~11页。以下所引《续修四库全书》均出自此刻本,下文引用时不再标注。

太多,钱价低下。这道圣旨充分表达了新皇帝对京畿一带军民人等的体恤之情。时户部右侍郎刘自强会同了都察院,议题“钱法必须新旧兼用,上下通行,方为便益”。他们建议朝廷刊刻榜文,晓谕京城内外,无论是明朝铸造的洪武、永乐、宣德、弘治及嘉靖通宝,以及一切前代旧钱,照旧流通,永不变更。疏入,立即得到皇帝的批准。① 虽然户部尚书葛守礼随即在里面加上了一个条款:在崇文门分司征收门摊的时候,3 两以上收银,3 两以下才收钱。② 但皇帝的内库再次为劣质铜钱打开了方便之门。

三、重钱轻银思想

隆庆皇帝放宽收纳铜钱的限制,立即刺激了北京的钱市,各种劣币都涌至京师,因为只有在北京的门摊税项,此等劣钱的票面价值才受到官方的承认。京畿一带,以铜钱计算的商品以及白银都大幅涨价,一些官员对这种情况表示担忧,他们怀疑银贵钱贱对国家稳定会带来不良的影响,再从这个逻辑发展出明朝的财政结构应该是以“重钱轻银”为大前提。

首先提出”重钱轻银”的,是山西巡抚靳学颜。他在隆庆三年(1569)二月上疏,说:

> 钱与银异质而同用,今用银而废钱,钱益废则银益独行,银独行则豪右之藏深,而银益贵则货益贱,而折色之办益难,而豪右又乘其贱而收之,时其贵而出之。银之积在豪右者愈厚,而行于天

① (明)张学颜等:《万历会计录》卷四一《钱法》,收入《续修四库全书》(第 831 ~ 833 册),史部政书类,影印万历九年(1581)刻本,第 11 页。

② 同上书,第 12 页。

下者愈少,再踰数年,不知又何如矣?①

靳学颜认为目前银贵钱贱的情况,产生了两大社会问题:一是百姓持着铜钱折交白银税项的时候,便须多交铜钱;二是豪右乘时贱买白银,待贵而出,导致白银大量积存在豪右手中,行之于天下便大大减少。靳学颜觉得要扭转这个情况,朝廷须要铸钱,并且提升铜钱在政府财政上的位置,“一切事例,罚赎、征税、赐予、俸饷之类,俱以银钱并行,上以是施,下以是纳”。②

另一个值得注意的官员是蓟辽总督谭纶,他在同年(1569)七月上《理财疏》。与靳学颜一样,他也主张重钱轻银:

言足国必先富民。欲富民,必重布帛菽粟而贱银;欲贱银,必制为钱法,增多其数,以济夫银之不及而后可。今之议钱法者,皆曰铸钱之费,与银相当,朝廷何利焉?臣以为岁铸钱一万金,则国家增一万金之钱流布海内。铸钱愈多,则增银亦愈多,此藏富之术也。③

奏疏中的所谓“贱银”,是减少依赖白银作为货币的意思。从这篇奏疏中可见谭纶把铜钱等同财富,国家多铸1万文,财富便多增1万文,当这1万文流入民间,百姓也有钱文可用了。故此谭纶认为,铸钱是达至“足国”和“富民”的工具。在这个逻辑之下,谭纶建议铸钱,并且要扩大规模:

① (明)王圻:《钦定续文献通考》卷十一,《景印文渊阁四库全书》史部384政书类,第28~29页。

② 同上书,第29页。

③ (明)谭纶:《论理财疏》,收入《明经世文编》卷三二二,中华书局1962年版,第13页。

> 臣愚请朝廷，岁出工本银一百二十万，分发两京工部，及南北直隶各布政司，所在开局设官，专任其事。其所铸钱，即以备次年官军俸粮兼支折色之用。①

按照谭纶的想法，国家的制钱，不应是单单放进内库给皇帝作个人消费的，还要扩展至各省，作地方政府财政之用。他建议，除了北京和南京的工部宝源局仍旧铸钱，户部派至各省负责财政的布政使也应铸钱，以支付地方政府的文武官员和军队的俸饷。

在谭纶的《理财疏》中，更提出一个消灭制钱多样性的建议。他主张铸新钱，但认为：

> 其钱俱以大明通宝为识，期可行之万世。从前嘉靖等钱，及先代开元等钱，或行或否，悉听民便。新钱盛行，旧钱当自止。②

由此建议日后铸造的制钱一律采用“大明通宝”，并以此作为单一赋税货币，至于那些嘉靖及前朝前代通宝，则让百姓自由流通，不用管理。谭纶的建议，得到一些大臣的附和，如隆庆四年(1570)三月，直隶御史杨家相也上奏提出说：“凡钱宜以大明通宝为文，毋纪年号，则钱不杂。”③

谭纶和杨家相统一制钱的建议，无疑可以解决制钱的多样性问题，却使北京的钱市出现恐慌，各种的钱价被推至低点。这时刚任内阁首辅的高拱，向皇帝指出，目前民间货币市场混乱，皆因朝廷意见纷

---

① (明)谭纶：《论理财疏》，收入《明经世文编》卷三二二，中华书局 1962 年版，第 13 页。

② 同上书，第 13 ~ 14 页。

③ 《明穆宗实录》卷四三，台北，“中央”研究院历史语言研究所 1962 年版，第 11 页。

乱,无一定论:“钱法不通,由指点多端,事体不一所致。”“今旦议夕更,迄无成说,小民恐今日得钱,而明日不用,是以愈变愈纷乱,愈禁愈惊疑。”高拱请求皇帝特降圣谕,不许大臣再讨论钱法乱民耳目。虽然史料没有显示高拱对铸造新钱有如何意见,不过在这次会面后不久,皇帝便下旨铸造新钱。新钱没有采取谭纶和杨家相的意见,仍然遵循旧例,以年号命名为“隆庆通宝”。①

四、京城到直省

在高拱作内阁首辅的隆庆朝,并没有实行靳学颜或谭纶的货币思想,朝廷铸钱的目的是要稳定京畿的钱市。隆庆四年(1570)十一月,皇帝收到了工部呈交上来的隆庆通宝钱,每枚重一钱三分。新钱有两个特点,首先,新钱的数量并不多,只是区区的200万文,还是按照以往制度进入内库供皇帝个人使用;其次,虽然隆庆通宝钱较嘉靖通宝稍重(嘉靖通宝只重一钱二分),但基本上还是模仿嘉靖通宝不作单一品式。当时工部是根据黄铜的纯度,铸成“金背钱”和“火漆钱”。其中金背钱是用较贵的四火黄铜铸造,而火漆钱是用较廉的二火黄铜铸造。品式不同,但票面价值均是1文。严格上来说,隆庆通宝不是一种铜钱,而是两种不同的铜钱,相互间没有从属的关系。②

隆庆通宝钱的铸造,没有清除制钱的多样性问题,隆庆皇帝只是在既有的一大堆法定制钱上,加上隆庆金背钱和隆庆火漆钱两种而已。这200万个隆庆通宝钱铸成后,大部分留在内库,少量通过皇帝

---

① 李洵校注:《明史食货志校注》,中华书局1982年版,第220页。

② (明)王圻:《钦定续文献通考》卷十一,《景印文渊阁四库全书》史部384政书类,第29~30页。

的赏赐流入民间。流入民间的隆庆通宝钱,不大可能再回流到内库。

为了消耗内库的制钱,隆庆皇帝也模仿了嘉靖末年的制钱折俸方式。他在隆庆六年(1572)议准,在京文职官员折俸,以十分为率,九分支银,一分支钱。在这"一分支钱"的规则上,质量最高的金背钱将占六成,质量较低的火漆钱和旋边钱各占二成。旋边钱是嘉靖年间所铸造的质量介乎金背和旋边间的黄铜钱。在折换率方面,每两白银折800文金背钱,或1000文火漆钱,或1000文旋边钱。[①] 即是说,若某官员的俸禄是100两的话,他可以领取四种货币,包括90两白银,4800文金背钱,2000文火漆钱和2000文旋边钱。事情可以更加复杂,若在4800文金背钱中,包含了重一钱二分的嘉靖金背钱,和重一钱三分的嘉靖金背钱;而在那2000文的火漆钱中,也包含隆庆火漆钱和嘉靖火漆钱的话,则那位官员所领取的薪俸中,除了白银,还有五种票面价值均是1文的不同制钱。

从史料上看不到北京人对隆庆通宝钱有很大意见。事实上,隆庆六年(1572)的折俸安排,对官员来说,没吃很大的亏。首先,折俸只占薪俸的十分之一,而且都是嘉靖和隆庆的黄铜钱,一般来说,质量已较前朝的青铜钱为高,况且还将金背钱的折银率,自嘉靖年间的700∶1,提升至800∶1。其次,更重要的是,在门摊的征收上,宣课司仍然需要遵守隆庆元年订立的"钱法必须新旧兼用"原则,这使人们仍可以挑选最劣等的制钱去缴纳门摊。

到这个年代,明朝的所谓劣币问题还只局限在北京,真正的改变是在万历朝。隆庆六年(1572)五月,隆庆皇帝以35岁之龄突然中风

① (明)王圻:《钦定续文献通考》卷十一,《景印文渊阁四库全书》史部384政书类,第29~30页。

去世，一个月后，年仅10岁太子朱翊钧冲龄登基，于翌年改元万历，内阁首辅的位置也由张居正取代了高拱。与前任首辅不同，张居正较重视谭纶的意见。① 事实上，隆庆年间谭纶任职蓟辽总督，便是来自当时已任内阁大学士的张居正的引荐，到了万历皇帝即位，张居正就任首辅，更将谭纶升任为兵部尚书。② 在张居正的辅助之下，万历四年(1576)二月，皇帝下旨谕令户工二部开铸万历通宝。每枚万历通宝重一钱一分五厘，较隆庆通宝重。但这不是两者的最大分别。与隆庆通宝不同，万历通宝的铸造，背后是谭纶所提倡的扩张货币思想。这种扩张，是把制钱从皇帝钱包的作用，扩大为政府的库房。

在扩张货币政策之下，虽然万历通宝沿用了隆庆通宝的形制，分为金背钱(四火黄铜)和火漆钱(二火黄铜)两种，但两朝的制钱分别很大：其一，隆庆通宝只是铸造了200万文，万历通宝则是它的50倍，达1亿文，其中7000万文是金背钱，3000万文是火漆钱；其二，在这1亿文里面，只得1千万文进入皇帝的内库，其余的9千万文全被拨入太仓，准备给户部进行京官折俸之用。③

与此同时，万历皇帝将将制钱铸造由京师推广至各省，即所谓“直省铸钱”措施。事缘当朝廷宣布北京铸钱后一月，巡按云南御史郭廷梧便进言，云南历来是使用从外地购入的海贝作为货币，既然云南盛产铜矿，地方官员何不利用这个机会就地取材，铸造铜钱来代替海贝？

---

① [日]滨口福寿：《隆庆万历期の钱法の新展开》，载《东洋史研究》1972年第31卷第3号，第83页；Richard Von Glahn, *Fountain of Fortune: Money and Monetary Policy in China*, 1000 - 1700, California: University of California Press, 1996, p. 146。

② 朱东润：《张居正大传》，湖北：湖北人民出版社1981年版，第86～87页。

③ (明)王圻：《钦定续文献通考》卷十一，《景印文渊阁四库全书》史部384政书类，第31页。

郭廷梧的请求很快便得到朝廷的批准，云南遂开局铸钱。①

郭廷梧的奏折具有两重意义，一是云南铸钱，并在云南流通，这是打破明朝铸钱只限北京的惯例；二是户部铸钱，这是打破工部垄断铸钱的工作。云南开局铸钱准奏，户科给事中周良寅随即上书，容许各省地方政府铸钱，补充地方财政，并扩大铜钱在地方财政的功能。万历四年(1576)四月，他指出制钱“行之一省而不通行天下，利犹未溥也”，建议朝廷下令：

> 南直隶于南工部、十三省于各布政司专管置局，俾其一体遵依行事，则行之数年，将钱满天下而贯朽可立致矣。

意思是既然铸钱对地方财政有这么大的好处，便应该大加推广到其他的省份，并建议南京的铸钱由南京工部负责，其余十三省则由各布政使设局专管。周良寅期待，只须行之数年，国家的制钱便可流布天下了。

在钱质方面，周良寅认为：“火漆价低，民情所不愿用；金背价高，分析有不便。”建议直省铸造“金背”和“火漆”质量之间的“旋边”，每10文准银1分，与地方旧钱一并行使。在支出方面，周建议地方文武等官的薪俸分为三等：一品至四品，二分支银，八分支钱；四品至八品，七分支银，三分支钱；九品，六分支银，四分支钱。至于在官各役，则五分支银，五分支钱。另外，凡小民上纳，一切存留钱粮，均令银钱中半。疏入，得到万历皇帝的赞赏，下诏铸造“旋边”的样钱，颁行天下，各省一体开铸。在新措施下，户部经过一番筹划，奏准皇帝后，为每个省订

① 《明神宗实录》卷四八，台北，“中央”研究院历史语言研究所1962年版，第3页。

立了铸钱数额，规定巡抚将钱铸好后，分发给州县官。每年所有支用过的钱文，须汇报到户部。①

北京朝廷对于钱法的改革是充满信心的，万历四年（1576）七月，万历皇帝已经收到首批万历通宝钱，并赏赐了张居正 2000 文。十一月，工部已铸完新钱 300 万文，内金背钱 200 万文，火漆 100 万文。②一个月后，朝廷即扩大北京官员铜钱折俸的比率，由原先九分支银一分支钱，改为四分支银六分支钱。③

在地方上，不少省份的巡抚，一方面碍于张居正的情面，另一方面也憧憬万历通宝将改善地方财政，对铸钱表现了很大的热情，他们纷上奏章，向朝廷表陈他们的各种建议，期望达到万历通宝流通天下的目标。单在万历五年（1577），便有江西巡抚潘季驯主张将旧钱收买，改铸新钱；福建抚按庞尚鹏建议让该省诚实而有身家者向官府纳银后铸钱，山西巡抚高文荐则考虑在省内产铜地区开局铸钱以助减低运输成本。④ 张居正对直省铸钱也很有期望，他在一封给庞尚鹏的信函中云：

> 钱法原以足民，非为兴利，然足国之道，亦不外此，盖世间银少铜多，公私之费，皆取足于银，故常患不足，今化铜为宝，则民用

---

① （明）吴亮：《万历疏钞》自序，收入《续修四库全书》史部 469 册，卷二七，第 1 ~ 5 页；《明神宗实录》卷四九，台北，“中央”研究院历史语言研究所 1962 年版，第 8 ~ 9 页。

② 《明神宗实录》卷五二，台北，“中央”研究院历史语言研究所 1962 年版，第 17 页。

③ （明）王圻：《钦定续文献通考》卷十一，《景印文渊阁四库全书》史部 384 政书类，第 30 页。

④ 同上书，第 33 ~ 34 页。另见于《明神宗实录》，台北，“中央”研究院历史语言研究所 1962 年版，卷五九，第 6 页；卷六六，第 3 ~ 4 页；卷七七，第 1 页。

益饶,则上供易办,故足民亦所以足国也。①

意思是世间银少铜多,若朝廷能“化铜为宝”,便可足国富民。这是张居正说出了自己对货币政策的看法,整体来说甚有谭纶的影子。

五、钱法不行

朝廷很快便知道万历通宝不行。首先是北京的市场,万历五年(1577)十一月,司礼监传奉圣旨,说知道京城内外钱法不通,小民受困,着辅臣议处。张居正回奏,钱法不通,是由奸商兴贩私钱至京,再经势豪贱买射利所致。万历皇帝于是命户部设法疏通。②

户部尚书殷正茂详细回复,钱法存在两个问题,导致京畿市场上铜钱过于壅滞:一是私铸;二是富商大贾的炒卖活动。关于后者,他指出此等富商大贾,在全国各地贱收各处杂钱,私运到北京,卖给城中势豪巨室,或者正阳门外的店铺。这些店铺为了盈利,散布谣言,如某某钱将不行等等,愚弄小民,炒卖获利。殷正茂认为要稳定钱市,便须打击这些不法行为,同时将京畿的铜钱回收内库。根据他的建议,朝廷规定了崇文门宣课司收税,2 两以上银钱中半,2 两以下尽数收钱,希望可以透过这个方法把市场上过多的制钱收归内库。③ 但情况并没有稳定下来,万历六年(1578)十二月,万历皇帝下诏:“京城内外,钱法壅

① 《新刻张太岳先生文集》卷二九《答闽抚庞惺庵》,万历四十年唐达年刻本,收入《续修四库全书》集部·别集类,第 22 ~ 23 页。

② 《明神宗实录》卷六九,台北,“中央”研究院历史语言研究所 1962 年版,第 2 页。

③ (明)张学颜等:《万历会计录》卷四一《钱法》,收入《续修四库全书》(第 831 ~ 833 册),史部政书类,影印万历九年(1581)刻本,第 15 ~ 17 页。

滞,重困小民。”[①]户科给事中石应岳上奏:“京城有势豪巨室,串同兴贩,内外构结,愚弄小民,致钱法不通。”新任户部尚书张学颜在覆函上,也同意这个说法,并慨叹:“都城钱法阻滞,已经设法疏通,今不及壹年,壅塞如故。”[②]

大概是为着减少劣质制钱流入内库,经张学颜在万历六年(1578)十二月奏准,宣课司在收取门摊的时候,将分别制钱的种类,若是嘉靖、隆庆和万历的金背钱,均是8文准银1分,而这三朝的火漆和旋边,则一律每10文准银1分。至于嘉靖朝以前的青铜钱,不论哪个朝代出产,一律12文准银1分。与此同时,再又扩大门摊税项的铜钱比例,规定3两以上银钱中半,3两以下尽数收钱。[③] 这是用不同的银钱兑换比率,去处理面值同是1文的各种制钱,相信稍稍有助减少劣币充斥内库的问题。然而要注意,即使是三朝的金背钱,也各有轻重,何况是嘉靖朝以前的各种青铜钱?北京仍然是劣币积聚的地方。

京师尚且如此,各省的情况更加不堪。万历六年(1578)十二月,万历皇帝已经下诏斥责地方没有好好地奉行钱法。[④] 其实,所谓直省铸钱,都是“只闻楼声响”的政策。在直省铸钱,存在不少的困难,主要的问题是收买铜料和散放铸好的制钱。在收买铜料方面,自朝廷准许地方官员向州县借官帑,铸钱成本已得到初步的解决,但问题是大部分省份不产铜,这使不少地方官员要向老百姓收买铜器熔铸铜钱,而

---

① 《明神宗实录》卷八二,台北,“中央”研究院历史语言研究所1962年版,第2页。

② (明)张学颜等:《万历会计录》卷四一《钱法》,收入《续修四库全书》(第831~833册),史部政书类,影印万历九年(1581)刻本,第18~19页。

③ 《(万历)大明会典》卷三一,广陵书社重印2007年版,第14页。

④ 《明神宗实录》卷八二,台北,“中央”研究院历史语言研究所1962年版,第2页上。

在购买的过程中，强迫和压价可以很严重，时人邓元锡（1528—1593）批评“吏责民输铜，销器毁成，不尽给其值，责铜急而铜价腾跃，非产铜地苦之尤甚”，从而使许多地方“未得钱之利而已被铜害”：

> 是患不在钱之不行，而在于钱之不继，不在于钱之不继，而在于铜之不广。铜不广、钱不继，而欲其如流泉焉行地而不穷者，否也。①

因此之故，许多地方官员一直虚应故事，如万历年间任福建延平府官员李乐（1568 年进士），在许多年后承认要照顾地方民情，并不曾落实张居正的铸钱命令。他说：

> 张江陵，当万历丁丑（万历五年）戊寅（万历六年）间，铸钱之念甚切。铸钱，便民行使，贫人受益，不可谓其无策，但地方自有钱处，则不必开局费事。余巡延平地方，自有旧钱，余不敢迎江陵意，虚开一局，然亦不闻嗔怒，可见仕君子还以自守为止，不必曲学阿世。②

事隔多年，李乐还洋洋得意地事后孔明，可见新的政策是如何与社会现实脱轨！那些支持铸钱的地方官员，在李乐的眼中只是“曲学阿世”而已。

直省铸钱行不通，但政策没有停下来。在内阁首辅张居正的想法中，制钱已经不是皇帝的“私房钱”，而是政府的财政收入。万历七年

---

① （明）邓元锡：《函史》（下编）卷一六，收入《四库全书存目丛书》史部第 28 册，据陕西师范大学图书馆藏明活字本影印，第 22 ~ 23 页。

② （明）李乐：《续见闻杂纪》卷十，收入《续修四库全书》子部杂家类，第 1171 册，第 60 页。

(1579)四月,皇帝见内库缺钱,令辅臣拟旨传令户工二部再铸万历通宝进用,但被张居正阻止。张居正跟皇帝说,一直以来,国家铸造制钱的目的是方便民用,故此铸成之后,所呈上皇帝的例如上次的1000万文只是“样钱”,现在皇帝以赏用缺钱,便诏行鼓铸,“则是以外府之储,取充内库,大失旧制矣……奏入,上嘉纳之”。[①] 首辅大人既然认定制钱是政府的行政收益,也便不容易下令停止直省铸钱了。在张居正任内,只有云南被豁免铸钱。当时云南被分配了铸造49万文,但数年以来,没造出多少制钱来。在无法可施的情况下,万历八年(1580),云南巡抚饶仁侃在上书中请求尊重云南地方货币习惯,暂停铸钱:“本省自来惯用海肥,不知钱法,夷民行使不便。”饶氏的请求得到户部尚书张学颜的支持,容许日后无须铸钱,已经铸好的制钱运到贵州以充军饷,而贵州既得到这批制钱须兑给云南白银。皇帝同意了张学颜的建议,但没有更进一步取缔直省铸钱措施。[②]

六、钱不归一的后果

钱法内外不行,其中一个问题是制钱种类太多,品式不归一。万历八年四月,工科给事中万象春看出这个问题,提议重新铸造新钱,将“金背”、“旋边”和“火漆”三样名式归一。可惜没有得到皇帝的赞同,说其三样铸钱,京师行使已久,听从民便,不必又行改铸归一,反致扰民。然后,万历皇帝又乘机把内外朝臣没有好好执行钱法措施痛骂了一遍:

---

① 《明神宗实录》卷八六,台北,“中央”研究院历史语言研究所1962年版,第3~4页。

② (明)张学颜等:《万历会计录》卷四一《钱法》,收入《续修四库全书》(第831~833册),史部政书类,影印万历九年(1581)刻本,第22页。

近来朝廷诏令，抚按官员不着实奉行，即如铸钱一事，节次申饬，何啻再三竟未见有着实经理的。其呈样钱报钱数等项，徒以虚文塞责，甚至私铸横行，奸民倡乱，皆坐视不理，科道官亦皆缄默不言，好生旷职。①

同年，另一位言官唐裔指出，在即使作为陪都的南京，钱法也没有取得成功：

南京系都会之区，行未数月，竟停壅而不达。南京如此，其在外府州县可知矣，毋怪乎噪攘者之纷纷也！

唐裔也指出，许多人说钱法不行，是由于私钱横行和新钱滥恶，但他认为这两个原因都不是，因为不少私铸者已遭重遣，而且无论新钱旧钱均不行。唐裔认为，钱法不行的原因在于官方的随意变动，使人们失去信心。他批评万历六年十二月朝廷突然将金背钱以外的价值降低，吓怕了"持钱者"：

发钱之初，议有成价，每银一分，或钱八文，或十文。行未几八文者，或改为十文矣；十文者，或改为十二三文矣。

唐裔认为，将制钱的价值贬低，则持钱者亏损，并会打击人们对制钱的信心：

其积钱愈多，则其亏本愈甚，甚至积于无用，能令不悔其始之受新钱耶？欲望其行之久也难矣！

唐裔更说，目前的钱价是官府所定的。铸钱一出，则官府急急示

① （明）张学颜等：《万历会计录》卷四一《钱法》，收入《续修四库全书》（第831～833册），史部政书类，影印万历九年（1581）刻本，第23页。

谕某项给钱,某项纳钱,某项不许收钱,某项不许并用。此等烦琐措施,令愚民转相混淆,以为今日之新钱,乃是官府以法驱之,他日法令松弛,钱价又会再次改变。人们对制钱失去信心,钱法便不行。他认为云南停止铸钱是个好例子,主张各省巡抚当然首先是设法疏通制钱,但若已是像云南一样不便行者,便不妨明白开奏,以便裁夺。不过,唐裔的奏疏没有得到朝廷的回复。①

朝廷既无意停铸,地方官员为减损失,只好向市场硬销、强派。不过,这样的话,可能会带来灾难性的结果。万历十年(1582)三月,杭州便曾因地方官员硬推制钱,导致驻防士兵骚乱。

综合各方面包括目击事件者的史料,过程大概如下。先是朝廷议汰冗费,于是浙江巡抚吴善言便奉诏减发杭州东西二营兵丁月饷1/3,余下的2/3,一半折以制钱,钱8文折银1分。可是杭州的钱价已经低至20文才能兑换1分白银。这措施使兵丁非常不满,他们诉说即将往海边驻防,铜钱携带不便,要求仍发白银。但吴善言不听,说若有不愿领钱者可以回乡归农。士兵登时群情汹涌,冲击巡抚大人衙门,将吴善言拉出痛殴。杭州城内人人惶恐,市铺关闭,纷纷以为营兵即将攻城。幸好这时布政司当机立断,取银给散,士兵的骚乱才告平息。②杭州兵变反映出,当钱法从北京推广至地方,折俸的问题也同时带到地方,产生社会不安。

杭州兵变后三月,张居正逝世,直省铸钱失去了朝廷最有力的支

---

① 唐裔:《乞定钱法规制疏》卷一三,朱吾弼等辑:《皇明留台奏议》,苏州市图书馆藏,明万历三十三年刻本,收入财储类,第17~19页。

② 《明神宗实录》卷一二二,台北,"中央"研究院历史语言研究所1962年版,第1~2页;姚士麟:《见只编》,上海商务印书馆《丛书集成》初编重印,第3964册,1936年,第5~7页;光绪《杭州府志》卷四四,1922年铅刻本,第8页。

持者。这一年,万历皇帝下诏:“各处开局铸钱地方暂行停止,如钱法疏通,愿仍前鼓铸者,听从其便。”①正式为直省铸钱画上句号。

七、结语

明中叶中国的货币体制是行白银铜钱复本位制,不过两者的流通是相当独立的。民间百姓的日常生活,除非是遇上大型买卖,多以铜钱处理,而政府白银作为账目的单位,白银也是田赋的征收对象。付税者若只有铜钱,须先找钱店兑成白银,或将铜钱按照有关州县衙门提供的兑换率,直接交付地方官,再由地方官找钱店换成白银,入账和收储。按照这个道理,明朝政府可以不用理会民间的货币流通,完全的依靠白银作为政府运作的工具。

可是基于主权的象征,以及皇帝的私用,明代每朝皇帝都铸造本朝通宝钱。朝廷也明白,要制钱被民间接受,必须要有一个渠道可供人们消费,于是也一直维持北京的门摊税没有完全折银。不过,明代的钱法就在这门摊税的运作上出了问题,政府认可的制钱太多太杂,格雷欣法则中的“劣币驱逐良币”,遂在这里出现,北京也因此成为全国劣钱聚集的城市。到了万历初年,当张居正将京师钱法推广,劣币问题也同时延伸至各省地方上。

当陈昭南谈“二重货币系统”(duometallism)时,他是将白银和铜钱作为两种货币看待,其实,明朝的货币问题的复杂性,是在于铜钱从来不是单一货币,明代的钱法建立在一个多重的货币系统(multi-metallism)之上,也是“劣币驱逐良币”的主要地带。

---

① 《(万历)大明会典》卷三一,广陵书社重印 2007 年版,第 14~15 页。

惜粪若金：明末判牍中江南地区的粪便处理及其相关争议*

谭家齐

一、绪论

粪便是污秽之物，是肮脏之代表，容易惹人讨厌而难登大雅之堂，因此少有在文人笔下留有芳踪；就是被人提及时，也多是存心戏谑而不作正面描述，于是历史上的粪便管理便罕有史料反映，厕所在传统大众生活中的情况亦难以得悉。但人既有烹煮吃喝，就必然有拉撒储倒，如厕问题可是日常生活中无法分割的重要环节，绝对不能轻忽。本文以明代后期的判牍及官箴史料为中心，从基层法庭处理涉及厕所的冲突，以及有关粪便的大众文化入手，尝试了解 16 世纪至 17 世纪中国的公用厕所及粪便处理情况，揭示当时官民“惜粪若金”的态度。

厕所长期是中西知识分子的忌讳，相关研究的起步自然较迟。李伯重 2002 年出版《发展与制约：明清江南生产力研究》一书，其中第七章“肥料问题”，可以说是对传统中国粪便与厕所历史的开创性研究。

* 本文为香港研究资助局拨款资助项目“The Ming-Qing Transition（1619－1740）：A reassessment from the legal angle（HKBU 22400914）”之部分研究成果。

有关内容原来为李氏于数十年前写成之博士论文中的一章,指出明清中国江南农业的重要发展,是肥料投入的大量增加。在讲述南宋以来人粪在增强土地肥力"最主要且最稳定"的作用后,便指出明末江南一带(尤其产棉区)已出现缺肥的问题,甚至要从北方输入豆饼等肥料以支持生产。因此,明末清初江南一带便有系统收集人粪作肥料的强烈需求,道路旁边会有粪坑,而且开展了将城镇收集的粪便运往乡下的粪舡网络。[①] 有关研究运用农书及清初的民间史料,为深入研究明清的粪便及厕所问题提供了重要的基础。

2004 年,邱仲麟《风尘、街壤与气味:明清北京的生活环境与士人的帝都印象》一文在讨论明清时代北京城的卫生问题时,综合不少当时京城如厕及粪便处理的问题。他指出北京的居民每天必须接触漫天的风沙、无所不在的灰尘、满街的人畜粪秽,以及泥泞、积水与凹凸不平的危险街道;而北京城市的空气,也是秽臭难闻的。造成粪便满街的原因,除了牲畜随地解决外,就是因京城有厕所的人户不多,主要以净桶如厕,再将粪便倒到沟渠之中。此外,因为有清理粪便的需要,便有一种专门以溲器收集和清洁粪便与厕具,以赚取工钱的治溷工。[②] 但有关研究只集中描述北京情况,而且有关明代的讨论也因史料的限制多集中在 15 世纪至 16 世纪后期,明末清初的情况则少有跟进。

后来,毕业于牛津大学的萝丝·乔治(Rose George)于 2008 年出版《厕所之书:第一本厕事大全》(*The Big Necessity: the unmentionable world of human waste and why it matters*),可以说是西方严肃讨论厕所

① 李伯重:《发展与制约:明清江南生产力研究》,台北,联经出版公司 2002 年版,第 287 ~ 362 页。

② 邱仲麟:《风尘、街壤与气味:明清北京的生活环境与士人的帝都印象》,载《清华学报》新 34 卷,2004 年第 1 期。

历史及其在医疗民生中重要地位的先导之作。书中略述了传统中国使用厕所的坚持，也点出粪便处理不慎可能带来的传染病风险，更对当代中国利用储粪而生的沼气大表赞扬。①

同年3月，潘淑华发表《民国时期广州的粪秽处理与城市生活》，在讨论民国广州城的市政管理之余，亦述及了西方传教士对16世纪中国粪便处理与城市卫生的推许，例如，在福州"男子们在街上捡粪，如果对方愿意，就用蔬菜或柴交换购粪。这是一个好习惯，城市极其干净，因为没有这些脏东西"。此外也略述了一些十六七世纪北京城的粪便收集情况。②

稍后，李伯重发表的《粪土重于万户侯：中国古代粪肥史》则将其多年的研究心得以简易而有趣味的文字综合凝炼出来。文中以清初湖州乌程县一公用厕所的建立为起点，讨论明清江南一带的粪土贸易；文章后半部分则介绍宋元以来对人粪加工的各种方法与新尝试。③不过，对有关明代人粪贸易及公厕等问题仍是蜻蜓点水，还是以发挥农书及笔记史料为主，未能利用新近出版的丰富官箴与判牍史料，也未展开在肥料以外有关晚明如厕文化实况的论述。

2010年，周连春发表《雪隐寻踪：厕所历史、经济、风俗》。此书虽是有关中国厕所历史的第一部专著，所用的资料却多是令人怀疑的笔

---

① George, Rose. *The Big Necessity: the unmentionable world of human waste and why it matters* (New York: Metropolitan Books, 2008), pp. 109 – 127；中文译本为《厕所之书：第一本厕事大全》，柯乃瑜译，台北，五南出版公司2010年版。

② 潘淑华：《民国时期广州的粪秽处理与城市生活》，载《中央研究院近代史研究所集刊》2008年3月总第59期。

③ 李伯重：《粪土重于万户侯：中国古代粪肥史》，载《历史周刊》2009年第2期，http://history.news.163.com/09/1022/14/5M8250CS00011247.html，最后访问日期：2009年10月23日。

记、通俗小说及民间神话传说等资料，虽不失为可供参考的资料结集，然其中内容多不可径信，而且亦无系统地顺时代梳理中国厕所及粪便处理的发展历程，以致书中各节各自发展，未能有效反映清代或民国以前的情况。

这些前人著作的未尽之处，实有待严肃的新研究作全面的补充。以司法纪录来反映基层社会情况，可以说是近年中国史学的潮流；而过往讨论中国传统厕所文化的史著，却鲜有利用此等材料者。

本文以晚明江南地区的判牍为中心，除解说17世纪初期中国南方的粪便与厕所问题外，更将前人研究中以清朝为主的闷局，上溯至明代或更早的时代，期望在坚实的史料基础上超越猎奇的态度，尽量如实的反映传统中受人忽略的民间社会生活面貌。下文将深入讨论明人以粪为肥的重粪之道、市井生活中的厕所文化、公用厕所的出现及其所带来的冲突，以及粪便收集在地方经济中的角色等论题，以见晚明平民生活中鲜为人知的重要部分。

二、明人的重粪之道

明人吕坤（1536—1618）在他的官箴书《新吾吕先生实政录》“民务卷”中，讲述提升小民生计之道时，便介绍了万历时期（1573—1620）山西一带粪便处理的经济情况。他认为适当地处理与使用粪便，实在是提高农业生产的良策：

> 一、朽腐能化神奇，故粪壤能发万物。今都市冲途，犹知重粪，至于僻远之乡，委于无处，不知粪可人为。

从此描述可知当时都市之人“重粪”，大概已积极地收集与利用粪便。不过，在乡郊务农之处反而浪费这些重要的肥料资源，于是吕坤

建议:

> 如山西道旁,常设坑厕道间,水潦之时,将鲜干草秸杂泥压于水中;牛马足下垫以糠粃灰柴,任其便尿腐朽。至于旧炕老墙,亦壮地力。而山西尤以卧羊为要法,此岂恃人畜作粪哉?商君威立弃灰重粪之义也。每年二月倒粪之时,乡约正差人递本约积粪手本:某人积粪约有几十车、某人积粪约有几车、某人无积,分为三等。有司暗点几人,于二月初旬,差委廉干查验数处,积多者有赏。

这是非常客观的评审,因为粪便的积储明显,较少造假的机会:

> 凡查耕种鉏稼纺织等事,易为欺蔽,反以扰民。但有受属受贿朦胧了事者,有司重惩一二,责治罚谷。

最后他指出粪便管理是民生大事,官员不得以污秽而放任不理:

> 古人云:民事不可缓也。巡行郊野,劝课农桑,国君且然,何损于州县官之尊重哉!曾孙尝旨田畯教鏄,古人未为辱也。①

吕坤的解说反映了明代中晚期官场的新趋向:对粪便处理愈来愈重视,认同多加利用这些由人类消化产生的排泄物,是对民生十分有利的政务,而且官员要不避臭秽亲加管束处理。在此背景下,判牍所反映的明末社会即存在不少有关粪便的纠纷,而地方官员亦不会将这些原来令人喷饭的重要环节掉以轻心。天启至崇祯初年十分活跃的中央大吏徐光启(1562—1633),便在他的经世巨著《农政全书》中,对

① (明)吕坤:《新吾吕先生实政录》,载官箴书集成编辑委员会编:《官箴书集成》(册一),合肥:黄山书社1997年版,第436页。

粪便的肥料价值非常推许，只是他并未强调在农村收集人粪的方法，关怀的重点集中在畜粪的利用之上。①

三、明代市井的厕所文化

判牍既是各种案件的记录，自然反映了基层社会的生活与冲突。综合目前的明末司法史料，市井的“厕所文化”最显而易见的场域，是在语言的运用上。不少法官便在讨论有关粪便的案件时，语带相关地借题发挥。例如，崇祯初年浙江宁波府推官李清（1602—1683）的判牍《折狱新语》所收的《一件黑抄事》，便以当地居民不能容忍临近通衢的厕所而集众力强拆的燥举，来讽刺沿海社会既好尚从商的“逐臭”文化，却又在生活上“恶臭”而拒绝与粪为邻。② 此外，粪便也在小民的名字或名号上反映出来，如在几近同时代的福建兴化府推官祁彪佳（1602—1645）之《莆阳谳牍》内，即有两起案件中的人物，分别有称为“粪三”及“林屎三”者。③ 福建人既用屎粪为名，起码反映明末闽地对粪便没有太大的忌讳。不过，污秽的粪便仍是不可能受人欢迎的。李清在《一件仓库事》中便以厕所的污秽，来比附衙蠹的贪污：“审得库吏全一章，乃蠹类钻穴，而秽同入厕者也。”④

此外，粪便与粪坑更可能被用作伤害他人的武器。天启时期松江

---

① （明）徐光启：《农政全书》卷七，长沙：岳麓书社2002年版，第99～101页。

② （明）李清：《折狱新语》，载杨一凡、徐立志主编：《历代判例判牍》（册四），卷四，中国社会科学出版社2005年版，第605页。

③ （明）祁彪佳《莆阳谳牍·一起出巡事》，载《历代判例判牍》（册五），卷二，第482页；祁彪佳《莆阳谳牍·一起谋杀焚尸事》，同上，第498～499页。本文以下所引《折狱新语》《莆阳谳牍》，均载杨一凡、徐立主编：《历代判例判牍》，为方便行文，以下不再标注《折狱新语》和《莆阳谳牍》、《历代判例判牍》的版本。仅标示页码。

④ 《折狱新语》卷七，第677页。

府推官毛一鹭(1604 年进士,1627 年死亡)就在他的《云间谳略》中记有一宗《一件杀父事》,案中言及苏州吴江县殴杀案件,被告因争执而对受害人"至若忿殴灌粪"。① 在《大明律》"屏去人服食"一条,即规定以他物置人耳鼻及孔窍中致死者,要以绞刑处分。② 另一有关伤人的"斗殴"条,也有"若破人骨,及用汤火铜铁汁伤人者,杖一百。以秽物灌入人口鼻内者,罪亦如之"的规定。③《大明律》针对规管有关问题,正反映出明代以来这种灌粪害人的手段,应是颇为普遍的。此外,祁彪佳《莆阳谳牍》的《一起打死弟命事》,内中述及受害人被殴垂毙时被"投于厕池",差点即成命案。④ 这里也反映粪池污秽浑浊,害人者竟视之为毁尸灭迹的理想环境。

明代福建男风炽热,便溺既涉私处,除了可作异性房事情趣之佐,同时亦是同性恋人亲热的附加内容。在《莆阳谳牍》的《一起人命事》中,祁彪佳便记述了一对男同性恋爱侣因爱成恨的殴杀命案:

> 看得吴珊之与朱九,因相狎而戏溺,因戏溺而扯殴,因扯殴而负伤,因负伤而致死,本是直截,乃转审则转觉支离。⑤

这里的"戏溺"细节不明,未知是否性行为期间排泄或将屎尿拉到对方身上,但应非独立事件。冲突所以出现,也只因朱九不能接受这种重口味的玩戏,而其恋人吴珊似乎也不是刻意挑衅的,而是真正喜欢有关的方式。此等便溺的内容,恐怕已是明代同性恋甚至异性恋中

① (明)毛一鹭:《云间谳略》,载《历代判例判牍》(册三),卷一,第 422 ~ 423 页。
② 黄彰健:《明代律例汇编》(册下),卷一九,台北,"中央"研究院历史语言研究所 1979 年版,第 811 ~ 812 页。
③ 同上书,卷二〇,第 825 页。
④ 《莆阳谳牍》卷一,第 229 ~ 230 页。
⑤ 《莆阳谳牍》卷二,第 511 ~ 512 页。

颇为普遍的情趣手段。

当然，粪便在农业社会中与人最频繁的接触，仍是作为肥料被施用于耕种之处。嘉靖隆庆时期名宦海瑞(1514—1587)的《吴万人命参语》所记录的人命案件，就是肇因于一遂安县民妇"挑粪去园浇菜，因失桥石行走不便叫骂"而引起的。[①] 这些人人必然产生的排泄之物，既对提升农业生产十分要紧，将它们善加利用的关键，便在收集与储存之上。下文将讨论晚明社会中逐渐萌生以粪便为中心的产业链，如厕问题由此成为传统农业经济的重要内容。

四、公用厕所的经济作用与相关纠纷

如厕既是生活的必然部分，而人粪及兽粪又是农业生产的要素，故此在判牍中出现有关的元素，本来就是毫不出奇的。不过，晚明判牍反映当时南方沿海城填有私人兴建、意图谋利而供大众使用的厕所，其实正合前引吕坤对市镇居民"重粪"文化的描述。[②] 只要深入分析因厕所而生的产业与人命案件，便可藉这些判牍资料切入公共与私人、财产权利、城市公共设施与卫生关怀等重要却又欠缺讨论的议题。

前述李清的《一件黑抄事》语带戏谑，讲宁波闹市居民因不满位于通衢厕所之臭气，私自拆毁厕所而令业主提出诉讼。此案本来可用作反映李清口味低俗，所写判牍以媚惑大众的"风趣"为主；甚至在捧腹

① 《明人文集所载判语·海瑞集所载参语》，载《历代判例判牍》(册三)，第608~609页。

② 晚明南方有比北京更完善的厕所设备及如厕文化，例如浙东便应普遍有坑厕，而且是每间分开，注意私隐的。江北无丰富的厕所文化，或跟水资源相对匮乏，以及少有水田，即缺乏系统地收集粪便作肥料的实用诱因而致。参见邱仲麟:《风尘、街壤与气味:明清北京的生活环境与士人的帝都印象》，载《清华学报》新34卷，2004年第1期。

之余,令人怀疑案件与审判的真实性。然而,原来在差不多同时期的《莆阳谳牍》中,竟另有一起情节十分相近的《按察司一件毁巢事》,而且更在李、祁两人的判牍内,发现另一些与厕所冲突相关的案例,由此便知李清只是在普遍现象上加盐加醋而已,他的案例确是反映事实的。以下将就这些案件的内容详加分析。

先看李清《一件黑抄事》之案情:

> 审得生员董应迈之告,缘粪窖发也。今据住人孙论等口供,谓置于大道;而据应迈等口供,谓顿于僻径。兹鄞县审单内,有"转湾小屋,置一石窖"等语,则应迈之言近似。顾以祖遗石槽为言者何?夫谓转湾小屋,可安顿此窖,则必尽牵行道之人,而予干枣以塞其鼻耳。若窖置一转湾,气达广衢,将何以堪?安得陈甲煎之粉,列沉香之汁于厕,而俾过者戢怒芬馥也。

董生员的粪窖如真的置于通衢大道,则应不是私用而是供行人使用的。为何这位有财有势的生员,愿出屋出地的方便他人,而且更可能要代为收集那些秽物呢?这肯定不是出于慈惠他人之心,否则厕所被填后他不会因"惜粪若金"而悲愤告官。此中真正的原因,恐怕是收集粪便可以得到很大的利益,而将厕所开放予大众使用,就是让他人拉撒时为其效劳生利。此中利害将在下文再作申论。此外,如果"祖遗石槽"当真,也表示这个厕所或有关装粪的厕具年代久远,并非崇祯初年才有之物。只是这座原来利己利人的设施气味管理不善,也可能利益不能均沾,令当地居民忿而拆厕填槽。

> 况经鄞县审断后,自宜接淅而徙。今呶呶何为?不过以夏连等未经县断,辄先率诸人强填耳。夫使应迈自填,必计日倩人,而连等运其瓦砾,作彼奴隶,则应迈已为高坐之占矣。然未断先填,

何太匆匆？夫海上有逐臭之夫，连等滨海为居，何不逐臭而恶臭也？“西子蒙不洁，则人皆掩鼻而过之。”况秽薮乎？姑以纠众横行，特杖治之。董应迈展转公庭，惜粪若金，何鄙甚也。其粪窖既经众填，即令永移他所。庶民攻之，不日填之，可谓爱应迈，而惜其人力者矣。不得妄思复窖，自干众怒。①

前审的鄞县县令和李推官都同情受臭味困扰的城镇居民，因而判断厕所应拆迁他处。冲突之起是在县官判断之前，市民夏连等在无官方命令之下先行强拆。虽然结果仍是一样的，而且董生员看来还省了倩人迁拆的工钱，但这既不合法律的程序，也没有尊重他人的产业权利。无论厕所气味如何厌人，李清轻判夏连而且语调轻佻，着实反映了明末官民仍未对私有产权有认真的尊重意识。

再看祁彪佳的《按察司一件毁巢事》：

审得胡士选之居附其祖祠，前因凿池作粪窖，不必论伤碍之果否，而宗人岁飨之所，安容以一人溷秽？族众呈县迁移，因而移毁房瓦，此委勘官，所凿凿可据者。所称毁巢者，饰词也。况族众所欲移者，厕耳。今厕尚未移，于房何与，而强拆之耶？厕池合着士选填塞，其地即在门首，仍听管业，杖之以戒刁逞。胡琏乃族众之一人耳，士选独哓哓讦之者，以有纵牛蹊田之衅耳，事出公族，姑免究。②

此案与《一件黑抄事》最大的不同点，是那惹人厌烦的厕所仍未被拆除，但厕所对附近居民有所妨碍的问题，则是如出一辙的。这次要

---

① 《折狱新语》卷四，第 605 页。

② 《莆阳谳牍》卷二，第 435 页。

求拆厕的主要原因,是粪窖位于祠堂之旁,在风水上及对先人的尊敬上都有严重的亏损,而且厕主胡士选更是附近居民的同族中人,在情在理都应听从众议,“不必论伤碍之果否”而清拆厕窖。然而,胡士选却对这座厕所极为留恋,可能祠堂为合族要冲之处,易开方便之门而求粪简便,故此他便以拆厕即毁屋来作辩驳。为结束有关争议,祁推官便指令他只填粪坑,不必拆卸厕所楼房,其地仍听管业,并“杖之以戒刁逞”。

开立厕所有时不只要冒公堂争辩的风险,《莆阳谳牍》就另载有《一起人命事》,显示愤怒的邻人有可能以暴力来控诉,不只厕毁,更会人亡:

> 前件看得杨乌仔愤王时泰之开厕,哄然逞凶,时泰折肋四条以死,是谁为之?求折肋之具,有木板在;求执板之人,有乌仔在,当时板夺纪子清之手,而伤集王时泰之身;板棱重而其伤凝,以是为乌仔罪。其不得以贴罪之君密,忿死之君定援为解辩,明矣。律严致命,检定多伤,乌仔亟宜抵绞,伏候裁夺(依同谋共殴人,因而致死,以致命伤为重下手律,绞。犯人一名杨乌仔)。[①]

为防他人开厕而将其殴打致死,可见明末福建居民对厕所极端厌恶的心理,因为气味的问题仍然未展露出来,杨乌仔打人只是担心预期结果的过敏反应。不过,如果杨乌仔、纪子清等人认为王时泰开厕有利街坊,应不致会如斯激忿。如果这些近邻是厕所的预期用家,他们不喜欢这设施,大不了抵制不用,原来就没有争执的需要。最可能的情况却是王时泰开厕的对象,不为附近自有马桶之近邻,而是方便

① 《莆阳谳牍》卷二,第463~464页。

道路上来去的行人。在既无得益又得忍受臭秽之气的窘局下，杨乌仔等人才要出手阻止问题的萌生。

话说回来，上述的公用厕所，除了以城镇中的行人为主要对象外，更表示明末的城市居民，已经有一种尽力避免就地解决的文化。17 世纪南中国的街道，大抵已不是传教士所见 16 世纪般可于街上拾粪的光景。当时的江南城市的居民无论在道德上或卫生上，都不愿因如厕而轻易露体或将街道弄脏，否则谁会特地使用那些“顿于僻径”而且臭气冲天的厕所？[①] 这多少表达了一种对公共领域的尊重，以及当时人有公德心概念的萌芽。

虽然有对厕所的需要，但为何有人不惜花费钱财土地来提供公用厕所，以大开方便之门呢？如前所述，这等“义举”可不是人人受落的，更可能危机处处，有时会触邻舍之怒，更可能对簿公堂，甚至为粪坑而牺牲性命。在晚明重利轻义的世风中，若经营厕所不能赢取大利，谁愿为他人如厕的需要而赴汤蹈火呢？

五、粪便收集与地方经济

李伯重指出明末清初江南已有缺肥的问题，而人粪收集也因此成为一盘有利可图的生意了。李清的《一件急救事》生动地反映了明末收集粪便的利益所在：

> 审得贼风之日下也，至盗粪弥下矣。夫昔有以五斗米贼称者，乃米变而粪，五斗又变而廿石。则如李生员呈及许升宇，而指

① 明代江南士人就有到北京时不惯在街头就地拉撒之恨，可见他们业已习惯在厕所解决，而尽量避免公开如厕。参见邱仲麟：《风尘、街壤与气味：明清北京的生活环境与士人的帝都印象》，载《清华学报》第 34 卷，2004 年第 1 期。

其盗粪暮夜者是也。今据解官审文,则谓升宇同盗王应龙,又以病染伤寒,不能赴审。夫是粪之名黄龙汤也,可愈斯疾。故先尝者曾一吸而尽,岂升宇已知应龙之有斯疾,而预储以待与?然何至多多益善,以廿石盗,将虞其吸之而尽耶。如恶恶臭,胡升宇性与人殊?苟子之不欲,虽赏之不窃。李生独不宜诵斯言而自远与!今既以蓄积农本言,有欲心矣。夫明王贱金玉而贵粟者,今生员亦贱金玉而贵粪乎?"凶年粪其田而不足,则必取盈焉。""二,吾犹不足",何李生以二十石为多,而有此呶呶也?

这是一起夜盗粪便的案件,从中可见被盗粪的李生员,非常紧张激动地要取回他所有的二十石粪便。可是审案的李清似乎不太明白粪便对于农业的作用,因而对盗粪生讼啧啧称奇,反而显得十分无知:

且昏夜叩人之门户,求水火,无弗与者。今知粪之为物,珍于水火。夫不闻以盗水、盗火讼,兹胡以盗粪讼也?抑彼求而此窃,道不同与?尤可笑者,既赁周子云之舟以载粪,而不买而偷,是为何心?麦舟载而捐以行德;粪舟载而窃以行秽。"泛彼柏舟,在彼中河",亦两舟所遇之幸不幸也。合断周子云领回,仍将许升宇杖决以儆。今而后,廿石粪贼,可与五斗米贼并传。①

粪贼许升宇大概不是如李推官所言,是为同党预备"黄龙汤"药物而盗粪。他们之所以甘冒污秽,乃是利之所趋,甚至愿出钱贷周子云的麦船来运载。因此卖粪往他处的盈利,应远高于贷舟之运费。另外,二十石之粪便份量甚多,似非一家简单的积储。这些属于李生员的粪便,很有机会是取自如上面提及董生员般营运的公用粪窖。让他

① 《折狱新语》卷六,第675~676页。

人去方便来积储粪便,大概是一盘本小利大的生意,否则李生员没有理由如斯紧张。粪便既无记认,理应不怕于原地出售;而许升宇仍要运粪他处贩卖,可见宁波附近有一个粪便买卖的市场网络,令他宁愿花钱贷舟运往利大之处发卖。

《莆阳谳牍》也反映了福建兴化一带有类似的粪便运输网络,因为肥料与农产品同样是市场运作不可或缺的部分。在《本府一起谋灭人命事》中,便载有渔船去沙埕贩鱼后,即以海路载运猪粪回兴化,而当地的海盗也会垂涎此等"货物"而俘虏这艘装粪之船。① 虽然此中所述非宁波的人粪事业,但已足见粪便俨然是福建装运射利的奇货了。②

此外,在《按察司一起图赖事》中,祈彪佳更交代了一宗涉及粪便买卖的案件:

> 审得余邦经因林江负其粪银六两,江偿四两,尚负其二,江他出无偿。江妻郑氏立契,以五岁女云仔与余为婢,以抵二两之数。③

这案里情节十分悲惨,确是讲出人不如粪,粪便买卖亦与他物无异;小民为了施肥,甚至可能要牺牲家人。这是晚明基层百姓生活的实况,更让人明白那些立厕的生员何以"惜粪若金"。

六、有关晚明粪便的其他议题

粪便除进入了晚明的语言与经济场域外,对当时社会的影响尚有

---

① 《莆阳谳牍》卷一,第194页。

② 有关案至清的"粪缸"情况,可参见李伯重:《粪土重于万户侯:中国古代粪肥史》,载《历史周刊》2009年第2期,http://history.news.163.com/09/1022/14/5M8250CS00011247.html,最后访问日期:2009年10月23日。

③ 《莆阳谳牍》卷一,第160页。

两个亟待进一步探讨的方向——医疗卫生与军用物资。

不只气味难当,粪便更是传染病与细菌的渊薮,处理不宜及过分接触都易令人生病。[①] 晚明的粪便产业“蒸蒸日上”,但其中是否要对明末传染病横行负上责任呢?粪船由甲地运粪至乙地,其实是将甲地的病菌输出,这是当时官民无法想象的问题。从前述案件的部分细节中,已可一瞥粪便传染病菌的威力了。例如,上节那位在《按察司一起图赖事》中,被卖给粪商余邦经为婢的女童林云仔,便于跟从新主人的数月后,“适今孟秋,女殇于痢,研审无他故”。[②] 而在《折狱新语》的《一件急救事》中,粪贼许升宇的同党王应龙,更是在接触粪便后染上伤寒。[③] 虽然李清指出时人或以粪便入药,将这些“黄龙汤”吸饮或可治愈伤寒,但接触粪便无疑就是这位粪贼患上传染病的主因。

在军用物资方面,作为火药主要成分的硝石,是可在人畜粪便积集之处生成出来的。西欧的英格兰在17世纪对硝石极度渴求,在17世纪40年代至50年代更在城市中广建公厕,以让屎尿堆积而衍生硝石。故此在英国的历史上,厕所的建设与粪便的积储,可能曾是国家安全的重要环节。[④] 至于同时代的中国,又是否有类似的见解呢?而沿海海运畅旺之处如兴化、宁波等地厕所风行,是否又另有一种硝石养储的军事经济考虑呢?这些都值得未来更深入的探讨。

---

① 有关明清时代北京粪便满街及秽污导致传染病的情况,邱仲麟已略有触及。参见邱仲麟:《风尘、街壤与气味:明清北京的生活环境与士人的帝都印象》,载《清华学报》新34卷,2004年第1期。

② 《莆阳谳牍》卷一,第229~230页。

③ 《折狱新语》卷六,第675页。

④ Cressy, David. *Saltpeter: The Mother of Gunpowder* (Oxford: Oxford University Press, 2013), pp. 130-133; 174.

七、结语

本文只是对晚明如厕文化抛砖引玉的初步研究，仍未对其余大量明末及清初的判牍详加探索，否则必能呈现有关这重要民生环节更宏大的图像。不过，从数部晚明江南地区的判牍有限视野所展示的情况，仍足以说明当时社会上与厕所相关的重要问题。首先，虽然很多城镇的厕所是私人建设和营运的，但它们却多对公众开放，以利粪便的收集。这些厕所又多是地方上的豪强所建，他们若不是生员就是有资格住于祠堂旁边的强宗；因厕所运作而生的利益，自然由他们独占了。其次，邻近厕所的小民既不能分沾其利，又为臭气所苦，竟有对簿公堂甚至振臂拆厕之对抗行为，从此可见当时城镇社会贫富矛盾之一面。最后，厕所运作的前提，是行人有到厕所如厕的文化：只有因为人们不想随地便溺，才愿意忍耐公用厕所的不便与气味。要有需求才会有供应，晚明南方沿海地区的公用厕所，乃是当时道德上羞恶之心与卫生意识增进后的产物。先有爱洁的文化，才可能产生粪便的“逐臭”产业。

清代蒙人与汉商的债务纠纷

赖惠敏

一、绪论

过去讨论蒙古独立的原因，常归咎于汉商放高利贷，蒙古人无力偿还，遂有独立之举。究竟汉商和蒙古人的债务起因为何，或者债务的利息如何偿还，仍须学界讨论。

波兹德涅耶夫的《蒙古及蒙古人》一书，提到许多蒙古人向汉商借贷的案例。譬如，1891 年 7 月，土谢图汗部落的罗布桑和儿子额林钦向乌里雅苏台的汉商乌力吉图借了 10 两银子，每两银月息五分；到次年 8 月得用 22.1 两来偿付。① 月息五分，是否为普遍现象？

B. 锡林迪布的文章指出，汉商在蒙古地区采用高利贷赊出商品，实施“通赊”制度，即蒙古的高官与商号订立一定期限内承担相互间义务的保证书。在一个月内偿还债务不取利息，超出一个月时，每 30 个沙尔菜增加 2% 的利息。又提到 1907 年至 1912 年在库伦开设的大清银行，根据章程借给蒙古居民的短期性贷款年利为 9%，在付给贷款时

---

① ［俄］阿·马·波兹德涅耶夫：《蒙古及蒙古人》（卷 1），刘汉明等译，内蒙古人民出版社 1989 年版，第 249～250 页。

即予扣除。实际上,银行利息是 12% ,而不是 9% 。银行和商号的借贷和赊货,使许多蒙古牧民破产。①

M. Sanjdorj 在讨论蒙古债务时认为,库伦的商人像吸血鬼一样,重利盘剥蒙古人,使蒙古的经济败坏。他提到商号喜欢借贷贸易,赊账的货品比付现还贵,譬如,一块砖茶付现等于羊毛 7 斤至 8 斤,赊账则值羊毛 12 斤至 15 斤。牲畜抵债的价格也被低估,一匹马价值 16 两,用来抵债才值 10 两至 12 两。②

相对来说,民初有孟榘到蒙古,提到乌里雅苏台大盛魁益发达,营业徧喀尔喀科布多,资本近万万,例放各旗公债;但蒙古独立后,大盛魁的债务一笔勾销,损失庞大。③ 看起来旅蒙商放债,也不是一本万利的行业。

本篇论文拟利用清代档案与 B. 锡林迪布、M. Sanjdorj 进行对话。首先,M. Sanjdorj 认为,清朝禁止汉商到蒙古各旗活动,而商人罔顾政令,贸易遍及蒙古各地。实际上,中俄恰克图贸易中断期间,乾隆皇帝允许商人在蒙古贸易。④ 其次,学者们讨论商人放高利贷,蒙古人借钱依照一本一利,期满 3 年,连本带利重新签订契约,汉商的高利贷像滚雪球一样。又,库伦的官员偏袒汉商,让蒙古人破产。根据《大清律

---

① 沙尔菜为货币单位,1 两银等于 165 沙尔菜,1 块薄砖茶等于 40 个沙尔菜,1 卢布等于 150 沙尔菜。[蒙]B. 锡林迪布:《十九世纪末与二十世纪初的蒙古社会经济状况》,载内蒙古大学蒙古史研究所编:《蒙古史研究参考资料》1978 年第 9 辑,第 25、29 页。这制度对蒙古官员有利之处是可以随时取得所需的货品;对商人有利之处则是可以到广大领土上做买卖。

② M. Sanjdorj, *Manchu Chinese colonial rule in Northern Mongolia*, translated from the Mongolian and annotated by Urgunge Onon; pref. by Owen Lattimore, New York: St. Martin's Press, 1980, pp. 42 – 43.

③ 孟榘:《乌城回忆录》,载《中国边疆行记调查记报告书等边务资料丛编(初编)》(第 22 册),蝠池书院出版有限公司 2009 年版,第 334 页。

④ M. Sanjdorj, *Manchu Chinese colonial rule in Northern Mongolia*, translated from the Mongolian and annotated by Urgunge Onon; pref. by Owen Lattimore, pp. 70 – 71.

例·户律》规定"典当财物每月取利并不得过三分,年月虽多,不过一本一利",[①]利息不超过三分,且利息不能超过本金,按照契约文书资料看来,商人遵守规定。本文利用蒙古国国家档案局藏的债务资料,说明债务的形成以及偿还方式等。

商人透过商民事务衙门处理借贷纠纷,所以留下了许多借贷案件材料;但汉人借给蒙古货物按照《大清律例》月息三分,以及商民事务衙门处理还债比例,仍值得讨论。[②] 本文利用的资料有《喀尔喀法典》《理藩院则例》《蒙古律例》等法律典籍,[③]这些典籍规定,在蒙古地区汉人与蒙人的纠纷按照蒙古的律例。《喀尔喀法典》规定:

> 商人欲赊贷蒙古人以某物,务须禀告当局。赖债者即由当局科罚。否则无知之人即可以诈骗借贷,使商人受屈。商人应对此三思![④]

乾隆年间商人到蒙古各王旗贸易,商人携带内地货物贸易,换取蒙古人的牲畜。两者贸易通常采取以物易物方式,汉人到旗里的买卖很赚钱,主要是卖货或允许赊账,每年收账一次。因此《喀尔喀法典》提醒商人,得防范蒙人诈骗借贷。[⑤] 本文从蒙古国国家档案局藏的商号

---

① 吴坛撰:《大清律例通考校注》(卷14),中国政法大学出版社1992年版,第522页。

② 《喀尔喀法典》,载《蒙古史研究参考资料》1982年新编第24辑,第921~922页。

③ 关于《蒙古律例》与《理藩院则例》的关系已经有许多研究和争论,譬如达力扎布认为《理藩院则例》比《蒙古律例》内容更广泛。道光、光绪等朝随着对蒙古地区管理的需要,几次增删修订《理藩院则例》,以汉、满、蒙古三种文字刊刻发行。参见达力扎布:《〈蒙古律例〉及其与〈理藩院则例〉的关系》,载《清史研究》2003年第4期。文中提及乾隆内府抄本《理藩院则例》,参见赵云田《〈蒙古律例〉和〈理藩院则例〉》,载《清史研究》1995年第3期。

④ 《喀尔喀法典》,载《蒙古史研究参考资料》1982年新编第24辑,第922页。

⑤ [俄]阿·马·波兹德涅耶夫:《蒙古及蒙古人》(卷1),刘汉明等译,内蒙古人民出版社1989年版,第340页。

账簿(如“将军王爷取货账”“蒙古宝账”“客货宝账”等)出发,进行资料比对、筛选、分析,讨论蒙古之债务如何计算利息及偿还比例如何。

二、蒙古欠债的原因

M. Sanjdorj 认为,清朝法律限制商人到各旗贸易。乾隆二十三年(1758),库伦办事大臣的幕僚允许 30 位汉商到艾马克收账和贸易。在 1759 年的档案中,记载有 1000 位汉人在库伦活动,伊琫有数百位农民耕种,且有许多汉商在库伦附近活动。① 不过,乾隆二十四年(1759)发布的上谕称:

> 向来前往蒙古部落贸易商人,由部领给照票稽核放行。嗣后,凡有领票前赴贸易人等所过喀尔喀各旗仍照旧随便交易以裨生业,其一切稽察弹压地方官及各扎萨克留心妥协经理。②

据此可知皇帝许可商人领照票到蒙古部落贸易。另从乾隆年间商人到各地种地的花名册,可知汉商到各旗贸易是合法的。18 世纪蒙古的王公和平民借欠汉商许多银两。乾隆二十二年(1757),蒙古四部落共欠商人债务银 153, 739 两零。此事起因如下:

> 乾隆十九年自军兴以来,军需项目比前增加,且驻扎萨克济萨又办事胡涂重叠,致不能偿还。今查其册档,自塔米尔运送军械粮米至乌里雅苏台,雇用汉人驼只、雇夫银两,交其看守之罪犯厄鲁特等应给高粱、自京城驰驿前来的大臣、侍卫等预备蒙古帐

---

① M. Sanjdorj, *Manchu Chinese colonial rule in Northern Mongolia*, translated from the Mongolian and annotated by Urgunge Onon; pref. by Owen Lattimore, p. 70.

② 参见《中央研究院历史语言研究所现存清代内阁大库原藏明清档案》(乾隆二十四年二月),登录号:230703 - 001。

包、高粱、锅具、木柴等，再为军营传递事务预备马驼等项，虽皆系公务，原无现成银两，不仅以高价取给商人，办理事务之济萨，唯顾眼前公务简易，妄自做脸给发，下面不肖之徒，不无乘间敛索入己，以致债务如此。①

所谓济萨为蒙古社会中专管喇嘛食物的机构，亦称为集赛。蒙古济萨办理军需，像汉商借款都是公务所致。乾隆四十年(1775)，定边左副将军瑚图灵阿奏称：

定例出口贸易人等，应在恰克图、库伦、塔密尔、乌里雅苏台一带集场。今商人图利，向各喀尔喀游牧贸易者甚多。蒙古等始图赊欠，后以牲畜加倍折算，屡启讼端，请严行禁止。现在蒙古等所欠各商银，限一年内，通行完结。理藩院议覆：商人等在游牧贸易多年，蒙古所欠者自必多寡不等，如统限一年完结，势必不能。应饬各扎萨克等，将众蒙古所欠，查明呈报将军大臣。如新欠为数无多者，限一年内完结。倘所欠年久，商人已得重利，令其酌减归还，总期限内全清。②

M. Sanjdorj 讨论了蒙古欠债的原因。第一，蒙古是游牧社会，产品随季节波动，以羊毛、羊肉等交换日常所需。但牲畜买卖有季节性，牧民产品不能久存，必须赶快贩卖产品。贩卖产品与日常所需的时间不一致，很多案例说明牧民只能偿还旧债，故受放贷者的控制。第二，商号喜欢借贷贸

① 《署定边左副将军车布登札布奏喀尔喀等所欠商人之债官为偿还并请将喀尔喀驿站官为经营折》，中国第一历史档案馆藏《军机处满文录副奏折》，编号 03－1643－005，微卷 045，第 2652～2667 页。

② (清)庆桂等奉敕修：《大清高宗纯皇帝实录》卷九九〇，《乾隆四十年九月上》，中华书局 1986 年版，第 225～2 页。

易,赊账的货品比付现还贵。① B. 锡林迪布则认为蒙古的封建主卖掉牲畜或畜牧业原料,换回奢侈品如宝石、金子、锦缎、珍珠等;喇嘛则买宗教祈祷的物品,如面粉、茶叶、哈达、礼品等。② 据《考察蒙古日记》载:

有一种地内行商于三、四月之交,即携带货物用品之为蒙人所酷嗜者,分往喀尔喀境内各台站附近分发各土人。不需现行交易,有需用货物者辙随便与之,故销行极广。至五、六、七、八等月则索取价偿,均以牲畜作价;或羊毛、驼绒等项,惟收羊最多。大概货物之价格甚高,交付欵项不过十分五、六,此五、六分之中扣之物本利金已有余裕,其余则作为成债。还与不还皆在其次,惟债名穷年累积终无已时矣。③

M. Sanjdorj 说蒙古人欠商号的债务有两种:第一种是私人的债务;第二种是公家债务。所谓公家债务是蒙古部落有会盟,而每部落有轮值办公、各旗亦有办公费用。因各机构没有预算,所需的牲畜由平民负担。然而,平民贩卖牲畜有季节性,蒙古衙门未得税收前,只能向商号借贷。商人也喜欢让公家欠债,因可收到利息,还可建立良好的主顾关系。譬如,民间借贷月息三分,而公家和商人借贷签订合同,前十个月免息;第十一个月以后月息 3% 。若三年未还债务,则再订新的合同,将未付的利息也变成本金,利上加利。④ 有关公家债务包括雇

① M. Sanjdorj, *Manchu Chinese colonial rule in Northern Mongolia*, translated from the Mongolian and annotated by Urgunge Onon; pref. by Owen Lattimore, pp. 42 – 43.

② [蒙]B. 锡林迪布:《十九世纪末与二十世纪初的蒙古社会经济状况》,载《蒙古史研究参考资料》1978 年第 9 辑。

③ 佚名撰:《考察蒙古日记》,学苑出版社 2006 年版,第 490 ~ 491 页。

④ M. Sanjdorj, *Manchu Chinese colonial rule in Northern Mongolia*, translated from the Mongolian and annotated by Urgunge Onon; pref. by Owen Lattimore, pp. 50 – 51.

用汉人运粮等,皇帝谕旨:

> 乾隆十九年自军兴以来,军需项目比前增加,且驻扎萨克济萨又办事胡涂重叠,致不能偿还。今查其册档,自塔米尔运送军械粮米至乌里雅苏台,雇用汉人驼只、雇夫银两,交其看守之罪犯厄鲁特等应给高梁、自京城驰驿前来的大臣、侍卫等预备蒙古帐包、高梁、锅具、木柴等,再为军营传递事务预备马驼等项,皆系公务,原无现成银两,以高价取给商人。①

皇帝也知道商人到蒙古获利很大,但是商人提供军需这情况也无可避免。

蒙古的公债在 1757 年为 15 万两,1775 年到 20 万两。19 世纪末蒙古四部债务都超过 20 万两,如 1855 年土谢图汗部落债务为 727,000 两。1884 年土谢图汗部、车臣汗部债务各 96 万两,三音诺颜汗部债务 30 万两,沙毕衙门债务 50 万两。② 蒙古部落旗主将债务分给平民,以蒙古诚信的性格,保证能收到债务。孟榘的《乌城回忆录》说蒙人特性,其欠债数目只凭汉人账簿,蒙古人无记载。偿还债务,以父死子还、夫死妻还,死无后者,本旗公还。③

道光五年(1825),从《王车登多尔济旗居住民人房间并所属众蒙古该欠众铺民账银总册》档案中可知,蒙古人欠债达 73,670 两以上

---

① 《署定边左副将军车布登札布奏喀尔喀等所欠商人之债官为偿还并请将喀尔喀驿站官为经营折》,中国第一历史档案馆藏军机处满文录副奏折,编号 03 - 1643 - 005,微卷 045,第 2652 ~ 2667 页。

② M. Sanjdorj, *Manchu Chinese colonial rule in Northern Mongolia*, translated from the Mongolian and annotated by Urgunge Onon; pref. by Owen Lattimore, p. 58.

③ 孟榘:《乌城回忆录》,载《中国边疆行记调查记报告书等边务资料丛编(初编)》(第 22 册),蝠池书院出版有限公司 2009 年版,第 353 页。

(见表1)。

表1 《王车登多尔济旗居住民人房间并所属众蒙古该欠众铺民账银总册》所见赊银一览

商号	哈厦一所内有土房(间)	外该账银大约(余两)
四合成	32	23,400
兴隆魁	22	18,700
天裕魁	24	16,400
永茂盛	13	790
三合魁	18	6300
万盛吉	14	6400
段龙光	1	140
白兆騋	2	150
王贵贞	2	360
福泉涌	4	40
郭应文	3	290
吕廷献	7	700
万盛高	2	—
以上铺户共数13家、哈厦共数13所、土房共数144间家		

资料来源:台北蒙藏委员会藏蒙古国家档案局档案,编号029－005,第0076～0081页。

从以上讨论可知,19世纪初蒙古人向汉商借款从唐努乌梁海到库伦、王车登多尔济旗等地,身份包括蒙古王公、喇嘛、牧民、沙毕等。蒙古除了产牲畜为大宗外,其他衣食日用都必须由内地提供,在1861年中国商人运往蒙古的商品中,有粗平布、面粉、黍、大米、茶叶、烟、鼻烟、绸子、金片、漆、黄铜、铜等,其价值约合180万块砖茶至 215.6 万块砖茶。[①] 蒙古牲畜产季有所限制,日常所需则无季节性,故需举债过日。

三、蒙古人借贷的利息

波兹德涅耶夫的《蒙古及蒙古人》提到,1889 年扎雅班第达呼图克图(以下简称扎雅格根)罗布桑纳木扎勒蒙清廷召见,不只将带来的 30,000 两银子全部花光,还花掉了向汉商店铺(蒙文名字为巴彦吉尔噶勒)新借的 20,000 两白银,这笔借款按普通的三分三的年利起息。换句话说,每年还要付 6600 两的利息,三年期间利息已积为 20,000 两。

按照中华帝国所实行的法律,至少是对蒙古人实行的法律,放高利贷者可以索取这样巨大的一笔利息。然而这个法律又有保护债务人的专门规定:如果利息的总额同借出的本金相等时,利息就停止增长,债主只有向债务人索取两倍于本金的款额的权利。

由于 1889 年扎雅格根向巴彦吉尔噶勒所借债款的利息已达到本金之数,因而不再孳生,所以汉人现在来到扎雅格根的财库索讨全部债款,也就是合计为 40,000 两白银的本息。从来未曾有过这么多钱的财库,自然付不出钱,于是汉人要求或者立刻付款,或者另讨 40,000 两借款的契约,年利息为 13,200 两,同时规定这笔利息应无条件地由扎雅沙比衙门直接解送北京。无力还债的财库,只好同意这些苛刻的条件。波兹德涅耶夫在该寺庙时,双方签订债据。[②]

另一个案例是 1891 年 7 月,土谢图汗部落的罗布桑和儿子额林钦

---

① [蒙]B. 锡林迪布:《十九世纪末与二十世纪初的蒙古社会经济状况》,载《蒙古史研究参考资料》1978 年第 9 辑。

② [俄]阿·马·波兹德涅耶夫:《蒙古及蒙古人》(卷 1),刘汉明等译,内蒙古人民出版社 1989 年版,第 443 ~448 页。

向乌里雅苏台的汉商乌力吉图借 10 两银子,每两银月息五分。到次年 8 月,得用 22.1 两来偿付。① 这个案例也出现在 M. Sanjdorj 的书中,证明商号经营高利贷的情形。②

但是,M. Sanjdorj 又说《大清律例 · 户律》"典当财物每月取利并不得过三分,年月虽多,不过一本一利"的法律并没被遵守。19 世纪,商号卖一块砖茶抵一只小羊,一年内没付清,第二年成二岁羊,第三年为三岁羊,本利总债务为两只三岁羊。但一只大羊相当于两三只小羊。其次,一本一利的意思是,利息不能超过本金。以年息 36% 来计算,三年的利息等于本金,就把本金和利息加在一起当本金,重新定三年的契约。例如,1810 年蒙古王公借贷 600 两,一年后本利共 816 两。他还了 290 两剩 526 两,到 1816 年本利达 1871 两。③

宣统二年(1910),库伦办事大臣三多的奏折提到:

> 图〔图谢图汗〕、车〔车臣汗〕二盟、沙毕等三处屡报灾祲,不堪供应。历年息借华俄债款,迭经报官索欠者,约计不下百万余两。询之各旗户口牲畜产业,竟有以一旗之牲畜估计价值不足抵其债务者。④

在此利用《库伦十二甲长呈递各铺账目清册》说明,商民透过十二

① [俄]阿 · 马 · 波兹德涅耶夫:《蒙古及蒙古人》(卷 1),刘汉明等译,内蒙古人民出版社 1989 年版,第 249 ~250 页。

② M. Sanjdorj, *Manchu Chinese colonial rule in Northern Mongolia*, translated from the Mongolian and annotated by Urgunge Onon; pref. by Owen Lattimore, p. 51.

③ M. Sanjdorj, *Manchu Chinese colonial rule in Northern Mongolia*, translated from the Mongolian and annotated by Urgunge Onon; pref. by Owen Lattimore, pp. 48 – 49.

④ 三多撰:《库伦奏议》(第 1 册),"三多奏为蠲除积弊加给薪津折",全国图书馆文献缩微复制中心 2004 年版,第 120 ~121 页。

甲首向商民事务衙门呈请还债,甲长也就是甲首。

许多人认为汉商放高利贷导致了蒙古的穷困,但就档案内容分析,情况有点复杂,首先讨论人和厚商号的案例。光绪十九年(1893)商卓特巴衙门外仓向人和厚借银,该商号向库伦办事大臣请求处理商卓特巴衙门借款:

> 诉禀钦宪大人明鉴事。于光绪十九年十二月间佛爷外仓在京都借过小号人和厚银一万一千两正。经手人系乜力巴旦木丁、笔且气巴大马多尔济、喇嘛扣扣东杜各。三人当下将借过小号人和厚之银付给永祥李三银一万零一百零八两正,又付给大德堂银八百九十二两正。此二笔共合银一万一千两正,言明由光绪十九年十二月间起利,每月每两按二分八厘行息,当下立过蒙古字约一张。于光绪二十一年三月内在库伦商卓特巴衙门同巴大马多尔济笔且气算明,至光绪二十一年三月内共合该利银四千七百三十二两七钱八分。本利共合该欠小号人和厚银一万五千七百三十二两七钱八分。此款在库伦佛爷外仓将小号人和厚欠款银两本利全为付清。[①]

上文中“笔且气”(biciyeci)蒙语意思是书记员,和满语“笔帖式”(bitheci)一样。[②] 人和厚在北京借给商卓特巴衙门的外仓银两,收取

---

① 《人和厚禀明佛爷外苍借银并支付永祥李三事》,行政院蒙藏委员会藏《蒙古共和国国家档案局档案》,编号 070 - 029,第 0175 ~ 0176 页。

② 笔帖式为清朝在其所属各机构中设立品级低的文职官员,主要职责为办理文书档案工作。如光绪十八年库伦办事大臣安德奏称:“库伦地处极边,辖境辽阔,蒙民杂处,政务殷繁。近年以来办理中俄交涉事件倍增,于前全赖满蒙各员中有才堪肆应,通晓三艺,熟习律例、讲求条约者,始能办理妥协。”库伦印房理藩院笔帖式穆成额、双奎通晓满、蒙、汉文,办理命盗案百余件,堪予奖励。参见《安德奏为库伦印房理藩院笔帖式穆成额等办理中俄交涉印房公事尤为出力请奖事》,中国第一历史档案馆藏《宫中档朱批奏折》,编号 04 - 01 - 012 - 0555 - 020,光绪十八年六月初四日。

月息2.8%，年息为32.4%。但是，该商号并非所有的借款都可以获得高利，《库伦十二甲长呈递各铺账目清册》档案载，人和厚有利息的放款只占6.2%，无利息者占93.8%。其他的北京商号如万盛号、东富有、通和号、万通号等商铺取息的比例都偏低，这可能是京商铺子在库伦的地理位置不佳。同治十三年（1874），皇帝曾饬令库伦办事大臣张廷岳拆除北京的商铺。[①] 光绪年间，商卓特巴衙门又再次上书，北京商号怕又被拆房，遂将对商卓特巴衙门的取息减少，以获得该衙门的容忍。

陈箓将库伦的商人分成西帮和京帮。西帮的商号有：裕源永、兴隆魁、公合全、源发长、达顺明、福原长、锦泰亨、蔚长盛、锦泉涌等。京帮的商号有：通和号、福来号、协和公、隆和玉、人和厚、隆兴和、隆聚和等十家。他认为西帮非专指山西一省，还包括天津、宣化、蔚州、万全、张家口、察哈尔、多伦诺尔之商人；京帮者系专指北京安定门外的外馆各商在库伦所设之分号。[②] 然而，据档案所记载的商号执事人的籍贯，京帮泛指直隶各府州县的商人，西帮则是山西人。当时的调查员陆世荄记录的西帮和京帮商号则相当清楚，大致符合档案所载。[③] 但话说回来，最早在北京经营商业活动的又都是山西人。

协和公由领部票贸易转为放款借贷的商号，取息的比例较高，有利息的放款只占72.9%，无利息的占27.3%。

---

① 《具奏商卓特巴等构衅一折恭录谕旨知照由》（光绪十一年五月十二日），中央研究院近代史研究所藏《总理各国事务衙门档案》，档号01－17－051－03－003。

② （清）陈箓：《止室笔记·驻扎库伦日记》（卷2），台北，文海出版社1968年版，第249～251页。

③ 陆世荄：《库伦商业报告书》，载《中国银行业务会计通讯簿》1915年第11期。陆世荄将这些商号列为零售京广杂货业，“由北京外馆输入各种绸缎、布疋、杂货等项，营销于蒙古沙毕图车三札四盟范围，亦颇扩充所有转运外路。一切骆驼、牛车、脚价均由货物中加价而得其纯利”。万盛京、通和号、人和厚、隆和玉、福来号、富有号、长兴厚等商号主要经营杂货业，运输货物到库伦赚取差价利润。

双舜全商号股东为王智迪,也是放蒙款兼货庄。该商号借给商卓特巴所属之众哦兔(鄂托克)银两“按三分行息”。[①] 然而,详细情况各有不同。

光绪二十一年(1895),库伦十二甲首呈递办事大臣,商卓特巴外仓、鄂托克借欠银两、砖茶等,其中包括双舜全商号。其执事人殷锡惠禀称,与呼图克图外仓往来七年,欠银2786.87两、砖茶27,240块。于光绪二十年(1894)八月,由外仓拨兑七家鄂多克现银8480.13两,限至十一月初一起利,共收过本银8068.95两,收过利银449.58两,尚欠本银411.18两。此项每月利息1.85分,年息为22.2%。又十一月由外仓上拨兑六家鄂多克现银2914.7两,限至二十一年二月初一起利,共收过本银2855.22两,共收过利银银205.8两,尚欠本银59.48两。此项每月利息二分四厘,年息为28.8%。二十一年二月由外仓上拨兑十二家鄂多克银9721两,限至七月初一起利,共收过本银8128.93两,共收过利银银277.59两,尚欠本银1592.07两。此项每月利息9.5厘,年息为11.94%。又九月由外仓上拨兑十七家鄂多克银7730.75两,限至二十二年(1896)正月初一起利,共收过本银2644.37两,尚欠本银5086.38两。以上四宗共欠本银7149.13两。

又,十九家鄂多克达噜嘎亲手共取过现砖茶133,975块9包,共收过本砖茶84,155块20包,共收过利砖茶49,819块19包。其茶按5.5块折算银1两,合银9058.12两。以上两宗除收净欠16,207.23两。[②]

按照M. Sanjdorj的说法,蒙古人和商号订合同,若借款在六月至

---

① 《西双舜全众哦兔该银茶总抄清册》,行政院蒙藏委员会藏《蒙古共和国国家档案局档案》,编号071-011,第0055~0062页。

② 《东双舜全殷锡惠呈为与佛爷仓上及众鄂多克交易并无虚谬蒙蔽出具甘结》,行政院蒙藏委员会藏《蒙古共和国国家档案局档案》,编号071-036,第0163~0164页。

十月内免息,十一月以后利息为3%;借债超过三年,则利息和本金必须订新合同。① 如此看来,似乎也不是借期在六月至十月期限内免利息。

据《库伦十二甲长呈递各铺账目清册》载,双舜全放债有利息的占56.07%,无利息占43.93%。双舜全出现在库伦的时间为嘉庆十八年(1813),至民国四年(1915)陆世荚到库伦调查时已经超过一百年。陆世荚将双舜全列为批发百货业之"发货庄",就是由张家口货房装运各种布疋以及民间日常用品到库伦,转批发给京广杂货庄。双舜全资本32,000两,当时为一等商号,股东为王智迪,经理为宋昌宏。② 从光绪二十一年(1895)档案看来,双舜全应属放蒙古帐款兼货庄。

方行认为高利贷为年利息在15%以上,也就是说高于地租的收入,月利二分、三分为各地银钱借贷的常利。③ 根据《大清律例·户律》"违禁取利"之条载:"凡私放钱债及典当财物,每月取利并不得过三分,年月虽多,不过一本一利。"④清朝规定每月取利不得超过三分,违者笞四十。但是,北京城有典当业不顾违禁取利的条文,敢明目张胆在借票上写"钱每百月利四文,甚有至于每月六文"。⑤

不过,蒙古的喇嘛和寺庙为了获得收入将货物赊给牧民,有时也将钱赊借给牧民。1903年库伦牧民向扎米扬多尔济喇嘛借1680块砖

---

① M. Sanjdorj, *Manchu Chinese colonial rule in Northern Mongolia*, translated from the Mongolian and annotated by Urgunge Onon; pref. by Owen Lattimore, p. 51.

② 陆世荚:《库伦商业报告书》,载《中国银行业务会计通讯簿》1915年第11期。

③ 方行:《清代前期农村的高利贷资本》,载《清史研究》1994年第3期;彭凯翔、陈志武、袁为鹏:《近代中国农村借贷市场的机制——基于民间文书的研究》,载《经济研究》2008年第5期。

④ 吴坛撰:《大清律例通考校注》(卷14),中国政法大学出版社1992年版,第522页。

⑤ 《苏伯合奏为请严禁大小典当违禁取利以便兵民事》(雍正十二年六月二十八日),国立故宫博物院藏《宫中档奏折·雍正朝》,编号402005883。

茶,每月收息3.5%,向洛多伊喇嘛借3600块砖茶,每月收利息100块砖茶,即2.7%的利息。① 如此看来,汉商借贷利息也不是特别高。

《大清律例》以汉人支付利息的法律来用在蒙古人身上欠缺公允,因为汉人借贷的时间在青黄不接之际,时间较短。如方行提到农村借贷是春借秋还,秋取六个月利;而蒙古人借贷得等到牲畜繁殖至少一两年时间,借贷时间较长。

四、还债的比例

M. Sanjdorj提到,1754年至1756年乌里雅苏台等地因蒙古人负担驻军之需,欠债十余万两。②

此事在满文奏折也被提到。乾隆二十二年(1757),皇帝上谕:据闻各该处查明喀尔喀等欠商人债务,查车臣汗部落共欠商人银114,330两零,其余三部落除陆续已还者外,土谢图汗部落欠银26,175两零,赛音诺彦部落欠银4630两零,扎萨克图汗部落欠银8602两零不等,核计四部落共负欠债务银153,739两零。皇帝施恩,由户部出资代替蒙古偿还欠债,亦悯恤商人,希望商人减银。皇帝说:"尔等赊给蒙古等查系高利,一两估值为二两。"商人等会商后呈称:情愿减银85,700两,请赏给银68,000两。为了减轻蒙古四部落的徭役负担,停止蒙古派取军营传递需用马匹牲畜。此外,差派至喀尔喀的大臣、侍卫等吃用官羊外,建造蒙古帐包二十、账房二十、办给锅具等项皆收贮库房,以备往来差使所需,若有损毁破烂者,呈报将军大臣等于粮饷银内修理。并停止为传递事务,

① [蒙]B. 锡林迪布:《十九世纪末与二十世纪初的蒙古社会经济状况》,载《蒙古史研究参考资料》1978年第9辑。

② M. Sanjdorj, *Manchu Chinese colonial rule in Northern Mongolia*, translated from the Mongolian and annotated by Urgunge Onon; pref. by Owen Lattimore, p. 65.

由济萨预备马驼,即于官牲畜内派拨马100匹、驼50只为一达哈拉喇台站。需用乌拉齐即照乌里雅苏台之数,于喀尔喀兵丁内派出25名当差,达哈拉喇台站之马驼,照喀喇沁台站之例,每年准倒马匹三分、准倒驼只二分,其缺额由官牲畜内取补。① 如此,军营所有之公事,并无须用喀尔喀之项,商人赊给济萨之处永行停止。

但清朝仅此一次由户部拨款替蒙古还债,不久仍恢复派差之事,蒙古债务仍越来越兴盛。乾隆皇帝要求商人之债务减银归还,大约只归还44%。

嘉庆十年(1805),乌里雅苏台参赞大臣常安奏清查哲布尊丹巴属下欠债。事因乾隆五十四年(1789)恰克图闭关,由库伦派去14名民人前往公齐旺达什旗。自耕居以来,有商人陆续抵达群居耕种者,亦有放债者。赊给蒙古人茶、烟、布等物,即加利勒索牲畜。倘若不给,则利上加利,致使蒙古人渐失生计者众多。其内病故、开罪流放脱逃者债额,向其该管之员索取时,蒙古人不愿偿还,民人即以此为据,任意聚居,欺诈蒙古之事属实。常安等聚集放债之民、欠债之徒等,秉公取来债务账本,逐一对质核查,所赊货物均与时价相符。本息俱足者,即勾去账本不赔外;虽收本银,未收息银者,均视其原取货物数目,增加半倍利息还给。本息全欠者,皆与本银上加一半利息,一并偿还。如此拟办,蒙古人、民均不会受损。②

---

① 《署定边左副将军车布登札布奏喀尔喀等所欠商人之债官为偿还并请将喀尔喀驿站官为经营折》,中国第一历史档案馆藏《军机处满文录副奏折》,编号03-1643-005,微卷045,第2652~2667页。

② 《乌里雅苏台参赞大臣常安奏清查哲布尊丹巴呫雅班第达两呼图克图属下赊欠民人账目折》,中国第一历史档案馆藏《军机处满文录副奏折》,编号03-3679-032,微卷172,第2586~2596页。

又,乌里雅苏台参赞大臣常安奏清查格根属下118名赊欠民人张高、孙玉珍等47人之账目。有赊欠债本并无收过利息者34名,应照价本再加一半利息还给;赊欠民人物件本利全未还给者53名,按一本半利一并归还。赊欠账目还给牲畜每匹马作价银6两、每条牛一岁作银1两、羯羊作银1.2两、母羊作银6钱、山羊作银4钱、羊皮作银1钱、砖茶每块作银3钱、黄烟每包作银1钱、毛布每疋作银1两、梭布每疋作银8钱、麦一斗作银3钱、面十斤作银3钱。

表2为嘉庆十四年(1809)唐努乌梁海的蒙古人借欠库伦商号的账册中借欠数目和还钱比例:

表2 唐努乌梁海的蒙古人借欠库伦商号的账册中借欠数目和还钱比例

债主	欠债(两)	还银(两)	还债比例(%)	备注
宋福沛	1435.33	191.33	13.3	债主已故,其子宋开往同伊父伙计张正文具结领去销账完结
张吉	640.96	85.44	13.3	此银伊伙计郝廷兰具结领去销账完结
孙起秦	820.54	109.38	13.3	此银伊伙计赵越宽具结领去销账完结
张重德	563.71	75.14	13.3	张重德回籍此银交值月甲首四合成记左澄收存俟本人到日具结收领
李应干	28.75	3.83	13.3	李应干回籍此银交值月甲首四合成记左澄收存俟本人到日具结收领
韩生晃	583.92	77.84	13.3	韩生晃回籍此银交值月甲首四合成记左澄收存俟本人到日具结收领

资料来源:行政院蒙藏委员会藏《蒙古共和国国家档案局档案》,编号026-010,第034~037页。

乌梁海蒙古人借欠汉商宋福沛、张吉、孙起秦等债务,亦摊还13.33%。现今存留的道光朝档案,有几件是归还七成。如万盛高商号执事人袁珏具结：

今在王爷旗内贸易所欠小的账银共数2699.6两，今奉盟长公爷大老爷来谕以7扣实银1889.34两，累次共收过银1889.34两。俱以收结恐口无凭，立约为证。道光八年（1828）五月二十九日万盛高袁珏叩具。①

光绪二十二年（1896）六月，库伦办事大臣桂斌奏：

哲布尊丹巴呼图克图属沙毕一项困苦特甚，流亡过多。呼图克图忠厚存心，用人失当，一任喇嘛等勾通内地商民以及在官人等百方诈取，若罔闻知。迨用度过窘，不得不加倍苛派，所由欠负累累，上下交困。体访其属堪布喇嘛诺们罕巴勒党吹木巴勒为僧俗所仰慕，应责成清理已檄署商卓特巴巴特多尔济等，凡一切商上应办事宜，悉心咨商，妥为筹划。先将沙毕等应派光绪二十二年分摊款，查照十年以前，各按牲畜多寡，秉公匀摊，不准加派，核实酌裁。近年增添浮费，务量所摊撙节动用，俾纾民力。并请将东营台市甲首各商，每遇两大臣节寿酬款项不减不增，按年代哲布尊丹巴归商欠。②

光绪二十三年（1897）六月，库伦办事大臣连顺奏：

桂斌所奏归还哲布尊丹巴商欠办法，四成实银，分年带销，虽恤蒙情，未恤商情，致该商等亏累太多，不敢与沙毕内外两仓及鄂托克交易。而两仓鄂拓克虽有牲畜，无处易换，市井萧条，诸货不

① 《万盛高号袁珏收结蒙古王爷旗账目书契》，台北蒙藏委员会藏蒙古国家档案局档案，编号002－027，第0177～0180页。

② 赵尔巽：《清史稿》卷五二一，中华书局1985年版，第14409～14410页。

能畅销。现呼图克图之庙工久竣,应照桂斌所奏,不得苛派,休息蒙众。两仓所用货物银茶及鄂拓克息借之款,应循旧日章程,设法算拨。①

桂斌主张解决欠债办法为偿还四成,分年付款。因商民损失太大,不敢和鄂托克交易,以致于牲畜未能出售,市场萧条。

库墨尔根郡王向铺商大盛鸣、永聚公借款,偿还同样比例的债务。王旗欠永聚公本利银共2万余两、欠大盛鸣本利银共9万余两。库伦大臣连顺议,因该王旗欠大盛鸣为数太巨,断另核减利银约2万两,尚应还银7万余两。永聚公已歇业,应照理藩院来咨,如数偿还。均予限2年不得再行拖欠。② 图什业图汗部落札萨克郡王阿囊塔瓦齐尔以承审司员纳贿,勒结朦混库伦大臣入奏,理藩院奉谕旨将案内人证卷宗解京质讯。光绪二十六年(1900)五月,理藩院署被劫,此案卷宗账簿全行遗失,续遭兵燹,双方人证逃避,未能结案。大盛鸣商人刘天运又到理藩院呈控,理藩院请旨饬交库伦大臣就近质讯奏结:③

具甘结:西库伦商大盛鸣东家乔弼山西太原府徐沟县人氏、执事人刘天运山西太原府文水县人氏为前呈控墨尔根王推欠借银七万三千零四十两。蒙钦宪大人派员公断,按四成了案。该墨尔根王旗应还银二万九千两整。其款当堂如数领讫,两出情愿了

① 《连顺奏为前任大臣桂斌办理哲布尊丹巴呼图克图仓久一案以节寿陋规代还内外仓账目请裁革陋规以袪商累由(附片)》(光绪二十三年五月初四朱批),国立故宫博物院藏《军机处档折件》,编号139112。

② 《连顺奏报穆尔根郡王积欠商款勒限偿还(折片)》(光绪二十三年九月初一),国立故宫博物院藏《军机处档折件》,编号141495。

③ 《敬信奏报查办库伦商人刘天运呈控图什业图汗部落郡王阿囊塔瓦齐尔欠债不还案》(光绪三十年四月初十),国立故宫博物院藏《军机处档折件》,编号159954。

事。钦署司员人等盖无勒索情事，所具是寔。为此出具甘结。光绪三十年九月□日[①]

库伦办事大臣奏，员外郎恒钰办理郡王阿囊塔瓦斋尔与大盛鸣多年债案完结，拟请从优奖叙。[②]

宣统年间，通和号借给蒙古人的文契上记载欠银“言名以五扣”，也就是说蒙古人归还借欠银两打了五折。其文契如下：

他布那各沙各德收令，挽住净欠银一千五百五十一两三钱五分，言明以五扣，合实银七百三十五两六钱三分五厘。其银言明本年七(十)月标在东口清付。宣统元年新正月十九日(北通和号图记)具帖。[③]

亦肯巴拉各测卜各多尔计、打拉各敖土各，挽住净欠咱银二百八十六两八钱二分三厘，言明以五扣。合宜之银一百四十三两四钱一分一厘。口肯挠阳布的斋僧打拉各敖土各，挽住净欠咱银一千七百一十二两二钱九厘，言明以五扣。合实银八百五十六两一钱。二共合实银九百九十九两五钱五分六厘。以上二笔俱言明本年十月标东口付。己酉(宣统元年)正月十九日(通和号图记)具。[④]

这两件契约上提到“标东口付”，东口也就是张家口，库伦商号的

---

① 《西库伦铺商大盛鸣禀为领讫穆尔根王旗清偿拖欠银两》，台北蒙藏委员会藏蒙古国家档案局档案，编号080－043，第0149～0150页。

② 《咨明员外郎恒钰办理郡王阿囊塔瓦斋尔与大盛鸣多年债案完结拟请从优奖叙》，台北蒙藏委员会藏蒙古国家档案局档案，编号084－046，第0119页。

③ 《通和号与他布那各沙各德收令文契》，台北蒙藏委员会藏蒙古国家档案局档案，编号088－066，第0153页。

④ 《北通和号与亦肯巴拉各测卜各多尔计等收令文契》，台北蒙藏委员会藏蒙古国家档案局档案，编号088－067，第0154页。

总号大多设在张家口,蒙古牲畜在秋冬之际赶到此地,因而许多借契言明在张家口付账。过去研究旅蒙商的学者常认为商人借钱给蒙古人,获取巨大利息。不过,按照各种案例来看,借钱利息高,但也不一定如数归还本金。通和号在民国十年(1921)俄国革命后俄币贬值,该号属于北京钱业商会,存有俄币三万六千元。[①] 民国十五年(1926),马鹤天提到西库伦汉商惟北通和号每年可得利十万元左右,如此看起来通和号应该从事借贷行业。[②]

五、牲畜折抵

蒙古人向商人借贷,以牲畜折价偿还,价格有偏低的趋势。譬如,嘉庆十年(1805)还给牲畜每匹马作价银 6 两、每条牛一岁作银 1 两(每岁递增 1 两)、羯羊作银 1.2 两、母羊作银 6 钱、山羊作银 4 钱、羊皮作银 1 钱。[③] 根据商人的账簿,18 世纪下半叶如乾隆二十八年(1763),羯羊、母羊、大羊每只 1.5 两,羊皮每张 0.2 两至 0.4 两;乾隆四十七年(1782)记载骟马每匹 10 两至 15 两;乾隆五十年(1785)四岁牛一条 4.5 两。[④] 商人账簿的价格都比嘉庆年间的牲畜折价高。

---

① 《函送京师钱业商会造送各号所存俄国羌帖数目表请汇办由》,“中央”研究院近代史研究所档案馆藏外交部档案,馆藏号 03-32-410-01-012。

② 马鹤天:《内外蒙古考察日记》,载《中国边疆社会调查报告集成》(第 1 辑第 12 册),广西师范大学出版社 2010 年版,第 215 页。

③ 《乌里雅苏台参赞大臣常安奏清查哲布尊丹巴呫雅班第达两呼图克图属下赊欠民人账目折》,中国第一历史档案馆藏《军机处满文录副奏折》,编号 03-3679-032,微卷 172,第 2586~2587 页。

④ 参见行政院蒙藏委员会藏《蒙古共和国国家档案局档案》,《弘源发记二大人取货宝账》,编号 015-001,第 0001~0025 页;《蒙古宝账》,编号 017-011,第 0029~0040 页;《客货宝账》,编号 020-001,第 0001~0028 页;《蒙古出入宝账》,编号 020-002,第 0029~0047 页。

道光二十年(1840),《大盛魁禀明大亲王爷雇驼用银事》记载城内去西营它粮雇3个兵用银33两,牲群2次打印用柴火3车银1两5钱。科牲群添雇兵用扇马4匹32两,替今蜜的甲色合少牲群补印用扇它1只22两。大处来耳气节扣遐并跟随用盘费银1两2钱。大库伦3次来罕力吓器用盘费柴火银7两5分。以上共合银799.65两,收过银63两吉沙手与至此仝吉沙面挽定除讫。净该银736两6钱5分。①

M. Sanjdorj提到18世纪至19世纪初,蒙汉贸易以实物计价,汉商以砖茶计价,蒙古人以羊计价。砖茶和羊的换算如下:1786年2块砖茶等于三岁羊;1856年三岁羊等于1.2块砖茶;1870年三岁羊才等于0.5块砖茶。同年,一匹马值7块砖茶、骟牛值6块砖茶、骟骆驼值15块砖茶。商人把牲畜赶到张家口一只羊值30块砖茶,去除赶羊5块砖茶的费用,净赚24.5块砖茶。②

光绪十八年(1892),波兹德涅耶夫从科布多到库伦途中,向蒙古人买一只羊,索价达5两。原来不到一个月前,大盛魁钱庄的汉人经过这里,他们把绵羊抢去顶旗的债务,所以才有这样的高价。③

光绪十九年(1893),波兹德涅耶夫记录多伦诺尔的好马每匹10两至15两,甚至20两,牛每头8两至15两,冬天的羊只较贵,每只6两。牛皮每张1500文、绵羊皮每张500文、山羊皮每张600文。④

---

① 《大盛魁禀明大亲王爷雇驼用银事》,台北蒙藏委员会藏蒙古国家档案局档案,编号038-003,第0115~0116页。

② M. Sanjdorj, *Manchu Chinese colonial rule in Northern Mongolia*, translated from the Mongolian and annotated by Urgunge Onon; pref. by Owen Lattimore, pp. 90-91.

③ [俄]阿·马·波兹德涅耶夫:《蒙古及蒙古人》(卷1),刘汉明等译,内蒙古人民出版社1989年版,第436页。

④ 同上书(卷2),第343页。

光绪二十九年(1893)大盛魁与土谢图汗盟长等定《牲畜货物价值章程》:骟马每匹10两、牛每头15两、大母羊每只1两、大甲羊每只2两、山羊每只6钱。①

商人向蒙古购买牲畜折抵偏低,俄国的学者认为商人接收牲畜抵作债款时,至少要压价1/3。例如,马的市价为18两至20两,他们只按12两至13两收受。靠着这样的手段,除了正式取利36%之外,还至少非正式地取利30% ~35%。结果,他们实际上所取的利息高达70% ~80%,有时甚至达100%。因此,蒙古的借贷业务是特别能获利的事业。②

宣统年间,三多任职库伦办事大臣奏称:喀尔喀有图、车两盟、沙毕等三处,历年息借华俄借款,迭经报官索欠者约计不下百万余两。过去,学者讨论哲布尊丹巴在1911年宣布独立,着重政治因素。③ 由蒙古债务情况看来,蒙古向俄国求取军事和经济援助,似乎也无可避免。孟榘《乌城回忆录》提道:

> 乌里雅苏台有天义德商号,亦大商家。旧与大盛魁等。近大盛魁益发达。营业徧喀尔喀科布多,资本近万万。例放各旗公债,而天义德则亏累矣。民国十年(1921),外蒙二次独立,赤俄暗中主持。没收华人货物财产,欠债一津取消,大盛魁一家,损失已

① 《大盛魁与秃舍雅图罕工同定妥相与乌科取使一应差事》,行政院蒙藏委员会藏《蒙古共和国国家档案局档案》,编号079-019,第0097~0101页。

② [俄]伊·米·迈斯基:《革命前夜的外蒙古经济》,载《蒙古史研究参考资料》1975年第4辑。

③ 张启雄:《外蒙主权归属交涉(1911—1916)》,台北,"中央"研究院近代史研究所,1995年。

数千万。①

六、结语

清朝在蒙古地区的库伦、乌里雅苏台、科布多设官。乾隆二十一年(1756),皇帝任命桑斋多尔济为喀尔喀副将军;二十八年(1763),特派驻库伦办事大臣,掌俄罗斯之往来,明其禁令。库伦办事大臣兼管汉人与蒙人的纠纷案件,许多汉蒙债务纠纷档案藏在蒙古国国家档案馆和清朝公文书中。

蒙古债务的起因是,从事畜牧业的蒙古人,其牲畜买卖有季节性,贩卖产品与日常所需时间不一致,牧民边举债过日,边偿还旧债。民国四年(1915),陆世菼到库伦进行调查,提到商号放款给蒙古的数额:如协裕和的蒙古借款有二三十万元,林盛元的蒙古借款有三十万元,大盛魁的蒙古借款有二百余万元,天义德的蒙古借款有六七十万元,协和公蒙古借款有二三十万元。②

其次,关于借贷的利息。汉人借贷的时间在农村青黄不接之际,春借秋还,利息为六个月;而蒙古人归还借贷得等到牲畜繁殖,至少一年以上,借贷时间长,故三分利对蒙古人来说利息算高。

蒙古独立以后,商号纷纷倒闭,货款汇兑艰难,资金亦不易周转;加以蒙人欠款疲滞不归,百商大受影响,遂使两百年来的库伦、张家口、北京的商贸网络消失。现今存留库伦的档案相当多,本文仅利用部分满汉文讨论商卓特巴衙门与商号的关系;将来继续撰写库伦商号

---

① 孟榘:《乌城回忆录》,载《中国边疆行记调查记报告书等边务资料丛编(初编)》(第22册),蝠池书院出版有限公司2009年版,第334页。

② 陆世菼:《库伦商业报告书》,载《中国银行业务会计通讯簿》1915年第11期。

与地方财政,以了解清代边疆的财政问题。

《清代蒙古志》载,自18世纪中叶起,哲布尊丹巴呼图克图所属的大库伦各吉萨,利用自己在集市中心的便利条件,在发放高利贷方面与汉商竞争。从此,蒙古其他寺院也开始从事高利贷活动,月利息自一分至三分不等。四世哲布尊丹巴呼图克图考虑到寺院放高利贷有损形象,曾下令禁止。但到清末,大库伦放高利贷活动仍有增无减。光绪年间,大库伦各吉萨的高利贷利率,由原来的15%~36%提高到60%。[①] 蒙古的债务似乎不仅是汉商和蒙人的问题,也存在贫富阶级问题。

① 金海、齐木德道尔吉、胡日茶、哈斯巴根:《清代蒙古志》,内蒙古人民出版社2009年版,第334~335页。

明清中国“商业法律”的构成与演化

邱澎生

一、绪论

16 世纪以后,中国经济至少在六个层面出现了长期而重要的变迁趋势:大商人资本的兴起、包括“散工制”(putting-out system)在内的工场手工业的巨大发展、因为“一条鞭法”普及而更加确立的财政货币化发展、“押租制”与“永佃制”普及所导致的土地经营权与所有权相互分离而出现的租佃制变动、“短工”与“长工”在法律上的人身自由进一步获得解放而向雇工制演变,以及民间海外贸易所带来的大规模的世界白银内流中国。①

相对而言,在促成 16 世纪以后中国这场长期经济变迁的诸多力量之中,长程贸易与区域分工应是最关键的。在 16 世纪到 18 世纪,中国全国范围内逐渐出现了三大区域之间的经济分工现象:一是长江下游与东南沿海地区,此区域成为向中国其他地区输出手工业产品、输入粮食与工矿原材料的“已开发区域”;二是长江中游与华北地区,此

① 吴承明:《现代化与中国 16、17 世纪的现代化因素》,载《中国经济史研究》1998 年第 4 期。

区域变成向外输出农产品而向内输入手工业品的“开发中区域”；三是云贵高原与西北地区，成为输出工矿原材而输入粮食与手工业品的“未开发区域”。众多人口与劳动力在此三大区域间迁移，大量而众多种类的商品也在此三大区域间输出与输入，从而构成当时中国内部隐然成形的“已开发、开发中、未开发”经济分工格局。[①]

即使暂时排除海外市场的发展不论，单是中国国内市场的长程贸易，也在16世纪至18世纪出现重要成长，既在流通商品数量上有巨幅增加，也在流通商品结构上发生重要转变。其中，特别是棉布逐渐取代食盐，成为长程贸易流通商品中仅次于粮食的第二大宗商品，这个棉布商品贸易量超过食盐的转变，反映了手工业产品在当时商品流通结构中占有更重要的地位，已然超过原先财政税收意味浓厚的食盐。[②] 同时，随着粮食、棉花、盐、丝织品、木材、药品等商品的流通，以及各地商业组织的兴起与发展，劳力、资金、信息愈来愈整合成为一个功能更加清楚的“全国市场”。[③]

全国市场的兴起与发展，加速了手工业、农业与工矿原料在不同

---

① 王业键：《清代经济刍论》，载《食货复刊》1973年卷2第11期。所谓的“已开发、开发中、未开发”三大经济区，是以当时中国不同地区经济发展的相对程度而立论，并非完全套用近代经济成长的“经济起飞”解释模式。举例而言，当我们说长江下游与东南沿海是当时中国的“已开发”经济地区，并不必然指的是该区民众平均所得已进入持续增长的经济起飞阶段，而只是对比于中国其他地区，长江下游与东南沿海地区确已演变成一个持续输出本地手工业产品并且进口其他地区粮食与工矿原料的地区，从而能与“开发中、未开发”等其他两类经济地区相互补充，彼此整合成一个区域分工的经济体系。

② 吴承明：《中国资本主义与国内市场》，中国社会科学出版社1985年版，第217～246、247～265页。

③ 李伯重：《中国全国市场的形成》，载《千里史学文存》，杭州出版社2004年版，第269～287页。我们可以继续争论这个全国市场的整合程度到底有多高，然而，这个全国范围内的市场整合趋势，仍可以是如李伯重所论证的具体存在。

区域间的分工化与专业化,有助于各区域更有效率地利用各自的资源禀赋(endowment),发展出更专业化的生产方式,以将各种商品投入市场贩卖,进而提升自然与人力资源在全国范围内的更有效利用,这可称为一种经济上的"斯密式成长"(Smithian growth);有学者强调其重要性并不亚于"技术密集、资本密集、组织创新"等另外三类不同的经济成长模式。① 以经济变迁中的"斯密式成长"命题为核心,一些学者不仅以此论证区域经济分工化与专业化带动明清经济成长的重要贡献,也藉此批判过去那些总是强调明清中国未曾出现"技术密集"与"资本密集"两类经济成长模式的片面性与局限性。②

要之,学者关于明清中国经济出现"斯密式成长"的提法,不只是要肯定明清经济发展的正面意义,也是要藉此重新评估那些只重视工厂制、机器大规模生产等近代西欧工业革命"独特性"的既有经济史解释。工业革命或是资本主义何以只在近代西欧出现?学界早已累积了众多论证这类"欧洲独特性"的研究,但质疑这类研究的学者,则将这些研究分类为人口结构、生态环境、资本累积、市场制度、公司组织与经济制度等不同面向,由明清中国乃至于印度、日本、东南亚等地的经济变迁历史,批判那些所谓的"西方中心论的经济成长故事"。③ 因而,探究明清经济史的重要意义,不仅是要更全面地认识当时中国的

---

① [美]王国斌:《转变中的中国——历史变迁与欧洲经验的局限》,李伯重、连玲玲译,江苏人民出版社 1998 年版,第 7~55 页。

② 有关"斯密式经济成长"如何带动专业化与分工化,及其对整体经济所能产生的贡献,参见王国斌:《农业帝国的政治经济体制及其当代遗绪》,邱澎生译,载[加]卜正民(TimothyBrook)、GregoryBlue 编:《中国与历史资本主义:汉学知识的系谱学》,郭慧英等译,台北,巨流图书公司 2004 年版,第 293~296 页。

③ [美]彭慕兰(Kenneth Pomeranz):《大分流:中国、欧洲与现代世界经济的形成》,邱澎生等译,台北,巨流图书公司 2004 年版,第 1~37 页。

历史变迁,也是要进一步将"非西方"地区的历史更完整地纳入、挑战并且改写既有的近代世界经济史。

如何以明清经济变迁的史实挑战近代的世界经济史?其中一项关键课题即是明清中国是否真的没有"商法"(commercial law, business law, law merchant)。许多人相信:只有近代西方才出现了足以支撑经济成长的"商法"。在过去,因为相信明清经济没有太多有意义的变化,故而许多人也自然相信明清中国不可能出现支持经济发展的商业法律,并认为明清中国因为经济不发达故也不可能出现"商法"(或是倒过来作推论:因为没有商法,故而限制了经济发展)。

然而,当"斯密式成长"被学者论证成为一种有效理解明清中国经济变化的研究视野之后,则这种肇因于长程贸易与区域分工所促成的经济成长到底对当时中国的法律体系有何冲击?或者反过来问:当时中国的法律体系对于"斯密式成长"究竟发挥了何种影响?这便成为一个颇为关键的课题。以明清中国经济最发达的江南地区为例证,探讨江南商业发展与商业诉讼之间的关系,应可为此课题提供些许有用的讨论。

除前言与结论外,本文分为五节:第一节讨论清代中国没有"商法"这项常识是否真是不证自明。第二节由欧洲与英国的不同历史经验,简介"商法"的五项定义。第三节藉由清代江南商业诉讼的三类案例,讨论如何可由"实证上理解商业与商人之间关系"的法律现象来检视清代中国的"商法"问题。第四节与第五节,则分别讨论清代商业法律在"法律的理论/事实上的衔结"以及"就法律论法律"的能力提升等两个重要特征。

二、清代中国没有“商法”真是不证自明的常识吗？

早自晚清以来，即使像郑观应这样博识而又有商业实务经验的知识分子，也曾断言清代中国没有“商律”。郑氏清楚指陈：到了19、20世纪之交，中国仍然没有“商律”，故当本国商人遭遇经营损失时，便乃“不敢上控”请求官府协助。他的评论是：“中国只有刑律，无民律、商律、报律、航海诸律；故商民讼事，律多未载，地方官与胥吏随意判断，商民负屈甚多”。病灶如此，郑氏从而主张“国家非有商律”，否则“商务必不能旺”。①

郑观应这段评论文字，同时包含实然面与应然面两个不同层次的问题。先谈应然面，清末中国需要发展“商律”，才能在国际商业竞争中保护本国经济利益，这是绝大多数论者都会同意的论断。但在实然面上，郑氏这段评论是否真的符合历史实情？这便不能令人无疑。

清代全国众多地区的大多数商人是否都“不敢上控”？而清代众多地方官员与胥吏对于商业讼案是否常是“随意判断”？一般读者可能觉得郑观应的评论即使在实然面上也能站得住脚，但让我们暂时放下刻板印象，回到一些有趣的史实：16世纪初年，明朝中央政府于《弘治问刑条例》新修例文中规定，若有江西商人再涉及“负欠钱债”等案件时，“止许于所在官司陈告”，不准肆行往赴京城提呈诉讼。② 如果传统中国大多数商人都是“不敢上控”，则这条新例究该作何解释？表面上看来，这

① （清）郑观应：《盛世危言》，载夏东元编：《郑观应集》（上册），上海人民出版社1982年版，第612～613页。这段有关“中国只有刑律，无民律、商律、报律、航海诸律”的话，仅见于1900年8卷本的《盛世危言》，并不见于之前印行的1894年5卷本以及1895年14卷本《盛世危言》的同段内容。

② 黄彰健编：《明代律例汇编》，台北，中研院史语所1979年版，第855页。

条法律是在禁止商人到京城“上控”;但是,这条例文的出现,不也正反映了当时部分商人实际上经常“上控”吗?否则,中央政府何必特别立法禁止此现象?根据明代律学注释名家王肯堂的考订,此条例文其实出现于15世纪后半的天顺年间(1457—1464),①而活动于15世纪的著名学者王士性(1436—1494),也曾记录他当时游历全国时所亲眼见及商人集体打官司的风气:“(休歙)商贾在外,遇乡里之讼,不啻身尝之,醵金出死力,则又以众帮众,无非亦为己身地也。近江右人出外,亦多效之”,②“江右人”即是指江西商人,这不仅印证了上述《弘治问刑条例》例文禁止江西商人赴京城打官司的史实,更可见到江西商人之所以好打官司,可能还是仿效当时徽州商人“以众帮众”的集体打官司风气。

那么,清代官员对于商业讼案是否都是“随意判断”?至少,在17世纪松江、苏州棉布商人要求江苏各级地方官员取缔棉布字号仿冒等案例当中,多位官员在处理讼案过程中对棉布商业经营习惯予以合法承认的态度,这些江南地方官尊重并且详细援引布商经营习惯的审案实例,透过现今留存碑刻而跃然纸上,③也不好轻率将其简化成是官员

① 万历四十年(1612)出版了王樵、王肯堂合著的《律例笺释》,此书在清康熙三十年(1691)由顾鼎重编再版并改名《王仪部先生笺释》(影印清初重编刊本,收入《四库未收书辑刊》第1辑第25册);王肯堂对江西商人条例文的考订与批评,见《王仪部先生笺释》卷22《刑律:诉讼:越诉》条例文(第604页)。清代律学名家薛允升也转引王肯堂此条修订例文的意见,见《读例存疑(重刊本)》册4,第982页。

② (明)王士性:《广志绎》,载周振鹤编校《王士性地理书三种》卷二,“两都”部,新校本,上海古籍出版社1993年版,第276页。明清徽商藉司法诉讼保卫自身权益的一些实际案例,可见卞利:《明清徽州社会研究》,安徽大学出版社2004年版,第157~159页。

③ 最有名的案例,或系那份见于清顺治十六年(1659)四月由苏州、松江地区37家字号布商联名将官府颁发《苏松两府遵奉抚院宪禁明文》刊刻碑石的纪录(上海博物馆编《上海碑刻资料选集》,人民出版社1981年版,第84页);由官府判案的法律修辞对该案所作的分析,可见邱澎生:《当法律遇上经济:明清中国的商业法律》,台北,五南图书出版公司2008年版,第五章《17世纪的法律批判与法律推理》,特别见该章第2节的相关讨论。

对商业案件“随意判断”。

固然,16 世纪江西商人往京城控告钱债案件,以及 17 世纪江苏地方官处理松江、苏州两府棉布商人商标讼案的积极态度,当然不足以概括全国范围的商业诉讼情形;但像郑观应那样使用商人“不敢上控”与官吏“随意判断”来概括明清将近 550 年全国各地的商业诉讼现象,恐怕也严重忽略了许多不同来源史料所记录的实际情况,所论未尽公允。因而,在实然面上论断明清商人“不敢上控”或是明清法官对商业案件“随意判断”,这类评论意见其实有待商榷。我们对于明清中国商人面对商业诉讼的实际态度,以及官员处理商业诉讼的普遍模式,仍然需要更多元的证据并作更细致的讨论。

然而,自清末以来,由“不敢上控”与“随意判断”这类印象而推导出来的所谓传统中国缺少“商律”或是缺少“商法”,这其实是颇为流行的看法;对许多学者而言,这种看法似乎早已成为一种不证自明的常识。但史实真是如此吗？本文将对此问题作些讨论。

首先,除了郑观应的评论外,我们也应看看当时即已存在的不同意见。19 世纪 80 年代,一位看来常有机会在香港与清朝通商口岸城市近身观察中国经济与法律实务的外国人,也曾作出一段有关中国到底有无“商法”的评论:“因为中国没有成文的商业法典,便认为中国人没有任何商法(commercial law),这是一种常见的错误认识。要是没有近代法律注释家的论述,我们也可能误以为英国根本没有普通法(Common Law)。在《大清律例》以及其前出现过的历朝刑法典之外,还有中央政府颁布的许多诏令或通行,地方省级法官也针对商法的相关问题做成不少裁决;而这些例案、命令与裁决的合辑,都由刑名幕友、税关监督以及其他重要的中国内陆官员所掌握。尽管各省有不同的贸易习惯,但对熟悉商业法律领域的人而言,这些涉及商业问题的法律合辑仍然足以提供很好的保护，让种种商业贸易习惯可以在审判过程中经常得到尊重。”①

明清中国到底有无“商法”？这是19世纪后半一位来华外国人所做的结论，他的观察与郑观应明显有别，同时，在某种程度上，其观察还带有一种以英国法制史对比中国法制史的历史比较观点。透过与英国18世纪50年代以降诸如布莱克斯通（William Blackstone）等著名法律注释家阐扬英国普通法义蕴的历史作对照，②这位外国评论者认为：清代中国也有众多的商业法律，并且是由全国众多幕友与相关官员负责操作这些法律；只是，因为没有出现与布莱克斯通同样重要的法学家来阐扬中国商业法律的精蕴，故而人们才误以为清代中国没有任何“商法”。

可以这么说：早在清末，对于当时中国有无“商法”的问题，其实已有多数意见与少数意见的不同观察与评论，郑观应代表的否定说应是多数意见，而那位在华外国人代表的肯定说则应是少数意见。多数意见为是，而少数意见为非；抑或是少数意见为是而多数意见为非？笔者认为：这恐怕是个复杂的课题，难为多数意见与少数意见定出一个是非判然的答案。何以故？一个最简单的道理是：双方其实各有所见。

郑观应的看法是：清代中国的“商民讼事”，在《大清律例》上是“律多未载”。这个观察具有一定道理，特别是比起当时欧洲许多国家

① “The Commercial Law Affecting Chinese; with Special Reference to Partnership Registration and Bankruptcy Laws in Hongkong,” Reprinted from the *China Mail*, 1882. pp. 1 – 40.

② 布莱克斯通注释英国普通法的过程与意义，参见 David Lieberman, *The Province of Legislation Determined: Legal Theory in Eighteenth-century Britain* (Cambridge: Cambridge University Press, 1989), pp. 31 – 67。

已有“民商合一”或“民商分立”的商法典，或是特别制定的公司、票据、海商等专门商业法规，①清代中国缺乏“商法”的这项史实，确实是彰明较着。

但是，《大清律例》对“商民讼事”缺少足够规定，是否即可以等同于当时中国没有“商法”？至少对晚清那位在华外国人而言，他的观察便是：“在《大清律例》以及其前出现过的历朝刑法典之外，还有中央政府颁布的许多诏令或通行，地方省级法官也针对商业法律的相关问题做成不少裁决”，可见《大清律例》之外，仍有许多中央法规或是“省例”涉及对商业诉讼的规范；更重要的是，这位外国人还观察到：“这些例案、命令与裁决的合辑，都由刑名幕友、税关监督以及其他重要的中国内陆官员所掌握”；这些涉及商业的中央法规与省例，被幕友、税关官员及全国其他法官所解释、援引与施行，其实际效果竟然是：“尽管各省有不同的贸易习惯，但对熟悉商业法律领域的人而言，这些涉及商业问题的法律合辑仍然足以提供很好的保护，让种种商业贸易习惯可以在审判过程中经常得到尊重。”在这种观察角度下，清代中国也有“商法”，这便不是什么新奇可怪之论，而是也可具体论证的史实，反映一定的道理。

要之，郑观应认为清代中国没有“商律”，固然有一定道理；但真要

---

① 要注意的是：即使欧陆的商法典，也有以法国为代表的“商事法主义”以及以德国为代表的“商人法主义”这两类商法典的不同制定原则；至于英国，虽然自 19 世纪 60 年代以来由国会支持的一系列“商法法典化运动”最后未能完全成功，但诸如《流通票据法》(1889)、《经纪人法》(1889)、《合伙法》(1890)、《货物买卖法》(1893)、《破产法》(1894)、《海上保险法》(1906)、《有限合伙法》(1907)等一系列个别的商法法典仍然陆续出台，其“影响仍然是不可磨灭”。相关介绍，参见何勤华、魏琼主编：《西方商法史》，北京大学出版社 2007 年版，第四章《大陆法系商法》、第五章《英美法系商法》，特别见第 285～286、289～291、386～390 页。

像许多当代学者一般，将清代中国没有“商法”视为是一种不证自明的常识，这便推论过甚，低估了历史事实的复杂性，不可不辩。

三、“商法”五义：清代中国究竟没有何种“商法”？

郑观应与晚清那位在华外国人对清代中国有无“商法”所作截然不同的评论，在很大程度上，其实涉及双方对“商法”定义的重大差异。自晚清以来的中国，“商法”不仅一直是个由外国输入的翻译名词，① 更是一种源自外国历史经验的法律移殖现象。无论是郑观应代表的清代中国没有“商法”的否定论者，或是那位晚清在华外国人代表的肯定论者，双方用以评断清代中国有无“商法”的最主要标准，其实都是欧洲的历史经验。问题是：如果否定论者与肯定论者对欧洲“商法”的认识其实有所差异，则是否会严重影响他们对中国有无“商法”的判断？更恼人的问题是：欧洲历史上的“商法”，其实很难界定为一种特定的标准内容。因而，在没弄清楚用来比较中国有无“商法”的判准究系何种内容之前，若即轻易地跳入否定论或是肯定论的争议，这恐怕是极其危险或甚至是极其无谓的。

欧洲历史上的“商人法”或是“商法”（拉丁文的 *lex mercatoria*，或是英文的 the Law Merchant），原本是颇为复杂的法律与历史现象；但在中文的学术场域中，欧洲“商法”却经常被简化成为一种直线发展的演进历程。许多人相信，欧洲自十一二世纪的中古晚期，甚至是远在罗马时代，即已出现“商法”，并常有人认同以下的主张：中古晚期的欧

---

① 对于“商法、商事法”（commercial law、business law、law merchant）等这些相关中译名词的问题，有学者曾作过一些简介，并提醒学界重视“话语语境的不同及其转换的问题”，参见孙丽娟：《清代商业社会的规则与秩序》，中国社会科学出版社 2005 年版，第 12 ~ 17 页，特别见第 17 页。

洲“商法”，既往上承接了罗马法的相关法学传统，同时又往下开启了近代欧洲各国的商法典或是个别领域的商事立法。[①]

然而，这种直线演化的看法，其实简化了欧洲“商法”在历史上的复杂演变过程，既模糊了“商法”一词的多义性，更忽略了这套有关中古晚期欧洲即已出现“商法”并且源远流长的历史论述其实是“虚实参半”，许多相关内容，其实是在特定脉络下被有意建构出来的一种学术想象。如学者所指出的：在很大程度上，正是因为英国始终缺乏一套独立自主于普通法之外的商法，才使17世纪以来一些普通法（Common Law）律师能够成功地建构一套有关欧洲“商法”源远流长的历史论述。[②] 以下，笔者将分两点略予澄清欧洲“商法”论述的复杂性。

首先，“商法”这个名词在欧洲历史上具有多重意涵。有学者即将“商法”区分为五种不同含义：一是作为“商法典客体”的“商法”，二是作为“商人特别法”的“商法”（采取此种立法体例的国家，先规定商人，再从商人定义推导出商事行为，此可以德国法系为代表，也称“主观体系、商人法主义、商业法主义”），三是作为“特定行为类型”的特别法（采取此种立法体例的国家，先规定商行为之概念，再导出从商人之概念，此可以法国法系为代表，也称“客观体系、商事法主义、商行为法主义”），四是作为“实证上理解商业与商人之间关系”的法律，五是

---

① 最能形塑中文学界有关欧洲“商法”直线发展史观的著作，可能是 Munroe Smith 原著并由姚海镇翻译的《欧陆法律发达史》（1943 年初版，台北，台湾商务印书馆 1987 年版，特别见第 178 ~ 185 页）；至于其他常用的这类欧洲商法直线演化史观，也可参见［美］伯尔曼（Harold J. Berman）：《法律与革命》，贺卫方、高鸿钧、张志铭、夏勇译，中国大百科全书出版社 1993 年版，第十一章《商法》，第 406 ~ 433 页。

② Mary Elizabeth Basile, *Lex Mercatoria and Legal Pluralism: A Late Thirteenth-century Treatise and its Afterlife*, Jane Fair Bestor, Daniel R. Coquillette, and Charles Donahue, Jr. edited, translated, and introduced (Cambridge: The Ames Foundation, 1998), p. 186.

作为历史发展上"与民法独立发展之商法学门"。[①] 法国、德国、英国等不同欧洲国家,在不同时期采取了不同的立法模式,致使这些国家的"商法"经历了由商业习惯转变为国家法律的不同演变历程,无法一概而论。

其次,欧洲"商法"其实是种种商业习惯、法律实践与历史论述的统合;它虽然确实包含许多涉及销售、信用、保险、运输或是合伙等商业行为的法律规则(commercial law rules),[②]但不少所谓"商法"的内容,实际上是出诸17世纪至19世纪一些欧美法制史家、律师、法学者等人士的有意建构甚或是夸大渲染。[③] 有学者明白指出:自17世纪以降的数百年间,"许多史家为了解决其面临的当代对外贸易问题,乃不断自欧洲中古时期遗存的种种证据当中,去找寻一种独立自主而且只由商人专享的商业法律系统",这些史家将"商法"想象成是"欧洲商人组成跨国境群体的法律产物",想象它曾经遍存欧洲各国而"不仅仅适用于个别商人行会(merchant guild)或是单一国家",这种想象甚至还断定当时"存在一套足以使欧洲商人免于地方法律与地方领主宰制的新的法律秩序";然而,细究其实,这些提法在很大程度上只不过是一套有关"商法"如何适用于全体欧洲商人的"浪漫式"(romantic)论说。[④]

---

① 陈自强:《民商合一与民商分立》,载氏著《代理权与经理权之间——民商合一与民商分立》,台北,元照出版有限公司2006年版,第256~257页。

② Richard A. Epstein, "Refelections on the Historical Origins and Economic Structure of the Law Merchant," *Chicago Journal of International Law* 5,1(2004-2005):p. 1.

③ J. H. Baker, "The Law Merchant and the Common Law before 1700," Cambridge Law Journal, 38, 2(1979): pp. 295-322. Charles Donahue, Jr., "Medieval and Early Modern Lex mercatoria: An Attempt at the probatio diabolica," *Chicago Journal of International Law* 5,1(2004-2005):pp. 21-37.

④ Stephen E. Sachs, "From St. Ives to Cyberspace: The Modern Distortion of the Medieval 'Law Merchant'," *American University International Law Review* 21 (2006): p. 688.

欧洲的“商法、商人法”是个复杂的历史概念，而明清中国涉及商业诉讼的法律，也是亟待分梳的历史议题；尽管基本上没有前述欧洲五项“商法”含义中的“商法典客体、商人特别法、特定行为类型、与民法独立发展之商法学门”等四项内容，但在明清时代的中国，作为“实证上理解商业与商人之间关系”的法律，则确实也以不同名称、内容与形式，长期存在并且持续演变，从而形成种种用以规范市场交易、解决商事纠纷以及裁定经商契约的一套法律。明清中国这些涉及商业诉讼的法律，固然有源自明清法典的法律规则（rules）与原则（principles）等内容，但也受到16世纪至19世纪长程贸易与全国市场发展的冲击与影响。

四、由江南商业诉讼看清代中国的“商法”

作为“实证上理解商业与商人之间关系”的“商法”，在明清中国究竟如何演变？此问题既与当时各地的经济发展情形有关，也与中国既有法律体系的变化紧密相连。以江南地区商业经营与相关诉讼作例证，本文将试着说明其中部分的重要现象。

16世纪至19世纪随着长程贸易扩张与国内市场成长，不仅出现更明显的“已开发、开发中、未开发”区域经济分工格局，也对当时中国藉以处理商业纠纷的法律机制带来更多的冲击；特别是在长江、大运河等全国商业交通主干道沿线上的一些特定城镇当中，用来处理商业纠纷的既有法律机制，更是出现了一些较显著的变化。以下将分牙行与客商债务纠纷、当铺与染坊过失赔偿责任以及棉布与丝织放料制生产等三种领域，对当时中国“实证上理解商业与商人之间关系”的“商法”进行考察。

先谈牙行与客商的债务纠纷。江南位居当时中国“已开发”区域中的经济中心地位，至迟到了16世纪，江南地区许多城镇即出现较前更为显著的外来客商与本地牙行纠纷，这些纠纷经常涉及各种商业经营，包括中介费用（所谓"牙佣"）、债务、度量衡、储货、运输等不同内容。有些商业纠纷由双方商人私下解决，有些纠纷则被自觉权益受损的商人向地方政府提呈控告，从而演变成许多与"契约"（contract）或"侵权"（tort）有关的诉讼。①

这些客商与牙行之间的诉讼案件，在16世纪至19世纪其实遍及全国交通路线上，并不限于江南地区；而面对这些有关契约或侵权的商业案件，各地官府也必须经常介入调解或是做成裁决。② 如何处理牙行拖欠商人货款这类层出不穷的讼案？在18世纪中国，这不仅是江南等经济发达地区的重要地方现象，更成为促成中央政府颁布相关法律的动力来源。尽管牙行侵夺客商财货的现象，经常受到地方舆论与官员批评，但牙行作为商业经营的重要制度，也愈来愈为法律体系所认可，如雍正二年（1723）苏州一批丝织牙行业者，即在石碑上公开宣称牙行对商业经营的正面作用："商客之来，必投行主；而造作之家，（率）由机户。两者相须，而一时未必即能相（遇）。"故而担任"经纪"工作的牙行若是不被保障，则也会连带影响商业的正常运作："经纪一

① 对江南牙行经营及其涉及相关商业纠纷的研究，参见山本进：《清代江南の牙行》，载《东洋学报》1993年第74卷第1.2号，第27～58页；邱澎生：《由苏州经商冲突事件看清代前期的官商关系》，载《文史哲学报》（台北）1995年12月第43期。综论江南及江南之外的客商与牙行纠纷，则可参见范金民：《明清商事纠纷与商业诉讼》，南京大学出版社2007年版，第415～426页。

② 在众多牙行与客商的商綦纠纷中，拖欠货款即是颇为常见者，明清全国范围内的更多这类现存商业司法案例，可参见范金民：《明清商事纠纷与商业诉讼》，南京大学出版社2007年版，第64～77页。

途坏，而客商与行家、机户，交受其害也"，[1]苏州地方政府在核可这份碑文公开展示的立案过程中，其实即等于是认可了丝织业牙行对自身有助"机户"与"商客"顺利交易的正当性。牙行与客商间的债务纠纷，也因而不能被简化为牙行欺凌客商的道德问题，而是双方都需合法保障，并且需要对商业经营责任归属进行细致区分的经济与法律问题。

如何才能兼顾对客商财货与牙行经纪的保障？乾隆元年（1736）十一月，时任江西按察司使的凌燽，下令江西全省州县官员一体推动"行店联单之法"，规定：

> 各（牙）行照式设立合同联票。凡客货到行，行家代为发店后，即将客货若干、议价若干、付过下欠若干、约定何日兑交，三面填明合同票内，中用本客、本店图记花押，将联票裁分，一付本客收执，一存本店查对。

希望藉由推广"合同联票"的地方商业行政改良，真正区隔出蓄意拖欠客商财货以及被其他商家连累而无法顺利代替客商讨账的无辜牙行，进而减少"不法牙行往往侵吞客本，贻累客商"的商业经营弊端。不仅地方行政有此类改革，中央政府也自乾隆初年以来在《吏部处分则例》与《大清律例》的相关章节中进行相关立法，针对牙行"侵蚀客本、拖欠货银"的现象制定更详细的法律文件，并且附入更能区分不同商业经营情形的罚则，藉以确立牙行是否故意拖欠客商财货不同赔偿与惩处责任的界限。这些地方与中央的行政与司法改革，都在18世

---

① 苏州历史博物馆等编：《明清苏州工商业碑刻集》，江苏人民出版社1981年版，第14页。

纪成为一类涉及当时商业经营的重要法律,进而在契约与侵权法律规范方面,导出一种“实证上理解商业与商人之间关系”的全国性法律调整,这正可以被视为一类当时中国政府制定的“商法”。①

第二种“实证上理解商业与商人之间关系”的商业法律,则出现在当铺与染坊的商业经营与相关诉讼上。当铺或染坊发生火灾与盗窃事件进而造成委托人财产损失时,官府应该如何面对民众向当铺、染坊老板索取赔偿的压力?委托人与受委托人原先订定的商业契约在讼案中究竟具有何种地位?这些问题都在18世纪发生于江苏、浙江、安徽、湖南、江西等地,并且冲击到中央政府的法律修订工作。在此修订法律的过程中,可以看到省级与所属地方官员之间的辩论、本省地方官向他省既有案例的仿效,乃至于中央政府参酌地方“省例”而最后调整了全国性法律,这些涉及“过失赔偿”的法律规范,都因为民间经济组织及其实际商业经营的影响,而使诸如赔偿责任的认定、不同赔偿比率的适用条件等基本上不涉及刑事责任的法律规范发生重要转变,②这当然也都和契约、侵权等法律问题直接相关,也都不限于在江南地区发生这些商业法律变化而已。

第三种“实证上理解商业与商人之间关系”的商业法律,则存于棉布与丝织行业的放料制生产上。在苏州、松江等地的城镇里,由商人经营的棉布“字号”与丝织“账房”等手工行业,在17世纪至19世纪引发了许多工资纠纷、罢工事件与相关讼案。棉布、丝织都是当时中国进入长程贸易的重要商品,具有较大的全国市场营销范围,出资制造

① 邱澎生:《18世纪中国商业法律中的债负与过失论述》,载《复旦史学集刊》第1辑《古代中国——传统与变迁》,复旦大学出版社2005年版,第211~248页。

② 同上书,第211~248页。

这些商品的商人虽然并不直接经营工场,但却间接雇用了众多的工人,从而也时常遭遇所属工人要求增加工资的集体抗争,有时候甚至发展成规模颇大的罢工事件。① 从17世纪末年开始,这些工资纠纷与罢工事件便成为在苏州、松江职司审判官员的重大挑战;同时,还有棉布商人之间"部分仿冒"或是"顶让转卖"商标牌记,以及棉布商人希望终止现有踹坊、染坊加工工场所引发的委托契约讼案,这些都是16世纪以前中国未曾出现的新经济现象,而这些经济现象所引发的种种商业纠纷,也在挑战着本地司法官员的能力与智慧。②

由一些留在苏州、松江碑刻上的诉讼纪录看来,许多本地司法官员不仅试着理解当时通行的商业习惯,也的确依据既有法律条文的原则、原理,甚或是将农业部门的地主、佃农关系"类推适用"到棉布业的商人委托加工关系,从而创造出一些可以具体援用的法律推理,并做成中央政府、上级地方长官、涉讼双方当事人乃至于当地社会可以大致接受的裁决。③ 这些案件也都为明清中国商业法律的发展提供了具体实例。

---

① [日]田中正俊:《关于明清时代的包买商制生产——以丝、棉纺织业为中心》,载刘俊文主编:《日本学者研究中国史论著选译》(第2卷),中华书局1993年版,第248~310页;陈国栋:《介绍一条有关长江下游踹布业的史料》,载《思与言》1981年7月第19卷第2期;许涤新、吴承明主编:《中国资本主义发展史》第1卷《中国资本主义的萌芽》,人民出版社1985年版,第719页;Paolo Santangelo, "Urban society in Late Imperial Suzhou," in *Cities of Jiangnan in Late Imperial China*, ed. Johnson, Linda Cooke (Albany: State University of New York Press, 1993), pp. 81 – 116, esp. p. 111;巫仁恕:《明末清初城市手工业工人的集体抗议行动—以苏州城为探讨中心》,载《中央研究院近代史研究所集刊》1997年第28期。

② 邱澎生:《由苏州经商冲突事件看清代前期的官商关系》,载《文史哲学报》1995年第43期。

③ 邱澎生:《由放料到工厂:清代前期苏州棉布字号的经济与法律分析》,载《历史研究》2002年第1期;邱澎生:《也是"商法"问题:试论17世纪中国的法律批判与法律推理》,载《法制史研究》(台北)2005年第8期。

五、明清“商法”特征之一：法律在理论/事实上的衔接

明清“商法”是个涉及广泛的复杂议题，目前学界对明清“商事纠纷”与商业诉讼相关史料的整理，应以范金民先生的专著最为全面，①对合伙、金融、运输等专门制度的案例探究也有一些重要成果，②这为学界未来更深入地分析明清500多年在全国范围内发生商业纠纷与相关诉讼的历史提供了一定程度的研究基础。本文则针对上节所述牙行与客商债务纠纷、当铺与染坊过失责任赔偿以及棉布字号与丝织账房放料制生产等三类案例进行考察，藉以论证明清中国有关“实证上理解商业与商人之间关系”的商业法律确实有所发展的这项议题。以这些主要分布于江南地区的商业经营案例为基础，我们可再进一步对明清中国“商法”的主要特征，提供两项初步的观察。

第一，我们既需更重视明清中国“理论上的法律”(law in theory)与“事实上的法律”(law in action)之间的差异，并且也要细致地考掘“理论上的法律”与“事实上的法律”在当时中国已然形成的一种特殊衔接机制。

一般人只要稍稍知晓明清中国市场经济发展的些许史实，则多半会联想到当时不少商业纠纷也可能会呈控地方官府并获得若干程度的处理，因而应该不会太过质疑明清中国在商业诉讼领域上也有“事实上的法律”可为官员审理裁决的依据。但是，若要判定明清中国在

---

① 范金民：《明清商事纠纷与商业诉讼》，南京大学出版社2007年版。

② 近年来较多集中在对自贡盐井合伙制所做的案例分析，参见 Madeleine Zelin, "Capital Accumulation and Investment Streategies in Early Modern China: The Case of Furong Salt Yard," *Late Imperial China* 9,1(1988): 79－112. Madeleine Zelin, "Merchant Dispute Mediation in Twentieth-Century Zigong, Sichuan," in *Civil Law in Qing and Republican China*, ed., Kathryn Bernhardt and Philip C. Huang (Stanford: Stanford University Press, 2004), pp. 249－286。

商业诉讼领域上也有“理论上的法律”，则可能绝大多数人都会予以反对或是保留。但本文以为：明清中国在商业诉讼领域上既有“事实上的法律”，也有“理论上的法律”。

如同许多学者所知道的：明清中国传统法律虽然依案件涉及法典刑度规定轻重而有“自理刑案”与“审转重案”的差别，但毕竟从未在法律体系上出现区分“刑法”与“民法”差异的法律论述；同时，许多著名的律学专家也确实并不标榜“契约、侵权”等商业案件可以构成特殊法律范畴的概念或理论。表面上看来，一直要等到清光绪末年，政府才真正启动借鉴西方、日本近代法制而起草“商律”的法律改革，最后便是出现了宣统二年（1910）公布的包含《总则》与《公司律》在内的《大清商律草案》；直到此时，中国才在“理论上”出现了“商法”（至于清末政府推行“商法”在“事实上”的效果究竟如何，则当然也是个复杂问题）。① 要之，在明清中国固有法制之下，法学家与政府官员基本上从未明白强调或是承认“民、商事习惯”的重要性，更不用说是要发展一套“商法、商人法”的法律论述。

根据明清中国部分地区发生的一些实际案例，可以说明当时官员、商人在商业诉讼进行过程中，确实是有“事实上的法律”足以作为呈控、审理、调解与裁决的依据，这些商业法律在“事实上”确实于明清中国的许多地方以及许多议题上具体出现过。然而，明清商业发展对法律规范的影响，难道真的只在“事实上的法律”层次出现吗？对于那些商业诉讼领域内部的“理论上的法律”，在明清中国是否真的未曾出现？笔者认为并不尽然。这基本上是个极复杂的课题，既涉及我们对

① 有关清末苏州的一些相关案例，参见邱澎生：《禁止把持与保护专利：试析清末商事立法中的苏州金箔业讼案》，载《中外法学》2000 年第 3 期。

当时历史实际变化的理解是否足够，也连系到我们对这个课题的基本认识框架能否超越"西方中心主义"史观。

笔者认为，明清中国商业发展对相关法律规范的影响，不仅出现在"事实上的法律"层面，而且也反映在"理论上的法律"层面；然而，我们若要看清楚这个作用于"理论上的法律"的变化，便需要更好地回到传统中国法律体系赖以运作的制度性背景，而不能老将眼光放在有没有出现"公司法、海商法、破产法、票据法"等商业法典或是有没有一套有关"契约、侵权"的西方"商法、商人法"论述上，这些都是基于欧洲的特殊历史经验，不该继续妨碍我们对明清历史变化的理解。

问题的症结，仍是要回到传统中国法律体系的特殊性上。然而，究竟什么才是传统中国法律体系的"特殊性"？我们最常听到这方面问题的答案，大概便是只有刑法而无民法的"民刑混同"，以及程序法与实体法揉杂不分的所谓"诸法合体"，这些答案其实都是源自与西方法律的简单对比，也是目前仍然流行的说法。① 这个流行说法也不算大错，只是其背后藉以将传统中国法律与近代西方法律作比较的立论根据却带有很强的片面性，它只单挑西方法律经验中的"民刑区分"与程序法、实体法"不合体"等"法典本身"特征作判准，而严重忽略了法典本身之外的中国与西方法律的"制度背景"。

本文并不反对拿中国历史与西方作比较，但对片面性的比较则不得不予保留。若要比较欧洲与中国法律发展的差异，则传统中国很早即有统一的法典以及足以配合这套法典施行全国的政府司法人员，这

① 对"民刑混同、诸法合体"这些长期盛行的主流说法，近年来学界已出现若干质疑与挑战的新看法，对这些新看法的整理与讨论，参见苏基朗：《现代法学诠释中的"中华法系"——以产权与合约为中心》，载《法学》2006年第12期。

也更是中国与欧洲极不相同但又影响深远的特殊历史经验；可是，前述那类“民刑混同、诸法合体”的流行说法，却只单独挑选“法典本身”特征作为比较的判准，而严重忽略“制度背景”的重大差异，从而妨碍我们理解中、西法律发展在历史上的关键区别及其可能的深远影响。

早在公元8世纪前半叶，传统中国即已颁布了如《唐律疏议》《大唐开元礼》这样高度体系性的成文法典与礼典，①这套成文法典与礼典的传统，对宋代以下的法律体系有深远影响，也构成了14世纪后半叶明太祖及其法律官员制定颁行《大明律》乃至于17世纪以降屡次修订《大清律例》的根本基础。同时，在郡县制度运作下，中央对全国各地省府州县统一派出包含职司审判工作在内的官员，这套司法体系在承平之际有效运作时，既能使现行成文法典能更好地一体落实，又赋予官员可视各地不同社会经济变化与文化、族群情境差异而在一定程度内调整既有法律规范的弹性。这种兼顾统一规定与若干弹性的法律体系，在很大程度上，足以保障全国各地能使同一类罪行援用同一类法律规范甚至是同一条法律文字，这套很特别的法律体系在明清中国（特别是18世纪至19世纪）又经过“审转、审限”加严、加密等司法机制的进一步规范，更加强化了其运作效果。②

因而，相对而言，自《唐律》以至《明律》《清律》的传统中国法学家，他们所面对的现行法律规范内涵与全国各地个别案件不同事实之间落差的紧张性，远比同时期绝大多数的欧洲法学家为小。即使宋代以后江

---

① 有关唐律如何成为中国历史上“集战国以来成文法典发展的大成”，以及何以此下各朝代订律“莫不以唐律为蓝本”，对这些问题的精要讨论，参见高明士：《中国中古政治的探索》，台北，五南图书出版公司2006年版，第227～251页。

② 邱澎生：《以法为名——明清讼师与幕友对法律秩序的冲击》，载《新史学》（台北）2004年12月第15卷第4期。

南地区商业开始更好地发展,乃至于16世纪至19世纪中国长程贸易与国内市场的兴起,中国既有法典也有一定的弹性可因应当时许多新兴社会经济现象而做成调整,因而,中国的法学家与各级司法官员其实并不需要大张旗鼓地宣扬或是创造发明有关类似“契约、侵权”等法学领域的新概念或新理论,也并不需要费劲地到处收罗、鉴别与制定所谓的“习惯法”。明清中国继承的这套足以更好地兼顾统一施行与弹性调整的法律体系,正是14世纪至18世纪民族国家仍在兴起过程中的众多欧洲法学家所无法想望的特殊情境,从而也塑造了明清中国商业诉讼领域有关“理论上的法律”以及“事实上的法律”相互衔接与共同演化的特殊模式。

明清商业法律如何在“理论上的法律”与“事实上的法律”相互衔接与共同演化?最明显的例子便是当时市场法规的变动。如分析明律与清律《户律·市廛》章中主要用来规范市场交易行为的法律条文,即可以看到在那些看似没有新出概念的法条增修过程中,相关法律规范如何可以弹性适应当时商业发展而做成种种具体调整。明清《户律·市廛》章虽只包括5条律文和26条例文,但却反映了明清政府对市场规范作出的两项重大改革:一是“编审行役制”的逐步废除,二是“官牙制”的进一步完善。前者让包括会馆、公所在内的民间商人团体有更好的发展空间,后者则使政府既能透过官牙制度改革而加强对客商财货的保障,又如,实反映政府不断缩小原先对市场上一般商品价格的行政干预,转而将市场管理的重点放在对粮食价格做更好的监督上。[①] 明清法律继承了唐律以来禁止“把持行市”以及强调“时估”监

① 邱澎生:《由市廛律例演变看明清政府对市场的法律规范》,载台湾大学历史系编:《史学:传承与变迁学术研讨会论文集》,台北,台湾大学历史系1998年版,第291~334页。

管物价的传统“法律理论”,但又逐渐将这套法律理论适用到一个新的大规模解除经济事务管制的经济变化过程中,诸凡废除“编审行铺”、推广与改革“官牙”,乃至于将多种多样的物价管控限缩到只监测粮食价格变动以作为启动粮食仓储政策的依据,这确实反映出“理论上的法律”与“事实上的法律”以一种巧妙的衔接机制发生在明清《户律·市廛》章的法条增修过程中。

至于当铺失火与失窃的例子,则又是另一项类似的例证。官员与法学家不用强调到全国各地搜集“商事习惯”,因为他们本来即已在各地发生的讼案中同时考虑相关法律的统一规定以及当地商业习惯甚至是民众情感之间的可能紧张与落差,并希望能在审理个别案件时发现更好的法条援引或是类推适用办法,并在各省讨论后将个别案件变为往后可资遵循或参考的“成案”,甚至有时省级官员还据本省“成案”建议中央政府修补既有的全国性法律。这些 18 世纪发生于浙江、湖南、江西等省的当铺失火与失窃个案,不仅变成了“省例”,甚至还冲击了既有的《大清律例》《费用受寄财产》中相关的法律规范;[①]这些都不只是处理商业讼案的“事实上的法律”,而且还是根据《唐律》以来“其被水火、盗贼费失及畜产病死有显迹者,勿论”的既有法律理论,按照清代注律名家沈之奇对这项法律概念的释义则是:“不坐罪,亦不追赔”者,以“事出不测,非受寄者之过也”。对许多熟悉沈之奇《大清律辑注》的清代官员、幕友甚或是较有心上进的吏胥而言,判决典铺商人有时候可完全不必赔偿或是只要部分赔偿的裁决依据,不需要诉诸商事习惯或是自己新创的某些法律理论,而只要在《大清律例》这部所谓

① 邱澎生:《18 世纪中国商业法律中的债负与过失论述》,载《复旦史学集刊》第 1 辑《古代中国——传统与变迁》,复旦大学出版社 2005 年版,第 211 ~ 248 页。

的"刑法典"(或所谓"民刑混同""诸法合体"的刑法典)之内,即可以透过对既有法条的诠释与个案适用法律问题的讨论,许多当时的法律专家仍然可以找到一些有效衔接"事实上的法律"与"理论上的法律"的可用办法。①

这里当然不是说《大清律例》已经包含所有可以适用商业诉讼领域的原理与原则,当时的法律肯定有许多赶不上经济发展实况的限制(18 世纪同时期的欧洲不也同样经常如此?),只是,笔者要在此强调:无论是在明清《市廛》章律例演变的例子或是在《费用受寄财产》法律条文规定的事项当中,传统中国法学专家都不需要先在全国各地收集不同的商业习惯然后再去编辑与提倡某些所谓的"习惯法",而只要透过既有法典在全国司法衙门的法律适用过程,各地司法官员仍可以逐步地将当地法律规范与社会经济实况的落差"回馈"到本省"省例"或是中央政府的全国性法律修订过程中,这里反映了"禁止把持"与"事出不测,非受寄者之过也"等传统中国既有"法律理论"可以被结合到与商业纠纷相关连的一些法律案件中,因而,这些商业讼案其实也不仅反映"事实上的法律"而已。如何继续自明清司法审判史料中考掘

① 有学者也鼓吹要将西方与中国的不同法律运作方式都视为是历史上"法的制度化"的有机一环,西方近代法律发展史上采用了"规则型"制度,选取社会中的一部分规则(如挑选与制定"习惯法"),使之客观化后,再加上政治权力的支持,从而全力推动法的制度化。明清中国虽然并不特别标榜"依法审判",但在审理案件时,则皇帝与官员仍然极为注重如何在法条与案情之间维持一种全国范围内的"公论",从而也"进行了种种制度性经营",并且一样"到达了相应的安定性配置方式",这可谓为一种"非规则型"的法律制度化类型,参见[日]寺田浩明:《试探传统中国法之总体像》,载《法制史研究》(台北)2006 年第 9 期。如果不反对法律条文规定在维持司法"公论"过程中也具备关键地位的话,则这种可与"规则型"对比的"非规则型"法律制度化类型,也仍然足以印证笔者提及明清中国商业案件审理过程中"事实上的法律"与"理论上的法律"的相互衔接机制。

出当时商业法律中更多足以让“事实上的法律”与“理论上的法律”相互衔接的机制，仍值得学界继续努力。

六、明清“商法”特征之二：“就法律论法律”能力的提升

明清中国“商法”的第二个特征，是当时中央与地方司法官员、幕友、讼师等法律专家的人数增长，以及在当时审转与审限制度加密、加严压力下，这些法律专家的“就法律论法律”能力得到了进一步提升。

在讨论明清商业诉讼领域的法律规范变动时，也该更重视那些明清法律如何逐步出现“就法律论法律”的制度变迁，并且要更留意这些法律制度变迁与当时经济变化之间的复杂互动；切莫再将“农业社会”与“商业社会”等经济结构差异简单地对应于“传统中国法律”与“资本主义法制”的法律制度差异。一句简单的明清“传统法律”基植于传统中国的“农业社会”经济条件，既昧于当时中国长程贸易与全国市场发展不断冲击所谓“农业社会”的史实，也低估了明清法律制度变迁下种种“意图之内”与“意图之外”结果对所谓“传统法律”的重塑与调整。

明清法律的“制度变迁”，既包括18世纪以降“审转、审限”机制加严、加密等司法稽查制度的调整，①也涵摄明清中央与地方司法官员、幕友、讼师等法律专家所抱持或所援用“法律价值观、法律信念、法律推理”等规范内容或是论证方式的演变。② 至于所谓的明清法律制度变迁引发的“意图之内”与“意图之外”的不同结果，“意图之内”指的

---

① 邱澎生：《以法为名——明清讼师与幕友对法律秩序的冲击》，载《新史学》（台北）2004年12月第15卷第4期。

② 邱澎生：《有资用世或福祚子孙：晚明有关法律知识的两种价值观》，载《清华学报》（台湾）2003年6月第33卷第1期。

是官方制度设计原本想达成的效果,而"意图之外"则指的是官员、幕友、讼师乃至商人、民众自行挪用或是变化衍生而为制度设计者所意料之外的结果。

清代固然继承了许多明代的具体司法制度,但同时也有重要的新发展;特别是18世纪"审转、审限"的司法案件稽查机制变得日益严密,致使清代与明代司法制度在具体的法律实践面向上出现了较大的差异。这个制度差异同时产生了"意图之内"与"意图之外"的不同效果:不仅全国各地司法官员面对中央司法机关施加的稽查审核压力愈来愈强大,而以刑部为代表的中央司法机关也愈来愈成为全国最专业法学官员的聚集中心。比较而论,这些变化基本上都符合皇帝与中央司法机关将审转、审限机制予以加严、加密的原初意旨,故而是种"意图之内"的结果。然而,审转、审限制度的加严、加密,却"意图之外"地既让更多地方官员感到需要花费较多个人俸金去聘请包含"刑名师爷"在内的各种幕友,并也给予民间讼师更多的操持司法与代理诉讼的营业空间,不仅全国幕友与讼师人数增多这一现象并非中央政府始料所及,更意外的结果甚至是:"幕学"传达的"天衣无缝"写作心态,以及"讼师秘本"发展出来的"百战百胜"诉讼理想。这些"意图之内"与"意图之外"的不同结果,都伴随审转、审限司法制度变革而日益显著,①这是18世纪、19世纪发生于中国的重要法律制度变迁。

综合来看,无论是法学专家聚集刑部以及地方官员受司法稽查压力增大等"意图之内"的结果,或是幕友、讼师职业群体人数不断扩大及发展"天衣无缝、百战百胜"特殊法律价值观的"意图之外"结果,这些不同

---

① 邱澎生:《以法为名——明清讼师与幕友对法律秩序的冲击》,载《新史学》(台北)2004年12月第15卷第4期。

法律专业人士虽然彼此具有或合作、或竞争、或敌对的不同人际关系;但总体来说,因为这些分别来自官方(如刑部官员)、“半官方”(如幕友)与民间(如讼师)等法律专业人士的各别存在与共同作用,相对而言,明清中国的司法体系乃变得更加能够“就法律论法律”。①

笔者不是要天真地将明清司法描绘成是已然可以免除政治特权、暴力、贿赂的介入与干预,但是仍不得不做些矫枉过正的工作,想要指出:在包含商业诉讼在内的许多一般性质案件中,“就法律论法律”的现象在18世纪中国确实已经变得更加显著。

基本上,这个“就法律论法律”现象在明清中国的显著出现,确实未曾伴随近代欧洲法学家与哲学家对“以法治国、以法主治(rule of law)”乃至“个人主义、理性、启蒙”等法律与政治理念的论述话语;然而,这个“就法律论法律”的现象,则仍是以审转、审限司法稽查机制加严、加密,以及讼师、幕友、刑部官员等法律职业群体不断扩增,作为保证其有效运作的制度性基础。18世纪至19世纪,在审转、审限司法稽查机制的运作框架之下,刑部官员、幕友、讼师等法律专业人士,便与许多涉讼民众一起,共同加入了这个相对而言也能“就法律论法律”的司法场域,从而形塑了包括商业诉讼领域在内的明清法律制度变迁。

尽管明清中国仍有许多商业纠纷并不寻求法律体系的支持,如有学者藉由分析明清牙行拖欠客商货款的司法案例而强调:由于侵欠客

---

① 有学者也从明清中国司法文书运用各种不同“法律修辞”之间的共通性,进而论证当时中国各级司法官员、幕友、讼师在面对司法规则、程序与过程等问题时其实怀抱着颇为共通的社会观与世界观,从而构成一群足以界定司法场域的“解释社群”(interpretive communities),可见 Jonathan K. Ocko(欧中坦),“Interpretive Communities: Legal Meaning in Qing Law,” in *Writing and Law in Late Imperial China: Crime, Conflict, and Judgment*, eds., Robert E. Hegel and Katherine Carlitz (Seattle and London: University of Washington Press, 2007), pp. 261 – 283。

商货款的牙行“常能得到地方官府胥吏的直接(或)间接庇护”,故而“客商大多只在货款久拖而追讨无着的情形下才被迫告官”;①此项观察固然有一定道理,但却可能忽略了更大范围内的法律制度变迁因素。整体而论,由于明清两代审转、审限制度变迁的“意图之内”与“意图之外”不同结果的综合作用,明清商人面对各类商业纠纷时,仍是处于一个较为不同的法律制度框架之下,特别是在经济发达地区的城镇里,商人提呈讼状时,一方面既能以较高金钱聘得更有胜诉实力的本地知名讼师为其执笔操刀并出谋划策;另一方面也可能得到本地官员更多的关注,甚至是获得官员承认那些足以规范商业经营的惯例,从而累积了本地适用商业诉讼领域的相关“成案”。

诸如一位开设典铺的商人因为遭受火灾损失财物而被托典民众控告,或是一位经营棉布字号的徽州商人控告棉布工人以提高工资而集体罢工,在这类商业诉讼进行的过程中,涉案商人不仅可以私下雇请更有能力的讼师暗中撰写诉状并且提供各种足堪趋吉避凶甚或是“百战百胜”的诉讼策略,甚至也能运用类似“恤商美政”、“身家切系,国课攸关”或是“富乃贫之母,为国家元气”等各种足以绾合个人利益与公共利益的法律修辞,②藉以打动官员援用更有利于自己商业经营的法律推理,进而做成涉讼商人所乐意见到的裁决。

法律专业人士的成长,是明清司法足以“就法律论法律”的重要制度基础。有学者曾正确地指出:19 世纪后期中国因为社会动荡加剧致使法律运作效能降低的现象,绝不能上推至 18 世纪至 19 世纪前期的

---

① 范金民:《明清商事纠纷与商业纠纷》,南京大学出版社 2007 年版,第 76 ~ 77 页。

② 邱澎生:《也是“商法”问题:试论 17 世纪中国的法律批判与法律推理》,载《法制史研究》(台北)2005 年第 8 期。

中国司法概况。① 法国学者巩涛(Jérôme Bourgon)极富见解地指出:我们不应低估明清官员与幕友因为熟读法条而可以妥善援用法律推理的能力;同时,也要注意官员、幕友这些官方与半官方的法律专家,并非是把审判的依据轻易地让渡给各地所谓的"风俗"或是习惯,而是在相当程度上确实具有将各类案件裁融并转化为符合明清律例规范框架的卓越能力。②

巩涛进一步推论道:明清中国的法律专家具备转化各项案件符合既有法条规定的卓越能力,故而这些法律专家总是想着如何能够"针对种种不同的民间习惯与社会现实情境做出裁减或是重塑,以使其更好地融入《大清律例》之中",因而,这便使明清中国法律总是"以牺牲法理的复杂性与精确性为代价,转而追求法律的同一性(uniformity)与通贯性(comprehensiveness)";也正因如此,传统中国法律乃不可能出现欧洲法律中的"民法"(civil law)或是"私法"(private law)的法律范畴。在巩涛看来,在那些熟悉法律条文的官员与幕友心中,各地民间习惯所反映的"风俗"毕竟从来都是需要被政府改革的对象(所谓的"正风俗"),"风俗"基本上不会倒过头来作为官员正视吸纳并据以改革既有法律条文的关键理由。所以,明清中国也便从来没能出现欧洲法律史上的"习惯法"(customary law)、"民法"或"私法"。③

---

① [美]步德茂(Thomas M. Buoye):《司法档案以及清代中国的法律、经济与社会研究》,邱澎生译,载《法制史研究》(台北)2003 年第 4 期;徐忠明:《依法判决? 明清时期刑事诉讼的一个侧面》,载徐忠明:《案例、故事与明清时期的司法文化》,法律出版社 2006 年版,第 301 ~ 323 页。

② Jérôme Bourgon, "Uncivil Dialogue: Law and Custom Did not Merge into Civil Law under the Qing," *Late Imperial China* 23. 1(2002): 50 – 90.

③ Jérôme Bourgon, "Rights, Freedoms, and Customs in the Making of Chinese Civil Law, 1900 – 1936," in *Realms of Freedom in Modern China*, ed., William C. Kirby (Cambridge, Mass.: Harvard University Press, 2004), pp. 87 – 90.

这种明清中国没有“习惯法”的解释脉络，有其一定的道理，①我们的确应该正视明清法律专家裁融并转化司法个案差异与法条统一规定之间可能落差的卓越能力，也要注意“习惯法”出现在欧洲历史上的特殊情境。然而，本文要指出：不要忽略在清代审转、审限机制加严、加密之下种种“意图之内、意图之外”的不同法律效果，特别是在讼师、幕友、官员既紧张又互补的综合作用下，那些所谓“恤商美政”“身家切系，国课攸关”“富乃贫之母，为国家元气”等各式各样统合商人利益与公共利益的法律修辞，仍然足以让苏州、松江这类市场经济发达地区的地方司法衙门采用棉布加工契约、判别棉布商标是否被盗用、棉布牌记如何顶接转卖等既有的商业习惯；②或是促成浙江、江苏、湖南、江西全省官员裁定当铺失火、失窃案件中实行的“过失”赔偿原则。③ 这些都是由商业诉讼引发的法律变动，不少裁决甚至累积为足以影响此后当地同类商业诉讼结果的“省例”或是地方司法“成案”。

据此而论，则巩涛恐怕过于强调清代法律专家“以牺牲法理的复杂性与精确性为代价，转而追求法律的同一性（uniformity）与通贯性（comprehensiveness）”的效果，这种推论既忽略了清代一些司法官员“在事实上的法律”做成判决以响应当时不同地方市场经济发展的审

① 但也有学者颇为成功也由“习惯法”的分析视野讨论清代中国的法律现象，将“习惯法”界定为“民间自生的社会秩序”，是“由乡民长时期生活、劳作、交往和利益冲突中显现”，自清代中国的婚姻、析产与继承、土地交易、地权形态、土地典当、会、中人制度等领域之中，仍可找到与当时“国家法”相互“断裂”或是相互“分工”的民间“知识传统”，从而称其为“清代习惯法”。参见梁治平：《清代习惯法：社会与国家》，中国政法大学出版社 1996 年版，第 67～126、127、140 页。

② 邱澎生：《也是“商法”问题：试论 17 世纪中国的法律批判与法律推理》，载《法制史研究》（台北）2005 年第 8 期。

③ 邱澎生：《18 世纪中国商业法律中的债负与过失论述》，载《复旦史学集刊》第 1 辑《古代中国——传统与变迁》，复旦大学出版社 2005 年版，第 211～248 页。

判权衡能力,也低估了明清法律专家根据既有“理论上的法律”而做成弹性调整的法律解释技艺。总而言之,明清在包含商业法律领域上出现“就法律论法律”现象,既有其同时来自“意图之内”与“意图之外”因果关系的重要制度基础,日后我们也要更加重视这些足以“就法律论法律”的法律专家究系如何权衡当时市场经济变化与既有法律体系之间的紧张与落差,不宜过早地推论这些法律专家肯定没有因应市场经济变化的审判权衡能力与法条解释技艺。

七、结语

综而言之,明清官员不必标榜近代欧洲式的“私法、商法、商人法”相关概念、理论及其所适用的特定法律推理或法律修辞,但是,在幕友、讼师的幕后协助与共同作用下,一些商业讼案所可以援用的法律推理,已然隐身于种种独特的法律修辞面纱之下,从而潜入了《大清律例》、各省“省例”或是地方“成案”之中,进而促成清代中国商业法律也能在“理论上的法律”与“实际上的法律”相互进行连系。同时,这些商业诉讼领域的法律变迁不仅与16世纪至19世纪的长程贸易与全国市场发展有密切关系,也与明清两代法律专业人士数量增长以及18世纪审转、审限机制加严、加密等制度变迁紧密连系。

无论是商业审判中的“就法律论法律”现象,还是部分商业诉讼领域上反映的“事实上法律”与“理论上法律”的相互衔接,这些历史事实都足以呈现传统中国法律与经济之间的复杂互动;而这些法律与经济的互动,也绝不需要等到19世纪后半叶中国“引入”西方资本主义的产销方式才开始发生。城镇中的商业诉讼领域如此,农村中的土地买卖行为也出现了值得注意的经济与法律变迁。

在18世纪中国本土境内愈趋成形的“已开发、开发中、未开发”经济分工区域格局里,类似的经济与法律变迁都已然发生,而这些重要的历史变迁,也都不需要等到 19 世纪后半叶西方“资本主义法律制度”被引入中国,或是清末制颁《钦定大清商律》等商事法典,才发生于中国本土境内。的确,清末以前的中国,始终没有出现近代欧洲的“资本主义法律制度”,但这却并不保证许多学者对明清“传统法律”基植于传统中国“农业社会”经济条件的假想足以有效成立。而且,即使不谈农村地区土地交易的法律制度变动,至少在 18 世纪至 19 世纪的苏州、松江等江南工商业城市,乃至全国长程贸易路线上的许多城镇里,都或多或少地见证了明清“商业法律”,或是作为“实证上理解商业与商人之间关系”的“商法”,在不同领域上出现种种不同程度的发展;而且,这些发展绝非无关紧要,也无法仅以“例外”视之。

以《市廛》律例内容的演变为例,这些主旨在于规范市场交易秩序的法律条文,固然不能与 19 世纪以来欧美各国制定诸如公司、票据、海商、保险等翔实细密的法律规范相提并论,但若因此即谓当时官员在制度上都无法依照《市廛》律例等相关法条妥善地处理商业讼案,则也可能推论过当。因而,郑观应所谓的商民讼事“例多未载”,也对、也不对,这其实是个比较性的问题。比起近代西方“商法”的进展,肯定是“例多未载”;但对明清时代众多商业城镇中的各行业商人而言,则《市廛》章各条律例的足以普遍适用,甚至像是 18 世纪当铺、染坊业者发生“损害赔偿”的“过失”责任案例,在浙江、江西、湖南若干省份与后来中央政府立法过程中的陆续传播与发展,这些现象也不好只以“例多未载”轻易带过。

“商律”在晚清本来便是一个外来译名,而当代中文学界虽以“商法”取代晚清的“商律”译名,但基本上,无论昔日的“商律”或现在的“商法”,这两名词在中文学界几乎有如“工业革命”(The Industrial

Revolution)的中译一般,已经变成约定俗成的专有名词;虽然西方各国“商法”其实有着不同类型与差异的发展历程,但相对于西方以外的国家或地区而言,不同于“审判机关”这类普通名词,“商法”本身已然上升为一种专有名词,仅仅适用于西方独特的历史现象。

拿已事先界定好的名词再去争辩别的国家或地区有没有“商法”,基本上是一种套套逻辑,因而再去争辩明清中国有无“商法”其实没有太多意义。然而,问题的关键在于:没有近代西方的“商律、商法”,是否即反映明清中国没有“商业法律”上的有意义发展?或者再讲的更露骨些:没有“商律、商法”,是否即能推导出诸如“因为明清经济不发达,故而在商业法律上并不出现有意义的发展”等结论?本文反对这种粗略的比较与推论,并试图论证明清中国“商业法律”也曾出现有意义的发展,在那些藉以规范市场交易、解决商事纠纷乃至裁定契约、产权方面权利义务关系的“商法”内容上,明清中国都有值得注意的变化;而这些明清商业法律内容的变化,固然有其源自明清法典的法律规则(rules)与原则(principles)的形塑作用,但也受到16世纪至19世纪中国长程贸易与全国市场发展的冲击与影响。

尽管如此,对于那些依然深信“因为经济不发达,故而明清中国在商业法律上并不出现有意义发展”的人们而言,本文仍要提醒:这样的看法或信念究竟有多少出诸具体事例?而又有多少来自某种不证自明的历史想象?明清中国商业法律确实有异于近代西方种种不同的“商法”发展模式,但没有西方“商法”,却也绝对不能不证自明地推导出当时中国并不出现市场经济与法律体系之间的复杂互动。我们固然可以发现明清中国“商业法律”与同时代欧美国家在“商法”发展上的种种差异,但是,这些差异却不宜简化为明清中国在商业法律上从未出现任何有意义的变化。

最后，也许可以再引用人类学家吉尔兹(Clifford Geertz)的一段话，来为明清中国商业法律究竟该如何与欧洲“商法”相互比较的问题，提供一点参照式的结语：

> 我们现在面对自我定位的时候，既不可将他人远远推向相对的极端，亦不可将其拉进而有如我们自身的摹本，而是要将我们自己置身于他人中间。①

明清中国没有近代欧洲的“商法”，但与近代欧洲各国出现种种不同“商法”的复杂历史过程一样，在明清中国的商人、工人、农民、士人、讼师、幕友、地方与中央各级司法官员以及皇帝的互动之中，也于商业纠纷与商业讼案的司法领域内出现种种有意义的变化。未来要如何更全面而又细致地理解这些历史变化？认真对待比较，会是一项重要的研究心态调整：不再将“他人远远推向相对的极端”而说明清中国绝无近代西方“商法”，也“不可将其拉进而有如我们自身的摹本”而说明清中国也有近代西方“商法”，只有“将我们自己置身于他人中间”，认真地比较不同地区人们各自相异而又相同的历史经验，在重新认识自己的过程中，也一并重新认识了他者。

本文主张明清中国的“商法”问题并非没有研究上的意义，其主要论据有二：其一，商人经商过程中发生的许多纠纷与诉讼，确实受到明清政府相关法律规范的影响；其二，伴随明清中国长程贸易与全国市场的发展，不仅刑部官员、幕友、讼师等法律专业人士愈来愈能在司法场域中发挥功能，部分经济发达城镇的司法官员也有更多机会响应一

① [美]吉尔兹：《地方性知识》，王海龙、张家瑄译，中央编译出版社2000年版，第245页。

些新兴经济现象的挑战,从而在调解与审理商业纠纷过程中丰富了既有的法律推理。由这两个论据出发,则明清中国“商法”问题的研究既可据以检视明清中国经济与法律的互动历程,也可增进我们对明清历史变迁的整体理解。

“欠”的公道：当19世纪香港华商遇上英式破产法*

吴海杰

一、绪论

英国商业法律一直在殖民地中国香港地区（以下简称香港）的商业发展史中占有核心地位，很多香港人认为，英国法律仍是促成香港持续发展与繁荣的核心要素。① 然而，类似对于英国法律制度的传统

---

* 本文翻译和修改自笔者的英文期刊论文："Dirt of whitewashing: re-conceptualising debtors' obligations in Chinese business by transplanting bankruptcy law to early British Hong Kong（1860s – 1880s）", *Business History* 57.8（2015）: 1219 – 1247。笔者感谢出版社Taylor and Francis同意本文之刊登，亦感谢清华大学法学院陈冠宏同学协助翻译，感谢上海交通大学邱澎生教授提供了部分史料。

① 殖民史学家G. B. Endacott在其关于港英早期转口贸易发展的叙述中，以香港于1865年颁布的公司条例为例写道："这项立法增加了东方市场中贸易公司的数量，并且为小型进出口公司提供更大机会在香港起步。"[参见G. B. Endacott, *An Eastern Entrepot: A Collection of Documents Illustrating the History of Hong Kong*（London: Her Majesty's Stationery Office, 1964）, p. xi.]然而，这一论断经不起实证调查的检验。在1865年《公司条例》（*Companies Ordinance*）颁布后的四十年里，每年在香港新注册的有限公司不到5家。参见S. H. Goo, *Study Report on History of Company Incorporation in Hong Kong*-A Study Commissioned by the Companies Registry（Hong Kong: Companies Registry, 2013）, pp. 78 – 79。

追捧已开始受到史学家的挑战。在过去十年间,史学家开始对于英国法律在前殖民地(如北美、西印度群岛、非洲、澳大利亚和印度等)所产生的不公作出了猛烈批判,相关的学术研究一直蓬勃发展,成果丰硕。[①] 但香港作为最后一个脱离英国统治的殖民地以及重要的国际贸易与金融中心,却对这一思潮毫无反应。

本文通过分析大量历史档案材料(包括殖民地函件、法院文档、政府报告和报纸等),并以最早从英国引入的商业法律之一——1864 年《破产条例》为例,来说明尽管英国在港英早期将英式破产法律制度移植入港的初衷是便利洲际贸易商循统一途径付还债务,但最终却导致完全与目的相反的结果——英国破产法在香港殖民地早期的实施,不仅与在港中欧商人的商业利益相悖,且不当地破坏了贡献香港商业发展多年的中国商业和法律传统以及习惯。

本文的分析将修正那些关于英国商业法律移植理所当然地促进殖民地商业发展的观念,同时,笔者亦借本文期待学界对中国法律传统在港英早期之商业现代化进程中所扮演的正面角色作出更细致的研究。本文首先简述在 19 世纪中叶以前,中、英两国关于债务人责任方面的法规和习惯之发展历程,然后对英国破产法移植入港的历史情境进行探讨,最后论及此一法律移植的后果及社会反应。

二、英国破产法的发展历程

从英国有关资不抵债(insolvency)及破产(bankruptcy)的成文法

---

① 过去十年间,很多学界同人都对法律在移植过程中的作用进行了批判性研究。近作有 Teemu Ruskola, *Legal Orientalism: China, the United States, and modern law* (Cambridge, MA: Harvard University Press, 2013) 和 Elizabeth Kolsky, *Colonial Justice in British India* (New York: Cambridge University Press, 2010)。

发展中,我们可以一窥"欠债者的法律义务"(debtors' responsibilities)概念在英国法中的演化过程。在13世纪至16世纪,经债权人申请,无力偿还债务者可被处以监禁刑罚。这样规定的目的是要迫使欠债人尽快偿还债务,而当时的债务人在还清所有债务之前须终身背负偿债义务。[①] 虽然在16世纪时,英国引入债务人剩余资产按比例偿还予所有债权人的法律制度,即便如此,在债务人以其剩余资产按比例偿还债务后,其仍会对未及清偿的债务背负永续的法律责任。而法院判处债务人监禁以强制其向债权人履约的权力亦被保留下来。

此情况直到18世纪早期方有转变——一条有利于债务人的新法案在1705年获得通过。新的法案规定,债务人在以自己的全部剩余资产按比例偿还所有债权人后,就可以永远解除债务责任(discharge),即便其资产已经所剩无几,处理方式并无不同。不过,刚开始时此解责规定仅适用于在法律上被视为以贸易为业的个人(trader)。而普通人(非贸易商)则不受惠于此法例,即他们在完全清偿债务之前仍要受制于法院判处的监禁。[②]

Jay Cohen在查阅了18世纪60~80年代出版的有关英国法的评论——譬如,布莱克斯通的《英格兰法评论》(*Blackstone's Commentaries on the Laws of England*)——之后,十分确信地指出了18世纪时英国法在破产处理方面针对常人和贸易商作出上述不同规定的深层原因。他的研究指出,当时的评论家们认为贸易商需要面对自

---

① 关于英国破产法历史的简要叙述,参见Jay Cohen,"The History of Imprisonment for Debt and its Relation to the Development of Discharge in Bankruptcy." *Journal of Legal History* 3, No. 2 (1982): 153 - 171; Douglas G. Baird, and Thomas H. Jackson, *Cases, Problems, and Materials on Bankruptcy* (London: Little, Brown & Co, 1990) pp. 26 - 31。

② Cohen, "The History of Imprisonment for Debt," p. 156.

己无法预知的风险，故需要更为宽容的欠债规定。反之，他们认为如果一个普通人签订了一个超出其偿还能力的契约，那么其必须为最后的后果负责，即清偿所有债务，因为那是自己行为的可预期结果。这一观点明显建基于商人阶级的立场，他又指出解责法规与现代有限公司的内在精神有类似之处，目的在于将商人的债务责任限制在其现有资产额度内，以鼓励企业敢于进行商业冒险。①

这种有限责任的保护对当时的英国商人十分重要，特别是“有限公司”这种商业组织，是直到一个多世纪之后《股份有限公司法案》于1856年通过才出现。② 上述变化正如破产法学家 Douglas Baird and Thomas Jackson 所说，是说明工业革命初期的社会对如何分配借贷、商业和创业风险的态度和观念已开始改变。③ 而只是适用于贸易商的解责或“洗白”(whitewash)机制一直持续存在到1861年的《破产法案》获得通过才告终。这项新法案承认了“个人破产”，并将此前仅适用于贸易商的破产洗白机制扩展至普通人，因此自然消弭了之前贸易商和普通人之间的区别。此外，1869年的《债务人法案》随即规定不可再对债务人以监禁迫使其偿债，就此结束已经存在了五百年的永续还债和监禁规定。④ 英国破产法的这一发展实际上是和英国政府想对冲贸易商所担风险的目的紧密相关的，进而是为了在19世纪中期工业化进程中鼓励英国商人扩张在海外市场的高风险贸易与投资。

---

① Cohen, “The History of Imprisonment for Debt,” pp. 160, 162.

② Paul Davis, *Gower's Principles of Modern Company Law* (Sweet & Maxwell, 1997) pp. 40 – 48.

③ Baird and Jackson, *Cases, Problems*, p. 29.

④ Cohen, “The History of Imprisonment for Debt,” p. 164.

三、华人社会中的债务人责任

中国同样在很久之前就开始在律典中加入涉及债务人责任的规定。蔡晓荣最近的一份研究表明,有关历史最早可追溯到汉代,①且与19世纪之前的英国法一样,在唐、宋、明、清的律典中,均有通过对债务人施以刑事处罚以迫使其清偿债务的法规。

不过,中国传统法典与英国法不同的是,其所运用的刑罚通常是笞杖刑,且有时债务人要被置于官方监管之下。而两者相类似之处,还包括双方均规定债务是永续而不可免除的,即在债务获得完全清偿之前,债务人始终对债务负有法律责任。例如,《唐律》规定:“诸负债违契不偿,一疋以上,违二十日笞二十,二十日加一等,罪止杖六十”。②《大清律例》则有些许改变:“其负欠私债,违约不还者,五两以上违三月,笞一十,每一月加一等,罪止笞四十……并追本利给主。”③

而在对债务人责任的界定方面,帝制中国的法律与早期英国法之间的一个主要区别在于,前者将债务责任视为整个家庭的——尤其是债务人的男性后代的——共同责任。例如,《唐律》规定:“家资尽者,役身折酬,役通举户内男口。”④清朝亦曾在1899年《奸商倒骗定例治罪专条》规定:“如有侵蚀倒闭商民各款,立即拘拿监禁,分别查封寓所资财及原籍家产,仍押令家属勒限两个月完竣。”⑤

---

① 蔡晓荣:《从负债应偿到破产免责:破产债务清偿责任衍进的中国法律史叙事》,载《法学家》2013年第6期。

② 同上,第95页。

③ 同上,第96页。

④ 同上,第95页。

⑤ 同上,第96页。

司法判决档案也证明,直到20世纪早期,中国家庭仍然对其成员的债务负有连带责任。例如,在光绪二十七年(1901)重庆县就曾有这样一个案例,一名男性去世之前曾向一名女性借了400两银子,其猝逝却导致这笔借贷无从清偿。故债权人便向债务人遗孀的父亲讨债,最后知县依据"父债子还"的原则判定,已故债务人的30岁儿子理应对其父生前的债务负责。①

此种传统中国的法律规范和司法习惯延续了数个世纪,甚至直到清朝灭亡、民国兴起后仍然保留。根据国民政府司法院1930年印行的关涉19个省份和地区的《民事习惯调查报告录》,家庭中的男性成员须对自己已故父亲的债务负责的传统习惯仍然存在。②

简言之,数百年来,在传统中国的法律实践中,一个人的债务只要尚未完全清偿,那么其债务责任不仅终生无法被解除,甚至会跨越代际,除非债权人同意接受较少的偿付,或者允许让债务人或其家人以劳役的方式来抵消部分或全部债务。故为了避免拖累家庭,通常传统的中国商人都会积极与债权人商议以和平方式解决债务问题,而非弃妻儿老小于不顾逃亡避债。所以就如Maura Dykstra在其最近的研究中指出的,直到晚清时期,在族群元老和商会主持下的庭外和解仍是解决欠债案件的主要方式。法庭亦会支持并且乐见此种解纷协议的达成,一般不会干涉双方的履行方式,除非一方违反该协议或者在讨

① 蔡晓荣:《从负债应偿到破产免责》,载《法学家》2013年第6期。

② 国民政府在20世纪20年代后期主持的全国性调查收录了此类习惯。调查结果于1930年由国民政府司法部印行。参见国民政府司法部:《民事习惯调查报告录》(下册),国民政府司法部1930年印行,第473、647、660、648页。

债期间触犯其他如杀伤、诈欺的律条。①

四、香港在1864年对英国破产法的移植

从香港被割让予英国到1864年这20年间，香港在处理欠债者的问题时依据的是《资不抵债者条例》(*the Insolvent Debtors Ordinance*)，法例规定和其所源出的英国法例类似，即对资不抵债者施以监禁以迫使其清偿债务，且在债务完全清偿之前欠债者永远承担该债务。

当时在港华商在实践中同时也继承了清朝的法律规则和传统，他们将自己的债务视为整个家庭的永久性共同债务。就像一位英国资深银行家1879年在香港最高法院委员会(Hong Kong Supreme Court Commission)作证时所说：

> 在他们(中国商人)眼中，只要你还有财产存在，你就要还债，哪怕是须要卖掉所有的现有资产和耗尽将来的收入。②

其实还不止于此，债务人家人现有的和将来的资产同样受该传统规范约束，而债务人的家人也往往愿意为其承担债务。③ 这一传统，使中国商人普遍避免从事高风险的商业和投机活动。所以据欧洲商人观察，在港英政府统治的头20年中，从商失败以致欠债不还的香港华

---

① 关于衙门和调解机构在清代欠债纠纷中的作用，参见Maura Dykstra，“Beyond the Shadow of the Law：Firm Insolvency，State-Building，and the New Policy Bankruptcy Reform in Late Qing Chongqing.” *Frontier of History in China* 8，No. 3 (2013)：414－420。

② 《德臣西报》1882年7月28日，第2页。

③ 此类传统习惯不仅存在于华商之间的商业往来中，还适用于华人债务人与外国债权人的交易。譬如，1776年的一宗欠债案件以债务人(华人)的弟弟和外甥女替债务人偿还外国债权人6000两白银的协议而告终。参见王巨新：《清朝前期涉外法律研究：以广东地区来华外国人管理为中心》，人民出版社2012年版，第266页。

商占很少数。[①] 但在1861年英国通过《破产法例》后不久，时任香港律政司(Attorney General) John Smale即力图将此法例移植入港。据当时香港总商会主席James MacAndrew所言，这么做是“为了使殖民地实行的法律与英帝国在破产问题上的新近立法保持融贯一致”。[②] 而19世纪60年代，英国企业界——无论处于英国本土还是海外属地——也普遍抱有此种对法律一致性的要求和愿望。

当然，这要求和愿望并非凭空得来，而是因为他们在海外殖民地与资不抵债的债务人——既有外国人也有本地人——打交道时遭遇到种种障碍与难题。在英国，根据破产法，债权人可将破产债务人诉诸法院，并由法院来查清债务人尚存多少资产，然后债务人的所有剩余财产将按债权比例分配予每一个债权人。但是，在缺乏此种法律处理机制的海外殖民地，英国贸易商却缺乏任何能够确定资不抵债者财务状况的法律手段。在一份英国总商会(Association of Chambers of Commerce of the U. K.)提交予英国国会的备忘录中，总商会主席Sampson Lloyd认为1861年《破产法例》存在一个问题，对此他抱怨道：

> [破产法]无法强制执行位于大英帝国海外属地的破产者之资产……假如某个破产者有资产位于海峡群岛或者其他任何殖民地，那么依照现行法律，其债权人之代理人对这些资产并无执行权……我们认为，对法案这一缺陷的补救措施应透过国会立法处理，规定今

---

① 此类观察载于《德臣西报》1882年7月28日，第2~3页；《德臣西报》1882年8月19日，第2页。

② Great Britain Colonial Office Series related to Hong Kong (CO 129). 香港总商会主席James MacAndrew致香港署理辅政司W. H. Alexander的信函，1862年9月3日，CO129/88，第391页。

后不管破产者的资产是在英国本土还是在海外殖民地，均应一视同仁。易言之，债权人之代理人对两者具有相同执行权。[①]

而另一提交予国会特别委员会的证词亦显示，一旦债务人从殖民地排除万难来到英国，情况将会变得更糟糕。因为即便其在英国以外尚有债权人未知的资产，但在被英国本土破产法院宣布破产后，即可以免除债务负担。在此种情况下，债权人空有法院下达的一纸裁决，他们会因在英国境内已无可供执行的财产而白白蒙受损失。[②]

这些问题不止存在于远东殖民地，也同样存在于大英帝国的其他主要殖民地，包括印度、澳大利亚、加拿大，且当时各个殖民地上的英国贸易商对此都愈加关切。多个来自商界的证人在就如何在殖民地讨回债务的问题于国会特别委员会发言时，均表达了同一期望，即英国本土的破产法应被移植到殖民地。[③] 商人 John Howell 对此的评论颇能反映这些人的观点：

我觉得对于一个殖民地遍布全球的国家来说，在破产法方面并未得到其殖民地应有的服从是一件很不幸的事……在我国，由破产法庭传召债务人是一个非常有效的回收债务手段，所以我认为将此种方法扩展到殖民地也大抵不会有错……我想如果我们

① *Report from the Select Committee*, Appendix No. 1 – Memorial of the Association of Chambers of Commerce of the United Kingdom, Feb 23, 1864, pp. 277 – 279.

② *Report from the Select Committee*, Appendix D（1864 年 1 ~ 2 月的信件），Attached at Memorial of the Association of Chambers of Commerce No. 1, p. 295。

③ 所有谈及在英属殖民地索债事项的证人表达了同一期望，可见 Report from the Select Committee 以下证人的供词：S. S. Lloyd, 1864 年 6 月 3 日（pp. 161 – 162），S. Morley 1864 年 6 月 16 日（pp. 178, 180），J. Howell, 1864 年 6 月 20 日（pp. 211 – 213），and T. Ball, 1864 年 6 月 23 日（p. 228）。

> 的殖民地居民看到他们可以信赖和倚仗的英国法在当地亦可切实运作,那么全球的贸易都将明显受惠。他们可能其后还会因此效仿我们的破产法院组织制度、法官充任机制,并设立官方破产执行官和一些其他官员。①

1862 年在香港发生的 Hormusjee & Rustomjee 诈骗案造成了严重的财产损失,凸显了上述问题的严重性,而这令当时的港英政府更感有必要将殖民地法律纳入与英国商业法相同的体系之中。Hormusjee & Rustomjee 是一家将鸦片合法从印度贩卖到亚洲其他地区的贸易商。1862 年,其在印度赊购了一大批鸦片并将其中的 1500 箱抵押给香港的五家银行以换取一系列贷款。这些作为抵押物的鸦片本应是存放于一个名声不错的商人 Charles Jameson 的船上并由姓 Stanford 的船长负责看管。但当 Hormusjee & Rustomjee 无力偿还贷款而银行登船试图充公那 1500 箱鸦片以抵债款时,他们却发现仅有 50 箱鸦片在船上,令债权人一共损失了 150 万港元。② Rustomjee(鸦片企业合伙人之一)和船长 Stanford 均被逮捕,并最终因为诈骗分别被判处 10 年和 8 年监禁。而回顾该案件的过程可以发现,当该企业的不良财务状况初露端倪,一些与债务人关系密切的债权人已开始迅速夺取债务人资产以尽可能减损时,其他英国的贸易商和银行却因行动迟缓而蒙受巨大损

① J. Howell 于 1864 年 6 月 20 日的供词(*Report from the Select Committee*, p. 211)。

② William FederickMayers, The Treaty Ports of China and Japan: A Complete Guide to the Open Ports of Those Countries, Together with Peking, Yedo, Hongkong and Macao. Forming a GuideBook& Vade Mecum for Travellers, Merchants, and Residents in General (London: Trubner and Company, 1867), pp. 92 - 93. 150 万港元在这一时期是一个非常大的数目,当时香港政府的年度支出还不到 100 万港元。

失。该案使在港英国商人深感移植破产法之必要,曾有评论如是说:

> 众所周知,现行体制给予了那些碰巧熟悉债务人的债权人以不当优势,能在其他债权人尚对债务人的财务状况毫不知情之时,已率先占用债务人资产。①

根据这些英商的说法,如果殖民地也能实行和英国本土相同的破产法,则此种不公平本可以避免,因为这将迫使债务人资产处于所有债权人的联合监视之下,并使每个债权人都能够公平地按比例得到偿还。②这案由于牵涉巨额资金且大量鸦片不知所踪,不只在香港和英国被广泛报导,还吸引了其他英属殖民地(如澳大利亚和北美)报章的注意。③

1862年的鸦片大骗局之后不久,香港律政司 John Smale 提出了一个相对温和的法律编纂方案,即通过修订现有的"资不抵债者条例"(Insolvent Debtors Ordinance of Hong Kong),将英国破产法的原则融入其中,而无须靡费人力公帑于最高法院和政府设一独立的破产管理机构和配置人员。这些原则是:(1)债务人和债权人双方均可申请使债务人破产;(2)所有债权人按债权比例分配债务人剩余资产的清偿;(3)债务人剩余资产须接受盘点清算;(4)债务人在宣布破产并以其所有剩余财产清偿债务后即免除一切债务负担。

然而,无论是伦敦的殖民地部(Colonial Office)还是当时香港的首席按察司 W. H. Adams,均对这一方案表示反对,他们坚持认为有

---

① 香港总商会主席 James MacAndrew 致香港署理辅政司 W. H. Alexander 的信函,1862年9月3日,CO129/88,第389~390页。

② 《德臣西报》1882年8月2日,第3页。

③ 譬如,载于下列媒体上的新闻报道:《孖刺西报(香港)》1862年6月24日,*The Sydney Morning Herald* (Sydney) on August 19,1862,*the Mercury* (Tasmania) September 3,1862 and*Marysville Daily Appeal* (California) August 24,1862。

必要以英国破产法为模版起草一部新的破产法例来取代现有的《资不抵债者条例》，同时，还应在香港最高法院设立专门的破产法院。

1863 年夏天，在伦敦的指令下，港英政府聘请了一位曾参与起草 1861 年英国《破产法例》的大律师 Robert Bourke 为香港起草新的破产条例。[①] 他以惊人的速度在短短不到三周里完成了立法草案。不出所料，该法案除了将英国破产法中几处指涉英国法院或其他殖民地的字眼改为适合香港的字眼外，其他内容与其英式模版基本上无甚区别。正如 Bourke 所说："香港的新破产法例最大限度地实现了与英国法的融贯一致。"[②]

这部被港督 Hercules Robinson 形容为"从家乡寄来的"法律于 1864 年 4 月在香港定例局顺利获得通过，并于同年 7 月 1 日生效实施。[③] 而在 19 世纪 60 年代至 20 世纪初期，其他如澳大利亚、印度、海峡殖民地等英属殖民地也陆续通过了类似的法律。[④] 既然确立新法案的目的是

---

① 伦敦殖民地部提议任命 Robert Bourke 的信函，1863 年 4 月 15 日，CO129/96，第 184 页。

② Robert Bourke 致香港总督的信函，CO129/96，第 338 页。

③ 《德臣西报》1882 年 8 月 2 日，第 3 页。

④ 例如，1871 年《西澳洲破产法案》(*Bankruptcy Act* 1871 *of Western Australia*)，1870 年《塔斯马尼亚破产法案》(*Bankruptcy Act* 1870 *of Tasmania*)，1898 年《新南威尔士破产法案》(*Bankruptcy Act* 1898 *of New South Wales*)，见 Allop & Dargan, *The History of Bankruptcy*, pp. 448 – 457；1888 年《海峡殖民地破产法例》(*Bankruptcy Ordinance* 1888 *of The Straits Settlements*)，见 Anandarajah et al., Law and Practice of Bankruptcy, pp. 4 – 5；印度 1907 年《地方破产法案》(*Provincial Insolvency Act of* 1907)和 1909 年《直辖市镇破产法案》(*Presidency-towns Insolvency Act* 1909)，见 Law Commission of India，第 2 ~ 3 页。经过对英属印度之情况的进一步研究，20 世纪早期的评论者似乎注意到由英国破产法移植所引发的类似问题在印度同样存在。一位学者在 1931 年评论道："破产法在印度纯属从天而降，丝毫没有借鉴之前的本土法律体系。作为一支新近培育的异域之花，其迄今为止仍然对印度环境水土不服。"参见 B. L.，"Review of the The Law of Insolvency in British India by D. F. Mulla"，*Journal of Comparative Legislation and International Law* 13.4 (1931)：288 – 290。

希望借统一整个大英帝国领域内的破产法以方便英国商人在各属地追讨债务,难怪当我们重新审视当时港英政府和伦敦之间的信函往来时,并未发现一个官员在法律移植的讨论中关心殖民地本土的商业和法律习惯。而最终正是这种忽视损害了中外各方商人在港的商业利益,产生了与立法初衷相背离的不良结果。

五、华人破产案件在19世纪后期的猛烈增长

尽管英式破产法移植入港的初衷是在欧洲贸易商和银行与有财务危机的债务人打交道时,为前者提供更有效率和更公平的保护,但最后新破产法却在实施之后不久,便受到在香港经商的华商和欧洲商人严厉抨击。事实上,从19世纪70年代至80年代早期,中外商业团体就已经开始频繁地表达他们对新破产条例的不满,其中通过《德臣西报》(又名《中国邮报》,*The China Mail*)——香港第一大英文报纸——的编辑专栏发表者尤为众多。他们认为一种“癌症正在迅速侵蚀并瓦解纯良的中式商业道德和香港本地贸易充满活力的根基”。[①]

这里所谓“中式商业道德”指的是在中国传统商业和法律文化中塑造出的债务人责任观念,使中国商人抱以极其谨慎和严格的态度看待合约和钱债责任。而《德臣西报》所言“癌症”则意指债务人在其全部剩余资产按比例清偿所有债权人后即可免除债务责任的“洗白”做法。[②] 1874年,华人商会向港英政府请愿暂缓执行英式破产法。《德

---

① 《德臣西报》1882年[7月],刊于《德臣西报》1882年重印的“The Commercial Law Affecting Chinese; with special reference to Partnership Registration and Bankruptcy Laws in Hong Kong,” 文章1,第2页。

② 此类救济在法律上被称为破产解除令,规定见于《破产条例》(1864年第5号香港法例),SS. 138 – 140。

臣西报》报道中言道:

> 这些商人们一致反映,新破产法并不适用于华人进行贸易的方式,其滥用诱发了过度投机的行为,并为欺诈大开方便之门。①

在1878年11月11日举行的一次定例局会议上,身为御用大律师的议员T. C. Hayllar亦表达了他对法例实施状况的失望之情,并敦促政府切实调查"殖民地的实际民情以及目前破产法的适应性"。除此之外,他还说:

> 我想简要提及两项困难。首先,我认为破产法完全不适合解决中国人的案件。因为在其本土文化传统中根本没有相关的法律概念,即这对于他们是一种全新事物。所以[从前]即使一个中国商人深陷财务危机,他也绝不会打算启动破产程序……其次,[在新的破产条例下]如果人们刻意逃避其债务负担,在破产法律下他们会暗中将自己的资产转移出殖民地,纵使其在祖家[中国大陆]尚有大量资产,[香港]法院对此亦无能为力……中国的贸易尚未发展到破产法可以顺利实行的水平,所以新破产法不仅直接对债权人的利益造成了损失,还间接地纵容和鼓励了过度投机行为。②

Hayllar对破产法的批评得到了香港署理首席按察司(Acting Chief Justice of Hong Kong)Francis Snowden的赞成,并在同一场合说道:

---

① 《德臣西报》1882年[7月],《德臣西报》重印的"The Commercial Law Affecting Chinese"文章1,第1页。

② T. C. Hayllar在定例局会议上的发言(1878年11月11日),刊于《香港政府宪报》1878年11月16日,卷24第46号,第543页;另载于《中国邮报》1882年8月22日,第2~3页;1882年8月24日,第2~3页。

> 新的破产法例是完全不符合殖民地的要求的……总督大人应该待有更适合的法律订定之前先把该[破产]条例暂缓执行。[1]

无独有偶,在一份1879年关于最高法院事务的委员会报告中,委员们曾表示:

> 事情从未像如今这样糟糕。现在中国人已经开始意识到他们可以通过破产法庭来逃避债务……而在破产法实行前,那些[在香港]有地位的中国人从不会陷入财务危机……他们也根本不想要破产法。

报告继续指出:

> 那些正于中国人群体中进行着的,与破产相关的欺诈行为简直触目惊心。破产法正在摧毁人们的道德观。现在四处去劝别人申请破产甚至已经成为了一个职业……当商人们开始意识到他们可以借此逃避债务,原来所谓"面子"是根本无法长期抵御逍遥法外的诱惑的。[2]

从1864年《破产条例》获得支持而通过,到19世纪80年代商界和法律界人士骂声漫天,这之间究竟发生了什么糟糕透顶的事情?又是什么使批评者们对这样一套他们当初在定例局几无反对便予以通过的英式破产法制度大加挞伐?

当时有报纸认为,牵涉中国商号和企业的破产案件在《破产条例》施行后的猛烈激增,揭示了19世纪中期英国移植破产法入港的根本

---

① Francis Snowden 在定例局会议上的发言(1878年11月11日),刊于《香港政府宪报》1878年11月16日,卷24第46号,第542页。

② 《德臣西报》1882年7月28日,第2页;《德臣西报》1882年8月24日,第3页。

缺陷。而通过笔者对1864年后近20年内香港判决的所有破产案件进行的资料分析，我们可以一窥当时各社会团体是如何意识到破产法移植引发的问题的。

本文整理了香港最高法院存档材料，当中囊括了1864年《破产条例》获得通过后到1882年的所有破产案件，其间有246位债务人被宣布破产，其中华人有155人，占比58%。余下案件中的破产者包括欧洲人、印度人和犹太人等。而除了债务人的种族来源之外，我们还能于法院档案中按年份找到每个案件中债务人所欠的金额。笔者现将所有信息整合后制成图表以说明破产案件在上述18年间发生的诸种变迁。① 图1标示了1865年至1882年每年发生的破产案件的数量。如图1所示，尽管破产案件量在1866年、1878年和1882年三个年份激增，却难以就此得出18年间破产案件始终在增加的结论。图2为每年发生的破产案件所涉债务之总额在上述18年中的变化。与图1类似，这一数值除在三、四个年份比较高之外，在其余年份始终处于50万港元以下。同样，图3所示的每年每案平均涉案债务金额亦基本上无助于我们了解法律界和商业界对破产法之忧虑的来源，因为除了1867年、1875年和1878年外，其他年份的案均债务金额都大抵处于5万港元之下。②

---

① 笔者把1864年至1882年所有破产案件的详细数据整理成图表，刊于笔者的英文期刊论文："Dirt of whitewashing: re-conceptualising debtors' obligations in Chinese business by transplanting bankruptcy law to early British Hong Kong (1860s - 1880s)," *Business History* 57.8 (2015): 1219 - 1247。

② 如果将债务数额置于特定历史情境中进行考察，在19世纪70年代4.8港元相当于1英镑。当时香港人口尚不足15万人，港府年度支出也才不到100万港元。港督年薪约为2.5万港元，而一个贸易行业中的华工年收入则为60港元。参见 *Hong Kong Blue Book* 1871 - 1879。

然而，当我们把涉及中国商人的破产案件单独拿出来进行资料分析时，我们就可以从中得出更多线索。图4、图5、图6分别是按年份统计的涉及华裔债务人的案件量、华裔债务人所欠总金额以及人均所欠金额。事关华裔债务人的破产案件之数量和所涉债务总额于19世纪80年代之前呈轻微上升趋势，但趋势波动而且并不算明显。

如果我们不聚焦于个别年份和短期波动，而把视野扩展至中长期的趋势，我们便可以观察到这十余年的变化。恰如图7、图8、图9所示，笔者在该三份图表中将这18年时间按每三年为一期分成了六段，内容所涉仍仅为华人破产案件。图7为每段时间内华人破产商人所欠债务的总量，其从19世纪70年代至80年代早期呈迅猛增长之势。整个19世纪70年代，该数值从107,392港元涨至610,765港元，涨幅约为570%。且于19世纪80年代早期再度飙升210%至129万港元。与此类似，华人破产案件的数量和华人破产者人均所欠金额，亦在19世纪70年代至80年代初这段时间内持续上升。而根据现存报告和资料分析文献，如此不断恶化的情势，绝非由经济下行导致。香港维多利亚港的货物量，从1854年的400,000吨增至1864年略多于1百万吨，年均涨幅约为12%。正是在这一年，《破产条例》获得通过。且当时有报告指出，香港贸易在此后20年间继续发展；到1882年时，前述指标已上升到440万吨，18年间年均涨幅为18%。尽管在这期间香港贸易因为1873年至1874年的全球经济疲软，曾于同期经历短暂衰退，但很快便从中恢复。① 进入19世纪50年代后，即重新恢复稳定增长，70年代至80年代初期尤甚，且

① 按香港政府编制的 *Hong Kong Blue Book* 1855－1883 记录1872年的年贸易量增长率为12.4%。1873年和1874年分别降至－9.3%和－8%，这明显是由全球经济衰退所致。1875年贸易量又增加了13.1%。

当时有评论认为华人商人亦在这段时间内稳定地扩展着自己的商业版图。① 可见,总体经济形势似乎并非破产案件增多的原因。

那究竟是不是中国商人在这一时期突然进行很多高风险的投机行为,引致了华人破产者增多呢?目前并无确实证据能够证明此种假设,如果有一些针对当时牵涉其中者的传记性研究,我们或许可以借此管中窥豹。尽管这些传记性研究已超出本文所要探讨的范围,但本文最少可以清楚指出的是,当时的商界人士普遍认为,即使英国破产法的移植入港不是诱使中国商人参与更多投机交易,并在生意上变得不那么诚实的唯一原因,也会是直接原因之一。且正如当时的新闻报道所言,"恰是该次法律的移植最终导致了华人破产案件的爆炸性增加",而这些报道我们将于下一节探讨。

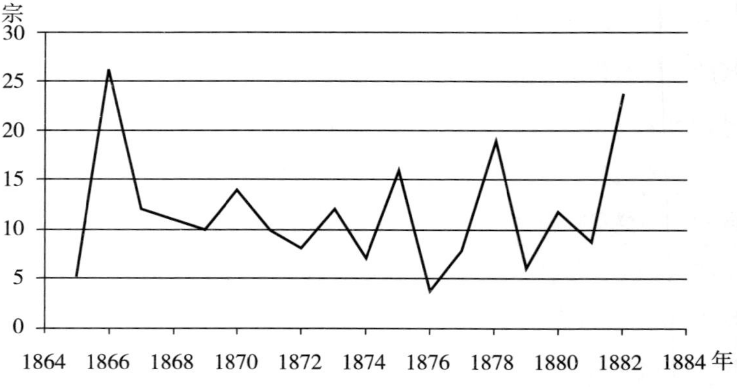

图 1　香港破产案件总数(1865 年至 1882 年)

图 1 至图 9 资料源于:《香港政府宪报》1880 年 1 月 7 日,第 5 ~ 11 页;1883 年 2 月 10 日,第 92 ~ 96 页。

① 按:轩尼诗总督向伦敦报告有关香港经济状况时所述,引自 Endacott, An Eastern Entrepot, p. 143。

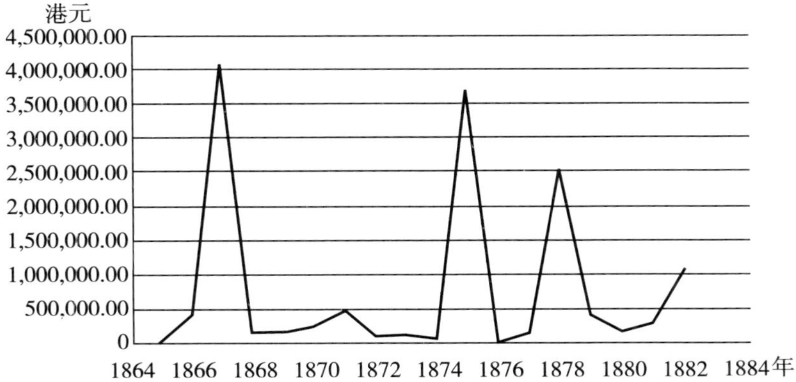

图 2　香港破产案件总欠款(1865 年至 1882 年)

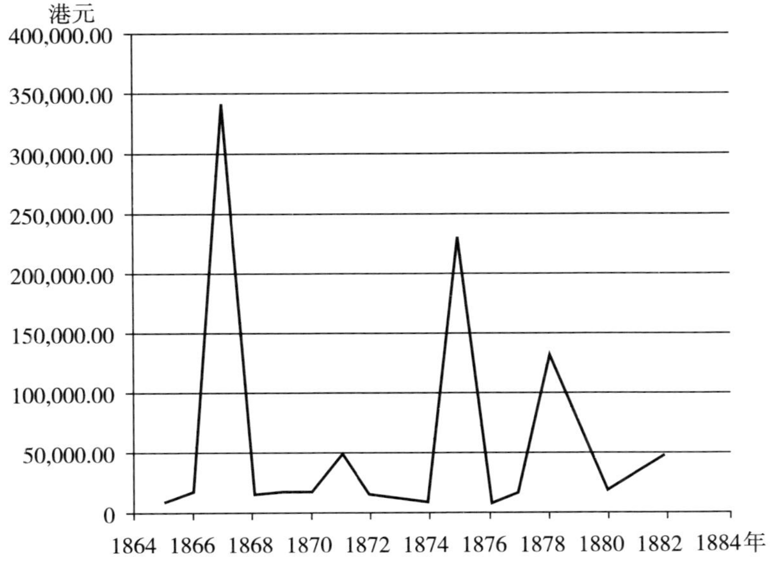

图 3　香港破产案件平均每宗欠款(1865 年至 1882 年)

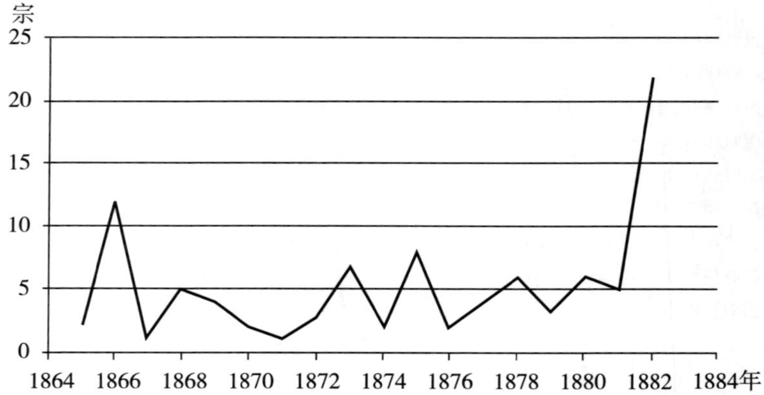

图 4　涉及香港华裔商人的破产案件总数(1865 年至 1882 年)

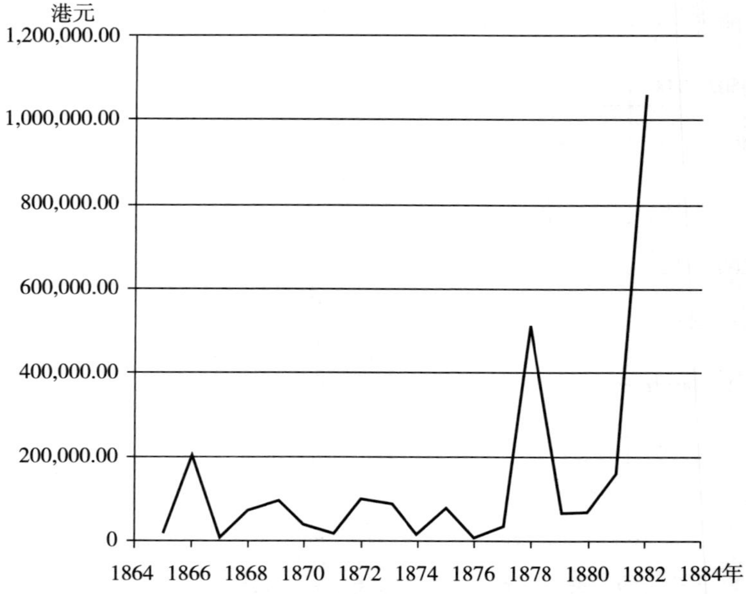

图 5　涉及香港华裔商人破产案件总欠款(1865 年至 1882 年)

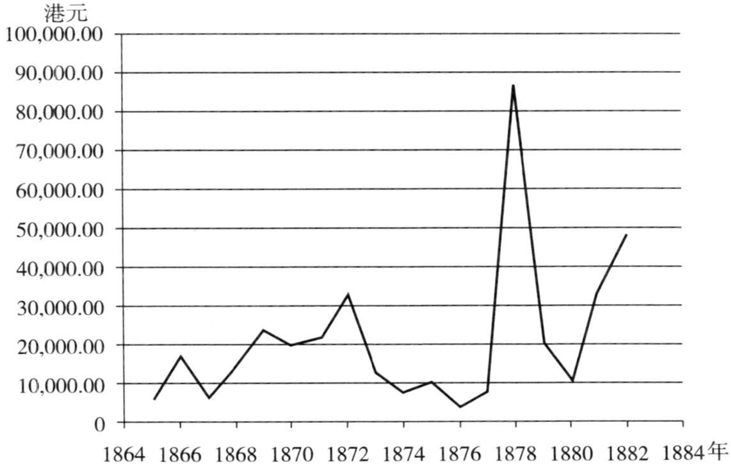

图6　涉及香港华裔商人破产案件平均每宗欠款（1865年至1882年）

图7　涉及香港华裔商人的破产案件总数（1865年至1882年，以每三年作为一个时段展示，共六个时段）

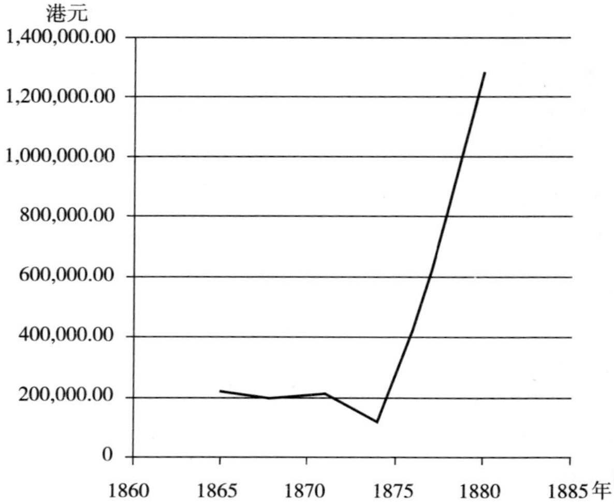

图 8　涉及香港华裔商人破产案件总欠款(1865 年至 1882 年，以每三年作为一个时段展示，共六个时段)

图 9　涉及香港华裔商人破产案件平均每宗欠款(1865 年至 1882 年，以每三年作为一个时段展示，共六个时段)

六、欧洲人眼中的“中式商业道德”

当时社会上普遍弥漫着对破产案件日益增多的忧虑，而作为对此种状况的响应，《德臣西报》的编辑于1882年写作了15篇不署名的系列文章，来探讨传统中国的商业、法律规范与习惯；并于文中论及香港本土华人企业界如何定义“债务人责任”，以及英式破产法的移植对此种概念的破坏。编者同时还向读者揭示了在港欧洲人对中国商人所遵行之传统法律规范与习惯的认知和对英式破产法于香港移植的态度，即他们普遍认为源自英伦的破产法错误地破坏了那些真正有价值的中国传统法律文化和习惯。

这一系列文章的首四篇，集中讨论中国传统有关债务人责任的法典与司法习惯。在文中，英国法律学者被批评严重忽略了历史悠久的中国法律规范与习惯：

> 一个常见的误解是认为既然中国没有公开颁布印行的商事法典，那么传统中国就压根没有商法。①

作者告诫人们，在急着讨论《大清律例》是如何用残酷刑罚手段来督促债务人清偿债务之前，应当先行对中国传统的司法判决作更为深入的研究，以便更理解那些长期以来支撑中华帝国的生产和贸易持续发展的商业与法律价值观与体制。此外，文章还指出中国传统法规将债务人的责任视为永久性的、家庭或宗族的连带责任的做法，更加有助于鼓励债务的清偿：

> 尽管有关破产的刑事法规其粗砺残酷往往会因各种拖延和

① 《德臣西报》1882年7月7日，第2页。

实际操作过程中有所缓和,但那些迫不得已接受这法律处理的欠债产者却实属可怜之人。无怪乎赖债的案件在传统中国少之又少了,百分之九十九的情况是,虽然债务人本人资不抵债,但其家庭和宗族会与债权人达成协议,由前者代为偿付一定比例的债务以满足后者的要求,之后破产者便成为其所属宗族的债务人,并必须倾余生之力为自己的宗族劳作以报恩,直到宗族成员满意为止。①

当然,作者所说的"百分之九十九"可能比诸实情有所夸大,但不可否认的是,其确实描绘出一个具有普遍性的典型,展示了香港华人商界的大体信用水平。该编辑还继续解说了传统中国法律中债务人责任之概念及其价值对香港商业环境的贡献:

多年来,香港的华人商户在与他人——无论华洋——打交道时,都是靠着勤奋和机敏脱颖而出;多年来始终谨守自己的承诺和保证,无论这种承诺与保证是口头还是文字;他们习惯将避免草率投机奉为一项原则,尽管在这期间总有个别人从事鸦片贸易和短期期货交易,但大多数在港华商一直对此等行为嗤之以鼻;尤其要指出的是,长久以来他们保留着那份对资不抵债的恐惧……而且的确,在这没有英式破产法的二十年里,香港社会运转良好、欣欣向荣,欠债不还事件在有地位的中国人之中甚少发生,且华人的商业道德自发地持续处于一个相对较高的水平。②

虽然从现代法理的角度来看,通过对债务人施以刑罚来迫使其偿

① 《德臣西报》1882年7月12日,第3页。

② 《德臣西报》1882年7月28日,第2页;1882年8月2日,第2页。

还债务和迫其家人代其还债都是不可接受的，但帝制中国长期施行的法律与司法习惯无疑在处理财务承诺方面给华人遗留下了一条严格的准则。中国人传统上认为债务是不可赦免的、永久的家庭连带责任。所以即使《大清律例》在殖民地香港已不适用，中国商人仍固守着他们对债务和合约承诺的传统价值观与态度，外国人将之视为商业往来的宝贵道德基础。

七、“洗白”反变涂污

《破产条例》的通过，实际上加剧侵蚀了香港华人商界传统的谨慎从商原则。深陷财务困境的债务人，这时可以向法院申请破产；而当他们被判决破产后，哪怕其剩余资产根本不够偿付债务，其债权人也只能按债权比例，取得相应份额的债务人剩余资产。经此一系列程序后，破产者便得以成功“洗白”，亦即免除一切债务责任。

这种“洗白”的法律效力，彻底颠覆了香港华商之前对债务人责任的概念：原来那种不可宽免的永久责任，突然变为仅以债务人剩余资产为限的有限责任；还因为所有债务都能够在破产清算程序后一笔勾销，使债务人不必再担心拖累其他家庭成员。情况更糟的是，《破产条例》给了那些拥有较多资产的商人一项诱惑，使他们能够躲在一个只有很少资产的名义拥有人背后，参与企业的运作。当企业难以为继时，虽然名义所有人会宣布破产，但隐藏在其背后的富有合伙人，却可以从公司债务中全身而退。笔者曾在前文述及之《德臣西报》所刊系列文章的后半部分对此进行了详细探讨，如下引文点出了在欧洲商人群体眼中上述情况引致的恶果：

> 那些之前笃信企业的所有合伙人应当无一例外地共同对企

> 业债务负责的中国人现在意识到，通过让职业经理人或合伙人中的最穷者表面上成为法律上的唯一出资者，再通过与自己的企业签订一份以每年分红为条件的借贷合同——实际上所谓贷款就是他们自己的出资，企业的合伙人们不但可以借破产法例摆脱恼人的债务，甚至还能作为自己企业的债权人参与破产清算程序以侵夺本应属于真正债权人的企业资产。在这整个过程中，真实合伙人一直隐于幕后，外国商人尤不得见。而此间还有更进一步的诱惑和动机令他们做出更多：缺德行径，即大多数在港华人企业会于广州或中国其他地方设立分支机构，借此地利之便，他们在所谓唯一的企业出资者——实际上是他们的经理人或者他们之中的最穷者——代表企业宣布破产之前便可以轻松将企业的可用资产转移到香港破产法院管辖权所及范围之外[的中国大陆]。①
>
> 而鉴于上述种种情况，那株名为“中式商业道德”的尊贵之花(noble plant)，尽管在被移植到香港的英式土壤上仍保持了多年的生机盎然，却于1864～1867年后开始褪去光彩，最终难抵戕害，不出所料地逐渐凋零……②

总言之，中国传统的商业道德和贸易习惯并未因为被移用到香港而水土不服，亦未因随后与外国法例的交流碰撞而有所改变，直到1864年至1867年《破产法例》和《合伙企业法例》打开了投机活动和欺诈性破产的“潘多拉盒子”，情况才急转直下。1863年，华人商贸还能藉普遍的诚信稳定办得有声有色，鲜有一败涂地者；但仅仅10年之

① 《德臣西报》1882年7月28日，第2～3页。

② 《德臣西报》1882年7月28日，第3页。

后，新成立的破产法院已沦为可以轻易利用的诈骗场所。[①]

虽然将债务人责任的传统概念称为“尊贵之花”，未免过誉华人对债务的商业与法律观念。但这一概念至少是一项在中国社会存续了数百年，也甚为严苛的——从今日之商业和法律视角观之——法律规则孕育出来的传统商业与法律习惯。而当时在港的外国企业界人士，也将之视为一个有利于增强债务回收的可预期性的道德因素；特别是在个人财务信息透明度不足，法院的执行效率也不尽如人意的19世纪中，这种预期性对生意人甚为重要。

上述引文已经很清楚地表达出欧洲人对这次法律移植的普遍看法，即无视中国传统商业和法律规范与习惯的英式破产法，应为日益增多的华人破产案件负上最大责任。还曾有论者如此评价《破产条例》的移植：“它并非应殖民地的切实需求而生”，[②]且“事实已然证明其在原则上并不适合殖民地华人的商业操作和习惯”。[③] 同样明确的是，在欧洲人和主流新闻媒体界眼中，中国传统关于债务人责任的规范与习惯几十年来一直很好地服务着殖民地的商业和贸易，它不应被一个英国法例的简单复制品所取代。他们认为，立法过程对这些华人传统法律和商业规范与习惯的忽视，实际上损害了港英早期的香港商业环境。

正如笔者在上一节中提到的，破产法在英国本土的发展也是历经多个世纪的波折，随着债务人与债权人的议价能力对比逐渐发生变化，最终形塑出1861年的英国《破产法例》。其之所以能够走到这一

① 《德臣西报》1882年8月19日，第2页。

② 《德臣西报》1882年8月4日，第2页。

③ 《德臣西报》1882年8月，《德臣西报》重印“The Commercial Law Affecting Chinese”文章8，第33页。

步,或许更重要的原因在于,英国政府希望借此支持工业和海外贸易的扩张,及通过给予贸易商“有限责任”的保护来鼓励他们承担更大的商业风险。用该名《德臣西报》编辑的话来说:

> 这样一个充满争议与辩论的历时数百年的渐进过程其实仅仅是英国特殊国情的产物……大型工业和商贸急速扩张带来的独特需求推动了这一历史进程。①

但是这种国情和需求,在20世纪以前中国的商业发展史上却从未存在过。当然,这并不是说19世纪的中国不存在技术创新的需求和规模相对较大的企业融资活动,只是说彼时的中国无须通过限制或免除债务人责任的方式来鼓励创新。中国商业史学者最近对19世纪中国合伙企业和投资体制的研究表明,当时中国商人之间的融资活动和投资创新,建立在以宗族为中心的商业网络进行,无须依靠改变债务人的责任来对冲风险。②

从港英政府寄给纽卡斯尔公爵(Duke of Newcastle)——殖民地部在19世纪60年代早期由他领导——的信函中,我们可以推知律政司John Smale和署理辅政司W. H. Alexander都曾警告过,不要在香港遽然完全实行英国《破产法例》。他们更倾向的方案是,只对现行《资不抵债者条例》的条文进行修订,以保证破产案件中的大多数债权人愿意承担起管控破产清算程序的责任。不过,他们如此主张的理由,并

---

① 《德臣西报》1882年8月4日,第2页。

② Madeleine Zelin, *The Merchants of Zigong: Industrial Entrepreneurship in Early Modern China* (New York: Columbia University Press, 2005), Chapter 7: "Technological and Organizational Change" for the development of salt-mining industry in 19th and early 20th-century China.

非由于英国《破产法例》下的破产“洗白”机制与中国法律传统下的债务人责任概念上之冲突，而是他们觉得：

> 香港这一蕞尔小殖民地并没有足够人力物力以应付复杂的破产程序，勉强引入，只会徒增冗员，加重殖民地的财政和行政负担。①

然而这一说辞在伦敦的压力面前根本不值一提，英国的立法也就此无视香港殖民地官员的反对强行移植入港。《德臣西报》在描述这件事的过程时，用相当讽刺性的口吻表示：

> 这是由于他们假定我们需要一套破产法……唐宁街的官老爷们委托一位Burke先生以1861年的帝国法案为模版，给香港起草了一份破产法例。由于殖民地部为此花了100基尼，故这部法律被戏称为“一百基尼法例”，而据纽卡斯尔公爵说法，它从无到有竟然仅耗时三周。当它于1863年11月被拿到定例局表决时，港督还称之为“来自家乡的法案”，而那时除了Smale先生之外，没有一个议员能够清醒地意识到，它并不适合香港的特殊民情以及它将带来的恶果。②

如前所述，人们普遍认为，正是这继自英国的《破产法例》所给予债务人的破产救济，诱使了中国企业的实际所有者们将自己的名字从合伙协议中隐去。当企业陷入危机时，这些真正的合伙人便将根本没有什么资产的名义所有者推到台前，让他来宣布破产以保住他们自己的资财。破产法院的无能和间或发生的腐败，使情况进一步恶化。最

---

① John Smale致香港署理辅政司W. H. Alexander的信函，分别是1862年12月15日，CO129/98，第398页和1862年10月4日，CO129/98，第401页。

② 《德臣西报》1882年8月2日，第3页。

高法院事务专员曾在1879年的一份报告中写道:"法院要花好几星期的时间才能取得债务人的账目和簿记",且根据一位证人所说:

> 情况简直糟透了,当你来处理破产财产的时候,那里就只剩一个柜台了,他们(债务人)拿走了他们在这个世界上所拥有的一切东西。①

这位专员还在报告中指出:"很多案件中,最高法院登记员还存在收受回佣、受贿、侵占等不法行为。"②而正如前述,在《破产条例》生效之前,债权人既可以向企业的实际运作者追债,也可以向其合伙人甚至其合伙人的亲戚追债的。所以在那种情况下,对于债务人而言,通过欺诈来规避债务的动机是难以胜过通过和债权人协商来达成分期还款协议的动机的。

八、中欧商人"异乎寻常的一致意见"

前述当时的报章摘要显示,香港企业界已认识到,华人企业良好的企业治理能力自19世纪70年代早期开始逐渐滑落;同时,上引统计数字证实了中国破产案件有上升趋势。自1873年至1882年,无论是中国还是在港的欧洲企业界,都提出许多请愿和动议,要求港英政府修订有缺陷的破产法,从而维护公认的中式商业道德。媒体将这些联合行动描述为"中欧商业界在香港异乎寻常的意见一致",且称其

① 《德臣西报》1882年8月,《德臣西报》重印"The Commercial Law Affecting Chinese"文章8,第35页。

② *Hong Kong Blue Book*:总督轩尼诗的报告(1880年)。

“应当在官方考虑破产法修订时受到重视”。①

通过1873年、1874年和1882年的请愿,华人企业界反复催促政府修订《破产条例》并引入所有商事合伙人——包括隐名合伙人——强制登记制度,从而解决破产欺诈和商业不道德行为带来的迫切问题。在其中一次请愿中,华商联署者与其欧洲同行一样,特别关切有关债务人义务的传统观念之瓦解对中国企业界造成的危害。他们注意到,当企业因经营失败和损失过大面临破产时,企业的所有者会“为了不负个人责任而选择逃避”。更严重的是,“他们事先抽逃出资,并通过伪装使局外人难以从中找到任何线索进行调查”。②

同时,华商请愿者还要求政府考虑:

> 当破产案件出现时,应选任一个由32名德高望重的中外商人组成的委员会,并且在个人宣告破产时,应当从委员会中选出8名成员对事件进行详细调查和报告,以确定宣告者是否真实地属于允许提出破产的情形。

这些请愿者认为,通过这样的措施,“欺诈和虚伪的恶行将能避免”。③ 除了要求调查破产的真实性,华商团体还敦促政府修订合伙条例,引入所有合伙人——包括隐名合伙人和出资但不参与日常事务管理的被动投资者——强制登记制度,以此来确保破产企业的债权人知

---

① 《德臣西报》1882年8月,《德臣西报》重印“The Commercial Law Affecting Chinese”文章8,第37页。

② “Petition of Chinese merchants to the Hong Kong Government” 附《德臣西报》1882年8月,《德臣西报》重印“The Commercial Law Affecting Chinese” 文章8,第39页。

③ “Petition of Chinese merchants to the Hong Kong Government” 附《德臣西报》1882年8月,《德臣西报》重印“The Commercial Law Affecting Chinese”文章8,第40页。

晓自己的具体索赔对象。

《德臣西报》编辑 Dr. Nicholas Belfield Dennys 在其发表于 1873 年 3 月和 12 月的数篇文章中,均表达了对上述动议的支持。[①] A. C. Dulcken——另一大报《孖剌西报》(*Hong Kong Daily Press*)的编辑,也在其发表于 1873 年 10 月的文章中表达了相同观点。[②] 与此同时,代表当时在港欧洲商人利益的香港总商会(Hong Kong Chamber of Commerce)亦向港英政府施压,要求其考虑修订《破产条例》和《合伙条例》。法律界人士亦并非没有表态,御用大律师 T. C. Hayllar 和署理首席按察司 Francis Snowden 分别代表律师和法官群体,要求政府在适合香港实际需求的新法被制定出来之前暂停执行破产条例。

正是因为这一持续的争论,《德臣西报》才在 1882 年刊登了上文提到的那 15 篇系列文章。其目的在于扼要回顾 1864 年《破产条例》通过后 15 年间的历史,以此告诫政府应当从中吸取教训,并重新考虑当初不顾本地民情和中国传统法律规范与习惯强行移植英国法的行为是否妥当。尽管中欧双方的企业界和法律职业群体在破产法问题上达成了空前一致,但时任港督轩尼诗(John Pope Hennessy)——1877 年至 1883 年在任,被大多数殖民史学家视为一位非常尊重中国传统以致时而过度纵容华人团体的人物——却反而对此无动于衷。[③] 最

① 《德臣西报》1882 年 8 月 19 日,第 2 页。

② 《德臣西报》1882 年 8 月 19 日,第 2 页。

③ 在得知殖民当局不愿废除《破产条例》从而使香港成为英国破产法的一个例外后,代表在港欧洲商人利益的商会随即敦促港督轩尼诗强制所有华人企业的隐名合伙人向政府登记以解决问题。但轩尼诗最终并没有同意这一建议,部分原因在于商会不同意该措施应当被一视同仁地施加于所有中外企业。参见刊于 1881 年 6 月 11 日《香港宪报》关于轩尼诗的意见,引自 David Faure and Lee Pui-tak, *Economy: A Documentary History of Hong Kong* (Hong Kong: Hong Kong University Press, 2004), p. 29。

后,这一不得人心的条例,在1883年英国本土修订《破产法例》之后数年之久才被修订。

九、结语

本文通过利用19世纪中后期以来的档案文献,尝试检讨和反思英国商事法律以及它已被广泛承认对早期香港经济的贡献。本文的研究结果反驳了那种理所当然地认为英国商事法律为香港经济在殖民时代的增长与繁荣提供了坚实法律基础的观点。英国破产法的移植是出于英国在大型工业和跨洲贸易双双急剧扩张时期的特定需求,其预期目标是通过提供有限责任这种保护措施来对冲工业和海外贸易的风险,然而其结果却并不适应19世纪中后期的香港商业实际环境与操作。更不幸的是,尽管这一法律移植的初衷是统一大英帝国境内的所有债务回收程序,却蛮横地瓦解了几个世纪以来华人商事往来中商业信用之道德基础和传统法律观念;又因为越来越多的华人债务人利用新的选项"破产洗白"来逃避债务,最终损害了香港本地和外国商人的商业利益。

借着英国破产法在香港移植的案例,笔者希望鼓励法律史学同人反思固有的比较法律史的研究范式。在过去一段时间,传统中国法律和西方法律被放在现代化的对立面。一方面传统中国法律被视为落后、保守、欠缺公义和妨碍社会和经济发展;另一方面以英、美、德为首的西方法律体系,被认为是理性、现代、公正的典型,视为东方社会现代化的对象。这种理所当然的论述(或假设),令20世纪90年代以前的主流中国法律史研究集中在建构中国法律传统对比西方法律有何缺陷,中国法律传统如何令中国的发展远远落后于西方以及全力洋化的日本。幸而,20世纪末开始,上述欧洲中心论的、集中强调做错了什么(what went wrong)的中国法律史观开始受到严厉挑战。当中国法律史学者开始从司法档案中重建中国法律传统的现代性(modernity),西方法律在亚洲移植的现代性仍然被视为理所当然,特别是如香港和新加坡等经济发达城市,以英式法律取代本土法律在一般的殖民地历史著作中,仍然被视为是殖民者对殖民地现代化做对了的贡献(what went right)。类似对于英国法律制度的传统追捧近年已开始受到史学家的质疑,史学家在过去的十年间开始对于英国法律在印度和美洲等前殖民地社会所产生的不公猛烈批判。本文希望以1864年《破产条例》这一最早从英国引入香港的商业法律之一为例,来挑战英国法律制度移植到香港被认为理所当然的现代性,同时鼓励为香港撰写前殖民地的新法律史。

当然,这并非指英国法律没有为殖民地的现代化提供助力,而是此种力量的大小在很大程度上取决于殖民者在统一帝国全局法律的过程中,如何权衡帝国利益、欧洲企业界在殖民地的利益以及本土民众的传统法律文化、社会反应和舆论。在英国破产法移植入港的过程中,后两个因素似乎从未得到应有的重视。因此,无论是英国法制还是殖民地本土法律文化,都很难被轻易理所当然地认为会令殖民地走向繁荣和现代化。本文提出的证据表明,我们须对前殖民地的本土商业和法律传统所扮演的角色,以及这些传统在殖民地商业和法律现代化过程中同继受法发生的互动、冲突和融合,作更为细致深刻的研究,才能了解法律移植的效果。但无论如何,有一点确定的是,在漫长的殖民历史中,英国破产法绝非唯一被移植的商事法律,香港亦并非唯一见证了继受法和本土法律传统文化与商业规范之冲突的前殖民地;而前殖民地的新法律史,还有很多故事有待开发,有待史学家为被消灭的本土法律传统文化发声,讨回公道。

第四编

政治理念与司法实践

明清律学与士人社会

[日]谷井阳子

一、绪论

一般而言,中国的传统法学主要以制定和解释律条为中心。因此,有学者认为"律学实质上就是中国古代的法学"。[①] 明清两朝制定了各自的律典,同时为了方便运用律条,还编撰了许多律注书。《大明律》既继承唐律,又采纳了元代的法律,因此这一重新制成的法典,可谓继承了前代律学的成果。此后,伴随着《大明律》的实际运用,以及单行法规(作为律条之补充)的制定与实施,律学得以不断地被继承与发展。至明代中期以后,陆续出现了多种优秀的律注书,这些都是律学成果不断积累的结晶。

最近,邱澎生在他的专论中表明:在明代中期以后的士人、官僚之间,出现了一种学术趋势,即将法律知识与儒家经典相结合并给予高

---

① 怀效锋主编:《中国律学丛刊》,法律出版社 1999 年版,总序。实际上,中国传统法律知识不仅有律注,还有判例研究、法医学以及有关审判业务的研究等。但如后所述,判例研究只顾权衡细小的情况差异,而几乎没有基于法理的议论;法医学和对于审判业务的研究则只是提供技术性的知识。虽然也有像王明德《读律佩觿》那样的例外,但总体而言,在中国传统法律知识中,唯有律条注释学是具有一贯性逻辑体系的学术成就。

度评价。据他的研究，从15世纪末丘浚的《大学衍义补》开始，到18世纪末汪泩的《祥刑经解》止，在其间出现的各种法律著作中，都能看到将“经典”视为法律知识的基础，[①]或者将法律看作与“经典”根本一致的观点。在中国传统社会中，由于将儒家的社会秩序作为理想，因此可以说这一主张赋予了法律以极高的地位。

不过，对当时的一般士人而言，律学仍然是令人敬而远之的学问。明清时代的律学者，大都是迫于职业需要，不得已才学习律学，并未见有纯粹立志研究律学的人。因为对一般士人来说，律学不是必须的教养，也不是重要的学术。确实，明清律具有王朝赋予的权威，表面上受到尊重。但是，政府并不太重用通晓律学的人，士人社会也不重视律学。在唐宋科举之中设置有明法科，不过该科并非重要科目，也没有被明清两朝继承。明清政府在起用官僚时，要求应试人员具有经学和诗赋的素养，但并不要求有法律知识，也没有特别优待律学者。因此很自然，一般的士人、官僚也不会进一步学习法律。清末，沈家本在叙述当时中国法学的状况时说道：

> 举凡法家言，非名隶秋曹者，无人问津。名公巨卿，方且以为无足重轻之书，屏弃勿录。甚至有目为不祥之物，远而避之者，大可怪也。[②]

那么，笔者在此想问的是，前述明清时代法律知识的重要性，是否只是一部分学者在观念与表面上过度称扬所造成的假象呢？还是说，律学虽然没到获得整个社会的高度评价，但是在士人社会内部，已经

① 邱澎生：《律例本乎圣经：明清士人与官员的法律知识论述》，载《明代研究》2013年第21期。

② 《寄簃文存》卷六《法学会杂志序》。

开始稳步地提高其在学术上的地位呢?

本文尝试阐明:在明清时代,律学的发展与法律在士人、官僚社会中的地位之间,有着怎样的关系。① 虽然律学是一种专门学术,只与从事实际业务的部分官僚有关,但在明代中期以后,在数量与质量两方面,都出现了大量杰出的律学研究成果,其中还特别强调了法律自身的价值。本文想考察的是:这样的潮流是如何发生,又是如何影响一般士人与官僚的?简单而言:明代律学超过了仅仅是实用的律条解释的范围,试图揭示出律条中所含的统治精神,因此律学研究对象的价值得以提升,律学研究的世界也充满活力。② 可是,明代官僚的法律知识水平很低,律学者的认识与一般士人、官僚对法律的理解相距甚远。在明代后期,政府开始颁布政策来督促官僚正确地引用律条,并普及法律知识。进入清朝以后,由于国家比以前更加严厉地要求正确运用律条,因此律学得到进一步的发展。同时,以律学为生计手段的士人的增多,也使律学者的法律观念在士人社会中得到广泛传播。但是到了18世纪后半期,在法律以及法律研究上都出现了难以解决的问题。清朝的法律体系变得极为错综复杂,连专家也难以掌握,而律学者丧失了对于其研究对象(律例)的信赖,律学这一学术领域丧失了活力。

---

① 当本文说到"士人社会""官僚·士人社会"的时候,是将那些迫于职业上的需要涉及法律的官僚和士人群体基本排除于这些范畴以外。笔者想要研究的问题是一些重视经学、文学等传统文化,没有职业上的法律学习需要的官僚、士人对于法律有怎样的认识。

② 何勤华认为明清法律著作只将精力投入到法学研究的"技术层面"上,"基本上只是唐宋律学的继续而已,并无实质性的突破和发展",参见何勤华:《中国法学史》(二),法律出版社2000年版,第171页。笔者却认为,律学在明代中期以后,根据"基于立法者的理想来解释律条"的方针,确立了一个有一贯性的法律解释体系。

基于以上诸点而得出的结论是:明清时代的律学,虽然赋予了法律以积极的意义,并将肯定法律的观念传播至士人与官僚社会,但是在这一观念真正得到广泛接受之前,清朝的法律体系和律学却都走到了尽头。最终,法律知识在士人、官僚之间还是没能得到重视。

二、明代律学的发展

元朝在停用了自金朝继承下来的律条之后,并没有制定新的律典,结果生效的只有单行法规。但是,正由于元代没有正式的律典,反倒增加了唐律和律疏的参照价值。仅仅从单行法规和审判的先例之中,元朝人自然无法获得进行司法裁判所需要的全部智慧,因此便需要作为法律思考之基础教本的文献。①

明朝成立后,由于《大明律》的制定,唐律失去了参照价值。不过,为了解释《大明律》,唐律和律疏仍旧是有用的。从载有洪武十九年(1386)序的何广《律解辩疑》来看,明初的律学仍然处于《唐律疏议》的影响之下。其中虽然不一定写明"唐律疏议曰",但是引用《唐律疏议》的部分很多。② 例如,根据具体例子来详述条文,用问答的形式来解说不易分清的难点等,这些注释形式都是仿照《唐律疏议》而来的。

据我们现在所知,除《律解辩疑》之外,明初学者所著的律注书只有官撰《大明律直解》一种。不过,《大明律直解》是为了让人民粗通

---

① 仁井田陞、牧野巽:《故唐律疏议制作年代考》,载《东方学报》第1、2册,东京,第1931~1932页。又参见[日]滋贺秀三:《中国法制史论集·法典と刑罚》,创文社2003年版,第181~182页。

② 譬如,对于《名例律·八议》的"议故",写明有"唐律疏议曰,谓素得侍见,特蒙接遇日久者",而对于《名例律·犯罪自首》的"若因问被告之事而别言余罪者云云",虽然没有注明出处,但明显可以看出是抄袭《唐律疏议》的。

律条而制作的简略注释，并没有律学注释上的独特性。从这两部著作开始到成化朝止，在半个多世纪的时间内，尚不知有无其他律注书出版。这类实用书，有的可能在出版后散逸了，有的可能只以草稿形式被少数人利用，总之都由于太古老而遭到淘汰，难以留传。不过，在明代中期的《律条疏义》《大明律释义》等律注书中，除《唐律疏议》以外并未见引用过其他的注释书，由此可以窥见在明代前半期应该不存在有影响力的律注书。明代中期以前，在经学那样的学术主流中也缺乏出色的著作，出版活动亦不繁荣。① 律学的发展，与当时知识分子社会的整体动向，应该是有一定关联的。

到了成化年间，张楷的《律条疏议》出现了。从它被之后许多律注书所引用这一点来看，可以知道这部书受到了广泛的好评与传播。据张伯元的文献研究，撰者张楷在宣德、正统年间就任监察御史，有“理狱摘奸”的功绩。《律条疏议》的最早版本是天顺五年（1461）刊本，其他还有数种重刊本与抄本。该书采用了“疏议”体式，即以问答形式来解释律条中的疑难点。这一体式是继承《唐律疏议》的形式，并且将其发展的结果。尤其是“谨详律意”一栏，乃是张楷自己的创造，这是律学史上首次将“律意”问题提出来单独进行讨论。②

确实，《律条疏议》一书不仅包含有直接引自《唐律疏议》的部分，在形式、内容上也受到《唐律疏议》的极大影响。但是，正如张伯元指出的，《律条疏议》最重要的特征是“谨详律意”一栏。譬如，就《名例律·职官有犯》第一节“凡京官及在外五品以上官有犯，奏闻请旨，不

① 井上进：《中国出版文化史》，名古屋大学出版会 2002 年版，第 176 ~ 214 页。

② 张伯元：《张楷〈律条疏议〉考》，载《法律史论集》（第 3 卷），法律出版社 2001 年版。

许擅问。六品以下,听分巡御史、按察司并分司,取问明白,议拟闻奏区处”而言,注释称:

> 谨详律意:京官近上,五品以上职尊,故必请旨以问。在外六品以下,其职渐卑,虽许御史与按察司官径自提问,亦必闻奏区处。所以禁自专也。

对于主要的法律条文,该书都是像这样来说明其立法宗旨的。“律意”一词,即《大明律·吏律·公式》第一条《讲解律令》中所言:“百司官吏,务要熟读,讲明律意,剖决事务”“若有不能讲解,不晓律意者,初犯罚俸钱一月”,等等,即是说《大明律》本文已经强调了“律意”的重要性。这是明律的新创制,在唐律中并没有《讲解律令》条。明人认为这一条反映了太祖的意向。[①] 总之,向一般人民阐明“律意”,是明朝制定的方针。

但是,《大明律》本文所说的“讲明律意”,大概只意味着要使人知道律文的字面上的意思。因为太祖为了使“天下之民”“人人通晓”律令而编写、颁布的《大明律直解》,不过是简单地解说各个条款。[②] 逐一解说律条各个条款宗旨的文献,在明代中期以前几乎没有。的确,《唐律疏议》中针对部分条文,说明了制定该条的宗旨。不过,那样的说明很少,而且非常简略。譬如,针对《名例律》的“诸犯罪未发而自首者,原其罪”条,“疏议曰,过而不改,斯成过矣。今能改过,来首其罪,皆合得原”。此外,在《律解辩疑》《大明律直解》中也没有对立法宗旨的解说。太祖确实期望从官吏到一般人民都能通晓“律意”,但是他的

① 王肯堂:《大明律例笺释·自序》。
② 《明太祖实录》卷二八,上,“吴元年十二月戊午”条。

意思应该只是希望他们知道哪种行为对应于怎样的刑法,而不是使他们理解立法的宗旨,至少当时没有具体证据可以证明他是要使人们理解制律的宗旨。

而与如上的“律意”不同,《律条疏议》解说的“律意”意味着制定该条律文的理由。从该书大部分的条文解说来看,在理解律文的时候,撰者张楷特别重视这样的“律意”。

除了“谨详律意……”部分以外,《律条疏议》还有根据立法意图来进行的解释。譬如,对于《刑律・贼盗篇・劫囚》中的“其率领家人随从打夺者,止坐尊长。若家人亦曾伤人者,仍以凡人首从论”一条,张楷提问道:如果家人杀死了人,援引前一条“杀人及聚至十人,为首者斩,下手致命者绞,为从者各减一等”的规定,把家长作为首犯拟斩,而下手致命的家人拟绞,对两个人都判处死刑吗?他的回答如下:除了该条外,《名例律・共犯罪分首从》说“家人共犯,止坐家长”,又说“侵损于人者,以凡人首从论”,则家人偷盗或杀伤的话,按照一般的首从法,以造意为首犯。而《刑律・人命篇・斗殴及故杀人》中又说“若同谋共殴人,因致死者,以致命伤为重,下手者,绞”,元谋减一等。按照前者的规定,家长当坐死刑而家人减一等,按照后者的规定,则家人当坐死刑而家长减一等。但是,这些条文“皆非本条意也”,其原因在于:

> 盖家人平日受制于家长,既称率领以去,不敢不从。从而打夺,不敢不下手。故虽家人下手致死,只坐家长为首偿命,伤重及余伤者皆得减一等。盖与名例侵损于人者相彷佛,所谓仍以常人首从论,则可见矣。若斗殴条称“元谋减一等”及上文“两人偿命”二律,皆常人首从,非有所受制者而言。不可一例观也。

据张楷所说，上面引用的条文都是为没有亲属关系或主仆关系的“常人”而设的，不是为“所受制者”而设的。总之，“本条意”是为受命令一定要服从的人而制定的，所以必须重视这一宗旨。《律条疏议》不仅确认了律文中的字义和原则，探究了律条全体的一贯性，而且还按照明确的方针，基于对立法意图的理解来解释律文。这种方针，在之前的律注书中极为罕见。

明代中期撰写的律注书中，《律条疏议》的影响力最大，①但嘉靖中叶以后，新的律注书陆续出现，并逐渐取代了《疏议》。在这些新的律注之中，雷梦麟的《读律琐言》出现较早，而且极大地影响了此后的律学发展。《读律琐言》与《律条疏议》不同，在体裁与内容上几乎都没有受到《唐律疏议》的直接影响。它也没有继承《律条疏议》的形式，即不是通过“谨详律意……”来叙述各个条文宗旨，但是该书继承了通过说明制定意图来解释律文的方针，并将其进一步发展。

譬如，对于前文论述《律条疏议》时所举的例子（《名例律·职官有犯》第一节），《读律琐言》论述如下：

> 京官不拘大小、已未入流，皆近君之臣也。事在君侧，安得擅行。外官五品以上，皆崇职之臣也。事权稍重，不宜轻动。故凡有犯公私罪名者，所司开具所犯事情，实封具奏参提，不许擅自勾问。外官六品以下，听巡按御史、按察司并分司径自提问，官职既小，事权已轻，又渐远于君，恐章草往复迟误公事，故许径自取问，与京官及在外五品以上官，各明白议拟应得罪名，闻奏区处。曰“奏闻请旨”者，不敢自专之意。曰“闻奏区处”者，不敢自决之意。

① 在雷梦麟的《读律琐言》与王肯堂的《笺释》等著名注释书之中，都可以见到对《律条疏议》的引用。嘉靖以前的律注中，没有其他的律注书曾被这样频繁地被引用过。

《律条疏议》中只是将京官描述为“近上”，五品以上为“职尊”，在外六品以下为“其职渐卑”，对于审问或处分时需要上奏的理由，也只说明“所以禁自专也”。而《读律琐言》则把“京官、外官五品以上、外官六品以下”这一划分的意义和各种程序差异的意义，都作了更详细、明确的说明，以此来阐明制定律文的意图。

在《读律琐言》中，虽然“律意”一词的使用频度较少，但亦是将其作为解释律文的关键词来使用的。譬如，在《刑律·贼盗篇·夜无故入人家》的条文中，对于当时杀死侵入家中的人这一行为，规定为“勿论”。而《捕亡篇·罪人拒捕》中，对于杀死拒捕或逃走的罪人的行为，也规定为“勿论”。但是，前者还规定“其已就拘执，而擅杀伤者，减斗殴伤罪二等”，后者却规定“若已就拘执及不拒捕，而杀或折伤者，各以斗杀伤论”，在捉住罪人后杀伤的情况下，两者的刑罚不同。对于这一问题，雷梦麟的解释如下：

> 盖人无故入其家，虽已就执，恐其外有党与应援，则其祸尚有不可测者，故稍宽其擅杀之罪。若罪囚已就拘执，则其事已定，何可杀也。律意之精，毫厘即有间矣。

在此，他解释说，同样是杀伤不抵抗的罪人，由于具体状况的差异，量刑也就不同。正是在这里，存在“律意之精”。

此外，据雷梦麟所言，“律意”不仅仅具有如此精妙的一面，而且还有温情的一面。如《名例律·犯罪存留养亲》条规定：徒刑以上的罪犯，若有老疾的祖父母、父母在，而没有其他赡养人，则遵照一定的程序允许收赎，使其能够养亲。雷梦麟说，“此立法忠厚之意，而近时行者鲜矣”。可以说，这一条的宗旨，是与《名例律·老小废疾收赎》条（规定老人、幼童、残疾人等犯罪可以收赎或不加刑条）的宗旨一样的。

可是,雷梦麟言:

> 老幼废疾,优及其身,此条优及其亲。彼此相权,亲重身轻。今反行彼而不行此,非律意也。

在他看来,正因为立法有“忠厚之意”,因此罪犯不能被过度刑罚。而且不仅罪犯本人,对于罪犯的父母也要加以考虑。但是尽管有这样的法规,“近时”却不实施,这便是辜负了宝贵的“律意”。

此处所说的“律意”,不仅指要严厉地惩罚罪犯,而且更指出要考虑应该斟酌的情况,可谓是很讲情义的。对于这样的律条,雷梦麟说“此皆法中之恩,义中之仁,律之精妙处”。① 他在“法”中发现了“恩”与“仁”,并且评论说这就是律的“精妙处”。这一想法的前提应该是:律的最终目的并非处罚罪犯,而是保护人民。

如此来设想制律的最终目的,可以说正是律学者重视立法宗旨的必然结果。既然他们要探究立法的宗旨,就一定要在其中要发现立法者的意图。立法者是天子,在明代即是太祖,太祖所制定的《大明律》,肯定包含有太祖的统治理想,即是说有爱护人民的理想。② 因此,在“律意”成为律学上的重要问题之后,律学者便肩负起了一个重要使命,即阐明律文中所包含的统治理念。

由于《读律琐言》现存最早的刊本是嘉靖三十六年(1557)本,其后便是嘉靖四十二年(1563)的重刊本,③由此可知该书自嘉靖末以后便

① 《读律琐言·名例律·老小废疾收赎》。

② 根据《大明律》规定,收赎只是限于老幼妇女等一部分特定的人口。但是后来制定的例规定,一般的罪犯也可以通过缴纳财货进行赎罪。对此,应槚解释“终非太祖立法之本意,而民之所以易犯也”(《大明律释义·名例·五刑》)。他认为律文才是表示“太祖立法之本意”的。

③ 雷梦麟:《读律琐言》,怀效锋、李俊点校,法律出版社2000年版,“点校说明”。

流传开了。进入万历朝后,前所未有的各种律注书相继出版,其中很多著作便继承了《读律琐言》的成果。特别是王肯堂的《大明律例笺释》(以下简称《笺释》),可以称为明代律学的集大成者。

王肯堂的《笺释》是以其父亲王樵的《读律私笺》为基础,进而增补完成的。据王樵自序,《读律私笺》是对从前的律注进行取舍选择,以此来解说“律意”。他称自己是仿效《律条疏议》,在各篇的起首处记下历代沿革,而在解释律文的部分则不记载出处。可是,由于《读律私笺》的重要部分明显来自《读律琐言》,[①]可以说《读律琐言》也是《笺释》的主要参考文献之一。

《读律私笺》虽然是王樵毕生的著作,但他在世时出版的坊刻本却错误很多。而且对于“条例”(到了明代后期,其重要性已经不亚于律典),《读律私笺》都未给予解说。[②] 王肯堂对此感到遗憾,“乃集诸家之说,舍短取长,足《私笺》之所未备,以及见行条例,俱详为之释”,[③]由此完成的便是《笺释》。

《笺释》对于“律意”的探究,甚至超过了《读律琐言》。譬如,《名例律·文武官犯私罪》有“若未入流品官及吏典,有犯私罪笞四十者,附过,各还职役”一语,其中未言及犯罪笞三十以下的处分。对此,《笺释》解释道:既然律文“笞四十”之后没有“以下”二字,则犯罪笞三十以下的不需要附过。他认为是“盖赦小过之意”,而“今释者”在“笞四十”之后补充“以下”二字进行解释,则“恐非律意”。他并未敷衍地将其看作律文缺陷,而是努力探究正确的“律意”。

---

① 谷井俊仁:《王樵の著述出版活動》,磯部彰编:《東アジア出版文化研究 こはく》,文部科學省科學研究費特定領域研究2004年版,第92页。

② 《读律琐言》不仅注释律条,还注释条例。

③ 《大明律例笺释·自序》。

和《读律琐言》一样,《笺释》也揭示了律文的伦理意图,而且对此更加强调。就《名例律·亲属相为容隐》而言,《笺释》对亲属和外戚、奴婢、雇工人等能够容隐犯罪的理由(“恩义为重”“恩重于服”“义重于服”)进行了逐一解释,称“凡此皆惇风俗、厚人伦之一端,律之精意也”。这正是基于《读律琐言》所说的“皆所以教人亲睦之道,此刑之精意也”一语,而且表达得更加强烈。

《笺释》对律意的积极评价,还远不止此。《笺释·自序》中言道,太祖亲自定立了《大明律》,而且特意制定《讲解律令》一条,期望从官吏到庶人都精通律意。其后他说:

> 盖于金科玉条,人人提耳而教之,唯恐其不知而误犯,以伤我好生之德者。然后知以律绳人,即古悬法象魏之意。盖禁之于未然,而非欲不失刑于已然也。

最后一语,当然是基于“夫礼禁未然之前,法施已然之后”(《史记·太史公自序》)而言的。但是在此,宣称法律才是“禁未然之前”,这一主张可以说是超越了传统观念,将法律对社会秩序的意义提到了极高的地位。

明代中期以后的律学,一方面通过解释律条,来帮助对法律的严格运用;另一方面还意欲揭示出“惇风俗、厚人伦”的意图,据此把律作为教化精神的体现而赋予崇高的价值,并以这样的评价为前提来理解律文。在此,律学已经不仅是关于统治手段的技术论,而是被提升到了一种经世学术。《读律琐言》出现以后,律注中的议论有了显著的深化与精密化趋势,这一情况和律学者对于自己研究之意义的认识也有着密切关联。这一研究动向,与同时期重视“经世致用”的儒学潮流也可能密切相关。明代后半期的律学,便是自觉到了这一新使命的充满活力的学术领域。

然而，对律抱有这种观念的只是少数尖端的律学者。说到底，王肯堂如此极力地强调读律的意义，恰恰正是因为当时的一般士人轻视读律。张楷是作为监察御史才“能辨疑狱”的，[①]雷梦麟任职刑部郎中，王樵任职刑部员外郎，也都是迫于职务上的必要才研究律学。王肯堂在年轻的时候，虽然知道父亲在热情地研究律学，但似乎也没有认识到律的意义。《笺释·自序》中说，他曾计划出版父亲的《读律私笺》，但由于听到袁了凡说“流传法律之书，多招阴谴”，因而“惧而中止”。可见从当时社会的普通观念来看，律学是违背道义的恶事，会招致“阴谴”。王肯堂在登第以前自然不会读律，即使在翰林院当官的时候也不读律，只是在外转后迫于需要才翻阅《读律私笺》，并发现了它的价值。王肯堂最后断言：

> 世之司民命者，倘因余言而有感焉，体圣祖之心，遵圣祖之训，则刑为祥刑，而“皋陶迈种德”之一脉为不断矣。福祚且流及子孙，而又何阴谴之有。

在这里他呼吁的不是一般士人，而是“世之司民命者”，即担任审判的官僚。这暗示着连所谓问刑官一般也不重视读律。

下面将论及明代一般问刑官的法律知识水平，并且探究上述律学发展在当时的官僚社会中有着怎样的意义。

三、明代官界中律学知识的差距

在中国历史上，不能否认确曾有王朝积极地录用通晓法律的人来

---

① 《献征录》卷六四，李贤《南京都察院右佥都御史张公神道碑》。

做官僚。即使在唐宋以后,也偶尔会在科举中设置明法科,起用熟悉法律的人员。但是,总体而言明法科并不受重视,考试诗赋和经义的科目总处在中心的位置。明代科举也是以经义和论策为中心,士人们都埋头于经学和文章。登第后,取得优异成绩的人多被分配到翰林院,仍旧是钻研文艺和经史,以备提拔。这种情况表示,明朝并不期望承担统治的人才需要有法律修养,同时也反映了明人对于法律所持的态度。

可是,除属于刑部、都察院、大理寺三法司的官僚以外,地方官亦大多需要承担审判任务,从官僚整体来说从事有关法律工作的人占多数。特别是直接统治地方人民的州县官,平常都要运用法律。

一般而言,州县官应该精通律条。正德末年前后完成的许堂《居官格言》中说,"为政以法律为师,亦名言也","凡国家礼文、制度、法律、条例之类,皆能熟读,而深考之,则有以酬应世务,而不戾乎时宜"。明末吴遵《初仕录·读律令》中更具体地说"入官之初,先将《大明律》熟读,次将《律条疏议》《行移体式》等书研心讲贯,更求诸衙门堂稿、供招,相兼考究,及选善行移者,略资启发"。如果初任官都要这么认真地学习律条和与审判有关的文献,则似乎可以认为明代州县官都应该精通法律。

但实际上,在当时的地方衙门审判中,律条运用得非常草率,不仅是州县官,几乎所有涉及审判的人员其法律知识水平都很低。在明代前期,这种情形根本没有被人注意到,只是在外审录制度确立的明代中期以后,才有一些官僚指出地方衙门运用律条的错误太多,要求改善。

在成化年间,巡按御史每年巡回地方进行会审的制度开始成形,并于弘治初年最终确立。加上成化十七年(1481)以后,差官审录制度亦开始实施,即每五年一次由中央派出法司官员出外审录。这些掌握法律知识的审录官重新审查了许多审判结果,发现了大量问题。嘉靖九年(1530),在江南九府一州进行审录罪囚的刑部署郎中应槚与别的刑部官们联名上奏,指出运用律条时经常弄错的十七个项目。[①] 据他们的奏疏,像《刑律·贼盗篇·窃盗》中的"以一主为重,并赃论罪"这样在律文中载明的重要原则也没有被遵守,可见基本的错误实在太多。这种错误泛滥的原因是,"推究弊源,盖因律文深奥,例文简略,而各该官司得以随意讲解,任情引用,政非划一,官无定守"。总而言之,是由于担当官吏各自随意解释律例所致。

为了改善这种状况,应槚等官员建议编纂对于《大明律》和《问刑条例》进行逐条解释的书,并颁行天下。不过,由于刑部反对他们的建议,这一计划没有实现。嘉靖十一年(1532)四月刑部题覆,[②]说"《大明律》一书,圣祖讲画,极其精详,虽一字一义,昭如日星之明,人人易晓",而且"近缘州县庸流平素不先讲读,及至临断之时,徇私弄法,任情轻重,以致往往背戾。大抵非法律之不明,用之者之过也",又说"以臣下管窥蠡测之言,增入训诂"会导致文言复杂而引起滥用,也是对太祖钦定之书的冒犯。刑部得出的结论是"今后府州县官吏,务要熟读,讲明律意"。

可以想象,如果只是由府州县官吏等各自熟读律例,结果他们一定会"随意讲解",使"政非划一,官无定守"这一问题无法得到真正解决。刑部的题覆正是没能理解应槚所提出的问题所在。应槚曾亲自著作题为《大明律释义》的律注,对律学的造诣很深,因此清楚地认识

① 《谳狱稿》卷一《明律例以苏民命以隆圣治疏》。

② 《条例备考·刑部》卷二《讲读律例》。

到对条文解释进行统一和普及的必要性。一方面,像他这样的法司官是当时律学中的旗手。但另一方面,在刑部中也有对律例认识浅薄的官僚,他们甚至宣称读律不需要专业知识,而且此时正是这种官僚代表了刑部,最终他们的浅薄意见被采纳了。

不过从这一时期起,中央法司开始逐步制定运用律例的统一标准。随着出版业日渐繁荣,与律注和律例有关的参考文献也得以更多的出版与流通。总体来说,运用律例变得越来越正确,统一的标准也开始得到普及。明代中期以后,部分地方官衙开始出版律注。[①] 这表明部分地方官(自己读不读暂且不谈)至少开始意识到传播律学的意义。不过,若要据此断定明代末期"府州县官吏"的律学知识水平得了提高,却也值得怀疑。

在推测明末州县官大概拥有何种程度的法律知识时,被认为是万历末年以后成书的畲自强的《治谱》中的记载很有参考价值。据《治谱》中所言,初任官铨选之后,应该先向认识的刑部官员讨要《问刑条例》和《刑部招议》各一本,[②]然后拜托"熟于律令、招情者"讲授"要紧律意□□□"。[③] 虽然笔者查阅的刊本消失三字,但上文确实意味着跟随通晓法律和审判的人学习"律意"的要点。不过,从《治谱》中"不惜数日之力,将来庶不至差误"一句来看,可知畲自强劝说的律学讲习也是仅仅只需要"数日"的简略学习。

---

① 《律条疏议》的成化三年序刊本,据说是由江浦县知县王迪"捐俸僦工,重刻诸梓,用广其传(倪谦序)"。而《读律琐言》现存的二种刊本:一是嘉靖三十六年庐州府知府汪克用刻本;二是嘉靖四十二年徽州府歙县知县熊秉元重刊本。参见雷梦麟:《读律琐言》,怀效锋、李俊点校,法律出版社 2000 年版,"点校说明"。

② 由于其中并未言及《大明律》,可以推测律典本身能够轻易买到。但由于《问刑条例》是随时修订,因此需要从刑部求得最新版。

③ 《治谱》卷一《讲律招》。

州县官赴任后,应该亲自审理案件并定罪,而且由于审判关系到官府的威信,因而不能疏忽。但是,据畲自强所推荐的方法来看,要作出判决似乎不需要正确的律条知识。他说“事情重大者,自有理法在。事情若小,又须少顺人情。若槩以理法行之,则刁薄之乡,或至告县不已”,[①]可见在处理轻微纠纷时,完全按“理法”裁断反而不好,因此从一开始就不需要律条。而在审理较重的罪案时,也不需要判定符合什么罪行或者违反哪个律条,只要当即决定大概的量刑就好。[②] 他说“如情节应杖,即写杖字在供单上。不必查律是何条杖罪”。在他看来,这是由于最近坐杖罪的时候,对任何罪行都只需援引“不应得为而为之,事理重者,杖八十”(《刑律·杂犯·不应为》),并依据《御制大诰》而减等为杖七十就足够了,“其人所犯本条本律,概置不引”。实际上在当时,“不应为”一条常被滥用,这点在其他文献中也有言及,并在现存的档案史料中也得以确认。[③] 在论及徒刑以上的问罪时,他称:

> 若酌量情罪重大,合应拟徒、拟军者,此等后来虽要贴本律、本例,然当堂且只管写“徒”字、“遣”字在供单上,吩咐明白,亦不必查是何条徒律,何条军例。恐时候耽阁,观望不雅。其应贴某条徒律、某条军例,俟招书呈招稿日,将浮签贴在律例上,仍多择几条,并将应徒、应军之故,写在签上送览,备酌看用何条。如此则斟酌停妥,贴律例处既当,而书手当堂稟事之故智亦可革矣。

据他所言,在判决徒刑、充军时,调查律例之前便要先宣告刑罚,然后再叫胥吏寻找适合的律条来充作理由。这可谓是惊人的本末倒

① 《治谱》卷四《听讼三》。
② 《治谱》卷四《当堂定罪须知》。
③ 谷井阳子:《明律運用の統一過程》,载《東洋史研究》1999 年第 58 卷第 2 號。

置，不过据畲自强说，用这个方法能够充分地达到“斟酌停妥”的效果。另外，对于像窃盗那样按照赃物多少进行量刑（从杖到死，量刑变化很大）的犯罪，畲自强在另项的解说中提示了区分各种刑罚的赃物数量标准。[①] 他虽然说过“金坛王老先生肯堂，有《律例解辨》，论律意之精，妙甚”，不过，他自己却完全不曾言及“律意”概念，而且也没有劝人阅读类似于《律例解辨》那样的律注书。

只有像强盗、人命那样涉及死刑的案件，他才劝说要预先叫招书写出适合的律条来精读。若是强盗案件的话，则上司的审查也更严厉，因此必须稍为慎重地处理。[②] 不过虽说如此，即使遇到上司对引律不符予以驳斥时，据他说也可以用“如不合律，此书手之故也，责而改正”这一理由，来轻易地了结而“不足动念”。[③]

总之，一般的州县官不需要知道杖罪以下的律条，只要知道徒罪、充军的大体适用范围即可。关于死刑的律条，只须在运用的时候阅读相应的条款就行。基本上，将援引律条的任务托付给“招书”即担任审判记录的胥吏就可以了。那么，是否可以说一般的胥吏对律例的造诣很深呢？似乎也并非如此。正如前述的运用律例时的普遍粗疏情况，其直接原因就是胥吏的错误，由此可知胥吏的法律知识水平也不高。畲自强也不认为招书可靠，他在言及复杂的量刑计算等问题时说，“初仕不知，招书不明，错误种种矣”。[④] 大概胥吏虽然会读律，但并没有经过系统学习，而是基于衙门历年处理的案件，遵照经验上得到的定则来援引律条。

---

① 《治谱》卷四《脏数定死军徒杖分别大略》。
② 《治谱》卷四《大招看卷摘要法》。
③ 《治谱》卷四《上司驳招》。
④ 《治谱》卷四《脏数定死军徒杖分别大略》。

由上可知,在明代的州县衙门,一般的州县官对律例的知识非常贫乏,胥吏的知识也很偏颇或者个人差异很大,整体来说知识水平并不高。

除了官僚和胥吏以外,清代官僚还会雇佣幕友,委托其主管审判业务。不过在明代州县,幕友似乎并不普遍。畲自强虽然劝新官赴任时雇"内书"担任机密文件的写作、誊清工作,雇佣"算手"担任钱粮、赎罪的计算,[①]却没有劝说要雇通晓刑名的人。

王肯堂在《笺释·自序》中说:"今之仕宦者"在生员时代都不把律例放在眼里,任官之后更把一切都托付给胥吏,或者从原籍带"讼师、罢吏"去使用,任凭他们"招权纳贿,无所不至"。《笺释·自序》是万历四十年(1612)写的,可知当时有的地方官已经不再将一切托付给胥吏,而是会雇佣通晓律例的人。但是,据王肯堂的看法,他们也是跟胥吏类似的无法信任的人。从"讼师、罢吏"这个侮蔑的表达来看,他们似乎不是享受士人的待遇的人。至少,王肯堂应该从未把他们设想为自己著作的读者。

如第一节所述,明代中期以后的律学,不仅研究对审判业务有用的问题,还在律条里揭示了教化的精神,立下为治世尽力的志愿。但是,这种律学成果,几乎没有反映在大部分的州县审判中。若要将明代律学的成果返还给社会,则需要担任统治和教化的官僚,或至少辅助官僚的人必须学习律学,并且能有效地运用。

明代中期以后,随着中央政府对运用律例的要求逐渐严格,自然,地方官也逐渐希望有系统地学习过律学的人来帮助其审判。仅仅由于无法信任胥吏这一理由,并不能改变长期以来依靠胥吏的习惯。但

---

① 《治谱》卷一《内书算》。

若要学至像明代律学那样水平的学问,相比起文化程度可疑的"讼师、罢吏"来说,接受过系统教育的士人似乎更加适合。因此,当时的律注著作,原本就应该是律学者们以官僚为对象来写作的。

由于贫穷的士人很多,一旦有需求存在,就会出现希望通过学习律学而获得收入的人。而且,为避免他们"招权纳贿",就必须支付能够维持廉洁的高薪。因此,如果不雇也行的话,那不雇幕友的官僚当然会占多数。但是在清代,大部分的州县官都雇有刑名幕友,这意味着当时出现了不能不雇的状况。而在明代,这种状况虽然已经开始出现,但还是有限度的。

四、清代律学的普及与成果

清朝入关后的中国统治,特别在法制和审判制度方面,总体来说是继承了明朝。不过,满族刚开始统治中国的时候,由于原初文化与明朝文化不同,因此其法律和制度都很不稳定。

入关后,清朝立刻公告继续使用《大明律》,随后才命令法司官修改《大明律》来制定新的律典。① 顺治四年(1647)三月二十四日,清朝的初版律例完成,以《大清律集解附例》为题颁行全国。《大清律集解附例》的律条本身与明律几乎一样,但添加了对明末诸家注释进行取舍后的小注,附上了条例。可以说,该律不仅继承了明律,也吸收了明代律学的成果。

但是,由于《大清律》的满文翻译版于顺治十二年(1655)十二月十五日才颁行,因此不懂汉文的满洲人在此前无法知道律典的内容。而且,这次翻译非常疏忽,一方面有些部分没有翻译;另一方面

① 《清世祖实录》"顺治元年六月甲戌"条、"八月甲辰朔"条。

错误很多。① 大部分的地方官是汉官,他们大概仍像明代时一样地运用律例。但在所谓“刑名总汇”的刑部,由于受到满官全面掌管,所以定罪时仍然没有依据律条。② 在这一时期,还施行了满洲固有的鞭刑等刑罚,并制定了独特的定例。既然刑部是这种情况,那么即使形式上制定了律典,也有可能变成元代那样的情况,即只依据单行法规和先例进行审判。

不过实际上,清朝在不久之后就确定了一个基本方针,即将律典作为真正的基本法给予实施。从顺治末到康熙时代,政府修订了问题不少的满文律典,并不断地对汉文律典进行改定。到了圣祖开始亲政的时代,满官也多会汉语,③其中还出现了学习汉文精读律典,并能够与汉人法司官僚进行对等讨论的人才。④ 一部分刑部官僚,为了更精密地理解律文的内容,还在积极地推进研究。⑤ 王明德是康熙初期在刑部钻研律学的官僚,他所著的律学书《读律佩觿》并非律注,而是在堂官的指示下以法理研究为中心的书。律典被确立为清朝基本法典的核心,而且乾隆朝律典和条例的完备程度都超过了明代律例的水平。

原本,清朝从太祖以来就重视法律,满洲人大概比汉人更有守法精神。入关以前的满洲人认为,法律严厉正是本国比明朝和蒙古更出色的优点。⑥ 满洲固有的法律是从太祖以来制定的单行法规的积累,

---

① 吴坛:《大清律例通考》卷首《康熙九年十二月十二日刑部等衙门奏疏》。

② 《皇清奏议》卷六,龚鼎孳《刑律七款》。

③ 《清圣祖实录》康熙九年正月丁丑上谕,说“今各满洲官员既谙汉语”。

④ 譬如,《读律佩觿》卷二《得减》附记中所载的有关“康熙九年五六月内现行事件”的讨论。

⑤ 《读律佩觿》凡例、跋。

⑥ 谷井阳子:《八旗制度の研究》,京都大学学术出版会 2015 年版,第 377 ~ 386 页。

并无系统。统治中国后,单行法规被替换成了有完善体系的中国律典,但是重视守法的方针却未改变。从刚入关的时候起,清朝当局就要求负责审判的官僚严格地遵守法律,而且特别谴责纵容罪犯的行为,所以地方官很有“颇畏失出,辄引重条,拘滞文义”的倾向。①

“失出”与“失入”,即因失误而导致过轻或过重的定罪,对此,《大明律》中也有规定(《刑律·断狱·官司出入人罪》)。明律规定失入的刑罚是比本罪减三等,失出则减五等。但是“以吏典为首”,即首领官比吏典,佐贰官比首领官,长官比佐贰官各减一等。所以知州县犯失入罪要比本罪减六等,犯失出罪减八等。如果在执行刑罚或者释放之前就被发现,则再减一等。因此,不但州县官的失出入罪不太严重,而且明代时这条律文是不是真正适用过,也值得怀疑。实际上当差官审录时发现判决的错误后,原问官的出入罪免除追究,已成定例。② 因此,对明代州县官来说,只要不是故意地错判便可。误判虽然在道义上可能有污点,但并不影响自己的职位。

然而,进入清朝后,政府开始全面且严厉地处分官僚职务中的错误,审判的失出入也不例外。顺治朝当局对官僚的压力特别大,使大多数汉官都倍感严酷。康熙登基后,开始转向较宽大的政策。康熙四年(1665),刑部尚书龚鼎孳对于承问各官的拟罪错误提出建议,指出虽然“徇私枉法,故出故入,情弊显著者”理应受到严厉处分,但“拟罪稍轻,引律未协等项”应该免除参究,最终这一建议得到批准。③ 不过,即使是单纯的错误,行政处分也是不能避免的。沈之奇《大清律辑

① 《读律佩觿》王豫嘉序。清朝政府当局也论及了同样的问题,参见《清圣祖实录》“康熙七年五月乙卯”条。

② 《明世宗实录》“嘉靖二十年三月丙午”条。

③ 《清圣祖实录》“康熙四年四月乙丑”条。

注·吏律》在"官司出入人罪"条中也说"失出失入,有处分新例",表示对于失出入罪,可以不引律条而引处分则例。

在顺治时代,清朝便开始逐步制定有关官僚行政处分的规定,康熙十五年(1676)颁行《钦定处分则例》,二十五年(1686)又颁行《续增则例》,此后也有多次修改。[①] 清朝法制的一个重要特征便是有完备的处分则例,在《六部则例全书·六部处分》[汇集了到康熙五十五年(1716)为止的处分则例]卷五中,规定在"承问失入"错误最重大的情况下,府州县官革职,司道降四级调用,督抚降三级调用。而关于"承问失出"也有规定,对府州县官最严重的处分是降二级调用,虽然比失入更轻,但也要给予处分。除了判决的当否以外,对于提交上司的中间报告、完结的期限等细处的规定也有所增加,地方官如果违反这些规定,都要受到行政处分。笔者认为,如上所述的强化管理,可能正是清代地方衙门不得不使用刑名幕友的最大原因。

对于幕友的起源,早已有先行研究。不过,若仅就地方官个人雇用秘书或顾问的事例而言,追溯到任何时代都有可能,本文的议论限于如下问题,即"一般州县官都雇用通晓法律的刑名专职的幕友"这一状况是从什么时期开始的。[②] 顺治八年(1651)闰二月初九日上谕吏部,指出能力不够的地方官往往"文移招详,全凭幕友代笔",[③]这表示当时已经有许多雇用幕友的地方官。不过,上文限于"不识文义之人"

---

① 《六部则例全书·纂辑则例记言》。

② 据尚小明《清代士人游幕表》列举的1641年以后游幕的士人。其中,在顺治朝几乎没有以刑名为专业的幕友,而仅有"治漕理狱"的任源祥(1653年客嘉禾司李彭舜龄幕友)可能近于刑幕。参见尚小明:《清代士人游幕表》,中华书局2005年版,第44页。

③ 《清世祖实录》"同日"条。

而言,不能说是“一般州县官都雇用”,而且也不清楚代笔“招详”到底反映了什么程度的法律知识。

载有康熙九年序的《集政备考》一书,从六部的通知和邸抄中收集了可以作为单行法规的事例,并加以编辑而成书。据该书的序,撰者嵇永仁是就“幕府”中人。虽然不知他是不是专门从事刑名的幕友,但从本书的内容来看,他确实担任着处理法令的事务。康熙十四年(1675)完成《未信编》的著者潘杓灿,也是在各地担任幕友的士人。[①]《未信编》由钱谷、刑名、几务各二卷组成,全面地记述了州县衙门的各种业务。虽然不清楚著者自己在衙门中担任怎样的职务,但他在刑名卷中说明受理词状的手续时,提到在内衙有登记词状的“挂号之人”,[②]只是未提到有相当于刑幕的人。不过,在载有康熙三十三年(1694)序的黄六鸿《福惠全书》中,便立有“延幕友”条目,[③]起首写着“州邑事繁,钱谷、刑名、书启,自须助理之人”。在此,他附上了“州邑事繁”的条件,还说“须酌量事之烦简,而增减其人”,所以可能只限于公务繁忙的州县。不过,他确实说到“刑名”幕友是必须的存在。根据以上史料可见,到康熙前半期,对州县而言,雇佣负责刑名事务的幕友已经很平常了。

更值得关注的是,上述嵇永仁和潘杓灿都是受过正统教育的士人。嵇永仁是“以家贫不能养亲,弃皋比寒凉之席,去就幕府,稍裨菽水”,[④]不久后,他由于看到二三同学在举业中活跃而决心奋发,便又抛弃幕业而重回“皋比寒凉之席”。总之,在从顺治末到康熙初的一段时

---

① 《未信编·自序》,胡文漪《未信编·后序》。

② 《未信编》卷三《刑名上·准状》。

③ 《福惠全书》卷一《筮仕部》。

④ 《集政备考》,龚士稹《序》。

期中,有学问的贫穷士人已经有可能选择成为幕友而非教师了。

《福惠全书》中列举“才”“识”“品”作为担任幕友的重要条件,又说“三者之中,而品为尤要”,因为“苟不立品端正,宾主少有失意,辄操其短长,恐吓诈骗,往往有之”。① 即是说,由于上节引用的王肯堂说的“讼师、罢吏”可能会造成弊害,所以必须要有值得信任的人。而在辨别质量的标准中,教育和社会阶层的因素非常重要,因此受过正统教育的士人大受欢迎。

黄六鸿说,聘请幕友时不要从开始就支付高薪,最好等到任后看情况加薪:

> 其人才、识、品行三者果优,而乃以束修过计,不惟未足酬劳,亦无以鼓舞其气而坚任事之心,自应礼数加厚。地方诸务,藉其才识能检点周密,先事预防,不致临时弥缝,补救费力损财,其为裨益不已多乎。

如果雇用不仅长于专业技能,而且见识、品行也好的人,则需要给予高额报酬,这是当然的代价。黄六鸿有担任知县的经验,他的意见应该反映了当时的实情。

众所周知,清代刑名专业的幕友,是没有官职的士人能取得高收入的不多的职业之一。通常而言,负责审判的地方衙门全都需要刑幕。这一状况,一方面能够救济那些受过高等教育却没有固定收入的士人;另一方面也能促进作为刑幕基础之律学的普及与发展。官僚只需要阅读有关听讼的律例就可以,而幕友则需要对律例“全部熟

① 《福惠全书》卷一《筮仕部·延幕友》。

贯”。[①] 如果这样的话,迫于需要而学习律学的士人数量,应该比前代有飞跃性的增加。学习、研究律例的人增多,必然会提高律学的水平。

实际上,明代主要的律学书大体上都是中央法司官僚的著作(王肯堂不是法司官,但他的《笺释》是基于任刑部官的父亲王樵的《读律私笺》而增订的),而在清代律学中,沈之奇、万维翰等幕友则取得了很大的成果。特别是沈之奇的《大清律辑注》,可以说是清代最普及的律注,应该最能影响读律的人。

据康熙五十四年(1715)《大清律辑注·自序》,沈之奇“作客三十多年,所至院、司、府、州、县,阅历谳牍多矣”。即是说,他至迟从康熙二十年(1681)左右开始,便在从州县到督抚的各级地方衙门工作,作为幕友从事与审判有关的事务。既然曾在督抚或按察司衙门工作,他的任务与其说是办理零碎的案件,不如说是审查下级的报告。其中应该有较多机会能够通过解释法律上的难题来下裁断,以及与刑部进行联络。而《大清律集注》的著者万维翰,也是浙江按察司的幕友。[②]

沈之奇在《大清律辑注》中评价诸家注释为“各有发明,尚未详尽,且多穿凿傅会”,于是该书的一半内容是对诸家的注释进行取舍,一半则是陈述著者自己的意见。他评论钦定《大清律例集解附例》的小注为“足发律之精意,兼补律之未备,间有与本文之义别出不可泥者,谨为辨释”,对其尊重而又不全面肯定。[③] 总之,他研究了所有的律注,并阐发出自认为最妥善的解释。的确,《大清律辑注》有时会引用诸说,有时则加以批评并提出己见。在他明确引用的内容中,王肯堂的《笺

① 汪辉祖:《学治说赘·律例不可不读》。
② 《大清律例集注·前序》。
③ 《大清律辑注·自序》。

释》特别多,可以窥见其影响最大。

《大清律辑注》中积极地评价了制律的精神,称“圣人制律,所以生民,非所以杀民”,[①]这点应该是继承自明代律学。而且,这一态度比明代律学更加鲜明。譬如,《名例律 · 徒流人在道会赦》中有“其逃者身死,所随家口愿还者,听”一文,对此《笺释》说“逃所身死之家口,本不在听还之例,以遇赦故,愿还者听”,而沈之奇批评这个解释说“非也”,他说:

> 按:流囚家属,流徙人身死,家口虽经附籍,愿还者,听。夫徒犯不佥妻室,流犯止妻妾从之,从行之家口,皆无罪之人也,正犯在则从之,死则听还,不待赦也。今正犯在逃,遇赦不放,则家口自当从之,已死亦当听还。家口之还不还,在正犯之死不死,逃虽不赦,死应弗论。死于逃所,与死于配所一也。若如《笺释》所云,则正犯但多一逃,虽已身死,而家口若不遇赦,即终不得还矣。岂律意哉。本律盖谓在逃者遇赦不放,而身死则其家口自依流囚家属本法。“愿还者听”,虽蒙在道会赦而言,实指流囚家属之律。不可以词害意也。

沈之奇自己也认为本文是就“蒙在道会赦而言”,按照该条叙述的结构,确实应该看作针对会赦的情况而规定的,《笺释》也是考虑到该点而给予解释。可是,据沈之奇说,跟随流囚的家口本来是“无罪之人”,如果正犯死了,便没有在配所留住的理由。所以,不获赦不回乡的解释,不可能是“律意”。末尾的一句“不可以词害意也”,正是主张单纯的逐字解释可能反倒会损坏律条的宗旨。

① 《大清律辑注 · 附诬轻为重收赎图》,按语。

虽说有这样的主张，但沈之奇绝不是忽视字句的定义或律条的相互一贯性。岂止不忽视，他还要弄清律文一字一句的严密意思，并致力于提出一贯性的理解。可以说，他解释字句的精确度要远胜以前诸家的律注，譬如《刑律·人命篇·造畜蛊毒杀人》中有“若以蛊毒毒同居人，其被毒之人、父母、妻妾、子孙，不知造蛊情者，不在流远之限”一语，对此他详细地说明了为什么不用与本犯一样的“造畜”一词，却用了去掉“畜”的“造”字，而且说“律之精微如此，释者鲜能见及”。他既然相信律文逐字都有深意，就不会疏忽“词”。如果不管如何解释都有矛盾，他便说“俟再考”，以保留结论。① 可以说，他在排除字句的恣意解释这一点上，坚持了诚实的态度。他所谓“不可以词害意也”，意味着在严密地解释“词”之后，也不要忘却贯穿律典全篇的立法精神。这种态度，在《大清律辑注》的注释中随处可见，这亦是《大清律辑注》的最重要特色。

雍正朝修改律典的时候，采纳了《大清律辑注》与《笺释》来编写“总注”，②可知《大清律辑注》在刑部也得到了很高评价。不过，随着律例的屡次修订，律例本文和注释开始变得不一致起来。因此，自乾隆十一年(1746)洪弘绪按现行律例修订的《大清律辑注》出版后，这部修订本便广泛地流传开来。乾隆三十一年(1766)万维翰的《大清律集注·前序》和载有五十四年(1789)序的沈书城《大清律例汇纂·凡例》等，都将《大清律辑注》看作当时律学的代表著作。③ 随着公认的

---

① 《大清律辑注·刑律·贼盗篇·盗印信》对“关防印记”的解释。

② 据嘉庆六年部颁《大清律例·凡例》，律条的总注是“原本《笺释》《辑注》等书”。参见《大清律例会通新纂》卷首。

③ 谷井俊仁：《清律》，载[日]滋贺秀三编：《中國法制史　基本資料の研究》，东京大学出版会 1993 年版，第 612～614 页。

好评与广泛传播,《大清律辑注》中包含的法律思想也应该会深入读者的观念之中。

当然,精读律注的人依然只是社会中的极小部分。清朝统治开始后,由于受到国家的严格管理,地方官不仅要雇佣刑幕,而且可能有更多的人会亲自读律。但是,从乾隆期的幕友汪辉祖对州县官说的"律例不可不读"①一句来看,应该还是有不少的地方官会把律例相关的事务全部推给刑幕。嘉庆、道光朝的地方官刘衡也说"司牧者未必人人读律"。② 汪辉祖说"官之读律,与幕不同",并劝官只读必要的部分,又说"每遇公余,留心一二条,不过数月,可得其要"。若与明末《治谱》中所劝的"数日"努力相比,汪的要求确实有点严厉,不过也只是程度差别而已。如果地方官的律学知识都仅仅是这种程度,那么没有审判业务的官僚和尚未任官的士人的法律知识,便可想而知了。

不过,律学思想的普及,并不仅限于律注书这一途径,通过学习了律学的刑幕在全国范围内的活跃,也可能会使律学的精神和思考方法传播到一般官僚和士人之间。汪辉祖自己以刑幕为职业,一方面他承认刑幕有作孽的危险,③但又说"我辈读律佐治,身当其任,自不得曲法姑宽",④明确表示了严格遵守律条的立场。可以说他强调的是自己的经验,即可以通过遵守律例来保持道义上的公正。譬如,在乾隆三十年(1765)某个逮捕了数十人的抢夺案中,浙江、江苏两个巡抚为了达到整治"洋匪"的目的,都希望对这一抢夺案援用强盗律进行判处。如果援引强盗律,则不分首从皆斩,全体犯人都要坐死罪。对于这一案

① 汪辉祖:《学治说赘·律例不可不读》。
② 刘衡:《蜀僚问答·读律在熟读诉讼断狱两门共四十一条》。
③ 汪辉祖:《双节堂庸训》卷五《幕道不可轻学》。
④ 汪辉祖:《续佐治药言·事关入罪者口宜谨》。

件,汪辉祖和其主人一同奋战四昼夜,改写了十数次文件,终于把首犯一个人坐绞,其余的23人分别坐流、徒、杖、笞,牵连逮捕的人都予免罪。最终,这一判决获得批准。①

此外,他还介绍了在秀水县幕府时听说的故事。雍正年间有一位刑幕由于顾虑主人的考成,将一位自首的犯妇作为访拿犯处置,拟了凌迟,后来便有鬼作祟。对此,他评论说:

> 夫律例一书,于明刑之中,矜恤曲至。犯罪自首一条,网开一面。乃求生之路,删改而致之重辟,是死于我,非死于法也。鬼之为厉,宜矣。②

在汪辉祖看来,引用律例的意义,与其说是为了严厉地处罚罪犯,不如说是为了制止不妥、恣意的刑罚。对于乾隆四十六年(1781)在杭州发生的人命案,城中大部分的官、幕都要求拟绞,然而他反对说"吾以律例佐吏,知奉法耳。法止于笞,而欲入之绞,分不敢安",不肯退让一步。③ 可以说,他始终坚持幕友的本分是必须遵守律例,同时也一直对律例的公正性抱有信心。若不是相信严守律例就能实现正义,他大概也不会无视自己的利益得失而固执地坚持律例。

正因如此,在他看来幕友必须通晓律例。他还举一个例子:从前他认识的某幕友在处理一个"因奸拐逃"案时,为了减轻奸夫发遣的罪名,将奸妇作为"在逃改嫁"处理,险些把奸妇坐死。对此汪辉祖评论说"故神明律意者,在能避律,而不仅在引律。如能引律而已,则悬律一条以比附人罪,一刑胥足矣,何藉幕为"。由于律文极其精妙,如果

① 《病榻梦痕录》上,"乾隆三十年"条。

② 《续佐治药言·删改自首之报》。

③ 《病榻梦痕录》上,"乾隆四十七年"条。

粗疏地运用，反倒会造成危害。正如他所说：

> 律之为书，各条具有精蕴，仁至义尽，解悟不易，非就其同异之处，融会贯通，鲜不失之豪厘去之千里。[①]

关于应用律例的问题，汪辉祖通过具体的事件来表明，律例确实能成为实现正义的根据。由此，他的读者也能理解到，律例的重要性不是在于国家赋予它的权威，而是因为它能有助于公正的审判。可以说，汪辉祖的著作恰好发挥了适当的作用，使不谙律例的一般人士也能理解律例的存在意义。

汪辉祖的著作属于所谓“官箴书”的范畴，是面向幕友和州县官的书籍。在这一类型的著作中，其著作在刚出版时便已经得到了很高评价。据汪辉祖的自定义年谱，他的同年布政使田凤仪印刷了各150本的《佐治药言》与《学治臆说》，分发给其属下的官员与幕友。汪辉祖的座师王杰则在北京重版印刷了1000本的《佐治药言》。[②] 此外，据说自嘉庆十六年(1811)至二十二年(1817)担任两广总督的蒋攸铦，也在任职期间刊刻流传过。[③] 而咸丰九年(1859)刊行的《宦海指南》和光绪十年(1884)刊行的《入幕须知》中亦有收录，可见其著作受到长期欢迎且流布甚广。道光年间，刘衡在给地方官推荐除律例之外的应读书单时，列举了吕坤《实政录》、陈弘谋《从政遗规》、黄六鸿《福惠全书》、杨景仁《筹济编》和汪辉祖的《佐治药言》《学治臆说》两书，并且说“学治臆说尤为切近”。[④]

① 《佐治药言·读律》。
② 《病榻梦痕录》下，“乾隆六十年”条。
③ 《蜀僚问答·律例而外尚有应读之书》。
④ 同上。

刘衡将“禁制棍蠹诬扰良民”视为地方官的重要任务，他对此的建议是“熟读大清律例而已”。当时通行的律例是道光五年(1825)颁行本，据他称：

> 计四百三十有六门，凡一千七百六十有六条，言言酌情理之平，字字协中和之轨。而其要旨敢以一言蔽之，曰保全良民，禁制棍蠹诬扰而已。

他的祖父多年担任外官，曾要求他读律，不过到开始任官的时候止，他仍没能熟悉律文。于是他在丁忧的时候努力精读律条，花了八个月时间“方得微窥圣人制律之深意”。可见对于地方官而言，虽然读律仍然不是必须，但一般官员已经不再把律仅仅看作统治的工具了，而是将其看作“保全良民”的根据了。

而且，在鲍廷博的《知不足斋丛书》中也收录有《佐治药言》《学治臆说》两书。由此可推测，他的著书甚至被认为超过了实用书的水平，而得到士人的广泛阅读。后来出版《汪龙庄遗书》的吴棠在同治元年(1862)写道：当他还是诸生的时候，他的父亲就给了他汪辉祖的书，并说“小子识之。非独做官宜然，做人亦若是”。汪辉祖不仅以学律为生，而且把律视为正义的规范。这样的人所写的著作既然得到了广泛阅读，必定会对清代士人的法律意识产生一些影响。

不过，汪辉祖还指出：在他生活的乾隆年间，官、幕之间尊重律例的风气已经逐渐变淡。他在自定义年谱《病榻梦痕录》的乾隆四十七年(1782)条下写道：

> 自余初习幕及佐幕二十余年，凡为幕者，率依律阐义，辨是非于一定，不敢丝毫假借，为吏为上官者，据义斟酌，惟律是遵。虽

颟顸如临汾中丞,刚愎若如皋观察,[1]事关人命,犹不敢径行己见。一二年间,风气顿易,律例几不可凭,而幕之风气日下矣。[2]

上文虽然是汪辉祖的个人印象,尚不能确定是否真正反映了当时的客观情势。但是,结合同时期在律学研究中也出现的变化进行考虑,便不能轻视他的印象了。下文将论及乾隆后半期之后的律学动向,并且论述官僚、士人等对于律例的看法发生了怎么的变化。

五、清代后半期的法律研究及其僵局

在《大清律辑注》之后,除了乾隆朝万维翰的《大清律例集注》以外,几乎没有其他出色的清律注释。就连《大清律例集注》,据乾隆末的沈书城所言,也是“采辑诸家之说,大率亦以辑注为宗”。[3] 在同治年间出版的《大清律例集要》之中,对于“例分八字之义”的解说是引用《读律佩觿》,对于诸图的解说是引用《笺释》,对于条文的注释则专引《大清律辑注》。可以说,在清朝一代最终没有出现能超越《大清律辑注》的注释书。《大清律辑注》继承了明代中期以后的律学研究,并且将其提高到完善的程度。可以说,要在其上更进一步确实很困难。

不过,虽然对于律的研究没有更多的发展,但这并不意味着法律研究的整体都衰退了。在律文研究达到一个阶段的完成之后,条例研究开始向前推进了。自明代中期开始,在根据上谕、奏准等不断制定的单行法规中,选择希望长期使用、广泛周知的法条,将其编纂为“条

① 临汾中丞是乾隆四十二年至四十五年仁浙江巡抚的王亶望,如皋观察是同时期任杭嘉湖道的王燧。

② 《病榻梦痕录》上,“乾隆四十七年”条。

③ 沈书城《清律例汇纂 · 凡例》。他还说“集注之舛讹,指不胜屈,并有意义重复者”。

例”进行发布的制度开始出现。清朝继承了这一制度,并且在乾隆十一年(1746)以后开始了五年一次的编纂与改订工作。① 由于五年之间发生了新的问题,积累了新的单行法规,因此每次改订条例时都是针对“从前旧例有与新例未合,以及辗转比附,文义倒置,应修应删之处”而进行修订。② 同时,没有纂入条例的大批单行法规也并不失效,因此问刑衙门的官僚、幕友(特别是刑幕)会自己抄写、编辑单行法规,制作成“秘本”加以利用。这种秘本有时会被编辑者的同事抄写,有时也会经由民间书坊刊行流通。③ 了解与掌握这样的单行法规自然重要,不过,把往往相互矛盾的单行法规加以比较研究,从而筛选编纂出来的条例集,自然有着比其他单行法规更高的权威。

明末律学者也承认条例的重要性,而清初的《大清律辑注》也注释条例,不过例注比律注少很多。正如同治十二年(1873)刊行的《大清律例集要》凡例所说:“注律诸家每于条例则疎忽不解”,可见律学者对解释条例一般不太热心。即使条例研究开始得到重视,其研究方法也与对律文的研究不同。明清时代的律条,基本上自明初制定以来便很少变更,对于各条的制定意图,律学者只能进行推测。律学者所追求的目标,是如何对几百年前制定的法律体系给予一贯性的解释。但条例由当时的刑部律例馆编纂,如果想要知道其取舍选择以及修改的理由或者对条文的解释,那么最容易、最确实的方法就是直接询问刑部的意见。

最晚在雍正朝,刑部在改订律例之时,便会附上关于修改的“按

① 光绪《大清会典事例》卷七四〇《刑部》。

② 《大清律例会通新纂·嘉庆四年二月初七日刑部奏疏》。

③ [日]谷井阳子:《清代则例省例考》,载《东方学报》1995 年第 67 册。

语”进呈御览。这种刑部“按语”长期以来都是“官阁秘本”,但是在道光二十七年(1847)以《大清律例按语》为题刊行了。该书收录了雍正三年(1725)至嘉庆二十四年(1819)改订律例时修改的部分,以及刑部对各处修改所作的按语。按语的内容,是指出旧条文间的矛盾和不明确处以及不合现状等情,并且提出修改方案。譬如,关于《名例律·职官有犯》所附的“各处大小土官有犯……其徒流以上情重者,仍依律科断”条例,按语指出“情重”两字没有具体性因而容易招致恣意的使用,建议删除这两个字。正因为有这样直接的说明,因此至少在评价修订的地方时,确实可以说“其于立法之意,择精语详,一经取裁,如射有志”。①

不过,《大清律例按语》所说明的,只是与修改条文相关的少数问题。而如果要解决新出现的各式各样的新疑义,则需要参考刑部对于各个具体案件所出示的最终判断。因此,清代官僚与幕友几乎都会收集陆续通报的刑部文件,以此来帮助解释条例。

例如,载有乾隆五十四年(1789)序的《清律例汇纂》之“凡例”写道,由于“各省条奏、议驳及咨请部示各件,非申明例义,即显示成规,研辨精确,足为准绳”,因此采录了“历年部议、部咨于律例有所发明者”。譬如,《名例律》“犯罪存留养亲”条规定:如果罪犯的祖父母、父母年老或疾病,同时没有其他赡养之人,便可以有条件地批准他留在家中养亲。但在条例中却规定:“杀人之犯有奏请存留养亲者,查明被杀之人有无父母、是否独子,于本内声明,如被杀之人亦系独子亲老无人奉侍,则杀人之犯不准留养。”关于这一条例,《清律例汇纂》中收录了乾隆二十一年(1755)的“部议”,即“被杀之人果系独子,其父母虽

① (清)黄恩彤:《大清律例按语序》。

未老疾,而现在别无次丁,即属无人奉侍,岂得以年龄尚壮悬揣他日或可生子,遂准凶犯留养",还收录了"乾隆八年盛京案"中的"被杀之人虽系独子,如果无应侍之亲,凶犯亦准留养","乾隆十三年广东案"中的"被杀之人律应归宗,非亲老无人侍奉可比,杀人之犯准留养",以及"乾隆十二年湖南案"中的"被杀之人不知是否独子,准留养"这四种判断。总之,即使被杀的人也是独子,但在如下情况下——(1)他的父母尚值壮年而可能再生儿子;(2)他的父母已经不在;(3)他是养子而且要归宗;(4)不知他是否独子。条文并没有明确规定是否可以批准犯人存留养亲,而该书则收录了与此相关的多个判例。

在外省发生的审判案件中,人命案件及拟流、充军、发遣的案件须要得到刑部的批准,拟死的案件更是要得到都察院、大理寺的同意,并最终得到皇帝的批准。由于徒刑以上的重罪必须经过刑部审查,因此对从事审判的官僚、幕友来说,刑部关于律例上没有明确规定问题的判断有着极为重要的意义。刑部反对原拟的"议驳"和外省督抚咨询刑部的"咨请部示"案件,都包括有特别不易辨明的问题,因此具有很高的参考价值。正如"部驳案件,或阐发律义之精微,或衡断情之轻重,或指摘供看之不符"一语所示,[1]在阐明"律义"、斟酌情状或发现原拟的矛盾时,驳案都非常有用。乾隆三十二年(1767)刊行的《驳案成编》,是刑部主事洪彬从乾隆元年(1736)至三十年(1765)的刑部驳回的死罪案件中,选择"其剖疑析疑,断折若神者"二百八十件汇编成书出版的。[2] 其目的是提供给"折狱者"作参考。之后,《驳案新编》《驳案续编》等类似的书陆续刊行,并在光绪年间由朱梅臣汇集为《驳案汇

① (清)雅尔哈善辑:《成案汇编·凡例》。

② 《驳案成编》,洪彬《序》。

编》出版。

乾隆年间,《成案汇编》《成案续编》等编辑“成案”的书也次序出版。这类书所收录的都是上奏之后获得裁可的案件,其中大部分是刑部的奏疏。雅尔哈善辑《成案汇编》的“凡例”中言:

律例无可引用,援引别条比附,或比照某律、某例加减一等,最宜斟酌至当,庶免畸轻畸重之訾。集成案以征信,即律载比引律条,余可例推之意也。

总之,如果发生了律例条文无法准确适用的案件,则要援引相近的律例进行比附定刑,因此本书汇集了能够加以参考的实例。当然,与律和条例不同,成案是不能援引的,但能够参考,正如“成案已禁止援引,恐高下其手开出入之门,意甚严也。但适轻适重以通律例之变,前事为后事之师,讵无小补哉”所言。①

但是,成案的利用,一开始是为阐明律例的含义,从而帮助特殊案件的处理。其后,逐渐变化到作为审判标准来填补律例的欠缺,结果正如“盖律例为有定之案,而成案为无定之律例”,“律例之所未有而见诸案,不绎成案无以观律例之通”②之言,成案被看作与律例同等的。因此,法律实际上是在不断地细分,并持续增加。③

对于好不容易才读律的地方官而言,他们不可能有更多的精力来收集、整理与研究这些陆续产生的成案。这是幕友的工作。实际上,在由幕友制作的“秘本”中,除了全国统一适用的单行法规以外,还收

① 李治运:《成案续编二刻序》。

② 熊莪:《刑部比照加减成案叙》。

③ 对于清代法律体系的这一缺点,滋贺秀三有明确的论述。参见[日]滋贺秀三:《中国法制史论集·法典和刑罚》,创文社 2003 年版,第 351~352 页。

录了很多只能作为判例的成案。除了督抚从六部收到的通知(准咨)以及由其他省转送的文件(转咨)以外,邸抄是关于其他省案件的重要的信息来源。[①]《成案汇编》名义上的编者是福建按察使雅尔哈善,不过据巡抚周学健所称是“商友人出所存者”,[②]而在卷首的“同校友人姓氏”中也列举了诸先庚以下六人的姓名。继承《成案汇编》的《成案续编》,名义上的编者是浙江按察使同德,但“同校友人”中亦列举了四人的姓名,可以认为实际上是由幕友收集、编辑的。由此可以看出,一般地方官与刑幕的法律知识的差距又加大了。

但是,研究单行法规和成案的刑幕并没有产出相应的学术成果。确实,由于“成案乃缘情定罪”,[③]因此要形成理论确实困难。但不仅理论,甚至连对于成案的具体解说都没有出现。对于他们而言,好像仅仅理解与编辑刑部的判决便已经是竭尽全力了。正由于他们热心于追探刑部的判决,因此嘉庆以后刑部的“说帖”开始广泛流传。

虽然“说帖”一词在明代后半期已经出现,[④]不过清代所谓的刑部说帖不同。在外省送至刑部的审判案件中,如果堂官对负责的清吏司的判断有疑义时,便将案件送至律例馆令其研究,研究结果的报告书便是说帖。律例馆本是负责编纂律例的部门,聚集了对法律和判例特别有知识和见解的人员,因此最适合承担此项任务。说帖原是刑部的内部文件,不会下发外省,但经由抄录而逐渐流出于外,现在留存下来的抄本也很多。至迟到道光朝,对说帖的编辑与刊行工作也开始了。此外在《刑案汇览》等判例文集中亦有收录,可见对其的迫切需求:

① 《成案续编·凡例》。
② 《成案汇编·周学健序》。
③ 《成案续编·凡例》。
④ 《刑部说帖揭要·栗毓美序》。

大抵外省幕府,参稽旧案,编缉备考之书。其识解未必皆贯串,其征引未必无挂漏,尚能与律例相辅而行。刑部为刑名总汇,而馆又为一部总汇。取珠于渊,采玉于山,求例于例所从出之地,岂不胜于管窥蠡测而尤足以行之久远而无弊哉。①

由以上可见,一般的官僚或幕友也认为,与其自己思考,还不如学习刑部律例馆的看法。如此,刑部律例馆就成为法律知识和司法判断的中枢机关,不断地对各种各样的疑义给予回答。但是,在律例馆的这种活动中,很难说产生了新的法学发展。实际上,说帖中所见的律例馆的议论,大多是援引律例和成案,与该案的具体状况相比较,并酌量差异来决定量刑措施。结果是产生了对应于细节差异的数不清的单行法规和成案,而根本没有涉及贯穿全体的原理。

到了清末,毫无疑问,刑部官僚对于法律过度细分这一问题,已经感觉到了极大的危机。在沈家本为薛允升《读例存疑》写的序中,关于条例的增加及其结果,他评论道:

第其始病律之疏也而增一例,继则病例之仍疏也而又增一例。因例生例,孳乳无穷。例固密矣,究之世情万变,非例所可赅。往往因一事而定一例,不能概之事事,因一人而定一例,不能概之人人。且此例改而彼例亦因之以改,轻重既未必得其平,此例改而彼例不改,轻重尤虞其偏倚。既有例即不用律,而例所未及则同一事而仍不能不用律。盖例太密则转疏,而疑义亦比比皆是矣。②

---

① 陈廷柱:《说帖目录序》,东京大学东洋文化研究所藏《说帖》所收。

② (清)沈家本:《读例存疑序》。

所谓“例太密则转疏”,展现了清代中期以后的立法和法律研究所陷入的僵局。薛允升的著作如实地反映了对当时律例的不满。《读例存疑》是薛允升为了准备条例修改的工作[自同治九年(1870)修订以后,长时间未修],详细地研究了现行的各项条例而著成的。不过,相比于拣选或修正条例的工作,他花费了更多的篇幅用来指出条例的欠缺和矛盾。而且,相比于细致地划分法规,他更倾向于通过整理将其简单化。譬如,对于《名例律》“犯罪存留养亲”的第六条例,他指出这条由于设定了太特殊的条件反而产生出新的疑问,因此认为“似应一并删除,以归画一”。

薛允升的不满不仅是针对条例,也涉及律条。他把唐律视为继承汉律的优秀法典,著作了《唐明律合编》来逐一比较唐律和明律,得出明律比唐律差得多这一结论,并由此间接地批评了继承明律的清律。譬如,对于以前雷梦麟称赞为“立法忠厚之意”的《名例律》“犯罪存留养亲”条,他作了如下评论:

> 窃谓:留养并非古法,不过出于世主一时之意见,后遂奉为成规。盖欲博宽厚之名,一或变更,恐人议其苛刻耳。然有准有不准,亦属不得其平,准以一朝之忿忘其身以及其亲并好勇鬪狠以危父母之语。不立此律,未必即有妨于善政,若谓千余年来行之已久,未可更改。照律徒流准行,杀人之犯一概不准,亦可斩却无数葛藤。①

据他所说,这条律文不过是“世主一时之意见”“欲博宽厚之名”,

① 此最后一语所指的“无数葛藤”,正是本节前文所论述的关于是否允许留养的烦琐议论。

反倒会带来弊端。可以说,明代以来的律学思想,即主张律条反映立法者崇高意图的思想,到此时则气数已尽了。

整体而言,薛允升对于当时律例的见解,明确地表现在“鄙意谓律存十分之六七,例存十分之二三,足敷引用。其余不合天理人情及苛酷显著、彼此舛异者,俱行删除”一句中。[①] 薛允升在刑部历任清吏司、秋审处、律例馆等职务,在担任外官后又回到刑部,最后任刑部尚书,是积累40年经验的一员刑政老将,是当时律学的最高权威。如前文所述,明末清初的律学者意欲洞察律文中一字一句所包含的深刻意义。而在清末,这一律学的最高权威却将大部分的律例评价为“不合天理人情”“苛酷显著”等,这与明末清初的律学者的态度相距甚远。由此可见,支撑明末清初律学的对于法律的信赖,已经远去了。清末之法律和法学,给埋头于追究细枝末节,钻研律例的学者带来的是绝望,当然就更无法吸引一般的士人、官僚了。

六、结语

由本文的论述可知,在明代中期以后出现了提高法律地位的新思想。而且这一新思想并不仅限于观念上,当时的律学者还在律文中发现了公正与恩情,并具体地展现出法律不是处罚人民而是保护人民的手段。其后,在依靠律学维持生计的幕友之中,也有人通过实例,来说明法律是为了保护人民免于不妥审判的侵害。他们的著述,使在官僚、士人之间如下的想法得到了一定的普及:认为法律对社会有重要价值因而值得学习。

可是,清代中期以后,法律划分越来越细微,法律研究忙于计较细

① 《唐明律合编》卷十《讲读律令》。

节，变成只是追究琐碎，而与高尚的理想毫无关系的学术。因此清末的一般官僚、士人自然对律学不屑一顾，甚至连精通律学的刑部官僚也表露出对律例的怀疑。可见，当时的律例已经丧失了令人认为值得学习的权威。

尽管如此，统治机构仍然需要精致的法律，以及对法律的统一运用。这一点，在当时已是无可争议。如果现有法律在构造上有根本的问题，那么就需要从根本上进行改革。《读例存疑》总论中有如下的一节：

> 夫律之设，岂徒为臣民观戒哉。先王恐后世之人君任喜怒而予言莫违，故立一定之法以昭示子孙。诚能恪遵勿失，则虽不能刑期无刑，而科比得当要无出入之误。

将律看作本是为了防止“后世之人君”的恣意而预先制定的基准，这种看法的确是对忘本的清末法律体系的批判，但从中亦可以窥见，薛允升已经开始探索以律为根本法的新的法律体系。由此看来，20 世纪初以沈家本为中心制定的《大清刑律草案》，应该不只是迫于西洋式法律导入的影响，也是基于不得不摆脱现行法律体系的看法。

把律例视为统治精神的表现并给予高度评价的思想，与作为一种法体系的律例本身，两者命运与共，在此一同走向了终结。因此，虽然在官僚体系中确实需要更多有法律知识的人才，而且这一趋势已经不可逆转，但是清末的官僚、士人对于法律的敬意反倒下降了。而要恢复作为统治体制之担当者的官僚、士人等对于法律知识的敬意，首先要做的便是更新整个法律体系。

制度的选择与利用

——前近代中国社会成员的制度选择

伍　跃

一、绪论

如同现时的我们一样,在前近代中国,人们生活在由各种制度交织而成的社会之中。这些制度,既有成文的法律、则例与宗法村规,也有不成文的风俗习惯和潜移默化的约定俗成。社会成员在以主动或被动的方式接受这些制度的约束的同时,还根据自身的生活需要或利益追求,选择和利用制度。这种利用,既包括对某一单项制度(如科举制度)的利用,也包括对复数制度的选择利用(如本文将要言及的选择利用科举制度和捐纳制度中的某些部分)。在特定的历史时期,一些社会成员为了自身的目的,甚至不惜使用包括暴力在内的非常手段试图冲破某些制度的束缚,建立起他们自身认为可以满足其价值观需要的制度。总而言之,形同具文的制度在社会上是没有任何生命力的。只要是存在于社会之中的制度几乎无一不是与社会成员的活动结合在一起的。

关于制度与社会成员的关系问题,前辈学者多有论述,如钱穆在《中国历代政治得失》中指出:

> 制度必须与人事相配合。辛亥前后,人人言变法,人人言革命,太重视了制度,好像只要建立制度,一切人事自会随制度而转变。因此只想把外国现成制度,模仿抄袭。甚至不惜摧残人事来迁就制度。……其实中国历史上已往一切制度传统,只要已经沿袭到一百两百年的,也何尝不与当时人事相配合?又何尝是专出于一二人之私心,全可用“专制黑暗”四字来抹杀?①

综其前后文意可知,钱穆在此所说的“人事”是指人(社会成员)的社会活动。钱穆认为,政治进程及其得失取决于人事与制度之间的相互作用,制度的创立与变化源自人事,而人事又受到制度的制约。可见,制度价值的实现乃至制度本身的生命力均取决于社会成员的活动,取决于社会成员对制度的选择与利用。这样,我们透过制度与社会成员之间的关系,既可以观察社会成员是如何实现其自身的社会流动的,也可以观察统治者为了维持自身的统治是如何运用制度的。

本文旨在透过对科举制度和捐纳制度的分析,透视前近代中国的社会成员在考虑自身的社会地位时如何选择利用国家制度的问题。首先对制度问题进行概括性的叙述;其次讨论社会成员利用制度的问题;最后就社会成员对国家制度的利用谈一谈浅显的看法。

二、制度

今日西洋概念的 institution 在汉语中通常被译作“制度”。实际上,“制度”一词在古代汉语中的渊源至少可以上溯到《周易》成书的时代。《周易 · 节》中有如下记载:“天地节,而四时成。节以制度,不

---

① 钱穆:《中国历代政治得失 · 序》,载钱宾四先生全集编委会编:《钱宾四先生全集》(第 31 册),台北,联经出版公司 1998 年版,第 7 ~ 8 页。

伤财,不害民。”孔颖达疏曰:“王者以制度为节,使用之有道,役之有时,则不伤财,不害民也。”由此可见,在中国古人的概念中,制度最根本的目的应该是“不伤财”和“不害民”,即造福于社会成员。现在,我们在叙述制度是什么的时候,通常会想起道格拉斯·C. 诺斯(Douglass Cecil North)所作的简洁的表述:

> 制度是一个社会的游戏规则,更规范地说,它们是为决定人们的相互关系而人为地设定的一些制约。制度构造了人们在政治、社会或经济方面发生交换的激励结构,制度变迁则决定了社会演进的方式,因此,它是理解历史变迁的关键。[①]

关于制度的根本目的或者“根本性的作用”,诺斯认为,制度为人类提供了一个可以用于追求利益的基本结构和秩序,是“决定长期经济绩效的基本因素”。[②] 不难看出,诺斯对制度功能的认识与中国古人有相通之处。也就是说,制度最主要的功能是为了各社会成员能够在制度的作用范围内有序地相处,使他们在进行某种行为时尽量减少因无序而造成的劳民伤财,减轻对社会带来的损失,从而实现最佳的经济绩效。就社会整体而言,这里所说的最佳经济绩效应该指社会在相对稳定中保持发展。

笔者对制度有如下理解:

第一,制度涉及社会生活的许多方面。至少自秦始皇统一天下、建立了大一统的国家之后,几乎历代的中国统治者为了维护这种大一统的政治格局,均创设了许多政治、财政经济和社会的制度。例如,政

① [美]道格拉斯·C. 诺斯:《制度、制度变迁与经济绩效》,刘瑞华译,上海三联书店1994年版,第3页。

② 同上书,第143、158页。

治方面的皇帝制度、官僚制度、科举制度，财政经济方面的两税法、一条鞭法、地丁折银制度，社会方面的保甲制度、里甲制度，等等。总而言之，这些为数众多的制度几乎涉及社会生活的方方面面。如果我们再将那些不属于国家层面的宗法、行规、村规等包括在内的话，就可以看出制度在很大程度上维系着中国社会，支持着中国社会的发展。当然，手中握有专制权力的国家只有在有效运用这些制度的时候，国家的基础统治能力才能得到最好的发挥。①

第二，制度可以大致分为"正规制约"与"非正规制约"。诺斯将"由人类设定的规则"称作"正规制约"，而将"习俗和行为准则"称为"非正规制约"。② 他认为，"正规法律体制的创立为处理更为复杂的争端提供了方便"。但是，他又指出，"即便是在最发达的经济中，正规规则也只是决定选择的总约束中的一小部分（尽管是非常重要的部分）"。③ 上述的各种政治、财政经济和社会制度，乃至宗法、行规和村规等，基本上属于"正规制约"。它们的存在减少了社会行为的不确定性，对于维护社会秩序是十分重要的。除此之外，日常生活中还有许多无成文规定的潜移默化、约定俗成的准则。与正规制约相比，这些

① ［英］迈克尔·曼：《社会权力的来源》（第一卷），刘北成等译，上海人民出版社2002年版，第63～72页。

② ［美］道格拉斯·C. 诺斯：《制度、制度变迁与经济绩效》，刘瑞华译，上海三联书店1994年版，第4、64页。诺斯认为，这些规则包括"政治（及司法）规则，经济规则和合约。这些规则可以作如下排序：从宪法到成文法和普通法，再到明确的细则，最终到确定制约的单个合约。从一般规则到特定的说明书"。

③ 同上书，第49、63页。诺斯曾经引述R. Ellickson的研究说明，加利福尼亚Shasta村的居民在解决因牲畜侵入私地带来的纠纷时，几乎从不通过法律赔偿来解决问题，而是依赖一个精致的非正规约束结构解决纠纷。参见［美］道格拉斯·C. 诺斯：《制度、制度变迁与经济绩效》，刘瑞华译，上海三联书店1994年版，第55页。

非正规制约的变化相对缓慢,它们"宽泛地补充和增强了正规准则",[1]维护了正规准则的正常运作。以前近代中国的科举制度为例,当士子在乡试中合格成为举人之后,作为制度,他们会享受到来自官府的鹿鸣宴和牌坊旗匾银,此外还会收到来自宗族族规中规定的褒赏。[2] 与这些有着成文规定的制度相比,举人们回到乡间还可以得到很多"法外"的利益。例如:

> 今吴越士子才得一第,则美男蕲为仆,美女蕲为妾者数百。且厚赀以见,名曰靠身,以为避征徭,捍外侮之计,亦有城社为奸者。故今一跐贤科,不待入官,便足自润。[3]

《儒林外史》中对于范进中举之后的描述更是惟妙惟肖:

> 果然有许多人来奉承他:有送田产的,有人送店房的,还有那些破落户、两口子来投身为仆图荫庇的。到两三个月,范进家奴仆、丫环都有了,钱、米是不消说了。张乡绅家又来催着搬家。[4]

所有这些向中举之人赠送产业、投身为奴绝非"正规制约"的规定。但恰恰是这些"非正规制约"维护着"正规制约"的运行,它向广大社会成员形象地宣传了某一制度的魅力所在,引诱更多人前来利用该制度。

---

① [美]道格拉斯·C. 诺斯:《制度、制度变迁与经济绩效》,刘瑞华译,上海三联书店 1994 年版,第 87 页。

② 例如,广东南海县黄氏宗族规定在"颁胙"(祭祀用肉)时:"由生员中举人者二份,中进士者三份,点翰林中书主事知县者四份。"参见《南海学正黄氏家谱》卷一二《杂录·乡规》,清宣统三年广东南海保粹堂刊本,第 3a ~ b 页。

③ (明)陈益祥:《陈履吉采芝堂文集》卷一三《木铽》,四库全书存目丛书集部第 195 册,影印明万历四十一年刊本,第 552 页。

④ (清)吴敬梓:《儒林外史》,人民文学出版社 1958 年版,第 38 页。

第三,制度具有规范和组织的两面性。社会不是一个单纯空洞的概念,而是由各类大小不一的社会组织(如官僚机构、宗族、家庭)构成的。因此,制度所体现的各种各样的社会规范,或者说制度规定的游戏规则皆不可能游离于社会组织之外,是通过包括家庭在内的各种社会组织来实现的。这些社会组织既有地缘的、也有血缘的;既有强固的,也有松散的。这些各种大小不一的社会组织都是"有目的的实体",[①]它们存在的主要目的之一就是维护或实现自身利益的最大化。例如,在前近代中国,某些宗族利用科举谋得社会地位的向上,对族内求学弟子进行经济支持。清乾隆五十七年(1792)广东南海县黄氏家族拨出"田一亩五分四厘","为合族子孙进文庠者膏火之费,遇大比之年,则贡生、监生、武生与考乡试者同为分领"。此外还设有"书田",收入用于"给其子孙之进文庠者"。对于"合族学童",该宗族还发放"书笔金","初定给银贰钱,后变例给钱贰百文,今给银贰毫"。[②]

第四,制度体现着制定者的价值观。如上所述,制度是人为地设定的制约。制度主要体现着制定者或参与制定者的思想、意志和期待的目标。由于制定者或参与制定者在社会中居于指导性的地位,故而制度本身体现的价值观往往也是在社会上占主导地位的价值观。例如,为了囊括天下英雄而出台的科举制度不仅为合格者设计了进入官场的门径,还为他们设计了题名碑、牌坊、旗杆等即便是凡夫俗子也一望即知的光宗耀祖的手段。在这种制度环境之下,一些从事农工商业的社会成员将希望寄托在下一代身上,教育他们"非

---

① [美]道格拉斯·C. 诺斯:《制度、制度变迁与经济绩效》,刘瑞华译,上海三联书店 1994 年版,第 100 页。

② 参见《南海学正黄氏家谱》卷一二《杂录·乡规》,清宣统三年广东南海保粹堂刊本,第 2a ~ b 页。

儒术无以亢吾门也”。[①]《官场现行记》中的一位担任乡间塾师的“举人老夫子”就用十分通俗形象的语言告诉子弟们循科举谋出身可能获得的荣耀：

> 中举之后，一路上去，中进士，拉翰林，好处多着哩！……拉了翰林就有官做。做了官就有钱赚，还要坐堂打人，出起门来，开锣喝道。阿唷唷，这些好处，不念书，不中举，那里来呢？[②]

在这种制度氛围之下，“万般皆下品，惟有读书高”成为在前近代中国占据主要地位的社会意识。包括上述从事农工商业的很多人也在世界观方面与士人有着同样的追求，即取得国家承认的身份资格，成为官僚阶层中的一员。[③] 此外，制度的人为性对社会产生的影响是非常深远的。例如，围绕状元的种种光环和传说，长期徘徊不散，一直延续到今日中国大陆地区的大学招生考试。[④]

第五，制度利弊的对立统一。制度的利弊得失是研究制度时的重要课题之一。钱穆曾经指出：

---

① （明）汪道昆《太函集》卷六七，明赠承德郎南京兵部车驾司署员外郎事主事江公暨安人郑氏合葬墓碑，四库全书存目丛书集部第118册影印，明万历年间刊本，第85～87页。

② （清）李宝嘉：《官场现行记》卷一，清光绪三十年活字本，第3b页。

③ ［日］宫崎市定：《科举史》，载《宫崎市定全集》（第15卷），岩波书店1993年版，第188页；［日］岛田虔次：《中国における近代思惟の挫折》，筑摩书房1949年版，第262～275页。

④ 状元制度在中国已经寿终正寝，其亡灵依然游荡在当下的中国社会之上，不过概念的内涵发生了变化。昔日的状元出自的殿试，且天下仅有钦点的一名，可谓荣耀非常。而今日的状元层出不穷，令人有目不暇接之苦，既有按考试类别分类的文科状元和理科状元，也有按照地域分类的某省状元乃至某县市状元，甚至还有按照考试科目细分的英语状元之类，呈现乱哄哄你方唱罢我登场的样相。至于该状元日后是否学有所成，则非市井众人关心之事矣。

任何一制度，绝不会绝对有利而无弊，也不会绝对有弊而无利。所谓得失，即根据实际利弊而判定。而所谓利弊，则指其在当时所发生的实际影响而觉出。①

他认为，在关注史上制度得失问题时，尤其应该注意“在那制度实施时代的人们所切身感受而发出的意见”，他将其称为“历史意见”。我们在研究制度史时，尤其应该注意这一点。制度设计本身往往是利点与弊端共存，随着时代与社会环境的变化，利点与弊端亦会出现升降和换位。即以曾经在大约上千年间为历代中国王朝提供过无数官僚后备军的科举制度而论，其本身虽收“统一思想兼助统一政治”、“普及文化”、促成“民族同化”乃至“造成士大夫新阶级”等功效，但“庸人多于非常之士”“桎梏人心为物质文明之障碍”亦其流弊所在。② 本文中将要进行讨论的捐纳制度就是一项“弊多利少”的制度，备受古人和今人诟病非难，③但它作为一种国家制度在长达四五百年的时间里维持了明清两代王朝的统治。即便是在将近150年的时间里君临天下、迎来了传统中国社会中经济和文化的巨大发展，并最终奠定了近代中国版图的康熙、雍正、乾隆三朝也没有放弃过这一手段。在太平天国势力席卷大半个中国、列强侵略横行的情况下，清朝政府正是利用捐纳和其他制度，才解决了迫在眉睫的财政问题，从而使自身的统治得以延续，进而保住了中华文化得以安身立命的根基。从这个意义上说，如果没有捐纳制

① 钱穆：《中国历代政治得失·前言》，载钱宾四先生全集编委会编：《钱宾四先生全集》（第31册），台北，联经出版公司1998年版，第3页。

② 邓嗣禹：《中国考试制度史》，吉林出版集团有限责任公司2011年版，第256～271页。本书由南京国民政府考试院初刊于1936年。

③ 许大龄：《清代捐纳制度》，载许大龄：《明清史论集》，北京大学出版社2000年版，第173页。本书由哈佛燕京学社初刊于1950年。

度,不仅所谓的康乾盛世很可能会是另外一番景象,而且中国作为一个统一国家的历史很可能已终结于 19 世纪末或 20 世纪初的某个时候。实际上,捐纳的早期形态——秦王政四年(前 243)秦国开办纳粟拜爵——甚至早于中国作为一个统一国家的历史。因此,对于这样一种延续了两千年左右的制度简单地将其斥为弊端,不仅无助于了解这一制度得以存在的具体原因,也无助于了解中国历史的发展脉络。

第六,制度价值的实现最终取决于社会成员的选择利用。制度设计本身是否合理、是否能够满足制度设计者的需要无疑是十分重要的。从国家制度的角度来说,国家的官僚制度、财税制度、教育制度等等均服从于居于其上位的国家体制。在近代国家来说就是宪法规定的国家体制,在前近代中国来说就是以皇帝为顶点的统治制度。国家体制设计本身如果存在问题,那么居于其下位的其他制度即便改革也会遇到无法逾越的障碍。人们常常提及的制度顶层设计(Top-Down Design)的重要性就在于此。此外,我们在关注制度顶层设计的同时,还应该从社会成员的角度出发,关注民众对制度的利用问题。因为,无论制定者(往往也是统治者或支配者)对制度的优点说得多么神奇和天花乱坠,仿佛一个制度一旦形成,就可以让民众和社会在他们规定的范围内活动,并且享受制度带来的美好成果。实际上,民众往往会根据自身的偏好来选择利用何种制度,选择利用的程度和方式,甚至还可以"用脚投票"——离开某项制度的作用范围。简言之,在现实社会中,无人利用的制度是不可能存在的。诺斯就曾经指出:"无效的制度会被扬弃,有效的制度会存活下来。"①可见,从设计制度和利用制

---

① [美]道格拉斯·C.诺斯:《制度、制度变迁与经济绩效》,刘瑞华译,上海三联书店 1994 年版,第 124 页。

度的角度对制度进行"双向观察",可以相对形象客观地揭示制度运作的情况,更好地了解制度价值是如何实现的。

以下,我们来看一看前近代中国社会成员们在决定自身的前途时是如何利用国家制度的。

三、社会成员对国家制度的理性利用

在中国学界,潘光旦和费孝通较早地研究了社会成员在决定自身前途时利用科举制度的问题。[①] 张仲礼和何炳棣等也研究了这一问题。[②] 经过前辈学者的不懈努力,学界已经证明,前近代中国社会有别于同属东亚地区的朝鲜与日本,是一个身份可以流动变化的社会。在这个意义上,对于广大庶民来说,前近代中国社会是一个存在身份流动的机会和可能的社会,而并非一个僵化、单调的社会。进言之,前近代中国社会的社会成员们在考虑改变自身的社会地位时,可以根据自身的经济条件和价值判断,选择制度和利用制度的方法。

在传统中国,发自陈胜吴广的"王侯将相宁有种乎"是一种根深蒂固的社会意识。《神童诗》中的"朝为田舍郎,暮登天子堂;将相本无种,男儿当自强"为此作了很好的解释。国家为那些有志通过"自强"改变自身社会地位的人们提供了多种制度途径。北京大学图书馆藏《各省印结》中有如下题记:

> 昔时士人从科甲谋出路,其中又分进士、举人及五贡。大臣

① 潘光旦、费孝通:《科举与社会流动》,载《社会科学》(第4卷)1947年第1期。

② 张仲礼:《中国绅士——关于其在十九世纪中国社会中的作用》,上海社会科学院出版社1991年版。何炳棣:《明清社会史论 1368—1911》,徐泓译注,台北,联经出版公司2013年版。

家子弟又多荫生及赏举人进士者。如怀才不遇，则投效军营是另一出路。练有武功者，登武科亦可，投效亦行，隐于镖局亦能。富家子弟则捐纳一途可进。天下各得其平，各展其才，有何患哉？①

题记作者在这里开列了科甲、荫生、投效、捐纳等出身途径，除了镖局属于“民间机构”之外，其于均为入仕门径。虽然笔者不同意题记作者关于“富家子弟则捐纳一途可进”的见解，但题记作者基本上把握到了问题的本质，他认为，科举、捐纳等均属于“出路”，社会成员可以根据自身的情况各取所需，“各得其平，各展其才”。

综言之，在前近代中国，社会成员可以通过读书赴考、投效军营，乃至行医经商和联姻等方法谋求改变自身的社会地位。在这些方法中，对于社会成员的整体来说，机会相对平等的当属读书赴考。自宋代以后，除去王朝更替等特殊时期之外，植根于学校的科举始终是国家获得统治人才的主要途径，因而成为社会成员改变或维持自身社会地位的首选。② 正是因为这一点，本文将以科举制度为中心，借鉴学界的研究成果，探讨制度的选择和利用问题。

（一）科举制度下的出身路径

明代的选官途径号称“三途并用”，即“进士为一途，举贡等为一途，吏员等为一途”。具体来说，就是进士；举人、贡生、官生、恩生、功生、监生、儒士；吏员、承差、知印、书算、篆书、译字、通事，等等。③

① 此说法有误解清代制度的部分。例如，题记作者认为科甲又分进士、举人及五贡。

② 宗韵：《明代家族上行流动研究——以1595篇谱牒序跋所涉家族为案例》，华东师范大学出版社2009年版，第91～121页。

③ 《明史》卷七一《选举三》，中华书局1974年版，第1715页。

清代规定:“凡官之出身有八,一曰进士,二曰举人,三曰贡生,四曰荫生,五曰监生,六曰生员,七曰官学生,八曰吏。”在这八种出身中,再“辨其正杂以分职”。其中,“文进士、文举人出身者,均谓之科甲出身,与恩、拔、副、岁、优贡生,恩、优监生,荫生为正途。其余经保举者,亦同正途出身。旗人并免保举,皆得同正途出身”。除此之外,吏员和那些出身于捐纳未经保举的例贡生和例监生等均被视为杂途。出身的不同会影响日后的仕进,而最受重视者莫过于进士,如“汉吏部、礼部郎中、员外郎、主事、宗人府主事,皆进士出身”。① 从制度设计的角度来说,正途出身人员在仕途上要优于杂途人员。

这种重视正途的制度规定导致了民间十分关心能否循正途博得出身。《儒林外史》中那位断言孔子再世也会考科举的马二先生就曾经如此这般地开导他人:

你如今回去,奉事父母,总以文章举业为主。人生世上,除了这事,就没有第二件可以出头。不要说算命拆字是下等,就是教馆、作幕,都不是个了局。只是有本事进了学,中了举人、进士,即刻就荣宗耀祖。这就是《孝经》上所说的"显亲扬名",才是大孝,自身也不得受苦。古语道得好:“书中自有黄金屋,书中自有千钟粟,书中自有颜如玉。”……贤弟,你回去奉养父母,总以做举业为主。就是生意不好,奉养不周,也不必介意,总以做文章为主。那害病的父亲,睡在床上,没有东西吃,果然听见你念文章的声气,他心花开了,分明难过也好过,分明那里疼也不疼了。这便是曾子的“养志”。假如时运不好,终身不得中举,一个廪生是挣的来

① 《(光绪)大清会典》卷七《吏部》,台北,新文丰出版公司 1976 年版,影印清光绪二十五年石印本,第 90 页。

的。到后来,做任教官,也替父母请一道封诰。[1]

由此可见,国家的制度安排会影响社会成员的意识。他们将国家制度中的进学、中举和中进士与社会伦理意识中的“孝”结合在一起,只要能够达到上述目的,就算“生意不好,奉养不周,也不必介意”,最低限度也要“替父母请一道封诰”。清代著名幕友汪辉祖曾对着临终的母亲发誓,为了改写汪氏一族六百年来无人考中科举的历史,从今之后“专治举业,逢场必到,死而后已”。[2]

国家制度对参加各类科举考试的身份和资格有相应的规定。兹以清代为例,略加说明。在身份方面,除“概不准冒入仕籍”之“八旗户下人及汉人家奴、长随、倡优、隶卒”人等和女性之外,[3]所有的男性社会成员均可进学报考。在资格方面,国家规定参加会试者必须有举人身份,包括在京候选举人,以及担任中书、评事、博士、助教、学正、学录和小京官等举人。对于参加乡试者的资格却规定得比较宽泛。除五贡(岁贡、恩贡、拔贡、优贡、附贡)、生员(廪生、增生、附生)、荫生(恩荫、难荫)和监生(恩监、荫监、优监)之外,循捐纳获得的例贡生和例监生,以及誊录等皆可以获得参加乡试的资格(见图1)。[4]

在科举制度的框架之下,如果某人有意获得正途之科甲出身,那么至少要获得举人的身份。而获得举人身份的前提条件就是必须享

---

① 吴敬梓:《儒林外史》,人民文学出版社1958年版,第160~161页。

② (清)汪辉祖:《梦痕余录》,山东书局,清光绪十二年,汪龙庄先生遗书本,第30b页。

③ 《(光绪)大清会典》卷十《吏部》,台北,新文丰出版公司1976年版,影印光绪二十五年石印本,第119页。

④ 马镛:《中国教育制度通史》(第五卷),山东教育出版社2000年版,第349~350页。

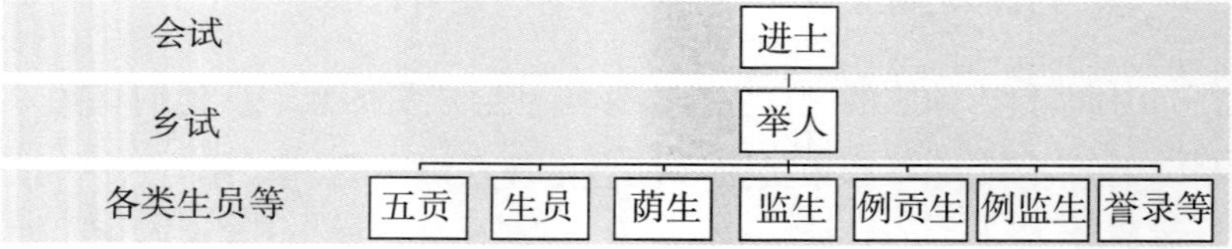

图 1　国家制度对参加各类科举考试的身份和资格的规定

有上述可以参加乡试的某项资格。在这些资格之中,门坎相对较低的当属生员。因为从理论上来说,与需要具备一定在学年限等的“五贡”、需要相当程度经济能力的例贡生和例监生等相比,凡属可入仕籍之俊秀,只需经过县试、府试和院试等考中后“进学”成为生员,从而便获得乡试的下场资格。例如,倪元璐“夙慧天授”,5 岁时即由母亲“口授”《毛诗》,且可以“应声立就”作对子,6 岁始“就外傅”。万历三十七年(1609),17 岁的倪元璐在“郡县监司三试皆第一”,进学成为生员,当年秋天即在乡试中“领乡荐”,后中天启二年(1622)进士。① 又如,袁枚于雍正五年(1727)12 岁时“应童子试”,成为一名附学生员。雍正八年(1730)以“岁试二等”的成绩被拔为增生。雍正十二年(1734),19 岁的袁枚因“岁试第三”,被补为廪生。次年,袁枚在科试中考列前茅,成为科举生员,获得了参加乡试的资格。②

(二)科举制度下的竞争

但是,现实中的问题是,这种生员资格的获得,往往要面对激烈的

① (清)倪会鼎:《倪文正公年谱》,载《北京图书馆珍藏年谱丛刊》第 61 册,影印粤雅堂丛书本,北京图书馆出版社 1999 年版,第 271 ~ 284 页。

② 郑幸:《袁枚年谱新编》,上海古籍出版社 2011 年版,第 21 ~ 47 页。生员能否参加乡试的条件之一是需要具有科举生员的资格。关于科举生员请参看陈宝良:《明代儒学生员与地方社会》,中国社会科学出版社 2005 年版,第 205 页。

竞争。陈宝良曾经分析过明代后期的儒童进学率,认为儒童中生员的机遇要大于生员中举,进学率通常在 2.5% ~5% 。[①] 这种情况至迟在清代中期之后发生了变化,儒童进学率较之明代有明显的下降。例如,雍正九年(1731),广东省广州府新会县的文童进学名额被定为 15 名,但是,“历次考试人数,文童均在二千内外”。[②] 由此可知进学率为 0.75% 。张仲礼估算清代的童生总数可能达到近 200 万人。如果根据学额进行推算,则可知在太平天国之前童生进学率约为 1.25%,在其后约为 1.51% 。[③] 在这种情况下,不少人是几经周折,方才取得生员资格。例如,一代大儒的阮元曾经两次在“童子试”中报罢,最终于乾隆四十九年(1784)以第 4 名考入仪征县学,成为一名附学生员。[④]《儒林外史》中的范进“二十岁应考,到今考过二十余次”也未曾进学,在考试时将实际年龄 54 岁虚报为 30 岁。这一人物形象,绝非小说家的杜撰。光绪二十九年(1903),时年 17 岁的朱峙三参加了当年的武昌府试,与其同场应试之洪子卿年已 59 岁,尚为童生。而朱峙三的塾师程某年逾花甲,虽 14 次挑战均未告捷,依然决心再次赴考。[⑤]

对于那些有幸成为生员并获得了乡试下场资格的士子们来说,他们所要面对的乡试乃至会试的竞争也是十分激烈的。艾尔曼(Benjamin A. Elman)对江南和山东的乡试录取比例和全国的进士录

---

① 陈宝良:《明代儒学生员与地方社会》,中国社会科学出版社 2005 年版,第 204 ~ 205 页。

② 《(嘉庆)学政全书》卷八一,海南出版社 2006 年版,故宫珍本丛刊第 335 册影印,清嘉庆十七年内府刊本,第 421 页。

③ 张仲礼:《中国绅士——关于其在十九世纪中国社会中的作用》,上海社会科学院出版社 1991 年版,第 86、90 页。

④ 王章涛:《阮元年谱》,黄山书社 2003 年版,第 8 ~ 18 页。

⑤ 《朱峙三日记》,1903 年 8 月 13 日、9 月 24 日,未见。转引自关晓红:《科举停废与近代中国》,社会科学文献出版社 2013 年版,第 195 页。

取比例有过如下统计(见表1和表2):

表1 明清江南和山东乡试的录取比例

省别	年份	考生数(人)	录取数(人)	比例(%)
江南	1393	800	88	11.0
	1396	1000	300	30.0
	1399	1500	214	14.3
	1453	1900	205	10.8
	1465	2000	135	6.8
	1477	2500	135	5.4
	1480	2700	135	5.0
	1492	2300	135	5.9
	1519	2000	135	6.8
	1549	4500	135	3.0
	1555	4911	135	2.7
	1561	5400	135	2.5
	1630	7500	150	2.0
	1684	10,000	73	0.7
	1738	17,000	126	0.7
	1744	13,000	126	0.9
	1747	9800	114	1.2
	1864	16,000	114	0.7
	1893	17,000	145	0.8
山东	1465	1000	75	7.5
	1504	1400	75	5.4
	1585	2000	75	3.8
	1747	4000	69	1.7
	1759	4800	69	1.4
	1873	12,900	69	0.5

典据:转引自郑若玲《"累人"的科举》,载刘海峰编:《科举制的终结与科举学的兴起》,华中师范大学出版社2006年版,第29~44页。

表 2 明清进士的录取比例

年份	考生数(人)	考取数(人)	比例(%)
1371	200	120	60.0
1409	3000	350	11.7
1439	1000	100	10.0
1451	2200	200	9.1
1475	4000	300	7.5
1499	3500	300	8.6
1520	3600	350	9.7
1526	3800	300	7.9
1549	4500	320	7.1
1574	4500	300	6.7
1601	4700	300	6.4
1691	2500	156	6.2
1742	5993	319	5.3
1761	5059	217	4.3
1850	6000	210	3.5
典据:同表 1。			

明人文征明曾经说过:

> 乡贡率三岁一举。合一省数郡之士,群数千人而试之,拔其三十之一,升其得隽者曰举人。又合数省所举之士,群数千人而试之,拔其十之一,升其得隽者曰进士。[①]

① (明)文征明:《文征明集》卷一七《送周君振之之宰高安叙》,上海古籍出版社1987年版,第462页。另请参见陈宝良:《明代儒学生员与地方社会》,中国社会科学出版社2005年版,第269~273页。

也就是说,明代乡试的录取率大约为 3.33%,会试的录取率为 10.0%。与文征明的描述相比,艾尔曼的上述统计结果揭示了更为残酷的科举竞争现实。以清代的情况而论,艾尔曼的统计似乎更接近实际情况。例如,乾隆二十七年(1762)湖南乡试时,"录士四千余人","得士四十六人",中举率为 1.15%。乾隆三十九年(1774)河南乡试时,"录士四千六百五十有奇","得士七十一人",中举率为 1.53%。[①] 道光年间,浙江贡院有号舍"一万二千三十间","每科应试人数,多则一万二千余,少则不及一万"。道光年间浙江乡试解额为 94 名,姑且以录士一万名计算,则浙江乡试的录取率在 0.94% 左右。[②]

在清代科举制度的规定下,如果某人有意循"全正途"的方式仕进,那么摆在他面前的路径如下(见图 2):[③]

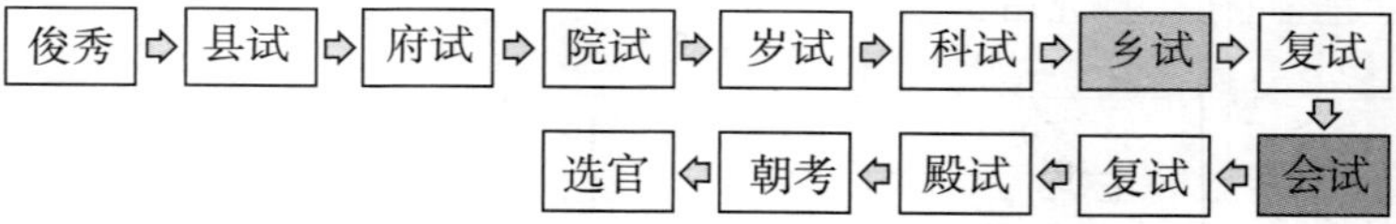

图 2 循"全正途"方式仕进的路径

在这一路径之下,考生首先需要具有应付长期考试的经济能力。例如,常熟陈祖范应乡试 24 次,长洲沈德潜应乡试 17 次。乡试三年一次,其间或许还有不定期的恩科,粗粗计算,两人至少在考场中用去了 20 年左右的光阴。换句话说,他们二人至少拥有维持 20 年苦读的经

① (清)钱大昕:《潜研堂文集》卷二三《湖南乡试录序/河南乡试录序》,续修四库全书第 1438 册,影印清嘉庆十一年刊本,第 643 ~ 644、645 ~ 647 页。

② (清)陆以湉:《冷卢杂识》卷六《浙闱号舍》,中华书局 2007 年版,第 333 ~ 334 页。《(道光)科场条例》卷一九《省会试中额》,海南出版社 2006 年版,故宫珍本丛刊第 336 册,影印清道光二十九年内府刊本,第 226 页。

③ [日]宫崎市定:《科挙——中国の试験地狱》,中央公论社 1963 年版。

济手段。与他们这些幸运儿相比,还有人终生未能考取举人。《聊斋志异》的作者蒲松龄在顺治十五年(1658)以19岁弱冠考得县、府、道试第一名,成为生员。但是,他在以后数次乡试均铩羽而归,直到晚年的71岁时,才循例成为一名岁贡生。[①] 会试的情况也大致如此。包世臣曾经"六赴春闱",在34岁时得到举人资格,以后直到61岁歇手时为止,"十三次赴春官,竟不遇",最后以举人大挑,获得了知县的任官资格。[②] 更值得注意的是利用这一路径时的"门坎",即制度性的制约,如童生的学额、乡试的中额、会试的分卷等。这些规定的设置对于维护大一统国家来说无疑是必要的,但无疑加剧了这一方式的竞争程度。最后,考中之后还要为能否尽快得缺烦恼。在乾隆初年,进士要等"二三年",举人要等上"二十年"。[③]

张仲礼在研究后推断,生员取中时的平均年龄为24岁,举人和进士考中时的平均年龄分别为30岁和35岁,假定死亡年龄为57岁,那么作为绅士的生涯寿命大约为33年。[④] 这样,从入仕为官的角度来说,无论是面对进学难关的俊秀童生,还是面对乡试的生员,甚至还包括面对会试的举人,如果不能尽快取得相关的下场资格,则人生的投资很可能是一笔赤字。因为,消磨在考场中的时间越长,就意味着入仕为官的时间会相应缩短。这就是明人袁中道所说的:"追思我自婴

---

① 路大荒编:《蒲柳泉先生年谱》,载《蒲松龄集》,上海古籍出版社1986年版,第1755~1811页。

② (清)胡蕴玉:《包慎伯先生年谱》,载《北京图书馆珍藏年谱丛刊》(第135册),影印朴学斋丛刊本,第37~126页。

③ 《清高宗实录》卷十八《乾隆元年五月辛丑》,影印清实录(第9册),中华书局1985年版,第460页。

④ 张仲礼:《中国绅士——关于其在十九世纪中国社会中的作用》,上海社会科学院出版社1991年版,第93~95页。

世网以来,止除睡着不作梦时或忘了功名了也,求胜求伸,以必得为主。”①在这种“以必得为主”思想的作用之下,一部分社会成员不甘心于空费岁月,开始寻找其他可资利用的、相对科举制度来说具有一定可预测性的晋身制度。结果,他们发现,捐纳制度不失为一条终南捷径。

明代景泰四年(1453),在地方儒学生员们的推动之下,捐监成为一项国家制度。以后,例监生可以和其他生员一样参加乡试。清代乾隆元年(1736),在为士子多留一条“进身”之路的名目之下,捐纳监生成为可以随时报捐的项目之一。随后,乾隆十年(1745),又允许各类监生报捐例贡生。② 由于例贡生和例监生都是乡试的下场资格,故颇得这一部分人士青睐。此外,在捐纳制度下,监生和举人也被允许报捐官职的候选候补资格。③ 在这种情况下,至少出现了如下三条晋身快捷方式。以下分别叙之。

(三)不同的晋身捷径

其一,以俊秀身份报捐监生,直接获得乡试的下场资格(见图3)。这种方式大致有如下“优点”:第一,可以避开乡试之前的各项考试,无须进学即可获得乡试的下场资格;第二,可以避开解额较少的本地乡试,转而应解额较多的顺天乡试(如江苏乡试中额为69名,而顺天乡试中额约228名中有36名属于专供录取江南等地士子

---

① (明)袁中道:《珂雪斋近集》卷三《文钞·心律》,中央书店1936年版,第11~12页。

② 伍跃:《中国的捐纳制度与社会》,江苏人民出版社2013年版,第35~38、75~78页。

③ 《增修筹饷事例》上册《条例》,清光绪年间刊本,第44b~46a页。

的“南皿”)。①

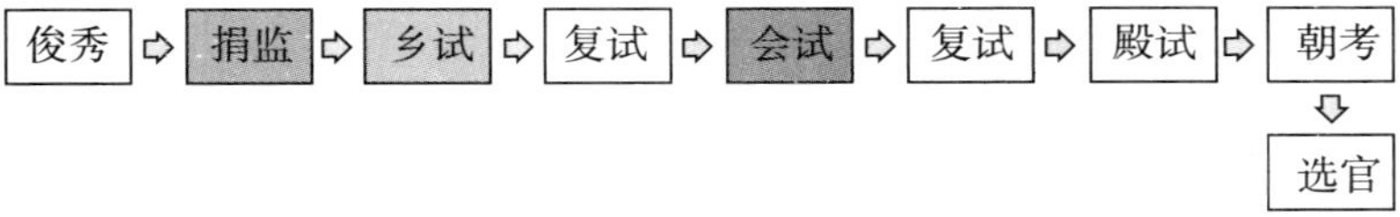

图3　以俊秀身份报捐监生,直接获得乡试的下场资格的方法

自从捐监制度创立以来,利用这种终南捷径获得出身者代不乏人。例如,明代成化二十一年(1485),出身江西省南城县,“年四十困诸生”的罗玘“应入粟赈济之诏,例升国监”。次年的成化二十二年(1486),罗玘在顺天府乡试中举,成为解元。成化二十三年(1487)会试登第,入选翰林院庶吉士。此后,罗玘官至南京吏部右侍郎,并曾经署理南京国子监。而昔日的同学万良弼由于没有捐监,到最后仅“挨贡”成为一名地方儒学教官。② 我们由此可以看出捐纳给士人命运带来的影响是多么巨大。又如,李鸿章的儿女亲家张集馨原籍江苏省仪征县,早年颇不得意,虽然在县试和府试中居首,但因丁艰未与院试,故得不到参加江苏乡试的资格。道光元年(1821),张集馨22岁时决意“入京读书”,利用叔父所给的“盘费二百两”来到北京,准备应顺天乡试。次年的道光二年(1822),张集馨在北京报捐监生,遂得下场资格,在顺天府乡试及格成为举人。以后,他又在道光九年(1829)的会试中成为进士,并被钦点为翰林院庶吉士。以后,张集馨历任翰林院

① 《(道光)科场条例》卷一九《省会试中额》,海南出版社2006年版,第226页。

② (明)罗玘:《圭峰集》卷七《送万良弼分教松阳序》,台北,商务印书馆,影印文渊阁四库全书,第1259册,第102~103页。(明)焦竑:《国朝献征录》卷二七,费宏《南京吏部右侍郎赠吏部尚书谥文肃圭峰先生罗公玘墓志铭》,四库全书存目丛书史部第101册,影印明万历四十年刊本,第399~400页。《明史》卷二八六《文苑二》,中华书局1974年版,第7344页。

编修、知府、道员、按察使、布政使，并署理陕西巡抚。[①] 此外，想必是大家耳熟能详的《儒林外史》中的周进和杜慎卿，就是循此终南快捷方式得到乡试下场资格，从而改变了命运的。我们从这些经历中可以看出，在仕进时选择通过捐监直接获得乡试资格的方法，可以令该人较快地获得正途科甲的出身，而且对该人日后的升迁没有什么负面影响。

其二，利用举人资格报捐官职的候选候补资格，即俗称的捐官（见图4）。这种方法对于年龄稍大的举人来说最俱魅力。关于这一点，我们可以看看光绪年间曾在广东省担任过广宁、南海等县知县的杜凤治的情况。[②]

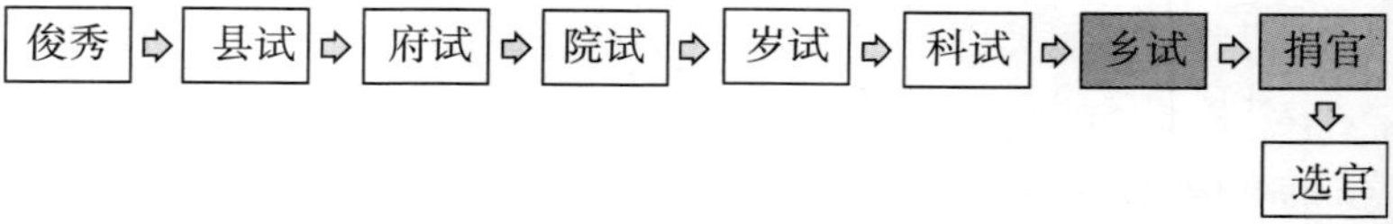

图4　利用举人资格报捐官职的候选候补资格的晋身捷径

杜凤治，浙江省山阴县籍，生于嘉庆二十三年（1818），道光二十四年（1844）浙江乡试举人。由于会试不利和生计所迫，杜凤治决定以举人身份求官，咸丰五年（1855）"谒选北辕"。此后十年之间，他参加了30余次举人拣选和举人大挑，均铩羽而归。根据雍正十一年（1733）的规定，举人拣选时，验其年力，壮者"给文赴部"以知县用，衰迈者"咨部以教职注册"。嘉庆十九年（1814）又规定，"各省举人于每科会试榜后，具呈吏部拣选，如年力就衰，以教职注册"。[③] 始于乾隆年间的举人

① （清）张集馨：《道咸宦海见闻录》，中华书局1981年版，第11～18页。

② （清）杜凤治：《望凫行馆宦粤日记》，《清代稿钞本》（第10册），广东人民出版社2007年版，第9～15页。

③ 《（光绪）大清会典事例》卷七三《举人拣选》，台北，新文丰出版公司1976年版，影印清光绪二十五年石印本，第6031～6033页。

大挑，则是一等授予知县，二等授予教职。[1] 由此可以看出，考中之后有意仕进的举人除继续应会试之外，还可以按照国家的制度安排，循举人拣选或举人大挑得到官职。从国家的角度来说，这种制度设计的初衷是“疏通壅滞”，减低来自举人的求职压力。[2] 而从举人们来说，他们多了一个在会试之外求得仕进的门径。从理论上说，举人们可以根据自身的情况选择是继续应考，还是以举人身份进入官场。

由于举人人数众多，拣选和大挑也并非一帆风顺。杜凤治在日记中说，“予自乙卯［咸丰五年（1855）］春赴部投供，应拣十余年间，凡遇各省拣荐无不亲到，约计不下三十余次”，始终未能如愿。其中原因之一是，杜凤治将自己的求官目标确定在知县一职，不愿意出任号称“冷官”的教职，即便得到教职的任官资格，也立即放弃。同治二年（1863）春，杜凤治在得到“大挑二等”之后，“实时注销”。他的这种行为证明了诺斯的如下观点，即“当个人所表达的关于他们自己的价值和利益的价格较低时，他们能作出的选择就较多”，反之就比较少。[3] 此后，杜凤治鉴于“马齿日长”，时不我待，决定利用捐纳敲开入仕的大门。此间，由于先后受雇于人代办笔札，茶饭之外，略有结余，遂起意捐纳。

> 辛酉［咸丰十一年（1861）］冬，仰同乡顾姓请代笔札，馆谷稍丰。癸亥［同治二年（1863）］夏，韩姓继顾，予即假馆于韩司。计拣发难凭，马齿日长，偶有余力，忽兴入赀之想。是冬，托汪友于

---

① 《（光绪）大清会典事例》卷七三《举人大挑》，台北，新文丰出版公司 1976 年版，第 6034 ~ 6040 页。

② 张仲礼：《中国绅士——关于其在十九世纪中国社会中的作用》，上海社会科学院出版社 1991 年版，第 82 ~ 100 页。

③ ［美］道格拉斯 · C. 诺斯：《制度、制度变迁与经济绩效》，上海三联书店 1994 年版，第 29 页。

> 江北江道清骥筹补局中，由拣选举人加捐不论单双月知县兼不积班选用。

这一年，杜凤治45岁。杜凤治本人身为举人，按照国家制度属于堂堂的科甲出身。但是，即便如此，这一出身并不能保证他可以早日得缺。他“忽兴入赀之想”是希望利用捐纳制度中允许举人报捐指定官职候选资格的规定。与难以预测结果的举人拣选和举人大挑相比，通过这一方法既可以将自身的目标锁定在某一官职上（杜凤治是“知县”），而且可以稍稍提前候选的顺序（如杜凤治选择了“不论单双月”，这样他在吏部主持的单月急选和双月大选时都有进入铨选的资格）。结果，报捐两年后的同治五年（1866），杜凤治获选广东省广宁县知县。

我们从杜凤治的事例可以看出已经取得正途科甲出身资格之人在决定自身入仕门径时的选择，即首先同时利用举人拣选和举人大挑，当具有一定的经济实力时则利用捐纳。所有这些，均说明了他本人对国家制度的了解。

其三，由俊秀直接报捐官僚的候选候补资格。与上述两种方法相比，利用这种方法可以较快地进入仕途（见图5）。

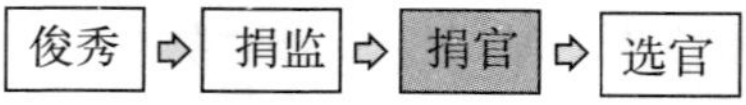

图5　由俊秀直接报捐官僚的候选候补资格的方法

在上述博取科甲的终南快捷方式之外，还有一些人因其个人的价值取向，不拘泥在入仕之初就获得正途资格。换句话说，就是利用杂途尽快进入官僚体制之中，如果再能够获得保举，那么在日后的升迁中不见得输给有正途出身者。这一类人的做法是，首先捐监，然后依靠监生资格直接报捐任官的资格，再寻求保举或干脆"捐免保举"，从而获得"同正途出身"的资格。[1] 请看清末两位候补知县的例子。

吴宝棣出生于光绪元年（1875），光绪二十七年（1901）由监生捐纳县丞，次年通过保举得到了知县的候补资格，时年 27 岁。王寰清生于道光十八年（1838），他突破层层考试，在吴宝棣出生的光绪元年（1875）中举，光绪十二年（1886）48 岁时成为进士。在"以知县归部铨选"之后，于光绪十六年（1890）被分发到直隶候补。此时的王寰清已经是 52 岁。当 27 岁的吴宝棣取得知县候补资格的光绪二十八年（1902），64 岁的王寰清已经在那里候补了十多年。我们假设王寰清得缺早于吴宝棣，但是他进一步晋升的可能性已经十分渺茫。[2] 在这种情况下，王寰清们的人生投资极有可能是一笔赤字。相比之下，吴宝棣以不低于 318 两（监生 108 两加县丞 210.6 两，此外还有部费、结费等相关费用）的投资得到了入仕（县丞）的身份，而他得到的"保举"，又让他获得了"同正途出身"的资格。在这个意义上，他用 27 年的时间走完了王寰清用 52 年才走完的路。换句话说，吴宝棣以不低于 318 两的价格购买到王寰清用 52 年的苦读和等待才到手的候补知县资格，平均每年的花费在 6 两左右。而王寰清在这 52 年间为应付考试和官场交际而用去的金钱极有可能超过吴宝棣的投资数目。捐纳在身份的社会流动上所起的巨大作用，由此可见一斑。

（四）选择利用捐纳制度的条件

从性质上来说，捐纳制度与科举制度同样，都是具有广泛庶民性

---

① 康熙年间以后，清代捐纳制度中允许捐纳出身官员捐免保举。参见伍跃：《中国的捐纳制度与社会》，江苏人民出版社 2013 年版，第 79、274～276 页。

② 《畿辅同官录》，清光绪三十年，直隶北洋官报局活字本，第 4 册，各项知县。关于生员的期望寿命，参见张仲礼：《中国绅士——关于其在十九世纪中国社会中的作用》，上海社会科学院出版社 1991 年版，第 102～106 页。

的制度。在前近代中国社会中，除了女性和身隶"贱籍"之人都可以利用捐纳制度。但是，能够根据自身的需求，选择利用科举制度、捐纳制度，乃至官僚人事制度中的有关部分，还是需要一定的条件的。

条件之一是对各种制度要有一定的了解。《儒林外史》中周进在贡院见景生情，伤心地"放声大哭"时，一位客人说："监生也可以进场。周相公既有才学，何不捐他一个监进场？中了，也不枉了今日这一番心事。"周进的妹丈金有余表示自己也有这个想法。周进闻听此言，"哭的住了"。可见，那位客人和金有余，乃至周进本人不仅知道捐纳制度，而且知道例监生也有进贡院参加乡试的资格。某些求官之人在日记中还根据制度详细地分析自己的前程，并作出预测。例如，同治二年（1863）冬，杜凤治捐得"不论单双月知县兼不积班选用"。第二年，即同治三年（1864）七月，掣签得到了候选的班次——第三十七卯的第三名。他在日记中就此写道：

> 大凡不积班，例选单月一人、双月一人。迩时，不积选今正到三十六卯。其有第二名归双月者尚未选，三十七卯接踵即到。而按计第一蔡姓应选单月，孙姓应选双月。予系第三，必须重轮。竢卯次完时，由第一卯轮起，方可按班序选，约非七八年不可。自叹命蹇，已无望矣。①

清代末年，曾任京官 11 年的陈康祺在担任了从五品的刑部员外郎之后，根据《品级考》等规定计算自己要升至从四品须"内用九阶"，即"员外郎、郎中、御史、掌道、给事中、掌科、鸿少、光少、通参"。这种号称"九转丹成"的升转方式，并非具文，由于"京曹沉滞，竟有遍历九

① 《（光绪）大清会典事例》，台北，新文丰出版公司 1976 年版，第 9～10 页。

阶者”。[1] 陈康祺的议论属于以在官之身言在官之事,而康有为以在野之身对当时官制的了解也可谓一清二楚。他认为:

> 如京官之迁转,尤为可笑。如工右之至吏左,同为侍郎,而几须十转乃至。盖右侍郎之转仅至左侍郎,工部之升仅为刑部,若工尚之升必从总宪,总宪之任必自吏左。若京卿至侍郎,则自鸿少卿迁光少卿,光少迁通参,通参迁阁读学士,然后迁鸿卿,进而常少、仆少,又进而理少、通副,又进而光卿、仆卿,又进而府尹、常卿,又进而理卿、通使,又转为宗丞,进为副宪,然后得为侍郎,盖必十余转乃能至焉。[2]

我们从这些记载中可以看出,当时社会上有意仕进之人对官僚人事制度中选官程序的了解程度。

在前近代中国社会,一般社会成员可以通过何种途径了解国家的相关制度是一个十分有趣的问题。首先,代办捐纳等官僚人事手续的金融商人等就扮演着制度信息提供者的角色,他们为“客户”提供关于官僚人事制度、捐纳制度等方面的信息,由此获得收益。[3] 其次,除去向亲友请教之外,我们也不能忽视明代中后期以后流行的《万宝全书》和《士商便览》之类的百科全书。在明清时期的这类图书中,均设有官品门,专门介绍与行政部门相关之事项,以便为“日后仕宦任官”等作准备。[4] 而坊间流行的《出山指南》一类的小书和升官图等民间游戏

---

① (清)陈康祺:《郎潜纪闻初笔》卷六《京曹沉滞》,中华书局1984年版,第130页。

② 康有为:《官制议·第十三》,载《康有为全集》(第7卷),中国人民大学出版社2000年版,第325~326页。

③ 伍跃:《中国的捐纳制度与社会》,江苏人民出版社2013年版,第400~438页。

④ 吴蕙芳:《万宝全书:明清时期的民间生活全录》,花木兰文化工作坊2005年版,第89~92页。

对一般社会成员也会产生影响。① 最后,政府为了解决财政上的急需,需要有更多的人利用捐纳制度,故在开办捐纳之时均会将有关规定以书籍形式公之于天下。目前我们在图书馆中见到的《现行常例》《筹饷事例》等就是当时刊刻的捐纳规定。有意循科举或捐纳仕进者从这些书籍中可以得到包括报捐的资格和条件、所需金额,以及报捐之后的晋身路径等相关知识。

与前一点相关,利用条件之二是社会上为选择利用制度提供了种种"便利"。清代光绪年间北京的旅行指南书《都门纪略》中的"捐号"项下记载了为人代办捐纳的"宾兴银号"和"同丰银号"。② 清末成都的百科全书——《成都通览》中也详细开列了设在成都的各类"捐局"。如四川赈捐局、新海防捐局、奉捐局、桂捐局、江南捐局、山东工赈捐局和北洋饷捐局等③。这样,无论何人,只要一册在手,即可按图索骥,登门办理。有一些捐局为了广招报捐的"顾客",还利用近代的手段——在报纸上刊登广告。兹举一例。宣统元年(1909)前后,"上海宁波路二百七十二号"设有"各省赈捐并七项实官常捐局"。宣统元年(1909)正月初五日前后一连数天,该捐局负责人"孙镜湖"在《申报》刊登广告,号称"本局奉办秦晋、顺直、奉天实官捐暨赈捐",并代办"贡监""翎衔""封典"等业务,而且"不误验放之期",即保证在指定期间之内办完相关手续。由于《申报》发行数量较多,营销范围较广,读

① 《出山指南》,清光绪三十三年,京师琉璃厂槐荫山房刊本。卜永坚:《游戏官场——升官图与中国官场文化》,中华书局 2010 年版。

② (清)杨敬亭编:《增补都门纪略·杂记》,李静山增补,清光绪五年刊本,第 14a 页。

③ (清)傅崇矩:《成都通览》,巴蜀书社 1987 年版,第 59 页。

者中有不少是捐纳的“顾客”——童生和生员等。[①] 身处这种社会氛围之中，自然有一些社会成员在考虑升迁路径时会将捐纳制度作为一个选项。

利用条件之三是经济能力。无论是利用科举制度，还是利用捐纳制度，都是需要成本的。以捐纳制度而论，因为报捐不接受“分期付款”，所以要求报捐者自己准备一笔报捐资金。对于一般庶民来说，短时间之内能够准备出一笔数目较大的资金绝非轻而易举。上述周进的妹丈金有余在回答客人的捐监提案时就说，“我也是这般想。只是那里有这一注银子？”结果，客商们借出了 200 两银子。[②] 除去亲友之间的借贷之外，报捐者还可以向金融商人称贷。至迟不晚于乾隆年间，一些金融商人开始向报捐者提供资金。例如，山西商人经营的著名的蔚泰厚票号北京分号在道光二十四年（1844）四月至十一月，和咸丰元年（1851）八月至咸丰二年（1852）四月的总计 18 个月间，为远在苏州的 41 名报捐者垫付了总额为 13,952.96 两的捐纳资金。又如，李鸿章姻亲张集馨的三叔为了捐纳知县，曾向“西贾”，即山西商人“借银数千两”。[③] 在北京代办捐纳业务的商人中，在办理某些项目的手续时，全程为顾客垫付资金，直到手续完结，顾客拿到相应的官府文书之后，才开始收款。[④] 所有这些，都降低了利用捐纳制度的门坎。因此，如同《儒林外史》中周进那样要依靠每年“丁祭的胙肉”才能稍

① 《申报》，宣统元年正月初五日。参见夫马进：《中国善会善堂史研究》，同朋舍出版社 1997 年版，第 814～816 页。

② 吴敬梓：《儒林外史》，人民文学出版社 1958 年版，第 26～27 页。

③ 伍跃：《中国的捐纳制度与社会》，江苏人民出版社 2013 年版，第 104～118、398～456页。

④ 金受申：《老北京的生活》，北京出版社 1989 年版，第 309～311 页。

微改善一下生活的乡村塾师也能援例报捐，博取科举考试的下场资格。

四、理性选择及其结果

陈寅恪曾经对社会转型之际的人事浮沉作过如下说明：

> 总揽史乘，士大夫阶级之转移升降，往往与道德标准及社会风习之变迁有关。当其新旧蜕变之间际，常呈一纷纭综错之情态，即新道德标准与旧道德标准，新社会风习与旧社会风习并存杂用。各是其是，而互非其非也。斯诚亦事实之无可如何者。虽然，值此社会风习纷乱变易之时，此转移升降之士大夫阶级之人，有贤不肖拙巧之分别，而其贤者拙者，常感受苦痛，终于消灭而后已。其不肖者巧者，则多享受欢乐，往往富贵荣显，身泰名遂。其故何也？由于善利用或不善利用此两种以上不同之标准及习俗，以应付此环境而已。①

可见，风云蜕变之际对"两种以上不同之标准及习俗"的选择和利用决定着人生的浮沉。实际上，即便是在社会环境相对稳定的时代，对制度、特别是两种以上制度的选择和利用依然是决定人生荣显枯衰的重要因素。

以上，我们叙述了社会成员在寻求自身社会地位升迁时是如何理性地、灵活地选择和利用国家的各种制度的。笔者认为，这些选择和利用的行为属于马克斯·韦伯（Max Weber）所指出的社会成员的理

① 陈寅恪：《元白诗笺证稿》，上海古籍出版社1978年版，第82页。

性行为,即目的理性行为。[①] 前近代中国社会中存在的这些行为证明了“理性选择理论”(rational choice theory)的观点,即人在一切社会活动中的行为都是合乎理性的,即总是根据利益最大化的原则理性地决定着自己的行动。[②]

昔日的社会成员的理性判断决定了他们在选择“出路”时的行为方式。顾炎武本人曾经痛诋“鬻生员”为害“不在王莽、安禄山、刘豫之下”,但他本人在屡试下第之后选择捐纳,用财力为自己“鬻”得国子监生的资格。[③] 林则徐为了照应“家业荡然”且“读书未成”的“妻兄之孙”,解宦囊为其捐官。[④] 光绪年间的《江苏同官录》中收录了 435 名官僚的履历,占其总数大约 80% 的 345 名官僚在取得做官的铨选资格和升迁资格时利用过捐纳。另外,光绪十八年(1892)前后,浙江省的现任和候补官员中有 165 名出身于科甲鼎盛之地的苏州府。笔者在分析了其中有明确履历记载的 119 人的出身功名之后发现,有 83 人是依靠捐纳制度进入仕途的,占总数的约 70%。如果将捐复(利用捐纳减轻或者取消所得处分)也包括在内的话,捐纳在清代后期作为社会流动工具的重要性将会更加凸显。[⑤] 我们由此可以看出,如果没有社

---

① [德]马克斯·韦伯:《经济与社会》,林荣远译,商务印书馆 1997 年版,第 56 页。

② [美]詹姆斯·S. 科尔曼:《社会理论的基础》,邓方译,社会科学文献出版社 1999 年版,第 33 ~ 53 页。

③ (清)顾炎武:《日知录集释》,黄汝成集释,上海古籍出版社 2006 年版,第 964、1071 ~ 1073 页;周克真:《顾炎武年谱》,苏州大学出版社 1998 年版,第 28 ~ 30、61 页。

④ 《林则徐致杨以增书札》(下),载《文献》(第 8 辑),书目文献出版社 1981 年版,第 129 ~ 130 页。

⑤ 伍跃:《中国的捐纳制度与社会》,江苏人民出版社 2013 年版,第 294 页。伍跃:《帝制晚期江南出身官僚的一个侧面——以〈江苏郡同官录〉为中心》,载《江海学刊》2012 年第 1 期。本人在这一研究中深受何炳棣研究的启发。请参见何炳棣:《明清社会史论 1368—1911》,徐泓译注,台北,联经出版公司 2013 年版,第 55 ~ 56 页。

会成员对捐纳制度的选择利用,捐纳制度就难以得到生存的社会基础;而没有没有捐纳制度的存在,至少清代中期以后的历史或许会呈现另外一番景象。

这种理性判断也反映在根据自身主客观条件计算得失方面。例如,叶昌炽的友人王鼎元为同治三年(1864)举人,以后为了早日得缺报捐了复设教谕。光绪五年(1879)十二月被选为江苏省徐州府萧县复设训导。得知这一消息后,叶昌炽在光绪六年(1880)正月十六日的日记中写道:

> 午后访家岳(伍案:王鼎元号),知得京报,新选萧县教谕。其地民贫土瘠,岁入不过二百千文,且相去千余里,盗贼渊薮,行旅裹足,其势绝不能往,捐款六百金尽付东流。家岳不能无闷闷,即旁观者亦代为扼擥也。①

叶昌炽根据当地的社会情况和官俸收入判断,即使"捐款六百金尽付东流",也是"其势绝不能往"。"不能无闷闷"的王鼎元是如何作出判断的我们无从得知,但是根据《大清搢绅全书》的记载,他不仅前往该"民贫土瘠"之地赴任,而且从光绪六年(1880)至光绪十六年(1890)一直担任着该县的复设教谕。② 由叶昌炽和王鼎元对同一事物作出的不同判断可以看出,昔日的社会成员是根据各自的主客观条件最终决定出路的。

当然,并不是所有如此选择利用国家制度的社会成员都是为了在

① (清)叶昌炽:《缘督庐日记》,吉林文史出版社2011年版,第273页。《(光绪)苏州府志》卷六五《选举七》,清光绪九年刊本,第45a页。

② 《大清搢绅全书》(第2册),清光绪六年夏季斌升堂刊本,第43b页。《大清搢绅全书》(第2册),清光绪十七年春季荣禄堂刊本,第43a页。

官场上求得一官半职。他们在选择利用国家制度时会根据自身的价值取向进行取舍。张仲礼在前人研究的基础上估算出太平天国之前的例监生人数大约为355,535名。实际上,包括正途出身的生员在内,他们中的相当一部分人取得生员、监生等国家资格并非着眼于日后的仕进,而是利用国家制度为这些资格赋予的特权谋利。这些特权包括了礼仪、刑罚、赋役等许多方面。[①] 恰如顾炎武所说:

> 一得为此(伍案:指取得生员资格),则免于编氓之苦,不受侵于里胥,齿于衣冠,得以礼见官长,而无笞捶之辱,故今之愿为生员者,非必其慕功名也,保身家而已。[②]

可见,这些社会成员是在利用国家制度中的某些部分,求得自身利益的最大化。至于为求观瞻而报捐者也大有人在。《红楼梦》中写到为秦可卿办丧事时,"恨不得代秦氏之死"的公公贾珍在"哭得泪人一般"的同时,觉得其子贾容(秦氏丈夫)仅是"黉门监,灵幡经榜上写时不好看,便是执事也不多"。为了"丧礼上风光些",贾珍为贾容报捐了"五品龙禁尉"。结果,秦可卿"灵前供用执事等物,俱按五品职例"。清代后期,有人捐官居然是"专为乡里喜丧事助威,借此糊口"。[③] 在这里,我们看到国家的制度已经深入社会的深层,以致办理红白喜事都需要利用它来满足个人或家族的"风光"。

最后,本文中言及的选择利用科举制度和捐纳制度所带来的结果

① 张仲礼:《中国绅士——关于其在十九世纪中国社会中的作用》,上海社会科学院出版社1991年版,第32~54、182~183页。

② (清)顾炎武:《顾亭林诗文集》卷一《生员论上》,中华书局1959年版,第21页。

③ (清)曹雪芹:《红楼梦》,人民文学出版社1982年版,第178~181页。陈寅恪:《元白诗笺证稿》,上海人民出版社1978年版,第309~311页。伍案:"黉门监"即监生。

究竟如何呢？

以清代文官汉缺为例，官制中对于进士、科甲和正途的任官均有明确的规定。例如，进士出身者可以担任内阁学士、翰林院检讨、詹事府赞善以上诸官，以及国子监祭酒和司业、奉天府丞、吏礼二部的郎中、员外郎、主事等官，科甲出身者（进士和举人）可以担任礼部尚书、礼部侍郎、顺天府丞等官，正途出身者（科甲、五贡、恩监优监、荫生并称正途）可以担任科道官，等等。[①] 从选官程序的设计来看，各类正途出身者也占有优势。依双月大选为例，在全年 140 个缺中，姑将难以确定出身的“推升”之人用 18 个缺除外，用于选授给正途出身的官缺为 96 个，占总数的 69%。[②]

但是，应该注意的是，上述授官规定所指的正途、科甲、进士等不同出身者均为资格本身，并不涉及获得该资格的方法。也就是说，俊秀虽然可以循次赴考获取以生员等身份参加乡试，也可以利用捐纳制度直接获得乡试的下场资格。只要他们在乡试中考中举人，即可在“登科录”或《大清搢绅全书》《爵秩全函》之类的书中以科甲的身份留名。倘若又成为进士的话，则与那些一步一步考上来的进士没有任何区别。关于这一点，在本文的第三章中已有说明。再举一例，清末赵尔巽以捐监身份获得下场资格，于同治六年（1867）“中式顺天乡试举人”，同治十三年（1874）考中进士后，改翰林院庶吉士，散馆后授编修。可见，他的捐纳经历并未影响他进入号称卿相摇篮和人文渊薮的翰林院。[③]

① 《（光绪）大清会典》卷七《吏部》，台北，新文丰出版公司 1976 年版，第 90 页。

② 伍跃：《中国的捐纳制度与社会》，江苏人民出版社 2013 年版，第 177 ~ 178 页。

③ 秦国经等编：《中国第一历史档案馆藏清代官员履历档案全编》（第 4 册），华东师范大学出版社 1997 年版，第 418 ~ 419 页。

那么,完全利用捐纳手段进入仕途者在日后的升迁中是否就相对不利呢?同样以双月大选为例,在全年140个缺中,用于选授给捐纳出身的官缺仅有24个,占总数的17%,明显少于为正途出身者准备的官缺。[①] 但是,从制度上说,只要是以监生身份捐输得官,而且又获得过保举的话,即视"同正途出身",在初次授官时至少可以享有与五贡、恩监优监和荫生相同的待遇。如果该人直接报捐较高官职的铨选资格的话(根据规定,民间人可以监生身份报捐郎中以下京官和道员以下外官),那么在仕途上的际遇不一定逊于正途出身者。第三章所述王寰清和吴宝棣的对比即为一例。又如,清末赵尔巽之弟赵尔丰先报捐监生,随后成为一名盐大使,以后循"郑工例捐知县遇缺先用",于光绪十五年(1889)被选为山西静乐县知县。后因办事能力受知于锡良,在光绪末年升为道员。[②] 可见,捐班出身者在日后的晋升,更多地是取决于本人的能力和机遇。

在此应该注意,以上所述仅限于在吏部候选者。以清末的知县铨选为例,在1339个知县缺中,规定由吏部铨选的知县缺最多不超过936个。而在这936个缺中,还有一部分数目不定的"扣留外补"用缺,吏部无权铨选。结果,有相当一部分捐纳出身者是以候补官的身份,利用候补制度由各地督抚直接任命的。[③] 此举导致了吏部月选时包括捐班在内的异途出身者对正途出身者的压力。光绪六年(1880)七月二十六日,御史李璠上奏要求变通"进士知县班次壅滞"的情况:"乡会

① 秦国经等编:《中国第一历史档案馆藏清代官员履历档案全编》(第4册),华东师范大学出版社1997年版,第418~419页。

② 秦国经等编:《中国第一历史档案馆藏清代官员履历档案全编》(第27册),华东师范大学出版社1997年版,第704~705页。

③ 伍跃:《中国的捐纳制度与社会》,江苏人民出版社2013年版,第176页。

试为抡才大典,而读书通籍者半多寒畯之士,俱以归班知县铨选、以即用知县分发者,类皆中年以后之人,正宜使之及时自效,俾得早展百里之才",但却"到班甚难",得缺无期。而"捐纳人员一经上兑,便可得官,甚有未及岁者,先行纳资,豫为服官地步"。① 张仲礼也曾指出,在19世纪中叶以后,由于通过捐纳而进入绅士行列的人逐渐增多,最终破坏了由考试竞争的机会平等原则,最终导致"科举制度不再能作为一种支柱来支撑起一个已变化了的社会"。② 笔者认为,正是由于19世纪中期以后选择利用捐纳进入仕途或谋求升迁的人数的恶性增加,影响科举制度乃至官僚人事制度的正常运转,最终导致了停废科举和停废知州知县的吏部"月选"。③

五、结语

有言道,世上何尝尽富豪,也有饥寒悲怀抱,也有失意痛号啕。社会不是富豪的社会,即便是在饥寒失意者之中也有人希望改变自身乃至后代的社会地位。更何况在流动性较大的前近代中国,铁富贵并非一生铸定,人生数往往变化在顷刻之间。在这种"水淹至颈"不进则退的社会环境中,人们在规划自身社会地位的上升途径时,往往会遵循着一种"风险最小化"的原则,④求速求快,"以必得为主"。

---

① 《通行条例》(清光绪十四年江苏书局刊本),光绪六年,御史条奏进士知县班次壅滞量为变通遵旨覆奏章程,第6a~14b页。

② 张仲礼:《中国绅士——关于其在十九世纪中国社会中的作用》,上海社会科学院出版社1991年版,第206、228页。

③ 伍跃:《中国的捐纳制度与社会》,江苏人民出版社2013年版,第239页。

④ [日]岸本美绪:《伦理经济论与中国社会研究》,载《思想》第792号,岩波书店1990年版,第213~227页;后收入[日]滋贺秀三等:《明清时期的民事审判与民间契约》,王亚新等译,法律出版社1998年版,第327~349页。

正是这些来自社会、尤其是来自社会下层的要求上升的动力，促使人们选择和利用国家制度，在一定的时期内维护了社会的相对稳定，也增强了制度本身的强韧性。但是，当这种来自社会的选择和利用超出制度的容纳限度、而国家政权又无力对制度进行局部甚或根本性的改革的时候，制度本身便会趋于僵化，最终会导致国家政权的瓦解。孔子曰："君者舟也；庶人者水也。水则载舟，水则覆舟。"①其此之谓乎。

① （清）王先谦撰：《荀子集解》卷五《王制篇第九》，沈啸寰等点校，中华书局1988年版，第152～153页。亦见同书卷二〇《哀公篇三十一》，第544页。

清代讼师贪利形象的多重建构[*]

尤陈俊

一、绪论

所谓“健讼”(或称“好讼”“嚣讼”)之风,自从宋代开始出现在帝国境内的一些区域之后,①到了明清时期,更是从东南沿海和南方

---

* 本文系国家社科基金项目“明清健讼社会的法文化研究”(批号:11CFX009)的阶段性成果之一,初稿曾提交“明清中国的法律与社会变迁”国际研讨会(香港中文大学历史系主办,2014 年 9 月 5 ~6 日),感谢邱澎生、卜永坚、陈惠馨、孙慧敏、伍跃、徐忠明、苏成捷等师友的批评与建议。原载《法学研究》2015 年第 5 期。

① 翁育瑄的研究显示,在来自北宋时期江南东路、荆湖南路、福建路、两浙路、淮南西路、京东东路、京畿路等地的墓志铭上,均出现了关于当地健讼之风的描述,江南西路(其管辖范围包括今天江西省的大多数地方)尤甚,参见翁育瑄:《北宋の“健訟”—墓誌を利用して》,载《高知大学学術研究報告》(人文科學編)(第 56 卷)(2007),第 33 ~49 页。陈景良的研究则强调,“宋朝,至迟在宋仁宗之后,随着私有制的深入发展及商品经济的繁荣,经济利益多元纷呈,民间善讼之风已初露端倪”,到了南宋时期,好讼之风在所辖疆域中几乎全部均有所见,参见陈景良:《讼学与讼师:宋代司法传统的诠释》,载《中西法律传统》(第 1 卷),中国政法大学出版社 2001 年版,第 202 ~206 页。不过也有学者认为诉讼多发的情况早在宋代之前就已经出现,如夫马进指出,根据王符《潜夫论·爱日篇》中的相关记载,在从宋代上溯约 1000 年之前的东汉时期,就已经呈现“诉讼社会”的景象,参见夫馬進:《中国訴訟社会史概論》,载夫馬進编:《中国訴訟社会史の研究》,京都大学学术出版会 2011 年版,第 30 ~42 页{该文的中译文为[日]夫马进:《中国诉讼社会史概论》,范愉译,载《中国古代法律文献研究》(第 6 辑),社会科学文献出版社 2012 年版,第 1 ~74 页}。

诸省向其他地区广泛蔓延。① 一些地区(尤其是江西)甚至自宋代以来即被视为健讼之渊薮。② 其所导致的后果,直接体现为很多地方官府所面对的讼案在数量上激增不已,从而呈现诉讼社会的景象。③ 而由于受治理理念、财政状况等因素的制约,帝国政权并没有采取在地方官府中大规模增设包括州县官在内的常规官僚的方式,来积极应对总体上不断扩大的民间词讼规模。④

---

① 参见卞利:《明中叶以来徽州争讼和民俗健讼问题探论》,载《明史研究》(第3辑),黄山书社1993年版,第75~84页;方志远:《明清湘鄂赣地区的人口流动与城乡商品经济》,人民出版社2001年版,第190~203页;邓建鹏:《健讼与息讼——中国传统诉讼文化的矛盾解析》,载《清华法学》(第4辑),清华大学出版社2004年版,第176~179页;邓建鹏:《清代健讼社会与民事证据规则》,载《中外法学》2006年第5期;侯欣一:《清代江南地区民间的健讼问题——以地方志为中心的考察》,载《法学研究》2006年第4期;徐忠明、杜金:《清代诉讼风气的实证分析与文化解释——以地方志为中心的考察》,载《清华法学》2007年第1期;陈业新:《明清时期皖北地区健讼风习探析》,载《安徽史学》2008年第3期;陳宝良:《"鄉土社会"か"好訟"社会か?—明清時代の"好訟"社会の形成およびその諸相》,水越知译,载夫馬進编:《中国訴訟社会史の研究》,京都大学学术出版会2011年版,第267~269页;尤陈俊:《"厌讼"幻象之下的"健讼"实相?——重思明清中国的诉讼与社会》,载《中外法学》2012年第4期。

② 参见小川快之:《伝統中国の法と秩序—地域社会の視点から》,汲古書院2009年版,第11~17页;[日]山本英史:《健讼的实态与认识——以清初江西吉安府为例》,阿风译,载中国政法大学法律史学研究院编:《日本学者中国法论著选译》(下册),中国政法大学出版社2012年版,第576~601页;[日]青木敦:《江西有珥笔之民——宋朝法文化与健讼之风》,载柳立言主编:《近世中国之变与不变》,台北,"中央"研究院2013年版,第337~365页。

③ 有学者从社会经济因素、司法体制的特点、治理理念、诉讼参与者及其所体现的司法环境与社会风气、社会自治能力等方面分析了明清时期不少地区出现"诉讼社会"(litigious society)的成因,参见范愉:《诉讼社会与无讼社会的辨析和启示——纠纷解决机制中的国家与社会》,载《法学家》2013年第1期。

④ 参见尤陈俊:《清代简约型司法体制下的"健讼"问题研究——从财政制约的角度切入》,载《法商研究》2012年第2期。另外需说明的是,为了表述的便利,本文在相同意涵上使用"词讼"与"讼案"这两个词语,即均用来指称衙门收到的诉讼案件,而暂不考虑清代立法和司法实践实际呈现出来的将诉讼案件大致分为"词讼"(或"自理案件""细事")与"案件"(或"重情")的用语区分。关于"词讼"和"案件"在清代立法和司法实践中的区分,参见邓建鹏:《词讼与案件:清代的诉讼分类及其实践》,载《法学家》2012年第5期。

在这种情况下，不同程度地受困于健讼之风所导致的衙门积案的各地官员，在哀叹世风日下的同时，常常不约而同地将其主要归咎于有一群不安分之人在民间架词挑讼和推波助澜。在宋代，此类人物往往被唤作“珥笔之民”“佣笔之人”“讼师官鬼”“哗魁讼师”“健讼之人”等。① 到了明清时期，这群为官府所痛恨的人士，则通常被统称为“讼师”或“讼棍”，各地官府还经常通过张贴告示等方式，对此辈人物进行口诛笔伐。尽管在16世纪以降的戏剧、小说和民间故事中还有一种虽在道德上存在瑕疵却未必邪恶的狡黠讼师形象，②明清时期流传的一些讼师秘本甚至还力图展示一种讲求“伦理”的善讼师形象，③但那种为官府所极力塑造和宣扬的恶讼师形象，无疑是帝制中国晚期关于讼师这一人物类型的传播范围最广且给人印象最深的模式化刻画。

夫马进指出清代官员们在历数讼师之恶时的情景，“常常习惯用教唆词讼、包揽词讼、颠倒是非、惯弄刀笔、架词越告、打点衙门、串通衙蠹、诱陷乡愚、欺压良民、从中取利、恐吓诈财等用语来描述他们的行为”。④ 倘若总结上述官方所称的讼师诸多恶行之本质特征，则大致

---

① 参见陈景良：《讼学、讼师与士大夫——宋代司法传统的转型及其意义》，载《河南省政法管理干部学院学报》2002年第1期；刘馨珺：《明镜高悬：南宋县衙的狱讼》，台北，五南图书出版公司2005年版，第295~303页；戴建国：《南宋基层社会的法律人——以私名贴书、讼师为中心的考察》，载《史学月刊》2014年第2期。唯需指出的是，“健讼之人”既可指教唆他人打官司之人，也可指好讼的当事人。

② See Melissa Macauley, *Social Power and Legal Culture: Litigation Masters in Late Imperial China*, Stanford, California: Stanford University Press, 1998, pp. 279 - 324.

③ 参见［日］夫马进：《讼师秘本的世界》，李力译，载《北大法律评论》（第11卷第1辑），北京大学出版社2010年版，第210~238页；［日］夫马进：《讼师秘本〈珥笔肯綮〉所见的讼师实象》，载陈熙远、邱澎生编：《明清法律运作中的权力与文化》，台北，联经图书出版有限公司2009年版，第9~33页。

④ ［日］夫马进：《明清时代的讼师与诉讼制度》，载［日］滋贺秀三等著、王亚新等编：《明清时期的民事审判与民间契约》，法律出版社1998年版，第390页。

可以概括为"狡诈"和"贪婪"。如果说官方话语中对讼师之"狡诈"的强调，是为了从道德层面上警示民众要与这些危险人物保持距离，那么刻意强调讼师贪婪成性，则是从更为现实的经济角度，提醒人们要时时提防掉入这些逐利之辈所设的索财陷阱。不过事实上，"狡诈"的讼师常常意味着是一把"双刃剑"，社会大众也并非完全对其避之唯恐不及。一位具有狡黠才智的讼师（例如昆曲《四进士》中的宋世杰），有时也能够充当某些弱势群体（如寡妇）的倚靠，将后者从所不幸遭受的不公平对待中解救出来，从而受到当事人的感激和人们的赞许。[①]因此相比而言，对于大部分的民众来说，上述官方话语中最能直接刺激他们要远离讼师的，还是其所宣称的讼师皆为贪婪成性之辈。

鉴于此，本文首先将展示清代的官方话语是如何塑造那种人憎鬼厌的贪利讼师形象的；其次探讨此种贪利讼师的形象塑造可能来自哪些类型的真实素材，继而从讼师最具特征的业务内容——代写词状——入手，利用具体的数据讨论讼师收取的费用是否真的皆如官方所说的那样高昂得足以使人倾家荡产；最后则结合明清时期诉讼规模的总体变迁，从法律社会学的角度剖析这种贪利讼师的形象塑造为何在这一时期长盛不衰的重要原因，并附带简要论及这种模式化的人物形象刻画对近代中国律师职业造成的不利影响。

二、清代官方对贪利讼师形象的刻画与渲染

清代的官员们往往强调，正是那些讼师、讼棍们暗中兴风作浪，才使帝国衙门面临的词讼如此纷繁乃至走向积案难结之困境。用当时

---

① See Melissa Macauley, *Social Power and Legal Culture: Litigation Masters in Late Imperial China*, Stanford, California: Stanford University Press, 1998, pp. 281 - 290.

一位地方官员的原话来说，“因思积案所以不结者，讼棍之把持，串唆为之也”。[①] 官员们屡屡向百姓宣称，讼师为人助讼，绝非无偿效劳，乃为牟利而来，甚至专门以从中渔利作为其生活之资。

乾隆四年（1739），湖南省颁布了一则饬谕代书出首讼师的告示，痛斥讼棍的种种行径：

> 遇事生风，藐法唆讼，架词越告，或以细故而装点大题，或凭空而捏称活现，逞刁笔做稿，令代书照誊……此等讼师，只图骗酒食，赚银钱，以养家肥己。[②]

乾嘉之时为官的张经田，在谴责讼师“害莫大焉”时声称：

> 乡愚无知之徒，豪猾喜事之辈，一纸一字，一供一结，莫不听命于讼师……以讼为业，坐地分肥，从中主唆。[③]

张五纬在嘉庆朝前期于湖南岳州任知府时，曾在一则批词中指出，那些为当事人主谋的“奸巧之徒”，“藉讼事以温饱，赖讼费以养家”。[④] 在另一则告示中，他还描述了那些讼棍们是如何借挑词架讼来从中渔利：

---

① （清）李方赤：《视己成事斋官书》卷十一《访拏讼棍衙蠹示》，清道光二十八年（1848）刻本。

② （清）吴达善纂修：《湖南省例·刑律》卷十二《诉讼·教唆词讼·饬谕代书出首讼师》，清刻本。

③ （清）张经田：《励治撮要·严拏讼棍》，清钞本，载《官箴书集成》（第6册），黄山书社1997年版，第57页。以下引用收入《官箴书集成》的文献时，只注明册数，不再注明出版社和出版年份。

④ （清）张五纬辑：《风行录续集》卷一《岳州府续集·王兴山呈批》，清嘉庆十八年（1813）重印本，载杨一凡、徐立志主编：《历代判例判牍》（第8册），中国社会科学出版社2005年版，第352页。以下引用收入《历代判例判牍》的文献时，只注明册数，不再注明出版社和出版年份。

平日守分之人听其煽惑,竟若长城可恃,银钱任其诓骗,酒肉供其醉饱。及至经官审理,全属子虚。愚民身受刑罚,家资耗散,讼棍则囊橐充盈,置身事外。①

晚清时期为官的庄纶裔更是明确说道,高昂讼费使原告、被告均深受其累,“而讼棍独于此衣食是赖,惟恐一日无讼,则一日无生财之所”。②

一些官员还强调说,讼师、讼棍不仅借挑唆民人兴讼以便从中渔利,甚至在当事人双方不愿终讼而希望和息之时,欲壑难填的此辈还往往百般阻挠而不肯罢手。嘉庆八年(1803),浙江按察使在一则要求治下严肃整顿吏治的文札中描述说:

讼师获利,讼者受罪,甚至被唆之人不愿终讼而讼师迫之不使休歇,贻害两造,以供胥役之鱼肉,可恨已极。③

一代名臣刘衡曾如此写道:

民间些小事故,两造本无讦讼之心,彼讼棍者暗地刁唆,诱令告状。迨呈词既递,鱼肉万端,甚至家已全倾,案犹未结。且有两造俱不愿终讼,彼此求罢,而讼师以欲壑未盈不肯罢手者。为害于民,莫此为甚。④

同样的看法,也见诸另一位地方官方大湜的笔端。方大湜在19世纪后期强调:

---

① (清)张五纬辑:《风行录》卷二《谆戒词状架捏》,清嘉庆十八年(1813)重印本,载《历代判例判牍》(第8册),第239页。

② (清)庄纶裔:《卢乡公牍》卷二《示谕严拿讼棍告文》,清宣统三年(1911)铅印本。

③ 《治浙成规》卷八《严肃吏治各条》,清道光十七年(1837)刊本。

④ (清)刘衡:《庸吏庸言》上卷《理讼十条》,清同治七年(1868)楚北崇文书局刊本,载《官箴书集成》(第6册),第197页。

无论大案小案,均有讼师唆耸。甚至两造均不愿终讼,而讼师欲壑未盈,不肯罢手。为害于民,莫甚于此。①

19世纪末的另一位地方官柳堂,也曾论及那些不得财便不肯息讼的讼师之贪婪本性:

更有一般架讼之人从中拨唆,应结不结,使逐年累月缠讼不息,其实两造之夙愤已平,欲求不讼而不得,书役讼棍遂有借此旁生诡计,代递息呈必需厚给讼费,大众分肥,方能无事。②

柳堂还专门撰写了三则劝民息讼的俚歌,并印制数千张分发给塾师、庄长,命其向民人详为告诫,而且还对能背诵此俚歌的百姓予以奖励(童蒙之人赏以笔墨纸张,农民则赏以折扇、手巾等物)。在这三则劝民息讼的俚歌中,第一则即是指陈贪利讼师之刁诈:

一劝吾民要息讼,讼师与尔写呈词、教口供,不过贪尔酒肉,将尔银钱弄,赢了官司,百般索谢,一有不遂,架人将尔控,输了官司,说你不会说话。丢财惹气,落个不中用。讼师之言,千万不可听。一劝吾民要息讼。③

道光年间为官的何耿绳则说得更为直白。他直斥那些乡民向其"痛哭叩求其息事而不可得"的讼师为"耗财之源":

① (清)方大湜:《平平言》卷三《讼师未获须恐以虚声》,清光绪十八年(1892)资州官廨刊本,载《官箴书集成》(第7册),第677页。

② (清)柳堂:《宰惠纪略》卷一,清光绪二十七年(1901)笔谏堂刻本,载《官箴书集成》(第9册),第492页。

③ (清)柳堂:《宰惠纪略》卷一,清光绪二十七年(1901)笔谏堂刻本,载《官箴书集成》(第9册),第492~493页。

民间雀角细故，原可平情理释。百姓初无涉讼之心，多因讼师唆弄煽惑，遂尔架捏虚词，牵连无辜，混行呈告。在讼师之意，只图牟准拖累，得以从中取利，并不乐于对簿。是以串嘱书差，多方捺搁，迨原告不愿终讼，情甘具息请销，而讼师之欲壑未充，又复从中钳制，使之欲罢不能，甚至有痛哭叩求其息事而不可得者。故讼师之一事，实为乡民耗财之源。讼师尤为民间之害。①

三、实虚之间：贪利讼师的实际案例与文学形象

这些关于讼师贪得无厌、欲壑难填的描述，并非全属空穴来风。清代的司法案例显示，因为唆讼敛财而被官府抓拿在案的无良奸徒时有所见，而这些具体的案件又使贪利讼师的总体印象在帝国官场和社会大众当中更加扩散开来。以下便是清代两则关于此类逐利之徒的实际案例。

康熙年间，福建汀州府的丘娄上（丘联奎）、丘品上（丘世恭）连同王章等人，仗恃武庠身份，狼狈为奸，起灭词讼。康熙三十五年（1696），丘娄上和丘品上制造事端，教唆曾荣兰出名诬告监生林瀚，将本无讼心的后者逼至不得不到衙门反控的境地。在这起由此二人挑唆而成的讼案中，丘娄上和丘品上"两助干戈"，即"原被两造皆主于娄上之家，彼此告词皆出于娄上之主裁而成于品上之刀笔"，其中从林瀚那里敲诈得到纹银50两。后来由于林瀚无法忍受其"欲壑难填，诈骗无休"而向官府告发，丘娄上和丘品上被官府饬令捉拿。两人被拿获后，另据民人林元云、丘岳永分别告称，丘娄上先前曾于康熙三十四年（1695）二月间主使卢攀光先以"强奸孀女"诬告林足满，后又以"受贿

① （清）何耿绳：《学治一得编·拟案五则》，清道光二十一年（1841）眉寿堂刊本，载《官箴书集成》（第6册），第678页。

灭伦”为由,罗织林足满的同房族亲林先云等叔侄五人,借浼情关说之名,勒诈林元云等五人每人各出银 35 两 1 钱,结果共骗得银 175 两 4 钱。① 又在同年六月间与王章一起捏造匿名揭帖,首告生员丘洪基,并将丘洪基的父亲丘生初、弟弟丘岳永牵连在内,声称可以料理完结。结果从丘岳永处勒诈到纹银 62 两,除分给王章 10 两外,其余的 52 两均被纳入自己囊中。康熙三十六年(1697)三月二十二日,当地官府以拿究讼师事,檄饬密拿丘娄上和丘品上,但两人闻风远飏,直至该年十一月间才被缉获并押解到府。当地官府在审理后,除了将二人分别重责枷号外,还将其诈骗所得的银两追没入官或给还原主收领。②

丘娄上与丘品上之恶主要在于,为了从中渔利,他们对初无涉讼之心的民人百般唆弄与煽惑,甚至不惜制造事端而终将民人拖入讼案。而下面这起案件中的陈载恒,则不但起初教唆他人捏造事由进行诬告,并且在当事人后来惧怕诬告受罚而意图求息之时,因未能诈得钱财,竟然不肯罢手。他的恶迹,属于前述提及的“被唆之人不愿终讼而讼师迫之不使休歇”的那类情形。

乾隆五十六年(1791)八月间,江苏宝山县县民孙岳廷向其姑夫姚忝借钱未果,回家途中遇到相熟的陈载恒,于是忍不住向后者抱怨。陈载恒见姚忝家道殷实,便怂恿孙岳廷到衙门告状,以从中渔利。但孙岳廷百般思索后,仍觉得无事可告。陈载恒想起姚忝有一位名唤玩姐的义女与孙岳廷的胞弟孙好金正好年纪相仿,于是便教唆孙岳廷捏告姚忝曾将玩姐许配给孙好金但后来却嫌贪赖婚,并声称如能诈得钱

---

① 此据《临汀考言》中的原文——“勒诈元云等五人每人出银三十五两一钱,共骗银一百七十五两四钱”,但 175 两 4 钱的总数似有误。

② 参见(清)王廷抡:《临汀考言》卷十一《上杭县讼师丘娄上等赃罪》,清康熙三十九年(1700)刻本。

财便两人分用。孙岳廷禁不住陈载恒的百般挑唆，于是答应让其弟孙好金控告姚忝。陈载恒当即伪造了庚贴，并以孙岳廷胞弟孙好金的名义写好呈词，让其到县衙投递，而自己则冒称是原媒证人。当地县衙收到呈词后，准词拘讯。孙好金后来害怕万一被官方审出诬告则将受到惩罚，于是萌生递呈和息的念头。他在十月初一邀同另一位同胞兄长孙朝二，前往陈载恒家中商议。不料陈载恒必欲诈得钱财方肯罢休，扬言姚忝若不肯出 1 万文钱，就将其家的耕牛拉走变卖。孙好金等人急欲息讼，勉允随行，与陈载恒一起来到姚忝家中。陈载恒表示姚忝须出钱 1 万文方才与其息讼。但姚忝对这一无理勒索不予理会。陈载恒气急败坏，于是让孙好金、孙朝二等人将姚忝家中的耕牛、衣物强行抢走，变卖之后分赃。无辜受殃的姚忝到县衙告发。县官接到告状后，将陈载恒等人拘拿到案。涉案众人经堂讯后供认不讳。江苏巡抚认为：

> 陈载恒唆使孙岳廷诬告赖婚，冒媒勒诈，抢取牛物，变钱分用，实为播弄乡愚，吓诈扰害。……除抢夺轻罪不议外，合依棍徒生事扰害发遣例，改发极边烟瘴足四千里充军，面刺“烟瘴改发”四字，到配杖一百，折责安置。①

刑部在乾隆五十九年（1794）二月覆审该案时，支持江苏巡抚的上述处理方案，批示“均如该抚所咨完结”。

诸如此类讼师贪利诈财的描述，不仅见诸明清时期的一些实际案例，而且至少从明代开始，便已成为文学作品中的常见内容。

明代小说《醋葫芦》中，讼师冯是虚在向事主加价索酬且数完无差

① （清）沈沾霖辑：《江苏成案》卷十五《刑律·诉讼·教唆词讼·唆使诬告照棍徒生事扰害例问拟（陈载恒）》，清乾隆五十九年（1794）刻本，载《历代判例判牍》（第 8 册），第 180～181 页。

之后,方才提笔为其写状,却还声称“不是小子爱钞”。[①] 在白话小说集《二刻拍案惊奇》中,凌濛初更是为我们刻画了一群教唆词讼、勒索巨金的无赖棍徒形象。铁里虫宋礼、钻仓鼠张朝、吊睛虎牛三、洒墨判官周丙和白日鬼王瘪子,平日专门挑弄是非,扛帮生事。这伙人不知从何处得知,以卖粉营生的朱三家的儿子,实系城中莫姓巨富流落在外的私生子。宋礼等人某日获悉莫姓巨富身故,便来到朱三家中,怂恿其打官司争分莫姓巨富的家产。朱三夫妇禁不起宋礼等人的百般唆使,应允到官府告状。宋礼等人声称“打官司全靠使费与那人力两项”,要朱三写下一千两的借票才肯帮其打理。[②]

讼师勒索巨金的类似故事,更是频频见诸清人的笔记小说和逸闻汇编之中。这些记载所描绘的讼师,给人的深刻印象便是其收入不菲,甚至相当丰厚。清代笔记小说《巢林笔谈》中那位据称因遭报应而毙命的叶姓讼师,生前便“尝以揽讼重贿”。[③] 有学者根据《清代笔记小说类编·案狱卷》[④]和《清稗类钞》[⑤]中记载的十五则讼师事迹,对其中所描述的讼师得财情形加以统计,结果发现除了两例为当事人自己主动许诺给予谢金外,其余多被描述成是贪利讼师主动索要为数颇为可观的报酬,且其中诸位讼师所得的报酬,往往要么被写为“五百金”

① 参见(明)伏雌教主:《醋葫芦》,上海古籍出版社 1992 年影印版,第 515 页以下。

② 参见(明)凌濛初等:《别本二刻拍案惊奇》卷十《赵五虎合计挑家衅,莫大郎立地散神奸》,萧相恺校点,浙江古籍出版社 1993 年版,第 176 ~ 177 页。此故事的历史原型,应是宋代周密在其《齐东野语》一书中所记的莫姓富翁私生子事件,但宋礼等人物之名为凌濛初在改编时添入,参见(宋)周密:《齐东野语》卷二十《莫氏别氏子》,中华书局 1983 年版,第 365 页。

③ 参见(清)龚炜:《巢林笔谈》,中华书局 1981 年版,第 140 页。

④ 陆林主编:《清代笔记小说类编·案狱卷》,陈敏杰、丁晓昌校注,黄山书社 1994 年版。

⑤ (清)徐柯编纂:《清稗类钞》(第 3 册),中华书局 1984 年版。

"千金""二千金""三千金"等实数,要么以"多金""巨金""重金"之类的虚数加以概称。[1] 从这些描述来看,讼师给人的印象似乎向来都是贪婪成性且诈财甚巨。

四、清代讼师案例中所见的代写词状收费情况

明清时期的官员们在指陈讼师之害时,往往将其主要恶行概括为"教唆词讼"和"包揽词讼"。"包"与"揽"同义,而"揽"在旧时多具贬义。[2] 所谓"包揽词讼",是指讼师在诉讼的全过程中承包其事,特别是承包与衙门胥吏、差役的交涉。[3]《湖南省例》将讼师所为之事分为"唆讼"与"包讼",并进一步将讼师细分为"唆讼而兼包讼者"和"唆讼而未能包讼者":

> 乃有讼师,遇小民一时之气愤,辄挑唆告状,诱人犯法,而见有健讼之辈,尤喜其奸得售,海市蜃楼,任其驾捏,只图告准,不顾审虚。因又有包讼之棍,向与上下衙门熟识,而出兜揽,招寓于家,一应房差费用,代其料理,捏称门路,说合打点,指撞钱财,肆无忌惮。有唆讼而兼包讼者,拔长刀笔而家又安歇,诸人大抵蠹吏劣衿之流。有唆讼而未能包讼者,地方游民粗知文墨,与人代

---

① 参见霍存福:《唆讼、吓财、挠法:清代官府眼中的讼师》,载《吉林大学社会科学学报》2005年第6期。

② 参见杨联陞:《中国文化中"报"、"保"、"包"之意义》,贵州人民出版社2009年版,第41页。

③ 夫马进分析过"包揽词讼"的两层含义,参见[日]夫马进:《明清时代的讼师与诉讼制度》,载[日]滋贺秀三等著、王亚新等编:《明清时期的民事审判与民间契约》,法律出版社1998年版,第403页。

作词状,引至包讼之家,彼此结证,欺骗瓜分。[1]

不过在实际中,“唆讼”与“包讼”的界限常常只是一步之遥。不少讼师不仅教唆民人架词构讼,而且其所作所为也往往涵盖某些包讼之事。明代小说《禅真逸史》中载有一篇《唆讼赋》,其中形容讼师不仅“写呈讲价,做状索钱”,而且“乘打点,市恩皂快;趁请托,结好吏书”。[2] 清代的一些官员在描绘“教唆讼棍”所为之事时,也指出此辈之行状:

专哄平人告状……讼端既兴,则运用笔锋,播弄诡计,代为打点。愚者落局倾财,彼则暗中分扣。[3]

由于“包揽词讼”意味着免不了要打点贿赂胥吏、差役,故而当事人需要支付给讼师的费用为数更巨,“包揽词讼”的讼师通常也会索财尤厉。[4] 例如,道光年间那位开店包讼的南汇县监生叶墉便是如此。[5] 从这个意义上讲,所谓“包揽词讼”的讼师,其实往往并非主要依赖写

---

① (清)吴达善纂修:《湖南省例·刑律》卷十二《诉讼·教唆词讼·严禁棍徒唆讼包讼》,清刻本。

② (明)清溪道人:《禅真逸史》第二十五回《遭曲陷叔侄下狱,反囹圄俊杰报仇》,兑玉校点,齐鲁书社1986年版,第374~375页。

③ (清)黄六鸿:《福惠全书》卷十一《刑名部·章获鹿饬禁刁讼并访拿讼棍示》,清康熙三十八年(1699)金陵濂溪书屋刊本,载《官箴书集成》(第3册),第333页。

④ “包揽词讼”的讼师向胥吏、差役打点行贿,由此造成案件更加难以清结。或许也正是由于这个缘故,包讼讼师比唆讼讼师更加为官方所痛恨。例如,清代雍正十年(1733)湖南省发布的一则告示,便将矛头直指包讼讼师:“照得南民刁悍,每以小事辄成大题,砌词越控,一告不准,又敢改名捏词复告,苟图一时掣准,不顾将来反坐。此皆讼棍图利唆拨,以致愚民轻听,自罹罪戾,殊堪痛恨。兹值开□,除饬严行查拿包讼光棍、尽法究治外,先出示晓谕。为此仰代书及告状人等知悉……”(清)吴达善纂修:《湖南省例·刑律》卷十,《诉讼·越诉·晓谕刁民架词越控》,清刻本。文中着重号为引者所加。

⑤ 参见林乾:《从叶墉包讼案看讼师的活动方式及特点》,载《北大法律评论》(第10卷第1辑),北京大学出版社2009年版,第14~15页。

状能力营生的人士，而更像是在衙门与当事人之间来回兜串的诉讼掮客（litigation broker）。[①] 此类人物代为打点贿赂所需的费用，常常是无底深渊。[②] 而这种费用的高昂，往往又让人们对讼师诈财的印象更为固化，从而使讼师贪利的话语流传得更为广泛。

"包揽词讼"的费用通常因人因案而差异甚大，再加上在当事人付给讼师的那些费用之中，除了给其本身的报酬之外，还包括请其代为打点的部分。因此，我们很难直接据此来评断讼师本身的贪婪程度。要验证讼师皆是惯于贪索高昂费用的流行说法究竟是否属实，或许还得主要视讼师业务内容之中最基本的那一部分而定。而在讼师的所有业务之中，代写词状是最具特征的一项内容。这也正是为什么人们有时又将讼师称为"状师"的原因所在。[③]

---

① 赫伯特·克瑞泽（Herbert M. Kritzer）在分析现代美国律师时指出，以往的研究往往只强调律师作为专业人士的一面，而没怎么注意到他们其实在更大程度上是嵌入在复杂的社会关系网当中的"司法掮客"（Justice Broker）。他因而主张以"专业人士/掮客"（Professional/Broker）的二元框架来重新认识律师在诉讼中发挥的作用，参见 Herbert M. Kritzer, *The Justice Broker: Lawyers and Ordinary Litigation*, New York: Oxford University Press, 1990。虽然赫伯特·克瑞泽笔下所称的"司法掮客"并无明显的贬义（在他看来，律师在当事人和法官之间充当"中间人"，既可能是在正面意义上，也可能是在负面的意义上），但这个分类对于我们研究明清讼师不乏借鉴意义。若以此来观察明清时期活跃于很多区域的讼师，可以发现，在他们身上，这种"掮客"的特征尤为突出。

② 关于衙门胥吏收受陋规的讨论，参见 Bradly Ward Reed, *Talons and Teeth: County Clerks and Runners in the Qing Dynasty*, Stanford: Stanford University Press, 2000, pp. 200 – 245；瞿同祖：《清代地方政府》，范忠信等译，法律出版社 2003 年版，第 85 ~ 90、112 ~ 118 页。

③ 从某种意义上说，"状师"的称呼在后来比"讼师"一词被使用得更为持久。在 19 世纪后期与 20 世纪初，不少人们倾向于用"状师"而不是用有着负面意涵的"讼师"来指称今日所称的"律师"。参见邱志红：《从"讼师"到"律师"——从翻译看近代中国社会对律师的认知》，载《近代史研究》2011 年第 3 期；尤陈俊：《阴影下的正当性——清末民初的律师职业与律师制度》，载《法学》2012 年第 12 期；孙慧敏：《制度移植：民初上海的中国律师（1912—1937）》，中国台湾地区"中央"研究院近代史研究所 2012 年版，第 29 ~ 65 页。

讼师为人代写词状的报酬，尽管同样也可能在不同的案件之中差异颇大，但通常会有一个大致的标准，尤其是当一些讼师将代写词状作为长期业务时更是如此。考察讼师代人写状收取费用的多少，或许能够使我们对讼师需索钱财的一般情况和实际程度有重新的认识。刚毅在光绪初期出任广东惠潮嘉分巡道时，曾派亲兵乔装打扮后去接触当地揭阳县的一位讼师，“诈称欲控某人，托伊编写呈底，送洋银二元以作润资”。① 不过非常遗憾的是，诸如此类写明写状费用具体数额的史料记载非常罕见，通常只是在少数的讼师案件材料中才能看到一些更为丰富的具体信息。

（一）乾隆年间广西的覃必俊案

广西巡抚姚成烈在乾隆四十六年（1781）十月十四日上呈给皇帝的一份奏折当中，透露了当地讼师覃必俊多年来代写词状的所得报酬情况。

广西修仁县县民覃必俊，据称“与次子覃老贵素习刀笔，唆讼作词，得钱包告”。据广西巡抚姚成烈在奏折中所言，覃必俊父子除了为自身之事而勒索他人或作词诬告之外，还曾多次替他人撰写词状，并索取数额不等的报酬。

乾隆四十三年（1778），覃必俊为县民寥老富代作词状两张，覃老贵也代其作词一张，控告文光汉遗粮不收。两人向寥老富索取写状报酬 2000 文钱。后因寥老富无力办钱，于是让其帮工作抵。

乾隆四十五年（1780），县民莫金年因年老乏嗣，招罗老晚为婿。后因罗老晚不务正业，莫金年将女儿另嫁于何老晚为妻。覃必俊代罗老晚作词控告莫金年，得报酬 3000 文钱。又代莫金年作词控告罗老

---

① （清）刚毅：《牧令须知》卷一《听讼》，清光绪十五年（1889）刊本，第 75 页。

晚,得报酬 9000 文钱。

乾隆四十六年(1781)七月初三,覃必俊与廖元芳同往赶墟,有相熟的猺人苏扶法向两人抱怨说,自己因借欠莫胜法 10,000 文钱未还,屡被莫胜法逼讨辱骂,气忿难释。覃必俊、廖元芳于是乘机教唆苏扶法包告抄抢,声称若如此照做,不但所欠债务可以不还,而且还能对追赃银获利,但要苏扶法先交给他 30,000 文钱,才肯帮他代写呈状。苏扶法在七月初七向亲友借得 15,000 文钱,就近挑到廖元芳家中交给覃必俊,并表示尚欠着的另外 15,000 文钱等到在衙门告准后再行找补。覃必俊这时方才将写好的词状交给苏扶法。覃必俊分给廖元芳 3000 文钱,其余的 12,000 文钱则留为己用。[①]

向皇帝呈报此案的广西巡抚姚成烈在奏折中声称,“不特唆讼各案众证供明,及伊兄覃昌贤(覃必俊长子、覃老贵之兄)亦据实供吐”。

按照此份奏折的描述,覃必俊在乾隆四十三年到四十六年(1778—1781),曾为他人代作词状多次,历次实际得钱 3000 文钱到 12,000 文钱,且更多时候是在 10,000 文钱左右。覃必俊的历次所得,折合银在 3 两至 12 两。[②] 对比当时的物价来看,可以发现这个数目颇为不菲。从康熙后期到乾隆末年,全国粮价每石约为 1000 ~ 1600 文钱。[③] 而根据乾隆二十九年(1764)纂修的广西《马平县志》记载,当地

---

① 参见台北“故宫博物院”图书文献处文献科编:《宫中档乾隆朝奏摺》(第 49 辑),台北,“故宫博物院”1984 年版,第 231 ~ 235 页。

② 有清一代,银钱比价波动甚大。根据杨端六的研究,其中从顺治元年到嘉庆十二年(1644—1807)的 164 年间,银钱比价虽然不能完全稳定在 1000 文以上,但始终动摇于一千文上下,幅度不大,参见杨端六:《清代货币金融史稿》,武汉大学出版社 2007 年版,第 178 页。

③ 参见黄冕堂:《中国历代物价问题考述》,齐鲁书社 2008 年版,第 67 页。

府学拥有的35亩6分学田，一年的租银总共也不过4两4钱。①

（二）光绪年间河北的杨清兰案

清末来自河北唐县的一起讼师教唆词讼案件，让我们得以对当地讼师的写状收费情况有所了解。49岁的杨清兰系当地人氏，父母俱故，并无兄弟，有妻常氏，但无子女。他由监生捐纳获得巡检职衔，平日靠在县属教书度日。从杨清兰的口供以及相关证供当中，可以得知他在六年多的时间内先后八次代作词状的历次收费详情。

光绪二十九年（1903）七月内，杨清兰因家贫难度，遂起意代人作词，以补生活之资。后有与其相熟的民人刘凤安来杨清兰家中，告称自己在与牛凤舞的地亩纠葛中被后者抢去地中粮食，想请杨清兰代其作词，好赴县呈告。杨清兰应其所请，为刘凤安代作呈词一张，收取谢资1000文钱。

光绪三十年（1904）年六月里，赵明亮将34亩地当给其族人赵清元。后因无力回赎，于是想让赵清元找价绝卖，但赵清元不愿承买。杨清兰得知后，便唆使赵明亮到衙门告状，并为其写好呈词，索取谢资2000文钱。同年九月中，当地民人曲立涵因年老乏嗣而欲立曲锡镛为嗣承继。曲立涵的从堂侄曲振元觊觎曲立涵有地两倾，想要争继，于是找杨清兰商议。杨清兰唆教曲振元捏称曲锡镛串同族亲、越占阻继，向衙门控告，并为曲振元作好词状，得到谢资5000文钱。

光绪三十一年（1905）七月，来自湖北的民人施客人在唐县县衙控告当地民人李福林等强拿其衣物钱文。李福林请杨清兰代其写

① 参见（清）舒启修、吴光昇纂：《马平县志》卷五《学田》，清乾隆二十九年（1764）原修，清光绪二十一年（1895）重刊本，台北，成文出版社1970年版。

状反控。杨清兰为李福林作就词状,在其中捏控差役勒讹私押、代书不敢写状等情节,交给李福林赴府越控。杨清兰此次得到谢资5000文钱。

光绪三十三年(1906)二月间,民人阎锦亭的胞叔阎士奇意欲承继阎锦亭次祖阎景星,但阎景星因家贫不愿其承继。阎锦亭担心阎士奇一旦承继,则必将分其本门家产。杨清兰于是便唆使阎锦亭状告阎士奇,并代其作就词状,捏称阎士奇母死不殓、持刀逞凶等情。阎锦亭交给杨清兰2000文钱作为谢资。同年七月间,王自富的胞弟王自亮在上屯买梨之时,被侯智等人抢去两车梨。王自富请求杨清兰代其作词告状,杨清兰于是为其作就一纸状词,但此次并未索得谢仪。

光绪三十四年(1908)五月中,杨清兰因与杨栋梁互控而被时任唐县县令提讯,在吏房管押。当时有一位名叫望长的僧人,因不守清规而被黄体仁向县禀控。僧人望长情虚,于是与同押的杨清兰商议。杨清兰叫望长递呈反诉,并为其代作词状一张,捏称黄体仁串通腹党阎寅浩、捏诬妄控等情,并收受望长5000文钱作为酬劳。同年五月中,谢连堂从郝化文处承当到11亩地,价钱92串已经交清。但嗣后郝化文声称钱色太坏,要求谢连堂更换。谢连堂不愿。后由巡警局勇涂四从中调解,让谢连堂更换其中的一半钱。谢连堂不服调解,进城找到杨清兰,向其叙说情由,并请其代写词状呈告。杨清兰声称情节太轻,要捏称巡警局首事方钟瑞在警局私设公堂、擅行拷打,才能够被衙门准理。得到谢连堂的应允后,杨清兰为其代作词状一纸,并收取谢仪4000文钱。

后来谢连堂在堂讯时供出实情,杨清兰捏写词状之事因此东窗事发。县官带人亲赴杨清兰家中搜查,搜得从前的词状底稿多张。杨清兰在被抓获后供称：

犯人实止唆讼作词这八次，此外并没另犯不法，别案也没串通书吏、吓诈乡愚的事，所得钱文，均已陆续花用，求恩典是实。①

除了一次未索得写状报酬外，杨清兰其余七次所收的报酬依次为钱1000文、2000文、5000文、5000文、2000文、5000文和4000文。不过与前述广西讼师覃必俊收取的费用相比，杨清兰所收无疑要低不少。

五、与官代书收费情况的比较

在清代，代人写状的，除了上述覃必俊、杨清兰之类的讼师外，还有地方官府专门设立的官代书。②

---

① 参见（清）钱祥保著、何震彝编：《谤书》卷四《讯明杨清兰素不安分，教唆词讼，扰害乡里，例拟议解审究办文》，台北，文海出版社1976年版，第254～264页。

② 早在唐律当中（具体为"斗讼律·为人作辞牒加状"条），就已出现关于为人代写词状不实如何处罚的相关规定——"诸为人作辞牒，加增其状，不如所告者，笞五十；若加增罪重，减诬告一等。"参见《唐律疏议》，刘俊文点校，法律出版社1999年版，第479页。至宋代，出现了协助民人写状的书铺，但并非官设机构。参见戴建国：《宋代的公证机构——书铺》，载《中国史研究》1988年第4期；陈智超：《宋代的书铺与讼师》，载陈智超：《陈智超自选集》，安徽大学出版社2003年版，第345～357页；郭东旭：《宋代法制研究》，河北大学出版社1997年版，第610～612页；裴汝成：《宋代"代写状人"和"写状钞书铺"》，载裴汝成：《半粟集》，河北大学出版社2000年版，第306～315页。元代前期仍存此制，直到大德十一年（1307）改由官府派吏人充任写状人。参见［日］宫崎市定：《宋元时期的法制与审判机构——〈元典章〉的时代背景及社会背景》，姚荣涛译，载杨一凡总主编、［日］寺田浩明主编：《中国法制史考证·丙编·日本学者考证中国法制史重要成果选译·宋辽西夏元卷》，中国社会科学出版社2003年版，第87～88页；前引陈智超文，第356～367页。明代亦设有代书人（或称"书状人吏"），但更详细的具体情况尚有待进一步研究。清代雍正年间，《大清律例》正式在新增例文中规定"考取代书"，是为"官代书"之制。关于清代的官代书，参见那思陆：《清代州县衙门审判制度》，中国政法大学出版社2006年版，第40～42页；吴佩林：《法律社会学视野下的清代官代书研究》，载《法学研究》2008年第2期；邓建鹏：《清朝官代书制度研究》，载《政法论坛》2008年第6期；郑小春：《清朝代书制度与基层司法》，载《史学月刊》2010年第6期。

这些经官府考选后从业的官代书，其主要工作就是为不通文墨之人代写词状。用《大清律例》中的原文来说，“凡有呈状，皆令其照本人情词据实謄写”。[①] 但事实上，不少地方的官代书，常常只是照着民人事先准备好带来的状词草稿誊写一遍或稍作加工，而并不是根据当事人的口头陈述据实为其代拟词状。例如，在淡新档案的近3000份民刑事诉状中，据统计，只有1%的诉状是由官代书独立制作而成，80%以上的诉状都是由官代书根据当事人带来的成稿或草稿而写就。[②] 另一份对《徽州千年契约文书》（清·民国编）中所收录的乾隆至光绪年间的37件格眼状纸的研究也发现，“官代书直接参与制作状词的有7件，由当事人带来状词草稿的有9件”。[③]

不过，无论是根据当事人的口述制作词状，还是实际上仅是誊录当事人事先准备好的状稿，官代书均要向当事人收取一定的写状费用。唯一不同的是，后一种情况的收费通常要比前者为低。而且，清代各地衙门通常在印制于状纸之末的状式条例部分中规定，未盖有官府颁给代书的专门戳记的诉状，将不会被衙门受理（不过实际上未必皆是如此）。[④] 而在状纸上盖上代书戳记，同样要收取一定的费用。因

---

① 《大清律例》在“刑律·诉讼·教唆词讼”条后附的一条例文中规定：“内外刑名衙门，务择里民中之诚实识字者，考取代书。凡有呈状，皆令其照本人情词据实謄写。呈后登记代书姓名，该衙门验明，方许收受。无代书姓名，即严行查究。其有教唆增减者，照律治罪。”据薛允升所言，此例系雍正七年及十三年定例，乾隆六年改定。薛允升还指出：“现在外省有代书，而京城仍未遵行。”参见（清）薛允升：《读例存疑》（第4册），黄静嘉重校本，台北，成文出版社1970年版，第1022页。

② 参见［日］唐泽靖彦：《清代的诉状及其制作者》，牛杰译，载《北大法律评论》（第10卷第1辑），北京大学出版社2009年版，第32～34、43～44页。

③ 郑小春：《清朝代书制度与基层司法》，载《史学月刊》2010年第6期。

④ 吴佩林：《法律社会学视野下的清代官代书研究》，载《法学研究》2008年第2期；邓建鹏：《清朝官代书制度研究》，载《政法论坛》2008年第6期；邓建鹏：《清朝〈状式条例〉研究》，载《清史研究》2010年第3期。

此,代书向当事人收取的费用,实际上通常包括写状费和盖戳费这两部分。本文所称的“官代书收费情况”,即指官代书向当事人收取的这两项劳务报酬,但不包括当事人从代书那里购买状纸时支付的那部分费用。①

我们不妨将官代书与前述两案中的讼师代人写状时的各自收费情况进行比较。由于资料缺乏,我们尚无法得知覃必俊、杨清兰等人犯案之时当地官府关于官代书代写词状的收费标准,但来自其他地方的一些记载或可藉以对照。乾隆六年(1741),湖南湘乡知县禀称:

> 湖南民风健讼,而湘邑尤甚。……向来呈词,止代书戳记,不经代书书写,悉系地方无业游民,略识数字,即代人作状谋生。无论在城在乡,此辈实繁有徒。楚民向属刁诈,好讼成风,偶有不平之事,往往投若辈商议。一入其场,若辈视为奇货,即怂恿告状,从中取利,而告状纷纷,半由此辈拨弄所致。讼师例应查拿,而此辈实无讼师伎俩,不过希获微利为糊口计。卑职再四筹画,与其

---

① 除了代写状词之外,一些地方的官代书还兼售状纸。戴炎辉援引白井新太郎的《臺灣清時ノ司法制度》一书所记内容指出:“平民的告状,地方官颁布其格式,令商人印刷,统归代书贩卖,此称为‘状式纸’。”据其所言,白井新太郎的《臺灣清時ノ司法制度》一书称“纸商批发价一纸之值约六分,而代书领价,在县一毛六分,府二毛,省五毛”。参见戴炎辉:《清代台湾之乡治》,台北,联经图书出版事业公司 1979 年版,第 706、720 页。宣统三年(1911)的冕宁县诉状中印有“官印刷局制售,每张状价钱贰拾文,代书售九折,此外不准私加分文”的字样(参见张晓蓓:《冕宁清代司法档案研究》,中国政法大学出版社 2010 年版,第 50 页),由此可推知当地官代书还兼售状纸。不过另一些研究则指出,状纸未必皆由代书贩卖,也可能是由州县衙门的书吏发售,参见李荣忠:《清代巴县衙门书吏与差役》,载《历史档案》1989 年第 1 期(“书吏出售状纸,正副状纸收钱 56 文,结状每张 12 文,每案结状条禀两张,每张收钱 56 文”);张伟仁:《清季地方司法——陈天锡先生访问记》,载张伟仁:《磨镜——法学教育论文集》,清华大学出版社 2012 年版,第 186 页;[美]艾马克:《十九世纪的北部台湾:晚清中国的法律与地方社会》,王兴安译,台北,播种者文化有限公司 2003 年版,第 159 ~ 160 页(“据说每份状纸必须支付 400 文至 500 文向衙门购买”)。

暗从若辈代人写状，不若明收若辈充作官书，使就约束。[①]

湘乡知县接着建议说，在将这些民间写状人择充官代书之后，为了对其写状收费加以规范，不妨允许他们每写一张词状收钱 20 文。在乾隆前期，当时南方日工的报酬通常在三四十文。[②] 因此，20 文的写状报酬数目实际上并不算高。但上峰在核批其议时还是认为，“每词给钱二十文，亦未免太多，应请每词给钱十文，以为纸笔饭食之资”。

乾隆时期，各地官府所定的官代书写状收费标准似乎一直不高。乾隆五十九年（1794），福建臬司向各属饬告：

代书填写呈状用戳……院、司、道准其受钱三十文，其府、州、厅、县准受钱二十文，毋许额外多索，如违究处。[③]

李绿园在乾隆年间创作文言长篇小说《歧路灯》之时，曾在书中虚构了一起官司，其中提及将讼师事先写好的状稿送到代书那里誊写，再“用个戳记，三十文大钱就递了”。[④] 这一个小说细节的原型，应该是来自于他在 18 世纪中叶的生活印象。

不过，官代书写状收费的官定标准，后来似乎普遍有所提高。在四川南部县，道光三十年（1850）规定“每张止给笔资钱一百文”，并且这一收费标准一直维持到光绪二十三年（1897）。[⑤] 在冕宁县档案中，

---

① （清）吴达善纂修：《湖南省例·刑律》卷十《诉讼·告状不受理·代书每词钱十文》，清刻本。

② 参见黄冕堂：《中国历代物价问题考述》，齐鲁书社 2008 年版，第 188 ~ 189 页。

③ 参见《福建省例》，台北，大通书局 1997 年版，第 970 页。

④ （清）李绿园：《歧路灯》（中册）第七十回《夏逢若时衰遇厉鬼，盛希侨情真感讼师》，栾星校注，中州书画社 1980 年版，第 673 页。

⑤ 参见吴佩林：《法律社会学视野下的清代官代书研究》，载《法学研究》2008 年第 2 期。

咸丰九年(1859)的诉状中写有“作词壹张准取笔资戳记钱壹佰文,如违查究”的字样,而在同治十年(1871)的诉状中则变成“作词壹张,准取戳记笔资钱贰佰肆拾文,如违查究”。[①] 同治年间,张修府在湖南任知府时,曾专门颁令对代书收费加以约束:

> 无论新旧词由,该代书拟稿、盖戳,准取笔资三百文,自稿盖戳一百文,毋许额外需索。倘敢贪取重赀,将无作有或代为包揽,夤缘种种,招摇撞骗者,照书役诈赃例酌定罪名。[②]

在光绪二十六年(1900)的冕宁县状纸上,写有“每张准取笔资钱贰佰文”。[③] 由上可知,清代各地官府所定的官代书写状收费标准,虽然因时因地有所差异,但通常都是在100文至300文钱。一名官代书如果完全照此收费标准靠写状谋生,那么通常只能维持类似于雇工的低下生活水准。[④]

需要注意的是,虽然各地官府对官代书写状收费标准有上述限制,但官代书的实际收费往往要高出上述规定不少,有时甚至高达五

---

① 参见张晓蓓:《冕宁清代司法档案研究》,中国政法大学出版社2010年版,第50页。

② (清)张修府:《谿州官牍》乙集《颁给代书条约示》,清同治四年(1865)长沙嘉定张氏刻本。

③ 参见李艳君:《从冕宁县档案看清代民事诉讼制度》,云南大学出版社2009年版,第86页。

④ 吴佩林利用南部档案,按照“每张止给笔资钱一百文”的收费标准,对光绪元年(1875)至光绪十二年(1886)间当地20位官代书的写状收入情况进行估算,结果发现“最多者可达10,000文,最低者则仅为100文。若把图像不清楚的档案一并归入所列官代书书写,求其收入的平均值,最高为光绪六年(每位官代书年评论收入为4443文),最低为光绪二年(年平均收入为1900文)。此收入相当于同一时期一个农业雇工一年的收入(在2000~5000文铜钱)。收入低者,一年的收入不及南部县一个拉船的雇工(一年工钱五串)”。吴佩林:《法律社会学视野下的清代官代书研究》,载《法学研究》2008年第2期。

六倍。

据徽州地区嘉庆年间的一份“告状费用收支簿”上所写，当地官代书每写一份词状要收取“写状银五钱”。[①] 前曾述及，官代书照着当事人带来的呈词草案誊录时所收的费用，要比他自己根据当事人口述制作词状时为低。道光年间南汇县的官代书顾治便是如此，他为人誊写呈状，每张只收 100 文钱，但如果是操刀为人作词，则是每张收取洋钱 1 元或者四五百文钱。[②]

在现藏安徽大学徽学研究中心的几份徽州文书中，年代不详的《清歙县□□□家族开支账本》“将戳记费记为‘图记’……每次为钱 200 文”，而在诉讼案卷《清光绪六年至九年黟县一都余棠控四都朱庆春、汪佛金抬棺盗占案》包含的 7 件讼费账单中，则“记录有‘图书’‘依口代笔’等名目，大约支出洋 1 元、钱 6693 文以上”。[③] 所谓“图书”及“依口代笔”，据学者研究指出：“‘图书’和‘依口代笔’是对官代书誊写状词的不同用法。‘图书’记录的费用，每次支付多在钱 400 文上下，只有光绪七年(1881)二月二十三日比较例外，一次支出洋 1 元、钱 404 文，但总体上还是比较规律。‘依口代笔’只有一次记录，支出钱 1200 文。”[④]很明显，《清歙县□□□家族开支账本》所记收费是在上述官定范围之内，而《清光绪六年至九年黟县一都余棠控四都朱庆

① 参见田涛：《被冷落的真实-——新山村调查手记》，法律出版社 2005 年版，第 34 页。

② 参见林乾：《从叶墉包讼案看讼师的活动方式及特点》，载《北大法律评论》(第 10 卷第 1 辑)，北京大学出版社 2009 年版，第 15 ~ 16 页。

③ 参见郑小春：《从徽州讼费账单看清代基层司法的陋规与潜规则》，载《法商研究》2010 年第 2 期。

④ 郑小春：《清代陋规及其对基层司法和地方民情的影响——从徽州讼费帐单谈起》，载《安徽史学》2009 年第 2 期。

春、汪佛金抬棺盗占案》所含讼费账单中记载的官代书实际收费则远超了规定标准。

在四川南部县，虽然光绪二十九年（1903）十一月至光绪三十年（1904）六月时衙门规定“每张给笔墨辛力戳记钱二百六十文，写字钱四十文，不准多索”，但当时官代书的收费惯例却是，每代作一张词状要收取“辛力写字钱”360 文和戳记钱 200 文（合计 560 文），后来还有实际收费更高的，如光绪三十三年（1907）当地官代书吴慎修被人举报每张词状收取戳记钱 460 文和“辛力写字钱”360 文（合计 820 文），宣统元年（1909）时的官代书吴子良的收费甚至高达 2320 文。[①]

丁日昌在同治年间任江苏巡抚时，曾访得如皋县“每逢告期，代书戳记费五六百至千余文不等”。[②]

清末调查各地诉讼习惯之时，四川省报称该省代书费“至少者一百文，至多者一千文”，[③]来自山东省的报告书写明该省代书费“每呈一纸京钱七八百文不等”（按每两文京钱合制钱一文折算，即制钱 350～400文），[④]广西省的报告书则将代书费纳入呈状总费之中，并具体列举了其下辖某些县的代书费数额，大致从 100 文（思恩府迁江县）到 600 文（柳州府罗城县）不等。[⑤]

---

① 参见邓建鹏：《清朝官代书制度研究》，载《政法论坛》2008 年第 6 期。

② 参见（清）丁日昌：《抚吴公牍》第三十六卷《饬裁如皋陋规、减复典当利息》，清光绪三年（1877）刊本，第 9b 页。

③ 参见《调查川省诉讼习惯报告书》第十项《案费》之《（一）纸状、代书、传呈各若干费？各种中有无多寡之分（如禀费少、状式费多之类）？》。该书现藏中国社会科学院法学研究所图书馆。

④ 参见《山东调查局民刑诉讼习惯报告书》，载《民事诉讼习惯》部分第一章《诉讼费用》第一节《关于诉讼之公费》。该书现藏中国社会科学院法学研究所图书馆。

⑤ 参见石孟涵辑：《广西诉讼事习惯报告书》第四章《诉讼费用》，清宣统二年（1910）铅印本。该书现藏中国国家图书馆。

因此，若与前述两起讼师案例中的收费情况相比较，可以发现，即便是讼师杨清兰那比另一位讼师覃必俊所收已然为低的写状报酬，也要比官代书代写词状的实际收费高出不少，更加不用说地方衙门订立的官代书收费标准。

六、讼师收入的分层化

我们该如何评价代人写状这一讼师最具特征的业务的收入情况？讼师为人代写词状所收的报酬，是否皆高于官代书所收的费用？

麦柯丽（Melissa Macauley）提醒我们说，人们很难证明是哪一类来自特定阶层或有特定身份的人垄断了讼师业务。[①]但我们可以大致了解一下哪些人比较容易成为官方所称的"讼师"。艾马克（Mark A. Allee）曾将"讼师"分为三个层次：第一类是精擅此业的助讼之人；第二类是低层绅衿之类的中间阶层；第三类则是算命先生那样偶尔也替人撰写词状的卑微之辈。[②]

在19世纪后期发生在台湾府新竹县的一起前后缠讼长达11年之久——从光绪八年十月廿三日（1882年12月2日）至光绪十九年二月初三日（1893年3月20日）——的冗长官司中，据当事人周春草供称，那份为其带来祸端的呈词，"系在艋舺客店雇赖先生做的"，所给写状报酬是200文钱，但赖先生"现在不晓得那里去"。[③] 被周春草供出

---

① See Melissa Macauley, *Social Power and Legal Culture: Litigation Masters in Late Imperial China*, Stanford, California: Stanford University Press, 1998, p. 146.

② ［美］艾马克：《十九世纪的北部台湾：晚清中国的法律与地方社会》，王兴安译，台北，播种者文化有限公司2003年版，第193页。

③ 案卷编号：22609·41（周春草之口供），参见《淡新档案》（第23册），第二编《民事·田产类：争财、公业》，台北，台湾大学图书馆2007年版，第146页。

的那位代其写状的“赖先生”，看起来属于清末官员庄纶裔所称的那些平时逗留于客店、饭店之中的“游棍讼师”，①可被视为介乎第二类与第三类之间的写状人。这位“赖先生”所收取的200文钱的写状费用，仅相当于官定的官代书收费，比很多官代书的实际收费要便宜不少。本文前述的覃必俊、杨清兰那两位被官府抓拿的人物，则大致可被认为是介乎第一类与第二类之间的写状人。至于精于此业的助讼之人，1849年被当地官府抓拿的两位活跃在湖北武昌、汉口的“写状纸讼棍”，很可能正是这样的人物。其中的黄姓讼师两年时间里在大约100起民事讼案中为人代写词状，冯姓讼师则每年代写40～50份民事词状。②

这三类人物往往共同构成了一个金字塔形的讼师市场。流棍卜算之类的兼业写状者处于最低层，其人数虽然众多，但收入相对低微，其人也往往湮没无闻而不为史籍所记载。③ 居于这一讼师市场之顶端的精擅此业的助讼之人尽管为数最少，但其事迹却最容易吸引人们的兴趣和注意，因此，其为人代写词状、收取不菲报酬的一些事迹，也被人记载下来或被当作民间传说口耳相传，如谢方樽、诸福宝、杨瑟岩、冯执中等清代讼师的故事，民国时期仍在广为流传。④

其实早在明代，一些论者便已注意到讼师群体及其收入的分层

---

① 参见(清)庄纶裔:《卢乡公牍》卷二《示谕严禁饭店包揽讼事条告文》，清宣统三年(1911)铅印本。

② See Melissa Macauley, *Social Power and Legal Culture: Litigation Masters in Late Imperial China*, Stanford, California: Stanford University Press, 1998, p. 106.

③ “吴楚江浙写状，多出于流棍卜算者之手。”(明)佘自强:《治谱》卷四《词讼门·告状投到状之殊》，明崇祯十二年(1639)呈祥馆重刊本，载《官箴书集成》(第2册)，第109页。

④ 参见襟霞阁主人编纂:《中国恶讼师》，襟霞阁1919年版;吴麟瑞:《四大恶讼师》，大达图书供应社1935年版。

化，并对其中的佼佼者予以重点关注。时人徐复祚曾如此形容当时江苏的讼师市场：

> 俗既健讼，故讼师最多。然亦有等第高下，最高者名曰“状元”，最低者曰“大麦”，然不但“状元”以此道获厚利，成家业，即“大麦”者亦以三寸不律，足衣食，赡俯仰，从无有落莫饥饿死者。[①]

他还描述了自己认识的“张状元”的高超本领：

> (张)每与筹计一事，辄指天划地，真有悬河建瓴之势，可令死者生，生者死，譸张变幻，时阴时阳，百出不穷，何愧状元名称哉！[②]

同样是在江苏，崇祯年间，苏州府嘉定县的外冈镇虽是蕞尔小镇，但为人助讼之风却在当地风行已久，不仅先前曾涌现出沈天池、杨玉川等号称“状元”“会元”的讼师前辈，当时就活跃着金荆石、潘心逸、周道卿、陈心卿等“较之沈、杨虽不远，然自是能品”的众位知名讼师，而且，除了这些名声在外的讼师之外，“湮没者不可胜数”。[③] 这些记载声称，像“状元”“会元”这样的顶级讼师，其收入颇为丰厚，即便只是“大麦”这样的低级别讼师，要想维持温饱生活，也并非太难之事。由于讼师本人的名气会影响到其收费高低，个别讼师甚至刻意采用了一些较公开的宣传手法，例如将打赢了的官司的判决文书刻印后到处

---

① (明)徐复祚：《花当阁丛谈》(一)卷三《朱应举》，中华书局1991年版，第57页。

② (明)徐复祚：《花当阁丛谈》(一)卷三《朱应举》，中华书局1991年版，第57页。

③ 参见(明)殷聘尹纂：《外冈志》，上海市文物保管委员会1961年版，第17～18页。

张贴。[1]

对于那些除文笔功夫之外往往身无长技的下层文人来说，代撰词状以谋生活之资，无疑颇具吸引力，尤其是当其穷困潦倒之时，做起代人写状的生意更是一条救急的生路。[2] 正如清人倪立田所说的，“讼师，十九秀孝蒙馆之流也”。[3] 前述那位光绪年间被官方抓获的杨清兰，便供称自己最初系因“家贫难度”方才“起意代人作词”。[4] 流传颇广的善书《坐花志果》中所描述的那位广陵人氏王中丞，据说便是因为“少孤贫，为刀笔以养母”。[5] 不过，即便是为求营生而不得不操此业，而其人“实无讼师伎俩，不过希获微利为糊口计”，[6]但在注重义利之辨——“君子喻于义，小人喻于利”——的儒家意识形态看来，读书人采取这种以刀笔功夫谋生的方式，绝非君子所应为，而是属于小人之举。当一些无良讼师贪索无度的斑斑劣迹随着官方的查知、抓拿而被暴露在世人眼前之时，这种道德上的非难性又在官方那里有意地通过各种严禁讼师、劝民息讼的文告谕旨予以放大，进而使“讼师贪利”的

---

① 参见邱澎生：《当法律遇上经济：明清中国的商业法律》，台北，五南图书出版公司2008年版，第119～120页。

② 参见陈宝良：《明代儒学生员与地方社会》，中国社会科学出版社2005年版，第337～342页；龚汝富：《明清讼学研究》，商务印书馆2008年版，第76～82页；叶楚炎：《明代科举与明中期至清初通俗小说研究》，百花洲文艺出版社2009年版，第443～446页。

③ （清）倪立田：《居稽录》卷二十六《刑律》，著者手定底稿本，载《清代稿本百种汇刊》子部第58种，台北，文海出版社1974年版，第1282页。

④ 参见（清）钱祥保著、何震彝编：《谤书》卷四《讯明杨清兰素不安分，教唆词讼，扰害乡里，例拟议解审究办文》，台北，文海出版社1976年版，第257页。

⑤ （清）仁和调生汪道鼎著、鹫峰樵者音释：《坐花志果》下卷《王中丞》，弘化社1935年版。

⑥ （清）吴达善纂修：《湖南省例·刑律》卷十二《诉讼·告状不受理·代书每词钱十文》，清刻本。

总体形象传播得更为广泛。

七、结语

自从“讼师”在南宋后期正式作为一个职业称谓出现后，“现有文献资料关于讼师的记载差不多都是负面的，我们几乎找不出宋代基层社会具有正面形象的讼师材料来”。[①] 在明清时期的文学作品之中，“讼师贪利”更是几乎成为一种固化的话语模式。明代小说《禅真逸史》曾虚构了一位名叫管贤士的讼师，该人在书中的形象便是：

> 专一一闲教唆挑哄人兴词告状，他却夹在中间指东说西，添言送语，假公济私，倚官托势，随风倒舵，赚骗钱财。[②]

同书之中收录的一首《唆讼赋》，更是对讼师嫌贫爱富、贪得无厌的形象予以生动刻画和辛辣嘲讽。[③] 沈起凤在清代中叶创作文言短篇小说集《谐铎》之时，借一名虚构的讼师之口，对其贪利特性加以讽刺：“予岂好讼哉？人以金帛啖我，姑却之，而目眈眈出火，不得已诺之。”[④]

但事实上，并非所有被称为“讼师”的人士皆能收取高昂费用乃至完全以此谋生，也不是所有被称为“讼师”的人士都是基于勒索钱财的

---

① 戴建国：《南宋基层社会的法律人——以私名贴书、讼师为中心的考察》，载《史学月刊》2014 年第 2 期。

② （明）清溪道人：《禅真逸史》第二十四回《伏威计夺整金姐，贤士教唆桑皮筋》，兑玉校点，齐鲁书社 1986 年版，第 366 页。

③ （明）清溪道人：《禅真逸史》第二十五回《遭曲陷叔侄下狱，反囹圄俊杰报仇》，兑玉校点，齐鲁书社 1986 年版，第 374～375 页。《解人颐》中收录的《讼师文》，与此大同小异，参见（清）钱德苍编：《解人颐》，岳麓书社 2004 年版，第 104～107 页。

④ （清）沈起凤：《谐铎》，卷五《讼师说讼》，乔雨舟校点，人民文学出版社 1999 年版，第 73 页。

目的才代人写状。被官方统称为“讼师”的那些人物，其实未必都是真正专精此道的诉讼专家，而多是一些诸如风水先生、算命先生、村塾老师之类的“下层识字阶层”；“‘讼师’这一称呼，是在官员认为诉讼中的策划服务超出了能够容忍范围的情况下，给这些会读书写字之人所贴的标签”。[①] 在有可能被官方贴上“讼师”这一泛化标签的人士当中，恐怕有相当数量都不是以代写词状为常业的专业助讼人，而是一些偶尔帮助亲邻拟写状词的识字之人。即便是那些被官方当作讼师加以查拿严惩的人士，也有一些实际上只是偶尔为人代作了少数几份寻常词状，而且并未藉此向当事人敲诈钱财，如嘉庆年间被官府比照“积惯讼棍拟军例”量减一等、科以满徒的七旬老人徐学传，就只是在寻常案件中代人作词五纸，并非像《大清律例》中所说的“积惯讼棍”那样“串通胥吏，播弄乡愚，恐吓诈财”。[②]

如果说清代从乾隆年间开始在惩治讼师方面从严立法并掀起了查拿讼师的全国性运动，[③]是试图扩展利用现成的“制度资源”，通过直接地从重打击讼师，进而避免更多的民间讼案被讼师们催生出来导致诉讼社会之程度加剧的话，那么官府通过将一些具体案例中勒索钱财的讼师形象加以扩散和放大，较之前朝更为极力地宣扬讼师贪利的负面形象，则是借助于官方权力的“话语资源”及其衍生品（如受这套

---

① [日]唐泽靖彦：《清代的诉状及其制作者》，牛杰译，载《北大法律评论》（第10卷第1辑），北京大学出版社2009年版，第40页。

② 参见（清）祝庆祺编：《刑案汇览》卷四十九《刑律·诉讼·教唆词讼·为人代作呈词五六次》，载《刑案汇览全编》（点校本），法律出版社2007年版，第2565页。

③ 参见林乾：《讼师对法秩序的冲击与清朝严治讼师立法》，载《清史研究》2005年第3期；邱澎生：《十八世纪清政府修订〈教唆词讼〉律例下的查拿讼师事件》，载《“中央”研究院历史语言研究所集刊》第97本第4分（2008），第637～682页。

话语影响的那些文学作品),来对助讼之人进行整体污名化,[①]从而试图在民众心中将这一群体整体隔离成需要时时加以提防的逐利之徒和蛇蝎之辈。从这个意义上讲,“贪利讼师”的模式化形象塑造和宣扬,与广为流传的“健讼”之论一样,都是“当时的司法体制在‘制度资源’方面逐渐无法有效应对社会情势变迁之时用来弥补其正当性的一种‘话语资源’”。[②] 随着从明至清出现诉讼社会的区域范围逐渐扩展,清帝国愈发希望能够借助于这种“贪利讼师”形象生产和再生产的话语机制,对讼师这一助讼群体进行整体污名化,以有助于达到遏制总体上趋于增大的词讼规模之现实目的。

这种“讼师贪利”的整体形象浸淫人心如此之深,以至于到了民国时期,几位论者在应邀为自号“襟霞阁主人”的知名作家平襟亚那本销路颇广的《中国恶讼师》作序之时,都对讼师的贪财特性加以刻意强调。吴瑞书在论及讼师行事时,声称“彼不问是非,不询曲直,有钱者来,无金者拒,其所救济者,大率出诸豪富之家,而寒素不与也。是

① “污名”(stigma)一词,早在古希腊社会中就有见使用,但将其引入社会学领域的工作进而形成影响深远的“污名化”(stigmatization)这一学术概念,则主要是由德国社会学家诺贝特·埃利亚斯(Nobert Elias)、美国社会学家欧文·戈夫曼(Erving Goffman)等学者完成的。埃利亚斯在1935年的一篇研究“胡格诺教徒”的论文中,揭示了“一个群体会将人性的低劣强加给另一个群体并加以维持”的“污名化”现象,参见杨善华主编:《当代西方社会学理论》,北京大学出版社1999年版,第336页。戈夫曼在出版于1963年的一本名著中对“污名”进行了系统的研究,参见[美]欧文·戈夫曼:《污名——受损身份管理札记》,宋立宏译,商务印书馆2009年版。所谓“污名化”,通常“被视为一种动态的群体过程,在这个互动过程中,处于强势的实施污名者通过贴标签(labelling),将被污名者的某些负面特征加以扩大,直至形成固定的刻板印象”。参见张友庭:《污名化情境及其应对策略:流动人口的城市适应及其社区变迁的个案研究》,载《社会》2008年第4期。

② 尤陈俊:《清代简约型司法体制下的“健讼”问题研究——从财政制约的角度切入》,载《法商研究》2012年第2期。

讼师,又恐贫困者之或得其直,而益助富豪以凶横也”;金佛徒形容讼师“善使人讼而渔人利也”;朱瘦竹则更是试图一语概括讼师之本质——“讼师者何?老于讼,诱人以讼,而谋其利也”。[①] 这种从明清时期遗留下来的对讼师和金钱之关系的模式化强调,在清末和民国时期,一直都是建立于必要的“法律商业主义”之基础上的新兴律师职业为社会大众所广泛接受的巨大障碍之一。[②]

① 襟霞阁主人编纂:《中国恶讼师》,襟霞阁 1919 年版,“序二”“序七”“序八”。

② 参见尤陈俊:《阴影下的正当性——清末民初的律师职业与律师制度》,载《法学》2012 年第 12 期。

知识的力量

——清代幕友秘本和公开出版的律学著作对清代司法场域的影响*

陈　利

一、绪论

清代刑名、钱谷幕友虽然是督抚至州县各级地方官聘请的在地方衙门中办理公务的私人幕宾或法律顾问，但作为相对而言训练有素的法律专家和司法事务的主要操刀者，他们对维系清代两百多年法律系

* 对于本文的完成，作者感谢白化同、白若云、邓建鹏、邱澎生、申小存、苏亦工、田欢、王志强、魏丕信（Pierre-Etienne Will）、吴艳红、尤陈俊及曾小萍（Madeleine Zelin）等人的支持、鼓励和指正。本文引用文献来自作者十多年间的收集，分藏于美国哥伦比亚大学、哈佛大学、加州大学、密歇根大学、康奈尔大学、日本东京大学、早稻田大学、台北“中央”研究院、北京中国社科院、中国政法大学、北京大学及中国和法国国家图书馆等处，在此对给予协助的图书馆人员和引介的朋友一并致谢。多伦多大学和加拿大社科和人文研究委员会［SSHRC］资助了本项目的部分研究。本文初稿曾在中国政法大学2005年11月的“法律史学科发展国际学术研讨会”、法国法兰西学院2009年6月的“中华帝国官箴书研讨会”以及香港中文大学2014年9月的“明清中国法律与社会变迁国际研讨会”上讨论过，后发表于《浙江大学学报》2015年第1期，作者感谢相关主办方、评论人及《浙江大学学报》授权。

统的正常运转功不可没。[①] 囿于官场惯例或潜规则，他们一般不愿将幕后工作大肆张扬，以免聘请自己的地方官（居停）落下橡皮图章之名，结果只有极少数幕友公牍得以公开出版或幸存下来。但这些幕友因拥有当时亟须的专业知识而在各级地方衙门中扮演不可替代的角色，形成了正式官僚体系之外影响清代政治、法律制度运作的一种巨大的隐权力。[②] 而幕友这种隐权力的大小则归根结底取决于他们如何获得、利用、发展和传播法律知识。

研究幕友与这种隐权力的关系，有助于揭示清代中国司法场域（juridical field）的一些重要特征和形态。皮耶尔·布迪厄（Pierre Bourdieu，1930—2002）在研究司法场域时指出，法律的权威和效力不能仅靠赤裸裸的国家强制力量，很大程度上还要依赖于法律运作过程中的"法典化、规范化、形式化、中立化和制度化"的机制，使立法和司法审判看起来"至少在表面上同（社会）实际需要和利益一致"，而得以被社会承认和遵守。[③] 而法律形式化和正当化的程度又常取决于特

---

① 参见 Li Chen，"Regulating Private Legal Specialists and the Limits of Imperial Power in Qing China"，in *Chinese Law：Knowledge，Practice，and Transformation*，1530*s* – 1950*s*，eds. Madeleine Zelin and Li Chen（Leiden：Brill，2015），254 – 86；Li Chen，"Legal Specialists and Judicial Administration in Late Imperial China，1651 – 911"，*Late Imperial China* 33，No. 1（2012）：1 – 54。后者中文版参见陈利：《清代中国的法律专家和地方司法运作（1651—1911）》，白阳、史志强译，邓建鹏校，载《中国法制史研究》2016 年第 28 期。关于清代幕友的代表作，见上述文章中所引的相关文献，尤其是以下成果，即高浣月：《清代刑名幕友研究》，中国政法大学出版社 2000 年版；郭润涛：《官府、幕友、书生："绍兴师爷"研究》，中国社会科学出版社 1996 年版。

② 笔者书稿另有专章从地方司法档案来详细分析这种隐权力。较早提出隐权力这一概念者为韩振：《幕友论》，载贺长龄辑《清经世文编》卷二五，中华书局 1992 年版，第622 页。参见 T'ung-tsu Ch'ü，*Local Government in China under the Ch'ing*（Cambridge：Harvard University Press，1962），p. 96。

③ Pierre Bourdieu，"The Force of Law：Toward a Sociology of the Juridical Field，" trans. Richard Terdiman，*Hastings Law Journal* 38，No. 5（1986 – 87），p. 840.

定时代不同法律职业群体所拥有的不同影响力和地位以及法律知识的传播,以使其中一些人关于法律和司法正义的诠释与理解成为主流价值观。[①] 这种法律职业人士内部的竞争对清代司法场域和法律文化的影响,在中国史学界还有待更加全面的研究。[②] 笔者正在撰写的书稿将尝试对该问题进行系统深入分析,而本文仅就其中一个方面初步探讨作为法律专家的刑名钱谷幕友(以下简称刑钱幕友或幕友),在清代法律知识产生和传播过程中的作用,及其对清代法律文化和司法场域中权力关系的影响。[③]

司法场域的形成往往意味着职业群体对法律知识和服务形成了某种程度的垄断。是否拥有法律知识,一方面决定了哪些个人纠纷可以通过适当的语言包装和司法程序,成为一种被司法机关承认的法律诉讼或争端而进入司法场域;[④]另一方面则决定了谁有权解释法律条文或者使用合适的表述来进行法律辩论或审断。清代幕友在司法场域中的影响力与他们拥有的法律知识以及对法律的诠释和运用能力密不可分。如果说讼师利用"讼师秘本"获得或传授法律及诉讼知识,将民间纠纷变成司法机关必须处理的法律诉讼,而幕友则通过运用法律知识来帮助地方官妥善处理这些诉讼案件。但与被官府严打的讼师不同,幕友可通过影响主流法律知识体系和舆论来推动法律规范的

---

① Pierre Bourdieu, "The Force of Law: Toward a Sociology of the Juridical Field," trans. Richard Terdiman, *Hastings Law Journal* 38, No. 5 (1986－87), pp. 822－823.

② 笔者所见较早触及此问题者,参见邱澎生:《以法为名:讼师与幕友对明清法律秩序的冲击》,载《新史学》2004 年第 4 期。

③ 关于刑钱幕友间的关系,参见前引 Chen, "Legal Specialists and Judicial Administration," pp. 3－5。

④ 前引 Bourdieu, "Force of Law," p. 835。

演变以及司法场域中的资源和权力再分配。① 本文将集中分析清代幕友如何利用法律专业知识和丰富的实践经验,以幕友秘本和公开出版相结合的方式,塑造或重构了清代法律知识体系和司法场域的权力政治生态。

二、背景:法律知识的传播、控制和反控制

不少学者此前已经指出,讼师及其秘本至少对宋代之后的中国诉讼文化和司法制度有巨大影响。② 甚至西方传教士早在17世纪初就已经对中国讼师言之甚详;③在清代广东地区的中外法律纠纷中,也有本地讼师的影子;连英国东印度公司的中文秘书,即英美近代第一位

---

① 关于讼师教人"构讼"的策略,可参见(明)觉非山人:《珥笔肯綮》,约1580年成书;(明)闲闲子:《新刻校正音释词家便览、萧曹遗笔》,瑞云馆重刊本,1614年序;《新增法语锦囊》,刻本,无出版日期;张公:《状神》,笔者藏抄本。近期研究讼师的代表作,可参见 Melissa Macauley, *Social Power and Legal Culture: Litigation Masters in Late Imperial China* (Stanford: Stanford University Press, 1998); Susumu Fuma, "Litigation Masters and the Litigation Systems of Ming and Qing China," *The International Journal of Asian Studies* 27, No. 1 (2007): 79 - 111;龚汝富:《明清讼学研究》,商务印书馆2008年版。关于幕友对清代司法制度的影响,参见高浣月:《清代刑名幕友研究》,中国政法大学出版社2000年版; Chen, "Legal Specialists and Judicial Administration"; Chen, "Regulating Private Legal Specialists," pp. 254 - 286。

② 关于讼学的传播,参见邓建鹏《财产权利的贫困:中国传统民事法研究》,法律出版社2006年版,第153~178页;屈超立:《宋代地方政府民事审判职能研究》,巴蜀书社2003年版,第48~50页;[日]夫马进:《讼师秘本〈萧曹遗笔〉的出现》,载[日]寺田浩明主编:《日本学者考证中国法制史重要成果选译·明清卷》,郑民钦译,《中国法制史考证》丙编第4卷,中国社会科学出版社2003年版,第460~490页;[日]太田出:《明清時代"歇家"考——訴訟との關わりを中心に》,载《東洋史研究》2008年第67号第1期;[日]夫马进:《明清时期的讼师与诉讼制度》,载王亚新、梁治平编:《明清时期的民事审判与民间契约》,法律出版社1998年版,第392~394页。

③ Alvaro Semedo, *The History of That Great and Renowned Monarchy of China* (London: John Crook, 1655 [1641]), 139.

汉学家乔治·汤姆斯·斯丹东爵士(George Thomas Staunton,1781—1859),也在1800年左右暗中托人购来《惊天雷》《透胆寒》《法语锦囊》等讼师秘本,以期更好地应对中国司法程序、维护英国利益。①

但这些诉讼手册长期大多以私下传抄或匿名坊刻形式在民间流通,其主要原因在于教人健讼自古以来为统治阶层所反感,到了明清时期更是受到官府严厉打击。② 尤其是乾隆七年(1742)清廷颁布禁令,将“坊肆所刊的讼师秘本,如《惊天雷》《相角》《法家新书》《刑台秦镜》等一切构讼之书,尽性查禁销毁,不许售卖”;对仍旧撰造刻印之人,则照“淫词小说例”,杖一百、流三千里;翻印或贩卖旧书之人,杖一百、徒三年,而购买者杖一百;甚至连藏匿旧板之人,亦照违例印刻者罪减一等惩处;藏匿该类书籍者,照违制律治罪,而各有关失察官员则交吏部议处。③ 虽然这些禁令未能完全阻止讼师和秘本绵延不绝地出现,但却通过立法方式,将编撰、出版和购买这些传授法律及诉讼知识的行为入罪,迫使其全面转入地下。④ 同司法官员和幕友相比,讼师成

---

① 《法家惊天雷》,书林西园刻;补相子《新镌法家透胆寒》,刻本;众名家合选《新增法语锦囊》,刻本。斯丹东(或译为司东汤、斯汤东)所购的版本都是1801年前刻印的,后由他在1822年左右转赠英国皇家亚细亚学会(the Royal Asiatic Society),现寄存于英国利兹大学图书馆特藏室。关于斯丹东对西方认识中国法律以及对19世纪上半期中英法律纠纷和外交关系的重要影响,参见Li Chen, *Chinese Law in Imperial Eyes: Sovereignty, Justice, and Transcultural Politics* (New York: Columbia University Press, 2015), pp. 69 – 111。

② 在清朝头一个世纪,讼师秘本还继续同公案小说和日用类书一起在民间帮助传播法律知识和诉讼文书格式。参见尤陈俊:《明清日常生活中的讼学传播——以讼师秘本与日用类书为中心的考察》,载《法学》2007年第3期。

③ (清)薛允升:《读例存疑》(第4册),黄静嘉编校重刊本,台北,成文出版社1970年版,第1021页;《清会典事例》(第2册),中华书局1991年版,第438页。

④ 对于讼学在地方司法中的体现,参见邓建鹏:《讼师秘本与清代诉状的风格——以“黄岩诉讼档案”为考察中心》,载《浙江社会科学》2005年第4期。现存坊刻和私刻的讼师秘本众多,笔者研究了近三十种。

了清代司法场域中政治社会地位和权力最弱的职业群体,至少理论上如此。

清代通过立法将讼师秘本与淫词小说相提并论而加以禁毁,其目的除了加大力度打击健讼和诬告等行为外,还表明政府企图加强控制法律知识的产生、传播和使用。[①] 但这种愿望与当时中国司法场域的实际情况严重脱节。事实上,如下文将要谈到的,在 18 世纪中期之后,连《大清律例》以及六部则例、省例和刑部成案的及时更新和向全国发售,都不再由北京武英殿修书局或各省官书局来承担,而是由以幕友为首的法律专业人士和民间坊商来完成这些推广法律知识的工作。[②]

清政府在雍正元年(1723)至乾隆四十年(1775),曾先后多次颁布处分则例,在鼓励举荐德才兼备的优秀刑钱幕友并授予官衔的同时,却严格限制幕友的聘用年限、地域和社会空间,以减少他们对地方吏治的影响。但这些法规大多很快沦为具文,主要原因是幕友在 18 世纪清代司法场域中已经扮演着不可或缺的角色,对大多数地方衙门乃至清朝司法制度的正常运转都非常关键。[③] 清代只有少数地方官能像晚清法学泰斗薛允升(1820—1901)、赵舒翘(1848—1901)和

① 谴责健讼和劝息讼的文献俯拾皆是,可参见(明)陆陇其(1630—1692):《三鱼堂外集》卷五《息讼示》(约颁布于 1685 年),载《钦定四库全书》本集部,第 21~22 页;徐栋辑:《牧令书》卷一七,1848 年刻本,第 20~48 页。

② Ting Zhang, "Marketing Legal Information: Commercial Publications of the Great Qing Code, 1644 - 1911," in *Chinese Law*, eds. Chen and Zelin, pp. 47 - 83.

③ 关于朝廷对幕友的限制措施及其有限的效果,可见 Chen, "Regulating Private Legal Specialists," pp. 254 - 270;《清会典事例》(第 1 册),中华书局 1991 年版,第 962~965页;(第 2 册),第 248~252 页;(第 7 册),第 114~115 页;台北,故宫博物院藏《清代宫中档及军机处档折件》,档件号:402007591(雍正 4/3/15)、402011264(雍正 3/3/3)、402011351(雍正 5/11/1)、402012949(雍正 13/6/2)。

沈家本(1840—1913)那样,在全国刑名总汇之地研究法律讼狱多年后,才以刑部郎中外派知府,或像乾嘉时期的汪辉祖(1730—1807)和徐联奎(1730—1822)等人那样,在科举入仕任县令前已经做了几十年的刑钱幕友了。[①] 相反,多数地方官都因筮仕前缺乏系统的法律训练,而上任后又公务繁重,只得将司法事务委诸幕友。时人指出:

> 一介儒生,日从事声韵贴括之学,一旦释韦布理薄书,几不知审听为何事。即刑律之书俱在,而例义精微,非就心经年,弗克窥其要领。况案情万变、机宜各别,以素未经见之目、素未留意之心,猝投以素不相习之事,其不至措置乖方、一误再误者,几希矣。[②]

早在康熙四十四年(1705),刑幕老手陈文光就指出,地方"刑名钱谷,全赖幕友主持。须择历练老成、鲠直无私之人,以礼相延,虚心受教,诸事商酌而行"。[③] 在咸丰至光绪年间曾先后任臬司和巡抚的李桓(1827—1891)承认,州县事繁,不靠幕友而能将公务处理裕如的,千百人中难觅一个。因而地方官不惜从薪俸或养廉银中挤出重金来礼聘

---

① 吉同钧:《薛赵两大司寇合传》,载吉同钧:《乐素堂文集》卷三,中华书局1932年版,第19~22页;李贵连:《沈家本年谱长编》,山东人民出版社2010年版。关于清代刑部官吏可能比外省官员更精通法律的例子,参见杜金、徐忠明:《清代司法官员知识结构的考察》,载《华东政法学院学报》2006年第5期。关于徐联奎(1766年进士)在出仕之前和罢官后为幕情况,参见绍兴县修志委员会辑《绍兴县志资料》(第1辑第26册),杭州古籍出版社1985年版(原稿成于1937年),第148~149页。

② (清)穆翰:《明刑管见录》,王兰广序,啸园藏板,约1847年刻本,第5~6、19~20页。

③ (清)陈文光:《补未信编》卷一,三多斋藏板,1707年刻本,第2页。

刑钱幕友,[①]连雍正皇帝都劝地方督抚在延纳幕宾所需的银两上“有断不可省者”。[②]

不少清代人因此得出的印象是:官吏无权,而幕宾最有权;官吏的生杀威福利害之权由幕宾掌握;各种词状和案件都积于幕案,由幕宾来断两造曲直或犯人生死。[③] 官方话语体系越是将讼师与衙门吏役描绘得奸狡无比、无恶不作,现实生活中的地方官就越迫切地想请干练可靠的刑钱幕友来清讼察吏,确保自己考成和仕途无忧。朝廷和舆论对讼师与胥吏的抹黑和担忧,客观上加重了司法及吏治对刑钱幕友的依赖性;[④]而幕友对法律知识的掌控,则是他们赖以谋生和在社会上立足的根本。下文将分析幕友是如何获得和利用法律知识的。

三、清代幕友律学秘本的产生和影响

与讼师及秘本被朝廷严禁不同,清代幕友可合法、公开地出版律

---

① (清)李桓:《宝韦斋类稿》卷七九,载《近代史资料丛刊》(第1编第344种),台北,文海出版社1969年版,第3254页。湖广总督福敏在雍正五年奏折中亦称:“两省刑名钱谷事务殷繁,必须幕宾相助。”见《世宗宪皇帝朱批谕旨》卷二五,载《文渊阁四库全书》(第417册),台北,商务印书馆1986年影印本,第523页。

② 《世宗宪皇帝朱批谕旨》卷二十五,载《文渊阁四库全书》(第417册),台北,商务印书馆1986年影印本,第53页。

③ 关于幕友控制地方司法的描述,见《幕窗悔过记》,载费寿山辑:《官幕同舟录》卷上,笠泽三省书屋1886年刻本,第80页。《幕窗悔过记》成书时间不详,于乾隆三十九年(1774)附于《吕祖训世文》中,见邵志琳1775年重编再版《吕祖全书》卷二五。《幕窗悔过记》记载了明代隆庆年间云南鹤庆府刑名幕友须澄本(字万善)的故事。关于幕友掌控地方司法权的文献,参见 Chen,“Regulating Private Legal Specialists,” pp. 254 - 281。

④ 关于幕友助官察吏清讼的作用,参见(清)白如珍:《刑名一得》卷上,云南臬署1784年刻本,第30~31页,及卷下,第2页;(清)费寿山辑:《官幕同舟录》卷中,第6页,及许梱1867年序。清初官员对讼师的负面表述,参见(清)孙鋐:《为政第一编》卷八,本府藏板1702年(序),第8~16页(何霜崖、顾南楼、喻研如等颁发的告示)。

学著述。那么为何有众多的所谓幕友秘本存在呢？光绪末年习申韩学而入张之洞幕府的许同莘认为，幕友秘本并非如民间所说的那般神秘。他的介绍对了解幕友与法律知识生产很有价值，故详引于此，以飨读者：

> 幕友之娴习者，不外刑名、钱谷二端。刑名之言，据于律例。部颁律例，律有注而无笺，局本则有《律例汇刻》《律例汇辑便览》。律文以下，句疏节解，兼列眉批，此即幕友据以治事之本也。特例案随时颁行，刻本改修不易。故为幕友者，于通行成案、新定章程，必随时抄录，以备省览。其门徒传习者，就抄本照录一通、随时增补。迨律例新本刊行，则抄本即为废纸。此外，则疑难重案、前人判断精当可为法式者，或抄全案，或摘大概，藏之箧笥，如举子之有抄本、摘本。其抄全案者，即坊刻之《驳案新编》；其摘大概者，即坊刻之《正续刑案汇览》，无所谓秘本也……［其钱谷事例亦大致类此］……其经验有得著书行世者，则刑名无过于汪龙庄之《佐治药言》，钱谷无过于王又槐之《钱谷备要》，以余所见，如是而已。①

清末刑钱幕友陈天锡（1885—1975）呼应了许同莘的说法，指出世间相传的幕友“秘本”，即幕友用于随时抄录新颁法规或个人经验的常用律书。② 虽然幕友间传抄的吏治或律学手册并非神乎其神，但这

---

① 许同莘：《公牍学史》（1947 年初版，1989 年重印），档案出版社 1989 年版，第 234～235 页。

② 缪全吉：《清代幕府人事制度》，台北，中国人事行政月刊出版社 1971 年版，第 157 页。据缪氏在 1962 采访陈天锡而撰的《学幕经过》，载陈天锡《迟庄回忆录》（第 1 册），台北，文海出版社 1973 年版，第 12、27、48～53 页。

也证实了幕友手抄本确实普遍存在。这些所谓的秘本之所以出现，一个客观因素是当时法令诸书的刊本流传不广、信息流通较慢，但更重要的原因则是幕友阅历见闻较一般人广，并具有相关专业知识和经验，能时时留心有用信息并随手摘录，长期下来就集腋成裘、裒然成帙了。

根据现存幕学文本，我们可试着概括出幕友律学秘本的一般特点：(1)编撰人几乎都具有系统法律训练和司法实践的背景；(2)其内容主要包括律例注解、成案、地方法规、司法案牍、洗冤录辑注以及办案经验总结等；(3)这些将法律、吏治理论与实践相结合产生的知识有很大的实用价值和社会需求，并常在流传过程中有所损益而成了集体智慧的产物；(4)这些抄本的存在和被赋予的隐秘色彩对抬高刑钱幕友在清朝司法场域中的地位有相当的作用。

以乾、嘉年间江苏元和籍刑钱幕友王有孚（约1750—1807后）为例。他于1771年随吴县吴家桂（字香崖）先生学幕，从师父处得到一抄本，该抄本以问答形式详解律例无专条之案应如何比附折中办理。初学律者反复研读、通晓原理之后再举一反三，“则天下无不可折之狱矣”。此前苦读律书数月而仅一知半解的王有孚在读完此抄本后有拨云见雾之感，命其名曰《折狱金针》。此类秘本之价值亦可见一斑。他还得到另一份手稿，乃是吴家桂辑录的与《洗冤录》中情形不同的死伤检验疑难案例。师父在稿中对各案进行了仔细论证和精当分析，王有孚喜而抄录之，“视为枕中秘”，在之后三十年的游幕生涯中奉为圭臬。他自己也随时摘抄新案例，后来将两者汇辑成《洗冤外编》一书。王有孚之父王臞菴（1690—1775）亦是康熙年间享誉几十年的刑名幕友。这些代代相承并被不断扩充的抄本对王有孚成为乾嘉时期的名幕功不可没。①

很多人将这些幕友手册视为奇货可居,轻易不外传。光绪年间武昌籍刑幕许仲望在湖北初习申韩学时,曾于友人处得见《秋谳志》抄本,该书博采精挑秋审条款及例案,乃官幕中罕见手册。但借来刚抄完一部分,友人因欲私藏之,以为"独得之奇",就迫不急待将秘本"坐索"而去,许氏对此深以为憾。他后来游幕河南时巧遇绍兴府山阴县籍幕友高蓉台,后者亦藏有《秋谳志》抄本并托他请精通秋审的布政使张石洲校正,许仲望因此得以纵览全书并抄录了副本。② 但直到他于光绪六年(1880)将《秋谳志》抄本付梓时,许仲望仍不知其原著者姓名,而只在序言中提到抄自高蓉台。该书出版后,他从另一山阴籍幕友娄杰(1850—1907)处得知原作者乃绍兴府会稽县幕友谢诚钧(号信斋,后改为心斋)。如图 1 所示,娄杰曾以"法家学"幕游直隶,居停吴郁堂示以《秋谳志》,并告知乃谢诚钧遗书。娄杰抄录后曾就现行条例稍为编辑欲付剞劂,但因事未果。娄杰后来于 1880 年在开封佐治,从蔡润好知府案头见许仲望刚刊印的《秋谳志》,知道与谢氏所著为同一书,于是致信许仲望告知原委。据娄杰打探得知,原来吴郁堂前友陶小秀乃谢诚钧之甥,故从谢氏处得获此书抄本,而高蓉台又曾襄助陶

① (清)王有孚:《一得偶谈初集》,不碍轩 1807 年刻本,第 2 ~4 页;参见(清)王有孚《折狱金针序》(1771)。他父亲曾游幕四十余年,因老返乡,1769 年八十寿辰时仍有众"名公卿卑礼厚币"来聘,参见王有孚 1806 年著《洗冤外编序》。以上几种书和序言都载王有孚编著:《不碍轩读律六种》,不碍轩 1807 年刻本。据书中各序和其他信息,可推出王有孚(字需吉,号白香)生于 1750 年左右,于 1771 年入幕。

② 谢诚钧撰、许仲望重修:《秋谳志》,许仲望序(书中各卷前又名《秋审实缓矜缓比较条款》,无娄杰和谢诚钧序),悔不读书斋 1880 年刻本。笔者比较了多种不同版本,虽然书前都注明为光绪庚辰年(1880)开雕,但一种版本仅有许氏序,另一种有娄杰 1881 年序和许氏序,还有一种在此两序前有谢诚钧自序,后两种应是 1881 年或之后才印行。

小秀,因得见此书而抄录之。①

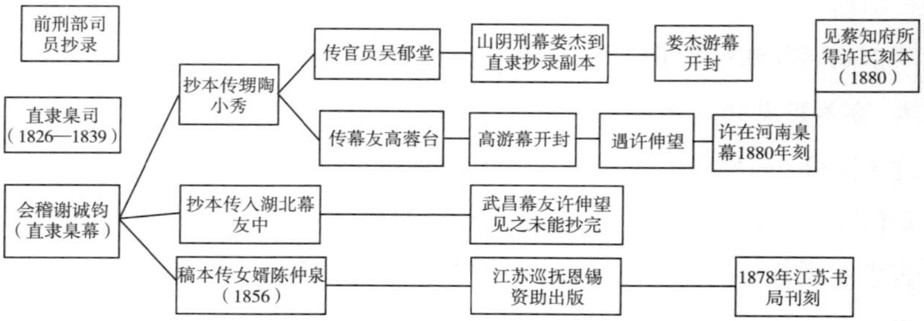

图1 《秋谳志》的来历和传播途径示意②

《秋谳志》的出版还揭示了幕友与刑部法律专家在司法场域中既竞争又合作的关系。进一步的研究显示,谢诚钧编撰此书前在保定直隶臬司幕二十余年。每年秋审时全省重案都汇集于臬司衙门,由幕友拟定、臬司画行后的案件详题报告经常成为督抚题咨、刑部等中央机构复核之根据。但外省臬司在秋审时缺乏足够详明的法律依据,在决定案件应否情实、缓决或可衿、留养时往往标准不一。刑部乾隆三十二年(1767)曾刊发本部各司四十余条《秋审比对条款》(后来的《秋审比较实缓条款》或《秋审实缓矜缓比较条款》),并在乾隆四十九年(1784)加以增订,但除刑部官员外,外人极少见此条款。刑部右侍郎阮葵生(1727—1789)据乾隆三十二年《秋审比对条款》加按语撰成了

① 娄杰1881年著《重修秋谳志序》,载谢诚钧撰、许仲望重修《秋谳志》,悔不读书斋1880年开雕(但显系1881年或之后重印)。该书1881年后的一些版本加入了谢氏自序。

② 图中信息来自本文所引《秋谳志》及《秋审实缓比较条款》各版本中序、跋及版本信息。

《秋谳志略》,但仅少量抄本传世。[①] 前文提及的王有孚 1798—1800 年在山西臬司李月槎幕中时,将刑部秋审条款和成案辑成《秋审指掌》,于 1807 年出版。[②] 但即便谢诚钧在京畿臬幕数十年并对秋审兴趣极大,亦未曾见到刑部或阮、王所编之秋审条款。直到前刑部司员戴宗沅于 1826—1829 年到保定任直隶按察使时,谢氏才得以见到并抄写戴氏手录的《秋谳条款》(《秋审比对条款》)而珍藏之。谢从继任的某直隶臬司手中还获得《秋录比案》的抄本,并利用五六年的闲余时间增订条款,再附以近几十年成案,并加上详细的注解,在 1847 年左右成书。在直隶出版未果,谢诚钧于是在 1856 年左右将手稿交给女婿陈仲泉观察(道员),在江苏布政使恩锡资助下,由江苏书局 1878 年付梓,名曰《秋审比较实缓条款》。[③] 从图 1 可见,在 1878 年和 1880 年于两地分别公开出版前,谢诚钧的书稿已经在直隶、湖北、江苏和河南等省的官、幕中私下传抄了几十年。

---

① 王又槐摘抄自阮癸生辑《秋谳志略》中的 40 条《秋审比对条款》,参见(清)王又槐编著:《刑钱必览》卷九和卷一〇,本衙藏版,1814 年新镌;另外还有增加了嘉庆十一年内容的《秋谳志略》版本,参见(清)刚毅辑:《秋谳辑要》,江苏书局 1884 年及 1889 年刻本。阮癸生于 1785—1787 年任刑部右侍郎。

② (清)王有孚辑:《秋审指掌》(收 42 项条款,附卷首一条"核拟比对条款"),载王有孚《不碍轩读律六种》之三,不碍轩 1807 年刻本。王于 1771—1807 年先后幕游江苏、山东、山西等地。关于秋审条款的演变,参见(清)沈家本《秋审条款附按·序》(1903),法律馆 1906 年刻本。

③ (清)谢诚钧辑:《秋审实缓比较条款》,俞樾序,江苏书局 1878 年刻本。该书还有京都撷华书局 1887 年刻本,名为《秋审实缓比较条款》。据谢氏自序,《秋录比案》来自继戴宗沅之后任直隶臬司的花杰(字建标,号晓亭,1779—1859 年,1829—1831 年在任)、光聪谐(字栗园/源,1831—1833 年在任)和陆费瑔(字玉泉,号春帆,1784—1857 年,1837—1839 年在任)三人之中。故可初步推定谢氏得之于 1829—1839 年。谢书中所引最晚成案来自 1846 年,故该书编撰时间为 1841—1847 年。据俞樾序,可推出谢氏大约在 1856 年将书稿交付其女婿,即大概成书十年后;在 1878 年付梓时,谢氏已去世多年。

谢诚钧《秋谳志》的产生和传播过程还可表明,幕友手册从秘本到公开刻印经常跨越了几十年甚至上百年。上文提到吴家桂的幕学手册来自几十年刑幕生涯的积累,而王有孚在抄录副本后,又隔了三十多年才将其付梓。[①] 同样,浙江会稽县孟壶史幕游五十余年,包括在道咸年间任江西臬幕达三十载,生平定谳无数,但案牍大多散逸无存。所幸其门徒多达七十余人,常将其案牍藏而枕秘之。后来其子孟庆云任升平县令时,将门徒所抄 106 件判牍编为《刑案成式》于 1877 年出版,而这些文稿此前已经在门徒中传抄几十年了。[②]

有必要强调的是,除了幕友和讼师外,一些精于律学的官员也藏有秘本,尤其是涉及说帖、成案、秋审条款及稿案格式等刑部内部资料。谢诚钧所得秋审条款和例案均来自前刑部官员。而刑部司员编撰的类似秘本还有《秋审枕秘》、《秋审略例》、沈衣德的《叙雪堂集》以及来乐山的《秋审所见集》等。[③] 如果刑部各司职员及其外派官员因此可以增加自己在司法场域中的权威和竞争优势的话,那么千方百计获得这些秘本的幕友则扭转了信息和法律知识不对称的局面。许伸望指出,秋审每一案犯在京城都须经过刑部堂司等数十人反复考量才核定实缓,而"外省臬垣,秋谳幕宾一席一人,夫以一人有限之识见,核各案无穷之事情,非平日集纂成案,以备临时互证参观,鲜有不

① 王有孚曾拟将《折狱金针》于 1771 年付梓而作序,但直到 1807 年才刻印。

② (清)孟壶史辑:《刑案成式》,孟庆云跋,墨池书屋 1877 年刻本。

③ 《秋审成案》,抄本 16 册,录 1814—1829 年案;《秋审枕秘》,抄本 5 卷;《秋审便记》,抄本 1 册;《秋审查笔摘录》(包括《秋谳须知》),抄本,可能为沈家本编撰;沈衣德辑《叙雪堂集》,抄本 8 册,沈作序于 1812 年左右;来乐山《秋审所见集》,抄本 5 卷(含《秋审琐言》1 卷、《秋审实缓比较条款》1 卷、《秋审查笔》1 卷、《秋审略例》2 卷);《秋审略例》,抄本 4 卷,可能为薛允升编撰,见《秋审略例》江联葑序言,1901 年兰州官书局刊,仅存 2 卷。

失之者”。[1] 许仲望在河南臬幕时主办全省秋审案件得以无误，皆赖谢氏《秋谳志》一书。许氏的话还揭示了幕友在外省秋审中的核心地位：臬幕的见识和法学素养攸关各省重案的处理结果。谢诚钧在道、咸年间掌直隶臬幕先后至少三十余年，如果连戴宗沅、花杰和光聪谐这样刑部出身或像陆费瑔由地方州县起家且“均精刑名学”的臬司都得靠他办理秋审案件，那么大多数没有法律训练背景的地方官就更要依靠幕友了。上文提到的娄杰也成为名幕，前后有近三十位院司及府县官员不惜重金聘他办理司法文牍，待若上宾。[2]

《秋谳志》曲折的经历在幕友秘本中并不罕见，反映了这类法律书籍流通过程的一些普遍特点。与当时的刻本相比，这些抄本具有成本低、便于抄录者加深记忆或增删重组内容以及控制流通范围的特点。而传抄过程也容易使这些书籍变成一种集体智慧的结晶，甚至使真实作者都难以确认。高蓉台、许仲望和娄杰都对谢诚钧的《秋谳志》抄本有过增修，而且很多传抄者几十年都不知其原著者姓名。甚至，像《招解说》和《刑幕要略》这些幕友秘本在辗转多年之后连作者姓名也无从稽考了。[3] 但更明显的例子当属江西宜黄籍刑名幕友白如珍于1784年在云南臬署出版的《刑名一得》。该书乃是将作者

---

① 关于刑部和外省秋审的情况，见（清）谢诚钧撰、许仲望重修：《秋谳志》，许仲望序，悔不读书斋1880年刻本；吉同钧：《秋审条款讲义序》，载同氏：《乐素堂文集》卷六，中华书局1932年版，第11～13页。

② 关于娄杰，参见绍兴县修志委员会辑：《绍兴县志资料》（第1辑第30册），杭州古籍出版社1985年版，第186页。关于谢诚钧的幕主，见本文此前引谢诚钧辑《秋审实缓比较条款》中的介绍。

③ 参见《成案杂钞》（抄本11册，主要收录嘉庆初至光绪十八年左右的直隶地方案件）；《招解说》及《钱谷指南》，载郭成伟、田涛点校《明清公牍秘本五种》，中国政法大学出版社1999年版，第551～644页；《刑幕要略》，载张廷骧辑：《入幕须知五种》，浙江书局1892年版。

幕游二十年的札记汇辑而成,对办理各类刑名案件有简明而又精辟的分析,对于指导清代中后期地方司法人员办案具有深远的影响。① 但该书出版之后,其抄本仍然继续广为传播,并出现了各种版本和完全不同的书名(见图2)。

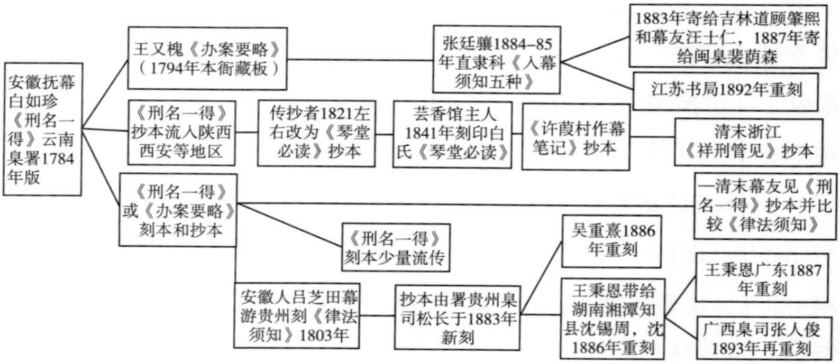

图2 白如珍《刑名一得》的广泛传播及其衍生出的多种书目示意②

如图2所示,在西安及一些地区,白氏《刑名一得》在被增订后以《琴堂必读》的新书名被传抄和重新刻印。③ 而在华南和华中地区,游幕贵州三十余年的安徽旌德籍幕友吕芝田在扩充白氏原书部分章节

① 白如珍,字一清,号元峰,江西宜黄县人。该书有觉罗玉正(无日期)、詹益(1784年)的序言和作者自序(1784年于皖江邸舍)。白氏在该书中提到了万维翰著《幕学指南》(最早有敬聚堂藏板1768年新镌刻本)。参见(清)白如珍:《刑名一得》,云南臬署1784年刻本。

② 本图的信息来源可参见本文中所引用的《刑名一得》、《办案要略》、《琴堂必读》和《律法须知》不同版本的抄、刻本中的序和跋,以及《许葭村作幕笔记》和《祥刑管见》的内容和介绍。

③ 参见《琴堂必读》(第2卷),芸香堂1841年刻本,以及另一种《琴堂必读》抄本,白氏一佚名同乡作序。对于这两种刻本和抄本与白氏原书关系,参见笔者在相关书名下的分析,见 Pierre-Étienne Will, ed., *Official Handbooks and Anthologies of Imperial China: A Descriptive and Critical Bibliography* (Leiden: Brill, forthcoming)。

后,在1803年左右出版了影响很大的《律法须知》一书。[①] 署理贵州按察使松长在1883年重刻该书时,依据的却是来自吕家的手抄本。贵州候补知县王秉恩(1845—1928)赴广东途经湖南时,将松长新刻的《律法须知》留了一本给时任湘潭知县的同年沈锡周,而锡周深感该书有益于学律艰难之官员,于1886年将此书重刻"以广其传";而吴重熹也在同一年又将此书重印给"同舟僚友",便于他们研习律法断狱,不至于"视狱词为必不能亲理之事";王秉恩次年(1887年)则在广东重刻该书。七年后,广西臬司衔的道台张人骏(1846—1927)同广西巡抚又将松长的版本在广西重新印刷,分发各州县以备学习。[②] 与此同时,该书经名幕王又槐之手,在1794年之后以《办案要略》的书名流通。后来甚至有人张冠李戴地将该书当成了乾嘉道咸时期另一著名幕友许思湄的《作幕笔记》,或者重新取名为《祥刑管见》(见表1)。[③]

① (清)吕芝田编著:《律法须知》,吕德尧序,桂垣书局1893年刻本。

② 同上,张人骏及沈锡周跋。(清)吕芝田编著:《律法须知》,贵州臬署藏板1883年刻本。可比较王秉恩重刻《律法须知》,粤东刊板1887年刻本(有吕德尧1803年原序和松长1883年跋)、桂林蒋存远堂刻约1886年版(有吕德尧序,松长和沈锡恩跋),及吴重熹1886年重刻的《律法须知》等不同版本。

③ 见前引《琴堂必读》1841年刻本和无日期但笔者推断可能作序于1821年的抄本。参看《办案要略》,载(清)张廷骧辑:《入幕须知五种》,浙江书局1884年及1892年刻本。另外,托名许思湄:《许葭村作幕笔记》,毛笔行草抄本,藏北京国家图书馆;《祥刑管见》2卷抄本。参见董纪林:《绍兴师爷与封建法学》,载《历史档案》2006年第4期。董误认为《祥刑管见》乃绍兴师爷所著。

表1 《刑名一得》和它所衍生出来的各书之内容异同比较①

1784年白如珍滇臬署刻本《刑名一得》		1794年王又槐《办案要略》		1803年吕芝田《律法须知》及后人1883年、1886年、1887年、1893年刻		约1821年江西藉抄录者将白如珍（元峰）书改名《琴堂必读》		1841年芸香堂主人刻白如珍《琴堂必读》		《许葭村作幕笔记》抄本		浙江《祥刑管见》稿本	
卷之上	论命案三十二条	不分卷	论命案	卷上	论命案九十则	卷上	论命案	卷上	论命案	不分卷	幕论一、二、三	卷上	论命案
	论奸犯及因奸致命案十二条		论奸犯及因奸致命案				论犯奸及因奸致命案		论犯奸及因奸致命案		论命案		论犯奸及因奸致命案
	论强窃盗案		论强窃盗案		论窃盗贼七十八则		论强窃盗案		论强窃盗案		论窃盗		论强窃盗案
	论抢夺		论抢夺	卷下	论抢夺五则		论抢夺		论抢夺		论抢夺		论抢夺
	论杂案		论杂案		论杂案一百五十二则		论杂案		论杂案		论杂案		论杂案
	论批呈词		论批呈词		论批词一则（置于《论驳案》后）		论批呈词		论批呈词		论批呈词		论批呈词

① 本表是基于对表中所列书目的内容比较而来，相关信息见本文相关段落中的所引文献。

续表

<table>
<tr><td colspan="2">1784 年白如珍滇臬署刻本《刑名一得》</td><td colspan="2">1794 年王又槐《办案要略》</td><td colspan="2">1803 年吕芝田《律法须知》及后人 1883 年、1886 年、1887 年、1893 年刻</td><td colspan="2">约 1821 年江西藉抄录者将白如珍（元峰）书改名《琴堂必读》</td><td colspan="2">1841 年芸香堂主人刻白如珍《琴堂必读》</td><td colspan="2">《许葭村作幕笔记》抄本</td><td colspan="3">浙江《祥刑管见》稿本</td></tr>
<tr><td rowspan="12">卷之下</td><td>论详案</td><td rowspan="12">不分卷</td><td>论详案</td><td rowspan="12">卷下</td><td></td><td>卷上</td><td>论详案</td><td>卷上</td><td>论详案</td><td rowspan="12">不分卷</td><td>论详案</td><td>卷上</td><td colspan="2">论详案</td></tr>
<tr><td rowspan="4"></td><td rowspan="4"></td><td rowspan="4"></td><td rowspan="4">卷下置书末</td><td>断狱总要</td><td rowspan="11">卷下</td><td>断狱总要</td><td></td><td rowspan="11">卷下</td><td rowspan="4">置于卷下末</td><td>断狱总要</td></tr>
<tr><td>验伤</td><td>验伤</td><td>验伤</td><td>验伤</td></tr>
<tr><td>办案要款</td><td>办案要款</td><td rowspan="2"></td><td>办案要款</td></tr>
<tr><td>揭参</td><td>揭参</td><td>揭参</td></tr>
<tr><td>（论）叙供</td><td>叙供</td><td>论叙供四十则［置卷上］</td><td rowspan="7">卷上</td><td>论叙供</td><td>论叙供</td><td>包括在〈论详案〉</td><td colspan="2">论叙供</td></tr>
<tr><td>（论）作看</td><td>作看</td><td>论作看八则附格式</td><td>论作看</td><td>论作看</td><td>作看</td><td colspan="2">论作看</td></tr>
<tr><td>论作禀</td><td>论作禀</td><td>论作禀二则</td><td>论作禀</td><td>论作禀</td><td></td><td colspan="2">论作禀</td></tr>
<tr><td>论驳案附上控案</td><td>论驳案附上控案</td><td>论驳案六则附格式</td><td>论驳案附上控案</td><td>论驳案附上控案</td><td>论驳案</td><td colspan="2">论驳案</td></tr>
<tr><td>论详报</td><td>论详报</td><td></td><td>论详报</td><td>论详报</td><td>论详报</td><td colspan="2">论详报</td></tr>
<tr><td>论军遣发配</td><td></td><td></td><td></td><td></td><td></td><td colspan="2"></td></tr>
<tr><td>解犯入境首站</td><td></td><td></td><td></td><td></td><td></td><td colspan="2"></td></tr>
</table>

续表

1784年白如珍滇臬署刻本《刑名一得》		1794年王又槐《办案要略》		1803年吕芝田《律法须知》及后人1883年、1886年、1887年、1893年刻		约1821年江西藉抄录者将白如珍（元峰）书改名《琴堂必读》		1841年芸香堂主人刻白如珍《琴堂必读》		《许葭村作幕笔记》抄本		浙江《祥刑管见》稿本	
卷之下	论枷杖加减	不分卷	论枷杖加减	卷下	置于〈论杂案〉节中	卷上	论枷杖加减	卷下	论枷杖加减	不分卷	论枷杖加减	卷下	论枷杖加减
	论六赃		论六赃		置于〈论杂案〉节中		论六赃		论六赃		论六赃		论六赃
	论参罚				论参案十九则附格式三则								
							论抚恤		论抚恤难审		论抚恤难审		论抚恤
							论习幕		论习幕		[即〈幕论〉]		论习幕

如表 1 所示并通过比对各书中相关内容,[①]我们可以发现,王又槐于 1794 年出版的《办案要略》中除省漏了三节内容之外,几乎逐字逐句抄录了白如珍在 1784 年出版的《刑名一得》。吕芝田于 1803 年前后出版的《律法须知》和道光年间抄、印的《琴堂必读》两部书的大部分核心内容也都来自白氏《刑名一得》,但《律法须知》和《琴堂必读》两者所依据的底本则是不同的版本;而《许葭村作幕笔记》和《祥刑管见》的两件手抄本依据的则是《琴堂必读》这个版本。[②]

总而言之,图 2 和表 1 表明,在白如珍 1784 年出版《刑名一得》之后一百多年间,该书以五六个不同名字在东北、西北、华北、华中、华南及东南地区的十多个省,以手抄本和多次新镌的刻本形式广泛流传。而在众多官员数次重印吕芝田《律法须知》时,都不知道该书同《刑名一得》或《琴堂必读》之间的渊源关系。甚至连像张廷骧(1842—约

---

① 另外,《办案要略》(第 30 页)与《琴堂必读》(抄本,卷上第 30 页)都有"钱债等事下江归刑名亦各省情形不一"这句,但《刑名一得》(1784 年刻本,卷上第 33 页)和《律法须知》(1886 年吴重熹重刻本,卷下第 46 页)都无此句。而且《琴堂必读》抄、刻本两个作序者都指出原著者为白如珍或白元峰。据此猜测,《琴堂必读》和《办案要略》所用的《刑名一得》底本可能属于同一版本,但《琴堂必读》内容更多,因传抄者可能还合并了其他内容。参见《琴堂必读》抄本序。吕芝田编著《律法须知》1883 年版的目录依次为卷上:论叙供(40 则),论命案(90 则),论窃盗贼(78 则);卷下:论抢夺(5 则),论杂案(152 则),论参案(19 则,附格式 3 则),论作看(8 则,附格式),论驳案(6 则,附格式),论批词(1 则),及论作禀(2 则)。《许葭村作幕笔记》,不分卷、无目录及页码,共约 120 页左右,各节标题依次为:幕论一、幕论二、幕论三,论详案,作看,论批呈词,论命案,论窃盗,论作看,论驳案,论详报,论枷杖加减,论六赃,验伤,论杂案。经与《琴堂必读》比对,除个别字句和部分编排顺序有所不同外,两书内容基本相同。对各书具体内容的异同对比的详细情况,此处限于篇幅予以省略。

② 《琴堂必读》中的"验伤"一节的内容及其中乾隆三十年至四十七年(1765—1782)的一些案例是《律法须知》所没有的,但《许葭村作幕笔记》和《祥刑管见》中则有。可比较《琴堂必读》抄本(第 67 ~ 71 页)和《许葭村作幕笔记》(第 46 ~ 49 页)。现存版本的《律法须知》收录了晚至嘉庆十三年(1808)的案例,因该 1883 年版本使用的底本是吕芝田家藏抄本,可能是吕氏 1803 年年初刻该书后补充的案例。

1915）这样的刑名幕友老手在光绪年间编辑著名的《入幕须知五种》时，也不知道王又槐的《办案要略》实际上是抄录自白如珍的《刑名一得》，而将该书误标为浙江钱塘王又槐所著。这自然也就影响包括黄宗智和唐泽靖彦等人在内的现代史学家对《办案要略》或《律法须知》作者的认定，①而将江西白如珍的著述误认为是浙江绍兴许思湄的作幕笔记或另一绍兴师爷创作的《祥刑管见》也就不足为怪。②

导致这些错综复杂传播情况的一个重要因素，在于幕学著述因其巨大的实用价值而被人争相传抄。有人读了《律法须知》，“不胜欢舞，几三日不眠”。③ 同样，张光月的《例案全集》依靠幕游四十余年的阅历和律学造诣，将律例和未经刊刻的八十本成案分门别类辑为一编，使例附律、案依例、井然有序。“观者仅以顷刻检寻，坐收数年诵习之效”，④在断狱时不会因例案无数而引据茫然。无法得到这些书籍之人，在司法场域的竞争中就可能处于不利的位置。

这些幕友著作的另一个价值是帮幕友将法律知识、工作经验及社会关系转化为布迪厄所说的文化和社会资本，使其亲友或门徒在学律和就业机会上得天独厚，更容易获得成功。据陈天锡观察，幕友学律

① 关于现代学者引用《办案要略》的例子，见 Philip C. C. Huang, *Civil Justice in China: Representation and Practice in the Qing* (Stanford: Stanford University Press, 1996), pp. 218 – 220; Yasuhiko Karasawa, "From Oral Testimony to Written Records in Qing Legal Cases," in Charlotte Furth, Judith T. Zeitlin, and Ping-Chen Hsiung, eds., *Thinking with Cases: Specialist Knowledge in Chinese Cultural History* (Honolulu: Univ. of Hawaii Press, 2007), 104 – 107, 116 – 117。

② 直到清末仍然有刑钱幕友在传抄《刑名一得》，而不知道该书是否出版过。参见一清末刑钱幕友在 1886 年吴重熹重刻《律法须知》前的手写标注，该书现藏中国社科院法学所图书馆。

③ （清）吕芝田编著：《律法须知》，桂垣书局 1893 年刻本。

④ （清）张光月辑：《例案全集》，陈若楫、李馥序，思敬堂藏板 1731 年刻本。

的“手本或传授于徒弟,徒弟又加自身之心得,再传其子弟,以致代代相传。或徒弟学幕时抄录师友之手本,再加自身之心得,而其徒弟又抄录之,代代传抄其精华”。①

这些秘本在同一家族中传承下去,则产生了以刑钱幕友为业的所谓“世幕”。如浙江绍兴府会稽县陶堰陶氏家族,从顺治十七年(1670)至清朝结束,涌现了三十多位幕友,其中不乏像康熙时期的陶文彬(1665—1749)、乾隆时期陶元藻(1716—1801)以及清中后期的陶士铭、陶璿及陶骏等地方大员争相聘请的名幕。② 绍兴府山阴县的汪精卫(原名汪兆铭,1883—1944)如果不是顺应清末热潮而东渡日本求学,很可能也成了刑钱幕友,而非后来的争议性政治名人。从其曾祖父汪炌(1756—1832)于嘉庆十四年(1809)幕游广东开始,至清末民初汪兆镛(1861—1939年,精卫长兄)结束佐治的一百年间,汪家先后培养出13名刑名幕友。汪炌任广东臬幕22年,而汪氏幕友在19世纪先后占据了广东几十个衙门幕席。比如,汪精卫之父汪琡(1824—1897)在同、光时期27年内,先后佐理了广东16个不同州县;汪琡堂弟汪瑔(1828—1891)则在1853之后三十年间,担任了广东另外四县、五府、布政使衙门及刘坤一等四位两广总督十年任内的幕友。③ 清末刑名幕友薛霖浦称这些有家族传统的幕友为“世幕”,即世代研习申韩之人,

① 缪全吉:《清代幕府制度》,台北,中国人事行政月刊出版社1971年版,第157页。

② 其中可确定近二十名乃刑名幕友。参见(清)陶在铭等重修:《会稽陶氏族谱》卷一四、卷一五、卷二三,1903年刻本。

③ 汪家亦书香世家,明代曾出数位进士,清代除几个国子监生外,汪炌本人为举人汪伦秩之子,而汪炌子汪云及曾孙兆镛亦中举。关于汪家幕友的信息,参见(清)汪兆镛:《山阴汪氏谱》,汪敬德堂1947年版,第12~122页;(清)汪兆镛:《微尚老人自订年谱》,汪敬德堂1949年版;(清)汪瑔:《松烟小录》卷一,山阴汪氏1884年刻本,第1~8页。

"家传案牍、旧稿充麓;涉猎久而树帜高,见闻多而言论熟;教既传于父兄,学或成于伯叔;夸走笔于游刃,恃胸中之成竹;名誉推重于当途,身价遂高于廂碌"。[①] 这种世幕优势之大,以至于汪兆镛在光绪十二年(1886)中举后,他父亲汪琡认为县令难做,让他"不如安心学幕"。汪兆镛遂在父亲指导下继续温习律例和学批呈词,后来亦入广东州县幕府。[②] 同时,刑名幕友的后人中出仕为官者也不乏精通律学之人。如浙江归安沈铨元曾游幕四十余年,其后人中则有沈丙莹和沈家本父子皆在刑部以精法律和办案著称。[③] 山西汾阳的王性和(1767—1844)以刑名幕友为业,其儿子王锡九(1797—1853)和孙子王宗濂(1822—1873)都因"家传律学"而擅长清积案、平反冤狱,从而以循吏闻;其玄孙王式通(1864—1931)亦精律学,先后任清末刑部员外郎、大理院少卿和民国初司法部次长。[④]

总而言之,幕友通过长期研究、多方收集和积极发展来自理论与实践结合的律学知识,使自己拥有不同于司法场域中的大部分官员、讼师和诉讼当事人的竞争优势。

---

① 薛霖浦:《官幕秘传幕学正宗》,粤东编印公司 1922 年版,第 16～17 页。

② 参见(清)汪兆镛:《微尚老人自订年谱》,汪敬德堂 1949 年版,第 10～11 页。1882 年,汪兆镛在 21 岁时于三水县幕随侍父亲汪琡并开始"读律例"。参见(清)汪兆镛:《微尚老人自订年谱》,汪敬德堂 1949 年版,第 8 页。

③ 沈铨元乃沈家本六世祖,后以佐治功叙县丞、授八品。参见李贵连:《沈家本年谱长编》,山东人民出版社 2010 年版,第 15 页。

④ 王氏祖籍浙江绍兴府山阴县,见《绍兴新河王氏族谱》卷三,1924 年版,第 8～9、32～33 页。从该族谱中所摘抄的王氏情况,参见绍兴县修志委员会辑:《绍兴县志资料》(第 1 辑),杭州古籍出版社 1985 年版,第 27 册,第 39 页;第 28 册,第 77～78 页(王宗濂因家传律学,据说定谳不假手幕客)。亦可比照刑幕何熊光及其子何士祁的情况,见绍兴县修志委员会辑:《绍兴县志资料》(第 1 辑第 27 册),杭州古籍出版社 1985 年版,第 15 页。

四、出版律学书籍对幕友在清代司法场域中权力地位之影响

按常理,幕友将律学抄本自秘或仅限于自家子弟或同门中传抄,更符合自身利益。为何不少清代幕友在晚年将所藏"秘本"公之于众呢？幕友这一明一暗两种看似矛盾的策略之间实际上有其内在联系和合理逻辑,其动机或功效大致可概括如下:(1)自我宣传,即著书立说以明心志或留名青史;(2)传授知识,即普及法律和地方吏治知识,以实现其经世济人或慎刑爱民之理想;(3)自增威望,即树立幕友的道德和专业权威,提高其在司法场域内外的政治和社会地位。换言之,虽然将知识秘而不宣,可能给幕友的个人和家庭带来经济或其他现实的物质好处,但却可能无助于增加幕友的其他象征性资本和社会影响,也违背他们作为儒家文人的社会使命感。而另一重要因素则是因为幕友秘本价值颇高,故很多官员和朋友都力劝作者将其"刻而公之,以惠世之有治民之责者"。①

如同幕友秘本一样,清代幕友出版的律学书籍大致可分为如下几类:(1)律例类,即律例及六部事例及则例的注解、增纂及其简化版的图示或歌诀;(2)司法检验类,即《洗冤录》的增补及辩证;(3)秋审类,即秋审条款及其成案的编纂或增修;(4)刑部成案类,即刑部成案、说帖及通行等部办案例的分类整理;(5)地方法制类,即省例及其他地方法规和司法公牍汇编;(6)官箴指南类,即对吏治或狱讼的理论指导或概括性介绍(如汪辉祖《佐治药言》和万维翰的《幕学举要》等)。不同

① 参见(清)张光月辑:《例案全集》,李馥、张光月1722年序;(清)沈如惇辑:《例案续增全集》,沈如惇序,慎思堂藏板1759年刻本;(清)白如珍:《刑名一得》,詹益序(1784),云南臬署藏板1784年刻本。

类型之间难免有时会重合,但这样划分大致可勾勒出清代(幕友)律学知识的主要内容。本文此前已经提及了不少类型的幕友著作,现在回到我们讨论的重点,即幕友公开传播律学知识对他们自身以及对清代吏治和法律文化有何具体影响和意义。

第一,清代幕友出版律学著述或旧文牍稿案,往往含有自证清白或立传的目的。在一定程度上,这同很多清代地方官将公牍付梓的动机相似。比如,顺治时期浙江金华府推官李之芳(1622—1694)将任上的案牍集结出版,希望证明自己六年来办案总是秉承大公至正的精神,反复认真推勘,酌情衡理一准于法。① 但幕友出版公牍与官员也有显著不同的地方。如果无著述或公牍传世,幕友即便是身负经世奇才的律学家或吏治高手,也往往因无功名官爵而在青史上寂寂无闻,甚至被世人一概嗤为刻薄刀笔、无德无能的劣幕或恶幕。② 有清一代大多数幕友的结局往往是"名不闻于朝廷,著述不显于世,仅以捉刀幕府"为人压线而偃蹇一生。③ 就笔者所发现的上千位刑钱幕友中,除姓名、籍贯、科举功名和部分游幕经历信息之外,能查到有更详细的个人传记或生卒年月的人不到十分之一,其中为清代法律史研究专家耳熟能详的幕友也不过仅十余位。而笔者已确认的这一千多位幕友只是

---

① (清)李之芳:《棘听草》,李之芳序,本衙藏板1654年刻本。李之芳乃顺治四年(1649)进士,同年授金华府司理,1654年升刑部主事,后迁郎中、御史及总督等官,死前曾任兵部及吏部尚书,雍正时入贤良祠。李之芳曾以御史身份参与康熙九年的大清律修纂。

② 关于官方话语体系中对劣幕、恶幕的表述,参见前引 Chen,"Regulating Private Legal Specialists," pp. 261 – 269。

③ (清)李集:《愿学斋文钞》卷一四,万善堂1819年刻本,第6页。

清代刑钱幕友中极小的一部分。[①]

咸、同年间文坛名宿广东陈沣曾以刑幕汪鼎之生平为例指出，幕友之贤否关系匪浅，且天下幕友众多，其中贤者当不乏其人，但像汪辉祖那样流芳百世者极少，盖因幕友“所为皆官事，其名归于官，而幕友遂隐湮没不彰也”。更有甚者，主官每因公务受上司谴责，辄曰“幕友误我”。[②] 因此，做了几十年刑钱幕友的吴宏为给世人一个交代，表明自己谨遵父训从未枉法害人，于康熙六十年（1721）将所办公牍存稿刊刻成《纸上经纶》，其中包括了他处理的几十件民刑案件。作者自序称：

> 暇日翻阅旧稿，私心窃幸。数十年来未有一事悖违先训。惟思余衰谢后，使此稿与身俱泯，或有不能谅者，未必不曰：“此老毕生碌碌，不知造孽多少。”则余一生兢兢业业，慎守先训之志，岂不为此一语抹煞，何以见先人于地下……[付梓]欲存此为未违先训之证耳。[③]

同样，嘉、道年间精研法律多年的绍兴会稽幕友胡璋将自己添注增辑的《大清律例刑案汇纂集成》出版，也想证明自己读律入幕二十年，始终夙夜自勉，治狱时“必深求律例之意”，以不违先父之遗志（其

---

① 笔者此前曾据文献推断清朝可能有三万至三十万为入幕而经过较系统法律训练的人存在。参见前引 Chen，“Legal Specialists and Judicial Administration”，pp. 22－24。

② 番禺县令陈沣所撰刑幕汪鼎（1791—1854）墓表，见（清）汪兆镛《山阴汪氏谱》，汪敬德堂1947年版，第60页；比较同书第79页（汪瑔认为幕友治事“如身居此官，善则归于主者，不当居其名也”）。

③ （清）吴宏：《纸上经纶》，吴宏序，康熙六十年吴氏自刻本。该书亦见郭成伟、田涛点校：《明清公牍秘本五种》，中国政法大学出版社1999年版，第141～260页，引语见第142页。吴氏于康熙己巳年（1689）左右开始，先后在各地游幕三十多年。

父亦是佐治三十年的刑名幕友)。[1]

除了表明自己心志和事迹外,这些幕友手稿一旦出版,其幸存的机会大增,也就提高了作者青史留名的可能性。浙江秀水沈之奇在康熙年间佐治数十年,精通律学且名动公卿。但如果他没出版影响巨大的《大清律辑注》一书,则我们对他几乎一无所知。[2] 娄杰认为许伸望刻印《秋谳志》的意义之一,就在于让谢诚钧毕生心血在辗转数十年后得以传世,使怀才不遇的作者"以法家言存姓名于天壤"。[3] 现代学者所熟悉的其他清代刑钱幕友,如王又槐、王有孚、万维翰等人,也同样多半靠刊印律学或官箴书而留名。这种自我宣传的功效,与下文分析的幕友因出版律学著作而赢得社会尊重和树立专业权威是相辅相成的。

虽然像不少幕友一样,吴宏也以不能临民治事而只能替人捉刀为憾,但他将匣中旧稿出版,客观上揭示了这些以朝廷命官名义发出的文牍、告示和判词,实是幕友心血和满腹经纶所在。为表明这一点,他在刊印《纸上经纶》时,决定"不录原(案)招(详),止存(自己代上司衙门所拟)驳(语)看(语)者。以原招系他人代笔,不敢掠美也"。[4] 前文还提到由刑幕孟壶史遗稿所刻的《刑案成式》,当世人翻看书中1843—1852年以江西按察使名义审核的106件案子时,也就见证了作

① 参见(清)沈之奇初辑,姚润原纂、胡璋增辑:《大清律例刑案汇纂集成》,胡璋1839年跋,三善堂1859年新镌刻本。该书是在祝庆祺《刑案汇览》中的成案和姚润《新增律例统纂集成》的基础上,添注增辑新例及道光元年后例案而成的。胡称该书乃其友人力主付梓,而其父生前因治狱至难,戒其勿轻习刑名。

② 除了该书序言中简短信息外,沈之奇生平从方志、家谱或其他各种现存文献中都已不可考。

③ (清)娄杰:《重订秋谳志序》。

④ (清)吴宏:《纸上经纶》,吴宏序及凡例。

者和其他幕友在清代地方司法审判的关键作用。值得注意的是，为该书作序者有时任署江西按察使周溯贤和前任按察使李文敏（1871—1874）及任道镕（1875—1878）。而这些官员对于孟壶史实际上是几任臬司判词的真正作者，并没有觉得有任何不妥或异常之处。道光皇帝在1846年曾将江西情实册内三件情形不谋而合的案件发回江西重审，任道镕想知道孟壶史后来是如何定谳的，但很遗憾在书中未找到这些案件。[①] 这证实了清代韩振关于外省代官员出治者乃幕友的说法。而现存其他出版了的幕友公牍判词亦印证了这一点。[②]

第二，很多幕友出版秘本或旧稿案还有普及法律或吏治知识的愿望，而这些书籍一般客观上也达到了此种效果。康熙年间刑名老手孙鋐的《为政第一编》详细讲解了如何办理刑名钱谷及地方公牍，而其公开发行的理想目标就是让地方官人手一册，家弦户诵，使吏治民生大为改善。[③] 前文提及许伸望决定出版自己颇费周折抄来的《秋谳志》，部分原因是对当年湖北友人自私行为的反省及被高蓉台慷慨分享秘本所激励。许氏在序言中写道："其据为独得者，私也，其必欲同得者，公也。余既得之，又何敢复秘，以滋吾友怀璧之罪，爰亟付手民，以公诸世。"[④]而像许伸望、谢诚钧及此前王有孚所出版的秋审条款和成案，都有助于办秋审者理解、援引相关的法规和办案程序。甚至连清末刑

① 周溯贤和孟壶史有"旧契"，可能在任江西境内县令、吉安知府或道台时曾聘孟氏为幕友。参见（清）孟壶史辑：《刑案成式》，李文敏序（1878）、任道镕序（1877）及周溯贤序（1877）。该书中有温予巽（1783—1850）任江西臬司（1843—1847）内的不少案件。李文敏1878—1882年为江西巡抚。

② 参见（清）潘杓灿：《未信编》，学者堂1704年刻本；（清）魏际瑞：《四此堂稿》，版本不详，1675；（清）刘乃勋：《一庐存稿》，商务印书馆，年代不详。刘乃勋（1882—1966）于1898年至1911年在广东任府县及两广总督刑幕。

③ （清）孙鋐：《为政第一编》，邵泰衢序，本府藏板1702年刻本。

④ （清）谢诚钧编撰、许伸望重修：《秋谳志》，许伸望序，悔不读书斋1880年刻本。

部律学家沈家本和吉同钧都称赞这些幕友所编秋审条款和成案为习刑名者之善本、"秋审秘钥"。而此前这些秋审例案仅限于在极少部分人中传抄。[①] 孟庆云认为其父在江西臬幕中的遗稿是"心学所存,有裨治术,非庆云与及门诸君所得据为枕中秘也",[②]于是将其整理成《刑案成式》一书,以指导治狱者。

通过出书来改进司法和吏治,最著名的一个例子就是汪辉祖晚年所撰的《佐治药言》和《学治臆说》等书。这些官幕手册在乾隆末年出版后,在19世纪广泛传播,对清代后半期的官箴文化及幕友操守都有深远影响。这些受到好评的书籍反过来又帮助汪辉祖确立了作为清代廉吏及幕友楷模的地位。[③] 而以幕友陈芳生《洗冤集说》和王又槐《洗冤录集证》等为首的一系列检验尸伤的书籍,更是对发展清代司法检验的理论知识和实践起了巨大的作用。其中王又槐的《洗冤录集证》一书从1796年至1921年屡次重版,今天仍能见到的就至少有26种不同的版本,出版地点包括了广西(1832年版)、广东(1837年版和1865年版)、浙江(1870年版和1872年版)、北京(1870年版和1882年版)和上海(1892年版、1907年版、1911年版及1921年版)等地区。而对王氏《洗冤录集证》进行增补、重印或支持者,不仅有李观澜及孙光烈这些幕友,还包括浙江巡抚梅启照(1879)、广西巡抚祁贡(1832)、候补道梁恭辰(1879)、知府阮其新(1832)及知县姚得豫(1831)等人,由

① 吉同钧:《乐素堂文集》卷六,中华书局1932年版,第12页。

② (清)孟壶史辑:《刑案成式》,孟庆云1877年跋。

③ (清)汪辉祖《佐治药言》及《学治臆说》,见张集馨编:《入幕须知五种》,浙江书局1892年版。汪辉祖的著述直到清末仍然是官幕入门必读之书,参见前引许同莘、陈天锡和薛霖浦等人所著文献。另见徐忠明:《清代中国法律知识的传播与影响——以汪辉祖〈佐治药言〉和〈学治臆说〉为例》,载《法制与社会发展》2011年第6期。

此亦可见其流传之广、对地方司法检验影响之大。[①] 同治、光绪年间曾在粤、苏、皖等地为幕40余年的周守赤,留下了自己拟定的150余个案件的判牍,集结出版后被认为是“实事求是,谨慎详明,不仅为幕学圭臬,实为律学宝典”。[②]

笔者将另外探讨这个问题,但有必要在此简单提及的是,很多幕友在出版这些书籍时,都假定了一个以习申韩或刑名学的“法家”或治律者为主的读者群体。这些人构成了谢诚均和许仲望等幕友所称的“海内同志”“同好”或“同道”,其相同之处包括对法律的兴趣和对司法公正、慎刑爱民以及经世济人等社会理想的追求。[③] 吴艳红在研究明代律学书籍时认为,当时司法官员内已经出现了某种法律职业共同体的雏形。[④]

如果这种职业群体确发轫于清代之前的话,那么一个读律、懂律和推动法律文化发展的律学职业群体在清代便出现了质和量的飞跃。

---

① 笔者比较收藏了三十余种《洗冤录》版本。参见(清)陈芳生编著:《洗冤集说》,聚锦堂藏板1687年刻本;(清)王又槐增辑、李观澜补辑、文晟续辑、阮其新补注:《重刊补注洗冤录集证》,粤东省署1872年刻本。阮其新为官前亦是刑幕。王氏《集证》的各种增、补版本可考的刻印年代为:1796年、1813年、1825年、1832年、1835年、1837年、1844年、1858年、1864年、1865年、1870年、1872年、1877年、1881年、1882年、1892年、1904年、1907年、1911年、1921年,此外还有可能刻于道光年间的至少6种不同版本。详情可参见《洗冤录集证》的目录信息,见 Will, ed., *Official Handbooks and Anthologies in Imperial China*。清代官幕在实践中对《洗冤录》的增补,可见 Pierre-Étienne Will, "Developing Forensic Knowledge through Cases in the Qing Dynasty," in *Thinking with Cases: Specialist Knowledge in Chinese Cultural History*, eds. Charlotte Furth, Judith T. Zeitlin and Ping-Chen Hsiung (Honolulu: University of Hawaii Press, 2007), pp. 62 – 100。

② (清)周守赤辑:《新辑刑案汇编》,图书集成局1897年版。

③ 参见(清)孟壶史辑:《刑案成式》,孟庆云1877年跋;(清)谢诚钧撰、许仲望重修:《秋谳志》,许仲望和谢诚均序;《成案续编二集》,闵萼元1763年序,约1763年刻本。

④ Yanhong Wu, "The Community of Legal Experts in Sixteenth-and Seventeenth-Century China," in *Chinese Law*, eds. Chen and Zelin, pp. 207 – 225.

笔者此前据档案资料推论,在1700年至1911年,大约有3万名刑钱幕友在清代地方衙门办理过司法案牍,而曾系统地(一般为二年至四年)学习过法律的幕学人员则可能多达二三十万人①。幕友出版的各种相关书籍不仅为这个数量可观的律学群体提供了丰富的教材,还大大促进了他们之间的专业交流和职业共同体意识。相对于朝廷命官在各地或不同职务之间频繁迁转调派,多数幕友往往数十年如一日地处理与法律和地方吏治相关的事务,因而有更多的精力和时间或更好的条件来收集整理资料,研读相关律学和案牍文集或著书立说。该文所提到的众多刑钱幕友之间的网络,以及图1、图2所勾勒出的对法律感兴趣的官、幕间的知识交流体系,都见证了这个律学职业群体的广泛存在和他们在清代司法场域中所占据的重要地位。

第三,幕友就刑名钱谷事务著书立说,有助于将律学和法律职业进一步塑造成关系国计民生的实务,与科举的章句帖括等务虚之学大不相同。这同晚明复兴的经世和实学思潮相吻合,使幕友在关心民生的儒家文人和官员中获得了极大的支持。② 当然,这与上文提到的幕友具有专业素养且长期醉心于司法和地方事务是分不开的。

幕友手册的重要意义在于,它们常常凝聚了一个或多个幕友丰富的阅历和数十年研究、实践的心血。虽然像汪辉祖的《史姓韵编》等书和许思湄、龚萼所著脍炙人口的尺牍集也赢得不少清代文人的赏识,但这些训诂或表达闲情逸致的文字,毕竟对吏治民生的现实意义不大。③ 相

① Chen,"Legal Specialists and Judicial Administration," pp. 22 – 24.

② Ibid. ,pp. 31 – 34.

③ 参见(清)汪辉祖:《元史本证》,中华书局1984年版;《九史同姓名略》,台北,艺文出版社1964年版;《史姓韵编》,金陵书局1890年刻本。以及(清)许思湄:《秋水轩尺牍》,湖南文艺出版社1986年版,1831年原序;(清)龚萼:《雪鸿轩尺牍》,湖南文艺出版社1987年版,1803年原序。

反,刑钱幕友在学习和工作中积累的资料和知识,对于地方官或各级司法机关人员都很有价值。比如,乾隆时期浙江钱塘名幕王又槐的《钱谷备要》,就收集了安徽、江苏、浙江、湖南等省几十年间颁发的赈灾、赋税、交盘及治蝗等种种地方规条。行幕数十年的江苏吴江万维翰,也同样将随手抄录的心得和档案资料整理成了《刑钱指南》(1768)、《行简录》(1773)、《幕学举要》(1770)、《大清律例集注》(1786)、《成规拾遗》(1774)和《律例图说》(1750)等一系列重要书藉。其中《行简录》就是他在任浙江巡抚幕友十余年间选编的有关该省吏治的重要规章和案例集。① 类似的还有潘杓灿的《未信编》及孙鋐的《为政第一编》。前者内容被黄六鸿的《福慧全书》、徐栋的《牧令书》和贺长龄的《皇朝经世文编》等官员编纂的官箴书所采纳,②后者则被时人誉为"仕学津梁",甚至"经国嘉谟而救时盛轨"。很多幕友也因此被赞为"负经济才、睹经济书、论经济事"而声名鹊起,所到之处,公卿无不倒履相迎、奉为上宾。③

无论是律例类、司法检验类、秋审秋、成案类、地方法制类,还是官箴指南类书籍的出版,都有助于幕友建立其专业威信、拓展其象征性资本和社会空间。沈之奇在康熙五十四年(1715)初镌刻的《大清律辑注》中的注解,不仅被雍正五年钦颁《大清律集解》所采纳,而且是司法

① (清)万维翰:《行简录》,芸辉堂1774年刻本,张端木1773年序、万维翰1770年序。他还著有《荒政琐言》和《律例图说辨讹》等书。

② 参见(清)潘杓灿:《未信编》,选载入徐栋辑:《牧令书》卷一七《刑名上》,1848年刻本。

③ (清)孙鋐:《为政第一编》,钦天左监邵泰衢1702年序。关于称赞幕友为经世之学者,还可参见(清)张光月辑:《例案全集》,陈若楫1722年序,1731年新镌刻本;(清)洪弘绪、饶瀚辑:《成案质疑》,潘思榘1745年序,本衙藏板,1746年新镌刻本(武林王氏家藏、三余堂发兑)。

审判中援引最多、清代学律者最重视的私家律注。[①] 在十八九世纪,许多幕友在沈氏《大清律辑注》的基础上增修出版了一系列律例类书籍,从而进一步推动了律学的发展和传播。比如,万维翰在佐理浙江臬司六年间,根据沈氏《大清律辑注》和新修律例参以己见,于 1766 年撰成《大清律例集注》。他又据新颁条例随时增辑,使该书在此后二十年间比 1759 年官版《大清律例》更加及时和准确。[②] 类似幕友主编的律例书籍,不断通过私刻或坊刻(民间书坊)发行,因其数量多、流传广、更新快,往往使它们成了在全国传播法律知识的主要媒介,对官员、幕友、讼师和社会大众了解律法和司法制度产生了重要影响。[③] 一些幕友编撰的《大清律例》或《洗冤录》等书籍,甚至成了一些省为地方官员印发指定用书的范本。比如,1872 年经湖广总督和湖北院司批准、由湖北发审局刻印的《大清律例汇辑便览》一书,即是根据幕友编修的《大清

① 《大清律集解附例》,武英殿刻本,30 卷(应为雍正五年版,以朱色雍正三年《御制大清律集解序》开卷,现藏哈佛大学);(清)沈之奇:《大清律辑注》(又常名《大清律集解附例》),约 1715 年刻本(同年序)。关于《大清律辑注》的影响及被援引情况,参见 Ch'en Fu-mei Chang, "The Influence of Shen Chih-Ch'i's *Chi-Chu* Commentary Upon Ch'ing Judicial Decisions," *Essays on China's Legal Tradition*, eds. Jerome Alan Cohen, R. Randle Edwards and Fu-mei Chang Ch'en (Princeton: Princeton University Press, 1980), p. 172。

② 参见(清)万维翰:《大清律例集注》,芸辉堂 1786 年刻本(增辑),万维翰 1766 年和 1779 年序及凡例。目前无法确知该书是否在 1766 年曾发行,但在 1786 年增辑续编之前,坊间已有翻刻小版面世。

③ 湖北布政使张建基、按察使刘策先在同治十年就指出,"部颁律例无多",而流传的坊刻本字画错讹较多,所以须校订律例版本,通行各府县。参见湖北谳局汇辑:《大清律例汇辑便览》,湖北谳局 1872 年新镌,湖北院司序。关于律例类书籍出版情况,可参见《大清律例会通新纂》及《大清律例重订辑注通纂》等条目下,见 Will, ed., *Official Handbooks and Anthologies of Imperial China*。

律例统纂集成》增修校订而成的。[1] 除律例类外,其他主题类型的出版情况也与此相似:幕友著作对律学和史学知识的传播有巨大贡献,而这些出版活动又反过来不同程度地提高、巩固了他们在司法场域中的专家地位。

图 3　1746 年版《成案质疑》扉页

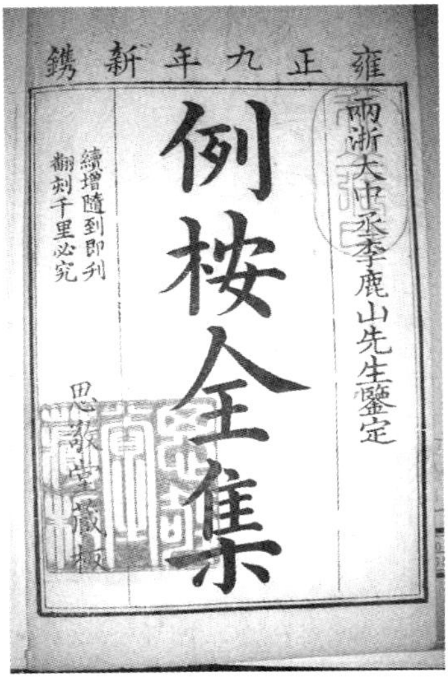

图 4　1730 年版《例案全集》扉页

从本文中所引的文献亦可发现,这些幕友律学书籍经常由官员资助出版,或者为它们作"鉴定"或作序。法史学界目前对书名、封面及扉页设计、序或书内格式等"副文本"的作用分析还很少,事实上,这些

---

① 见湖北文献局汇辑:《大清律例汇辑便览》,湖北谳局 1872 年新镌。笔者收藏研究了三十多种大清律例版本。

副文本对持书者的阅读经验和获取知识的程度可能有很大影响。① 比如,浙江杭州幕友洪弘绪和江西金溪幕友饶瀚合编的鸿篇巨著《成案质疑》于1746年在杭州由三余堂出版时,其扉页右边印有醒目的“潘大中丞鉴定”字样,而潘思榘(1675—1752)时任安徽巡抚。幕友张光月雍正时期刻印的《例案全集》在扉页上亦有“两浙大中丞李鹿山先生鉴定”。虽然李馥(号鹿山,1662—1745)任浙江巡抚时间不长,仅限于1722年年底至1724年年初,但该书在1731年、1734年及1737年再版时仍然保留了李大中丞鉴定的字样,可见对其销售的重要性。② 同样,光绪年间张廷骧辑刻的《入幕须知五种》不仅由他的雇主、直隶按察使司刘树棠(1831—?)写了序言,刘树棠还为封面题写了书名并加盖了个人印章。③

与书的外形装帧相比,序言部分有可能更为重要。序乃书之门户,往往就正文(主文本)内容为读者提供一个总体印象和思索框架,并交代该书原委和在现有知识谱系中的传承以及作者的著书目的和读者对象。名人或业界权威人士的推介,将有助于拉抬书的身价,甚至左右读者对作者及其著作的感觉和评价。前文提到过包括督抚在内的官员,在序言中常称赞刑钱幕友为德才兼备、精通法律而又“夙蕴经济之学”的专家,而幕友的律学著述则被誉为断狱之圭臬、济世之良方。④ 在序言中有精通吏治的朝廷大员之高度评价,那么这些幕友律学刊物的发售和流通,也是在向社会各界灌输这种权威观点。前江西

① 关于副文本的研究,参见 Gérard Genette, *Paratexts: Thresholds of Interpretation*. Translated by Jane E. Lewin (Cambridge: Cambridge University Press, 1997); Kai-Wing Chow, *Publishing, Culture, and Power in Early Modern China* (Stanford: Stanford University Press, 2004), 12-17, 152-76。

② 参见(清)洪弘绪、饶瀚辑:《成案质疑》,本衙藏板,1746年新镌刻本;(清)张光月辑:《例案全集》,思敬堂1731年、1734年及1737年新镌刻本。分藏于中国社会科学院、美国哥伦比亚大学及日本东京大学图书馆等地。

③ (清)张廷骧辑:《入幕须知五种》,约1884年刻本。

④ (清)闵我备辑:《成案新编二集》,颜希深1763年序,约1763年刻本。

按察使、升任江西巡抚的李文敏为孟壶史《刑案成式》作序时即写道："有名医而天下无误诊，有名法家而天下无冤狱。读孟君之书，庶几有神明于法者。"①

在为《成案质疑》作序时，安徽巡抚潘思榘首先指出，以工帖括出仕的官员因对律例和成案未能融汇贯通，在定谳时很难折中至当。而洪、饶二君不仅"怀抱经济有年"，佐治官员无数，而且办理刑名时力求平反冤狱，对可矜可疑人犯，总是按律、比例、援成案，反复推敲，仁至义尽而后已。该书将四千三百多件成案组织得纲举目张，极大地方便了办案者，必将大"有功于民生"。没有这些律学老手的才干、勤奋和阅历，是很难完成这么浩大的编撰工作的。据潘大中丞所言，这也是幕友能拥有巨大的隐权力的缘由：

> 苟非究心申韩之学，阅历弥编摩熟，焉能集狐为裘，酿花成蜜，以刻一代之全书哉。此经生家所以退避三舍，不得不让床头捉刀人称独步也。

作为一名进士出身的官员，潘曾在刑部办案五年（1725—1730），并任过知府及道台，算是法律知识和阅历都颇为丰富的朝廷封疆大吏。但他在序言中承认自己任广东臬司（1739—1742）时，能在审案时"发奸指伏，情真罪当，差无失出失入之讥"，仰赖洪、饶二子之力极多。② 上文已经提到，这种依赖幕友的情况早已相当普遍。但由当事

① （清）孟壶史辑：《刑案成式》，李文敏1878年序。

② （清）洪弘绪、饶瀚辑：《成案质疑》，本衙藏板，1746年新镌刻本，潘思榘1745年序。潘乃1724年进士，曾任刑部主事、员外郎及郎中，于1742年曾任刑部主年任浙江布政使，1747年布政使，主年任福建巡抚，1752年死后依徐士林例入京都贤良祠。

人在序言中直接承认的确如此,无疑对幕友书籍有明显的促销作用。[①]而另一幕友姚润纂辑的《新增律例统纂集成》,甚至连监管刑部事务的大学士户部尚书王鼎都在1836年为其作序,并向"天下读律者"推荐此书,赞其收采无遗而又详简得当,"尤为法家之秘笈""律例之善本而有以助圣朝祥刑之化"。[②] 能得到掌管司法最高官员的如此美誉,甚至将其与大清王朝的祥刑化民、刑期无刑的使命联系起来,对于该书和姚润所代表的清代司法幕友的社会影响来说,是不言而喻的。

五、结语

通过充分利用这些当代公卿和名流来肯定自己出版的律学著述,清代刑钱幕友将法律知识和职业转化为对国计民生至关重要的经世实学,提高了自己在司法场域中的地位和权力。

诚然,很多幕友对未能出仕为官引以为憾,而且不少清人也视幕友为靠刀笔为生的申韩家,但清代幕友通过私下传抄和公开出版方式,证明了自己对法律知识的生产、运用和传播,以及对清代司法和政治制度有着难以替代的作用;而清廷也始终不能像对待讼师那样来严打幕友,或有效地抑制后者在地方政府中的巨大隐权力。借用做刑幕近五十年的清末名幕张廷骧的话来说,刑钱幕友居"宾师之位",身份不低;官员请幕友得人,则百事就理,而所请非人,则"诸形丛脞"。所

---

① 幕友胡璋(字仰山)在续纂姚润《大清律例刑案统纂集成》一书时,其居停杭州知府文柱也在序言中承认自己虽"研穷律例谨之又谨",但四年内办刑狱无谬误,实依赖胡璋之力为多。参见(清)沈之奇初辑,姚润原纂、胡璋增辑:《大清律例刑案汇纂集成》,文柱1838年序。

② (清)沈之奇初辑,姚润原纂、胡璋增辑:《大清律例刑案汇纂集成》,王鼎1836年序。

以幕友虽然不是官,而“实隐系民生休戚”。[①] 张氏所言并非套话。福建按察使裴荫森(1823—1895)在1887年即写道,因为“文网愈密、案牍愈繁,长民之官势不能自理”,而掌握了丰富法律专业知识和吏治经验的“习名法家言者,遂隐隐焉操官之柄矣”。也就难怪会有清人认为,如能将《入幕须知五种》这些经典幕学著述融汇贯通,将之应用于一县,则一县得治,将之应用于天下,则天下亦得治矣。[②]

---

① (清)张廷骧:《赘言十则》,载张廷骧辑:《入幕须知五种》,约1884年刻,第1页。直隶臬司刘树声在1885年序言中指出,张廷骧“尤精申韩学,当路争聘恐后”,历任直臬都挽留他至今,而自己也将幕友张廷骧“奉之所师”。亦参见同书中吉林道台顾肇熙1884年序。关于张氏游幕时间和经历,参见(清)张廷骧:《不远复斋见闻录》,1913年序言,及卷一〇,第9页和卷五、卷六中自述,1915年版。

② (清)沈之奇初辑,姚润原纂、胡璋增辑:《大清律例刑案汇纂集成》,裴荫森序。

作者简介

（以篇目为序）

01 寺田浩明（Terada Hiroaki）

毕业于日本东京大学法学部。历任东京大学法学部助教、千叶大学法学部助教授、东北大学法学部教授、京都大学法学部教授。主要研究明清中国法、比较法律史，出版专著《权利与冤抑：寺田浩明中国法史论集》（王亚新等译，2012）等，合编《东洋文化研究所所藏中国土地文书目录·解说》（1983/1986）等，在《东洋史研究》（日本）、《中国史学》（日本）、《法学》（日本）、《法学论丛》（日本）、《中外法学》、《清华法学》、《法制史研究》（台湾）等学术期刊发表论文数十篇。

02 陈惠馨（Chen Hwei-syin）

德国里根斯堡大学法学博士。曾任台湾政治大学法律科际整合研究所所长（2005—2007）、台湾政治大学法学院院长（2007—2009）、中国法制史学会第16/20届理事长、台湾性别平等教育法草案立法参与之研究计划主持人、草案拟定召集人、行政院妇女权益促进委员会第4/5届委员、台湾女性学学会第6届会长。现任台湾政治大学法学院专任教授。主要研究德国法制史、清代法制史、亲属与继承法、性别与法律、非营利组织相关法律规范，出版专著《宗教团体与法律——非营利组织研究观点》（2013）、《清代法制新探》（2014）、《性别关系与法律》(2015)、《多元观点下清代法制》(2015)、《民法亲属编——理论与实务》(2016)、《德国近代刑法史》(2016)等。

03 岸本美绪(Kishimoto Mio)

日本东京大学文学硕士。曾任东京大学东洋文化研究所助教、东京大学文学部副教授、东京大学研究院人文社会系教授,现任御茶之水女子大学基干研究院教授。主要研究明清社会经济史与法律史,出版专著《清代中国の物价と经济变动》(1997)(中文版《清代中国的物价与经济波动》2010)、《明清交替 と江南社会》(1999)、《明清史论集1・风俗と时代观》(2012)、《明清史论集2・地域社会论再考》(2012)等,在《史学杂志》(日本)、《东洋史研究》(日本)、《历史学研究》等学术期刊发表论文十数篇。

04 步德茂(Thomas Michael Buoye)

密歇根大学历史学博士,塔尔萨大学历史系教授,兼任密歇根大学中国文化研究所研究员、《清史研究》编委。主要研究清代中国法、明清中国史,出版著作 *Manslaughter, Mar, and Moral Economy: Violent Disputes over Propertv Rights in Eighteenth-Century China*(2000)、*Study Guide to China*(2005)、《过失杀人、市场与道德经济:18世纪中国财产权的暴力纠纷》(2008)等,合编文集《世界学者论中国传统法律文化(1644—1911)》(2009)等,在 *Late Imperial China*(美国)、《法制史研究》(台湾)等学术期刊发表论文数十篇。

05 杜正贞(Du Zhengzhen)

香港中文大学哲学博士,现任浙江大学历史系教授。主要研究中国社会史、中国法律史。出版专著《村社传统与明清士绅:山西泽州乡土社会的制度变迁》(2007)、《浙商与晋商的比较研究》(2008)、《近代山区社会的习惯、契约和权利》(2018)等,参与主编《龙泉司法档案选编》(2012)等,在《历史研究》、《历史人类学学刊》、《近代史研究》、《文史》和《政法论坛》等学术期刊发表论文数十篇。

06 何志辉(He Zhihui)

澳门科技大学法学博士、日本关西大学文化交涉学博士。先后执教于湘潭大学、西南政法大学、澳门科技大学,曾任京都大学访问学者、香港大学访问学者,现任澳门理工学院"一国两制"研究中心副教授,兼任中国人民大学法律文化研究中心研究员。主要研究近代中国法、港澳法制史、东亚文化交涉学,出版专著《明清澳门的司法变迁》(2009)、《近代澳门司法:制度与实践》(2012)、《治理与秩序:全球化进程中的澳门法(1553—1999)》(2013)、《外来法与近代中国诉讼法制转型》(2013)、《华洋共处与法律多元》(2014)、《澳门刑事法:制度源流与文本分析》(2018)、《澳门法制史新编》(2019)等,主编《澳门人文社会科学研究文选 · 历史卷》(2010)、《香港法律文化专题》(2016)、《香港法律文化研究》(2017)等多部,主持"跨域法政文丛"、《跨域法政研究》等,在《东アジア文化交涉研究》(日本)、《澳门研究》(澳门)等学术期刊发表论文数十篇。

07 田　宓(Tian Mi)

中山大学历史学博士,曾任广东财经大学人文与传播学院讲师,现任内蒙古大学蒙古历史学系副教授。主要研究区域社会史、历史人类学。目前重点利用地方衙门档案、民间契约文书等资料探讨明清时期内蒙古归化城土默特地区的历史演变。在《民族研究》、《近代史研究》、《清史研究》、《中国历史地理论丛》和《中国社会历史评论》等学术期刊发表论文十余篇。

08 张瑞威(Cheung Sui Wai)

英国牛津大学历史学博士。现任香港中文大学历史系副教授、香港中文大学人文学科研究所明清研究中心主任。曾出版 *The Price of Rice: Market Integration in Eighteenth-Century China* (2008)、《拆村:消逝的九龙村落》(2013)等,在《新史学》、《中国社会经济史研究》、《明代研究》和《中国文化研究所学报》等学术期刊发表论文十数篇。

09 谭家齐(Tam Ka-chai)

英国牛津大学东方研究院哲学博士。现任香港浸会大学历史系助理教授,专攻近世中国法制、社会经济及海洋史。在《中国文化研究所学报》、《汉学研究》、《法国汉学》、*Ètudes chinoises* 和 *The International Journal of the Humanities* 等学术期刊及国际会议发表论文60多篇。2014年获香港特区大学教育资助委员会颁发"杰出青年学者"奖项。

10 赖惠敏(Lai Hweimin)

台湾大学历史学博士,现任"中央"研究院近代史研究所研究员。主要研究清代社会、经济与法律史。出版专著《明代南直隶赋役制度的研究》(1983)、《天潢贵胄:清皇族的阶层结构与经济生活》(1997)、《但问旗民:清代法律与社会》(2007)、《清代的皇权与世家》(2010)、《乾隆皇帝的荷包》(2014)等。在《中央研究院近代史研究所集刊》、《中央研究院历史语言研究所集刊》、《近代中国妇女史研究》、《新史学》和《故宫学术季刊》等学术期刊发表论文数十篇。

11 邱澎生(Chiu Pengsheng)

台湾大学历史学博士。曾任台湾"中央"研究院历史语言所副研究员、香港中文大学历史系教授,兼任台湾大学副教授、暨南国际大学副教授、香港城市大学中国文化中心客座副教授,哈佛大学访问学者、法国里昂高等研究院访问学者,现任上海交通大学历史系教授。主要研究明清经济史、明清法律史、法律经济学,出版专著《十八、十九世纪苏州城的新兴工商业团体》(1990)、《当法律遇上经济:明清中国的商业法律》(2008)等,合编《明清法律运作中的权力与文化》(2009)等,在《历史研究》、《中外法学》、《清华学报》、《法制史研究》(台北)、《历史人类学学刊》(香港)等学术期刊发表论文数十篇。

12 吴海杰(Michael H. K. NG)

香港中文大学历史学博士,现任香港大学法律学院中国法研究中心主任、副教授。主要研究中国法律史、香港法律史,出版专著 *Legal Transplantation in Early Twentieth-Century China: Practicing law in Republican Beijing* (1910s – 1930s) (Routledge, 2014), 在 *Law and History Review*, *Business History*, *International Journal of Asian Studies*, *Journal of Comparative Law* 等学术期刊发表论文十余篇。

13 谷井阳子(Tanii Yoko)

日本京都大学文学博士。曾任京都大学人文科学研究所助教,天理大学文学部讲师、副教授,现任天理大学教授。主要研究明清政治制度史与法律史。出版专著《八旗制度の研究》(2015)等,在《史林》(日本)、《东洋史研究》(日本)等学术期刊发表论文 20 余篇。

14 伍　跃(Wu Yue)

日本京都大学文学博士。曾任大阪经济法科大学法学部教授,现任大阪经济法科大学国际学部教授。主要研究明清制度史与社会史。出版著作《明清時代の徭役制度と地方行政》(2000)、《中国の捐納制度と社会》(2011)、《中国的捐纳制度与社会》(2013)等,在《中国史研究》、《史林》(日本)、《东洋史研究》(日本)等学术期刊发表论文十数篇。

15 尤陈俊(You Chenjun)

北京大学法学博士。现任中国人民大学法学院副教授,《法学家》副主编,基础法学教研中心副主任,兼任中国法律与历史国际学会(ISCLH)执行委员兼文献委员会主席,国际学术刊物 *Rural China* 学科编辑、《法律和社会科学》编委、“二十世纪中华法学文丛”编委。主要研究中国法律史、法律社会学、法学学术史。出版专著《法律知识的文字传播:明清日用类书与社会日常生活》(2013),编著《从诉讼档案出发:中国的法律、社会与文化》(2009)、《百年回眸:法律史研究在中国(当代台港卷)》(2009)、《司法、政治与社会:中国大陆的经验研究》(2012)、《历史社会法学:中国的实践法史与法理》(2014)等多部,在《法学研究》、《中外法学》、《法学》和 *Modern China*(美国)、《中国史研究》(韩国)等学术期刊发表论文 40 余篇。

16 陈　利(Chen Li)

美国伊利诺伊大学法律博士、哥伦比亚大学历史学博士。加拿大多伦多大学历史系副教授、历史与文化系主任,曾任中国法律与历史国际学会(ISCLH)会长(2014—2017)、*Law and History Review* 编委。主要研究法律、政治及文化三者的交叉关系,涉及明代以来中国法律文化史、中西比较法研究、中外关系及近代国际法史。出版专著 *Chinese Law in Imperial Eyes: Sovereignty, Justice, and Transcultural Politics*(2015)、合编 *Chinese Law: Knowledge, Practice and Transformation*, 1530*s* – 1950*s*(2015),在 *Law and History Review*、*Late*

Imperial China（美国）、*Journal of the History of International Law*（荷兰）、《法制史研究》（台湾）、《浙江大学学报》、《北大法律评论》等学术期刊和相关文集发表多篇文章。

图书在版编目(CIP)数据

天 Borderless 下

明清法律与社会变迁 / 邱澎生，何志辉编．—— 北京：法律出版社，2019
（法律文化研究文丛）
ISBN 978-7-5197-4041-2

Ⅰ．①明… Ⅱ．①邱… ②何… Ⅲ．①司法制度—法制史—研究—中国—明清时代②社会变迁—研究—中国—明清时代 Ⅳ．①D929.44②K248.07

中国版本图书馆CIP数据核字(2019)第245905号

明清法律与社会变迁
MINGQING FALÜ YU SHEHUI BIANQIAN
邱澎生　何志辉　编

策划编辑　高　山
责任编辑　高　山　李　军
装帧设计　贾丹丹

开本　A5
版本　2019年12月第1版
出版　法律出版社
总发行　中国法律图书有限公司
印刷　中煤（北京）印务有限公司

印张　17　**字数**　382千
印次　2019年12月第1次印刷
编辑统筹　学术·对外出版分社
经销　新华书店
责任印制　陶　松

法律出版社/北京市丰台区莲花池西里7号(100073)
网址/www.lawpress.com.cn
投稿邮箱/info@lawpress.com.cn
举报维权邮箱/jbwq@lawpress.com.cn
销售热线/400-660-8393
咨询电话/010-63939796

中国法律图书有限公司/北京市丰台区莲花池西里7号(100073)
全国各地中法图分、子公司销售电话：
统一销售客服/400-660-8393/6393
第一法律书店/010-83938432/8433　西安分公司/029-85330678　重庆分公司/023-67453036
上海分公司/021-62071639/1636　深圳分公司/0755-83072995

书号：ISBN 978-7-5197-4041-2　**定价：**85.00元
（如有缺页或倒装，中国法律图书有限公司负责退换）

天

Borderless

下

博稽古今 融汇天下

天
Borderless
下

博
观

HISTORY
OF
POLITICAL PHILOSOPHY
Third Edition

政治哲学史

（第三版）

下册

［德］列奥·施特劳斯
［美］约瑟夫·克罗波西 主编

李洪润等 译

法律出版社 LAW PRESS · CHINA
—— 北京 ——

History of Political Philosophy, Third Edition
By Leo Strauss and Joseph Cropsey

Printed in the United States of American
Licensed by The University of Chicago Press, Chicago, Illinois, U.S.A.
原著第三版于1987年出版，著作权归属于芝加哥大学。
中译本由芝加哥大学出版社授权法律出版社独家出版发行。

著作权合同登记号
图字：01-2020-1934

作 者 简 介

列奥 · 施特劳斯 Leo Strauss

生于德国马堡的犹太人，曾就读于马堡大学，1921 年获哲学博士学位；1925 年至 1932 年，任职于柏林犹太研究学院。1938 年移居美国。1938 年至 1949 年任教于纽约新社会研究院；1949 年至 1968 年任教于芝加哥大学政治学系。列奥 · 施特劳斯被认为是 20 世纪极其深刻的思想家。1973 年去世。

约瑟夫 · 克罗波西 Joseph Cropsey

芝加哥大学教授，斯特劳斯的遗嘱执行人，朋友，编辑。2012 年去世。

目录

下　册

别涅狄克·斯宾诺莎

(1632—1677)

斯坦利·罗森

形而上学

斯宾诺莎是第一个写出系列文章为民主申辩的哲学家。他对民主的提倡最早出现在1670年出版的《神学政治论》一书中。他捍卫民主的立场并非偶然,而是他的哲学形而上立场以及他对传统政治哲学的公开拒斥所产生的必然结果。他的最主要著作《伦理学》,研究实在或实体的基本结构以及人的存在与永恒秩序之间的关系。也正是在这本书中,他详尽地阐述了自己的政治思想的哲学形而上基础。斯宾诺莎对传统政治哲学的拒斥,在《政治论》一书的开头章节中表现得淋漓尽致,这样一种拒斥导致他把传统政治哲学家所惯用的概念视为虚幻无用之物,抛在一边。他使用了类似马基雅维利等人所采用的对政治生活特性的真实而科学的分析,来取代传统政治哲学家所用之概念。

斯宾诺莎的科学形而上哲学在一定程度上保留了古典政治学传统的某个方面。按照这种古典传统,永恒秩序是人类世俗秩序的基础,并控制着人类世俗秩序。按照古典的理解,只有通过分析人类世俗秩序,永恒秩序才能显现出来。但斯宾诺莎接受了现代的科学认识程序,这便要求他的分析必须在最初就要抛开人间世俗秩序,这样永恒秩序才能展现出来。政治现象有别于秩序,对这一现象的观察必须尽可能减少纯粹人间世俗眼光所产生的扭曲和变形。也就是说,对待政治现象必须像对待其他任何科学现象一样去精确地记录与分析,这样,世俗秩序就能从科学地揭示出来的永恒秩序中"演绎"出来。

我们可以认为,斯宾诺莎思想中的"古典"成分,正是对斯多葛学派观点修正后的产物,而斯多葛学派是苏格拉底学派的一个分支。斯宾诺莎虽然依旧承认有必要,并且也有可能,按照我们对永恒秩序的认知来改进人间世俗秩序,但他把这种认同与斯多葛派关于哲学家和永恒性的关系概念结合在一起,这就产生了苏格拉底式的"能动主义"与斯多葛派式的"被动性"的奇特结合。一方面,哲学的使命是对永恒秩序的沉思,人只是永恒秩序的一部分,而从永恒秩序来看,人对社会和政治的关注相对于心灵的宁静而言仅是虚幻的诱惑;另一方面,心灵的宁静又取决于社会政治秩序,或者说人间世俗秩序的成功建立。

斯多葛派对斯宾诺莎的影响,可以从他对自由这一概念"形而上的"的定义中体现出来。他所谓的自由与他的决定论相一致,即他似乎把人的活动的最高形式看作被动地屈从于永恒秩序的安排。在政治领域,虽然斯宾诺莎仍然保留着前面所述的苏格拉底式的能动主义,但他只是把传统上认为只存在于贵族绅士活动中的自由转移到了科学家的活动中，或者说转移到那些其对政治事务的看法深受科学观影响的政治家们所从事的活动中。在实践领域中，那些愿意倾听哲学家意见的贵族绅士，被科学地分析政治事务的政治家所取代，并产生了相应的实践政治学说。在实际生活中，自由被看作人的力量的理智表达。人的力量用普遍使用的适用于任何现实事物的一般力量概念来解释，这种一般力量概念就为普遍适用于所有现实事物的研究方法铺平了道路。有关力量的这种概念与这种研究方法相结合，就产生了科学的形上哲学。它可以阐明实在的根本法则，这些根本法则体现于实在的各个方面，无论是人类世俗实在还是永恒实在。

新的或者说科学的形上哲学从一种关于人类本性的全新概念出发，完全改变了实践性的政治学说。科学的形上哲学采用人类和非人类所共有的概念术语来解释人的本性的问题，而不再只是用“纯粹”属人的眼光来看待人本身。新型的科学实证主义根植于共性，根植于被传统的哲学家称之为根基的东西。它之所以这样做，是因为共同的要素可以用普遍的方法来把握。这种崭新的观念，可以为超出传统哲学家视角框架的政治困境提供成功解决的承诺。对力量的驾驭——本身就是最伟大的力量——无论是在人间领域还是非人间领域，都是以相同的方式运作的。斯宾诺莎以马基雅维利为师，而正是马基雅维利曾说过，命运可为人类中的强者所驾驭，他甚至说道，通过发展出有效的方法，人的天性（或许还有自然本身）可以得到改变。

斯宾诺莎和马基雅维利都强调，他们力图找到这样一种新方法：唯其强有力才显得格外有用，而它之所以强有力，正是因为它是从人们实际是什么这一认识出发，而不是从对人们的期望与想象出发。这一新方法褪除了对人的种种幻想，使人一开始就赤裸裸地明白于其自然存在的真实状态中。这条新的道路显得比过去的老式道路(古典的或犹太教—基督传统的)来得低。老式的道路恰恰因为目标过高而“失去了方向”。建立在通过人的力量控制自然(天性)基础上的自由和德行,即知性改进所要达到的境界,这只有通过适宜降低起点才能成功。这个起点反过来预示了新的境界必定代替旧的境界。新的较低境界承认人的自然本性,因其情感总是战胜理性占据统治地位。要达致更高境界,人的理性必须驾驭情感。对某一激情的最好约束是引入其他激情;换言之,要对人进行约束,只有通过为其他所有人所共通的那些要素来约束。对人的约束从根本上来说,是基于那些被约束的人们的赞同。因此,通过新型的关于人的观念、关于力量的科学的概念和普遍共同的分析方法,就必然引导我们走向赞同民主制度、反对古典的贵族制。

科学乃是摆脱了激情的理性。此一摆脱意味着古典意义上的理性概念已经发生了变化。这一变化一改斯多葛派式的被动性而成为对事物的主动控制,这一控制以对实体的理解为基础。这样一来,人们就置身于与传统宗教的冲突之中,因为宗教主张人通过服从上帝明言的神谕来与永恒秩序保持一致。在政治学领域,把理性从宗教中解放出来的努力最初是从马基雅维利开始的,此后由霍布斯和斯宾诺莎以类似的方式继承;他俩都企图通过重新诠释《圣经》来还宗教以本来面目。

斯宾诺莎也继承了霍布斯(还有笛卡尔)把数学尊崇为新的理性的模式。他认为用数学推理可以摒弃虚幻的乌托邦式的想象,代之以科学地调整权力意志。斯宾诺莎把“数学的”分析运用于人类秩序,把这种秩序分解为单个单元,以至于严格推理得出自然状态中的人先于社会而存在。在霍布斯和斯宾诺莎看来,人类的自然状态的特征表现为个体处于优先地位,也就是说,个体呈现出多样性,只要其能力允许,则每个人都为一己的生存而斗争,这构成社会形成之前的原初图景。当个人,即具有理智的个体,认识到通过妥协而联合的优越性,只有在这时,社会才得以出现。具有理智的个体认识到社会,或者说,用于满足人的众多的欲望这一人造工具,在一般情况下,可以有效地放大自己的个人力量。

不过,霍布斯和斯宾诺莎的思想之间存在本质的差别。这在一定程度上可以通过二者的形而上哲学取向之不同而得到解释。霍布斯继承了唯物主义的传统,认为理智的秩序虽然不是人类所创造,但它是人类对运动的序列或模式的诠释。这种诠释的科学表达由几种基本运动方式的定义,以及对那些组合这些定义的思维规律的界定而产生并推导下去而来。而人类实际上是某种在内在结构上完全有别于其他运动方式的另一种运动形式。人类作为运动的阐释者,就不能完全用描述非人类的运动方式的术语来解释。在政治领域中,人的重要性可以从“自然权利”,即霍布斯所谓的基本人权这一点中表现出来:既然社会秩序只是相对于个人决定接受共同的约定而言,因此个人决定的自主性绝不可能完全转化为社会的安全而被取消。

在霍布斯看来,个人的自我保存需求比社会、哲学和宗教产生得更早,而且它实际上正是社会、哲学和宗教产生的先决条件。于是,社会产生之前的自然状态中人所共有的自我保存需求将以同样方式继续存在于社会产生之中。但斯宾诺莎的观点却与之不同,斯宾诺莎师承斯多葛派,认为永恒秩序是先于并独立于个体及个体的决定。在斯宾诺莎看来,从人类的自然状态到政治社会的转变,完全不是像霍布斯等人所认为的那样是秩序的产生或者是权力的前提条件。斯宾诺莎认为,社会是哲学产生的条件,或者说是发现秩序的条件。因此,斯宾诺莎认为个体自我保存的有力保障是哲学,而不是所有个体所共有的自主的激情。

由于霍布斯在社会中保留了个人的彻底的自主性,个人渴求生存的积极努力往往反而妨害了自身成功的生存,因此必须有一个高度集权的政府来制约平衡这种自然的且难以驯服的多元主义。他正是基于对个体的分析而拥护君主政体,认为君主优于分散的个人,可以疗治公众的恐惧心理。此外,自然的自主性意味着个体之间彻底的平等。他认为,在一个社会中,一切越是趋于同质化,平等就越能得以维持,党派之争即使没有完全消灭殆尽,也会受到限制与制约。君主制是平等的象征,正是因为下述事实,即君主把各个社会单元的社会意志集中统一于一体,君主的意志——独一无二、不可分割的意志——正是各个平等的个体的意志的反映,所以,君主制是最有安全感的,因而是最理想的政体。

与此同时,斯宾诺莎从人类的世俗观点出发,认为个体展示了从永恒秩序到实际的等级体系的具体衔接。他因此而承认人与人之间自然的差异(有别于习惯的差异),并把这一自然的差异作为政治上的根本。人与人之间天生就有所不同,这个不可更改的事实就要求社会允许各种各样的人存在,承认其不同的功能,从而允许各种不同言论的存在。除非言论会摧毁社会秩序本身,否则各种不同言论就不应受到统一的政治权力的压制。因此,斯宾诺莎被认为是民主制的倡导者,依据他的民主论,为了哲学(因为哲学维护所有人的利益),社会必须允许言论自由,从而反映出并顺应于人与人之间天然的差异。这样的民主正是正确的哲学学说的具体体现,它通过宗教制度、社会制度和政治制度这些手段来调控人们的观点,但绝不强求言论的统一与一致。

由此推理,哲学家按其本性就是“最高级的”人,因为他们最为强力,是那些非哲学家的其他个人的权力的最佳守护者。哲学家的命运和民主的命运唇齿相依:一方面,哲学家必须维护民主——民主实际上是哲学家的政治主张的表现形式——这样哲学自身才得以维护;否则,如果言论受到管制,舆论受到强制,哲学就会被教条和迷信所摧毁。另一方面,民主为维持其自身的存续,也必须保护哲学。所以,当哲学和民主被人们正确地理解的时候,两者的利益是和谐一致的。

以上我们可以看出,斯宾诺莎的政治主张是从他对实体的分析中推演出来的。正如斯宾诺莎在《知性改进论》[1]一书中所言,他希望把所有科学都指向一个目标。政治科学的目标于是就与自然科学和形而上哲学的目标相同一。所有科学的基本原理都是实体的属性,因而所有科学的进步发展都是按照发现这些属性的方法而得以进行。既然人类是实体的部分,而且受实体支配(他称这些部分为“模式”),所以支配人类行为的规律可以从关于实体的部分(模式)的一般规律中推导出来。

斯宾诺莎通过把“权利”等同于“权力”,又把“权力”等同于每种模式为追求生存而进行的斗争,从而否认政治现象中烙有人类所独有的特性,[2]这样他就与霍布斯大不相同。正如上面所谈过的,他认为“人类的”眼光会产生幻觉。根据斯宾诺莎的上述等式,我们才不难理解《神学政治论》。在这本书中,斯宾诺莎对政治科学的原理的阐述都是建立在接受人在宇宙中有着特殊地位这一(虚幻的)假设基础上的,是斯宾诺莎明确无误所接受的。这也就解释了斯宾诺莎为什么在一本关于政治科学的著作中如此细致地

---

〔1〕 别涅狄克·斯宾诺莎:《知性改进论》(*lmprovement of the understanding*),载《斯宾诺莎著作集》(*Works*)(第3版),冯·武诺顿和兰登主编,海牙,1914年版,4卷本,分订成2厚册,第1章,第7节。引文由本文作者译。

〔2〕 《伦理学》(*Ethics*),第1编,第3章,第6~9节。

论述神学的原因。因为在他看来,承认人类在宇宙中有特殊的地位,这种看法的传统基础正是宗教;而且宗教还使这一不科学的错觉一直受到宣传和维护。根据斯宾诺莎的这些等式来看,我们也不难理解他的下述观点:认为他所著的整部《政治论》的全部理论都是从下述前提建立起来的,即自我保存的欲望必然是普遍存在的。[1] 这一前提几乎是人类行为的全部动因,而且在政治哲学的科学表现中,它担当了实体和最理想的政府治理形式之间的中间媒介。

斯宾诺莎追随一股以笛卡尔为代表的哲学家的新型哲学潮流,他们认为一切科学都可以通过数学方法去研究,认为只有那些从充分适当,也即是清晰明白的观念中推理出来的结论才能被接受,而观念是否充分明了的标准是它如事物所是的那样表达了模式的属性,而不是像事物向人们展示的那样去表达。模式的内在结构尽管可从实体的更一般属性中推理出来,但如果仿照数学方法去分析它,我们便能了解它本来是什么,了解在理智之光照耀下它所展示的样子,他们不是也不像是有朝着某些目标或超越的善运动趋势,这些目标和善远远超出此种趋势。

斯宾诺莎把目的论从哲学中驱逐了出去。哲学家本身往往受认知事物这一"目的"所支配,这一点并不妨碍他去认识事物的原本,即认识受实体的规律所支配的事物。为了真正获得对实在的认识,哲学家必须认识事物的本来面目,而不应被情感影响理智以致只能看到事物的表面。如果没有这样的精确的认识,企图驾驭实在的这一出于情感的愿望也就落空了。

由此观之,对政治现象的认知和基于正确认识之上的政治行

---

〔1〕《政治论》(*Political Treatise*),第2编,第3章,第18节。

为往往是两码事。举例来说,一个天体如果存在超越其内在必然性的理念,它一定以一种特殊的方式存在,但是,这决不是理性式意图。人类实际上也如此。对人的研究,作为哲学的一个分支,其方法与研究天体、石头或者马匹别无二致。正如斯宾诺莎在《伦理学》中指出的:"我研究人的行为和欲望的时候,就当在研究直线、平面和立体。"[1]数学推理适合于研究人,就如同适合于研究石头。但差别在于,石头不参与政治活动。人的理性天性的表现方式有两种:科学的和非科学的。非科学的方式在政治社会中,或说是考虑个人主观感受与欲望的组织中,可以得到最充分的发展。而这种主观因素本身又被人的下述倾向所制约,即人有这样的一个倾向,把自己的有目的的活动与自然事物自身的活动进行错误地类比。当人类把目的性强加到自然事物的活动中时,宗教就产生了,同时产生的还有它的堕落的形式——迷信。

为了科学地研究政治现象,有必要认真地研究宗教,在科学产生之前的社会,宗教以决定性的方式制约着政治活动。同样,为了科学地建立一个使政治发生根本性转变的学说,就必须顺应业已存在于人们的头脑中的主观的宗教信仰。一方面,哲学家必须精确地研究人们的情感和它们的可变性,正如他们所研究的乃是大气的属性一般;另一方面,哲学家又必须从人类世俗的或有条件性的观点来考虑政治的实践层面。这一人类世俗的或有条件性的观点,斯宾诺莎尽管在其《神学政治论》和《政治论》两书中皆有所论述,但主要体现于《神学政治论》全书中。这从下述事实体现出来,即斯宾诺莎在该书中为宗教问题耗尽笔墨,而这个问题在《政治论》[2]中只是稍有涉及。特别值得注意的是,这两本论著的上述区

---

〔1〕《伦理学》,第1编,第3章,序言。
〔2〕《政治论》,第2编,第8章,第46节。

别同下述事实是相一致的,即严格来讲,正是因为斯宾诺莎在《神学政治论》中把理论的分析和现实的考虑结合起来了,他的政治学体系的最完整的表述要到《神学政治论》一书中去寻找。

在斯宾诺莎的政治学说中,有两个问题尤其重要:(1)在对人性的科学的认知基础上,何为最理想的政体形式(optima respublica)?(2)如何去说服人们改变现有的法律和习俗,以使社会尽可能地接近于最理想的政体模式?《神学政治论》而不是《政治论》的目的就是去说服以及去启蒙教育。事实上,《政治论》的主要关注点与其简单地说是最理想的政体,毋宁说是更实践性的问题,即三种主要政体——君主制、贵族制和民主制,哪一个是最好的政体形式。该书把重点放在研究实证法和制度,[1]并首先坦言政治哲学的目的和方法的科学特征,这使它比《神学政治论》更像当今的政治科学理论著作的模式。但斯宾诺莎毕竟不是当代的政治科学家,他认为自己的科学使命的一部分是把人们的行为引导到理论上公正的道路上来,政治哲学首先必须有实用才称得上是科学,因此,一本指导人们从事理论上正确行为的书,才算得上是真正的理论性作品。

在斯宾诺莎本人看来,《神学政治论》算得上是他关于政治哲学的最完整的理论著作。原因在于,他的《神学政治论》极少涉及实证法和制度,其主要论述的是人类行为的普遍性动机。与此有些相似,通常人们之所以说柏拉图的《理想国》比《法律篇》是一本更完整的诠释其政治学说的著作,就是因为《理想国》主要论述人类灵魂的普遍特性,而《法律篇》则更多地记述了有关立法的细节而不是人类灵魂的天性。当然,《神学政治论》在其写作意图上并

---

〔1〕《政治论》,第31页。

不像《理想国》那么无所不包。从我们现时代的角度来看,斯宾诺莎的论述侧重“局部”而不是包罗万象,这是因为他受到了其时代盛行的《圣经》解释学的普遍深入的影响。既然人的行为往往更多地出于情感而不是理性,[1]所以人们有可能从情感上被打动而重新建立其宗教信仰,而政治社会就建立于这个信仰之上。要改变人们的宗教信仰,从而重铸人们现行的情感习惯才可以做到。

由此我们能够理解《神学政治论》披着一层宗教外壳的用意所在,如果斯宾诺莎简单地反叛《圣经》教义,他就必然会脱离那些他希望受他影响的人们。一个对公众有号召力的学说的出发点必然是当时的历史形势,而对当时的历史形势进行探究的基础又必然超出这一形势本身。对于当时历史情形的了解是对自然的哲学理解的基础。用他自己的名言来说就是,立基于当代历史情形之上的哲学家把世界的历史发展进程看作实体交替(sub specie aeternitatis)。下面将进一步阐释这一观点。按照斯宾诺莎的观点,人的本性是根据可理解的单一原则运作的,当人完全彻底地认知了当时的形势,就会看到,在不同的境遇中,这些原则都根植其中,并不改变。当时形势的根基就是人性的原则,它并不随历史环境的变更而改变。因此,要想对一时一地的社会状况及宗教状况进行正确的理论分析,就必须对整个人类发展史中的社会状况和宗教状况进行正确的理论分析。之所以可以把《神学政治论》看作政治科学的奠基性著作,就是因为它认识到了宗教与政治的关系不是历史的偶然,而是人类本性的必然。

现在让我们来更具体地分析一下斯宾诺莎的两本政治论。连接这两本书的要素是一个否定性因素,即在《神学政治论》中有对

[1] 《政治论》,第2章,第4~6节。

宗教的广泛深入的探讨,而在《政治论》中则没有。斯宾诺莎在《政治论》中没有明确表述出来的宗教政治化理论,却可以从他关于人性的理论中推演出来。这两本政治论的内容是相通的,就如同这两本著作的内容与《伦理学》的内容是相通的一样,虽然我们在此无法从其著述中精确地描述他的宗教观,但有一点可以肯定,就是他从未企图否认人们对宗教的需求。人们也许会赞同下述主张,即《伦理学》作为一个整体,斯宾诺莎全面揭示了关于一个自由的宗教崇拜行为的一切。在其政治学论著中,斯宾诺莎明确指出了哲学家的宗教信仰和大众的宗教信仰的不同。斯宾诺莎在《政治论》中主张,尽管人们被允许信仰各种不同的宗教,但这种自由也只应限定于个人的信仰和崇拜。而在一般性地谈到最高权威的权利时,尤其是讨论到贵族政体的形式的时候,他又主张推行民族宗教,它由国家统一规定,有着全国统一的公共仪式。他在书中自始至终强调各式各样的宗教教派和形形色色的膜拜形式对社会安定可能产生的威胁。这一强调使斯宾诺莎的方法在各种立法工作的进路中极具特色,而且这种强调也正是他人性观的直接结果。

如前所述,人往往受情感而非理性所驱动。因此不可能建立这样一个国家,在那里,自由纯粹建立于理性与崇高的信念这一前提之上。人的基本情感是对快乐的欲求和对痛苦的恐惧。鉴于每一个人都把自己的生存看作是至高无上的,尽可能地避免痛苦、追求最大限度的快乐正是人的天性,由此造成的生存斗争使人与人之间变成敌对的关系。于是在欲望和恐惧这两种情感之上又加上了第三种基本情感——仇恨。人们走到一起,组成社会,意欲通过集权保障一己的生存,人们并不会为这一理由而改变自由的本性,在社会中,他们仍然受着激情驱使。他们依然受恐惧与欲求的驱动,人们相互之间的仇恨在社会中依然如故。出于这一缘故,斯宾诺莎不断地宣扬在一个国家内保持社会团结的必要性。政治联合是完全自然而然的,但它的主要功能之一是抑制人们的天性中的激情。这一功能通过把欲望和恐惧放在首位,可以更好地发挥作用。国家的根本原则就是顺应个人自我保存的欲望,这也正是个人被引向服从国家的原因。

斯宾诺莎在分析个人和国家的时候都强调了情感这一因素,同时他又主张立法应依据理性,认为人只有在服从于理性而不是恐惧的时候才是自由的人。人的权利与人的力量是相一致的,而人的力量又受情感的制约。激情只能为其他激情所控制,所以,在激情之上建立政治国家既合乎理性又有利于自由。在政治社会出现之前的自然状态,人们因恐惧与欲求而被分割为不同团体,几乎没有权利可言。社会的产生必然修正这种自然状态。自由是符合于理性的生活。为了与他思想中的古典成分相一致,斯宾诺莎把这样的国家看作宇宙中理性秩序的最直接的表现形式。因此,在适当意义上讲,社会中的个人理当遵守法律。

为了加强扩大个体自我保存的力量,人们订立了共同契约,个人把自己的力量(权力)转让给具有权威的主权者,社会本身由此而产生。在社会中,具有权威的主权者的意志实际上是理性的个人的意志。如果一个社会中,个人的意志能外化为最好的或者最为合理的法律,那么它就是最出色的社会。在这样的社会中,违抗主权者就是违抗自己,就是损害自己的最大利益,就是不理智的行为。人的自私性和情感天性在所难免,如果每个人都有权按自己的意愿随意解释法律,国家肯定会因之而遭致解体。所以我们每个人在任何情况下都必须听从于共和国的唯一中枢,哪怕在我们看来这个中枢的决定有时不那么公正。为了获得个人的独立,理性教导我们首先要听从国家的意志。这样一来,最强大而独立的国家,它的真正缔造必须依据正确的理性原则而建立起来,这样的国家体现出的目标同全体社会成员的利益相符合。

然而,如此强调社会的团结统一绝不意味着把人变为暴君专制的奴隶,个人之所以服从国家的理由只是因为这种服从会给个人带来利益。按照理性原则而统治,给每个人带来利益,恰恰就是权威主权者的最大利益所在,国家应当避免在人民中造成不满。国家没有权利也没有权力违逆人民的意志,因为愤怒的公众将构成对主权者权力的有力威胁。一个理性的公民会懂得,他的自由完全依赖于一个强大统一的共和国,而共和国的强大和统一本身并不会给他的思想自由和信仰自由带来妨碍;反过来,具有权威的主权者只要处于清醒的状态,他便明白,不应违背理性的律令法则而任意行事。

斯宾诺莎的这些观点与他常说的一个论断,即激情是由激情本身而不是由理性所控制,并不相悖。诉诸个人的利益,而不是诉诸空洞的宗教或哲学主张,这是合乎理性的。主权者的错误行径将导致其自身的灭亡。因此,主权者的行动受限于人民的利益,只有如此,他才能在人民中维持其尊严和威信。虽然说,如果主权者违背了公众的普遍利益,社会契约将不再具有约束力,但斯宾诺莎特别指出,只有主权者才有权判定在什么时候主权者违背了公众的普遍利益。[1] 只有主权者才有力量了解什么是公众的普遍利益之所在。不过,主权者的力量本身受公众的情感所制约,为符合公众利益而行动,主权者通过良法把公众的激情转化成了美德和恭顺。良法代表着每个公民的最大利益,因而是合理的。唯其合理,人们就不用畏惧它。因此,理想的共和国是通过理性而不是通过

〔1〕《政治论》,第4章,第6节。

畏惧而赢得民众的服从的,“凡是生活和睦、治安良好的国家就是最好的国家”。[1] 至此,我们应当认识到,斯宾诺莎是用理性来量度个人利益的。

这样,斯宾诺莎所说的国家就通过理智地了解认识人的激情而把人的激情转换为理性。哲学成了每个人最高的力量,尽管其学说所采用的形式必须适应大众的理解力。哲学代表着大众的普遍利益,可以毫不夸张地说,国家的最终目的便是哲学。《神学政治论》的扉页上写道:“哲学探讨的自由”是维护社会安宁和平及保持虔诚心灵所必不可少的。在一个理想的国家中,公民的自由就是哲学自由的政治体现。在这类国家中,公民与主权者是团结统一的。这种团结统一依赖于合理的制度。而这种合理的制度使执行官都成为哲学在政治上的代言人,亦如制度成了哲学的公开展现一样。正如斯宾诺莎所说:“人只服从这样的领导方式:他感到的不是被领导着,而是依据自己的意志和自己的自由的观点在行事。”[2]

基于此,斯宾诺莎反对君主制,赞成民主制。民主制通过限制政府中主要的行政长官的权力的大小,而仿效了社会产生之前的自然状态。在自然状态中,人的类型在共有性世代交替过程中,存在自然的突变或异型,而这种自然的突变或异型构成了其力量(权力)大小上的突变或异型的基础。并且这种自然的突变或异型本身现实地表现了实体的结构的连接与并列方式,一个人没有足够的力量(权力)统治这种自然状态:君主制是一种隐蔽的贵族制。用政治的术语来说,自然状态中的异型或变异正是人的天生不平等的前提条件。但这并不意味着一个人(或少数人)有权利统治其

---

[1] 《政治论》,第 5 章,第 2 节。
[2] 《政治论》,第 10 章,第 7 节。

他人。既然“权利”等同于“力量”,而且任何单个人的力量都不足以统治别人(并以符合自身的最大利益的方式来自我保存),因而从政治角度看,自然状态的重要特征是其种类的多样性,而并非某个人优越于其他人。

人的类型的多样性决不可被压制,正如实体本身的属性不可被压制。个体的欲求必须在政体制度和法律结构中得到反映,否则,社会成员就不会承认自己的意志与国家的意志的等同一致。而民主政体——或者可称为在其结构中忠实地保留了人的类型差别的各类型人的综合体——就是模仿自然状态。但模仿并非完全等同,我们可以说,民主制把自然状态理性化了,也就是说它使自然状态中所固有的东西实现出来。自然状态中类型的多样化包含着某种内在合理的不平等,这有别于野蛮的不平等,也就是说,不同于体力的不平等。

举一个简单的例子来说,在自然状态中,一个可以用身体力量支配其邻里的人,未必能对付那些超出蛮力解决范围的挑战。体力超群的人事实上往往不如智力超群的人强大。不过,他可以在某种情况下,不仅仅为自己,而且也可为在其他方面胜于自己的人,摧毁种种生存障碍。因此,理性的民主政体必须平衡体力和智力,从而使两者相得益彰、各得其所。斯宾诺莎如此深切地认识到平衡的作用,以至于他论述民主的著作与当今大多数作者的著作有天壤之别。正如他对主权范围的界定所表明的,他更注重制度的自由,而不是个人的自由。他倾向于把制度视为约束大众非理性力量的合乎理性的具体表现与手段。结果,个人自由往往被限定在私人的领域,而不是公共的、政体的领域。

当评价民众的政治智慧时,斯宾诺莎指出,如果他们善于克制自己,对不知的东西不去妄加评论,他们就会更适合于统治别人而不是被统治。在《政治论》中谈到民主制时,他说道,“民主”一词并没有规定任职者得以产生的选民的数量,但却对谁有投票资格有具体的法律规定。民主这个概念本身注重的是制度而非个人,斯宾诺莎认为,贵族政治和民主政治的区别在于:贵族政体中,贵族议会通过自己选举新成员而使自己的统治地位长久化;民主制中,所有的公民都有选举和被选举的资格。但是民主制最高议会却有对年龄和财产的限制,这使其成员数量大大减少,远少于贵族的议会。这一修正——本身体现了斯宾诺莎保守的民主观——是两种内阁唯一的本质不同。当斯宾诺莎把公众在政治上显得无知愚昧归结于缺乏经验时,他并非是在支持个人自由主义,他支持的是个人所从属的政治制度的自由,通过制度自由,个人才能获得成为真正独立的个体。

斯宾诺莎的思想从霍布斯的思想偏离出来的轨迹可以概括如下:他从关于自我保存的一般理解走向了对自我保存概念的深入细致的理解。以上我们的分析追踪了这种转变,在斯宾诺莎的此一转变过程中,他用一种对自然状态深入细致的内涵的揭示取代了关于自然状态的一般性概括。从霍布斯到斯宾诺莎的这种转变,在政治上的体现就是一种反对绝对的独裁制,赞同保守的民主制(实际上是贵族制式的民主制)的潮流。保守的民主制的根本原则体现了这种转变的哲学意义,这一根本原则就是哲学的自由:哲学就是深刻认识了的自我保存的力量。

为了保持哲学的自由,也就是使哲学具有力量,我们就必须在我们的政治政体中正确地反映人的类型的多样性。既然哲学是对实体的结构的认知,所以除非让哲学触及实体的结构,否则哲学就不可能繁荣起来。这种触及可通过观察各种各样的人的活动和制度而实现。因此,正如上所述,一个政治政体必须容许各种各样的言论存在。我们必须记住,政治最高的善便是保护哲学。但这并不等于说政治政体的最大利益就是个人的“自由”。后一种表述暗含了缺少人的分类赖以进行的基础——自然秩序。斯宾诺莎既不是一名基督徒,也不是一名近(现)代自由主义者,更不是一名存在主义者。所以,自由之于他,只在哲学条件下才是可能的。因此,在完全绝对意义上讲,只有哲学家才是自由的。自由的社会并不依赖于任何个人意义上的言论自由,而是依赖于哲学的言论自由。这正是斯宾诺莎的保守主义的核心所在,这在《神学政治论》中可以清楚地看到。

《神学政治论》是一部革命性的著作,但由于该书的附带目标繁多(最重要的目标是使哲学从宗教或世俗的控制中解放出来),上面提到的明晰的论断在该书中往往很模糊,需要明确地加以厘清。另外,斯宾诺莎希望在不破坏社会秩序的前提下开启一场现实的变革。他心目中的革命不是像当初迷信战胜宗教那样引起大规模的流血,而是一场不流血的运动。要使一个民族改变原有的存在方式,就必须对民众进行启蒙。斯宾诺莎继承了传统做法,把人区分为占极少数的哲学家和占绝大多数的与哲学不沾边的大众。作为一个哲学家,在普通大众面前,尤其是在受大众影响的潜在哲学家面前谈论自己的主张,斯宾诺莎在大胆的论述中注入了小心谨慎的成分。在短期时间里,他的这份谨慎没有显示多大效果,但从长远来看,效果却是十分的显著。在过去的150年中,人们对斯宾诺莎的阐释有一个变化,我们通过探讨这一变化,就可以估量出他的这份谨慎所导致的效果的显著程度。

斯宾诺莎在《知性改进论》一书中教导读者要以广大群众能够理解的方式讲话行事,尽最大可能让自己的言谈顾及多数人的接受力。在《神学政治论》中,他则声称,民众,包括那些不太可能成为哲学家的人，和那些与民众因相同的激情联系在一起的人，[1]是不必去阅读他的这本书的。当然他的这一劝告并非强制性的。他说该书是给普通大众的领导者预备的，通过对民众的领导者施加影响，从而改变民众本身。斯宾诺莎研究了《圣经》的原版，指出，一个人如果企图对一个民族（或全人类）进行启蒙，就必须“能够最大限度地把自己学说中的概念和道理适应广大民众的理解力，因为他们是人类中的绝大部分”。《神学政治论》的目的就是改变人类的宗教观，并教导他们一种新型的政治理论。在更一般意义上说，这本书从总体来看力图适应大众的理解力，特别是在那些大众都关心的问题上更是如此。

诚然，哲学家在其个人的能力范围内，可以自由地对自己的理论主张作必要的修正，从而使之更臻完善明晰。但准确地讲，如果哲学家这样做，就要使自己的公开言行遵守理论学说所主张的理想国的各种法律。因此，我们要对《神学政治论》中的以下几个方面进行明确区分，即用来劝说民众的部分、表述理想共和国原则的部分，以及描述共和国本身的部分。在第三个方面的论述中，我们不应当忘记斯宾诺莎在重要篇章中谈到思想和言论自由时说过的话：从来没有人能违逆出于主权者的权力的法令行事而自身又安然无恙，但是无论如何人人有权思想、判断，甚至有权发表言论，只要他的思想和言论出于理性而不是出于虚伪、愤怒或者仇恨，只要他不以一己意志为法令权威而在国家中颁行新事物。[2]

要建立理想的国家，必须先纯化宗教，其理由在上文中已经讨论过，《神学政治论》全书共 20 章，有 15 章都用于讨论这个问题。这些篇章的论述太复杂，在此只能作一概述。只要我们清楚地理

[1] 《神学政治论》(*Theologico-Political Treatise*)，第 2 编，第 5 章，第 92 页。

[2] 《神学政治论》，第 20 章，第 306 页。

解了这一主题之所以复杂的原因,那么,在对斯宾诺莎的政治思想进行介绍的过程中,我们便可以合乎正道的把视野限定在他关于宗教之概念与其和完美政治原理这一简单但重要的论述上。

为了使其著作具有说服力,斯宾诺莎一开始就承认关于原版《圣经》起源于神的说法。然而,他从这个常规的起点起步,却到达了异乎寻常的目的地。他认为对《圣经》应当用类同于对自然一样的方法来加以研究。与迈蒙尼德的观点相反,斯宾诺莎认为,阐释《圣经》的原则只能从《圣经》本身中提取,而不能来自某种先验的哲学立场。如果不带先入之见来分析《圣经》,我们便可以发现,先知们所表达的思辨的观点与其他非哲学家所持的那些自相矛盾、漏洞百出的观点差不多,根据历史的、语言学的和传记的资料对《圣经》进行科学的分析,并且详细研究《圣经》编纂本中的谬误和自相矛盾之处,我们不难看出它并不是思辨性的理论问题的权威之作。但是《圣经》的道德说教在任何版本中都一样,而且易于理解。先知们虽然对其他纯思辨性的理论问题可能意见不一,但对道德的神法却意见高度一致、忠诚不贰。在这方面,他们为理想共和国的公民树立了模范形象。神法作为《圣经》中明显而普遍的教义,是我们借以了解《圣经》的基础。

能够召唤行动的宗教才是真正的宗教,只在理论上声言有权威的宗教只是迷信而已。“哲学的目的不是别的,正是寻求真理,但正如我们在多处已经表明的,信仰的目的只能是服从和虔敬不二。”[1]既然“服从”意味着对上帝的律法的服从,服从的内容就取决于怎样定义“虔敬不二”。什么是虔诚?人们可以从《圣经》中推论出关于这个问题的清楚、独特、简练的答案。首先,虔诚要求人

〔1〕《神学政治论》,第15章,第249页。

们所赞同的理论前提的数量要尽可能少,比如,有一个万能的上帝存在,我们的得救全仰赖于上帝。其次,虔诚所要求的真正德行在于全身心地爱上帝和爱邻人。爱上帝体现于爱邻人(以及体现于遵从公共的崇拜方法)。爱邻人就是尊重邻人的权利。鉴于邻人的权利已由实定法所规定。因此,要做到虔诚就不仅要求我们服从国家的法律,而且虔诚本身就由这种服从所构成。

《圣经》的真正教诲被斯宾诺莎阐释为使虔诚等同于遵守法律以及爱国主义。斯宾诺莎通过把宗教的权威限定于道德领域(而道德的严格准则又是由政治秩序来界定),这样,他就使理性从迷信中解放出来,而又无须摧毁信仰的有益后果。理性和天启就显得相互一致了,二者都与道德或宗教的内容有关,同时,既考虑到理性与天启的相互独立的意义,又考虑到两者的相互关联的意义。宇宙间普遍的契约取代了上帝与犹太人之间的特殊契约(根据这一契约我们才有了关于上帝是道德之源的先天知识),是先天观念的宗教显示。正是依据先天观念,理性才演绎出道德的原则。最后,只有天启才给人类提供了只有遵循道德法则才能得到救赎这一事的确切证据。根据斯宾诺沙的政治思想,道德的原则在最理想政体之法律中得到了充分的表达。宗教事实上成为一种论据,说明虔诚狭义地说在于服从于正当的政治秩序,广义地说即在于服从依据法律建立起来的政府。

在《神学政治论》收尾的那些章节中,斯宾诺莎阐明,自然的理性的政治学说与天启的道德是相吻合的,正如上文所提及的那样。自然的理性向我们昭示了自然法则(the jusnaturale),它属于一切有限实在。有限实在的活动源于自我保存的斗争。举例来说,鱼的自然权利简单地以其既定的存在方式表现出来:使用水及吃小鱼就是它的自然权利。正如斯宾诺莎所言:“从绝对的观点来看,自然对它所触及的或者能控制的任何事物都有绝对的权利。换言之,自然权利与力量同生共灭。"[1]因此,在自然状态中,不存在什么错误行为,因为任何能做到的事都不受禁止,发生的一切事情都是自然的。错误行为只能在社会中存在,以违反法律的形式出现。错误行为是对人类基本的自我保存的欲求的违背。也就是说,人在本质上就是政治动物,因为人的生存和完善必然需要一个政治社会。社会是依据理性而产生的,又是理性赖以完善自身的手段。理性的完善就是人本身的完善,而人的完善即自己的力量的完善。为了完善自己的力量,人不仅仅首先要投入社会之中,而且要努力去了解社会,去建设并实现一个最理想的社会。

人要根据环境来权衡与约束自己的行为,这样做是理智的。鉴于人有多种自然天性,而且大多数人都并非哲学家,所以这就要求最理想的社会能够顺应大多数人的天性。而最根本的顺应就是要认识到,所有人的行为动因都是对善行(快乐)和罪恶(痛苦)的权衡。但只有极少数人能权衡得准确无误。只有符合个人的利益,一个理想的政体赖以建立的社会契约才有可能达成并得以保持。"每个人天生就有搞诡计的权利,也未必非遵循什么条令不可,除非希望获取更大的善益或畏惧于更大的罪恶。"[2]斯宾诺莎需要阐明,无论对少数人还是对(某种意义上的)多数人来说,他最理想的政体都是其利益的伟大的保卫者,谁一旦违抗它,谁的自身利益就会受到损害。

与个人的自身利益的优先地位相一致,斯宾诺莎阐述了自己对民主制的偏爱。国家之所以存在,正是为了个人的利益;而国家使个人服从于公共的权力,也正是为了个人的利益。在《政治论》

[1] 《神学政治论》,第15章,第258页。

[2] 《神学政治论》,第262页。

一书论述贵族政体的章节中,斯宾诺莎说,因为个人的力量相对于整个国家来说是微不足道的,所以把每个公民都平等对待,这是正当的。这种平等观也适用于民主制。每一个公民都把自己的全部力量移交给国家来行使,所以民主制是"很多个人组成的一个集合体"。在这个集合体的权力范围内,它拥有对一切事物的最高权力。"每个人无论出于自由精神还是出于对最高惩罚的畏惧",[1]都必须服从主权者的权威。当所有人都把自己的权力交给代表众人意志的政府的时候,所有人就都参与到了"自我治理"之中。这无非也就是要达到自我保存,鉴于民主制满足了这种自我保存的自然愿望——这是通过使那些具有共同的普遍目标的各种各样的自然天性相容并存而实现的,因此,民主制比其他政体更优越。

斯宾诺莎式的民主制,其突出特点是赋予主权者的统治权力以一种"可以制定它所决定的一切宗教性的法律的"权利。他当然不是想取消宗教,而是希望避免使国家服从于"个人的形形色色的判断与激情"。[2] 进而言之,神职人员倘若拥有政治权力,必然会使他们自身受到腐蚀,同时也危害国家和教会。民主的具体形式必须一方面满足社会的和谐和安宁的需要,另一方面又要赋予个人在思想、言论和信仰方面的高度自由。这就需要在二者中寻求一个平衡。主权者之所以有权利进行宗教立法,是因为国家有管理涉及公民个人自我保存的一切事务的自然权利。这种权利表现为一个具体的契约形式,按照这种契约,主权者的权力只对发布的法律法规负责,而主权者显然由于担心自己会失去权力而使自己的行为越出这一界限。斯宾诺莎在对摩西缔造的犹太共和国的分析中讨论了这个问题,并探讨了政治家和教士之间的关系。

---

〔1〕《神学政治论》,第268页。

〔2〕《神学政治论》。

从这一分析中,斯宾诺莎又推演出了一系列别具特色的政治主张。第一个犹太共和国当然不应该全盘模仿,因为赖以建国的、犹太人与上帝之间订立的独特的契约已经不复有效。从普遍的契约中产生了新的要求,这从斯宾诺莎的下述论断中明显可以看出。他说,对于一个需要外交关系的国家来说,犹太宪法已没有用武之地,研究犹太共和国所获得的政治主张可以概括如下:(1)宗教功能与政治功能必须分开;(2)纯理论的问题不能诉诸神法,因为宗教必定只存在于行动中;(3)主权者的权力(力量)必须具有裁判什么是合法、什么是非法的完全权力;(4)改变政府形式所带来的伤害总是大于其所带来的好处。其中第三个结论的重要性使整章的内容大为增色。“宗教只能从主权者的命令中取得法律的效力,上帝在人们中间已经没有特殊的王国,他只不过是通过世俗的统治者进行统治。”〔1〕内在的虔诚无法用法律来规定,外在的虔诚则显示于正义和仁慈之中,人们决不能把上帝想象成立法者,他的意志只能通过一个合宪的权威政府这一中介而变成法律。

虽然斯宾诺莎认为主权者可以随心所欲地对宗教制定法律,但他同时强调,保障宗教信仰的自由也是主权者本身的利益所必需的。实际上,这一强调与他对言论自由的维护是一致的。压制人的思想是办不到的;允许人们对大多数事情进行讨论比迫使人们去搞秘密的派性阴谋活动要好得多,既然自由就是政府追求的真正目标,只要没有引起叛乱,那么人们应该可以自由地谈论一切,甚至法律。谈论法律的自由与谈论宗教的自由是不可分割的。从广泛的意义上讲,自由讨论也是科学和艺术的进步必不可少的,哲学的健康发展仰赖于这种自由。虽然言论自由也会带来不利,

〔1〕《神学政治论》,第19章,第295页。

但好处毕竟更多。当然,不可忽视的是,自由并非丝毫不受约束,那些善于思考和演讲的人就必须受到约制,他们应当考虑自己或公众的利益,不要鼓吹悖逆于社会之法律和道德的主张。利益和理性相结合,就会为自由和约束提供某种平衡。言论是否合法就要用法律来审查。审查可以是直接的也可以是间接的,它取决于公民个人的智力水平,也就是取决于他讲话和思想的力量。因为一个人的力量与权利是等同的,自由和谨慎相互共存,相得益彰。

犹太政治中的美德成为斯宾诺莎所谓的理想政体的组成要素,但仅有这种美德是不够的。在斯宾诺莎的论述中,它的缺陷概括为:犹太教贬损哲学,犹太人的生活就是对于精心编纂的法律的漫长的服从过程,这让他们与其他人均不相同。与此相对的是,基督教则向人们展示了宗教的非政治性,为哲学思辨留下了空间,由于哲学家和叛教者一样都以理服人、据理力争,基督教的逻各斯可与哲学的逻各斯相类比,而犹太教的律法(law)或法规(nomos)则不能。所以,犹太教中的服从的美德同时伴随着的内在缺陷,必须由哲学本身存在的可能性来纠正和补救。尽管斯宾诺莎把犹太教和基督教进行了综合,但在经过正确的解释之后,他能够向我们展示犹太教和基督教各自都符合他所谓的真正的、普遍的宗教这一定义。

在本文开始,我们已经注意到,《政治论》和《神学政治论》的区别之所在是:前者对宗教相对较少论及。现在我们则可清楚地看到,两者之间还存在另一个基本区别,即《神学政治论》十分关注哲学的政治地位,而《政治论》则不然。对哲学的地位的关注与斯宾诺莎对宗教乃至迷信的关注是分不开的。政治科学最为充分的对待措施乃是通过保护哲学使之免受宗教迷信的一面之腐蚀。维护民主从本质上讲就是维护确保哲学发展的那些条件。斯宾诺莎详述的民主制的概念,其最基本的特色也许是前面所述的自由和约束之间的平衡,这表明斯宾诺莎认识到自由与危险不可能截然分开。

今天,人们对斯宾诺莎的政治哲学抱有极大的兴趣。因为它既接受了近代科学,又传承了关于哲学的规范功能的传统概念,他把两者结合于一体。像马基雅维利和霍布斯一样,斯宾诺莎坚信自己正确地认识了人的自然本性,并因而认为自己对政治局势的分析是真正的政治学说。像笛卡尔和霍布斯一样,斯宾诺莎一方面看到了数学和理性的数学计算模式之间并无矛盾之处,另一方面,他看到了有可能创立一门精微的哲学——它可以反映有关人的经验的每一方面的原理。从更直接的政治意义来看,除具有重要的历史意义之外,斯宾诺莎式的民主制还细致而精彩地向我们阐明了所有热爱自由的人都必须正视的困难,他还特别强调,如果失去对思辨的热爱,要保持自由,不亦难乎?

阅读书目

1. 别涅狄克·斯宾诺莎:《神学政治论》,载《别涅狄克·斯宾诺莎主要作品集》,R. H. M. 埃尔维斯译,纽约,1951 年版,前言,第 4、6 ~ 7、12 ~ 20 章。(中译本:《神学政治论》,温锡增译,商务印书馆 1963 年版。——译者注)

2. 别涅狄克·斯宾诺莎:《政治论》,载《别涅狄克·斯宾诺莎主要作品集》,第 1 ~ 5、8 章。

3. 别涅狄克·斯宾诺莎:《神学政治论》,载《别涅狄克·斯宾诺莎主要作品集》,第 1 ~ 3、5、8 ~ 11 章。

4. 别涅狄克·斯宾诺莎:《政治论》,载《别涅狄克·斯宾诺莎主要作品集》,第 6、7、9 ~ 11 章。(中译本:《政治论》,冯炳昆译,商

务印书馆 1999 年版。——译者注)

5. 别涅狄克·斯宾诺莎:《伦理学》,载《别涅狄克·斯宾诺莎主要作品集》,第 1 卷,附录;第 3 卷,前言;第 4 卷,命题 7、37(附释 2)。(中译本:《伦理学》,贺麟译,商务印书馆 1958 年版。——译者注)

6. 别涅狄克·斯宾诺莎:《书简 50 篇》(*Epistle* 50),载《别涅狄克·斯宾诺莎主要作品集》。(致 Jarig Jellis,编号根据冯·武诺顿所编版本)。

约翰·洛克

(1632—1704)

罗伯特·A. 戈尔德温

在《政府二论》的开首，约翰·洛克就用下述语词描述了与他有着强烈意见分歧的罗伯特·菲尔麦的政治学说："[菲尔麦]的系统不过如此：政府全体是绝对君主制的。此理论奠基于：没有人生来就是自由的。"

洛克自己的政治学说可以用与之相反的语词简略地加以陈述：政府全体就其权力而言都是有限的，而且只有在得到被统治者的认同的情况下才得以存在。对此，此学说奠基于如下基础：所有的人都生来就是自由的。

人类之自由这个主题构成洛克作品的基调，这是理解他政治学说中最关键的一点。在《论宽容》(1689)中，他论及了宗教自由；在《政府二论》(1690)中，他论及了政治自由；在《论降低利息和提高货币价值的后果》(1691)中，他论及了经济自由。这些论著都富有教益地审查了人生而自由的原则,但由于这个原则在《政府二论》中得到了最充分和最具政治意义的陈述,所以我们这一章将几乎完全局限于描述和分析此论著。

《政府二论》的第 1 卷(通常被称为《政府论上篇》或《论政府》,现在很少印行而且也很少有人去读)主要致力于讨论和驳斥菲尔麦提出的下述论点:国王是靠从亚当那儿承继下来的神圣权力而进行统治的。《政府二论》的第 2 卷(通常被称为《政府论下篇》或《论国民政府》,经常印行,人们也经常读它,好像它是一部独立的著作一样)以对《政府论上篇》的论证的简短总结开首,在反驳了神圣权力原则——此种原则被当时人视作公侯权力之基础——之后,洛克认为他有责任向人们解释什么是政府的真正基础。

洛克的探究以"什么是政治权力"这个大问题开头。回答这个问题——"理解政治权力"(§4)[1]——和解释"国民政府的真正起源、范围和目的"构成了《政府论下篇》的主旨,洛克首先为我们提供了下述定义:

> 因此,我认为政治权力就是为了规定私保护财产而制定法律的权利,判处死刑和一切较轻处分的权利,以及使用共同体的力量来执行这些法律和保卫国家不受外来侵害的权利,而这一切都只是为了公共福利。(§3)

不过,我们马上被告知,要想理解这个定义我们必须首先考虑一下"人类原来自然处在什么状态",这种状态是"一种完备无缺的自由状态"并且也是"平等的状态",自然的自由得自于自然的

〔1〕 本章以下引语皆引自于《政府论下篇》的各部分。

平等。

> 极为明显,同种和同等的人们既毫无差别地生来就享有自然的一切同样的有利条件,能够运用相同的身心能力,就应该人人平等,不存在从属或受制关系。(§4)

但尽管自然状态是一种自由状态,“它却不是一种放任的状态……自然状态有一种从应遵守的自然法对它起着支配作用”,(§6)人的自然的自由不应被理解为不受任何法的限制,“这是因为在一切能够接受法律支配的人类的状态中,哪里没有法律,哪里就没有自由”。(§57)“人的自然的自由只受自然法的统治”,“自然的自由是除了自然法以外不受其他约束那样”。(§22)

> 而理性,也就是自然法,教导着有意遵从理性的全人类:人们既然都是平等和独立的,任何人就不得伤害他人的生命、健康、自由或财产。……我们既然赋有同样的能力,在同一自然社会内共享一切,就不能设想我们之间有任何从属关系,可使我们有权彼此毁灭,好像我们生来是为彼此利用的,如同低等生物生来是供我们利用一般。(§6)

因而自然状态中自然法的训令似乎与霍布斯先前教导我们的很不相同。按照霍布斯的观点,自然状态就是“每个人反对每个人”的战争状态。但洛克并没有将自然状态与战争等而视之,相反他说道:

> 这就是自然状态和战争状态的明显区别,尽管有些人把

他们混为一谈。它们之间的区别,正像和平与善意,互助、安全状态与敌对、暴力和互相残害的状态之间的区别那样迥然不同。(§19)

于是,关于洛克的自然状态我们便有如下的第一印象:在这种状态中,人们和睦地生活在一起,它处于人类最初的几个世纪,这时公民社会还没有来临,人们在自然法的慈善的统治下,在和平和善意的氛围中,享受着自然的自由和平等。

不过现在先让我们来更加详细地考察一下这个第一印象的诸主要元素:什么是自然状态?它是如何得以和平的?统治这种状态的自然法是什么?

更为就近的审察所获得的第一个结论就是:自然状态并非局限于人的原始的、前政治的状况,事实上,当洛克第一次回答自然状态究竟存在过与否的问题时,他所给出的例子就不是前政治的人的状态,就其本质而言,是相当程度上的政治人:

往往有人当作一个重大的反对论点而提出这样一个问题:现在哪里有或曾经有过在这种自然状态中的人呢?对于这个问题,目前这样来回答就够了:全世界的独立政府的一切统治者和君主既然都是处在自然状态之中,那就很明显,无论过去或将来,世界上都不会没有一些处在那种状态中的人。(§14)

所有的君主和统治者——生活在公民社会中的文明人们——都处在自然状态中。接着而来的例子是:一个瑞士人和一个印度人相会在美洲丛林中,二者中至少有一人是有政治经验的。对于他们,洛克讲道,“他们彼此之间完全处在自然状态中”。(§14,着重号为作者所加)像我们看到的那样,如果“自然状态”这个短语与前政治的人的状态无关,那么准确地说,何为自然状态?洛克给出了下述简短的定义:

> 人们受理性支配而生活在一起,不存在拥有对他们进行裁判的权力的人世间的共同尊长,他们正是处在自然状态中。(§19)

自然状态要比对公民社会诞生以前的人的状况的描述总括得多,它是某种形式的人际关系;它的存在(当它存在时),不牵涉处于其中的人的政治经验,而且它可以存在于包括现在在内的人类历史的任何阶段。“而无论在什么地方,如果任何数量的人们不管怎样结合起来,没有这种可以向其申诉的裁判权力,它们就仍处在自然状态中。”(§89)

使用用以定义自然状态的语词,我们可以得出它们反面的定义,即这样的一种状态:在这种状态中人们同他们的法官生活在一处,这个法官是此世的权威,并可为人们作出判决。换言之,自然状态的反面就是公民社会:

> 凡结合成为一个团体的许多人,具有共同制定的法律,以及可以向其申诉、有权判决他们之间的纠纷和处罚罪犯的司法机关,他们彼此都处在公民社会中,但是那些不具有这种共同申诉——我指在人世间而言——的人们,还是处在自然状态之中。(§87)

这使我们更加清楚地看到我们不应该混淆自然状态和战争状态:它们彼此并不相同,它们也不彼此对反。它们的区别在于它们不是相同种类的东西,混淆自然状态和战争状态同混淆公民社会和战争状态一样都是错误的,作出这样的混淆的人误解了它们的定义,因为战争状态的定义中并不包含对于自然状态和公民社会的定义而言最为本质的词项——"一个共同的长官"。

定义战争状态的语词引进了一个完全不同的因素,即不正当地、不公正地未经许可使用武力。"越权使用强力常使使用强力的人处于战争状态",(§155)"但是,使一个人处于战争状态的只是强力的使用",(§181)"谁不基于权利而使用强力,就使自己与他使用强力来对付的人们处于战争状态"。(§232)最后,"仅仅是这样的武力"(§207,着重号为作者所加)建立了战争状态,也就是说,战争状态的存在不取决于是否存在一个共同法官:

> 不存在具有权力的共同的裁判者的情况使人们都处于自然状态,不基于权利,以强力加诸别人,不论有无共同裁判者,都造成一种战争状态。(§19,着重号为作者所加)

既然武力的不正当的使用定义了战争状态,那么它的反面——和平状态便可定义为这样的状态:人们共同地生活在一起而不曾不正当地使用武力(或同样地,人们仅仅正当地使用武力)。现在我们便可以全面地陈述出使自然状态和战争状态得以区别开来的一些特征:

(1)自然状态为一个共同的法官的缺席和仅有自然法的状态;

(2)它的反面——公民社会则存在一个有权威实施法律的共同法官;

于是,除此而外,无论是在自然状态中还是在公民社会中:

(3)如果不正当地使用武力,便会出现战争状态;

(4)或者,如果对武力没有做不正当地使用,那么它的反面——和平状态便出现了。

这就意味着,在自然状态和公民社会中都是有时和平状态占主导地位,有时战争状态占主导地位,同时,不管我们已经如何清楚地区分开了自然状态和战争状态,我们还是没有摆脱掉下述具有本质意义的问题:在自然状态中有战争吗?

但在我们转而讨论这个问题之前我们必须首先弄清楚,在一个法官有权威阻止武力不正当使用的公民社会中,战争状态何以可能存在?事实上,仅仅在说战争状态既可以存在于"有一个共同的法官的地方,也可以存在于没有一个共同的法官的地方"之前,洛克给出了一个意旨恰好与此相反的定义,它似乎将战争状态排除于公民社会之外:

> 但是,对另一个人的人身用强力或表示企图使用强力,而又不存在人世间可以向其诉诸救助的共同尊长,这是战争状态。(§19)

这个困难的解决在于下述事实:即使在公民社会中公民权威的权力也不总是起作用的。

> 因此,虽然我不能因为一个窃贼偷了我的全部财产而伤害他,我只能诉诸法律,但是,当他着手抢我的马或衣服的时候,我可以杀死他。这是因为,当为了保卫我而制定的法律不能对当时的强力加以干预以保障我的生命,而生命一经丧失

> 就无法补偿时,我就可以进行自卫并享有战争的权利,即杀死侵犯者的自由,因为侵犯者不允许我有时间诉诸我们共同的裁判者或法律的判决来救助一个无可补偿的损害。(§19)

因而只有在共同法官的力量不能有效地发挥作用的时候,战争状态才会出现于公民社会中。即使双方都是在国王的公路上相遇的同胞,在没有一个共同的法官来解决他们的纷争时,他们便也处于自然状态中。因而我们看到:仅在自然状态扩展到了公民社会中时,公民社会中才有可能出现战争状态。准确地说,战争状态不能在于这样一个社会,在那里,公民具有权威,并高效地敦促法律之实施。战争状态仅能存在于这样的公民权威已经消失了的地方,战争状态仅能存在于自然状态或与之近似的临时状态中。公民社会中的战争状态应是这样的:公民社会内的自然状态中的战争状态。自然状态就是"所有的人自然而然地所处的状态";公民社会是人类的巧设,它很大程度上模糊了下述无可逃避的事实:"自然状态是持续存在的(至少部分说来),而且是不可根除的。"我们稍后将会看到,洛克使用了自然状态和战争状态在公民社会内的重现这个概念,他正是运用这个术语来断定我们有权限对抗任意、专横使用权力的行为。洛克能够说发生于公民社会中的战争状态,而且也可以不导致矛盾地说:"公民社会是那些拥有它而又排除了战争状态的人们之间的一种和平状态。"(§212)

如上所述,战争可以发生于自然状态中,也可以发生于公民社会中——不过,二者之间有决定性的区别:"在自然状态中爆发战争的可能性要比在公民社会中爆发战争的可能性大得多,而一旦爆发了战争,在前者中终止战争要困难得多,因为在那里不像在公民社会中那样,武力会让位给法律的公平的决断。"(§20)

现在我们回过头来以一种更狭窄但更有启发性的方式思考下自然状态,即那种原始的前政治的状态。我们不妨再提出下述问题:在这样的状态下会有战争吗?在我们可以引述的众多的段落中,下述这些或许足以表明洛克对此的回答:

> 我也可以承认,公民政府是针对自然状态的种种不方便情况而设置的正当救济办法,人们充当自己案件的裁判者,这方面的不利之处确实很大,因为我们很容易设想,一个加害自己兄弟的不义之徒就不会有正义感来宣告自己有罪。(§13)

自然状态"不会持续下去",因为"人人都充当自己案件的裁判者必将带来罪恶"。在自然状态下,"人人都有执行自然法的权力",(§13)而且尽管自然法"对于一个有理性的人和自然法的研究者来说是明白易懂的",(§12)"但是有些人由于利害关系而存在偏见,也由于对自然法研究茫然无知,不容易承认它是对他有拘束力的法律,可以应用于他们各自的情况"。(§124)

如果任一状态中的法律的执行权落到了无知者或有偏见的人的手中,他们滥用法律以反对他人而不将其应用于自身,那么实施法律与不正当的使用武力间还有什么有意义的区别吗?洛克在很多类似的段落中支持这样的结论,即我们常常无法区分自然状态与战争状态。

但这个结论似乎与他早些时候对自然状态的描述不相容("人们按照理性而生活在一起"),除非我们接受下述可能性,即洛克在向他的读者力陈下述奇怪的学说:理性有时劝导人们去杀死其他的人。这个结论似乎也与自然法的下述训令相背,"谁也不应损害另一个人的生命、健康、自由或财产"。(§6)那么,何谓自然法?

它所设置的义务又是什么?

自然法的义务可以以两种方式加以陈述:每一个人都有义务保存自己,每一个人都有义务保存全人类。

> 每一个人都势必要保存自身而不会随意终止自己的身份,同样的道理,当与他自己的保护不发生竞争时,他应尽其可能地保护人类的其他成员,他不应夺走或损害另一个人的生命,或能保护另一个人的生命、自由、肢体或财产的东西,除非这样做是为了惩罚罪犯。(§16)

在此段中,我们可以看到同胞间的纽带带来的无私的义务,这在洛克的叙述中直接且明确,但如我们所看到的,它们并不是没有任何限制的。在没有一个共同的法官的时候,一个人"自己的保存"就会经常陷入竞争中吗?如果确是如此,那么他的义务又是什么呢?在何种程度上他能够为了保存人类的其他成员而行动呢?当他"将一个罪犯绳之以法"时是什么样的考虑指导着他的所作所为?按照自然法"他势必要保存自己",但他也有义务去"尽其可能地保存人类的其他成员"。那么他的这两种义务间会发生冲突吗?

很多段落表明在自我保存和保存全人类的义务间存在令人惊异的密切关系。在一个接一个的例子中,保存其他人的义务与杀掉威胁或可能威胁自己的存在的另一人的权力相伴而行。我应将袭击我的人当作不适于与人类相容的人,当作野蛮的野兽,因而当作是对整个人类的威胁。

> 因为基于根本的自然法,人应该尽量地保卫自己,而如果不能保卫全体,则应优先保卫无辜的人的安全,一个人可以毁

灭向他宣战或对他的生命怀有敌意的人。他可以这样做的理由就像他可以杀死一只豺狼或狮子一样。(§16)

在这种表述中,在保存自己的义务与尽可能地保存全人类的义务间似乎不存在什么冲突。但错误判断的可能性是很明显的,如果一个人不得不不仅对"向他开战的人"而且要对"对他的存在有敌意的人"进行判别,并且在此判断的基础上消灭掉这些人的话。因而,去实现保存人类其他成员的义务这一热情的努力,在实践中可能与自我保存的过度忧虑难以区别,而且,在缺少其他条件的限制下,这种自我保存的忧虑会变为对和平和其他人生存的威胁。

袭击其他人确实违反了自然法,它将所有的人都暴露于不断增大的危险中,它威胁了"保存"。如果自然法被误解了,像对它没有研究的人(也即那些为自我保存的强烈愿望所驱使而没能充分地考虑到普遍的和平状况对于他们自己的保存的重要性的人)所做的那样,那么通常的结果就是生命的毁灭。

自然法和自我保存间有着深刻的关系。"上帝植入人们中并使之成为他们的本性的原理中的第一个,也是最强烈的欲望,便是自我保存。"[1]人们坚信在追逐那个欲望时他们也在履行着他们对上帝和自然的义务:

因为此一愿望,即保存自己生命和存在的强烈愿望,已经被上帝当作行动之准则,植入他的心中。理性,也即人体内上帝的声音,不得不教导并确保他去追求这一自然而然的指示,即,必须要保存自己,他也确实遵从了他的创造者之指导。[2]

---

〔1〕《论文Ⅰ》,第88节。

〔2〕《论文Ⅰ》,第86节。

这一关于自我保存趋向行为的课程,不仅是合理的,也即与自然法一致,而且,这便是人们所说的理性行为的恰当定义。在这种意义上,所有人都知晓自然法,同样,也在这种意义上,人们不得不遵从自然法的指示。但是,在另一种意义上,即对人类得以实现其愿望之工具的理解上,也即对自然法的理解上,人们又是无知的。因而,他们不自觉地违反着它的命令,违反着理性,即违反着他们在自我保存一事上的利益,尽管在一种意义上自然法可能已被"印在了所有人的心中",(§11)但在另一种意义上,处于自然状态中的人没有什么可能知道如何遵守它。可以说人们既知道又不知道自然法,人们必须发现和设计出能够使他们满足他们的自我保存这一自然愿望的情形。

因而我们可以在人们最强烈的欲望中发现自然法的源泉。自然法以和平和保存人类为自己的目的。人们会遵守它,因为人们都有自我保存的欲望;它的实施也不依赖于对于其他人的义务。尽管我们可以在洛克的这个学说中看到它与以前的学说的某种关系,但与古典的和中世纪的自然法的概念相比较,它确是"一个非常奇特的学说"。(§9)因为这个自然法既不关涉人的优越地位,也不关涉上帝的爱和人们对他们的同胞的爱。我们必须说洛克并没有明确地否定人的优越地位或爱的重要性,他仅仅没有注重它们。就此而言,在《政府论下篇》中,他很少甚至根本就没有使用诸如慈善、灵魂、伦理学、美德、高贵或爱等语词。在他对公民社会的基础之解释当中,这些词语并不必要。他为公民社会的基础寻找了人性中其他更有力也更普遍的力量,最重要的是,这是最强大的力量,他好像在说:我并不否认人常常是温和而公正的,而且有些人在努力变得卓越;我也不否认有些人为对上帝爱与惧、为对同胞的慈善和爱所动;我仅仅断言,当我们考虑政治社会的真正基础、政府的真正起源时,所有这些都不值一提。真正算数的是那些普遍拘束力的东西,是那些每个人心中控制强力的东西,是那些真正可用来统治管理人的行为的东西。

自然法的基础是那植根于每一个人心中的最强烈的欲望。自我保存的欲望决定了人们的行为方式;既然人们不能以其他的方式活动,这样的行为就绝对不可能是错的["上帝和自然绝不会允许一个人自暴自弃,以至于忽略了他自己的保存"(§168)];人必须被视为有权利去做他们不得不为之事。没有政府可以牢靠地建立在这样一种自然之上,它不允许甚至不鼓励人们去做那些他们情不自禁去做之事。这个行动的普遍法则统率着不同环境和不同条件下的人的行为,对于此一原则乃是自然法基础的充分理解是研究政治权力的性质的必然基础。因而当我们读到洛克的断言政治社会的法律"只有以自然法为根据时才是公正的,它们的规定和解释必须以自然法为基础"(§12)时,如果我们想评估该自然法的政治意义,我们就必须记住它的内容:

> 自然法所规定的义务并不在社会中消失,而是在许多场合下表达得更加清楚,并由人类法附以明白的刑罚来迫使人们加以遵守。由此可见,自然法是所有的人、立法者以及其他人的永恒的规范。他们所制定的用来规范其他人的行动的法则,以及他们自己和其他人的行动,都必须符合自然法,即上帝的意志,而自然法也就是上帝的意志的一种宣告,并且,既然基本的自然法是为了保卫人类,凡是与它相违背的人类的制裁都不会是正确的或有效的。(§135)

如上所说,洛克的自然状态给我们的第一印象似乎与霍布斯的非常不同。不过,事实上,我们发现二者间有三个重要的相似点。首先,尽管洛克区分了自然状态和战争状态,但自然状态还是战争状态的寓所,而且是唯一的寓所:自然状态是“一种病态的状况”,“是不会持久的”。其次,自然法的根源、内容和目的,可以用自我保存一词简洁而准确地加以表达。最后,洛克的学说就他的下述断言而言与霍布斯并不是没有相似之处的:“公民政府是对自然状态的不便之处的适当的补救。”

然而我们一定不要无视上述第一印象的有效性。两个学说有类似之处,但确有深刻而重要的区别:洛克的自然状态不像霍布斯的那样暴力,在洛克的自然状态中,如果武力被普遍地不当地使用(似乎确是这样),那么这不是因为霍布斯所说的“人们彼此伤害的天然倾向”,洛克没有像霍布斯那样说每个人都是其他人潜在的谋害者。自然状态中威胁生命保存的元凶不在于人们有互相伤害的倾向,而在于他们的自然条件的匮乏和艰难(这点稍后我们会看到)。

既然洛克和霍布斯的学说对自然状态的缺陷之解释有异,那么他们所提供的补救办法也就相应地全然不同,这种重要区别的主要后果便是:洛克的公民政府比霍布斯的公民政府有更少的绝对权力。这种区别的最明显的标志便是洛克给予财产这个主题以更多的关注。

论财产

洛克对财产的讨论的开首处有三个要素。第一,一个判断式预设:世界给予了人类原始的神圣财产。第二,一个问题,这个问题源自前一判断或预设,私有财产起源于何处?第三,一个保证,洛克一定会回答这个问题。

> ……这都很明显,上帝把世界上的东西给予了亚当,给予诺亚和他的儿子们,上帝“把地给了世人”,给人类共有。但即使假定这样有人似乎还很难理解:怎能使任何人对任何东西享有财产权呢?……我将设法说明,在上帝给予人类为人类所共有的东西之中,人们如何能使其中的某些部分成为他们的财产,并且这还不必经过全体世人的明确协议。(§25)

洛克认为在原初时代,“没有人最初就有对某物的排除其他人类成员的独一无二的支配权”,(§26)每个人对人们共同拥有的一切都具有同等的权力。不过,这并不意味着每个人对一切东西都享有一定份额,它仅意味着最初并没有什么所有权,也没有财产。如果任何人都有权力未经他人同意地自取共同物中的一部分,那么其他人也就没有财产,因为财产的特性就是“未经本人同意,不能剥夺任何人的财产”。(§193)“世界被给予人类全体”这个断言简单说来就是:在最初的时候任何人拥有任何东西。原初的那种普遍的共有状态实际上就是普遍的无财产状态。这也就是为什么洛克马上了考虑下述问题:人们是如何“达到对某物的所有权的”?

答案在于下述事实,除每个人自身之外,没有任何不是全体人类共有的东西。“土地和一切低等动物为一切人所共有,但个人对他自己的人身享有一种所有权,除他以外任何人都没有这种权利。”(§27)进而,每个人不仅拥有他自己的人身,而且拥有他的作为他的人身的直接延伸的劳动:“他的身体所从事的劳动和他的双手所进行的工作,我们可以说,是正当地属于他的。”(§27)每个人对于他自己的人身和他自己的劳动的所有权是原初和自然的财产,它是自然状态中所有其他财产的基础。于是所有其他的所有权都来自于这个原初的、自然的和非派生的财产。

在原初时代有广大的未被开耕的土地和很少的人,因而便有充足的适于作为食粮的自然供给品——水果和野兽。在这种充裕(甚或过度充裕)的食粮的环境中,你所采集的苹果便是你的。因为你将仅属于你的东西(采集它们时你付出的劳动)和不属于任何人的东西(挂在树上或落在地上的苹果)联合在一起。另一个人也许会对你对于它们的所有权提出异议,说你因为拿走了共有地上的那些苹果而剥夺了他去拿它们的机会。尽管这个反对意见在其他地方会是有效的,但在供给品的充裕状况下,这种反对便全然不能成立。简单来说:你通过你的劳动从自然的共同所有物中拿走的任何东西,都是你的——“在还留有足够的同样的好的东西给其他人所共有的情况下”。(§27,着重号为作者所加)在普遍的共同据有状态中,你只需伸手捡起那无主的苹果便达到了对它们的所有权——如果在树上或树下还有那么多的苹果,其他人只需伸手捡取便可有同样多的苹果的话。其他反对你就像你捡取的苹果的财产权的人,并非是真像在为人类全体主张此事。如果他仅仅要苹果,那么有足够的同样的好的苹果供他拿取。在索取已归你所有的苹果时,他实际上只在索取你已加入其中的劳动——但对这劳动他没有任何权力。

> 因为既然劳动是劳动者无可争议所有物,那么对于这一有所增益的东西,除他以外就没有人能够享有权利,至少在还留有足够的同样好的东西给其他人所共有的地方,情况是这样的。(§27)

在原初共有状态中土地所有权也是以这样的方式获得的。“一个人能耕耘、播种、改良、栽判多少土地和能用多少土地的产品,那么,这些土地就是他的财产。”(§32)如果人们对此提出异议,说以如此的方式将土地圈起来他便剥夺了其他人的权力,那么建立在与上面同样的反驳也适用于此:

> 这种开垦任何一块土地而把它据为己有的行为,也并不损及任何旁人的利益,因为还剩有足够的同样好的土地,比尚未取得土地的人所能利用的还要多。所以,事实上并不因为一个人圈用土地而使剩给别人的土地有所减少。这是因为,一个人只要留下足供别人利用的土地,就如同毫无所取一样。(§33)

这种财产是私有物,即劳动与共有物,即土地的结合,那么为什么私有物和公有物结合的结果是完完全全的私有物呢?

> 劳动的财产权应该能够胜过土地的公有状态,这个说法在未经研讨之前也许会显得奇怪,其实不然。因为正是劳动使一切东西具有不同价值。(§40)

当有如此多的土地可供如此少的人使用时,无论人们圈起其中的多少土地,余下的东西对其他人来说还绰绰有余,“好像并没有拿走什么东西似的。所拿走的东西有很少甚或就没有什么重要性,没有附加劳动的土地几乎毫无价值”。(§43)这是洛克解释为什么私有物和公有物的结合产生私有财产的另一种方式:作为私有部分的劳动,构成了几乎事情的全部;而作为人类共有部分的材料则“几乎可以不计算在内”。在自然状态中劳动给予财产以名号,这主要是因为“劳动创造了我们在世界上所享受的东西的价值中的绝大部分”。(§42)我的劳动的附加使事物有了价值。没有我的劳动,此物“几乎一钱不值”,那么当然我的劳动便是此物中唯一具有价值的东西,我们必须承认正是我的劳动使它成为我的所有物。

自然的供给品于其自身而言一钱不值,这主要是因为以下两个原因:第一,一个苹果在没被捡起前或以某种方式被占有前不会给人们带来任何好处,同样,一只鹿在未被猎取前也不会给人们以任何好处。在人们的劳动未附加于其上前,水果和野兽仅存在于自然界中,与人类全然无干,对人类没有任何益处。第二,一个大陆上的苹果对我全然无用,一个10英尺外的苹果对我亦是如此,只要我没有将我的劳动附加其上,它们对于我便全然没有用处。

自然供给品之所以几乎毫无价值的第二个原因恰是它极为充裕,当人数相对来说还比较少时,它们便有过剩之嫌。当说供给品没有什么价值时,洛克的意思并不是说它们对人类的延续而言不甚重要。我们所呼吸的空气和所饮用的水源当然是至关重要的,但当空气和水极度充裕时,我们就无须为呼吸或饮水而付费。这些自然材料就像目前在实践上无限充足的东西那样,不能用来要价或者讨价还价。这似乎暗示着,洛克心中有着关于供应和需求的法律之早期形式。我们不会惊讶,在他关于经济的论述当中,价值或价格由数量和供应决定(大概类似于供应和需求),除此之外,并无任何因素。

在评估任何东西的价值的时候,洛克只考虑此物的数量和与之相应的供应,单由此一因素决定了这东西的价格。任何东西的价值都会增加,只是其数量和供应成比例的下降。如果你改变了东西的数量或者供应,或者两个都改变,那么,你就可以改变这东西的价格,除此之外,世上没有任何办法可以改变这东西的价格。

不是任何货物或者商品的质量,或者其质量的提高、增加或者减少,让价格增高或减少。只有该商品的数量或供应成比例的增加或减少,才会改变商品的价格。

原初状态中一文不值的供应品非常充足,这种充足不是事实上充足,而是潜在充足。这种潜在的充足在人类利用其劳动和发明之时而变为事实上的充足。这乍看起来像是个天堂,一片巨大而广阔的肥沃土地,在那里,"土地上所有自然生产的果实和它所养活的兽类,都是自然自发生产的",(§26)"万物之母"(§28)和"很少的消费者"(§31)在这种充足的条件下共同消耗这一切。在这种情形中,人造物太多以至于其一文不值,甚至不足以等同于制造并赋予其价值的必需品,即人类的劳动。原始状态中一般意义的"贫穷"(§32)对于印第安人来说是完全可以忍受的,这些印第安人是美洲"贫穷困苦的原住民"。(§37)

> 这些部落土地富足而生活上的一切享受却是贫困的。自然对他们也同样像对任何其他民族一样,充分地提供了丰富的物资——那就是能生产丰富的供衣食享用之需的东西的肥沃土地——但是由于不去劳动进行改进,他们的所得还没有我们所享受的需用品的百分之一。(§41,着重号为作者所加)

原始的普遍穷困的另外一个原因是,"对人类生活实在有用的东西的最大部分……一般来说都是不能耐久的东西,如果不因有人利用而被消费掉,就会自行腐烂和毁坏"。(§46)腐败这一自然的限制可能是在自然状态中财产的唯一限制。

自然并不在普遍意义上严厉地限制财产。“谁能在一件东西败坏之前尽量用它来供生活所需,谁就可以在那个限度内以他的劳动在这件东西上确定他的财产权;超过这个限度就不是他的份所应得,就归他人所有。”(§31)同样的限度也适用于对土地的占有。

> 凡是经过耕种、收获、贮存起来的东西,在败坏前予以利用,那是他的特有权利。凡是圈入、加以饲养和利用的牲畜和产品也都是他的。但是,如果在他圈用的范围内的草在地上腐烂,或者他所种植的果实因未被采摘和贮存而败坏,这块土地,尽管经他圈用,还是被看作是荒废的,可以为其他任何人所占有。(§38)

洛克似乎从腐败这一自然事实当中推导出一条规则,并将它适用于通用的商品分配之上。这个推理看似正确,但是,考虑一下,两个问题就足以揭示洛克在讨论腐败问题时解释力的不足了。第一,为什么这条规则是必要的?第二,这条规则是有效的吗?

上面已说明,原始状态下财产的基础是自然供给品的过度充裕。你在捡拾苹果时付出的劳动使苹果成为你的财产——如果有足够多的同样好的苹果留给其他人捡拾的话。但如果物质充裕到如此程度,那么一个限制积累的规则还有何必要?实际上,你拿的东西的数量与我无关,只要你留给我足够多的东西;我也不关心你所拿的东西是否腐烂了或已不为你所有。如果你如此愚蠢,因拿取了多于你所能使用的东西而浪费了你的劳动,那么你所骗的不是我,而是你自己。

只有当东西不过度充裕,一个人拿取了过多的东西以致留下的不够其他人使用时,限制积累才是必要的。但即使在那种情况下,一个建立在物质会腐烂基础之上的规则能否起到限制积累的作用还取决于它是被应用于易腐烂的还是耐用的财物上。假设一个人能对坚果实行有效的局部垄断,他不给他人留下一个果子,因为它们可以“保持一年不变质以供其食用”,(§46)他便能在那么长的时间内将他的供给一路吃下去而无须担心坚果会变质。显然,腐烂规则在限制这些罕有而耐用的物件的占有上是无效的。它无助于这些物品的平均分配。

当有非常充裕的供给时,任何限制积累的规则都实属不必要。如在其他条件下,尤其是腐败规则对耐用品无效的情况下,一个限制规则则十分必要。腐败规则只能在以下情形中必要、有效,并可以保证公平的分配,即在易腐事物极为匮乏的情况下。但是,如我们已经看到的,在原初状态中财产权的出现是通过将劳动掺入自然供给的,这全然有赖于自然供给的大量充足之供应,此时的人毫不费力,就可以为其他人留下足够的、同样好的东西。如果没有足够的东西供给每个人,那么即使劳动也不能使某个人对某一特定部分具有排他的所有权。而如果在匮乏之时劳动都不能产生所有权,那么没有什么能产生它了。在原初状态下没有其他的方式可以做到这点。名义上的所有权可以借助交换或购买而转移,但只有劳动才能*创建*所有权。简言之,如果在原初状态下容易腐烂的供给品发生了匮乏,那么就不能有自然财产,而只能有对共有的东西的占有。这样便有如下结论:即使你据有那稀少而易腐烂的东西,任何其他的人对于它仍有与你一样的权力。在继之而来的所有权争斗中,只有较为强大的人才能认定谁拥有何种物品是正当的。因而,要想保有比自己能很快消费掉的东西更多的东西,即便不是不可能的，也是非常困难的。

物质会腐烂的事实的确限制了原初状态下人们对物件的占有，并使每个人都处于赤贫的状态中。我们被告知，“上帝创造的东西不是供人们糟蹋或败坏的”。（§31）但是，如果原初普遍共有状态的居民变得如此疯狂以致用他们的整个劳动去尽其可能地进行破坏，即便他们努力所造成的后果全部加起来“留给自然”（§37）的同广泛发生在大自然中的破坏相比，仍然微不足道。当我们考虑“长时间里世界上所拥有的富足的自然供给品和那少许的消费者时”，（§31）那非人为的破坏之规模是惊人的。经由人手而致的对事物的破坏在非它所能的破坏面前只能相形见绌。此种自然的浪费仅有在占据主导地位的事物时才有可能减轻。

无论洛克如何为浪费和破坏而痛惜，他对腐烂的讨论并没有指向原始状态下与其他人公平交往的道德规则，它仅仅表明了自然统治下的大规模的浪费，它指出了找到从那严厉的规则中解脱出来的途径的必要性。

人类最早共有时期普遍赤贫的第三个原因是，缺乏对土地的耕作，“完全留给自然的土地可像其确实所是的那样称作荒地”。（§42）因此，这种自然的荒地可通过农业的开展而减少。人们认为一个人为了自己利用的目的将土地圈起来并耕种是对他人物品的剥夺，这是错误的。因为耕作过的土地要比未耕作过的高产得多，因而他的所有邻居都会从中受益。

> ……我听说在西班牙就有这样的情况，一个人只要对土地加以利用，即使无其他权利，可以允许耕耘、播种和收获，而不受他人干涉，相反地，居民们还认为得到了他的好处，因为

他在耕垦的因而是荒芜的土地上所花费的劳动增加了他的好处。(§36)

于是农业成了缓解原初状态下人们的赤贫的重要一步,但它的有效性又为物质会腐烂的事实所局限。一个人除非有某种方法将他的剩余谷物在其腐烂前处理掉,不然他就不会种植比他自己的家庭所能消费的更多的东西。如他种植了更多的东西,那么剩余物只能任其烂掉,要么就被别人拿走。因而就不会有剩余,尽管剩余是人类状况得以改善的必要基础,并因之也就没有"人口之增加",尽管这是自然界的首要意图。

简言之,这里所需要的是一种发明,此种发明使人们生产比自己家庭现下所需更多的东西——生产他们能在物品腐烂前能够消费掉的更多的东西——一事变得合理。这个发明就是货币。据洛克所言,货币是通过自然的进步而出现的。人们起初是用易腐烂的食物换取较为耐用的食物,如坚果;稍后,他们用货物换取"其颜色令他们高兴的金属";(§46)最后,他们达成了下述一致意见,用罕见而耐用的物件如金或银去换取易腐烂的货物。

货币的使用就是这样流行起来的——这是一种人们可以保存而不至于损坏的能耐久的东西,他们基于相互同意,用它来交换真正有用但易于败坏的生活必需品。(§47)

借助于货币的发明人们便解决了他们原初状态下的基本的经济问题——我们马上就能看到这种发明所带来的深远政治后果。

对于洛克确实认为货币在公民社会前已经出现这一事实的理解非常重要。货币的使用是通过下述途径而出现的:人们"互相同意”(§47)他们将用它去换取易腐烂的货物。而这种“默许的自愿的同意”并非意在促生公民社会。人们之所以能够超出社会的范围,不必通过社会契约,而这样地把物品分为不平等的私有财产,只是由于他们赋予金银以一种价值并默认货币的使用,(§50)但这种默契自身不能建立公民社会。

> 因为并非每一个契约都起终止人们之前的自然状态的作用,而只有彼此相约加入同一社会,从而构成一个国家的契约才起这一作用:人类可以相互订立其他协议和合约,而仍处在自然状态之中。(§14)

货币是在自然共有状态中引进的,但它的使用加速了这种自然共有状态的终结。货币改变了人们的生存状况,如不对其所有物进行更多的保护,人们便再也不能生活在一处。货币使人们得以扩大了他们的所有物,货币使一个人“使一个人完全可以占有其产量超过他个人消费量的更多的土地”。(§50)没有货币就不能刺激人们扩大他们的所有物和生产剩余产品——不管其他的环境如何有利:

> 在任何地方,只要那里没有既耐久又稀少,同时还很贵重的东西值得积聚起来,人们又可以那样自由地取得土地。(§48)

但“只要一个人在他邻人中间发现可以用作货币和具有货币价值的某种东西,你将看到他立即开始扩大他的地产”。(§49)

货币的使用被引进后,所有原初的经济状况便发生了根本的逆转。因为被圈起的有主的土地扩大了,无主的土地便越来越少。产量的增加支持着人口的增加,也就是说,有了更为充足的劳动力供应。早期人们的所有物只限于“一个适中的比例”(§36)的状况让位给了人们能拥有更多的所有物这一事实。占主导地位的赤贫的平等为经济上的不平等所取代,“不同程度的勤劳会给人们以不同数量的财产,同样地,货币这一发明给他们以继续积累和扩大他们的财产的机会”。(§48)我们看到,洛克所做的要比他所允诺的还要多,他不仅说明了私有财产的起源,而且为所有物的不均等提供了辩护:

> 这就很明显,人们已经同意对于土地可以有不平均和不相等的占有。他们通过默许和自愿的同意找到一种方法,使一个人完全可以占有其产量超过他个人消费量的更多的土地,那个方法就是把剩余产品去交换而可以窖藏而不致损害任何人的金银,这些金属在占有人手中不会损毁或败坏。人们之所以能够超出社会的范围,不必通过社会契约,而这样地把物品分成不平等的私有财产,只是由于他们赋予金银以一种价值并默认货币的使用。(§50)

如果我们现在考虑一下人们就此而可能提出的最适当的反对意见——财产的不均等是不公正的——我们便直接地触及了洛克整个的政治学说的中心主题:增长。自然共有状态的最初阶段的状况不利于物品之增多而这些物品之增多对于人们的舒适、方便和自我保存而言不可或缺。于是问题便是人们应如何分享他们从自然手中艰难得到的些许东西。这就意味着,无论谁比他邻居拿多了哪怕是一点点东西都是“他取了多于他应得的部分即掠夺了别人”。(§46)但是,某些人通过创新会产生更多可以分享的东西。而尽管新的条件需要与人们间“不同程度的辛勤”成比例的所有物的不均等,但这里也不存在什么受骗上当。同在早先原始状态中共享少得可怜的人比起来,在大增长后的只能享用很少一份的人也更加富裕。农业和货币社会中的最贫穷的人也要比原始的、前农业的自然共有状态中最幸运的人富裕百倍。看一下那不事耕耘“贫穷而不幸的”美洲印第安人吧:“在那里,一个拥有广大肥沃土地的统治者,在衣食住方面还不如英国的一个粗工”。(§41,着重号为作者所加)

洛克对于农业和货币的重要作用强调再三。在一篇早期的论文中洛克是这样描述这个问题的:自然完全无力于提供它自己的意图——人类的增加——得以实现的条件。

> 全人类所继承得到的东西始终相同,它并不与出生的人数成比例地增长。自然为了人们的方便提供了一定丰富的物件供人们使用,生产的东西是上天以一定的方式和确定的数量精心地赐给我们的;它们不是偶然生产出的,也不会按照人们的需要或无止境的要求而增加……无论什么时候人们对财物的需要或欲望增加了,世界的极限在彼时彼地也不会因之而有所扩张。食物、衣服、装饰品、财宝和所有其他今生今世中的好东西都是供大家共享的,当任何一个人为自己尽其可能地攫取更多的东西时,他便从另一个人的东西中拿走了一些东西将其放入自己的东西中。因而,除了以牺牲他人的利益为代价而外任何人都不可能富裕起来。[1]

〔1〕 见《自然法论文集》(*Essays on the Law of Nature*),W. 冯·莱顿编,牛津,1954年版,第210、211页。

这个段落可以说提出了洛克在《政府二论》中解决了的问题。世界是恒定不变的,自然无力扩大自己的极限。但如果没有这样的扩大,人类从何处获得足够的支持来增长呢?如果“欲获其利,必损他人”,[1]那么一般的人类状况如何得以改善呢?洛克的回答惊人地大胆,自然做不到的事情,任何一个农夫都能做到:

> ……一个人基于他的劳动把土地划归私用,并不减少而是增加了人类的共同积累,因为一英亩被圈用和耕种的土地所产生的供应人类生活的产品,比一英亩同样肥沃而共有人任其荒芜不治的土地(说得特别保守些)要多收获十倍,所以那个圈用土地的人从十英亩土地上所得到的生活必需品,比从一百英亩放任自流的土地所得到的更要丰富,真可以说是他给了人类九十英亩土地。(§37,着重号为作者所加)

人们借助自己的劳动、发明和艺术使增加成为可能,并因而解决了那些原初自然状态下困扰着他们的问题,但同时他们也使自然状态的延续不再可能。原初的共有状态尽管危险且不方便,但在此种情况下,其还可以被容忍充足的粗糙供给品——很少的人、广大的空间所有人都很软弱。但增加的后果是使无主的供给品更为稀少,人数越发众多,开放的空间更不易得到,在这种新的状态下,因拥有财产之不平等,人们之间便产生了权力的不平等。在这些新情况下,劳动不再产生所有权,它也不再是价值的标准,而且物质会腐烂这一事实也不再能限制人们获取财物的欲望。现在第一次有了这样的可能性:占有的东西太多以致不能借助自然状态

[1] 《自然法论文集》,第213页。

下可用的手段对其加以保护。自然的主权已解体，人们不得不自己制定并实施新形式的制度以取而代之。保护自己的财产的欲望迫使人们“很快地进入社会”状态。（§127）

必须保护勤劳而有理性的人——他们因财富增长而增长的权力是所有人的幸福的依托——这权力可以保护财产免受“好事吵闹和纷争的人们来从事巧取豪夺”。（§34）政府是将人的增加的能力从自然的约束中解脱出来的漫长过程的最后一步。“改进土地和正当地利用土地是施政的重要艺术”，而那“一个君主，能贤明如神用既定的自由的法律来保护和鼓励人类的正当勤劳”。[1]

因而，我们看到，洛克对财产的讨论讲述了人们原始自然经济状况的发展历程，通过此，洛克指明，在货币出现之后，如没有共同法官的权威和权力以保护人类增加的财产，人类将无法共同生活在一起。洛克的财产理论解释了从自然状态到公民社会的过渡的必然性。对于洛克关于“什么是政治权力”这一问题的答案，我们已经所知甚多了。

政治社会的形成

尽管洛克在整个《政府二论》中致力于探讨政治权力问题，但我们必须承认他的探讨并不很直接。《政府论上篇》很大程度上证明了菲尔麦的家长权力并不能转变为政治权力，而《政府论下篇》的前一半致力于描述人的自然权力和自然状态以与人的政治权力和政治状态相对照。此后洛克才直接而详尽地开始关

〔1〕《政府论下篇》，第42节。

于政治权力和政治社会的讨论。因而,我们现在还要做的便是看一看洛克是如何从他所建立的非政治的基础过渡到其政治状态的。

通过洛克的下述命题我们不难很快清楚地看到非政治之事与政治之事的相关性:"人们联合成为国家置身于政府之下的重大和主要目的是保护他们的财产。"(§124)[在这里和除"论财产"一章之外的其他很多地方,洛克是在宽泛的意义上使用财产一词的,它包括"生命、自由和财产"。(§87)]自然状态下财产是"很不安全,很不稳定的"。(§123)因为缺少三样必要的东西对其加以保护:"一种确定的,规定了的,众所周知的法律",(§124)"一个有权依既定的法律来裁判一切争执的知名的和公正的裁判者"(§125)和一个"支持正确的判决的和适当地实施其的权力"。(§126)与自然状态相对的政治社会就是为弥补这三个缺陷而设计的。政治社会的特征得自于如下基本意图:通过提供制定法律、判决纠纷和实施判决、惩罚罪犯的权力来保护财产。

任何数目的人都可立下一个契约以便脱离自然状态并"进入社会以组成一个民族、一个国家,置身于一个有最高统治权的政府之下"。(§89)只有那些彼此立下了这样一个明确的契约的人们才一起组成了政治社会,而那些还没有加入其中的人与社会和其成员相较便仍处于自然状态中。

为形成政治社会,所有的成员彼此立下的契约的主要内容是人们同意将每个成员自然状态下所据有的权力转移到"社会共同体之中"。(§87)自然状态下每个人都具有两种自然的权力:"为了保卫自己和别人,他可以做他认为合适的任何事情"和"他有权惩罚违反自然法的任何罪行"。(§128)每个人都具有的这两种自然权力是"公民社会的立法权和执行权的起源"。(§88)进入政治社会后每个人都"把处罚的权力完全放弃了……来协助社会行使执行权"。(§130)但洛克并没有说人们就完全转移了包括判定对保存而言什么是必要的第一种权力,他只是说"在为保存他自己和社会的其他成员所必需的范围内"人们才放弃了这种权力。因而,我们必须注意一下洛克是如何回答下述问题的:在何等程度上需要将这种权力转移到社会?为何这种转移不是全部的?如果"他自己"的保存与"社会其他成员"的保存发生了冲突,那么一个社会成员的权利和义务又是什么呢?

契约将自然状态下人的自然权力转变为公民社会的政治权力,不过,这些权力以人们创造该种权力的意图为限。既然我们造就这些权力的目的在于通过提供固定的法律以保护所有成员的财产,弥补自然状态的不确定性和危险性,那么不受任何限制的权力的行使就不是也不可能是政治权力。

> 使用绝对的专断权力,或不以确定的、经常有效的法律来进行统治,两者都是与社会和政府的目的不相符合的。如果不是为了保护他们的生命、权利和财产起见,如果没有关于权利和财产的经常有效的规定来保障他们的和平与安宁,人们就不会舍弃自然状态的自由而加入社会和甘受它的约束。不能设想,如果他们有权利这样做的话,他们竟会有意把支配他们人身和财产的绝对专断权力交给一个或较多的人……这是要把自己置于比自然状态更坏的境地,在自然状态中,他们还享有保卫自己的权利不受别人侵害的自由,并以平等的力量维护权利……(§137)

洛克对政治权力的有限性的坚持既表明了他与霍布斯观点的

某种一致,也同时表明了二人的重大分歧。洛克从作为公民社会之基础的自我保存原则出发一再地申明绝对任意的权力根本不能纠正自然状态的罪恶。受制于一个不受控制的统治者的任意的权力,没有反对它以保卫自己的权力或力量的状况比自然状态更糟得多。显然,我们绝不能认为这就是人们欣然同意进入的状态,因为,"不能设想,任何有理性的动物会抱着每况愈下的目的来改变他的现状"。(§131)因而,洛克说君主专制政体"完全不可能是公民政府的一种形式"。(§90)霍布斯的主要错误不是他的前提而是他的政治结论:自然状态的唯一补救办法是人们让自己受制于强大无比的利维坦。这个结论恰与他自己的前提——对暴力致死的恐惧或自我保存的欲望是人类行为的第一原则——相左。而洛克的结论——以被统治者的同意为基础的受到限制了的政府——要比霍布斯自己的更忠实于那个前提。

政治社会是人类的发明和巧设,但这个人为的东西一旦出现了便有了自己的本性,因而也就有了一个可应用的自然法。当它的"所作所为是为了保存共同体"时,它的"所作所为便是合于自己的本性的"。(§149)因为,毫不奇怪,"首要而基本的自然法……"是保存社会。(§134)社会的这个自然法的第一个明显的后果便是:其成员的所有权力都须与社会的保存相一致。任何社会都不能给予它的任何成员以能导致其解体的权力。否则,其成员的保存就会受到威胁,因为在极大的程度上是社会在为他们的安全提供保护。也正因如此,社会成员所作的承诺也必须是恒久的。一个人一旦成了一个国家的一员,那么只要这个国家的政府存在,他就"永远地和必然地不得不成为、并且始终不可变更地成为它的臣民,永远不能回到自然状态中的自由中去"。(§121)社会的权力必须是总括性的,它需触及每一个成员和在法律之下的一切争论：

> ……真正的和唯一的政治社会是，这个社会中每一个成员都放弃了这一自然权力，把所有不排斥他可以向社会所建立的法律请求保护的事项都交给社会处理。于是每一个别成员的一切私人判决都被排除，社会成了仲裁人，因明确不变的法规来公正和同等地对待一切当事人；通过那些由社会授权来执行这些法规的人判断该社会成员之间可能发生的关于任何权利问题的一切争执，并以法律规定的刑罚来处罚任何成员对社会的犯罪。（§87）

共同体对于它的成员的权力似乎是彻底的，甚至可以说是没有限制的。正是在这里我们清楚地看到提出来自自然力量和权利的政治权利是有限的这一理论企图的内在困境。一方面，如果一个共同体的成员保留了他们的一些自然权力，利用其各自权力而不是在共同体权力那里求得保护，那么政治社会还能如所设想的那样起作用吗？另一方面，如果所有权力都被放在了共同体手中，那么还留有什么来保护其成员免受那过分集中的权力可能被滥用之害呢？

另一种适用于政治体的自然法，事实上，是适用于由离散元素组成的政治体的自然法，可以被叫作更大力量（所创造拥有）的法律。这个法律是洛克多数统治学说的基础。如上所说，政治社会的形成是主体成员一致同意建立一个共同体的结果。但尽管每个政治社会都建立在全体成员一致同意基础上，我们却不能在其他事情上也期望这样的一致。这起初的一致同意和将这种一致同意继续下去的不可能性的直接后果便是作为社会的一部分的大多数

人将实行统治:

> 这是因为,当某些人基于每人的同意组成一个共同体时,他们就因此把这个共同体形成一个整体,具有作为一个整体而行动的权力,而这是只有经大多数人的同意和决定才能办到的。要知道,任何共同体既然只能根据它的各个个人的同意而行动,而它作为一个整体又必须行为一致,这就有必要使整体的行动以比较大的力量的意向转移,这个比较大的力量就是大多数人的同意。如果不是这样,它就不可能作为一个整体,一个共同体而有所行动或继续存在,而根据组成它的各个个人同意,它正是应该成为这样的整体的,所以人人都应根据这一同意而受大多数人的约束。(§96)

这个论证的第一个命题是:任何社会都为其内的更大的力量所统治。洛克似乎认为多数人就是这更大的力量,因而多数人就位居统治地位。在讨论婚姻社会时,洛克提出了类似的论证。当丈夫和妻子有意见分歧时,丈夫由于"更有能力和更为强壮",(§82)将自然而然地位居统治地位。但根据更大力量律,我们不得不说,存在丈夫并不比自己的妻子更加强壮和有能力的可能性,虽然这并不常见,因而,他就不能自然而然统治他的妻子。同样地,在多数人并不具备更大的力量的任何政治团体中,统治权并不自然而然地就落在他们手中。但我们都知道(当然洛克也知道)多数人并不总是公民社会中的更大的力量,因为在政府之下会有经济上、政治上和社会上的不均等,因而,有时一个人倒是更大的力量,如整个社会都受其统治这个事实所证明的。那么为何洛克似乎认为多数人将是更大的力量呢?

在任何由离散的成分构成的团体中，多数人将必然是整体中的较大的部分——当其所有部分都是平等的时候；同时，只有当所有的部分都有相等的力量时多数人才构成更大的力量。洛克的意思是：在所有的社会成员在力量上都是均等的或几乎是均等的时候，多数人将统治社会。我们知道，自然状态下人们“就力量而言具有均等的条件”，但当在政治社会中待过一段时间后，一些人便可能变得较其他人“强大十万倍”。（§137）于是，洛克的多数人统治学说实质上是这样：当社会中的人与自然状态非常近时，即他们几乎拥有同等的力量的时候——如当他们刚同意离开自然状态并构成一个共同体时——多数人将作为更大的力量而进行统治。“*当人们最初联合成为社会的时候，大多数人自然拥属于共同体的全部权利*。”（§132，斜体为作者所加）稍后，我们将看到还有另一个决定性的时候，那时社会中的人们虽已脱离开自然状态但时日不久，这时位居统治地位的必是多数人——这就是当社会处于短暂的无政府状态时。

至此，我们一直在按照洛克自己的步骤谈论政治社会而没有提及任何形式的政府。洛克区别了政治社会和政府，但他并不认为政治社会可以没有政府而独立存在（除了在短暂的非常时期）。人们加入政治社会的目的是接受一个不变的法律的约束，这个目的只能通过立法权和行政权来实现。洛克恰是这样解释政府的建立的。政治社会得以为继的条件是马上成立政府。政治社会和政府可以在思想上加以分离，但它们是不能彼此独立存在的：政治社会需要政府。

没有政府的政治社会除了建立政府外不能做任何事情。但执行这个任务需要作意义重大的决定，即选择政府的形式。政府的形式的差异主要是由下述因素决定的：是谁掌握着立法权，又是怎样获得这种权力的?“所有国家的最初的和基本的成文法就是关于立法权的建立。”(§134)这个基本法或宪法的制定——还没有政府的政治社会的活动——自然地主要是由社会的多数人决定的。多数人可能留有立法权,这时政府便是民主制;或者,立法权可托付给少数几个人,这时政府便是寡头政府;或者,权力可在一定的条件下被置于一人手中,这时政府便是某种形式的君主制政府。但无论何种情况,只有多数人的同意才能建立政府。从“绝对民主政体”到“世袭君主政体”(§132)的所有形式的政府(记住君主专制政体不是政府的一种形式)都同样建立在多数人同意的基础之上。洛克的多数人统治学说并不必然导致对一种形式的政府而不是对其他形式的政府的偏爱。

人民是社会契约的当事人,每个人与所有其他人商定建立一个社会。但这里还没有论及人民和政府间的契约。政府的权力只是被托付给特定的人,他们因而成为政府官员,这些权力没有让与他们,因而他们仅有受托付的权力。而保存自己和社会的至上权力还仍为人民自己所有。他们不能放弃这种权力,“他们总是有权来保护他们没有权力放弃的东西”。(§149)人民仍然拥有至上权力,洛克也说,当立法权建立后,只要政府继续存在并起作用它就是而且仍然是至上权力。“这个立法权不仅是国家的最高权力,而且当共同体一旦把它交给某些人时,它还是神圣和不可变更的。”(§134)为了解释存在两个至上权力这个明显而巨大的矛盾,我们需要回顾一下有政府的社会和没有政府的社会间的区别。至上权力仍在人民手中,“但是这并不能在任何政体下被认为是这样”。(§149)人民只有在无政府的社会中才能主动地行使至上权力。但当政府出现后,人们便把至上权力转移到了立法者的手中。人民和立法者都是至上的,但并非同时是至上的。在政府之下,人民的至上权力完全是隐蔽的,在政府由于灾祸或蠢事而中止存在前从不会得到行使:“人民的这种最高权力非至政府解体不能产生。”(§149)只要政府存在,立法者便具有主动的至上权力。但人民的这种隐蔽的权力是始终存在的,而一旦政府解体了,就再一次地出现了无政府社会,这时人民(当然是多数人)就会直接而主动地实施至上权力,而这只会完成一个目的:通过决定一部宪法和将立法权放于新的立法者手中来尽可能快地形成一个新的政府。

洛克清楚地表达了权力分立的基本原则。在“组织有序的国家中”,主要的权力是分开的,“这就会给人类的弱点以绝大的诱惑,使他们动辄要攫取权力,借以使他们自己免于服从他们所制定的法律”。(§143)但洛克仅将这个原则应用于立法功能和行政功能的分立,他认为司法权是立法权的一部分而没有要求将它们分开。不过,洛克确实区分了另一个政治权力,即“战争与和平、联合与联盟的权力”,(§146)但尽管这个被洛克称为“联盟”权(Federative Power)的权力可以与行政权加以区别,它还是应置于掌握着行政权的人的手中,“两者的行使都需要社会力量”,而这个力量不能安全地“交给不同和互不隶属的人”。(§148)

立法权高于行政权,“因为谁能够给另一个人制定法律就须是在他之上”。(§150)但是,

> 在有些国家,立法机关不是常设的,执行权属于单独一个人,他也参与立法。在这种场合,广义上来说,他也可被称为至高无上的权力者。……而且在他上面既无立法机关,也就没有不得他的同意而制定的法律,而且不可能期望他同意受制于立法机关的其他部分,所以在这个意义上说他是至高无

上,是十分恰当的。(§151)

这并没有否定立法权的至上性,但它提醒我们注意立法机关不必是政府中的至上部门。这第一次表明了洛克对行政权的惊人的让步幅度——这之所以惊人,是因为他似乎不加限制地强调立法至上学说。

无论在多大程度上掌有行政权的人的存在是为了扮演实施立法者所立下的法规这个从属的角色,我们必须补充说有时他必须不受法律指导地行事:

> 为着社会的福利,有几项事情应当交给由掌握执行权的人来裁处。因为,立法者既然不能预见并以法律规定一切有利于社会的事情,那么拥有执行权的法律执行者,在国内法没有作出规定的许多场合,便根据一般的自然法享有利用自然法为社会谋福利的权利。(§159)

掌有行政权的人不仅可以不经法律的许可行事,而且在盲目地坚持法律是有害的情况下可以让法律给他的权力"让路",甚而他可以为了公众的好处而违法行事。"这种并无法律规定,有时甚至违反法律而依照自由裁处来为公众谋福利的行动的权力,就被称为特权。"(§160)在持有特权的人手中,特权所显示出的危险性绝不比其必要性更小。特权总是在最好的君主的统治那里最广泛地表现出来。人们在一个好的、明智的君王即使越过法律界限行事时也信任他而不为他们的安全担心,因为他们看到他的意图是为了增加他们的好处。

> 诚然，这种神一般的君主，根据专制君主制是最好的政体这一论点，应该享有专断的权力，正如上帝也是用专断权力来统治宇宙一样，因为这种君主是具有上帝的智慧和善良品德的。（§166）

但即使上帝般的君王也有后继者，谁也不能保证他的后继者不会利用扩大了的特权去危害人民的财产和安全以增进自己的一己之利。根据这一点就形成了这样的说法："贤君的统治，对于他的人民的权利来说，经常会导致最大的危险。"（§166）

按照这个论证，最明智、最好的君王的特征不是他们服从和实施了不变的法律，而是他们一心服务于人民。只有下述条件才限制了行政上的自我斟酌决定权的范围，即它应被用来为公众谋好处。"一个贤明的君主若不想辜负人民给他的委托，关心人民的福利，就不会嫌有太多的特权，即造福人民的权力。"（§164）但既然以服务于人民为借口而僭越宪法或法律权力的界限的行为已成为自古以来暴君们的恒常的实践，用"公众的好处"去检验特权是否被适当地使用了似乎是危险、模糊而不完善的。好君王和暴君都超越甚至反对法律而行事，在这点上他们是有相同之处的。他们间的区别完全在于他们的无视法律的行为是给他们的人民带来好处还是相反。好的君王破坏法律是为了更好地服务于人民，而暴君用他的权力"不是为了处在这个权力之下的人们谋福利，而是为了获取他自己私人的单独利益"。（§199）但有一个确定统治者的意图的实际方法吗？确定人们是否违背了法律并不总是容易的事情，但这当然要比确定人们是否为了一个好的意图而破坏法律要容易得多。难道不是洛克自己使区别好君王与暴君一事变得非同寻常的困难吗？洛克似乎不这样认为。理论上对于这个问题的答案并不重要,重要的是如何在实践上判别何者为良君,何者为暴君。而在实践上,洛克告诉我们,这个判断"很容易"作出。(§161)在告诉我们如何作出此判断前,洛克先告诉了我们谁才有资格作出此判断。对谁将判断政府的权力是否被用来危害人民的利益了这个问题,洛克回答道,"人民是法官"。(§240)

人民是法官这一命题的意义在洛克的论证中与人民有权反抗暴政不可分离地联系在了一起。(§204)这种反抗的权利不是政治权利而是自然权利,只要一个正当组成的政府还在运行人民就不能行使这种权利。人民是法官这一命题在洛克的论证中与人民有权反抗暴政不可分离地联系在了一起。但是,这两种权利必须被联系起来考虑。洛克宣称,抵抗的权利绝对不能被等同于革命的权利。如果我们回想一下社会的自然法基础,很清楚,没有任何一种权利可以危及社会的保存,而革命正是对于社会保存的一种威胁。不管抵抗的权利是什么,它必须和社会的保存相一致。

洛克说道,人民应当是法官。他们应该是什么的法官?他们应该是在政府已经解体的情况下,决定是否应当主动积极重建这一最高权力的法官。他们从哪儿得到作出此一判决的权利?答案是,他们一直有这样的权利,并且,他们也不能交出这一权利。在这一点上,洛克又一次按照以下方式回到了他关于自然状态和战争状态中人的权利这一早前讨论中来。当一位君王或者任意一个握有政治权力的人使用这一权力时,便违背了人民对于他的信任,以人民为代价来增加他的利益,让他的财产同人民的财产分离,让他自己从人民的社群中分离,他就把自己放置在人民的社会之外了,也就是与人民处于自然状态之中了。更进一步,如果没有权威或权利便使用武力针对人民,那这位君主或者其他统治者就让自己和人民处于战争状态之中了。

暴君向人民开战。他使用人民授予他的武力来反对人民，他迅速摧毁了人民的政府。暴君再也不能在"政治"一词的任何意义上被视作人民的统治者了。人民因而有反抗暴君侵略的自然权利，他们的反抗和社会的保存是契合一致的。暴君才是那个背叛者，人民是在保卫这个社会。

> 叛乱不是反对个人，而是反对以政府的宪法和法律为根据的权威；不论什么人只要以强力破坏法律并以强力为他们的违法行为辩护，就是真正地道的叛乱者。因为，人们由于参加社会和组成公民政府已经排除了强力，并采用法律来保护他们的财产、和平和他们之间的统一，这时凡是违反法律重新使用强力的人，就是实行造反——即重新恢复战争状态——而成为真正的叛乱者……（§226 段，着重号为作者所加）

洛克在相关的讨论中很少使用"革命"一词，他更加倾向于使用"叛乱"一词。因而，洛克维持了一种严格的、逐字逐句的用词：根据他的说法，不存在推翻某一政府，只有基于重返战争状态的反抗权利。

在这一方面，洛克的学说强调谁具有政治权力。首先是君主，他们最容易反叛；"防止这种弊害的最适当的方法，就是像那些最容易受到诱惑去犯这种错误的人指出其危险性和非正义性"。（§226）他因此反转了通常的讨论，这些讨论认为人民最容易变为革命的起源。为什么洛克在其学说中没有指向人民，警告他们不要使用武力去罢黜他们的统治者呢？洛克只是简单地颠倒了术语，用诡计欺骗读者吗？君主被叫作叛乱者，试图罢黜他的人民则被叫作社会的捍卫者;这些争议都搁置在洛克关于人民应当是判断政府是否已经解体的法官这一坚持之上,而政府是否已经解体是一个复杂且技术性很强的问题。除了反对现有政府并用一种新形式或新的统治者来取代它,人民再次掌握武力还有更多意义吗?洛克是否在煽动人民群众,暗示只要他们不高兴,只要喊着反对暴政就可以反对任何被制定给他们的统治者?

洛克否认他为革命提供了一个新的基础。他争辩道:只要一个政府尚在运行,人民就没有任何法律或宪法的权利去危及社会和政府的保存。他否认人民有任何来自法律的抵御权威的权利。"强力只能用来反对不义和非法的强力。"(§204)反抗的权利不是一种政治权利而是自然权利,只要一个正当组成的政府还在运行,人民就不能行使这种权利。

进一步说,人民并不倾向于制造麻烦;一般来说,他们更乐于避免叛乱的危险:"这种革命不是在稍有失败的情况下就会发生的。对于统治者的失政,一些错误和不当的法律和人类弱点所造成的一切过失,人民都会加以容忍,不致反抗或口出怨言。"(§225)洛克强烈地谴责那些煽动革命反对一个正义政府的个人,他说,他们"犯了一个人所能犯的最大的罪行"。(§230)

面对着促进革命倾向的指控,洛克作出的最有教益的反击要比上面所提到的更为深入,但并不是与之毫不相关。在自然状态下,所有人都有权判断对于他们的保存而言究竟什么是必要的,他们不能完完全全地将这个判断的权力拱手让给社会。我们可以说它是人的不可分割的权力。因为一个人不可能放弃自己的判断他的生命是否处于危险之中的权力,尽管他可能企图做到这点。一切誓言、一切威胁、一切学说都不能做到这点。在自然状态下或公民社会中,不存在这样的一个外科手术,它可以从一个活人身上将自我保存的欲望和它的一切后果切除掉。尽管所有的人都因一个前于和高于人类的所有成文法的法律而保留有这个判断的权力,但认识到这个权力并不会“埋下永远引起纷乱的祸根,因为这种决定权,非到弊害为大多数都已感觉到无法忍耐,而且认为有必要加以纠正时是不会行使的”。(§168,着重号为作者所加)

实际上,特权何时被不当地使用了?如何区别暴君和好的君王?政府何时才算是解体?这三个问题归结起来都是同一个问题:政府会危及人们的安全吗?这是只有人民才有权作出回答的问题。洛克不认为将此权力归于人民有什么困难,而且他也不认为存在将它归于其他人的可能性,因为无论在理论上回答此问题是如何的困难,人民都能轻而易举地作出回答——并非依据理性,而是依靠感觉。洛克否认自己的话会对此事有什么影响,他的论证或学说对此毫无影响。“话语……蒙蔽不了人们的感觉。”(§94)他的假说——事实上,任何人的假说——在此事上不会有任何影响,自然的力量不受任何学说的影响,因为,

> 如果人民陷于悲惨的境地……纵然你把他们的统治者尽量赞美为朱庇特神的儿子,像他们神圣不可侵犯、降自天命、受命于天,或无论把他们捧成什么人或什么样的人,同样的事情还是会发生的。……如果一连串的滥用权力、渎职行为和阴谋诡计都殊途同归,使其企图为人民所了然——人民不能不感到他们是处于怎样的境地,不能不看到他们的前途如何——则他们奋身而起、力图把统治权交给能为他们保障最初建立政府的目的的人们……(§§224、225)

是否会有对于统治者的反抗完全取决于人民的所见和所感。当大多数人都感到他们的生命处于严重的危险中时,“我不知道如何阻止人民去反抗那反对他们的非法暴力”。

> 我认为,当统治者把政府弄到普遍为他们的人民所疑惧的地步时,无论什么政府都会遭到这种麻烦。这是他们所能陷入的最危险的状态,他们处在这一状态是不足怜悯的,因为这是很容易避免的。(§209)

当人民感到其处于危险之中时,他们就会奋起反抗,这个预期是限制统治者特权的唯一方法。明智的国君了解这个限制并总是避免作出会引起人民怀疑他的意图的行为。当他必须没有法律许可地甚或违背法律地行事时,他需注意清楚地表明他的意图,让人民看到并感觉到它。如果他没有做到这点,人民便会开始怀疑他并起来推翻他,尽管他在一段时间内还能够靠武力维持他的地位,但他的政治权力业已消失。

> 如果一个国王已使自己不再成为国王,并使自己与人民处于战争状态,有什么办法能阻止人民不来控诉他这个已经丧失了国王地位的人,如同对待与他们处于战争状态的其他人一样呢?(§239)

国王已非国王,政府事实上也已解体,而与政府相关的一切不均等也已化为乌有。武力的再度使用,战争状态再次回归,“使各方都成为平等的了”。(§235)这时不再有政治上的优越者和低等人之分。战争的结果将由更大的力量来决定。

因而,洛克的论证构成了一个完整的圆圈。人的自我保存的欲望使他走出自然状态下的战争而进入政治社会。但政治社会中的人面临着新的、更可怕的危险,那就是暴政或绝对任意的权力,这种为一个人或少数人所独揽的恶性膨胀的权力所引发的战争远比通常的自然状态下的战争糟糕得多。在暴虐的统治下反对个人的机会被大大地加强了,而自我保卫已几乎不可能。根本说来,人们仅有的保护是他们的自然力量和自我保存的欲望。这种最强烈的欲望、曾造就了政治社会,并是其最有利的"屏障",当人们感到政治社会受到威胁,即他们的安全受到威胁之时,他们就会反抗那个意图摧毁他的人。人类的政治事业是一场无止境的挣扎,人们逃离自然状态,并避免再次回到自然状态,在那儿充满了令人恐惧的邪恶。

《政府论下篇》中有两处提及了"上帝一般的"君王。在一处洛克说君王被允许有最大的特权,有不受法律控制的最大自由。他们像统治宇宙的专制君主——上帝一样,因为他们"具有上帝的智慧和善良品德"。(§166)但在前面的段落里君王被说成是明智的,犹如上帝一般,他是借助于"既定的自由法律"进行统治的。这样的君王像上帝一样是创造者,因为既定的法律是"增加土地"的手段。显然,这也是一种创造,尽管不是从无中造有。这种"增加"不仅是国内繁荣的原因,而且也是防卫来自其他社会攻击的力量之源泉。因遵守法律而使土地得以增加的上帝一样的君王,"很快会使他的邻国感到压力"。(§42)

洛克这里对一个社会的防御能力和敌对的邻国的提及提醒我们注意,每一个社会都处于与所有其他社会的自然状态中,而这种防御能力是安全的基础。但是,国际自然状态中存在生存需求,尤其是战争的需求,这便时不时的要求对出乎意料的情况采取常规法律之外的行为。一个在已有自由法律保护之下,因物质材料之增加而变得强大起来的国家,若要追求舒适的保存,一旦爆发战争,公民们必是有责任的,他们必须有一心为公的精神,甘愿为了保卫整个社会在行政—联邦权的审慎的指挥下牺牲自己的财物,甚或生命。

那些在主要通过法律或最少也要依靠法律进行统治的国君被称作上帝一般,只要社会被理解为是建立在自我保存原则的基础上,那么这始终是个两难的困境。洛克还没有解决下述问题:作为整体的社会的保存和其个体成员的保存能足够地和谐一致吗?例如,在那些通常决定着政治社会的命运的最严厉的考验时刻,社会的保存和自我的保存是一致的吗?自我保存原则可以为爱国主义、一心为公的精神,特别地,为了保卫国家而放弃自己的财富,甚至生命的责任感提供基础吗?洛克为政治社会的建立提供了深入而总括的理由,但那些理由都导致这样的结果:在社会安全建立之后,这些特性反而阻止了洛克去思考社会今后的发展方向。他没有补充他的基本原则;他没有讨论一个社会在其建立后得以为继的其他理由,在社会成立初,这些理由或许还不能存在,但在社会内可以逐渐形成。例如,他没有讨论在同胞间逐渐形成的契约。他经常谈及社会而很少谈及国家;经常谈及自然法,而很少谈及——如果谈到过的话——传统、习惯、制度;经常谈及权力而很少谈及义务;经常谈及"人民",而很少谈及民族。当他谈到英国人时,他谈的不是他们对英国的热爱,而是他们"对于他们的公正的、自然的权力的热爱"。[1] 在《政府二论》中,洛克就教育而谈的那点儿东西与发展人们的公众责任感毫无关系;除了让孩子们学会

---

〔1〕《政府论》(上·下篇),前言。

自我照顾之外，教育没有其他更高尚的目的。

关于此洛克有一段发人深省的话，其中他谈到了军人纪律的绝对特点：

> 因为保护军队从而保护整个国家这一行动，要求绝对服从每一上级官长的命令；他们的命令纵然是极端危险或不合理的，如果不服从它们或对它们表示异议，处死也是应该的。（§139）

一个军曹能够命令一个士兵向炮口前进，或单身抢夺阵地，那时这个士兵几乎注定一死……将军有权处死一个放弃职守或不服从孤注一掷的命令的士兵。他可以因其“稍有违抗”而将士兵绞死。而军官们的这种异乎寻常的权力是有其根据的，“因为这种盲目服从，对于司令官拥有他的权力的目的，即保护其余的人，是必要的”。（§139）保存社会中其他的人这个目的也许很好地解释了将军的指挥权，但为什么士兵必须要服从危急的命令呢？从洛克的话中我们仅能找到一个理由：如果他不服从，将军会绞死他。但难道一支军队的战斗力就不需要一个更好的理由吗？如果对于惩罚的恐惧是一支军队的战斗纪律的唯一的支持，那么这会是一支什么样的军队呢？问题是当洛克的士兵（他们不熟悉诸如荣誉、豪侠、义务和勇敢这些非洛克式的语词）对于敌人的恐惧超过了对于他自己的指挥官的恐惧时，他是否还会为了其他人的缘故而战斗。洛克在《政府二论》中的这段和任何其他地方都没有解释士兵为何有为了他的国家而献出自己的生命的义务。

洛克的主题是自由，而他的主要论证是：没有法律就没有自由。在自然状态下没有法律，或者至少没有广为人知的、不变的法律。因而,为了自由人们必须成为立法者。但由于立法者对于人类的本性和最好的社会一无所知,他们制定法律的努力的结果就不能不经常恶化了他们的状况,而不是对其加以改进。因而,为使人类获得自由,我们首先要了解人类的本性。

人类本性中最为强大的力量,因而也是对政治理解来说最有意义的东西是自我保存的欲望。因而,它是在人们之间达于和平的最大的阻碍和最大的推动力。如果得到了适当的引导,它会为人们提供充分的安全保障。而如果人们忽视或诋毁了它,它就会引起暴行、无政府状态和对于生命和财产的可怕的破坏。因而,我们需时时意识到:理性的任务是去理解、平息,建设性地引导这种激情。时刻警醒人们不安的感觉可与暴力结合而造成刻不容缓的危险。保存的欲望可被转移,可被理解或被哄骗,但它的强大的力量是无法消失或消灭的。因此,人们并不是完全可统治的,在法律许可的范围内使人类获得自由的任务不会完全完成。对于自然状态的罪恶的"补救"从来也不能实现。人们至少部分地总是不可逃脱地生活于自然的非政治的状态中,而且总有再度陷入更为糟糕的状况的危险,因为我们不能教导人们产生与他们的最强烈的愿望相违背的情感。政府无力改变人类的本性,它必须使自己适应不能改变的东西。不去适应每个人中的这种激情的政府必须准备着用武力或恐怖的手段与它进行无尽的战斗。但明智的统治者不只是去使自己适应它,他将疏通和指导、鼓励和保护人们的自我保存的欲望,而且将它变成他的人民的法律、自由、安全和富足的基础。

洛克企图将人类从一切形式的绝对任意的权力中解脱出来。他试图呈现出人类创造文明时真实且全面的场景,这情形与那些几乎一钱不值的自然界的材料毫无关系。在这种解释中,激励人们寻求自身解放的主要力量是激情,也就是自我保存的欲望。读者已经知道,古代的政治哲学家们认为激情是任意的、专横的;最重要的是他们认为激情有奴役人的倾向。因而,他们教导人们:一个人只有在他的理性能够以某种方式克制住并统治了他的激情的范围内才是自由的。但洛克视激情为人性中的至上权力并争辩道,理性所能做的只是服务于最有力的和最普遍的欲望并引导它达到自己的目的。只有当事情的这种秩序被理解为并被接受为真正而自然的秩序时,人类的争取自由、和平和富足的斗争才可望获得胜利。这,而非任何其他东西,才是洛克的政治学说!

约翰·洛克被称作美洲的哲学家,一个哲学家曾成为这个伟大国家的王,他是我们的哲学王。因而,美国人比世界上其他的民族更有责任和经验判断他的学说的正确性。

阅读书目

1. 洛克:《政府二论》。[中译本:《政府论》(上篇),瞿菊农、叶启芳译,商务印书馆1982年版;《政府论》(下篇),瞿菊农、叶启芳译,商务印书馆1964年版。——译者注]

2. 洛克:《关于降低利率和提高币值的一些考虑》。(中译本:《论降低利息和提高货币价值的后果:1691年致一位议员的一封信》,何新译,商务印书馆1962年版。——译者注)

3. 洛克:《论宽容的信》(*A Letter Concerning Toleration*)。(中译本:《论宗教宽容》,吴云贵译,商务印书馆1982年版。——译者注)

孟德斯鸠

(1689—1755)

大卫·洛温塔尔

查尔斯·塞孔达·孟德斯鸠男爵生于法国也死于法国。他最著名的著作有《波斯人信札》(1721)、《罗马盛衰原因论》(1734)和《论法的精神》(1748)等。

导　言

要对孟德斯鸠的成熟学说有所了解，我们必须首先阅读其《论法的精神》，正如其在前言中自己所叙述的一般。因而，他的其余著述应与此书相联系来看。然而，这本31卷的书似乎缺少一个总体的计划或一致性，由此人们推测：孟德斯鸠不是一个系统哲学家，没有严格意义上的成熟学说。不过《论法的精神》的前言又明确地宣称，作为一个整体,该书是有意图的,而且它是建立在经过长期思考而得出的原则之基础上的。因而这种建立一个系统学说的意图,或者不存在,或者以一种并不明显的方式存在。如果我们必须作出选择,我们愿意假定:作者之明确地指出他是有一个意图的要比任何读者对此的否定更有权威。在谈到有必要做一番寻找时,孟德斯鸠强烈地暗示这个意图并不是立即就很明显的。因而,《论法的精神》是一部很隐晦的书。他将非正统的观点掩盖起来的一个重要理由是:教会和国家可能会报复他。但在孟德斯鸠死后不久的《孟德斯鸠庭长颂词》一书中,达朗贝尔更直白地解释了这种隐晦。按照达朗贝尔的说法,孟德斯鸠同时教导聪明人和不聪明的人,但他试图让不聪明的人读不懂一些东西,一旦这些东西被挑明,就会造成不必要的伤害。表面上的混乱和隐晦是达到这种目的的手段。孟德斯鸠自己告诉我们,他的原则可以通过对细节的反思来发现。于是,我们的任务便是通过对他的学说诸部分和诸细节的审查来达到对其整体和原则的理解。

《论法的精神》的前言和第 1 卷引进的哲学具有双重的目的:理解人类法律和风俗(mores)(不成文法)的多样性;帮助各处的明智的政府。第一个目的是理论上的,第二个目的是实践上的,而二者的关系源自“法”的问题本身。在该书起首的那段著名表述中,孟德斯鸠在最宽泛的意义上定义了法,即其为事物本性所产生的必要的关系。法就是关系,它们是客观地、必然地存在的。它们“统治着”所有事物之行为——上帝在世界上的行为,以及物体彼此间的行为等。在考察人类的法律之时,我们必须同时考察这种普遍的规律。但“法”(law)这个词是多义的:在人类的法规中蕴含着立法者,向那些遵从它的人进行颁布,伴随着制裁的法律实施等内容。那么法是以与它统治人类完全一样的方式“统治”宇宙万物的吗？圣托马斯·阿奎那在《神学大全》中对此问题作出了肯定的经典陈述。人类的法规或实证法是根据它与永恒法、自然法和神法的联系来理解的。这样的法律是理性的训令，是共同体的统治者为了共同的利益而制定、颁布和实施的。它的最终源泉是上帝的心智。

孟德斯鸠一开始给出的法的定义便与托马斯传统有所冲突。其一，它没有给神迹留下地盘；其二，它描述的是彻底的、盲目的、必然性的普遍性，而不是合理地谋求善的统治。人定法作为运用于人类统治的人类理性，似乎非常奇怪地与这样一个世界格格不入。但孟德斯鸠所要揭示的恰恰是在何种程度上人类受到机械理性的统治。孟德斯鸠放弃了神圣神学和自然神学，并且指出了有目的的人类行为的界限；他希望借此而建立一门与笛卡尔和牛顿物理学相一致的关于人类事务的科学。我们很难有把握地说，在孟德斯鸠看来，究竟什么样的上帝观与他的法律观和自然观相一致。

人定法产生于人类出现之后。为了理解人类法律的多样性，我们必须将它们视为源自人类在特定的自然和社会环境下活动时的本性。实际环境的多样性能解释人类事务的多样性，并且实际上也能解释所有国家的历史，只要我们知道所涉及的一般性原则，并且给特殊的个人、政治技巧和机遇以适当的考虑。人文科学需要对历史进行研究，这些研究构成了理论和实践的中间环节。政治实践或治术要求我们在理解和处理每一个社会时应从其独特之处入手，也即是从它的历史入手。但历史的细节只有根据一般理性才能得到理解，近似的、最终的并因而也是可靠的历史知识需要理论或哲学。[1] 作为“法规”的法律和作为“事物间必然联系”的

〔1〕 孟德斯鸠：《论法的精神》，冈萨科·特鲁克编，前言。

规律就是这样联系在一起的。

那么在有法律前人类是怎样的呢？为什么会产生这样的法律？起初，人和兽类几乎不能区别开来。由于没有语言和理性，他们为本能的恐惧和保存他们自己的欲望所困扰，于是彼此联合起来，但到后来他们才有意识地想留在社会之内。然而，社会孕育了不满。每个团体都企图为自己的利益获得特权，在意识到自己的力量后，他们为此所鼓舞，因而在他们之间便爆发了战争。从战争中产生了法律、权力或正义（droit）。法律的出现是为了压制战争（无论是社会内部的还是社会之间的）。在社会内部，人们建立了统治者和被统治者间的关系（政治法）以及公民与公民间的关系（公民法），以联合起被战争分裂了的共同体。权利、正义、义务的观念源自法律观念而非先在于法律。人们并不是天生就有或原本就有义务意识或义务感。

得自第1卷第2章的这个解释没有提及第1章中归给人们的“先前的公道关系”。这些先于所有实证法的关系或义务是很特殊的，它们仅仅责成一些最低限度的要求：服从实证法，为得到的好处心怀感激，依附创造人类的上帝以及以牙还牙。其要求颇少，在实践上保证了各处的人们都能意识到这些要求。然而在第2章对人的本性和最早的行为的解释当中并没有包含它们。这暗示它们是在原始社会中类似于法律的存在物的要求下产生的。无论如何，这样的责任远没有规定指导着社会的人类的善或正义的完满性。

如果人类在开始时不知道正义，那么他也就没有任何自然的目的或完善可言。孟德斯鸠明确地否认任何特殊形式的政府或特殊的法律与自然契合一致，或是自然所要求的：“一般而言，法是人类的理性，因为它治理着地球上的所有民族。各国的政治法和公民法只不过是人类理论各个具体场合的实际应用而已。"[1]

每个国家的法律必须与它的政府形式、自然环境(如气候、地理)和社会状况(如自由、风俗、商业、宗教)联系起来。与法律相关或应该相关的一切一起便构成了法的精神(esprit)。

在这段中,孟德斯鸠追问什么是最好的国家这一古典问题,而托马斯的自然法和洛克的自然权利都为孟德斯鸠所否认,拒绝以之作为组织政治社会的指导。赤裸裸的相对主义构成孟德斯鸠导论章节的结论。但这不是主观主义。孟德斯鸠承认,对于特定的民族来说某一套法律可以是,而不仅仅被认为是在客观上更好或更坏。不过,他坚持认为,存在最终不可归约的种种实际的政治形态以及规范。简言之,这些规范本身不能根据政治上绝对最好或者绝对最坏的东西来加以评判。因而,对于具体规范的发现而言,历史研究要比哲学研究重要得多。然而,研究事实和原因的历史本身不能产生任何规范。那么有效的具体规范是怎么来的呢?

《论法的精神》是对法律可以与之相关的各种东西的一个分析。此书的第2章到第25章没有明显次序地一个又一个地讨论了这些东西,而第26章和第29章又回到了与第1章相类似的一般性的讨论。但第27、28、30、31章似乎是这部著作的主体部分的附加物而不是它的内在组成部分,这后三章旨在通过揭露其历史渊源来阐明近代法国的法律制度。

政府的形式

孟德斯鸠首先审查了政治结构,也即镇压社会冲突的工具。

[1] 《论法的精神》, I, iii。

每个政府都有与其法律相关的禀性和原则。如果我们知道了什么人在用什么方式统治这个政府,我们便知道了它的禀性;而驱动这个政府运行的激情便是它的原则。政府的主要种类有:共和政府(民主的或贵族的)、君主政府和专制政府。它们的内部和外部事务构成了第2章到第10章的主题。

在开始进入详细的讨论前,有必要作些一般性的评论。我们首先注意到,孟德斯鸠不止提供了关于各种实存形式的政府的知识。他告诉我们,他的主要目标是:建立一些每种形式的政府都可从中受益并用来完善自身的法律、制度和习俗。这本身和他声称要拥护的相对主义是可以一致的。他还比较了各种形式的政府,通过指出每种政府最终的比较优势来进行。但如果没有政治上善和恶的绝对标准,这可能吗?

让我们从民主共和政府讲起。在一个适当的构成的民主制中作为主权者的人民将授权别人去做他们自己不能做的事情。他们需要一个参政会或参议院来指导他们的对外事务并进行立法,而只有当这个参政会或参议院是由他们自己选择的时候,他们才信任它。他们需要官员,但在遴选鉴别官员时,人民的表现令人赞叹。不过,立法本身要由人民直接来完成。

民主制并不要求所有的公民都有资格担任公职,而只要求所有的人都参加官员的选举。元老院和低级仲裁官要通过抽签而不是投票的方式从那些不很贫穷且有意于此一服务的志愿者中挑选:穷人是没有资格的。军官和高级的仲裁官要由全体人从较为富有的人当中选举出来。最后,民事法庭的成员要通过抽签从所有志愿者(无论穷人或富人)中选出。因而民主制并不是简单的多数规则,也不是简单的抽签规则,它是二者的混合物。确实,很明显与一般人的认知相比,穷人在这方面所具有的特权要少得多,而富裕的人的特权则要多得多。这个事实为下述隐藏条件所强化:公职人员是没有薪水的,而且是否参加公民会议也不受什么强制。民主制不仅需要富人的自足和闲暇,也需要保守主义。但它也需要入选者有过人之处,使用选举技巧和审查候选人资格使这些人更容易被选出。

民主制的原则是美德。在所有人都参加制定自己必须遵守的法律和从他们自己当中选择自己的统治者的地方,需要人们有一种高度的公众精神和为共同利益献身的精神。简单地说,此种美德就是爱国主义,就是对于共和国和法律的热爱,并且从它可引出正直、节制、勇敢和爱国的抱负等具体的公民美德。为了保存美德,必须通过给出拥有财产的法律上的最低限和最高限的方式来避免极度的贫富差距。美德首先需要大致的均等。不只如此,它要求的是一个相对低的一般的富有水平,以确保节俭并杜绝奢华。这种状况一定要存在,而且人们一定要喜爱它。其他保持美德的方法有:选出一个具有审查职能的元老院以保持民风淳朴,加强家权力,立下节约法令,公开指控不贞的妻子以及一般地、所有人都相互监督彼此的行为。

民主制只有在小的城邦国家中才能存在下去,城邦国家的家庭式的凝聚力产生了对于公众利益而不是私人利益的持续的偏爱。它的公民大会不是代议制的。但它与独立的神职人员——国中之国——不一致,而可能仅与异教宗教和道德相一致。梭伦时期的雅典、斯巴达、迦太基和后期罗马共和国都被引用来说明民主制。但孟德斯鸠没有提及任何基督教的、异教的或古代的国家。

民主制最吸引人之处是它的公民在道德上的伟大。一方面,民主制保证了它的公民在法律许可的范围内享有很高程度的自由和安全。另一方面,它也不得不限制这种伟大和自由。它的贫穷,它的弱小,它对隐私的限制,它对毫不置疑的公众献身精神的依赖和它的公民的互相监督,阻止了人的才能的更为充分的发展——尤其在哲学和艺术领域。民主制意味着理智上和艺术上的平庸。[1] 孟德斯鸠承认在生产性的、商业共和国(如雅典)和军事共和国(如斯巴达)之间存在区别。民主制的最优选择似乎是处于两者间的一种状态:公民应由既工作又战斗的农夫组成。不过,以商业精神为基础并以之为原则的民主制还是可能的,只要它的法律不让过分的富有毁坏了这个经济态势。但孟德斯鸠给人们这样的印象:商业民主制的健康是很难维持的。与梭伦时期的民主制不同,伯利克里时期的辉煌是建立在极端的富有、道德上的堕落和自由的泛滥之上的,也即政治上的颓废而非健康状态。

贵族式的共和政府是这样的政权:只有一部分人是主权的拥有者,早期罗马共和国和近代威尼斯共和国是这种制度的最好范例。贵族制有赖于具有至上权力的贵族和没有参与权的人民间的政治上和经济上的不平等。贵族们如能将自身的利益等同于人民的利益便最接近民主制的美德,这种情况虽属罕见,但也并非不可能。不过贵族制更为可能的原则是节制精神,即贵族们要限制自己不去追求对彼此或人民的过分优势。促成这种节制的法律和制度是很难获得的。一般地说,贵族的人数越多,没有政治权利的人就越少越穷,贵族制就越健康。因而民主制可以被看作贵族制的完善状态。民主制较贵族制对于公共利益有更为广泛的关注和奉献。它的成员一般说来具有更多的美德、更大的自由,并且更为安全,或者从另一方面看,更少受侮辱和剥削。

---

[1] 《论法的精神》,V,ii—iii。

我们应注意到:孟德斯鸠根本地改变了传统的亚里士多德式的政体分类所用的标准和名称。亚里士多德是根据主权的持有者及其统治意图进行分类的。好的政体是为了共同的善而统治的,坏的政体是为了掌权者自身的好处而统治的。因而他在寡头制和贵族制之间作出了明确的区分,尽管二者都是由少数人进行统治的。孟德斯鸠只有两种(而不是四种)类型的共和国,这取决于是所有人还是部分人在进行统治。每种类型的共和国都可以某种方式臻于完满,而二者的每一种实例都与这种完满的政体具有或多或少的类似性。但像在马基雅维利那里一样,政体由美德驱动还是由罪恶驱动这一明确的区别不再重要了。因而,孟德斯鸠用"贵族制"来称呼亚里士多德要称为"寡头制"的那种政体。他也称亚里士多德可能要称为"共和政体"的东西为"民主制"的,而且甚至将亚里士多德认为是混合贵族制(如迦太基)的政体称为"民主制"的。人们可以断定,孟德斯鸠修改过的分类有两个结果:其一,它使我们对按照统治者的动机的好坏来划分政体的做法的适当性产生了怀疑;其二,它提高了民众政体或混合政体中民众因素的价值,因而教导人们获得公共利益的最好途径是民众在政府中的广泛参与。孟德斯鸠在第 4 章中对柏拉图的《理想国》中那种"独一无二的制度"的高度称赞有可能使我们对他的上述观点产生疑问,但这个让步并不意味着孟德斯鸠对于贵族制有古典式的偏爱。

共和政府在一个较小的社会中有其自然的地位,但一个共和国在规模、力量和财富上的扩大必然导致它的精神和制度的崩溃。这个教训是孟德斯鸠从他对于罗马的研究中得到的,这正好与马基雅维利在《论李维》中对罗马帝国的偏爱形成对照。但共和国稳定所需要的小规模,引发了另一个重要的问题,即共和国应当如何保卫自己。在共和制基础上对这个问题的解决办法是联邦,由此几个共和国联合起来组成了一个较大的防御整体。近代荷兰共和国和古代利西亚联邦就是这个办法的实例。孟德斯鸠似乎认为联邦是社会的联合而不直接是个人的联合,并且提到了联邦解体而组成它的社会依然存在的可能性。但他也明确地赞成——如在利西亚的情况下——成员国的高度集中而不是松散地联合。

在君主制中,一个人按照固定的、既定的法律进行统治。这就要求存在介于君主和人民之间的力量,因而便有了贵族、教会和城市。还必须存在独立的法律保管者或守护者,如法国议会。借助它们的特权和独立性,这些力量便能限制君主和人民的行为。不过,当君主将立法权和行政权集于一身时(如法国那样),政府便倾向于专制了。孟德斯鸠谨慎而明确地认为一个均衡的君主制政府是这样的:其中有像古老的法国财务总长之类的人物与君主分享立法权。[1]

除非君主制政府有这样的结构,要不然它就不是稳定的政体。孟德斯鸠断言古代世界没有真正的君主制概念。这个概念源自日耳曼人对罗马的征服,君主制政府的两个主要组成部分分别是独立的、世袭的和具有特权的贵族阶层与代议制政府。古典学说中与之最接近的概念是亚里士多德所描述的英雄时代的君主制,但在那里人民有直接的立法权并能最终地剥夺国王的权力。关于君主制的划分,孟德斯鸠明确地不同意亚里士多德的做法。他抛弃了按照统治者的意图或善恶来划分政体的古典原则。要有一个好的君主制,仅有一个好的君主是不够的。只有在不依赖某一重要人物天生或后天的道德能力这种不可靠的条件时,政府才能回归

---

〔1〕《论法的精神》,Ⅺ,Ⅴ,ⅲ。

其禀性和结构。不过,孟德斯鸠自己后来承认,对于君主国的自由来说,君主的道德同法律一样重要。

君主制的原则是荣誉而不是美德。孟德斯鸠对君主制之下各处的法庭和重要人物们进行了非常严厉的道德批判。他谈到了他们的可悲的性格和他们的扩散到社会各阶层的蠢行。然而,君主制中人们最常追求的对象——荣誉或身份地位的优越——代替了对道德行为的鼓励。所有阶层和个人追求名誉的野心引出了假公济私的行为。此外,荣誉法典为国王以及臣民的肆意枉法设定了非正式的限制。

我们不能简单地将孟德斯鸠所批评的追求荣誉的行为等同于亚里士多德归给宽宏或自尊的人的行为。一方面,君主制的道德和风俗系统是庸俗化的荣誉,或者说这是一种企求获得许多其他人承认的荣誉,它是那么地依赖他人的承认,以至于屈从而不是抵制恶(如尚武),而且人们一般把这视作勇敢的标志。另一方面,孟德斯鸠似乎比亚里士多德更不乐于接受高尚的人自己的精神境界,只要那个境界主要为自尊心所限定,并由自尊心鼓励其行动。这种行动与其说出于对公共利益的热爱,不如说是出于自尊心和追求最高荣誉的欲望的行为。[1]

君主制政府中支持荣誉的法律必须给予贵族阶层身份和财产以世袭的特权。为供养富人,奢侈品行业应被准许,非贵族阶层人的商业活动尤其为孟德斯鸠所偏爱。君主制要比共和制本质上更易于发动野心勃勃的战争和征服,它自然地需要更大的疆域。但没有节制的扩张会削弱荣誉的力量并鼓励专制权力。一般说来,相比于民主制,君主制度更不道德、更不公正、更不稳定。它必须

〔1〕《论法的精神》,Ⅲ,Ⅴ,ⅰ。

保证大规模的、世袭的不平等。然而,君主制与一种保护人们身份与财产间不平等的成文与不成文法律结构相适应,它有时甚至追求这种保护不平等的法律结构。至于法国自己,孟德斯鸠从没有建议它转向共和制的美德或英国的自由。然而,《波斯人信札》表明他意识到了皇家的专断、贵族的堕落和中产阶级的富有引起了君主制的衰落。

专制制度是一个人在没有法律约束时的统治。在描述这种类型的政府时,孟德斯鸠通常拿近东和南亚的帝国作说明,正如在《波斯人信札》中,更为方便地谈论欧洲神圣的或世俗的专制国家,他明确或隐晦地借用东方专制国家进行对比。专制政府在专制暴君制造动乱时使用一个主要的政治管事或维齐尔进行统治。它的原则是恐惧,这种恐惧尤其施于权贵之上,如若不然,这些权贵便会压迫民众。专制政府以这种方式完成了某种公共职能,但它也依赖着它的臣民对美德、荣誉和知识的无知,因为这些东西对于这个政体来说是危险的。专制政府是最不人道、充满罪恶和愚蠢的政府,然而它在人类社会中却占主导地位。有节制的政府需特殊的自然条件和特殊的技巧,因而,建立起这种政府很困难。特别是在亚洲,气候和地理的结合使这种专制制度几乎不可避免。它自然而然地在占据着广大领土的人口众多而又生性胆怯的民族中盛行。于是,只有通过武力进行统治的那个人才能保持国家的统一并防止那唯一更大的恶——无政府状态。在这样的情况下,专制制度本质上不能进行实质的改良:它的存在本身就依赖着永久地使用残酷而血腥的暴力。

在四种政府形式中,孟德斯鸠明确地将民主政府视作最好的政府形式,而将专制政府看作最坏的政府形式。不过,要准确地判断作出如此判定理由则是更为困难的。如下所说,民主制受到孟德斯鸠的称颂,主要是因为民主制中公民的美德,而不是因为它给予公民的安全和自由。然而这种美德被称为激情或情感,这是每个在一个这样的共同体内成长起来的公民都能感受到的东西。这意味着,建立在理性或理智而不是激情基础上的美德(我们可称之为理性美德)在民主制或更为低级的政治形式中没有地位。简言之,具有政治意义的所有美德都停留在激情和偏见的层次上。但如果民主制的美德实质上并不处于比对自由和安全的欲望更高的层次,那么政治哲学家应该仅仅因为民主制的美德而拥护民主制吗?

从另一角度来看,也会有同样的困难产生。从政治角度来考虑,美德的激情是有价值的。因为它有助于建立一个健康的民主政府。因此,这种美德的功能并非是其自身,而是帮助人们得到别的东西,也就是人们真正欲求的对象。一个民主制政府可以被比作一个家庭,在其中,类似集体自私的某种东西激励着每个成员,使他们将自己的利益等同于公共利益。这个想法与第 1 章提出的关于人的需要的观点是一致的。在那里美德从没有被描述为灵魂的一个自然需要,即因其自身的缘故而值得想望,就像身体健康值得想望一样。社会是为了服务于诸如自我保存、经济安全和性满足之类的身体需要而起源的,并且它还依然如此。如果是这样,那么此种民主制的自由、平等与美德都仅被视为使这些需要得到满足的最好的政治手段。在后文中,我们还会回到对政治生活和灵魂的关系的讨论。

政治自由

至此我们还没有引进以自由为原则的政治形式。第 11 章至

第 13 章和第 19 章的最后一节对此作了弥补。近代英国是唯一一个以自由为其法律之直接目的的国家。从政治上说,自由就是做法律许可的事情的权利。它有两个方面:均衡的政府体制和公民的法律安全感,二者中前者有助于后者。自由的第一个要求是政府的三种权力——立法权、行政权和司法权——的分立,以使它们掌握在不同人的手中。如果它们中的任何两个或全部集于一人之手,权力就过分集中而得不到足够的限制。

孟德斯鸠没有严格地像洛克那样划分政府的权力。洛克区分出执行外交政策的功能并称之为"对外权",并将国内法律的实施和对违法者的审判全部归于"执行权"之下。孟德斯鸠则将国内法律和对外政策的实施都归为一种权力,同时也给司法权以独立的地位。简单地说,他的目的是比洛克更大程度上保护公民的安全。

我们必须仔细区分对政府权力的两种分析方式,即孟德斯鸠的分析和传统的也就是亚里士多德式的分析。亚里士多德谈到了政府的审议功能、执政功能和司法功能。审议功能涉及对公共事务或最重要的公共事务的审议,如发动战争、缔结和平(以及一般的对外政策的制定)、立法、审判最严重的罪行和任命官员。执政功能涉及在更有限的领域内(如战略和财政领域)颁发指示和命令的权威。司法职能则与审判轻罪和调解并非最大的纠纷有关。很明显,亚里士多德包括在审议范围内的功能涵盖了孟德斯鸠宁愿分布于他的所有三个权力之中的功能。而且,亚里士多德根据几个独立的地方行政官的职权来考虑执政功能,而在孟德斯鸠看来,行政权本质上是个统一体。最重要的是,亚里士多德没有制定一个在不同的人之间分布三种权力的原则——正如他的审议功能所表明的,他所设想的恰恰相反,最充分的自由——无论它是洛克追求的那种还是孟德斯鸠追求的那种——对于他来说似乎与任何健康的政体(更不用说致力于善的生活的政体了)的要求不一致。

与政制相关的政治自由不仅要求三权分立,而且要求它们以某种特定方式构成。司法权应留给那些由与被告人同等地位的人组成的特设陪审团,而判决则应按照成文法尽可能准确地加以确定。立法权必须加以分开。它的主要部分应归于那些在全体人民中适当选出的代表,只有那些处于如此卑贱的状况以至于被认为没有自己的意志的人才不具有选举权。那些因出身、财富或荣誉而杰出不群的人应该组成一个贵族团体,通过充当另一半立法委员的方式来保护他们世袭的特权。行政权应该由君主来行使,他通过使用否决权来限制立法机关,反过来,立法机关可以审查和惩罚君主的大臣们,尽管君主本人不能用法律手段加以废黜。

孟德斯鸠认为这样描绘的英国比古代共和国或他自己理论中的民主政府更自由、更公正,在某些方面也更明智。它的第一个优点是在权力间进行了明确的划分,并为立法和行政分支设立了限制机制。第二个优点是通过立法机关一个部门来代表公众舆论,进而讨论立法事宜并以在古代城邦国家所不能做到的方式免于干涉行政决策。此外,司法权更少装腔作势而更为公正。最后,独一无二的行政权持有人——尽管没有可以与罗马元老院相比拟的智慧——具有相当数量的集权权力和行使此种权力的强烈动机。我们不能期望这种类型的宪制政府在运作时会不产生大量的内部摩擦,因而政府运行过程中的某些质量和稳定上的牺牲是自由的必要代价。

孟德斯鸠模棱两可地宣称英国的法律建立了这样的自由——无论英国人民实际上享受到了这样的自由与否。不过,他坚守着他所理解的自由的逻辑,而不是18世纪中叶英国的现实。如果他没有注意到人民的有限的、不规律的投票权与下议院席位的不规则分配，那是因为他认为这些现实情况从自由的角度看是有缺陷的。同样，如果他拒绝描述行政权和立法权合而为一的那些倾向，即后来被称作内阁政府的东西，也很可能是因为他认为这些倾向对自由来说是有害的。

与古代最自由的国家——罗马共和国——相比，英国的优点主要体现在：它削弱了人民的直接而强大的权力，而给予贵族和平民以几乎坚不可摧而又互相限制的权威。但我们还是应该看到英国的自由和古代共和国的自由的主要区别。因为仅有一个适当的政府体制还是不够的，如果公民们要享有法律上许可的最大限度的安全，适当的法律也是必要的。这里刑法是至关重要的，它有着类似于美国宪法中《人权法案》的功能。孟德斯鸠区别了四种罪行：反对宗教的罪行，违背道德的罪行，破坏安宁的罪行，损害安全的罪行。他的分析的最后结果是要使自由国家不能借助法律手段去迫害渎圣者或惩罚道德上的堕落者（除非涉及性方面）。他给叛国罪这一危险的指控也加上了诸多限制，只有那些直接准备了叛国行为的著述才能被视为是犯了罪的。最后，必须认真地设计法律程序和惩罚，以使其尽可能地保证公平处理。

现在，我们看到了建立在美德基础上的共和国和近代英国之间的真正差别。它们有一个基本的相似点：都是共和国——这个事实为英国君主制的过去所模糊。它们说明了孟德斯鸠的下述判断：最好的政府将有一个广大的民众基础，这保证了它对公共利益的关心。但英国体现了个体主义，每个公民都有权如其所愿地生活。宗教是每个人的私事；同样，每个人选择如何生活也是他自己的私事。哲学的探究有其所需的隐秘性，而艺术和科学则有其表达的自由。英国离弃了民主制美德的一致性、严谨和对别人事情的过分关心。美德不仅为近代英国所不需,它甚至有害于英国。

对英国的分析必须再进一步。它的自由不仅是行为和思想上的,而且是激情上的。自由主要是指按自己对金钱、名望和权力的欲望而行动。[1] 英国是资本主义社会:它去除了对于无终止的竞争性的获取的道德限制。在野心领域中的伴行物便是政党政治。英国是近代的雅典——一个商业的而非军事的或农业的共和国。受益于其强大的海军,它的帝国主义是商业的而非军事的。但是,商业精神如何阻止自己不被其过度的奢侈和放荡所破坏呢?高税收使人们不断地工作,而挥霍则被认为是该受谴责的,尽管我们还不清楚这是由于宗教的还是生意上的原因。而且,竞争的极度激烈和新的经济机会的不断出现使放荡的生活成为一种例外状态,而不会变成人们的常规生活方式。放荡的人也没有他们通常能在城邦国家中的狭小范围内所具有的那种影响。总之,贪婪和野心构成了英国制度的道德基础,而不是其致命敌人。每个人对自我利益的意识支撑着他对自由的热爱和他的爱国精神。

在英国,充满激情的多数人的自由保证了思虑重重的少数人的自由。孟德斯鸠并没有否认英国人的邪恶方面理应受到一个尤维纳利斯式的辛辣讽刺,但他自己并没有这样做。这是因为正是从英国制度所允准和鼓励的邪恶中人们得到了好处。法律所带来的最大限度的安全、所有人对于政府的参与以及商业活动共同造就了英国公民,他们以自己的独立为荣、一心进取但全然不知自己是粗野激情的奴隶。英国是一个世俗化的社会,它的兴趣在于世俗的财物。它不需一个共同的宗教或民主的美德来将共同体的成员维系在一起,因而它能允准比在古代雅典所能允准的更大的隐

---

[1] 《论法的精神》,XIX;XXV,ii,开头处。

私权和更大程度的表达自由。借助于其新型政制，即一个给予追求自我利益以永恒形式的政制，英国找到了如何几近无限期地延缓内部崩溃的途径。

自　然

只有当我们理解了孟德斯鸠的自然人或原始人的观念以及自然人或原始人起初所面临的自然环境的概念时，我们才能懂得英国和商业对于孟德斯鸠的全部意义。第1章第2节使我们期待对走出自然状态的人类发展的一个历史的处理。这一进路也出现于第3节的前几段中，但在那里我们的注意力突然被从在“原始的”意义上对于人类说是自然的东西转移到在“最好的”意义上对于人类来说是自然的东西上去了。换言之，我们开始思考高级和晚近的人类事物了。这种主题的转换延续到第2章至第13章，在那里孟德斯鸠讨论了完善的政府形式。不过，第14章到第18章意在满足先前的期待。它们的主题是人类的自然环境和其初始状态。这个主题的重要性或许可以解释这五章在整部书中的中心位置。讨论的题目有：第一，气候对身体和精神的影响以及它与各种形式的奴隶制的关系；第二，地理与原始人类社会的关系。在其他章中孟德斯鸠对原始状态也有所提及，这些材料会有助于我们了解人在本质上曾经是怎样的，以及现在又是怎样的。

孟德斯鸠在论气候的第1章中展示了他的反目的论的自然主义的全部力量。气候通过影响人的身体而影响人的心灵和激情。在炎热的气候下，人们更敏于快乐和痛苦，因而更注重感官享受，更胆怯，也更懒惰。寒冷的气候则有相反的作用，而温带则是不确定的。因而便有了不同的倾向和需求,不同的道德可能性,而美德自身——如勇敢、节制、正义——又随气候的不同而在可行性和可取性方面有极大的不同。一般来说,立法者所担忧的问题是保证社会得以满足至少是最低限度的条件。但孟德斯鸠并没有追问哪种气候条件造就最好的人。如相关章节的标题所表明的那样,他甚至强调气候和人类的奴役之间的关系,而非气候和人的自由间的关系。气候为自由、节制和非专制的政府的范围设置了自然的限制,或者更一般地讲,人是气候的臣民而非主人。因而,很奇怪,孟德斯鸠在第 14 章中给予了温和的气候和它们的影响以那么少的注意,因为在这些不确定领域和文明间存在明显的联系——除非他意在暗示支持最高级人类事物的东西罕有且偶然。

假定了气候引起的这诸多变异,那么最早的人类社会是什么样的呢?孟德斯鸠没有公开谈论原始的家庭关系,但他暗示它们包含着人类某些最深刻的秘密。作为稳定的单位,家庭很可能起初并不存在,而必须从杂交状态发展而来。对乱伦的禁止自身也需经发展而来,因而提供了和平与相互关心的基础,男性通过他较强的力量来统治家庭,而女性仍居于从属甚或奴隶的地位。在这些情况下,一夫多妻制非常普遍,而只有在炎热的气候下,一夫多妻制和保存了一夫多妻制的后宫制度才具有持久的必然性。[1]

原始社会或是蒙昧的,或是野蛮的,这取决于人们是作为猎人处于孤立的部落中,还是作为牧人处于聚居的游牧部落中。他们松散的组织允许每个人有相当大的自由,而缺乏金钱又造成了财产的近乎均等,因而也就少有剥削。政治的权威掌握在强壮者、睿智者和长者手中。战争是激烈的,掠人为奴非常普遍,对罪行的惩

---

〔1〕《论法的精神》, XVIII, Xiii; XXVI, XIV; XVI, ii。

罚也是粗暴和残忍的。最后,宗教以及(通常地)祭司们已然具有强大的影响力。

对原始人的这种描述能帮助我们澄清自然法的真正意蕴。自然法所包括的个人或国家的权利和义务因其带来的好处应该处处受到尊敬。在这种意义上,自然法对于人类来说是非常自然的。但它不是在下述意义上是自然的,因为人们在最初就知道它们,或者人们一开始就基于道德的原因提出它们。它有两极:一方面,自我保存的权利和个人与国家的自由;另一方面,约束着家庭成员的相互义务。只有这些东西才应是人类当中具有普遍性的东西。事实上,自然法的诸条款不仅在它们实际受到的尊敬的程度上有差别,而且在它们在人类历史中起源的时间上也有所差别。

孟德斯鸠版本的自然法在两个方面远远超越了甚至是文明国家的实践。他声称私有奴隶制只有在一种情形下才是合理的:一个政治专制国家内的温和的契约奴隶制。至于严酷奴隶制的必要性,他倾向于认为自由劳动力可被用来做甚或是最炎热气候下最坏的工作。他反对亚里士多德的观点,认为奴隶制对于主人和奴隶来说都是坏的,没有人生来就是奴隶。他也拒绝承认罗马法学家的下述断言:战争中的俘虏和债务人的存在是奴隶制的充分基础。不过,同时他又承认所有人都有享受他人奴役性服务的根深蒂固的欲望。

孟德斯鸠似乎认为,通过借助世界性的启蒙和诉诸人类的同情心而使基督徒在欧洲终结奴隶制的经验可以推广到外域。他对结束战争的可能性(即使在欧洲境内)持有不怎么乐观的态度。尽管战争在近代有所减少,解决争端的和平方式也更为温和,但欧洲仍然没有比以往更倾向于和平,而且依旧武装到了牙齿。孟德斯鸠认为唯一正义的战争是自卫战争,而正义地对待征服领土的唯一方式是致力于保护征服地而不是摧毁或压迫被征服者。不过他也不得不承认国际关系一直是并且将始终是受自我利益和武力而不是协议或对其他人的权利的考虑所指导的。[1] 忽视这个事实的正派国家将面临毁灭的危险。结论似乎必然是:劝说人类放弃战争要比劝说人类放弃奴隶制难得多。

这些例子也说明,为了人类利益而在理性之指导下颁布的自然法,某种程度上需要限制人类对自我的关注,尽管此种关注是人类的本性。那些为人们所普遍遵守的自然法(如关于家庭的自然法)可能并非源自合理而正义的意图,而是出于某些关注自身的激情。而那些极少为人们所遵守的自然法则可能直接源自理性,而其恰恰因为在人类的激情中缺少足够的基础而不能得到广泛传播。因而,看起来,人的自然或原始的禀赋自身并没有立即为一个人成为道德的和反思的存在而作出准备。

在近代,马基雅维利和培根提出了这样的问题:自然和社会的必然性与偶然性是否为人类认知、意志和能力设置了界限。洛克暗示,人们可以在各处建立起英国类型的自由社会:他们有权做的事情——如用新的个体主义取代任何形式的旧政体——都能做成。孟德斯鸠也赞赏近代的自由,而且甚至比洛克走得更远,他还为它设计了保护措施。但英国类型的自由社会在亚洲绝对不可能,甚至在欧洲的大部分也非常不可能。

亚洲是各种类型的奴隶制——私有的、婚姻的和政治的——天然的发源地。因为亚洲缺少温带而且它的自然屏障使它不能形成中等大小的国家,在南方盛行专制制度,而北方又对南方进行暴虐的征服,它的生活方式和风俗实际上几个世纪都没有发生变化。

---

〔1〕《论法的精神》,X,ii—iii;XXVI,XX。

在欧洲有更多的适于温和政府的机会——到目前为止它是世界上最令人感兴趣的地域。但孟德斯鸠并不鼓励针对古老欧洲的为模仿英国的自由而进行的反帝革命。这个自由是独特的：一方面，它似乎依赖很容易模仿的东西，如自私激情的解放和一个宪政机制的建立；另一方面，英国的岛屿位置、它的独特的历史、它的气候与它的法律都与英国的自由有一个特殊的亲缘关系。但即使在这种情况下，孟德斯鸠仍然站在近代的立场上，承认了政治秩序多样性的必然性。孟德斯鸠的学说中限制了人力所能及的最大范围，但我们也必须说这些限制大大超越了古典学者认为是必要的和明智的限度。

商　业

现在，我们对人类有缺陷的自然初始状态和他所能达到的最高点——近代自由政体——有了某种认知。二者可以通过商业的发展联系起来。孟德斯鸠是第一个认为商业值得在其主要著作中给以全面的经验处理的伟大的政治哲学家。在法的精神之诸要素中，商业是孟德斯鸠唯一一个用了单独一卷来讨论其历史式“变革”的要素。

在对原始社会的分析中，孟德斯鸠把农业的出现看作货币出现的原因。在人的需要和他的知识间存在恒常的相互作用：新的需要去鼓励人们寻求新的知识，而新的知识又鼓励新的需要的增长。农业技术蕴含着许多早已存在的专业技巧，并且增加了人们对作为交换手段和价值标准的某种物质的需求，此一物质即为货币。一旦发明了货币的金属形式，增加人们间的不平等的机会也就大大地扩大了。但此时的贸易仅仅是内部交换,还不是国际贸易,除开侵略不算,一个民族增殖财富的主要途径(从商品的多样性和丰富程度角度衡量)是进行国际贸易。贸易导致富裕,富裕导致奢侈,奢侈导致艺术的完善。在他的商业史中,孟德斯鸠提到了荷马的诗篇并且注意到了在古希腊城邦中臻于完善的审美趣味和杰出艺术。而在讨论原始社会的那卷中他根本没有提到诗。

孟德斯鸠称商业为民族间的交流。这种交流以两种方式与人类的文明过程(野蛮的弱化过程)相关联。第一种方式是通过财富和艺术;第二种方式是通过哲学。不进行商业活动的部落或国家具有如下特征:野蛮的风俗、生就的迷信、偏见和无知。因而,人类社会的原初的或"自然的"状态具有极度的缺陷。商业为打破这种褊狭奠定了基础。它鼓励人们去比较不同的生活方式;它使人们有可能对其祖先的信仰发生质疑;它使人们能够发现更多的有关自然的东西。简言之,它使哲学,即对于自然和人的知识的一致的或有意识的探求成为可能。很奇怪,孟德斯鸠没有谈论古希腊的哲学。更令人惊异的是,他没能注意到自然哲学中的重大革命,而这在他看来是近代最重要的特征。但他放于论商业的第1卷前面的维吉尔的箴言足以表明这点:"广袤的世界给予我全部的教导"(《埃涅伊特》,Ⅰ.740)涉及自然研究中的各种话题。正是商业的复兴促进了哲学的复兴并在近代早期缓解了欧洲的野蛮。商业和知识一起结束了中世纪。

商业起源于需求、发明和偶然因素的结合。孟德斯鸠描述了它的主要种类,它通常令人尴尬的起源,它对技术的依赖,它如何发现制胜暴君的方法,它在近代的全球扩张,最后,它的复杂的财政安排。商业的效用是:弱化和润饰野蛮的风俗(同时它也败坏了纯粹的风俗),鼓励艺术和科学,促进了和平(利用联系各国之需求的方式),提高生活水平。在这些效用中,孟德斯鸠似乎对将最后一点看作目的本身最不感兴趣。他也不担心商人们谋利的行为:商业的最大好处是培养商人们更隐微、更出乎意图的自利行为。

在将孟德斯鸠对自然人和原始人的讨论同他对商业的全面讨论联系起来的那一卷中,讨论了各民族的“一般精神”。它首先告诫人们不要企图硬把所有民族都纳入一个模式,然后指出道德上的善恶和政治上的善恶并不相同,最后揭示近代英国是以贪婪和野心之类的自私的激情为基础的。一个有缺陷的政治秩序要求其公民所具有的政治“美德”在实体道德上可能是邪恶的,这个观念是古典政治学的基石。只有在极罕见的情况下(如果有的话)好人才是好公民。但孟德斯鸠心里所想的更为令人不安:最高级的人类事物是由道德上是恶的行为产生的,而且最好的政治秩序依赖这样的恶。孟德斯鸠对人类生活的这种理解并非是从古典学者那里习得的,而是从马基雅维利及其追随者那里学来的。古典学者将商业贬为制度化的贪婪,他们严厉地诋毁借贷,他们推崇以农业而不是以商业为基础的政制。但这无异于要保留商业的硕果——科学和艺术——而不要商业本身。如果大众性的或粗俗的活动产生并培育了人的最高级的活动,那么倘若危及它们,就会使更高级的事物陷入危险,因为这些更高级的事物是不能独立自存的。像中世纪那样,去掉了商业和游历便毁掉了哲学。哲学为世界主义所支持,而世界主义又为商业所支持。哲学在高度商业化的英国达到了其自由的顶峰。

孟德斯鸠的观点并没有蕴含下述结论经由大众的活动而间接地产生的东西能和——或曾经能和——大众本身的特性完全和谐一致。哲学便是这种情况。人民和社会作为整体可以成为哲学吗?他们能在极端的意义上被启蒙吗?孟德斯鸠的回答是在论各民族的“一般精神”那章中给出的。一般精神是由气候、宗教、法律、政治准则、往例、风俗、生活方式等形成的。任何民族的民族精神都不是由理性形成的。民族是靠激情或偏见而非理解而生活的,使人类的生活变得较不野蛮或较为人道的启蒙是可能的,但即使这种启蒙也必须通过诉诸激情(无论是自利还是怜悯的激情),诉诸为所针对的社会所独有的偏见而得到支持。或再一次,英国为哲学和艺术提供了最大的机会和安全,但英国本身既不是哲学的也非诗意的。社会相信其对哲学的保护,但哲学家质疑这一点,他们认为社会保护哲学更多是出于自己的考虑而不是为了哲学的自由。因而,哲学和社会从来不是和睦共处的。就孟德斯鸠本人而言,哲学家有义务去思考他的作品会带来好的或坏的社会影响。因而便有了达朗贝尔的观点,即孟德斯鸠为此调整其写作风格,并掩盖了其哲学。

在他的这部书的开首,孟德斯鸠区别了哲学的、道德家的任务和立法者的任务。[1] 对于亚里士多德,政治的意图必须从对完全的善的追求的角度来理解:伦理学和政治学构成了一个单个研究的不同部分,而前者先于后者。不过,对于孟德斯鸠,伦理学和政治学的关系更少,作为一个立法者,他自己从没有系统地揭示什么是真正的或哲学的道德。严格地说,政治世界从来没有,也不可能靠这种道德来指导。因为政治上的美德和政治上的邪恶一样,都是激情。如果是这样,那么没有哲学家之外的人能够在任何程度上在道德上是善的。但这个学说远比古典学者的下述学说极端,他们认为,大众出于流行或习惯而具有的美德,是由虽不完全但真正的美德的真知而推动的。因为这个以及我们已看到的各种其他

---

〔1〕《论法的精神》,Ⅰ,ⅰ,结尾处。

理由,孟德斯鸠断定道:人,按其本性来说,并不是理性的存在物,正如他不是社会的或慈善的存在物一样——人类灵魂的要素并不自然而然地倾向道德或理智的完善。由此可以推出,古典政治哲学的乌托邦或近于乌托邦是建立在虚假前提基础上的。它们靠外在于人类本性的标准判断并试图指导人类的本性,也正是因为这个原因,它们是不折不扣的空想。有哲学头脑的立法者可以通过下述手段获得不可估量的效果:隐藏自己的哲学伦理学,并且谨慎地利用那些可以驱动知识精英和更广大的大众的实在的激情和意见。他的功能也就因之而有所变化:之前他仅仅是哲学家和政治家的教育者,现在他本人就是一个政治操纵者。他所诉诸的标准是一般人天生就最易于理解的激情,这种激情以自我保存和怜悯为基础。它们所能达到的最高成是政治的自由而非卓越。

宗　教

在第1卷中,孟德斯鸠已经隐约地暗示:上帝通过特殊的揭示来帮助人类,而且人之向造物主归附(在对它形成了一个观念后)是第一重要的自然律,尽管在时间上它不是第一位的。如结果所表明的那样,宗教是他的著作中所讨论的法的精神的最后一个要素。它前面的两个主题——商业和繁殖——与身体的需要相关。而在它后面的一卷中,他是以这样的方式处理宗教的:模糊为犹太人和基督徒所信守的神圣法和异教徒遵守的宗教法之间的区别。确实,孟德斯鸠这部著作很少依赖类似的神圣的历史本身,尽管此书有时也从这个历史中引些例子。至于基督教的中世纪,与基督教的成分相比,《论法的精神》对其中的封建因素更感兴趣。

在这部著作中,孟德斯鸠宣称自己是个政治学作者,而不是神学著述家。但他也宣称这两种能力是完全一致的:基督教不仅是真的而且是人类在尘世间所能拥有的最伟大的好处。他反对巴利,争辩道,基督徒造就了最好的公民。然而他给这个论断所加的限制条件又很清楚地说明,他认为基督徒要求至善的劝告与政治生活不相容,因而最完美的基督徒将是一个非常糟糕的公民。正是这种观点导致了孟德斯鸠对古代斯多葛派和它的成员之一伟大的罗马帝王安东尼的称颂。斯多葛派学者首先是公民,也即不是圣徒。宗教和公民法的主要功能是造就好的公民,并协助每个社会满足它的需要。因为如果不与社会的原则联系起来,即使最真实和最神圣的教义也会产生很坏的结果,而如果与社会联系起来,那么即使最虚假的教条也会产生极好的后果。

孟德斯鸠在以下几个方面对基督教的社会和政治影响持批判态度。在中世纪,基督教反对商业和借贷;它通过鼓励修道院似的贞洁观而不是鼓励结婚和繁殖,反对一夫多妻制和离婚;它以更高的法律的名义助长公民的不服从;它通过对普遍性的缺乏宽容精神的狂热使基督徒反对基督徒,以及使基督徒反对非基督徒。[1]但它也有有益的作用:它限制了暴君和君主的阴谋,并且帮助消灭奴隶制和减少欧洲的战争。孟德斯鸠试图修正它的过分之处。不过,与洛克不同,他没有将良心的自由视为人的自然而普遍的权利。广泛号召人们建立宗教的多样性并不是明智之举。如果人们排斥一个新宗教,那么就没有将其接纳进社会的必要;但在任何宗教业已确立的地方,人们对它应采取宽容态度。

---

[1] 《论法的精神》, XXI, XX; XXIII, XXI; XXIV, XIII; XXV, X。

结 论

按照孟德斯鸠的学说,立法者的主要美德必是节制。他强调了为治国之术所要求的深思熟虑的技巧——它需要决定应用什么样的法律,需要理解构成法的精神之诸要素的关系,以及这些关系和每个社会复杂的具体细节的联系。[1] 虽然欧洲还是他的主要兴趣所在,但他将科学解释和评价人类事务的视野扩大到了所有时代和所有地域。他用于斯多葛派皇帝身上的说法对于他而言更为合适:他照管着人类。

孟德斯鸠的哲学勾画了盲目的必然性和理性的选择(另一种必然性)在法律形成中所起的作用,并将它们联系起来。他对政治秩序的多样性和治国之术中具体细节优先性的强调得自于古典作家。但他和马基雅维利、洛克一样拒绝将古典美德看作终极的政治指导。这种拒绝注定使他努力去阻止一种洛克式的普遍的自由主义革命。实际上,既然自由的图景(与美德的图景不同)必有广泛的吸引力,他对英国的自由的精心描绘本身也就成了那种自由主义的工具。这种拒绝还有另一种效果:通过制造一个伦理学和政治学的关系的迷宫,它鼓励政治科学不再关注道德和政治才能。

《论法的精神》表面上是简单而杂乱的,但其内部则难以解读,并有非常高的一致性。我们上面所说的或许足以证明下述断言:该书是有一个意图的。它的系统的学说,甚至它那不可理解的标题,仍将继续和我们捉迷藏,直到我们完全理解了那一意图。

---

〔1〕《论法的精神》,前言,Ⅰ,ⅲ;XXⅥ,ⅰ;XXⅨ,ⅰ。

阅读书目

1. 孟德斯鸠:《论法的精神》(*The Spirit of the Laws*),前言,第Ⅰ—Ⅴ,Ⅺ,Ⅻ,ⅩⅨ卷。(中译本:《论法的精神》,张雁深译,商务印书馆1961年版。——译者注)

2. 孟德斯鸠:《论法的精神》,第ⅩⅣ,ⅩⅤ,ⅩⅧ,ⅩⅩ,ⅩⅪ,ⅩⅩⅣ,ⅩⅩⅥ卷。

3. 孟德斯鸠:《波斯人信札》(*The Persian Letters*)。(中译本:《波斯人信札》,梁守锵译,商务印书馆2006年版。——译者注)

4. 孟德斯鸠:《罗马盛衰原因论》(*Considerations on the Greatness and Decline of the Romans*)。(中译本:《罗马盛衰原因论》,婉玲译,商务印书馆1962年版。——译者注)

大卫·休谟

(1711—1776)

罗伯特·S. 希尔

大卫·休谟主要以其怀疑主义的立场和对人类理性尖锐而深入的批判而为人所熟知。确实,人们有时断言,休谟的哲学给了自然权利以致命的一击并且使对“价值”进行理性判断成为不可能。因而休谟的理论被描述为向政治哲学的存在本身发出了挑战,而人们不得不面对这个挑战。但我们面临着一个悖论。休谟自己也创造了全面而丰富的政治学说,以揭示关于下述主题的真理:自然法、正义、公民服从的义务以及最好的政府。

看来我们首先应处理一下休谟关于规范性判断的基础和权威的学说。不过,在此之前我们应简短地考察一下他关于理智的原则和运作的理论。

观念论

在将他的观察转向人类的心智时,休谟发现了他称为“知觉”的东西的集合和相继:苹果的味道、三角形的观念、公正的概念、对于一个审慎行为的尊重、愤怒等。知觉就是呈现于人类心智的任何东西,而且除了知觉外没有什么东西向心智呈现。确实,心智只不过是一堆或一束知觉。

知觉有两类:一为印象,这是“当我们听、看、感受、爱、恨、欲求、意欲什么时出现于我们的心智中的东西”。二为观念,这是“当我们反省一种激情或一个不在场的对象时”出现于我们心智中的东西。印象与观念间的区别在于力量和生动程度的差别:印象比观念更为“强烈”和“生动”。

休谟认为所有的观念都得自印象。确实,想象是很自由的,我们可以描画我们从未见到过的金山或有翼的马,但这些观念不过是其他观念的复合。至于那些不允许进行任何区分和分离的、不可归约的“简单观念”,我们发现我们没有能力想象任何不反映或没有描述我们以前经验过的某些印象的简单观念。正如一个盲人不能形成紫的观念或一个聋子不能形成笛声的观念一样,一般说来,“我们绝不能想到任何我们没有看到过(或以某种方式感觉过)的我们之外的东西,也不能想到任何我们没有在内心感受过的东西”。我们的所有观念都只是印象的影像或复本。[1]

休谟认为,我们不能获得关于事实和实际存在的完全意义上

---

〔1〕 大卫·休谟:《人性论》,赛尔比-毕哥(L. H. Selby-Bigge)编,牛津,1896年版Ⅰ,ⅰ,1;《人类理解研究》,赛尔比-毕哥编,牛津,1894年版,2。

的知识和绝对的确实性，相反，这些"知识"和"确定性"实际只关涉"观念间的关系"。可以对这一点作如下解释：我们可以将"任何可以设想的东西都是可能的"这个断言看作"既定的箴言"。现在，每一个关于事实的断定的反面总是可设想的。我可以设想太阳明天不会升起，那么我们没有它明天会升起的知识。我不能确定当我闭起眼睛后我面前的物体还会继续存在，因为可以想象它们不存在。我们不能掌握关于那些可以设想成并非如此的东西的知识，而只能掌握关于那些我们不能设想成并非如此的东西，也即关于那些只能如其所是地那样设想的东西的知识。例如，"一个三角形的各角之和与两直角相等"这个命题的反面是不可设想的，"一个三角形诸角之和"与"两直角"的关系只能如其所是地那样设想。既然可能性的领域是想象力可以自由驰骋的地方，那么必然性必寓居于想象力受阻的地方。

于是，知识的唯一对象便是那些"完全取决于我们放在一起比较的观念"的观念间的关系。我们只能知道必然蕴含在我们观念中的东西；在一定意义上，我们仅能从我们的观念中取出我们已放入其中的东西。例如，"没有财产权的地方就没有不公"这个命题是确实的——当不公正的观念只意味着侵犯了财产权时。但这不过就是下述道理：打开包裹取出的只是我们先前装进去的东西。休谟似乎认为即使数学家的证明也不过是这种取出过程的更为冗长和复杂的形式。我们也要注意到，知识的对象是被视为观念的观念间的关系。我们通过比较观念所学到的任何东西也都是有关观念的。严格来说，我们不能掌握关于实在世界的任何知识，而仅有关于观念世界的知识。[1]

---

〔1〕《人类理解论》，4，Ⅰ，前二段；在《人性论》中有其较早的，较不令人满意的表述，见Ⅰ，ⅲ，1。

"可设想的任何东西都是可能的"这个原则值得作进一步的审查。休谟说,很多命题的反面都是可以设想的,但我们还是能够充分确信地接受它们,"所有的人都是会死的"这个命题即是如此。确实,休谟将事实问题看作普遍必然性系统的诸部分。[1] 那么,"可设想的任何东西都是可能的"或"不是绝对不可能的"或"至少是在形而上学意义上是可能的"这些说法的意义何在?再者,为什么这个似乎并非自明的原则被认为是"既定的箴言"呢?

作为对此的回答,我们可以说,在哲学史的某一点上人们开始认为哲学中流行的混乱、矛盾和无知是丢脸的事,故这种局面应该被结束,而人类理性的大厦亦应完全建筑在坚不可摧的基础之上。但此种基础必经历怀疑主义的洗礼才得确保。即为了使哲学成为无可置疑的,开始时必须怀疑一切可以怀疑的东西。

现在休谟的"既定的箴言"就应被理解为贯彻这种预备性怀疑主义的工具。哲学的起点是决心去怀疑。当"仅仅是可能的"东西的领域非常广大时,怀疑的领域也就非常广大。因而,便有用这个"既定的箴言"来规范我们的推理的必要,而这个箴言将可能性之域扩展到所有可设想的东西,同时将必然性之域限制到必然要设想的东西。确实,这个箴言可以被视为最纯粹的预备性怀疑论:它迫使我们怀疑一切并非必须相信的东西。笛卡尔的哲学最清楚地极力主张必须进行普遍的怀疑,他运用"心智的自由"假设"其存在哪怕受到一丝怀疑的任何对象都不存在"。而休谟则假设(人们可以这么说):并非迫不得已承认其存在的任何对象都不存在。

---

[1] 《人性论》, Ⅰ, ⅱ, 11, 开头; 12。

推理的基础是习惯

休谟主要关心的不是那种借助直觉或演绎发现观念间关系的推理，而是我们可以借以发现事实和实际存在的"或然性推理"，正是这种推理指导着我们的全部生活并构成了我们哲学的大部。休谟认为，我们的所有关于事实的推理都奠基于因果关系之上，没有因果关系我们就不能超越我们的感觉和记忆；借助因果关系我们便能够推论出超乎我们经验的对象和事件的存在。因而对或然性的讨论便成了对因果关系的考察。

休谟一开始便提出了对于原因和结果的"怀疑论式怀疑"。先考虑一个由因及果的推理的特例。例如，我们看到一个弹子球在桌子上滚动，它的滚动撞击了另一个弹子球，由此我们断定第二个也会开始滚动。那么这个结论的基础是什么？我们不是通过理性知道它的，因为我们完全可以设想这第二个弹子球并没有因被撞击而滚动。于是，它必然建立于经验基础之上：我们过去看到弹子球被撞以后便会滚动起来。但我们仍可设想在当下情况下它们也许不这样。于是，上述推理只能是经验和"将来会类似于过去"这个假定共同作用的结果。但这个原则的基础又是什么呢？肯定不是理性，因为我们可以设想将来并不类似于过去，那么只能是经验；但我们如何才能从经验中习得那个使"从经验中学习"这件事变为可能的原则呢？

我们似乎走进了死胡同。不过这里休谟拿出了他对这些怀疑论式怀疑的"怀疑论式的解决办法"。当我们看到在诸多情况下一个事件接着另一个事件发生的时候，心智便习惯于认为它们是一起的。因而,当我们看到一个弹子球撞击另一个时,我的想象便习惯于认为第二个球也会动起来。我不仅形成了这样一个观念而且还相信它,这只是意味着我对它有着不同于我对我不相信的观念的感受。至于这种感受究竟怎样,我们很难描述;我们只能说,我们是以更为强烈、更为生动或更为肯定的方式设想这个观念的,因而它与印象和记忆观念一起构成了我们称之为"实在"的东西的一部分。总之,"所有[关于因果关系的]推理都只是习惯的产品;但习惯除了使想象力变得活跃而使我们对任一对象有一个强烈的观念外,别无其他的影响"。

现在考虑另一个问题:因果观念和它的源起。例如,我们看到一个弹子球撞击了另一个后,我们说,这引起了这第二个球的运动。那么我们是从什么印象中推得这个因果观念的呢?我们观察到的东西是:两个球的撞击和第二个球的运动是邻近事件,而且一个发生于另一个之前,最后,在重复进行了这一切时,我们发现事件的结合是恒常的。这就是我们观察到的全部东西。然而,因果观念所包含的东西远不只邻近性、在先性和恒常结合,我们通常假设在这两个事件间有一种必然的联系。那么,这样的假设是从什么样的印象来的呢?休谟答道,这不是得自对象而是得自我们心智中的某种东西,即我们心中那种对由因而果的笃信感。我们误将这个印象归结到对象本身;但事实上,必然性寓于我们自身而非对象之中。[1]

我们在上面所概述的论证遵循着一种在休谟哲学中一再出现的模式。常识不假思索地接受的东西——这里是因果关系,其他地方则是对象世界不依赖我们对其知觉的存在,甚至人格自我的

〔1〕《人性论》,2、3、4、6、7、14;《人类理解论》,4、5、7。

持存——被发现并没有理性的基础。但消解是为了重建。“自然”对于理性而言太过强大。休谟说明了理性是如何被战胜的,[1]但这种战胜是有点可疑的。“怀疑论式怀疑”并没有被驳倒。它们也没有像约翰逊博士通过踢一块石头来驳斥贝克莱那样被简单地以常识的名义所否定。它们得到了一个“解释”,但这是一个“怀疑论”的解释。被“重建”的东西并不完全是被消解的东西。因而,从原因到结果的推理是一种习惯,对所推得的东西的确信是一种难以解释的感受,而因果的观念则是一个错误。

休谟就这样将因果推理归结为有关习惯和感受的问题,但由此他也面临着这样的困难:如何判别正确的推理。例如,看到两个事件在很多情况下恒常结合,在心灵中便产生了习惯性转换,尽管事实上它们也许没有必然的关联。这里我们引用一下休谟提供的例子:我们也许会达成这样的看法——所有爱尔兰人都是愚钝的,尽管有清楚的反面证据呈现在我们面前。这是偏见,我们必须使用判断力来纠正这个想象的产物。但这如何可能呢?休谟解释道,被称为“偏见”的一般规则为其他被称为“逻辑规则”的一般规则所修正,而这些“逻辑规则”是建立在对自然和理智运作的观察的基础之上的,它们使我们能够区别本质的东西和非本质的东西。习惯要由习惯来克服。但一种习惯似乎只能由另一种更为强大的习惯来克服。不过休谟说,这些推理规则不是得自对大量例证的观察,而是得自对“更为一般和真实的理智之运作”的观察。[2]

另一个问题是:我们如何能仅仅通过一次精心的试验就得出一个因果判断呢?在心灵中从一个对象转换到另一个对象的习惯似乎必随我们所观察到的它们的恒常结合的事例多寡而变化,而

---

〔1〕《人性论》,Ⅰ,ⅳ,2、6。
〔2〕《人性论》,ⅲ,13。

仅仅一个例子显然对这种习惯的建立是不够的。那么,习惯怎么能超越经验呢?休谟答道,实际上,在做这种转换时,我们是将单个试验置于类似的对象在类似的情况下会产生类似的结果这个原则之下的,而转换的习惯是人为地产生的。这个原则本身当然是习惯的产物,自然的齐一性被归结为这样一种习惯:人们惯于期待我们过去司空见惯的东西将来还会出现。这是一个地地道道的习惯,它是以亿万次的实验为基础的。[1] 但是,我们必须要问,我们前后一贯的经验是完善的吗?如果不是,则习惯何以超越经验这个问题便再一次出现了。

上面提出的问题可总结如下:如果推理的基础是习惯,那么习惯就为推理提供了充足的理由,相应地,推理也就不能超越习惯。休谟无法接受这些结论。他的理论不仅想要解释动物的"推理",而且要替牛顿的方法辩护。[2] 问题是,他是否在没有引进除了习惯和感受外的其他东西的前提下解决了这些问题。

善恶之分非源于理性

现在,让我们来看看休谟对规范判断的基础和权威的讨论。正如在他讨论因果关系时一样,他以"怀疑论式怀疑"开始进而导致了下述结论:"道德上的区分并非得自理性。"[3]

一条论证线索被(休谟)用来证明善与恶并不是理智的对象。休谟认为理智有两种运作方式:对观念进行比较,由此发现对象间

---

〔1〕《人性论》,8. 13 和 14;12. 3。

〔2〕《人性论》,Ⅰ,ⅲ,15、16。

〔3〕《人性论》,Ⅲ,ⅰ,1;也见《道德原则研究》,附录Ⅰ。

的关系;对事实进行推理,由此发现其存在。因而,如果善与恶可以借助于理智被发现,那么它们必然或者由关系构成,或者由事实构成。

首先,休谟要证明善与恶不能是关系。道德上的认可或不认可是一种相对于外界对象的精神行为,如对自己的子女的疼爱之情,或夺取他人财产的意愿。因而,如果道德上的善和恶是关系的话,它们就必须是内部行为与外界对象间的关系,而且仅能存在于内部行为和外界对象间。因为,例如,如果道德的善也可以适用于外界对象间的关系,那么无理性无生命的对象也可以在道德上是善的了。似乎没有一个这样限定的关系。例如,考虑一下适合这个关系。休谟似乎特别热衷于驳斥作出下述断言的道德理论:在事物彼此间存在某种自然的适合或不适合关系,而一个行为的善就在于它与周围情境的适合。休谟反对道:适合(假设有这样一种适合关系的话)只能存在于无所谓善恶的外在对象之间。

确实,我们发现在善与恶的事例中实际上存在于内部行为和外部对象间的关系也存在于外部对象之间,而在那里它们显然不能构成善与恶。例如假设一棵树成长起来并抑制了为这棵树提供种子的那棵树的生长。显然,这里的关系恰与我们在一个孩子掐死了他父母的情形中发现的关系一样。但我们并不认为前一种情形是恶的例子;而如果恶在于关系的话,我们就必须承认如此。

那么,善和恶是事实吗?休谟让读者举一个恶行的例子,如杀人,然后去"从所有角度审查它一番,看看你是否能发现任何可以称之为恶的事实,或实际的存在。不论你举什么例子,你只会发现激情、动机、意志和思想。除此之外你不会发现任何事实。只要你单纯考虑对象,那么你就发现不了恶"。

因此,休谟断定:善和恶既不是关系也不是事实,也即它们不是理智的对象,因而道德感不在于去发现它们。

休谟将另一条更为重要的论证线索总结如下:“道德唤起了激情并产生或阻止了行为,而理性自身在这里是完全无能为力的,因而,道德规则不是我们理性的结论。”

休谟说“理性的无能”的意思是:一个行为是趋向或避离某对象的结果,而这种趋向或避离是对象给予或从对象那里所期待的快乐或痛苦引起的(至少通常如此)。理性可以告知我们对象的存在和它们之间的关系,但如果对象与我们不相干,如果它们没有引起我们的趋向或避离,那么这种信息对于意志就没有丝毫影响。因而,理性不能单独产生或(由于同样的原因)阻止任何行为,如休谟在下面这句著名的话中说的:“理性是而且只应是激情的奴隶,除了服务、听命于激情外它不能佯装具有任何其他的职能。”然而,很清楚,理性与激情的结合会强烈地(即使是“间接地”和“中介性地”)影响意志。通过告知激情其对象之存在,理性能够推动激情。例如,我认为在花园的墙后有好吃的水果,我对它的欲望便是建立在这个意见的基础之上的。理性还可以通过追溯原因和结果的联系来指导激情去追索它的对象。我也许偶然想到用一个梯子爬墙摘取水果来得更为方便。在这样的情况下,理性的作用或许是极大的,甚或是具有决定意义的。因而,如果我认识到我关于水果的存在或获取它的最好方式的想法是不正确的,那么我的激情或意愿也就会终止。但理性的作用仍然是执行性的,因为它并没有提供推动我们行动起来的动力。[1]

于是,“冷静而怠惰的理智判断”不足以影响意志。休谟论证的关键是,“我们借以区分善和恶的那些判断”足以影响意志。他

---

〔1〕《人性论》,Ⅱ,ⅲ,3。

否认道德的认知可以和对一种行为的趋向或避离分隔开来，也就是说，他否认一个人可以明了什么是道德的善而没有对之形成一种倾向感。

休谟下面这段著名的话可以同我们前面的论证相互印证。

> 在迄今我们所遇到过的道德体系中，我总是注意到，作者一度是以惯常的推理方式进行的，确立了上帝的存在或对人类的事务进行了评论；但过一会我便突然惊异地发现，我所遇到的不再是命题中通常的是与不是这些系词，而是没有一个命题不是由应该或不应该联系起来的。这个变化是不易察觉的，但却具有极为重要的后果。因为既然应该或不应该表达了某种新的关系或断定，我们就有必要对它们加以评论和解释；同时，我们应给出这新关系如何能够从其他与之迥然不同的东西中推出来（这似乎是完全不可设想的）的理由。但是既然作者们通常不这样谨慎，我便冒昧地提请读者注意。而且我深信，这个小小的注意会推翻一切通俗的道德体系，并且让我们看到，善和恶的区分不是仅仅建立在对象关系的基础之上的，而且也不被理性所察知。[1]

我们看到，道德关乎义务和责任，道德上善的东西必是人们应该做的东西。而这是不能靠理性发现的。例如，让我们再次看一看善在于适合这个论题。休谟为论证之便曾承认存在适合关系并且理性可以发现这个关系。但他说这不足以说明它就是善，我们还必须证明在适合与意志之间有某种关联。因为道德上的善有法

〔1〕《人性论》，Ⅲ，ⅰ，1，最后一段。

律的特征,它具有强制性;也就是说,它是"强有力的",它影响着意志。理性可以发现适合与否(可以作此假定),但它不能发现它在道德上是否是善的。因为道德上善的事情是我们应该做的,而我们应该做的事情又是我们有义务要做的。知道何为强制的唯一办法是去经受它,而我们要发现什么影响了意志,只有去亲身感受那种影响。

这种将道义上必须履行的事情与被迫为之的事情等同起来的做法不是自明的。其成立似乎依赖于使义务获得"义务性"的需要。换言之,休谟似乎在步霍布斯和洛克的后尘,试图将道德建立在这样的基础之上:"激情并非不可信赖,不应试图取代它。"正如他通过将必然的东西与必定被想到的东西等同起来发现了知识的确实性一样,他通过将善的东西与我们不得不追求的东西等同起来发现了道德的功效。正如人类的想象被当作科学的基础,人类的情感成为道德的基础。

道德的基础是感情

现在我们来讨论关于道德的"这些怀疑论式怀疑的怀疑论式解决",亦即"道德区分源自某种道德感受"。既然善和恶不是理性发现的,那么就可推知我们是靠它们所引起的情感或印象来区别它们的。对于一个恶行的邪恶,"如果你只关注对象,你就完全找不到它。除非你将思考转向自己的内心世界,并发现在你心中产生了对该行为的一种不认同感。这里确实出现了事实问题,但它是情感而不是理性的对象。它在于你自己而不在于对象"。"因而更恰当地说,道德是被感受的,而不是被判断的……"

更准确些说，休谟不仅断定善和恶是由情感发现的，而且断定它们是由情感构成的。不是因为善是善它才得到了人们认可，而是因为得到人们认可它才是善。当我们说一个行为是善的时，我们的意思不过是它引起了人们认可的感觉，正如当我们说一个对象是另一个的原因或结果时，我们的意思只是我们在想象中习惯性地将它们联系在一起。

休谟认为，我们看到善时便会感到愉快，而看到恶时就会感到不快。他进一步声明，道德上认可的感觉是愉快，而不认可的感觉是不快。确实，他将认可和愉快等同了。他否认认可乃愉快的一个推论。他缄默不宣地略过了愉快是认可的一个后果这种可能性。相反，他将认可直接降格为愉快，“美德之感不过是一种特殊的满足感”。于是，我们看到，道德感并不是一种明确而特殊的官能，道德情感就是愉快和痛苦。

不过，道德情感是一种特殊的愉快和痛苦，对它们的感受不同于其他的愉快和痛苦，正如牛排带给人们的愉快不同于一首诗带给人们的愉快一样。这些特殊的愉快和痛苦仅源自对理性存在物的特质和行为的体认，且只在我们对这些特质和行为进行“一般性考虑而没有涉及我们的具体利益时”才会出现。而这也解释了为什么我们有时恰恰是因为我们的敌人具备一些使其对我们更具威胁的特质而尊敬他。

总之，“是我们观察和思考行为、情感或特质时产生的愉快和痛苦区分了善与恶”。[1]

休谟发现被尊为美德的那些品质或性格可以分为四类：其一，对其他人有用的品质，如公正、慷慨、慈善、诚实。其二，对于其具

〔1〕《人性论》，倒数第二、三段。

有者有用的品质,如谨慎、节俭、勤奋、节制。其三,直接令他人感到惬意的品质,如谦虚、机智、正派。其四,直接令其具有者感到惬意的品质,如适当的自尊、荣誉感、大度。此外,一个品质可以被归于不止一个类别中,如勇气不仅对其具有者和公众有用,而且会给其具有者带来即时的快乐。

简言之,道德认可的对象是那些或者能给其具有者或其他人带来直接的快乐,或者能使他们产生快乐的品质。善基本上说来与快乐是等同的,但它并不与一个人自己的快乐相等同。在进行道德判断时,我们并不是按照别人对我们的价值来评估他们的价值的。我们给予某些品质以认可,不是因为它们给我们带来了快乐,而是相反,因为它们给其他人(包括其具有者)带来了快乐。然而,与此同时,我们也应该注意到,我们可以说我们认可令我们快乐的东西,因为我们的认可在于我们的快乐。

那么,为什么我们认可那些“具有美德的”品质呢?休谟有时回答道,因为我们为“人性”或“仁慈”所动。但这不应被理解为“原始本能”或为别人谋利益的愿望,它昭示了一个更为一般并且极为重要的人性原则:同情心,或者“我们所具有的通过与他人交流而感受他们的激情、情感等的倾向”。必须注意,同情心和怜悯不同,它没有爱或好意之类的内涵。它仅仅是一个通道,通过它,痛苦、快乐、激情等从一个人传给另一个人。[1]

于是,道德认可的对象就成了快乐的一个源泉,认可的情感本身也是一种快乐,而情感上的愉悦得自对象的愉悦。因而,休谟虽能够拒斥他称之为“自私的道德”的东西,但却仍然无法凭此确认关涉不特定他人的普遍仁慈的存在。而为了达成这一目的,他从

〔1〕《道德原则研究》,10.1 和 10.5;《人性论》,Ⅲ,ⅲ,1。

逻辑体系的外部引入了一个新的假设——同情心,由此我们便可以在不掺杂对特定好意和私心的考虑的情况下感受他人的苦乐。

痛苦和快乐是善恶的标准

休谟之所以否认理性可以发现道德的善和恶,其根本在于他认为存在道德与激情相一致的需求,或用他自己的话说,义务与强迫是相统一的,且道德判断对意志有直接且即时的影响。休谟自己的理论满足了这个需求。行为的主要动机是快乐和痛苦,而道德上认可或不认可的判断标准也只不过是快乐和痛苦。这样,美德本质上说来是"亲切的",而邪恶本质上说来是"讨厌的",因而,美德是人们所欲望的,而邪恶则是人们想要避免的。因而,道德判断不仅仅是表扬或谴责的情感,亦即快乐或痛苦的感受,而且也是"关于义务的意见"或"责任感",亦即趋向或避离。

在要求道德与激情相一致并建立于激情基础之上时,休谟实际是在追随霍布斯与洛克之脚步,但他并没有接受他们的结论。他们的体系代表了休谟曾严厉地批评过的"自私的道德体系"。按休谟的理解,这种"自私的体系"的基本假设是:最基础的和统治性的激情是自利。休谟否认这点,原因在于:(1)它夸大了理性的力量。为了证明如友谊之类看起来是无私的激情但真正说来只是自爱的表现,哲学家们必须假设一些非常复杂而精致的推理,这些推理由于太过复杂和精致事实上不会对激情产生多大影响。(2)再者,并非所有的欲望都可被冠以一己之利之名。例如,对自己孩子的爱和对自己的敌人的恨,以及其他种种。这些欲望像一己之利的欲望一样是原始的本能或冲动,它们在追逐自己的目标时是不考虑任何好处的。(3)事实上,远非所有激情都可归结为自利,自利行为本身就预设了其他激情的存在——至少有时如此,又或许总是或者几乎总是如此。自利推动我们欲求令人愉快的对象,如牛排。但为何这个对象是令人愉快的呢?因为它满足了其他的欲望,如饥饿。如果除自利之外别无其他的欲望,那么自利也就没什么或很少有什么可关心的了。(4)自利也不是最强烈或占主导地位的激情。当处于与其他特殊的激情竞争的地位时,自利并不总能占上风。人们可能宁愿要较小的好处也不要较大的好处,尽管他明知道它比较小。一个人对于一个较小好处的欲望可能会战胜其对一个公认的较大好处的欲望。[1]

“自私的道德”是建立在对激情过于简单化的理解之上的。举一个最清楚的例子,霍布斯在对死亡的恐惧或自我保存的欲望这一单个激情中发现了他的论证起点,这是最强烈或最为基本的激情。美德在于服从作为(为避免死亡和保全生命而立的)理性命令的自然法。对死亡的恐惧是最强烈的激情,因为死亡是最大的恶。这里,霍布斯假定:依循自然法的人都必然总是追逐自己眼中于己最为有利的东西。

而休谟否认有这样的自然必然性。激情并没有为理性提供单一的无可辩驳的公理,因而理性不能给行为提供任何权威性的指导。“宁愿毁灭整个世界而不愿划破自己的手指,这并不违背理性。对我而言,我选择自己的彻底毁灭而避免给一个印第安人或一个我毫无所知的人带来半点不舒服,这也不违背理性。”[2]道德判断的标准并非得自激情的“理性命令”;它们自己就是激情,亦即道德情感。

---

〔1〕《道德原则研究》,附录Ⅱ;《人性论》,Ⅱ,ⅲ,3,最后一段和9、8。

〔2〕《人性论》,Ⅱ,ⅲ,3、6。

而且，既然没有什么激情是"公理化的"，与激情相一致的道德必为其广度和复杂性所标记。对于近代自然法学说的美德特质，休谟鄙其狭隘，他拒绝"用狭隘的系统去桎梏他的道德情感"。休谟在近代世界中向古代的道德家如西塞罗求援，在他看来，古代道德家才是"最好的典范"。近代的自然法学说尽管将道德建立在激情之上（如休谟那样），但却没有公正地对待人类激情的全部。真正与激情一致的道德从激情的"共同而自然的流露"中获取其标准。[1]

道德判断绝不会出错

休谟认为情感区分并决定了道德。一种特质就其引起了某种快乐或痛苦而言是善的或恶的，即如果它引起了这样的快乐或痛苦，那么它就是善的或恶的。由此得出的结论便是：道德判断是"完全不会出错的"，因为我们从不会弄错自己的苦乐。

这看起来导向了主观主义的混乱。因为不同人的情感是不同的，正如一个人在不同的时间由于处于不同的具体环境便会有不同的情感。例如，我们对妨碍我们利益的人很难会非常钟爱，即使他的行为是和一般的道德原则相一致的。我们从仆人普普通通的劳作中得到的快乐要比从马尔库斯·布鲁斯最高贵的品质中得到的更为强烈和生动。

不过，休谟不是相对论者。尽管道德因个人好恶的不同而不同，但好恶也是有正确和错误之分的。休谟如是解释上段所述的

---

〔1〕《人性论》，Ⅲ，ⅱ，1，倒数第二段；比较《道德原则研究》，附录Ⅳ。

不确定性:源自我们所处环境之变化的我们情感的变化使我们丧失了确定性。此外,我们发现其他人基于其具体环境而生的情感与我们基于自己的具体环境的情感之间是有冲突的。现在这种冲突和不确定使人们不可能"在合情合理的条件下互相交谈……"因而,为了彼此交流,我们必须寻得一个共同而较少变化的视角,由此来判断人们的品质。我们所选取的视角是与被评判的人有着直接关系的那些人的视角。例如,假设二者与我们的关系同样密切,那么我们对布鲁图斯的钟爱和赞赏就会远远高于我们对自己的仆人的钟爱和赞赏,据此我们就会对他们施以不同程度的尊重。质言之,在下道德判断时我们忽略了自己的当下状态,甚至我们自己的利益。我们"修正了我们的情感"。

此时我们有必要问,在休谟学说中这是如何可能的?即一个源自实际情境的情感如何能为一个源自假设情境的情感所压倒呢?实际上,休谟承认这行不通:"激情并不总是顺从我们的修正。"情景的转置所调整的与其说是我们的情感还不如说是我们的"抽象观念"和"一般意见"。[1] 但是,我们不禁要问,这难道不意味着抛弃了道德判断在乎情感这个原则吗?

规范判断与事实判断的区别

通过考察规范判断和事实判断的基础究竟有多么的不同,我们一直关心的问题——规范判断在休谟哲学中的地位——或可逐渐被揭示出来。在一些段落中,休谟指出它们是绝然不同种类的

[1] 《人性论》,Ⅲ,ⅲ,8,倒数第二段;ⅲ,1.14 以下。《道德原则研究》,9.1。

东西。例如，他写道，理性告知我们关于“真”与“假”的知识，而感性（taste）则是道德情感之源。前者“发现对象的实然存在，没有增添或减少”，而后者“有生产能力，它给一切自然对象镀上或涂上一层从内部情感那借来的颜色，从而以某种方式进行一番新的创造”。理性的标准是“永恒而不可改变的”，而感性的标准源自“动物的构造和构成”。

不过，我们怀疑这样生动的对立能否经得住进一步的审查。因为“如果更恰当地说，道德是感受之事而非判断之事”，那么同样地，“所有或然性推理也都只是某种感觉。我们并不是只在诗和音乐中才必须遵从自己的感性和情感”，而且在实验科学中亦然。[1]善和恶不是事实，或更准确些说，它们是内在的事实，也即，我们在道德上认可和不认可的情感。但这也同样适用于原因和结果之间的关联。“对象当中并没有可以发现的关联……”因果关系不是对象之中的什么东西，而是心智中的某种东西。

休谟当然试图为因果推理提供一个较“感受”更为安全的基础，以区别偏见、幻想与牢靠的推理，并且为研究行为提供指导规则。如我们看到的，他在道德方面也有一个类似的目标，即摆脱道德判断的矛盾和差异，并且确立正确的道德品味/好恶的标准。在这两方面他遇到了相似的困难。

公正准则的起源

在休谟看来，“自然状态”是哲学家的虚构。但在追溯政府的

---

〔1〕《道德原则研究》，附录Ⅰ，最后一段。《人性论》，Ⅲ，ⅰ，2.1；Ⅰ，ⅲ，8.12。

起源时,我们是可以假设人类起初是生活在“野蛮和孤立无援的状况”下的。我们发现人类比任何其他动物都更为穷困和软弱。他需要食物、衣服和住所,但他又缺少获得和保住这些东西的自然能力。而社会就能弥补他的弱点。通过与其他人的力量的联合,他就能完成他自己心有余而力不足的规划:劳动的分工造就了愈发纯熟的技艺,而相互帮助成了防御意外事故和厄运的盾牌。只有在社会中他的欲求才得以满足——包括社会自身所产生的新的欲求。

不过,社会的起源不能被简单地归结为这样的对好处的如意盘算,这远远超过了未开化的人的能力。社会的起源是出于另一种有着更为明显的弥补效果的需要,即性欲。正是它将男人和女人吸引在一起,而父母之爱继续将它们联合起来,这样便产生了由父母统治的家族社会。人们正是在家族生活中了解到了社会的好处,并且同时去适应它。

然而,有一些因素使社会的维持非常困难。其一,自私的激情和有限的慷慨。一个人通常爱自己胜过爱其他任何单个人。尽管他对其他人的爱的总和通常要大于他的自爱,但前者主要局限于他的亲属和朋友。其二,外部物品的稀缺和不稳定。外部物品的数量不足以满足每个人的需要和欲望,而且不像有用的身体属性,它们可以被他人从其拥有者那夺走而为他人所用。这些内在的和外在的情况的协同作用便产生了社会的主要障碍:“贪得无厌的、永恒的、普遍的”为我们自己和与我们亲近的人攫取财产的欲望。相比之下,其他激情则更容易限制或者没那么危险,如虚荣心就是一种社会激情,是“人们间的联结纽带”(bond of union among men)。

我们不能期待人的这种倾向会为我们自然的道德情感所控

制。这些自然情感会使自己顺应激情的自然抒发并倾向于加强它们。补救的办法是一个人类理性的创造物,即“一个所有社会成员都加入的公约,它稳定了那些外部物品的所有权,让每个人都平静地享受他凭自己的运气和勤奋可得到的东西”。这就是第一个自然法:不觊觎他人的财物。

这个公约或约定不具有承诺或契约的性质。它是对于共同利益的共同意识,逐渐地在人们中间出现并因不断地给僭越者带来不便而获得强制力。而一旦有了这个公约,便产生了正义和不正义的观念,随之,又有了财产、权利和义务等观念。

如果正义的基本原则是财产的稳定,那么就需要有其他的规则来决定什么物品是什么人的财产。最显而易见的规则是现时所有规则(the rule of present possession),后来又有长期占有取得所有权规则(Occupation)、因长期使用取得所有权规则(prescription),等等。这些规则在实际运作中有赖于机运,并且必经常导致人们的财产与他们的欲望和需要之间的失衡。不过,休谟认为“财产与人的适配”永远不可能被接受为一条确定的规则。因为正义规则的目的是定分止争,而没有任何问题比何为“适配”更能产生争论和引起不和。所以为了让财产权利的调整在得以进行的同时又不引起新的纷争,自然的权宜之计就是允许人们基于合意转移财产权。而这便构成了第二条自然法,它的出现方式与第一条很相似。

第三条自然法是履行承诺的义务。它是这样得来的:互相帮助的好处是显而易见的。如果现在我帮助你收割,后来你又帮助我收割,我们俩便都受益了,但如果人们顺从他们的激情的自然流露,那么自私和有限的慷慨便会使这种好处丧失殆尽。也许我帮了你但你没有帮助我。或者更可能地,我会拒绝帮你以免你不反过来帮助我。即使不多的经验都能揭示下述补救之法:人们创造了一种特定的语词组织形式,即“承诺”,一个人借此表达了做某事的决心,而且将自己置于失信之罚的风险之中。

这便是正义诸原则的起源。在休谟看来,遵守这些“自然强制”就是自利。但既然他拒斥了“自私的道德体系”,他就必须在不同的基础上解释它们的“道德强制”。为什么正义是美德而不正义就是邪恶呢?答案是:我们认识到正义于社会有利。我们也许不能总正义地行事,但在看到别人的不正义行为时我们认为那是邪恶的,并对那些感受到其不良后果的人的不适感同身受。这在某种程度上甚至也适用于我们自己的行为。这种共情到的不适或同情性的痛苦等同于道德责难的情感,并为其他的方式所加强:施行公开表扬和谴责的“政治家的技巧”、教导我们以正义为荣的教育方法以及利用我们对名誉的关心。但是,如果没有之前的道德区分,所有这一切都将是徒劳的。因而,综上所述,树立正义的原初动机是自利,但对其的道德认可的源泉则是“对于公共利益的同情”。[1]

维护公正是政府的责任

社会的善——同时也是正义原则的善——是很大并且是显而易见的。然而,我们不能期待这些原则得到严格遵守。因为,首先,一个人的利益有时会通过一个不正义的行为得到更好的满足。不过,更常见的是,我们违反它们是因为我们倾向于按照对象的出现与否而不是它们的实际价值来调整我们的欲望和意愿,并且我

---

〔1〕《人性论》,Ⅲ,ⅱ.2~5;《道德原则研究》,3。

们更看重近在眼前的较小的善而不是那更为遥远的较大的善。因而,我们倾向不惜牺牲需要借助正义手段得到的真正但遥远的善,而通过不正义的手段捞取即刻的善。因此,为了防止自己向这些弱点让步,政府被人们设计了出来。尽管人们的这种急功近利的自然倾向是无法根治的,但我们可以通过改变其环境和状况来使它变得无害。一些人被推为统治者,即他们被推到了这样的位置,在此他们的直接利益在于不偏不倚地行使正义,而反其道而行之的话则于己无益或仅有极少的利益。其余的人便是被统治者,也就是说,他们受统治者的限制和控制,他们的直接利益在于恪守正义。像在正义的法律那里一样,人们服从政府的原初动机和自然义务在于自利,而道德义务则来自对公共利益的同情。

政府的基本的和主要的目标是行使正义,即保护财产并且强制契约的履行。不止于此,政府还承担一些个人不能或不愿做的有用的大规模工程。因而,政府不仅在人们追逐利益时保护他们,而且也需要人们去追逐自己的利益。〔1〕

反抗压迫不是犯罪

服从政府和遵守正义原则的义务,被休谟称为"人为的美德",以区别于"自然的美德"。这个区分的基础是:后者是那些人们为某种原始的本能或自然的冲动所驱使而为之的美德,而它们之所以得到了道德上的认可是因为它们标志了这样的本能或冲动。例如,父母对子女的自然之爱是完全不考虑责任或有用与否的。而

〔1〕《人性论》,Ⅲ,ⅱ,7。论文:《论政府的起源》;《道德原则研究》,4。

人们践行人为的美德并不是因为这样的倾向。相反,如果我们的自然本能没有受到约束,那么它似乎就会使我们面临各种各样的不平等和不顺从。人为的美德只有经过思虑后才成为可赞扬的,因为它们只有作为人类谋划的结果才成其为美德。举一个明显的例子,假设按一个遗嘱的条文,一份财产被从一个应得的人手里移交到一个不应得的人手里。乍一看,这既没有促进私人的幸福也没有促进公共的幸福,但是只有当我们将该行为视为一个庞大的体制(由于该体制作为一个整体的运行是有益的,因此即使在此种棘手的情况下也必须坚定不移地执行)的一部分时,它的优点才显现出来。

不过,从另一种意义上说,“人为的美德”同时也是自然的。它们必然源自人类的处境。它们是理性的产物,而理性和激情一样是人的本性的一部分。因而,如我们看到的,休谟毫不犹豫地谈及了“自然法”。[1]

我们不应认为人为的美德是违背激情的。它们仅与激情中的“不审慎而鲁莽的举止”相反。因而,政府并没有要彻底消灭人们宁愿要即刻的好处而不要遥远的好处的倾向;它仅仅是扭转了其方向,从而消除了其不好的影响。确实,借由控制和指导,激情能得到更好的满足。尤其是当受到正义原则的约束而不是被放任自流时,它更能得到更为充分的满足。[2]

既然正义和政府这些人类的设计旨在为人类谋好处,那么很清楚,在少数极端情况下终止它们的强制当被允许。通常的规则是坚定不移地遵守正义并且一概地服从政府。但是,例如,当一个城市被围困,财产权就不得不让位于公众的迫切需求。而且,正如

〔1〕《人性论》,Ⅲ,ⅱ,1。
〔2〕《人性论》,2.13、5.9、6.1。

人类的普遍情感所昭示的那样，当继续听命于政府只会导致整个公众利益的毁灭时，效忠的束缚就会放松而反叛就是正当的了。只能由政治社会所提供的安全和保护蕴含人类利益，此种利益既是人们建立政府的“原初动机”，也是人们服从政府的“同意基础”。当统治者变得暴虐以致政府不能再为人们提供那种安全和保护时，被统治者的“同意”也就没有任何效力了。这样，结果也就随原因的终止而终止了。

这种对人们在异乎寻常的紧急情况下不服从政府的权利的认可引发了下述困难：既然人们如此倾向于遵从“一般规则”和遵守准则，那么在它们的理由已不复存在时，得自同情的对服从的“道德义务”难道不会在以利益为基础的“自然义务”终止后仍旧存留下来吗？难道人们就不会不得不去服从破坏了正义原则的政府吗？休谟认为不是这样。我们关于人类本性、过去的历史和现时代的知识告诉我们，建立政治社会所要防止的那些人类的不完善之处是内在于包括统治者在内的所有人的，我们有理由设想他们有时会残酷而毫无正义感地行事，即使这有悖他们自己的直接利益。这个建立在许多例证基础上的观察自身也有一般规则的特征，因而可以作为关于服从的一般规则的例外的基础。因而，人类的一般意见认为反抗压迫并不是犯罪。[1]

自由政府的目的是为公众谋利益

休谟认为，在正确设计的政治制度中，“每个人都必须被设想

〔1〕《人性论》，9；《论消极服从》（论文）。

成无赖”,也就是说,他总是追逐自己的利益。与此假设相对照,还有另一种假设可供选择,即依赖统治者的好意来保全财产和自由;换言之,依赖运气并且毫无保障可言。好的体制将不依赖伟大的私人美德的存在,它们将确保人们(甚至坏人)的私人利益受到控制和引导以便服务于并且产生公共利益,这便是休谟所谓自由政府的目的,而这种政府所统治的社会,就是最幸福的社会。

自由政府的权力与任何其他政府的权力一样大,但它被分为几部分,大致是:君王、世袭的贵族和平民议会。这些部分能互相制约,以防止任何一部分压倒其他的部分而攫取到绝对的控制权。因为某种程度上任何独断权力总是令人不堪忍受的,一个自由的政府便必须按照一般的、平等的和已为人熟知的法律行事。应该既有平民议会又有规模较小的“贵族”参议院。参议院提供智慧,而平民议会确保其正直。平民议会最好由具有相对说来比较多的财产的选民在频繁的选举中选出。贵族制有利于和平与秩序,但易变得暴虐。最好用民主的因素来修正它,以使其避免民主制的特有缺点,如骚乱。保护国家免受教会的侵害和宗教的干扰也极为重要。必须有一个公民权力和宗教权力的联合,教职人员需隶属于公民政府。对异教派别的宽容是必要的,以便“平息他们的狂热并使公民的联合获得超出宗教派别之上的优势”。

休谟认为,自由(free)政府意义上的自由(liberty)是“公民社会的完美状态”。然而权威对于它的存在来说也是极重要的,当二者发生冲突时(这并不少见)权威大概应具有优先权。另外,我们可以不无道理地说,“权威”能够并且也会照顾自己,比之“自由”,它需要更少的保护,也更容易被忽视。

尽管休谟尊崇自由政府,但他认为近来甚至君主专制政府也已有了重大的改善,以至于它像任何其他形式的政府一样符合公民社会的目标。近代开明的君主政府从自由政府那借用了一些制度和统治方式,在温和、稳定以及对财产的保护方面与后者十分接近,甚至还可能做得更好。

这一思考表明,在政治学中设定永恒和不变的真理时一定要当心。在作预言时我们应谨慎。同样,在作历史判断时我们也应有所克制。例如,不应因宗教上的不宽容而谴责我们的前辈,因为他们没有经验表明宗教宽容尽管原则上是"悖谬的",但实践上是"有益的"。我们应该根据其当时所流行的那些原则去评判它们。更一般地说,"世界还太年轻",我们还不能完全知道究竟人类的本性能够成就什么,或者人类在"教育、习俗或原则"方面的变化会造成什么影响。[1]

革新与保守

休谟的政治观点常被认为体现了"托利党"的特征。例如,托马斯·杰弗逊认为休谟的《英国史》破坏了英国自由政府的原则并"在整个国家内传播了泛托利主义"。对此,休谟当然会回答,他学说中冒犯性的成分是他拒绝牺牲历史的真实去迁就"辉格党的讨厌的偏见"的结果。他的关于政府的本性、目的和适当形式的学说似乎与伟大的"辉格"哲学家洛克的学说非常接近。然而,即使我们肯认休谟在哲学上是个"辉格党人",那么正像他自己所说的那样,他也是"一个具有强烈怀疑倾向的辉格党人"。这在他对"时髦的政治学体系"和辉格党的"纲领",即社会契约论的攻击,以及他

---

〔1〕《论议会的独立性》《论政治学可以归约为科学》《论政府的起源》《完美国家观念》《论公民自由》(论文);《英国史》,第XXiii章的结尾处。

向人们发出的谨防革新的警告和他对革新的不信任中表现得尤为明显。

照休谟的理解,社会契约论教导人们:政府的权力得自被统治者的一致同意,服从的义务是以政府兑现契约中的诺言为基础的,而当政府变得愈具压迫性因而违背了自己作出的诺言时,臣民便自动地摆脱了其服从的义务。下面是反对这种理论的一个论证。履行诺言的义务的原初动机与服从统治者的义务的原初动机是一样的,诺言以一种方式服务于我们的利益,而政府则用另外一种。于是,后一种义务并不依赖前一种义务。即使诺言从没有被发明,政府仍然是必要的。确实,政府非但不依赖人们对诺言的信守,而且在很大程度上它的建立是为了强制这种信守。

休谟的主要反对意见是:契约论与整个人类的实践和情感相违背。他承认,政府起初肯定是建立在同意基础上的。起初人们在身体力量方面非常接近,而且在受教育前在精神方面也相差无几,没有人能凭武力统治多数人。只有当人们自愿地放弃了他们的自然自由并为了和平和秩序而接受统治时,对政府的俯首听命才开始出现。这可被称为"原始的契约"。但有记载的任何政府都不是因人民的自愿同意而形成的,它们都始自于征服或篡夺。恰恰是在政权的交迭发生时,人民是最不被顾及的,这已经形成了一个规律。

所有人的自然情感都与契约论相矛盾。统治者远没有认为他们的权威是基于被统治者的同意的,以致他们倾向于认为契约论纯属煽惑。而被统治者通常认为他们自己生来就是去服从某个政府的。

因而休谟反对洛克版本的近代自然法学说,但却认同后者的初衷。休谟的目标是一个如此组织的政治社会:即使不过分依赖机遇的垂青,激情的自然行动也可各得其所。正如休谟所说,"所有假设在人类生活方式中来一个大变革的治理计划都纯粹是幻想"。休谟反对社会契约说的原因恰是它假设了这样一个生活方式的变革。它过高地估计了理性的能力,或更准确些说,它太轻易地假定了:人们会正确地察知并坚定地追逐他们的真正利益,果真如此,那么除了在同意的基础上建立的政府外将别无其他政府的存在。但既然事实并非如此,我们就必须承认建立政府的其他理由并且承认它们是正当的。契约论本想与人们的激情相符合,最终却导致了与普遍的经验和情感相反的结论。例如,它否认君主专制政府的合法性,但这种政府形式和任何其他政府形式一样"普通"和"自然"。

社会契约论教导人们:当统治者们变得如此令人不堪重负以至于不再能给被统治者提供安全和保护时,后者便不再有服从的义务。我们已看到,休谟是同意这点的。但是为在理论上达于此结论,或在实践上确保它,我们并不需要一个关于原始契约的学说。在这样极端的情况下,我们可以合理预见人们会进行反抗而不需诉诸任何理论;消极服从学说和社会契约学说离人类的共同情感一样遥远。不过,后者不仅不必要,而且甚至是有害的。就事情的正常进展而言,被统治者的义务是"一概地服从"。然而社会契约论将我们的注意力从一般规则吸引到例外事例上,而这些例外可能是我们"非常乐于接受并引申的"。自愿的忠诚是一种危险的忠诚。[1]

忠诚的约束不应被消解而应该被加强。人类社会是一个延续的团体,其成员每时每刻都在增加或减少,因此政府的稳定是极其重要的。为了和平和秩序,政府和统治者是必要的。当然人们都

---

[1] 论文:《论原始契约》《论消极服从》《完美国家观念》;《人性论》,Ⅲ,ⅱ,8~10。

向往一个好的政府形式和一些合适的统治者。但如果使一种政府形式的优越性或某一特殊统治者的适合性成为压倒一切的标准,那无异于打开了冲突与混乱的潘多拉魔盒,而排除这些冲突与混乱,恰是人们设立政府的初衷之一。因此,既定秩序的维持应被给予最大权重的考量。

休谟说,每一个政府都建立在观念之上。少数统治多数——亦即"弱"统治"强"——的观念基础在于"权威是掌权者的权利"。这种观念通常是时间和习惯的结果。习惯是人生的伟大指南,大多数人从来没有想过要探究一下他们已经习惯了的政府形式何以有权威。或者,即使他们探究了,也仅满足于被告知:这种政府形式长久以来就占主导地位,并且他们是在走他们的祖先所走过的路。"古老总造就正确的意见。"真正符合人类自然倾向的政府基础不是契约而是习惯。

以上的考虑似乎表明:在革新的道路上人们所能做的事情是受到限制的,而更为重要的是,既然革新也有其诱人之处,那么对人们应该做的事也应加以限制。剧烈的革新从来不能得到辩护。动摇习俗与古风之权威的也绝非理性,因为理性只能对人产生不确定的极有限的引导,真正起作用的,毋宁是伪装成理性的个人私利。

因而,明智的政治家"将总是尊敬地对待历经岁月磨蚀的一切"。在试图改进一项制度时,他将力图使他的革新适应"古代的作品",以便不给社会带来太大的骚动。对人类预见力的局限性的觉悟加深了他的谨慎。政治措施会产生大量无法预言的后果,人们必须听从经验的指导,并通过感受错误所带来的不便来认识错误。时间不仅强化政治制度,同时也使其愈加完善。[1]

---

〔1〕 论文:《论政府的第一原则》《论原始契约》《完美国家观念》(前二段)、《论政党的联合》(第五段)、《论艺术和科学的兴起和进步》(第25段)。

我们看到，休谟从近代自然法学说的最基本原则出发，最终得出了很大程度上与洛克相似的结论。同时，也是从同样的基本原则出发，他拒绝了洛克学说的一些要素，而成为保守主义的一个强烈拥护者。因此，他的政治学说展现出某种悖谬的外观，且似乎包含某种内部张力，这在他的下述箴言中有所反映："对于每个国家而言，再没有比保留古代的政府形式更为重要的事了，尤其是当这样一个政府是自由政府的时候。"[1]

阅读书目

1. 休谟：《人类理解研究》，第2、3、4、5、6、7部分。（中译本：《人类理解研究》，关文运译，商务印书馆1957年版。——译者注）

2.《人性论》，第3卷，第1部分和第2部分。（中译本：《人性论》，关文运译，商务印书馆1980年版。——译者注）

3.《论政府的起源》《论原始契约》《论政府的第一原则》《完美国家观念》，这些论文见《休谟政治论文集》，查尔斯·亨德尔编，纽约，1953年版。

4. 休谟：《人性论》，第1卷，第1部分和第3部分。

5.《道德原则研究》，见第1、3、4、5、9部分；附录Ⅰ、Ⅱ和Ⅲ。（中译本：《道德原理探究》，王淑芹译，中国社会科学出版社1999年版。——译者注）

6. 论文：《论出版自由》《论政治学习被归约为科学》《论议会的独立性》《政党通论》《论公民自由》《论艺术和科学的兴起和进步》《论权力的均衡》《论引人注目的习惯》《论被动服从》《论政党的联合》《论新教的承继》。

[1] 论文：《论出版自由》，第6段。

让-雅克·卢梭

(1712—1778)

阿伦·布鲁姆

批判现代社会的不公正

卢梭的《社会契约论》是以这样一段著名的话开始的:“人是生而自由的,但却无往不在枷锁之中。自以为是其他一切的主人的人,反而比其他一切更是奴隶。这种变化是怎样形成的?我不清楚。是什么使其变得正当?我自信能够解答这个问题。”经由这一声明,卢梭以最极端的形式提出了政治问题,并同时暗示了几乎所有现存的政权都是非法的(illegitimate)这样一个革命性的原则。公民社会束缚了人,使人成为法律或其他人的奴隶,而人作为人,是生而自由的,生来就有权按照自己喜欢的方式生活。而且,像现在这样组织的公民社会无权要求它的臣民在道德上依附它,这是不正当的。卢梭的政治思想在两个方向上远离了“当下”(present),它指向人类往昔幸福的自由,以及一个符合被统治者意志的政制在将来的确立。哲学家的任务是搞清楚人的真正本性是什么,并且在此基础上界定何为良好政治秩序的条件。卢梭的思想从外部看来似乎有点悖谬,它好像在追求互相矛盾的事物——美德和柔情,政治社会与自然状态,哲学和无知——但实际上它是非常自洽的,因为这些矛盾反映了事物本性中的真实矛盾。[1] 卢梭致力于澄清现代性的理论与实践的意义,并借此揭示了现代性的种种极端后果,而在他之前,从未有人意识到这些(后果)。

卢梭认为,现代政治学是建立在对人的片面理解之上的。现代国家——利维坦这个巨物——旨在保存自身,并因之保存它的臣民。因此,它完全是消极的,只考虑到幸福的条件而忘却了幸福自身。任何只考虑到人类生存的一个方面的政治体系都不能满足人们追求完善的渴望,也不能唤起人们对其足够的忠诚。进而,卢梭论证道,以自我保存为基础的现代国家构成了一种恰与能使人们幸福的生活方式相反的生活方式。大国的生活是以商业,因而也就是以贫富分化为特征的,每个人都能在国家所确立的框架下追逐自己的利益。金钱是人的价值的标准,而美德被遗忘了。私利的算计成了人们之间关系的基础。这也许不会导致长久的战争,但它破坏了人们间互相信任和进行自由自在的交往的基础,并导致自私自利的习性,产生坏的公民品行。但最糟的是,因为存在物质的匮乏,社会并不能满足一切人的需要和欲求,富人得到保护而穷人受到压迫。公民社会中人们是互相依赖的,但人们变得非常坏,大多数人被迫放弃自己的意愿,为满足少数人而工作。而

---

〔1〕 卢梭对自己著作的自相矛盾的性质也有所觉悟,这在他的下述信件中得到了很好的说明:《致达朗贝的信,关于政治学和艺术》(*the Letter to M. d'Alembert, in Politics and the Arts*)、《致达朗贝的信,关于戏剧》(*letter to M. d'Alembert on the Theatre*)。

且,由于少数人控制了法律,多数人甚至受不到任何保护,但这种保护则恰是人们当初选择进入社会状态的初衷。自我保存本是为了美好的生活,然而这种过于简化和片面地对(自我)保存的强调恰恰摧毁了美好的生活。[1] 这就是卢梭攻击启蒙运动的基础,艺术和科学的进步曾被认为是公民社会之进步和人类幸福之增长的条件,甚至是充分条件。学问会消除偏见,艺术会柔化风俗,而科学会征服自然。健全的政府可通过建立在那些参与其中的人的激情之上而得到保证。卢梭认为,启蒙运动的希望就是现代人的希望。而正是启蒙运动所描绘的人类社会图景构成了卢梭政治思想革命的起点。卢梭不仅否认艺术和科学的进步促进了道德,而且相反,他断言:这样的进步总导致道德上的堕落。艺术和科学为了达于繁荣需要一个奢侈而悠暇的氛围,它们本身通常都源自灵魂的罪恶。最好的情况是,无所事事的好奇心成为它们的源泉,然而大多数情况下它们却源自人们对并非必需的、能够给他们的生活带来舒适的东西的欲求,而这些东西只会使人们变得软弱,并满足那些不必要的欲望。为艺术和科学所主宰的社会是充满了不平等的社会,这一方面,是因为追求艺术和科学所需的才智成了人与人之间区分的基础,另一方面,艺术和科学需要大量金钱的支持,同时需要劳工去操作它们所发明的工具。社会被转变成支持艺术和科学与它们的产品的社会,而这种转变产生了一种充满了无用的顾影自怜和不公正的生活。[2]

---

〔1〕《论政治经济学》(*Discourse on Political Economy*),载《社会契约论及其他的论文》(*The Social Contract and Discourses*),G. D. H. 考利译,纽约,1950 年版,第 306 ~ 308、323 ~ 324 页。

〔2〕《论科学和艺术》(*Discourse on the Sciences and Arts*),载《让-雅克·卢梭:第一、第二论文》(*Jean-Jacques Rousseau, The First and Second Discourses*),罗格·D. 马斯特编译,纽约,1964 年版。

卢梭的这些思考首先导致了对过去的崇拜。纵然现代人的处境是崭新的,但在古老的过去可以发现这种类型的公民社会:在其中人都是自由的,而且都自己统治自己。古老的共和国、城邦,特别是斯巴达,是真正的人的避难所,它在很长一段时期内为人们提供了和平、稳定和独立。在重新提出对那个古地城邦的辩护时,卢梭复燃了古今之争。这个城邦不是建立在舒适、自我保存或科学基础之上的,而是建立在美德——关于纯粹的灵魂之科学的基础之上的。古典意义上的美德意味着好的公民品性以及那些与其相伴的品质。只有在勇气、自我牺牲和节制的基础上才能建立起大多数人自己统治自己的城邦。卢梭是共和论者,这是由于他相信人本就是自由和平等的。只有反映了这个本性的公民社会才有希望给人们带来幸福。希腊城邦和罗马最好地满足了自由社会的诸需要,尽管它们也并非是完善的,卢梭的最终解决办法是对它们进行改进。它们都很小,以至于每个人都认识其他的人,因而他们有着共同的利益和信任。它们为人民所统治,因而统治者和被统治者是同样的人,因此,也就没有统治者与被统治者间利益的根本区别。法律是古老的,人们因长期习惯的力量对它的重压已习以为常。法律规章对于公民社会而言是必要的,公正的法律同样需要严格的道德来支持,只有严厉的互相监督和公正的习惯才能确保他们的运行。政府的首要考虑是公民的美德。公民社会要想成为一个应然社会,就必须成为这样一个共同体:其中的每一个人都为了整体利益放弃自己的私欲。如果人们想自由地生活而不当掌权的利益集团的工具的话,社会就不应被认为是相互冲突的利益间的均衡器。严厉的道德教育——而非启蒙——才是健全的公民社会的前提。卢梭的好恶和他对现代社会不公正之处的分析使他回到了古希腊。[1]

人的本来面目

但他事实上走得更远,他的学说不仅仅是柏拉图和亚里士多德的学说的复活。他只赞赏古代的实践,但并不认同其理论。任何只满足于描述如何建构一个稳定的秩序或如何令公民满意的政治学说都不能说是充分的。它还需使政府的权威合法化,它必须给出公民的义务和权利的根由。根本的政治问题总是:何为正义？这必然导致下述问题:什么是自然的？因为在成文法的规定之外,当人们面临的问题是建立或改革一个政府时,唯一的标准只能是"自然",更具体地说,是人的本性。也正是在这个问题上卢梭与他的前辈们有了分歧,或更准确些说,他与现代的人们一样,否认人就其本性而言就是政治的。跟随着现代科学(也包括政治学)的总体潮流,卢梭拒斥下述观念:人按其本性而言就是趋向于一定目的的,即政治生活的目的。城邦或国家纯粹是人的建构物,它们源于自我保存的欲望。如此一来,不生活于政治社会中的人就是可以设想的,尽管在这后来的年代里它也许对他成为必要的了。

如我们在诸国家中看到的那样,正义在于保持那些掌权者的特权。一切已知的国家都充满了不平等:出生上的、财富上的和荣誉上的。这些不平等也许可以通过借口保存政权而得到辩护,但

---

〔1〕《波兰政府论》(*The Government of Poland*),载卢梭:《政治著述》(*Political Writings*),F. 瓦特金斯编译,纽约,1953年版,第2章,第162页以下。比较《论人类不平等的起源和基础》(*Discourse on the Origin and Foundations of Inequality among Men*),载马斯特斯:《论文集》,第78～90页。

这并不能使它们对于那些享受不到它们的人来说变得更可容忍。法律设置并保护这些等级上的差别。即便有自然的不平等,那些实存于诸国家中的不平等也不是它们的反映,而是人类行为和机遇的结果。它们对于那些受它们压迫者来说并不具有道德上的约束力。

如果公民社会并非自然的,那么我们必须到公民社会之前的时代中去寻找人的自然形象。为了确定国家的起源,这种研究是必要的;如果公民社会不是自然的,那么它便是约定的。因而,如果公民社会的法律要取得任何合法性的话,它的约定就必须建立在人的最初本性之上。卢梭试图描写自然状态中的人。无独有偶,其他持类似观点的近代思想家亦曾做过同样的事,并试图将政治权利建基于前政治状态的自然权利之上。但卢梭认为,他们从没有成功地达于原始的自然状态。他们都没有足够彻底地摈斥公民社会的属性。他们都否认依附于共同利益和政治共同体是人类完善自身的重要组成部分,并且他们都试图从不依附于任何国家的个人那里推导出政治学的规则。但他们在描述那个个人时,事实上描述的是生活于公民社会中的人。他们在下述意义上都是隐蔽的目的论者:他们试图从人在公民社会中的全面发展的角度来理解人的自然形象。但是,如果人真的不是政治的和社会的存在,那么为了能在公民社会中生存下去,他的本性就需要来一个转变。之前的思想家在试图去掉人的社会属性时在他身上发现了很多得自共同体生活的特征,诸如嫉妒、不信任、贪得无厌和理性。要了解自然的人,需要心灵作出几乎超人的努力,因为我们没有和他们(自然的人)接触的机会,我们是已被公民社会侵蚀了的文明人。

从自然人到文明人有一段发展道路,但这条道路的路径不同于从胚胎到人的发展路径,因为后者的第一步本就由最后一步所启发,并最终必将指向最后一步。这个发展不是必然的,因而我们需要了解人类种族的发展史。在这里,历史第一次成了政治理论不可缺少的组成部分。人类在不同的历史时期是不同的存在,尽管对卢梭来说人类始终保留着原始本性以主导由时间带来的所有转变。卢梭意识到了潜藏于公民社会的非自然性之中的自然人和文明人之间的不协调,正是这种意识迫使他对原始人进行研究。其他的学说都没有发现真正的自然人,因而只能导致公民社会所产生的邪恶的更大奴役。他所从事的探究是以下述两种方式进行的:第一种方式是借助我们现在称为人类学的东西。以前被人们贬为低级的和不完善的原始人现在似乎帮助我们弄清了更早的历史阶段的本性,并因此成为具有严肃的科学意义的对象。但因为所谓的野蛮人或原始人已生活在社会中,他们在我们回溯此前历史的时候也就只能起到路标的作用。更为重要的是第二种方式:通过反省揭示人类灵魂的最初和最简单的活动。

既然人原本不是社会性的和政治性的,如果要了解他的自然本性,就必须去除他所有那些与共同体生活相关的性质。而这些性质中第一个并且最重要的便是理性。理性依赖着言语,而言语蕴含着社会生活。因此,人的定义就不能再是人是有理性的动物。我们只能说,开始的时候人就像其他动物一样,漫步于大森林中觅取营养物,他企图保存他自己的存在,但他不像霍布斯所理解的那样,是自然地敌视他的每个同类的贪婪的野兽。霍布斯只有通过将政治人的永无休止的欲望归给原初的人才能断定此点。但实际上,这原初的动物——人——通常只有很容易满足的最简单的需求。他不可能想得太远。他并不惧怕死亡,因为他根本就不能设想死亡;他仅仅躲避痛苦,除了出现生存必需品的匮乏这样的情况外他没有必要与自己的同类作战。他按本性讲是悠闲的,仅仅为了满足自己的自然需求才进行活动。只有具有远见而又有超过自然需要的存在者才追求财富。洛克笔下的“勤奋的自然人”也是从已经发展了的社会中引出的构造物。也正是在这种悠闲中他享受到了真正的动物式的快乐,他感觉到了他自己的存在的愉悦。他只有两种基本的激情:保存自己的欲望和对自己同类的苦难的某种同情或怜悯。这后一种激情阻止他在这样的“人性”还没有与他的自我保存相冲突时野蛮地对待其同类。他没有任何美德,因为他不需要。人们既不能说他是有道德的,因为他所做的任何事情都是因为兴致所致,也不能说他是毫无道德的,因为他不伤害他人。

这样看来,我们可以说所有的人按其本性来说都是平等的。实际来说,他们只有肉体的存在;如果说有力量的差别的话,那也无甚意义,因为个人之间根本没什么交往。从人的自然状态不能得出任何人统治另一些人的权利。强者的“权利”根本不是什么权利。第一,因为被奴役者总可造反,强者对弱者的征服不能建立任何道德义务。第二,在自然状态中一个人绝不能奴役另一个人,因为一个人根本不需要另一个人,拥有奴隶是不可能的。家庭也并非政治权利的源泉,因为在自然状态下没有家庭。男女之间的关系是偶然的,母亲本能地照顾孩子,直到他们强壮到足以照顾自己,这里没有任何权威或责任。自然状态是平等和独立的状态。

有两个特征使人与其他动物区别开来,正是它们而非理性定义了何为人性。其一,是意志的自由。人不是为其本能所决定的存在物,他可以选择、接受和拒绝;他可以蔑视自然。这种自由意识是他的灵魂的精神性的明证。他由此意识到自己的力量。其二,人的最毋庸置疑的特征是他的可完善性。人是唯一能够逐渐改进自己的官能并且将这种改进传给所有同类的存在物。我们在文明人中看到的所有优越的心灵官能都证明了这一点,它们现在都成了人这个物种的不变的部分,但它们并不是自然地属于人的。在人的这两个基本特征的基础之上,我们可以说自然的人的主要区别性特征是:他几乎没有任何本性,而纯粹是潜在的存在。(对自然人来说)没有目的而只有可能性。人没有任何限定,他是自由的动物。但正是这种素质引导他脱离了最初的满足而走向了文明生活的苦难深渊,但它也给予了他掌握自己和自然的能力。

私有财产的出现与公民社会的产生

自然人是懒散的动物,他享受着与生俱来的情感,既关心自己的保存也对同类的苦难报以同情,他是自由的、可完善的。他向文明状态的趋近是不可预见的偶然性事件的结果,这些偶然性事件在他身上留下了无可更改的印记。自然的灾变迫使他和其他人保持更为紧密的关系。他发展出言语并开始和自己的妻儿一起在一个地方长久地居住下来。他不很坚强,现在他的需求加大了,但他的生存本质上还是愉快的。到目前为止还没有法律,没有国家,没有不平等。人们的需求还不至于使他们成为彼此的竞争者。但人们最后不得不互相依赖,对合作或共同目的的初体验使人们认识到什么是义务或道德。人的自由还是第一位的,他可以从他所签订的任何约定中抽身——如果这样做对他有利的话;但他也看到了从其他人那里获取帮助的好处和做自己分内事的必要性——如果他想得到同样的回报的话。不过,他仍然是具有很强的独立性的,他宁可不履行契约也不愿牺牲自己的自由。

除了对道德责任的初步意识外,在这种新环境下人们还学会了报复。因为伴随人们日常交往而来的必是更多的摩擦,而且,因为没有法律,每个人都是自己的事情的法官。作为自然状态下人性根基的自然的同情,为自爱与同情间的冲突所削弱。在这种情况下,自爱总是赢家。但并不是这些斗争导致人们建立了公民社会。私有财产的建立才是公民社会的真正起因。政治社会的建立者和给人类带来最大邪恶的人是首先说"这块土地是我的"的人。土地的耕作是私有财产的源泉。只有对于下述东西一个人才可以说是属于他的:他所制造的东西或施加了他的劳动的东西。随着私有财产的建立,人的算计也出现了。当田野和河流自动地提供营养、衣服和住房时,人们不会考虑将来。但农夫必须这样做,而且增加、保护收获物的欲望既加倍了他的欲望又促使他去追逐权力。

而且进一步,在私有财产的建立中我们也发现了不平等的起源。因为不同的人有不同的技巧和天赋,这使一些人能够增加他们的所有物。不久,所有可用的土地都被圈定了,一些人拥有的土地超过了其需求,而另一些人则相反,这时,人们认识到财产是真实的东西,而他们的需要也是真实的。在这些不同的权利主张间没有法官,而且也没有自然律来仲裁它们,因为这种情况是人为的,而不是自然的。因而,占有者和非占有者间的战争状态也就成为必然的了。

在这个阶段人发展了所有能力,而且使自己变得悲惨了。他本性中最大的变化是:以前他完全是在为自己而活着,现在他为他人而活着。这不仅是因为他在肉体上要依赖于他人,而且因为他学会了攀比。他的灵魂为他人所奴役,这与他需要他人的帮助以满足自己的欲望相比具有更强的束缚力。他追求金钱和荣誉而不反省自己真正的意愿。人变得虚荣了,而为了满足这种虚荣心便有了无尽的争吵。虚荣心(amour-propre)取代了原始的自爱(amour de soi);他现在不是为必须得到满足的生理需求所困扰,而是为他永远不会使用的财产以及一旦得到就会加以轻视的荣誉的无尽渴求所困扰。

正是在这个时候,某个富人由于意识到其财产总是处于危险之中和人民的悲惨境况,提出了一个建立公民社会的契约。这个聪明人看到通过其他人的同意来保证自己原本并非不可质疑的财产权和通过一个相互的契约来保护每个人不受侵略是可能的。自然的同情感已不复存在,而新的状况下它的唯一替代物便是规定了人们的义务并被一个公认的权威所支持的道德。"自然"再也不是足够的了。恐怖的战争状态使这一步成为必然并确保了穷人的默许。但这是一个骗局。富人赋予自己对财产的控制以合法性的表象,因而便能够和平地享受它了。逐渐出现的不平等成为合法的了,而对穷人的压迫借助公共武力得到了维持。当霍布斯说被迫建立公民社会的人彼此间是相互敌对的而且为无穷的欲望所累这样的话时,他是对的,他的错误只在于他断言这就是人的本性。实际上是有一个较前的状态的,正是这较前的状态定义了人的自由的本质特征,并且使他不可能合法地将自己交付于任何他人,受任何他人的意志的摆布。当洛克断言公民社会的目的是保护财产时,他也是对的。他只错在断言:财产对人而言是自然的,以及由公民社会稳定下来的不平等合乎正义的真正标准。每个人都有保存自己的自然权利,并有依此权利行事的自然权利。公民社会没有自然的理由给予一个同这种自然权利相悖的命令合法地位。尽管所有公民社会都颁布这样的命令,但自然权利不能成为它们的挡箭牌。人生而自由,公民社会从他那里拿走了这种自由,他成了法律的附属物,而法律又偏向富人——至少在其起源之时人们就意在用它偏袒富人。[1] 因而,在我们描述政治问题发生史的过程中政治问题便这样被提出了。本性自由的人需要一个政府来组织和规范他所参与的共同生活,但也正是因为他形成了使政府成为必然的可怕的激情,一个公正的政府事实上也就非常难得了,因为缔造法律的那些人也必受那些激情的影响,且公民们也继续拥有那些激情,因而他们非常感兴趣于改变政府以满足自己。只有最为严格的道德教育方可避开此种困难,而这样的道德教育我们几乎从没有发现过。从权利角度讲,公民社会要求对公共善的献身精神,要求个人服从全体,而人按其本性是自私的、独立的动物。无论在何处,当他发现在社会和自己之间存在矛盾时,便自然地、无可指摘地受自私利益的驱使。那么公民社会如何才能正当地要求人们为了它而牺牲自己呢?一个自私的个人如何才能要求另一个人去服从他呢?没有一个契约能有如此约束力,以至于人们能够为了它而牺牲缔结这个契约的目的,也没有一个人情愿让契约夺去作为自己的存在的核心的自由。[2]

社会契约

公民社会不能建立在自然权利的基础之上,自然只支配自我利益。自然太过低级,不能理解公民社会,对自然的研究表明它不能作为标准,至少是不能作为社会的标准。卢梭认为,这便是他的前辈们不甚了解的东西。公民社会需要道德,因为人的自然特征不足以内在地约束他去适应政治生活的更严格的要求,而他新近

〔1〕 上述几段综述了《论人类不平等的起源和基础》中的论证。

〔2〕 《社会契约论》,Ⅰ,ii—v。

燃起的激情使他更不适合社会。建立在每个人对自己的利益的计算基础上的社会只会进一步地发展那些激情,因为人的利益已为人的激情所决定,并且会不可避免地导致暴乱或无政府状态。因此,既然道德对人而言不是自然的,人就必须创造它。在《社会契约论》中,卢梭设定了这个计划的基础。在此书中,他力图解决个人和国家或自我利益和责任之间的冲突所引出的问题,没有什么能限制人的自由,但公民社会就是枷锁。建立公民社会的行为和建立道德或有约束力的对他人的义务的行为没什么两样。既然自然没有提供共识的基础,那么一个公约就必须被引入。人们传统的看法是:公约要比自然法低一级,因为它们是人造的而且易于变动;公约处处相异,似乎是任性的意志和机遇的结果。服从公约的人似乎是其他人的囚犯。但如果人是自由的,他缔结公约的能力就表征了那个自由;他的意志并不为自然所限。在这种程度上,作为道德和国家的建立者的人便实现了作为自由的、没有被决定的存在物的人的概念。如果能够避免公约的任意性特征,那么我们就可以说按约建立的公民社会既实现了人的本性又值得人们尊敬和服从。

对此,卢梭给出了以下强有力的表述:“(困难在于)找到一种用全部共同的力量来保卫和保护每一个人及其财产的联合形式;在这种联合形式中每个人都与所有的人结成一体,但他仍只是在服从自己并且仍然像以前一样自由。”[1]解决办法是,每个人都将自己和自己的全部权利和财产一并完全交付给共同体。权利和财产不是交付给任何个人而是交付给了整体,这样,没有人将自己交付到其他人的手中。契约是平等的,因为每个人都交出了自己的

〔1〕《社会契约论》,Ⅰ,vi。

全部。没有人保留能声称自己是自己行为的法官的权利,因此,个人和国家间冲突的源泉已不复存在,因为个人已立约接受法律作为其行为的约束标准。社会契约造就了一个人造的人格,即国家,它像自然的人格一样有意志;它欲自然人之所欲,求自然人之所求,而为全体人所意欲的东西便是法律。法律是公意(the general will)的产物。每个个人都参加立法,但法律是一般性的,作为立法者的个人必须制定那可设想应用于共同体的所有成员的法律。他将自己的意志融入法律,但现在与他在自然状态下所做的恰好相反,他必须一般化自己的意志。作为立法者,他只能意欲所有人都会意欲的东西;作为公民,他要服从他自己作为立法者所意欲的东西。尽管具有不同趣味和理解力的人们构成了具有至上权力的立法机关,但没有人能将自己的意志强加于他人,除非后者自己想要那样。法律是由想所有人之所想的每个人的意志制定的。社会契约的主要功能便是建立一个能表达公意的政制。

公民社会只是一群人之间的约定,其中的每个人都成了公意的一部分并且将服从公意。结果,每个人仍像以前一样自由,因为他所服从的只是自己的转变了的意志。公民社会的约定的自由满足了人的原始的自然权利——自由。只要社会被组织起来了,法律就能以不受个人利害影响的方式被制定,那么就没有人能以自然权利为理由来反对法律。自然状态下的人有权得到他所意欲的一切,其他人的意志或理性不能合法地向他发号施令。不存在一个能够并且应该控制我们行为的永恒理性。每个人都有他自己的建立在他个人经验基础上并为他的特殊意志所影响的判断,这个事实在公意这个概念中得到了反映:人是有所意欲的存在物,而能做他所意欲的事情的能力是自由的本质,因而意欲本身是独立于所意欲的东西的。自然法或任何其他旨在推进共同利益的理性的命令限制了自由,而这种限制的根由并非是无可质疑的。因而,公意将不包含任何具体的指导,它能自我决定做降临到他头上的任何事情,但它本身是空的,它是纯粹的意志。这是保存自然的自由的另一个方面。公意是形式上的,将它与特殊的意志区别开来的唯一的东西是:它只能意欲所有的人都能可设想地加以意欲的东西。这便为作为整体的社会所能做的事情施加了限制,与自然的完全许可相反。卢梭认为这些纯形式的限制足以保证正派,或者那一般化了的意志本身就是道德的。他认为自己发现了道德的真正原则,而其他人对此只有所感觉并且力图将其建立在对自然的可疑的和任意的解释或天启宗教的基础上。似乎独立于道德规则并与其相反对的个人自由才是道德的唯一源泉。卢梭用这个发现完成了始自马基雅维利和霍布斯的与古典政治教诲的决裂。他的直接先驱者坚持着这样的自然法观念:自然法限制了人类的自由,尽管后者最初正是得自前者的教诲。[1]

从自然状态到文明状态的过渡使人发生了极大的变化。以前他是温顺的动物,现在他成了道德的存在物。他所有的才能都得到了发挥,他的观念得到了发展和扩展,他的情感得到了升华。在自然状态下人只是本能地行事,现在他必须联系原则去考虑自己的行为,因而选择和自由便有了道德意义。如果一个人还按自己的个人意志行事,那么我们可以说他将自己降低到了动物的水平。他便在双重意义上放弃了自己的自由:其一,他仅仅是他的激情的工具;其二,他毁灭了正义社会的可能性,并因此将自己置于他人的权力之下。因此,社会可以正当地“强迫他自由”,迫使他以正当的方式行使自己的意志。做到这种强制的办法是教育和惩罚,但

〔1〕《社会契约论》,Ⅰ,ⅶ。

真正的人的尊严在于自觉地选择公意,而放弃一己私意。

主权在民

社会契约构造了主权者。卢梭用“主权者”一词,意在指明合法性的源泉在一般的人民手中而不是在君主、贵族或任何其他团体手中。必须有一个政府,它可以是君主制的、贵族制的或民主制的,但它的统治权得自人民,只有在人民乐意的情况下它才能行使这种权力。既然自然和天启宗教已被抛在一边,那么也就只有人民的声音可以建立法律,每一条法规都必须符合人民的意志。人民的意志是唯一的法律。政府只服从法律,而每个公民都始终是立法机关的一员。每个公民都发现自己和国家处于双重关系中:在作为主权者的成员时,他是立法者;但作为必须服从法律的个人他又是法律的臣民。

合法性的唯一源泉是主权者这一事实有诸多后果。首先,主权是不可让与的。任何个人或任何团体都不能取代公民总体而被给予制定法律的权力。他们会按他们自己的意愿行事,但他们的律令并不具有约束作用。这意味着代议制政府是一种坏的政府形式。其他人拿走了公民的责任,他们便丧失了自己作为公民的美德和自由。如果一个国家非常之大,不能希望其公民可以同在一个公共机关中会面,那么代议制便不幸成为必需的了,而这种必然性削弱了公意的表达。如果要在这种情况下保存一些合法性,那么代表们便需由所有公民都可参加的地方议会选举出来,并完全根据人民的指示行事。他们必须没有任何独立的判断,而一旦发生新问题他就必须请示他的选民们,否则公意就将不复存在。公意需要恒常的咨商,[1]而这只有通过投票才能实现,因而卢梭所建议的体制是多数决。但这不是简单的多数决定主义,法律只有在公民们具有了抑制自己的私人意志的美德的情况下才能得到公正的建立。个人必须是古典意义上的公民,而这就要求个人自愿接受非常严格的道德。卢梭不是近代意义上的自由主义者,任何人都难以如其所愿地那样生活,因为这会终结共识的可能性并毁掉自我控制所必需的道德能力的源泉。卢梭蔑视人们通常践行的民主原则,因为这意味着自我利益的横行无忌。在形式上坚持人民投票而不建立它的道德前提是没有任何意义的。斯巴达不像近代那样纪律松弛,将私人生活留给个人,而是着力于影响其公民的生活习惯,在卢梭看来这种做法是正确的。公民的好恶和行为方式会影响他们的所有判断,而某些习惯使自由政府几乎不可能。卢梭重新弘扬了希腊城邦的精神,并阐明了驱使它坚守谨严的美德的真正原则——美德自身并不是目的,而是达于自由的手段。

而且,除美德外,公意的表达必须通过对党争的压制来保证。每个公民个人都不会希望自己的私人意志占上风,他可以认识到如果每个人都按照自己的激情投票,那就势必造成混乱。只有当他属于一个庞大到能够对投票造成决定性影响的团体时,他的私人意志才会由于他看到了他个人所能得到的东西战胜他的公意意识。因而党派必须禁止,也要阻止极端的富有和贫穷。有知识的公民必须尽可能地作为个人参加投票,而这样进行的投票结果就可以被认为体现了公意。卢梭意识到在法律所要求的稳定性和人民议会对法律的不断重新考量间存在紧张关系。如果一个国家要由其现在的公民的实际意志来统治的话,那就不存在不能取消的

---

〔1〕《社会契约论》,Ⅲ,XV。比较《波兰政府》,第8章,第187~205页。

法律或制度。每一次议会会议都必须以下述问题开始：主权者还乐于保存现政府吗？[1] 但是法律是人们意志的产物这种观念削弱了那种对法律近乎宗教性的敬畏，而此种敬畏又是保持对法律的尊敬所必需的。古老的制度和法律的神圣性限制了自私利益的表达，从没有想过改变既成法律的人比习惯轻易地进行变化的人更可能按照他从未怀疑过的命令去行事。这个困难卢梭始终没有完全解决，不过他倒是试图通过下述方式消除这个困难：使变革的过程更为困难，让建议变革的人承担变革的后果，教育人们尊敬好的制度。但如果想要公民意识到他们的自由，并能判断什么能保证它、什么会毁掉它的话，那么便不能彻底排除变革的可能性。

主权就其本性而言也是不可分割的。任何可能创造出不依赖主权者或超出主权者所定功能之执行代表角色的分支的权力划分方案都不符合公意的概念。主权是一个统一体，我们不可能分割了它而又没有毁掉它，任何权威都得自它。

立法的需要

社会契约是形成公民社会的协议，它建立了权威的载体——主权者团体。但这个团体的设置并没有使它运转起来，新的社会必须有活动和目的，它需要法律。但契约并不直接决定法律，它只建立了合法的立法机关。具体的法律条文可以根据社会的利益而变化。像公意一样，法律必须是一般性的，它们不能涉及具体的人物或行为。如果它们涉及了具体的人物或行为，那么所涉及的人就

---

〔1〕《社会契约论》，Ⅲ，viii。

没有参与公意,他们就与公意不相容,因为他们的意志并没有参与法律的制定。法律可以建立区分不同的义务、荣誉和阶级的规章,但它不能说这些规章应该应用于谁。它是将全体公民视为一个整体的,而它的行为是抽象的。

法律必须包括由人们设定的制裁,因为世界上不存在这些制裁的其他源泉。这些制裁必须包括生杀大权——只要恶行需要镇压,否则,社会就会有利于不义者而不是义人。不存在对于法律范围的限制。没有触及公民社会自身需要的任何事情都应留给公民去自由决定,但我们无法事先确定对于社会的保存而言什么是必须的。在公民方面没有什么可保留的权利,如果有的话,公民们便能够在关键时刻退出契约。既然公民社会蕴含着一整套生活方式,那么即使是像私人享受这样表面上看来最为琐屑的事情也可以产生某种政治影响。在这里,社会的风俗习惯和政府的制度是同样重要的,而且有时前者比后者更为重要,因为风俗习惯是制度的基础而且给予制度以力量。[1]

发现一个适用于一个民族的、完备而且将为人们所遵守的法典并不是原始人的任务;仅仅将一部分人集合在一起成为主权者并不能导出这样一部法典。私人的意志在这里还过于有势力,它们还没有被文明的生活习惯所抑制。实际来讲,只有当一个民族已经和其法律和习惯共同存在了一大段时间之后,人们才可以说它是一个有着共同利益和公意的民族或团体而不仅仅是一个类聚。也正是在这之后这个民族才做好准备判断它的法律是否是好的。但社会从一开始就需要法律——如果人们不想让强者将他们的个人意志强加于人民大众的身上并且奴役后者的话。因此,为

---

〔1〕《论政治经济学》,第298页,见考利的译本。

了形成一个真正的公民社会,立法者是必需的。这个非凡的人必须发现适合相关社会的规则,而且他必须强迫或说服人民接受它们。但他自己不能是国家的一员,他自身没有任何权力,他提出的法律最后必须得到公意的批准。他付出的是爱的劳动,由此他有权得到荣誉。卢梭这里想到的是像摩西和莱格古士(Lycurgus)这样的人,他们都建立了一个民族并且为其确立了正义原则。在这点上他也回到了古典观点:他不相信逐渐地改良或理性在政治中会逐渐的、自动的胜利。有意识的、政治家式的行为是必要的;整个秩序必须按照理性的规划一次性地建立起来,而且只有伟大人物才能胜任这个任务。最大的政治任务就是政制的建立,要完成它,就必须具有异乎寻常的美德。立法者愈伟大,其成功愈艰辛,因为他不能被那些他希望说服的人所理解。他必须既要学会通俗语言,又要学会神启或宗教语言。人民可以被虔诚的口吻和奇迹的假象所感染和说服,这是少数几种能足够长地平息私人利益的声音以便让人们学会欣赏法律的好处的方法之一。宗教被用作达到政治目的的手段,而且,按照卢梭的观点,它不应独立于政治的控制。宗教不应包含无助于促成政制的目的的教义。卢梭完全意识到了下述事实:骗子也能扮演立法者的角色,并且“强人”总是一个威胁。但在探究政制的起源时,他只看到了这些有秩序地、合法地建立政制的方式。政制是人建立的,而好的政制需要伟大的人和不寻常的手段。[1]

尽管合法性的形式条件到处都一样,但卢梭想为政治家的活动留些空间。他知道政治学不能被搞成一门抽象的科学——像某些近代政治理论所要做的那样。他试图将现代政治科学的明晰性

---

〔1〕《社会契约论》,Ⅲ,vii。比较《波兰政府论》,第2章,第163~165页。

和确定性同古典政治艺术的灵活性结合起来。环境差异这个事实意味着很多民族不能享有自由,而另一些民族则只能享有不甚充分的自由。处处可以实现的政制是很低级的:能享受好的政制的少数人丧失了它,而其他人也并没有因它得到什么。立法必须在适当的时机进行,未被堕落的习惯污染的原始民族最合适不过了。气候和领土的范围和特征也必须被给予适当的考虑。人民的传统和他们的生活方式决定了可能性的范围。公意的纯形式性允许这些差别的存在。没有任何自然法学说要限制政治家的活动并强迫他弱化自己关于什么最有助于共同利益的判断。存在不同的民族这一事实蕴含着下述结论:公意的决定是不同的。生活的多样性得以保存,但这并不意味着人们就可以放任自流而没有道德指导了,在多样性中存在处处一样的统一性,即公意。但公意并不蕴含任何普遍的实在命令,各式各样相互反对的原则都可以合法地从公意中得出,它能制定出会导致极为不同的生活和行为方式的法律。按照《社会契约论》和作为其基础的政治哲学,不存在一个最好的政府或法律模式。不同的安排都同样可以很好地实现公意在不同环境下的存在。[1]

政府是必要的邪恶

公意只表达了人们要做什么事的欲望。真正实施公意所欲之事的力量也是必需的,这种必需性引出了立法机关和行政机关、主权者和政府间的区别。既然主权者只能合法地制定关于一般对象

---

〔1〕《社会契约论》,Ⅲ,ⅷ;《致达朗贝的信》,第66页。

的法律,法律之应用于具体行为和个人便不属于它的权限,而属于政府。政府从公意那里接受指示并运用它的权威按照主权者的意图决断公民的行为。它介于主权者和个体公民之间,因而完全是派生性的。这个区别在卢梭那是很新颖的,标志着他和其前辈,尤其是古典政治哲学家的决裂。[1] 它预示了今天至为重要的国家和社会的区别。对于古典思想家来说,官职的安排——政府——是首要的考虑。政府的形式决定了社会的形式,随着政府的变更,一个新的社会便形成了。忠诚不是针对国家、人民或社会的,而是针对政府的。在卢梭的模式中,先于政府之存在的主权者之存在意味着前者从权利和事实的角度看只是从属的现象。契约构成了先于政府的社会,而且社会在政府变化时可保持不变。因此,最有趣的研究对象是社会,而忠诚就应主要是针对它而不是政府。政治学的首要事实不是凡人政府。政府是必要之恶,因为人们在行使他们的自由时需要指导。政府越小越好,我们要着力于限制政府的范围并防止它违背公意。我们必须总是用怀疑的目光审视政府,而公民必须小心提防:政府在行使自己的功能时不公正地限制他们的自由。政府设置了官衔和权威的不平等,这对于它来说是必要的,但这些差别不会在全都平等的公民中间建立起真正的差别。政府总是完全依赖着人民的意志的,而且可以被人民降格为最初的、与人民平等的存在。

由此我们就不难理解后世的思想家如何能在这个基础上发展出“国家的消亡”之类的概念,而且相信社会的根本好处并不会因之而消亡了。在这个基础上思考政府的变化也就不那么令人震惊了。较古老的传统——与卢梭不同——教导人们,政府的建立是

---

〔1〕《社会契约论》,Ⅰ,ⅷ;Ⅲ,ⅱ。《论政治经济学》,第289~297页。

形成一个共同体的基础,而政府的毁灭就等同于社会的毁灭。政府所蕴含的不平等是与社会共存的,因此政府的权威并不得自作为整体的人民或公意。地位优越的人并不将自己的优势地位归功于人民。这些差异导致卢梭轻视政府而且更为重视公民的权利而不是执行的有效性。

政府必须足够强大以便控制公民的特殊意志,但又不能过于强大以致控制了公意或法律。一个国家的居民越多,特殊意志就越强大,个人就越难于将自己认同于共同体。因此,在人口众多的国家中政府就必须更有力,尤其是在这个国家地域辽阔时就更应如此。享有政府权威的人越多,政府就越无力,君主制是最有力的政府形式而民主制最无力。因此,国家规模的大小之别意味着它们需要不同形式的政府。我们不能说哪种政府最好,民主制、贵族制和君主制之间的区别是规模之别,因而也就是力量之别。卢梭暗暗地否定了下述古典观念:它们间的区别是美德之别,并且在这三种政府形式间作出的选择是具有决定意义的政治行为。按常规,贵族制最为便利。民主制需要太多的美德,几乎不是任何政府形式,且在那种情况下公意太容易与私人意志的简单集合相混淆。君主制过分集中而继位问题又过于棘手。贵族制是这两种政府形式的不便之处的居中物,但它又可能变成最坏的政府形式。有三种可能的贵族制:世袭的、自然的和选举的。按卢梭的观点,第一种形式是最糟糕的,因为它以财富和传统的不平等为基础,它的成员错误地认为他们的权利是独立于人民的意志的。他们有着作为一个阶级的集体利益,正是这分裂了共同体。与政治哲学的整个传统相反,卢梭否认一个真正的贵族阶层是政治上可被认同的阶级。[1]

---

〔1〕《论社会不平等的起源和基础》,第227、174页注释(见马斯特斯的译本)。

在原始社会进行统治的那些装备最好的人几乎是自然而然地被选中的,这是一个绝好的解决办法,但对于更为发达的社会则是不适合的。选举是选择有限数目的管理者的唯一合法方式,因为它保证了他们始终服从公意。

这样,贵族制不过表达了这样的事实:在大多数社会,并非每个人都参与统治,结果就必须选举出有限的少数人来进行统治。对于那些少数人的选举来说,并不存在出身或财富的标准,贵族制也并不代表一种生活方式。当然,卢梭试图选择出真正最好的人来进行统治,以避免那些蛊惑人心的政客得势,但他的贵族制概念与我们今天的民众政府或民主政府概念相去并不太远。最重要的是,任何阶级都不应为他们自己建立特权,因而任何特殊的生活方式都不能和他们的阶级特权联系起来。卢梭试图为政治天才保留一些差别和特权,但政治权利的基本原则依旧是平等,而且(这些给政治天才的)特权绝不应变成在优先性的掩饰下保持平庸的传统贵族制。卢梭的思想蕴含着对以鼓励阶级区分为中心的古典思想的大加谴责。

当个别意志取代了公意时政府便宣告死亡了。这可导致无政府状态或暴政,当每个人都各行其是时便是前者;当一个单个人的私人意志操纵政府时便是后者。总之,整个政治问题便是在个别意志和公意间建立起一种适当的关系。人从自然状态到文明状态的转变和他对自己的自由意志能力的发现对于他来说是至关重要的,政治家首要的和持续的关注点应是确保这个转变的保存。对这个目的而言古代城邦是最佳的选择,因为它足够小,可以允许成立一个贵族政府,并且其公民可以享有共同的遗产和共同的生活方式;因为在这里,个别意志可以更加容易地融入习俗;还因为政治家可以控制全体人员。一个国家规模的大小不仅仅是技术局限的问题(如现代思想家常常认为的那样),而且还同人类可能性的性质相关。卢梭认为革命可以在新的、自我意识的基础上恢复保守的古代传统。他的思想是激进的、革命的现代性进步主义与古代审慎和节制遗风的令人惊异的混合体。

可供选择的解决办法

正如已经提到过的,卢梭是从人类幸福的角度开始他对近代思想的批判的。一个没有完善人性的政治解决办法只是一种抽象,而政治人的适当位置也只能以完整的人为背景才能得到识别。这便引起了下述问题:《社会契约论》所给出的解决办法是否如此书所暗示的那样完全令人满意呢?问题是是否所有的人尤其是最好的人,都能在一个可能的公民社会中得到完全的满足。从卢梭自己的观点看,当法律对于大多数人已成为必需时,《社会契约论》为建立一个使大多数人在其中能够满意地生活的秩序提供了基础,这一点毋庸置疑。但这些秩序是否能够实现一个保证杰出者之全身心忠诚的完全正义,尚不完全清楚。从卢梭的著作中可以引出两个使这个问题成为不可避免的理由。

第一个理由是纯政治的,并和财产相关。卢梭从没有设想过对于大地的果实的共同使用可能是普遍可行的。私有财产几乎不可分割地与公民社会相关,并将人附着于其上。但私有财产并不是自然的而且总是不平等的根源。私有财产是公民社会中权力的根源,它不可能不影响法律的建立。即使在没有极端的富有和贫穷的社会中区分也是存在的,而且发展倾向总是加大这种区分。一个人的生活因出身贫穷或富有而有天壤之别,而且钱财极大地关涉着他克服外界对于他自由的阻碍的能力。社会保护富人要多于保护穷人,在一个既有的秩序被打破时,穷人得到的东西可能要比失去的多得多。卢梭承认这一点,这表现在他愿意认真考虑在某种程度上有利于地位稳固的富人的投票程序,这些人为了自私的目的一心想着保存政权。只要人的平等是政治权利的基础,私有财产的不平等的合法性便是极为可疑的了。卢梭认为财产的真正平等没有不断的革命和对政治生活中处于优势地位者的颠覆是不可能得到保持的,因而他的私有财产观点也并不是与马克思的观点截然不同的。私有财产是位于"合法的公民社会"[1]这些语词之后的永恒问号。

但是更为重要的理由是对人的本性的探究所引起的怀疑,卢梭认为自己的生活经验为大众例示了这种本性。人按其本性来说,是懒散的动物,他的真正乐趣在于情感,特别是对他自己的存在的感受。时间和事件的发展并没有完全磨灭这种本性。但公民社会需要勤奋和工作,人们几乎没有时间来释放自己的情感。好的公民需要他的同胞们的尊敬和爱戴,他一心想着他们的意见而不是像野蛮人那样生活在自身之内。最重要的是,公民社会需要美德,而美德是刚性的。美德意味着按原则而生活,意味着有意识地去压抑人心中动物性和情感性的因素。美德对于公民社会来说是必要的,但我们不清楚它是否本身就是好的——正如对于古人一样,它是否具体地体现了人性的完善,是否就其本身而言(而不是因其保存社会这个效用)就是值得向往的。自然人有关心同类的善心,这对于他来说是一种乐趣,正如他的个人需求得到满足那样。自然人从来不因为不得不做某事而去做它,而是

〔1〕《论人类不平等的起源和基础》,第141~142页。

因为做此事是他的自然欲望。卢梭在有道德的人和好人之间作了区分。[1] 有道德的人按自己的义务感行事,具有值得信任的公民的特征。而好人随自己的自然本能而动,这种自然本能是还没有被虚荣心所玷污的人的第一本性,他是感情真挚的朋友和情人。卢梭将自己归于这样的好人之内,而他的《忏悔录》便揭示了这样一个人的生活、行为和感情。他不是一个可信赖的公民,他对于社会而言是无用的,他是懒散的。最后,他是一个孤独的漫步者,他梦想和再现他的存在意义——不过是在几乎已使这种意义丧失殆尽的重重习惯的遮蔽下。他走开了,独自生活在乡间,不为文明社会所污染。这是对人类问题的另一种解决办法,但这种办法对于没有必要的心灵和理智力量将自己从他们的依赖性中解脱出来并能反省虚假的社会意义的大多数人来说是不可能的,但它更如人所愿,更令人愉快,因为它更接近于人的第一本性。

我们可以说存在两条脱离自然状态的道路,而它们永远不会相交,一条通向公民社会,另一条通向像卢梭那样的人的状况;一条期待着将来和人的转变,而另一条充满激情地渴望着回归自然。对于人类的问题不存在一个圆满的解决办法;可供选择的解决办法是不能令人满意的,它们彼此关系非常紧张:政治家对垒梦想者或诗人,他们是互相排斥的。卢梭对人类生活的观点使人们产生了不完满或不完善的感觉。公民社会在很大程度上没有满足人的最深层次的需要,梦想者不能和他的同胞很好地相处,在还没发生这样的分裂的自然状态下人又不是真正的人。但卢梭抵住了他的后继者们没有抵住的诱惑。因为他意识到人的道德的获得是以牺牲他的最甜美的自然情感为代价的,而且道德部分说来仅仅是保

---

〔1〕 卢梭:《一个孤独漫步者的遐想》(*Les Reeries du promeneur solitaire, sirieme promenade*),巴黎,1960年版,第75~86页。

存国家的手段，所以他没有试图绝对化道德而排除所有其他人生的东西，他没有教导人们历史因其所有的力量会胜过人性的力量。他不相信人能够完全社会化，他也没有忽视政治的重要性，而将自己完全交付给对已逝去的往昔的罗曼蒂克式渴望。所有这些可能性都可在其思想中发现，但每种可能性都只是得到了其应得的评价。因此，我们感到卢梭比任何他的后继者都更深入和更广泛地描述了多样的人类问题。

阅读书目

1. 卢梭：《论科学和艺术》（中译本：《论科学与艺术》，何兆武译，上海人民出版社 2007 年版。——译者注）

2. 卢梭：《论人类不平等的起源和基础》（中译本：《人类不平等的起源和基础》，吴绪译，商务印书馆 1959 年版。——译者注）

3. 卢梭：《社会契约论》第 1、2 卷。（中译本：《民约论：社会契约论》，何兆武译，法律出版社 1958 年版；《社会契约论》，何兆武译，商务印书馆 1963 年版。——译者注）

4. 卢梭：《论政治经济学》（中译本：《论政治经济学》，王运成译，商务印书馆 1962 年版。——译者注）

5. 卢梭：《社会契约论》Ⅲ，Ⅳ。

6. 卢梭：《萨瓦雅德牧师的信仰自白》（*The Confession of Faith of the Savoyard Vicar*），载《爱弥儿》（*Emile*）第 4 卷。（中译本：《爱弥尔》，李平沤译，商务印书馆 1978 年版。——译者注）

7. 卢梭：《波兰论》。

8. 卢梭：《致达朗贝的信，论戏剧》（中译本：《卢梭论戏剧》，王子野译，生活·读书·新知三联书店 2007 年版。——译者注）

伊曼努尔·康德

(1724—1804)

皮埃尔·哈斯纳

哲学与政治

康德在其哲学中给予政治以一种既是核心的又是派生的地位。在其三部主要著作[《纯粹理性批判》(1781)、《实践理性批判》(1788)、《判断力批判》(1790)]中,他几乎没有谈及政治,唯一的例外是《判断力批判》中的一段话。在那儿他明确提出了一种政治学说,而且还是以法的学说[1]或历史哲学[2]为媒介而提出的。他的明

---

〔1〕《道德形而上学》(*The Metaphysics of Morals*)第1编有关政治的一节,名曰“法的学说的形而上学要素”;《论永久和平》(*On Perpetual Peace*);以及文章《论常言:理论上或许真但实践上不能用》。这三篇著述遵循三部分的划分:国内法、国际法和“世界性的”法。

〔2〕尤其是“以世界主义为目的的世界历史的理念”、“人类历史起源猜想”以及“学院之争”(关于哲学和法律)第二节。

确的政治著述是极为简短和少见的。这些著述中包含的政治概念和实践的设想,实质上是两个已有领域相互联系的手段。这两个领域,一是“三大批判”中所创立的康德体系;二是由霍布斯、洛克,特别是卢梭创立的现代自然权利。康德有时超过了他的老师,通过国际组织而实现永久和平的学说便是一例,但康德的独创性并不在于他的方案的内容(因为在其之前有关永久和平的设想就已存在,卢梭对此有过评论),而在于他给予问题以一种新颖的哲学基础和范围,也就是用所谓独立于所有经验的法律术语来表述问题,并将其建基在他的道德哲学和历史哲学之上。

康德的政治学说可以概括为一句话:共和政府和国际组织。用更具康德特色的术语来说,就是以法制为基础的国家学说和永久和平的学说。的确,这二者表达了同样的理想:合法的制度或“通过法治实现和平”的理想。在国家内及在国家间,重要的问题是从自然状态,即战争状态,过渡到法治状态,即和平状态。法治国家的界定,首先是法治国家依赖的基础及其实现的条件的界定,是康德努力的目标,这是就他是一个“政治”哲学家而言的。康德努力的目标有赖于他的道德和历史的概念,这些概念表明和平依靠法治,而法治依靠理性,同时也表明事物的本性就趋向自由、理性因而和平的状态。

康德的出发点可以说是科学与道德的对峙关系,即由牛顿创立的最为系统的现代物理学与由卢梭表达的最纯粹的道德良心的对立,前者意味着宇宙决定论,后者则意味着意志自由。康德试图通过使问题激进化来解决这个问题。他努力保留这两个方面,但其方式不是将二者调和起来,而是给予二者的对立和共存以理论的基础,也就是自然与自由之间——现象世界与本体世界之间——对立的结合。现象世界是表现或显露出来的事物的世界;

本体世界是自在事物的世界,对这一世界的知识不以经验为中介——假如这样的知识是可能的话。现象世界是科学能够认识的世界,本体世界则是由道德开启的领域。在后一领域中,理性获得了完全的自由,而不受自然事物的世界的影响和制约。正是在这无条件的理性的领域中,人才能不受制于一切外在的东西,不受制于所做、所为或所获的任何对象,因而人才能是自由的。留给人的是完全的自律——出于对法本身的普遍性(或公正性)的纯粹尊重而服从一个自我规定的法的自由。经验世界与本体世界的完全分离必然导致幸福与美德的完全分离:幸福是我们的经验的、自然的倾向的满足,而美德是对道德律的服从。一个属于自然的序列,另一个属于自由的序列。

但康德不可能对这两个领域的绝对分离视而不见或置之不理,必须在美德和幸福之间达到某种一致性,以便自由能作用于自然中,以及自然能被道德行为所接受,甚至为后者所改造。康德实现这样的一致性的方式是提出如下问题:人民希望什么?然后表明这一问题的答案在于两个方面:人在此生能希望什么(由此导致对现象界的思考),以及在来世能希望什么。为了证明在另一个世界我们可以希望什么,康德精心制作了实践理性的公设:上帝的存在和灵魂的不朽。他对法律、政治和历史目的论的讨论使他能证明人在尘世能希望什么。

在把道德和自然加以分离之后,康德试图通过在二者之间引入中介物的办法使二者再结合起来。法律、历史和政治便成了评价这一重新结合的复合标准。这种评价——以及这种标准——有着独特的重要性,因为自然和道德两个王国的关系问题实际上是两个王国能否存在的问题,而这两个王国的概念是在现象界中起作用的一种自由和理性的产物。康德政治哲学所提出的问题之根源可以追溯到道德和政治的含混性，这种含混性不仅存在于二者本身，更存在于二者的相互关系之中。这种含混性造就了康德自己的公式：真正的政治就是应用只有经过某种程度的纯化才可接受的道德。困难由此而生，因为一方面，康德的政治必须在他的道德的基础上来理解；另一方面，他的道德又须在他的政治的基础上来理解。不仅如此，他的政治也必须被理解为是独立于他的道德的，而他的道德最终又依赖超政治的条件。这种含混性或矛盾说明他为什么既坚持法与道德的分离又坚持二者的结合，以及他为什么会在历史哲学门前表现出奇怪的踌躇：赋予历史哲学以一种既是决定性的又是无足轻重的地位。

当我们从康德的体系转到这一体系的启示和人的意义时，上述困难便出现了。康德的道德是革命性的，这不仅表现为他的道德所具有的理论高度，以及它建立在法的纯粹形式而不是任何特殊内容的基础上，而且还表现为这种形式主义自然指向的内容：人的权利。但康德有关人的权利的概念——如同其所依赖的、康德声称是先验地推论出的自律概念——有一个政治的史前史。康德多次承认卢梭对他的政治道德学说的决定性影响。实践优于理论，道德优于知识，服从义务召唤的单纯灵魂优于科学家或哲学家，所有这些都始于卢梭的《论科学和艺术》和《一个牧师的自白》。同样，服从自我规定的法这个意义上的自由概念，以及使欲望普遍化以保证它们的合法性的思想，归根结底是出自卢梭《社会契约论》的学说。最后，康德的历史哲学与卢梭的《论不平等的起源》显然在方向上是一致的。

了解了康德道德观中的卢梭主义元素，就能够了解康氏道德观的政治灵感来源。但同时，康德对卢梭主义的激进化处理——他将欲望或意志的一般化转变为原则的普遍化——以及他由此在其公理学说中得出的结论,产生了一种既不关心政治又不能应用于政治的道德。康德的道德是否是政治的,以及它是否需要或有赖于政治,这是可以从这种道德的源头或灵感、内容及应用或结果方面提出的问题。

我们难免还要提出另一个问题,即康德的政治是否是道德的,也就是说,它是否在各方面有赖于实践理性的伦理。因此,永久和平被认为是至高无上的政治利益,因为实践理性绝对禁止战争,但和平又以霍布斯和洛克的方式被认为是生命和财产必不可缺少的东西,也就是有利于自然的或不自由的领域中的某种幸福或目的。还有,公民社会的状态具有道德内容,因为那种尊重权利的状态是自由和人的尊严的基础。虽然历史哲学为了实现真正的文明状态而求助于善良意志(或道德意志)的作用,康德还是承认,自然迫使朝那种状态的进步依赖欲望、纷争和战争。此外,真正的共和政府的理想只为道德的政治家所具备,他使政治完全服从于道德,而且对他来说,实现永久和平不仅仅是一个技术的,而且是真正道德的任务。但同时,不仅共和政府不以完善的公民为前提,而且一般公民社会的建立在恶人中都是可能的,只要他们是聪明的。[1] 由此可见,道德和政治有时似乎是结合在一起的,有时似乎又处于完全不同的水准上。我们的结论可以从下述情况中预见到,这种情况就是:道德和政治的分离及其各自的严格而坚实的基础实际共享同一个单一的来源,这令有关康德主义的问题和有关政治哲学的康德主义都愈形复杂与有趣,尽管这一体系的重要性首先有赖其所蕴含的拉近道德与政治的力量。所以真实情况是,两个世界的分离比二者的调和更令人信服。对于道德来说,灵魂的纯粹性以

---

〔1〕《论永久和平》,附录一;增补之一。

及对其在另一个世界中的无限进展的期望比共和政府以及在这个世界中趋向永久和平的无限进展更为重要;而反过来,公民社会的问题更多指涉幸福与安全的需求,而非道德的需求。然而,这种情况也是真的:恰恰由于其道德学说的政治结果及其政治学说的道德意义,无论对于哲学还是对于政治良心来说,康德都有独一无二的重要性。他赋予某些道德主题以直接的政治意义,又赋予某些政治主题以神圣的道德尊严。任何人,如果他严肃思考自由主义和民主政治的基础,他就会从中发现在霍布斯、洛克乃至卢梭身上所不具备的一种道德感情,而康德为这种道德感情提供了理论的证明。

当康德谈到对人之尊严的尊重时,其对政治与道德的关系的讨论达到了顶峰。康德政治学的实质问题是人的权利的性质及其哲学和道德地位。下面我们就来谈这一问题。

人的权利

在人的权利方面,康德的任务是要为政治自由和平等奠定一个无条件的道德基础,或者说,是要启发人们意识到自己的权利,告诉他们立法的自由是主体服从的唯一基础,以便使他们获得自由和解放。

为了更好地理解康德的学说,有必要谈谈康德与卢梭和休谟的关系。据康德自己讲,休谟为其哲学提供了出发点,并促使他来承担这样一项任务。康德记述了卢梭对他的强烈影响:"我的愿望是做一个学者。我对知识有着强烈的渴求,并在这方面有着贪婪的成就欲,同时也为在其中取得的每次进步感到满意。我曾经相信,只有知识才是人类的荣誉所在,因而我鄙视无知的庸人。卢梭使我有了自知之明。幻想的差别消失了,我开始学会尊重人,而且如果我认为我所考虑的事情无助于确立一切人的权利和价值,我就会自认不如一个普通劳动者有用。"[1] 至于休谟,康德写道,"我坦率地承认,大卫·休谟的批评在多年以前首先打破了我的教条的迷梦,并给予我的思辨哲学的研究以崭新的方向"。[2]

卢梭的影响是肯定的启示,康德据此确立了他自己关于人的价值和哲学的任务的概念:这种价值和这一任务具有直接的和迫切的政治意义。康德从卢梭那里继承了这些思想:道德高于哲学,行动高于沉思,实践理性高于理论理性;道德的至上性要求一切人的平等价值;道德和承认人的权利实质上是一致的。而行动高于沉思意味着自由高于自然;实践理性的至上性则意味着对理论理性的批判,即对科学和形而上学的批判。休谟的怀疑主义使科学和形而上学成了有疑问的东西,从而把康德从教条的迷梦中唤醒:康德要发掘真正的、合理的科学基础,以此来确定科学的界限,并因此把对(理论的)形而上学的拒斥奠定在坚实的基础上。

休谟曾主张,基本的概念——如必然性和偶然性——之所以对我们来说是有效的,根源就在于经验和便利而不是理性。康德接受了休谟对主流思想的"教条主义"的否定,所以,康德批评哲学家们没有考虑他们的最基本的概念可能存有的弱点;但康德拒绝了休谟学说中肯定的一面,也就是这一学说的经验主义。康德要求我们的知性,尤其是因果关系所根据的那些原则,不能仅仅以经验为基础,以免它们的必然性和普遍性成为难以理解的东西,并因

---

[1] 《论美感和崇高》(*Observations on the Sense of the Beautiful and the Sublime*)的注释,载《康德全集》,学院版,第20卷,第44页。另见卡尔·J. 弗里德里希编:《康德哲学》,第XXii页,纽约,1949年版。

[2] 参见弗里德里希编:《康德哲学》,第45页。

而使科学,特别是数学物理学,失去它们存在的可能性。

康德阐明这一问题的方式是区别分析判断和综合判断。分析判断是那些主词本身完全包含或蕴含谓词的判断,因此,谓词只是解释主词已经包含或已经道出的东西,它并不产生任何新知识。分析判断的有效性因此是独立于经验的,这样的判断是先验的。综合判断是谓词能够给判断者在说出主词时所具有的思想内容增加某些新内容的判断。以经验为根据的判断必然是综合的,它们是后天综合判断。但这样的经验之所以可能,前提是存在先验的综合判断——具有逻辑的必然性和普遍的有效性,因此是不能被经验证实的判断。例如,一切经验都以因果关系的原则为先决条件,像休谟所表明的那样,这个原则不是分析的,不过休谟没注意到,这个原则也不可能源于经验,相反,它倒是一切可能的经验的先决条件。但因果关系不是唯一这样的原则。存在范畴和纯粹直觉形式(时间和空间)的整个体系。范畴与纯粹直觉形式的结合提供了一个框架,它使自然科学成为可能。自然科学,也就是关于现象世界的科学,因此不是对外在于我们的实在的沉思,而毋宁是由我们给自然立法,由我们赋予事物以只有我们才能"先验"地知道的东西。从根本上来说,自然科学是我们的知性的"自发"产物,知性的这种自发性有别于感性的"感受性"。实践理性允许我们参与可知的世界,同时使我们摆脱单纯沉思的被动性和现象世界的经验的相对性,而理论理性则局限于现象世界。是实践理性的自由完成了从恒定性到自发性的跨越,而这种自由在道德的人的自由或在道德本身中达到其顶点。

实践理性的至上性有双重结果:通过使所有人都能平等地达到最深刻的真理,即道德的真理,实践理性消除了自在世界的不可知性;通过对单纯经验世界的不断挑战,实践理性导向了人的道德和政治的阐述从过去经验中的解放。"关于自然,经验无疑为我们提供了规则,而且是所有真理的源泉;另一方面,关于道德法则,遗憾的是,经验只是错觉的源泉,因此以我们过去的经验来推导或限制我们应该做的事情的法则是应该受到谴责的。"[1]

通过实践的至上性,新的理性概念导致了"是"与"应是"之间的根本区别(这种区别始于休谟,但首先由康德详加阐述),因此也导致了道德的形式主义和政治、法律的教条主义。人的权利是"先验地"被认识到的,是普遍有效的和可要求的。这些权利的唯一源泉和内容就是彻底的自由,而这种自由是理性存在物即人的本质。这种自由独立于宇宙、人和社会的自然,因此不能以目的的达成来定义它,也不能按照决定或被决定的情况来应用它。这种由休谟开始的对理论理性的批判,为消除一切外在地强加于自由的法则,从而为人的彻底解放开辟了道路。而康德则把这种解放的发端及其道德的和政治的结果,也就是他的事业的真正的出发点和真正的目标,归功于卢梭的影响。

这种影响的反映之一是康德《道德形而上学的基本原则》第一部分开头的一句名言:"除了善的意志,不可能设想在这个世界中,乃至在这个世界之外,还有可以称为无条件善的东西。"各种美德本身并不单纯是善的,因为恶的意志也能正确地利用它们。道德不是为了幸福或人性的完美,相反,道德赋予那种幸福和完美以价值。反之,善的意志之善性绝不是取决于意志的目的的达成,也绝不会因其没有达成而湮没。

现在我们可以开始理解康德道德和政治学说的两面性特征:它在自由中既要求服从又要求解放,既要求顺从又要求荣誉。道

〔1〕《纯粹理性批判》(*Critique of Pure Reason*),"先验辩证论",第1篇,第1节。

德或善良意志不仅在于行为符合道德律令,还在于行为是出于对道德律令的尊重,只有尊重才会有绝对的服从。但因为道德律令是主体自律的表现,所以它并不代表外在的权威,而是代表主体自己的意志。善良意志本身就是善的,它独立于可能产生的任何结果,而且它本身就构成了最高的善,在某种程度上取代了上帝或自然。以知识或幸福自夸的人遭到了贬低;在最大限度上服从道德律的卑贱者,通过自由意志而被提高到前所未有的统治地位。

这种以道德为本、为上的革命学说包含着各种政治意义。首先而且最明显的是,它有力地支持了人人平等的信念,因为它蔑视不平等的各种自然的或社会的(经验的)根源,主张人的区别只依赖作为道德存在物的人的品质。但每个人都能有善的意志,它既是必需的,也是唯一的其存在本身就是善的东西。由此可顺理成章地得出这样的结论,即一切人在这一决定性方面的平等,以及一切人的绝对价值,应该受到每个人的尊重。不仅世袭的等级,而且一个人在另一个人面前表现出的或由另一个人造成的任何卑贱,都是对人的平等和自律的冒犯。

从道德的至上性到道德主体的尊严再到一切人的平等,这一过程提出了一个困难而重要的问题。作为立法者的道德主体的尊严或绝对价值属于一切人还是只属于那些履行义务的人,属于有能力道德地行为的人还是属于实际道德地行为的人?如果是前者,那么有能力道德地行为的人的完全的尊严和权利应该在多大程度上转变为政治的和社会的等价物?

康德对第一个问题的回答不乏含糊其辞之处。在《道德形而上学的基本原则》的大部分篇幅中,他坚持狭义的和更严格的规定,即以人的实际道德行为为准。然而,在名为《道德的形而上学》("道德学说")这部著作的第二部分中,与其说他关心的是尊重的基础,不如说关心的是尊重的含义,因而广义的概念占了主导地位,所以康德强调每个人都有权要求他人的尊重。但同时在这里我们也看到了狭义和广义概念的结合,至少就人们相互间的义务而言是如此。每个人都有资格获得他人的尊重并有义务尊重他人,“人本身就是尊严”,意思是说,人不能仅被当作手段,而应始终且只被当作目的。“他的尊严(人格)就在于此”,并且他有义务在实践中认识到这种受一切人尊重的尊严。“我不能否认,即使对于一个堕落的人,至少就其能作为一个人而言,也不能取消对他的一切尊重,即使他的行为不值得尊重。”谴责恶行是应该的,虽然这些谴责不可避免地是对恶行者的无言蔑视,但这些谴责“决不可导致对堕落者的完全蔑视,也决不可完全否认他的价值;因为那样无异于假定他永远不能改善自己,而这样的假定不符合人的理念,因为人作为道德的存在物永远不可能完全丧失善的倾向”。[1]

只属于道德的人的尊严恰恰赋予人以尊重一切人的义务,因为道德的人的尊严属于整个人类,属于所有潜在的道德的人,也属于那些可能为恶,但具有某种善的倾向,从而有别于兽类而类同于有道德的人的人。人们在尊严上是不平等的,但一个人有义务把所有人都当作在尊严上仿佛是平等地来对待。个人应被当作平等的人来对待或至少其某些方面的尊严应受到尊重的权利,其根据不在于他是平等的或值得尊敬的,而在于人们有义务把一切人当作平等的或应受尊重的人来对待。这里的根据与其说是道德的至上性,不如说是道德的内容。如果说对人的权利的尊重以道德为依据,那是因为道德的定义就是尊重人的权利。道德的内容与其形式一样,皆表现为一个始自普遍性的推论。道德形式主义的原

---

〔1〕《道德形而上学》,第2编,《道德学说》,第38、39节。

则在一个概念世界中界定政治领域,而支配这个概念世界的是普遍化的理念、以理性的人类自身为目的的理念、目的王国的理念以及自律的理念。

某一行为的道德价值出自意志(愿望)的善性,或者说这一行为是以善的意志为动机的,这意味着善的意志的纯粹性在于它不考虑任何经验的目的。意志的纯粹性是意志的所有实质性意向的纯化,这种意志的动机只是意志的自重,也就是对意志的一般形式原则的尊重,换句话说,也就是对这样的律令的尊重。义务本身意味着依据对法的尊重而行为的必要性。但道德的人怎样才能找到那统治其所有行为的法呢?具有善良意志的人又怎样认识他的义务呢?康德的善良意志的标准是普遍化,就像卢梭的一般意志的标准是一般化一样。康德的标准要求一个人在决定自己的行为时首先自问,自己的目的行为所依循的准则是否能成为一切人的行为的普遍法则而又不破坏该行为本身。例如,一个想借债的人知道自己无力偿还,他还应该承诺还债吗?如果所有的人在知道自己不能偿还的情况下仍然允诺偿还,那么诺言就成了普遍无效的东西。此人的虚伪诺言如果普遍化就会破坏一切诺言,而且恰恰也会破坏虚伪诺言的目的——借债活动本身。自相矛盾或不合理的准则不能成为理性存在物的法则。由此得出的结论是:一个人不应作出他不准备兑现的承诺;一个人的行事根据只应是"此事可以普遍化",也就是康德所谓的绝对命令——不只是假设地或视具体情况而定地,而是无条件地或普遍地约束与行为相联系的那些需要或目的的命令。"要这样行动,以使你的行为准则能通过你的意志提升到普遍的自然法则的高度。"[1]只有一个绝对命令,这就

〔1〕《道德形而上学的基本原则》(*Fundamental Principles of the Metaphysic of Morals*),第2节。

是普遍性的命令。但康德通过给予绝对命令以三个替代准则来阐述这种普遍性,这些准则有助于揭示人的意义和义务的基础。

第二个准则寻求意志借以自决的客观原则。康德否定了理性的人由特殊意图所激发的那种主观目的的有条件的命令,他要求意志遵循无条件有效的自身目的。但唯一可能的、具有客观价值的自身目的是理性的人本身。根据绝对命令的这第二个准则,意志的所有律法都可从中推论出来的最高的客观实践原则是,“要这样行动,以便将人类,包括你自己及其他所有的人,永远只当作目的而不是单纯的手段”。正是绝对命令的这一准则为有关人的权利的政治学说提供了道德基础。违反尊重人为自身目的的义务的最明显表现就是对自由和财产的侵犯,这种侵犯的动机只能是把同为理性存在物的同胞当作单纯的手段或工具,而不是当作自身能够参与该项行为的目的的人。[1]

要求一切人都被当作自在的目的显然在某种意义上是对自由的限制,但因为这一要求意味着由法来制服一切主观的目的,所以这一准则导致“自律”的理念,即意志给自己立法并将其只当作自己的决定来服从的理念。这第三个原则,即自律的原则,把每个理性的人的意志都设想为一种普遍的立法,这一想法又进一步导致含义丰富的“目的王国”的概念。“王国”是各种理性的人以共同的法为媒介的系统联系,而目的王国是由客观的法联系起来的理性的人的结合,因为客观法的目标恰恰就是以下述方式把这些人结合起来:他们既被当作目的本身,也被看作对彼此的特殊意图有助益的,也就是被当作手段。不仅这一结论,甚至康德道德原则的表述方式(formulation)在本质上都是政治性的。义务指向秩序或共

---

〔1〕《道德形而上学的基本原则》,第2节。

同体。

康德的确强调了两个理念之间的差别,这两个理念分别是伦理共同体的理念和政治社会的理念,前者是内在的和普遍的,而后者则是外在的和特殊的。虽然如此,伦理共同体却有一个政治结构。“一个理性的人作为一个成员属于目的王国,他既给这一王国规定普遍的法律,本身也服从那些法律。就其规定法律,因而不服从异己的意志而言。他是这一王国的统治者……但在目的王国中,义务不是针对统治者而言的,而是对每个成员,而且是同等地对一切人而言的。”[1]目的王国是一个其成员具有同等权利的共同体,或者说是一个共和国,其所依赖的基础是成员之间的互惠性关系。互惠性对于道德的重要性是不可估量的。义务不过是根据互惠性原则而行为的实践必要性,因为互惠性原则不仅表达了人类在尊严上的平等,也因而表达了人类在理性上的平等的基础。在以客观性来调整其相互关系的理性动物中间,互惠性是他们进行互动的最佳原则。

人们相互关系的领域,即由正义所支配的领域,在古典思想中只是美德领域的一部分,而康德则把这一领域与美德等同了起来。在《道德形而上学的基本原则》的开头部分,康德贬低了四大古典美德中的三个,即勇敢、节制和智慧,因为如果不与善良意志相伴随,这些美德可能是有害的。现在我们可以理解康德为什么没有贬低主要的古典美德中的第四个,即正义;善良意志与正义是一致的。没人比康德更强烈地赞成激情对理性的服从,因而坚持认为在人身上存在纵向等级系统。然而,同在卢梭那里一样,在康德这里对人的欲望的限制不是“纵向地”通过遵守人身上的自然等级秩

[1] 《道德形而上学的基本原则》,第2节。

序来实现的,而是“横向地”通过自由所施加的限制、个人之间互相施加的限制,以及对自由和个人的尊重来实现的。目的王国的理念实际表明,对于自由的自律与相互限制的结合来说,普遍化是至关重要的,由此可以看出卢梭的政治思想对康德的道德观有多么重大的影响。同时它也表明了就在道德层面上使权利与义务的互惠性以及权利和义务二者之于美德的优先性进一步激进化而言,康德的理性形式主义道德观是如何超越卢梭的政治思想的。

在《道德的形而上学》中,康德强调了权利与义务相对于美德的优先性,在其中他区分了法律上的义务和美德所要求的义务,并认为前者明显优于后者。法定的义务用于外在的行为,服从立法的外在制约;美德所要求的义务用于行为的内在准则,即用于趋向某种目的的内在意图,这一目的应该是一个义务但不能是一种其来无自的制约。虽然法律上的义务只与外在行为有关,但它们还是优于美德的义务,尽管它们与主观意图和善的意志有联系,因为法律的义务本身就具有道德的本质,由于它们确实通过要求每个人尊重自己和他人的权利而确定了权利与义务的互惠性。

法律的义务规定了正义的要求:第一,要尊重自身的人权,拒不允许他人把自己当作单纯的工具,而要求被当作目的来对待;第二,不要伤害任何人;第三,为了上述缘故,要进入社会,因为只有在社会中才能保证每个人的财产不受他人侵犯。美德使人倾向应该有义务特征的目的——自身的完善和他人的幸福。法律上的义务是确定的和完善的,美德所要求的义务则是宽泛的和不完善的,因为它们的命令难免为人留下自由选择的余地。法律的义务优先于道德的义务:在顾及他人的幸福之前先关心他们的权利。爱人是有条件的义务,尊重人的权利则是神圣而绝对的义务。树立实践的优先地位并不会危及道德,因为外在的法规或合法性与内在的道德在尊重人的权利这一点上是一致的。

康德以道德来推论政治的努力显然面临严重的困难。尽管这一点是真实的,即他确实从道德中推论出了法律的神圣性以及尊重法律的无条件的义务,但同样真实的是,他从根本上区分了法律和道德:他的法律学说在自由的权利(唯一生而具有的权利,而且是任何其他权利的源泉)中包括说谎的权利,而他的道德学说却不赞成任何情况下的谎言。康德甚至提出了一种尊重道德上的中立权的绝对道德义务,即使这种中立权是不道德的权利。

除了人的权利的义务性与道德的中立性之间的对立以外,更一般、更根本的对立是服从法律的义务与这些法律的偶然且常常是不道德的内容之间的对立。不仅法律与人的权利或总意志的一致性不能确保法律的道德性,而且这种一致性甚至不构成国民服从国家权威这一道德义务的必要条件。国家的统治权应该符合总意志,而国民则应服从现行法律。但是,将道德应用于政治的问题因此成了更为严重的问题,并且因此产生了一种新的对立。现行的政治法律或命令在很大程度上既同人的权利相对立又同道德的要求相对立,这些法律不仅允许而且积极规定与道德相抵触的律令。因此,道德既要求我们在主观上希望符合人的权利且与道德本身相一致的政治秩序来取代这样的立法,同时又要求我们服从这些不道德的法律。道德不允许以虚伪或暴力同不道德作斗争,它禁止用不道德的手段达到道德的目的。这样,在所欲望的目的和可允许的手段之间就出现了一道鸿沟,这使第一个对立的解决,即外在法律的义务性与内容之间对立的解决,成了不可能的事情。

在《论永久和平》的附录中,康德系统论述了道德用于政治而产生的问题。他首先从两个格言所表达的政治与道德的对立谈起,这两个格言中一个是政治格言,另一个是道德格言,它们分别是“要像蛇一样狡猾”和“要像鸽子一样天真”。但康德这样做的目的是否认这种对立会造成真正的困难。从原则上讲,政治只是这样一种法律学说的应用,即这种法律学说的理论是伦理学。政治学与伦理学的任何冲突都应通过使前者完全服从后者来加以解决。“诚实是最好的策略”包含一种常常被实践所背叛的“理论”,但真正理论上的“诚实好于任何策略”却是任何实践都绝对无法攻击的。康德将“政治的道德家”与“道德的政治家”加以对比,认为前者试图使道德服从政治,后者则根据对义务的认识采取政治行动。康德拒斥马基雅维利式的政治格言——“先斩后奏”“矢口否认”“分化瓦解,各个击破”——而赞成以人的知识为基础的道德格言:“让正义盛行,哪怕世界为此而亡。”当政治与道德冲突时,道德以独一无二的方式来解决这种冲突:它贬低实质原则或行为的结果而热衷于它的形式原则。

《论永久和平》附录第二部分的主题是政治与道德的和谐一致,而这种和谐的基础是国家法律或公民权利的超经验意义。康德主张国家法律或公民权利在原则上要求绝对的“公开性”。某项行动准则之所以要保密,无非是害怕公开会暴露它的不正义并因而会触怒公众。不正义需要保密,而保密意味着不正义。作为准则的——因而也是行为的——道德规范、可公开性与可普遍化在形式主义和人造性方面是相类似的。在说明公开性的作用时,康德展示了它何以防止马基雅维利、斯宾诺莎以及后来的黑格尔所认可的那种统治者背信弃义的行为,尽管这种行为的前提是统治者依然履行自己对国家的最高义务。实践理性先验地确立的恰恰是后来被称为公开外交的原则,即“公开达成的公开协约”的外交原则。

从对某一准则以及遵循这一准则的某一政治行为的道德标准

（可公开性）的讨论出发，康德进一步寻求实践准则能与正义符合一致的积极条件。他承认这进一步的努力是必要的，因为他知道，如果某一行为者的准则是正义的，他的准则就必是可以公开的。但假若该行为者足够强大，以致他敢于蔑视世界的反应而公布他的不正义计划，那么他的准则也将是可以公开的。由此可见，就某一行为的道德而言，其准则的可公开性是一个必要的条件，但不是充分条件。因此，康德提出了使道德与政治相一致的一般条件，也是公民权利和国际法存在的必要条件：在人们中间实行法治，在国家之间实行协约制，以摆脱自然状态，从而杜绝战争。纯粹理性而非经验说明，道德与政治的结合要得以实现，以及政治审慎要想有合法的基础，就必须促成国家间的联合，这是法的概念本身的必然要求。

关于将道德直接应用于政治的问题，康德所提供的线索又把我们带回到了我们已经熟悉的那种困难：形式的和普遍的道德要求某种政治秩序，但这种道德并未证明自身是这种政治秩序的基础；更准确地说，康德给出了为实现这种政治秩序所必需的手段，而他的道德是不允许使用手段的。道德的抽象性和僵化造成了道德自身与其政治应用之间的对立，这种对立既存在于目的王国，也同样存在于手段王国；既存在于法律秩序的领域（康德认为是外在自由的领域，而不是道德意向的领域），也同样存在于政治行动的领域（康德甚至认为它必然是偶然、特殊和不可预测的）。

历史哲学

克服道德与政治的分离正是历史哲学的任务，其职责就是要指出,道德与政治在其中得以彻底统一的那种法治状态是历史进步的方向。历史哲学因此必须把对不道德手段的禁止和它的不可缺少性这两个方面调和起来,必须取消人类剧场所呈现的混乱和不正义状态,并取消伴随意志自由的不可预测性,而代之以一种进步概念,这种进步既以与道德相联的目的性为特征,也以与物理决定论相应的必然性为特征。这里再次出现了卢梭对康德的影响,而且康德自己也承认这一点,因为他把卢梭描绘成道德世界的牛顿。牛顿在看上去变幻无常的偶然事物中发现了物质世界的简明秩序,卢梭则在纷繁复杂的人类现象中首次发现了深刻的人性,并且洞察到了证明天意存在的隐蔽规律。[1] 在卢梭之前,天意似乎一直赋予人类剧场以权威性,在这个剧场中政治忽视道德,不仅目前是如此,而且似乎也没有希望通过历史的进步加以补救。

但是,之所以说卢梭是道德世界的牛顿,之所以说他的学说是对天意的辩护,部分理由在于卢梭面对的是过去而不是未来:《论人类不平等的起源和基础》解决了原始道德与普遍的道德律之间的对立。就像康德指出的那样,他自己的出发点不是人,而是文明的人,也就是卢梭只是在恢复了自然人并以之为出发点之后才达到的那种文明人。倘若原始人不知道道德律,那是因为他们尚不充分具备理性,那么道德律普及全人类就只可能是超自然的奇迹。但卢梭的功绩恰恰在于,像牛顿在物理领域中所做的那样,他在社会领域中证明,上帝的智慧和光辉更好地体现于自然律法的必然性和恒常性中,而不是体现为打断自然进程的奇迹。

然而,历史哲学的本质作用在于,在解释过去的同时要展示未来的希望,从而以某种不可缺少的鼓励来支持道德行为。康德认

[1] 《论美感和崇高》的注释,载《康德全集》,学院版,第20卷,第58页。

为，如果人类在道德上不是趋向进步的，或如果人类及个人的进步不至少被认为是可能的，那么道德就会失去它的意义。相信世代相传的道德进步与相信知识和政治的进步必定是相辅相成的。个人的道德，虽然它最终依赖善良意志，即依赖个人自身，但它也一定是由那些对美德既不引诱又不惩罚的外在条件逐渐促成和报偿的。历史的任务就是促成理性和文明的兴起，这对于服从普遍的道德律来说是必要的——虽然不是充分必要的；同时历史的任务也在于通过废除诱发不道德行为的暴力来促成合法国家的实现。与其说康德把知识、文化和政治的历史进步看作事实，不如说是道德主体的实践“公设”。历史的进步不是源于道德行为，不是由于人的意识，而是由于自然过程的作用，或是由于天意。天意借用邪恶、暴力和战争等以促进历史进步，凡此种种之兴盛抑或衰败，皆是冥冥之中的定数。在历史哲学和道德之间既存在一致也存在对立，这两个方面都是本质的，由此又产生了卢梭思想中的那种难题，这一难题是由于认识到知识与道德进步的对立而产生的。历史哲学或许能提供道德与政治之间的联系，但其自身的含混性使它不能完全克服它们之间的分离。

与其后继者不同的是，康德的历史哲学是应道德的要求而提出的。它的主要价值是实践的，即充当行为的指南。理论理性的任务就在于说明历史进步的不可能性肯定不能通过诉诸经验来证明，并且附带说明经验本身就提供了证明进步的种种迹象，这些迹象虽然不是决定性的，但确实是鼓舞人的。康德没有断言人们有义务相信进步的目的是能够实现的，他们的义务应是遵循这样一些目的，只要这些目的的不可实现性是不确定的。例如，一旦道德理性确立了对战争的绝对否定权，永久和平是否能实现的问题就被下述义务取代了，即我们应该把永久和平当作能够实现的东西来加以遵循,因此就应该建立永久和平所要求的那些国内和国际的共和制度。"道德律令是会骗人的"这种想法诱发了人类体内的动物性欲望——放弃理性,向自然机械主义投降。[1] 道德理性把我们从理论和科学理性的教条主义中解放出来。

现在,倘若每个人的道德义务都已经统一于一个因为他必须服从所以能够服从的绝对无条件的命令,那么为什么还要为了使道德律保持其价值而依赖一个趋向某种政治秩序的进步过程的可能性呢?简单地说,因为需要(通过历史哲学)表明在美德和幸福、道德和自然、道德和政治或义务和利益之间存在一致性或不存在实质性的对立。这样,康德就把幸福之类的问题引入了他的历史哲学和政治学,而这类问题严格说来不是道德的问题。下述看法可能会招致反对,即康德调和道德与幸福的努力弥补了他的道德对幸福的忽视。但必须承认,对康德主义来说,调和幸福与美德的尝试与其说在人类历史方面有决定性意义,不如说在信仰另一个世界方面有决定性意义。不过,这种调和的尝试只限于为历史提供一种倾向以及为政治规定一种目的——建立一种法治的或和平的秩序——而不是声称要影响人类的道德教育,所以这一尝试的目标是有限的:消除道德的障碍,但仅限于这些障碍也是文明社会的障碍的时候。实际上,甚至在权利方面,由于这种调和认为人类的命运在自然界中具有优越性,所以它双重地背离了严格意义的道德的优越性,即个人在本体世界中的优越性。一方面,道德问题在任何时候都是针对每个人而提出的;在任何时候他都必须是道德的,所以他只能是道德的,实践理性的公设因此便从根本上得到了有效运用。但另一方面正相反,与个人的灵魂不朽不同的是,人

[1] 《权力论》,结束部分载《道德形而上学》。

类的历史进步只是在人类的未来的意义上回答了美德和幸福的问题:为了当下的道德行为,个人并不一定需要具有历史进步的观念,而且这一观念所提供的遥远的希望并不会对他产生直接的影响。康德,作为第一个将政治哲学转变为历史哲学的伟大哲学家,却明确而有力地提出一种反对一切历史哲学——包括他自己的历史哲学——的理由。他清楚地知道,历史的进步是若干代人努力的结果,一代代人或多或少无意识地建造着一座大厦,他们自然不可能共享这座大厦的完成所带来的幸福。但康德认为这是理性动物所不可避免的情况,因为人作为个体是会死的,而只有作为整体的人类才是不朽的。

现在第二个方面出现了,在这一方面历史哲学低于作为道德之保证的灵魂不朽的公设。由于假设只有通过实现人在社会中的自然目的才可达到道德的完善,所以历史哲学着重依赖经验和现象——人生的短暂、人类的不朽、进步的事实以及会导致历史结束的自然灾害对人的影响。这些情况属于人类生活的特殊方面,不能像颁布和服从道德律的理性动物的特征那样被先验地推论出来。况且,由于是经验的,这些特殊的东西就需经验的证实。尽管从理论上讲,为了证明历史进步在实践上的可能性,只需要说明它的不可能性不能证实就够了,但康德还是禁不住去寻求积极的、经验的支持:人类为历史与道德的统一所作的努力不可能是毫无结果的。道德行为假定并包含着希望或一种实践的信念,它必定会产生一种对自然、经验和历史的新的观察方式。人类的经验一定能容许这样一种解释,这种解释更与永久和平的理想相一致,而不是单单与政治家的理想相一致。

就这样,康德又回到了他曾经轻蔑地从中退出的"经验",试图从中寻找趋向和平、法治和道德的进步迹象。在他看来,表明人能成为自身进步的创造者的任何经验都经历了对过去和未来的设想,而这种设想标志着人类前进的趋势。由于依赖的是对事件的解读和对迹象的解释,所以历史哲学并不能像有关本体世界的公理或有关自然界的科学规律那样要求必然性和严格性。

进步的迹象和途径显露于人类生活的何种层面和何种范围呢？不是显露于人们的特殊行为、利益和动机的层面,他们的智慧不足以使人们为了一个合理的共同目标而团结起来。正是由于这个原因,哲学家必须从人类生活的无计划性出发来寻求作为历史本体之基础的自然计划。[1] 在这种情况下,关于朝向法治的共和政体和永久和平的发展进程,只有两种方式可以设想:第一,人们自由选择这条道路,但人们走这条路不是凭他们的经验的本性(为了利益或幸福),而是通过义务、道德和守法;第二,人们不知不觉地被更高的力量驱迫着走这条路。要是这些可能性成了有关未来的线索,经验想必就得包含这样的证据:它或者证明在人们之中存在克服自然本性而进入普遍的法治状态的倾向,或者证明那种不为人知的更高力量的作用,这种力量使人们偏离他们的特殊目的而趋向一个符合永久和平的共同目标。

这正是康德历史哲学的两个方面。第一种可能性的确反映某种超历史的东西的作用,但第二种可能性构成了严格说来的历史哲学:只是就还存在自由之外的某些东西而言,并且只是在人类活动没有自觉的方向这种意义上,历史才是存在的。自相矛盾的是,只有在下述意义上道德才能进步并在自然中确证自身,即人们实现不了他们想实现的东西,或者用亚当·斯密的话来说,他们活动的结果背叛了他们的计划;也就是说,他们被一只看不见的手引向

---

[1] 《以世界主义为目的的世界历史的理念》(*Idea for a Universal History With Cosmopolitan Intent*),序言。

遥远的、并不包含在他们的意图中的目标。因此,是“自然的目的”(显然是康德对天意的更谨慎的表达)充当了历史的向导。实践理性与自然彼此协作和相互支持,因为“自然不可抗拒地趋向终将胜利的法则。人们没意识到的那种目的必将实现,虽然并不是不需要艰苦的劳作”。[1]

这样一来,历史哲学就能反驳那些务实的人对道德家和空想家的“理想主义”的责难:虔诚的愿望和由经验所证明的必然性之间看似矛盾的东西,现在成了真实但受限的经验或然性与一种先于经验并已经部分地实现于经验中的必然性之间的争论。

康德甚至走得更远:自然正是利用人性中的自私倾向来实现那些由受尊崇但潜在的人类总意志提出的目的的。自私自利助长了冲突与贪欲,但它同时也激起了对付侵害与贪婪的那些反自私的手段,这些手段带来了和平、繁荣与进步。在历史过程中,以及在这一进程的不同阶段上,秩序产生于冲突,和平产生于战争,公益产生于私利。为道德所要求并反过来为道德开辟道路或促进其任务的政治秩序,不仅在道德上是中立的,而且是通过不道德的手段实现的,或至少没有激情和邪恶便是不可能的。[2]

自然被作了目的论的即道德的解释,自然赋予历史的意义和目的,因此就在于使人类的所有自然倾向都得到发挥。这些倾向最终化为文化,即人作为理智动物的能力,这种能力使人能够把自然当作手段来加以利用,并使人能自由地为自己选择他所欲望的任何目的。康德同意卢梭的这一观点,即人的根本特征就是自由,或更进一步说,就是人的可完善性。人在实际具有理性以前是可能有理性的;人的文化和知识逐渐发展,从而使人逐渐摆脱其动物

---

〔1〕《论永久和平》增补之一。
〔2〕《论永久和平》增补之一。

状态。而且,同卢梭一样,康德也认为文化和知识的这种进步本身并不能构成趋向幸福或道德的进步。理性与本能决裂的同时也告别了无知,由此导致了理性与人对动物状态的适应性之间的对立。理性的发展绝不总是意味着欲望的升华,而且由于将禁律及对禁律的违反引进人的生活,理性的发展赋予人类一种罪恶感。康德根据卢梭和《圣经》的原罪说表达了下述思想,即罪恶和痛苦与文明相伴而生。随着人们的技能的发展,开始出现了物质的富裕,也因而产生了人间的不平等以及与此相关的低等阶层的困苦和上等阶层的烦恼。[1]

现在我们理解了卢梭何以能不仅使康德相信人在历史方面从自然向文明过渡的必然性,而且也使他在这种历史的过渡是否为道德提供了保证甚或基础的问题上踌躇不决。康德有关道德进步与文明、科学、技术乃至政治制度的进步之间的对立关系的看法源于卢梭,这种看法或许最能说明康德思想中的历史哲学何以具有双重的和含混的作用。人类各种潜能的发展可能远离道德和幸福的看法,或无论如何人类的发展必以这样的分离为出发点的看法,导致了一种怀疑,即怀疑人类在这个世界上能达到完善,同时也导致了一种肯定:与个人来世的道德命运相比,人的不纯贬低了人类在今世实现的价值,从而使功德圆满的途径归于无效。

康德的结论比卢梭的结论乐观。在卢梭看来,个人命运与社会命运的对立大概是无法克服的。在康德看来——实际从他对卢梭的解释来看——通过历史的发展,这种对立终将在某种符合自然目的和人类命运的社会中得到解决。康德把卢梭所指出的文明与自然状态的矛盾解释为人的道德倾向和自然倾向之间的矛盾。

[1] 《判断力批判》(*Critique of Judgement*), §84。

奢侈、不平等和暴力与道德的进步不可分割。它们使人脱离了自然,也一定将人引导到"社会契约"的社会,即引导到这样一点,在这一点上"日臻完善的技艺再次成为自然"。[1] 如果说康德同卢梭一样抨击了文明的罪恶,那么,不同的是他比卢梭更强调了这些罪恶的积极的和不可缺少的历史作用,以及这些罪恶最终借以克服或超越自身的方式。文明唤醒、鼓励了贪欲和邪恶,这种"闪光的痛苦"必将导致"有纪律的文明",在这种文明中意志将摆脱贪欲的暴政而获得自由,道德的习惯将通过法治而得以实现。同样地,不道德导致平等社会的产生,战争导致和平。康德当然不是在为邪恶的手段开脱罪责,无疑他比任何其他哲学家都更坚决地禁止使用这样的手段。但是,他愿从中回顾性地发现某种益处,由此表明历史克服了目的和手段的矛盾。无论怎么说,自然(本性)对暴力和不道德的政治负有责任,因为自然奉行"目的证明手段正当"的准则,而这一准则是实践理性严格禁止人们使用的。因此,当康德开始讨论诸如法国大革命、反抗暴君的起义或争取自由的战争问题时,他得出一个困难的双重判断:以历史为准的回顾性辩护和以道德为准的无条件谴责。无论历史观依然像康德所坚持的那样与道德观并行,还是像后来黑格尔所主张的那样支配道德观,调和二者的承诺都存在于那些卢梭认为存在自相矛盾的地方。

然而,使这种调和面临困难的正是这一事实,即使这种调和成为可能的那种社会本身恰恰是构成人们不道德行为源泉的贪欲和邪恶的永久产物。或许不平等和战争终必自灭,但作为它们的根源的利己主义和敌对状态绝不会自灭,因为这些都是永恒的人性,为了权利、道德和幸福而发展和利用这种人性是历史和文明状态

---

〔1〕《人类历史起源猜想》(*Conjectural Beginning of Human History*)。

的职能。政治问题及其解决办法据以产生的基本现象被霍布斯定义为人的自然的非社会性,即潜在的或公开的一切人反对一切人的战争。康德则把这种敌对状态描述为“人的非社会的社会性,也就是说,人们有加入社会的倾向,但这种倾向同时伴有普遍的逆反倾向,这后一种倾向不断构成对社会的威胁”。[1] 在康德的说法中,关键要素是非社会性,和谐仅仅是人们的愿望,而不和谐是自然的命令,目的是促使人类发展。然而,虽然不和谐可能真的是自然借以产生最终和谐的手段,但那种和谐本身也只能是得到很好控制的不和谐,至少在法律和政治的层面上可以实现这种控制。文明社会之于自然状态等同于秩序之于混乱以及和平之于战争,但自然的自由和敌对在文明状态中也存在并且应该存在,最符合文明社会本质的制度是这样的制度:它能最好地保留自然的自由,虽然这样的自由孕育着敌对,同时它也能通过法治的作用最好地实现每个人的自由与他人自由的共存,并消灭由敌对而产生的暴力。

如果文明生活有赖于对利己主义施以利己主义的约束,那么我们以前的问题就会以新的形式出现:康德曾假定最好的社会制度是符合道德要求并且是为道德的实践作准备的,但现在这种社会制度与道德是什么关系呢?它与那些“现实主义的”、“愤世嫉俗的”、利己主义或功利主义的马基雅维利式传统建构有何不同?由于历史哲学的调和作用,康德的政治哲学比以往任何时候都更像是一个非此岸世界的抽象道德与过于世俗化的非道德的政治的混合物。

---

〔1〕《以世界主义为目的的世界历史的理念》,原理之四。

法治国家

康德的政治哲学实质上是法律学说,单就其本身而言,它从定义上就排斥道德教育同作为社会生活另一基础的激情的作用之间的对立。国家被界定为人们在法律之下的统一。这样的国家由法律构成,而构成这样的国家的法律是先验必然的,因为它们出自法的概念本身。判断某一制度的标准,以及给这一制度所规定的职能,只能是为这样的合法秩序所特有的标准或职能,而不能是别的标准或职能。法律的实质就在于,它根据实践理性而得以先验地确立,它只作用于那些能够归入立法范围的外在行为,并且只实施外在的约束而不管人的内在目的和动机。因此法律提供的是一种抽象和普遍的观点,这样的观点在有关幸福和道德的问题上是保持中立的,虽然它与两者可能都是一致的。康德与其前辈的不同之点在于,他认为道德谴责自然状态并要求人们进入法治状态,在这种状态中人们接受外在的约束,而且只有在这种状态中人们的权利才能受到尊重。这些权利的神圣不可侵犯性恰恰应归功于道德。但唯一内在的权利——作为其他一切权利的基础的权利——就是保证每个人随心所欲的行动自由的权利,只要他不妨碍或侵害他人同样的自由。这种外在自由的界定无关任何内在的道德限制,而且这种自由还意味着排斥一切外在的道德限制——国家进行道德教育的任何企图。反过来说,不管文明社会在保护其成员方面负有多少责任,它都不能把其成员的存在、福利或幸福当作目的,它的唯一目标只能是保护法律制度本身。法律的普遍性和先验性特点以及政治社会的法治特征,都要求政治社会坚持普遍的因而是最低限度的限制,以为人们的自由留有充分的余地,也就是说,不要去关心人们的经验的本性,不要去干涉人们对自己的自由的运用。此外,之所以有必要使政治社会的目的与其成员的目的分离开来,还有另一个更直接的政治基础:个人在同一的外在自由的权利下追求各自不同的、多样的目的,如果政治制度以给人们的幸福规定道路或方式为目的,那它就会是家长式的专制或暴政,从而会损害人们的权利,尽管它的出发点可能是善意的。同理,国家不能也不应该强迫其公民道德地行为,因为尽管可以规定道德行为,但为行为的道德性所不可缺少的意向或动机却不可能来自外部:或许我能被迫采用某种手段以达到某种目的,但只有我才能以这一目的命令自己。

因此,这种对只以外在的自由为基础的幸福和道德义务不予关心的法治国家,本质上就是与专制主义相反的,也就是说,它是共和国。一旦存在,这样的国家将最有益于人们的幸福和道德,之所以说有益于幸福,是因为由自己而非别人决定自己的命运对于人的幸福来说是不可缺少的;之所以说有益于道德,是因为人们的行为对法律的服从为人们的动机对道德律的服从作了准备。仍有待于搞清楚的问题是,康德的体系是否能成功地禁止国家——为了外在的自由——关心人们的道德和幸福,而同时又能成功地证明国家产生自对道德和幸福的关心并迫使人们趋向于两者。

康德的解释依据的是每个人的外在自由的内在权利(不受他人意志约束的自由)的绝对至上性。同时,实践理性所确认的唯一的法律公设就是把每一个外在对象视为人自己的对象的可能性。而为了保护上述的内在权利和可能性,需要限制人的外在自由。对于单纯的占有物转变为——因合法而——确定的财产来说,对外在自由的法律约束是不可缺少的,权利要求约束违法者,也要求约束那些被迫过公民生活的人。

公民社会的建立被设想为以原始契约为基础，人们通过契约而联合建立一个集体意志，他们把各自的相互约束权委托给集体意志的代表。在霍布斯那里，只有国家首脑可以约束别人而不受人约束；但在卢梭那里，由于与一切人联合，每个人都只服从自己：公意，即原始契约的来源和产物，是唯一的统治者和立法者，但须知公民团体本身是那个统治者。因此，康德在《论永久和平》中能够主张，外在的自由即使在他人同样自由的范围内也不是一个人随心所欲的自由，而毋宁是他拒绝服从他未曾同意的任何法律的自由。由此得出的结论是，在公意支配立法的情况下，代表制政府是唯一合法的政府。

康德区分了三种政治权力，实际是公意的三种“身份”：最高权力或以立法者身份出现的“主权”，以统治者身份出现的行政权，以法官身份出现的司法权。检验一个政府是否符合原始契约以及是否具有代表性——因而也是合法性——的标准是政府内的分权。在区分政体的时候，康德取消了一个人、少数人还是多数人统治这一传统的标准，代之以国家运用其绝对权力的方式（根源于造成了从乌合之众到国民的原始转变的那种公意的活动）为依据。他首先区分了共和制国家和专制国家。一方面，专制主义把立法权和行政权集为单一的权力，这种单一的权力实施由它自己制定的法律，这种情况的典型就是彻底的民主制。另一方面，统治者数量越小，人民代表制越充分，政体就越能更完善地接近共和制，在这种制度中政府有效地代表人民，而人民自己是立法者或主权者。

康德修正了人民主权的学说，因为这种学说具有明显的革命意义，但康德对这一学说的修正同他对先验和经验以及法律和道德的区分显然是相冲突的。他首先宣称，原始契约，即公民社会、法律和共和制不可缺少的条件,不必被看作是一个历史事实,而确实应该被看作一个不可缺少的理念,这一理念有助于迫使立法者尊重公理性的公意。[1] 但是,如果"原始契约"只是判断政体的标准,那么被假定源出于原始契约的公意也是这样的标准。因此,公意通过民众选举的实际表达可以合法地被君主的立法所取代,只要这种立法能获得公意的认可。当共和政体如此转变为充当合法性标准的正义原则的时候,任何政府都可以被认为是合法的,至少暂时是如此,尽管应该知道适用的不是实质性的正义原则,而只是普遍化的形式原则:某项措施或公正地为全体人民所采取,或与公意一致地为某一统治者所采取,假如其中不包含矛盾的话。这进一步确定了不考虑所有道德和经验问题的权利定义。但是,显然要由统治者而不是由人民来判断这个定义是否受到尊重,以及人民是否在一切情况下都应该服从。[2] 褫夺人民捍卫自己不可转让的权利几乎肯定会背离严格的正义。这一点不会因下述情况而改变,即公民必须有自由讨论和批评的权利。因此,正义最终必定依赖国家首脑的善良意志,而国家首脑本身不受任何他人的制约。康德赞成以制度取代教育、以人们的相互约束取代对欲望的道德规定这一现代的做法,但直到他基于道德而加以谴责的革命普遍实现共和制以前,对人的权利的尊重——尽管它们是被先验地推论出来的——显然仍将依赖统治者的教育和道德这样的经验事实。

这无疑是康德为什么认为政治问题无法被圆满解决的原因:人是一种需要主人的动物,但主人本身也是人。使每个人都成为

---

〔1〕《论常言:理论上可能真但实践上不可用》(*On the Common Saying: That Might Be True in Theory but it Does Not Apply in Practice*),结论部分。

〔2〕《论常言:理论上可能真但实践上不可用》,结论部分。

自己的主人,并使一切人都互为主人和臣民,这是一种抽象的解决办法。这种抽象的解决办法要得以实现,唯有以道德或经验方面的考虑来认真地加以修正,而康德却徒劳地努力把这种道德或经验方面的考虑描述为先验的和纯粹的,以图证明它们的合法性。更概括地说,康德不由自主地来为许多明智的措施的正当性作辩护,因为这些措施最终考虑的是国家的繁荣及其公民的幸福;但他却努力这样来证明它们的正当性:对于保卫合法的国家不受外敌侵害来说,这些措施是必要的。

永久和平

同样的难题甚至更尖锐地再现于康德最富独创性或许也是最重要的政治学说中,这种政治学说即是有关国家关系和永久和平的学说。这里也是希望把基于道德要求的纯粹法律学说同欲望的自然过程加以调和,即通过适应道德要求的自然目的论(自然的狡计)来调和理想与现实,这种调和的愿望导致了对基于经验的考虑的广泛让步。在破坏中立、抽象的法律基础的过程中,这一学说的阐发在其所有困难和不一致中重现了道德与历史的关系的难题。

正是不妥协和抽象的合法主义使康德的学说超越了霍布斯和洛克的主张,因为康德把国家的建立设想为只是一个发展的阶段,从而把从自然状态到公民社会状态的过渡问题提到了普遍的或世界主义的高度。这导致形成任何特殊公民社会的那些需要是如此普遍,以致影响这些社会之间的关系,并排除了任何就共存国家而言对那些需要的完美回应。同样的法律上的公设构成了内外政策、公法、国际法(或国家关系法)以及世界法(所有的人和国家都是世界城邦的公民)的基础,“能够彼此相互影响的一切人都应处于某种公民制度的管辖内”,因为即使只有一个人享有自然的放纵,战争状态也会再现。[1] 任何外部的威胁,无论来自一个共同体还是一个人,都会使公民社会无法保证和平的自由和财产不受侵犯。如果国家不遵循从自然状态到法治状态的路线,人们就不可能注意他们自己的利益,既不可能注意实践理性的命令(“不应有战争”),也不可能注意自然的计划(实现文明人类的联合)。同霍布斯一样,康德主张自然状态是战争状态,并且各民族处于那种状态同彼此都有关系。也与霍布斯相同的是,康德还主张,在自然状态中,任何片刻的和平都只不过是战争状态的经验的插曲。和平状态——如果它要存在,必须明确地予以建立。康德的政治哲学——实质上是法的学说——因而首先成了战争与和平的学说,它把对外政策置于内政之上:当和平的外部威胁依然存在时,特殊的国内法治肯定不能实现内部的和平。康德猛烈抨击了格劳秀斯和其他国际法学家以及均势(Balance-of-Power)学派,因为他们没有认识到建立合法的国际组织的极大重要性。

在提出了这么多主张之后,令《道德形而上学》(“法的学说”)第一部分的读者感到惊异的是,康德宣称国家组织决不能拥有统治权,而只应是一个联盟或联邦,随时可以撤销并定期更换。显然,这样一个组织实现守法或和平的能力是大有问题的。康德在这个问题上的暧昧和犹豫包括两个更基本的考虑:永久和平可能只是暂时的、不稳固的,而不是最终确定的;它或许实际上是一个纯粹无法实现的理想,而不是一种道德的必然性或一种可预见的事实。最后,对形成一个有关国际秩序的法律概念有影响的这些

[1] 《论永久和平》,第2节,注释3。

困难,使我们再次对康德自称解决了卢梭的问题这一点产生了疑问——历史的进步真的为人类道德的新生准备了条件吗?

康德在政治和法律层面上所遇到的这些困难实际是由这一国际组织的性质造成的,这种性质即这一国际组织可以或应当服从其成员国,就像成员国服从其各自的公民一样。一方面,如果这一国际组织有充分的有效性,它就会侵犯成员国的权力,甚至会危及它们作为国家的地位。另一方面,如果这一国际组织的权力受到严格限制,成员国就会仍然处于无法无天、穷兵黩武的自然状态。因此,可供选择的方案只有两个,或是世界国家,或是国家间的公约或联盟。康德否定世界国家而似乎赞成联盟或"共和国的共和国"。不明确的是,共和国的共和国是一个无法实现但对规定行为有用的理想,还是一个本身就能将合法性和意义引入政治和历史因而能够实现的目标呢?

康德否定世界国家的理由是它背离了合法性的抽象性,而更多地依赖于经验的政治智慧、道德和历史哲学。他反对的理由是:"政府管得越多,法律就越没有力量,无情的专制主义在扼杀掉一切善的萌芽之后终将毁于无政府状态。"[1]世界国家将是普遍的专制主义,而专制主义下的和平只能是坟墓般的死寂,不会承认自由,甚至也不会承认美德、鉴赏力和科学。何况,世界国家必定分解为更小的实体,它们的相互作用不过是自然所选用的工具。康德决意赞成国家的多样性与一种合法秩序的困难的调和,尽管下述情况是真的,即在《理性范围内的宗教》中,他提到了"早熟的、因而致命的国家联合(出现在人们的道德改善之前)",并认为这样的联合预示了世界国家的可能性,而世界国家则是以道德进步为先

[1] 《论永久和平》,附释一。

决条件的历史进步的顶点。

在其手稿及公开发表的著述中,康德对下面三重问题作了不同的评论,尽管这些评论并不是仅仅自相矛盾的。这三重问题是:(美)十三州联邦的强制权力,它可能实现的和平的暂时性或完善性以及该项计划是可能的因而是有约束力的还是不可能的和涣散的。在一些表述中,加入一个合法政体是各邦的义务,在另一些表述中又不是;在一些表述中,各邦可以迫使其邻邦加入这样一个政体,在另一些表述中又不可以;在一些表述中,这种国际团体可以实行强制,在另一些表述中又不能。有时这种国际组织被说成是持久进步的,因为它具有永久的善的性质,有时这个组织又被说成具有分崩离析的常在危险。有时这项计划被描述为不能实现的理想,有时被认为是一个可无限接近的界限,有时又被视为一个经由三个欧洲统治者的同意而能实现的目标。就康德公开发表的著述而论,它们反映了康德思想中的疑惑,或许也反映了他的思想的发展,因为它们显示了问题的纯粹法律解决的不可能以及获得任何其他解决办法的困难性。读者尤其应参阅《以世界主义为目的的世界历史的理念》、《理论与实践》和《论永久和平》。他在其中表达的观点——同“法的学说”(《道德形而上学》)中的观点一样——值得特别思考,因为它们提出了许多问题。他的论点可概括如下:(1)永久和平构成了人类事务的一个根本的、不可缺少的转变,没有这一转变,一切财产占有及安全都只是暂时的。永久和平要求建立一个世界公民组织。(2)这是不切实际的,因为那样就需要有一个联合国议会。(3)由于这种不切实际尚未被绝对证明,以及由于道德要求永久和平因而要求世界公民组织,所以仍须视永久和平为可以通过永无止境的进步无限接近的目标。

这些论点并没有摆脱严重的困境。首先,永久和平造成的转变的深刻性与导致那种转变的渐进的、不知不觉的、显然无止境的进步过程是相容的吗?康德的学说显然依赖的是历史的终结与永久进步两种观点,而这两种观念是相互矛盾的。

其次,如果加入一个公民组织暂时来说还不过是一个遥远的目标,而且用这种制度约束人们的欲望相应地也是遥远的事情,那么结论只能是,像后来黑格尔所说的那样,国际法在目前只具有义务的形式,只是一个"应该"而已。这种"应该"是道德的命令:众国家应该立即转变自身及其相互关系,以便使未来的法治状态成为可能(或许好像使那种状态成为可能)。康德曾批评过已有的国际法,尤其批判了格劳秀斯,强调没有合法的国家就不可能有法律,而没有契约和约束就不可能有合法的国家。但是,在其永久和平的设想中,他自己也不由自主地列举了以下述准则为根据的某些预备条款,这一准则就是:"要这样行动,以不妨碍国家脱离自然状态以及永久和平的开创。"那些条款有些是为了直接应用,有些则出于审慎的理由而推迟到将来再用;但无论如何有一点是肯定的,即其中部分再现了古典国际法,尽管有一个最终的根据来为它们的正当性作辩护,而且这一部分构成了康德永久和平和国际法学说中最具体、最明确的部分。《权力的冲突》是康德发表的最后作品,在其中他似乎把重点和永久和平的希望放在了本质上和平的共和政府在各国的建立上,而没再强调使众国家服从于一个世界公民共同体。

康德的论点似乎包含着这样的意思,即自然和国际关系——后者是人性弱点的最有力、最明显的证明——的转变最终能导致众国家对一个合法组织和永久和平的服从,而这反过来又必将开辟人和国家的道德新生之路。现在双重问题又出现了:能依赖道德进步来改造历史以使之有益于法律与和平吗？能依赖历史进步来实现一个世界法律组织和一个有利于道德的和平状态吗？由于一方面以历史为出发点,另一方面又以道德为出发点,而且允许法律观点的明显的中立性,因而历史和道德二者是否以及怎样可以影响法律的问题又产生了:不知不觉的进步还是根本的改造？

让我们首先来考虑康德认作是表明自然保证永久和平的那些具体的历史迹象,以及由这种保证所开辟的或近或远的前景。核心问题是战争在历史中的作用,这既是由问题本身所决定的,也是由康德的受对抗支配的历史概念所决定的。但这一问题与启蒙时代的文明进步问题有关,特别与宗教同商业的对立有关。首先,存在这样一些外部条件,自然借此表现它的仁慈,并且自然的目的论以此为历史的目的论准备了框架,如自然准备了可以居住的地球上的绝大部分荒凉地区。其次,自然以战争为手段将人们驱赶到世界的各个角落,迫使他们在世界各地定居,由此使渐进的政治联合成为可能。就人们不是被自由驱往道德目的而言,他们必然在自然的限制下趋向这个目的。因此,根据自然的第三个暂时性格,人们在战争的威胁下被迫缔结或多或少的法律关系。更具体地说,外部的战争和内部的对抗决定了共和政府的产生,以作为对付这两种威胁的最有效手段。而共和政府最有助于和平。因此,恰恰由于共和主义在全世界的传播,战争趋于被抑制。然而,从国际法方面看,由于假定了许多独立国家的存在,自然似乎有碍许多国家联合成为一个世界国家而实现永久和平。自然通过制造语言和宗教的差异来干扰这种联合。这些差异在某种程度上是可欲而永恒的,尽管它们必然会酝酿仇恨和战争。然而,这种必要的恶逐渐被克服,原因就是启蒙的进程以及与之相伴的文明和广泛的人类一致性的发展和提高,由此导向基于自由、均衡、效仿的普遍和平。与各种宗教现象相伴而生的必是一种普遍的"理性范围内的宗教",对所有的人和一切时代都有效,它是同一启蒙过程逐渐产生的、具有和平作用的产物。

若没有文明的进步为公益提供更坚实的基础,理性宗教就不会产生统一与和平。在存在于各民族中的自然分工及强制联合的大背景下,商业精神迟早会活跃于每个民族中,在国际法观念没什么影响的地方产生和谐一致。商业,作为各民族共同利益的媒介,由一种与战争相反的精神所促进而得以发展。"在可供国家使用的所有权能和手段中,金钱的力量无疑最为保险和安全,国家因此不由自主地来促进高尚的和平进程(的确不是由于道德的原因),并在有战争危险的地方防止或避免战争,所使用的手段是斡旋调停,就好像这些国家为了这一目的而结成了永久联盟似的……自然就这样借助人类习性的运作机制来保证永久和平。"〔1〕

人们在这里终于得以窥见潜藏于康德之希望之下的真正原因——在很大程度上是他所处的时代的原因。造成分裂的宗教,就像孟德斯鸠所指出的那样,是与造成统一的商业相对立的。国内经济的发展和国际商业关系的形成,将使战争成为对各方都无利而有害甚至是灾难性的东西。财富取代强权而成为优势的尺度。征服曾大大促进了人类的统一和法治进程,而语言和宗教的差异却有效地妨碍了这个进程。现在商业取代征服而承担起统一的任务,它尊重语言和宗教的差异,在与这些差异共存的范围内确保和平,在康德的时代看来,在战争和道德——前者利用征服,后

〔1〕《论永久和平》。

者利用教育——失败之处,似乎商业或更一般说来金钱将获得成功。

然而,商业的作用与战争、启蒙和道德的作用是交织在一起的,康德主义的含混暧昧令我们难以清楚地辨别究竟是哪种方式在起作用及其最终的方向。人类经济的发展是通过使战争变得如此残酷以致令人不能忍受而趋向战争的消灭,还是通过与国家的精神和利益相反的战争的衰微来趋向战争的消灭呢?如果恶(人的自然倾向的冲突)让位于善(永久和平),那么这是通过恶的不可抗拒的强大力量造成的灾难而实现的,还是通过恶的无能造成的进步而实现的呢?第一种可能性暗示彻底的变革和更新;第二种可能性暗示渐进的和无限的进程。

康德给出的大量提示皆指向前一种方向:战争正日益频仍、残酷,尤其代价愈发昂贵——总之,其所造成的灾难如此之大,以致战争再也不能继续存在下去了,人类将被迫改变自己的路线。但向善的转变不会具有空前绝后、必不可免和决定性的事变的特征。相反,向善的转变与文明和启蒙的进程相联系,并在一定程度上依赖各国统治者的悟性和决定,后者则又有赖于启蒙的基本发展和提高,而这一发展和提高过程的迟缓把那种决定性事变推到了无限的未来。即便到那时,原始的对立向善的转变也不会彻底地、决定性地改变国家和人类的状况。

前景是逐渐的改善,与启蒙和教养的进程相适应,随着即便不在人的道德方面至少也在人的行为的合法性方面的进步,在这个过程中,人的行为——除了起作用的意图——越来越接近于服从义务的命令。作为突发事变的永久和平与作为调节原则的永久和平之间的紧张关系,作为永远达不到目标的运动过程的无限进步与作为逐渐接近目标的运动过程的无限进步之间的紧张关系,在

《论永久和平》最后一段有很好的表述:"如果法治状态的实现是一个义务,并且如果有某些经验的理由认为它是能够实现的,尽管只有通过在无限的进步中接近它才能实现它,那么,将取代其名不正的'条约和平'的'永久和平',就不是一个空洞无用的观念而是一个任务,一个逐渐执行、不断接近目标的任务——因为同等进步的间歇将有希望不断缩短。"这种不对称的进步观更符合康德在《纯粹理性批判》中表述的无限性概念。数学家们则否定康德这一自相矛盾的主张:人类的进步是目标的不断接近,与目标一致却又永远达不到它。但在政治和历史的人类世界中,一个永远无法真正达到其目标的加速进步观提出了比在阿基里斯和乌龟的悖论中的困难更大的困难,只是由于如下几个不同的"取代",这个观念才是可理解的:在一个层次上表现为能实现的目标,在较低的层次上则表现为一个调节性的观念;道德性被合法性所取代;在外在约束下彼此放弃唯我主义的合法状态取代人因义务的内在驱迫而为善的状态;各国允诺放弃战争(尽管这本身就是一种法律状态)的状态取代严格意义上的、各国服从公共约束的法律状态。诸国家从战争中无利可图,它们彼此调停以抑制战争,好像它们保证不进行战争而实际并非如此的那种状态,是一种"准法律的"状态,这种状态是法律状态的替代物,在法律状态中和平不仅是可能的,而且将会因对公共权威的服从而得到保证,或至少战争将会明确地被条约宣布为非法的。

进步必然导致战争状态逐步趋缓,但国家关系的本质——严格来说人的关系的本质——依然是战争状态。教育(启蒙)和无能力(战争力量与高昂费用的均衡)的结合使自然状态日趋接近法律状态,即战争状态接近和平状态;但社会的本性和人的本性都没有真正改变,什么都没得到真正的保证,严格来说,最终什么都没真正保全。

或许什么都不保全并不是因为不可保全,而是因为有待于采取一个实质性的和决定性的步骤。历史把人引向文明,也就是说,引向在战争状态或欲望作用中的某种可控制的局面;历史把人遗弃在真正和平和真正合法性的门口。但也许这是因为历史把人遗弃在道德的门口,让他面对其对手的内在的无能,以便借机实施决定性的一击,从而一举实现只有道德政治家才能理解的、真正的共和政府以及符合道德概念的和平。历史的变革将通过道德革命而获成功。的确,在康德看来,“革命于思维方式是必要的,而渐进的变革于感情方式是必要的”。激进的转变之所以必要,因为“只要准则的基础仍然是不纯的,人成为不仅在法律上为善而且在道德上为善的人……就不可能通过渐进的变革而实现,要实现这一目标,必须经过人的精神革命……人要成为新人,只有通过一种类似于新创造的再生,以及一种灵魂的改造”。[1]

我们可以推断,通过教养与法治的进步,通过战争和商业,“自然的狡计”的最终结果是消极的胜利,这种胜利只在于消除道德的障碍,或在于使这些障碍处于彼此中立化状态,而自然本身的目标(和平与普遍法治)的实现则有待实践理性直接插手来完成自己的目的,这些目的包括但却超越了自然的目标。正如《论永久和平》表明的那样,康德相信恶是自我毁灭的,而且恶人的计谋是相互挫败的。他还进一步表示,“当自然政治的动机相互抑制和相互毁灭时,当道德政治的动机开始表现于行动并开始实现永久和平的理想时”,[2]问题就不再仅仅是通过恶而无意识地实现善的问题,而已经是道德意向积极介入的问题。

---

〔1〕《理性范围内的宗教》,(*Religion within the limits of Reason Alone*),Ⅰ.Ⅴ。

〔2〕《论永久和平》准备笔记,载《康德全集》,学院版,第23卷,第192页。

从历史到道德

一方面是道德,另一方面是自然或历史,两个方面通过合作而起作用,而这种合作更像是一种接力。首先,“自然有助益于以理性为基础并因一切在实践上有效的东西而受尊重的公意,因为自然确保了自私倾向的相互抵消,其结果便是,就理性本身而言,这些自私倾向仿佛并不存在”。[1] 但与此同时,由于基础已经廓清,下一步该轮到道德或实践理性来负责并独自完成任务,而且要由“公意或普遍意志——先验地赋予的——单独决定人间事物中何者是合法的”。此外,“如果我们连贯地处理我们的事务”,公意也可以“是通过自然过程本身来产生预期结果的原因,同时又是使法的概念能够实现的原因”。[2]

但如果真正的守法状态和永久和平的制度必定是道德意图对历史的实际介入,那么这个意图实际表现为怎样的具体活动呢?人的道德转变导致为欲望的完全均衡所未能实现的那种关键性的制度转变吗?还是相反,制度的转变——这是漫长的过程——必定导致公民的道德转变,以此确保那些制度本身的稳定性?抑或表现于历史中的道德意图实际是受哲学启蒙的统治者们的意图,他们同时承担制度转变及其臣民的道德教育这双重任务?在《理性范围内的宗教》和《以世界主义为目的的世界历史的理念》中,康德把人的道德转变及国家的道德教育看作人类统一的必要前提。

---

〔1〕《论永久和平》,增补之一。

〔2〕《国内法》(*Offentlichen Recht*)准备笔记,载《康德全集》,学院版,第23卷,第353页。

然而,在《论永久和平》中,他放弃了由共同体进行道德教育的想法,转而认为这样的教育于共和政府的形成并不是必要的。实际上,康德表示,自然通过自私倾向完成共和政府形成的必要条件,而利用自然机制把有道德缺陷的人造就成善良公民则是留待共和国来完成的任务。他以恶的概念为例来论证共和国的建立并不需要人的道德的完善。康德叫人注意在现存国家中可以观察到的那种近似道德的情况,其中道德的完善并不一定具有决定性作用,甚至不是法律追求的目标。因此他评论道,不要指望一个好的制度会产生于人民的道德,毋宁说良好的道德教育来自好的制度。[1]

这两种思路在一定程度上无疑可以并行不悖。制度胜过道德转变指的是国内的情况,即国家内部的制度和外在的法律约束取代道德本身的内在约束;而道德转变胜过制度指的是国际上的情况,即国家间的关系不能没有道德,因为它们不承认任何有效的外在约束。但依然存在矛盾,根据这个矛盾,有人可能指望由一种从人们的自然倾向的过程中产生的制度来对人民进行道德教育:如果一个共和政府可以完成这个任务,那么为什么这个任务不应该成为这样一个政府的主要职能呢?它能履行这一职能而又无视其公民的倾向、培养和目的吗?它能使恶人——为他们的自然倾向所迫而进入法治状态——的国家焕发善良意志吗?恶人会通过这种政府的影响而成为道德上的善人吗?

在其他地方,康德又提出两个观念作为补充,以缓和上述的矛盾,但这两个观念似乎也是相互冲突的:“国家制度最终依赖人民的道德,而没有好的制度道德就不可能有根基。”[2]这话本会轻而

---

〔1〕《论永久和平》增补之一。

〔2〕《论永久和平》准备笔记,载《康德全集》,学院版,第23卷,第162页。

易举地出自柏拉图和亚里士多德之口。如果因此说康德同意古典思想家的思想,那么他不也应该接受他们有关政治的道德目的和道德的政治特征的前提和结论吗？换言之,康德在这段话中表达的主张似乎提出了两个问题,一个问题是实践的:“国家为什么不该把人民的道德作为自身的目标?”另一个问题是理论的:“所谓法律与道德的相互性与康德赋予其中每一概念的特别含义不相冲突吗？康德主义的核心不正是只与外在的行为有关的合法性同只与内在意向有关的道德的根本分离吗?”

对第一个问题的回答在某种意义上包含在第二个问题中,康德须臾不能放弃这一观念,即道德意向或善良意志不能由外在的命令强加于我们,我们能被迫采取某些行动,但不能被迫采纳某一目的来当作我们自己的目的。只有着眼于含蓄地表现在教育和习惯中的那种潜移默化的强迫,政治影响道德的意见才是合法的。教育和习惯不足以改变人的经验的本性以有利于他的道德自由吗？一个教育者,无论是家庭、国家还是自然,如果它教导我们发展我们的理性和约束我们的本能,那么这种发展和约束,即使它们以促进自私的目的为出发点,不是把我们引向道德境界并使自由的最终转变——这种转变将会赋予我们以道德价值——成为可能吗？简言之,由于增加了自然与自由之间的通道,由于引入了发端于自然并逐渐摆脱自然的自由概念,自然和自由不正在根据规律的内在原则而统一起来吗？这无疑是在康德看来的历史哲学的首要职能。历史哲学的最终问题就是要把握文化、文明和法治进程的道德意义,而这个问题在人类教育的层面上与个体道德教育的可能性问题是联系在一起的。

同他对有关和平的制度和历史条件问题的回答一样,康德对上述关键问题的回答也不乏歧义和犹豫。或许他有关这个问题的最恰当的思想公式可以从两段文字中引申出来:一段有关国家中盛行的法治的效果问题,另一段有关他的历史目的论的地位问题。在前者(《论永久和平》附录一)中,康德主张对不法倾向的强制禁止有助于促进尊重法律的道德倾向。在后者(《纯粹理性批判》第83节)中,康德希望证明自然的最终目的,即意味着人自由地提出目的并将自然当作手段的那种能力的"文化"如何为道德的自由即唯一无条件的、独立于自然的自身目的作了准备。为此,康德必须引入一个起中介作用的概念,即较高形式的文化概念,他称之为"纪律的文化",在这种文化下,人控制但不消除那些有益于生活目的的自然欲望,并且自由地约束这些欲望而约束又只限于理性本身命令的范围内。这种约束欲望的可能性为与外在倾向相对的彻底解放——这种解放本身就构成了道德——作了准备。这种约束的发展必须看作是以人的文明为基础的,而人的文明则表现为情趣的升华和知识的提高,尽管这个过程不可避免地伴随着感性的增强。"优美的艺术和科学即使不使人变得更道德,也至少使人变得更文明,因为它们能为一切人所享受,而且这种享受具有社会美德的特点,因此艺术和科学强有力地胜过感性的专制,并使人为那种只服从理性支配的状态作了准备。同时,自然加于我们身上的恶,如人的根深蒂固的自私性,唤起、强化和提高了灵魂的抵抗力,由此向我们揭示了潜在于我们身上的那种适于更高目的的能力。"[1]

这两段文字中必须被正视的关键问题——也是整个康德历史哲学和政治哲学中令人困惑的难题的集中体现——就是诸如"使……更容易""使……容许……""为……做准备""强有力地胜

---

〔1〕《判断力批判》,第83节。

过”“采取漫长步骤……”这些说法的确切含义应该是什么？准备的东西与被准备的东西，“通向道德的漫长步骤”与“道德步骤”本身，这其间联系的性质是什么？或更确切地说，其间联系的必然性是什么？其中后者可能必然包含前者，但前者似乎并不必然导致后者。它们之间过于严格的统一会使道德的条件具有决定论或机械论的意义，从而会危及道德本身的自由的本质。它们之间过于严格的分离，从自然到自由或从现象界到本体界的过于彻底的转变，会使历史哲学的整个设想落空，因为那一设想就在于试图克服其间的对立状态。难以看到，从前自由状态到自由状态的不知不觉的过渡，与康德的道德概念中表现出来的欲望和义务之间激进的道德选择，怎么会是相容的。然而，可以肯定的是，文明和守法必然先于道德，而道德的决定也必然是道德生活的开端，并且不能被各种各样的利己主义诉求所取代，或不能被纪律或合法性所取代，因为所有这些都永远只不过是次道德的道德准备。

历史哲学能缓和但绝不能取消恶与善、利己主义与道德、自然与自由的绝对分离。自由必然存在或者不存在，如果它存在，那它就与任何无意识的自然过程的作用不可共存。人类的道德转变——永远不能具有理论上的确定性或机械的必然性——不能看作解决政治问题的基础。反过来说，对欲望机制的历史的和法律的解释，使人类问题的道德解决成为不可能的事情。

对康德来说，政治、法律、历史与道德的关系问题依然是暧昧的或悬而未决的，因为这种关系的两个方面处于一种既相互需要又相互排斥的状况。康德认为政治和法律秩序只局限于外在的活动，而同时又认为它们是为道德所必需并且是通过不道德的手段而实现的。但正如我们所看到的那样，康德并没有始终一贯地坚持法律秩序的单纯法律特征，因为他把道德又（悄然地）引入了那种秩序。在考察人的权利和历史哲学的道德基础时,我们看到,康德未能证明那些权利的道德基础或那种哲学的道德必然性。最后,在讨论历史哲学在永久和平这一关键问题上的应用时,我们看到,不道德的或马基雅维利式的手段并不足以实现这样的和平。

实际上,无论是在康德的政治学说、法律学说还是在他的历史哲学中,道德始终被认为要么大有可为要么无足轻重。即使说与人的权利相联的政治关注是康德的灵感,特别是他的道德灵感的核心,但他的实际的政治学说却依然是道德的意图和"现实主义的"意图的不稳固且不能令人满意的综合。康德的思想模式使他在解释现代政治生活时能够着眼于政治生活的道德尊严这一关键的和被忽略了的问题,即被马基雅维利和霍布斯的传统所蓄意牺牲掉的问题。但使他的哲学能在这方面有所成就的东西却有碍于一种真正首尾一贯的解决问题的办法。他的道德学说不允许利用制度解决政治问题的办法,而这一学说的性质也禁止道德教育的办法。

归根结底,道德教育和道德转变问题是康德所面临的一切困难的核心,因为这个问题涉及两个领域即道德自由领域和自然决定论领域的相互影响和交流,而康德又极力保持这两个领域彼此之间的根本分离。他试图引入其间的中介物是不可靠的,也是成问题的:政治不被自然的智慧所引导,它有时是道德的有时又是不道德的;历史假定了自相矛盾的目的论的自然概念,这一概念显然缺乏本体论基础,而且与利用人——又不为人所觉察——的决定论相合作;换句话说,历史假定了天意概念,它是自然的另一称谓,而且它有点莫名其妙地喜欢利用不道德的手段,却又止于人的道德自由面前;规律既是自然过程的表述又是实践理性概念的表述;而"自然和自由根据规律的内在原则相结合"的结果却是形式的原则与偶然的安排的结合,这些安排如此难以应用于国家间的关系,以致不仅它们本身值得怀疑,就连道德的要求和自然的保证都值得怀疑。这里所提出的两个领域间的所有中介物都面临这样一种批判,这种批判将使人同时注意到被提出的问题的关键特征和被提供的解决办法有时非常粗糙或自相矛盾的特点。

然而,尽管应该承认,康德未能成功地统一外在与内在、必然与自由、自然与道德、物理的证明与良心的证明,但仍有必要考虑,在每一个这样的概念中是否有着某种不可磨灭的、由康德独创的、充分有效的东西。康德政治哲学的批评家无疑能在具体的政治现象领域通过对这些现象进行相应层次的考察取得成功,或者通过向这个作为整体的体系的严密性提出挑战获得胜利。但是,要想使这些胜利成为决定性的,这种批判就应该指向康德思想的基础。易言之,对康德政治哲学的批判必须成为对《纯粹理性批判》和《实践理性批判》的批判。

威廉·布莱克斯通
(1723—1780)

霍伯特·J. 斯托林

《英国法律评论》

威廉·布莱克斯通不是一个政治哲学家，而是一个英国法学家和法官。他的主要著作不是关于司法甚或法律的，而是一系列《英国法律评论》(以下简称《评论》)。他不是富有创见或发明性的人，而是恰好相反，而且他常常以似乎模糊或粗略的方式处理重要而困难的问题。确实，布莱克斯通被相当广泛地认为在一些重要的政治哲学问题上是矛盾的或不清楚的。人们认为他展示了一个既亲切又有点高傲的性格，而他的风格干练但有时又很优雅；他不擅长理论思维而是长于合理的实际判断，而且他内在地倾向于折中——简言之，他是一个地地道道的英国人。有相当多的理由支持这种观点，但还不充分，也正是这些理由的不充分构成了在政治哲学史中给布莱克斯通以一席之地的理由。

1753年，布莱克斯通第一次在牛津大学开设关于英国法律的演讲课，他开了一个先例，即致力于对英国法，更为广泛地说，对公民教育产生重要影响。[1] 尽管《评论》是讲给各类官员和各阶层国民听的，但它们特别是讲给律师和绅士听的。律师不应局限于狭隘的实践范围，而应导向其实践赖以为基的原理和主要原则上来。而绅士应从对法律无知的不光彩的处境中摆脱出来，他们有责任去保护、改进和实施法律。在这两种情况下，所需要的都是关于国家法律的学术教育。这种教育将使学生不仅知道成文法的纲领，而且能理解甚至于自己构造那些"先验地得自于法的精神和公正的自然基础"的论证。[2] 布莱克斯通要人们去研究国家的法律、它们的自然基础和其间的"法律的精神"。确实，他也讨论了神法（如在他对一般法律的导引性的讨论中）。但具有典型意义的是，神圣法律只是在早期短暂地出现过，不久便堕变为自然法了，在解释而不是支持英国法律时，布莱克斯通很少甚或没有使用它。在英国法律中，宗教确实占有重要的地位，而且布莱克斯通是英国国教的热心朋友，但重要的则是教会在使人们稳重、勤奋和成为好公民方面所具有的影响。[3]

于是，布莱克斯通的最高主旨便是完全从法学家的角度去处理自然法和约定法（conventional law）间的关系。《评论》的组织规

---

〔1〕 四卷本《英国法律评论》分别首版于1765年、1766年、1768年和1769年。这里用的是第8版（1778年版），也是布莱克斯通在世时的最后一版。除了另外的标注，引用都来自这一版的卷目及页码。现在许多版次所依据的第9版，其作者所做改变的真实性值得些许商榷；但是改变很小，大量标准版本再版整篇文章使用的是最初版本的页码。威廉·哈蒙德（旧金山，1890）较好的版本中包含了对前八个版本所有变化的校对。

〔2〕 《英国法律评论》，Ⅰ，32。

〔3〕 《英国法律评论》，Ⅲ，100—103；Ⅳ，第ⅳ、ⅷ、ⅹⅹⅷ章。

则以对称为特征:它整个并且每一部分都包含着从自然的东西到习惯的东西的运动或递进。[1] 导论之后,四卷《评论》被分成两部分,每一部分都包含两卷书。第一部分是“权利”,被分成“个人的权利”(第1卷)和“财产权”(第2卷);其后是第二部分“侵权”,被分成“私人的侵权”(第3卷)和“公共侵权”(第4卷),整个论证是从个人的权利过渡到公共侵权。

第1卷第1章以被布莱克斯通称为个人的绝对权利为开始,这些绝对权利指那些附属于作为个人的特定人并且仅只“在自然状态下属于他们个人的权利”。人类法律的“第一位的和首要的目的”便是保持和调整这些绝对权利。[2] 不过,布莱克斯通甚至在这第1章中也没有花多少时间讨论人类的自然的自由,而是很快地转而讨论公民权利尤其是英国人的绝对权利。这是在人们熟悉的洛克的划分下进行的:人身安全、人身自由和私有财产。第1卷的余下部分也是在主体部分讨论了相对权利,也即当个人与其他个人发生法律上的既成关系(首先是统治者与被统治者间的公共关系,其次是主人和奴仆、丈夫和妻子、父母和孩子间等公民社会引致的私人关系)时他们所应具有的派生的、更为人为的权利。尽管在第1卷第1章中财产权被作为个人的绝对权利之一进行过讨论,但布莱克斯通集中处理财产的地方是在单独的和后面的一卷中,值得注意的是,甚至是在讨论政府关系之后。这样做的理由是:财产权的自然源泉要比个人权利更不清楚,与公民社会更少相关。之所以不甚清楚,是因为布莱克斯通在占有或据有中发现了这种自然源泉,但他似乎没能解决仅仅的占有能是或能给予什么样的权利这个困难问题;之所以不甚相关,是因为

---

〔1〕 略。

〔2〕 《英国法律评论》,Ⅰ,123—24。

尽管自然的个人权利(如自卫)或多或少地为成文法所调节,但获取财产的自然权利则很大程度上为掌握和转置财产的约定权利所取代。[1]

“侵权”是《评论》第2部分的主题,作者认为“传递给我们的信息在很大程度上仅仅是一个否定性的观念,因为它们不是别的而是对权利的剥夺”,[2]就哲学意味而言第二部分中没有一章可与第1卷和第2卷的前几章相比,因为侵权定义来自权利。不过,最后两卷也不仅仅是前两卷的映像。第3卷描述了如何救济关于人身和财产的私人侵权(民事损害等),因而反映了第1卷和第2卷中的讨论,并似乎完成了关于个人权利这整个话题的讨论。作为第4卷的主题的公共侵权(犯罪行为)构成了法律中最为人为的部分。权利是布莱克斯通法理学的基础,严格地说,并不存在什么公共权利而仅存在个人权利。不过,在第4卷中,作为达到保护个人权利目的之手段的政治社会似乎被当作目的对待了——因为为了很多实际的目的我们可以而且必须这样处理。这个目的便是“政府和整个国家的安宁”,或更简单地说就是和平:“因为和平恰是公民社会的目的和基础。”[3]撇开细节不谈,我们可以说,布莱克斯通对几种犯罪行为(如反对上帝和宗教的罪行,反对国王和政府的罪行)的描述包含着他对为了安享个人权利而构建的这种人为之公共利益的否定性或间接的讨论。

---

〔1〕《英国法律评论》,Ⅱ,3、8—9和其他地方。对此布莱克斯通有下述虽松散却意义深远的表述:“私有财产的源泉也许可以在自然中发现……但很显然,我们现在所看到的它所历经的种种限制,时下的所有者保护它的方法,和它从一个人到另一个人的转置方式等都完全源自于社会……”Ⅰ. P. 138.

〔2〕《英国法律评论》,Ⅲ,2。

〔3〕《英国法律评论》,Ⅳ,7;Ⅰ,349。

社会的基础

布莱克斯通断言,“社会唯一真正的和自然的基础是个人的需要和恐惧”,[1]但布莱克斯通的论证过程不是要详尽地讨论这些要求和恐惧或所由之开始的人类的自然的自由。他很快便转而讨论起公民权利来了(这不会引起英国绅士和律师们的不满),他好像是根据英国人的权利定义了人的权利。不过,英国人的权利都是法律之下的权利。仅举一例,人身自由“在于旅行、改变自己的环境或迁移到随心所愿的任何地方的权利,没有监禁或限制,除非根据适当的法律”。[2] 但如果法律被修改,允许行政官员只凭怀疑便可拘捕并监禁一个人达无限长的时间,难道这没有剥夺英国人的人身自由权利吗?更一般地说,布莱克斯通承继孟德斯鸠的学说,认为在英国(也许是只在英国)“政治的或公民的自由恰是宪法的目的和范围”,但他接着说“在正确地理解下,这种自由就在于做法律所允许的无论任何事情的权利……”[3]布莱克斯通似乎给出了一个循环论证:将好的法律定义为能最好地保持个人自由的法律,而将个人自由定义为个人能作为法律所允许的任何事情。这种循环性或模糊性在《评论》中处处可见,这并不是因为布莱克斯通的推理能力有缺陷或他对于英国法律制度的非理性的阐释,而是因为理论上可靠的论证,即得自于自然的论证在实践上看来易于变成自欺欺人的鬼把戏。

---

〔1〕《英国法律评论》,Ⅰ,47。

〔2〕《英国法律评论》,134;着重号是后加的。关于个人安全和个人财产权利的定义请参见Ⅰ,129、138。

〔3〕《英国法律评论》,6。

甚至“被公正地称为首要的自然法”的自卫也是严格受限的，尽管“它并没有，事实上也不能被社会的法律所取消”。[1] 法律的原则是“如果一个死罪是当事人凭暴力在处心积虑的努力之下所犯下的，那么试图杀死这个当事人以抵制这暴行就是合法的”。不过，布莱克斯通随即就告诫人们，“一定不要像洛克那样不切实际地贯彻此学说；后者认为，‘不公正地施加于一个人人身之上的任何形式的武力都将他推入了与动武者的战争状态，因而作为结果，他便可以合法地杀死将他推入这种非自然的强制之下的那个人’”。这个原则“在未开化的自然状态下”也许是正当的，但“像任何得到良好治理的其他共同体一样，英国社会的法律太关注公众的和平，太关心属民的生命了，它不会采取那么有争议的制度；它也不会泰然地容忍通过杀死对方来遏制犯罪的做法，除非如果有人犯了同样的罪行也被以死相罚”。[2] 不过，英国的法律的确为这个公正杀人规则提供了例外，用法律术语说，也就是可免责的杀人。例如，在一个人与另一个人的争吵中为了保护自己免受攻击而将攻击者杀死的情形下，他就可免遭法律的惩罚——假设“等待法律的帮助就会面临着某种确定且即时的痛苦”而且“杀人者也别无其他的可能办法逃避他的攻击者”。[3] 不过，最好的解决办法是，如有可能，受到攻击的人必须转头就逃，事后再将他的攻击者送上法庭。显然，这样的假设总是有利于公民社会的法律而不是自然法。

由于政府的存在，因而法律自身甚为微妙。布莱克斯通通常

---

〔1〕《英国法律评论》，Ⅲ，4。

〔2〕《英国法律评论》，Ⅳ，181—82；比较，Ⅲ，168—69。着重号是原先就有的。引自于洛克的这段引文并不是直接的引用，而是作者对其的解释。参见《政府论》（下篇），18—19。

〔3〕《英国法律评论》，Ⅳ，184。

被看作与美国的有限政府论观念相对照的议会权力至上论的倡导者。“那必寓居于一切政府的某个地方的绝对的专制权力”存在于由国王、上议院和下议院构成的议会中。议会可以处理超出于通常的法律范围之内的事务,它可以改变皇权的继位方式,可以改变国教,可以更改王国宪法和议会自身。“简言之,议会可以做自然地看来并非不可能的一切事情。”[1]确实,布莱克斯通似乎常常认为议会也不能做它不应做的事情(如用选举的君主政府取代世袭的君主政府),而且他强调“英国政体的真正出色之处在于它的所有部分可以互相制约”。[2] 但无论英国的这种社会和政治的互相制约制度在实践上为人们提供了多么大的保护,最终布莱克斯通还必须回到公民社会的首要原则上来,即议会或立法机关可以做它所喜欢做的一切事情。

不过,就没有一个更为基本的原则了吗?“必须承认,洛克和其他的理论家坚持下述观点:‘人民手中内在地还有一种至高无上的权利,那就是当他们发现立法者违背对其的信任而行事时有权废黜或更换立法者’。”布莱克斯通坚持认为,“无论这个结论在理论上如何公正”——它在布莱克斯通的理论中是公正的原因与它在洛克的理论中是公正的原因恰好相同——实践上我们不能采取这个结论,也不能在当下现存政府统治的情形下为了贯彻它而采

[1] 《英国法律评论》,I,160—61。

[2] 《英国法律评论》,I,154—55。参见I,50—51:“……因为大英王国的立法权被托付给3个不同的、彼此完全独立的权力机关:其一,国王;其二,宗教的或世俗的上议院,它是由因他们的虔诚、出身、智慧、英勇或财产而被选出的那些人组成的贵族议会;其三,下议院,它是由人民从他们自己中民主选出的人组成的。由于这个为不同的源泉所驱使的、有着不同的利益考虑的团体构成了英国议会,并具有处理一切事物的至上权力,三个权力机关中的任一个都不能企图给其他两个制造不便而没有遭到它们中的一个的反对。每个权力机关都具有否决权,这足以抵制任何在它看来不妥当的或招致危险的革新。”

取任何合法的步骤。这种权力向人民的转移一般地假设了政府的瓦解,假设了人民向他们的“原始的平等状态”的回归,并废除了所有成文法。“因而,一切人类的法律都不能假设这样一种情况:在这种情况下所有的法律都被毁掉了,人们不得不在新的基础上重建一切,人们也不会为这样一个使所有法律条文都失败的极端的情形作出什么准备的。”[1]法律在其根本上最终是要诉诸被布莱克斯通在其他地方称为“自然法”或“上帝的意志”[2]的第一原则的,因为它为政治权威施加了限制,而这是任何法律、任何内在的制约都不能做到的。然而法律不能提供甚或不能假设这样的最后可以诉诸的原则,事实上,二者的关系是紧张的:法律的维持,因而个人权利的有效维护,有赖于下述事实,即人们似乎要永远地将公民社会所从出的并且在遇到极端事件时它也许会再度坠入其中的无法律之平等的原始状态撇在一边。洛克和他的理论上的伙伴们并没有犯什么错误,但他们的主张也许恰使国家组织陷于险境,因为他们过于清楚地表达了它的真正基础。“因为正确理解的公民自由在于借助社会的联合起来的力量来保护个人的权力,但没有对于某种至上权力的服从,社会就不可能得到维护,当然也就不能提供什么保护:如果每个个人都有权决定自己在多大程度上服从至上权力的话,那么服从也就只是个虚名。”[3]布莱克斯通并不担忧他对于法律和守法的一再强调会使人民失去必要时重新索回他们的自然权利的能力。在至上权力变得残暴并危及或者破坏国家时,“人类是不会丧失掉仁慈之情的,他们也不会因对于那些本来是为保护他们的自由而建立的政治原则的小心翼翼地坚持而牺牲他们

---

〔1〕《英国法律评论》,Ⅰ,161—62,着重号原来就有。

〔2〕《英国法律评论》,Ⅰ,193。

〔3〕《英国法律评论》,Ⅰ,251。

的自由”。[1]

法律至上论

布莱克斯通认为,公民社会的起点是无政府状态,而其倾向则是暴政。既存在英国人的权利被专横的、暴虐的君主所压制的时代,也有这种权利过于张扬以致趋向无政府状态的时代。相较而言,无政府状态要比暴政更糟,因为有一个政府总比没有好。[2] 无疑,这些话是非常适合作为法学家的布莱克斯通先生的身份的。但我们的目的是要避免这两种情况,正如一般来说,英国的宪法就是这样做的。在支持这个目标时,布莱克斯通的法理学承认存在这两个极端,同时又反对它们的影响,因为这两种情况中的每一种对于自由而言都是致命的。正面来说,布莱克斯通企图在公民社会的基础和其倾向间保持法律(特别是法官们所理解的、在他们的法庭上所执行的法律)的中心地位。布莱克斯通列举了五种“辅助性的从属的权利”,主要是用作“屏障”以保护那三种基本的权利。其中,他给予每个英国人所具有的到法庭申请损害救济的权利以中心地位。布莱克斯通说,在英国,法律而不是一般来说议会或人民是“每个人的生命、自由和财产等至高无上的仲裁者”。正是这种司法权的截然而独立的存在为“公众自由提供了主要的保护手段,而且除非司法权在某种程度上与立法权和行政权分离了,否则这种公众自由在任何国家都不会保持长久”。特别是,“如果它与立法权结合在一起,国民的生命、自由和财产也就落在了专断的法

〔1〕《英国法律评论》,Ⅰ,245。
〔2〕《英国法律评论》,Ⅰ,127。

官手上,而他们的决定只由他们自己的意见而不由任何基本的法律原则所控制;尽管立法者可以不顾这些基本的法律原则,但法官们是一定要遵守的”。[1]

布莱克斯通在这里再次表明了他的相互制约原则,但我们眼下所关心的是他的上述评论,即存在“立法者可以不顾及但法官们一定要遵守的基本的法律原则”。如果我们考虑一下可将其称为布莱克斯通的基本的(尽管不是详尽的)法律定义,我们就会觉得这个评论非常奇怪:“一个人的意志,或者由手中握有人们所托付的至上权威的人们组成的一个或更多的议会的意志,在不同的国家中,根据它们不同的政体,就被理解为法律。”[2]法律是主权者的意志,但确切说来,好的法律需要某些更多的东西而不仅仅是同意,因为“即使法律自身,不管它们是否经过了人们的同意,如果它们仅在无关痛痒的事情上调整、限制我们的行为,而不把任何好的目的放在心上,就是有损于自由的规范……”好的目的就是真正的公民自由,而这“正是自然的自由,它为了公众总的利益的需要和便利受人类法律(而不是进一步的其他东西)的限制”。[3] 公众总的利益的需要在多大程度上和哪些方面对自然的自由进行限制这个问题,除了借助某些一般的原则或规则对它重新加以表述外,别无其他途径可资回答。这是个判断问题。自由的政府依赖着下述事实:在其内部,因传统、政治地位和训练而能很好地进行判决的法官占据着中心位置,在无私地保护国民的生命、自由和财产的同时,法官也能阻止对议会和人民主权的不明智的使用,并且能成为教导人民以公民自由的真正原则的一个源泉(或者至少是一个传

---

〔1〕《英国法律评论》,Ⅰ,141,269。
〔2〕《英国法律评论》,Ⅰ,52,着重号原来就有。
〔3〕《英国法律评论》,Ⅰ,125—26。

话筒)。

法官们必须坚守的并且能弱化法律是主权者的意志这种观点的基本的法律原则,是由习惯所组成或者最先是从习惯那里抽象出来的。在英国法律中,“一个习惯之所以好是因为很久以前就如此;或者,用我们庄严的法律语言说,在人们记忆所及的时间内历来如此,没有反例。这就是给予习惯以权威和分量之所在。而构成大英帝国的普通法或者不成文法的原则和习惯也是如此”。当布莱克斯通在他的导论中从讨论法的本质转向讨论英国法律时,他并不是从签订契约的人民或一个具有至上权力的立法机关,而是从这些普通法开始的,法官们是这些习惯法的“受托人”或“在世的宣谕者”。而成文法律或法规不过是对作为“英国法律的首要基础和主要基石”[1]的普通法的诠释或对其某些缺陷的补救。

在整个《评论》中,布莱克斯通以各种各样的方式承认、强化和使用旧事物的权威。他常被看作一个爱国者或保守主义者,尽管他给出了足够的暗示,告诫人们不要仅从表面上看待他对英国的赞扬或他对旧事物的倾心。[2] 布莱克斯通确实强调了先例的约束性和当今的人对其前代人的尊敬。例如,他愿意在权威而不是理性和正义的基础上捍卫贵族和平民的下述决定:认为詹姆斯二世仅仅是逊位而不是颠覆了政府并且破坏了原初的契约。尽管他已清楚地表明了自己的意见:上述决定是合理的、公正的,但在避免“某些充满激情的共和主义者的耽于幻想的理论会将他们带向的极端言行”时,他担心这种推想如果走得过远,“会蕴含着不同意或反对这个决定的权利,假使我们认为它是不公正的、压制性的或不

[1] 《英国法律评论》,Ⅰ,67、69、73。

[2] 《英国法律评论》,Ⅰ,172、190—91;Ⅳ,3—5。

妥当的”。[1] 布莱克斯通像那些指出这个论证存在缺陷的评论家一样富有洞察力,因为按他自己的原则,当今这一代人确实有权在任何时候去判断契约是否被破坏了。布莱克斯通暗含的论证是,如果极端的情况出现了,如1688年的英国那样,我们必须抱有这样的希望:人们会明智而节制地使用他们的原始权利,正如当政府组织和法律还在维持但暴发了一场革命时的人们所做的那样。但这种基本权利的使用是令人沮丧的。任何政体稳定与否都取决于人们是否普遍地认为旧事物具有约束力,当然,其基本原则中包含着不稳定的内在倾向的政体更是如此。

法官的职责是清楚地说明并维护实在法系统如其所是的完整性,这也是作为法官教师的布莱克斯通所关心的。他一再告诉人们古老的法律规则的构造是何等的精妙,“这些规则是如何紧密地联系、交织在一起的,它们互相支持、互相说明、互相佐证”。[2] 他告诫人们:困扰着他(无论是作为学生还是当事人)的英国国内法的繁多数目和复杂性本身就足以证明这个国家的商业繁荣程度,而且最重要的,这也证明了这个国家的国民是自由的并且拥有很多财产。[3] 他提醒读者注意,每门科学都有其自己人为的术语和规则,但原因也许并非显而易见。这些人为规则中的很大一部分反映了法学家们对于形式和程序的关注,因为在他们的学术思维看来,法律条文的表述形式、宣传方式和实施程序都会影响实质正义的可能性。法律艺术提供了一个框架,在其中审判得以施行,正义得以伸张。因此,法学家布莱克斯通说,国内法是“某种永恒的、一致的、普遍的东西”,他将由陪审团进行的审断程序描述为“任何

[1] 《英国法律评论》,Ⅰ,212—13。

[2] 《英国法律评论》,Ⅱ,128;参见《英国法律评论》,Ⅱ,376。

[3] 《英国法律评论》,Ⅲ,325—27。

国民所能享受到的或可以希望的最超绝的特权”。[1] 但他对英国法律制度的完整性或原理的关心要比他对其形式和程序的关心更为深入,尽管后者也很重要,并且在对英国法律的分析中必然占很大比重。

谨慎的改革家

《评论》中充满了对古老的法律规则的复杂而似乎是无穷无尽的“解释”,这些解释中的很大一部分明显地与当下的要求和近代原则不相关,甚至是相对立的。被下述努力——努力理解包含有如弟弟不能继承他同父异母的哥哥的遗产[2]这样条文的法律制度的理由——折磨得头昏脑涨的读者很可能会断言道,一般法学家所信奉的“不合乎理性的就不是法律”[3]这个古老的格言只能由不可动摇地作出下述断言的决心来维护了——无论拉丁格言和零散小说多么具有人为色彩——合乎英国法律的东西就是理性。如果有任何作为基础的、一致的原则,那么它似乎存在于布莱克斯通将他的学生从“近代改进狂热”中摆脱出来的有力的意图之中。尽管“近代的改进”恰是《评论》的基础,但是有必要给“近代的改进”热潮穿上保守的外衣,[4]要保存和使用旧事物的力量和影响来支持新事物:

---

〔1〕《英国法律评论》,Ⅰ,44;Ⅲ,379;比较布莱克斯通关于平等的讨论;Ⅰ,62、91~92;Ⅲ,429—41。

〔2〕《英国法律评论》,Ⅱ,227—33。

〔3〕《英国法律评论》,Ⅰ,70。

〔4〕《英国法律评论》,10。关于布莱克斯通有关改革的建议,请参见Ⅲ,381—85(由陪审团进行的审判);Ⅳ,235—39(死刑);Ⅳ,388—89(血统玷污)。

我们继承了一座哥特式古堡，它是骑士时代建造的，但仍适合现代居民。那些防御城墙、设防的塔楼和摆满战利品的大厅，虽然宏伟庄严，但对我们没什么用处。相反，那些次等的房间被改成舒适的房间后则很宽敞，令人感到很惬意，尽管通向它们的走廊很迂回、很难行。[1]

布莱克斯通通过放松对商业的古老的法律限制等方式帮助改造了这座古城堡，使它居住起来更为惬意，但他同时又小心地提醒人们要警惕那种在松动表面上看来无用的石头或减少不便的栋木的同时，也给包括舒适的房间和宏伟的架构在内的整个大厦带来致命损害的改革。

因而，布莱克斯通是一个极为谨慎的改革者，但他的比喻还有一层更为深远的意义。公民社会是由一套传统的、在某种意义上是任意的意在调节和保护自然权利的规则和规章组成的，但此传统制度有效与否取决于实践中它是否已与自然合为一体了。对于这个传统制度基础的过于执著的探究，可能会过分清楚和广泛地揭示出它是一个传统制度而不是一套自然规则，从而鼓励了从人为制度转而求助于其自然基础的自我毁灭性的举动。“如果大多数人们服从制定的法律而不去过分谨慎地审察制定它们的理由，这是很好的”。[2] 当然，法律越是古老，越是得到了很好的建立，人们就越少可能质疑它们的存在理由。“将我们发现是经由长久的、根深蒂固的习惯而建立的东西误认为是自然之所为”[3]这样的一般倾向对于学院的法律学生来说是个陷阱，但对于法律的维护来

---

〔1〕《英国法律评论》，Ⅲ，268。
〔2〕《英国法律评论》，Ⅱ，2。
〔3〕《英国法律评论》，Ⅰ，11。

说是绝对不可或缺的。

关于这点的经典例证是财产权,因为它是个人权利中最为人为、变动最多的权利。关于它的起源,布莱克斯通给出了两种表述:在他对财产权的一般导论性的讨论中,他认为财产权的源泉在于单纯占有或据有。然后他说明了人们更为安全地占有财产的欲望是如何驱使他们一步一步地从"蒙昧的漂泊不定的自由状态"进入公民社会与文明社会的,而在这个过程中,建立了财产权的法律制度的复杂性、人为性得到了不断的加强。[1] 关于财产权起源的第二个表述是从等级制的顶端而不是其基础说起的,它描述了一个四处征讨的将军将掠夺到的土地分给他的追随者,并最终建立了等级制的军事制度。[2] 英国法律和英国的历史被描述为这两种发展的结合物。因此,土地法的基本模式是封建采邑制。它的"主要和基本的原则"是"所有土地原本都是君王分封的,因而都间接或直接地为王室所有"。[3] 但这个基本原则是个虚构物,在威廉统治下的我们的祖先之所以同意了这个虚构是为了在当时建立一个一般来说是有用的军事制度;后来诺曼底的法学家们正是利用这个虚构物促成了教会专制;现在这个虚构物又被不断调整以适应一个商业社会,这标志着人们承认了下述事实:一个人通过同意将自己的东西看作国王的财产便可最有效地保护它。

确实,世袭的君主本身也是一种虚构,或者说,他是一个完完全全人造的实体,是人们的自然平等已为治理所要求的"适当的等级上的从属关系"所取代的重要标志和例证。[4] 尽管布莱克斯通

---

〔1〕《英国法律评论》,6—8。

〔2〕《英国法律评论》,第45页以下。

〔3〕《英国法律评论》,53。

〔4〕《英国法律评论》,Ⅰ,271;参见Ⅰ,208—9;Ⅳ,105;以及布莱克斯通关于忠诚的讨论,Ⅰ,366—70。

称赞讨论国王特权的局限性的近代自由,“这个话题在以前的世纪中被视为过于微妙,不容一个臣民的笔去亵渎”,但他还是以“正直和崇敬”的态度讨论它。“因为,尽管在一个哲学家看来,国王不过是一个经过一致同意而被任命来管理他们的人而已,并且按照社会的原则所要求的那样尊敬他并为其尽义务,然而如果人民大众被教导应将他们的君王看作是并不比他们自己更完善的话,他们就会变得傲慢起来,难于驾驭。因而法律归于国王某些伟大和超群的属性,借此,人民就会认为他是一个优越的存在,就会对他怀有敬畏之感,这便使他能更为自如地进行统治。”[1]

部分地由于某些法律和关于法律的著作,国王仅仅是约定的优越性被广泛地看作自然的优越性;他的约定的王位称号也就被看作自然的称号;他的根据契约而来的要求他的臣民效忠的权利也就成了自然权利。作为臣民,我们敬畏着国王而没有考虑到他是我们的奴仆;我们接受了我们在社会中的从属等级地位而没有考虑到我们的原始平等;我们接受了法律归于我们的财产而没有考虑到我们有尽我们所能地获取财物的原始权利。一句话,我们服从着国王而没有考虑到我们有摆脱对我们发号施令的国王和他所施行的法律的权利。因为这种权利的行使意味着我们的人身安全、我们的自由和我们的财产的丧失。布莱克斯通写道,“防御城墙、层层设防的塔楼和摆满战利品的大厅尽管宏伟庄严,但却是无用的”。确实,它曾一度支持并展示过的高贵的、充满骑士色彩的那些意图已被取代,更新的、更好的目的在舒适的房间中得到了表达。但这些房间不能提供那种宏伟和神圣性,而如果要树立起现代大厦的话,这些房间的外墙必须增强这种宏伟和神圣性。布莱

〔1〕《英国法律评论》,Ⅰ,237、241。

克斯通为我们提供了其钥匙的这座由等级制和义务构成的哥特式迷宫,对于调整从而维护人类平等和个人权利而言是不可或缺的途径。

阅读书目

1. 威廉·布莱克斯通:《英国法律评论》(*Commentaries on the Laws of England*),导言,Ⅰ,ⅰ;Ⅱ,ⅰ。[中译本:《英国法释义》(第1卷),游云庭、缪苗译,上海人民出版社2006年版。——译者注]

2. 威廉·布莱克斯通:《英国法律评论》,Ⅰ,ⅱ、ⅲ、ⅶ、ⅹⅱ、ⅹⅳ;Ⅱ,ⅳ、ⅹⅲ、ⅹⅳ;Ⅲ,ⅰ、ⅲ、ⅹⅹⅲ、ⅹⅹⅶ;Ⅳ,ⅰ、ⅳ、ⅵ、ⅹⅳ、ⅹⅹⅷ、ⅹⅹⅹⅲ。

亚当·斯密

(1723—1790)

约瑟夫·克罗波西

亚当·斯密的主要著述包括在两本书中,《道德情操论》(1759)和《国富论》(1776)。他的主要职业生涯是在格拉斯哥大学任道德哲学教授13年。他的声誉主要是由于他为经济学奠定了基础。即使把他的道德课程中的法理学也算在内,在所有这一切中也看不到太多政治哲学的影子。然而,斯密对经济学的贡献带有说明和倡导我们现在所谓自由资本主义制度的性质。经济秩序与政治制度之间的纽带在任何情况下都是紧密的,在亚当·斯密所理解并塑造的世界中更是特别的宽广和牢固。即使或特别是当政治哲学黯然失色时,经济学和政治哲学的紧密结合也仍然是政治哲学不容忽视的事实。对这种结合负有责任的人,如斯密,仅仅因为这一原因就会在政治哲学史上占有一席之地。

斯密是一位非常重要的人物,这是由于他在使政治哲学偏向经济学方面所作出的贡献,也由于他对自由企业原理或自由资本主义原理进行的著名的详尽阐述。由于后一原因,他有资格被称作我们当今社会制度的设计师。然而,洛克却是他这一称号的竞争者,因为洛克的著作要比他的著作大约早一个世纪。本章的主旨是:尽管斯密继承了一种传统——洛克是这一传统的伟人,然而这一传统已经发生了一种明显且重要的变化,斯密促成了这种变化的发生。要充分理解现代资本主义,有必要领会洛克传统中的"斯密式"的变化,要理解资本主义和后资本主义学说——主要是马克思主义学说——之间的联系,人们必须理解后者从斯密那里接受来的、已经变形了的资本主义的诸多问题。用最简单的话来说,斯密的学说中包含着对资本主义学说的系统阐述。很清楚,这一学说中的许多基本问题是后资本主义为之寸土必争的问题。

如果认为修改正统的现代学说是从斯密开始的,那么这可能会使人产生很大程度上的误解。为了避免这种认识,在展开所有以后的讨论之前,我们简单提及一下斯密从他年长的朋友与同国人大卫·休谟那里所接受的恩惠。斯密的道德哲学,正如他实际上所承认的那样,是休谟道德哲学的发展。休谟的道德哲学与斯密的道德哲学在某些方面有所不同,这些方面尽管是非常重要的,但却不是决定性的。[1] 详细研究斯密和休谟学说间的关系,能具体地揭开自由资本主义与休谟希望作为一切哲学基础的"怀疑"原理或"科学"原理之间的联系。从这些研究中所能得出的最广泛的

---

〔1〕《道德情操论》(*Theory of Moral Sentiments*),收录于《亚当·斯密论文集》(*The Essays of Adam Smith*),伦敦,1869 年版,第 7 部,第 2 篇,第 3 章至最后,第 271 页。把休谟有代表性的论述,比如《道德原则研究》(*An Enquiry Concerning the Principles of Morals*)第 5 部,同《道德情操论》第 1 部分加以比较,将能表明两种学说之间广泛的一致性。

结论,通过考察斯密的学说本身也能推演出来,因为这些学说确实深刻反映了休谟的影响。

道德的自然基础

斯密许多基本的反思都包括在《道德情操论》一书中。在该书中,他提出了有关自然和人类本性的重要见解。他的见解是在回答下列问题的过程中提出来的:什么是美德?是什么使美德有资格成为美德?他的答案的前提是,不管美德最终是什么,它必须同使人或其行为值得认可的东西有诸多共同之处,或必须与之完全相符合。什么是美德与什么应该得到认可绝不是两个截然不同的问题。认可或不认可是给予行为的,而任何行为的源泉都是感情(或情感,或情绪,或激情——它们是同义词),它是采取行动的动机。对任何行为的认可都必须追溯到感情,因为感情真正解释了该种行为。

> 任何行为都出于内心的感情,因而任何行为的全部善或恶最终都取决于这种感情。这种感情可以在两个不同方面,或者是在两种不同关系中加以考虑:首先,同引起行为的原因或促使行为发生的动机的关系;其次,同行为打算达到的目的或该行为意欲产生的效果的关系。
>
> 作为结果的行为之恰当或不恰当、庄重或粗野,在于感情之于引起行为的原因或对象的合适或不合适、相称或不相称。
>
> 行为的优点或缺点——根据这些特点该行为应该受到奖励或者受到惩罚——在于感情想要或者打算产生的效果是有

益的还是有害的。[1]

因此,合宜性和优点就成为每一行为背后的感情的特征,它们决定着行为的道德性。这些特点和休谟的“令人愉快的和有用的”有相似之处。但是斯密认为他自己的学说有独到见解,因为它避免了最终把所有的认可归结为效用。斯密反对这样做,他引用了休谟的理由,这就是,“效用”不是直接的感觉和感情所能辨认的,它只能通过理智的仔细分析才能做到。斯密相信他能够将道德只建立在感情现象上,他的著作的题目就证实了他的这一信念。如果感觉和感情真是直接的话——在它们和基本自我的本质之间不存在任何东西,从这个意义上来说感觉和感情是没有中介的——那么对于将美德的分析归结为真正的感情基础是很有价值的。在斯密的学说中,这种归结的线索是同情现象,即合宜性和优点的标准。

斯密使用同情这个词表示其字面意义,在词源上相当于同感:“相伴而生的感情”或同时发生的感情。一个人的感情通过接受者的想象力而传给另一个人,这是事实。但对这一事实也许还不能进一步作出机械论的解释。领会到或者仅仅是想象出另外一个人的恐惧、憎恨、善良或感激,必须在某种程度上进入那种感情并亲自体验那种感情,因为他必须想象自己处于另一人的情景中,而一切感情都来自他所处的情景。在以上所述中最重要的是“在某种程度上”这一限定条件。假如一个公正的旁观者,他意识到了激发行为者的恐惧、憎恨或其他感情的东西,并在内心感受到了促进行为者采取行动的同样程度的激情,那么这位旁观者便会对行为者

〔1〕《道德情操论》,第1部,第1篇,第3章,第18页。

表示同情,并认为他的行为同“合宜性”是一致的。旁观者同情地体验了行为者的激情,并且,如果他体验的程度同行为人一样,那他也会进一步体验“认可的感情”——因为这也是一种感情。

然而,合宜性并不是美德的唯一根据。不仅行为人对行为起因的感情的恰当性,而且,这种感情的目标或意向,这种感情的效果,都与我们讨论中的行为的道德特性有关系。斯密谈到了“感情试图达到的效果或者倾向于产生的效果的本质”。句中的“或者”是选言判断,而且后面我们还必须讨论感情试图达到的效果与其所引起的行为实际倾向达到的效果之间的重要差别。当行为发生在一个人身上时,这一行为将使他感到感激或憎恨,因为这一行为或是有利的,或是有害的,要么是令人愉快的,要么是令人痛苦的。就目前来说,注意到这一点也就足够了。如果一个公正的旁观者了解了所有的情况,他会对作为客体的人所感觉到的感激之情产生同情。那么,该旁观者就会断定行为者的行为是值得称赞的,这样就满足了美德的第二个条件。简言之,如果实际的或假定的旁观者对施动者(合宜性)和受动者(优点)的感情均产生了同情,那么,施动者的行为就可以根据旁观者认可的感情而被宣布是道德的。

如果斯密对同情机制的详尽阐述,不过是表明一种相当严格的道德如何仅仅从感情和想象中就可以推演出来,那它便具有某种重要性。实际上,它表明了一个要广泛得多的推论范围。在斯密的系统阐述中,同情不能与想象分割开来。它们共同规定了人类不容置疑的自然的社会性。通过运用两种几乎是理性的能力——同情和想象,每个人本能地被引导或被迫超越他自己本身。而且,尽管实际上不能体会另一个人的感情,但却可以并且是迫使自己想象自己处于另一个人的位置并参与其中——无论多么间接都是无关紧要的事。这些感情是另一个人生存的基本现象。斯密不仅想知道什么是美德,而且想知道是什么使美德有资格成为美德,这一点在后面还将提到。为什么——原则上来说——人们愿意有德行,而有德行却意味着值得认可?斯密的答案是,渴望得到同类的认可和爱,这是人的天性。[1]《道德情操论》的第一句话明确表示,人们正在抛弃那种关于一切人反对一切人的战争的学说:“不管人类有多么自私,很显然在他的本性中有某些原则,这些原则使他对别人的命运感兴趣,使他们的幸福变得对他自己来说是必不可少的,尽管他从中一无所获,只是看到别人幸福时产生一种愉快。”想象、同情以及需要其他人的爱,同其他人的认可一起构成了斯密如下断言的根据,即自然为社会塑造了人。[2]

斯密不仅主张人类自然的社会性,而且主张道德准则的自然特征。他可以从容不迫地谈论“是非的自然准则”。[3] 他的“是”不仅仅指对施动者有利的事情,或避免对施动者造成伤害的东西。他能这样说是因为道德行为和观念的根据在于人类本性的内在构成,实际不是就人类最高的可能性这一古老意义而言,而是就人类心理学——本能、感情、同情机制是人类行为的有效原因——的意义而言的。这些心理现象都是非常自然的,认可的感情也同样如此。因此,是非原则也是自然的,这是无可争辩的。

斯密关于自然权利的见解在很大程度上要依靠“公正的旁观者”这一设想。公正的旁观者是一个假想的人物,他代表全人类观察并评判每个人的行动。从这一观点作出的评判意味着没有人能

---

〔1〕“人类幸福的主要部分是由于意识到被爱。”《道德情操论》,第1部,第2篇,第5章,第40页。

〔2〕例如,《道德情操论》,第3部,第2篇,第105页。参见上述第372~375页,关于霍布斯否认人类的自然社会性。

〔3〕《道德情操论》,第2部,第2篇,第177页。

有正当理由偏爱自己,为了自己的利益而例外于一般准则。“正像爱我们自己一样去爱我们周围的人,这是基督教的不朽法则;同样,像爱我们周围的人一样爱自己——或者是,结果都一样,像我们认为周围的人爱我们一样爱自己——是自然的伟大律令。”〔1〕在诉诸想象的一般人类作出判断的同时,把良心引向由假设的洞察一切的人类时时刻刻对每个人实施的想象的监督上来。“全人类”这一建设性标准,对于斯密所主张的自然权利和自然的社会性观点具有根本的重要性,这也是后资本主义理论将“全人类”作为权利和历史中心构想的先兆。

斯密倡导人类自然的社会性与道德法则的自然基础,这是事实。但是,对近代自然法学说的这种修正并不意味着复古。我们必须再次强调,对斯密来说,自然权利是以将灵魂的次理性部分置于首要地位为基础的。他认为,自然的社会性不是人类的一个不可化约的原则,而是一种作用机制的产物。后来康德把这种现象称为非社会的社会性。自然的社会性在这种意义上并不像亚里士多德所认为的那样指向政治社会。相反,它与喜好群居非常相似。它是与同类成员的一种感情交流。据说马不愿意践踏活的生命(任何种类),所有的动物在经过同类的尸体时都表现出悲痛。人类自然的社会性与这些动物是完全相同的。〔2〕在此基础上断言人在本质上是一种社会性的动物,并不意味着同时断言人是一种政治动物。直接的感觉和感情作为纽带将人与自然的人联系在一起,而较弱的、外加的纽带——深思熟虑或理智、出于效用的考虑——则把人与其他公民联在一起。正如我们所看到的,对斯密

〔1〕《道德情操论》,第1部,第1篇,第5章,第24页。

〔2〕引自卢梭《论人类不平等的起源》(*Discourse on the Origin of Inequality*)第1部。《卢梭二论》的论题与观点同《道德情操论》极为相似,这可能给读过《卢梭二论》的人留下深刻印象。将人类的本性分为自爱与同情以及文明社会有条件的善都只不过是例证。

来说,道德判断的出发点是“人”或全人类,是同类人构成的相同种类。道德法则是自然的,它无视政治社会的一些中介化的、人为的新领域,而主要与自然的人和自然种类有关。在这一法则下,人类本性的完善也就是“更多地为别人着想,更少地为自己着想……遏制我们自私的感情而充分发挥自己善意的感情……”[1]

然而,政治社会的目的不是在道德上完善人类的本性,而是确保精心构想出来的公正。“纯粹的公正,在大多数情况下只不过是一种消极性的美德,它只能阻止我们不伤害我们周围的人。一个人如果勉强控制住不对其周围的人进行人身、财产或名誉上的侵犯,那么可以肯定他没有什么积极的优点。”公正意味着做“他的同伙恰当地要求他做的每一件事,或者是做那些如果不做他们就可以惩罚他的事情”。[2] 简言之,霍布斯和洛克认为,公正与依从自然法极为相似。斯密自己也这样认为。在《道德情操论》的结尾部分,斯密用了一段话来论述自然法学、公正以及自然的平等法则。他认为所有这些都是“一系列的原则,这些原则应该贯穿所有国家的法律,而且同时也应该是所有国家的法律基础”。(在结束该书时,他保证在以后的著作中再探讨这一题目,他唯一的另一本书是《国富论》)

社会动物与政治动物的区别

如果我们不能彻底领会作为社会动物的人和作为政治动物的人之间的区别,我们就不会充分理解斯密关于人的自然的社会性

---

〔1〕《道德情操论》,第1部,第1篇,第5章,第24页。

〔2〕《道德情操论》,第1部,第1篇,第5章,第75页。

的见解。[1] 因此有必要进一步考虑公正的问题——公正是非凡的政治美德,它甚至可能与服从制定法是同义的。在斯密的道德理论中,公正是一种有缺陷的美德。他准备对公正进行特殊的处理,将道德哲学分为两部分:伦理学和法理学,而后者的主题就是公正。保护公正就意味着惩罚不公正,而对不公正的惩罚要依据反社会的不满情绪,要依据以恶报恶的欲望,要依据"对神圣的和必需的报复法则"的运用能力。这种报复法则"似乎是自然强加给我们的伟大法则"。[2] 政治社会基于一个道德上的悖论:社会性要依赖潜在的敌意,没有敌意,国家便不能存在。类似的观点我们还会遇到许多。

其次,公正等于是给予另一个人以不少于(或多于)他应得的东西,但是公正却不要求感激,因而在斯密的体系中公正并不伴随有优点,或"很少"伴有优点。考虑到公正的本质和对公正的保护,公正是有缺陷的美德,因为无论是在优点方面还是在合宜性方面它都不能或几乎不能得到完全的认可。

最后,尽管有一种意见认为政治社会是自然的,但这种观点是没有说服力的。国家社会确实是我们自己、我们的家园、我们的亲属和朋友的保护者与发源地,斯密也从来没有希望国家消亡。"国家在本质上受到人们的喜爱。"但是,"对我们自己国家的热爱经常使我们带着最恶毒的妒忌来观察着与我们相邻各国的繁荣与强大"。

> 对我们自己国家的热爱似乎不是出自对人类的热爱。前

[1] 请读者参考论亚里士多德一章中对这一论点的论述。

[2] 《道德情操论》,第2部,第1篇,第2章,第65页;第2部,第2篇,第1章,第75页。

一种感情完全独立于后一种感情,有时甚至使我们倾向于在行为中违逆后者。法国的居民可能约为英国人口的三倍。因此在整个人类社会中,法国的繁荣比英国的繁荣看起来要重要得多。然而,如果英国公民因此而在任何情况下都更愿意看到前者的繁荣,那么他就不会被认为是英国的好公民。我们热爱我们的国家不仅仅因为它是整个人类社会的一部分:我们热爱它是为了我们的国家本身,不受任何其他考虑的左右。[1]

对政治的社会性的这些保留和限制值得注意。一个世纪后,当类动物对政治人的取代达到顶峰时,马克思对它们进行了夸张的体现。

如果说斯密关于人类的社会性的学说是重新回到了中世纪或回到了古代,那么这会引起人们的误解。如果说在斯密看来人类的本性受任何形式的自然的社会性所支配,那么这更容易引起误解。我们已经注意到同情的机制或心理纽带——这是斯密道德理论的基础,为的是表明洛克理论中资本主义的准备阶段和斯密学说中对资本主义所作的详尽论述之间的重点变化。但是,斯密并没有淡化人类本能的自我保存意识这一主题。相反,"自我保存以及物种的繁殖,是自然在所有动物的形成过程中提出的伟大目标"。[2] 没有理由怀疑斯密确切表示的是这个意思。因此,我们能够猜想如果我们按字面意思使用"利他主义"和"利己主义",那么根据斯密的理论,人类可以被描述为本性上是利他和利己的——受对自我的热爱和对他人的同情所左右的物种成员。

---

〔1〕《道德情操论》,第6部,第2篇,第1章,第202~204页。

〔2〕《道德情操论》,第2部,第1篇,第5章,第71页注。

斯密的体系有一个显著的特点,这就是:社会性——尽管对它作出过某种描述——同自我中心地专注于保存被认为是通过伟大力量的自然联系而紧密地结合起来。这种结合的实现同以自然为基础的道德的恢复是同时发生的:"实际上,自然似乎已经根据对个人方便和对社会方便的原则恰当地调整了我们认可和不认可的感情。我相信,对其进行最严格的检验后我们仍会发现这是个非常普遍的现象。"[1]如果我们记住斯密的学说目的是道德和保存相结合,并且其学说意在取得的实践结果是,解放的人们将会聚在一起,在温和政府的领导下,根据个人的愿望自由地追求他们的幸福,那么这种目的或意图的实现在总体上是值得尊重的。在道德义务的基础上,不是通过压制,而是通过自由的手段来调和个人利益和公共利益,这或许是前所未有的。

在这座宽广而又对称的建筑物中,斯密发现了在他看来是一种不规则的东西,或是一类不规则的东西。他注意到在某些点上,人由本性引来认可为道德的东西与人由人性引来认可为有助于社会和人类保存的东西之间存在脱节,尽管上面引述的那段话总的来说是正确的。应该记住,德行的要素是合宜性与优点,而这两点都要以同情为基础。如果人们不想得到别人的同情,也不想主动同情别人,那么就不会有道德,也不会有社会。然而,人们自然地倾向于特别同情别人的快乐和好运。不用说,人们不仅希望得到别人的同情,而且希望因他们的幸福而非悲惨才得到别人的同情。但结果是,得到别人同情的最高希望成了抱负或志向的基础。这种抱负是渴望变得引人注目,变得显要,变得令人羡慕。大多数人们都有此渴望,因为它自然地同显赫,即同财富和地位一致。但是

[1] 《道德情操论》,第4部,第2篇,第166页。

正如斯密有时所说的,财富和地位并不一定与智慧和美德联系在一起。他评论说:"羡慕,几乎是崇拜富人和权贵而鄙视或至少怠慢穷人和卑贱者的倾向,尽管对于建立和维护地位上的差别和社会秩序是必要的,但同时也是我们道德情操败坏的重要且最普遍的原因。"[1]

我们还记得,优点是公正的旁观者判断为值得感激的行为的特点。这种行为决定性的特征是在进行该行为时施动者感情的合宜性,他对受动者所表示的仁慈的意图,以及受动者对于所受到的恩惠表现出的愉悦。受动者因此渴望能给施动者以恩惠以示报答。这种相互关联可能是复杂的,但在整个关联中有个非常清楚的条件:恩惠一定是给予了受动者。斯密评论到,在意图和结果之间存在一些距离,这种距离就是机遇。仅仅由于机遇的原因可以使一个善良的愿望失败,善良的行为人使预期的受益人一无所获,或者得到的比一无所获还要糟糕。在另外的情况下行为者意欲使受动者一无所获或得到的比一无所获还要糟糕,但却意外地使受动者获益。和良好的道德相反,第一个行为人的行动没有得到同情的认可,也没有美德的特征,而第二个行为人的行动却赢得了掌声和感激。人们普遍倾向于考虑结果而不是考虑意图。斯密把这称为"人类感情中有益的、有用的不规则性",这是因为两个原因:首先,"当没有犯罪时仅仅因为内心的感情而作出惩罚……是最蛮横、最野蛮的专制"。人们试图过着普通人的生活,但同时又由于他们的秘密意图而把他们看作应受处罚的或可受嘉奖的,这就意味着"法庭的每一次开庭都是一次恣意镇压"。其次,"人类生来就要有行动,生来就要运用自己的能力来促使自己本人的和别人的

〔1〕《道德情操论》,第1部,第3篇,第3章,第56~57页。

外部环境发生变化,这些变化似乎对所有人的幸福而言可能都是最有利的。他不应该满足于消极的仁慈,也不应该把自己想象为人类的朋友,因为在他的内心他衷心希望世界繁荣"。[1] 斯密进一步谈到人们具有的相同性质的倾向对世界的作用。甚至当他们造成的罪恶完全不是有意的,这些人仍然在精神上感到不安。斯密对这一荒谬的罪恶感进行了相当多的评论,并且引用奥狄浦斯的"苦恼"对这一问题加以阐述。一言以蔽之,自然明智地规定,当意图和结果的背道而驰造成人类的保存同美德或健全理性之间的冲突时,我们的感情使我们倾向保存。

斯密用同一论调进一步评论到,当一个人用高尚的自制克服了恐惧和痛苦的时候,他有权利以自己的道德感作为补偿,来换取如果他屈服于感情他可能得到的宽慰和安全。但自然明智地规定,他只能得到不完全的补偿,以使他有理由响应恐惧和痛苦的号召并对它们的激励作出反应。恐惧和痛苦是用以保存的工具,一个人或者一个物种如果对之毫不在乎就会灭亡。控制恐惧和痛苦的自制不会也不应该带来一种足以压倒由于抑制那些强烈的感情所造成的极度痛苦的自尊感。[2] 很显然,道德的善不是也不应该是其本身的奖赏,因此它也不可能是无条件适宜的或由于其自身的原因就是适宜的,它必须根据自然的指令让保存居于首位。

在重要的一段话中,[3]斯密进一步揭示了他所理解的自然的道德之自相矛盾的性质。他把"事物的自然趋势"和"人类的自然情感"进行比较。按事物的自然趋势,勤奋的无赖往往取得繁荣而懒惰的受尊敬的人却陷于贫困,人类大的联合体往往压倒小的联

---

[1] 《道德情操论》,第 2 部,第 3 篇,第 3 章,第 96 ~ 98 页。
[2] 《道德情操论》,第 2 部,第 3 章,第 129 页。
[3] 《道德情操论》,第 3 部,第 5 章,第 147 ~ 149 页。

合体,而且“暴力和诡计往往胜过真诚和公正”。然而,人类的自然情感是与事物的自然趋势相对抗的:悲痛、悲伤、愤怒、对被压迫者的同情以及对这个世界上的罪恶和不公正得到应有的报应的最终绝望——这些都是人类的自然情绪。尽管事物的自然趋势是进攻性的,却有些重要的东西是可取的。在既不偏袒也不迁就地将适当的奖赏分派给每一种美德时,自然采用的准则是:“有利于并适合于引起人类的勤奋和注意。”辛苦劳作是人类生存不可或缺的条件,而唯一能把它们激发出来的方法是通过会员的奖励和惩罚。事物的自然趋势支持以牺牲道德而保存人类;人类的自然感情是由于“对美德的热爱、对罪恶和不公正的憎恶”而激发出来的。自然被分裂了,但分裂的结果不都是反自然本身的。纯粹美德的案件只有依赖于把审判地点变换到超自然世界中的法院方可审理。

自我保存重于道德和理性

斯密继续研究为了完成世界的基本使命而在善良与理性方面所必须付出的代价这一主题。他首先从行为的有用性是否是行为得到认可的根据这一问题入手,因为这一问题对他的学说非常重要。如果答案是肯定的,那么由此而得出的结论就是,美德原则(认可)是理性的:对有用性的分析。但是我们知道,斯密认为美德和认可的原则不是理性,而是通过同情表达出来的情感和感觉。然而很明显,人类稳定地倾向于政府和劳动的措施,因为这些措施是种族保存的支柱。斯密通过重新论述自然强加给人类的一种错觉而对此进行了解释——这种错觉起着理性的作用,甚至比理性本身起的作用还要大。当我们观察一个人所拥有的权力或者财富时,我们的头脑就开始想象这些东西在发挥各自作用方面的合宜性,同时我们也对想象中的这些奖赏的拥有者的心满意足产生同情,这种同情离渴望我们自己身处伟大之中而高兴并继而作出巨大努力获得财富与政府权力只有一步之遥。经过思考后我们发现,似乎一种心理动机引导我们追求繁荣和权力,然后,像我们所说的那样,在人们中间创造财富和秩序——作为主观"动力"的副产品。此外,与此紧密相关的是,当我们在追求财富和权力时,我们渴望能够找到满足的方法,我们渴望的甚至不是满足本身,我们的行为受到这种渴望的影响。财富和权力都是需要得到的东西,因为它们能给拥有者带来幸福。实际上幸福根本不是或者在很小程度上是由于占有权力和财富引起的,因为那些"巨大的、费力的机器是设计来生产一些能给身体带来微不足道的便利的东西,这些机器是由最精密最灵敏的弹簧构成的,这些弹簧必须非常精心地放置在适当的位置上,而且,尽管我们非常仔细,它们却每时每刻都有可能爆裂成碎片,将倒霉的占有者在废墟中压得粉碎"。[1]

斯密贬低财富和地位的重要性的理由是令人感兴趣的:"在构成人类生活真正幸福的东西中,贫穷微贱的人在各方面都不比那些似乎高高位于他们之上的人差。在身体的舒适和心灵的安静方面,生活在不同社会阶层的人几乎处在同一水平上。乞丐在公路边晒太阳,他拥有帝王为之奋斗的安全感。"[2]正是在这种情况下,斯密在他的《道德情操论》中提出了"无形的手"这一概念及其表达方式。这一观点由于在《国富论》的主要观点中进行了详细的论述而闻名。这段文字被广泛引述:

---

〔1〕《道德情操论》,第5部,第1章,第161页,以及全书。

〔2〕《道德情操论》,第163页。

幸亏大自然用这种方法强加给我们。正是这种欺骗唤起并调动了人类的勤奋。正是它首先促使人类开垦土地,建造房屋,建设城市和国家,发明并改进所有科学和人文学科。这些科学与人文学科使人类生活变得崇高并为之增色。所有这些都彻底改变了地球的整个面貌,大自然的原始森林变成了惬意的肥沃的平原,茫无人迹的、荒凉的海洋变成了人类生计的新的储备,变成了地球上不同国家联系的通路。由于人类的这些劳动,地球不得不使其自然的富饶加倍以维持更多的居民。得意的、无情的地主察看着他无垠的田地,想象着他独自享受田地里生长出来的全部收获,根本不考虑他的同胞们的需要,这是毫无意义的。在他身上,一句朴实的、通俗的谚语得到了最充分的体现:眼大肚子小。对他来说,肚子容量和他巨大的欲望之间已经不成比例,而他将得到的也只不过是最吝啬的小农所应得的份额。其余的他不得不分给那些非常精心地为他准备他可以利用的那很少一份的人们,分给那些为他准备邸宅以使他在其中消费这一点东西的人们,分给那些为他提供和整理用以显示高贵或名望的华而不实的小玩意儿的人们。所有这些人都从他的奢侈和古怪中得到一部分生活必需品,这些必需品是他们不可能指望从他的人性与正义中得到的。土地的出产几乎总是维持着它能够维持的居民数量。富有的人只是从大堆中挑选最珍贵和最惬意的东西。他们的消费不比穷人多,而且,虽然他们有一种天生就有的自私与贪婪,他们还是同穷人共同分享了他们所有经营的收获,尽管他们的本意只是为自己的便利考虑,尽管他们雇用成千上万的人来劳作的唯一目的是满足他们自己虚荣、贪得无厌的欲望。他们受一只无形的手的驱使,对生活必需品进行了分配,这种分配同如果将土地平均分给所有居民的效果几乎是一样的。因此,他们在没有预期、也不知道这一结果的情况下促进了社会的利益,并为人类的繁衍提供了财富。[1]

除此之外,没有必要再增加证据以说明斯密的如下信念:自然的关于人的主要目的,即整个人类的繁荣,是通过降低道德和理性的作用实现的。由于后资本主义思想将就这一点进行辩论,并将对其根本的、最雄心勃勃的逻辑论证予以反驳,所以它值得我们认真探讨。

自然之关于人类的目标是由人类的情感而不是由人类的理性推进的。这一观点来自这样一个前提:感情比理性更具支配力,而且每一个动物都坚持不懈地渴望自己能继续地生存下去。一个人的感情比他的思想更能直接地反映出他的本性。而且,二者之间的区别不是古代认为的那样具有深远意义,相反可以把它们都归入"感知"范畴之中。斯密在其理论中没有使用休谟曾经使用过的"印象和观念"的表达方式。这种表达方式给心灵的活动装上了一副相同的面孔,从而使感觉、感情和理性之间的差别变得模糊不清。如果斯密使用了这种表达方式,他会更清楚地赞成休谟对自我和观念的定义:自我是"相关观念和印象的序列,对于这些观念和印象我们有着深刻的记忆",观念"是[印象]在思维和理性中的模糊映象"。[2] 将自我、本我或真正的人归结为他的现实性,或归结为他实际感受到的东西的种种迹象,而不是归结为他们心灵及其能力或"官能",这是否定先天观念,因而几乎否定名义本质的那

---

〔1〕《道德情操论》,第 162 ~ 163 页。

〔2〕休谟:《人性论》(*A Treatise of Human Nature*),第 1 部,第 1 篇,第 1 章;第 2 部,第 1 篇,第 2 章。

种学说的一部分。该学说——它反映了霍布斯和洛克的理论——同下列观点交织在一起:自然通过各种力的作用方式来产生和传递运动。这些力的作用方式也存在于人身上,并更多地通过他的感情而不是理性来支配他。[1] 无论如何,斯密阐述的理论是:自然没有让人类虚弱的理性去发现人应该保存自己以及如何保存自己,于是赋予人以对其生存手段及生存本身的强烈欲望,以此确保自我保存。感情之于理性的这种至上性,或至少把两者都归于类似知觉的东西,也是为了保存而必须让道德作出让步的根据。

道德标准的民主化

我们要牢记斯密的道德原则是从认可开始的:善之为善是因为它在事实上或在原则上得到人类感情的认可。现在看来,存在一个困难,因为大自然教人既认可有助于道德的东西,也认可有助于自我保存的东西。自然的教导有时是含糊不清的。显然,从"是"推导出"应是"的企图受到下述事实的困扰,即尽管道德的东西实际上得到了认可,但不能由此得出结论说凡得到认可的东西都是道德的,也不能说凡道德的东西都得到认可。前面提到的"不规则性"或让步正是源于这种情况。那么,从自然道德的心理的或"行为的"的起源中能够得到什么呢?这就是,通过这一方法,也许能从"人之为人"的特点中推演出道德,即不再研究他作为政治动

〔1〕 休谟的论述带有典型的不妥协性:

"[理性]决不会在意志的指挥下反对情感。"《人性论》,第2部,第3篇。斯密间接地作出了两句评论,否定人类是唯一有理性的动物:"人类以及……所有其他有理性生物"(《道德情操论》,第3部,第5章,第146页),以及"所有感性的和理智的生物构成的大社会"(《人性论》,第6部,第2篇,第3章,第209页)。

物的特点,而只注意他作为“自然”动物的特点。斯密道德哲学的目的是这样来理解美德的基础,即这种基础可以说存在于“人类大多数”[1]每时每刻的完全现实的状态中。也就是说,斯密的出发点是霍布斯所述意义上的人的自然的平等。同古典思想加以比较能更清楚地理解现代的观点。柏拉图《理想国》的著名构想制定了政治社会中的劳动分工或职业分工原理,因为一个社会等级的美德不可能根据另一等级的标准来衡量。亚里士多德的《政治学》区分了奴隶、自由人和能者的美德,《尼各马可伦理学》不能被认为是大多数人的美德指南。古代的道德学家们冷酷地专注于区分政治上有影响的人与境内全体平民,只有民主才有可能消除这种差别。我们有权利认为道德的“人道化”——道德的普遍化或指“一切人作为人”的目前的实际状况——是道德的民主化。

民主制是能最大限度地缩小统治者和被统治者之间的差别这一基本政治现象的社会制度。在这个意义上,我们可以说民主或者自由民主趋向于社会性(相邻的私生活)取代政治生活,同时倾向于最广泛地扩散政治权威。从政治生活本身的要求中抽象出道德,这在某种意义上是不可能的:政治生活必须过,而政治生活的支柱必须以下述形式来提供:经济组织、对犯罪与叛乱的武力镇压、有利于秩序的传统不平等的合法化,等等。当道德彻底是“人的”或是“自然的”时候——就这两个词本身不同于“政治的”的意义而言——为维持政治生活所必不可少的措施将具有侵蚀道德的特征或一种不规则性。我们的论点不是说斯密社会学说的道德基础目的是要从政治生活的条件中抽象出道德,恰恰相反,我们的论点是,为了减轻或者是为了防止这种抽象——他的前提有作出这

---

〔1〕《道德情操论》,第3部,第5章,第142页。

种抽象的危险——他必须诉诸自然的“不规则性”或者是诉诸他的前提的例外情况。

要表明正直与政治之间难以捉摸的关系几乎没有比下面引用的丘吉尔在其《马尔巴勒》中的一段话更好的方法了:

> 上院的第二次辩论……引出了马尔巴勒在议会上最令人难忘的表演。他的表演变得越发引人注目,因为,尽管他已经打定主意什么是应该干的,什么是他想干的,但他的辩论却是自发的、变化多端的,也是完全成功的。像在战场上一样,他确实很快地改变了行动方向,在他的对手面前张开了一个策略网。他使坦率为虚假服务,而且,假装不情愿地脱口说出了全部真相,他使他的攻击者犯下了十足的、莫名其妙的错误。在一种本不可能完全装出来的感情冲动下,他透露了战争政策。这不仅引起了反对党的误解,也引起了整个上院的误解。同时他在引起国外敌人产生误解方面也起了作用——当然他们很快就知道了公众的辩论。因此,他按照想象他们那样为正确战略和共同事业的利益而行动。他的斗争环境使他习惯于不断地为了朋友本身的利益而欺骗朋友,为了敌人的痛苦而欺骗敌人。但是他在议会辩论这一陌生的环境中构思并完成这一特殊策略的速度和从容不迫,向我们展现了他狡猾的但却是善良的灵魂深处的某些秘密。[1]

显然,掩饰不可能成为道德准则;同样明显的是,对崇高事业

---

〔1〕 温斯顿·S. 丘吉尔:《马尔巴勒:他的生平与时代》(*Marlborough, His Life and Times*)两册四卷本,伦敦,1947年版,第3卷,第2册,第303页。引用征得了查尔斯·斯克里普纳的儿子和乔治·哈拉普有限公司的许可。

中的掩饰与一般谎言未加以区别的道德,其最终结果要么是将其一概斥之为邪恶的清教徒主义,要么是徒劳地寻找善恶界限的自由主义。在这方面,古代道德哲学可以说是非常有见地的。它谨慎地承认有一种非常微妙的美德,从其在心灵中的地位出发激励其他美德。为了给古人道德说教的奥德修斯主义作辩解,应该说他们支持违背最严格的道德以最终为了某种更高的利益,因为他们不认为道德美德是最高的美德。斯密削弱道德不可能是为了任何更高的利益,因为不存在更高的利益,"沉思的哲学家最崇高的思辨也几乎难以补偿对最小的主动的义务的忽略"。"要是人的行为的出发点只是考虑什么是正确的、适合做的,考虑什么东西值得尊敬和认可,尽管不应该赋予他这些感情,但人的行为就是从人性所达到的最崇高和神圣的动机出发的。"[1]上述情况简单地说就是古典思想家和近代思想家在缓和严格的道德美德这一点上有某种一致性。古典思想家没有表示不满是因为他们在考虑一个更崇高的优点,斯密感情复杂则是因为他的目标在价值上不可能超越道德。

私利与公益的自然调和

斯密的目标,即整个人类的自由、合理、舒适、宽容的生活,在很大程度上是在他所创立的那种经济学中找到了其希望、基础和表达。这里不宜对斯密的经济学进行详细论述,因此我们还是限制在选定的题目上。他在《国富论》中的学说首先是因为它以概括简明的方式为自由企业所做的辩护而著名:国家的福利不能与其

〔1〕《道德情操论》,第6部,第2篇,第3章,第210页;第7部,第2篇,第4章,第275页。

财富分开,他按现代方式将国家财富看作年国民产值。但是,国家的年产值是居民个人的年产值的总和。每个居民在尽量扩大产量方面有着永恒的兴趣,如果对他不加限制,他会采用任何手段来实现这一目的。因此应该把自由给予所有的人,他们会同时最大限度地增加总产值,并通过竞争相互抑制。他对重商主义的资本主义制度——对商业利润表示出令人反感的偏爱的制度——进行的著名的攻击是他论点的一部分,这个论点是:共同利益不是通过对企业进行有差别的立法刺激,而是通过让自然自动地将个人的自身利益转化为所有人的利益而得以实现:

> 因此,由于每个人都尽力利用其资金支持国内工业,同时也尽力对国内工业加以指导以使产品获取最大价值,所以每个人都必须劳动,尽全力使社会的年收入达到最大量。事实上,总的来说他既没打算促进公众利益也不知道他促进的程度。他喜欢支持国内工业而不支持国外工业,他这样做的目的只是为他自己的安全打算;他对国内工业加以指导以使产品达到最大价值,这样做的目的也只是为他的个人所得着想。在这方面,同其他方面一样,他受无形的手的驱使促进一个目标的实现。这一目标根本不包括在他的意图之中,他们不考虑这种目标,未必就对社会有害。在追求自己的利益时他经常促进了社会的利益,而且比他真的打算促进社会利益时更有效。我从没听说那些假装为了公共利益而经商的人做出过什么有益的事。这的确是一种装模作样,在商人中并不多见,而且用不了几句话即可劝说他们不这样做。[1]

---

〔1〕《国富论》(*An Inquiry into the Nature and Causes of the Wealth of Nations*),纽约,1937年版,第4部,第2篇,第423页。

我们可以毫无困难地认识到私人利益和公共利益的自然调和,因为《道德情操论》使我们对此已有思想准备。对于斯密认为与这种调和相伴随的道德的"不规则性",我们也不是没有准备。在《国富论》中,这些不规则性在两三个主要部分中加以论述。首先,个人和全体的繁荣依赖于生产率,而生产率又以劳动分工为基础。但是,劳动分工不可避免地使劳动阶层——即使不说是人类的大多数也是为数众多的阶层——变得愚蠢。劳动者"本行业技能熟练的获得似乎是以智力、社会和军事美德为代价的。但在每一个进步了的文明社会中,贫穷的劳动人民,即人民的大多数,自然地要陷入这种状况之中,除非政府尽力加以阻止"。[1] 在论述中他尽量不夸大政府会成功的可能性。

其次,国家经济生活的大部分,即使不是绝大部分,必须处于商人和企业主阶层的管理之下。他对这一伙人的谴责有时候是惊人的严厉。他反对他们主要是因为他们对获利的专注使他们同其他社会阶层和整个国家处于狭隘的冲突之中——除偶尔的疏漏之外。[2] 有必要运用政府的智慧以防止他们的危害(他们出于自私利益的干扰),而只自由放任他们有益的活动(他们的生产性活动)。斯密并不像自由放任政策的某些倡导者那样后来变成了教条主义者。

最后,斯密认为,产值的年增长是劳动带来的。当土地变成私有财产以及资本积累形成后,每一件商品的"可交换价值"或者是价格便分解为工资、租金以及利润。土地的所有者和劳动(力)的雇用者以这种方法来"分享"劳动产品。斯密极力认为,资本的利

---

〔1〕《国富论》,第5部,第1篇,第3章,第2节,第735页。

〔2〕《国富论》,例如,第1部结束语,第249~250页;第4部,第3篇,第2章,第460页。

润并非是付给“假定的为检查和指导所付出的劳动”的报酬。他说这种报酬经常是“支付给某些高级职员”。[1] 他绝对没有试图掩盖资本积累对产量的贡献,相反,他对之进行了详细的论述。但他认为资本积累只有通过“提高劳动生产力”才起作用。[2] 在对我们现在所谓的国民收入核算进行研究的过程中,他当然使后人有理由认为他持有劳动价值论的观点,同时他对分配也持有一些看法。至于租金,那是因使用土地而应付的“垄断价格”,[3] 通过要求付给租金,所有者能够分享年劳动产品。我们不可能不注意到斯密在证明这种“分享”和这种“分解”时是多么顺畅。相反,通过表达某些不公(“一旦一个国家的土地都变成私有财产,地主就会像其他人一样喜欢在他们未播种的地方收获,即使是自然生长出来的东西也要求付给租金”[4]),他表示在完全合宜性方面还有所保留。他似乎认为,当列举分配的事实时,关于可能出现的不平等的暗示完全可以通过有关广泛的补偿利益的陈述而加以平衡:他思考下述情况也许是真实的,即一个欧洲王子的膳宿之超过一个勤劳节俭的农民的膳宿,并不总是像后者的膳宿超过许多非洲国王的膳宿那么多,而这些国王是成千上万赤身裸体的野蛮人的生命和自由的绝对主人。[5] 但斯密并没有像马克思致力于面向广大劳动大众公开谴责资本主义那样,明显地设想自己是在面对贫穷的劳动大众以详细地为资本主义辩护。斯密坦率地暗示,他认为在分配秩序的基部中存在某种类似于他所谓道德的“不规则性”的东西,但所有人的相关利益的重要性远远超过了这种“不规则性”

[1] 《国富论》,第1部,第6篇,第48~49页。

[2] 《国富论》,第2部引言,第260页,以及第2部,第2篇,第271页等。

[3] 《国富论》,第1部,第11篇,第145页。

[4] 《国富论》,第1部,第6篇,第49页。

[5] 《国富论》,第1部,第1篇,第12页,以及“本书的导言与计划”,导言第8页。

的重要性——斯密厌恶那些不能作出如此简单的计算的"体系"人。斯密没有将自由企业集合体称为"资本主义",而是将其称为"自然的自由制度",或者是一种状况,在这种状况中"人们让事物朝其自然进程发展,在这里存在绝对的自由"。[1] 对斯密来说,自然意味着是人类不能妨碍或阻碍的事物。这更充分地意味着不能由人类理性不适当地干预造成混乱:让自然自然地发展下去,让人类按本能的驱使行动,只要与"整个社会的安全"是一致的。[2] 很容易设想并承认,自然的是与人工的、人类的或者被迫服从预先安排好了的计划相对的。因此,自由完全站在自然一边,和站在人类理性一边的抑制相反。但同时,世界上没有比既聋又哑的自然发出的不可避免的命令更坚定、更带有强迫性的事物,而人类自由的动力却存在于他的理性能力——他的各种各样发明的源泉——之中。[3] 斯密勇敢地面对这一困难实际上是宣布支持理性的自由——理性一直被用来为更具约束力的自然的自由服务:遵照感情的命令进行计算。斯密整个学说贯穿着由下述事实所导致的种种后果:起支配作用的因素,即自然——被认为是自由的感情动力——是人类不自由的表现。康德后来对此进行了详细的论述。

相信自然的智慧

并非因为自由是个人的道德的存在,是每个人生活的条件,是行动中自我立法的意志的基础或道德的基础,就把这种自由看作

---

〔1〕《国富论》,第4部,第9篇,第651页;第1部,第10篇,第99页。

〔2〕《国富论》,第2部,第2篇,第308页。

〔3〕斯密通常把"自然地"和"必然地"并置起来,显然后者常常用作前者的强调形式。参看同书第8、86、357、414、421、422、591、674、723页及脚注,第754、756页。

最重要的。这是斯密理论的鲜明特点,也是整个自由资本主义的鲜明特点。对斯密来说,自由仍然是洛克、亚里士多德意义上的自由,是政治哲学悠久传统意义上的自由。人们处于这样一种状态,即受合法的统治者的统治,统治者尊重被统治者的人身和财产,而且被统治者必须同意这种或那种安排。这种自由观点首先是政治的,它属于洛克的自由意志论,而不属于卢梭的观点。寻找为了道德意志而在制度上解放每个人的内在动力的方法,并没有使资本主义的方案更富有生机。使之富有生机的是探索为了整个人类外部的、政治上可理解的自由与和平、繁荣的生活而在制度上解放每个人自我保存的自然本能的方法。因此斯密很自然地认为人类是自由的,尽管他既受自然的束缚,又受种种法律的制约——这些法律保障其外部自由,但却几乎无法成为他从同一个自然获得内部解放的基础。

因此斯密有权信任自然的智慧,这种智慧甚至或尤其通过人类的愚蠢和不公平中表现出来:道德卫生学——它产生了一大群人,实际上是整个人类的自我立法者——并非是他的计划所必不可少的,政治生活也并非是一种能导致人类近乎政治解放的精神疗法。因此斯密勉强接受文明社会的种种好处,即使这些好处伴有某些无可置疑的邪恶,而且他准备无限期地这样做,只要这些积极的好处是巨大的,而这些邪恶又是不可避免的。在这方面他预先使用了将要出现的历史哲学的方法,但没有预测其目的:通过恶而达到善,通过愚蠢而达到理性,但在彩虹尽头没有天堂。

我们更准确地理解斯密的理论与以后将要发展起来的历史哲学之间的共同点是非常重要的。首先我们看到,他相信"事物自然地朝着改善的方向发展"——这是因为受到每个人为了"改善自己的条件所作出的始终如一的、坚定的、不间断的努力"所激励的结果。改善他的条件是就“最一般”意义而言的,[1]斯密在论述欧洲从中世纪的混乱发展到近代的相对稳定时阐明了这一点。以前无政府状态的存在是因为那些大的土地拥有者拥有众多的家臣,这些家臣实际上构成了私人军队。只要不解散这些军队,秩序就无法形成。他们的存在是因为显贵们有丰厚的实物收入,在当时盛行的原始贸易条件下,他们无法通过交换或销售手段将这些收入处理掉,因此他们被迫用其供养大批的人,这些人成了他们的侍从,并不可避免地成为其士兵。贸易的扩大导致了这种制度的垮台——贸易的扩大使这些巨头能够将其产品转换成金钱,然后转换成奢侈品供他们个人享乐,而不是转换成为他们的政治权力服务的军事基础。

> 对公众幸福最有意义的变革是由两个不同阶层的人民促成的,这些人其实根本就没有为公众服务的意图。满足幼稚可笑的虚荣是那些大业主的唯一动机。商人和工匠却不那么可笑,他们行为的目的是自己的利益,他们追求的是自己小商小贩的原则——只要能赚到一些钱就赚一些。他们都不知道也未预见到这场伟大的变革——这场变革是由他们当中一种人的愚蠢,以及另外一种人的勤俭逐步引起的。[2]

斯密论述了罗马教堂在10世纪至13世纪的支配地位。他认为,牧师的世俗权力突出地表明了这种支配地位。同时,这种支配地位以牧师在人类大众中的影响为基础。地位低下阶层的民众是通过利益的纽带与牧师紧密联系在一起的。他们依靠免费给予的

---

〔1〕《国富论》,第2部,第3篇,第325、326页。

〔2〕《国富论》,第3部,第4篇,第391～392页。

施舍,因为同样的原因,牧师没有其他办法处理他们土地上的大量物产。而当处理方法出现的时候,天主教的法规经历了一次深刻转变:

> 如果法规仅仅受到人类理性所作出的微弱的努力的攻击,它一定永远得到持续。但是那巨大的、构造良好的建筑——人类所有智慧和美德都永远不能将其动摇,更不用说将其推翻——通过事物的自然进程首先使其削弱,然后部分地将其毁坏……
>
> 艺术、制造业和商业的逐步发展——摧毁了大贵族的权力的原因——用同样的方法,在欧洲的大部分,彻底摧毁了牧师的整个世俗权力。[1]

借助同样的手段,整个人类被吸引到一起。斯密认为地理上的发现对人类来说具有前所未有的重要意义:“美洲的发现,以及透过好望角通向东印度群岛的航线的发现,是人类历史上两个最伟大、最重要的事件。”原则上说,整个人类的交流和贸易在人类的记忆中第一次得以实现。随着这一划时代事件的出现,一个使全人类能够相互“满足欲望、增添快乐、鼓励勤劳”的重要时机来临了。[2]

斯密认为,自然在很大程度上是用经济学语言向历史发号施令的。得到自然的这种指令的历史,其宽广的道路可能是通向整个人类更舒服、更有教养、更理智、更安全的生活。同时,他假设文明的进步与众多勤劳的群盲的出现是同步的——这些群盲几乎失

---

〔1〕《国富论》,第5部,第1篇,第3章,第3节,第755页。

〔2〕《国富论》,第3部,第7篇,第3章,第590页;第4部,第1篇,第416页。

去了所有令人赞美的人类品质。文明不是无条件的善,或者更准确地说,它是有代价的。卢梭是这一著名论题的赞赏者,而斯密非常关注地但并没有焦虑不安地对其加以发展。他建议为大众提供一系列几乎是免费的基础教育,鼓励成立空前数量的宗教派别(多达三千个),每个教派必须很小,以使其中的每个成员都非常醒目,便于受圣餐的同伙监督。他建议通过这些方法来减轻邪恶之疾的痛苦。所有的人都会互相监督其道德,这样远远不会有因为缺少兴趣而陷入热情消退的危险——它本身也需要退热药来减轻症状:科学、哲学方面的教育课程以及一些艺术场所,如剧场。[1] 斯密不断地建议政府密切注意大部分勤俭之人的智力和道德状况。他这样做不仅是出于善心,而且显然也是为了国家。

总 结

在即将结束本章时,可以把我们的论点概述如下:洛克的著作刚一完成,聪明的人们便开始反思和总结他的学说中我们今天所谓的“道德意义”。[2] 他在多大程度上缓和了霍布斯关于人天性残忍的学说并使政治哲学朝着经济学方向发展,我们在论洛克一章中已经阐述过了。但是近代自然法学派的主要理论并没有因此而被削弱:自然仍然只意味着保存,它具有决定一切的力量。现在这已经被认为是不够的,并且把人归结为他的感情被认为是如下

---

〔1〕《国富论》,第5部,第1篇,第3章,第2节,第736~738页;第5部,第1篇,第3章,第3节,第747~748页。

〔2〕读者应注意伯纳德·曼德维尔(1670~1733)的作品,其《蜜蜂的寓言》(1714)的副标题为“私人的罪恶与公共利益”。争论由此而发,斯密在论“放纵的制度”一章(《道德情操论》)中对他作了谴责,同时承认曼德维尔并不完全是错的。

意思,即人不仅倾向自己,而且倾向其类。或许洛克并未因为他沿这一方向所取得的进展而得到足够的赞誉,但无论如何,斯密(大约与《卢梭二论》同时)使这一论题变得更加引人注目。人类生活之归结为其感情基础被扩大成了义务和权利的根据。不可否认,这些义务被有意识地引来以人类的保存为中心,但同时也不能否认,义务和权利之间有区别,而这两者需要以某种方式相互调和。在调和道德义务和自然权利即保存的过程中,斯密诉诸自然与源于自然的道德秩序之间的紧张关系,这就不可避免地使调和有缺陷,由此产生了关于自然的或最好的社会秩序——自由、繁荣、宽恕的文明社会——之道德的不完善的理论。因此,在其自我理解中,资本主义预见了后资本主义对资本主义的主要批判:文明社会是人类问题的有缺陷的解决办法。

我们的第二点是和第一点密不可分的,这就是,资本主义的自我理解同时还预见到了后来19世纪提出的资本主义的替代物的惊人部分。我们一直试图表明资本主义的目标是如何构建全人类以作为义务的根据(全体旁观者),也作为经济发展的最终受益者——因此作为最终的社会。经济发展的动力是人的卑鄙的欲望和追求,这些欲望和追求贯穿于经常展现在他面前的生产和分配的经济制度之中。期望通过恶实现善、通过非理性实现理性,期望进步,相信人类的利益会取代特定政治社会的利益,相信经济对人类事务的决定性影响,相信生产过程中劳动的首要地位,相信文明社会致力于保护财产,等等。马克思主义后来所宣扬的这一切都以这种或那种方式存在于资本主义学说中,我们的目的一直是要说明这一点。令人奇怪的是,马克思的理论认为资本主义包含其自身否定的种子。或许可以说,根据资本主义本身的自我理解,资本主义的根据在很大程度上恰好就是其自我否定的“温床”。但种子本身是一种外来的东西即历史哲学,它不是由经济制度的作用产生的,而是人的思辨活动的结果。

或许应该谴责斯密,因为他没有从“自然智慧”——他相信这种智慧引导着人类进步而且他常常借助于这种智慧——抽象出一种赋予人类历程的结果以历史意义的形而上学。

也许他应该意识到像自然的“智慧”这样的隐喻中的潜能,并继续主张更高的智慧,通过这些智慧,自然本身的法则可以被置于秩序之中。然而他从来没有达到这一点,因为他不怀疑这样一种信念,即存在一个所有变化都在其中发生不变的境域,这种境域或框架就是自然。

历史哲学将是后几章的论题。目前我们可以说,当卢梭关于人性的可塑性的学说得到适当的培育与扩大时,它证明是一小块使面团发酵的酵母。自由资本主义情愿忍受悖论和不规则性,因为它们起源于人类的本性。然而19世纪不能容忍这些东西,因为它觉得再没有必要容忍它们。造成不方便的那种本性必须去掉,必须代之以本性变化的法则,即代之以历史。正是这种狭隘却深不可测的分歧,将资本主义同共产主义区别开来。

阅读书目

1. 亚当·斯密:《国富论》,第1卷,第1~10章;第11章导言和结论;第5卷,第1章。(中译本:《国富论》,郭大力、王亚南译,上海三联书店2009年版。——译者注)

2. 亚当·斯密:《国富论》,第3卷;第4卷,第1、2、7章。

联邦党人*

(1787—1788)

马丁·戴蒙德

1787年联邦制宪会议刚刚开完,亚历山大·汉密尔顿就立即投入了一场艰巨的任务,以保证纽约州对其所提出的宪法的承认。他的策略之一就是出版一系列短文来阐述宪法的精神。汉密尔顿先约了约翰·杰伊,然后,在召集其他人碰了钉子之后又找了詹姆斯·麦迪逊,三人合作,在纽约市出版社出版了《联邦党人》,一种由2~4篇文章组成的小册子系列。这些文章旨在对州代表会议承认制宪的选举产生积极影响。因为这次选举采取的是全民投票方式,所以这些文章的对象是"纽约州的人民"。《联邦党人》的另一目的是对支持联邦制宪会议的代表进行鼓励,并对那些反对联

---

* 指亚历山大·汉密尔顿(1757〔5?〕—1804);詹姆斯·麦迪逊(1751—1836);约翰·杰伊(1745—1829)。

邦制宪会议的代表进行劝说。为了使宣传的效果更好,这些文章在全部出版之前就被编纂成文集,在全国的宪法拥护者中间广为流传。因此可以说《联邦党人》面对的不仅仅是最广泛的选民,还包括那些实际上能够决定宪法命运的知识阶层。显然《联邦党人》的作者超越了当时的斗争,他们对宪法意义所作出的权威性评论,影响到子孙后代。因而,《联邦党人》不仅仅是在一场运动中起宣传作用的政治文章,它的论点无论在当时还是对将来都有着永久的意义。

阅读《联邦党人》还有其复杂的一面。因为这些文章主要由两位作者所写(杰伊只写了很少一部分,在此可忽略不计),而这两位作者在个人意见上甚至在后来的事业上都有着极大的分歧。[1] 这使许多读者认为这部作品存在根本矛盾之处,但实际上矛盾并不存在。他们假设文章既然由汉密尔顿和麦迪逊两人所著,其中一定不乏矛盾之处。如同以为《联邦党人》不过是一些宣传文章这种观点一样,认为《联邦党人》是由意见分歧的作者所著的自相矛盾的作品这种看法,也同样贬低了这部著作的理论价值。而《联邦党人》实为一位名为“帕布里乌斯”的人的著作,他声明要对宪法及宪法所宣扬的政体作出前后一致的、深刻而真实的论述。事实上,帕布里乌斯实现了这一许诺。

汉密尔顿与麦迪逊有意图并且有能力创造出一位观点上前后一致的帕布里乌斯。除此之外,《联邦党人》的文学角色(指“帕布里乌斯”这一角色)促使他们两人在绝大部分问题的论述上有可能达成一致的意见。《联邦党人》所涉及的大都是实际问题。两位作者在其他问题上的观点可能相悖,但对于联邦制宪会议所起的作

---

〔1〕 这85篇文章的作者很长时间一直有争议。根据道格拉斯·阿代尔令人信服的分析考证,汉密尔顿写了51篇(1、6~9、11~13、15~17、21~36、59~61、65~85),麦迪逊写了29篇(10、14、18~20、37~58、62~63),杰伊写了5篇(2~5、64)。

用,以及结果会产生什么样的国家这方面,汉密尔顿同麦迪逊却有着相同的观点。同样,在如何使宪法大得人心,如何劝说反对派这些方面,他们也很容易取得一致的意见。《联邦党人》只是评述和支持宪法,因此,它的作者基本上无须涉及那个最有争议的问题,即他们本人在评论宪法时所采用的标准。当然,这并不等于说帕布里乌斯只停留在表面上或只讲一些读者爱听的话。事实上,汉密尔顿与麦迪逊作为帕布里乌斯,在讨论接受宪法所应依据的理论基础方面论述得相当深刻。这使《联邦党人》颇具启发性。但《联邦党人》的文学角色并没有使他们的论述深到亮出他们之间的最终分歧。不幸的是,帕布里乌斯的论述之所以一致的原因,也正是《联邦党人》与其他伟大著作相比缺乏对理论问题作出深到极限的论述这一缺陷的原因。

最后我们对帕布里乌斯再作一番探究,可直接引出《联邦党人》的观点。我们知道,汉密尔顿对笔名的起法相当重视,笔名必须能表达他的观点。[1] 在帕布里乌斯出现前不久,出现过一系列署名为"恺撒"的倡导宪法的文章。一直有人认为汉密尔顿就是"恺撒",但据考证这种可能性不大。恺撒最初的两篇文章遭到了冷遇,于是那位作者放弃了这个系列。和运气不佳的恺撒文章相比,选择"帕布里乌斯"这个笔名的意图显而易见,不论汉密尔顿究竟是不是"恺撒"。懂点历史的读者都知道,帕布里乌斯即普鲁塔克的著作中所描述的帕布里乌斯·瓦勒里乌斯·帕布里库拉。

帕布里乌斯同恺撒一样,都是强者,但两人却有着天壤之别:恺撒毁灭了一个共和国,而帕布里乌斯则挽救了一个共和国。与恺撒不同,帕布里乌斯为共和国的存在和持续作出了贡献。他为

---

〔1〕 参见道格拉斯·阿代尔《汉密尔顿笔名考》一文,载《威廉与玛丽季刊》(William and Mary Quarterly),第3辑,1955年4月。

拯救共和国引进了共和国所不具备的一些品质,但却在他的努力之后能使共和国基本上完好无损。无论谁写的那些署名恺撒的文章,都是注定要失败的。宪法实际上不是恺撒式的,而且当时的读者对恺撒式的呼吁持强烈的敌对态度。与此相反,帕布里乌斯的品质则完全适合当时的形势,并完美无缺地代表了《联邦党人》的论点。帕布里乌斯,以广大民众所不具备的能力和知识,向人民介绍一个能够得以持续并能够建立共和国的宪法。

《联邦党人》的宗旨

在第一篇文章中,帕布里乌斯概述了这一系列文章的提纲。

> (1)建立合众国对于你们的政治繁荣的作用。(2)现行的十三州邦联对保持联邦的不利。(3)建立一个至少像所提议的那样有活力的政体的必要性。(4)所提出的宪法同共和政体准则的一致性。(5)所提出的宪法与你们所在的州的宪法之相似性。最后,(6)所提出的宪法的采用将为维护那种政体、为自由及财产所提供的进一步的安全保障。[1]

然后,帕布里乌斯认为有必要对文章排列的次序作个说明。"也许会有人认为通过论证来证明新成立合众国的作用是多余的",他写道,因为据说对这种功用"没有异议"。帕布里乌斯为其第一个论题辩护的理由是:实际上存有秘而不宣的异议。除了这

〔1〕《联邦党人》(*the Federalist*),亨利·卡伯特·洛奇编,爱德华·米德·厄尔作序,纽约,1941年版,第1篇,第6页。

个特别的辩护,我们也能看出帕布里乌斯如此安排这些文章的其他理由。他为何从论述合众国的功用开始,理由尤为清楚。首先,只有这样他才容易从开始就同几乎所有的读者产生共鸣。其次,对于并无异议的合众国的目的进行适当的、充分的论述,这无疑也清楚地包含着为达到这一目的而应该做的事情。因此,到了帕布里乌斯已经充分地论述完合众国的价值时,他已经在大家都赞成同一个目标这个友好的语境下巧妙地引入了他对有争议问题的所有主要论点。他正确地阐述了合众国的目的明显地与十三州邦联的种种缺陷相矛盾,因而需要一个"有活力的"政府。帕布里乌斯想从大家"对这个抽象论题的普遍赞成"来推论出合众国的好处与十三州邦联的不足之处,对于维持合众国所需要的必要条件表示默认。帕布里乌斯能够通过向读者指出他们对合众国的模糊信任中所暗含的逻辑性来将"一般赞同"转化为理性的、具体的赞成。帕布里乌斯收在前三个大标题之下的文章有如下的论点:希望实现合众国则必然要反对现行的邦联,并欢迎合众国所需要的有活力的政体。其余的文章都是说明,在这个有活力的政体——所倡导的宪法——领导下的合众国是令人满意的共和政体。因此,帕布里乌斯必须更充分地阐述一个共和主义方式,以此来发挥"合众国的作用"。

这一点,既是帕布里乌斯最艰巨的政治任务,又是他最重要的理论学说,仔细观察这些文章的组织方式便会发现其重要性。所有文章以下述的方式分为六个"问题分支":(1)"合众国的作用"——14 篇文章;(2)"现行邦联的不足"——8 篇文章;(3)"有活力的政府的必要性"——14 篇文章;(4)宪法的共和政体性质——48 篇文章;(5)和(6)——1 篇文章。写到最后一篇文章时,帕布里乌斯声明已经"完全达到和实现了"最后两个分支的目的,因此只需将有关的论点加以汇总而结束全文。故而,全书实际上只有四个"标题",但文章的组织还可以说得更为简单。如前所述,前三个标题主要涉及一个主题,即如何对待合众国这个急迫的政治问题——说明合众国的可行性、《邦联条例》的缺陷以及何种政体才能实现合众国的目的。既然所提倡的宪法适合上述目的,所以只需要说明这个宪法与共和国政体的真正原则是相符的。这正是第四个,也是最大一个问题分支所涉及的内容。因此,这些文章的组织结构可简述为:合众国与共和体制。文章的组织恰如其分地体现出了《联邦党人》的宗旨。《联邦党人》的宗旨就是倡导一个崭新的、真正的共和体制,并涉及对联邦问题的新看法这个关键问题。[1]

当时的美国人已经生活在几个共和政府领导之下,由这些共和政府组成的邦联联盟领导。但是,在《联邦党人》看来,这些共和政府与其邦联联盟的原则是陈旧而虚伪的。因此,邦联必然要失败,而且那些共和国正向着"那些促使民治政府灭亡的致死疾病"[2]发展。宪法包含着共和联邦的崭新的、正确的原则,它将挽救美国的共和政府。著名的第10篇文章以自豪的结尾将其宗旨概述为:"因此,我们从联邦的范围及结构中发现一剂能够医治共和政府的常见病的共和主义良方。"

《联邦党人》的一个最显著的成果,就是它把当时讨论迫切的政治问题与理论问题相结合。最突出的例子就是对共和主义联邦这个问题的处理。当时的首要政治问题是对联邦的正确部署,可

---

〔1〕《联邦党人》第39篇完全说明了这些文章的组织,该篇意在为宪法辩护,辩护着眼于两点:它是充分共和的;它是充分联邦的。也就是说,在这篇连接全书两个主要部分的文章中,问题的实质得以揭露:联邦和共和体制。一定意义上说,这篇文章是全书的中心文章。

〔2〕《联邦党人》,第10篇,第53~54页。

是《联邦党人》对这个实际问题的论述建立在其最新颖、最重要的理论基础之上。反对宪法的观点亦是以理论为基础。诚然,在针对宪法进行的辩论中,最显著的特色便是在实际问题中特别地引入了理论方面的思考。对宪法最大的攻击就是认为新的联邦是反共和主义的。宪法的某些特征被看作明确地反对共和主义,但反对派的主要攻击来自一个更普遍的论点,即唯有州政府,而并非某种庞大的中央政府,才能有效地实行自由和共和体制。这一论点的基础是这样一种观念,其由于人们对孟德斯鸠的理解而得以广泛的流传:只有小型的国家才能享受共和政体。《联邦党人》反对的这一观点具有如下推理:

大国必然导致专制。首先,由于它的庞大,大国需要专制统治;如果没有比共和制形式所允许的更强大的政府,政治权力便会分化瓦解。其次,大国一般来说都是地大物博、人口众多,因此比较好战或因邻邦的嫉妒而卷入战争;战争不可避免地会滋养专制统治。即使大国努力实行共和制,也不会成功。为了维护自己的统治,人民必须爱国、警觉并且见多识广。这就要求人民对公共事务付出热忱,而且国家的事务必须同大众的了解程度相称。但在大国里,面对错综复杂的国家事务,人民由茫然无措变得漠不关心,继而把注意力转向他们自己的事情上。最终,即使是大共和国活跃的公民,也只好允许几个人去实际执行公共事务。这些已经取得人们信任的代表们,一旦离开基层,并且手中掌握了压制工具,就必然会根据自己的意志和利益去曲解共和的原则。这正是长期以来人们心中根深蒂固的观点,即认为建立小型共和体是必然的。由此得出,这些小型共和体只能在有限的目的下,在尊重成员州的最高权力基础上而结为邦联。但宪法的反对派认为,宪法不支持合适的邦联,认为它"最终可能会使各州合并为一个巩固的政府”,即一个庞大的共和国,所以,宪法必然是反共和政体的。也就是说,宪法被批驳为以对共和联邦的怪异的、错误的理解为基础。

《联邦党人》提醒它的读者们,“不要理睬对我们倡导的政府所做的气急败坏的攻击:说它在政界是个怪异的新事物;说它在最狂热的设计者的理论中尚无一席之地;说它鲁莽地追求那些不可能实现的东西”。[1]

《联邦党人》虽然劝告读者不要理睬,但却并不否认新事物这种提法;相反,它还对新事物大加赞美,称它为“美国人民的光荣”。

> 幸哉,美国;幸哉,全人类,[这场革命的领袖们并不惧怕离开旧的轨道而是]去追求一条更新、更崇高的道路。他们完成了一场人类社会前所未有的革命。他们建立起一个地球上前所未有的政府结构。他们描绘出一个伟大邦联的蓝图,将它不断完善,使它永存不朽,这是他们的子孙后代义不容辞的责任。[2]

但文章随后又提到,在这些成就中,缺点是在所难免的,并谈道“他们最主要的错误在于合众国的结构方面”。但这是预料之中的,因为“这是最难进行的工作”。那么,正确的共和政体的合众国是一项比实现史无前例的革命和创立前所未有的政体更加艰巨的工作。然而,宪法有能力完成这项最艰巨的任务。它将实现并因此挽救美国曾给世界开创的“崭新的、更崇高”的生活道路。这个“更加完善的合众国”的基础就是帕布里乌斯所要阐述的新的、真

---

〔1〕《联邦党人》,第 14 篇,第 84 页。

〔2〕《联邦党人》,第 85 页。

正的共和主义。

共和方略

帕布里乌斯在著名的第 10 篇文章结尾处陈述了他最重要的主张:他描述了“医治共和政府常见病的共和主义良方”。帕布里乌斯又一次赞扬了托马斯·杰斐逊同样表现出对“共和政府的热爱和对其应该防止的危险倾向也有开明的见解”。[1] 帕布里乌斯因而自称为全心全意而又头脑冷静的共和主义卫士,但是“共和主义”这个词并不足以告诉我们帕布里乌斯倡导的是何种政体。也就是说,随之而来的问题是:在由一个人统治、少数人统治和多数人统治这三类体制的传统区分中,帕布里乌斯的共和国究竟属于哪一种?答案是显而易见的:帕布里乌斯拥护一个民主的共和国。注意,帕布里乌斯在一些关键的段落给共和国一词加入了唯一的民主内容,如“共和政体的原则……通过定期投票能够使大多数战胜[少数]有害的意见”。并且这个大多数必须来自“社会的整个主体,而不是来自无足轻重的一部分或一个特权阶层”。[2] 虽然共和国一词确实一直包含着排除君主制的意思,并暗含着整个公民主体的重要地位,但它并不含有全民或近乎全民的投票制:这个词更早的含义是用以区分贵族或寡头共和制与民主共和制。而帕布里

〔1〕《联邦党人》,第 49 篇,第 327 页。

〔2〕《联邦党人》,第 10 篇,第 57 页。《联邦党人》,第 39 篇,第 244 页。又见《联邦党人》,第 52 篇,第 341 ~ 342 页。“选举权的定义被非常恰当地认为是共和政体的基本条款。”“这与大多数州的立法机关的选举人的资格是一样的。”“不必担心各州人民会以剥夺联邦宪法赋予他们权利的方式改变他们宪法的这一部分。”国家选举权如各州民主选举权一样是民主的,选举权不可能不受欢迎。

乌斯的共和主义的唯一民主性要求他明确地反对所有那些贵族或寡头政体使用共和国一词的习惯。[1] 简言之,在接受传统的政体三分法的同时,《联邦党人》认为它所提倡的共和制完全属于民主的统治一类。无论它的体制与"纯粹的民主"特征背离多远,《联邦党人》坚决而正确地否认这种背离将宪法从民主政体的层次转移到君主或贵族政体层次去。

帕布里乌斯新式的、真正的共和主义因此成为一个新式的、真正的民主学说。由于种种在此不能讨论的原因,《联邦党人》以及它所倡导的宪法的民主性质一直没有受到人们的重视,这使《联邦党人》失去了最重要的东西。然而,我们有必要对认为帕布里乌斯的宪法没有建立起一个民主政体这种观念的论点做一番研究。根据第 10 篇文章中著名的一段话,帕布里乌斯被理解为自己把共和制与民主制根本分裂开来,因此将宪法从民主的层次中脱离出来。这种看法并不准确。帕布里乌斯只是把共和制同"纯粹的民主制"[2]加以区别,这不同于上述的看法。帕布里乌斯谈道,他的所谓纯粹的民主制是指"一个由人数不多的公民组成的社会,这些公民亲自组成并且管理政府"。帕布里乌斯将二者作了比较,结果是,共和制"与纯粹的民主制的不同之处"仅仅在于共和制是"一个实行代表制的政府",这是帕布里乌斯所作出的唯一区别。因此,帕布里乌斯所指的共和制的最佳同义词便是代议制民主制。然而,从纯粹民主制的角度来看,代表制原则的介入使共和制掺进了杂质因而变得不纯。但这并不等于说共和制与民主制相矛盾,而应该说共和制就是"不纯"的民主制。

在统治权属于谁这个关键问题上,共和制与纯粹民主制同样

---

〔1〕《联邦党人》,第 39 篇,第 243 页。

〔2〕《联邦党人》,第 10 篇,第 58 页。

都属多数人统治,二者同属于一大类。帕布里乌斯把这一大类称为民治政府。至此,《联邦党人》所提出的共和制与纯粹民主制之间的分歧这个难题业已解决。帕布里乌斯所谓的民治政府就是今天民主制一词的意思。帕布里乌斯把民治政府看作包括一切形式的多数人统治,以有别于一人或少数人统治的各种形式。把帕布里乌斯同麦迪逊与汉密尔顿分开来看,有助于我们的理解。在政治权力属于谁这个关键问题上,帕布里乌斯、麦迪逊和汉密尔顿都交替谈到共和制、民主制和民治政府。帕布里乌斯在第10篇文章中完全相同地论述到医治派系弊病的共和主义良方,以及将会"保护民治政府的精神形式"的良方。6月6日,在联邦制宪会议上,麦迪逊讨论了这种理想的补救方法,把它视为防止与民主政府相伴而生的民主的弊端的唯一手段。汉密尔顿称宪法创立的共和制为"代议民主制"。[1] 因而,我们应该将帕布里乌斯理解为承担了——用G. L. 皮尔森讲托克维尔时的话说——"使民主制对全世界都是安全的"这个任务,这样才能理解帕布里乌斯最伟大的主张。把民治政府从它"致死的弊端"中挽救出来,同时保存"民治政府的精神与形式是……我们所追寻的……宏伟目标"。帕布里乌斯主张把"这种政府形式……从长期以来所蒙受的耻辱中解救出来",并因此使它受到"人类的尊重与采纳"。[2]

以上所述的意图并非贬低帕布里乌斯将共和制与纯粹民主制区分开的重要性。恰恰相反,共和制的特殊性质,即代表制的民主,是《联邦党人》的理论基础,它"将是我们所要寻找的对策"。[3] 但是为了抓住《联邦党人》的核心论点,还需强调一下其共和制的

---

〔1〕 亚历山大·汉密尔顿:《文集》(*Writings*),亨利·卡伯特·洛奇编,12卷本,纽约,1904年版,第2卷,第92页。

〔2〕 《联邦党人》,第10篇,第58页。

〔3〕 《联邦党人》,第59页。

民主特性。帕布里乌斯声言,他能够在完全坚持民治政府的原则,即多数人统治的同时,克服民治政府难以克服的弊端。

帕布里乌斯指出了他的学说的新内容。在第14篇攻击“将共和政府禁锢在狭窄的区域内的错误”[1]一文中,帕布里乌斯解释了人们长期以来犯这个错误的原因。帕布里乌斯所了解的共和制当时被古代和近代的实例所掩盖,人们看不到它的真相。大众共和制形式的内在可能性被掩盖,因为“古代的绝大部分民治政府都属民主制一类”。

> 在现代欧洲,伟大的代议制原则的发祥地,却看不到任何一个政府是完全民治的,同时又是完全建立在代议制原则基础之上的。如果说欧洲的功绩在于发现了政府中的这一伟大的机械力量,借助这一力量的简单作用可以使一最大的政治体的意志集中起来,并将其力量指向公益所需要的任何目标,那么,美国则可以宣称她的功绩是发现了纯粹而广泛的共和国的基础。唯一令人痛惜的是,她的任何公民都希望剥夺她的另外的功绩——通过建立她现在正考虑的广泛体制而充分发挥共和原则的作用。[2]

古代有许多完全的民治政府,但大都属于纯粹民主制一类,即直接民主式的,而不是代表制民主式的。欧洲有部分代表制或完全代表制的政府,但却没有一个政府在实行完全代表制的同时又是完全民治的。这二者的结合正有待于美国去创立:完全民治的政府并完全建立在代表制原则之基础上。“纯粹”一词应当加重语

[1] 《联邦党人》,第14篇,第80页。

[2] 《联邦党人》,第81页。

气来读。美国的各州都不是“混合的政体”,作为完全民治的诸州,基本上没有掺杂任何贵族或君主成分,并且它们已不是传统意义上的小共和国,它们已经成为广泛的共和体。帕布里乌斯总结道,我们需要做的只不过是在宪法倡导的纯粹且广泛的共和体中“充分发挥”代表制原则的作用而已。但帕布里乌斯这种轻松的说法容易使人误解,因为如前所述,所需要做的确实是“最艰巨的工作”。

帕布里乌斯颇为理解和谨慎地看待读者对他们自己的州政府的热爱和自豪。他似乎说,州政府很好,可宪法将会更好。他谈道,“对于美国宪法对古今民治政体模式所作出的可贵改进,当然也不便过分赞美”。[1] 此话可作两种理解:其所包含的赞美的程度是不确定的。帕布里乌斯事实上是怎样看待州政府的“可贵改进”呢?州政府,尽管有它们的可贵改进,但在解决派系问题上——民治政府的主要问题——却是一筹莫展。正像以前所有的民主制一样,州政府同样也会被这块顽石绊倒。它们会失败,因为没有足够的“公民人口和领土面积”;它们虽被称为“广泛的共和制”,但还是不够广泛。

帕布里乌斯告诉我们,古代的民治政府减少了共和制的内在可能性,因为它们“绝大多数”都没有实行代表制原则。但古代的政体还缺少另外一些东西。因此,在许多篇文章之后,帕布里乌斯又回到了这一问题上来。他提醒读者:“关于古代政体不懂得实行代表制这个问题,在通常看来并不十分准确。”[2] 他列出不少古代的代表制机构。诚然,没有一个古代的共和体像美国诸州那样完全建立在代表制原则之上。这是一个缺陷,但只是一个小小的缺

---

〔1〕《联邦党人》,第10篇,第54页。
〔2〕《联邦党人》,第63篇,第412页。

陷，还有比这更为严重的弊端。“人们不能相信，在当时希腊民主制所占据的狭窄领土内会有任何形式的代表制政府取得成功。”[1]因此，能为“我们提供良方”的代表制原则能否实施，完全依赖于国家领土的大小，甚至相对广阔的美国各州都不够大，唯有广大的联邦与宪法所设想的角色才能解决民治政府的问题。

假如没有找到这一新的解决办法，那么追求“自由的开明的朋友们”就只好放弃共和政府这项事业了，因为它是“站不住脚的”。“政治科学”是解决办法的基础，它“像许多其他科学一样，取得了巨大的进步。各种原则的效果为人们广泛地理解，但古人们对此或者一无所知，或者一知半解”。

> 权力有规则地分配到不同的部门，引入立法的制约与平衡；设立由法官组成的法院，法官在品行良好的情况下方可任职；在立法中由通过人民自己选举出来的代表们来代表人民，这些都是全新的发现，或者说使原有的原则朝着现时代的完善而进步了。这些都是重要的手段，用以保持共和政府的优点，克服或避免其缺点。不管有些人看来显得多么怪异，在这些旨在完善公民政府的大众体制的种种细节中，我冒昧地根据一条被当作反对新宪法基础的原则再补充一点，那就是上述体制所运行范围的扩大，这是就一个单独的州的范围或几个小州所结成的大的邦联的范围而言的。[2]

帕布里乌斯因此成为新“政治科学”的代言人，对于这门学科的导师们他只字未提，只是自己加了一项重要的补充，即一个大型

---

〔1〕《联邦党人》，第 413 页。

〔2〕《联邦党人》，第 9 篇，第 48～49 页。

共和国的可能性。此外,在现代政治科学中,现在任何事情都以民主为依据;如果说这门新学科早期的导师们只是倾向于民主的方向,或者仅仅是部分地提议民主政体,那么是帕布里乌斯把握了这门新政治科学,并加以扩充和用来完善公民政府的“完全大众的”体制。最后,通过帕布里乌斯,这门新的科学由一种学说而成为一个伟大政治现实的时刻已经到来。

三权分立原则

帕布里乌斯认为,代表制民治政府的问题有三个方面:第一,有可能人民对他们的政府失去控制,即代议制统治者们破坏了这个政体;第二,多数民众有可能通过顺从的代表实行压迫的统治;第三,多数民众有可能通过顺从的代表,不是实行压迫的统治,而是实行愚蠢的统治,因而做不了为政府的强大和稳定所必需的事情。

保护人民是最简单的任务。所倡导“政府的全部权力都将在人民代表的手中”。[1] 实际的统治者除了是“民众选择的目标”[2]外,将没有最终的授权。这就预防了代议制统治者的颠覆活动,使代表们完全依赖于人民“是在文明社会可以得到的人民的权利和基本权利的必要的和唯一有效的保证”。[3] 虽然这个政体将是完全大众的和完全代表制的,但到此为止并无新的内容;民主制的最古老的要求是通过投票权防止社会受统治者的压迫。然而,新政

〔1〕《联邦党人》,第28篇,第173页。
〔2〕《联邦党人》,第57篇,第371页。
〔3〕《联邦党人》,第28篇,第173页。

治科学提出了另外一条保证措施来保护人民的权利——权力分立,即"权力按规定分配到各个部门",减少统治者共谋实行压迫的威胁。人民的普遍自由和个人的权利由于"几个政府部门的唯利是图和背信弃义的结合……的不可能性"而得以确保,"因为几个政府部门依据的是为共和原则所承认的不同基础,同时对它们由以建立的社会负有责任"。[1] 这正是杰弗逊分权主张所寻求的目标,他最害怕的就是人民受到统治者的压迫。当我们看到分权将如何减少帕布里乌斯所害怕的其他社会罪恶时,就会更好地理解分权将如何提供上述的保证。

帕布里乌斯认为,使社会免受代议统治者的压迫是远远不够的,还有必要"防止社会的一部分成员免受另一部分成员的不公"。[2] 简单地说,就是防止多数民众的"专横"问题。这个问题比代表们违反宪法的背叛行为更为重大,因为"民治政府的形式"允许多数民众"以宪法的名义实行并掩盖其暴力"。[3] 帕布里乌斯在这句话里大胆地暴露了他所阐述的那种政体的民主的性质:多数人进行统治,因此他们可以合法地实行压迫。与杰斐逊所说的"由选举产生的专制(主义)"不同,这种弊病不是在代表们不忠实于他们的选民时发生,而是在代表们过于忠实于多数人那压倒一切的愿望时才会出现。帕布里乌斯看到的最大危险是多数人将要求实行压迫性的措施,而且他们选举的代表只会欣然同意。帕布里乌斯试图从两个方面解决这个问题,人民的一方和他们的代表一方,"多重"党派便是他对压迫性多数的问题的著名解答。但我们先来看看权力分立是如何从代表的一方解决问题的。

---

[1] 《联邦党人》,第 55 篇,第 364 页。

[2] 《联邦党人》,第 51 篇,第 339 页。

[3] 《联邦党人》,第 10 篇,第 57 页。

帕布里乌斯认为,另外还有两个不错的方法可以防止多数人压迫少数人:一个是创造"一个在共同体中独立于多数人的意志——社会本身的意志",[1]但这正是帕布里乌斯所反对的君主政治的方案;另一个是古罗马共和国所实行的例子,立法权被分为两个"不同的、独立的立法机构",[2]这使少数贵族能够依照宪法对抗多数平民。这个例子可以用来说明传统意义上的混合共和国,这种共和国被排斥在帕布里乌斯"纯粹的"共和国之外,因为在后者"所有的权力……将来自并且依赖于社会"。[3] 在一个完全的民治政体中,通过君主政体或混合政体的手段不能解决压迫性多数的问题。在未必民主的新政治科学中,帕布里乌斯发现了一个可以移植到民主制上的解决办法:分权。或许在分权与民主制之间有更深的一层密切关系。无论如何,帕布里乌斯同这门新学科中的其他方面一样,他运用分权来"保存民治政府的精神和形式"。

分权从政府方面缓解了压迫性大多数的问题。在一个没有分权的共和国中,唯一的代表集团操纵政府的一切职能,那么在政府机构中便没有任何东西能够抑制压迫性的多数民众的意志了。而这正是分权所要起的作用:在多数人的杯子和嘴唇之间制造一段距离。分权采用政府的立法、行政和司法功能的古老区分,并由此使立法者、行政官员和司法人员区分开来。这也就是说,要产生一些代表来抵制人民的错误的要求,而对人民的错误要求,其他代表或是顺从者,或是别有用心的挑起者。当统治权被分配到不同部门时,哪些代表抵制大众的要求,哪些代表屈从于大众的要求便清楚了。"在共和政府中,立法权必然占优势地位。"[4]"立法部门",

---

〔1〕《联邦党人》,第 51 篇,第 339 页。

〔2〕《联邦党人》,第 34 篇,第 203 ~ 204 页。

〔3〕《联邦党人》,第 51 篇,第 339 页。

〔4〕《联邦党人》,第 338 页。

如州政府的糟糕经验所示,“到处扩张它的活动范围,而且把所有的权力都卷入它那剧烈的漩涡之中。”[1]如果是这样,那么分权就需要特别针对立法。“防止在同一部门内部几种权力逐渐集中的巨大保证就在于给予管理每个部门的人员以抵抗其他部门侵犯本部门所必要的宪法手段与个人动机。”[2]

帕布里乌斯讲得这么温和有他的道理,但他的意思很清楚,行政与司法必须拥有一定的手段与个人的动机来制约立法。譬如,“当人民的利益与他们的倾向不相符时”,或者当立法者因常常站在人民一边而在压迫下屈从时,“行政者就应当视具体情况并敢于根据自己的意见采取果断有力的行动”。[3] 分权所产生的权威,尽管依靠人民并且没有独立的统治的名号,却能够在立法屈从于大众——政府所有三个分支部门的宪法规定的主人——的错误要求时,对立法进行抵抗和制止。

帕布里乌斯轻而易举地列举了行政与司法将如何取得阻止压迫性立法的“方法”:总统否决权、总统立法创制权、总统对实施法律的监督权、司法审查以及法官在对个案进行判决时的自由裁量权。所有这些都为另外两个部门暂时提供了宪法手段,宣布压迫性立法无效或节制压迫性立法。但要理解行政和司法何以会有“个人动机”去抵制立法则较为困难。为什么他们会在良好行为中同立法合作(没有这种合作,政府就会变成帕布里乌斯所鄙视的无能政府),而在不良行为中则同立法冲突呢?帕布里乌斯提出了两个原因。第一,要用野心来反对野心。“个人利益必须同职值所具有的宪法权利相联系。”[4]如果政府安排得适当,那么总统和法官

---

[1] 《联邦党人》,第48篇,第322页。

[2] 《联邦党人》,第51篇,第337页。

[3] 《联邦党人》,第71篇,第465~466页。

[4] 《联邦党人》,第51篇,第337页。

将保卫他们自己的部门以反对立法部门,因为他们的自尊、对权力或名誉的欲望以至贪婪将会驱使他们把自身利益与他们那一部门的正直性联系起来。但这里面有个关键的假定,帕布里乌斯假定压迫性的立法必然或至少通常有损于行政部门和司法部门的尊严。帕布里乌斯似乎在假定压迫性立法需要顺从的行政与顺从的判决,并且需要顺从的行政官和法官,他们没有尊严,没有权威,没有名望,甚至没有酬金。因而帕布里乌斯期望行政和司法即使出于私人利益和愤慨,也要抵制压迫性的立法。分权为民主制所提供的统治者,不是出于传统的家族荣耀或财富的个人动机,而是仅凭他们所从事的工作以及他们的利己主义的忠诚,就能实行最有利于民主的统治。

帕布里乌斯相信其他部门将抵制多数民众所希望的压迫性立法的第二个理由,是假定压迫性立法通常会削弱行政和司法的独立性。但他似乎又进一步假定总统和法官抵制压迫性立法不仅仅出于对忠于职务的重视,而且也出于对履行自身职责的关注。作为理性的、正派的人,他们会有一种类似于职业动力,随动力去抵制压迫性立法,因为它企图亵渎他们的事业,而且使行政部门和司法部门处于从属地位。

上述考虑有助于我们理解帕布里乌斯如何希望以分权来解决民治政府的第三个问题,即不是大众统治的压迫性,而是大众统治的愚蠢无能问题。帕布里乌斯不得不再一次面对针对民治政府的传统的批评,即所谓把政府交给大众也就是交到愚蠢人的手中。代表制原则本身是朝正确的方向迈出的一步。代表制的效果可能会是:

> 通过选定的公民团体,使公众意见得到提炼和扩大。这

> 些公民具有明辨国家的真正利益的才智，而且他们的爱国热情与正义感不可能为暂时的或片面的考虑所动摇……在这样的限制下，大众的声音如果由这些人民的代表发出，一定会比由人民自己发出更有利于公众的利益。[1]

但是我们知道，帕布里乌斯没有过多地只依靠立法者的智慧和勇气。人民的其他代表们，行政者和司法者，对于提高人民的整体代表性是至关重要的（应当注意，这里所说的分权多数用于“立法的制约与平衡”，即那些由参议院所施加的制约）。行政者与司法者的选举和委任虽然与直接的人民意见有些距离，但却是民主的，也就是说，靠的不是超出人民主权之外的权威。他们的任期较长，所服务的选区也较大；他们职务的性质有力地迫使他们认识到为了全局的利益什么是应该做的。他们愿意把自己的工作做好。分权制产生的职位本身就会促使占据这些职位的人称职。

此外，分权有助于为行政和司法提供最可能表现好的人，即分权对多数人的选择产生有利的影响。由此可以说，分权向那些担心人民统治将导致无能统治的人提出了一个极佳的反诘方式。帕布里乌斯有勇气——敢于向他的读者们——要求多数人选举更具智慧和美德的人作为他们的统治者。人民的每一个成员都应该“选择那些最能发现并且追求公共利益的最具德才的人来做他们的统治者”。[2] 分权使帕布里乌斯有了一个促使人民在统治者身上寻求智慧与美德的框架。他认为行政和司法（以及参议院）要有为履行职能和使智慧与美德最大化所必要的条件，比如工作规范。

---

〔1〕《联邦党人》，第 10 篇，第 59 页。

〔2〕《联邦党人》，第 57 篇，第 370 页。

在政治上更容易且更有效的是要求人民,特别是具有"美国商业特点的人民",[1]来选举适当的人做专门工作。当优位性出现在任职资格中时,人们更愿意投票给优秀的人,人们也被指导怎样选举更好的人;工作规范为人民提供完整的候选人名单,以指导他们选举更好的而不是更差的人。

大共和国的必要性

帕布里乌斯说明,分权、立法的制约和平衡,以及在此基础上的无数实践中的细节,如何第一次使民治政体成为可能。这种民治政体也就是一种民众统治的制度,它将比以往的任何统治都更少压迫性和更加明智。但我们现在必须明白,实现上述之点完全依赖于帕布里乌斯的科学中的最后一款,即扩大共和政体的版图。

分权是代议制原则的精髓,它在纯粹的民主政体中是没有地位的。分权防止"所有权力,包括立法、行政和司法,集中在同一人手中,不论是在一个人、少数人还是多数人手中,也不论管是世袭的、自命的还是选举的。因为权力在同一人手中的集中可以被正当地宣称为专制的定义"。[2] 但是,根据帕布里乌斯的定义,纯粹的民主制恰恰是一切权力在多数人手中的集中。因此,只有在代议制民主制中,统治者们才可被分进不同的部门。但正如有代议民主制是不够的一样,甚至适当分权的代议制也是不够的。必须记住,帕布里乌斯说古代小型民主政体不可能得益于"任何形式的

---

〔1〕《联邦党人》,第11篇,第62页。

〔2〕《联邦党人》,第47篇,第313页。

代议制政府”,因为它们关键是缺乏广大的领土和众多的人口优势。代议制原则意味着能提供比人民直接自治更好地管理人民的统治者。而在小共和国中,代议制统治者直接置于紧密的多数民众的监视和影响之下,以致代表们在该政体中并不构成独立的存在,而只不过是多数人的工具。因此,代议制原则在小共和国中是无用的。[1] 分权对这种小共和国也无济于事。在那里,多数民众的直接影响足以使单一的代议机关感到敬畏,也足以使分权的部门成为单纯民众意志的代理者。只有人民与他们的政府之间存在距离的时候,才会有人民的最终权威与他们的代表们的直接权威之间的区别,而这种区别是代议制和分权原则所提供的优越性的决定性条件。甚至不是在那些大共和国中(在诸州中),而只是在很大的共和国中(在联邦中),代议制原则及其必然结果——分权——才会有效“改善公民政府的民治制度”。

代议制原则由分权所加强,意味着否定已建立的政府对压迫性多数民众的权威。但帕布里乌斯知道,即使在大的共和国中,这也是不够的。如果多数人具有同样压倒性的热情或利益,并且仅如此坚持4~6年,它就会找到办法来战胜分权、制约和平衡。并不那么困难的宪法修正程序以及宪法所有精巧的设计的唯一目的就是维护多数人的意志。这不是要贬低法律障碍的重要性,因为这些障碍在软化帕布里乌斯所害怕的力量方面有巨大功效。但这种功效最终依赖于先行弱化用以反对它们的力量,依赖于多数人放弃其“压迫性的阴谋”。这是帕布里乌斯把多数民众的问题本身称为民治政府的问题的原因。

因此,帕布里乌斯试图通过论述多数民众本身而解决民治制

〔1〕《联邦党人》,第10篇,第59页。帕布里乌斯阐述代议制的“影响”“也许是反转的”。

度压迫性的和不明智的统治这一问题。一切的一切仍有赖于极大的共和国的新颖概念,而且像我们将要看到的那样,是特定的极大的共和国概念。这个问题的论述见于论“派系暴力”的著名的第10篇论文。

帕布里乌斯不关心一般的派系问题,在整篇文章中他只有两句话谈及少数派的危险。民治政府中真正的问题是多数派,或更准确地说,是这样的多数派,即少产和无产者大众。如果人民是主权者,那么多数人就是主权者,而多数会希望压制少数,因此最大的危害可能来自多数人。帕布里乌斯尤其强调一种危害,即由富人和穷人的冲突所造成的危害,这种危害使古代民主制成为昙花一现的“狂暴和冲突的景象”。对于民治政体的朋友来说,问题是如何避免当富人与穷人、少数与多数彼此争斗时所造成的“国内震荡”,这是他们的习惯。在以前的民治政体中,握有政权的多数人总是加速这种震荡。帕布里乌斯说,多数人可以摆脱这种自然的惯例,手段有二,但只需其一。

> 或者多数人中同样的热情或利益的同时存在必须予以防止,或者具有这种共同存在的热情或利益的多数人必须根据其数量和当地情况而使其不能协调起来以实现压迫的阴谋。[1]

但我们知道,如果这样的多数人形成并协调其行动,也不能依赖道德和宗教的动机以作为控制手段。将提供防止压迫性多数人的手段的“主要环境”是“更大数量的国民和更大范围的国土”,而

---

[1] 《联邦党人》,第10篇,第58页。

这只有在很大的共和政府的范围内才是可能的。

> 社会越小,构成社会的那些性质有别的派别和利益可能就越少;性质有别的派别和利益越少,多数人就越容易以同样的派别构成;而构成多数人的个人数量越小,他们所处的范围就越小,他们就越容易协调一致地实施压迫计划。如果扩大范围或地域,就会有更多的不同派别和利益,多数人抱着共同的动机侵犯其他公民权利的情况就不大可能;或即使存在这样的共同动机,怀有这种动机的人们也更难以发现他们自己的力量,并且难以协调一致地行动。[1]

在小共和国中,多数穷人视自身的单独利益与富人的单独利益相对立。所以,小共和国的政治是致命的阶级斗争的政治,那是小共和国重要的一点。在小共和国中,多数人只被划进少数几个行业或职业;况且,国家之小使大家都能彼此相见,以至于与所有穷人同所有富人之间的巨大差别相比,多数人之间的这些微小差别便显得微不足道。在小共和国中,多数人之间的分化不足以防止他们设想他们的共同命运,因而不足以防止他们团结起来同共同的敌人作重大斗争。然而,在大共和国中,区别会从多数人中产生出来,其数量及分化程度之大,足以防止这样的多数人的形成和协调一致。但是,显然大并不具有如此决定性的意义,因为也可能有这样的大国,其中穷人是无差别的,或者说穷的方式相差不多。只有在某一种大共和国中才有希望存在正当的分化。帕布里乌斯告诉我们这种情况出现在什么地方。适当分化的利益群体"必然"

---

〔1〕《联邦党人》,第60~61页。

产生于"文明国度中,并将他们划成由不同的感情和见解所驱使的不同阶级"。引人注目的是,就像亚当·斯密所说的那样,"文明国度"意味着大部分国民致力于商业生活。唯有大共和国也是现代商业共和国,大共和国之大才是克服共和弊端的方略。

帕布里乌斯的共和方略完全依赖于实现正确的政治分化。现在帕布里乌斯不止看到一种分化的源泉,如他显然依赖"多样的[宗教]派别"的存在,[1]但他以首要强调经济的派别而著名。"财产之不同程度和不同种类的占有……[影响]不同的占有者感情和观点……[并导致]社会分化为不同的利益和党派。"尽管分化的其他原因不容忽视,但"最常见、最持久分化之源是各种各样的和不平等的财产分配"。(着重号系作者加)重要的是要注意到,帕布里乌斯区分了两种由财产导致的分化:人因其所占财产的数量而有差别,但也因其所占财产的种类而有差别。富人和穷人之财产数量上的差别,是小共和国致命的阶级斗争的基础。但帕布里乌斯在大商业共和国中首次看到了这样一种可能性,也就是使财产数量上的差别服从财产种类上的差别。在这样一个共和国中,迄今致命的阶级斗争让位于不同种类的财产利益之间安全甚至有益的斗争。在这样一个共和国中,一个人将认识到,对他自己而言,促进他的专门行业或某行业中的专门职业的利益,比促进穷人或富人的普遍事业更为重要。不同利益的斗争掩盖少数和多数之间的差别。尤其是,多数人的利益可以分化为各种更狭隘、更有限的利益,每种利益都追求直接的好处。在这样的共和国中,有这样的公民,"多数人就不大可能具有侵犯其他公民的权利的共同动机"。在这样的共和国中,多数民众仍然统治,但现在"处于极为不同的

[1] 《联邦党人》,第51篇,第339~340页。

利益团体、党派、教派之中,整个社会之多数的联合就不大可能根据正义和整体公益之外的其他原则而发生”。[1]

更好动机的缺点

帕布里乌斯知道他关于大商业共和国的学说中都包括哪些新奇的内容。他的学说超出了我们所论述的那些明显的政治问题。帕布里乌斯同亚当·斯密一样看到了一种极大的商业领域和劳动分工的可能性之间的联系,而劳动分工又必然同派别的多样性密切相关,这是帕布里乌斯为什么如此努力试图维护和加强合众国以及竭力使民众熟悉这个合众国的原因。帕布里乌斯也知道,有关多数民众的问题的这种解决办法要求国家应是深刻地民主的,就是说,一切人都必须享有平等的自由,并且应该人人平等地鼓励他们追求他们的直接利益,鼓励他们为了追求利益而与他人联系,必须没有任何僵固的障碍妨碍人们追求他们的直接利益。的确,尤其是下层民众,他们最不应该被拦在机会的门外,而且应该使他们能对自己有机会成功感到最为乐观。进一步说,帕布里乌斯的解决办法要求的是一个取得商业成功的国家,一个富裕的国家。也就是说,有限和直接的利益必须是真实的,分化的利益必须经常得到实际的好处,否则人们会对这种体制感到不满。更进一步说,法律,特别是基本法,必须保护一切人的财产。要保护少量财产占有者的财产,以便他们可以把他们的少量财产作为基本的依赖;同时也要保护大量财产占有者的财产,以使他们的财产免遭妒忌。

---

〔1〕《联邦党人》,第 341 页。

基本法也必须使那些最可能的压迫性行为变得特别困难,诸如各州干扰货币的价值或损害契约义务的行为。

帕布里乌斯也意识到,他的计划在很大程度上依赖于人们对直接的个人利益的不懈追求,商业生活必须受尊重并得以广泛实行。帕布里乌斯指望人们,尤其作为他们代表的统治者中,有一份爱国热情和智慧。但恰在他关于分权——确保开明统治者的手段——的讨论中,又回到了他最初的重点。尽管他们可能是开明的,但首先是他们的个人热情和私利使他们有益于公众。在或许是其文集最显著且最有启示作用的一句话中,帕布里乌斯谈到了"这个政策通过利益的冲突与竞争来填补良好的动机中所存在的缺陷,而这种缺陷存在于人类公私活动的整个体系之中"。[1] 充分了解帕布里乌斯对"良好的动机中存在的缺陷"作何理解,以及他如何设法通过创立一个政体来弥补这一缺陷——在这个政体中,统治的艺术与人们在他们的热情和利益得到合理安排时所发挥出来的能力相等,成正比关系——便是了解帕布里乌斯对新的"政治科学"的贡献,而且也是了解他对其创建有着重要贡献的美国共和体制。

阅读书目

1.《联邦党人》,第1、6、9、10、14、15、23、37~39、47、51、63、68、70、72、78篇。(中译本:《联邦党人文集》,程逢如等译,商务印书馆1980年版。——译者注)

2.《联邦党人》其余各篇。

---

〔1〕《联邦党人》,第337页。

托马斯·潘恩

(1737—1809)

S. J. 弗兰西斯·卡纳万

托马斯·潘恩是一位才华横溢的小册子作家,他所生活的时代使他的才能得到充分发挥。他生长在英格兰,而一生中的大部分时间都在美国和法国度过。18 世纪末,当大革命席卷这些国家时,他出版了不少宣传小册子,积极投身于革命的洪流之中。

他把社会看成单纯的黑白两色,而没有任何夹杂于其间的灰色,这对他这位宣传家来说是个优点,可对于思想家来说则是缺点。在他看来,当时的革命是善与恶之间不可调和的斗争。他是典型的启蒙时代的产儿,把过去看作一个一贯由无知、迷信和暴君统治的时代。他庆幸自己能够生在这个“理性的黎明”时期,此时普通百姓本性中的善良愿望及常识开始形成一股不可抗拒的力量,并将迅速使世界焕然一新。

潘恩之所以这样信心十足,是有一定根据的:“一切关于社会的伟大法则都是自然的法则。”[1]他相信,人类的理性一旦从政治骗术的传统和宗教的荒谬中解放出来之后,便会轻而易举地领悟那些涉及社会和政府的自然法则。随着理性知识的广泛传播,政府势必会依照自然法则得以重建。这样一来,一切重大的社会问题便会迎刃而解。潘恩的思想中有着相当强的“未来救赎主义”或“政治救世主义”痕迹,即坚信在社会秩序和政治秩序中的一次革命会根除人间邪恶,从而创造出一个崭新的、圣洁无罪的人类。“今天这个时代”,他说,“将有幸被后人称为理性时代,而且今天这一代人,在后人看来,将会成为新世界的亚当”。[2]

在正确的基础上建立政府

在潘恩看来,社会生活的问题主要是在正确的原则上建立政府的问题。幸好这个问题并不复杂。“尽管有关政府的科学被人神秘地遮藏起来,以便能奴役、掠夺和欺骗人民,但这却是最不神秘的东西,最容易为人们所理解。”[3]至于政府,“人们只要用头脑去思考,便不会有错误的行为,也不会被误导”。[4]

潘恩政治哲学的基础是个体利益的自然和谐学说。他认为,“社会产生于人类的需要,而政府产生于人类的邪恶”。[5] 人类天

---

〔1〕《托马斯·潘恩全集》(*The Complete Writings of Thomas Paine*),菲利普·斯·方纳编(2卷本,纽约,1945年版),第1卷,第359页。

〔2〕《托马斯·潘恩全集》,第1卷,第449页。

〔3〕《托马斯·潘恩全集》,第2卷,第571页。

〔4〕《托马斯·潘恩全集》,第1卷,第353页。

〔5〕《托马斯·潘恩全集》,第4页。

生便适合于社会,因为没有社会的帮助,一个人便不能满足自己的各种需求。这些需求,以及他那自然的社会属性,促使他进入社会。诚然,“人天生就是社会的动物,以至于不可能把他置于社会之外”。[1] 因此,共同的利益便是构成社会并使之具有凝聚力的原则。

共同的利益能够充分满足社会生活的需要。政府的作用于是相应减到最小,因为“几乎所有属于政府管辖的事情,社会本身都能妥善解决”。政府的职责只不过是“补充那些社会和文明还无力涉及的一些事情”。因此政府的职能逐步地减少,这才是社会进步的方向。“社会越趋向文明,对政府的需要就越小,因为社会有更多的自我调节与自我治理。”[2]

迄今为止已建立的政府一直是社会动乱、饥饿和战争“生成的原因”,而不是避免这些灾祸的良方。然而,解决政府问题的办法并不是废除政府(潘恩显然从未接受这一观点),而是在正确的原则上重建政府:“方法很简单,把政府的活动建立在社会原则及人的权利的基础上,所有的困难便迎刃而解……”政治哲学的要旨及实质就是:“政府至多不过是一个按照社会原则行事的国家组织。”[3]明白这一点很有益处。

那么,社会原则是什么呢?如上所述,“所有关于社会的伟大法则都是自然的法则……这法则为人们所遵守、服从,因为这是为了大家的利益……”[4]政府的作用就是使人们能够追求自己的利益。“人人都希望能从事一项自己的职业,能够和平地、安全地享受自己的劳动成果及获得财产利益,并为此付出最小的代价。这

---

〔1〕《托马斯·潘恩全集》,第 358 页。

〔2〕《托马斯·潘恩全集》,第 357 ~ 358 页。

〔3〕《托马斯·潘恩全集》,第 359 ~ 361 页。

〔4〕《托马斯·潘恩全集》,第 359 页。

一切都得以实现后,建立政府的目的就达到了。"[1]简言之,人们追求自己利益时的安全保证便是"政府的真正意图和目的"。

这种保证也是人的权利。潘恩关于社会和政府的理论都是根据权利进行阐述的。他也谈到了义务,但义务在于保证他人也拥有那些每个人自己所维护的相同权利。所有的人都应该得到同样的保护,因为他们生来便有着平等的权利,这些权利便是建立一个正义、合法的政治秩序的唯一基础。潘恩虽不是这种理论的创始人,但却是一个很有影响的倡导者。这一理论为18世纪的伟大革命运动提供了有力的思想武器。

人的权利

人的权利包括自然权利和公民权利。在《人的权利》一书中,潘恩阐述了这两者之间的区别。

> 自然权利是指那些与生俱来的属于人的权利,包括一切思想的权利,或者说是精神的权利,以及作为个人,在不损害他人的自然权利的情况下,为追求自己的舒适和幸福的一切权利。公民权利是指人作为社会的一员所应有的那些权利。每项公民权利的基础都是一些先在的自然权利,而作为个人,在任何情况下又没有足够的能力去享受这些权利。一切与安全和保护有关的权利均属此类。[2]

---

〔1〕《托马斯·潘恩全集》,第388页。

〔2〕《托马斯·潘恩全集》,第275页。

换言之,有一些自然的权利,“个人在行使这些权利时的能力与权利本身同样完善”。例如,“宗教信仰是这些权利之一”。在使用这些权利时,个人都是自足的,并不需要政府。但还有其他一些权利,也同样是自然的;“个人也绝对拥有这些权利,但行使的能力却不够完善”。人们将这些权利“贮存于社会的公共仓库之中”。[1] 也就是说,他放弃了对一些自然权利的个人行使权,以此来换取公民权,这样社会便能更有效地保证他对各种权利的行使。

因此,公民的权力是一种合成的资本,“由那一类个人难以行使的自然权利聚集而成”。[2] 人们将自己的权利集中起来裁决自己的事情,并建立一个政府,来对那些相互有冲突的要求进行评判。而政府的权力只不过是由个人的权利集合而成的,因此不能用来侵犯个人所保留的自然权利。因为自然权利是上帝在创造人时便赋予他的权利,所以这些权利不可加以剥夺和侵犯。

潘恩显然属于政治思想中的社会契约论者,但他不同意人民与统治者之间的契约。只有唯一的一个契约法,它能保证“每个人通过自己的主权与他人达成契约,由此产生了政府:这是政府有权产生的唯一形式,也是政府有权存在的唯一原则”。[3] 这种契约所产生出来的不是主权的政府,而是主权的社区(共同体)或国家。国王的头衔并不能使某个人成为主权者。“主权作为一项权利应该而且仅仅属于国家,不属于任何个人。而国家永远有着固有的、不能取消的下述权利:废除任何形式的不符合国家要求的政府,并建立一个与国家的利益、意向以及幸福相一致的政府。”[4]

政府至多不过是国民的代理人,而且潘恩所承认的唯一的主

---

〔1〕《托马斯·潘恩全集》,第 276 页。
〔2〕《托马斯·潘恩全集》。
〔3〕《托马斯·潘恩全集》,第 278 页。
〔4〕《托马斯·潘恩全集》,第 341 页。

权便是人民主权。正如个人的自然权利不可侵犯一样,国家所固有的主权也同样不容侵犯。掌权者的任何权力要求都不能违背人民罢免他们和改变政府形式的权利。潘恩没有表现出他对埃德蒙·伯克关于政府时效的学说有过真正的理解,但他却明确表示他极力反对这一学说。

政府形式

所有的政府形式,至少在没有直接民主的较大的国家中,可分为两类:“实行选举和代表制的政府”和“实行世袭制的政府。”世袭政府包括君主制和寡头政治,或者这两者的结合,这在18世纪的欧洲比比皆是。潘恩对此的看法可简述为:“一切世袭政府本质上都是专制政府。”[1]

潘恩认为迄今为止已经存在的世袭政府就其形成方式而言,“唯有以完全违反一切原则,无论是神圣的还是道德的原则这样的手段才能形成”。[2] 不仅其起源如此,就连这些政府的全部历史,也无不是罪行累累的记录。它们的主要目的就是掠夺,却美其名曰“税收”,而提高税收的主要途径之一便是卷入接连不断的战争。因为它们实行的是剥削制度,所以只有靠欺骗、迷惑、愚弄的手段来维护自己的统治。潘恩认为,“君主制就是政府的教皇制度,是来愚弄无知的百姓,使他们乖乖地纳税”。[3]

但是这些罪行并不是君主制和寡头政治政府的根本缺点。其

〔1〕《托马斯·潘恩全集》,第364页。
〔2〕《托马斯·潘恩全集》,第361页。
〔3〕《托马斯·潘恩全集》,第375页。

根本缺点在于它的奴役性质，因为它剥夺了国家所固有的、不可侵犯的权利，即通过选举的代表进行自治。潘恩的结论是："世袭政府根本无权存在，欧几里得数学中也没有比这更正确的问题了。"[1]

而代表制政府却是唯一合法的政府形式，因为只有这样的政府才是建立在国家固有的自治权之上的政府。但是，既然国家是由那些通过达成的契约建立政府的原本独立的个人集合而成的，那么政府建立于其上的基本权利就是每个人进行自治的自然权利。潘恩从这条原则中得出了逻辑上的结论，并且反对选举代表所必需的财产限制的规定。他说，"夺走了这项权利，便是把人贬为奴隶，因为只有奴隶才须服从他人的意志，这同无权参加选举代表的情形并无二致"。[2] 代表制必须本着每人一票的原则，把投票权落实到每一个人。这样才能使每个人的权利平等地得到保证，毕竟这也是政府的全部目的。

如果每个公民选举代表的平等权利受到尊重，潘恩便不在乎选举应采取什么样的具体形式。当然，政府应该本着少数服从多数的原则。立法机关，作为选定的有代表性的机构，有着绝对的地位。执行部门——潘恩不喜欢这个词——的唯一作用就是按照人民通过他们的代表所制定的法律执行，它当然不可以作为国家里独立的力量行动。但是，对政府各个部门之间的结构与联合的最佳方式这一问题看法不一，在任何情况下都还有待于根据实践进行修正。

最根本的是建立一个在庞大的、平等的代表制基础之上的共和主义政府。有了这样的政府，人们才能为了自己的利益而进行

---

〔1〕《托马斯·潘恩全集》，第2卷，第572页。

〔2〕《托马斯·潘恩全集》，第579页。

自治。这样就不会有人抱怨税收太高了,因为所征收的税均是合理的。共和国政府亦不会把钱财耗费在战争上了,因为政府不会有除国家利益之外的任何私利。这个国家的人民当然不愿意有战争。"人与人本不是敌人,只有虚伪的政府制度才会造成这种敌意。"[1]这样,正确合理的政府制度便可以减少甚至废除两大社会弊病:战争以及由过高的税收和剥削所引起的贫困。

潘恩希望能废除战争,至少因为国际关系的作用而应该大大减少战争。如果英国能够接受法国大革命的原则,这两个国家就可以共同改革欧洲的其他国家,这样就不再会有促成战争的因素。"一旦欧洲所有国家的政府都实行代表制,国家之间将会增进了解,那么由宫廷之间的勾心斗角与阴险狡诈而引起的仇视和成见便会荡然无存。"[2]英、法、荷的联合舰队也会基本上解除海军武装,其势力会锐减到目前的1/10。这三个国家的联盟(美国也许会欣然加入)将会结束西班牙在南美的统治,并中止阿尔及利亚的海盗行径。

潘恩强烈抨击的另一个社会弊病便是贫困。他认为贫困是由苛税与君主制和寡头政治不合理的政策造成的。作为一个穷人的后代,他对在欧洲所目睹的贫困有着发自内心的、强烈的憎恶,这种憎恶促使他提出政府应采取强有力的、积极的措施来消除贫困。

潘恩设想,如果政府能杜绝各种浪费,无论是政府机关还是军事费用,(正如代表制共和国那样)以通常的甚至削减的比率所征收的税金都会给政府提供大笔的剩余资金。这些剩余资金的一部分可用来抵销济贫税,即取消房主为救济穷人而交纳的税金。剩下的资金可通过提供救济预防贫困,包括为穷人提供婚姻补助、生

---

〔1〕《托马斯·潘恩全集》,第1卷,第343页。

〔2〕《托马斯·潘恩全集》,第449页。

育补助、死亡补助、家庭津贴、养老金以及失业救济。与此项社会福利计划相关的还有征收遗产的累进税，目的在于通过对遗产的分割进行财产的再分配，避免靠长子继承权的法律来继续保持大笔的财产。用遗产继承税可建立一项国家基金，凡年满21岁的青年都可以得到一笔谋生资金。

我们无须指责潘恩所提出的上述倡议与其基本原则并不一致。按照他的原则，政府存在的目的只是保证个人的权利。但如果要强调平等权利的保护，那么，政府的作用就远比潘恩曾设想的要大多了。让人吃惊的是，潘恩尽管曾宣称政府"只不过是补充那些社会和文明还无力涉及的一些事情"，但在这里，他却成了现代福利社会的预言家。

当然，在缩小政府作用的同时又夸大政府的作用，潘恩不是第一人，也不是最后一人。这些理论的背后往往是利益的自然和谐论，以及一个既能包含这种和谐又能表现这种和谐的绝对的大众意志。政府任重而道远，直到大众的意志得以实现，邪恶与愚昧得以压制；而在这一切都实现之后，社会便大体上可以自治。正如潘恩所述，美国与法国革命显示了"能进入革命阵地的最伟大的力量是理性和共同利益。只有在理性和共同利益发挥作用时，反对派才会因恐惧而死亡，或消失殆尽"。[1] 换言之，民主政府一旦实现真正的民主并完全反映人民的意志，便不再是真正意义上的政府了。

阅读书目

1. 托马斯·潘恩：《人的权利》(*Rights of Man*)。(中译本收录在《潘恩·选集》，马清槐等译，商务印书馆1981年版。——译者注)

[1] 《托马斯·潘恩全集》，第446页。

2. 托马斯·潘恩:《常识》(*Common Sense*)。(中译本:《常识》,何实译,华夏出版社2004年版。——译者注)

3. 托马斯·潘恩:《土地公平》(*Agrarian Justice*)。

4. 托马斯·潘恩:《论政府的首要原则》(*Dissertation on First Principles of Government*)。

埃德蒙·伯克

（1729—1797）

Jr. 哈维·曼斯菲尔德

伯克政治哲学的特点及其历史地位

成年之后，伯克几乎一直在从政。在任下院议员近30年的时间里，他一直忙于自己所在党的事务——负责处理日常人事和其他事务。他的演讲、小册子和著作涉及政治哲学的很多方面，但是，它们本身并非有这样明确的主题。伯克并不是主要向政治哲学家阐述自己的观点，也没有创立一套政治哲学的体系或理论。正像乔治三世曾对他说的那样，他对统治者和他那个时代的知识分子说话，支持“绅士们的事业”。[1] 与政治的这种紧密联系引起了我们这个时代的史学家和保守派对伯克的注意。前者对他一般持诋毁的态度,后者则持赞赏的态度。

正因为自己置身于政治之中,伯克观察公共问题具有无与伦比的洞察力。在现代政治观察家中,恐怕只有托克维尔,或许还有丘吉尔,在透视事件的意义时可与他相比。更像托克维尔而不同于丘吉尔,伯克不欣赏权力机构所提出的正统观点。他的最高官职是财政部主计长——地位高但缺乏荣耀的大臣。虽然在党内最能干,又有杰出的辩才,而且在管理事务中具有必不可少的影响力,但他从未追求过,也未被信任去担任党的领袖。他倒真正为他同时代最重要的政治家们所不容,而这恰恰是因为他为了他们而付出了太多的精力,因为他在采取行动反对那些只有他才能准确地预见到或预感到的危险方面过分卖力,也因为他们羡慕他在华丽的修辞中透出的热情。“可羡慕者多,可赞同者寡”,[2] 这是皮特对伯克长期劝说人们反对法国革命的著名总结性评论。1788 年,当执政的乔治三世得疯病,伯克所在的党看起来可能重新得势时,查理·福克斯和他的密友却把伯克从一长串重要官员名单中刷掉了:因为他太热衷于协商,太热衷于检举沃伦·黑斯廷斯,以至于似乎不能为他们所信任。

我们今天的史学家,特别是那些受繁琐考证派代表人物刘易斯·纳米尔爵士影响的史学家,继承了这种怀疑情绪,而且因为这种怀疑指责伯克而不是他的同代人。他们发现他自命不凡,他的行为太极端,他的言语则太夸张。如果伯克曾经讲过人类作为个体是愚蠢的,作为整体是聪明的,他们就认为伯克在他那个时代是

---

〔1〕《埃德蒙·伯克通信集》(*The Correspondence of Edmund Burke*)托马斯·W. 科普兰编,10 卷本,芝加哥 1958~1978 年版,Ⅵ239。

〔2〕《埃德蒙·伯克通信集》,Ⅷ335ⁿ。

愚蠢的，而只有对后代来说才是聪明的。因为在深入考察事件的根源、分析“目前不满情绪的原因”时，难免会有一种浮夸的做法，如把日常琐事当作一种倾向并认为它具有重大影响。伯克研究有意义的尘世之事的努力似乎使尘世之事失去了它本身的特征。而与此同时，历史学家可能发现他令人震惊的口才。他们也害怕他的这种才能，所以并不信任他。甚至他对法国革命的特征、重要性和前途的预见也受极端党派偏见的影响而妨碍他作出正确判断。正是因为他是按自己的预见行事的，故而他失去了有先见之明的名声。

但是，伯克毕竟是一个杰出的人物，因为他是一个杰出的思想家。人们不能因为他的思想实质有争议或令人困惑不解而置之不理，只是将他的优点限定于修辞或将他的成就归结于文学方面。他的言辞并非空洞无物，他的想象也并非空洞的抽象。他杰出的文学技巧并不妨碍我们严肃地看待他，即要求我们严肃地将他的思想视为政治哲学。虽然他从未写过一篇关于政治哲学的论文，但他的政治哲学本身就有充分的理由说明他不需要这样做。如果伯克将其思想写进一篇论文的话，就会失去其思想的本质，他的风格适合于他的思想实质。要不是有他的演讲和作品，我们就无从了解他；如果他思想的实质是夸大之词的话，我们就不能理解它们。

如果读者愿意倾听伯克的政治哲学或其可能的政治哲学，那么他们应该怎样去领会它呢？今天，伯克是以“保守主义”哲学家而知名的，但他与新近复苏的美国保守主义在思想上并没有多少相同之处。人们把在这次复兴中出现的两个思想流派划分为传统主义和自由主义，伯克的思想与前者更为吻合。虽然他赞同一切可能的商业自由，而且向新的政治经济学流派贡献了他的《关于匮乏的随想和细节》(1795)并因而成为亚当·斯密所倾慕的朋友，但是他强烈反对无限度的个人自由、为个人私利辩护的理论体系以及新的财产所有权的影响,以至于其用英国宪法的传统将政治经济学家所倡导的抽象自由经济框定并"密封"起来。当然,这些传统——伯克称它为"既成之物"——与《美国宪法》的条款相距甚远,而且正如我们将要看到的,与《美国宪法》精神实质相距更远。这些就是对伯克在当今美国政治学中产生影响的障碍。然而,在20世纪40年代后期,美国保守主义者发现伯克是自然法理论的倡导者。他被抬出来反对反宗教和自由主义者的相对主义,并且给保守主义者提供这样一个理论——它承认宗教在政治上的优势或必要性和环境对道德的影响,但是这个理论仍然肯定作为上帝意志的自然法对人是有权威的。伯克与自然法的频繁联系先当作修辞技巧而被忽略了,而后才在一个体系中汇在一起,这种体系可以被描述为保守地现代化了的托马斯主义。

不论人们怎样看待这个体系的成功,这一点是引人注目的,即伯克被视为给良好的政治学所必要的一种理论提供了精神食粮。如果在伯克的书信、演讲和著作中有一个不断出现的主题,那就是他强调理论渗入政治实践带来的道德和政治邪恶。他反对的就是这种理念。他对渗透(政治实践)理论的邪恶的强调并未因他主张人们需要一种正确理论来指导其政治活动的观点而减弱。对他来说,正确的理论似乎是自我否定的理论。虽然伯克可能也偶尔言及"那个时代冒牌的哲学家",[1]因此暗示存在另一类哲学家,但他通常乐意指摘哲学家、形而上学家和思辨理论家等,而他并没有道出似乎是区分他们所必需的一个标准。在《致国会成员的一封信》(1791)的一著名段落中,他以直到19世纪在这方面的礼节出

---

〔1〕《埃德蒙·伯克著作选》(*The Works of Edmund Burke*)8卷本;伦敦1854~1889年版,Ⅱ430。所有括号内的文中注释都出于此版。

现衰落以前没有其他哲学家试图加给别人的术语攻击卢梭是“自负的哲学家”,“对同类热爱、对其家族则有敌意”。(Ⅱ535—541)在此方面,伯克将表达“一切卑鄙、野蛮和无情事物”的“现代哲学家”与那些具有“稳健古风的作家”——他相信,英国人将比“在大陆上”的人们更普遍地继续阅读这些作家的作品——区分开来。但是,伯克并未指出,这些古代的作家们甚至可以不着边际地被接纳为向导,去指引摆脱现代哲学家们带给所有人类的危机的道路。读他们的著作并不能有像英国美食——这“在大陆上”是悲哀地缺乏的——的效果一样多的理由。[1] 如果我们考虑到伯克对哲学渗入政治有反感,但也回想到伯克并不仅仅对哲学不断上升的影响感到失望,那么,他的政治哲学的问题就似乎是要设计一种绝不渗入实践的理论。我们在评估其政治哲学时的问题将是:理论能够仅仅是理论的看门狗,而绝不能被看作(实践的)向导吗?

政治理论和政治实践的关系

从一开始,理论对合理实践带来的损害就受到了伯克的注意。他的第一部出版物《对自然社会的剖白》(1756)就是用来讽刺博林布鲁克理论的荒谬政治后果。在其早期论述党派的小册子如《对新近出版物“现代民族国家”的评论》(1769)和《关于目前不满情绪的根源》(1770)中,他反对下述的派系后果,即理论倾向把“有能力和德性的人”凌驾于其他相互信任而公开共同行事的绅士们所组成的政党之上。在其反对英国在美洲政策的演讲中,他抨击政

[1] 参照《著作选》,Ⅰ501;《通信集》,Ⅴ337。

府一味坚持对美洲的税收权和主权要求,而不关心这样做的实际后果或具体环境,认为这种做法是抽象地、墨守成规地依赖于“政府纸面上的能力”。因为,那些关心法律权利和形式的法学家们并不关心各种形式的实际应用,而是用法律上的正确性代替谨慎的政策,并寻求以法律亦即理论的方式加以推广。(Ⅰ431、453、476,Ⅱ7)在1785年的一次演讲中,伯克指摘“我们这个思辨时代的思辨家们”。(Ⅲ139)但是只有在法国革命中,思辨政治所带来的邪恶才最大限度地、作为一个整体曝了光。伯克被这场革命的爆发震惊了。但是,先前政治生涯的每一个主要关切都使他把这场革命看作一场哲学革命,是第一次“完全的革命”,是甚至于“触及人类精神构成的”情感、习惯和道德观点的一次革命。(Ⅱ352,Ⅲ350,Ⅴ76、111)法国革命展示和集中了思辨政治的所有邪恶。

照伯克看来,这些邪恶可以迅速地归纳出来。首先,法国的革命者在破除旧制度和击破每一次缺乏破坏的温和改革方面都走了极端,因为作为理论家(或受理论家的鼓舞),他们将自己的推理置于极端的情形之上。他们革命理论的普及是靠当革命不可避免时归纳极端例子取得的。在理论概括过程中,他们统统将在极端的情况下带着审慎和内疚的心情所采取的有限的行动上升为在一般情况下发生的荒唐和不负责任的破坏行为。革命者夸张了的人性同样地受到了影响。从其对提高特定群体地位的关心可以看出,这种人性降低为代表法国人民和人类利益的人道主义表白——这种表白需要残忍地牺牲自然情感。因为在极端的情形下,一个人可能或者必然是自私的。没有自我制约或帮助他人的普遍意见得以确立,所以,松散的道德就会与强硬的心胸并存。这种人道主义迫使人们倒回到兽性的水平,却始终荒谬地声称要使他们自由,甚至使他们更高贵。

其次,理论家们错误地假定政治是可以预料的。在用普遍性的术语阐明政府的目的以后,他们相信实现这种目的的手段能够置于同样带普遍性的法则之中,除非他们把手段的问题统统搁置一边。但是,手段是由环境决定的,而环境则是“无限的,是由各种因素交织在一起而构成的,是可变的和短暂的”。任何不将它们加以考虑的人都是“形而上学地发了疯”。(Ⅴ114)反过来说,环境又是由机遇决定的,而机遇总是带来新的形势。(Ⅰ312、365,Ⅴ153—154、257)因为普遍的目的总是通过新的、不可预料的环境折射出来的,所以伯克得出结论,“没有什么普遍性的事物能在任何道德或政治主题上被理性地加以肯定”。(Ⅲ16)

再次,理论是简单的,因为与之有关的极端和普遍性的情形也是简单的情形,而并未因各种偶然事件和混乱被复杂化。但是实践,特别是政治实践,却是复杂的。它要面对它必须妥协的简单正义的有力声音,也必须面对必须加以调停的反对的声音。虽然理论是简单的,但同时也是被精炼了的。在其排除一切偶然因素的努力中,它超越了一般的经验。但是,普通人不能看到一般经济之外的东西,因此不会信任那些探索“政治理论迷宫”的人。(Ⅲ106)依靠普通人合作的精炼过的政策将由于混乱而遭到失败。另外,理论上的人们与他们实际上的样子是彼此分开的,如果他们转向他们自己,这也仅是转向他们自己的“情形”——这只是其他“情形”中的一种情形。这就是理论意义上的思想与赌博意义上的思考相联系的原因,理论上的思考是自己出赌金的无意识的赌博。(Ⅱ463)但是实践中的人与他们自己的任何东西是如此紧密相联,他们的忠诚是以他们的责任感为前提的。如果不偏向他们没有或不能选择的一个群体,他们就不能行动。处于前后相互关联之中的所有选择都是由环境或命运强加于它们之上的。“没有人会去调查他对他父亲的财产或对本国现存政府所享有的权利有什么不当之处。”(Ⅱ26、428)而理论家们的中立性则是渴望其在政治影响方面的一切事情都能按他们的意愿去进行。他们不承认他们自己的偏见,所以他们也不承认其他任何人的偏见。

最后,理论上的问题是不受时间限制的并且是可逆的,而实践中的问题则需马上决定,而且是不可逆的。搞政治的人被即将来临的危险所束缚,这种危险不允许他们做什么长篇大论,“长篇大论只属于那些有闲暇时间沉思默想的人们”。(Ⅰ323、Ⅱ552)最后,理论家们的活动基本上是私人的事情,不涉及甚至可以批评公众舆论。但是政治活动要依赖于舆论,而且必须尊重它。如果公众意见被称为偏见或迷信,伯克将毫不犹豫地替它辩护。偏见包含在紧急情况下随时可加以运用的“潜在的智慧”。迷信必须被容忍,“否则,你将使虚弱的头脑失去强有力的头脑所必需的资源”。(Ⅱ359、429—430)

在详细阐述思辨或形而上学政治的邪恶的过程中,伯克并没有认真区分好的思辨和坏的思辨,或者使那种区别对他的读者来说明白无误。他似乎要把法国革命以为基础的理论——由霍布斯、洛克和卢梭提出的人权理论——的缺点与先前的理论家们可能已经意识到的所有理论必然的不足混合起来。伯克提到过亚里士多德对几何的道德的反对,而有几次,则利用亚里士多德来帮助自己。[1] 但是,他没有利用亚里士多德对理论和实践的本性所做的基本研究。除了我们已经提到的对卢梭的攻击,他并未顾及人权学说的理论来源。甚至他对卢梭的攻击也不是一种理论上的考

---

〔1〕《著作选》,Ⅰ501,Ⅱ396、454~455,Ⅴ342,Ⅵ251;《通信集》,Ⅳ36。

虑，而是明确地限于法国革命者对卢梭理论的运用。（Ⅱ541）简言之，他并未提出一个能满足坚持自己立场的革命者需要的理论阐述和理论重建。取而代之，他试图坚持立场，并尽可能待在政治实践的领域内。他建议行动的论著比一般政治家的论著的政治智慧要丰富得多——因此似乎更具“理论性”，甚至在追忆往事时也是如此。但是，它们也比那些旨在引起理论学兴趣的论文更受限制和更详尽，因此对历史学家来说太过详细，对哲学家来说则又嫌贫乏。他曾说：“危险和虚幻的首要原则的运用迫使我们诉诸真实的原则。”（V213）因此，通过与一般政治家的对照，既承认了这些诉诸的必要性，又与理论家的习惯相反，表明了他的不情愿。

但是，伯克所诉诸的这些“真实的”首要原则并未表现出其为首要原则。他没有提出理论的阐明，却宣称人类事务中起指导作用的原则是精明。他没有（提出要）建立可能是最好的或合乎法理的国家，却赞赏英国政体的特质。伯克的政治哲学源于对这两个问题即精明和英国政体的详尽描述。它们可能不是首要的、基础的原则，但是它们肯定是伯克先于其他人所有而提出来引起我们注意的原则。

论“精明”

伯克说，精明是“这个低等世界的上帝”，因为它对“交付于它手中的权力的每一次运用都有完全的支配力”。（Ⅱ28）精明“不仅是所有美德的最高指导者，也在所有美德中占有首要的地位”。[1]

---

〔1〕《著作选》，Ⅶ161、Ⅲ16。

这就特别地意味着,“每当实践智慧和理论科学发生争执时,前者都能合理地代替后者”。(Ⅱ306)精明之所以具有统治权,其原因在于环境具有改变每一个规则和原则的力量。“环境(一些先生们对此视若不见)实际上给予每一个政治原则以有别于其他原则的特色和效果。”[1]伯克强调,他所说的“精明”是“道德上的精明”,或者是“公开和扩大了的精明”,而不是自私的精明,更不是指聪颖或灵巧。[2] 但他没有说明如何确信“精明”的道德。如果精明是至高无上的,它就必须统治道德;但是如果精明或是道德的,或是自私的,那它就似乎需要道德的指导。当亚里士多德面对这个问题时,他把精明理解为无所不包的立法艺术,然后使它从属于理论。伯克作了不同的处理。他没有研究精明的首要原则和目的,因为这种研究必然导向精明之外,而是在精明范围之内区别一般政治家能取得的“精明的法则”和“更高序列的精明”。(Ⅱ284,Ⅲ16,Ⅴ236)精明的法则不是数字的、普遍的或理想化的。但是,伯克庄重地说,它们仍然是法则,“是以已知的通常上帝的天意为基础形成的”,也就是说,是在人类的经历中可看见的。但是因为这些规则对所有理论上的权利或形而上学的首要原则具有支配力,所以更高层的精明,即精明的精明,就能在必要的时候中止精明的法则。(Ⅲ81)

这种精明内部的划分——伯克打算在不破坏其支配权的情况下使精明的道德得以成立——是与他对设想的美德和现实的美德的划分相对应的。“除现实的或设想的美德和智慧外,政府不需要别的条件。”(Ⅱ323)设想的美德和智慧是次要的、可能的道德,这

---

〔1〕《著作选》,Ⅱ282、Ⅰ497。

〔2〕《著作选》,Ⅱ29、56,Ⅴ218。参见亚里士多德:《尼各马可伦理学》(*Nicomachean Ethics*),6.1144^a 6—37。

种道德能在具有杰出和显赫地位的家庭背景、受过良好教育的先生们身上设想到。具有前面背景的先生们习惯于自尊；习惯于“对公众进行检察官式的审视”；习惯于“对庞大社会中人和事广泛和无限多样化的混合进行大范围的观察”；习惯于有闲暇来反省；习惯于与不仅富裕，而且精明和有学识的商人们相会；习惯于军事命令；习惯于教育公民的人的谨慎，因此习惯于充当“上帝和人之间的调解人”；习惯于被雇作法律和正义的管理者。(Ⅲ85—86)现实的美德，或许如伯克自己所具有的那样，是高层次的，但也是更含糊的。当精明的原则失败时，它一定会进行干涉。但是，为了不使社会成为能人的不稳定性的牺牲品，一般情况下它不得裁决。设想的美德的观念假定有财产的人具有即使不是最高但一般来说也足够的能力。同时，它假定那些没有财产而只有能力的人——他们不是出生或成长于优越的条件下，一定是通过不道德或不可模仿的手段达到杰出地位的——的能力具有不稳定性，有时甚至是不道德的。没有哪个国家会拒绝那些有现实美德的人的服务。但“从微贱地位到高贵和权力的道路应该是不太容易铺成的”。(Ⅱ323)当那条道路太易铺成时，就会有太多的人跟上去，于是有实际美德的人就被激励去展示他们的能力而不是他们的美德，也就会像发生在法国革命中的情形一样，被那些只有聪颖而无财产的新人挤出来。因此，实际的美德在一般情况下必须从属于设想的美德，而同时在经过正当的验证以后，又允许有在如法国革命这种紧急状况下进行干涉的权利。因为在这种紧急状况下，具有设想的美德的人面临的事件如此惊人以至于他们不知道如何反应。

这样，伯克解决了精明内之精明的问题：他将道德上的精明区别于单纯的聪颖，但是除更高级精明偶尔的干涉外，还是保持了它对聪明理论家的支配力。但是,为了使这个解决方法得以成立,可设想的美德的假定当然必须是真实的。它们是“合情合理的假定,即作为普遍性,它们必须被承认为实际的真理”。(Ⅲ86)但是,这是不够的:实际的真理必须居于被承认为实际真理的真理之后。这些假设可以从伯克对英国宪法赞赏的(不是说崇拜的)分析中得以确证。通过支持为避开或从属于更高级美德权利所必需的假定,英国宪法既保持了精明的支配权,也保持了其道德性。该宪法的理论或其中的理论就是使精明保持对理论的支配权的理论。

论“英国式政体”

伯克不是第一个嘲笑近代哲学家的人,他自己就提到了斯威夫特《格列佛游记》的段落中出现的“拉普特岛和巴尔尼巴比(这两地居民空想而不务实际)的有学识的学者们”。(Ⅱ404)但是,当斯威夫特取笑那些政治设计家们——其发明带有与伯克描述过的理论不合适地渗入实践相同的味道——时,斯威夫特并未转而夸耀英国政体的美妙。相反,他对那块神圣的土地进行了讽刺。在近代政治哲学家中,伯克在赞扬英国政体为自由模式方面受到的鼓励最明显地源于孟德斯鸠[孟德斯鸠对这一政体的赞美被伯克在《新辉格党人致老辉格党人的呼吁,1791》的结束段落中大加称赞(Ⅲ113)]。但是,孟德斯鸠并不像伯克一样仇视理论,而且他相信,精明需要理论的指导以避免现代主权国家错误的简单化、宗教残忍的野心和古代美德的诱惑。

托克维尔与伯克对理论家在法国革命中的影响持相同的观

点,但是两者在方法上有分歧,这有助于介绍伯克关于英国政体的思想。托克维尔关于法国革命的研究主题是民主,而且他揭示了博学的人和启蒙运动者的影响如何培养了作为法国革命特色的对平等的激情。伯克的主题是形而上学思想家的介入(革命),其影响之一是提出一个“破坏事物自然秩序”的民主标准。(Ⅱ322)然而,伯克不相信民主能与自然一致,因此他认为民主必然会被理论家们引向歪曲。而托克维尔相信民主的要求至少部分地对人来说是自然的,因此总是能就近地被理论家们认可。这种分歧出现于对1789年法国宪法制定者完全相反的评价上:伯克将这些“宪法贩子们”描述为“最邪恶、最愚蠢的人”,而且谴责他们徒劳地试图使宪法成为全新的东西;托克维尔称赞他们的正是这种尝试,尽管他们失败了。[1]

对于古典政治学,甚至对于马基雅维利、培根、霍布斯和洛克这样的近代思想家来说,制定宪法或构建社会乃是政治学的关键所在,在这里理论和实践找到了结合之点。在这点上,支配实践的精明不能满足于一时的权宜之计和安排,必须要将自己扩展到具体体现基本的、全面的、选择的立法上来。而这样的立法,反过来必须被一种技艺加以指导,并最终被一种理论所指导,这种理论详细描述了选择最好的、最值得选择的政体的模式。当精明变得全面,并永久地下了决心——最好地和永远地,那么,它必然与理论共同行动,或许甚至从属于它。竭力避免将理论和实践结合起来,不仅是伯克政治学的指导思想,也是其政治哲学的主要特征。伯克之前的所有政治思想家一直认为是基本政治行为的“制宪活动”,对他来说是“被期望但未实现之事”。制定宪法绝不会是“简

〔1〕《著作选》,V317。亚历克西斯·德·托克维尔:《旧制度与大革命》(*L'Ancien Regime et La Revolution*)2卷本,J. P. 迈耶编,巴黎1952年版,Ⅰ72、88、193~201、247。

单的瞬息即逝的法令的效果”。(Ⅱ554)这种结果不可能发生,试图使它发生则是错误的。

与托克维尔完全不同,伯克认为民主不可能成为一种政体。人民不能够统治,他们是与“国家中的活跃人物”相反的消极因素。虽然人民可能被某种类型的邪恶寡头集团所统治,但他们应该由“真正的天然贵族”领导,被那些“不仅是我们自然的统治者,也是我们自然向导”的执行者们所领导。(Ⅲ85,Ⅴ227)因此,在伯克看来,人不能在民主和贵族政治之间作出选择,也不可能像托克维尔认为的那样,会有一个民主或贵族政治的时期。天性已使很多人无能力管理他们自己。“完美的民主是……世界上最无耻的事。”(Ⅱ365)因为每个人分享的责任太小了,以至于他感受不到它,而且因为在民主情形下,那些应该限制政府的公众舆论只能是人们的自我称赞,除此之外什么也不是。负责任的政府重要的就是有羞耻感。它宁愿为人不得不做的事辩护,而不为人所选择的事感到荣光。没有哪种贵族统治(更不要说民主),在没有权力意识的情形下能长期或很好地统治下去。这种意识的缺乏就是民主不仅无耻而且不可能的症结所在。因此,只有在一种微弱的意识下,任何人类的政府,甚至真正的天然贵族政治,才是一种自治。政府完全不是“选择统治形式”的问题,它是“我们自己之外的权力”。(Ⅱ333)

从根本上说,政府不是在统治,而是在进行变革、改革、平衡或调整。政府并不是如亚里士多德设想的,是靠声称要统治——这是民主主义者和寡头集团在保护(和夸张)他们与他人相比平等和不平等时所断言的——而孕育出来的。人们不会自愿地要求去统治,只有当被少数人激励的时候,他们才会相信他们要去统治。而(天然的)贵族们,被培养到他们的重要地位——对此他们只是接受而不要求。

就伯克承袭了亚里士多德派对统治的看法——政府管理是出于人们自觉选择的一门技艺，是政治学——来说，他并没有为了将政府置于羞耻感的控制之下而倾向于神权政治或殷切地接受神圣的权利。为了使政府源于人类的观点得以确定，伯克从近代理论家们那里接受了契约的语言。但是，因为契约产生的统治也许似乎是精心计算地（如果不是被选择）追求便利——实际上，是武断意志或一时高兴的产物，而不是判断的产物——他强调“为一小点暂时利益”而形成的一般契约和建立国家的社会契约之间存在重大的区别。后一种契约是“所有科学的伴侣，所有艺术的伴侣；每一个美德的伴侣，所有完美事物的伴侣”。（Ⅱ368）而且它是在生者、死者及后人之间订立的契约——这也是一个不是在当代权力中而在对过去和未来信任中的契约。人们会说，过去和未来替代了神圣的法律，以确保现在的政府能够具备羞耻意识进行统治。但这也不意味着，现在的政府对按照他们的缔造者建立的原则进行统治承担责任。死者并不就是开创者，他们是沉默不语的参与者——他们曾有过自己的主张，但是现在，则通过未道明的责备表明自己的观点。（Ⅱ177—178、Ⅵ21）因此在伯克看来，人的权利不包括统治别人的权利。（Ⅱ332）统治别人的权利将是改变统治的权利，这是随意的，但是随意改变统治的权利是有损于统治的。统治者必须接受对他们统治的限制，但是又不将他们自己屈从于能力非凡者的统治。为了做到这点，他们必须因为下代的缘故接受过去的权威，而不屈从于开创者们的统治。照伯克看来，这样做的唯一办法是削减统治的价值，并使当代人与前人平等，这也是契约所必需的。他把英国政体吹上了天，但从未吹捧它的创立者。老辉格党人——他借他们来攻击倾向于法国革命的新辉格党人——树立了一个好的榜样,但是并没有制定新辉格党人必须遵守的原则。[1] 他们于1688年制造了一场只有在特定环境下才非常必需的革命。(Ⅱ292、299)所以他们的行动(伯克忽视了或许可以解释他们行动的约翰·洛克的理论)并未包含(更不用说表述)一个世纪以后出现的革命原则。在伯克看来,道德的本质是自我限制,而不是作出选择:"道德的义务是如此之多,以致从来不是我们选择的结果。"[2]正因如此,道德必须被当作契约关系的产物而不是人为的缔造物或者革新的产物。没有所有缔约方的同意,契约就不能打破,而在缔造或革命情形下则会出现选择的原则。

政体的创立基于其形式。通过体现对政体来说特殊的目的和使这样的目的能为其公民或臣民看见,政体的形式必须能够胜过必然随时代而变的状况和环境。因此,在古典政治学中,人们有时可以看见根据其形式划分的现实的政府和根据现实政府形式的改进而形成的想象的政府,以至于政治学几乎忘记了政治学的各种不同状况。但是,在伯克看来,"每个国家的环境和习惯决定其政府的形式",[3]当环境改变时,形式也要改变。"一个没有改变的手段的国家是一个没有保存自身的手段的国家。"(Ⅱ295)不是一个固定的形式,而恰恰相反,是"成长的原则"维持着国家。政体形式为及时的改革——这是在人们感到不满后但在他们被唤醒前残忍进行的——所代替。如果这样的改革是温和的,它们必然留有不完善的地方。"无论何时我们要改进,留有进一步改进的余地都是正确的。"(Ⅱ65)这样,即使是最好的政体也有成长的原则。这是它唯一的"统治原则……是一种类似于某些哲学家所说的可塑

[1] 《著作选》,Ⅲ54~66;参见Ⅰ375、Ⅱ293、Ⅵ153。

[2] 《著作选》,Ⅲ76~78,参见亚里士多德:《尼各马可伦理学》,2.1106b36—1107a1。

[3] 《著作选》,Ⅲ36;参见Ⅱ313。

性自然的权力”。[1] 虽然伯克对英国古代政体颇持赞誉，他仍然认为，假设其古代的形式能与今天一样的只能是幻想。（Ⅵ294）在今天政体是古代的，这是就政体因不断调整得以延续而言，而不是因为其形式保持的与其古时候一样。

因此，伯克坚持认为“方式比法律更具重要性”。（Ⅴ208）法律——是政府的正式决定，因为它们是按照其形式而作出的——依靠非正式的方式而不是相反。因此，“在所有政府形式中”，“人民是真正的立法者”，因为人民造就它的方式。伯克说，“人民是主人”，而我们政治家“将他们的愿望塑造成完美的形式”。（Ⅱ121—122、Ⅵ20）因为人民是真正的立法者，促进和影响自己目的就不是人民中的某一部分人，因此最好的政体既不是只有一个单一的目的，也不是各种目的的层级排列，而是具有“最大限度的目的多样性”。（Ⅴ254）保护我们的自然权利是“公民社会伟大和最终的目的”。因此，“无论怎样，统治的所有形式只是当它们有助于实现这个其完全从属的目的时才是好的”。（Ⅵ29）公民社会的目的就是要保护我们在“最大限度的目的多样性”中以不同方式行使的自然权利。因为最好的政体是由不同方式行使的权利所限定的，所以它不能在“幻想共和国的想象丰富的构造者的富裕宝库中”被发现。（Ⅰ489）此时此地，最好的政体就是英国政体。英国政体是不完美的[例如，当需要反对法国革命时的政权时，它未能作出进攻战争的表示（Ⅴ423—425）]，但是如果它是完美的，它就不会有成长的原则，也就不会是最好的。

因为英国政体没有持久的形式，它所建立的秩序就不像按亚里士多德设计的古典政体的秩序一样，在其形式中就能看见。[2]

---

〔1〕《著作选》，Ⅱ440；参见乔治·伯克利：《备忘录》(*Alciphron*)，Ⅲ14。

〔2〕亚里士多德：《政治学》(*Politics*)，3. 1274^b38—39、1276^b5—6。

因此,英国政体就没有与几种政体形式中的一种相对应的某种秩序(民主的或寡头政治的);相反,它有不属于特定种类的秩序,因为它的各部分有多样性和差异性。各部分在“那种行动和反行动——在自然和政治世界中,从不和谐权力的相互斗争中,绘出了宇宙的和谐”[1]中代表了相互结合或相互反对的利益。照我们今天如此熟悉的坚持社会的逻辑标准的这个奇特的马克思主义解释,不和谐并不产生社会的冲突,而是产生和谐;这更多地应归功于在自由中共同生活的经历,而不是持同样的想法或持某些共同的原则。(Ⅱ554)这样的一个秩序是复杂的。实际上,人们可以说它存在于复杂之中,它决不会直接肯定或否定任何要求建立特定社会秩序的正义要求。这些要求必须相互妥协,但不是像在古典混合政体中那样,通过找到保持每一种要求中正确东西的原则来形成妥协。一个更安全、更真实的妥协将在使对权利的要求转向合宜之事的过程中产生。这样,“整个政府组织就成了合宜的补偿”。[2] 像这样的一个结论肯定带有功利主义的味道。而且就伯克优先以实际、有用和有效而不是形式正确来判定是否合宜而言,人们一定会说他引发了“功利主义”——19 世纪的一个学说,它将伯克对合宜的见解狭义化,并利用它攻击伯克钟爱的英国政体以及他认为必需的绅士们的统治。在坚持政体要不断改进时,“合宜”对伯克来说不是指真正或自然适合的东西,而是带有典型的英国含蓄陈述的风格,指那些“并非不合宜的东西”。这样,被描绘成“合宜的补偿”的整个政府组织也会被说成是要“平衡不合宜性”。(Ⅰ500)

伯克采纳了马基雅维利主义的概念——每一种人类的利益都

---

〔1〕《著作选》,Ⅱ308 ~ 309;参见Ⅲ25。

〔2〕《著作选》,Ⅱ333;参见Ⅲ109、Ⅵ22。

有其相伴的不合宜性,因此,所有人类事情都在变化之中。[1] 但是,他不同意这种变化必须是猛烈的,而且他也不接受马基雅维利和功利主义者们所推荐的对合宜的估算方法。虽然政体必然要成长,但是它们由于权力集团而免于变动不定和猛烈的变化。在伯克的思想中,英国政体的"权力集团"做了他很少想过的有关政体形式和程序的工作。它们提供了稳定和安全,当在这个任务中逐渐确立他们自己时,他们也减慢和指引着激情和思想的流动。像"制度"(institution)一词一样,"权力集团"是一个动名词,它的含义是从其过程中得到的。像今天人们熟悉地使用既成"权力机构"(the establishment)一词一样,伯克所说的"权力集团"(establishments)是指非正式的社会阶层。但是当作为复数和在公众视野中时,他们会有所不同。伯克所说的权力集团并不是一个团结起来要将人民的正当权利减少到零的阴谋集团;相反,他们是社会的杰出人物,产生于对那些权利——教会、资本家、土地贵族、军方甚至君主们——实际的、必然地不平等的行使。(Ⅱ106、363、434)这些机构与破坏自由如此不沾边,以至于他们是确保自由的唯一手段。伯克将几个世纪中英国权力集团的成长过程——这不是一件无须动脑就能完成的工作,而是一件"需要比一个时代能提供的更多脑力帮助的工作",在这个过程中,"头脑必然(良好地)与头脑密谋"——与法国革命中草率立法者的作品相对比。这些立法者从技艺入手开始他们的工作,破坏了旧的权力集团,并将法国人民减化成为"一个同质的群体",(Ⅱ439—440、455)以纯粹的暴力结束,用新的共和国代替旧的权力集团。而这些新的共和国,曾明白无误地允诺要建立一个无政府社会,但实际上是由革命中靠

---

〔1〕 马基雅维利:《论李维》(*Discourses on Livy*),Ⅰ6。

没收财产起家的投机商、巴黎的达官贵人们和军队共同掌权的政府。虽然权力集团使英国政体保持稳定和平衡,用的是使自由社会各种不同利益成为“一致的整体”的“结构性优势”的方法,因为它不能强加给社会一个计划。(Ⅱ440)而法国共和国的结合原则却是暴政的工具和证据,因为如果不揭示一种偏见,人们就不能团结在一起。伯克引用了孟德斯鸠对“古代伟大立法者”的赞扬,(认为)这些立法者认识作为抽象、形而上学实体存在的人比起与他们打交道更在行。(Ⅱ454—455)但他并没有像柏拉图和亚里士多德所做的那样,从立法者需要考虑实际的人类状况,从而推断说实际的政体不会是“一致的整体”,或者说所有的政体都是党派性的。

由权力集团造成的稳定的政体是由财产原则,即继承财产的原则加以维持的。伯克清楚地表明,每一个权力集团都是一种财产,教会也不例外,尽管其崇高目标是为全体国民奉献和使人的意志超越自私自利,法国革命者的攻击也是对财产的一种侵占。(Ⅱ132)这些具有社会显赫性的财产的传延和增长并不是基于证明其最初获得正当性的那些理由,而是依赖于它现在运转过程中能看见的利益——这些利益只有具有智慧和经验的眼睛才能看得清,因为现象是骗人的,自由政府的形式与专制政府的目标是一致的,反过来也是这样。(Ⅰ313,Ⅱ397、399)因此我们必须“尊敬我们现在无能力理解的所在”。(Ⅲ114)我们必须视政体为一种遗产,这就意味着(再说一遍)不是从创立者那里继承,而是好像它天生就来到了我们这里。

论“政治继承”

伯克用一种“哲学的类比”来阐明“继承的观念”。他说,我们的政治制度“依照自然的模式而运转”,“与世界的秩序是正好相对应和对称的”。他称之为“由片刻的部件组成的永久体”,并将它比作整个人类的全过程:在任何指定的时间里,绝不会是老的,或中年的,或青年的,而始终是相同的。但它通过衰落、下降、上升和进步而延续。(Ⅱ307)在这个特征方面,政体像一个人类的躯体一样是一个整体,没有形式。它不像某些中世纪思想家想象的那样,像一个有形式的单个人体。伯克的类比是一般性的,而不是结构上的。所以,我们想象像我们继承人类本质一样继承了我们的政体,没有反对的可能性。我们能够而且必须接受我们的机会和限制,不必企图去发现整体的源起和目的。伯克将它的政治学置于财产的概念之上,而不是相反;但是他设法使他的政治学独立于获得的精神,甚至使它反对这种精神。

那么,说继承的观念按“自然的方法”工作是什么意思呢?伯克说,人的本质是复杂的(Ⅱ307、334),他理解自然和人类机构间关系的方法在今天对我们——已将“本质”从可尊敬的理论话语中驱逐出来的人——来说是特别困难的。但是他猛烈攻击法国革命者,就因为他们“非自然”的行为。如果我们需要了解伯克想什么,我们便始终不能忽视他攻击法国革命的意义。通过“自然的手段”的继承并不意味着我们从自然那里继承了我们的政治学和政体。虽然我们有“关于错误和正确的自然意识”,[1] 伯克并没有以托马斯主义的方式说我们的灵魂中有自然的倾向,这些自然倾向在政治学中得以实现。灵魂不是他(政治学)的一个主题。[2] 他也没有与亚里士多德一起说人是天生的政治动物,所以我们的政治技巧必定会是自然潜能的实现。与此相反,

---

〔1〕《著作选》,Ⅱ354;参见Ⅱ155、Ⅲ92。

〔2〕参见《著作选》,Ⅱ484、Ⅲ86。

他说“人由于他的(自然)宪法而成为一个宗教动物”,(Ⅱ363)因为无神论不仅反对我们的理性,也反对我们的本能。仿佛我们被推动去为了避免依靠我们自己的专断意志——一种对人类善的本能的认知——而承认一种高级意志,但又不是如托马斯·阿奎那所说我们寻求去认识上帝。当伯克攻击法国革命对人类的本性施加暴力时,他的意思是说,它忽视或者反对了我们对自己善的方面所具有的本能,即对我们的家庭和邻居,对“小群体”的自然之爱,还有我们的正义感和我们的宗教中对这些爱的制衡。(Ⅱ320、347、410,Ⅴ255)

我们不是从自然界继承财产,但我们按自然法继承人类制成的产品。伯克反感地称之为“形而上学权利”的自然权利,不是直接走近我们,而是“像亮光刺破稠密的媒介一样,按照自然法从其直线折射过来的”。(Ⅱ334)以这个著名的评价为线索,我们可以说,在伯克看来自然法即折射法。这些法则描绘了创制协定、宪法或财产的人们,如何像自然无须考虑人类而创立自己一样,模仿或跟随自然。例如,像我们已看见的那样,创制宪法的人们通过与其内部不一致的权力进行斗争而找到和谐及通过瞬间的起伏变化而找到永恒的过程来模仿自然。在责备那些将“自然状态”置于公民社会之外的近代哲学家时,伯克说,“艺术就是人的本性”。(Ⅲ86)艺术(不是选择)是自然对人类的特殊礼物,但是这个礼物不是以保存人类特殊性的方式被运用的。所有社会都是人造的,但是所有技巧都是遵循自然法的,艺术的礼物必须被还给自然。人们不禁想知道,对于伯克来说如果精明必须“按自然原则”行动,那它是否依然是至高无上的。[1]

---

〔1〕《著作选》,Ⅲ87;参见Ⅰ345、Ⅱ369、Ⅵ21。

论“时效性”

精明的最高规则也是针对精明的规则。正是时效——“自然法的这个伟大的基本部分”(Ⅱ422)——描绘了财产和政体成长的方式,并阐述了继承的方法。说也奇怪,在伯克之前时效从未被人们认为是自然法的明确组成部分,因为没有人认为它在公法中是适用的。[1] 伯克从罗马法中借用了这个概念。在罗马法中,时效规定承认,通过长期延续使用,没有契约也可以授权拥有财产,或在长期延续不使用的情况下尽管有契约也可将其剥夺。私法的这个原则由伯克改造成为适用于宪法(不仅仅适用于国际法)的公法的一个原则。这样,关于私人财产的一个规则就成了统治的规则——“不仅是对财产”,而且是为了获得这种财产而对政府所有权利的最可靠形式,“是不为成文法——时效的神圣规则——所生,而为之主人的权利”。[2] 如果理论渗入实践的问题是伯克政治哲学的主题,时效就是他的特殊发现——人们一定会这样说,这是因为他不能容忍“革新”——他的伟大改革——这个词。(Ⅴ120)他声称,它只是对英国政体工作过程的描绘;但是作为理论,它肯定是新颖的。实际上,如伯克自己所说,他在使1769年《国王诉讼时效法》——他企图由此使时效在英国成为公法——得以通过的

---

〔1〕 伯克在求助于让·多马的权威(《著作选》,Ⅱ422)时忽略了一点,即多马拒绝将时效性适用于公共财产:让·多马《自然秩序中的民法》(*Les Lois civiles dans L'ordre naturel*),Ⅲ,ⅶ,5。伯克更贴近的预想可在大卫·休谟的《人性论》(*A Treatise of Human Nature*)中发现,Ⅲ,ⅱ,3,10;并参见威廉·佩利的《道德和政治哲学原理》(*Principles of Moral and Political philosophy*)(1785年版),Ⅵ2。

〔2〕 《著作选》,Ⅴ137;Ⅵ80、146;参见Ⅱ493,伯克对革命者反对时效性的观点的看法。

过程中起了“非常重要的作用”。在针对杜克·贝德福德的精彩自我辩护《致一高贵地主的一封信》中,伯克自豪地提出上面的看法,但是他没有同样地去广泛宣传使合法的新生事物(反对布莱克斯通权威)正当化的理论革新。[1] 他也未作这样的评论:时效在1769年成为公法不是经过时效,而是通过法规。不仅仅一个权利,而且最稳固的对财产的权利,都源于长期的使用,而不是一纸契约,发放契约的政府受长期持续的实践而不是受原则的束缚。由时效决定的财产意味着没有根基或理论的政府:对统治的最好要求不是源于将自己的要求立为最好的,而是通过确保对手对要求的放弃。但是它需要一种理论来表明这一点。即使伯克已经小心翼翼地要介绍它,即使它的理论巧妙地与事实相符,不能否认的是他的理论侵犯了政治家的精明。

时效紧跟自然,但是在它的基础上长进。伯克说,变化是“最有威力的自然法……我们所能做的,人类智慧所能做的,就是做好准备,变化将以最缓慢的程度进行”。自然可能独立地产生重大和迅速的变化,但是,在人类发展过程中模仿的变化则会在那些突然间被剥夺影响的人当中培养出一种“忧郁而沉闷的不满情绪”。同时,又会使那些因长期“享用新权力”而意志消沉的人陶醉。(Ⅲ340)变化是一定有的,但是人们必须注意,它以极缓慢的程度发生。缓慢的变化可能是合法的变化,因为它并不使已创立的法律或宪法受到质问。或者是,它能使变化合法化,它“使在开创之初具有暴力性质的政府成熟成为合法的政府”。(Ⅱ435)如前面已说过的,伯克同意马基雅维利关于所有人类事物都处于变动中的观点,但他不认为变动必须是暴力的或革命性的。因此之故,具有

---

〔1〕《著作选》,Ⅴ137;布莱克斯通,《英国法释义》(*Commentaries on the Laws of England*),Ⅱ263～264。

时效性的权利就与历史的或传统的权利不同。时效性权利因现在的使用而得以成立,除非财产或政府最近被篡夺了。它与推翻现存权力的历史性要求是相反的,它也怀疑可能使它更巩固的历史性的探索。(Ⅵ414)

因此,在伯克看来,时效性是"自然法的重要组成部分"。他没有明确说它是基本的部分,他也没有用更具理论性的理论家如阿奎那或霍布斯一样的方式对自然法整个的内容进行详细说明。他满足于把自然法理解为超越人类立法的法律,他不要求把人类法律看作自然法的运用。在西赛罗和霍布斯之间关于是否"人类有权利制造他们所喜欢的法律"的辩论中,伯克站在西赛罗一边,否认人类有这样的权利。然后他说,"确切地说,所有人类的法律仅仅是宣告性的,它们可能改变方式和运用,但是没有在原始正义意义之上的权力"。(Ⅵ21—22)但是,既然伯克已将时效性引进了自然法,而对赋予原始正义以含义又很少关心,仿佛实际上是自然法的方式和运用,而不是其内在含义,将去指导实践。自然法更多是手段而不是目的,因为,为了排除猛烈和全面的变化,时效性阻止政治学的目的出现于未被状况和环境所折射的政治学中。时效性是在理论层面具体化了的精明。由于自然法是自身之外所有法律的监察官,所以,它只能用它自己的声音谈及"高级法律的原则",(Ⅵ21,Ⅶ99—100、504)人类的自由离反对高级意志的原则如此之远,以至于它没有这样的意志就不能延存下去。虽然社会是人们之间契约的产物,但如果人们自由地在每一代人之间都制定一个新的契约,那他们就不能够自由地生活。每一代人必须将其自由视为其财产那样的"限定继承的遗产",(Ⅱ306)恰恰是因为他们的自由不是由他们自己创造的。也许有人会大胆地得出结论:伯克政治哲学的核心是英国政体,而不是自然法。自然法是基础,但是仅仅因为由偶发事件制定的宪法需要基础。在伯克看来,不管其可能多么受人赞美,英国政体不是理性的政体。但是宪法的基础必须是看不见的和感觉不到的,以免它搅乱以它为基础的宪法。

这里,可能有人会指责我们正在忘记"商法",在《关于短缺的想法和细节》(1795)的一个段落中,伯克曾将它与"自然法",也因此是"上帝法"等同起来,这点使卡尔·马克思深感厌恶。[1] 商法似乎促使太多的新企业涌现出来以致无法用时效性的原则加以说明。(Ⅴ207、217、256)除了时效性为那些没有政府的契约或证书的私人企业依然接受和提供合法性依据外,情形都是如此。但是,伯克相信,通过置立地产和绅士们的统治,商人们的动产连同创造它的积极能力能受到制约并保持平衡。他以英国的经验为基础,同时又含有某种程度的希望,将土地利益的霸权——对此,他正确地说,是由"古代的实践政治学"(特别是亚里士多德和西赛罗)建议的——与除非作为讽刺或非难否则不能找到的古代作者的观点联系起来:"对钱财的热爱,虽然有时到了可笑的程度,而有时又到了邪恶和过度的程度,对所有国家来说却都是繁荣的重要原因。"(Ⅴ313、342)虽然土地利益应当是至高无上的,但它不应像英国之外的其他国家那样形成一个独立的团体。而且虽然伯克认可了绅士们赖以为生的偏见,他却没有接受或同样持有绅士们对那些赚钱人的轻视。他自己从1774年到1780年在议会中代表了一个商人选区布里斯托尔的利益(虽然并不使他的选民感到满意),而且在比肯斯菲尔德他自己的地产上,如他信中所言,他积极地探索农

---

[1] 《著作选》,Ⅴ100;马克思:《资本论》(*Capital*),第24章,第6节。马克思明显地忽略了伯克著作中更适合他的下面一段话:"甚至商业、贸易和制造业——我们这些节俭的政治家们的上帝——它们自己就是受造之物;而且它们自己就是动产——对此,我们作为首要的东西选择来加以崇拜。"《著作选》,Ⅱ351。

业方面的新办法(和更多的利润)。[1]

论“自然法原则”

尽管有人可能会将伯克的自然法学说与自然法传统联系起来——无论他是接近西塞罗还是洛克,但必须承认,最显著的事实是他按自己的方式阐明了自然法的特征,而不是与这种传统的联系或对它的效忠。他的自然法将至高无上的权力让给了精明,而将突出地位让给了环境;它不要求超越自利的情感(包括对钱财的爱好),伯克甚至强调这种爱好是“自然的”。它对偏见能充分容忍,甚至对其欣赏有加。由于持保护绅士们偏见的观点,伯克不希望因迁就哲学的传统而展示英国宪法,虽然他毫不犹豫地宣称,将这部宪法抬出来引起人们赞美的孟德斯鸠是一个“不具有民族偏见味道”的人。(Ⅲ113)

“一般说来我们都是具有自发感情的人。”在《关于法国革命的随想》的一个段落中,伯克维护英国人,祝贺他的同胞未被启蒙哲学所动。他接着说,我们怀有自己的偏见,“并且带给我们对自己更多的羞耻之心,我们怀有它们,因为它们是偏见”。“我们中有思辨头脑的人(他很少这样赞成这一类人)不去打破普遍的偏见,而是用他们的睿智去挖掘这些偏见中隐藏的智慧。”(Ⅱ359)偏见不与理性作对,而是与它结盟。偏见提供了使理性充满光彩的自发的、自然的情感,因为“赤裸的理性”是轻浮的;同时,“偏见在紧急情况下随时可用”,而理性自己却是犹豫不决的。伯克坦率地承

〔1〕 例如,《通信集》,Ⅱ165~167。

认,政治与偏见是不能分离的,社会绝不可能是理性的和能被启蒙的,这点使人想起亚里士多德;但是他对偏见包含充分的潜在智慧的自信并不给人这种联想。在亚里士多德看来,潜在的智慧的确存在于政治主张之中,但不在伯克所设想的未受反驳的隐藏的地方。相反,照亚里士多德的观点,政治主张典型地维护自己以反对现实的或想象的对手,它具有辩论的特征。任何对政治主张的观察(更不用提思辨性的研究了)都揭示出以矛盾形式出现的差别,特别是政治学中多数人和少数人的显著差别。伯克将偏见的明显的党派性置之度外。虽然他经常谈及"多数人"和"少数人",但他没有强调它们在主张上的差别——绅士们对粗俗的偏见相对人民大众对特权的憎恶。人们可以回忆起来,伯克并不认为每个人都有自然的权利,也不认为人民有统治他人的自然愿望。(Ⅱ177、332,Ⅲ497)人民满足于让他们的智慧潜伏着而不是去维护它,所以,贵族们能被供养着去统治他人而不用维护它自己的特色。

亚里士多德认为,只有把党派的主张摆出来接受考察,纠正它们的偏颇,并与来自对手的真理相结合,政治主张才能成为智慧。他著《政治学》,似乎是在进行一场辩论。他暗示,通过拟出可能使偏见更有益的有关偏见的潜在的含义,政治家尽管有根深蒂固的偏见也能改进政治。但是,伯克却暗示,偏见中的智慧只要是潜在的,就始终是智慧。偏见必须不受干扰,否则自然的情感将会被激起。他似乎是要假定绅士们和人民之间一种基本的合作,当然这种合作易于因外界原因而中断,但从根本上说是不易引起争论的。"天然的贵族"统治无须维护它自己,因此也无须加强自己的形象就能统治。但是即使这是可能的,伯克在提出偏见应处于不能启蒙状态时还是冒了风险的,好像他能肯定偏见决不会咬人似的。他知道,"多数人的意志及他们的利益,常常是很不相同的"。

（Ⅱ325）但是他提出，“创造偏见……是人的权力所不能及的……国王也许可以造就一个高贵的人，但是他不能够造就一个绅士”。[1] 通过使绅士们和人民在他们自然爱好范围内同样习惯于满足他们自己的要求，偏见在举止和情绪方面缓慢和自然的增长将使它变得无害。哲学家和政治家应该使偏见不受指导地行使它良好的影响。

对绅士的赞美

但是，伯克自己并没有忘记他所发现的绅士偏见。他曾说，他的主要职业是“一只可怜的雏鸟”，要唤醒他所在党中的绅士们。[2] 伯克在《关于目前不满情绪的根源》中详细说明的政党概念，本身就是一种用来改革绅士偏见的绅士偏见。“成为爱国者，像没有忘记我们是绅士一样”，是伯克对他建议的总结（Ⅰ379）。作为惯例，以前在英国和其他自由国家，人们理所当然地认为：一个政治家不能既是党徒又是爱国者，公开的、忠诚的党徒身份是不合乎原则的。伯克是第一个唱反调的人。他认为，政治家合乎原则的行为必然是党派性的，党徒身份不仅是偶尔在紧急状态下才必需，而且在政体的一般运作中也是有用的和值得尊敬的。这些看法现在像伯克写出它们之前与之对立的观点一样，被普遍和不加思索地接受了。而且就伯克应对这个变化负责而言，他的理论化具有巨大的影响。但是为了造成这种变化，伯克诉诸绅士的偏见。“……不要忘记我们是绅士。”那些政治家们（伯克盯上了查塔

〔1〕《通信集》，Ⅷ130。
〔2〕《通信集》，Ⅲ388～389。

姆爵士)假装要将爱国精神先于所有私人友谊献给公众,并且标榜他们的“超自然美德”是谋求高位所必备的资格,但他们忘记了自己是绅士。“当我在我们时代这些超然的绅士身上看见天使般的纯洁、力量和善行时,我们必须承认他们就是天使。同时,我们生就只成为人。”(Ⅰ378)有人会想起《联邦党人文集》第51篇中的段落,其中写道:“如果人是天使,就不需要政府。”虽然在《联邦党人文集》中,人的非天使本质使对野心的容忍正当化了,但在伯克看来,它肯定了用绅士美德反对伪善的野心的必要。政党是非正规的,但是当它被造就成值得尊敬之物时,它就不再是隐藏的或搞阴谋的。由于植根于私人友谊和可敬的情感,政党的忠诚提供了坚实原则的可见尺度。不遗弃朋友成了爱国者的标志。在绅士的党派政治中,马基雅维利式的灵活性并不需要,因而也不被鼓励。

在伯克看来,绅士的美德即男子气概。照伯克的看法,说男子气概是美德并不过火。它是他自我标榜具有的美德:在他的生命进程中,他在《致一位高贵爵士的一封信》中替自己标榜“除男子气概的技艺外我别无其他技艺”。[1] 而且它还是他用以反对被法国革命者传播的自由的美德:“我爱有男子气概、有道德和有条理的自由。”[2]在伯克看来,男子气概就是勇气和精明——它们是如此结合在一起,以至于有男子气概的行动不用屈从于公众意见而能开放以供公众监督。由于渗入了一些基督教的谦卑,男子气概不完全是宽宏大量的自豪。(Ⅰ509、Ⅱ536、Ⅲ438)但是,也许因这个原因,也因为它具有将人聚在一起而不是抬高少数人的美德的力量,它更能有效地反对自负。自负和造作的同情是伯克在法国的

---

〔1〕《著作选》,Ⅴ125;参见Ⅱ128。

〔2〕《著作选》,Ⅱ282;参见 Ⅰ323、370、376、451、490,Ⅱ287、308、339、352,Ⅲ438,Ⅴ212。

人权学说中看见的邪恶。他试图用"真正的人权"——是那些不仅能承受自由,而且也能承受极度德性的具有男子气概的人权——来代替这个学说。(Ⅱ331、418、536、537,Ⅴ332)在我们今天的时代,男子气概正在失去它作为雄性的含义。但是在从托克维尔到尼采这些不同的权威们有力地指摘了民主的软绵之后,我们不能不重新认识伯克的首要美德。

伯克这个绅士精明的拥护者,他的政治生活超出了绅士精明的局限。他超前地注意到了他的党不能看见的东西,并促使它在不相宜的基础上开展不寻常的活动。也许有人还会说,他致力于确保和扩展绅士精明的范围,致力于将那些起破坏作用的思想家们排斥在外,并赋予那些宪法之内的实践如政党和弹劾等以新的形式,这些将有利于绅士的统治。在帮助建立他所在的党——通过赋予它一种学说和灵魂,而不是通过指导它——后,他在法国革命后抛弃并攻击它。他的同僚们不能看出美国革命和法国革命间的区别,他们不欣赏后一个事件——前所未知的最彻底的革命——的独特性。伯克的政治哲学以保护一个实际的政体而不是创造一个想象的政体为中心。他的主题是绅士精明的充足乃至完美,但是他对他所敬爱的绅士的辩护或许比任何革命者的攻击更好地揭示了他们的局限,因为革命者没有替绅士们找到合适的替代者。实际上,虽然我们已开始在官僚、技术专家和民主主义者中寻找一种替代者,我们也并未真正找到。人们几乎可以通过加上官僚、技术专家和民主主义者中缺乏的每一样东西,对"绅士"加以规定。伯克对他们赞美的看法比他们的批评者的看法更清晰。绅士们的缺陷表现在:他们需要为维护他们作出贡献。这种贡献超出了警告他们注意因他们太迟钝而意识不到的危险的范围,也超出了以好的语句激励他们的范围。利用他曾称之为"个体具有的合乎时宜的力量”,(V78)伯克试图强化绅士们的统治,以便使他们更少地遭受破坏和攻击。19世纪的成果是,既把他们固定在原位上,坚守他们新的哲学的偏见(保守主义),又放松了他们的固定程度,相信了关于改革是使他们不灭的手段的许诺(自由主义)。无论多么不乐意,伯克恰恰在他自己鼓舞人心的演讲和高尚行动中为政治学必然的不完善作了证。

阅读书目

1. 埃德蒙·伯克:《关于法国革命的随想》(*Reflections on the Revolution in France*)。(中译本:《法国革命论》,何兆武等译,商务印书馆1998年版。——译者注)

2. 埃德蒙·伯克:《新辉格党人对老辉格党人的呼吁》(*An Appeal from the New to the Old Whigs*)。

3. 埃德蒙·伯克:《论爱尔兰的财产法》(*Tracts on the Poperty Laws in Ireland*)。

4. 埃德蒙·伯克:《关于目前不满情绪的根源》(*Thoughts on the Cause of the Present Discontents*)。(中译本收录于《美洲三书》,缪哲选译,商务印书馆2003年版。——译者注)

5. 埃德蒙·伯克:《对布里斯托尔选民们的演讲》(*Speech to the Electors of Bristol*)(1774,11,3)。

6. 埃德蒙·伯克:《给布里斯托尔郡长们的信》(*Letter to the Sheriffs of Bristol*)。(中译本收录于《美洲三书》,缪哲选译,商务印书馆2003年版。——译者注)

7. 埃德蒙·伯克:《论与美洲的和解》(*Speech on Conciliation with America*)。(中译本收录于《美洲三书》,缪哲选译,商务印书馆2003年版。——译者注)

8. 埃德蒙·伯克:《论经济改革》(*Speech on Economical Reform*)。

9. 埃德蒙·伯克:《论改革议会中众议院的代表问题》(*Speech on the Reform of the Representation of the Commons in parliament*)(1782,5.7)。

10. 埃德蒙·伯克:《致赫尔克里士·兰格里什爵士的信》(*Letter to Sir Hercules Langrishe*)(1792)。

11. 埃德蒙·伯克:《致一高贵地主的信》(*Letter to a Noble Lord*)。

12. 埃德蒙·伯克:《关于弑君和约的四封信》(*Four letters on a Regicide Peace*)。

杰里米·边沁
（1748—1832）
詹姆斯·密尔
（1773—1836）

蒂莫西·福勒

边沁：功利主义创始人

人们可以对杰里米·边沁冠以政治和法律哲学家、社会改革者、功利主义的创始人和启蒙思想家的称号。“功利主义”是指这样一种观点：一种行为的对与错取决于人们对该行为的结果是好还是坏的评价。在边沁看来，“好”与“坏”是指产生于每个人所体验到的快乐与痛苦。“启蒙思想家”是指18世纪启蒙运动时期欧洲知识分子的一个流派。正是在这个圈子里，边沁最先赢得了他在自己的祖国——英国还不曾赢得的声誉。和其他启蒙哲学家一样,边沁认为,通过知识(指百科全书式的知识)的绝对增加,加之以抽象原则对知识进行分类,并把知识运用到改革社会的实践中去的,人类的境况必然会得到改善。〔1〕边沁对于从先辈那里继承下来的经验和仰赖于传统信仰才得以维护的那样一种性质的政治秩序持怀疑态度。对他来说,信赖往昔的实践,是一种无知的表现。

根据这种观点,无知(对边沁来说)是一个可以解决的问题。解救无知的药方就是要见闻广博。因此,毫不奇怪,边沁略带嘲讽地否定了苏格拉底对无知的看法。苏格拉底曾指出,对于我们应该如何生活这类根本性的问题,人们很难获得确定的、终极的理解。

按照柏拉图笔下苏格拉底的观点,对与错、善与恶、美与丑的问题在政治生活中显然历来都是争讼纷纭,见仁见智(Euthyphro, 7[d])。智慧的发端就是始终记住,在我们的相互争议中,保持一种镇定和克制的状态。苏格拉底的继承者可能会对社会已接受的观点提出疑问,但不一定要推翻它们,因为人们总有可能发现那些观点是值得支持的。除此之外,苏格拉底的继承者不会忽视这样一个常识性的论点,即如果某人反对现行秩序,他就应该乐于说出他自己提供的替代方案。哲学家的任务就是提醒他的论辩对手注

---

〔1〕 在《论功利主义》(*Article on Utilitariarianism*)一书中,边沁提到了“受到高度评价”的爱尔维修的著作《论精神》(*Sur l'esprit*)(1758年)。在该书中,功利原则开始得到实际运用。在日常生活过程中,关于人类的行为的取向,同“幸福”相联的思想挂起钩来,而与“幸福”相联的思想又分别与“快乐”和“痛苦”相联的思想挂起钩来……与“功利”和“功利原则”相联的思想观念现在到处可见,这些思想观念必然不断地被人提出来,而且为那些最不关心、缺乏注意力和没怎么受教育的头脑所熟悉。边沁接下来继续讨论弗兰西斯·培根《论学术的进展》(*Advancement of learning*),达朗伯尔和法国百科全书,钱伯斯的《百科全书》(*Cyclopedia*)和休谟政治论文对他的思想形成的重要性。在谈到他自己在法国的声誉时,边沁评论说,“很伟大——太伟大——这样的荣誉,他更多是在异乡的法国而不在自己的祖国受到的”。《道义学,及关于行为动机的一览表和论功利主义》(*Deontology together with A Table of the Springs of Action and the Aticleon utilitarianism*),Amnon Goldworth 编,牛津,1983年版,第294、311页。

意,有必要通过并不总是得到承认的努力,来考虑应作出的选择。这种努力就是从已经得到强有力的支持的那些论点中找出弱点。苏格拉底式关于无知的看法,使对智慧的追求同作出政治决策的迫切需要这样两种不同需求难以调和的问题,极大地凸显出来。

边沁得出结论说,这种传统的、哲学上的保留被用错了地方,并且阻碍一门合理的关于立法和政府的科学发展。因此,边沁突出了苏格拉底式哲学家和启蒙哲学家之间的分歧,他将启蒙哲学家的思想框架与功利主义结合起来,找到了他视为能解开社会领域复杂性之谜的简单钥匙。

达到见闻广博是完全可能的,因为人类行为的普遍基础能在人们的言行中得以辨明。边沁想将行为的意义转化成对这些行为带来的乐和苦的明确计算,以便对人们所选择的寻求幸福的手段的合宜性提出建议。边沁拒绝对行为作出某种假定的、客观的对与错之评价。我们不能撇开行为的后果来判断行为,或者独立地对人们感到愉快的体验作是非曲直方面的评价。边沁对苏格拉底式的哲学家热衷于此的做法予以否定。像苏格拉底的反对者总能感受到的一样,苏格拉底式哲学家的做法,反而促使边沁深切感到,应当马上创造出一种理性的社会秩序。

边沁思想的这种转变还可以从以下事实得到进一步说明:边沁虽然曾在牛津接受法律教育,但从未从事过法律实践。对英国法律的了解,使他对它的不精确和“混乱”表示蔑视。英国的法律传统本身就是一个“谜”,一个无法简单解释的“谜”。边沁与它的分道扬镳使他更加喜欢立法科学。他成了一个观察家和理论家,力求在习惯英国的法律秩序之前改造它,消除它的神秘特征。成为边沁式的理论家,就是力求一劳永逸地取代苏格拉底式的政治哲学,将所有未解之谜变成可用立法手段解决的简单问题。他就诸多问题写下了大量著作,其中最有影响的著作是《道德和立法原理导论》(1789)。[1] 从这部著作的论证中我们可以看到边沁的基本立场与观点。

在这部书中,边沁阐明了通过科学设计的立法来指导政治社会变革的各项原则。边沁认为自己正在进行摧毁"偏见"的十字军东征,目的是使批判精神在社会中得以确立。习惯和传统除非能够证明自己是清白的,否则将被视为有罪。这样,就将人类从偶然的风气和习惯中解放出来了,而这种风气和习惯可能是在无意中开始的,但现在却成了以牺牲其他人为代价的少数人的既得利益。边沁把当时的英国法治状况看作由既相互矛盾又无法证实的原则和实践构成的混合体——其中,非理性和理性并没有区分开来。英国法律,借用笛卡尔的一个著名隐喻,就像经过许多朝代建成的一幢大厦,在建筑风格上是个大杂烩,既不雅观也不协调。

> 在英国自称为普通法,或者更恰当的称呼是司法法的是一个虚构的作品,它没有确定的作者,没有成文的内容,但它充斥在法律制度的每一个部分:正如被想象出来的以太,没有可感知的形体,却充满了整个宇宙。真法律的残絮断片被黏着在那个想象的底坯上,构成了每一部国家法的内容。结果怎么样?结果是想要找到一个完整的法律体系作参考的人,

[1] 杰里米·边沁:《道德与立法原理导论》(*An Introduction to the Principles Of Morals, and Legislation*),J. H. 伯恩斯和 H. L. A. 哈特编,伦敦和纽约,1982 年版。1829 年谈及这部著作时,边沁这样描绘他自己:"始终把快乐与痛苦视为人类心灵的结构由以构成的那些基本原料的根本特征,这样,他承担起了勾画出人本身的第一张家底清单的任务,而这是在那类论述'动机'的文章中有人曾经想作而未能如愿的。人类心灵的这些动机被几种相应的快乐与痛苦所伴随,并由此而得到解释,这些动机只不过就是害怕某种痛苦……或期望某种快乐……"《论功利主义》,第 293 页。

不得不以创造一个法律体系为起点。[1]

笛卡尔说过,“由几个部分组成,而且经由不同主人之手完成的作品,通常很少是完美的……由一个建筑师单独设计和完成的建筑物往往比那些很多人都试图加以整理的建筑更漂亮、更匀称……”[2]因为我们这个世界上大多数的存在物都是由出自多人之手的不同部分构成的,所以不难看到,在拥护理性主义的设计方法的人看来,这种存在物是有待消化并需要从头开始重新构造的原材料。不过,与此同时,笛卡尔和弗朗西斯·培根因为探索现代理性的研究,也对“任何人声称通过改变一切和彻底推翻国家来改革国家,以使国家重新恢复正常”的主张持谨慎态度。[3]

笛卡尔承认社会改革伴随着潜在的暴力和不确定性。他也承认习惯可能会冲淡伟大人物的缺点。习惯已“帮助我们避免或无意识地改正”不完美性,“就是再有先见之明也难以预防这种不完美性”。笛卡尔得出结论,“不完美性的存在几乎总是比消除它们的过程更容易被人接受……我无论如何也不能够对那些狂暴不安的人物持赞成态度。他们既不是因出生,也不是因运气被招来管理公共事务。他们的头脑中总是忘不了一些新的改革。而且虽然我认为在这篇论文中包含了对这种愚蠢行为的最低程度的辩护,但是我还是非常遗憾地允许它发表了”。[4]

---

〔1〕 杰里米·边沁:《道德与立法原理导论》,前言,第8页。

〔2〕 笛卡尔:《关于正确指导推理的方法谈》,见《笛卡尔哲学著作选》(*The Philosophical Works of Descartes*),E. S. 霍尔丹和 G. R. 罗斯合译,剑桥合格大学出版社1972年版,第1卷,第87页。

〔3〕 《笛卡尔哲学著作选》,E. S. 霍尔丹和 G. R. 罗斯合译,剑桥合格大学出版社1972年版,第1卷,第89页。

〔4〕 《笛卡尔哲学著作选》,E. S. 霍尔丹和 G. R. 罗斯合译,剑桥合格大学出版社1972年版,第1卷,第89~90页。

笛卡尔所言说的哲学的缄默在边沁看来应该略而不计,因为保持此种缄默的约束并不存在。当社会改革的困难减少,或者说如果社会改革的困难减少——边沁确信自己已经指出这种可能——边沁主义的改革就可能成为笛卡尔主义方法的合理结果。假使有了最终使哲学真正有用的足够的现代方法,那就再也没有理由保持哲学的缄默与节制了。思想和行动可以糅合到一起。由于害怕"狂暴不安之人",笛卡尔可能决定"单独地在昏暗中"行走,在对理性知识的追求中小心谨慎,而且充满耐心,为不包括他自己在内的启蒙哲学家铺平道路。而这种小心谨慎在边沁的理论中则消失不见了。[1]

哲学上小心谨慎的环境已被消除,对关注社会现实的理论家边沁来说,社会现存的状态似乎逐渐开始变得令人不快,难以容忍,病象明显,直到引起那些注定要生存其中的人们对社会进行改进。边沁不赞同布莱克斯通和埃德蒙德·伯克两者持有的与此不同的观点都不支持。[2] 伯克在边沁认为丑的地方发现了美,即精雕细琢的传统秩序之美,它反映了数代人的反复试验与经验积累及通过长期实践而具有合理性或合法性的成就。照伯克的看法,抽象的社会原则就像漫画,脱离了其背景,然后似乎它们就是主人,又重新运用于文化之中,而本来正是这种文化才赋予原则以真实的意义。而在边沁看来,收集的证据越多,建立一个简单的世界模式就越容易。

这种对英国法律传统的不同看法,以及更一般地,对习惯和传

---

〔1〕《笛卡尔哲学著作选》,E. S. 霍尔丹和 G. R. 罗斯合译,剑桥合格大学出版社 1972 年版,第 1 卷,第 91 页。

〔2〕要了解边沁对布莱克斯通的攻击,人们应该参考《政府片论》(*A Fragment on Government*),见《杰里米·边沁者作选》(*The Collected Works of Jeremy Bentham*),约翰·鲍林编,纽约罗素兄弟出版社(再版本)1962 年版,第 1 卷,第 221 ~ 295 页。

统的有效性的不同看法,对了解自边沁和伯克以来现代法律和政治哲学中的很多辩论是至关重要的。以前,法治曾意味着,人们能够对指导其生意往来、要求他们服从的法规,抱有合理的期待。法律的发展是借助法官的个别判决的方式实现的,而法官所管辖的地方上的习惯性则是法官统治的主要特征。不存在"以关于人的科学为基础,以中央为统一的立法法源的立法观念"。边沁就是想提出这一理念。

在提出这一理念的过程中,边沁打算建立一个关于社会状况的一般性的架构。他认为这个架构必然会促进公众的幸福,更令人惊讶的是,边沁认为,如果这项工作能在英国完成,一项用以改革整个世界的标准就有了具体体现:"已经使自己从权威的束缚中获得了自由,学会了越过偏见的迷雾的立法者们,一旦知道了如何为一个国家立法,也就知道了如何为其他国家制定法律。"[1] 他不打算直接告诉人们去做什么,而只打算指导他们走向这样一个方向,即按照能增进最大多数人的最大幸福的功利法则,来对行动进行权衡计算以取得好的成果。可以肯定地说,边沁并不认为一个人就可以支配另一个人的幸福。他认为,立法机关设计的秩序会鼓励改善人们在相互交往中的态度和程序,但不会单单寻求支配个人的态度和动机。他认为,态度与动机在不同的个人和不同的历史环境中大不相同。而且,边沁主张的那种对立法机关的改革,将不可避免地影响个人的信仰和行动习惯,并使一些人维持他们习惯的方式更加容易,而其余的人则会更加困难。最大多数人的最大幸福的原则本身意味着,某些幸福无法被满足而且实际上也

---

〔1〕《时间和地点在立法事务中的影响》(*of the influence of Time and place in Matters of legislation*),见《杰里米·边沁著作选》(*The Collected Works of Jeremy Bentham*),约翰·鲍林编,纽约罗素兄弟出版社(再版本)1962 年版,第 1 卷,第 180 页,收录于汇编第 B 卷。

不应该被满足。[1]

立法需要对道德和立法原则如何适合特定的历史条件作出判断。边沁承认,作出合理判断的能力不仅是一门科学,也是一门艺术。但他认为存在较好的判断与较差的判断——前者即那些因得益于科学知识而符合理性的判断,后者即那些因受偏见支配而非理性的判断。在作出判断的范围内,总会存在宁愿做某一事而不愿做另一事的争论。但是,根据科学知识而作出判断具有无比的优越性,这是毫无争议的:"偏见和最盲目的习惯必须加以迁就,但是它们不需要成为唯一的仲裁人和向导。那些漫无目的和毫无必要地攻击偏见的人和那些被偏见引诱受蒙骗而成为它的奴隶、自己身受其害的人,同样失去了理性的界限。"[2]法律科学"对于立法艺术的意义,恰如解剖学对于医术的意义;区别在于,它的对象是艺术家必须与之一起工作的,而不是他必须在其上操作的。对一门科学(法律科学)缺乏了解而使政治实体遭到的危险,不亚于对另一门科学(解剖学)的无知而使自然躯体遭到的危险"。[3]

这揭示了诉诸功利原则的一个主要意图。边沁的科学内容广泛,但是科学必须适应运用它的历史条件。不过,与此同时,不能允许历史条件成为阻碍实行科学的立法的力量。如果这种情况发

---

〔1〕 在《论功利主义》中,边沁承认,"最大量"一词存在这样一个问题:如果有一个由 4001 人组成的社会,而将幸福的所有手段交给 2001 人,而给 2000 人什么也未留下(受奴役),那么,很明显,虽然说较大量的人拥有最大量的幸福,社会却是悲惨的。边沁认为,如果将对人群(如大英帝国的罗马天主教徒或爱尔兰的新教徒)进行的制度性迫害合理化,这个原则就被误用了。(第 310 页)这样一个结果与他的意图完全相反:"一个原则,规定了最大多数人的最大量幸福,作为政府唯一正当而合理的目标——那这样一个原则如何能被人否定,说成是一个危险的原则呢? 而某个人的最大量幸福,因其实际的目的或目标,对每一个政府来说才是危险的。"《政府片论》,第 272 页,解释性的脚注,收录于汇编第 A 卷。

〔2〕 《时间和地点在立法事务中的影响》,第 180 页,收录于汇编第 B 卷。

〔3〕 杰里米 · 边沁:《道德与立法原理导论》,前言,第 9 页;参见《杰里米 · 边沁著作选》中《政府片论》第 1 版的前言,第 1 卷,第 226 页,收录于汇编第 A 卷。

生,那么偏见就会合法地凌驾于科学之上,或者会主张自己具有科学难以企及的见识。以习惯和传统为一方,科学进步为另一方之间的这种紧张状态,是现代政治辩论的中心问题。保守势力和进步势力之间的对立,以赞成边沁及其功利主义门徒所提倡的进步而得到了解决:由于到目前为止的情况表明,没有任何可以从经验主义的角度证明对人类的自我实现或自我完善加以限制的证据,所以受科学引导的对幸福的追求是正当的。处于弗兰西斯·培根的传统中的边沁认为使人类摆脱等级制度的工作,虽然刚刚起步,但是在未来却大有可为。

而且,边沁不认为社会进步是一件神秘的事情。更好的食物、更好的环境卫生状况、更好的教育、更大程度的机会平等——在边沁看来,这些都是既简单又显然令人向往的条件,正是它们构成了人类幸福的必要条件。他认为,完善社会制度使这些令人向往之物越来越容易得到,这是人类独创性的力量完全可以企及的。边沁政治哲学的力量,取决于他关于幸福的看法,以及他对科学地制定政策以取得幸福所抱的乐观主义态度在多大程度上具有说服力。

而且,在一个边沁主义者看来,物质领域的进步,距离创造能解除精神焦虑的环境还有很长一段距离。如果一个人倾向于认为物质满足和精神满足之间的区别就是如此,一方的满足并不能满足另一方,或者说它们是互相对立的,那么很显然,上面的说法就不应当是那样。但是,由于边沁继承了可以追溯到霍布斯的思维方式,认为找不到任何科学的方法来促进精神的满足,因而使人善良或幸福是绝无可能的。但是,通过理性设计,使物质条件得到改善,却是完全可能的,而如果物质条件得不到改善幸福感则会受到损害。

在边沁看来，人类的幸福不能诉诸美国《独立宣言》或法国《人权和公民权利宣言》中所宣布的客观幸福和自然权利来决定。[1]实现最大多数人的最大幸福的目标并不意味着使人们享受对特定幸福的特权。实际上，下述情况是完全可能的，即这个原则将在实践中形成一些政策，根据这些政策，一些关于幸福的观念将被系统地受到贬低，因此，这个原则本身成为边沁思想中内在紧张关系的根源。由于这个问题的存在，又由于个人的观点各不相同，对某一特定幸福的否定可能似乎既是好事，也是坏事。消灭奴隶制和血汗工厂一般可能被认为是好事（虽然对奴隶拥有者和奸商来说并非如此），强制性校车接送和对用工的某些硬性规定可能被认为一般来说是坏事（虽然对一些家长和他们的孩子，或者对怀疑歧视行为的工人来说并非如此）。宗教自由，对一些人来说，似乎对人的尊严而言十分重要，而对另一些人来说，则似乎是通向道德衰落之路。但是个人可以对这些事作出判断，虽然，设法促进最大多数人的最大幸福的社会政策，并不一定非要任何特定的个人或集团来证明是对的，即使它在原则上是打算争取尽可能多的人的幸福。边沁不认为存在绝对好事或不证自明的真理，因为边沁的本意是要为个人的自我实现辩护。不过，旨在科学地提高总体幸福的社会工程比个人的权利更重要，这也是合理的。

社会义务和个人愿望之间的冲突能否根据边沁的原则得到满意的解决，是审慎的学者需要认真考察的问题。通过打破先前存在的政府对公民生活的积极干预和放任自流这二者的适度平衡，现代自由主义传统的政治思想已经大大改观了。当人们意识到现

---

〔1〕《无政府主义的谬误，对法国大革命时期颁布的人权宣言的考察》（*Anarchical Fallacies being An Examination of The Declarations of Rights issued during The French Revolution*），载《杰里米·边沁著作选》，第2卷，第489～534页。

代自由主义传统以通过政府行为的方式在干预或不干预公民的生活之间保持的平衡为依据来形成其大部分哲学思考,上述问题将显得更加重要。政府管理要有适当范围和界限的问题被赋予了更多的重要性。这类问题已成为核心问题,这个事实正好昭示了边沁思想方法的巨大影响。

这种思考方法的影响可能以承认义务和欲望之间的永恒冲突为依据,那么,人们就决不能放松重新思考和修正关于社会秩序的假设这样一种努力。因为习惯是非理性的偏见的先兆,那么对此的"解毒剂",必须在把功利原则自觉地应用于行为和立法的过程中寻求。如果社会成员能从不加反思的状况中摆脱出来,而且能按照教导,在功利原则的帮助下去对好坏优劣进行计算,那么,绝大多数人完全能够做到自律,这一点显而易见。他们将表明自己有能力改变自己的行为,以适应不断变化的社会状况。最后,我们会同意,普遍原则——从生而平等,并且应被平待对待——是正确的,而且我们会拥护这个观点,即每个人应该只算作一个人,并不能把任何一个人视为有更重要的价值。因此,在很大程度上,人类应该是自由地,而且也将会是自由地根据自己的意愿加入自主的契约关系。

在功利主义中,对于为了社会改革的目的而行使政府权力,并无内在的限制。但在边沁看来,它主要意味着,排除那种武断和过时的限制,让个人在审慎地追求他们利益的过程中充分依赖自己的才能。科学的立法的目的是沿着民主的个人主义的方向解放人。人们期望它最终会引向日后边沁的哲学教子约翰·斯图亚特·密尔,即自然地成长和不断改进的社会。

伴随这种对进步秩序的想象而来的还有一些乐观的信念,诸如政治稳定不是依靠于严厉的限制;人类天性既不是无可救药地难于控制的,也不是反复无常的;没有天生适合会统治他人的特殊阶层。这种观点催生了19世纪的英国刑法改革。例如,适用死刑的犯罪的数量大大减少了。边沁使刑法的重点从惩罚违法行为转移到增加守法的动机。他在现代意识的发展中,起了主导作用,这种现代意识即憎恨以痛苦进行处罚,而且当被迫处以痛苦时,是将这种必要性看作延续社会设计中的不完美性这样一种标志。它首先导致了主要的选举改革,催生了将选举表决权扩展到越来越多的人的模式。

这些想法与19世纪英国的经济自由主义、知识自由、对宗教容忍等思想结合起来了。对贸易的人为阻碍被解除,对自由地批评政府的限制(如煽动罪名)被取消。那些以前就被排除在英国人之外的人(罗马天主教徒、无神论者、犹太人)被允许取得公民的所有特权。边沁构想出了一个合作的个人主义者的社会。任何人都不可能被视作在观点或判断上一贯正确无误,因为个人绝不能知道他关于现实的观念就同现实本身完全对应。关于绝对权威的要求和关于绝对权利的要求都不可能被证明是正当的。"在法治的政府之下,什么是一个好公民的金科玉律?严正地服从,自由地批判。"〔1〕

自霍布斯和洛克时代以来,对政治学的共同理解已将自由和权威的平衡当作中心问题。边沁认为,他的政治科学将使创立两者之间永久共生的关系成为可能。从他政治思想所强调的内容看,边沁似乎既赞同自由,又支持权威。一方面,法律是经过科学设计的主权者的命令,这种命令并不受到自然权利的限制。另一方面,这类命令对于帮助个人找到通向个人幸福的道路,又是无私

〔1〕《政府片论》,第230页,收录于汇编第A卷。

的帮手。在上述两种强调中,都存在立法态度方面的严谨与细致。道德和政治的真理“不与情感共生共存,它们成长于荆棘之中,不会像雏菊那般被跑跑颠颠的幼儿扯去”。[1]

边沁要求超越本能、情感和不曾受到挑战的“常识”。边沁首先不是要取得对流行的政治的、社会的和经济的关系的运作的了如指掌,而是主张先要找到科学研究的方法,这种方法可以用来研究当下的事物。通过这一途径,个人就可以摆脱当前实践的诱惑。相反,个人取得了与社会,并且实际上还与自身的分离。他必须考察所有的事情,而同时留心构成这些事情之基础的那些普遍性的作用机制。只有这样,通过合乎理性的改革的规划,控制我们的命运才是可能的。而这种合乎理性的改革,并非只是在无根据的、出于冲动的永无止境的斗争中,将某人的私利强加于他人之上。

边沁的理论热情,从一开始就是要建立“这样的体系,旨在依靠理性和法律之手建造福乐大厦的制度的基础”。[2] 他的理论创作的统一前提就是功利原则。“功利原则是指这样的原理:它按照看来势必增大或减少利益相关者之幸福的倾向,来造成或非难任何一项行动。我说的是无论什么行为,因而不仅是私人的每项行动,而且是政府的每项措施。”[3]功利原则是由自然认可的,因为“自然人把人类置于两位支配者——快乐与痛苦的主宰之下,只有它们才指示我们应该干什么,决定我们将要干什么”。[4]

注意到主权支配者——快乐与痛苦——不仅决定我们实际上干什么是重要的,它们也向我们指出我们应该干什么。走向科学的第一步,是要充分了解“行动的动机”,但与此同时,个人会感到

---

〔1〕 杰里米·边沁:《道德与立法原理导论》,前言,第9~10页。

〔2〕 杰里米·边沁:《道德与立法原理导论》,第1章,第11页。

〔3〕 杰里米·边沁:《道德与立法原理导论》,第1章,第12页。

〔4〕 杰里米·边沁:《道德与立法原理导论》,第1章,第11页。

奇怪,如果我们做什么和我们应该做什么两者的基础相同的话,它们之间怎么可能会存在差异呢?一种回答是,在一种未经过改革的政治体制中,一种有失偏颇的关于我们应该做什么的定义通过法律和政策被普遍化、一般化了。因此,一些有自私利益的人认为应该做的事情被强加于所有人身上。

换言之,未重新构造的社会是各种相关利益的非理性的、不平等的聚合体。每一种利益对于什么会带来快乐,什么会带来痛苦,都有自己的如意盘算。几乎没有人有意识地致力于使自己之外的最大多数人获得幸福这一目标。多数人都往往从自己关于幸福的观点概括出一般性结论。在自然的主权者支配统治下人类的共同抱负,并未得到充分的重视。

然而,倘若,或者说,只要这一共同抱负得到了充分的重视,那么,对我们的自然天性——我们宇宙的主权者——的相互承认,能导致对我们普遍困境的强烈意识,而且增进最大多数人幸福的计划能够变得更加吸引人。改变仅仅以自我为中心去追求幸福,这种立场的变化是合乎理性的,因为人不能离群索居。在后一种情形下,由于只直接面对自然生活,我们做什么和我们应该做什么间的冲突不会出现。如果幸福的构成在于以和平、安全及平静的心灵生活在群体之中,那么,对于我们将接受什么作为我们应该做的事这个问题,就必然要取得一致了,当然这并非自动地取得一致。但是这很明显地不排除我或任何其他人独自偏好的东西。假如没有给出一致商定的、衡量各种不同偏好的客观标准,那么,找出并支持那些允许秩序井然地追求最大多数的偏好的制度安排就显得十分必要。这样的安排将创造条件,使我意愿做什么和我应当做什么能取得和谐一致。这样,理性将被用来把人性重新带回与其天性的和谐一致。否则,无根据的,非科学的推理将把我们带向不断的冲突和焦虑。每一个用这种方法抵制命令我们自己的努力,“即我们所能做的力图挣脱被支配地位的每项努力,都只会昭示和肯定这一点”。[1]

功利原则简洁、直率地表述了一系列推理,从细节上来看,这些推理复杂且内容详尽。它提供了一种指引每个心灵正确运行的快速通道。它使我们想起“社会是一个拟制的主体,由那些被认为可以说构成其成员的个人组成。那么,共同体的利益又是什么呢?是组成共同体之若干成员的利益总和”。[2]

在边沁看来,只要法律是依据功利原则制定出来的,人们就会自愿地服从,否则人们就会批评这些法律。“如果一个人对任何行动或措施的赞许或非难,是由他认为它增大或减少共同体幸福的倾向来决定并与之相称的,或者换句话说,由它是否符合功利的法规或命令来决定并与相称的,这个人就可以说是功利原理的信徒。”[3]

经过反思,读者可能仍然想知道,就算边沁对功利原则之无法摆脱的威力的有关规定是正确的,个人的何种选择会因为未能与之相符合而受到责难呢?或者,相互冲突的主张或要求都同样地诉诸功利原则的时候,一个人该听取何种主张?我们如何辨别人们是否合理地适用了这一原则呢?

这些问题十分抽象,没有解决方法。在边沁看来,像道德、价值或法律不存在独立的正当或正确的评价尺度。何者为正当或正确,必须经由那些完全有意识地遵守原则的人相互辩论来决定。自觉的、自我反省的深思熟虑,对于产生超越党派偏见的有用规则

---

〔1〕 杰里米·边沁:《道德与立法原理导论》,第1章,第11页。

〔2〕 杰里米·边沁:《道德与立法原理导论》,第1章,第12页。

〔3〕 杰里米·边沁:《道德与立法原理导论》,第1章,第13页。

至关重要。社会中没有什么利益可以自然地被视为全体人利益的最佳代表,没有任何规则能免于被人们重新估价和重新修正。对某些人来说,这类论点似乎以道德相对主义的立场为基础。边沁自问道:“是否各个不同的是非标准照此不会多得如同芸芸众生一般?是否甚至对同一个人来说,今天对的事情明天(性质丝毫未变)不会变成错的?”[1]

通过提出这些问题,边沁想表明,治理道德无政府状况的对策不是专制主义而是合作性的深思熟虑。他认为,有意识地归顺于功利原则,是在根本性问题上取得持续一致的唯一办法。相反,他认为求助于自然权利或自然法实际上是预先假定了实质性要求,而后再力图屈从于这些要点。因为边沁否定了自然权利或自然法的可能性,他就假定在所有求助于自然权利或自然法的背后,都是掩饰得或好或坏的利益。他认为,功利原则将不断地提醒我们,提议总是源于具有明确私心的个人,功利原则同时还鼓励我们,要按照为最大量幸福的原则不偏不倚地评估这些提议。

在这个原则上的一致就意味着共同达成对实质性问题的一致意见。但是,这个原则的运用是悖论性的。它本是打算用来产生合法的实质性,而同时又将质疑了所有实质性的一致意见问题:“正当”这个词如与“功利”分开就毫无意义。[2]

用功利原则去衡量“正当”,就意味着要考虑到个人的利益去衡量“正当”,并记住,必须仁慈地,或考虑到最大多数人的最大幸福,只有这样,才是正确理解的个人利益。我们每个人在界定自身的幸福时必须保持自决权。我们不能使自己屈从于拟制的集体。但是,法律使我们联合在一起。例如,一个人可能会强烈地感受到

---

〔1〕 杰里米·边沁:《道德与立法原理导论》,第1章,第16页。

〔2〕 杰里米·边沁:《道德与立法原理导论》,第1章,第4段,第15~16页。

不守诺言的诱惑,不过,可能最终决定,信守诺言的规则会给社会带来更好的后果。个人可以权衡以下两种幸福,一种是个人在和平与秩序中进行自我约束时所享有的幸福,另一种是在冲突与无序中无限制地追求自我利益所赢得的幸福。在选择前者,也就是选择一种主导社会的规则时,个人其实是在计算,从总体上说,这种选择有助于最大多数人的最大幸福,而个人也将在这种环境中获得更好的境遇。

在得到这个结论时,也许有人会说,实际上,人应该以这样的方式行事,即他愿意别人也以同样的方式行事(信守诺言)。这听起来颇像康德的绝对命令。但是边沁并不是说,我们在这样做时必须要这样一个撇开个人利益的规则。自私自利与关心他人间的矛盾是功利主义的中心问题,并且,这种矛盾与对立,不能通过求助于超验的道德义务本身来得以解决。按照功利主义的观点,如果康德主义的原则要想在实践中有用,它就绝不能排除对效果的考虑。对功利主义者来说,每当在可选择的可能行动方向上出现争议时,必须对后果加以权衡。无论什么时候,只要允许人们相互表达自己的观点,或人们发现自己不得不表明自己的态度时,他们必然会考虑不同的行为取向的可能后果从而对这些行动取向的相对优势展开争辩。[1]

当苏格拉底说自己一直力图真正快乐地而不是貌似快乐地度过一生时,他是表述了一种不同形式的超验道德。(《高尔吉亚》,第527页)关于这一点,柏拉图笔下的苏格拉底的意思是说,他必须不以对世俗的事物序列中,行动将会带来何种后果的这种猜想

---

〔1〕 边沁争辩说,我们应该信守诺言,因为通过信守诺言,我们所获取的利益和避免的不幸,大大超出了强迫人信守诺言所必需的惩罚带来的不幸,而且这“是由证明、观察和经历所决定的一个事实问题”。《政府片论》,第270页;收录于汇编第B卷。

为基础,决定何种行为是正当的。其他人——如克力同,他力劝苏格拉底越狱保命——对苏格拉底的行为后果的通常理解,与苏格拉底所说的适用于哲学生活的义务毫无干系。

而且,以其哲学王的观点,苏格拉底描绘了这样一个统治者——他能通过从自身灵魂的秩序进到神圣的秩序,而将神圣的秩序传达到世俗之城。这样一种灵魂能与理想国——尽管理想国不是建在现实中——和谐一致地生活。(《理想国》,第527页)因此,哲学家能超越令人困惑的暗示和提示的领域,而这一领域恰恰是政治家的天职所在。因此,在苏格拉底看来,追求智慧就是幸福,而且,如果幸福是快乐的一种形式,那这种快乐就树立了一个标准——借此可以评价所有其他号称为快乐的东西。这里,用一种提升灵魂的眼光来看,"正当"就与功利分离开来。

这就与边沁关于内在的社会进步的功利主义观点相反。边沁认为对至善(summum bounm)的追求是"完全的胡闹",是追求某种优越于、不同于快乐的东西,但这种东西根本无处可寻。边沁称柏拉图为"制造胡闹的行家里手",并因此一般地解除了其"古代哲人"的称号。[1]

激起边沁愤怒的是古代极力把关于幸福的一般观念贬低为"庸俗"的。只有当所谓的"至善"被不加批评地接受时,这种贬低才能得以立足。他认为,任何敦促他人反其利益而行事的人,都是这样一种努力,即"当这样行事时在你身上创造一种利益,并使你按它而行事"。[2]

---

〔1〕《道义学》(*Deontology*),见《道义学,及关于行为动机的一览表和论功利主义》(*Deontology together with A Table of the Springs of Action and the Article on utilitarianism*),第134~147页。

〔2〕《行为动机的一览表》(*A Table of the Springs of Action*),见《道义学,及关于行为动机的一览表和论功利主义》,第26页。

边沁对卢梭所谓的“公意”的反对也源于这一点。对边沁来说,“公意”是古代以牺牲个人自我理解的幸福而将“美德”强加于人这样一种企图的现代版本。“迫使他人自由”在边沁看来是一个根本不成立的悖论,它源于社会契约理论但未能给政治权威的运用提供充分的基础。

像大卫·休谟一样,边沁看到,社会契约理论预先假定,人们信守诺言这样一个先验的承诺(诸如同意摆脱自然状态和服从政府统治)。因此,不是契约使诺言得以遵守,而是信守诺言使契约得以可能。社会契约理论表述了对政府统治的一种态度——早在服从的习惯出现以前,对政府统治的这种态度是通过对政府统治的有用性的体验而获得的。边沁坦率地指出,法律,连同它的惩罚性的法令,决不是创造自由,而只能是限制自由。而法律这样限制自由的正当性理由正在于,整体的幸福因此而得以提升。

边沁期待,一旦人们广泛地接受他的观点,就会立即导致两个后果。首先,实质性的同意的数量很少,但是它们都是建立在坚实的基础上的;其次,从他认为已经过时的宗教的、道德的、政治的和经济的理论继承下来的诸多传统的限制将会被推翻。在边沁看来,一个理性的政治秩序应是这样的,即在这种秩序中,什么是应尽义务,什么是个人偏好,两者之间的区分日益精确明朗。人们将会看到,秩序的维持并不需要依靠广泛的法律义务,恰恰相反,它需要依靠这样的信念:义务都能够不通过诉诸特殊利益的方式来获得辩护。公民严格服从法律的回报是,他们在道德领域中自由选择的范围能够无限地扩大。

但是,个人自由的无限制的扩展,如果真的与秩序和进步协调一致的话,那它必须表明,这种自由不会导致赤裸裸的自私自利和相互对抗。我们能够对相互关心抱有合理的确信吗?一个人为什么应该关心别人呢？

正如我们所见到的，功利原则的实行，可以引出更明确的意识，即每个人对幸福的渴望，实际上也是对整体幸福的渴望。这个原则并不要求我们压制对自身快乐与痛苦的体验的真实性。它并不意味着存在某种独立的公益——我们的个人体验与之并不相干，或者说，我们的体验必须毫无疑问地屈从于它，这样的公益并不存在。

边沁宣称，在“所有场合”，一个人都持有“同情或仁慈这纯粹社会性的动机”。而在“大多数场合持有半社会动机，即希望和睦与喜爱名望”。[1] 这些动机的力量，将根据个人的倾向和环境，“主要是根据他的智力强弱、意志坚毅和心理稳定程度、道德敏感性强弱以及他必须与之打交道的人的特征”[2]而有所不同。

每个人对幸福的基本渴望与被正确理解的立法的基本期望是一致的。当没有立法时，这种对幸福的渴望不会消失。而在坏的立法强加于人的地方，这种渴望受到阻挠。立法者并不必然会使用立法的手段使我们有义务去采取有益的行动或避免采取有害的行动。[3]

边沁的理论试图详细说明个人道德和法律义务间的关系，立法的艺术就在于知道什么时候应该立法，什么时候不该立法。

> 一切法律所具有或通常应具有的一般目的，是增长社会幸福的总和……要尽可能排除……每一种趋于减损这幸福的东西……亦即排除损害。

---

〔1〕 杰里米·边沁：《道德与立法原理导论》，第17章，第284页。
〔2〕 杰里米·边沁：《道德与立法原理导论》，第17章，第284~285页。
〔3〕 杰里米·边沁：《道德与立法原理导论》，第17章，第284~285页。

> 然而,所有惩罚都是损害,所有惩罚本身都是恶。根据功利原理,如果它应当被允许,那只是因为它有可能排除某种更大的恶。[1]

鉴于边沁认为,"功利命令无非是更广泛、最开明的(最深思熟虑)的仁慈的命令",[2]似乎可以得出这样的推论,功利命令的最大程度的实现不会是强迫性的。因此,惩罚是最后不得已而采取的办法。立法者应该是很不情愿采取这种办法的。实际上,不情愿去立法很可能是理性地立法的先决条件。但是当需要立法时,立法应是清晰和精确的。惩罚应该是迅速的、确实可靠的,并与违法行为相称,不过,也不应超过必需的限度。[3]"无效率的救济",只会增加而不是减少痛苦,因为它们因未能治愈希望它们去治愈的痛苦,反而增加了痛苦。[4]

既然边沁反对求助于永恒的或不可改变的有关正当的规则,对立法者来说唯一的目标应该是使人民的快乐和安全得到保证。所有的政策和立法必须是可以通过功利原则得到解释的。因此,鉴于这个原则对所有人来说都是可理解的,所有人都有资格批判性地评估所有的立法。那些行使政府某个部门的权力的人,相对于其他普通人——这些人懂得主权者自然的内在特性,并能将经验教训同现行的制度安排结合起来——并无任何特殊的智慧。"自然力量可以独自起作用,而政治官员或公众除非通过自然力量便不能起作用,上帝在这里所说的情况下非如此则不被设想为起

---

[1] 杰里米·边沁:《道德与立法原理导论》,第13章,第158页。

[2] 杰里米·边沁:《道德与立法原理导论》,第10章,第117页。

[3] 杰里米·边沁:《道德与立法原理导论》,第13章,书中随处可见。

[4] 杰里米·边沁:《道德与立法原理导论》,第17章,第288页。

作用。也就是说，上帝也必须通过自然力量起作用。"[1]

边沁然后为立法者提供了一种理性思考的模式：快乐与痛苦的价值直接地与它的强度、持续性、确定性、即时性、丰度、纯度和被影响的实际人数(广度)相关。

> 于是，可以照下面的程序，确切地估量任何影响团体利益的行动的总倾向。首先从其利益看来最直接地受该行动影响的人当中，挑出任何一个来考察、估算……把所有的快乐之值加在一起，同时把所有的痛苦之值加在一起……把表示行动就某人而言多大程度好倾向的所有数值加在一起，同时把表示行动就某人而言具有多大程度坏倾向的所有数值加在一起。然后计算二者的损益差额……这一理论既非无用，亦非标新立异和缺乏证据。它整个说来，无非是一种与明了自身利益的人的实践相符合的理论。[2]

尽管边沁并不坚持认为立法者应该劳心费力地始终遵循上述程序，但他的确认为，我们应该始终把这一模式铭记在心，因为每个人都对某些快乐有胜于其他快乐的偏好。

边沁向我们保证说，随着人们感受到自觉运用功利原则的长期效果时，这种政治秩序，将会获得不断增长的自信。这个所有人共同拥有的标准构成了讨论和辩论的共同基础。为这个原则所影响的社会，可以运用它的政治意志，在不断的自我发展过程中自我保存并与时俱进。

---

〔1〕 杰里米·边沁：《道德与立法原理导论》，第3章，第37页。

〔2〕 杰里米·边沁：《道德与立法原理导论》，第4章。

密尔对边沁思想的发展

詹姆斯·密尔是杰里米·边沁的主要信徒。他领导了将边沁的思想付诸实践的社会运动,同时值得一提的是,他还设计出了一套教育计划,要将爱子约翰·斯图亚特·密尔培养成功利主义理想的活生生代表。密尔确信,激烈的议会改革不诉诸暴力也可以实现。他相信,思想辩论能够表达和激起大众的不满,从而迫使政府发生变化。他发表于1820年的《论政府》一文,目的是为一种经过民主选举的、任何人都能理解的代议制政府,提供简单而又经过严密论证的理论依据。密尔认为,自己能够强化和统一被排除在政治权力之外的所有社会阶层的政治观点。

密尔的文章描述了为超越现行的贵族政治"我们所必须经过的道路"。他诉诸最大多数人的最大幸福原则,目的是把这个原则适用于未来的具体的目标。这些一般性原则是"有缺陷的,因为它们所包含的特殊思想是含含糊糊地公之于众的,如果依靠它们,在不同的头脑中就会形成不同的观念,即便在同一头脑中,在不同的场合下也会形成不同的观念"。[1] 正确的政治改革将克服这些缺陷。

政府的唯一任务就是"最大限度地增进人们相互之间获得的快乐,最大限度地减少人们相互之间造成的痛苦"。(《论政府》第8页,以下引文都出自该书)自然法则决定了人们必须劳动以维持生存。匮乏导致伤害、争执,以及为了确保自身的利益而争夺控制

---

〔1〕 詹姆斯·密尔:《论政府》(*An Essay on Government*),柯瑞恩·希尔兹编,纽约人文出版社1955年版,第47页。所有带有附注的引文均出自该版。

对方的权力。只要没有保证对“不充裕的幸福原料”进行公平分配的政府,政治权力就会被用来保护富人以对抗劳动者。(第48～49页)财富的主要源泉是劳动。如果劳动者不能够保留他们所创造财富的较大部分,他们就没有了工作的积极性,他们就必然会受到强制或遭受奴役。这种状况的后果只能是,多数人被少数人有计划地排除在最大多数人的最大幸福这一原则的适用范围之外。

必须针对这种结果重新设计政府。它必须具有抵御特殊利益所必需的权力。但是,取得这种权力以后,“政府的全部难题在于如何约束那些人——这些人被赋予了保护全体国民防止有人不正当地利用政府所必需的权力”。(第50页)用新的掠夺者代替旧的掠夺者,那将是改革的大不幸。

但是,密尔发现,无论是多数人,还是少数人,甚至一个人治理的传统政府模式,都不管用。多数人治理的政府,即民主制方案,要求召开全体公民大会。这样做恰恰对它所要保护的劳动者居民来说,是不切实际的。即便全体公民大会是可行的,这种公民大会也是以反复无常而臭名昭著。它们不适合处理政府事务。

由少数人治理的政府,即贵族制方案,同样无法奏效。世袭贵族“丧失了劳动的最强烈动机”。他们在理智上很可能是有缺陷的,因为“理智是劳动的产物”。(第53页)贵族是对人民采取掠夺态度的首要人选。君主政体可以遭到同样的反对:少数拥有权力的人总是力图“挫败恰恰是政府为之而存在的目标”。(第54页)

密尔带有修辞色彩地反问道,我们是否只能得出下述令人沮丧的结论,即虽然政府是必需的,但没有任何一种政府形式是值得期待的?难道我们不可以仿效霍布斯,认为统治者的人数越少,他们要求被统治者缴纳的善也就越少?因此,寡头政治或君主政体是更小的恶?也许,甚至一个单一绝对君主也可能是一个合理的解决办法。不幸的是,历史上的暴君和贤主一样多。

以上涉及的仅是部分问题。一个绝对君主必定总是害怕其臣民谋反叛乱,因为他们不是绵羊,而是有思想、有情感的人。绝对统治者决不可能假定人民是十分顺从的。他会殚精竭虑,以使对臣民的控制更加稳固。这种情形之所以会发生,不是因为最高统治者与他人不同,而是因为人类相互关系的逻辑适用于处于相同地位的任何人。

> 权力是达到目的的手段。这个目的就是人类称之为促成快乐和排除痛苦的一切事情,没有任何例外。获得一个人所喜欢的一切的主要手段就是其他人的行动。因此权力就其最恰当的含义而言,是一个人的意愿和其他人的行动之间相吻合的有力保障。我们假定,这是一个不会受到反驳的命题……因此,对其他人行为的支配指挥权这一要求,实际上是无限度的……我们被赋予权力可以支配其行动的人员的数量,以及对每个人有权支配其行动的程度都是无限度的。(第56~57页)

由于权力本身就能成为一种目的,所以并不见得统治集团愈小,专横统治的危险就愈少。而且,虽然统治者可以通过分配能带来快乐的奖赏,努力维持权力,但是更有可能采取恐怖这一"主要手段"以寻求更大的安全保障。(第59页)但这是自掘坟墓,这样做更走极端,涉及面更广。权力倾向于奴役,无限制的政府必定奴役它本应为之服务的臣民。不受制约的欲望就是无限度的欲望,"这种无限制的欲望所导致的行为,是坏政府由以构成的基本的因素"。(第63页)

人们经常提出,并且据说为当时存在的英国政府的结构所证实的一种选择,是由所有三种纯粹政府形式构成的混合政体。这种政体假定国王、贵族和民众是三种独立的意志,三者在追求其自身利益时各自团结起来。根据密尔所阐述的关于人类本性的学说,每一种意志必定极力追求自身利益。两种利益结合起来反对第三者的可能性不能被排除。实际上,密尔认为这种结合是不可避免的。权力从来就未被平等地分配过,根本不存在天然的力量均衡,人民尤其容易高估或者低估每一种利益的力量,容易按照他们的错觉行动。人间事务在不断变化,没有任何东西能够阻止个人的才能和运气的差别显示出来。成功造就了各种利益之间悬殊越来越大的趋势,制约和平衡的原则不过是"梦幻泡影"。(第 65 页)

但是最可信的后果是君主和贵族联合起来对抗民主。这两种利益可能会有不同,但是两者都不想被民主力量击溃。密尔发现,除非采取其他的预防措施,否则人民将不可避免地遭受蹂躏。我们又一次面临这种可能性,即在社会中拥有广泛利益的民众,既不能自治也不能自卫。

补救的办法只能是创立一个代议机构,使这个机构能够在防止代表们腐化这样一种制约下为了人民的利益而进行统治。代议机构必须被赋予履行其职责所必需的权力,它还必须"具有与社会相同的利益"。(第 67 页)

从实践中来说,这就意味着,要保证英国下议院的权力能够对抗与国王权力结合在一起的上议院的权力。这方面的改革,在密尔看来,至少在理论上并不复杂。比较困难的问题是如何在使下议院变成新的捕食者的前提下,提高它的地位。

代表制方案值得我们仔细地加以考虑。首先,代表们必须是他们所代表的社区的成员。他们必须对因管理不当而引起的后果承担责任。效率构成了精简权力的障碍,但是我们可以缩减代表的任职期限,以保证他能够承担自己在位时所作的决定产生的社会后果。世袭或终身任职必须受到抵制,但是再次当选应当允许(应该有对忠诚服务的奖励,而不仅仅是对在职时令人不愉快的行为予以惩罚)。但是代表的选举本身必须是代表社会的。这就意味着,公民选举权必须加以扩大(虽然子女与妇女由于其利益同父亲与丈夫相一致而被排除在外)。年龄至少40岁,具备适度财产资格的成年男子,是"全体居民的天然代表"。密尔认为,这最接近于这样一个机构,它既具代表性,又不太庞大,同时不具有剥削少数人这样一种动机。传统利益阶层,如地主、商人、工厂主,将没有特殊代表,军事人员或法律界人士也没有特殊代表。

这种新的代议制政府方案会革新现有秩序,摧毁君主政体和上议院吗?君主政体和上议院是否保留,作出决定的基础不再是对习惯和传统的尊崇。只有当它们"是好政府的重要而必需的部门时",人们才会把它们保留下来。(第83页)但是,鉴于密尔本人曾描述过互相竞争的利益集团之间的逻辑关系,那么,我们如何能期待对这些制度作出不带偏见的评价呢?我们只有像他所做的那样假定刚改革立法机构将实际上代表整个社会的利益。这样,它为可能的改革而进行的审查就不是根据什么其他标准,而只能是根据全社会的利益来作评判。即便说这些古老的制度能够继续留存下来,它们的整个含义和功能也不得不发生变化。

密尔非常明确地否定了人民对贵族制领导的任何依赖。因此,君主制和贵族制必须按照它们在行政管理上的效用来加以评价。此外,密尔自信他的代议机构不存在任何传统的贵族统治中所包含的"基于制度设计的罪恶"。他没有像麦迪逊在《联邦党人文集》(1788)和托克维尔在《论美国的民主》(1835)中所做的那样,考虑"多数人的专制"问题。一切都取决于他为了限制毫无边际地扩充权力这一自然法而进行的代议(表)制改革能否成功。新的立法权力必须与整体的利益一致,并支持这种利益。

密尔认为,这种政治改革可以受益于先前进行的宗教改革的所有有益影响。不用牧师指导而由个人亲自解释《圣经》这一权力,"已经完全改变了人性的境况,将人提升到可以称之为生存的不同阶段"。(第88页)

如果说在对宗教经典的解释这类非常困难的问题上,事情尚且如此,那么让每个人去理解他自己的局部利益不是容易得多吗? 政治上的美德就是审慎。而"审慎这种特性在那些没有运气上的优势的人身上比那些完全受制于自己的腐败行为的人身上更为普遍……把政府的权力……委托给对良好的政府感兴趣的无能之辈,比委托给对不良政府感兴趣的无能之辈会更好一些"。(第88~89页)

密尔宣称,在贵族阶层和民主阶层中,聪明的人与愚蠢的人比例是大致相同的。因此,愚蠢和智慧成比例存在的状况不会仅仅因为民主制取代了当权的贵族制而有所改变。社会中的中间阶层,即是一个社会中最为审慎的部分,"完全包括"在社会的民主部分之内。那些处于中间阶层之下的人将受到他们的影响。因此,在这一民主力量中存在产生审慎政治领导的天然可能性:

> 毫无疑问,中间阶层——他们为科学、艺术以及立法本身增添了最耀眼的光彩,并且是一切提高和纯洁人性之举的主要根源——是社会中的这样一部分人:如果代议制的基础是如此广泛地延及他们,那么,他们的意见将起决定作用。地位

低于他们的人当中,绝大多数人肯定将受他们的建议和榜样的引导。(第90页)中等阶层提供了正确的个人行为和政治行为的模范,因而将在穷人和富人之间起调和作用。

因此,密尔的论文以雄辩有力的言辞发出了选举改革的呼吁。他承诺,选举改革将使权力落到社会中最有可能把整体利益等同于自身利益的阶层手里。这样一来,对立法政策中边沁式的快乐和痛苦的计算,作出合理的解释才会成为可能。

密尔无条件地加以维护的人类竞争的自然法则,能否通过这种机构的改革而化害为利、化腐朽为神奇,这个问题应该认真加以考虑。密尔认为中间阶层所具备的天然权威,根据他自己论述的逻辑,会不会导致在他们的选民(委托人)看来很专横这种结果,这个问题也必须加以考虑。此外,各利益集团之间承担的责任大小相差悬殊,这一点可能不是导致审慎的立法行为,而是导致每一个利益集团都向政府施加压力以取得优于其对手的地位,并导致各利益集团的妥协。科学立法所必需的智力领导,与个人或社会团体按他们认为合适的方式自己自由发展的要求之间的冲突,在《论政府》一文自信的论点背后隐隐浮现。

阅读书目

1. 杰里米·边沁:《道德与立法原理导论》,L. H. 伯恩斯和 H. L. A. 哈特编辑,伦敦和纽约:梅休因大学平装本,1982年版。(中译本:《道德与立法原理导论》,时殷弘译,商务印书馆2000年版。——译者注)

2. 詹姆斯·密尔等人:《功利主义逻辑学和政治学》(*Utilitarian Logic and Politics*),内含有詹姆斯·密尔的《论政府》(*Essay on*

Government),麦考利的《批判》以及《后续的争论》(*Critique and the Ensuing Debate*),杰克·莱夫利和约翰里斯编,牛津,1978 年版。

3. 杰里米·边沁:《政府片论》,见《杰里米·边沁著作选》,约翰·鲍林编,第Ⅰ卷,第 221 ~ 295 页,再版本,纽约,1962 年版。(中译本:《政府片论》,沈叔平译,商务印书馆 1995 年版。——译者注)

4. 杰里米·边沁:《道义学,及行为动机一览表和论功利主义》,Amnon Goldworth 编,牛津,1983 年版。

乔治·威廉·弗里得里希·黑格尔

(1770—1831)

皮埃尔·哈斯纳

黑格尔最重要的政治著作是《法哲学原理》和《论德国宪制》(1802)、《论英国改革法案》等论文。这里我们仅限于考虑他的政治哲学,尽管他的更具实践性的一些著作也很重要。黑格尔的法哲学,或毋宁说他的国家哲学,与他的整个哲学学说紧密关联,因为他的学说比绝大多数其他思想家的学说更为“系统”。他的体系的轮廓就表明了这一点。黑格尔描述的国家是永恒理性的产物,而系统阐明永恒理性的是他的《逻辑学》和《哲学全书》,国家同时也是世界历史的结果,而历史则是他的《历史哲学讲演录》的研究对象。在黑格尔看来,理性和历史也是不可分割的。理性的展开与世界历史的进程是相对应的,或者说,历史进程在根本上是合乎理性的。因此,黑格尔不想构造理想的国家,而是想以证明现实的国家的合理性来恢复国家的应有地位。[1] 这一目标是针对两种对手而提出的。

道德、宗教或知性的意识试图在内心生活中寻求慰藉,以逃避政治现实的"喧嚣和狂躁"。针对这种态度,黑格尔为政治生活的合理性作了辩护。他认为,只有在国家中并通过国家个人才获得其真正的实在,因为只有在国家中并通过国家他才具有普遍性。只有国家才能有普遍的行为,因为国家制定法律。道德,虽然它也寻求普遍性,但只有体现于制度和风俗中它才能够实现。风俗或伦理是"个体中的国家生活"。[2] 正是由于献身于国家个体才超越了原始的自私性,正是国家的教育活动才使个体受到培养和教育。也正是抱着这样的看法,黑格尔才一再重复一位毕达哥拉斯的信徒回答一个询问教子良方的父亲的话:"使他成为一个有良好法律的国家的公民。"[3]

黑格尔的作品虽然能为上述理解提供一定基础,但是黑格尔恢复国家应有地位的努力,不应被理解为神化国家。不错,在黑格尔看来,国家的确构成了个体的"最终目的",个体从国家中找到其存在、义务和满足的真理,同时国家也构成了神在外在世界中的实现或显现。然而,国家与个体的关系本质上是相互的,国家自身的目的便是使个人获得自由,使人们的物质需求得到满足,在此种意义上国家才是个人的最终目的。而且,个人灵魂的道德和宗教有着独立于国家的无限价值。在国家中,个体超越了自私的、个人的

---

〔1〕 黑格尔:《法哲学》(*Philosophy of Right*),T. M. 诺克斯译,牛津,1942 年版,序言,第 11 页。除另加注明者外,引文均指此译本。

〔2〕 黑格尔:《历史哲学讲演录》(*Lectures on the Philosophy of History*),J. 西伯里译,纽约,1956 年版,绪论,第 52 页。所有引文引自此译本。

〔3〕 《法哲学》,第 153 节。

思想和愿望,超越了黑格尔所谓单纯主观精神的存在。通过国家,个体懂得了将自己的愿望普遍化,亦即将这些愿望变成法律,并根据法律而生活。国家是一个实在而不是一个投影,因为国家是可以经历、可以思想的东西。只有通过国家,个体才能取得他在世界中的地位;只有作为一个公民,他才能知道自己的愿望中什么是合理的。这是客观精神的阶段。但是,"神意",即绝对或理性,既不由国家构成也不由国家所穷尽。国家只是引入了绝对精神使其成为可能。绝对精神是艺术、宗教和哲学的源泉,而这三者在某种意义上是超越国家的。当黑格尔把国家说成是神的时候,他不过是说,国家应该受到尊重,因为归根结底国家因合理性才得以存在,尽管国家有明显的缺点和偶然性,但国家依然具备它应具备的特性。

因此黑格尔必须捍卫现实的国家的合理性,以反对浪漫主义者、空想家和改革家,因为前者厌恶政治,后二者则厌恶现实的国家而热衷于理想的国家。哲学的职能不是教导国家应该如何,而是教导人们如何理解国家。哲学不可能超越自己时代的现实,而只能使自己与现实相一致,承认理性是"现在的十字架中的蔷薇"。[1] 哲学的职能既不是发明也不是批判,而是表达在现实中已然显示出来的积极的真理。

因此,黑格尔试图说明存在于不合理的东西之中的合理的东西。他不仅想发现各种表面现象背后的国家的必然本质,而且他还希望证明国家中表面看来不合理的东西会逐渐地、无意识地发展为合理的东西,看似矛盾的东西最终将导致和谐,特殊的热情和行动的盲目作用最终会迎来普遍正义和充分发达的政治秩序。因此,恶导致善,热情导致理性,矛盾和冲突导致综合与和平。

---

〔1〕《法哲学》,序言,第12页。

正是被理解为和谐而有差别的整体的国家,使这种综合成为可能。黑格尔认为,结合而成的整体没有部分不能存在,同样没有整体部分也不能存在。为了表达整体与部分之间的这种关系,黑格尔借用了有机体,尤其是人体的比喻,因为在他看来,身体的每一器官的真正的实在性只在于它在整个身体中所发挥的特殊功能,黑格尔同时还借用了哥特式教堂之类建筑结构的比喻。这样的结合的自相矛盾之处就在于,它是无意识力量作用的结果。黑格尔的双重任务导致了这一矛盾,而与这一矛盾相对应的则是"理性的狡计"这一观念。国家既表现为最终的结果,又表现为先决条件。它是个人行为和热情作用的结果,但一旦形成,它的产生就表现为纯粹经验的和外在的事实,它的结构就表现为首要的和本原的东西。"国家是个人活动的最终结果,但在结果中它起源于个人的活动这一事实却消失了。"[1]这些个人——不论是追求其特殊利益的大众还是表现英雄行为的伟人——无意识地充当了一个计划的工具,而这个计划超越于他们之上并且常常与他们有意识的目标直接相矛盾,非理性的力量造成了标志永恒理性的庞大建筑,这便是"理性的狡计"[2]的含义,由此证明历史是合乎理性的。这样的理解意味着历史哲学可以导致政治哲学,而政治哲学又可以转变为对最终的、充分发展的国家的说明。

国家源于冲突

国家源于冲突,反过来它又是无数潜在冲突的舞台和根源。

---

〔1〕《精神现象学》(*Phenomenology of Mind*),赫夫迈斯特编,汉堡,1952 年版,第 355 页。

〔2〕《法哲学》,序言,第 6 页;参见第 275 节,第 174 ~ 175 页。《历史哲学》,绪论,第 33 页。

国家的情况是这样,因为人类本身的情况就是这样。不是在离群索居的状态中,而是在为争得"承认"的生死斗争中,人才将自身提高到人性的水平。人是为自身而存在的,他能意识到自身或自身的自由,但他意识到这一点的前提是别人的承认,换句话说,只有他被另一个意识或自由承认为意识或自由的时候,他才能意识到自己或自己的自由。每个人都希望被对方所承认而又不承认对方。每个人要确证自己的自由,从而确证自己的人性,他就必须能为了获得承认而否定自己的自然的存在,为了威望而冒生命危险。为承认而进行的斗争因此将是生死斗争。正是由于这个缘故斗争将导致某种不平等。两个敌手之一会宁要生命而不要威望或自由。出于对暴死的恐惧,他会同意承认对方而不再坚持要求对方承认自己,他将屈服于对方。因此人为承认所进行的斗争必然会导致主人和奴隶的出现。人的实在因而在本质上成了社会的乃至政治的,因为"为承认所进行的斗争和对统治的服从是政治生活的起点,也是国家的开端"。[1]

主人与奴隶的冲突先于国家。与文明状态相反的自然状态在黑格尔的理论中和在霍布斯的理论中具有同样的地位。同霍布斯一样,黑格尔也认为自然状态对以后的政治现实有着影响。在他们二人看来,国家产生于暴力冲突,人们之间最早的关系是斗争的关系,这种关系调动了人的两种基本的感情:虚荣(或渴望承认)和对暴力死亡的恐惧。但在黑格尔看来,主人和奴隶的关系并不以主人的胜利而告终,相反,这种关系所产生的辩证法构成了人类历史的动力。主人迫使奴隶为他劳动。主人无所事事,他的全部生活就是通过战争来寻求承认、威望和荣誉。他不劳动,与物

---

〔1〕《哲学全书》(*Encyclopaedia of Philosoophic Sciences*),汉堡,1959 年版,第 433 节,第 352 页。

没有直接联系。另外,奴隶为主人准备了满足其需求的物,因为奴隶是劳动者,他在劳动中改造了自然和自身。奴隶在生产物的劳动中推迟了物的毁灭(消费),在为满足主人的需要而进行的劳动中推迟了自己需要的满足:“劳动是被压抑的欲望。”[1]奴隶按照抽象的观念,即按照一个要加以实现的计划而劳作。他造就了外在世界,给这个世界打上了一系列自己的烙印,同时他也造就了自身,使自己成了抽象的一般观念、语言和思想的初学者。因此,奴隶的劳动一方面创造了技术世界和社会本身,另一方面也创造了思想、艺术和宗教世界。与霍布斯一样,黑格尔也认为,劳动的态度和对暴力死亡的恐惧,同英雄和贵族的态度相反的奴隶和平民的平凡态度,构成了社会的基础。再者,古典政治哲学因闲暇和劳动反映着理论和实践的对立而认为闲暇比劳动高贵,而黑格尔则把思想和普遍的东西归入劳动一边,并认为闲暇实质上是好战。

但这并不是对奴隶的充分补偿,他仍然没有获得满足,就像主人也没有得到满足一样,因为二者都没有得到他们所希望的承认,即另一个拥有自由意识的人的承认。冲突继续存在,而解决这种冲突是国家的职能。国家必须实行的调节具有两面性:一方面,国家得以建立的基础是相互性,其公民相互承认,它是主人和奴隶未能实现的那种相互承认的根据;另一方面,国家自身内存在劳动和需要以及牺牲和战争两个环节(或要素)。这两方面的矛盾表现为“市民社会”和国家的对立、“布尔乔亚”和“公民”的对立。现代国家的问题将恰恰就是容忍这两个环节并使它们协调一致起来,即实现贵族观点与资产阶级观点的综合,归根结底也就是实现主人

---

[1] 《精神哲学》(*Philosophy of Mind*),赫夫迈斯特编,汉堡,第149页。

和奴隶的综合。

主观自由与客观自由的统一

表现于个人关系、家庭、社会和国家中的所有冲突,最终都追溯到存在于个人意志中的根本对立,一种与个人在国家中的地位利害攸关的冲突。在各种不同层次上,冲突都表现为个体与普遍的对立、特殊意志与普遍意志的对立、私利与公益的对立、布尔乔亚与公民的对立、需要的满足与牺牲的对立、权利与义务的对立、热情与理性的对立、消极的内在本质积极的对立、批判法律的意识与认可法律的意识对立,总之是黑格尔所谓"主观的自由"(个体意识追求的是特殊目标)和"客观的自由"("实质性的普遍意志")之间的对立。在黑格尔看来,只要个人满足于承认普遍的东西为法律,并以国家为目的,那么国家作为"具体的自由"就是上述所有要素的统一。黑格尔说,"特殊与普遍在国家中的统一是一切事物的基础"。[1] 这种"最终的普遍目的与个人利益的统一"表现为这样的事实,即"个人对国家尽多少义务,同时也就享有多少权利"。[2] 这种权利与义务的相互性因而使国家构成了"宁静的整体"。主观自由的权力应在两方面得到承认:承认主体的特殊性有权在需要和福利方面获得满足和承认意识有权拒绝接受他认为不合理的东西。但特殊性也应使自己适应普遍物和集体生活,而且批判的意识不应危及权威、政府和一切有组织的国家的存在。

---

〔1〕《法哲学》,第261节附释。

〔2〕《法哲学》,第161页。

这一条件当然只有现代国家才能满足。至于过去,历史上的例子充分展示了为了实现合理的国家而必须加以克服的威胁。从政治观点来看,希腊世界的不完善及其没落是不能正确理解特殊性原则的结果。"主体的特殊性的权利,他获得满足的权利,换句话说主观自由的权利,是古现代差别的枢纽和核心。"[1]古希腊人自然地、直接地为普遍物或实体而生活,为其祖国而生活。"关于希腊人我们可以肯定地说,在其最基本和真实的自由中,他们没有良知。在他们之中占统治地位的习惯是不假反思地为祖国而生存。"[2]因此,没有任何形式的主观性的地位——没有满足特殊需要和福利(对这些东西的追求只属于奴隶)的权利,没有自由选择职业和决定阶级地位的权利,或没有根据理性批评政治制度及其道德行为的权利。相反,特殊性或主观自由的独立发展在希腊国家中似乎是有害的原则,是对社会秩序的破坏。这一原则在古代国家中的出现是与道德的堕落同时发生的,而且这一原则是古代国家衰落的主要原因。[3] 在罗马帝国,个体性得到了承认,但却是抽象地和外在地被承认的。国家作为一个有机整体遭到瓦解。"所有的个体都被降低到私人的水准。大家一律平等,都具有形式的权利,唯一把他们联系在一起的纽带是抽象的、贪得无厌的任性。"[4]这是因为缺乏将统治者和臣民结合在一起的实际道德生活的制度和组织。

在另一种语境下黑格尔对与缺乏组织相联系的抽象性和任性的另一形式的指责是针对法国的。法国大革命代表着绝对重要的成就,表现了为国家奠定思想和理性基础的决心。它宣告了主观

---

〔1〕《法哲学》,第 84 页。

〔2〕《历史哲学》(*Philosophy of History*),第 253 页。

〔3〕《法哲学》,序言,第 10 页。

〔4〕《法哲学》,第 221～222 页。

意识原则的诞生,以及与此相应的自由、平等、人权及公民权原则的到来。但是,这些本身属于现代国家本质的原则却以抽象的和个人主义的方式被理解,以致没有为组织和政府或任何具体的东西留有余地。这种否定性和破坏性的自由希望消灭所有差别和规定性,这样的自由是绝对的恐怖,“因为任何制度与抽象的、平等的自我意识都是不相容的”。[1] 因为在庞大而发达的国家内实行民主的企图只能导致抽象性,并且“由于始终要有一个政府存在”,[2]革命的自由主义注定永远是其反面。拿破仑懂得将革命原则与有组织的国家权威相结合的必要性,而在拿破仑之后,法国的政治生活仍然被这样一种矛盾支配,在这种国家中,政治生活被抽象的原则支配:始终存在政治家与思想家的对立以及政府同人民的对立。

只要人民未被组织到国家中或由国家组织起来,人民就是特殊意志的集合,并且“不知道它愿望的是什么”。[3] 这样的人民所表达的东西只能是任意的,而且对任何制度或组织都是有害的。

> 由于这种自由的形式主义,由于这种抽象性,任何巩固的组织都无法确立。由政府所作出的各种特殊的部署立即会遭到自由的反对,因为这些部署只是特殊意志的表现因而是任意的。多数的意志推翻了内阁,并由新来的反对派登台组织新政府。而新政府一出现又会遭到多数的反对。由此造成了动荡不已的局面。[4]

---

〔1〕《法哲学》,第228页。
〔2〕《历史哲学》,第450页。
〔3〕《法哲学》,第301节,第196页。
〔4〕《历史哲学》,第452页。

因此,黑格尔否认对个人的自由、权力和法律上的平等的承认会导致民主政治。

> 有人主张,每个个人都应参与一般政治事物的讨论和决定,因为一切人都是国家的成员,国家的事务就是一切人的事务,一切人都有权以自己的知识和意志去影响这些事物。这种主张是想给国家灌输没有任何合理形式的民主因素,虽然只有具备这种合理形式的国家才是一个有机体。[1]

只有在这一有机体中占有一定地位的个人才应参与政治。每个人成为统治阶级成员的可能,法律上平等的可能,都不应该损害社会的差别;公众意见,每个人让当局听取自己呼声的可能性,都不应有损于国家的权威和称职的代表。

因此黑格尔希望"自由和敬重"的综合、热情和道德的综合,以及革命的原则与政治秩序的必要性的综合。从历史的角度看,现代国家应该是城邦(其统一性、公民的相互信任以及他们对整体的忠诚应加以保留)和政治经济的自由社会(其多样性和差别,个人需要的满足,通过个人自由意志的普遍物的实现,应加以保留)的综合。从哲学的角度看,黑格尔希望实现古典的(或实体的和具体的)道德和基督教及康德式(或内在的和抽象的)道德的综合,并实现以理性和美德至上为基础的柏拉图的政治学与以欲望的解放和满足为基础的马基雅维利、培根、霍布斯和洛克的政治学的综合。

上述综合的手段就是历史。历史的主题和目的是逐渐展示自

---

〔1〕《法哲学》,第308节,第200页。

己,或揭示精神在历史进程中所达到的自我意识。精神意识到自身实质上也就是精神的自由,而精神自由的实现就在于精神达到自我意识。

自由在现代国家中实现了,一方面因为现代国家区分和展现了自由的不同环节和方面(客观的自由、主观的自由等);另一方面则因为自由现在已显示为人的本质,所有的人都在国家中,并且知道他们在国家中本质上是自由的。真实而完全的自由本质的发现与一切的人的自由是相一致的。然而,如果历史的目的实现于现代国家中或被现代国家所实现,那么同样,只有当作为现代国家基础的原则在不同方面显示之后,现代国家才能够形成。因此,有必要承认所有的人都是自由的,内在自由或个人的无限价值的原则有必要显现于宗教中,需要及其满足的特殊性有必要显现于道德风尚中。这种显示只有到历史终结才能完成,历史之网是由不完善的原则的渐次显现构成的。其中每一原则都显示了自由的一个新方面,并且每一原则恰恰因其不完善而注定消失。这些特殊原则的发展就是民族精神,它们构成了具体的整体,在其中生动的原则广泛表现于宗教、科学、艺术、事变和命运中。因此,历史是宗教、道德风尚、艺术、经济等的历史,同时也是政治的历史。一个民族的政治制度是其精神的结果,因此预先将一种制度强加于一个民族是危险的。政治的诸形式只能加以历史的阐述,只能联系到与之相关的自由意识来对它们作出判断。

大致说来,世界历史分为三个阶段,这三个阶段不是三种政府形式,而是自由意识的三种程度,划分的根据是一个人、一些人还是所有的人都知道他们自己是自由的。

东方人还不知道,精神——人之所以为人的本质——是

> 自由的；因为他们不知道，所以他们不自由。他们只知道一个人是自由的。唯其如此，这一个人的自由只是任性和野蛮。……这一个人只是一个专制君主，而不是一个自由人。自由的意识首先出现在希腊人中间，所以他们是自由的；但是他们，还有罗马人也是一样，只知道少数人是自由的，而不知道一切人都是自由的。即使柏拉图和亚里士多德也不知道。出于这个缘故，希腊人不仅蓄奴……而且他们自己的自由既局限于狭隘的范围，同时也局限于人的……残酷的奴役状态。只有日耳曼民族通过基督教达到了这样的意识：人之为人是自由的，精神和自由构成了他的真正本性。这种意识首先出现于宗教中，出现于人的最内在的精神领域中；但使这一原则充满世界是一个新任务，完成这一任务需要长期而艰苦的教育工作。[1]

“这一原则在世界事务中的应用”最终决定了政治制度的命运。希腊城邦之所以失败，部分是因为它不知道基督教的这一原则，部分是因为它自己的原则太简单，容不得社会有多样性和充分发展。相比之下，现代国家依据的则是基督新教和在经济及社会方面有差别的社会。只是在基督教中个人有无限价值的原则才得以出现。

但为了使这一基督教原则通过理性的国家而实现于世界中，还需要另一场精神革命——宗教改革。只是在新教中才实现了基督教的自由及其与世界和国家的和解。基督教内在本质的发现导致了一系列对立：良心和世界的对立、彼岸与此岸的对立、虔诚（要

[1] 《历史哲学》，第18页。

求发誓贞洁、清贫和顺从)与世俗道德(允许结婚、劳动和合乎情理的自由)的对立、教士与俗人的对立,以及教会与国家的对立。然而,在路德教中,"和解导致了世俗世界自身能够包含真理的意识"。婚姻、劳动、勤勉和技艺获得了道德价值。最重要的是,盲从被排除了。在新教中没有教士阶级,而只有普遍的教士身份;个人的良心有判断的权利。这一权利最终转变为个人理性的判断权。因此,新教的原则是自由精神的原则:"这是宗教改革的实质内容,人自己决定了自己的自由。"只有通过这样的自由,并且通过将这种主观的自由普遍化,合理的国家才可能形成。但这之所以可能,只是因为宗教的真理从此存于主体中,从而排除了所有外在的权威。教士与俗人的差别不再存在,真理的内容不再被某一等级垄断。"人的内心或人的精神性能够而且应该有真理,并且这样的主观性是一切人的主观性。每个人都必须完成自身内的和解。"[1]这种和解也就是废除两个世界的差别,其结果在某种意义上说既是宗教的完成也是宗教的消亡:新教的意义既在于世俗世界的基督教化,也在于基督教的世俗化。就其原则源于宗教而言,现代国家是基督教和新教的。但是,既然新教的原则只是普遍的理性原则,而且是适用于一切人的,那么表达这一原则的国家就是世俗的。无论如何,若不是宗教改革在新教民族中所教导的自由,这样的国家是不可想象的。尽管有拿破仑的活动,但这一现代原则在拉丁国家中还是未能成功,原因就在于那些国家信奉天主教,对宗教的服从伴随着政治上的奴役。

构成理性国家的另一基本原则(与第一个基本原则相联系)是以个人需要的解放为基础的经济和社会的差别。个人的处境和需

---

〔1〕《法哲学》,第416页。

要的多样化发展,竞争和劳动分工使以单纯统治者的智慧和美德为基础的政治制度不再可能。这些因素使作为现代国家的特征的普遍性法律成为必要的治理手段。理性国家的基础远不是没有阶级或差别的社会;相反,黑格尔相信,阶级和财富的差别不仅是不可避免的,而且对于个人自由的实现和国家的活动都是不可缺少的。在他看来,北美尚没有真正的国家,因为那里缺乏经济和社会的紧张关系。[1]

现代国家以理性的法律为特征,但法律的引入有赖于历史的和社会的条件,缺乏这些条件法律就是脆弱的,甚至是有害的。因此黑格尔在倡导普遍的理性原则的具体运用方面持谨慎态度。必须考虑到人民的生活方式或习惯是否已经成熟(这是宗教之所以重要的原因),而且向合理性的过渡必须慎重从事,以避免发生革命。这种过渡是政府的任务,为了完成这一任务,政府必须要有充分的权威。黑格尔的最后一篇论文讨论的是1830年英国的改革法案(目的是取消衰败的选区,提高英国选举制度的合理性,从而促进民主化),在这篇文章中,黑格尔同意这项法案的基本精神,因为这项法案试图将在欧洲大陆早已取得胜利的普遍原则引入英国,而且黑格尔还猛烈抨击了英国政治和社会的专断统治及其法律,因为他认为英国的法律是未经反思的实践的产物。但是,黑格尔也同样认真地批判了这项法案本身,并在很大程度上同情这项法案的反对者的忧虑。虽然这篇论文并未给出结论,但它给人的印象是,黑格尔出于慎重的考虑决定反对这项法案,尽管他赞成其基本原则。理由是,除了缺乏理性的法律以外,英国的另一大缺点是没有强有力的政府,君主制日趋衰微,贵族统治也已无能为力。

---

〔1〕《法哲学》,绪论,第85页。

在君主的努力和官员们的支持下,能够和平地将理性原则引入普鲁士,而不伴随在法国由抽象精神造成的那种动荡。缺乏政府的强有力的引导和控制,缺乏以能力而不是以金钱、传统或煽动宣传为基础的领导阶级,政治变革就会冒导致无政府状态的危险。在黑格尔看来,普鲁士国家是最接近理性国家的典范,因为它代表着原则的革命要求与组织的传统要求的综合,这要归功于新教和君主的权威。现代国家的建立因而需要三个要素:理性的法律、政府、情操或道德。黑格尔认为,柏拉图的学说以第二个和第三个要素为基础,而忽视了第一个要素;宗教改革者和自由主义者则只承认理性的法律,却忘记了政府和公民精神状态的重要性。法国和英国的例子以各自的方式证明了没有真正的政府的危险,而不可能有理性法律的天主教国家则证明了宗教和道德的政治重要性,在于教化个人,为教育他们以使其服从普遍性的法律,并为把他们训练成一个自由国家的公民,提供了基础。

在某种意义上说,自由的国家不失其为这样一种道德努力的顶峰或基础,这种道德努力教导个人在献身整体中实现自身,以此将特殊性提高到普遍性。这种教育的诸阶段,或具体道德精神的诸环节,是家庭、市民社会和国家。现在我们就来讨论已提到过的双重运动,即这样的过程:国家在其中完成了以特殊性为基础的从属环节和以普遍概念为基础的理性必然性的综合。

家庭、市民社会与国家

家庭和市民社会有别于国家,也就是与国家相对立,这种对立是特殊性和普遍性的对立。但二者与国家又有共同之点,即它们有助于道德教育,以促进个体上升到普遍性。家庭具有实体性的统一:它构成了一个以家庭成员的彼此信任为基础的整体,构成了一个自在的目的,个体从中意识到自己具有实在性。因此家庭是国家的相似物。区别在于:家庭中的统一是自然的、直接的、感性的,而不是思想的或理性的。另一方面,市民社会是独立成员的结合体,其中私人作为需要的全体是第一原则。市民社会因此代表着区分或差别的环节,道德在其中遭到瓦解,而代之以特殊性和自私自利或唯我主义。但同时市民社会中也有思想出现,不过是以抽象的形式,即理智的和形式的普遍性而出现的。虽然市民社会代表了典型的特殊性,但其中也有普遍性以若干形式表现出来。首先,个人之间的相互关系造就了相互依赖的体系,这一体系产生了形式的普遍性,即外在的、非个人所愿望的普遍性:特殊的人是市民社会的第一原则,但特殊的人"在本质上是同另一些特殊的人有联系的,所以每一个特殊的人都是通过他人的中介,同时也无条件地通过普遍性的形式的中介,而肯定自己并得到满足。这一普遍性的形式是市民社会的第二个原则"。[1]

政治经济学是现代的产物和个人需求解放的结果,它恰恰是关于这种相互依赖的科学,由于相互依赖,虽然每个人仍追求其特殊的利益,但却不自觉地服从普遍规律。同时,作为相互关系的结果,个人及其需要和劳动都经历了深刻的改变。市民社会产生了新的需要,但这种新的需要是由人们之间的相互关系创造的,而不是自然的。在日常生活方式(服装样式、进餐时间等)方面,个人有必要使自己适应他人,正是这种必要性将市民社会成员的自然的个体性提高到有教养形式的普遍性。这样的普遍性虽然是无意识

〔1〕《法哲学》,第182节,第122~123页。

地达到的,却已经改变了个体性本身。此外,在市民社会中普遍性也有其直接的、自由的和有意识的存在,其表现形式就是人必须诉诸法律和行政机构。需求及相互承认的体系创造了财产权。财产权的普遍性在权力所保护的范围内得到承认。

权利具有普遍性,也被人们作为普遍的东西来期望和承认;它是唯一有效的平等的基础。“我被理解为普遍的人,即跟一切人同一的人,这是属于教养的问题,属于思维——作为普遍形式的个人意识——的问题。人之所以为人,正因为他是人,而不是因为他是犹太人、天主教徒、基督教徒、德国人、意大利人等。”[1]但这种普遍性仍然具有纯粹抽象权利的特征。实现这种普遍性与整个特殊性领域的统一是行政机构的任务,这一任务就在于确保:“第一……使财产及人身安全不受侵害;第二,将每个人的生活和福利当作……权利来对待并加以实现。”[2]政府的预见,即国家的活动,就在于保护这种存于市民社会之特殊性中的普遍性,其方式就是通过外在的秩序和法规来支持和维护市民社会中众多的目的和利益。黑格尔希望确保工商业的自由与作为整体的国家的预见和指导的必然性之间的平衡。虽然个人的意志和利益是市民社会活动的源泉,并且国家的职能只在于“使个人的意志和利益回复到普遍性……以消除源于利益冲突的动乱的危险,以及通过个人所觉察不到的必然性的作用来缩短利益冲突的周期”,[3]但情况依然是这样的,即个体的组织原则是自由的反面。“个体凭其自私倾向而活动的余地越小(与公共部署相比较),相反地,公共的社会状况就应认为是更完善。”[4]

---

〔1〕《法哲学》,第209节。

〔2〕《法哲学》,第230节,第146页。

〔3〕《法哲学》,第236节。

〔4〕《法哲学》,第242节。

但是，在需要本身的体系中还有一个方面，个体通过这方面直接与普遍物相联，并由此获得一定的现实性。这一方面就是等级或"公会"的划分。如果说家庭是国家的第一个基础，那么"公会"就是第二个基础。有三个等级，它们的划分是辩证的：农业等级，谓之实体的或直接的等级；工业等级，谓之反思的或形式的等级；官吏等级，谓之普遍的等级。农业等级是"安全、巩固、持久满足需要"的等级，而且"只具有普遍性的形式……"它依赖于家庭和良好信仰的直接具体的道德。[1] "普遍等级在它的规定中具有普遍物，以自为地以普遍物作为它的活动的目的。"[2] 官吏本性上倾向国家，并在为国家服务中找到其存在的理由和他们的满足。

因此只有中间等级，即工业等级本质上倾向于特殊性。这可以说明这个等级何以受制约于残酷无情、动荡不安、生存斗争、需要的无限增长、劳动的无限分工以及贫富的矛盾。正是因为这个缘故，这个等级需要国家的干预。另外，由于"这个等级不得不依靠劳动、反思和智力作为其谋生的手段"，[3] 所以正是这个等级给予个体以教养、提高和思考能力。这个等级中的个体因为被觉醒所以开始反思，并以此种方式意识到自由。自由产生于城市中。乡村则由于更保守而更习惯于顺从。首先，即使在这个等级中，特殊性也被引导来以普遍物为其目的：道德精神因此被纳入市民社会中。重建精神是"同业公会"的使命，因为"同业公会"通过以下方式限制了市民社会中的矛盾：确保贫富之间、雇员与雇主之间有共同基础，使能力和态度的差异和竞争与合理的奉献相结合，保护个体使其免受特殊事故的打击，简言之，通过发挥第二家庭的作用

---

〔1〕《法哲学》，第 203 节。
〔2〕《法哲学》，第 250 节。
〔3〕《法哲学》，第 204 节。

来克服市民生活的孤立无援和残酷无情。同业公会将客观的道德引进了市民社会,这主要利用的是职业荣誉感和在公会真正被承认及受尊重的诚实。因此,同业公会的作用是至关重要的,因为在现代社会中诚实和职业荣誉才是真正活生生的美德形式。

由于这种情况下的美德仅仅代表了个人对其偶遇境况的必然性的适应,所以这种美德只能叫作诚实。就主观的道德反思或就美德决定着特殊个体的特征而言,美德本身在以系统化和客观普遍性为基础的现代社会的日常生活中有其地位,且只在非常情况和义务冲突中有其地位。在古代国家,英雄美德有其地位是因为存在杰出个人活动的余地。如今,现代国家既已形成,合理的制度便取代了杰出个人的作为。社会中依然存留的美德只剩下了婚姻的神圣性和职业荣誉。正是在这个意义上说,"除家庭之外,同业公会是构成国家的基于市民社会的第二个伦理根源"。[1] 同业公会在自身之内统一了主观特殊性和客观普遍性这两个环节,而这两个环节以前在市民社会中是分离的。但这种统一的工作只是国家目标的一个特殊方面。因此,市民社会的领域就过渡到国家。

要理解这个运动,须反思伦理——像在家庭和市民社会中所表现的那样——与爱国主义的关系。家庭感情、职业荣誉和诚实在正常情况下取代了政治美德和爱国主义。但是,它们也会导致爱国主义,因为它们所表达的安全感和信任感是以国家为基础的,并且由于逐渐意识到这一事实,那些具有这些感情的人会以国家为他们的目标。在黑格尔给出的政治感情或爱国主义的定义中可以看到这一转变。

---

〔1〕《法哲学》,第255节。

这种政治感情一般说来就是一种信任,是这样一种意识:我的实体性的和特殊的利益包含和保存在把我当作单个的人来对待的他物(这里就是国家)的利益和目的中,因此这个他物对我来说就根本不是他物。我有了这种意识就自由了……爱国主义通常只是指作出非常的牺牲和行动的那种志愿而言。但是本质上它是一种感情,这种感情在通常情况和日常生活关系中,惯于把共同体看作实体性的基础和目的。[1]

为了理解这种公民感情的内容,我们现在必须把国家当作合理的和必然的组织来加以考虑。"公民感情从国家有机体的各个不同的方面取得自己特定的内容……这种有机体就是政治制度。"[2]

这种制度"是合理的,只要国家按照概念的本性在本身中区分和规定自己的活动",即只要"国家的每一种权力自身就是制度的整体"。[3] 各种权力之间必须存在差别,但差别应该是有机的,而不应是机械的。各种权力不应看作是完全独立的,不应看作是相互限制的,也不应看作是相互敌对的;相反,它们应该相互反映,并只由整体的理念所决定。

整体形成了以专门的公职阶层为基础并配有某些代议制的君主立宪制。"国家完成于君主立宪制是现代世界的成果。"世界历史的对象就是君主立宪制形成的历史,它与"普遍精神的内在深化"的历史是一致的。只有君主立宪制符合充分发展的国家理念,即所有环节都获得解放的国家理念;只有君主立宪制符合复杂的

〔1〕《法哲学》,第268节。

〔2〕《法哲学》,第269节。

〔3〕《法哲学》,第272节。

社会,即各种特殊的力量都获得解放的社会。例如,现代国家不能像孟德斯鸠所设想的共和国那样,只建立在美德之上:"在更为复杂的社会状态中,当特殊性的力量得以发展和解放时,国家元首的美德是不够的。如果整体要想具有维持自身的力量,以及具有给予发达的特殊力量以肯定或否定的权利的力量,就需要有另一种形式的合乎理性的法,而不是表现在主观倾向中的法。"[1]一般说来,古典类型学——君主制、贵族制、民主制——只对仍然没有差别的社会来说才是有效的。这些类型又作为环节存在于君主立宪制中:君主是一个人,少数人分享行政权,多数人则一般分享立法权。不过,这里真正的差别不是以数量的不同为基础的,而是以国家概念的逻辑性质为基础的。国家的概念区分为:

(a)规定和确立普遍物的权力——立法权。

(b)使各个特殊的领域和个别事件从属于普遍物的权力——行政权。

(c)主观性的权力作为具有最终决定权的意志——王权。在王权中,不同的权力统一于一个人之中,这种统一既是整体——君主立宪制——的顶点,也是其基础。[2]

必须有一个最高决策点,国家的主权和统一应该通过一个最终作出决定的意志来表达。作为意志的国家的主权就是人格,它应该体现于一个人中,即体现在君主身上。既然君主"作为这样一个从自己一切内容中抽象出来的个人",[3]那么君主的任命方式就

---

〔1〕《法哲学》,第273节。
〔2〕《法哲学》,第176页。
〔3〕《法哲学》,第280节。

应该是直接自然的:通过出生。只是通过世袭原则,象征国家统一和连续性的君主的人格,才摆脱了必然支配一个由选举产生的统治权的利益冲突和意见纷争。但君主的活动本身具有象征性的和任意的特征,当然要由他来宣布战争、签署法律、任命顾问并解决他们之间的分歧。但在每一种情况下,他的职责都是批准决定,而不是实际的统治任务,而且通常后者几乎必然决定前者。正是在这个意义上说,“由于国家牢固确立的法律和良好的组织,留待君主单独决定的事情应该认为很少与实质性的事情有关。一个高尚的君主降临一个民族应被视为一大幸事。然而,这一事实的重要意义却并没有那么大,因为国家的力量在于它的理性”。[1]

那么,谁代表这种理性并因而行使实质性的权力呢?是政府,以及一般说来普遍的官吏等级,因为“政府依赖于官吏阶层”。[2]正是政府提出并实施君主的决定。政府确认哪怕是追求特殊目的中的普遍利益。“在公职人员的活动和教养中”可以“找到法律和政府的决定触及个体并实际发生效力的点”。[3] 在公职人员自身的状况中,国家的职能即特殊性与普遍性的综合得以最好地实现,因为只有在他们恪尽职守为国服务的过程中,他们才获得其特殊需要的满足。国家公职人员代表这样一类人,他们体现着国家制度的精神,并充当整个共同体的典范。共同体的每个成员都有权成为公职人员。普遍的等级向所有公民开放,这是理性国家民主的方面。这种开放以他们能够通过对他们的态度、智力和道德的隶属为条件。

这种考察涉及直接与行政才能有关的科学,也涉及智力训练

〔1〕《历史哲学》,第456页。

〔2〕《历史哲学》,第456页。

〔3〕《法哲学》,第295节。

和道德教养,以便“使公平、正直、温和、儒雅的品行成为一种习惯”。[1] 或许正是在这样的考察中可以发现黑格尔的国家的一个最重要的因素,即这个国家是以官僚制为其特征的,它不同于古代以高尚为基础的贵族政治,不同于以金钱为基础的寡头政治,也不同于以人数、舆论和特殊利益为基础的现代民主政治。在《论英国改革法案》这篇文章中,黑格尔哀叹该法案及英国现行法律中缺乏“在德国甚至根据有出身和财产资格的人而制定的、为参与政府及国家事务所必需的那些条件:理论研究、科学的素养、实践的锻炼和经验”。[2] 在英国,一个人只需有一定的财产便可进入议会——握有实权的机构。结果,统治者成了一群乌合之众,而不是有才干并献身国家的人的集体。“应该进行统治的是那些有知有识的优秀者,而不是那些无知和浅薄的人。”[3]文职人员的政府是贵族政治的现代形式。“官僚制”一词最初出现于18世纪后半叶,即现代国家形成之初,而且一开始就是贬义的,而这个词在黑格尔的思想中恢复了名誉。他从这个词中看到了系统化、合理化的最好的政府形式(符合现代精神和国家概念的必然性)。不过,黑格尔同时也十分谨慎地避免隐含在“官僚制”一词的贬义中的非难:它是官吏们的暴政,他们团结一致,形成了一个特权阶层,构成了一个国中之国。等级制度不仅构成了反对独断专行的内部控制手段,而且更重要的是,在上的主权和在下的同业公会的权利使官吏不可能采取贵族政治式的独往独来的立场,并避免了教养和才干成为专断和奴役的手段。

立法权不仅实现了王权、行政权这两个我们刚说过的环节,而

---

〔1〕《法哲学》,第296节,第193页。

〔2〕《论英国改革法案》(*On the English Reform Bill*),载《黑格尔著作全集》,G. 拉森编,莱比锡1921年版,第7卷,第304页。

〔3〕《历史哲学》,第456页。

且还实现了“等级议会”这一要素。后者的作用恰恰并不是立法。等级议员团并不作出任何实质性或决定性的决议。他们表达个体的主观自由,表达公众的舆论和利益,是市民社会的代言人,当然这是就这些方面与政府相隔绝而言。实质上,议会充当了君王、政府和人民之间的媒介。由于这种中介作用,王权似乎就不是孤立的,或因而不是专断统治;共同体、同业公会和个人的特殊利益彼此也就不是孤立的。这一切都是为了避免人民——无差别的大众——直接参政但同时使人民和国家保持某种联系。因此不存在直接的个人选举权,因为这会承认孤立、抽象的个人的存在和作用,并且会赋予数量的影响以权威性。个人应该表现为具体的实在,即做一个具有某些特点和利益,因而在社会有机体中占有一席之地的人。参加投票选举的是各个等级,政治意义上的等级(等级议员团)以社会意义上的等级(阶级)为基础;经济和政治集团,即拥有特殊利益的集团,必须像这样被代表。但是,这里也必须有中介机构;在各等级中,必须有一部分实质上在各等级之间起居间调节作用。

这便是实体性等级,即土地占有者阶级所起的作用。他们之所以受欢迎,是因为他们在与国家和不稳定的经济生活的关系中保持着自己的稳定性和相当大的独立性。土地所有者自身直接在议会中占有席位,而

构成等级要素的另一部分是市民社会的不稳定的一面,这一部分只能通过议员来发表政见,从表面看来似乎是由于它的成员众多,而实质上是它的使命和职业性质造成的。由于这些议员是由市民社会派生出来的,所以就直接得出这样一个结论:市民社会在派了议员时是从它的本来面目出现的,

> 也就是说,它不是一群原子式地分散的单个人,不仅仅是为了完成或单一的和临时的活动凑在一起来的,而事后没有任何进一步联系的人们,相反地,它是一个分为许多有组织的协会,自治团体、同业工会的整体,这些团体因此才获得政治的联系。[1]

因此,工业等级通过同业公会的中介作用而被代表。代表们介入他们所代表的利益领域,并且具备一定的能力条件,而要求于第一等级成员的则是财产条件。这两个等级分别占有两个不同的议会的席位。第一个议会(上议院)的作用是调解第二个议会(下议院)与政府的关系。因此,一系列中介团体和机构的作用摆脱了抽象民主的幽灵,实现了自由与组织相结合的国家。

它们在何种程度上是成功的?或更概括地说,现代抽象原则下政府组织的调和,即黑格尔的理性国家的合题,其结果如何?可以说,我们以上所讨论的制度保证了自由、平等、博爱(或人的普遍性)的自由发挥,但却严格限制在国家组织所要求的范围内。因此有选择职业的自由,有选择等级的自由(不同于柏拉图《理想国》中的制度,在那里等级是由政府决定的;也不同于印度的种姓制度,在那里等级是由出生决定的),而且自由还在于这一事实,即国家在正常情况下所提出的唯一要求就是税收。总的看来,自由意志应该是一个中介,只有通过这一中介国家才能取得它所需要的东西。至于公众舆论、新闻自由、一般的言论和写作自由,这方面的情况是含混不清的。“个人所享有的形式的主观自由在于,对普遍事物具有他特有的判断,意见和建议,并予以表达。这种自由集合

---

[1] 《法哲学》,第308节,第200页。

地表现为我们所称的公共舆论。"[1]它包含外在的正义原则而又伴随偏见,包含深刻的现实倾向而又掺杂主观、偶然的特殊意见。其中真理和无穷的谬见密切结合,以致不可能通过舆论本身来辨别其中严肃的或普遍的要素。[2] 因此,舆论应该有机会表现自己,但永远不应作最终的判断,因为它只是以一般的和混乱的方式,而不是以精确的和有意识的方式表明自己有真理。"所以,(在科学和生活中)独立于舆论是做任何伟大或合理的事情的首要形式条件。而伟大的成就保证日后将为公众舆论所承认和欣然接受,并且在适当的时候将会成为公众舆论的又一成见。"[3]

大众传播(尤其是出版)的自由,"表达己见的迫切冲动的满足",应予以承认,但必须加以限制,因为它具有歧义性。它既是批判意识的无限自由原则的表现,同时也是主观意见的任意性的表现,后者最终会诱发混乱和犯罪。把出版自由界定为随心所欲地表达和写作的自由,这是"无知的野蛮和肤浅的表现"。[4] 但是,有争议的内容和形式的不确定性(意见终于何处,越轨始于何处?)使限制出版的法律总是含混不清,所以这方面的裁决也总是带有主观色彩。这种压制的主观性和偶然性本性上是不可避免的,但也仍然是不可缺少的。此外,黑格尔认为只要国家足够强大,因而能够容忍不负责任的观点的表述,就应该对言论保持宽容,因为它们已经受到蔑视了。但是,即使在这方面也要由"有知有识的人"充当判官,以决定在什么情况下公众舆论——如表达于议会中的舆论——应该或不应该被采纳,以及表达的自由,如表现于出版和言论中的自由,应该予以鼓励还是予以压制。

---

〔1〕《法哲学》,第316节,第204页。

〔2〕《法哲学》,第317节,第205页。

〔3〕《法哲学》,第318节。

〔4〕《法哲学》,第319节。

同样,平等也得到了承认,但只是作为人们在法律面前的抽象平等被承认的。平等在政治上和社会上表现为人人有成为普遍等级或统治阶级成员的可能性。但平等必须让位于差异和联系的优先性。没有社会的平等,财产平等是由抽象精神产生的一个空想。以现代经济为基础的社会比以往任何时代都倾向于鼓励不平等,合理的国家以大的分化为前提。从政治观点来看,人数的力量要认真加以避免。开明、进步、有知识的少数的观点应该胜过群众的观点,因为后者不知道自己需要什么。最后,人格普遍性得到了承认,但前提是不导致政治上的世界主义。就像个人的平等并不意味着同质性的国家一样,人性的普遍性也不意味着国家的普遍性,国家始终保持自己特殊主权的完整性,并以其个体性排斥其他主权国家。从经济观点来看,的确产生了一种世界社会,但这并不抹杀国家实质上的个体性。一般说来,黑格尔的合题将我们带回到了这一合题的出发点:社会与国家的对立。合题大体上是自由和民主化社会,但这更多的是从经济的和社会的而不是从政治的观点来看的。要作出事关国家的政治决策,就有必要使自己适应国家组织。

但是,在对内和对外政策的关系中,归根结底在和平与战争的关系中国家与社会的关系问题、特殊利益和普遍利益的关系问题的深度和广度。从国家的观点来看,战争与和平之间存有统一性。国家通过对立而肯定自身。国家对内的主权伴有对外主权;就国家首先由其独立性和个体性构成而言,它必然包括否定的和排他的方面,这使它与其他自主的个体性对立起来。所以,若不因此肯定其外部的独立性,国家就不能正当地肯定其对内的权威。存在一个不仅是必然的而且是条件性的关系:一国人民越是在内部统一在国家的权威之下,他们就越能使自己的独立获得外部的尊重。

"……人民由于不愿忍受或害怕对内主权,结果被另一国征服,他们越是不能首先对内把国家权力组织起来,他们争取独立的事业就越难有获得成功和光荣的希望。"反过来说,"成功的战争可以防止内部动荡并巩固国家的对内权威"。[1]

只有巨大的危险或伟大的涉外事业才使国家有可能通过压制特殊利益和分歧而取得神圣的统一。因此,显然在战争中并通过战争,国家才能最好地展示自身,并最好地履行它的职能。正常时期的特点则是特殊领域的自由活动,每个人都为其家庭或职业而奔忙,整体只是直接通过税收的形式表现出来,这是国家对个体提出的唯一要求。这个时期占主导地位的是社会、特殊性和多样性。另外,危机,尤其是战争,使特殊领域联合起来而形成国家的统一;在危机中可以看到国家及爱国主义的真正本性,因为这时可以要求并能够获得个体的一切牺牲,而个体所牺牲掉的恰恰是他在和平时期的存在的本质:家庭、财产、意见、生活。战争证明了国家对于市民社会和个人的至上性,为了维护独立,国家有权要求市民社会和个人作出最大牺牲,因此,战争驳斥了霍布斯、洛克所提出的有关国家的自由契约论或政治经济学。"对要求这种牺牲的完全歪曲的解释源于把国家看作单纯的市民社会,以及把国家的目的视为只是个人生命和财产的安全。恰恰相反,这种安全不可能通过牺牲应该保证安全的东西而达到。"[2]再者,"在和平时期,市民生活不断扩展,一切领域都闭关自守,久而久之,人们腐化堕落了,他们的各种特性也越来越固定和僵化了"。[3]

因此,尽管战争威胁了财产和生命的安全,但它是一种健康的

---

[1] 《法哲学》,第 324 节,第 209 页。

[2] 《法哲学》,第 324 节,第 209 页。

[3] 《法哲学》,附释,第 295 页。

不安全,与生命和运动相联系。不安全和死亡是必然而自然的,但在国家中它们因被自由选择而具有了道德的意义。道德是自愿的事情。根本的否定性构成了道德存在的本质要素。

> 战争是认真对待尘世财产和事物的虚无性的一种状态……战争有着更崇高的意义,通过战争的力量……"各民族的(道德的)健康由于它们对有限制度或风俗的漠视而得以保存,这好比风的吹动防止湖水腐臭一样;长久的平静会使湖水腐臭,同样,持久的和平——更不用说'永久的和平'——会导致民族的堕落。"[1]

在批判康德以国家间的联合来保证永久和平的理想时,黑格尔评论道,"即使许多国家联合成为一个大家庭,这个家庭作为个体也必然会产生对立物或敌人",[2]所以说,真正的政治是对外的政治,而对外政治的指导思想是战争的可能性。

结果是,国际法是极端不可靠的,它在事实上甚至在法律上都无力控制战争发生的可能和现实。"国际法是独立国家之间关系的结果,其内容具有'应该如此'的形式,因为它的实现依赖于不同国家的意志。"[3]当然,国家同个人一样,只有在相互承认的前提下才能存在,这便产生了缔结应受尊重的条约或契约的可能性。"但由于一个国家的主权是它与别国关系的原则,所以在相互关系中国家是处于自然状态中的。它们的权利不是实现于具有凌驾于它们之上的法治力量的普遍意志中,而是实现于它们各自的特殊意

〔1〕《法哲学》,第210页。
〔2〕《法哲学》,附释,第295页。
〔3〕《法哲学》,第330节。

志中。"〔1〕当这些特殊意志不能找到达致共识的基础时,它们之间的冲突就只能通过战争来解决。国际法不能通过解决冲突而防止战争,因为没有强加于各国之上的普遍的权威。康德式的国际联盟预设了各个国家对国际法的遵守和服从。而这种遵守和服从总是偶然的。国际法也不能根据对条约的违反来区分正义和非正义战争,因为对每个国家来说,它的特殊利益就是它的最高法则,以这种利益的名义,它可以对它所参与的一切协定提出疑问,只要这些协定不再符合它的利益。道德与政治的冲突,不是通过普遍正义的抽象要求,而是通过国家的具体存在来解决的。但是,就国家的利益是最高的法则而言,战争依然是这一法则必然借以表现的最高途径。

然而,这种基于众多独立国家的解释,同以人的否定性为战争所作的辩护一样,没有穷尽黑格尔的战争理论"……真正的战争需要另一种辩护……"〔2〕这种辩护根据的是战争的历史作用。在历史中,战争和革命是世界精神的工具,体现着绝对理念的民族的崛起,体现着世界精神的那种原则的传播,都是通过战争而实现的。但是,黑格尔用战争的历史作用为战争所作的辩护提出了一个难题,如果战争的意义首先在于促进文明的发展和传播,那么,一旦这种发展和传播最终实现了,情况会怎样呢?难道历史的终结不是由战争和暴力革命的消亡所决定的吗?在黑格尔的战争必要论与历史终结论之间,即便不说存在对立,似乎也存在一种紧张关系。

二者对于理性国家的建立似乎都是不可缺少的。没有战争,国家就会屈从于社会,普遍物就会屈从于特殊物,黑格尔试图在

〔1〕《法哲学》,第333节,第213页。

〔2〕《法哲学》,第324节。

现代基础上重建的、源于古代的整体道德和政治生活——勇敢、爱国、公民精神——就会衰落。贫富对立及国家的多样性似乎会不断地导致危机和战争。但这样一来事情会不会有新的变化？首先,在一个诸多对立继续占统治地位的世界中,以解决所有矛盾为标志的历史的终结还会有意义吗？另外,若没有历史的终结或全面和解,整个黑格尔理性国家的构造便会失去其关键特点。我们已经看到,政治哲学与历史哲学能符合一致,因为历史中最后的国家实现了最好的政治制度。黑格尔对历史的发展和理性国家的发展所作的描述都包含着这样的意思,即最后的国家代表了一个综合,它使人类的一切可能的方面都得到了和解,而且没有为将会导致世界历史进一步发展的不完善和不满足留有任何余地。

黑格尔论述历史的终结这一问题的原文是非常不明确的。一方面,太阳下落了,精神的漫长白昼就要结束了;人类到了老年,也是其繁荣鼎盛时期,历史完成了,因为精神认识并找到了自身;形式与内容相符合的自由实现了。[1] 另一方面,黑格尔又谈到了历史在未来仍须加以解决的问题,他把美洲说成是“未来的大陆在那里,世界历史的负担或许会表现为北、南美洲的对抗”;[2] 他从俄国看到了“一种原始的完整性”,它“可能在自身中孕育着因其内在本性而发展的巨大可能性”。[3] 这些都是有关历史终结问题的明显的矛盾,只有找到解决这些矛盾的途径,才能确定历史终结和战争问题的关系。

黑格尔另外的一些论述似乎提示了可能的解决途径,因为他

---

〔1〕《历史哲学》,绪论,第78、109页。

〔2〕《历史哲学》,第86页。

〔3〕《黑格尔书信集》,赫夫迈斯特编,汉堡,1952年版,第2卷,第298页。

在那里区分了历史的原则和原则的实现,即区分了原则的胜利和原则在现实中的胜利。具体的自由确实是最终的原则,宗教改革确实是这一原则的最终工具,欧洲是始于亚洲的世界历史完成的领域。关于宗教改革,黑格尔写道:"这里展示了崭新的旗帜,各民族终将聚集其下的最后的旗帜,即自由精神的旗帜……这就是我们现在所拥有的旗帜。自从那时到我们现在,时间所进行的唯一的工作,便是要使这个原则贯穿整个世界……"[1]但把这一原则引入世界的工作尚未完成,尽管这个原则已经实现,尽管当前世界在不再需要外在的东西的意义上已是完成了的世界。革命从此以后将内在地发生。

> 基督教世界是完成了的世界。原则已经实现,行程已达终点。在基督教中,理念再也找不到不满意的东西……因此基督教世界没有绝对外在于它的东西,如果有外在于它的东西,那也只是就相对意义而言的。外在的东西在其自身中已被克服,唯一需要的就是要证明它已被克服。[2]

所以,历史的完成是就最终的原则已经出现而言的。这里所说的世界实际上是欧洲或西方国家,就像从原则上讲它是基督教和新教国家一样。但正如还有天主教或非基督教国家一样,西欧的这种精神上的胜利还有待于转变为政治现实。我们已经知道,就宗教改革代表了世界的基督教化而言,它也代表了基督教的世俗化。在某种意义上说,基督教原则的普及化也就是在实现这一原则的过程中取消这一原则。这一点在政治上的表现就是:真正

---

〔1〕《历史哲学》,第416页。
〔2〕《历史哲学》,第342页。

的国家应该建立在新教的基础上,但在这样的国家中的公民身份应该向天主教徒、犹太人和其他人开放。基督新教是理性国家的基础,却又不是它的基础。同样,世界的欧化或西化也将意味着西欧至上性的丧失,或至少其作为普遍精神的独有领地的地位的丧失。所以,黑格尔能够设想,在一个最终欧洲化的世界上,诸如美国那样的非欧洲国家或俄国那样的非西方国家,就它们将变成欧洲化的国家而言,它们的崛起将占据世界历史的舞台,虽然它们并不代表一个独创的原则或引进一个新的步骤。

现在我们可以再回到战争问题上来。黑格尔似乎作了一个根本的区别,即已经达到文明的最终阶段的民族和其他民族的区别。所以,他把文明的战争看作合法的、不可避免和不可缺少的。这意味着文明的民族要征服那些尚未达到同样发展水平的民族。根据这一原则,"亚洲各帝国的必然命运就是屈服于欧洲人,中国有朝一日也将认可这一命运"。[1] 同时,充分发达的国家彼此都承认对方是合法的。它们构成一个国家联盟,或至少一个大家庭,在其中亲属般的关系或生活方式的一致性有可能使它们在战争期间维护一种法律上的约束力,以限制战争并使其人道化。更进一步,这种限制和转变将随着欧洲国家内部战争的消灭而告终。在其《美学》中,当谈到史诗的未来时,黑格尔说:

> 如果想知道未来的史诗与过去的史诗有什么不同,只需想象生动而普遍的美洲理性主义对疆界化和特殊化这一无限过程中的禁锢的胜利。在今天的欧洲,每个民族都被所有其他民族所限制,不可能单独承担任何针对欧洲民族的战争。

---

〔1〕《历史哲学》,第142页。

一个人要想逃避欧洲，去向只能是美洲。[1]

但是，如果欧洲是美洲的未来，如果美洲也必然认识到发达国家的合理的组织，那么，美洲也会超越年轻的时代、"不成熟的诗"的时代、英雄主义和战争的时代，即史诗的时代，也会达到"普遍的原则、义务和法律的形式，甚至没有个人生动的主观特殊性这些东西也都自在地是有效的"。美洲将从"人物的自由的个体性"在其中"没有任何限制的"史诗，过渡到"有秩序的国内公民生活的单纯理性的散文"。简言之，最终的美洲国家应该符合"一个适合于散文的现实"。[2] 其中抽象的原则取代了个人的发现，火器取代了英雄，小说取代了史诗。黑格尔时代的欧洲就是这样一个社会的样板。像史诗、战争之类的东西，原则上都属于过去。

因此，这便是黑格尔给出的答案：就理性国家有别于市民社会而言，战争对于理性国家是不可缺少的。但恰恰是充分发达的国家的实现导致战争的消灭。战争既为发达国家不可缺少，又与发达国家相反，它之所以继续存在，只因还存在尚不发达的国家。发达国家，也就是像西欧那样的国家，它们相互之间不再发生战争，它们之所以还能确保其自身统一及其公民的政治美德，这要感谢它们与外界的关系，即与它们不承认其为国家的那些民族的关系，也就是与那些尚未合理地组织起来、历史地代表着过去的那些民族的关系。

这样一个答案显然提出了许多问题，黑格尔没有或至少没有明确地回答这些问题。首先，这个答案本质上不是暂时的吗？在那些尚未转变为现代国家的民族中是否存在某种"不可开化的残

〔1〕《美学》(Aesthetics)，载《黑格尔全集》，H. 格格克纳编，斯图加特，1927～1941年版，第3卷，第354～355页。

〔2〕《美学》，第341页。

余”,从而使这些民族成为理性国家所需要的、天意注定的永久对立面？世界的西化,理性原则的实现,会不会类似于黑格尔批判的、由康德所主张的那种无限的进步过程？相反,如果这个过程必须有其终结,如果世界像欧洲一样必定形成“一个散文式的有组织的社会”,那么是否还会找到一种对立面,假如这种对立面为社会的自身统一所必需,就像黑格尔坚持认为是由康德所设想的那种社会的情况？是否仅仅因为国家的众多性和单一统治权威的缺乏,战争就还会爆发？抑或这种情况预示着一个世界国家的诞生？再或者,确切的情况是,在众多的国家中,由于它们的生活方式、精神面貌的相同性以及它们的原则的一致性,战争将失去其通常的、合法的意义,但由于各国关系中的偶发事件,战争将仍然总是可能的？在这种情况下,战争会不会是原则的对立物,也就是说,战争不再代表历史的进步,不再有真正的战争所需要的这“另一种辩护”,它在极端情况下只因意外事件而产生,而在任何情况下则是历史必然性未实现的一种偶然性的结果,亦即一种与发动战争的国家的普遍构成原则相反的战争,而且是失去了过去为其所独具的那种政治及道教育职能的战争？即使战争的可能性继续存在,市民社会就不会越来越趋于胜过国家吗？简言之,黑格尔归咎于和平的市民社会的那种“人的堕落”,就不会继续下去直至完结吗？黑格尔拒绝回答,他拒绝预言。历史只与过去有关,至于哲学,“密涅瓦的猫头鹰只在黄昏起飞”。[1]

或许能这样说,黑格尔试图统一古代与现代、异教的主人和基督教的奴隶、古代的武士与现代的劳动者、以公民献身精神为基础的城邦和以私人利益的满足为基础的社会,但他努力的结果与其

---

〔1〕《法哲学》,序言。

说实现了这种统一，不如说留下了两极之间的一种紧张关系或一种不稳定的平衡。或许可以进一步说，所达到的这种平衡归根结底是倾向于一个方向的。把现代的革命和激情的解放视为既成事实，黑格尔想以此为基础来恢复现代社会正在危及的那种政治组织和人类美德。但如果他的"官吏国家"真的构成了最合理的符合现代国家本质的方案，或最为可行的方案，那么或许这样说也是真的：在这个方案以及在其历史哲学中，黑格尔努力追求的那种古代与现代的调和，实质上是以牺牲现代性为其主要特征的。

阅读书目

1. 黑格尔：《法哲学》，T. M. 诺克思译，牛津，1942 年版。序言；第 3 编。（中译本：《法哲学原理》，范扬、张企泰译，商务印书馆 1961 年版。——译者注）

2. 黑格尔：《历史哲学》，J. 西伯里译，纽约，1956 年版。绪论；第 2 编："希腊世界"；第 3 编，第 2 章："基督教"；第 4 编，第 3 部分，第 1 章："宗教改革"；第 3 章："启蒙与革命"。（中译本：《历史哲学》，王造时译，商务印书馆 1963 年版。——译者注）

3. 黑格尔：《精神现象学》，第 4 章 A："主人与奴隶"。[中译本：《精神现象学》（上、下卷），贺麟、王玖兴译，商务印书馆 1979 年版。——译者注]

4. 黑格尔：《法哲学》。

5. 黑格尔：《历史哲学》。

6. 黑格尔：《论英国改革法案》和《论德国宪制》，载 C. J. 弗里德里希编：《黑格尔哲学》，纽约现代文库出版社 1953 年版。（中译本收录于《黑格尔政治著作选》，薛华译，中国法制出版社 2008 年版。——译者注）

亚里克西·德·托克维尔

(1805—1859)

马温·策特鲍姆

1835 年发表的《论美国的民主》(以下简称《民主》)的第一部分奠定了托克维尔作为民主问题的首要分析者之一的地位。托克维尔是对民主的原则——平等——作为第一原因形塑或影响社会生活各方面的方式进行全面研究的首位现代作家。

托克维尔研究政治事物的方法不同于 17 世纪和 18 世纪政治作家们的方法,后者研究的出发点是单纯的人,不考虑人处于某一特殊制度中的公民身份。而对于托克维尔来说,政治学的研究始于对社会条件的探讨。

社会条件通常是环境的产物,有时是法律的

产物,更常见的是这两个原因的共同的产物。但社会条件一旦确立,它本身就可以被视为是调整国民行为的几乎所有法律、习惯和观念的根源,社会条件并不产生什么,它的作用就在于制约。〔1〕

托克维尔的《民主》显然是致力于阐明一种特殊的社会条件,即平等的条件在国家政治制度及国民习惯、生活方式和思维方式中的影响。社会条件是一种有其独有特征的政治制度的根源。这并不是说社会条件可以解释一个社会的所有方面,因为除其他因素以外,既存的习惯和地理因素在塑造政治制度中也发挥一定的作用。但这些次要的因素绝不会长久掩盖或阻碍根本推动原则的作用。社会条件形成见解,制约人们的欲望和感情,决定他们追求的目标、赞美的人的类型、使用的语言,以及最终决定处于该社会条件中的人的品格。

作为民主制的推动原则的社会条件是平等。在托克维尔看来,这是"作为其他要素的根源的根本事实"。〔2〕 托克维尔的政治思想源于承认和接受平等原则必然胜利。不仅过去八百年的历史进程显示了(趋向平等的胜利的)目的性,而且通过对有关人类行为的记载所作的分析,托克维尔还看到了一种神意的表达。平等条件的发展是上帝的旨意。

如果现时代的人通过认真观察和诚实的思考而应该相信,社会平等的渐进的发展既属于他们的历史的过去,也属于历史的未来,那么这个发现本身就赋予这种发展以神的命令的神圣

〔1〕 亚里克西·德·托克维尔:《论美国的民主》(*Democracy in America*),纽约,1958年版,第1卷,第48页。

〔2〕 亚里克西·德·托克维尔:《论美国的民主》,纽约,1958年版,第1卷,第3页。

特征。在这种情况下试图阻止民主就是违抗上帝的意志,因此各民族将被迫实现天意赏赐给它们的最好的社会命运。[1]

从这些话中显然可以看出托克维尔并不认为人受限于绝对决定论。他告诉我们,“天意并没有创造完全独立和完全自由的人类。每个人都面临着他无法逾越的决定命运的范围倒是真的;但他在这一广泛的范围内是能动的和自由的”。[2] 托克维尔的努力似乎就在于劝诫人们实现上帝奖赏给他们的最佳命运——人们不能决定条件是否将是平等的,但平等将导致恶果还是善果、奴役还是自由却是人们自己的责任。事实上,对上帝所安排的历史进展的清醒反思就在于,民主条件的必然胜利可能以一种人类的奴役状态而告终,也可能以人类的自由状态而告终。一种社会条件可能在人们无法预见的情况中取得胜利,但抓住并利用民主的条件的这些潜在可能性,使之有利于自由,则有赖于人的技艺。为了实现这个目的,托克维尔呼唤“新的政治科学”,即适应由平等的实现所引发的新的社会条件的政治学。

平等被理解为民主的原则这一点可以从美国《独立宣言》的语言中看到。“一切人生而平等”在其中被视为首要命题或自明真理,生命、自由和追求幸福的权利作为普遍的权利都起源于这一基本的真理。如果一切人都是平等的,那么任何人都无权剥夺另一个人的生命、侵犯他的自由或决定他的生活方式。上述这种平等没有扩展到理智能力。托克维尔承认,即便实现了最极端的平等条件,智力的不平等也将依然是令人厌烦的旧制度的最后残余之

〔1〕 亚里克西·德·托克维尔:《论美国的民主》,纽约,1958年版,第1卷,第7页。

〔2〕 亚里克西·德·托克维尔:《论美国的民主》,纽约,1958年版,第2卷,第352页。

一。但平等的欲望没有为智慧者应该统治这一古典意图的实践作用留任何余地。民主时代的人将不容许任何特权,不论这些特权的根据是什么。

托克维尔在《民主》中的意图就是要向人们指明他们如何可以是平等和自由的,在没有把民主等同于和民主有关的任何制度的方式——人民政府、代议制政府、分权——的情况下,托克维尔也强调了如下的忧虑:驱动民主的力量,即追求平等的激情,既可与自由相容,也可与暴政共存。而且暴政与看起来像是民主的制度可以很好地共存。与托克维尔同时代的一些人相信,逐渐发展的平等最终将消灭世间任何暴政的可能性,与此不同的是,托克维尔认为,如果不加约束,民主的原则就可能导向一种前所未有的专制制度。下面我们将讨论这一问题。

托克维尔在其著作中,转而讨论19世纪30年代的美国政治制度,并不是因为它必然体现了最好的制度的原则,而是因为它标志着不断趋向平等的历史进程的顶点。杰克逊时代的美国展示了民主的性质,因此对托克维尔来说,美国之行就是面对民主本身。由于强调的是平等的条件而不是平等,托克维尔提醒人注意平等的概念在其中已成为现实的一种社会状态。在这种社会状态下,抽象的平等成了最显而易见的事实,因为它体现在人们平等享有的教育机会、普遍的财富水准及政治权利的同等保证之中。托克维尔并不认为美国或任何其他社会是平等原则在其中已完全实现的国家,但美国比其他任何国家都更接近于这个理想。同所有其他民主国家一样,美国也是以逐渐缩小"旧制度"的不平等为其特征的。

当然,条件的平等和条件的不平等相反,不平等的条件指的是旧制度的社会条件,法国或者其他常见的欧洲封建制度便是如此。

在《民主》中,对旧制度特征的描述不断穿插于关于民主的论述中;正由于托克维尔具备有关民主制之伟大的且当时仍然是值得尊敬的参照物的清醒认识,他才能净化必定胜利的民主制。从托克维尔对旧制度的特征——他似乎以此为标准来衡量和考察民主制——的描述中,我们可以开始把握他的思想的意义。我们似乎得这么认为:如果一个人对托克维尔认为贵族的社会状态所具有的品格不敏感,那么他就无法理解民主革命的意义。这些品格是:弘扬精神和蔑视世俗利益,执著的信念和可敬的忠诚,优雅的习惯和彬彬有礼的风度,艺术和理论科学的教养,对诗、美和荣誉的热爱,以及从事具有持久价值的伟大事业的能力。理解民主社会中的各种事物需要有对这些民主制的参照物意识,"历史的进展"并不排除这种必要性。让我们带着这种意识开始讨论托克维尔对民主制的阐述。

民主制的特点

民主社会的特点是贯穿其中的原子主义。贵族时代精心制作的调整三个社会等级的关系的法典被推翻。人们推翻了区隔三个等级的壁垒,财产被平等划分,通向社会、政治及智力成就的新途径向一切人开放了。统治阶级过去曾像照看其牧群的牧人一样,但现在却对被统治者漠不关心。人们把彼此视为平等、独立并且孤立无助的个体。构成这样一个社会的个人作为国民彼此之间不再有任何自然的束缚;每个人都同其他一切人平等,谁也没有义务听从他人的吩咐。现代民主社会的一个主要任务就是建造人工纽带以取代中世纪的束缚。

根据托克维尔,民主时代原子化特征的关键在于"个人主义"的流行,一切同个人的判断相悖的义务或信仰都遭到拒斥。每个人都是一个私人的中心,这个小宇宙是由他自己及其朋友和爱人组成的直接的圈子构成的。个人完全沉溺于这个小宇宙中,从而丧失了对大宇宙即社会的洞见。这个"新颖观念"或倾向的精神之父是笛卡尔,他的哲学方法为使一切脆弱的信仰对象和挚爱的对象受限的个人的判断提供了例证和证明。平等的条件促成了这种新倾向获得了普遍认同;在实现其推翻中世纪社会约束的意图的过程中,民主在怀疑传统信仰的笛卡尔哲学中找到了欢迎它的同盟。我们将会看到,个人主义将伴生某些倾向,两者结合在一起会产生那种我们可以谓之为民主的问题。这些倾向是:对福利和舒适的物质生活的激情,对个人利益的关心和对公益的冷漠以及不可避免地流于平庸的趋势。这些倾向使民主制中的人极易接受或逐渐陷入一种保护他的这些倾向或追求的柔情专制。解决民主的问题需要在民主制中为自由、人的卓越、公共道德性的再现及伟大的可能性找到位置。

一旦个人主义同平等的条件发生关联,对此岸世界物质安逸的贪得无厌的渴求便会发展起来。在一个失去了传统束缚和——对国家对领主、教会的——义务的社会中,人们热衷于努力去满足他们当下所感受和理解到的改善其生活条件的欲望。在旧制度下,财富和物质福利的不平等被当作事物的自然秩序。况且,欧洲封建贵族在满足其肉体安逸欲望的同时还设法为更高级的官能培养留有余地。贵族们并不担心他们所享有的财富会瞬间被剥夺。这种有益的精神宁静是通过长期的习俗和惯例的合法化而实现的。随着封建制度被推翻和个人主义学说的广为传播,改善物质生活条件的要求开始被看作所有人的自然权利的合法表达。

因此,民主制必须满足一切人对福利的欲望,而不仅仅是满足少数人的欲望,这么做的目的是引导人们利用其部分能量以致力于其他方面的追求和更大范围的国家的需要。解决这个问题可以有两种途径,或是有足够的物质产品用来满足任何人的需要,以至于谁都不必担心得不到自己的一份,或是民主制下的人节制其欲望。对于实现有关这个问题的一种解决办法的可能性,托克维尔似乎持有两种相互冲突的观点。一方面,他好像深信对肉体满足的兴趣将被限于适度的范围内。民主制的人将追求很少的物质生活的安逸:保证生活不怎么窘困的财产购置和耕种的少量土地以及扩大住宅。托克维尔对平等原则的责备并不是因为这一原则鼓励人们追求非法的或过分的满足,"而是因为它使人们完全注重于追求那些合法的东西。这样一来,一种自以为是的物质主义可能最终在世界上确立起来,这种物质主义不是败坏,而是削弱人的灵魂,不声不响地让精神活力的源泉枯竭"。[1] 1789 年爆发的反宗教、道德和财产的急剧而暴烈的动荡只是一种过渡性的反应,仅仅是革命时期的特点,它不应被视为民主时代的永久倾向。民主制的人对福利的兴趣不仅可与道德和公共秩序共存,而且如果没有这些道德和公共秩序,这些兴趣就无法得到满足。它甚至可能同"一种宗教道德"相结合。因此,尽管民主制可能伴以对人的最高尚的东西的忽视,但至少它在一定限度内会为绝大多数人解决福利问题。这便是托克维尔在其《民主》一书第二部分的著名结论中所赞美的民主制的优点。

然而,追求物质上的安逸还有另一并不怎么乐观的方面。虽然通向满足福利欲望的一切道路都开放了,但却是平等地为一切

---

〔1〕 亚里克西 · 德 · 托克维尔:《论美国的民主》,纽约,1958 年版,第 1 卷,第 141 页。

人开放的——激烈的竞争势必难免。不论一个人已经拥有多少,他都会念念不忘那些尚不属于他的大量财物,这个念头“使他充满焦急、忧虑和遗憾,并使他的灵魂不断处于骚动不安的状态”。[1]如果情况果然如此,那么福利问题就不可能有技术上的解决办法——人的欲望永无止境;永远也不可能使所有的人都得到满足。

从体面的物质主义到彻底地完全追求物质安逸,这种意料之外的转变是伴随商业精神的兴起而言的——商业被视为是有助于满足福利欲望的最有效的途径。商业能够很容易地把对有节制的安逸的素朴欲望转变为其反面。结果是,物质追求本身便被视为最高尚的追求,并吸引着社会中最具才干的人。有着卓越才智的人弃政从商,从公共生活转向私人事务。在商业中,这些人为其与众不同的才干找到充分的施展机会,并摆脱政治生活的拘束和粗鄙而获得自由。实际上,这些人有形成一种新贵族统治的核心的危险:托克维尔警告“民主制的朋友们”说,“如果一种永久的不平等条件和贵族统治再次进入世界,可以预言这便是它们将借以进入的途径”。[2]

个人主义和物质主义,这两个容易导致分裂和不和的民主制特征,在某种程度上被人们态度举止的普遍温如化和人类同情精神的发展所抵消。中世纪的诸等级彼此视为不同种类的人,他们在行为举止、追求和情趣方面都是各自不同的。那是一个冷酷、不妥协和尖锐对立的社会。民主革命成功地解除了社会的或政治的义务而恢复了以前自然的人类联系。随着条件的平等,人们日趋认识到他们彼此之间的相似性。这种意识唤起了真正的同情之感,同情地想象足以使一个人体验到另一个人的痛苦。民主革命

〔1〕 亚里克西·德·托克维尔:《论美国的民主》,纽约,1958年版,第1卷,第145页。
〔2〕 亚里克西·德·托克维尔:《论美国的民主》,纽约,1958年版,第1卷,第171页。

解放了人的自然的善性,他不会不必要地伤害他人。在这里我们可以认识到托克维尔的"民主的"人与卢梭的"自然的"人之间的对应。

此外,个人主义的结果与同情的发展有关联。与所期待的相反,自由人完全依赖自己,并从传统的束缚中解放出来,并未使民主制下的人变得完全自信和自豪。他的庄重反映他所从事的事业的严肃性,但他的自信却毁于同他的境况相伴随的"焦虑、畏惧和遗憾"。他所遇到的都是同他一样为达不到的善而不懈努力的人,所以"对一个非常细小的目标进行盘算,即他自己"。[1] 他别无选择,只有寻求他人的帮助,在社会条件变得越来越平等的情况下他不得不这么做。

似乎同情和自利可以结合起来而作为民主时代中一种社会或政治纽带的基础,以此克服个人主义和福利追求所具有的分裂的力量。然而,同情和自利虽然不是必然对立的,却也并不总是和谐一致的。同以前的卢梭一样,托克维尔也提示,尽管同情是人的一种自然本能,但它被利益的计较削弱了。因为只要人不是无私的,他们就会在关心他人福利之前,考虑自身的利益;民主制鼓励这样做,因为它迫使每个人只能依靠自己。只有帮他人不会使他们的利益丧失,或危及他的利益的时候,民主制下的人才会帮助他人。要使同情精神充分实现,社会就不仅需要一种平等的条件,而且也需要一种富裕的条件,也就是说,有足够的物质产品用来满足一切人。而我们已经指出过,民主制中起作用的诸力量排除了这种可能性。

此外,同情精神能够超越国界,因此具有削弱政治联系的作

〔1〕 亚里克西·德·托克维尔:《论美国的民主》,纽约,1958 年版,第 1 卷,第 82 页。

用，人们逐渐对使人具备国民特征的那些独特惯例漠不关心。同情是一种自然本能，它倾向于破坏仅仅是约定俗成的那种联系；而在托克维尔看来，政治社会本身恰恰具有这种约定俗成的特点。绅士风度、行为举止的温和及仁爱之心成了民主社会的特征，但这些特点适合在家族中而不是在公民之间最强烈地被感觉到。所以托克维尔说，“民主制弱化了社会联系而强化了自然联系；使有亲缘关系的人关系更加密切，但却使公民之间日趋疏远”。[1]

民主的问题

物质主义、平庸化、同情心、爱好私生活及彼此分离，这些源于或其力量来自条件的平等和个人主义的特征，构成了托克维尔民主学说的核心。一种制度，其中这些特征的作用得不到抑制，不鼓励发挥人的更高级的才能，社会本身看起来停滞不前，公共道德凋敝——这样一种制度可能会使人怀疑促成这种制度的天意的善意。

不止于此，在托克维尔看来，民主的自相矛盾之点在于，条件的平等既可与自由也可与专制共存。至少，一种平等能同最大的不平等共存。撇开其意愿不谈，民主实际上具有确立专制的倾向，不管这种专制是一个人对一切人、多数人对少数人，还是一切人对一切人的。下面我们就来讨论这一矛盾。

民主时代居支配地位的热情是对平等的热爱，这种热情本身产生于占统治地位的社会条件。前面我们说过，占统治地位的社

---

〔1〕 亚里克西·德·托克维尔：《论美国的民主》，纽约，1958 年版，第 1 卷，第 208 页。

会条件是一切热情、观念和社会面貌的基本根源。但民主的人对平等的热爱压倒了其他一切感情,甚至胜过对自由的热爱。一方面,自由需要努力来维系和警惕以免于丧失;它难以得到,却容易丧失;自由的缺点为一切人所显而易见,其优点却不易被觉察。另一方面,平等的好处和快乐无须努力便可直接感受到。这些好处和快乐向一切人开放,连那些资质最平庸的人都能获得,而且,"为了享受它们,什么都不需要,只要活着就行了"。[1] 但如果平等的快乐真是这样,那么它的缺点就可能不易被察觉,或许只有那些未被其快乐所麻痹的人除外。因此,条件的平等释放了一种无法抑制的热情,未来的每个政府都必须承认它自己统治的基础在于这种全能的驱动之中。民主社会的人对平等的热情是"强烈的、不断的、永不满足的和战无不胜的;他们要求自由的平等,如果达不到,他们也会要求奴隶的平等"。[2]

对平等的热爱可以有两种表达形式,一是"对平等有男子汉气概并且合法的激情",它试图将一切人都提高到卓越的水平;二是"追求平等的堕落品味",它努力把一切人都简化成最低微的公分母。显然,如果前一种平等欲占了上风,民主的缺点的力量就会极大削弱。但在平等条件下起作用的诸力量几乎没有提供这样的希望,即对平等有男子汉气概的激情会取得胜利。人们被欲望驱使去追求他们得不到的善。平等使每个人都有希望得到这些善,而在竞争的情况下人们又很少会实现同样的抱负。再者,满足这些欲望的竞争不是一种平等的竞争,胜利必然属于那些拥有卓越品质的人。因为能力的差异源于上帝,或源于自然。所有人不可能都被提升到卓越的水平,民主唤醒了一切人对现世利益拥有平等

---

[1] 亚里克西·德·托克维尔:《论美国的民主》,纽约,1958年版,第1卷,第102页。

[2] 亚里克西·德·托克维尔:《论美国的民主》,纽约,1958年版,第1卷,第102页。

权利的意识,但平等又使人们在获取这些利益的过程中遭受挫折。这种挫折孕育了妒忌和不敬。于是人的灵魂总是不得安宁,时常受到打击,对斗争深感绝望和厌倦。他不能长期忍受这种状况,他试图寻求一种解脱办法,这种办法既能使他最强烈的欲望得到满足,又能使他免于由这种欲望所造成的痛苦。因此,平等使人准备放弃自由以保护平等本身。

在托克维尔看来,人们可能将他们的自由让渡给一位久负盛誉的专制君主,但更可能的是,专制君主的特点将具有一种全新的形式。实际上,“专制”和“暴政”之类的字眼几乎不适于表达托克维尔的思想,他试图加以说明的毋宁是新专制主义这个名称。在一个一切人都平等、独立和无助的社会中,只有一种力量,即国家,专门准备接受和监督被放弃的自由。托克维尔呼吁人们注意不断增长的行政的集权化——巨大的监护机关的增长,这些监护机关愿意承受为其居民提供福利和舒适的负担。民主的人将把他们的自由转让给这些庞大的权威机构,以换取一种“温和的”专制,它“为他们提供安全,满足他们的预期及生活必需品,促进他们的安乐,处理他们关切的主要问题,指导他们的工作和生产”,以及最终“使他们免于一切思虑和生活的烦恼”。[1] 托克维尔预见到,这样一个政府与人民主权并不矛盾,或至少与人民主权的形式不矛盾。作为全体的人民很可能会以知道他们自己选择了自己的主人而感到满足。民主产生了一种新形式的专制制度,即对自己施行暴政的社会。

如果不考虑托克维尔对多数的暴政,即多数人对少数人的暴政所作的描述,有关民主的问题的论述就不是完整的。托克维尔

---

〔1〕 亚里克西·德·托克维尔:《论美国的民主》,纽约,1958 年版,第 1 卷,第 336 页。

不是没注意到特殊利益集团的诉求,即民主制中多数的构成常常是在发生改变的。但这种变动发生在对某些不变原则所固持的信念的范围内——在这个意义上可以说民主制中存在永久不变的多数。况且,民主社会显而易见的同质性掩盖了两个无法消除的异质性之源:智力和财富。智力能力不是平等分配的,而且托克维尔断言大多数人缺乏作出理性判断的能力。除了能力问题之外,对于知识的要求处于这种状况:民主条件下的人将很少有时间、耐心或兴趣去追求知识。托克维尔设想,任何教育手段的革命性突破和"简易方法及廉价科学的大量涌现",都不足以克服对时间和才能的要求。只要人民仍然是人民,即多数,他们就将被迫去谋生,因此缺乏为获取知识所不可缺少的闲暇。多数,即便他们完全承认这些事实,也会质疑这些事实的重要性。他们以数量的优势取代占少数地位的人的智力优势:"占多数地位的人的道德权威部分地基于这样的观念,即众多联合起来的人比单个人具有更多的才能和智慧,并且立法者的数量比其质量更重要。"[1]多数的权威如此之大,以致连少数最终都同意对才智的这种攻击。托克维尔评论道,这标志着人类历史上的一种新现象的出现。多数不仅要求行为一致,而且还努力使人们观念上的不一致都成为不可能的事。在重要问题上持与众不同的观点不仅是轻率的、徒劳的,而且甚至是缺乏人性的。"多数的权威如此绝对和不可抗拒,以致一个人必须放弃他作为公民的权利,并几乎完全弃绝他人之为人的特性,如果他试图逾越或偏离多数所划定的轨道的话。"[2]占多数地位的人对占少数地位的智力优越者的精神所施加的暴政,绝对使民主具有趋于平庸的倾向。

---

〔1〕 亚里克西·德·托克维尔:《论美国的民主》,纽约,1958年版,第1卷,第265页。
〔2〕 亚里克西·德·托克维尔:《论美国的民主》,纽约,1958年版,第1卷,第277页。

多数对少数富人的暴政是不怎么明确的。托克维尔的确试图克服那些民主的批评家们的忧虑,他们认为占多数地位的人的统治不可避免地要摧毁一切财产权;他在序言中谨慎地指出,在世界上最发达的民主国家中,财产权比在任何其他地方都享有更多的保障。不过,托克维尔并未乐观地认为民主革命解决了富人和穷人之间的永恒冲突——一切人并未被降低或提高到同等财富水平,穷人对富人的妒忌也没因以往发生的任何平均化而得以缓解。那么,财产权又能有多安全呢?

根据托克维尔,少数与多数、富人与穷人之分是一切社会的永恒特征,是注定要存在下去的,尽管存在渐进实现条件平等的过程。这是所有社会要服从的"不变法则"。另外,一个社会中三大等级——富人、中产者和穷人——的人数之比可能与其他社会不尽相同。虽然这些比例可能变化,但托克维尔否定这样的看法,即富人和中产者有可能构成多数。"因此,普选权实际上是让一个社会的穷人掌握了政府。"[1]他进一步断言,统治阶级必然会是压迫者:"确定无疑的是,民主制使社会的一部分人感到不快,而贵族制则压迫另一部分人。"[2]最后,托克维尔认为,根本不可能教穷人认识到使富人贫困化会伤害穷人自己的利益。因此,他看不出有任何理由可以相信富人和穷人之间的传统冲突在民主条件下将会停止,或人将会放弃压迫他人的愿望和机会。由于占多数地位的人是穷人,而且他们将是会是主权者,所以民主的批评家们的忧虑不无道理。

然而我们如何使上述观点同在《民主》的其他部分中是显然相反的论述协调起来呢?例如,在第二部分中,托克维尔断言,在民

---

〔1〕 亚里克西·德·托克维尔:《论美国的民主》,纽约,1958年版,第1卷,第222页。

〔2〕 亚里克西·德·托克维尔:《论美国的民主》,纽约,1958年版,第1卷,第197页。

主社会中穷人将是少数,而不是像之前那样构成一个国家的大多数,他们的地位将被新兴的中产阶级所取代。不仅中产阶级现在构成多数,而且他们拥有财产,并且实际上是财产权的最重要的捍卫者。那么,对于在愿望和利益方面与他们如此相近的多数,富人还有必要担心什么呢?

我们可以提示多数的暴政和新专制主义之间的一种联系。屈服于这种温和、舒服的暴政的人是新多数人,他们享受到了对福利的广泛追求的最初成果。但他们的欲望超过了他们的机会:由于害怕他们已有的东西将被比他们更有才能的人夺去,多数开始把政府当作唯一能保护他们的权利和财富以及抑制少数的野心的力量。新专制主义是多数的暴政所可能采取的一种形式。它以牺牲少数富人为代价,而保证多数对现世财富的有节制的享受。在这个意义上来说,它与保护有限度的财产权并不是不可共存的。

问题的解决

要解决民主的问题,解决办法必须在民主的范围内来寻求,就是说,解决办法必须同民主的原则,即平等相一致。任何把民主同异于民主的其他制度的原则和惯例相调和的企图都注定要失败;一个不尊重平等的君主无法在民主原则下进行统治。因此托克维尔告诫其同代人说,任务不是重建贵族社会,而是使自由从社会的民主状态中产生出来,并建立与条件的平等相适应的"那种伟大幸福"。

民主的困境,让人觉得讽刺之处在于,民主鼓励人们放弃他们的自由,而自由对于他们获救来说至关重要。如果说个人主义是民主社会的原子化的原因,那么正是自由——矛盾的是——能够通过培养相互依赖的意识而重建政治上相互依存的意识。自由将产生于社会的民主状态的可能性何在？托克维尔的回答揭示了他的政治理论基础中极为重要的乐观主义：

> 并非因平等鼓励独立精神而挑它的毛病，我要因为平等鼓励了独立精神而赞美它。我赞美它，因为它把政治独立的难以言状的感情和天然倾向深深植入每个人的精神和灵魂之中，也因此为它产生弊端准备了补救办法。[1]

不顾一切追求平等的热情遭遇了一种有相同起源的、对自由的平等的热情。然而，这些热情有着不平等的力量，这一点前面已论述过。此外，那种使人将其对自身福利的关心转移给政府的激情，实际是由无所不在的行政集权化倾向强化了这一激情。政府的权力日愈增长，个人则比以往越发无助。因此，对自由的天然热情须用政治艺术来加以补充。托克维尔认为运用这种艺术的典范是美国。美国的经验提示了解决民主的问题的某些"民主的措施"，诸如地方自治、政教分离、新闻自由、间接选举、司法独立及鼓励各种社团。要知道，托克维尔并未简单建议采用单一的或所有美国的做法。例如，尽管他赞赏联邦制度，但他认为这样一种复杂的机制完全不适宜于欧洲政治生活的现实和特点。更重要的是，美国提供了政治原理，被正确理解的自利原则，根据这些原则有可能建立起一种高尚的民主秩序。在讨论自利学说，即托克维尔解决民主问题的核心思想之前，我们必须考察上面提到的民主措施的某些方面。

---

〔1〕 亚里克西·德·托克维尔：《论美国的民主》，纽约，1958年版，第2卷，第305页。

为了遏制集权化的倾向,托克维尔承认城镇和社区层次上的地方自由的价值。在这种较小整体的范围内,每个公民都接受运用自由的最初训练。通过学会关心视野范围内的事情,以及通过学会在此范围内同他人合作,公民获得公共责任的基本知识。城镇是自利向爱国主义转变的枢纽,至少是向一种爱国主义转变的枢纽。根据托克维尔的观点,自由的制度,特别是地方水平的自由制度,实质上将自私自利的人转变为以公益为重的公民。不过,托克维尔赋予地方自治的重要意义很容易被过分夸大。应该注意的是,关于地方事务和国家事务的确定或划分的问题,托克维尔并未予以简单或全面系统的阐述。此外,他提示道,一个国家越复杂、越文明,它就越不大可能确立地方自由,或容忍一个没有自由传统的社群初步的努力。

陪审制度是另外一种民主措施。托克维尔主张维护自由和反对民主制下的个人主义倾向。同地方自由一样,陪审制度也能让公民感到他们需要他人的帮助。批评家们说托克维尔在这方面的期望几乎没有实现,但他们一般都没认识到,托克维尔对这方面的成功所抱的希望的前提是存在一批优秀的法官,而且他意识到法官作为一个阶层其质量将随数量的增加而下降。托克维尔的信念是建立在这一观点之上的,即陪审制度会形成人民的判断,培养他们要求公平的意识。托克维尔独特的处理问题的方法在于试图发现那样一些手段,这种手段被用来教育和培养多数人的品味和欲望;陪审制度就是一种这样的手段,并在这方面充当一个特殊的例子,以说明托克维尔期望法官和具有法律专长的其他人在民主制中所起的一般和普遍的作用。尤其是法律人所接受的训练使他们具备对秩序、法律和政治结构及观念联系的爱好——此种爱好使他们有别于大多数人,并把他们的思考方式和偏好引向高尚的方面。他们的精神倾向于保守和反民主,就他们将在社会中起显要作用而言(在一个几乎所有政治问题迟早转变为法律问题的社会中他们必然起显要作用),他们将发挥约束占多数地位的人冲动的作用。我们可能注意到,司法者在解决民主的问题中所起的这种作用显然违背了下述原则,即这样一种解决办法必须是民主框架范围内的。但是,这个解决方案只是在一定程度上违反了民主原则。诚然,司法者以贵族式的品味和习惯为其标志,但他们在出身和利益方面仍和人民保持着重要的基本联系,因此他们并不构成一个特殊的阶级。

在所有的民主措施中,结社自由是首要的。托克维尔把各种社团看作过去贵族等级的人造的替代物,后者凭借其财富和地位而抵抗君主对人民自由的侵犯。同样,托克维尔论证说,社团保证了民主制中占少数地位的人的权利,使其免于占多数地位的人的压迫。由于民主制中的每个个人往往孤立无援,因此只有通过让自己同他人联合起来他才可能坚持与多数相反的观点。这是结社权的一种"政治的"作用,而且此种权利有其自然根源。托克维尔赋予社团的大量出现以一种尊严,这种尊严在政治思想中可能是新颖的。之前的作家们把鼓励政党派系或结社视为分裂社会的主见,而托克维尔则认为它对于民主社会的健全是绝对重要的。与其说结社,破坏了社会的统一,倒不如说有助于克服民主制的分裂倾向:在加入组织运营社团的活动中,个人能够学习到使自己的行动和期待的目标相符合的技艺。参与政治团体也有助于出于其他目的的结社的愿望,并因此可以从中获益,其他目的包括教育、科学、商业。托克维尔认为,学会结社是维系文明的一个先决条件:"在个人丧失单独成就伟大事业的力量的情况下,如果一个民族不寻求通过联合的力量而创造伟业的方法,这个民族很快就会堕入野蛮状态。"[1]托克维尔不仅在结社中发现了缓解民主暴政的方法,还在其中发现了克服民主平庸化趋势的方法。

民主把对政府的责任置于那样一些人手中,在托克维尔看来,他们"将或是相信不知为何而信的东西,或是不知道相信什么"。[2] 尽管如此,民主制度仍可以获得生命力,如果人们的眼界能得以扩大的话;托克维尔推荐的自由的制度就是为了促成这一点。通过这些民主措施的作用,人们将转变为具有道德意识的公民。个人将不再仅仅考虑自己,他们的能力将通过与伟大的法官接触而得以提高,他们对同胞的同情心将通过陪审制度而得以增长,他们的精神将通过参与结社而得以拓展。托克维尔认为,仅凭毫无思想或被最原始的动机所驱动的公民的行动亦反应,根本不可能设计出一个能够治理良好的政治体制。

从构成民主时代特征的个人主义精神中培育出公德意识,这不仅是上述各种制度的主题,也是托克维尔整部著作的主题。通过运用被恰当理解的自由原则,人将被造就成公民。在《民主》的绪论中,托克维尔告诉我们,穷人"采用自利学说作为其行动准则,而不理解运用这一准则的科学,而且其自私自利的盲目性并不亚于他以前献身他人的盲目性,因此,穷人的自私和无私同样盲目"。[3] 托克维尔呼吁一种适应新的平等条件的"新政治科学",即在一种坚实的基础上建立自利原则的科学。当然,接受新科学原则教育的应是"穷"人,因为他将作为多数的一分子而统治新社会;由于同样的原因,新科学的原则应与他的理解水平相适应。

不管正确理解的自利学说最终有什么缺点,托克维尔坚持认

[1] 亚里克西·德·托克维尔:《论美国的民主》,纽约,1958年版,第1卷,第115~116页。

[2] 亚里克西·德·托克维尔:《论美国的民主》,纽约,1958年版,第1卷,第196页。

[3] 亚里克西·德·托克维尔:《论美国的民主》,纽约,1958年版,第1卷,第11页。

为它“在一切哲学理论中最适合我们时代的人的需要”,[1]并且一切道德理论家和教育者都必须完全致力于传授这一学说的原则。随着封建制度的灭亡,以自我牺牲或美德的内在吸引力来激励多数人的可能性已不复存在,对权威及非物质目的的高尚的信仰也随之消失了。在平等的条件下,私利即便不是人的行为的唯一动力,也是主要的动力,托克维尔断言,私利是“人心中唯一的不可改变的内容”。[2]

托克维尔把正确理解的自利学说同另一观点进行比较,这另一观点认为人最好通过为自身服务而为其同胞服务。两种观点最终都诉诸人的关心自我的本能,但后者未给政治美德的产生留有余地:它只会强化个人主义的倾向。若要使人不完全退缩到自己家庭的关系中,若要使公民精神不至于全然消失,必须教导人们,让他们知道除了明智地关心自身之外,他们还经常需要相互帮助,以及为了国家或共同体的利益而牺牲他们的部分时间和财富。人们必将看到,推迟他们的欲望的即刻满足,以期在将来获得更大程度的满足,是值得的,因为共同的福利有助于增进他们自己的福利。公共或社会秩序的基础依赖于开明的自私自利:每个人都接受这样的观点,即“人通过为其同胞服务而为自己服务,而且他的私利就在于行善”。[3] 由于忠于平等的要求,托克维尔诉诸人的自我关心的本能,并努力在此基础上建立一种公共道德和爱国主义:他试图通过教导人们正当之事即是有益之事来使他们变得有德性。

---

〔1〕 亚里克西·德·托克维尔:《论美国的民主》,纽约,1958年版,第2卷,第131页。

〔2〕 亚里克西·德·托克维尔:《论美国的民主》,纽约,1958年版,第1卷,第255页。

〔3〕 亚里克西·德·托克维尔:《论美国的民主》,纽约,1958年版,第2卷,第129页。

自利学说是一种可以完全信赖的学说:

> 正确理解的自利原则不是一种崇高的原则,但很明确。它不指向非凡伟大的目标,却总无例外地实现了它指向的所有目标。由于它处在一切能力所及的范围内,所以每个人都能很容易地学习和掌握它。契合它和人的弱点,所以适用的范围更加广泛;而这种支配地位并没有危险,它用来引导人的激情的工具就是用来刺激人的欲望的工具。[1]

这一简明的陈述表明托克维尔基本同意现代政治思想的前提。尽管有明显的分歧,但托克维尔遵循的仍是源于马基雅维利并经过霍布斯的自然权利理论发展了的思想传统。通过降低人的标准来解决人的政治问题——被正确理解的自利学说并不以高尚的目标为目的。这种被接受了的标准的实现依赖于这样一种学说:这种学说能够被最平庸的人所理解,因此能适用于所有人;这种学说植根于人的最强烈的激情,即对个人福利的关切;这种学说成功的进一步保证是使个人利益成为相互制约的手段,同时把确保欲望满足的职能交给理性。与绝大部分典型现代哲学家一样,托克维尔努力根据在绝大部分时代的绝大部分人身上都起作用的因素来建立其整个理论体系,不难想见,这种因素显然是人性中最低级的而不是最高级的。和马基雅维利一样,我们根据人是什么而非人可能是什么确定我们的方向和目标。托克维尔并不庸俗,他也并非不了解人性中最高贵的部分。不过,他默认和鼓励的是这样一种政治道德原则,其主旨是确立人类的中等标准:

---

〔1〕 亚里克西·德·托克维尔:《论美国的民主》,纽约,1958年版,第2卷,第131页。

倘若正确理解的利益原则统治了整个道德世界，非凡的美德无疑会更为罕见；但我认为严重的腐败堕落也会更为少有。正确理解的利益原则可能有碍于出类拔萃的人的产生；但是大多数人都不可能达到这一原则的要求，因此需要受到这一原则的约束。从少数人的立场来看，他们被此一水准降低了；而从人类方面看，他们却被提高了。[1]

前面我们曾注意到，在托克维尔看来，解决民主问题的办法必须符合民主的要求。托克维尔接受平等，因而也认可其不可避免的伴随物，即个人主义。平等破坏了对那些在其他时代负责关心公共利益的人的尊敬和服从，而个人主义则使人们不再关心公共利益。民主制要解决的问题是要在平等和个人主义的基础上重建公共道德意识。被正确理解的自利学说构成了托克维尔在这一基础上解决此一问题的努力。依赖被正确理解的自利，当然需要以自利被正确地理解为必要条件。在《民主》的语境中，自利主要是从经济意义上来理解的——它是一个人对自己最直接的、有形的和物质的福利的关心。从对自身物质利益的开明的关心中，将产生一种非经济的善：爱国主义或公共精神是从理智地追求自身利益中产生的副产品。

迄今我们尚未提及宗教在减少民主所带来的问题的作用。初看上去，托克维尔关于宗教不可缺少的主张似乎暗示被正确理解的自利原则的严重缺陷。个人被要求作出某些牺牲，但是他们无法合理地期待能在今世获得报偿。并且无论你用什么样的方法来证明美德是有用的，依然会有人不为这些论证所动。因此，美德必

〔1〕 亚里克西·德·托克维尔：《论美国的民主》，纽约，1958 年版，第 2 卷，第 131 页。

须有超世俗的力量的支持。解决办法就在于扩大自利原则的范围,以使其包括来世生活的奖赏。托克维尔坚信,几乎所有宗教创立者在推动其事业的过程中所使用的语言,同道德哲学家在阐述自利原则时所用的语言都是相同的:途径相同,“只是目标更为遥远”。[1] 他不否认某些虔诚的个人可能只被对上帝的爱所激励,但他坚持认为“自利是宗教本身用以支配人们的主要手段,并且……它们以这种方式打动人们从而使自己得以普及”。[2] 不仅宗教可能补充自利原则,某种宗教情感自身也可能就是建立在理性计算的精神之上的。

托克维尔对宗教的处理始终是“通俗的”。宗教不仅用来证明巨大的牺牲的合理性,也用来同民主时代的个人主义和唯物主义进行战斗。宗教不得不向人们证明在他们的感觉经验范围之外,还存在其他的善和精神动力,因此它反对宣扬一切都可归结为物质、一切都会随肉体消亡而灭亡的物质主义。它呼唤人去使用最崇高的官能。此外,宗教的作用还在于令人想到他们对彼此所负的义务,由此可使人超越只关心自己的狭隘性。托克维尔断言,自由不能没有道德,而道德不能没有宗教。宗教提供作为社会黏合剂的“独断信仰”,这些信仰涉及上帝和灵魂的本性,以及人们相互的义务和他们作为部分对作为更大的整体的国家义务的本性。这样的信仰在极端个人主义时代是尤为必要的,因为那时人们可以自由形成和坚持己见,却又缺这样做的信心。在这种情况下,当所有的人都犹疑不定,所有见解都因没有根基而容易放弃的时候,人们会倾向屈服于煽动者,后者会用秩序和稳定的虚假的允诺哄骗他们。因此,有关上帝和人的灵魂的一般观念是人的自由的保护

---

〔1〕 亚里克西·德·托克维尔:《论美国的民主》,纽约,1958年版,第1卷,第133页。
〔2〕 亚里克西·德·托克维尔:《论美国的民主》,纽约,1958年版,第1卷,第134页。

者。但如果人们不能自己确定永恒问题的答案,如果哲学家,像托克维尔所断定的那样,不能提供确定的答案,如果存在这样一些信仰的共同核心对于社会的自由和福利而言仍然是至关重要的,那么社会就必须借助宗教来弥补这种缺陷。尽管托克维尔暗示了"虚伪和十分荒谬"的宗教,但他并未坚持有这种政治作用的宗教必须包含真理或不自相矛盾;他实际上并不关心各个民主社会所宣称信奉的宗教的特殊信条。[1] 他的主张不过是认为有理由存在信仰,以此来满足人的灵魂寻求有关不朽问题的答案的本能需要(并将这种需要保持在适当的范围内)。

托克维尔为宗教的用处进行辩护,但这种辩护并未使他拥护国教;相反,基于政治的考虑,他认为必须使教会和国家分离开来。但与那些为了加强政治和削弱宗教而主张二者分离的人不同,托克维尔主张,只有使国家和宗教相互分离,宗教才能对市民社会保持足够强大的影响,以发挥宗教对社会的益处。假如宗教由于进入政治领域而造成宗教教义服从于多数的决定,那么民主时代的宗教精神对社会的有益作用就会受到损害。只有依赖人对宗教的自然激情,只有避免与任何党派或国家结盟,宗教才能保持其对民主时代的人的约束作用。为了实现其政治功能,宗教必须保持强大努力,并因此和政治分离。新英格兰殖民者留传给后代一宝贵遗产:将自由精神和宗教精神相结合的方式的知识。在政治领域中,任何事情都可改变,并且一定会改变,但

> 在达到政治世界的极限时,人类精神便止步不前了,它诚惶诚恐地放弃了探索的需要,它甚至避免撩开圣殿的帷幕,它

---

〔1〕 亚里克西·德·托克维尔:《论美国的民主》,纽约,1958年版,第22、154~155页;第1卷,第314页。

虔敬地跪倒在它不假思索而接受的真理面前。[1]

看来,没有这样一座处于超越民主的探究的范围之外的圣殿,民主是不可能的。

托克维尔敏锐地意识到平等条件将其自身的局限强加于宗教。如果宗教仍忠实于其政治职能,它就必须接受这些限制;它也必须同民主制度的原则及平等所解放的热情相一致。例如,它不能希望说服人们相信自利的欲望是不道德的,但它可以努力规制或节制追求福利的欲求。宗教必须遵从而不是屈从于民主的激情。诚然宗教要坚持自己的信仰,但它不必违背"普遍流行的观念或大多数人民的永久利益",[2]以免招致占多数地位的人的敌意。托克维尔致力于保护宗教圣殿,以使其免遭多数人渎神的和破坏性的探究。

民主的辩护

托克维尔的著作以其客观性而著称,认为他致力于提供对民主的辩护似乎有悖于其著作的精神和文义。托克维尔试图把握民主的各种倾向并将它们转向有利的方面,但他刻意避免流露出对民主制(便捷完善的民主制)或贵族制(已经被民主制取代或正在被民主制取代的制度)的偏好。

在《民主》的绪论中,他警告到,他写作此书的目的不是赞美民主制或拥护任何特殊的政体形式,他甚至不想冒险判断不可抗拒

[1] 亚里克西·德·托克维尔:《论美国的民主》,纽约,1958年版,第1卷,第45页。
[2] 亚里克西·德·托克维尔:《论美国的民主》,纽约,1958年版,第2卷,第28页。

的平等运动于人类有害还是有益。在其伟大著作的结束语中,他谈到,贵族制和民主制就像两种不同的人类,无法在两者之间作出公正的比较。然而,在这同一结语中,托克维尔宣称:

> 我们可以自然地相信,在人的创造者和保护者看来,不是少数人的幸运,而是一切人的幸福最为可取。在我看来是堕落者,在上帝的眼中是进步;我为之苦恼的东西对上帝来说是可以欣然接受的。一个平等的状态或许并不怎么高尚,却更为公正,而它的公正构成了它的伟大和优美。[1]

托克维尔不同意正义的主旨在于追求卓越的古代观点。同现代政治哲学家们一样,他主张正义根源于自然的权利;自然的权利观念,他告诉我们,"只不过是被纳入政治世界的美德观念"。[2]反过来,一切自然的权利又都源自人的自然的平等,这一结论连古代最伟大的思想家们都未注意到,直到基督的启示之后,它蕴含的真理才能被理解。中世纪的特点就是不平等,这种不平等根据的不是自然法而是实在法。贵族制本身,在托克维尔看来,有悖于"自然的公正",而且不依赖暴力就不可能建立起来。贵族统治对国家中绝大多数人民是压迫性的,尽管贵族同时具备美德和天赋,贵族所构成的团体,其利益却通常和大多数人的利益相悖。相反,运用"隐蔽趋势"的作用,多数,尽管他们无知无识,却几乎无法为了绝大多数的利益进行的统治而发挥作用。

托克维尔进一步论证到,道德义务有两个源泉——或源于一

---

〔1〕 亚里克西·德·托克维尔:《论美国的民主》,纽约,1958年版,第1卷,第351页。

〔2〕 亚里克西·德·托克维尔:《论美国的民主》,纽约,1958年版,第1卷,第254页。

切人共同的需要和利益,或源于一个特定民族或统治集团的特殊需要。在之前的所有社会状态中,正义的一般观念被压制,处于统治地位的是反映或支持该社会的特殊需要,或该社会中特殊统治集团的特殊需要的道德体系,如不平等原则就被援引来为封建贵族统治的合理性作辩护。这些特殊的道德准则因此同特殊的情况相联系,或是出自在某一历史时期享有特权的人。随着这些特权的消失,它们所造成的道德准则也消失了,而依然存在的只是基于一切人的共同需要和利益简单和一致的正义法则。换言之,随着条件日趋平等,人为的道德律消亡了,取而代之的是与人的自然状态即平等状态相适应的自然的道德律。民主状态因此是不产生习惯性道德法则的唯一社会情况,就此而言,我们可以根据托克维尔的思想推论说,民主制的合理性也就得到了辩护。至少从基础或根源上来说,民主制是符合自然的。

托克维尔的《论美国的民主》一书主要或直接是为民主的支持者和反对者而写的。托克维尔试图节制前者的激情和减轻后者的恐惧,结果便产生了这样一部颇具政治家风度的著作,两派从中都可以找到一些安慰,也都看不到太多的冒犯,而一种温和民主制的事业本身却得到了促进。托克维尔接受了民主革命,预言了它的缺陷,并试图用完全民主的手段来弥补这些缺陷。

阅读书目

1. 亚里克西·德·托克维尔:《论美国的民主》,第1卷序言,绪论,第2、3、4、5章(第61~71、89~101页),第6章(第102~107页),第8章(第165~180页),第9、10章(第181~186页),第13章(第206~209、240~245页),第14、15、16章(第281~290页),第17、18章(第433~447、452页);第2卷,第1编,第1、2、5、8、20

章;第2编,第1、2、4、5、7、8、9、10、11、13、14、20章;第3编,第1、17、19、21章;第5编,第1、2、6、7、8章。(中译本:《论美国的民主》,董果良译,商务印书馆1988年版。——译者注)

2. 亚里克西·德·托克维尔:《旧制度和法兰西革命》(*The Old Regime and The French Revolution*),斯图亚特·基尔伯特译,花园城,1955年版。

3. 亚里克西·德·托克维尔:《欧洲革命及同戈宾诺的一致性》(*The European Revolution and Correspondence with Gobineau*),约翰·卢卡克斯编译,花园城,1959年版。(中译本:《旧制度与大革命》,冯棠译,商务印书馆1992年版。——译者注)

4. 亚里克西·德·托克维尔:《亚里克西·德·托克维尔选集》(*The Recollections of Alexis de Tocqueville*),亚历山大·德·马托斯译,纽约,1959年版。

约翰·斯图亚特·密尔

(1806—1873)

亨利·M. 麦吉德

政治哲学的方法

约翰·斯图亚特·密尔致力于探求政治学研究的正确方法,起因是麦考莱对其父詹姆斯·密尔所撰《政府》一文的批判。在此之前,约翰·斯图亚特·密尔,同其他功利主义者(或他们自称的哲学激进派)一道,将边沁和詹姆斯·密尔的演绎法看作政治科学的正确方法。根据他们的演绎法理论,政治哲学的原则和政治行为的实践准则须从几个简单的人性法则,即心理学公理中推导出来。边沁阐述了这些原则,而詹姆斯·密尔则根据这些原则得出了一些关于政府的理论。

托马斯·麦考莱对这种政治学研究方法提

出了简明但是却具有毁灭性的批判。[1] 他反驳说,此种理论所依据的人性论是不正确的:人的行为不仅仅由人对自身快乐的欲望所引导。他因此指出,即使作为一种演绎理论,詹姆斯·密尔的观点也太过狭隘。更重要的是,他对根据先验的最初原则制定一种同实践相关的理论的可能性提出了质疑。我们的政治知识源于观察和对历史的研究。麦考雷认为,对于所观察和记录的历史事件及我们作为资料的一系列事件,富有成果的处理方式应是以弗兰西斯·培根所倡导的方法予以分类和归纳。这些归纳或概括——不断通过参照新的事实而予以检验——将构成政治知识,既是理论的也是实践的政治知识,这种政治知识远较哲学激进派的先验理论优越。

麦考莱所作的这些及其他一些批判使约翰·斯图亚特·密尔深受触动。[2] 不过,他相信功利主义者的理论本质上是正确的,并相信他父亲的错误是形式的错误而不是内容的错误。他认为"政府"一文与其说是一篇系统的论文,不如说是就议会改革进行的论战,他为其父不承认这一点而感到遗憾。因此,虽然这篇文章在其主要结论上是正确的,但在方法上却是有所欠缺的。在密尔自己的思考中,他试图找到一种方法,既能保留功利主义者的洞见,又能回应麦考莱的批评。

他自己的关于方法的结论依赖于区分三种演绎:直接的、具体的和逆向的。[3] 因此他承认四种方法,它们都是科学的,但适用于

---

〔1〕《密尔论政府》(*Miuon Government*),载《爱丁堡评论》(*Edinburgh Review*),第10卷(1829年3月)。重印于《麦考英勋爵著作杂集》(*The Miscellaneous Writings of Lord Macaulay*),伦敦朗曼、格林、朗曼及罗伯特出版公司出版,第1卷,第282~322页。

〔2〕约翰·斯图亚特·密尔:《自传》(*Autobiography*),纽约,1924年版,第110~113页。

〔3〕约翰·斯图亚特·密尔:《逻辑体系》(*A System of Logic*),1843年,第3部分和第6部分。

不同的主题。严格意义的归纳,或他所称的"化学的方法",通过用归纳的法则来比较所观察到的现象而建立因果规律,归纳的法则有:求同法、求异法、共变法和剩余法。这样的研究方法虽然适用于化学,而且在革种程度上对研究历史也有用,却不适用于政治科学。直接演绎或"几何学"方法,即詹姆斯·密尔所用的那种方法,是从最初原理到更具体的结论的三段论推理方法。这种方法只适用于这样的领域:其中没有任何其他原因干扰正被研究的那种原因的作用。因此,它可用于数学,但不能用于物理学或政治学。具体的演绎或"物理学"方法从许多作为原因的规律而非一个规律中指导出作为结果的规律,这种方法要考虑所有影响结果的原因,并将这些原因的规律彼此结合在一起。诸原因的综合是可能的,因为所产生的结果是诸单个原因所产生的诸结果的总计。单纯的综合在化学中不起作用,但在物理学和社会科学中是有效的,因为甚至当人同他人相互作用或同他人结合在一起的时候人仍然是人。因此具体的演绎方法适用于社会科学的这样一部分:它涉及以既定的原因确定结果,如以一定的社会条件确定新规律。

另外,要想知道社会条件或状态本身是怎样被确定的,我们就必须运用逆向演绎或"历史的"方法。步骤是:根据归纳建立社会的经验规律,然后再通过将这些规律从先验的人性规律中加以推论的方法来"证明"它们。归纳方法本身是不充分的,因为供我们用作资料的事例太少,我们所作的任何概括只有同某种一般的理论具有演绎关系才是可能的。密尔从孔德那里吸取了他认为对在科学范围内造成人类进步是必要的一般理论。通常来讲,或就实践目的而言,物理学的方法是适用的。此种方法止于进步成为政治活动中的一个要素的时候,也就是说,止于作为某一活动的背景的状况不能被假定是不变的时候。因此社会科学有两个学科,其一假定条件不变而新的或不同的要素被引入(如政治经济学),其二试图确定条件本身是怎样改变的(如历史哲学)。密尔认为,这两个学科缺一不可,否则任何社会科学都是不完整的,而两个学科中历史学科是基本的。就像将要看到的那样,两个学科可直接用于政治学的研究,当考虑某一特殊社会阶段中某一特定立法计划的价值时,这种研究就是物理的,而当考虑特定的计划对下阶段社会进步的影响时,这种研究就是历史的。

历史哲学

密尔历史哲学的内容深受下列因素的影响:18 世纪的法国思想;他曾参与其中的英国改革运动;他对 19 世纪的法国改良哲学,特别是对圣西门学派和孔德的研究。[1] 他相信社会进步的可能和优点,但不相信社会必然会进步。从历史上来看,人类是能够从野蛮进化到文明的。而且这种进化在不同的社会中有不同的形式和不同的发展速度,尽管他承认人类进步会有一定的顺序。利用正确的历史方法可以确定任何民族在进步过程中必经的诸阶段,这种对历史变化模式的理解提供了若干框架,在这些框架内可以确定为了进展到下一阶段所必须采取的步骤。因此,历史哲学是作为实践科学的政治学的基础,并扩展这门科学的研究范围。不仅有必要知道在目前情况下必须做什么,以便实现当前社会中现有政府的目的;也有必要知道应该怎样做,以便能使人类进展到下一个更高文明阶段。在历史哲学的指导下必须采取政治行动:目的

〔1〕 约翰·斯图亚特·密尔:《逻辑体系》(*A System of Logic*),1843 年版,尤其第 6 部分。

在于使人类能够发展到之后更高级的文明阶段。不难看出,这样一种理论是圆满的,只要我们从更发达的社会出发来看待不怎么发达的社会。我们问,这样的社会何以能达到我们已经达到的文明水平?这是密尔所提出的有关原始社会的问题。更困难的是确定我们的社会,一个高度文明的社会,何以能进展到我们目前尚无样板也没有清晰概念的未来阶段。历史哲学中的这一空白由下述观念来弥补,这种观念以演绎的方式派生于人性和伦理学。

还在年轻的时候,密尔就对这个问题进行了系统而有启发性的研究。[1] 他区分了两种基本的社会状态:自然状态和过渡状态。社会的自然状态是最适宜统治的人在其中充当实际的统治者的状态,而在过渡状态中,实际的统治者并不是最适合统治的人。自然状态有被新崛起的领导人所破坏的倾向;他们与旧有领导人之间的斗争产生过渡状态,而过渡状态最终又被新的自然状态所代替。诚然密尔后来似乎放弃了这种分析,但他思想中仍留有这种分析的遗迹,这表现在他认为除非由最适合统治的人在社会中行使主要的权力,否则任何社会都不能令人满意。

密尔也受孔德三阶段论的影响。人类智力的发展有一个神学的和一个形而上学的阶段,而现在是实证的(或密尔宁愿称为实验的)阶段,他认为孔德的学说是十分正确的,而且在他对孔德后来的社会哲学感到幻灭之后仍然接受这种学说。

如果我们问密尔什么是社会进步的充分原因,我们会发现他并未给予一个简单明了的回答。在文明的每个阶段上都会产生某些使下一阶段成为可能的条件。例如,他指出,在任何社会进步成为可能之前必须学会的第一课是关于服从的课程。不过,进步条

---

〔1〕 约翰·斯图亚特·密尔:《时代精神》(*The Spirit of the Age*),芝加哥,1942 年版。这些文章最初发表于 1831 年。

件的存在并不保证进步会发生。社会的进步实际是由观念、范例以及超凡个体的道德和智慧的领导所造成的。超凡个体主要是在自由的条件下发挥作用的,所以自由成了进步的一个必要条件。密尔的论证十分简单:进步依赖于新观念的出现;新观念不过是对旧的和公认的观念的挑战,因此新观念出现的必要条件是存在向现有信念挑战及提出替代信念的自由。密尔承认现存信念为社会的稳定提供了一个基础,他也承认对这些信念的挑战是对社会的威胁。密尔在《代议制政府》中,详细讨论了这点。

想要对政治学研究有所贡献,现存社会在历史模式中的地位是任何历史哲学必须思考的另一个问题。密尔毫不怀疑地相信西欧和美国的社会是文明的。世界上也有不文明的地区,以及文明程度各有不同,但均低于西欧。文明的标志是负责的政府的存在和科学知识的出现。密尔似乎认为社会进步的尺度是智力状态,并且他似乎很少怀疑未来人类的进步同科学知识,特别是社会科学知识的不断发展相联系(因为他认为自然科学正日臻完善)。相信更多的进步有待于实现,这是他整个思想体系的基石,而这些进步只能有意识地通过社会科学来实现,则是他受孔德和法国社会主义者影响的结果。

要理解密尔的历史哲学同其政治科学的关系,必须认识到托克维尔对他的影响。[1] 密尔接受了托克维尔的论题:民主化,即个人的社会地位日趋平等这一趋势,几乎是不可避免的。同托克维尔一样,他不觉得这个运动本身就是进步,而毋宁认为这个运动预示了那些希望推动进步的人将要面临的问题。正是基于这种分

---

〔1〕 约翰·斯图亚特·密尔:《托克维尔论美国的民主》(*M. de Tocqueville on Democracy in America*),见《演讲与讨论》(*Dissertations and Discussions*),纽约,1874 年版,第 2 部分,第 79 ~ 161 页。另见《自传》,第 134 ~ 141 页。

析,平等深刻影响了公正,并且有可能会损害自由,以及对智力上和道德上的优越性的尊重,这些都是社会进一步发展的前提。于是密尔不得不在他自己的理论中弱化了早期功利主义者对激进民主的信念。

道德的思考

密尔所采用的历史哲学要求矫正功利主义的伦理学说,以便使其能应用于政治学。[1] 早期功利主义者认为,国家的目的是构成国家的那些个人的利益,这里的利益依据享乐主义而被界定为以最小的痛苦得到最大快乐。政府因此被视作以增进快乐、减少痛苦为目的的机构。密尔原则上接受了这一观点是确实无疑的,但他认为这种观点是不尽适当的,它既忽略了人性的一个方面,也误解了它所包含的几个方面。密尔在"功利主义"范围内所作的论辩的主旨是针对直觉主义者的。在他看来,直觉主义者宣称正当行为和错误行为,或正确的道德原则与不正确的道德原则之间的区别,是可以先验地加以认识的。他拒斥了这种观点,主张道德的基本原则是通过经验而认识的,而且甚至为最大的幸福原则提供一种归纳证明。

密尔修正了边沁的理论,以试图回应对早期功利主义的一些批评。似乎他最为关切的批评是说,功利主义者持一种浅薄、粗俗的人生观,没有把适于动物的生活同适于人的生活区别开来。在回答这一批评时,密尔对快乐作了质的区分,以补充边沁的单纯量

---

〔1〕 约翰·斯图亚特·密尔:《功利主义》(*Utilitarianism*),载《弗拉塞杂志》(*Fraser's Magazine*),1861年版。重印于许多版本。

的区分,并且他把质的区分追溯到古代的伊壁鸠鲁主义。某些快乐,尤其是灵魂和精神的快乐,不管数量或环境的情况如何,本身就优于肉体的快乐。因此幸福不仅需要无痛苦的快乐生活,而且需要实现更为高尚的快乐,即使这种快乐以痛苦和牺牲低级快乐为代价。

这一点对于密尔的政治哲学具有三个方面的重要意义。首先,它同他的人类进步论相关。一个人民在其中追求高尚快乐的社会比人民不这样做的社会具有更高的文明程度。因此促进对高尚快乐的追求同时就是促进社会的进步。其次,培养高尚的情趣需要社会的自由,所以唯有自由的社会才能有密尔所谓的文明。最后,只有追求高尚的而非低级的快乐,人们才能更公正地相处并取得更大的人类成就。问题部分地是通过对高尚快乐的追求而解决的,因为这种追求所培养的品格特点正是为实现最好的政治组织形式所必需的。科学,即智力生活的最高成就,要求客观性和不偏不倚,这正是人所必需的——如果人要成为真正道德的存在物,因而成为最好的国家中的公民的话。

因此,虽然功利主义的核心体现于密尔下述的主张中,即有助于产生最大多数人的最大幸福的个人或社会行为都是正当的,但这一核心被加以修正和扩大了,以致最后的理论同最初的功利主义显然具有不同的价值。政府的存在并不仅仅是为了最大限度地实现公民偶然偏爱的那种快乐。毋宁说某些快乐比其他快乐更好,因而政府有责任教育其公民追求高尚的快乐而不是低级的快乐。因此,不管教育实际上是由政府还是由私人经营的,它都是良好的社会的责任之一,而且对人的道德教育,不仅需要把人看作仅仅只是寻求快乐的动物,还需要把人视作能够取得进步的生物。

某些进一步的区分对于密尔伦理学中与政治相关的部分来说

是重要的。在密尔看来,个人先于国家,但这里说的不是现有状态的个人,而是在组织良好的社会中经过教育而可能培养成的那种个人。这并不是说密尔设想人的生活的一种类型应充当一切人的生活模式,毋宁说人身上存在许多不同的潜力,而社会应该提供必要条件以使每个人都能发挥其特殊才能并使之有益于社会。人能够很好地做到这一点,只要他有积极利用其才能的机会。密尔认为,在几乎人类成就的所有方面,积极的生活在道德上都优于消极服从的生活。由此得出的结论是,鼓励所有公民积极参与其活动的政府,尽管这会产生一些问题,却好于更有秩序但鼓励其公民被动服从统治集团命令的政府,不管这些命令是否道德或公正。

国家的目的

密尔唯一的政治哲学著作是《关于代议制政府的思考》。[1]这部内容广泛的著作以重提一个古老的问题而开始,这个问题就是:政府凭自然而存在,还是凭约定而存在。他认为这个问题关系到政府形式的选择范围。如果政府完全是约定的问题,那么选择是无限的;如果政府完全凭自然而存在,那么选择是不可能的。他拒斥这两种主张,并试图说明每一主张都包含有真理的成分。为此他提出了三个条件,为使某种特殊的政府制度在某国人民中获得成功,该国人民就必须满足这三个条件:他们愿意接受它,愿意作为维持它存在所必需的事情,愿意作为使它能实现其目的所必需的事情。有利于建立和维持特殊政府制度的这些条件,在某种

〔1〕 约翰·斯图亚特·密尔:《关于代议制政府的思考》(*Considerations on Representative Government*),伦敦,1861 年版。再版多次。

程度上可以是对人民进行教育的结果;而在这些条件所规定的范围内,具体的政府形式是一个选择的问题。

从具备条件的诸种政府形式中选择某种形式应以对政府目的的理解为指导。在检查了有关这一问题的某些流行的观点之后,密尔发现,最流行的观点,甚至包括功利主义者的观点,是认为政府存在的目的在于维护社会秩序和实现社会进步。他觉得这种说法太啰唆,因为进步的实现也就假定了在所实现的东西中含有秩序,即安全。因此密尔宁愿说进步是政府的全部目的,但有点勉强,因为这个说法没有充分强调防止倒退的危险这一同等重要的需要。为了满足某一政府形式的两方面的需要,一个更恰当的方式就是承认所假定的秩序和进步之间的对立只是反映了两种人的品格之间一种更深的心理学上的对立,这两种品格是:以谨慎为主的品格和以大胆为主的品格。好的政府,即在稳定的基础上实现进步的政府,需要上述两种品格的人,以求达到一种平衡,尽管不必用专门的法规来确保这一点。所有必要的就是确保两种品格都不被系统地加以消除。政府所统治的人的品质是最根本的,这表现在两个方面。判断政府好坏的检验标准之一是人民的美德和智慧被促进的程度,另一个标准是政府机构对大众的良好品质加以利用的程度。因此,政府的目的就是让人民变得更好,而手段就是教育人民和利用他们所达到的最高的品质。

密尔的道德理论就这样为其政治理论提供了基础,而两者都依赖他对社会进步阶段的解释。虽然密尔承认政府必须关心共同体的事务,但认为其培养人民的责任更为重要。对政府在前一方面的成效进行判断的标准是政府的效率,而效率的标准对于所有形式的政府都是相同的。对政府在教育人民方面的成效进行判断的标准则更为复杂,并依赖于人民觉悟的发展程度。正如在对个人的教育中有自然顺序一样,对一国国民的教育一样有自然顺序。先学简单的课程,而学习以其他课程为前提的课程则需要学生掌握这些课程才能开始学习。

如果前文明状态是野蛮状态,那么服从便是最初的课程,其次是劳动,最后一步则是自治。密尔认为存在一个从奴役制到自治的发展进程,其中每个阶段都以学习一种专门课程为前提,即要求全体大众具备一种新的品格特征。除政府的事务性方面以外,对任一特殊民族来说,最好的政府形式的标准就在于它提供必要的条件,以教人民学习他们为了过渡到下一个更发达的社会阶段而必须学习的课程,并且它不妨碍人民经过适当教育之后进展到再下一个阶段。我们可以在这种意义上来理解密尔的下述观点,即专制对于野蛮人来说是"合法的政府形式",如果"其目的是他们的进步"的话。[1] 在密尔看来,这一系列阶段的最终目标是最好的政府形式,一旦具备所有必要条件,最好的政府将促进的不是一种形式的人类进步,而是所有形式和程度的人类进步。他说这种最好的政府形式就是某种代议制。

为代议制政府辩护

作为最理想的政体,代议制政府的地位只有一个竞争对手,这便是仁慈的专制政体。[2] 在认真思考了由智力和道德上优秀的个人实行专制统治的优点之后,密尔发现了反对专制主张的几个理由。其一来自早期边沁主义者的理论,依据的是这样的原则,即

---

〔1〕 约翰·斯图亚特·密尔:《论自由》(*On Liberty*),伦敦,1859 年版,i。

〔2〕 《关于代议制政府的思考》,iii。

“任何人的权利和利益只有在他们能够并且愿意维护它们的时候才能保证不被忽视”。权利能够约束他人以功利为理由对个人进行干涉的权力,但是在仁慈的专制政体中权利无法得到保障,因为这些权利依赖专制君主的保障。虽然个别的专制君主在某些情况下可能保护这些权利,但只要人性未变,整个专制政体在这方面就是不可靠的。历史证据表明,自由的民族比专制下的民族更繁荣昌盛,这一证据是对上述理由的证明。另一个理由涉及密尔理论中最富特色之点。专制制度要求全体公民的服从,即要求消极被动性。智力的、实践的和道德的优秀,作为国家应该努力在其公民中培养的最高尚目的,都是一种积极能动品格的产物。因此,虽然在国民为了进步到更高的文明阶段而必须学会服从的情况下,专制制度可能是适宜的,但一旦人民学过这一课,他们就应被鼓励积极参与,而这只有在民治政府中才是可能的。所以民主政府因以下两个原因看起来更像是理想政府:它保护个人的权利,并促进他们最高的道德和智力能力的发展。不过,密尔还有更进一步的论证:个人最高度的发展也有赖于一种发达的文明,这只有在一个大国才是可能的。民主政府只在小国才有可能。在大国中可行的最近似的民治政府是代议制政府,即代议民主制。

综上所述,代议制政府不仅是最理想的政体,而且也是在当今世界中能够实行的一种政府形式。它的存在依赖于已经提到过的三个条件,以及使这种自治形式成为可能的成熟程度。什么地方的人民仍有某种课程尚待学习,某种其他形式的政府就将更适合于他们。例如,他们可以更容易地向某个军事领袖学习服从,或某个国王可以教他们克服地方主义,因为这种精神有碍于他们同其他地区的联合以建立代议制政府所需要的中央政权。一旦排除了像这样的一些缺点(而密尔感到它们在其生活时代的英国确实并不是问题),一个构成合理的代议制政府就能最大限度地帮助人民完成过渡到社会的下一阶段的进步。

代议制政府的分析

不过代议民主制的合理构成并不是一个简单的问题,并且在密尔的时代没有一个政府能解决这个问题,主要是因为代表在政府中的作用没得到正确理解。密尔认为,在设想代议制政府时,通常的错误是主张人民代表应实际进行统治。政府的职能,即行政、立法和司法,是需要高度技能的活动,因此需要有经验和受过良好教育的人来从事这些活动,而民众是没资格来选择这些人的。由此可以说,密尔相信专家治国。然而每一政府都有"一个最终控制权",这一权力在民主制中必须掌握在人民自己手中。人民不能直接运用这种权力,而是从实际效果上掌握这种权力,他们可以通过定期选举的代表来控制政府的动作,以使其为公众利益服务。因此,密尔认为代表们并不是政府,而是代表人民制约政府。

一个由民选代表组成的议会将为了人民的利益而充当政府的制约者。密尔把这种议会看作主要是一个协商机构,既是一个"抱怨委员会"也是一个"意见大会"。议会包括"各个层次的优秀的有识之士,他们都有资格或有能力对公共事务发表意见",因而议会将是"一个反映人民要求的机关,也是就有关公共事务的所有意见进行辩论的地方……"〔1〕

这里值得注意的是,密尔的"代议民主制"同字面意义的、由人

〔1〕《关于代议制政府的思考》,V。

民统治的民主制有两个层次上的区别。由人民代表来统治是分离的第一个层次上的区别，由受人民代表约束的专家来统治是另一个层次上的区别。密尔得出这种观点不仅是基于可行性考虑，而且也是根据他的这一信念，即虽然正义要求民主制，但无约束的民主制可以像绝对的君主制一样是一种专制或暴政。

代议民主制的有效运作需要具备一些其他政府制度所不需要的条件。必须在代议机关和实际的行政机关之间保持一种微妙的平衡。过强的代表机构会有碍于政府履行其职能，而太弱的代表机构又不能制约政府。代议机关可能不具备为其职能所要求的知识。邪恶的利益，同整个共同体的利益不一致的利益，可能会占据优势。这些缺点在所有政体中都存在。它们是为君主制和贵族制的本性所固有的，但通过恰当的制度它们的危险可以在代议制中被降到最低点。密尔十分重视为他所拥护的代议民主制设计专门的制度或措施，以使它能克服其可能的缺点。

比较好的君主制和贵族制为确保利用优秀人才来行使政府职能而采取的办法是设立官僚制。但官僚制易于墨守成规，压抑其成员的个性，并成为一种庸才当道的制度。只有民主政府（密尔认为他们的代议民主制是一种最为可行的民主政府）维护共同体中相互对立的利益，并因而激发个人的才思和主动精神，使具备创造性天赋的人能够打破平庸的樊篱以脱颖而出。不过，代议制度所产生的自由必须同训练有素的技能相结合。统治和制约之间的区别——这是密尔的制度的基础——产生这种结合。专家进行统治，但他们受人民代表的制约。

密尔改革现有代议制政府的特别建议可以理解为这样一种目的，即试图确保建立一种技术民主制。如果没有技术，一个自由社会的政府所面临的复杂问题便不能得到解决，没有民主制便不能保证有好的政府,也就是说,公民权利就没有保障。密尔发现流行的民主观念是以对多数的统治的片面理解为基础的。如果民主制意味着由唯一拥有代表的多数全体进行统治,那么民主制的目的必然要遭受挫折,因为少数由于没有代表而无法保证其权利会受到保护,多数则将利用自己的地位以追求邪恶的利益。例如,密尔担心一个代表劳动阶层的代表机构将对富人的财产权构成威胁,并因而使国家的经济遭到破坏。以自身利益为目的的多数的统治同以自身利益为目的的少数享有特权者的统治是一样的,它们都是以不平等和特权为特征的统治。另外,真正的民主制是被同等代表的全体人民的统治。现在的虚伪民主制度包括"错误代表"(多数党中那些反对已选定的候选人的人)和"无效代表"(那些给竞争失败的政党投赞成票的人)两个方面。在代表机构中缺乏与多数有效抗衡的声音将会导致平庸、无能的统治集团。[1]

密尔相信,托马斯·黑尔的个人代表制计划提供了使每个选民都能被代表的手段。在黑尔的比例代表制变体中,每个选民投一系列候选人的赞成票,并在这些候选人中标明他的第一选择、第二选择、第三选择,等等。当足够数量的选票归于某个候选人时,赞成他的其他选票依次为第二、第三及其后的选择,这样每张选票都对某个人的当选起作用。每个选民至少有一个候选人可以说代表他。密尔认为,在现行制度中,某一地区中的多数决定了该地区的代表,赞成落选候选人的选民等于被剥夺了选举权。在黑尔设计的制度下,每张选票都算数。根据密尔的代表制理论,当选代表有责任在思考和讨论公共问题时着眼于整体利益,而不只是反映其选民的观点。他反对候选人搞竞选誓言,他本人在1865年竞选

〔1〕《关于代议制政府的思考》,vii。

议员时就没有搞这一套。

虽然早期功利主义者假定仅扩大选举权便可保证一切人的利益都得到维护,但密尔感觉到,没有个人代表制,普选权就会导致多数人的暴政。早期改革者也假定社会下层会选择他们的优秀分子来代表他们。密尔绝不这样乐观,他认为有必要采取专门措施以避免受过教育的阶层的观点淹没于无教养阶层如洪水汹涌般的选票中。个人代表制使全国各地的有教养者能够汇合他们的选票以确保他们所喜欢的候选人当选,这样就会避免无教养者的统治。但在密尔看来这还不够。为了赋予受过教育的阶层以更大的影响力,而不单单受人数的限制,密尔主张以一人多票的办法来选举有专长者和在共同体中负较大责任的其他阶层人士。虽然个人代表制对民主具有不确定的影响(在给每个人以发言权的意义上它是民主的,就在少数与多数的关系中加强少数的力量而言它又是反民主的),但一人多票制肯定是对民主的一种约束,并且也由此说明密尔多么强烈地确信无限制的民主的危险。他信赖这样一种代表机构,其中社会的两个主要阶层即劳动阶层和上层的利益是均衡的,以期多数代表将根据其阶级利益来发表意见,而起力量平衡作用的每个集团的少数将为了公共利益而发表意见。

论自由

《论自由》一文被密尔自认为是其最为审慎的作品,也是最可能具有永久价值的作品。如果我们了解他的历史哲学及其国家理论语境,我们就能理解密尔为什么会有这种想法以及更恰当地判断出这本书的意义。

由于相信社会从文明的低级阶段到高级阶段的进步,密尔把这一发展的政治顶点看作一种代议民主制的出现。因此,他认为代议民主制是最理想的政体,即人类正趋向的那种政府形式。但密尔并不把代议民主制的出现视为乌托邦的出现。社会不仅必须和一直存在的退步趋向作斗争,还需要和这样一种危险倾向搏斗:最富理想和高尚精神的改革运动僵化成强迫人们服从并且阻碍进步的教条。正如在人类发展的早期阶段服从和劳动是人类进步的主要条件一样,在服从和勤勉成了根深蒂固的习惯之后的文明时代,自由将成为以后进步的条件。

显然密尔的自由理论远不是适用一切时代的一切民族的普遍学说,毋宁说它在实践中是同社会将比国家更重要的那种时代联系在一起的。只要统治者和被统治者之间公认的对立仍然存在,人类的进步就需要人类继续努力以实现代议制政府的条件。一旦具备了这些条件,一种代议民主制度就能够出现,统治者和被统治者之间的对立就会随之消失,因为那时的统治者将代表被统治者的利益。这种条件使个人的自由成为可能,但并不保证一定会有这种自由。社会从为少数人利益服务的政府的束缚下所获得的解放,在社会本身中,即在人民大众中,将产生一种新的对个人自由更危险的威胁。在处理这一新出现的问题时,密尔认为他是在为未来思考。未来的发展所需要面临的问题就是防止个人被比以往更为强大和自信的人类大众所压迫。趋向文明的进步需要约束个人自由,而文明时代的进步则要求个人从这些束缚中解放出来。

密尔认为社会需要一个划分个人自由界限的原则,这样就可以不妨碍政府履行其推动社会进步的任务。密尔使这一原则奠基于他的道德理论之上:个人的幸福才是唯一具备终极价值的事情。只有当他们能够运用其在适当的教育制度下所发展和理解的才智来自由地追求自己的利益时,他们才能在一个文明的社会中最大限度地实现他们的幸福。所有这一切中最根本的是假定个体性、个人发展对个人本身及对社会未来进步的最终价值——对个人具有最终价值,前提是实现了自由发展的条件,即文明和代议制政府。对社会具有最终价值,因为文明的进步依赖于唯有为自己着想的个人才能作出的那种贡献。对密尔来说,文明人是按照理解而行动并努力从事理解的人。这个苏格拉底式的模式只是为少数有哲学爱好的人准备的。它也被作为所有人的楷模,只要他们有能力去实现它。

于是便产生了社会能进展到这一目标的条件问题。主要条件是个人在社会中的自我约束,而密尔的自由理论就是试图从实践方面来研究个人的自我约束需要什么。它需要这样一个基础:每个个人、集团、政府和人民大众都应避免干涉任何个人的思想、言论和行动。这是基本的自由原则。

根本不干涉个人的原则如果加以抽象和绝对的运用,自然会使政府和有秩序的社会成为不可能的事情。这实际是一个无政府主义的原则。密尔从实践应用方面对这一原则作了限制,也就是承认,诚然思想必须是绝对自由的,但个人行为自由必须为了社会的安全而加以限制。密尔论证说,个人属于他自己,他服从社会约束只是为了防止他伤害他人。个人对自己享有主权,而社会则对侵犯他人的个人行为享有主权。个人的思想是个人本身的一部分,因而自由原则要求社会不要对思想施加控制(这里必须记住,密尔谈的不是任何地方的任何个人的集合体,而是成熟的公民主体,他们有教养,有公共责任感。他明确排除了儿童和野蛮人)。

个人思想的公开表达可能被设想为属于不同的范畴,即行动的范畴。密尔承认,在某些个别场合下,情况确是如此,但一般说来他认为言论同思想一样要求绝对的自由,理由是:首先,言论同思想密不可分,控制言论实际就是控制思想。其次,密尔断言,要求有权限制言论自由,即要求有权封住人们的嘴巴,不允许人们在社会中发表意见,实际是假定提此种要求的人是一贯正确的。而密尔认为,任何人都没有称自己一贯正确的权利,因此任何人都不能声称有压制任何意见的正当权利。相反,发表意见和进行讨论的绝对自由对社会有百利而无一害。不受欢迎的意见可能是真理,在此情况下其他人能从这种异见中学到某种东西。即使它部分正确、部分错误,人们仍可从中学到东西。甚至不同意见完全是错误的,允许他表达这一意见出来也会对社会有益。社会要对它自己的(正确)观点的根据时常保持警觉,如果长期不受挑战,正确的观点也可能会成为僵死的教条,而犯错误的持异见者有可能使正确的观点获益。

关于对在社会中公开讨论的自由的限制——如果有什么限制的话——问题,密尔的探讨假定了成熟的公众会以节制和文明的方法展开讨论。那些不遵守这些准则的人便没有这样的权利,他们必须像那些以其行为危害他人的人一样受到约束或限制。这里潜在的原则是,只要讨论仍然是讨论,它就应该是绝对自由的;但一旦它超出讨论而过渡到行动,它就应被当作行动来对待。密尔就后一种情况所举的实例——如告诉激动的暴民说粮商们让一个穷人在一个粮商的门前挨饿而死——暗示发表意见属于思想还是行动的范畴不仅取决于意见本身,而且更重要的是取决于发表意见的具体情况。

众所周知,行动不可能像意见一样自由。行动必须限制在不损害他人的范围内。密尔小心翼翼地去确保这一规则不会被用作对行动进行广泛约束的基础。当人们同意所加害于他们的行为时,这种行为便与社会无关。一般来说,证明一个人的行为有害还是无害是社会的责任,而不是个人的责任。一个成年人的自残行为不是政府进行干预的理由。在这种情况下我们能对这个人进行告诫,但不能强迫他。

社会行为的最终目的应是“确保一切人的行为完全独立和自由”。这特别包括满足欲望和情趣以及从事各种职业或追求的自由,也包括结社或交往的自由,总之只要其他人不会受到伤害,个人就可以拥有充分的自由。通过自我关心的美德教育,社会中的个人应被鼓励用他们的自由来促进和提高他们自身的道德水平和智慧水平;如果他们获得成功,他们便成为尊敬和效仿的合适对象;如果他们失败了,他们便成为不讨人喜欢甚或遭人蔑视的对象。不过,他们不应遭到社会或政府的干涉,除非他们未履行某种社会义务,而这种义务又最终植根于最大多数人的最大幸福这一功利主义原则。有一种反对意见认为,从个人的生活中区分出只关心个人的部分和关心社会的部分,即便不是不可能的也是十分困难的。针对这种意见,密尔从实践方面作了部分回答。如果上述反对意见的基础在于,许多显然属于自我关心的行为损害了他人,那么密尔便回答说,就他们损害了他人而言他们应该受到惩罚。对他人明确的损害或伤害应该受到惩罚,但若仅仅是无意的或偶然的伤害(并不违反或破坏特定的义务),就应着眼于更大的自由而予以宽恕。在这方面,密尔讨论了挥霍钱财、酗酒、贩毒、重婚、赌博及其他属于法律禁止的行为。他承认,不能机械地运用他的基本原则,但他坚持认为这些原则是恰当的社会政策的唯一适合的指南。[1]

---

〔1〕《论自由》,iii - v。

他在结论中重述了个人的主动性优于社会控制的理由:绝大多数事情由个人来做比由政府来做要好得多;个人行为促进个人的精神教育,而政府的行为则不然;政府的行动范围的扩大威胁了自由。

虽然密尔没有把政府干预经济生活作为原则上不可能或不受欢迎的事情而予以排除,但他希望把这些干预限制在产品分配领域,而不涉及由自然规律所统治的商品生产领域。尽管晚年他自认有点社会主义者的倾向,但他也表达了对经济生活进行社会控制的担忧。以个体性、自由和社会进步作为他的标准,他承认下述形式的"非行政性"政府干预有其优点:政府可以提供咨询和信息,并在有垄断危险的情况下参与同私人企业的竞争。虽然承认以共产主义为基础的社会组织可能会提高劳动阶层的生活水准,但他不认为以限制自由为代价来提高生活标准这样做是值得的。[1]

阅读书目

1. 约翰·斯图亚特·密尔:《论自由》,载《功利主义、自由和代议制政府》(*Utilitarianism, Liberty, and Representative Government*),纽约,1951 年版。(中译本:《论自由》,程崇华译,商务印书馆 1959 年版。——译者注)

2. 约翰·斯图亚特·密尔:《关于代议制政府的思考》,载同上。第 1 ~ 7 章。(中译本:《代议制政府》,汪瑄译,商务印书馆 1982 年版。——译者注)

3. 约翰·斯图亚特·密尔:《功利主义》,载同上。(中译本:《功利主义》,徐大建译,上海人民出版社 2008 年版。——译者注)

---

〔1〕 约翰·斯图亚特·密尔:《政治经济学原理》(*Principles of Political Economy*),2 卷本,伦敦,1848 年版,第 5 部分。

4. 约翰·斯图亚特·密尔:《关于代议制政府的思考》,载同上。第8~18章。

5. 约翰·斯图亚特·密尔:《逻辑体系》纽约,1949年版,第6编。(中译本:《密尔名学》,严复译,生活·读书·新知三联书店1959年版。——译者注)

6. 约翰·斯图亚特·密尔:《政治经济学原理》,W. J. 阿什利编。纽约,多次再版,第5编。(中译本:《政治经济学要义》,吴良健译,商务印书馆1993年版。——译者注)

弗里德里希·尼采

(1844—1900)

沃纳·丁·丹豪塞

年轻的尼采把哲学家视为文化的医师。他自己的哲学既是对其时代即19世纪的疾病或危机的诊断,也是对治疗方法的探索。在他发表的第一部著作《悲剧的诞生》(1872)中,尼采寄希望于通过理查德·瓦格纳的音乐来复兴德国文化。他的第二部著作《不合时宜的思想》,在英语世界中以《超时节的思想》闻名,由1873年至1876年发表的4篇文章构成。其中一篇又是献给瓦格纳的。不久尼采便不再相信他在第一部著作中提出的治疗方法,于是抛弃了瓦格纳并对德国文化复兴的可能性失去了信心。随后他进入其发展的第二阶段,这一阶段以幻灭和转向西方实证主义为特征。这个阶段的标志是将其第三部著作《人性的、太人性的》(1879)献给伏尔泰。[1] 尼采表达其最终立场的著作是《查拉图斯特拉如是说》(本书的四部分写作并发表于1883年至1885年)及其后的著作。然而,尼采从未放弃而只是深化了自己在其发展的第一个阶段的著作中表露出来的观点,即认为时代有病或存在危机的观点。他从未中止思考他在第一个阶段所提出的问题。因此,从讨论他的一篇早期著作,即《不合时宜的思想》的第2篇文章,开始阐述尼采的政治哲学,是不无道理的。

批判历史主义

《不合时宜的思想》中的第2篇文章发表于1874年,其篇名可译为《历史之于生活的利与弊》,在英语世界中它以《历史的利用和滥用》闻名。[2] 尼采的思想不合时宜,因为其思想意在违逆其时代,而又试图为了未来时代的利益而影响其时代。这篇文章批判了其时代所特有的一种"谬误和缺陷",即历史主义,尼采称之为历史的运动、历史的倾向或历史的意识。他认为其时代患了"恶性历史狂热病"。[3]

尼采对历史主义的批判也是他对黑格尔的正面批判。在文章的后半部分尼采提到一种"享有盛誉的哲学",然后说:"我相信本世纪德国文化中最危险的转折点莫过于这种黑格尔哲学的巨大且仍在起作用的影响。"黑格尔把当代人视为世界历史的完善;黑格尔主义确立了历史对诸如艺术和宗教等其他精神力量的统治地位;对黑格尔来说"世界进程的最高和最后阶段归结为他本人在柏

---

〔1〕 献词出现于该著第1卷第1版(开姆尼茨,1878年版)。献词未出现于奥斯卡·列维编:《尼采著作全集》英译本第6卷中。

〔2〕 尼采:《不合时宜的思想》,艾德里安·科林斯译,纽约,1949年版。

〔3〕 尼采:《不合时宜的思想》,艾德里安·科林斯译,纽约,1949年版,第3~4页。

林的存在”。[1] 黑格尔的学说认为历史进程是一个合乎理性的进程,这一进程在黑格尔的时代以一个达到顶点的绝对运动而告终结。针对这种学说,尼采断言历史进程没有也不可能完成;历史的完成不仅是不可能的而且是令人厌恶的,因为这将会导致人类的堕落;历史不是一个合理的过程,而是一个充满盲目性、疯狂和不正义的过程。

看上去尼采好像只是简单地回到了前黑格尔的一种观点,即认为历史是一个偶然性的王国而不是一个意义领域。其实不然,尼采对历史主义的批判并未否认历史主义的实质性前提的有效性,而且他对黑格尔的批判是以他同黑格尔在一个关键领域上的一致性为基础的,对《历史的利用和滥用》所作的较为周密的分析将会表明这一点。

这篇文章从思考动物的生活开始。动物很快便忘记逝去的每一瞬间。没有对过去的记忆,完全生活于现在,这样的生活是非历史的。人记得过去,不能逃避过去,人的生活是历史的。人还因意识到过去及岁月的流逝而感到痛苦,只要这种意识伴随着另一种意识,即意识到人是一种不可能完美的不完美物。幸福依赖于能忘却过去和完全沉溺于当前。一个什么也忘不掉的人是一个十足不幸的人,因为他看到的只是流转变迁,而找不到他借以安身立命的牢靠立足点。

另外,若没有对过去的记忆,人将不成其为人。况且,只因人发展了历史意识并依赖古为今用的能力,人才超越其他动物而成为人。因此人的问题就在于寻求记忆与忘却的平衡,这种平衡对人的生活是最为有益的。人对过去记忆的程度或限度必须根据人

[1] 尼采:《不合时宜的思想》,艾德里安·科林斯译,纽约,1949 年版,第 51 ~ 52 页。

能吸收或同化过去的程度来确定。一个健康的有机体是这样的：对于过去，它能消化多少便本能地吸收多少，其余的它连看都不看。历史的存在物和非历史的存在物之间的分界线便是这种生物机体的境界（horizon，也可译为眼界。——译者注）。根据尼采的观点，“这是一个普遍的法则：一种生物只有处于一定的境界之内才能是健康、强壮和兴旺的……”[1]

构成人的境界的是人关于一切事物的一套基本的假定，也就是人毫无疑问地视为绝对真理的东西。人的历史知识必然被一种非历史的黑暗氛围所笼罩，这种氛围限制人的历史意识。

历史的恰当范围存在于必须将人包围起来——如果人愿意忍受的话——的非历史的氛围中。尼采承认，既有对历史的利用，也有对历史的滥用。他说有三种历史可以对生活有用。**不朽的**历史通过对过去伟大人物和事件的描述而为人的行为提供伟大的典范。**好古的**历史致力于人身上保守和虔敬的成分，使他充满对传统的有益的热爱；它特别有益于缺乏天赋的民族和种族，因为它使它们免受动荡而无结果的世界主义之害。**批判的**历史把历史的陈旧过时的方面置于法庭面前予以判决；它揭露过去留存下来的不正义，以便为了现在的利益而将其废除。

然而，与对历史的利用相比，尼采更关注对历史的滥用。他迅速指出误用上述三种历史是何等容易。不朽的历史树立过去的伟大典范可以妨碍现在的伟大典范产生；好古的历史培育对过去的景仰可以使现在黯然失色；批判的历史总是存在否定过去的一切的危险。再者，尼采把这每种历史的效果同它对全部真理的盲然无知联系起来。由于不充分注意伟大的产生所需要的条件，不

---

〔1〕 尼采：《不合时宜的思想》，艾德里安·科林斯译，纽约，1949 年版，第 7 页。

朽的历史诱人误以为,因为伟大在过去是可能的,所以它现在也仍然是可能的,尽管这不一定是事实。为了培养对过去的普遍尊敬,好古的历史必然一味恭维过去那些不值得恭维的东西。批判的历史未意识到人在某种程度上是他们试图谴责的过去的结果。古为今用违背关于过去的真理:有用的历史不可能是科学的历史。

科学以及历史成为一门科学的需要破坏了历史和生活之间的正当关系。历史科学的动机是知识欲而不是为生活服务的愿望,它迫使人们过多地注意历史知识,以致超过了他们适当吸收或消化的能力。在这一点上历史对生活不再有益,它破坏生活。

尼采向读者展示了由过分的历史所导致的一系列灾难。灾难之一是,面对如此宏大的历史景观,人们会感到自己是渺小和无价值的,会认为自己是迟到的、已无事可做的追随者。如果黑格尔是正确的,如果历史完成了,那么现代人就确实是追随者。黑格尔错了,但认为他正确的信念使人们表现得像追随者。人若无进一步的任务需要完成,或人若相信已无事可做,那么人一定会堕落,因为人拥有的最好的东西便是他的抱负或欲求。

但是,无论断言历史进程完成了,还是断言历史进程是合理的,都不是历史主义的最根本的断言。历史主义断言历史之压倒一切的重要性、历史对人的生活和思想的决定性以及历史进程的不可超越性。尼采接受了这一历史无所不能的断言,并且他对这一断言的认可构成了他同黑格尔在一关键点上的一致性。尼采归咎于过度的历史知识的灾难可以概括为一句话,即过分的历史知识破坏人的境界。然而,并不存在人之为人的永久境界。人关于事物的基本假定是没有证明、没有根据的,是历史地变化和历史地决定的。没有永恒的事物,亦无永恒的真理;只有流转、变迁,尼采称之为发生着的结局。[1] 断言发生着的结局的学说是正确的,但也是致命的。历史作为关于普遍发生的科学是真理,但却具有毁灭性。

如果人的生活只能在某一眼界中繁荣兴旺,而人们信以为绝对真理的这一眼界又实际不过是许多可能的眼界之一,那么生活就需要错觉,而揭露此种眼界仅仅是一种眼界的真理就是致命的。因此,在真理与生活或生活与智慧之间存在冲突。

尼采认为,在这种冲突中,人必须选择生活方面。可以有无智慧的生活,但不可能有无生活的智慧。

然而,倘若人明知错觉是错觉,接受生活所需要的错觉便是不可能的。神话只有被误认为真理时才是有用的。一个人的眼界是他的最全面的神话,眼界有助于他的生活是因为他视其为真理。把一种眼界视为眼界也就是超越那种眼界。无论如何,不断接受一种已经被意识到的眼界会使人陷入卑劣的自我欺骗之中,而尼采关心的是人的崇高。如果智慧和生活之间存在紧张关系,那么它是不可能通过偏爱生活而得以解决的。自此便出现了一个困境。

不过,《历史的利用和滥用》最后提出了一线希望,断言了生活和智慧之间的和谐。自历史主义揭露了人的一切眼界的任意性特征之后,人便经常处于"令人绝望的无限怀疑主义的海洋"中,但尼采声称看到了陆地:人可以从"历史的疾病"中获得痊愈。[2] 痊愈的可能性寄托在证明历史主义不是真理或至少不完全是真理上。尼采在《历史的利用和滥用》中尝试性地,而在其后来的著述中更

[1] 尼采:《不合时宜的思想》,艾德里安·科林斯译,纽约,1949年版,第61页。

[2] 尼采:《不合时宜的思想》,艾德里安·科林斯译,纽约,1949年版,第65、69、73页。

广泛地试图克服和超越历史主义的见解;对历史主义的客观真理的质疑最后归结为对客观真理本身的可能性的质疑。

最终导致历史主义的那种历史是自视科学和客观的历史。历史主义是以考察历史现象为基础的理论。尼采怀疑历史现象能否为客观和科学的历史及历史学家所理解;他怀疑历史是否会向中立的探索者呈现其秘密。历史是由历史的演员,即伟人造就的。造就历史的人是执著信奉某一事业的人。他们活动于某一信奉的眼界中,非历史地相信他们的企图的绝对正当性。历史的伟人是伟大的创造者,他们面向未来并完全致力于未来事业。伟大的人创造未来的人将生活于其中的眼界。他们无意识地创造这些眼界,并误以为他们发现了真理。所有以前的眼界发展了这一信念,即绝对真理不能创造只可发现。

客观的历史忠实于它的对象,坚信它能展现过去的本来面目。尼采颇有同感地引用了一句古老格言:只有同类才能理解同类。只有执著面对未来的人以及富于创造性的人才能理解过去面向未来的创造及过去有执著信念的人。“过去的语言总是玄妙深奥的。你只有作为了解现在的未来的缔造者才能理解过去的语言。”[1]客观的历史学家不是创造性的人,他不面对未来。历史学家可以确定米开朗基罗的生日,但唯有艺术家才真正理解米开朗基罗。

客观的历史学家自欺欺人,以为他只是描述过去而并不解释过去。然而,恰恰“客观性”一词本身就暗含错觉。任何对事实的陈述都是对事实的解释。从浩瀚的资料中选取所需资料本身就是一种解释。最终的选择不在于客观的和主观的历史之间,而只在

---

〔1〕 尼采:《不合时宜的思想》,艾德里安·科林斯译,纽约,1949年版,第41页。

于对过去的高尚、丰富的解释和对过去的卑劣、贫乏的解释之间。

可见尼采并不否认下述见解的正当性,即眼界是人创造的;他攻击的是历史主义对这种见解的特殊的解释。他试图通过给这一历史主义的见解以高尚的解释来超越其明显的致命危害。如果人借以生存的价值确实是他们自己的创造或虚构,那么这一事实便可作两种解释。尼采倾向于把这一见解看作对人的创造力即人的力量的揭示。人被揭示为能创造眼界的动物。他第一次能够有意识地创造他的眼界:一个有意识创造的眼界难道不可以是迄今由人所创造的最光辉的眼界吗?

在《历史的利用和滥用》中,尼采只是暗示了这样一种解答的可能性,而由这些暗示所提出的问题并未在这篇文章中予以解决。如果眼界是人的创造,那么在原则上不可以像有许多不同的人一样有许多不同的眼界吗?如果眼界是自由设计的,那么一个人在不同的眼界之间应怎样进行选择?一旦提出这些问题,我们就必须从《历史的利用和滥用》转向他的主要著作,不过要记住历史进程对尼采来说的重要性。在《人性的、太人性的》中,尼采批评传统哲学缺乏历史意识。[1] 历史进程的重要性是如此之大,以至于几乎可以说尼采的政治哲学是通过历史分析来表达的。尼采试图创造人的未来眼界。当然,他的创造不可能源于或仅仅源于历史,因为它是一种自由的设计。但历史主义关于眼界之为眼界的见解必然是一种后基督教见解,这一点我们在后面将会看到。而且尼采自己的设计在某些方面试图成为有史以来有关未来的最好设计的综合。记住了这几点,我们就可以转向尼采对人类历史的解释,这种解释把人引至尼采时代的全面危机。

---

〔1〕 列维:《人性的、太人性的》,警句 2,第 14 ~ 15 页。

历史的解释及时代危机

几乎在有记载的历史的开端，人类历史就达到了顶峰；迄今为止的最高文化是古希腊文化。在尼采看来，文化是自然的完善，而每种文化都以体现于各种活动中的风格的统一为特征。伟大的文化孕育大量伟大的、有创造力的人，并使人类不断提升。尼采在《超越善恶》中写道：

> "人"类的每次提高迄今一直是一贵族社会的产物——而且将来也是如此。这一贵族社会是这样一种社会：它相信等级秩序的漫长阶梯……并需要这种或那种意义上的奴隶制。当统治阶级不断漠视和鄙视臣民和工具，不断实行服从与命令、压制及保持疏远的时候，"情感距离"便从根深蒂固的等级差别中产生出来。若没有"情感距离"，另一种更为神秘的情感也不可能发展起来。这后一种情感便是灵魂本身对不断扩大距离的渴望，即渴望更高、更罕见、更疏远、更扩展、更广泛的社会等级的发展——简言之，也就是"人"类的提高。[1]

情感距离存在于希腊社会中，这个社会是主奴社会。尼采还以赞赏的态度注意到，希腊人造就了搏斗和竞争的美德，连诗人们都相互竞争。

如果说希腊是有记载的历史的顶峰，那么希腊悲剧就是顶峰

---

〔1〕《超越善恶》(*Beyond Good and Evil*)，沃尔特·考夫曼译，纽约，1966年版，警句257。

之顶峰。人的根本体验是深不可测的:在混乱而非和谐的世界中,人面对的是无意义的无底深渊;人是受苦受难的动物。乐观主义是对人的境况的浅薄反应,是自欺欺人。悲观主义或许只是意志的软弱,但它能勇敢面对深渊。希腊悲剧是有力量的悲观主义,是对人的苦难的肯定,因此是对人的苦难的升华。

尼采赞美的希腊文化主要是前苏格拉底文化,他欣赏的希腊哲学家也主要是前苏格拉底哲学家,尤其是赫拉克利特。在尼采看来,苏格拉底是希腊悲剧的破坏者。一种健康的文化是使人的创造本能得以最充分发挥的文化。苏格拉底是本能生活的敌人,是一个批判的而非有创造力的理论家。他离奇古怪地把幸福和美德等同于理性;他使高贵和高贵的美德屈服于它们不能抗拒的无情的辩证法的拷问,从而摧毁了高贵和高贵的美德;他把自己的意志如此成功地强加于后代,以致自苏格拉底以来理性主义一直是西方人的命运。

苏格拉底和柏拉图是一场更大灾难的预兆,这一更大灾难便是基督教的产生。尼采称基督教为"人民柏拉图主义"。[1] 基督教对罗马的胜利是奴隶道德对主人道德的胜利。

对尼采来说,道德是创造物,但最初的创造者是个人而不是民众。民众道德是道德的最初形式,奴隶道德和主人道德都是从中派生出来的。然而,总是有强悍的民众和软弱的民众。强悍的民众把他们的意志强加于软弱的民众并使他们成为奴隶。主人道德是对强者力量的肯定,是对朝气蓬勃和积极能动的生活的赞美,而这种生活属于那些拥有活力和能够行动的人。强者不压抑他们的本能而是颂扬他们。主人是残忍的,但他们的残忍是无辜的。他

---

〔1〕《超越善恶》,沃尔特・考夫曼译,纽约,1966年版,序言,第3页。

们把好等同于强者,他们轻蔑地命令弱者,并称之为坏。

反之,奴隶道德是弱者对力量的否定。主人区分好坏,奴隶则区分善恶;主人肯定为好的奴隶斥之为恶。奴隶道德本质上是否定的,是对统治者及其价值的反抗和报复。它主要关注恶。善成了贴在各种软弱——如谦卑和惰性——上的一张标签。雄鹰不可能不是雄鹰,羔羊不可能不是羔羊,但羔羊假装——而且必须假装——它们的软弱是自愿的,正像雄鹰的强悍是自愿的并因而可以遭谴责一样。

尼采常常交替使用"奴隶道德"和"牧师道德"这两个词。将奴隶道德加以系统化的是牧师,他们是统治集团的成员,但却是软弱、堕落的成员。他们同民众合作:病夫帮助病夫。他们发明了禁欲的观念以作为软弱的生命试图对生命实行的报复,但这种蓄意报复对生命有用,因为它使民众免于毁灭自己。牧师民族是犹太人,他们是基督教的创立者。他们共谋通过基督教来实现一切价值的错位。他们取得了成功:谦卑成了美德,骄傲成了恶德;主人道德被颠倒了。基督教通过阉割生命的活力使生命变软弱。本能的自由发挥被否定,并且被迫压抑自身。

这种一切价值的错位的最坏结果是保全尼采所谓多余的、"有缺陷的、有病的、堕落的生命形式",在生命系统中这种保全必然以牺牲高级生命形式为代价。它使人成为"崇高的流产儿",他过分驯顺、软弱以致不敢或无力追求自己的利益。[1]

尼采认为他自己的工作就是试图实现一切价值的归位,但不要错误地以为尼采只是试图恢复基督教以前的主人道德。由于基督教所造成的西方人的改变,这种恢复将是不可能的,而且也是不

---

〔1〕《超越善恶》,沃尔特・考夫曼译,纽约,1966年版,警句62,第74~76页。

值得向往的,因为这些改变并不完全都是更坏的。尼采认为基督教深化了人,奴隶道德通过使人的本能升华而使人脱俗,以至于使人有可能具备更优雅的表现方式。除其他事物之外,人的脱俗还产生了科学,而科学丰富了人的未来的可能性。再者,基督教使人普遍化,并使恢复各个民族或种族的狭隘目标变得过时。基督教超越了古希腊。尼采对一切价值的归位将取消基督教虚伪的普遍性,而代之以人类真正的普遍目标;它将超越基督教,而不只是摧毁它。

当尼采拿他自己的时代同伟大的希腊时代,或甚至同基督教在欧洲人中造成巨大精神分裂的时代相比较的时候,他发现他自己的时代在所有关键方面都有缺陷。19 世纪几乎没有真正的个人,哪怕真的出现了罕见的真正的个人,也会被这个可鄙的时代所扼杀。生命的低级形式以牺牲高级形式为代价进行统治,在尼采看来这便是民主的意义。民主就是平庸。民主与社会主义没有实质性差别。民主和社会主义都宣扬平等主义,而且二者都是基督教及其奴隶道德的真正继承者。基督教为平等主义开辟了道路,因为它在若干关键方面主张一切人平等:他们以上帝为共同祖先,并且他们都是罪人。

尼采发现其时代的所有政府实质上都是民主的,甚至自视为君主制的国家都通过依靠或迎合多数来确定其方向。所有现代国家都屈服于舆论或民意,尼采把民意等同于懒惰,民意的统治是散漫和懒惰的统治,孕育出的是思想和行为的千篇一律。现代社会全都是大众社会,它不仅把人塑造成一种模式,而且还塑造成一种十足堕落的模式。早报取代了晨祷。这个时代以和平主义为自豪:实际情况是,人们对任何东西都不再有如此强烈的信念,以致为之奋起战斗。

尼采抨击了现代国家和现代社会。现代国家是一个强有力的新偶像,而尼采关心的是破除偶像。国家不过是建立在一个民族的特性之上的上层建筑,但它歪曲了这种特性:现代国家宣扬人的权利之类的普遍学说。其浅薄的普遍性扼杀了特殊人的天赋,其无人格的机构使人丧失个性。

虚伪的品格充斥社会。市场上的成功是无价值的标志。一个人要想获得成功,就必须是一个演员,即真实自我的反面。

现代教育不再塑造真正的个人,而是培养专家。教育的败坏必然导致审美品味的败坏。败坏的标志是文风的低劣。人们不再好好说、好好写,优美的文风逐渐被抛弃。

尼采时代的全面危机也影响了哲学。哲学被容忍只是因为它的无能。哲学不再君临其他学科之上。哲学处在这样一种糟糕的状况,声名狼藉几乎是理所当然的。尼采发现他考察过的所有哲学都有缺陷。首先,它们都倾向于独断。哲学都成了哲学体系,而建立体系的愿望缺乏正直和诚实。某些哲学仍有教益。人们可以从犬儒主义者那里了解价值的"阴暗"面,并学习欣赏人身上的动物品性;可以从怀疑论者那里学会一种必要的超脱;可以从悲观主义者那里懂得生活中苦难的伟大作用。然而,就其本身而论,这些哲学都没提出解决时代危机的方案,因为它们本身就是危机的症状。科学也无法提出答案。科学具备高度诚实的品格,但它也卷入了危机:科学是奴隶道德的禁欲观所假定的最终形式。科学为了真理敌视生活。然而,正是它的真理性消解了它自身。科学由于发现其自身的局限性而开始自我怀疑。

尼采认为其时代的危机既反映在思想中也反映在行为中,既反映在个人中也反映在制度中。他用一句简短的格言表达了这一全面危机的根源:"上帝死了。"

上帝之死及其意义

“上帝死了”，尼采的这句格言反映了他的哲学努力的核心。在尼采最伟大的著作《查拉图斯特拉如是说》中，查拉图斯特拉——在某种意义上是尼采的自我理想化，几乎在一开篇便宣告了上帝之死。[1] 起初他并未证明上帝死了，而是以他个人的名誉保证上帝死了。信仰上帝对所有人来说都成了粗鄙之举，只有那些没机会听说上帝死了的人除外。后来这个说法的意义、根据及其结果才得到明确表达。

尼采显然不是无神论的创始者，但他的无神论在许多方面是独特的和重要的。首先，尼采并不隐瞒他的无神论，而是以他挥洒自如的雄辩一再宣告它；以前的无神论者对他们的无神论却更倾向于保持沉默。其次，在 19 世纪，无神论主要是政治左派的独占领地。尼采厌恶左派政治并设想了一种新贵族，可以说，他创立了政治右派的无神论。贵族在传统上都同维护宗教联系在一起；而尼采式贵族将是坦率的无神论者。最后，尼采的无神论是历史的无神论。上帝死了这句话意味着上帝曾经存在。当人信仰上帝时上帝存在，而上帝死了是因为信仰上帝已不可能。

由于尼采关心的是对其特殊时代的分析，所以他的上帝之死主要（但不限于）是指基督教的上帝之死。《查拉图斯特拉如是说》第一部分中的言论在很大程度上关注的是基督教及其影响。这一

---

〔1〕 参见《查拉图斯特拉的开场白》(*Zarathustra's Prologue*)第 2、3 节，《查拉图斯特拉如是说》(*Thus Spoke Zarathustra*)，载沃尔特·考夫曼编：《袖珍尼采》(*The Portable Nietzsche*)，纽约，1954 年版，第 122～126 页。

部分反映了整部著作的意图,即模仿和嘲弄《圣经》。查拉图斯特拉想为人类创立一个真正普遍的目标,为此他必须克服已有的虚伪的普遍目标。基督教和佛教是虚伪的普遍目标,但由于在欧洲只有基督教是一重要力量,所以尼采更重视它。基督教上帝之死使欧洲人失去了普遍目标,而同时受基督教影响,欧洲人已如此普遍化,以致他超越了任何民族的或种族的目标。

上帝之死是基督教历史中的最后事件,而随着基督教上帝之死所有其他的神也都死了。揭示人的最普遍眼界也不过是眼界之后,所有对永恒真理及存在的信仰就都不可能了。在《查拉图斯特拉如是说》第一部分结束时,查拉图斯特拉宣告了一切神的死亡。[1] 上帝之死也是柏拉图的理念及形而上学之死。传统哲学和传统宗教都信仰一个有别于人所感知的世界(现象世界)的真实世界。哲学和宗教都向往来世。上帝死了,不可能再有对上帝的信仰。信仰上帝的不可能性也就是信仰一个真实世界的不可能性,而真实世界的废除也就是现象世界的废除:人通过其感觉、感情以及通过其整个存在所认识的世界现在是唯一的世界而不是现象世界。或者换个说法,随着上帝之死,现象世界成了真正的和实在的世界。

上帝之死发生于人们认识到上帝是他们自己的创造物的时候。那些创造了上帝、被对上帝的信仰所彻底改变了的人的后代现在杀死了上帝。基督教上帝是基督教道德的基石。基督教道德使人意识到自己的弱点,也使人努力克服这种弱点。基督教深化和提高了人的精神力量。基督教道德强调渴求真理的价值。它不仅使人成为更驯服的动物,也使人成为更聪明、机巧的动物。献身

---

〔1〕《查拉图斯特拉如是说》,载沃尔特·考夫曼编:《袖珍尼采》(*The Portable Nietzsche*),纽约,1954年版,第191页。

上帝发展为献身可称之为科学的真理。由对基督教上帝的信仰所创造的严谨而敏感的良心最终转而背叛上帝。基督教道德的顶点是理性的诚实,而恰恰是这种理性的诚实杀死了上帝。

但随着上帝死于基督教道德之手,基督教道德自己也失去了根基。基督教道德不可能在上帝死后仍存在下去。献身于真理或献身于任何东西现在都成了问题:一切见地和抱负都显得是任意的、无根据的。上帝死亡不仅是基督教道德的死亡,也是一切传统道德的死亡。

在《查拉图斯特拉如是说》中,基督教被视为人的精神的变形,人的精神由于接受了基督教而成了骆驼。它背负道德义务的沉重负担,这些道德义务对精神说:“你应该。”人“背负”着羞辱其自豪、诋毁其智慧、献身无望的事业和探求真理的多重负担。骆驼进入了漫漫荒野,但第二次变形发生了:人的精神成了雄狮。它开始反抗它的重负。它杀死了义务的严厉而凶恶的监护人;它不再听监护人的“你应该”,而是理直气壮地说“我愿意”。虽然雄狮可以杀死凌驾于人的意志之上的价值的监护人,但他不能创造新的价值,他被留在了荒漠中。[1]

随着上帝的死亡,人发现自己置身于荒漠中,这个荒漠便是尼采时代的全面危机。它显然不仅仅是观念历史中的一场危机。或许是习惯使然,基督教道德可能被保留一段时间,但这种状况不会持久。人越来越无所信仰。不再存在赋予生命意义的一种眼界:危机是全面的。

对尼采来说,左派政治本身就是全面危机及其恶化的一种症候,所以它们显然不是一种解决办法。那么保守主义或右派的政

---

〔1〕《查拉图斯特拉如是说》,载沃尔特·考夫曼编:《袖珍尼采》,纽约,1954 年版,第 137 ~ 140 页。

治又如何呢？尼采根据各种理由否定了保守的解决办法的可能性，他对俾斯麦时期德国保守主义采取的特殊形式和保守主义的一般主张都进行了批判。

首先，19世纪的保守主义被迫对现代的民主运动作出巨大让步。俾斯麦试图在维护君主制的同时又推行普选和广泛的福利立法，从而促进了民主运动。国王不再被视为统治者，而只不过是第一公仆。

其次，保守主义包含民族主义观念。民族主义天生就是一种民主现象，它派生于法国大革命本身就证明了这一点。民族主义也是一种时代病。全部欧洲国家对民主作出的让步以及所有欧洲文化逐渐增长的相似性，都表明已经存在一个隐蔽而又不可否认的欧洲统一体。尼采自称是一个善良的欧洲人。19世纪极少数真正的个人，像拿破仑和歌德，不是民族的而是欧洲的事件。欧洲民族国家之间表面的冲突不能再被容忍，哪怕只是因为欧洲面临来自俄国这一沉睡巨人的威胁。

再次，保守主义依赖腐朽的旧贵族。真正需要的是一种新贵族及有关贵族的新观念。

最后，保守主义同基督教结成联盟，而如前所述，尼采拥护坦率的无神论。

可以援引尼采一部后期作品《偶像的黄昏》中的警句来概括他对保守主义的看法：

> 悄声告诉保守主义者，以前未知者，现在已知者，或可知者：回归，即任何意义或程度上的逆转，是根本不可能的……今日仍有党派梦想一切事情都可像螃蟹一样倒行。但没人愿做螃蟹。什么都帮不了忙：人必须朝前走——一步步走向没

> 落(这是我对现代"进步"的定义)。人可以遏制这种发展并因而阻止堕落,但蓄之既久其发必速:人再也无能为力。[1]

尼采把左、右派政治均斥之为卑劣的政治,他用以反对它们的是他的伟大政治即未来政治的相当含糊的概念。一切价值的归位也是一切政治的归位,尼采把道德等同于政治。

时代的全面危机必须解决,但绝无必要为了人的利益而解决。随着上帝之死,人开始面临最大的危险:人可能彻底堕落。信仰上帝和反对上帝都促进了人的改善,随着上帝之死,人便不再有机会热爱或憎恨上帝。上帝之死可能导致人放弃一切努力、抱负和理想。这样的人只由对舒适的自我保存的欲望所驱动,尼采称之为最后的人(lastman)。最后的人是最卑鄙的人,因为他不再能鄙视自己。他既不想统治也不想被统治,既不想成为富人也不想成为穷人;他希望一切人都做同样的事情并成为同样的人。"'我们创造了幸福',最后的人得意地说。"[2]当查拉图斯特拉为了警告人们而描述最后的人时,他的听众被他所描绘的下面的景象迷住了:当代人尚不是最后的人,但当代人的理想是最后的人。

虚无主义是对接近最后的人的趋势的一种反抗。虚无主义的公式是:没什么东西是真的,一切都是允许的。由于所有的抱负和理想都证明是无意义的,所以人们不可能献身一种事业:他们对未来无所欲求。虚无主义者与其说断绝一切愿望不如说愿望虚无。基督教的禁欲观是对生命的一种否定,因此可以视为一种无意识的虚无主义。而且,虚无主义是现代自然科学的必然结果,因为科学摧毁了价值的合法性。尼采常常认为虚无主义是欧洲不可避免

---

〔1〕《袖珍尼采》,第546~547页。

〔2〕《查拉图斯特拉如是说》,"开场白"等5节,载《袖珍尼采》,第128~131页。

的未来;他还时常自称是一个虚无主义者。新价值的创造者必须是旧价值的破坏者。

然而,上帝之死不仅是人的最危险的时刻,也是人的最伟大的机遇,因为它使未来价值的最大创造成为可能。上帝之死是人的解放。以前的眼界使人身陷囹圄,它们阻止人安居于此岸世界这唯一真正的现实世界。人现在可以忠于尘世了,像查拉图斯特拉所告诫的那样。地球的心脏是金子:根本没什么地狱。上帝之死是人对原罪的摆脱:白肤金发野兽——史前史人类的最优良品种——的富有成果的清白,可以在更高水平上得以恢复。

上帝之死是人的创造力的发现。在认识到眼界是自己的创造物的同时,人也更加意识到自己的力量;如果没有什么是真的,那么一切就都是可能的。通过无意识地创造眼界,人成为人,而通过有意识地创造眼界,人能够成为超人。

至此,显而易见的是,尼采需要一种解释人和人的境况的哲学学说。以前的学说随着以前眼界的消亡而信誉扫地。新学说必须抛开目的论原则来解释人何以为人;新学说必须同下列知识相一致:生成的至上性、人的动物起源以及所有现存事物固有的无意义。尼采称这种学说为权力意志学说。

权利意志论

尼采主张权力意志是一切实在的基本特征。权力意志学说是崭新的哲学学说。在《查拉图斯特拉如是说》和《超越善恶》中,对这一学说的阐明伴随着对以往所有哲学学说的拒斥。在尼采看来,以前所有的哲学学说都相信客观真理,这是一种偏见。哲学家们谈论的是真理意志,假定存在可以被思想发现的真理。实际上,尼采说,他们只不过是无意识地企图把他们的解释强加于世界。哲学家的思想或理性同哲学家的人格是不可分割的。真理意志只不过是一种更基本的意志的一种形式,这一更基本的意志就是克服、统治一切的意志,即权力意志。

在《查拉图斯特拉如是说》中,查拉图斯特拉关于"自我克服"[1]的言论最充分阐明了权力意志学说。查拉图斯特拉观察生物后发现,哪里有生命哪里就有服从。但服从总是对命令的服从。命令绝不会存在于生命之外。克服、命令、统治的强烈欲望不仅仅是生命的一种特征,而且是生命的核心。

生命就是权力意志。生物是试图克服的生物。它"首要的目标是释放其力量"。然而,它试图克服和释放时并不着眼于任何既定目的。尼采否认自我保存的本能是生物机体的主要本能。自我保存不过是权力意志的结果,而非生命的目的;自我保存的本能是多余的目的论原则。

权力意志并不为人所特有,尽管它说明了人何以成为人:生命在于克服,某些野兽克服了它们的兽性,就像一些人克服了他们的人性一样。野兽在丛林中捕食和艺术家描绘美景都属于权力意志的形式。最后,权力意志学说是一种宇宙论学说,它解释了一切实在的特征。没有无生命的事物:这种学说不仅拒斥一切唯心主义哲学,也拒斥一切唯物主义哲学。

不过,尼采主要强调的还是人的权力意志。人是创造眼界的动物。在尼采看来,人没有确定的本性或功能,人是尚未被规定的动物。人是深谷之上的绳索,是次于人者和高于人者之间的中间

---

[1] 《查拉图斯特拉如是说》,载《袖珍尼采》,第225~228页。

物。权力意志解释了人的一切活动,从其最低下的欲望到最高的创造。哲学是权力意志最高和最精神化的形式。

因此理性不再像传统观点认为的那样,可以被理解为人的本质的存在。人并非主要是一种思想动物,理性和意识不过是表面现象。人的我(ego)是被创造的,它作为整个有机体的部分是理性的源泉,而且是理性不可测度的源泉。最高的目标是理性既不能达到也不能传达的。在我之下是自我(self),它是我的基础,是权力意志之所在,是一切可能的意义之源泉。尼采的自我概念同弗洛伊德的"以德"(id)概念有关,所以他曾称自我为"以特"(it)。但与弗洛伊德的"以德"截然不同的是,尼采的自我是完全神秘的,它本身就是一种创造。

查拉图斯特拉称自我为肉体。于是,传统的精神与物质以及肉体与灵魂的二元论被破除了,因为自我也被称作灵魂。结果是,不仅以前被认为不怎么高尚的东西的概念属于灵魂,而且以前被认为更富精神化的东西的概念属于肉体,例如,查拉图斯特拉把血液称作精神。

权力意志学说必然导致对传统的美德观念的修正。在尼采看来,美德是升华了的、理想化了的激情,献身的激情。尼采把传统美德比作睡眠,因为它们被认为可以带来幸福,这种幸福是一种宁静的状态,也因为传统上最高的美德是一种智慧,它被设想为对永恒的、原生的事物的沉思。而尼采认为美德是创造力,智慧是自我有意识的创造。尼采强调自我的同时,进一步强调自我实现和诸如诚实及正直之类的美德。不过,由于每个自我都是独一无二、神秘莫测的,所以在尼采看来不可能有普遍的美德学说:一个人的善可能是另一个人的恶。也可以说尼采试图把善恶概念归结为肉体自我的疾病和健康概念,同时又转过来把这些概念归结为力量和软弱的概念。

尼采知道权力意志学说面临困难。权力意志学说只是尼采的权力意志的表达还是一种客观真实的学说？尼采既不能主张它是完全真实的,也不能主张它绝不比有关实在特征的街谈巷议更有道理。尼采想方设法解决这一难题。以前的哲学自视完全是真的,而尼采认为传统哲学都以独断为特征,所以他努力以另外的方式来阐述他的哲学。权力意志学说不仅在内容上而且在形式上不同于以往的学说。尼采认为不可能有关于实在的客观知识,而只能有关于实在的观点。所以他不仅常常承认而且断言……权力意志学说是对实在的一种试探性解释,是有待检验的假说。他认为他自己的哲学和以他的哲学为序幕的未来哲学是一种试验,一种充满诱惑力的企图。即便只能有关于实在的观点,仍可以有或多或少普遍的观点。尼采的观点是迄今所达到的最高的观点,不仅因为它包含所有以往观点的洞见,而且因为它是第一个懂得观察规律的观点。同样地,尼采的权力意志学说提供了权力意志的第一个自我意识;尼采的哲学是对创造活动的第一次创造性解释;尼采达到了一个顶峰,在这顶峰上创造和沉思是无差别的。但这也意味着达到了终结。尼采既被迫肯定又被迫否定权力意志学说是客观真理,权力意志学说必须既是对事物之真理的洞见又是尼采之独一无二和创造性自我的创造。《超越善恶》中对权力意志的论证也只是尼采最个人化的思想。《查拉图斯特拉如是说》,如其副标题所指明的那样,是“一本为所有人又不为任何一人的书”。它既是一切人类的《圣经》又是尼采最个性化的表达。尼采只能将他的意思暗示给其他人。他至多只能要求其他人成为真实的、创造性的自我。查拉图斯特拉不想要任何戒律。尼采的学说是对创造活动的创造性召唤,因此只有创造性的人才可理解。

还有第二个困难。何为权力意志的限度？一切都可以克服吗？如果任何东西都可以克服,那么人最终也将克服不平等状态,而在尼采看来不平等状态对于人的提高是必不可少的。最终人确实将成为“最后出场者”,将没有任何东西留待克服。尼采信奉等级制社会,信奉男人比女人优越,信奉苦难的必要性。但如果权力意志就是一切,如果一切在原则上都是可能的,那么为什么两性差别或等级差别不该和不将被废除呢？传统哲学不需要面对这些问题,因为它凭自然(本性)确定其方向。而对尼采来说,人没有已确定的自然(本性)。在外部世界的意义上可以说有自然,但这样的自然是没有价值的,是由无意义的材料构成的。人不可能根据自然而生活,因为自然并不指示任何行为方向。在尼采看来,自然是一个疑问,但为了确保等级制度,他又不能没有某种自然概念和关于统治与被统治的某种自然原则。

权力意志的限度之最严重问题同过去有关。从原则上讲任何东西都是可能和必须试图加以控制或征服的,但能控制或征服过去吗？如果只从否定的意义来看,尼采自己对未来的设计是以过去为基础的。他的设计是自我的创造,但自我也是过去的创造。时间的流逝和过去不使意志感到无能为力吗？尼采把以往的哲学看作是意志对其在时间流逝面前的无能的反映,是权力意志通过创造虚假的永恒存在对时间实施的报复。但他自己的哲学不是否定的,而是从报复精神中获得的解放。它将是一种全面的肯定,甚至是对过去的肯定。只有过去表现为也是未来,过去才能被控制和肯定。如果存在所有事物的永恒复归,那么过去也就是未来。尼采的永恒复归学说断言,一切事物以前都无数次发生过,并且将像以前一样无数次发生。永恒复归学说既是宇宙论又是道德学说。如果存在永恒的复归,人就会意识到他的全部行为的可怕的严重性,因为它们将重现无数次。再者,通过意欲支配一切事物的永恒复归,人意欲支配和肯定将成为他的过去的未来,这样,人就能成为自己的原因。最后,一切事物的复归确保了低级事物的存在,因此也确保了不可能被权力意志克服的事物的存在。通过意欲支配永恒的复归,意志达到了其最高顶点:它克服了自身,但在对一切事物的全面肯定中仍生存下来。通过对一切事物的全面肯定,人便不再是人而成为超人(superman)。

超人学说

超人是尼采对未来人的设计。超人是对以前所设想过的人的最高理想的实现和超越。他部分是诗人,部分是哲学家,部分是圣人。他是诗人因为他是创造性的,但他高于当今的诗人,尼采批评后者撒谎(他们歪曲、篡改无意义的既成事物),不能创造新价值,而是充当传统道德的奴仆,超人将创造新价值并且在这方面将类似于传统哲学家,但他的创造将是自我有意识的创造。最后,超人将类似于圣人,因为他的灵魂将包容基督教赋予人的全部深度。超人将是具有基督灵魂的恺撒。尼采诅咒的基督教最终在人的崇高的未来所起的作用比在他赞美的古典时代所起的作用还要大。查拉图斯特拉是从不信仰上帝的最虔诚的人。

超人必须被欲求。他并非必然出现,他只是未来的可能性,就如最后的人是一种可能性一样。时代的全面危机仅仅意味着人可能不再是人,他必须上升到超人或堕落为亚人(subhuman)。

超人是尼采对未来人的自由设计,但它植根于它所超越的过去的人的理想,这使该设计避免了任意性。超人将在无限更高的、后基督教水平上再现白肤金发动物的天真。超人代表着精神的第三次变形。只会说“我要”、能摧毁旧价值而不能创造新价值的虚无主义的狮子,被说“我是”的儿童所取代,后者肯定一切,其创造性像玩耍的孩子一样纯粹。

超人作为一种类型不可能被充分描述,因为他将首先是一个真实的自我。每个超人都将是独一无二的。不可能描述他将据以生活的价值,因为每个超人都是自己的立法者。然而,可以说他将是遭难颇多和创造颇丰的人,并且他将是无限骄傲和无限优雅的人。例如,他将不污辱他的敌人,不是因为他愚钝,而是因为他不想羞辱其敌人。但他的优雅和自豪将采取的确切形式必然是不确定的。

尼采的超人概念因此必然是含糊不清、模棱两可的,甚至连超人是否将会是统治者都不确定。尼采确实谈到了新贵族在世界上的统治,而超人就是尼采的新贵族理想。同时他也谈到过最后的人同超人的共存:最后的人将生活在蚁群般的社会中,而超人将漫游世界,但超人不会统治最后的人,并将试图避免同他们接触。

尼采并未推荐一种使超人的可能成为现实的政治行为方式。尼采身上带有极端个人主义的强烈倾向。他劝人成为真正的自我,他鼓励人寻求孤独,远离政治生活,拒斥既定的行为和思想模式。从这种观点出发,可以说超人代表的是对现代全面危机的一种政治解决办法。尼采对创造活动的创造性召唤部分地说明下述关于尼采的主流观点是有道理的,即尼采是一位真正个人主义的导师。然而,这种解释未能理解上述政治解决办法的严重的政治后果。尼采对极端个人主义的倡导有其负面效应。他教导人们放弃公共责任,藐视琐屑的日常政治以及逃避公民的平凡义务。甚至依他的观点来看,也总是存有这样的危险,即最坏的人而不是最好的人将听从他的劝告。即便只有最好的人将听从他的劝告,也会有这样的危险,即为政治生活所最为需要的人将逃离政治舞台。

对尼采的主流解释还忽略了尼采著作中的另一种倾向:一种过分政治的倾向。尼采预见了一个天启政治时代。更有甚者,他看到了某种天启的必要性并欢迎它的到来。他期待一个伟大的战争时代,其中战争将是未来伟大政治的重要部分。他以赞许的口吻谈及一项优生学计划的必要性;他预见将有一个时代地球上的所有部分都供作人以人为对象的试验;他赞成无情灭绝劣等民族和人种。他认为虚无主义正在叩响欧洲的大门。由于憎恨最后的人的堕落,他建议欧洲的大门应向虚无主义开放。

尼采政治哲学的重要性部分在于它对马克思主义的含蓄批判。尼采从未提到马克思或恩格斯,但他熟悉19世纪形形色色的社会主义。而且,同马克思一样,尼采也受黑格尔的影响。马克思主义同尼采政治哲学的关系可概括如下:用革命来实现的马克思主义的自由王国在尼采看来是最后的人的王国,是人类的彻底堕落。关于革命的后果,尼采比马克思有更富哲理和更深刻的思考。

如果说马克思同共产主义的发展不可分割地联系在一起,那么必须承认尼采同20世纪法西斯主义的出现有联系。法西斯主义同尼采的关系类似于法国大革命同卢梭的关系。不幸的是,尼采同法西斯主义的联系问题未由如下主张所解决,许多尼采的解释者倾向这些主张,即尼采不是法西斯主义者,他是德国民族主义的激烈抨击者以及他会厌恶希特勒。这些情况无疑是真的,而且指出这些情况有助于说明把尼采的学说等同于希特勒的狂人疯话是多么荒谬。尼采是对人的未来有着崇高见地之人。他的优雅、正直和勇气使他的著作光彩夺目。他也避免了后来成为法西斯主义重要内容的野蛮的种族主义,而且他对政治上的反犹主义也只有蔑视。但事实依然是,尼采以不同的方式影响了法西斯主义。法西斯主义可能滥用了尼采的词句,但他的言辞也非常容易被滥用。尼采是个极端主义者,但他的大胆、放肆和雄辩使他的极端观点看上去相当有魅力,在这方面他可谓才华过人。一个劝人过危险生活的人必然期望墨索里尼之类的危险人物听从他的劝告;一个教导好的战争可以为其原因辩护的人只能指望其半开玩笑式的教导被人滥用。尼采赞美残忍、谴责怜悯而未充分反思是否真的应该鼓励人比他更残忍,或这样的观点对残忍之人会有何影响。尼采不是一个种族主义者,但其著述充满对种族及人类的生物进化的可能性所作的思考。尼采不仅没倡导审慎和公共责任,反而对它们加以诋毁。最后,须再次指出,尼采是政治右派的无神论的创始人。

阐述尼采的政治哲学不仅必须揭露其深层次的含混和暧昧,而且必须指出其严重后果。不过,揭露暧昧也好,指出严重后果也罢,都不构成对这一政治哲学的否定。即便能证明尼采错了,尼采有关叔本华的议论仍然令人深思:"……伟人的错误令人肃然起敬,因为他们的错误比小人的真理更富有成果……"[1]

阅读书目

1. 弗里德里希·尼采:《历史的利用和滥用》(*The Use and Abuse of History*),纽约,1949 年版。(中译本:《历史之用途与滥用》,淦克超译,台北水牛出版社 1969 年版。——译者注)

2. 弗里德里希·尼采:《超越善恶》(*Beyond Good and Evil*),沃尔特·考夫曼英译本,纽约,1966 年版。(中译本:《超善恶》,张念东、凌素心译,中央编译出版社 2007 年版。——译者注)

[1] 《扎拉图士特拉如是说》,载《袖珍尼采》,第 30 页。

约翰·杜威

(1859—1952)

罗伯特·霍维茨

约翰·杜威被公认是美国20世纪最重要的民主哲学家。在他相当长而又极有影响的一生中,他的主导意向可以这样来概括:试图在生活的各个领域中促进民主的实现。因此,他寻求一种无所不包的民主概念,一种对民主的全面的系统阐述,这种阐述不同于以往所有哲学家对民主的理解。他认为,以前的政治哲学倾向于将其注意力局限于诸如"国家"和各种政治制度这类狭隘的政治问题上。杜威的根本目标则是阐发一种民主哲学,它不仅要包容传统政治学所关切的问题,而且更重要的是要为如下诸领域提供一种民主的理解:伦理、教育、逻辑、美学以及他所关心的其他思想和活动领域。他的全部著作的每一构成部分都受其政治意图的决定性影响。

杜威的哲学在政治上是实用主义的,就是

说,它致力于它所认为的哲学的真正目的,即社会进步,并且它专注的是事物的现状,而不是任何被假定为永恒不变的状态。杜威对传统政治哲学的拒斥部分源于其如下信念,即传统政治哲学不过是“对各种观念彼此间逻辑关系的贫乏思考,而且这些思考脱离了人类活动的真实状态”,[1]好像这些逻辑或理性关系是孤立存在的且本身就是重要的。他拒斥传统政治哲学部分地也是由于他坚信其方法和内容需要现代化,因为它们实际上是由已经不复存在的历史条件所决定的。

尽管如此,杜威却一直拒绝加入“实证主义者”的行列,因为他们排斥哲学,认为哲学毫无意义,并认为人不可能合理地处理“价值”的问题,而只能处理“事实”的问题。杜威试图使哲学同解决生活的最迫切问题联系起来,以此来赋予哲学一种崭新的意义。他通过彻底的《哲学的改造》来寻求这一目标,他这部著作的名称便最清楚地表达了这一目标,而且他的所有主要著作实际都以不同的方式重申了这一目标。杜威的民主政治学说,也就是本篇所关心的首要问题,必须被理解为只是其哲学改造的一个方面,而且是有益于民主的那个方面。因此,我们必须首先注意这一改造的某些基本目标:(1)杜威试图使哲学研究同当代社会问题的解决联系起来;(2)他阐发了“理智的方法”(method of intelligence),并使之成为解决上述问题的主要手段;(3)他阐发了一种政治理论,根据的是对人和社会的进化论的理解,这种理解是杜威的“发展”概念的理论根基,而发展则被杜威视为人类的最高价值和社会正义的真正尺度。

---

〔1〕 约翰·杜威:《公众及其问题》(*The Public and Its Problem*),芝加哥,1946年版,第9页。

哲学必须关心当代社会问题

杜威的哲学改造始于其如下论点，即真正的"哲学问题和哲学理论产生于社会生活的紧张和压力，特定形式的哲学也在特定社会生活中萌发"。[1] 因此，在杜威看来，真正的哲学家的最初任务就是鉴别他的社会之最根本和最迫切的问题。这正是杜威努力要做的。杜威社会哲学论题的形成基于如下看法，这一看法在《人性与行为》中得到了有力的表达，即"社会的一个阶级"往往试图"通过牺牲另一个阶级来确保它的未来"。[2] 在杜威看来，阶级分化说明社会中存在更深层次的混乱，即生产和消费之间的混乱，这种混乱往往造成稳固的人际关系的削弱。只有用杜威自己的话才适于表达他对现代社会这一方面的控诉的热情和范围。他写道，唯有生产被

> 极大关注，制造物疯狂地加速发展，每一机械手段都用以增加无意义的制造物总量。结果，绝大多数工人在劳动中得不到休整，得不到精神的更新与发展，得不到满足……经济危机、失业与培训、劳动或"过分的生产"的周期性交替，证明了生产脱离消费、脱离丰富当前生活的愚蠢……闲暇不是劳动者精神的养料，也不是一种消遣，而是为转向、兴奋、表现作准备的一阵极度的忙乱，要不就是除了呆滞的麻木以外根本没

〔1〕 约翰·杜威：《哲学的改造》(*Reconstruction in Philosophy*)，纽约，1950年版，第8页。

〔2〕 约翰·杜威：《人性与行为》(*Human Nature and Conduct*)，纽约，1944年版，第270页。

> 有闲暇。一些人因单调而疲倦,另一些人因保持过分紧张的节奏而疲倦,这是不可避免的。从社会方面来看,生产与消费的分离,手段与目的的分离,是最深刻的阶级分裂的根源。那些为生产规定"目的"的人居于统治地位,那些从事片面的生活活动的人则是被统治阶级。但如果后者受压迫,前者就不是真正自由的。[1]

要更好地理解杜威对当代资本主义的批判,有必要将其同马克思主义的批判作一比较,就像他自己常常做的那样。他赞赏马克思主义为解决现代资本主义社会的许多主要问题而作出的努力。他还指出,在恶劣的现代社会状态下,"唯物主义的历史观"或"经济决定论"是相当贴切的。的确,"我们不免要经历某种社会主义,不管我们怎样称呼它,也不管它将来实现时叫什么。经济决定论现在是一个事实,而不是一种理论"。[2] 虽然承认社会主义者对资本主义疾病的诊断在某些特殊的方面是有用的,但杜威仍然有力地批判了马克思主义者所开出的药方。他认为,马克思主义者最致命和最明显的错误,就在于它宣扬"这样一种荒谬的信念,阶级斗争的内战不是实现社会进步的一种障碍,反倒是实现社会进步的一种手段"。[3] 在杜威看来,要实现社会进步,就必须运用"理智的方法",而不能像马克思主义那样依靠不断加剧的对立和冲突。要明了杜威所认为的马克思主义以及20世纪的其他"主义"之所以失败的深层原因,须考虑他的哲学改造的第二个主要目标,即阐发"理智的方法"以作为解决社会问题的主要工具。

---

〔1〕《人性与行为》,第271~272页。

〔2〕约翰·杜威:《新老个人主义》(*Individualism Old and New*),纽约,1930年版,第119页。

〔3〕《人性与行为》,第273页。

解决社会问题的科学方法

在杜威看来,人类未实现社会正义,诚然这在过去的时代是可以理解的,但现在却本可避免这一悲剧。现有一种工具可用以有效地解决长久困扰人类的问题。这一工具便是杜威经常提及的"理智的方法"或"科学的方法"。它在《哲学的改造》中仅被定义为"伟大而日益完善的观察、实验和反思性推理方法的简称",有时又被说成是观察事实、建立假说以及检验结果的三重技法。

杜威把科学方法的发现主要归功于弗兰西斯·培根,他把后者描述为"现代思想的真正奠基者"。培根试图引进的"理智的方法"同非培根式科学的部分区别在于,它诉诸能动的实验,以别于对自然的被动沉思。传统的沉思方法有所不足,因为"科学的原理和规律并不存在于自然的表面。它们是隐蔽的,因而必须运用能动而周全的探索方法将其从自然中揭示出来……"杜威在转述培根的观点时主张,真正的科学家"必须强迫自然的明显事实采取与它们通常的表现形式不同的形式,因而使它们说出自身的真理,如同拷打可以迫使一个不情愿作证的证人道出他隐瞒的实情一样"。[1] 通过对自然的这种"征服",人类"开创了工商业中的奇迹般的可能性,开创了有助于发明、创造、事业……的崭新社会条件"。[2] 因此,巨大的进步在工业、农业和医学中成为可能。远为幸福、富裕的生活对人类成为可能。

接下来他便转而提出这样的问题:"为什么理智的方法"使之

---

〔1〕《哲学的改造》,第10、46、48页。
〔2〕《人性与行为》,第212~213页。

成为可能的这些似乎无穷无尽的好处大部分依然没有实现？为什么大部分人沦为新的邪恶的牺牲品？怎样解释新科学“在造成工厂中男人、妇女和儿童的奴役状态方面所起的作用……”为什么新科学“维护肮脏的贫民窟……悲惨的贫困和奢侈的财富、和平时期对自然和人的野蛮掠夺以及战争时期的高爆炸药和毒气”？[1]

杜威认为，“理智的方法”的悲剧性挫折可以归咎于政治制度中的缺点。在培根式科学产生以前便已存在的陈旧的和不公正的政治制度，要对未能实现由征服自然所可能带来的好处负主要责任。不适合于科学技术和生产时代的陈旧社会制度仍继续存在，杜威把这一现象概称为“文化滞后”。他断言，“新工业主义大部分是旧封建主义，是居于银行而非城堡中、挥舞着信用支票而非佩剑的封建主义”。[2] 这些陈旧过时的制度由那样的一些人维护和控制，他们显然是不公正的人类统治者：国王、贵族，即现代社会的“贪婪和占有”阶级，他们不断侵吞科学的好处以“中饱私囊”。就是说，科学的好处大部分服务于“贪婪的占有阶级”的利益，而科学的好处的民主的传播“则意味着科学之被吸收和散布”。[3] 简言之，只有在真正民主的社会制度中，培根的科学理性所预期的好处才能有效地用于“改善人的地位”。[4]

实现新科学的好处需要民主制，但民主的发展也反过来依赖于将“理智的方法”运用于社会问题和人们的相互关系——政治的、经济的和道德的关系。杜威的全部著作都贯穿着他对运用这种科学方法的召唤。他坚信自然科学在自然领域中无可辩驳的胜利能够而且必须扩展到人类存在的一切领域。这一希望最强烈地

---

〔1〕《公众及其问题》，第 175 页。
〔2〕《人性与行为》，第 213 页。
〔3〕《公众及其问题》，第 174 页。
〔4〕《哲学的改造》，第 52 页。

表达于其1946年出版的《民众及其问题》一书的序言中：

> 科学与文化的进步有关系，如同与公认的技术问题（诸如工具和机械的发明或医学之类的学术进步）有关系一样……当前生活之不可救药的弊端的相当部分是由于科学方法在运用方面的不平衡，即过多地用于自然领域，而过少地用于人类事物的领域……消除这些弊端的最直接和有效的途径，是稳妥而系统地致力于在人类事物中发挥名为科学方法的有效理智。[1]

因此，在杜威看来，没有任何不可克服的困难妨碍在“人的和道德的”问题上运用这样的方法，即“对物理的自然的理解借以达到其目前水平”[2]的那种方法。观察、构造假说以及评估结果的科学方法可运用于自然科学，也同样可运用于社会科学。不过，杜威注意到在运用科学的方法来解决社会问题方面存在一种复杂因素。这是他所关注的要点。自然科学中的结果的检验或评估是很容易的，因为在其目标方面存在一定的共识。例如，就“诸如工具和机械中的发明”[3]或医学的发明而言，至少在直接的目标上通常很少有分歧。目标一致便容易衡量，从而易于评估引进新发明的工具或机械的结果。同样的道理也适用于医学，因为医学的被公认的目标是维护或恢复健康。例如，在一个大诊所中从事肿瘤研究的许多医学专家就有着一个一致的目标。观察同样的患者，分析大致相同的资料，可以产生有关肿瘤的性质和治疗方式的不同

---

〔1〕《公众及其问题》，序言，第10页。

〔2〕《哲学的改造》，第10页。

〔3〕《公众及其问题》，序言，第10页。

假设。然而对这些不同假设的结果的检验不会遇到难以克服的困难,因为对研究的目标,即防治肿瘤或消除其发病率和危害性,是有共识的。

杜威承认,当试图把"理智的方法"运用于人的关系,运用于政治、经济和道德问题的时候,结果的检验是相当困难的,因为在这些领域中缺乏用以判断结果的共识。就像他所说的,"任何严肃的政治争论都涉及一定的政治行为有益于还是有害于社会的问题"。[1] 因此我们不得不考虑这样的问题:将科学的方法运用于人类社会何以能……克服由下述事实所导致的困难,即争论的各派在诸如什么东西于社会有益或有害的问题上存在尖锐的分歧?杜威所举的一个例子可以说明这个问题。假设在一个迄今尚"无组织"的钢铁厂中,一些工人发起组织工会。促成他们行动的原因可能是某些没有争议的确凿事实,如工资率、劳动时间或工人缺乏参与控制劳动条件的机会。这些事实导致工人设想工会组织将是有益的,但这同样的事实也常常导致资方作相反的设想。那么"理智的方法"的运用怎样帮助资方和工人解决这一争端?

杜威的回答采取如下形式。首先,他要求详陈工会化将会产生的特定结果,以及维持现状将会产生的结果。毫无疑问,工会运动的成功或失败将会产生截然不同的结果。如果成功了,便可能有普遍的加薪、劳动时间和条件的改善以及对资方权力的限制。以同样的方式,也可以相当详尽地描述出同维持现状相联系的结果。杜威说,"理智的方法"所要求的下一步骤,就是比较和评价这些不同的结果。但是,恰在这一点上,运用"理智的方法"的关键性困难又出现了。工人和资本家在评价这些结果时不会坚持运用不

---

[1] 《公众及其问题》,第15页。

同的标准吗？这种不同不是根源于对什么有助于他们的福利或私利的尖锐分歧吗？杜威认为，答案并非必然是肯定的。“理智的方法”的真正运用可能以一种超越自私利益或分歧双方的狭隘观点的标准来评价结果，这一更高的标准他称之为“发展”。

要理解“发展”在杜威政治学说中的意义及地位，必须考虑他对人和社会的进化论的理解，这是他的哲学改造的最后一方面，我们必须加以讨论。

人的“发展”是最终的目的和价值准则

查尔斯·达尔文把在自然科学中产生了巨大革命性作用的“新逻辑应用于精神、道德和生活”。[1] 在《达尔文对哲学的影响》一文中，杜威描述了他所理解的进化对于其社会哲学的重要性，因而进一步将其社会哲学同传统政治哲学区别开来。杜威认为后者一直致力于在“一个封闭的世界”中，即在一个由“有限数目的固定不变的形式”所组成的世界中，错误地寻求“固定不变的物种或本质”。遵循达尔文的进化论，杜威反对物种不变的观念，尤其反对把这一观念应用于“人性”。他论证道，这种观点把人的生命贬低为“预定变化的单调的循环往复”，似乎人的生命的原则和前景同“橡籽借以长成橡树”的原则和前景一样，没有什么挑战。[2] 与这种陈腐的传统哲学观点相反，杜威提出了一种关于人的可能性的富有生气的进化论见解，一种为发展，为“新奇和彻底的变异”提供

---

〔1〕 约翰·杜威：《达尔文对哲学的影响》(*The Influence of Darwin on Philosophy*)，纽约，1910 年版，第 8～9 页。

〔2〕 《哲学的改造》，第 62、65 页。

了无限可能性的观点。从进化论的观点来看,“变化便具有实现新的可能性和目的的意义,变化便可预示更好的未来”。[1] 变化应同“进步相结合”,而不是同退步和堕落相联系,他认为后者属于传统政治哲学的主张。

杜威进一步论证说,传统哲学的另一缺点妨碍了人们对进化观的普遍接受,这个缺点便是假定存在“不变价值”的严格等级。诚然,杜威同意,同那些价值相联系的伦理准则与社会正义和人性的静态概念是相容的,但关于人的进化论见解则要求取消这些准则,而代之以另一个准则,即不断进步的人类至善。杜威把这一准则称为“发展”。

“发展”概念为杜威提供了一个利益标准,这一标准是普遍的,同时又是与关于人和社会的进化观相容的。它使杜威能够拒斥传统哲学的所谓绝对主义和僵化,而又不流于虚无主义的彻底的相对主义。杜威把“发展”理解为人的可能性的渐进实现,而人的可能性是通过“习惯”和“刺激”之间复杂的相互作用而产生的。他在《人性与行为》——关于社会心理学的论著——中详尽阐发了这一观点。其观点的核心是,“天生的活动的方向取决于后天的习惯,而后天的习惯只能由刺激的方向所制约”。[2] 在杜威看来,由于“习惯”或“刺激”的内容都不取决于“人的本性”,所以这种相互作用可以产生人类变化的无限多样性。无论“习惯”或“刺激”有哪些实质性内容,杜威只关心一点,即它们相互作用导致“发展”——因此“发展本身是唯一的道德‘目的’”。[3] 由于杜威避免给“发展”下任何实质性定义,所以这一准则总是形式的,因而在一个普遍的

---

[1] 《哲学的改造》,第 102 页;参见《人性与行为》,第 284 页。

[2] 《人性与行为》,第 126 页。

[3] 《哲学的改造》,第 141 页。

框架中为人的发展提供了一种相对主义的理解。例如，据说“发展”的意义在于实现一个有机体的全部潜能，或像杜威常说的那样，在于其潜在能力的“充分释放”。的确，“现实是发展过程本身……真实的存在是其全部历史”。〔1〕 至于人，杜威呼吁“全面发展”，他把“全面发展”解释为，“发展不仅是肉体的，而且也是智力的和道德的”。〔2〕 这一准则的范围和意义在《哲学的改造》中有很好的概括，杜威的结论是：

> 政府、商业、艺术、宗教以及所有社会制度都有一种意义，一种目的。那种目的就在于解放和发展一切个人的能力，而不论个人属于什么种族、性别、阶级或经济地位……民主有许多意义，但如果说它有一种道德意义，那它的道德意义就在于解决这样一个问题，即一切政治制度和工业制度的最高检验标准就是它们有助于每个社会成员的全面发展。〔3〕

“发展”是杜威的哲学改造的顶点。因此它包括并进一步说明了这一改造的其他方面。所以，正是“发展”概念将哲学研究引向那些需要解决的当代问题，因为通过运用“理智的方法”而必须予以消除的恰恰是共同体生活中阻碍“发展”的“紧张和对立”。由于发展所需要的彻底的社会改造在一定范围内必须通过政治手段来实行，所以杜威主要关心的是那些同这一目标相关的政治理论。

杜威的民主政治理论可以概括为两个方面，用他的话说，它们是：(1)限制性多元社会概念；(2)确定国家权力的合法范围的“间

---

〔1〕《经验与自然》(*Experience and Nature*)，厄巴纳，1925 年版，第 275 页。

〔2〕约翰·杜威：《经验与教育》(*Experience and Education*)，纽约，1938 年版，第 28 页。

〔3〕《哲学的改造》，第 147 页。

接结果”检验法。

限制性多元主义的治理论

《民众及其问题》强调人的“发展”首先发生于团体中。人的存在依赖于团体的活动，因为“每个人生来都是一个婴儿……幼稚、无助、有赖于他人的活动。这许多不能独立生存的存在物存活下来本身就证明他人以某种方式照料了他们……”因此，人类在结构上就是团体性的。“人只能以团体的形式存在，这是‘此类动物的本性’。”[1]

在许多有助于人的“发展”的团体中，杜威特别关注家庭、氏族和邻里，也特别关注学校、工会、工商企业以及以科学、艺术和体育事业为目的的各种团体和协会。为了便于研究，这些团体可以划分为两类。

第一类团体的特点是具有相对永久的、“面对面的关系”：家庭、氏族、邻里甚至小村庄。这些团体“历来是主要的教养机构”，或是主要的“发展”机构，因为人性的深处具有缔结稳固的人际关系的倾向。这种“生命攸关的、稳定的和深刻的”联系“只有在一个直接的共同体中”才能产生。正是在共同体中“稳固地形成了”人的基本的“性情”，以及获得了构成“品格之根源”的观念。杜威由此得出结论说：“地方团体是最基本的普遍的生存方式，而且几乎是绝对存在的。”[2]重要的是要注意到，杜威一开始便把这些直接的团体从政治思考的范围中排除了出去，因为“面对面的关系的结

〔1〕《公众及其问题》，第24、11页。
〔2〕《公众及其问题》，第211、213、214、215页。

果是产生一个利益共同体、一种价值共享，这里的关系太直接、太为生存所必需，以致难以产生对政治组织的需要”。[1] 非正式确立的习惯以及临时采取的应急措施便足以充当“地方共同体”中可能需要的法规。

那些超越了地方共同体的团体出于如下两种原因而需要政治管理。首先，某些团体可能会发现它们自身处于目的相左或相互冲突的状态中，如前面所举的劳资纠纷的例子。这样的冲突以各种方式充斥于一切复杂的社会中：学校和教会为扩大各自的影响而发生矛盾，试图为被压迫的少数争取平等地位的组织与意欲维护现状的团体发生对立。这样的冲突常常导致内乱，白白浪费许多人力和物力，而这些人力、物力本可以用于团体成员的“发展”。我们曾说过，“理智的方法”要求和平解决冲突，或如杜威所说，要求为了共同利益而“重组”纷争的社团。由于“这种监督和管理不可能由原来的团体本身来实行”，[2]所以必须创立一个专门的机构来实现这一目的。这个机构杜威称为“国家”。如此看来，国家是“第二”种团体，主要用于保障其他一切团体顺利有效地发挥各自的作用。杜威把国家的作用类比作乐队指挥的作用，“乐队指挥本人并不演奏音乐，但他协调众演奏者的活动”。[3]

杜威为国家存在的合理性作了初步辩护：有必要通过国家来协调其他团体之间的关系。他承认，乐队指挥的角色“显然切合于多元主义的国家概念”，而且他极力推崇那种主张。多元主义似乎可以防止据说为传统政治哲学的主要学说所固有的“极权主义”，因为据说传统政治哲学允许“一元化政治合并，即把一切团体并入

---

〔1〕《公众及其问题》，第 39 页。
〔2〕《公众及其问题》，第 27 页。
〔3〕《哲学的改造》，第 158 ~ 159 页。

国家……把一切社会价值并入政治价值”。相比之下,严格的多元主义概念则允许国家只起如下作用,即“确立任何形式的团体借以发挥作用的条件……”从而防止国家的美化及其权力的扩张。因此,一般而言,“并非全盘合并或无所不包的国家在某些情况下是最无实在意义和无所事事的社会组织”。[1] “发展”之地仍在于其他团体中,而且理应如此,这便是他的结论。

虽然多元主义为杜威的政治理论提供了基础,但他仍发现传统的多元主义理论有其不足之处。严格的多元主义将政治行为限于“解决其他团体之间的冲突”,因而倾向使国家只起一个仲裁人的作用。杜威极力维护其理论的这一方面,以此防范极权主义;与此同时,有一极重要且有趣的理由使他试图超越严格多元主义的理论。他决心超越国家的仲裁人概念,以便使国家为促进“发展”作出积极的贡献。杜威认为,假如国家的这种潜在的贡献受到了过分的限制,假如国家只是确定“任何形式的团体借以”开展活动的规则的话,诚然,如果实际上一切团体都有助于“发展”,那就不存在任何困难,但杜威承认情况并非总是如此。国家因此必须被赋予评价甚至监督各种团体公开宣称的目标的权力,以便确定它们的真实意图、它们运行的实际结果,并相应采取适当的行动。

杜威在《民主与教育》一书中说明了其理论的这一方面。他在该书中讨论了社会中一些不尽如人意的团体的某些特征。不幸的是,存在“以共谋犯罪为目的的团体、为公众服务时侵害公众的商业集团、靠掠夺者的利益维系的政治核心……”[2]由犯罪集团导致的问题,传统的多元主义理论确实足以应付得了,因为一般认为,

---

〔1〕《公众及其问题》,第73、72、28页。

〔2〕约翰·杜威:《民主与教育》(*Democracy and Education*),纽约,1916年版,第95页。

一旦作恶,犯罪集团便违反了一致同意的契约条款或破坏了“竞赛规则”。“充当仲裁人的国家”因此就可以镇压犯罪活动以及犯罪集团。

另一方面,那些“为公众服务时侵害公众的商业集团”以及热衷于私利的“政治核心”,给传统的多元主义政治理论带来了更严重的困难。只要这些商人和政客的活动依然处于法律的框架内,“充当仲裁人的国家”便无合法的根据来干预他们的活动。然而,在杜威看来,正是这些团体需要予以彻底改造。我们可以回想一下他一再重申的对现代资本主义工业企业的弊端给人们所造成的灾难性影响的严厉批判。注意一下其进一步的论点也是适当的,这进一步的论点是:维护这些破坏性行为的是那些“核心政客”,杜威常常称之为“头子”,他们与商业利益密切勾结在一起,一同控制着当代公共生活,误导了国家的活动。当在《公众及其问题》一书中分析这一关系的特征时,杜威发现,“以当前经济制度为特征的各种团体的活动如此广大,以致它们决定了最重要的公众成分和权力部门”。不仅如此,“它们还必然要伸手篡夺政府机构,它们正在成为立法和行政中的控制因素”。杜威不愿容忍传统多元主义理论的信条,因为这些信条只规定了国家的“仲裁人”职能,有碍于改造贪得无厌的商团和政治核心,而正是它们严重妨碍大多数普通公民的“发展”。“发展”以及“发展”的普遍培育,总是杜威为政治行为规定的终极标准。所以他坚持主张国家绝不应仅限于确定“所有团体”都可借以开展活动的条件。因此,好的国家

> 能使正当合宜的团体更牢固、更一致,它(国家)间接澄清它们的目的、纯化它们的活动。它抑制有害团体,使它们朝不

> 保夕、难以为继。与此相反，它赋予有价值的团体的个体成员以更大的自由和完全。它减轻他们的沉重负担，而这些负担若由他们自己来应付，他们的精神就会耗费在同恶势力的消极斗争中。[1]

杜威提出了两个准则，国家可以此来确定某一团体的活动应予以扶植还是予以抑制。在《民主与教育》中，两个准则被精确概述如下："有意共享的利益有多么多、多么广？同其他团体的相互作用或影响有多么充分、多么自由？"杜威阐明这些准则的方式是把它们应用于诸如犯罪团伙、贪得无厌的公司、追求私利的政治核心之类的破坏性团体。他发现每个这样的团体都限制"发展"，因为将其成员联系起来的纽带很少。这一点在犯罪集团中表现得最为明显，其成员间的联系只以"掠夺的共同利益"为基础。同样，在一个贪得无厌的商业团体中，维系企业家们的纽带主要限于利益，这种利益的表现形式是用金钱衡量的利润。而维系一个政治核心的纽带，其特点不是对公益的广泛关心，而是对"分肥"的狭隘追求。由此可知，参与这样的团体不免会使其成员"脱离同生命价值的予取有关的其他团体"。[2] 相比之下，杜威热情地谈到一种"发展"的可能性，这种"发展"出现在致力于科学、艺术、教育、社会服务等事业的团体的成员之中。

杜威进一步指出，如果传统的多元主义理论和实践不具备第二个条件，民主的充分规模及充分意义是不可能实现的。总体来说，生活的物质条件严重影响着绝大部分居民的"发展"，即使是美国这样富裕的国家也不例外。垄断经济的社会势力"一直拒绝给

---

[1] 《公众及其问题》，第71～72、107页。

[2] 《民主与教育》，第96页。

予贫困者和下层社会以有效的自由”,[1]因此剥夺了多数人健康发展的机会。杜威在《民众及其问题》一书中论证说,这样的剥夺趋于永久化,因为“下层社会”往往无力给他们的子女提供充分“发展”所需要的足够的教育及其他必要条件。当像家庭这样的初级团体不能为“发展”提供足够条件的时候,国家就必须承担起责任。因此杜威欢迎如下“稳定的趋势”,即“儿童教育日益被正确地视为国家的职责,尽管照料儿童首先是家庭的事情”。国家在这样的事情上的合作是不可缺少的。因为“教育有可能达到有效程度的时期是儿童时期;如果不利用这一时期,损失几乎是不可弥补的”。自然,“那些没做父母的人应该纳税”,以使所有的人都有可能接受健全的教育,因为国家的责任就在于为一切人最大程度地“发展”提供健全的条件,无论有多大的经济上的及其他方面的困难。

这种观点所包含的原则被杜威的下述主张进一步阐明,即“其他依赖者(诸如精神病患者、永久无助者)尤其”应受国家监护,因为“若不加区分地平等对待一切阶层或集团,那么这种平等的关系就很可能是片面的,某些阶层或集团的利益就可能遭到损害。如果结果是严重的,尤其当它们似乎不可挽回的时候,国家就应承担起使条件平等化的责任”。[2] 充分运用这一原则显然需要广泛向富人征税,以便为一切公民提供平等的机会。这也会导致国家机器的权力的扩大和复杂化,因为需要设立相应的行政机构来征税及执行或监督国家支持的计划或项目。杜威认为,人的需求的满足要求有一个民主的福利国家,而这种需求不应被传统多元主义

---

〔1〕《权威与社会变迁》(*Authority and Social Change*),载《权威与个人》(*Authority and the Individual*),1937年版,第178页;另见J. 拉特纳编:《知识与现代世界——约翰·杜威的哲学》(*Intelligence and Modern World ,John Dewey's Philosophy*),纽约,1939年版,第351~352页。

〔2〕《公众及其问题》,第62、63页。

理论的限制所否定。

从这一结论出发,可以更好地理解杜威的下述主张,即国家的规模及特点不能普遍地和先验地加以规定,而必须运用“理智的方法”在具体的环境中予以重新发现。指导原则必须是根据经验来确定私人活动的后果是否足够“严重”或“无法挽回”,以致需要政治干预。这一论点带来两个进一步的问题:由谁来进行这种确定,以及依据什么标准才可确定某一既定团体的活动是否有益于健全的“发展”并因而应予以扶植或抑制?正是“发展”或“严重性”这类标准的宽泛——如果不是含混的话,使由谁来确定和应用这些标准的问题更加成为问题。当考虑到下述情况时,这些问题就更加事关重大,即杜威对多元主义理论所作的不断修正扩大了合法的国家活动的范围,甚至使国家可以干涉那些“面对面”的团体,而这样的团体起初被认为是处于政治领域之外的。为了提供公共义务教育,保护弱者和依赖者,以及为一切人的“发展”提供平等的机会,政治权威甚至不可避免地会介入“家庭、氏族及邻里”事务。如果这种扩大的政治权威落入不正义的人手中,就会产生杜威本想极力避免的那种“极权主义”的危险。正是由于意识到这种危险,杜威阐发了“间接结果”检验法,用以检验任何国家权力的实施的合法性。此种检验法是杜威政治理论的第二个主要元素,必须加以讨论。

“间接结果”检验法

杜威的“间接结果”检验法的运用最容易通过举例来加以说明。假设一家钢铁厂的工人正筹划组织工会。起初,工会运动可能只限于少数工人,他们可能利用午餐时间说"行话",即讨论他们在工作中遇到的问题。这样的讨论,即便是经常的,在杜威看来仍属于"私下的",因为这种行为的结果"主要限于或被认为限于直接从事这一活动的人……"[1]所以,这样的讨论与国家无关,可以不受干涉。

然而,假设这些最初私下讨论的参与者决定组织一个工会并进而采取行动实施这一决定。为了实现他们的目标,他们可能组织工人集会,可能邀请外面的组织者来厂帮助他们的事业,也可能发动罢工以迫使有关方面承认工会。工会运动如果取得成功,将产生广泛的间接结果,影响许多人的生活。钢铁成本的增加可能严重影响相关行业的运营,劳动力成本的上升可能促使资方引进自动化设备,而此举又会进一步产生一系列间接结果。所有这些结果最终都将以不同的方式影响消费者大众。

那些受这种间接结果严重影响的人构成了"大众",这是杜威给大众下的定义。"大众"的利益要求这样的间接结果受到控制。为了这一目的,"大众"的成员必须选举代表来行使政权。杜威很少对国家制度的细节感兴趣。他认为"唯一可以作出的断言是纯形式的:国家是通过官员实现的大众组织,目的是保护其成员所享有的利益"。[2]

在杜威看来,20 世纪复杂的工业社会显然产生了许多这样的"大众","因为具有间接、严重和持久结果的联合行动种类繁多、不计其数,它们相互交织在一起并产生了各自的受特别影响的人的集团……"鉴于各种各样的"大众"交叉重叠,杜威必须要考虑这样

---

〔1〕《公众及其问题》,第 12 页。

〔2〕《公众及其问题》,第 33 页。

的问题，即以何种方式将“这些不同的大众[结合]成为一个整体”。[1] 这个问题有着根本的重要性，因为杜威的理论赋予每一个“大众”的成员选举代表来处理由特定的私人活动产生的间接结果的权利，就像上边所举的例子那样。这似乎就需要选举庞大数量的代表，或设计一种制度使一个代表可以代表许多“大众”。

遗憾的是，杜威只是到此为止，没有进一步阐发这种代表制学说。他所提供的进一步的指导思想大都是否定性的，例如，他反对职能代表制，理由是这样一种制度在政治上代表的是利益集团，而不是那些因利益集团的活动而蒙受损失的人。杜威坚持认为“政治民主”需要某种代表制，但他希望其他人来承担为他的政治学说设计制度框架和具体细节的任务。他这样做有两个原因。首先，他认为，政治制度必须不断进行调整，以便及时反映不断变化的社会生产条件。因此，任何将政治制度的形式加以固定化的企图都会被证明具有局限性的危险。其次，更加根本的原因是，杜威认为公民大众的品格对于良好政体的实现实际上十分重要。在其政治著述中，杜威有意最大限度地低估制度或体制设置的重要性。因而在他看来良好的民主制的实现几乎完全取决于存在一个受过教育、经过启蒙、富有公共精神和积极能动的公民主体。他在其著作中宣称，这样的一个公民主体会造就一个民主生活的新时代，一个在人类历史上前所未有的时代，它将使生命之丰富潜力的实现成为可能。

相比之下，一个无知、自私和冷漠的公民主体将带来不同的结果。杜威的社团理论及国家权力限度的“间接结果”检验法，是把确定国家政权限度及其实施模式的责任完全置于“大众”和他们的

---

〔1〕《公众及其问题》，第137页。

代表手中。必须由他们来决定间接结果是否足够“严重”或“广泛”,以至于需要施加政治控制。受感情支配或被蛊惑人心的政客所误导的“公众”对这些准则的误解和滥用,可能会湮没或消除私人领域。多数人的暴政是一种明显的可能性。

防止现在和未来的错误统治的唯一有效的办法是产生一个在所有方面充分民主的公民主体。杜威实际上从其写作之初就一直强调,造就民主的人的一个最重要的手段就是为实现这一目的而建立学校制度。在学校中,未来的公民应被塑造,从而使他们成年时所创造的社会将好于其父辈的社会,而且每一代人都将依次再现这个过程,由此产生无止境的“发展”。所以学校的任务不仅是将各代人的精神联系起来,而且是通过教学组织或方法以及教学内容来塑造“人格”,以保证社会的进步。

民主要求这样的人:他们的本性非常倾向于民主,从而能够宽容民主并从中受益,这种民主是纯粹的民主,而不是现在这种被玷污的民主。不合作的人会威胁杜威所梦想的民主,就像热衷于冷酷地攫取财富和权力的人以及不愿全面发展的人会对民主构成威胁一样。因此,在可塑时期,儿童应该通过教室生活去适应在团体中无“竞争”地奋斗、合作地学习和工作,并养成广泛的、适合于比以往更完善的民主生活的自我表现习惯。众所周知,杜威对教育理论的影响是相当大的。

杜威在教育领域的努力同其如下信念是一致的,即如果民主要安全和进步,一切理论都应为民主服务,并且生活实践应全面民主化。有人可能由此认为杜威又回到了传统观点,这种传统观点主张一种全面的政治秩序,一种无所不包的政治共同体,其中没有任何制度化的堡垒来抵抗合法的统治原则,但每个公民的生活都由法律引向善。要想知道这种看法同杜威的主张实际上相去有多远,只需回想一下他对传统政治哲学的评判。他否认对人来说存在固定不变的和实体性的善,相反,他断言善是“发展”和变化的过程。况且,他并不认为共同体主要是政治共同体,即在基本方面由“宪法”所决定的统一体。相反,他认为心理和经济因素对于塑造人的品性和行为有决定性的影响。杜威贬低政治的方法就在于他拒绝把民主首先视为一种政府形式,而是视为一种生活方式,并且政治的或法律的民主更多地具有结果的性质,尽管是一种很重要的结果,而心理的和经济的民主化才是原因。

因此,只有依赖于在哲学和生活的各个领域的民主改造,政治民主才能有坚实的基础。杜威意识到了这一任务的艰巨性,同时他也坚信人有能力获得“发展”,而发展不可避免地伴随着民主。由于总是充满希望和信心,他不允许20世纪的诸多灾难毁灭他对人类未来的乐观期望。他的努力总是基于这样的信念:随着他所呼吁的民主改造的进展,

> 我们有充分理由相信,不论在现有民主机制中可能会发生什么样的变化,它们都将有助于使公众利益进一步成为政府活动的准则和指南,并能使公众更有力地形成和显示它的目的。在这个意义上说,克服民主的弊端的有效方法是更多的民主。[1]

阅读书目

1. 约翰·杜威:《公众及其问题》,第1章,第3~36页;第2章,第37~74页;第6章,第208~219页。

---

〔1〕《公众及其问题》,第146页。

2. 约翰·杜威:《哲学的改造》,绪论,第 8 ~ 28 页。(中译本:《哲学的改造》,许崇清译,商务印书馆 1958 年版。——译者注)

3. 约翰·杜威:《人性与行为》,第 4 章,第 125 ~ 130 页;第 6 章,第 223 ~ 237 页。

4. 约翰·杜威:《经验与教育》,第 3 章,第 23 ~ 32 页。(中译本:《民主·经验·教育》,彭正梅译,上海人民出版社 2009 年版。——译者注)

5. 约翰·杜威:《自由主义与社会行为》(*Liberalism and Social Action*),纽约,1935 年版,第 74 ~ 85 页。

6. 约翰·杜威:《民主与教育》,第 7 章,第 94 ~ 102 页。(中译本:《民主·经验·教育》,彭正梅译,上海人民出版社 2009 年版。——译者注)(其余中译本可参见《杜威文选》,涂纪亮、陈波译,社会科学文献出版社 2006 年版。——译者注)

埃德蒙·胡塞尔

(1859—1938)

理查德·维尔克雷

政治学学者对在一部政治哲学史中讨论埃德蒙·胡塞尔可能会感到诧异。的确,在本篇中很难找到有关如下政治问题的充分论述:善与恶、政体与法律、政治家对政治细节的长期经验而获得的关于政治的审慎考量和知识。然而,将胡塞尔收入本书并非没有道理。许多人持这种看法,即胡塞尔在哲学中引起了一场“革命”,并且其重要性不亚于康德甚至笛卡尔所造成的革命;许多人则会争辩说,胡塞尔的业绩标志着现代哲学的终结或终结的开始。我们必须承认,这样的判断都是由接近于胡塞尔时代的人作出的,胡塞尔的重要性不可能从我们这一代人获得最终评价。不过,作为政治哲学的学者,我们仍必须承认如下事实是确凿无疑的,即如胡塞尔般根本且综合的哲思中包含很少政治哲学的内容。这种缺乏并不是由于胡塞尔(或其追随者)对同政治的人有关的事物漠不关心。相反,胡塞尔对哲学家目的的强烈伦理观念含有为政治思想和行为提供哲学指导的志向。自相矛盾的是,政治哲学的缺乏是由于胡塞尔对在实践领域中可能出现的事物抱有极高的预期。反思这种情况可能有助于我们进一步理解政治哲学何以是可能的。

更准确地说,胡塞尔设想的最高的生活方式,即纯粹理论研究的生活,是一种潜在的、隐藏的目的或结果,有待于在每个人身上实现。胡塞尔相信,一切人都能实现古代哲学家所特有的那种意志自由:完全独立于偏见,独立于对"人自身"的歪曲的依恋。早期哲学家——至少直至康德和黑格尔——对任何这类设想或希望都持更为谨慎的态度。由于看到了探究真理的努力同使政治生活成为可能的盲从之间的持久对立,他们认为在将"理论"展示和运用于实践生活的过程中永远需要审慎。因此笛卡尔和莱布尼兹,尽管他们关于政治问题的著述不多,却采用了适合于非哲学读者的语言,默认了理论证明难以处理实践生活。胡塞尔也没有多少关于政治的著述,但仍旧可以看出他在对理论阐述同实践生活的关系的理解上更接近于马克思和尼采。我们将会看到,胡塞尔理念中的某种极端乐观主义同这样的暗示有关,即政治领域中不可能有分明和永久的本性。

在其哲学活动中,胡塞尔一心想揭示合理性的最终根据,以便把合理性从实证主义和各种历史主义或怀疑主义的错误解释中解救出来。可以说,胡塞尔的基本见解是:以往所有关于合理性的解释都未曾理解理性的本质就是绝对的意志自由,以致倾向于自我否定(近代后期的怀疑主义表现得十分明显)。为了揭示这种自主的"隐蔽"本质,胡塞尔致力于审查科学和哲学思想的传统的前提,这种审查就是要阐明理性在产生这些前提时自主的构造活动。这样一来我们就不能再把这些前提的真理性视为“当然”。对政治学学者而言,胡塞尔的努力有三方面的直接意义:(1)它提出了实质上是规范性的合理性概念,并看到了为了人类的利益而“拯救”合理性的任务;(2)它对同政治科学自然直接相关的实证主义(或胡塞尔所称的“心理主义”)和历史主义提出了批评;(3)它致力于审查哲学传统的固有前提,从而推动了对希腊开端的意义及哲学的近代“基础”的根本的历史探讨。

现象学与西方危机

胡塞尔是20世纪“现象学”运动的主要奠基者。他不是用“现象学”一词表示下述想法的第一个思想家,即试图按照其显现而不受理论构造干扰地来揭示和描述意识的原初“现象”。然而,他是提出作为严格科学的现象学观念的第一个思想家,这种现象学观念有两个显著特点:(1)科学现象学必须是绝对无前提的,也就是说,它必须能把任何假设或概念都“植根”于从事审查的意识的绝对的自身证明,因此它不会把由现存科学(包括逻辑)或通常经验所作出的任何真理性假设或概念视为当然;(2)科学现象学是真正的第一哲学和所有科学的基础,而不仅是第一哲学的预备学科(像黑格尔的“现象学”那样)。

并非20世纪一切类型的现象学都是胡塞尔主义的,但胡塞尔之后的几乎所有现象学家都在某种程度上得益于他对现象学“观念”的系统阐述,并得益于他所建议的实现这一理想的计划。20世纪欧洲大陆几乎所有知识领域都受到了现象学思维方式的影响。胡塞尔的理论观念和方法同有关后现代的一种预言是不可分割的,这一预言准确无误地切中了自1914年以来欧洲文明中一种"危机"的意义。这个预言可概述如下:不仅哲学而且我们的整个文明都不能再把现有科学的出发点和结果的正当性视为理所当然。根据这些科学而对"知识"所作的某种解释甚至成了普通民众对知识的理解(或偏见)。然而那种理解是极有疑问的;它依据的是一些基本的混乱和错误,这些混乱和错误最终导致对科学,进而对理性和知识本身的"价值"和意义的怀疑,[1]怀疑我们能合理地将某种积极的"价值"归于理性和知识。这种怀疑在胡塞尔时代通过尼采和韦伯等人得到了强有力的表达。胡塞尔的伟大功绩则在于通过批判的和历史的分析阐明了这种怀疑何以必然产生于现代科学的哲学基础中的错误,并且在肯定理性为最终利益的情况下指明了解决这种怀疑的办法。

1900年之后胡塞尔的所有著述和学说都因此而致力于解决现代西方中科学的自我理解的危机。在胡塞尔看来,这一危机也成了普通人对其任务、准则及目的的自我理解的危机。根据胡塞尔的观点,西方人必须承认生活存在一种目的、目标或意义,而且它们必须以理性和来源于理性的准则为根据。但胡塞尔注意到,他那一代人及后起的一代人中多数都对科学和理性抱有敌意,原因是科学和理性失败的经历,即未能有力地回答自由及生活的意义问题。[2] 因此,欧洲(或西方世界)面临丧失其独有目的的危险;它濒于精神崩溃和"对精神的野蛮憎恨"。胡塞尔的使命感促使他以下述方式来防止这种崩溃,即试图证明理性的失败只是对理性

[1] 埃德蒙·胡塞尔:《欧洲科学的危机与超验现象学》(*The Crisis of European Science and Transcendental Pheomenology*),D. 卡尔译,伊文思顿,1970年版,第389~395、335~341页。

[2] 《欧洲科学的危机与超验现象学》,第1、2、5节。

的现代(后基督教)误解的失败。[1] 因此现象学首先有这样一种企图,即给予理性正确的理解以使其能作为人类特别是西方人意义、价值和最终目的的源泉。因为西方人对其理性的目的已有所意识,并且已习惯于自视为全人类的启蒙者。但很久以来,西方人对下述之点只有蒙昧的预觉,即理性的真正本质是自主:赋予自身以全部意义、价值和目的。

胡塞尔是所谓虚无主义的事实或威胁的主要分析家或回应者之一。他的所有追随者和学生的思想都限于这样的考虑:复兴面临虚无主义威胁的西方精神,然而必须说,胡塞尔的许多学生和读者背叛了他基于"理性的英雄主义"对这种精神所作的解释,根据这种解释西方人的目的在于通过理性的探索来揭示事物和存在的真正的本质。[2] 胡塞尔宣称这一目的的发现首先是由古希腊人作出的。对西方终极目的的理性观点持拒斥态度的那些学生因此需要作出二中择一的证明,即或是证明古希腊人指明但未实现另一更高目的,或是证明可用以拯救西方和世界的精神在起源上根本不是希腊的。第一种努力是由海德格尔作出的,并且属于现在所谓"解释学哲学"的核心。第二种努力是由那些试图恢复各种正统观念的源泉和力量的人作出的,并且只能可疑地保留"哲学"之名。背叛胡塞尔见解的某些责任能归于胡塞尔本人吗?

胡塞尔的学生中间的批评者一致批评道:虽然胡塞尔声称他的思想是不假定前提的,但他仍假定理性的探索是人类的目的,这种关于我们基本信念的现象学根据并不为理性信念提供根据。公

---

〔1〕《哲学与欧洲人的危机》(*Philosophy and the Crisis of European Man*,1935 年维也纳演讲),载胡塞尔:《现象学与哲学的危机》(*Phenomenology and the Crisis of Philosophy*),Q. 劳尔译,纽约,1965 年版,第 178 ~ 180、191 ~ 192 页。《欧洲科学的危机与超验现象学》,第 2、6 节。

〔2〕《哲学与欧洲人的危机》,第 192 页。

平而论,必须说明胡塞尔在其最终的研究中完全致力于为其关于人类的本质是理性的解释找到根据。这样的根据对于返回作为探索对象的"生活世界"是至关重要的。与此同时,当论及"生活世界"这一主题时,胡塞尔的思想使他更接近于类似政治哲学的理论。我们应当看到,胡塞尔至少致力于两种公认属于政治哲学的关键问题,即始于苏格拉底的问题:哲学家同作为其活动前提的实践和政治生活背景的关系问题,或哲学和科学在前哲学和前科学世界中的"本源"问题。

我们可以提前注意到,胡塞尔处理苏格拉底的问题的方式在某些方面远远背离了原来苏格拉底的方式。这些背离有助于说明后来的现象学家对胡塞尔所强调的合理性的背叛。胡塞尔同意苏格拉底关于理性是人的本质的观点,但他不能说理性属于人的本性。[1] 也就是说,可以谈论人的本质(essence)但不能谈论人的自然本性(nature);人的本质在于合理性,而合理性通过构造"意义"实现自身。理性构造意义的方式具有各自不同的特点,因此可以谈论理性的不同本质。但所构成的意义结构可以历史地变化,而且它们包括诸如古代的理论发现之类的关键的人类特征。换言之,人看待自然或胡塞尔所谓"对象化"自然的方式经历历史的变迁;理性构造新意义的能力是无限的,因而其创造"历史"的力量也是无止境的,因此"自然"属于"精神的历史性"。换句话说,人将其合理性同"周围世界"相联系的方式在历史上是可变化的。[2] 理性的不变本质确实在于寻求最终根据的明晰,但这些根据应到理性自身的活动中去寻找;无论"周围"或"自然"世界怎样被设想为

〔1〕《哲学与欧洲人的危机》,第 183 页(论苏格拉底)。

〔2〕《哲学与欧洲人的危机》,第 154、188 ~ 191 页;《欧洲科学的危机与超验现象学》,第 315 ~ 334 页。

"外在"于合理性的东西,它都不具有永久性特征。当一个人谈论人的本性时,他实际是在谈论理性同周围世界(包括人的肉体)的关系。因此有关人的本性的讨论一般被胡塞尔和现象学家以有关文化或文明的讨论所取代,而文明或文化属于理性与周围世界之间被构造的关系领域。可以说,这一取代是可能的,因为现象学远比苏格拉底、柏拉图和古代人的思想更富理性主义特征:它宣称人的全部本质是理性(或意识)。

尽管如此,胡塞尔仍是历史主义的最强烈的批判者之一。不过他是一个知道自己同对手有密切关系的热心批判者。他对历史主义的批判是其下述企图的一个关键方面,即企图通过严密科学的成就来拯救作为西方终极目的的合理性。胡塞尔最终发现他必须给历史主义以应有地位,他得出了这样的看法,即理性在试图确定其自身的目的时,必须将历史的研究同系统的研究结合起来。[1]再者,若不基于一种"历史哲学",理性的目的就不可能加以确定。可以说,在其最后的著述中,胡塞尔的政治哲学采取了历史哲学的形式。

对心理主义的批判

讨论胡塞尔对历史主义的批判以及他后来对历史的意义的反思,必须先进一步解释现象学的概念和论证。胡塞尔起初是一个数学家,他通过对算术和逻辑的哲学基础进行反思而开始涉足现代危机的问题。他在他所探索的算术和逻辑领域中发现了向他开

---

〔1〕《欧洲科学的危机与超验现象学》,第343~351页。

启全部哲学王国之门的问题:自笛卡尔和洛克以来的现代思想倾向于把一切关于知识的问题都加以"心理化",其方式就是把心灵趋同"预期对象"的意向性还原为心灵的纯粹心理性质或状态。19世纪产生了一种著名的哲学企图,即企图在心理过程中为逻辑和算术找到根据。同这样的企图相反,胡塞尔论证说,数学和逻辑的概念是"理想的实体"和"意义的整体",它们不能被理解为是由心灵中物理或半物理的活动所产生的。这样的概念(以及像胡塞尔发现的许多其他概念)有一种不可还原的"客观性":不同的思想家可以把握同一客观意义而不论他们的心理过程会有怎样真实或明显的差别。对科学基础的心理学解释的错误因此是双重的:(1)这样的解释假定人的心灵或理性能用描述物理对象的术语来加以理解,或能用半物理术语来加以理解,而这些半物理术语又仿照的是那些用以解释物体的术语(如感性材料及其隶属、结合等的"规律");这是"自然主义"的错误。(2)这些解释还假定或论证说,基于这种原则的心理学是真正的第一哲学和一切科学的基础;这是"心理主义"的错误。胡塞尔从心理主义中看到了现代主观主义、怀疑主义和相对主义的主要根源。他对它的原则的批判从对科学的心理主义解释所造成的有害后果这一狭窄问题,进而过渡到下述更广泛的问题,即如何使合理性作为规范的确立者摆脱心理主义的谬误。

由于心理主义以自然主义为前提,它必然要明确表达关于心灵的另一种解释,即把心灵解释为完全不同于现代原则所理解的"自然"(由因果律支配的广袤物体的领域)。胡塞尔并未直接批判对自然的这种解释,确切地说,他只是反对把"心灵"包括在如此理解的"自然"中。这一点对于理解为什么心灵(因而理性)可具有一种"本质"而不可有一种"自然"是至关重要的。在胡塞尔看来,心灵的自然化在笛卡尔那里是显而易见的,因为他把灵魂视为一种实体(平行于但不同于肉体的实体)。同时,胡塞尔对笛卡尔又有所继承;后者在“我思”中找到了所有意识活动的共同点,从而开辟了主观世界这一探索领域。但是,虽然笛卡尔发现了意识的普遍性(及源泉作用),他却未强调绝对为意识所独有的东西,或使意识与任何自然物有别的东西:意识总是涉入“意义”世界,有意识就有“意义”。“我思”从来都不可能是空无任何内容的;它总是超越自身(以及超越最直接的状态即感觉)而指向对象。意识同其对象的关系,即所谓“意向”,不同于纯粹自然中的对象或事件之间的任何关系。对意向即理性本质的科学解释,必须取代自然主义的心理学而成为真正的第一哲学或形而上学。可见,胡塞尔既效仿又背离了笛卡尔的做法,即把一切知识的基础都奠定于对意识的解释。

必须理解对心灵的这种新解释为何就是拯救(或首次完全阐明)理性之作为规范的确立者的本质。常常有人说胡塞尔试图维护显现给我们的常识世界的结合方式(未经理论歪曲)。这在下述意义上是正确的,即胡塞尔反对现代科学的经验还原,主张所有对意识的显现都有一种逻格斯(Logos),一种显现它们借以显现的方式的内在原因。它们不可还原为隐蔽和潜藏的过程或基底。这种逻格斯也叫作“意义”;存在不同意义的结构,胡塞尔称之为本相(cidē)。各种基本的意识活动(意愿、欲望、记忆、想象等)都有各自不同的本相结构。胡塞尔论证说,这些结构(或意欲的意义的各种方式)的证明必须是在各种意识活动本身中直接被直观到的,因为各种被寻求的对象(意义)确实在各种意识活动中被发现(或“实现”)。因此我在某一活动中实际意欲的对象或意义不可能与我认为我意欲的对象或意义属于完全不同的种类,因此一个人不能接受一个还原心理学家的下述声言,即当我意欲坚持正义的时候我实际只是在表达被压抑的动物欲望。有关我们的理性的所有证明的源泉是"直观",而不是从非理性的东西到理性的东西(或从任何种类的活动到一种理性的活动)的推理或衍生。因此,显然胡塞尔对理性的解释必然需要捍卫关于正常思想的完整性的常识观点。

另外,胡塞尔对理性的解释远非只是为"常识的现实主义"所作的辩护。我们禁不住要说,胡塞尔蔑视常识的现实主义,主张一种特别激进的理性绝对自主的观点。我们可以说,他背离了"常识",恰恰是因为他认为理性的特征是规范的或立法的而不是任何别的。对理性的这种相当偏执的解释,其部分原因可以看作对现代科学基础和方法或有关它们的某些观点的批判:物理主义的心理学不可能承认规范不可还原为心灵生活的资料,就此而言,它完全不能解释它自身的科学活动。所有科学都依赖于真理的"观念的规范";归纳法本身就是观念的规范,它不可能通过归纳而得到。理性本质上是彻头彻尾规范性的,因为若不以"观念"为前提我们甚至不能把"事实"作为"事实"来对待[1](因此一切"意义"都是"观念的"而不可还原为"实际的")。现象学揭示了理性的这种观念化和制造观念的结构,因此它可以声称是"科学之科学",即揭示科学何以可能的科学。

但正是在理性的彻底的"观念性"这个问题上,胡塞尔发现常识的观点需要物理主义心理学的天真,对理性的严格反思揭示其结构同作为"存在"王国的"自然"完全无关;理性作为创造规范者绝不受限制于存在的事实——纯粹后验的偶然性。因此一切关于

〔1〕《严格科学》,第85、92~98页;《哲学与欧洲人的危机》,第154、185~188页。

存在的假定都必须予以悬置起来(不是否定)——如果一个人想接近理性的本质的话。这种悬置(epoche)——它使意识接近经验的作为现象的现象(不受有关其存在的“形而上学”基础的假定的干扰)成为可能——是胡塞尔著名的“现象学还原”的第一个环节。带有“自然主义”态度的普通意识把自然的存在视为当然;它倾向于把一切实在都“客观化”,或把一切实在都视为“物类”(thing-like)。因此它不把现象当作现象来注视,恰恰因为它不以严格的分析为目的。存在总是逃避严格的描述,因为理性不能构造存在,它只能构造观念的意义王国。[1] 自然作为存在的王国同现象学可以毫无关系,但就自然具有观念的意义(如在科学规律中)而言,它同现象学是有关系的:这种意义上的自然实际是理性立法的产物。因此从事现象学和注视观念的意义王国需要严格的训练以摆脱通常全神贯注于存在的自然习惯,作为严格科学的现象学确立以前的哲学未实现这种“彻底”的摆脱,因而总是倾向于将理性“自然化”,由此表明它不过是未经审查的“常识”的偏见的牺牲品。这一点的明证在于它的这样一种倾向,即把自然视为自足的、独立于心灵的、存在物的整体(如最早的希腊宇宙论),而把心灵视为自然(或肉体)的可变的依赖者,或视为平行的、类似自然的实体。[2] 总之,胡塞尔复活“现象”的主要目的是揭示理性的绝对自主性。

对历史主义的批判

在《作为严格科学的哲学》(1911)一文中,胡塞尔为哲学中的

---

〔1〕《严格的科学》,第85~87页(自然科学视自然的存在为当然的);《严格的科学》,第116页以下(理性不构成存在)。

〔2〕《哲学与欧洲人的危机》,第152~153、181~182页。

这一新进展作了强有力的雄辩论证。该文是胡塞尔最雄辩的著述之一,同时也是他最为明显的政治著述之一,他的雄辩创造性地揭示了现象学意图的最深层次。论证再次致力于揭露自然主义和心理主义思想不明智的自我破坏,因而似乎也破坏一切理性。当理性近于遭到破坏时,其结果对一切人的生活是灾难性的,因为人的一切生活都依赖于理性的规范。人必须指望以严格的科学来满足最高的理论需要和对伦理规范乃至宗教、自然规范的需要。科学能够满足这些要求的主张在古代就提了出来,而且从未被完全放弃,尽管"利益"据说与追求自由探索相冲突。[1] 奇怪的是,在当今时代,自由探索是使其自身瓦解的力量。绝对真理和观念规范的概念正在让位于多元"观点"的相对主义,科学精神正被除科学本身外别无源泉的无力的怀疑主义所削弱。[2] 以科学为根据的各种形式的早期现代哲学都具有这种怀疑主义的倾向。但继 19 世纪自然主义的"实证主义"之后出现了更严重的怀疑精神的泛滥:19 世纪的历史主义的实证主义。那个世纪宣称历史经验证明了所有理念的暂时性和易变性特征,这一论题(经验提供证明)的"论据"只不过是一切文化和各种精神生活之兴衰的"事实"。但这种实证主义的历史主义是自我否定的,事实本身永远不可能确定观念的真理。"一切观念只有对其时代来说才是有效的"这一判断显然不仅是陈述有关信念历史的事实,而且也是在规定性地陈述过去和未来的一切观念的有效性。这样一种判断不可能只对其时代有效,而且它不可能单单从过去的经验中推导出来。

各种实证主义因而显然是自我否定的。这种自我破坏的结果本应是通过恢复关于绝对真理的古典观念来加强而不是削弱科学

---

〔1〕《严格的科学》,第 71 ~ 72 页。

〔2〕《严格的科学》,第 73 ~ 75 页。

精神,因此必须注意更具诱惑力的怀疑主义。因为在围绕由谁来取代天真的实证主义这一问题而同严格的科学所进行的斗争中,怀疑主义正在赢得胜利。胡塞尔特别指的是德国哲学,即世界观哲学(Weltanschauungsphilosophie)的兴起,世界观哲学承认精神生活独立于单纯的事实基础(在这一点上与现象学相同),并且把所有“真理”(包括“事实”真理)都看作伟大人格的产物,而伟大人格解释了人类的命运和抱负,即是他们自己时代或许也是未来时代的抱负。这些解释是伟大的“世界观”,[1]科学精神在这种哲学中遭到了极大削弱,科学在这里被代之以一种为生活的直接利益服务的智慧。它以提高这些利益为目的,但缺乏严格的批判标准,而这种标准是为回答什么是那些利益的最高形式这一问题所需要的。旧的历史主义怀疑一切观念,因此丝毫无益于生活,而促进生活则是新历史主义赋予学术和哲学的一种责任。胡塞尔将其论辩的矛头指向了狄尔泰的生命哲学。与尼采不同的是,狄尔泰试图将新的研究目的注入相当传统的学术研究的准则之中。胡塞尔评述到,1914 年以前,“时代精神本质上是反自然主义的,并且倾向于”一种更激进的、肯定生命的“历史主义”。不幸的是,从一种有关人的陈腐科学中所获得的欢快的解放也是对理性本身的抛弃。解放的“心情”具有“相对的价值”,只着眼于它所抛弃的东西,但一定不能忘记“人类文化的最高利益需要一种作为严格科学的哲学”。[2] 然而,世界观哲学主张“人类需要一种一元化的、统一的、广泛的和完全明晰的知识”,并认为科学不能提供这种知识。所需要的这种知识的存在形式是个人全面的教育及精神塑造:教养(bildung)。完成这种塑造不是依靠命题和学说,而是依靠多方面

---

〔1〕《严格的科学》,第 122 ~ 130 页。

〔2〕《严格的科学》,第 71 ~ 79 页。

的经验:美学的、宗教的、伦理的、政治的及科学的。教养是最充分意义的美德,是一切认识、意愿、评价及自我辩护的能力的习惯性优点。一个具有教养的伟大人格(对狄尔泰及绝大多数德国人来说,这首先指的是高于其他一切可能的典范的歌德)具备这种美德或智慧——“一种丰富但非概念化的智慧”——的萌芽。科学的作用从属于这种智慧:它将这种智慧统一于系统化的世界观或哲学之中,而世界观或哲学提供了“生命和世界之谜的最完备的答案”。[1] 哲学的历史是世界观的历史,一个人从这种历史中学习各种可能的伟大的人类典范——世界观的创造者。所以,只有通过对这些创造者的解释性的“神会”,而不是通过纯粹的逻辑本身,哲学的实质意义才可被理解。

胡塞尔不会否认这种世界观思想的目的在许多方面是高尚的和必要的,它能够在人的生活中起到一种必要的“目的论的作用”。[2] 然而,在胡塞尔看来,世界观哲学把一切真理都当作相对于个人——尽管是伟大的个人——的主观观点的东西来对待;它不像实证主义那样鼓励对“实在”统治性权威的奴隶般服从。[3] 伟人身上任何最高超的东西都应该能表现为普遍有效的观念形式,而不仅表现为独具伟大灵魂。换言之,胡塞尔的反对意见是说,世界观思想没有注意到“作为文化现象的科学”同“作为正当理论的科学”之间的区别,因此它同实证主义一样没有看到这一点,即事实并不教我们以真理。[4] 另外,教养的观念的功绩在于它暗示了一种真正普遍的“人的观念”:“每个奋斗之人都是最原本意义

---

〔1〕《严格的科学》,第 131 ~ 133 页。

〔2〕《严格的科学》,第 130 页。

〔3〕《严格的科学》,第 122 ~ 123、145 页。

〔4〕《严格的科学》,第 124 ~ 129 页。

上的'哲学家'"。[1] 哲学确实必须为生活的利益服务,但这些利益不是特殊的民族或时代的转瞬即逝的利益,而且为之服务的只能是达到普遍理念的严格的科学。我们面临以直接的"生活压力、采取某种态度的实践需要"来牺牲未来世代利益的危险,而这一利益依赖于理性的不断进步。世界观思想丧失了对科学之"无限目标"的见地,而沉溺于有限的实践目标之中。我们时代所经历的困难似乎表明人是一种复杂而不稳固的存在者,这种存在者具有两个目标:"一是暂时的,二是永恒的。"然而,正确理解的严格科学的作用就在于使这两个目标会聚于某一无限之点,即人类必须逐渐接近之点。[2] 我们这个对一种世界观有着"难以克服的需要"的时代应该找到一种理性的世界观。同时,这一建议存在一个明显的困难:公共生活需要"能在实践领域中影响公共利益的非凡人格",而他们的智慧又不是非人格的和周密纯粹科学的知识,更有助于这种个人的世界观不是以严格的科学为依据的。因而胡塞尔的解释中不清楚的是,非科学的世界观将如何取得非相对主义的合法性——如果严格的科学不能使它们合法化的话。胡塞尔似乎并未提及这一困难,因为他评论说,当前哲学必须采取的最迫切的步骤,是把世界观思想同真正意义上的哲学知识明确区分开来。[3]

生活世界和历史

上面刚刚提到的那种困难,以及批评者和日益加深的道德与

---

[1] 《严格的科学》,第134页。
[2] 《严格的科学》,第134~144页。
[3] 《严格的科学》,第137~144页。

政治的时代危机提请胡塞尔注意的其他困难,促使胡塞尔作出某些新的考虑和给予现象学研究以一种新的方向。最显著和最根本的新思考,是胡塞尔在其最后的巨著《欧洲科学的危机与超验现象学》(开始于1934年,未完成)中对"生活世界的科学"的反思。依照胡塞尔的观点,需要这样一种新科学,以便为现象学(从而为所有科学)的所有"基本"的研究提供一种更完善的根据。可以把导致这样一种科学概念的思考分列如下:

1. 现象学总是关心揭露由科学和以往哲学所提出的未经审查的和"朴素"的假设。显然胡塞尔认为,科学之最根本和最普遍的"朴素"的假设不仅是自然的存在,而且还有作为实践生物的人的、由普通生活的利益所决定的"世界视域"(worldhorizon)的存在;这些利益关键包括人在其所属的政治和宗教共同体中的利益。[1] 胡塞尔料想作为科学家的人的许多最基本的概念和考虑并不是科学的产物,而是由科学预先假定的前提;它们是在普通生活的最初经验中"构成"的。现象学必须重新制定或"复原"包括科学的目的在内的意义的最初构成。[2] 在胡塞尔看来,纯粹理性照例既对最初的和"被遗忘"了的构成负有责任,也对其复原负有责任。转向"生活世界"中的普遍生活并非是简单地描述具备常识的观察者的态度;甚至这样的观察者(或尤其是这样的观察者)都朴素地意识不到他的假设的最初构成。这些假设的构成绝大部分是"自发的",所以是"朴素"的。因此对生活世界之基础的现象学复原不等同于生活世界的自我理解,后者必须首先加以确定以便将其"奠定"于"更深入"的探究之中。

---

〔1〕《欧洲科学的危机与超验现象学》,第317~334页。

〔2〕《哲学与欧洲人的危机》,第186页("生活"之为科学的条件)、第150页("生活"之为一切文化的条件);《欧洲科学的危机与超验现象学》,Ⅰ部,第9节。

2. 胡塞尔发现他的现象学思想迄今受限制于它自己的朴素；它把纯理论的观念当作“既定的”、已经形成的和只需要忠实遵循的。这一观念本身必须加以“还原”；也就是说，它的最初构成必须被复原。没有这样的复原现象学就不可能是“无预定前提”的。然而纯理论的观念产生于古希腊的特定时间和特定地点；它在那里是作为“理论的态度”而出现的，这种态度与当时居统治地位的“神话式宗教态度”形成了鲜明对照。在作为生活的一种新的可能性而出现时，纯理论不可能被视为是当然的；支配最早的哲学家的动机会昭示前哲学的兴趣何以因他们采取了新的态度而发生“转变”。胡塞尔指出了三个重要的“转变”：(a)哲学把“世界”当作论题，由此将其注意力引向含蓄但未被实践的人类所注意的东西，因为实践的人类沉浸于各种对世界片面的兴趣中。(b)理论的态度脱离了那些使人沉浸于世界之中的兴趣，尤其是同神话式宗教对世界的下述解释相联系的兴趣，即世界由影响人的命运以及人类试图加以影响或控制的那些力量所支配；这种新态度是“诧异”的态度，而不是顺从、敬重、胆怯的屈服或哀求的态度。(c)同一切真正的哲学一样，最早的哲学是“关于整体之本性的普遍科学”，[1]但哲学采取的最初形式是宇宙论，即把整体解释为“自然”，理解为独立于心灵的物体的客观结构。充分探索这些“转变”的意义需要进行历史研究，历史和体系化的哲学不可完全分开。但对于胡塞尔希望从其探索中发现的东西还存在一些疑问。就新意义的(a)(b)两方面而言，他可以宣称在前哲学世界中为哲学找到了某种“根据”。因此(a)说明哲学昭示人有能力转向内含但潜藏于对事物的普通意识中的东西；(c)说明早期哲学在某种意义上仍带有普

---

〔1〕《哲学与欧洲人的危机》，第158～164、169～172页。

通的或“自然”的朴素态度和“自然化”倾向。但这能说明诧异的态度(b)是其他态度的一种转变吗？无论如何,胡塞尔正确地强调了由新态度的出现所引起的决裂,即由新发现的目的(telos)所引导的新“派别”同“保守的”、以传统为基础的古代共同体的决裂,因为新发现的目的带有无限性特征,并具有创造一个以探索为根据的世界性共同体的潜力。换言之,这种新目的不可避免地是人类生活中冲突的根源。[1] 因此胡塞尔不愿像海德格尔那样把纯理论看作不过是一种“派生的”态度:它错误地断言其自主性是提供了人关于存在的最初见识的那种诗意和神话传统的反面。

3. 生活世界的科学所追求的目标就在于澄清和肯定纯理论生活是西方及(通过西方而成为)人类的目的。然而,在这样做时,它必须严肃对待这样的问题,即这一目的为什么并不总是明显的,以及它何以被遗忘或被掩盖。严肃地提出这些问题是为了追溯刚提到的那种巨大的“冲突”的根源。对胡塞尔来说,这意味着要考察朴素的、与纯理论相抵触的自然态度何以似乎属于理性的本质;根据其对现象学的早期解释,将自我掩盖或自我遗忘也归入理性的本质是不可能的。因此,在《哲学作为严格的科学》一文中找不到证据,以说明理性自身可以是严格的科学和生活的艰辛——它必然歪曲科学的目的——之间冲突的根源。胡塞尔现在试图说明,因为科学(完备的合理性)决定历史的发展并在历史中有其条件,所以它也易于遭受歪曲和遗忘。胡塞尔现在认为,一切哲学之最深刻的问题是“理性在历史中的意义”。[2]

4. 生活世界的科学尤其必须是对西方生活世界的思考。正是

---

〔1〕《哲学与欧洲人的危机》,第160~164页,第173页以下。

〔2〕《欧洲科学的危机与超验现象学》,第3节;《哲学与欧洲人的危机》,第155页以下。

在这个生活世界中纯理论表现为人的最高目的，所以正是在这里，历史的问题，人为依然忠实于这一目的——而不顾迫使他忘记这一目的的力量——所进行的斗争问题，才实际得以展开。考察西方努力实现精神科学的历史对于完成上面第三点中宣布的那种研究，以及对于将理性的本质作如下解释是必不可少的，即自我掩盖同其目的的昭示一样属于理性的本质。在胡塞尔看来，在这种历史的戏剧中占据中心地位的是数理物理学的创造。这种物理学，或毋宁说其哲学基础，既包含发现一种真正严格的科学的前提，也包含现代怀疑主义形式的虚伪科学的种子。我们可以在伽利略、笛卡尔、洛克和牛顿的基础性工作中找到目前危机的根源，继他们之后出现的有关这些基础之最初危机的伟大分析家有贝克莱、休谟、康德和黑格尔。胡塞尔的《欧洲科学的危机与超验现象学》大部分篇幅致力于有关他们思想的历史研究，以期隐藏的目的通过他们建立一种科学哲学的努力而为自身开辟道路。[1] 换句话说，有一种计划显然展示于历史之中，理性按照这一计划经由错误而使其自主性充分明晰。

然而，人必然要问这样一种历史同生活世界有何关系。首先，胡塞尔提供了有关数学——或更准确地说，希腊几何学——的起源的解释，这一解释依据的是意义在生活世界的日常活动——测量、计算、勘察等——中的自发形成。[2] 胡塞尔证明数学的精确性来自日常知觉的“观念化”过程。这样的观念化一旦形成，便体现于象征和标志的形式中，这些形式使它们能够被传达、教授和更易

---

〔1〕《哲学与欧洲人的危机》，第161页（西方特有的历史性）；《欧洲科学的危机与超验现象学》，第14节和第5~7节哲学运动（即怀疑主义与理性信仰之间隐蔽的斗争）的目的。

〔2〕《欧洲科学的危机与超验现象学》，第353~378页（“几何学的起源”），以及a部，第9节。

于操作，并因而成为科学的知识主体的基础。然而，同样的象征性体现掩盖了它们在生活世界最初形成中的起源。科学的前提是被遗忘了的原始意义的“积淀”。可传达的科学的确立，以及根据后代人未加重新制定的那种开端而取得的“进步”，所付出的代价是流传下来的观念中的意义日趋淡化和肤浅化。许多原始见解因此成了单纯的技艺[1]（胡塞尔解释中的一个困难在于原始形成的匿名概念；难以理解匿名见解何以是真正的见解，以及任何人都从未真正见过的东西何以能被遗忘和重新颁布）。

数学知识是这样，所有的知识也都是这样：教导、学习、应用、验证及进一步发展都假定原始见解成了可以传达的，就是说，它们成了“传统的”。知识的传统性是其自我遗忘和自我昭示这双重特征的根源。根据胡塞尔的解释，创造传统的压力来自理性本身。我们不必离开理论思考以发现歪曲的压力。（我们不是在把理论思考还原为理论之外的思考）但我们确有必要注意理论的一个方面，这一方面只有从生活世界的观点来看才是明显的：理性具有创造传统的特征。

此外，胡塞尔的讨论中充满这样的断言，即数学知识的传统在歪曲西方科学和哲学以及通过它们使西方生活世界产生了歪曲。简言之，胡塞尔认为伽利略用数学来解释自然，以致掩盖了包含在这种解释中的理性的“观念化”活动，由此而误导了所有以后的西方科学，使它们把自然的数学化视为自然的实在；并且对于心灵王国沿数理物理学方向进行“自然化”具有决定性的影响。[2] 卓越的数学仅仅允许技术的和自我遗忘的概念运用，因此当哲学本身

---

〔1〕《欧洲科学的危机与超验现象学》，第 366 ~ 367 页，以及 f ~ i 部，第 9 节；参见第 373 ~ 375 页，关于“以前历史的”积淀的说明；另见《哲学与欧洲人的危机》，第 161 页以下。

〔2〕《欧洲科学的危机与超验现象学》，第 9 ~ 10 节。

数学化了的时候,一切必须植根于哲学的规范和理念也很可能遭到歪曲。与此同时,胡塞尔暗示,使自然数学化的压力在某种程度上来自生活世界本身,其表现形式就是对自然实行各种技术统治的需要。[1]

可以说,胡塞尔有意轻描淡写地述及来自实践利益的压力的性质和程度,但几乎全神贯注于由实践的迫切需要所导致的对理论的歪曲,以及由理论所导致的对生活世界的歪曲。这种着重点的不对称似乎同现象学的某些基本设想有关,这些设想可称之为"启蒙"设想。对胡塞尔来说,来自生活世界的歪曲的压力似乎不是永久的和不可克服的。他相信"观念比经验更有力",[2]并相信在现代西方世界中哲学正承担在人类事务中的领导作用。然而,现代哲学以作为新偏见之根据的错误原则承担了这种作用;现象学是这样一种哲学,相比之下它能成功地"克服对千年王国的偏见"。[3] 因此西方历史被认为终于这样的前景——它可以导致千年王国的临近:人放弃"古老的思想习惯"而成为对自身充分负责和完全自主的人。[4]

在这种关于人类事务的乐观看法背后有一种相当特别的现代启蒙观,一种在19世纪现代"首次危机"期间出现的观点。它认为社会的弊端和阻碍普遍美德及正派体统的力量来自理论本身。这种观点明显表达于康德的思想中,因为他使带有"有害影响"的单纯"辩证的"思辨服从实践理性及其在普通人的"善意意志"中的基础。虽然这种思想看上去采取的是常识或普通理性的观点,但

---

〔1〕《哲学与欧洲人的危机》,第151页;《欧洲科学的危机与超验现象学》,第8、12节。

〔2〕《哲学与欧洲人的危机》,第176页。

〔3〕《欧洲科学的危机与超验现象学》,第90页;《哲学与欧洲人的危机》,第178页(关于哲学的领导作用)。

〔4〕《欧洲科学的危机与超验现象学》,第264~265页。

它实际是把——善或恶的——核心重要性和力量归于理论的人。同我们的世界主要被虚伪的理论所败坏的观点相反的观点是:我们的世界将被真正的理论(或可能一切理论的终结)所矫正。这种看法确实存在于胡塞尔身上。有人主张,胡塞尔采取重大步骤来恢复意见及其权利,以使其重新成为一切哲学的根据(把哲学植根于匿名论题的最初形成中),同时胡塞尔还指出了柏拉图的错误,这种错误即在于把知识抬高到意见之上并认为知识与意见相反。[1] 这就是说,常识所理解的一切都是正确的;哲学并不超越常识,而是阐明其内含的合理性,即其中的崇高目的。胡塞尔的一些后继者通过拒斥理性的目的而修正了这种主张,但作为现象学家,他们仍然坚信这种看法,即"人类世界"是通过对存在的原始经验而形成的。反思这一现象学的焦点应该有助于说明现象学为何相对缺乏对政治哲学的关注。

阅读书目

1. 埃德蒙·胡塞尔:《严格科学的哲学》,Q. 劳尔译并作序,载胡塞尔《现象学与哲学的危机》,纽约,1965 年版。(中译本:《现象学与哲学的危机》,吕详译,国际文化出版公司 1988 年版。——译者注)

2. 埃德蒙·胡塞尔:《哲学与欧洲人的危机》,Q. 劳尔译,载同上。

3. 埃德蒙·胡塞尔:《欧洲科学的危机与超验现象学》,载《现象学哲学序论》,D. 卡尔译并作序,伊文思顿,1970 年版。(中译本:《欧洲科学危机和超验现象学》,张庆熊译,上海译文出版社 2005 年版。——译者注)

---

〔1〕 A. 格维希:《现象学与心理学的研究》(*Studies in Phenomenology and Psychology*),伊文思顿,1966 年版,第 447 页。

马丁·海德格尔

(1889—1976)

米歇尔·吉莱斯皮

马丁·海德格尔是自柏拉图和亚里士多德以来第一个认真思考存在问题的哲学家。的确，致力于这个问题使他成了20世纪杰出的欧洲大陆哲学家。然而，他在政治哲学家中的地位是不怎么显著的。在其早期的鸿篇巨制《存在与时间》中，海德格尔很少表现出对伦理学或政治学的关注，而且其后不久他否认了他写的是一部伦理学著作，他认为将其视为伦理学著作是对他思想的根本误解。况且，他在晚年断言他的思想无助于社会政治问题。那么为什么在一部政治哲学著作中要考虑他呢？

对这个问题有两个方面的回答。就实践方面而言，海德格尔关于他的思想与政治无关的断言，必须根据1933年至1934年他同纳粹的交往这件事来加以理解。这件事说明他的思想具有一种政治意义,即便他后来不愿承认这一点。同时,他的思想对于伦理学和政治学而言的更深刻的意义,来自他对虚无主义的关切。

虚无主义及其根源

虚无主义既有形而上学的意义,也有道德的意义。就形而上学方面来看,虚无主义指的是无物存在(is),不是说存在绝对的虚无,因为那是荒谬的,而是说不存在不变的基础,即不存在自柏拉图以来西方传统设想构成变动不居的经验之基础的上帝或存在。因此,无数根据经验看来如此明显"是"(are)的东西,实际只是看上去如此,而事实上经常变化,经常以混乱和完全无法预言的方式变成非其所是的东西。然而,若一切事物变动不居而无某种不变的根据或基础,便难以看到真理、正义和道德何以是可能的。如果没有存在,或像尼采主张的那样,上帝死了,那就只有生成变化,而没有固定的准则或永恒真理。但是,如果虚无根本是真的,那么,就像陀思妥耶夫斯基和尼采所承认的那样,"任何事情都是允许的"。形而上学的虚无主义的结果因此是道德的虚无主义。否定永恒的上帝或存在,必然破坏一切有关善恶或贵贱的固定或不朽的标准,因而必然破坏普遍的道德律或人优秀的自然标准的基础。照此看来,一切准则都是历史的和相对的,都不过是一些偏见或意识形态,是用以维护某些集团、种族、等级或阶级之显而易见的权力的。

如此承认一切准则的历史的相对主义,具有两种不同但相关的结果。一方面,它导致放弃一切高尚的人类抱负,因为虚无最终具有高于其他一切的价值,因而没有理由为困难的和遥远的目标而奋斗和牺牲。其结果便是庸俗的享乐主义的流行,人们都追求最不费力的东西,并被片刻的欲望所引导。与这种"文雅"的虚无主义相伴而生的是"野蛮"的虚无主义,它试图摧毁一切准则,而确立自身为人类活动的最高目标。这是作为权力意志的虚无主义,其表现形式是科学技术以征服自然为目的,以及权力政治以奴役人类为目的。在这两种"实践"形式的虚无主义之中,最抽象、最缥缈的形而上学学说具有了实在但十分不祥的道德、伦理及政治的意义。

海德格尔出生时的那个世界还只是刚刚开始熟悉虚无主义。的确,19 世纪末叶的欧洲普遍信仰理性和科学的进步,哲学家中除少数著名例外也都具有这种信念。然而,第一次世界大战粉碎了这一信念,并赋予哲学争论以未曾有过的严肃性和迫切性。一些人把这一灾难归咎于资本主义的缺点,一些人则将其归咎于过分的民族主义,但对其他许多人来说,似乎哲学关于现代性甚至关于现代西方世界的假定有着可怕的缺陷,似乎尼采听到其叩门声的虚无主义已闯入欧洲文明的心脏。海德格尔也开始关注这个问题,这种关心起初只限于其导师兼后来的同事埃德蒙·胡塞尔所创立的现象学的范围,但逐渐扩大到整个西方传统的范围。

在海德格尔看来,虚无主义是根本误解存在(being)的最终结果,是他所谓遗忘存在的最终结果。海德格尔思想的特色在于他将最深刻的实践意义归于显然是最抽象、最缥缈的理论思考。表面看来,似乎荒唐的是,海德格尔努力使读者相信对存在的广泛误解可以而且实际也是全部西方文明的特征,因为难以想象的是,这样一个抽象的形而上学问题的影响会超出少数人的范围。然而,这并不是海德格尔的意思。换言之,他认为是那些制定了我们从中思考和行动的基本框架的思想家,或者被称之为最根本意义上的立法者的那些人，误解了存在并忘记了存在的原本意义。这些思想家没认识到存在的真理，即最根本的东西的真理，在海德格尔看来，这导致了语言和思想的范畴的根本歪曲。这种歪曲不仅妨碍我们应对或理解存在对于我们日常生活的重要意义，而且还为思想和行为设定了框架，这一框架使人背离了真正的人的理解和活动。在这个意义上，它使真正的伦理和政治的存在成为不可能，并最终将人投入虚无主义之中。

海德格尔把误解存在的根源追溯到古希腊人的思想，特别是柏拉图的思想。导致虚无主义对存在的遗忘，是柏拉图把存在重新定义为永在或其所在永远不变的东西的结果。这个观念是如此普及，以致它似乎提供了存在问题的确切答案，结果问题本身被遗忘了。然而，海德格尔认为，这一柏拉图式的答案是不适当的。但后来其所造成的对存在问题的遗忘，甚至使承认这种不适当都成了不可能。柏拉图对存在的理解因此成了西方传统的导向性前提。这一不适当的前提所造成的日愈根深蒂固的错误最终导致了虚无主义。

但是，按照海德格尔的理解，虚无主义并不仅是一种消极现象，毋宁说它提供了两种不同的可能性。一方面，导致否定存在因而否定一切范畴和准则，使最庸俗和最野蛮的欲望有可能居于统治地位。另一方面，对范畴和准则的这种忘却有助于厘清人的眼界，因此使对存在的神秘和奇迹的原初体验成为可能，而这种体验自柏拉图和亚里士多德时代以来一直是不可能的。因此，2005 年以来，虚无主义既是最大的伦理的和政治的灾难，也是最大的哲学的可能性。所以海德格尔相信，虚无主义包含其自身毁灭的可能性，因而包含人类得救的可能性。不过，这还是一种必须抓住并加以实现，因而易于被忽略或丧失的可能性。在海德格尔看来，人所面临的危险在于,他可能认为虚无主义只是对健康的传统的暂时偏离,可以通过微调来予以矫正。然而,必须认识到整个西方传统之不可救药的虚无主义的本质,因而必须完全摆脱这一传统而转向回忆和思考被忘却了的存在问题,虚无主义则使这种回忆和思考成为可能。

存在与时间

海德格尔关于存在问题最初和最宏大的著作是《存在与时间》。这部著作的任务就是通过分析暂时的人的此在(Dasein)而提出存在的意义问题,或用更熟悉的字眼说,就是通过考察存在与时间在作为历史存在物的人身上借以结合的方式而获得对存在与时间的关系的理解。

表面上看来,很少有这样的提示,即这一工作具有实践的或政治的动机。的确,著作本身只表明它是再现科学基础的一种努力。在这个意义上,它属于现象学的领域。然而,细加考察,便发现理论和实践之间有一种基本的连续性。海德格尔认为,存在的问题是一切本体论或存在物的有序化的源泉和根据,因而也是一切人类认识的源泉和根据。人忘却这个问题,就是忘却自己知识的源泉,就是丧失彻底探究的能力,而这种能力对于真正的思想和真正的自由是至关重要的。没有这种能力,人便堕落为只关心存蓄和享乐的工于计算的野兽,用尼采的话说,堕落为"末人",对这种人来说,美、智慧和伟大只不过是口头上的语句,因此在关心科学基础的背后,海德格尔似乎更关心的是这种末人的虚无主义的平庸。

为了对付这种含蓄的虚无主义,海德格尔认为有必要克服对存在的忘却。然而,存在不是以通常的方式被忘却的。存在问题被忘却是因为存在本身被认为是自明的,是最普遍而且最空洞的概念。换言之,存在之所以被忘却是因为人们都以为他们知道什么是存在。在海德格尔看来,这是误解存在与时间的关系的结果。自柏拉图以来,存在便被理解为与现实事物相反的、超越时间的和不变的东西。这个意义上的一切现实事物都处于存在和虚无之间。所有事物都生成和消灭。与不变的存在王国相反,现实事物因而存在于生成或时间的王国之中。这种意义上的西方传统以存在与生成或存在与时间的对立为其特征。然而,在现代变得明显的是,这种位于我们认识范畴中心的对立妨碍我们正确地把握我们具体的历史实在,即海德格尔所称的人类经验的实事性。因此,我们不能理解关于我们自身作为历史存在的真理,因为赋予我们思维方式的传统有赖于将存在理解为永在,这种理解对存在的证明是基于有缺陷的时间观念。所必要的是基于更深刻的时间观念而获得对存在的更充分的理解,而更深刻的时间观念则是历史发现的结果。

海德格尔试图通过探究人来提出存在和时间的问题,因为他认为人同存在有着一种特别的关系。人是将自身的存在当作问题的唯一存在者,即是说,人是关心其前途、未来及其存在的可能性的唯一存在者。对于一颗橡树籽来说,不存在它将变成什么的问题。除偶然情况之外,它总是生长成橡树。在海德格尔看来,人却没有这种确定的结局。他不确定的结局使他的未来对他来说总是个问题。与橡树不同的是,他不能仅仅安于现状,而是不断地关心未来。的确,他与橡树的不同之处在于他有一个未来。橡树的未来只是对人而言的。在这个意义上人又是唯一真正历史的存在者,他积极参与计划和实现他的未来,参与创造历史。正由于存在与时间在人类身上的这种结合,海德格尔认为人可以充当存在问题本身的入门。通过考察历史从人对自身存在的问题,即对自己未定结局的关切中所由以产生的方式,海德格尔希望达到对存在问题,即对不仅人而且一切存在者的目的问题的更深刻的理解,并因而说明这样的时间如何产生于存在。

海德格尔试图通过分析人的存在来展开这一存在问题。他对人的分析是要揭示人的存在的基本结构,不是说明人是什么,而是说明人怎样存在,以及人如何存在于时间之中或经历时间。他首先从分析日常存在入手,该分析集中于如下事实,即人无时无地都发现自己被抛入一个以特定的本体论或存在者的秩序为特征的世界之中。人作为此在因此是海德格尔所谓的“在世存在”。人因而发现自己与事物及他人共在,即在一个特定的结构之内,这一结构决定一切存在物之间的关系,规定他(它)们的目的因而规定他(它)们的活动,因而也决定人和其他一切事物怎样存在。就绝大部分情况而言,人完全沉溺于通行的秩序中,并在实践(现成在手)的和理论(应手)的层次上完全由在这一秩序中产生的事务或顾虑所决定。因此他绝大部分以海德格尔所谓的沉沦为特征,并且像“他们”一样不真实地存在,“他们”是普通人的大多数。在这种存在样式中,人被海德格尔所谓的“常人”(they-self)所统治或支配,而“常人”把世界当作既定的东西加以接受,从不认真地对事物的通行秩序提出质疑。

海德格尔认为,对人来说存在的问题产生于这种日常的存在由于面临死亡而被怀疑的时候。作为在世的存在,人总是面向未来,因为他自己的存在对他总是一个问题。他的这种意义的存在以海德格尔所谓的“关切”(care)为特征。作为关切他的未来遭遇的未来存在者,人不可避免地要遇到死亡的问题。甚至对于以作为他们本身的样式而存在的人来说，情况也是如此，然而，这样的自我只是不真实地准备死亡，即只是根据他人的死亡来理解死亡，好像死亡是“某人”或“他们”的事情。这种不真实的死亡体验肯定而不是超越事物的通行秩序。对死亡的真实理解需要另一种全然不同的体验。海德格尔在焦虑（anxiety）现象中发现了真实理解死亡的可能性，特别是当这种现象出现在良知的召唤之中的时候，他论证说良知的召唤即是一个人对自己的存在的召唤，而一个人对自己的存在关切的是未来存在的可能性。这种在焦虑中的死亡体验使人从事物的通行秩序中解放出来。人由此开始认识到自己的存在的有限，这便为体验存在本身的问题开辟了道路。

通常根据现存于一特殊的世界或事物秩序中的可能性来理解生命。这些可能性在他们本身看来似乎是既定的和不可改变的。然而，真实的死亡体验昭示这些可能性就是可能性，因为它昭示我们不可能做一切事情。我们将面临死亡，而死亡是我们自己的死亡，任何他人都无法取代，并且我们自己的死亡是一种不可避免的可能性，这种可能性限制了我们所有其他的可能性。我们认识到我们被抛入一个我们必然要离开的确定的世界中。因此死亡体验昭示了我们关于世界的特殊视界，昭示了在我们与之共在的那些人，即我们的民族或我们一代人的更大命运之中的我们个人的命运。死亡作为我们自己存在的问题的显现，将我们引向一套具体的答案或可能性。发现这些答案或实现这些可能性成了我们活动的目标。我们的存在问题产生于我们对我们的死亡的必然性的真切认识，这个问题因而是呈现于我们面前的那种目标的源泉。所呈现的这个目标在海德格尔看来是我们的未来的源泉，因为真正的未来总只是我们所预见的东西，是我们正趋向的东西。正是根据这种未来的目标或目的，我们才可把握过去而不让它悄然逝去，因为只有根据这个基础,过去才成了与我们相关的东西。因此,在设想面对死亡的时候所昭示的我们自身存在的可能性展现了整个存在世界。

然而,海德格尔并未就此而把握住存在与时间的根本联系。的确,海德格尔只是从人的存在方面,而且只是消极地基于死亡来理解这种联系的。《存在与时间》的目标是要理解独立于人的存在和时间本身,但海德格尔未能令自己满意地完成这部著作。他曾计划在这本书的未完成部分首先明确提出存在的问题,然后致力于他所谓本体论历史的破坏,或我们所谓的形而上学的破坏。在开始写作《存在与时间》时,他曾设想这本书可以围绕西方形而上学的全部历史,并通过直接探究人本身的存在以及根据对历史的再解释而重新提出存在的问题。然而,在写作过程中他发现,他不得不使用的语言,尤其是哲学术语,都来自并且根本上依赖于形而上学。他借以试图重新思考存在问题的范畴因而是由下述方式构成的:这种方式掩盖了这一问题本身,或者说,这种方式甚至使正确理解这一问题都不可能。由于对形而上学的这种依赖,海德格尔未能按他的计划来完成《存在与时间》。《存在与时间》的失败使他清楚地认识到,必须先破坏形而上学,然后再面对存在的问题,而不是相反。

对形而上学的破坏是在大量后来的著作中进行的,而且基本上是对西方哲学的批判和再解释,这种批判或再解释追溯了对存在的日益增长的忘却以及虚无主义的发展。这一任务的完成不是通过揭示内在的矛盾或下意识的心理或经济的动机,而是通过说明每个思想家如何接受了关于存在的流行观念,从而不假思索地放弃了西方哲学的主导性问题,即存在问题。不过,这种批判或再解释实质上并不是消极的,毋宁说,它是以论述存在本身为目的的,因为在说明对存在的日益深化的忘却的同时,它还指出了存在隐退的地方，即存在被不加思考地放弃、忘却的地方的空虚。这样，形而上学的破坏也就是海德格尔所谓存在的历史，即对存在的误解、忘却或海德格尔常常所谓存在的“隐退”的历史，而这种误解、忘却或“隐退”构成了西方文明的实质。

我们知道，《存在与时间》已有对形而上学的含蓄批判。但这种批判依然停留于现象学关心科学基础的一般范围内，而海德格尔对科学基础的现象学的关注是受到胡塞尔的影响。海德格尔继《存在与时间》之后对西方传统的批判，则表明他更深入地评价了忘却存在伦理的和政治的后果或他所谓的虚无主义。其思想中的这种“转变”是由许多因素促成的，但大概最重要的因素莫过于纳粹主义。

海德格尔于20世纪30年代初在弗莱堡大学与纳粹分子开始有牵连。[1] 在导致希特勒当政的纳粹革命中，海德格尔的同事们为了维护学校的独立而请他当了校长。然而，海德格尔另有想法，他相信纳粹革命可以引发对人的存在的更根本的体验，而这种体验可以用作更真实的伦理学和政治学的基础。在这一改革和重新定向的计划中，海德格尔认为德国的大学应起领导作用，并赋予这场政治运动以其迄今缺乏的理智的实质。德国生活的这样一种重建因此必须以德国大学的重建为前提。海德格尔认为他可以促成这一前提，他的校长就职演讲的明显非纳粹主义的题目，“德国大学的自我主张”就反映了这样一种志向。

海德格尔的希望很快便破灭了。他同纳粹党人发生了分歧，

---

〔1〕 有关海德格尔与纳粹主义关系的文献，参见其《德国大学的自我主张》（*The Self-Assertion of the German University*），载《形而上学评论》（*Review of Metaphysics*），第38期（1985年5月），第467～502页；《只有神能拯救我们》，参见海德格尔：《人与思想家》（*The Man and Thinker*），T. 约翰编，芝加哥，1981年版；《形而上学导论》（*An Introduction to Metaphysics*），耶鲁大学，1959年版，以及他在纳粹时期的言论，参见M. 弗里德曼编：《存在主义的世界》（*The Worlds of Existentialism*），纽约，1964年版。

原因是他抵制大学的纳粹化,他不愿解雇犹太教职员,以及他试图作出妥协的努力未能令当局满意。这些还不是海德格尔所遇到的唯一困难,因为他希望将德国大学中的积极力量团结在自己周围,而这股力量却抵制他的改革企图。他对以先行的学术改造为基础的政治改造所抱的希望就这样破灭了。面对他不愿加以执行的纳粹的要求,以及他无力克服的教职员的不妥协,他辞去了校长职务。结果,他日渐被当局怀疑,并在纳粹后期遭受了各种惩罚,包括其学术活动被监视以及在军事要塞被强迫劳动。

不论对纳粹主义多么反感,海德格尔显然也从中看到了某种积极的东西,因为1935年在其题为"形而上学导论"的讲演中,他谈到了"这个运动的内在的真理和伟大",并且他的讲演录于1953年发表时也包括这段话。这意味着海德格尔是个纳粹分子吗?针对这一指责,海德格尔试图以两种方式为自己辩护。首先,他争辩说,改变教科书将是对历史的歪曲。[1] 的确,这本会使他面对这样的指责,即他试图掩盖其纳粹历史。其次,他在20世纪60年代提请人们注意有关这段刺目的文字的一个附注,附注写的是"即世界技术与现代人之间的冲突"。海德格尔想表明,在1935年的讲演中,严谨的听众会正确理解他的话,虽然愚蠢的疑心者仍会按照令他们满意的方式来解释这段话,即把它看作他忠诚于当局的标志。但无论怎么说,依然无可争辩的是,海德格尔从未公开否认他的纳粹言论。

那么说,有关海德格尔对纳粹主义的理解的这个附注向我们说明了什么呢?按照海德格尔的理解,现代人在根本上同技术有密切关系。在海德格尔看来,就像恩斯特·荣格尔在其《劳动者》一书中所深刻指出的那样,在当代世界中人的存在模式是劳动者。

---

〔1〕 京特·内斯克编:《回忆马丁·海德格尔》(*Erinnerung an Martin Heidegger*),普富林根1977年版,第49页。

海德格尔赞赏的显然是纳粹党人试图赋予作为劳动者的人一种新的意义,并且他相信这种努力为新的、更真实的伦理学和政治学提供了一种可能性,尽管他从不清楚这种可能性会怎样实现。他承认那些当权者在见解上过于拙劣,以致不可能正确地控制技术,但他相信他们会倾听那些有更深刻见解的人的意见。这里他显然错了,他未觉察到纳粹运动的领袖们致力于一种灭绝种族的和启示的意识形态。

海德格尔的这一经历使其对形而上学思想的普遍性和力量及其同虚无主义的联系有了新的认识。形而上学不仅最终导致"文雅"的虚无主义,即他在《存在与时间》中所指出的那种日常世界的平庸,而且也最终导致纳粹党人的"野蛮"的虚无主义。因此,他未能完成《存在与时间》同他未能改造德国的大学以及未能改造纳粹运动有密切关系。因而需要一种更根本的分析和批判,这种分析批判将解释纳粹主义所体现的野蛮的虚无主义的根源。这样一种分析首先意味着对现代的考察。

现代人的普遍异化

海德格尔认为,现代以主观性为其特征,也就是以下述事实为特征,即人本身在现代充当了一切真理的尺度和根据。因此现代也是自由的王国,因为主观性的主导地位使人摆脱了传统基督教社会以神为中心的结构,并使人完全确立在自身力量的基础上。这种新观念肇始于笛卡尔将人解释为自我意识,这种解释奠定了人作为一切事物的尺度的绝对独立性。自此以后,只有在意识的法庭面前通过审查的东西,即只有能被知觉和确认的东西,才算作是一件东西。

然而,当人只依据自身的时候,他便丧失了其在传统社会秩序中的地位。现代自由因此同人的异化密切相关,异化将人置入通过使自然服从他自己的意志而确保自身安全的境地。因此自然不再为人的活动提供指南,而成了人必须加以统治的一个不确定因而危险的“它物”。它在理智的高度上被现代科学所征服,因为科学创制了世界的数学图景或模型,从而把世界降为一种可以预言因此可以控制的对象。海德格尔把这个过程叫作对象化。现代技术于是将这种新科学同人的劳动结合起来,以便征服自然界,将其改造成为适于人用或适于人的习惯的对象。

然而,试图通过对自然的技术征服来确保主观性和人的自由的努力失败了,因为对自然的征服必然也需要对人的自然(本性)的征服,由此便造成人们之间的相互冲突。这种日益增长的竞争性冲突导致了更大的、在技术上更有组织的政治实体的形成,因而实际上只能导致一切人都屈从于世界技术的任务。因此,在海德格尔看来,现代的冲突不是激情、人的癖好、权力意志、阶级对抗或正义观分歧的结果,而是试图通过技术来确保人在自然界中的自由的结果,所以冲突也是不可避免的,因为在现代世界中人性就意味着衡量、控制和征服自然,也就是意味着技术。海德格尔追溯了这一状况的发展,这种发展始于笛卡尔,经过莱布尼兹、康德、黑格尔、谢林和尼采而到20世纪的世界技术。[1] 这是现代思想的虚无

---

〔1〕 有关海德格尔对这一发展的解释,参见其如下著作或文章:《根据的原则》(*The Principle of the Ground*);《人与世界》(*Man and World*)第7卷,1974年版,第207~222页;《康德与形而上学问题》(*Kant and the Problem of Metaphysics*),布鲁明顿,1962年版;《黑格尔的经验概念》(*Hegel's Concept of Experience*),纽约,1970年版;《谢林论人的自由的本质》(*Schelling's Treatise on the Essence of Human Freedom*),阿森斯,1985年版;《尼采》,4卷本,纽约,1978~1987年版;以及《技术问题及其他文章》(*The Question of Technology and Other Essays*),纽约,1977年版。

主义不断增长的过程,与这一过程相伴随的是现代人之作为主体的历程,即从笛卡尔的自我意识到尼采的权力意志的历程,而在海德格尔看来,尼采的权力意志构成了世界技术的实质。这同时也是人从自我意识的创造主堕落为劳动者和常人的过程。在《存在与时间》中海德格尔就已经认识到,现代性的顶点就是对存在的完全忘却和人的彻底的非人化,人本身成为只不过是世界技术的原材料,而世界技术的目的则只在于其自身虚无主义的自我永存的发展。

由于脱离和疏远了传统社会,我们现代人企图借助于历史而在生成变化之中为自己建立一个立足之地。历史使我们能够衡量和划定时间,以便我们能参照所有其他事物来确定我们的起源和地位。由此我们能够在可怕的和盲目的无常变化面前确保我们自身的安全。然而,这一设想实质上是企图把时间变成利用的对象,因而类似于现代自然科学所从事的空间的对象化。但是,这一设想的成功唯在于使人更完全地脱离形而上学的传统,而这一传统曾通过把人在某种基本的层次上同久被忘却的存在问题联系起来而赋予人一种真正的地位和意义。若完全脱离这个问题,人也就完全脱离了由这一问题所赋予其的思想和活动的方向。而没有这样的方向,历史就可以随便解释,因为不再有真理和实在的标准。在海德格尔看来,人因而沦落为历史主义和相对主义的牺牲品,为了逃避这种厄运,他只能求助于意识形态,即采取一种任意的和非理性的世界观,这种世界观能够提供一套简单却全面的解释,以解决所有的不确定和不安全。

因而历史和意识形态只充当两种工具以服务于对地球的技术征服。的确,它们扩大了为获得统治而进行的竞争,并导致了以战争为结果的意识形态斗争,而战争又转过来成为一种手段,用以进一步实现人类的总动员及对人类的总控制,从而最终恰恰抹杀了战争与和平的区别。现代主观性和自由的这种结果,就是在一种意识形态的极权主义统治之下的普遍的异化和无家可归,而这种极权主义的目标就是对人和自然的普遍统治和利用。在这种状况下,人类便被降低为兽类。

海德格尔描述了现代终结时的三种形式的政治生活:美国主义、马克思主义和纳粹主义。[1] 在他看来,这三种形式都是主观性和虚无主义的形式,因而在形而上学的意义上是同一的。它们都以公对私的专政,以及自然科学、经济学、民治政体和技术的统治地位为其特征。他认为美国主义不是自由主义或民主主义,而是充当科学技术之婢女的一种特殊形式的逻辑实证主义。美国主义的现实是工业联合企业,以及经济和技术计划的中央机关,它组织普通人的劳动并将其准则推广到世界市场上。马克思主义同样不仅仅是一个派别或一种世界观,而毋宁说是把生产过程提高到统治地位,结果把人降低为社会产生的存在者。美国主义和马克思主义都把人的精神性误解为计算的智慧,因此没有把握住思考存在问题的必要性。这种无思想性的最极端形式是纳粹主义,它通过以本能代替理性而完成和推翻了现代思想。本能不是个人的本质,而是种族的本质,并且是通过领袖表达的,因为领袖是主观主义的种族本质的代言人。他们的本能超越理性之虚无主义的麻痹而付诸行动,从而赋予错觉以确定和安全。然而,纳粹主义没认识到其对超人和亚人之间的根本区分是任意的和武断的,因为超人和亚人原则上都应被归结为兽类。

各种形式的现代生活因而只代表虚无主义的制度化。然而这并非是由现代生活本身的缺点造成的,因为现代,从而虚无主义,

---

〔1〕 关于海德格尔对美国主义、马克思主义及纳粹主义的理解,参见《形而上学导论》,第 37 ~ 51 页,以及《四次讲座》(*Vier Seminare*),法兰克福,1977 年版。

都只是始于古希腊人的形而上学计划的最终结果。所以海德格尔主张,要把握虚无主义的根源和真正内容,就必须考察古希腊人。

西方文明的起源与终结

海德格尔认为,希腊世界和西方文明始于存在的启示,始于他有时所谓的"真相"或确切说"不忘"。[1] 在这种启示中,存在显现为混沌或虚无,显现为深不可测的无底深渊,它以其所有的神秘来强制压迫人,并展示了一种新的思想和行为的途径、一个新的世界,产生了新的神、新的伦理学、新的政治学以及关于人的新概念。换言之,存在之根本的神秘和难以理解给人留下了深刻的印象。海德格尔认为这是对存在的具体体验,是存在对人显现的方式。这种意义的存在对古希腊人来说是一个根本的问题。然而,作为一个问题,它引他们去寻求答案,从而引他们离开问题本身,离开存在。苏格拉底以前的希腊人处于两方面之间的斗争中,一方面是作为根本的神秘或问题的存在,另一方面是由范畴或对这个问题的回答所确定的存在。这一斗争贯穿于艺术或海德格尔常常所谓的语言之中,从事这一斗争的不仅有诗人,而且还有雕塑家、建筑师、思想家以及参与制定希腊世界的法律、习惯和制度的政治家。他们都面临由对存在的体验所引起的存在的神秘,并构造了一种新的理解方式和一个新的世界以作为这种神秘的答案或解决办法。

---

〔1〕 关于海德格尔对古希腊的论述,参见《形而上学导论》、《早期希腊思想》(*Early Greek Thinking*),纽约,1975 年版以及《荷兰德林的诗作解释》(*Eriäuterungen zu Hölder lin's Dichtung*),法兰克福,1944 年版。

古希腊人最首要的创造是城邦。对他们来说城邦不仅是开展国事的地方,而且是神与人彼此发生关系的地方,在这里人首次认识到其尘世的必死及与之相反的神的不朽。按照海德格尔的理解,古希腊人因而能把对死亡及他们自己的有限性和命运的真实理解施展于他们的艺术、宗教和哲学之中,而且首先反映于他们的政治制度中。在这个意义上,城邦是人之作为人的存在根源。就人认识到他自己的必死和命运有别于神的不朽而言,他具有自己的特殊地位或精神品质,并因而能有伦理。人地位的特点,以及由此而生的伦理和政治的特点,也是神及人与神的关系的特点的反映。在这个意义上,城邦总是神的居所,并且城邦的法律和制度也以所启示的特殊众神为其特征。

海德格尔认为,这种前苏格拉底的对存在的体验根本上是悲剧性的。存在的深渊唤起人的诧异和思考,也把人抛出事物的日常秩序之外。存在使一切事物都成为问题,而像安提戈尼、奥狄甫斯和赫拉克立特那样面对存在问题的人,则成为"离群索居者(apolis),他们没有城邦、没有居所、孤身一人、无所凭依,没有进入整个存在的现成途径,同时也没有法规、律令和限制,没有结构和秩序,因为他们作为创造者必须首先为所有这一切奠定基础"。[1]由于具有英雄悲剧的意识,由于被抛出日常生活之外,这些奠基者为希腊人展示了人之最高的可能性。

随着存在的启示的消失,这些人物在其中具有重要意义的悲剧时代遂告终结。这个世界终结于存在问题逐渐湮没在它的答案之中的时候,终结于存在问题不再表现为一个问题的时候,也就是终结于——用海德格尔的话说——存在隐退和被忘却的时候。海

〔1〕《形而上学导论》,第152~153页。

德格尔认为,这种情况发生的原因是神秘莫测的,而且原因不在于人而在于存在本身。这种情况的发生是西方历史形成的核心的和决定性的因素。

存在之作为一个问题的隐退,始于智者而在柏拉图和亚里士多德的思想中达到顶点。[1] 这种趋势的一个例外是苏格拉底,他遵循的是一条从对存在问题本身的答案向回追溯的辩证法道路,试图回溯到神秘且常常相矛盾的思想开端。[2] 相反,柏拉图放弃了存在问题,或确切地说,通过给予一个确定性的答案而封闭了这个问题。按照他的描述,存在是永在,是与变化世界中的短暂事物截然不同的不变形式或理念。这种意义的存在不再是一个问题,而是问题的最高答案,是存在之存在,是一切事物的不变本质。以此为基础,柏拉图、亚里士多德和经院哲学家便可以依据存在者同存在本身的近似性而制定一套存在者的本体论或等级秩序。这一形而上学的等级秩序以各种变形构成了西方世界的结构。第一个变形产生了基督教中世纪,第二个变形产生了现代世界。在前者,存在从自然中隐退而成为超然存在,因而破坏了古代的秩序。存在的直接性或自然形式的事物的本质让位于如下观念,即认为这种形式只是超验的、最终不可理解的上帝之众多可能的创造物之一,而唯有上帝是真正的、最高意义上的"存在"。基督教本身也被存在的隐退所破坏,这便是人取代逝去的上帝而成了一切存在者的根据,并因而成了一切本体论的中心,人作为自我意识的主体因此是真正存在的。然而,就人把自己理解为存在而言,存在便失去

〔1〕 关于海德格尔对柏拉图和亚里士多德的论述,尤其参见其《柏拉图的真理学说》,载《二十世纪哲学》,W. 巴雷物和 H. D. 艾肯编,4 卷本(纽约,1962 年版)以及《论亚里士多德的存在及物理学概念》,载《人与世界》,第 9 卷(1976 年),第 219 ~ 270 页。

〔2〕 海德格尔在任何地方都没解释他为什么把苏格拉底和柏拉图区分开来。在很大程度上他似乎同意尼采对这两个人的区分。

了其神秘的魅力,因而也失去了唤起惊异和思想的能力,因为如笛卡尔所说,人可以直接而完全地认识自身。在这个意义上西方历史意味着原始的存在问题及其逐渐的隐退,因此它是作为问题的存在的忘却和作为答案的存在的胜利的历史。随着尼采把存在解释为不过是诸多不同的存在中的另一个,存在便彻底消失了,而西方世界——它曾被隐蔽的存在问题所引导——便达到了终点。

存在之新启示的曙光

海德格尔于是转而反对启蒙运动的传统,以揭露现代生活的黑暗面。但他让我们注意流行的虚无主义并不仅是为了激起绝望和自我厌恶之情,而是因为他相信他看到了存在的新启示的曙光。不过,要证明这一点就是要揭示存在与虚无的内在隐蔽的联系。在这一探索中,海德格尔从前苏格拉底时代找到了线索。特别是,他看到了对存在问题或深渊的前苏格拉底体验与当代虚无主义体验的类似性。虚无主义通常被理解为下述主张,即无物存在,就是说,不是存在绝对的虚无,而是不存在存在者的根据,因而不存在不变的准则或秩序。而海德格尔想把虚无主义理解为这样一种认识,即根据恰恰是虚无,就是说,根据就是无物或非存在。这意味着根据必须被理解为与存在物不同的东西,而这种东西则意味着作为混沌或深渊的原始存在。虚无主义因此是认识存在的开端,即认识根本的问题或神秘性的开端,而这种问题或神秘性是唤起一切思想、一切范畴及一切秩序的诧异的根源。在虚无主义看来,存在表现为混沌或深渊,并动摇破坏一切本体论,因而动摇破坏一切伦理学、政治学和宗教。虚无主义的到来因此标志着西方文明的终结,从而标志着回归到前西方观点的可能性,或许甚至标志着东西方世界和睦关系的建立或恢复。

然而,虚无主义并不是向前苏格拉底思想家的回归,实际上它引我们脱离他们展现的世界。海德格尔认为,早期希腊人把存在问题当作这样的问题来体验,即“什么是存在?”西方思想的主导问题因此即是什么的问题(what-question)。哲学和科学试图寻求的正是这个问题的答案。因此,古代生物学试图解释什么是生命的不同形式,即试图发现和说明事物的范畴或种类。相反,在虚无主义看来,存在的问题不是什么问题,而是怎样的问题,这后一问题总是以多种方式在现代思想中占据中心地位,并暗含于现代科学、技术和历史的核心之中。我们的思想不是倾向于回答“它是什么”的问题,而是倾向于回答“它怎样活动”的问题。因而现代生物学的主要兴趣不在于按类属发现自然的分类,而在于解释生物是怎样活动的,所以自然不被理解为应予思考和仿效的优美秩序,而是被理解为可用以确保人之占有和繁荣的力量的结合或机械过程。就存在表现为存在者的怎样(howness),即表现为事物是怎样的而言,存在在由某种形而上学所决定的语言范畴中是不可理解的,因为形而上学总是把存在和存在者理解为东西,理解成什么(what),我们的理解框架因而有碍于认识存在。因此,海德格尔在《存在与时间》失败之后得出结论认为,存在必然继续被掩盖,因而依然是没想到的和忘却了的。

海德格尔的基本思想是试图说明作为存在者之怎样的存在(being as the how of what is)同历史或时间的关联。[1] 在海德格尔

---

[1] 关于海德格尔对历史的论述,参见其《关于人道主义的一封信》,载《基本著作》(*Basic Writings*),D. F. 克莱尔编,纽约,1977年版;《尼采》,第4卷,第199~250页;以及《存在与时间》,纽约,1962年版。

看来,历史不是一个因果关系的系列,不是人的自由的展开,也不是生产方式的辩证发展,而是存在本身的命运。海德格尔的这一命运概念得自希腊词 moira,即“天数”“命定”,它是隐蔽和神秘的变化之源,规定着存在者的视域,但本身却处于那种视域之外。Moira 是作为根本问题的存在本身,这一根本问题撩拨人并引人作答,但却因得以回答而隐退、掩盖和被忘却。正是由于作为这一导向性问题,存在才是历史或命运。

如此看来,海德格尔的思想似乎是彻底的历史主义。黑格尔把历史理解为理性以绝对知识为终点的辩证发展;马克思接受了这种关于现实的辩证特征的观念,但否认辩证发展有其终点;尼采随后甚至否定了这种辩证的合理性,而断言世界是纯粹的生成变化,并且只由权力意志和永恒的复归所统治。海德格尔似乎以断言历史和存在的同一性而把这种历史主义的渐进发展推向了终点。然而,这样的解释至少部分误解了海德格尔的思想,因为他试图说明的不是存在即历史,而是历史即存在的启示,因此他的目标不是存在的历史化,而是历史或时间的永恒化。对海德格尔来说,历史作为命运基于存在的启示而反复展开自身。出于隐蔽的和不可思议的原因,存在向人显现为一种特殊的、根本的问题。然后,像我们已知的那样,这个问题把人引向特殊的答案领域,并因此确定一个目标或未来以及适应于这个目标的过去。因而历史是基于暂时而对永恒的一系列独一无二的设想,是一系列独一无二的存在的启示,它们彼此是不可预言和不可比较的。每个时代都相信它掌握真理,而且也确定掌握真理,因为它以自己的方式理解永恒的东西,因为它本身就是永恒的东西的一种表达,就是存在之作为怎样,作为存在者的历史或命运的一种表达。

海德格尔觉得现代虚无主义是这样一种存在的启示的到来。

它为直接面对存在开辟了可能性，不仅因为它消除了存在被禁锢、被掩盖及被忘却的一切范畴，还因为它消除了对我们人的存在的一切误解，消除了关于不朽声望、灵魂不死及现实生物学意义上不朽的一切观念，从而使真正体验我们的必死性、体验死亡这一我们最切身的可能性再次成为可能，所以虚无主义不可能简单地被拒斥或克服。毋宁说，它是当代的现实，并且既包括彻底堕落的可能性，也包括在存在的新启示中得救的可能性。对人来说至关重要的是准备接受这种启示。这并不意味着排斥作为当代人之基础的现代技术的和政治的世界。海德格尔毋宁相信，这种新的启示将导致对人同技术之关系的根本的重新解释，从而将赋予人的存在以及人的活动以一种崭新的意义。因而，认识到存在之为存在物的怎样，之为技术和历史，只不过是人的解放及承认他自己作为人的存在的本质。然而，在这一新世界中人的生活的实质特征以及伦理的和政治的形式，依然是暧昧的，而且在海德格尔看来既取决于存在的充分启示，也取决于人对由存在的启示所提出的问题的接受和回答。虽然海德格尔如此解释了未来将怎样形成，但他不知道也不可能解释未来将采取什么形式。

尽管人不可能克服虚无主义，但他能为一种新的启示作准备。的确，海德格尔的设想就是这样一种准备。它包括：(1)通过对西方思想史根本的破坏性再解释而使人从一切形而上学的范畴和准则中解放出来；(2)通过号召人果敢地面对死亡和无意义而培育对当代虚无主义的切身体验；(3)使人相信并接受他在由存在的启示所表明的民族命运中的特殊的个人命运。

海德格尔当然不能保证在这种情况下存在就会启示自身，存在的神秘“本质”就会以其巨大力量再次打动人，从而激发起惊异和真实的思想。海德格尔所要求的努力和牺牲因此可能毫无结果。然而,或许更为不祥的是,海德格尔没有说明如何区分存在的真正启示与带有下意识的偏见和激情的设想。的确,他对形而上学的破坏使这样一种区分成为不可能,因为它摧毁了这样区分的标准。同样地,强调与我们当代存在的不真实性相反的对存在的新体验,导致海德格尔把美国主义、马克思主义和纳粹主义等同起来,从而将20世纪最重要的政治问题当作附带现象予以摒弃,并因此破坏了正当的和邪恶的制度借以分别的基础。最后,由于海德格尔甚至不能预见一种真正的启示将会采取什么样的形式,所以不清楚的是,那种海德格尔相信必然使我们得救的神是否实际上会比技术世界之"文雅的"虚无主义更为可取。的确,这样一个神很可能是一个"粗暴的野兽":它对文雅的虚无主义的回答实际是一种极端"野蛮"的虚无主义,它以堕落取代享乐,以恐怖取代平庸。

这或许能使我们洞悉海德格尔对纳粹主义的依恋以及在他所划出的道路上等待他人的危险。海德格尔对他所面临的危险几乎毫无所知,他的校长就职演说的最后一句话——"任何伟大的事物都伫立于暴风骤雨之中"(柏拉图《理想国》第6卷),在那儿苏格拉底描述了试图统治城邦的哲学家所冒的危险。海德格尔认为其时代类似前苏格拉底时代。这两个时代都提供了伟大的机会,但也都提供了巨大的危险,特别是对于那些开启了未决的存在问题的人来说。海德格尔在这里本可以从奥狄浦斯的故事中吸取教训,因为他是那么重视这个故事。或许我们必须得出这样的结论,即海德格尔太了解它的教训了,以致这个试图根据一种新启示建立一种新政治学的人不仅被抛出普通的政治生活之外,而且还卷入了最凶残的罪行和最可怕的堕落。海德格尔在这里没有明确批判纳粹的暴行,这对他本人及他的思想都是极为不利的。

亚里士多德说过，生活于城邦之外的人非兽即神。海德格尔或许可以教导我们：那些超越城邦而寻求新神的人往往发现自己拜倒在野兽的脚下，那些从启示中得到理性的人很容易卷入最大和最可怕的无理性之中。他的思想与他本人的经历似乎将我们引向相反的方向，并重新提出了哲学家与城邦的关系问题。

阅读书目

1. 马丁·海德格尔：《形而上学导论》（*An Introduction to Metaphysics*），纽黑文，1959 年版。（中译本：《形而上学导论》，王庆节译，商务印书馆 1996 年版。——译者注）

2. 马丁·海德格尔：《存在与时间》（*Being and Time*），纽约，1962 年版，“绪论”部分。（中译本：《存在与时间》，陈嘉映、王庆节译，生活·读书·新知三联书店 2006 年版。——译者注）

3. 马丁·海德格尔：《尼采》（*Nietzsche*），四卷本，纽约，1979 ~ 1987 年版，第 4 卷。（中译本：《尼采十讲》，苏隆编译，中国言实出版社 2004 年版。——译者注）

4. 马丁·海德格尔：《关于人道主义的一封信》（*A Letter on Hum anism*），载 D. F. 克莱尔编：《基本著作》（*Basic Writings*），纽约，1977 年版。

5. 马丁·海德格尔：《技术问题及其他文章》（*The Question of Technology and Other Essays*），纽约，1977 年版。（其文章中译本可参见：《海德格尔选集》，孙周兴选编，上海三联书店 1996 年版。——译者注）

后记：列奥·施特劳斯与政治哲学史*

内森·塔科夫和托马斯·L. 潘高

使用本书的学生可能会对这里所介绍的政治哲学教授方法感到奇怪，这是自然而又合情合理的。首创这一方法的是本书的资深主编列奥·施特劳斯。他于1899年生在德国，在那学习哲学、数学和自然科学期间，听过胡塞尔和海德格尔的课程，并曾于柏林一个犹太研究机构任研究员，后于1932年离开德国定居美国。1938年至1949年他任教于新社会研究院，1949年至1967年任教于芝加哥大学，1968年至1969年任教于克莱蒙男子学院，后任教于圣约翰学院直到1973年去世。他是一位非常有影响力的教师。本书部分章节的作者就曾是他的学生。更重要的是，他的15部著作（前三部用他的母语德语写

---

* 所有作品除另行标明外皆为列奥·施特劳斯所著。

作,其余的用英语),阐述了众多政治哲学领域的著作和作者,并全面研究了政治哲学的基本问题。

转向政治哲学史

施特劳斯主要是一位政治哲学史家。然而,他转向政治哲学史的研究不是出于对历史的好奇,而是由于他所诊断出的弊病——当前西方与现代的危机。

在施特劳斯看来,西方危机的最表面现象,是来自共产主义的威胁。[1] 然而,真正的危机却是,西方在其最高知识权威的影响下,不再相信自己、自己的目的、自己的优越性。因为施特劳斯认为,现代西方由一个特定目的或计划构成:通过被视为征服自然以服务于人类力量的科学,建立一个由自由平等的国家构成的世界社会,其中自由平等的人们享有普遍的富庶,因而享有普遍的正义和幸福。这一目的为我们这些生活在威尔逊十四点和平纲领及罗斯福四大自由时代的人所如此熟悉,而它赋予西方的只是现代性特点。相比之下,前现代思想家既接受政治社会的多样性和特殊性,也接受在政治上有重要意义的人类自然(本性)的和约定(俗成)的不平衡。他们强调社会对美德或救赎的追求,强调避免奢侈以及奢侈产生的腐败。他们认为科学是对自然的沉思(而技术是

---

〔1〕《论柏拉图政治哲学新释》(*On a New Interpretation of plato's Political Philosophy*),载《社会研究》(*Social Research*),XⅢ,No.3(1946 年 9 月),第 332~333 页;《论专制》(*On Tyranny*),纽约,1968 年版,第 21~22、189~190 页;《城市与人类》(*The City and Man*),芝加哥,1978 年版,第 3~5 页;《现代的三次浪潮》(*The Three Waves of Modernity*),载《政治哲学:列奥·施特劳斯的六篇论文》(*Political Philosophy: Six Essays by Leo Strauss*),希莱尔·吉尔金编,印第安纳波利斯和纽约,1975 年版,第 98 页。

对自然的模仿),因此确切地说,对新的目的失去信心是一种现代性危机。由于使西方具有生气的这种目的来源于现代政治哲学,所以施特劳斯得出了一个相当奇怪的结论,这就是,西方的普遍危机从根本上说是政治哲学这一特定学科的危机。[1]

施特劳斯认为,西方对其目的变得不坚定不是因为权力意志之心理上的需要,也不是道德上缺乏勇气,而是理论上受到挑战的结果。这些挑战部分来自对现代计划的某些前提的怀疑,如怀疑普遍性的价值,怀疑富裕、正义及幸福之间的联系,怀疑把科学看作为人的力量服务的征服大自然的工具。这些怀疑部分源于20世纪人们的经历:以持续不断的政治分裂作为抵御世界性专制制度的屏障,在富裕中自然存在邪恶与痛苦,毫无限制的科学对人类与自然构成的威胁。[2] 然而更主要的是,对西方目的之优越性的怀疑依据的是后现代的某些学说,这些学说否认关于任何目的或原则之普遍有效性的理性知识的可能性。社会科学仅限于事实领域,而不涉及道德的和基本的价值选择及原则,并把后者视为“价值”或非理性偏好。被施特劳斯称为“历史主义”的学说宣称,所有的人类思维与活动,从根本上来说都取决于历史情况,其结果证明不具有理性的目的或意义。相对主义宣称所有看起来是绝对的真理只不过是相对于某些特定的参照物来说的,因此所有这些学说都摒弃了其本来意义上的政治哲学。[3] 这种情形构

---

〔1〕《自然权利及历史》(*Natural Right and History*),芝加哥,1953年版,第1~2页;《城市与人类》,第2~4页;《我们时代的危机》(*The Crisis of Our Time*),载《现代政治学的困境》(*The Predicament of Modern Politics*),哈罗德·丁·斯倍恩编,底特律,1964年版,第41~45页;《现代的三次浪潮》,第81~82页。

〔2〕《我们时代的危机》,第42~43页;《城邦与人》,第5~6页。

〔3〕《城邦与人》,第16~17页;《政治哲学的危机》(*The Crisis of Political Philosophy*),载《现代政治学的困境》,斯倍恩编,第91页;《什么是政治哲学》(*What Is Political Philosophy?*),康涅狄克州韦斯特波特,1973年版,第17~27页。

成了现代政治哲学的真正危机,因为这些学说最终隐含着对自然与历史的理解,而这些理解正是现代政治哲学本身所假定的。

在施特劳斯看来,这种理论上的危机带来了实际上的危机,这主要表现在,除了狂热的愚民主义,它使西方全心全意的防御成为不可能。[1] 实际上的后果不仅包括容易受到外部攻击的危险,而且更重要的是,还包括内部自由民主有退化为随意或墨守成规及市侩作风的倾向,[2]因为这种民主已经不再相信其目的与标准的合理性。因此,对施特劳斯来说,实际的问题不是自由民主本身——他认为自己是自由民主的朋友——而是需要对它加以保护以防止外部和内部攻击的威胁。然而,表明需要解决一项实际问题并不是要证明一个解决方法是正确的:施特劳斯从未忽视实用与真理之间的区别。实际需要只意味着要进行一项没有预定结果的探究,一项“无视我们目前困境”的探究。[3]

对施特劳斯来说,最能典型地表明西方危机、现代危机和自由民主危机的是犹太问题。他认为犹太问题是“就社会或政治问题而言的人类问题的最显著标志”。[4] 犹太问题首先表明了自由主义的种种局限:自由社会由道德而不是宗教构成(宗教被认为是个人的事情),它似乎给犹太人提供了平等的成员资格;但是,正因为自由社会承认了一个私人领域,它同时也承认个人的反犹太情绪以及随之而来的社会不平等,并且对此无法加以反对。更重要的

〔1〕《自然权利及历史》,第 6 页。

〔2〕《什么是政治哲学》,第 20 页;《我们时代的危机》,第 48 页。

〔3〕《自然权利及历史》,第 6 ~ 7 页;《神学和哲学的相互影响》(*The Mutual Influence of Theology and Philosophy*),《独立哲学杂志》,Ⅲ(1979),第 114 页;《城市与人类》,第 11 页。

〔4〕《斯宾诺莎的宗教批判》(*Spinoza's Critique of Religion*),纽约,1965 年版,第 6 页。

是,由于以同化为模式,自由社会剥夺了犹太人的自尊——这种自尊来自他们对自己英勇传统的忠诚,而常常给予他们的仅仅是一种肤浅的自我满足和在一个根本不存在的普遍人类社会中的成员资格。然而,尽管自由社会有诸多不足之处,这种并非解决办法的办法却比那些反犹太主义的国家——社会主义国家由毁灭这一自由社会而产生的"解决办法"要好得多,这是不言而喻的。至于政治上的犹太复国主义(对此施特劳斯年轻时曾是一位狂热的支持者),[1]这种尝试过的解决办法使犹太人不以个人而是作为一个民族而同化,使他们有自己自由的、同其他民族一样的世俗国家。然而,这就需要以犹太文化作为国家的内容,否则国家的形式将是空洞的。而犹太文化在严格意义上首先是犹太信仰,这种对上帝的而不是对人的信仰或信念,必定会把人类解决犹太问题的想法看作是渎神的。[2]

其次,犹太问题表明了一种超出现代与现代危机范围的紧张关系,也就是人类理性与神的启示之间的紧张关系——两种对人类献身的敌对要求,分别以雅典与耶路撒冷为代表——施特劳斯认为这种紧张关系是"西方智慧史、西方精神史的神经与核心",是"西方文明之有效性的秘密"。[3] 施特劳斯否认现代哲学通过驳斥神的启示而结束了这场冲突。事实上,现代哲学试图通过将哲学转变成一种系统的确实性来达到这一目的的种种不成功的努力,只不过使人们对自身无知的意识更加模糊,或是破坏了这种意

---

〔1〕《作出解释:雅各布·克莱因和列奥·施特劳斯》(*A Giving of Accounts*: *Jacob Klein and Leo Strauss*),载《学院》,XXII,No. 1(1970 年 4 月),2。

〔2〕《斯宾诺莎的宗教批判》,第 3 ~ 7 页;《进步还是倒退? 西方文明的当代危机》(*Progress or Return? The Contemporary Crisis in Western Civilization*),载《现代犹太教》,I(1981),22 ~ 22。

〔3〕《进步还是倒退?》,第 44 页;上述第 296 ~ 297 页。

识。意识到无知是哲学家证明需要哲学的重要证据。[1]

施特劳斯对现代危机所作出的反应是,既研究现代政治哲学也研究古代政治哲学。既然危机源于对现代政治哲学之最深刻前提所隐含的意义的最新表达,要根据这些目前的学说直接走下去并解决这一问题是不可能的。相反,有必要回到过去,至少是暂时回到过去,尽力去发现那些前提的早期的和原始的意义,以判断可否在此基础上解决危机。要理解和探究那些现代性的原始前提(或现代性的前提的原始意义),有必要反过来尝试将这些前提与古典政治哲学关联起来,因为这些前提最初出现时部分地依据又部分地反对现在完全被遗忘了的选择。不仅现代对进步的信念,而且事实与价值的分离、相对主义以及历史主义——正是这些学说构成了危机——使大多数学者无法考虑到这种可能性,即过去的学说有可能是正确的(这些学说不仅是过去的,而且坚持了被当今学说诬蔑为"绝对价值"的东西的合理性),他们缺少被理解所需要的开放性,因此施特劳斯怀疑对现代早期或古代政治哲学存在足够的理解。他不得不从事并鼓励历史研究,这些研究没有预先假定现行思想是正确的或是错误的。[2]

施特劳斯对古代与现代哲学学说进行的研究在历史上和哲学上都必须是严谨的:首先历史的严谨表现为探究哲学家最初的理解,其次哲学严谨表现为研究哲学学说本身的真理性。施特劳斯研究中的这种双重特点似乎很矛盾。历史主义——施特劳斯希望

---

〔1〕《自然权利及历史》,第14~76页;《斯宾诺莎的宗教批判》,第28~31页;《相互影响》,第113~114、116~118页;《柏拉图政治哲学研究》(*Studies in Platonic Political philosophy*),芝加哥,1983年版,第149~150页;《论专制》,第215~216页。

〔2〕《论柏拉图政治哲学新释》,第328~332页;《什么是政治哲学》,第68页;《论科林伍德的历史哲学》(*On Collingwood's Philosophy of History*),载《形而上学评论》,V,No.4(1952年6月),574;《自然法及历史》,第33页。

重新表明与之相反的政治哲学的可能性——对过去的(非历史主义的)思想进行严肃的历史的探索但对于这种思想之真理的可能性却不闻不问,而施特劳斯希望发现的非历史主义哲学却不进行严肃的历史探索。古典政治哲学探索的是政治现象的本质以及最好的或正义的政治秩序,而不是研究同政治史相关的特殊现象——具体的政治家和国家,更不用说研究政治哲学史。比如说柏拉图,施特劳斯承认,他"不关心甚至蔑视纯粹的历史事实",因为他认为最好的政治秩序的哲学问题"比这个或那个人对这一最好的政治秩序的见解这一历史问题要重得多"。[1]

因此施特劳斯必须表明,他研究历史之所以是必需的,只是因为他生活在极为不利的条件中,而并非是因为他比早期的思想家要高明——以前的思想家所进行的非历史研究表明他们生活的条件更有利。[2] 只有这样他才有希望面对过去的思想的正确性——这种开放性首先为理解过去的思想所需要,其次也为从过去的思想中学习某些东西以应付目前的危机所需要。

因此施特劳斯解释说,因为政治哲学很自然地是以分析和澄清相近的观点开始的,所以分析和澄清现代观点首先需要从历史的观点出发把它们看作以前观点的改变或变形。他认为现代观点之"改变"或"变形"不是偶然的——像碰巧取代了另一些观点的观点一样——而是实质性的,它们只能被理解为改变或变形。[3] 这些观点渗透于常识领域,以至于人们常常意识不到它们具有这

〔1〕《迫害与写作的艺术》(*Persecution and the Art of writing*),伊利诺斯州格伦科,1912年版,第157~158页;《论柏拉图政治哲学新释》第330~331、333~334页;《什么是政治哲学》,第56~57、68、74页。

〔2〕《迫害与写作的艺术》,第155~156页;《什么是政治哲学》第77页。

〔3〕《什么是政治哲学》,第73~75页;关于政变和转化,见《自然权利及历史》,第76~79页;《城邦与人》,第10页;《现代的三次浪潮》,第83页。

些观点,更不用说意识到它们的历史特征。现代观念的这种特征部分是它们传统的或是继承来的特征,部分是由于现代对进步的特有信念,即相信科学或哲学不断出现的新成就依赖的是早已解决因而不必再作为研究课题的前提。[1] 在这方面,现代观点不同于被古典政治哲学作为分析对象的那些观点。后者不再需要对历史作进一步的探究即可理解,而至少在这方面可以被看作"自然"的观点或是哲学的出发点。[2]

施特劳斯特别争辩说,他对历史的研究在一个历史主义(也译作历史决定论——译者注)占统治地位的年代尤其有必要。他举出了几点理由:第一,历史主义——它最终导致了西方的危机——通过与有关过去的非历史主义哲学的比较能最好地加以理解和分析,并且是可以通过非历史主义的历史研究而达到的。[3] 第二,历史主义自称依据"历史经验",而历史经验被期望来证明非历史主义政治哲学史不能确定地回答的非历史问题,并且其暂时性的回答也依赖于历史情况,要分析这种"经验"并研究它是否可以作其他解释,就需要进行非历史主义的历史研究。[4] 第三,一致性要求历史主义应用到自身。它还要求,对于所有人类思想都要依靠转瞬即逝的历史背景所做的最后的普遍研究,其本身就应该被认为是主要依靠转瞬即逝的历史背景。将历史主义应用到自身是自相矛盾的,这最终导致对历史主义的产生作非历史主义的理解,即将其理解为"对一个只有根据非常值得怀疑的前提才可能产生的问

---

〔1〕《自然权利及历史》,第 31 页;《什么是政治哲学》,第 27 ~ 28、76 ~ 77、78 ~ 79 页。

〔2〕《迫害与写作的艺术》,第 155 ~ 156 页;《自然法及历史》,第 79 ~ 80 页;《什么是政治哲学》,第 75 页。

〔3〕《自然权利及历史》,第 33 页;《论专制》,第 24 页。

〔4〕《自然权利及历史》,第 20 ~ 24、31 ~ 32 页;《什么是政治哲学》,第 62 ~ 64 页。

题所作的牵强的、权宜之计的回答——正如施特劳斯自己在《自然权利及历史》一书中所描述的那样”。[1] 第四，对历史主义自身的真正历史的理解的经验，使人从历史主义的枷锁中解放出来，这就是历史主义的“自我毁灭”。[2]

从更普遍的意义上来看，施特劳斯指出，历史研究只有在知识衰退的时代才具有哲学意义，在这种时代里“有理由相信我们能从过去的思想中学到非常重要的东西，这种东西是我们无法从同时代人那里学到的”。[3] 因此施特劳斯对政治哲学史的研究表明他对当代思想的极度不满，从而对早期的思想很感兴趣，因为早期的思想才是没有从导致目前危机的前提出发的。

政治哲学史的研究方法

施特劳斯转向政治哲学史研究与众不同的原因决定了其研究方法上与众不同的特点。

施特劳斯对西方危机的理解促使他努力获得对过去思想的真实的理解，这种理解是历史主义最初试图得到但在实质上却无法得到的。要像过去的思想家了解自己一样了解他们，就需要放下自己的问题而注意他们的问题，需要尽可能多地依靠他们直接或间接地说过的话并尽可能少地依赖不必要的信息，应该尽量使用他们的术语及前提，避免使用不必要的现代术语及前提。对施特

〔1〕《自然法及历史》，第 24 ~ 25、33 页；《什么是政治哲学》，第 72 ~ 77 页；《科林伍德的历史哲学》，第 585 ~ 586 页。

〔2〕《迫害与写作的艺术》，第 158 页；《论专制》，第 27 页；《自然法及历史》，第 32 页。

〔3〕《科林伍德的历史哲学》，第 576、585 页。

劳斯来说,试图在历史上理解以往思想的意义必定需要在哲学上努力严肃地对待该思想自称的正确性。必须这样考虑思想:为了遵循某一论点,必须质疑该论点的逻辑关系及其与世界的关系。[1]

这种方法不仅与基于进步信念(相信现在的观点优于过去的观点)的政治哲学史形成了强烈的对比,而且也完全不同于基于相对主义和历史主义的政治哲学史。要理解这种对比,将本书同施特劳斯和克罗波西最初出版本书时最有影响的同类教本——乔治·H. 萨拜因的《政治学说史》(1973)作一比较,对学生将会有所帮助。施特劳斯与克罗波西教本的第一版序言声称,要严肃对待以前的政治哲学,从中学习或了解仍具生命力的问题。萨拜因教本的序言则断称,政治理论很难说是正确的,因为它们包括价值判断(这些判断甚至歪曲它们的事实判断),并且它们很难脱离它们与其时代的问题、评价、习惯甚至偏见之间的关系。与施特劳斯和克罗波西教本形成强烈对照的是,萨拜因的序言公开声明倾向于事实与价值的分离,并试图"从这种社会相对主义的观点出发"来编写西方政治理论史。[2]

施特劳斯认真地对待以前政治哲学家对于真理的主张:他认为最迫切的是,"把这些主张看作真理而加以接受,或看作谬误而加以摒弃,或者加以区别,或者承认自己无法作出决定,因而承认有必要思考和学习比我现在所知道的更多的东西"。把这些思想家看作他们时代的反映,或者从心理及经济原因来推断他们的思想,这些复杂的学术上的企图在施特劳斯看来都是错乱或曲解,他

[1] 《论柏拉图政治哲学新释》,第 328 ~ 329 页;《论专制》,第 24 ~ 25 页;《迫害与写作的艺术》,第 161 页;《科林伍德的历史哲学》,第 574、579 ~ 585 页。

[2] 乔治·H. 萨拜因:《政治学说史》(*A History of Political Theory*),第 3 版,纽约,1961 年版,第 5 ~ 6 页(V—Vi);参见施特劳斯:《我们时代的危机》,第 51 页;《城邦与人》,第 8 页;《什么是政治哲学》,第 227 ~ 228 页。

认为至多也只是在这些关于真理的主张被发现是谬误后才适合的。实际上施特劳斯倾向于按照他们的思想来理解他们的时代,甚至来理解心理问题和经济发展。在这点上他举例说明了他的总体观点,这就是“从高的角度出发来理解比从低的角度出发来理解更有把握。在根据低的观点理解高的观点时,人们必定曲解高的观点,而按照高的观点来理解低的观点时,人们没有剥夺低的观点充分展现自己的自由”。[1]

正如在本书第一版序言中所说的,施特劳斯着重把学生引导到原著上,但他强调原著与思想并不意味着他有一种奇怪的想法;也就是说,他不认为它们是自足的研究对象,可以孤立地理解。他坦率地承认,要理解一部政治哲学原著我们可能需要非由作者提供的信息,即每一位通情达理的读者无论何时何地都难以得到的信息。但他又坚持认为,这种外部信息应该与作者所提供的基本框架相吻合。也许我们需要学会一种为作者的同代人所熟悉而我们却不熟悉的术语,我们必须学会像他一样看待他的同代人,他的前辈以及“哲学传统”。事实上,“一旦人们开始对真正的传统进行解释,它们就会荡然无存”。甚至一部伟大的著作我们也必须将其放在具体背景中去阅读,但却必须像作者一样去理解它,而不是将其放进我们学者们所编造出来的背景中加以理解。[2] 施特劳斯尤为关注的是弄清楚一部著作的目的是与谁辩论或试图说服谁。但是,在考察这些外在情况时,他努力从著作本身得到暗示。实际上,施特劳斯强调历史背景的重要性不是因为以前的政治哲学家的观点无意识地反映了当时的情况,而是因为他可能有意识地按

---

〔1〕 列奥·施特劳斯致汉斯-乔治·加达默尔的信,1961年2月26日,参见《关于真理和方法的通讯》,载《独立哲学杂志》,Ⅱ(1978),6;《斯宾诺莎宗教批判》,第2页。

〔2〕 施特劳斯致加达默尔的信,1961年2月26日,第6页;《迫害与写作的艺术》,第159~161页。

照当时的情况表达思想。[1] 总之,施特劳斯坚持认为,要理解并评价一部哲学著作,人们不仅要看著作本身,还要看它给我们指出的种种现象,正如政治哲学需要了解政治本身一样。[2]

施特劳斯的政治哲学史研究方法中争议最大的方面,可能就在于他非常重视以往政治哲学的历史背景:他提出,以往某些哲学家从事的是“公开的”著述。如前所述,施特劳斯对历史主义的怀疑使他想弄清楚,以往政治哲学家的思想与其历史情况之间明显的关系,是否并没有显示出他们有意识的适应,而是显示了一种无意识的反映。这使他试图把他们的政治学学说中只有在独特情况下才合乎需要或才是必要的部分(“公开的”学说),同他们认作永恒和普遍的政治真理(“隐秘的”学说)分别开来。这使施特劳斯特别强调柏拉图著述所采用的对话形式——这种形式“对不同的人说不同的话”,强调在戏剧背景与动作中理解论点的必要性,以及苏格拉底的反讽:苏格拉底不停地与特定人物交谈,但实际上没有一个人在智慧上能与之匹敌。[3]

施特劳斯对公开的著述的发现并不是一项发明,而是以前广为人知的一种现象的重新发现。他对犹太问题的关注导致他转而研究斯宾诺莎(同化主义的自由民主与政治上的犹太复国主义的哲学创始人),然后转向迈蒙尼德——斯宾诺莎似乎把他看作神学的代表,然后转向法拉比——迈蒙尼德将其看作当时最伟大的哲学权威,最后转向柏拉图与亚里士多德——按照新的观点他们被视为法拉比和迈蒙尼德的老师(施特劳斯与许多学者不同,他相信中世纪的思想家非常严肃地看待古代著作家,把他们看作哲学上

---

〔1〕《什么是政治哲学》,第 63 页;《迫害与写作的艺术》,第 55 ~ 56 页;《自然权利与历史》,第 198 ~ 199 页,注释 43。

〔2〕《科林伍德的历史哲学》,第 583 页;《什么是政治哲学》,第 14 页。

〔3〕《什么是政治哲学》,第 63 ~ 64 页;《城邦与人》,第 50 ~ 62 页。

的导师。而现代学者把中世纪思想家仅视为历史的好奇心的对象,拒绝接受他们关于哲学与社会相联系的观点。与现代学者相比,中世纪思想家更可能理解古代著作家的作品)。法拉比解释说,“聪明的柏拉图感觉到不能自由地将科学启示展现给所有的人。因而他沿袭了象征、谜语、朦胧、晦涩的方法,以此保证科学不落入不配研究科学的人手中而遭曲解,或者落入不了解科学的价值或不正当利用科学的人手中”。[1] 迈蒙尼德在《迷途指津》一书的简介中解释说,他的书中包括有意掩盖的矛盾,因为“在谈论非常模糊的事情时,有必要将某些部分掩盖起来而暴露另一些部分……这种必要性要求讨论以某个前提为根据来展开,而在另一地方则又要求以与前一个前提相矛盾的另一前提为根据来展开……因此作者就尽一切可能利用某种手段将其掩盖起来”。[2] 这些中世纪作者阐明了可能所有下述思想家的著述特点:他们不相信真理总是能安全地告诉每个人。[3]

为什么早期的哲学家运用这些奇特的交流方法?施特劳斯认为,“最明显最原始的原因”是迫害,是社会对哲学构成的威胁。这就需要哲学家进行自我保护。这种危险和对危险的反应在当代的专制统治中比在当代自由社会中更容易看到。[4] 然而还有一个不太明显的原因,就是哲学对社会所构成的危险。哲学,毫不妥协地怀疑个人的观点并试图用知识来取而代之,这本身就威胁着社会,因为社会要求全体成员的行为规范要以不被怀疑但却又必然是可

---

〔1〕 阿尔·法拉比:《柏拉图的法律篇》(*Plato's Laws*),载《中世纪政治哲学:原始材料集》(*Medieval Political Philosophy: A Sourcebook*),纽约、伊萨卡,1972年版,第84~85页。

〔2〕 摩西·迈蒙尼德:《迷途指津》(*The Guide for the Perplexed*),施洛姆·潘恩斯泽,芝加哥,1963年版,第18、20页。

〔3〕 参见柏拉图:《理想国》(*Republic*),331[c]、382[c-d]、415[b-c]、450[d]、494[a]。

〔4〕 《迫害与写作的艺术》,第17~18、22~25页;《什么是政治哲学》,第93、94、224~225页。

怀疑的观点为基础。因此哲学家们必须肩负起政治责任,尊重那些为达到实际的政治目的所必不可少的观点。这种来自哲学的威胁及对它的反应对社会来说更难理解,因为社会认为自己是建立在普遍的科学真理的基础之上的。但是社会科学应该更容易理解这种威胁及对这种威胁的反应,因为社会科学认为社会是用神话和武断的价值观念建立起来的。[1] 教育的需要是公开的著述的另一原因,教育必须从学生的最初观点着手,引导他们走向真理,逐步地而且不能使他们产生反感。[2]

施特劳斯意识到人们无法绝对有把握地证明在一部特定原著中存在隐秘的著述,也无法证明不存在隐秘的著述。同时他也意识到,教条式地假设存在或不存在都会导致武断的解释。在这两种情况中我们必须依据证据作出尽可能准确的判断。施特劳斯对解释可以被归结为一种方法表示怀疑,同时他也意识到他的建议容易受到攻击,正因为这样,他只是有点玩笑似地称之为“方法”。他同时指出,现代学术上关于处理原著中的矛盾的其他方法(比如把它们看作是作者的发展,归咎于原文难懂或无意识心理,甚至于纯粹的混乱不清或原著贯穿始终的矛盾之处)却更不可能有绝对把握,不可能达到普遍的一致,也不能排除独出心裁。[3]

施特劳斯认为他对政治哲学史的研究方法是自由教育的重要组成部分。他认为,自由教育主要是通过倾听并试图评价伟大人物之间的对话来推究哲理,这可以通过研究伟大著作并使我们记

---

〔1〕《迫害与写作的艺术》,第7~8、33~36、110、182~183页;《什么是政治哲学》,第221~222页;《自然法及历史》,第257~258、260、263页。

〔2〕《迫害与写作的艺术》,第36~37页;同时参见迈蒙尼德:《迷途指津》,第17~18页。

〔3〕《迫害与写作的艺术》,第26、29~31页;《什么是政治哲学》,第223、231~232页;施特劳斯致加达默尔的信,1961年2月26日,第5~6页。

住人类的优秀与伟大来完成。那种使人们想起人类的优秀与伟大的东西必定对政治团体的幸福作出贡献并培养公民的责任心。在自由民主社会中这是非常需要、非常恰当的。“民主社会给予所有人以自由……同时也给予关心人类卓越功绩的人们以自由。”[1]

对施特劳斯来说,政治哲学史是一种教育。它使人们意识到那些基本的永恒问题。预先假定这些基本问题经历了历史变化而贯穿历史始终,或者说是把它作为前提,而不是把任何一种解决问题的办法作为前提,这是使政治哲学史成为可能所必需的。而历史主义否认这种观点。[2] 施特劳斯认为这种历史,正如他论述的那样,有助于证明这些基本问题的存在——甚至这些问题的一些可能的解决办法存在于整个历史过程之中。[3] 意识到这些问题存在于历史的全过程是对历史主义的驳斥。实际上当人们把这些问题看作问题时,人类的头脑就把自己从历史的局限中解放出来了。[4] 对施特劳斯来说,对这些基本问题的真正意识使哲学得以成立,甚至构成了哲学本身。[5]

现代政治哲学

施特劳斯非常重视马基雅维利作为现代哲学创始人的影响。尽管现代在发生着频繁、急剧、多样的变化,施特劳斯仍然在其中

---

〔1〕《古今自由主义》(*Liberalism Ancient and Modern*),纽约,1968 年版,第 6 ~ 8、13、15、24 页。

〔2〕《什么是政治哲学》,第 228 ~ 229 页;《科林伍德的历史哲学》,第 586 页。

〔3〕《自然权利及历史》,第 23 ~ 24、74 ~ 75 页;《对马基雅维利的思考》(*Thoughts on Marchiavelli*),芝加哥,1984 年版,第 14 页。

〔4〕《自然权利及历史》,第 32 页。

〔5〕《自然权利及历史》,第 29 ~ 30、32、35 页;《论专制》,第 210 页。

发现了马基雅维利首倡,并由其继承者继承下来的统一性。这种统一性首先是否定的:现代人认为古典政治哲学是不现实的,最终是以乌托邦作为结局的——必须承认,实现乌托邦是极不可能的而且要靠无法控制的偶然,[1]因而他们拒绝接受。相反,马基雅维利和现代政治哲学试图使正义秩序的实现成为可能,甚至保证其实现,并试图征服偶然和克服自然尤其是人的自然(本性)所构成的障碍。但是要保证这一目标更有可能实现,他们也必须降低目标。古典政治哲学认为政治从属于道德,更重要的是,从属于理性美德(作为自然赋予的人类的终极目标或人类灵魂的尽善尽美),而马基雅维利使美德从属于政治(仅仅作为在政治上有用的美德)。他发现人们对荣誉的向往不属于道德范围,因而他首先提出了哲学是为整个人类的目的服务的这一观点。[2]

施特劳斯认为这种新"现实主义"不是一个真正的发现,也不是视野的扩大,相反是视野的缩小。它忽略了在本质上超越所有可能的人类现实的东西:永恒与完整,或人类灵魂对永恒与完整的自然追求。[3] 施特劳斯对这种视野的缩小作出了解释,他认为这是对非人道所作出的人道的、慷慨的、热心公益的反应,而非人道(如宗教法庭)是由传统提出而又被基督教理想化了的无数高目标所造成的。[4] 尽管因为这种反应,施特劳斯认为马基雅维利把基

---

〔1〕《什么是政治哲学》,第34~35、40~41、132页;《自然权利及历史》,第139页;《现代的三次浪潮》,第83~85页;以及上书第55~58、68、229~300页。

〔2〕《什么是政治哲学》,第41~43、49页;《自然权利及历史》,第173页;《对马基雅维利的思考》,第294~297页;《现代的三次浪潮》,第85~87页;《古今自由主义》,第19~20页;上书第294页。

〔3〕《什么是政治哲学》,第43、51、55页;《自然权利及历史》,第176、178页;《对马基雅维利的思考》,第295页。

〔4〕《什么是政治哲学》,第43~44页;《自然权利及历史》,第177~178页;上述第315页;《对马基雅维利的思考》,第157、167、185~188、207~208页。

督教作为其最重要的模式,用以将哲学的样式和作用转换成试图控制人类思想的宣传或启蒙。[1]

施特劳斯发现现代存在一种根本的统一性——试图使正义秩序的实现成为可能,或是确保其实现——在他看来,这种统一性对现代性所经历的许多变化同样负有责任。马基雅维利的新政治哲学的目的在于通过排斥人类的自然的终极目标来确保实现正义秩序。同样,培根和笛卡尔的新自然科学的目的在于用简单明了的方法确保实现智慧,而不依靠宇宙的自然的可理解性。[2] 同样,霍布斯试图以科学知识和大众的启蒙为基础来确保实现正义秩序,他的新形式的自然法是根据对暴毙的恐惧这种最强烈的感情,根据人类的开端,而不是像以前的观点那样根据理性和人类的终点(目的)推论出来的。结果霍布斯强调追求权力——这甚至排斥了马基雅维利所赏识的追求荣誉的崇高——从而导致了视野的进一步缩小。[3] 在施特劳斯看来,洛克使这一重点得以转变——从义务与人的目的转向权利和作为个体的人——甚至走得更远,因为他主张以解放生产的欲望作为根治自然的吝啬的方法。[4] 卢梭,尽管他努力重返自然和恢复美德的尊严,却又进一步提出公意以作为正义的保证,从而使对自然法的诉求变得完全多余。[5] 康德、黑格尔及马克思的历史哲学显然试图表明,正义秩序的实现是历

---

〔1〕《什么是政治哲学》,第44~46页;《对马基雅维利的思考》,第84、102、118~119、171~173、297页。

〔2〕《自然权利及历史》,第171~175页;《什么是政治哲学》,第47页;《现代的三次浪潮》,第87~88页。

〔3〕《自然权利及历史》,第179~180、195~196、199~201页;《自然权利及历史》,第47~49页。

〔4〕《什么是政治哲学》,第49页;《自然权利及历史》,第248~250页。

〔5〕《什么是政治哲学》,第50~52页;《现代的三次浪潮》,第89~93页。

史进程中盲目自私的激烈的辩证冲突所必然产生的副产品。[1] 最后，甚至尼采与马克思一样宣称，最后的洞见为最终理想的实现开辟了道路，而最终理想是以偶然性统治的终结为特点的，尽管他断言最终理想的到来是一个可选择的问题而不是必然要发生的。[2]

施特劳斯似乎认为这些相继发生的转变在某种意义上是确保实现正常秩序而又从最初就不可能实现的努力的必然结果。他似乎认为现代性是一种必然的进步。这种进步是始终一贯的，或者说是对最初的现代原则含义的逐步更充分的理解。同时施特劳斯也认为现代性是现代以前西方文明遗产的逐渐腐蚀或毁灭。[3]

然而，施特劳斯不仅把现代政治哲学史解释为简单的、单向的进步观念或对传统理解的倒退，而且至少在两个关键环节上存在回到现代以前思想的企图。然而，它们"有意无意地导致了一种更激进的现代形式"。[4] 现代自然法的危机是卢梭发起的，并导致了从历史而不是从自然中寻找标准的努力，这种危机也为第二次或目前的现代性的危机开辟了道路。第二次危机是由尼采发起的，它推翻了所有从历史中寻找永恒标准的企图。两次危机都以对以往现代思想的激昂有力的批判为标志。总的来说，施特劳斯似乎同意这些批判。他认为，我们无法回到现代思想的早期形式，因为"我们不能不考虑或忘记尼采对现代理性主义的批判或者是对理性的现代信仰的批判"。他甚至进一步解释说，这是

---

〔1〕《什么是政治哲学》，第53~54页；《现代的三次浪潮》，第91、97页；《柏拉图政治哲学研究》，第32页；《自然权利及历史》，第316~319页。

〔2〕《现代的三次浪潮》，第96~97页；《柏拉图政治哲学研究》，第189页。

〔3〕《什么是政治哲学》，第47、49、50、52、56页；《进步还是倒退?》，第30页。

〔4〕《什么是政治哲学》，第50页；《自然权利及历史》，第252~253页。

目前危机的"最深刻的原因"。[1] 同样,施特劳斯认为最激进的历史主义,即海德格尔的思想,是现代思想的顶峰与"自我意识"的最高点。[2]

施特劳斯对现代政治哲学史的论述中的某些因素(诸如一种必然进步的意识,意义深远的实践效果之归因于意义深远的理论争辩,试图回到过去而终又前进的方式,以及最终达到顶点)似乎阐述、概括或暗示了几乎其他所有人都会称其为他的历史哲学的东西。[3] 然而,施特劳斯的论述不仅远远不能说明实现正义秩序的必要性,而且他的论述中提出的那种必要性只能应用于现代而不能应用到人类历史本身,而且只有当现代的前提不受怀疑时才能如此。

然而,施特劳斯对政治哲学史的论述既始于又终于可以称为不受限制的东西。古典政治哲学带着一种"从未有过的新鲜感直截了当地看待政治",因为它"属于一个思想丰富的时期,此时一切政治传统都被打破,而政治哲学传统尚未出现"。同样,真正理解过去的政治哲学既是我们这个时代所必需的,又"可以说是由于打破了所有的传统才使之成为可能的。我们时代的危机提供了意外的便利,使我们能够用一种非传统的或是全新的方式来理解迄今为止仅仅用传统的或者是派生的方式来理解的东西"。[4] 施特劳斯认为,海德格尔激进的历史主义迫使我们重新考虑哲学的一些最基本的前提,同时又通过彻底根除传统而为真正发现古典哲学

---

[1] 《现代的三次浪潮》,第98页。
[2] 《什么是政治哲学》,第55页。
[3] 参见《柏拉图政治哲学研究》,第32页;《什么是政治哲学》,第53页。
[4] 《什么是政治哲学》,第27页;《城邦与人》,第9页。

提供了可能。[1] 施特劳斯对现代性的研究使他能够尝试发现古典政治哲学：像古典政治哲学看待自己本身一样去看待它，而不再戴着现代政治哲学的眼镜来看古典政治哲学。

古代和中世纪政治哲学

施特劳斯在探究现代以前的哲学家最初的自我理解方面取得的进展越多，他就越"倾向于"断定，古代思想家的人类智慧或政治智慧，尤其是苏格拉底门徒的这种智慧，要比任何形式的现代智慧优越得多。这并不是说施特劳斯轻易地与那些"古代人"或其中世纪门徒为伍。施特劳斯发现，从苏格拉底那里获取灵感的古代和中世纪理性主义有许多卓越的优点，其中之一是在与其他主要观点斗争时所表现的开放与顽强——这些观点不仅包括敌对的古代哲学主张，而且，更重要的是，还包括希腊诗人和《圣经》先知用诸多不同方式宣称的神的启示。此外，施特劳斯从对每一主要的现代主张的反复研究来使自己不断地接受深入的和富有成果的挑战。然而，正是这种反思不断证实着他的基本判断。

施特劳斯从古书中发掘出来的优越观点中有哪些主要的特征呢？正如西塞罗一样，施特劳斯把自己看作柏拉图或苏格拉底式的"怀疑论者"。苏格拉底用"怀疑"一词来表示探索或研究（参见柏拉图《高尔吉亚篇》487[e] 和《法律篇》636[d]；色诺芬《财源论》ⅵ13）。苏格拉底的怀疑论是将毕生献给探索有关人类处境

---

〔1〕《自然权利及历史》，第31页；《辩护》，第3页；《圣约翰学院公开演讲未宣读的序言》(*An Unspoken prologue to a publie lecture at St. John's*)，载《学院》，XXX，No. 2(1979年1月)，31。

的最广泛问题的一种生活方式。如果人们已经充分了解了有关人类处境的真理,这种毕生的探索则是不必要的或是不明智的。施特劳斯认为,柏拉图或苏格拉底的政治哲学的出现是由于深刻地意识到无知,尤其是对于形而上学和宇宙论的无知,但同时也包括对人类美德的无知,他宣称他已经用古典著作中的证据证明,尼采和海德格尔有关理性主义的独断论的断言以及对存在的解释是错误的。不错,最初形式的理性主义确实从人的存在中发现了一个永恒不变的自然本性,从这一本性中可推演出永恒不变的公正原则。但是,最初的理性主义并没有将这一发现奠定在下述独断的假定之上,即假定“存在”是“永在”或“是可理解的”,更不用说“是对象性的”或“是可以预言的”。“苏格拉底远没有坚持一种明确的宇宙论,以至于他的知识是关于无知的知识。关于无知的知识不是无知,它是关于真理、整体之难以理解的特征的知识。因此,苏格拉底根据整体的这种难以捉摸的神秘特征来审视人类。”[1]

然而,苏格拉底的理性主义“具有温和——尽管坚定——以及拒绝”向“谦卑的令人敬畏的魅力屈服”的特点,这可能是因为他意识到了整体的这种神秘特征。意识到我们处于一个捉摸不定的或是神秘的整体中,也就是意识到了有关人类处境甚至整体的某种具有重要意义的东西。在这种意义上,知道无知可能是——对苏格拉底来说确实是——广泛探索人类状况永恒因素的坚固基础。这种探索揭示了那些一直决定和推动人类生活的永恒问题。在施

〔1〕《什么是政治哲学》,第11、38~39、248~251页;《自然权利及历史》,第30~32、120~122页;《柏拉图政治哲学研究》,第41~42、170~171、175、185、210页;《古今自由主义》,第27、232~234页;比较《相互影响》,第114页:“古典意义上的哲学家原型是苏格拉底。他知道他自己一无所知,因此他承认整个世界是不可知的,他只是想知道当我们说整个世界是不可知的时候我们是否不承认我们对整个世界有了一些理解。”

特劳斯看来，苏格拉底认为“我们更熟悉人作为人的状况，而不熟悉导致这种状况的最终原因。我们也可以说，他依据那些永恒不变的观念，也就是那些永恒的基本的问题，来审视人类”。[1] 在这些永恒不变的观念或问题中，最突出的是正义（公共的善）的本性问题——各种政治制度之人为制定或上帝赐予的法律所提出的有关这一问题的各种相互矛盾的答案，使这一问题变得更加深奥，而且也更让人迷惑不解。正义的问题之所以居首要地位，是因为正义或法律是用以判断个人、家庭及政治社会应该做什么以及什么是正确的生活方式的最高准则。[2]

施特劳斯鲜明地区分了他所谓苏格拉底派“爱欲的”（需要的、渴望的）或“探究的”（探索的、质疑的）怀疑主义与笛卡尔提出并构成现代科学及认识论基础的“独断的”或更绝对的怀疑主义。苏格拉底意识到无知，并不意味着“真实世界”或“事物本身”是不可知的，也不意味着我们只能了解一个现象世界。苏格拉底的怀疑主义不包含对常识的根本怀疑（与质疑相反），它没有假定我们知觉的世界和理性推理中的世界联系是我们头脑中一种无意识的构造，也没假定真正的“知识”（科学）只有根据有意识或有意识“创造的”内心构造才是可能的。苏格拉底的怀疑主义的真正含义是：我们能够洞察——但是一种不完全的洞察——事物的“本质”，也就是洞察我们感知到的或表达于普通语言的事物的种类特征或“理念”；我们能够把握——只能模糊地把握——由这些作为部分的本质所结合起来的整体。因此，尽管我们在有关自然整体的知识上能够有所进展，但我们在这一综合意义上的知识仍然是颇有

---

〔1〕《什么是政治哲学》，第 38 ~ 40 页；《自然权利及历史》，第 23 ~ 24、92 ~ 93、123 ~ 124 页。

〔2〕《自然权利及历史》，第 2 ~ 3、81 ~ 86 页；《城邦与人》，第 19 ~ 20、22、25 页。

争议的。首要的是,形而上学、宇宙论或心理学的思辨似乎不大可能本身就能明确认定最重要、最迫切的问题:我们的生活是否能够并且应该只受人的理性的支配,或者《圣经》或诗人所启示的上帝或诸神是否存在——并因而要求我们遵守他们的法律并虔诚地从他们那里得到启发。〔1〕

但是,像柏拉图叙述苏格拉底与特尔斐神谕意外相遇时非常生动地表明的那样,也像迈蒙尼德在他的主要著作《迷途指津》的题目中所暗示的那样,我们的困惑不可能仅仅靠我们对宗教权威的膜拜就得以解决的,因为这些权威的见解,甚至他们的戒律——不管是出现在神谕中、圣典中或是诗句中——都是暧昧不明的。它们需要人的理解,而官方诠释者的意见会产生分歧。最糟的是,存在许多相互排斥或至少相敌对的神或所谓的神及神圣法典。这些神圣权威间的争论不仅是"神学"上的争论,同时也是互相对抗的道德与政治体系或制度间的争论,他们关于正义和正当的生活方式的概念也是互相冲突的。各种各样的神或所谓的神是有关正义或正确方式的各种解释的保证者和支持者。因此,"神学"上的问题(上帝是否存在或哪种上帝存在),如斯宾诺莎坚持认为的那样,称为"神学政治"问题更恰当。神学问题是正义问题的一部分,或者说至少是与正义问题纠缠在一起的。〔2〕

正是各种政治制度及相伴相随的神圣戒律之间似乎不可调和

〔1〕《绪论》,上述第5页;《什么是政治哲学》,第116页;《城邦与人》,第19~21、29、42~43页;《自然权利及历史》,第73、80、121~124、145~146、163~164、169~171、201、249页;《迫害与写作的艺术》,第95~98、105~112页;《柏拉图政治哲学研究》,第147~173、210~211页;《苏格拉底与阿里斯托芬》(*Socrates and Aristophanes*),纽约,1966年版,第313页;《斯宾诺莎的宗教批判》,第8~9页。

〔2〕《绪论》,上述第4~5页;《城邦与人》,第20~21页;《斯宾诺莎的宗教批判》,第7~31页,尤其是第29页:"斯宾诺莎与犹太教之间、怀疑与信仰之间的对立,从根本上说不是理论的而是道德的对立"——比较《迫害与写作的艺术》,第139~141页。

的道德分歧,使苏格拉底的前辈们采取了一种导致他们得出下列结论的思维方式:所有公民或大众所宣称的上帝、正义和高尚都是虚构的或是编造的,都只不过是“惯常的”观点。从现有残缺不全的证据中,施特劳斯得出结论说:除苏格拉底外(特殊的例外是修昔底德),绝大部分哲学家和智者都倾向于越过普通市民及政治家们显然自相矛盾的辩词,以便研究他们的行为,特别是据以建立政治秩序的行为。他们争辩说,这样,每一个政治“共同体”就都可以分解成以统治而剥削人者(多数或少数)和以被统治而受人剥削者。这种普遍的斗争和奴役的状态是人们通过政治社会而追求的那种利益或快乐的性质的必然结果。这些利益的本质原因要么是匮乏(如物质),要么是拒绝与他人分享(如公民对所喜欢的人的钟爱),要么两者兼而有之(如荣誉)。如果人们了解了对行为的这种分析,以及对这些行为所显示出的目的的分析,然后再回过头来看那些辩词或信念,即有关“公共的善”的存在、居民的兄弟关系、为共同体牺牲和贡献的崇高(以及神对这些行为的鼓励)的信念,那么这些后来的意见显得只不过是幻觉,人们有意无意地用这些幻觉来欺骗受剥削的人,并且用它们来减轻他们自己被欺骗的羞耻感。[1]

智者和他们敏捷的弟子可能会从所有这一切中得出结论:最好的生活,即最快乐的生活,可以通过勇敢地献身于头脑清醒的、狡诈的、无情的政治竞争而得到。(但更彻底的前苏格拉底思想家——真正的哲学家——指出,只要一个人是政治角斗场上的一名竞争者,他便会陷入对大批支持者及以敬意和羞辱表示的错误意见的依赖之中,而且这种依赖是无限焦虑的、彻底的依赖。)唯

---

〔1〕《自然权利及历史》,第93~113、126页;《城邦与人》,第14~15页。

——种能从自身中得到的、可靠的、没有痛苦的、使人全神贯注的或不会疲倦的乐趣,是思考和知识的乐趣。因此,从本质上来说,最好的生活,与传统或想象相反,是哲学家的生活,他同几个意气相投的朋友生活在一起,在社会边缘上充当一个无害的寄生者。[1]

施特劳斯的大部分文章是探讨这种“前苏格拉底的”或“伊壁鸠鲁的”传统,因为他深信,苏格拉底的“政治”哲学思考,只有被看作是以怀疑精神反叛传统权威,以及对这些权威的独创的、反政治的哲学批判的结果,才能被理解。苏格拉底赋予其新方法以“转向谈话”或者实践“辩证法”——友好辩论的艺术——的特点。他的方法,正如色诺芬和柏拉图描述的那样,是认真倾听热心、活跃的各色市民——以及他们的批评家、智者及信徒——所提出的辩论论点。苏格拉底使这些论点互相争论,使它们相互审查,以及阐明它们充分的、隐含的意义,以此来检验这些论点(出于谨慎,更不用说出于其他的考虑,通常他不是同市民本人,而是同他们更具开放精神的儿孙中的最聪明的几个一起进行这样的探讨)。他的对话阐明,人们的行为只能按照观点和言论所赋予他们的意义来加以理解。这样,前苏格拉底智者或哲学家所强调的粗暴行为变得不那么重要了。而且,即使人们降低言语的重要性,即使人们暂时接受前苏格拉底的这种观点,人们仍会发现,人类的实际行为,他们共同生活的方式,却不是前苏格拉底哲学家宣称的那样。[2]

首先,作为一个整体的政治生活证明人具有一种与生俱来的

---

〔1〕《自然权利及历史》,第10~12、114~117页;《城邦与人》,第14~15页;《苏格拉底与阿里斯托芬》,第4~8、11~53页。

〔2〕《自然权利及历史》,第120~126页;《城邦与人》,第13~21、53~54页;《色诺芬的苏格拉底》(*Xenophon's Socrates*),伊萨卡,1972年版,第122~123页。

社会性,需要与其他人共享生活,也表明了一种相互友爱、同情与关心——这些都表明一种自然的共同善。这一证据无法用自私的算计来解释清楚,而且,由于人类的社会性首先表现在具有潜在理性的语言中,所以它比纯粹的兽群或蜂群的本能更有意义得多。当然,由于同样的原因,人类的社会性具有两面性:人类所特有的、无限制的对优势和威望的竞争无处不在,苏格拉底对此绝对没有低估。甚至能透过这种暧昧,从人们用来表达行为理由的语言中分辨出一个更高层次的、更重要的(即使是更脆弱的)政治方面。〔1〕

即使在为满足经济和军事需要而进行的斗争中——这些斗争占去了政治事务相当大的一部分,人们也表明他们意识到一些神圣的限制,这些限制规定了他们在消除危机和匮乏时为了自己而对别人采取行为的范围。人类经常违反这些限制,但是人们在违反限制时总是有羞耻感,总是试图进行掩盖,这一事实本身是人类中存在自然的约束的迹象。更重要的是,人们不仅钦佩在世俗兴趣上取得的成功,而且还羡慕在获取这些有益的结果的过程中所展现的心灵上和精神上的某些品质——但这些品质也被看作是对结果的超越。人们在努力将这些品质和为目的而非仅仅作为手段来加以发展和促进时,常常超出构成原来意义上的幸福的诸要素的范围。他们渴望闲暇,以便能使他们有机会从事高尚的和平行为和美好优雅、令人感兴趣的事情。他们敬仰的不仅是战场上的英雄和赋予人们才能的人,而且包括能为这种志向提供内涵的人,比如诗人。〔2〕

〔1〕《自然权利及历史》,第129~130页;《论专制》,第213~214页。

〔2〕《自然权利及历史》,第128~135页;《论专制》,第205页;《城邦与人》,第34~35页;《什么是政治哲学》,第86、89~90、111页。

同样,认为各种政治制度及上述限制的具体规范、品格特征、可贵的闲暇是相互矛盾和不可调和的,像前苏格拉底批评家们所说的那样,也是不正确的。如果将互相对立的权威意见引来进行辩证地交锋,便公开显示出其中一部分比另一部分更狭隘、更肤浅、更缺少一贯性,而有一部分则超出了自己本身的意义或是与其他观点互为补充。结果是,人们已经开始能够分辨出各种美德的排列顺序以及每一美德各种不同形式的排列顺序:从勇敢或战争美德开始向上排列,经过节制和慷慨,直到艺术鉴赏、自豪、高雅的智慧、诚实及友谊。从政治方面的表现来看,自然发生的这种美德排列对公众教育并且对正义或公共的善——现在认为公共的善除了公民的身体健康外还包括关心灵魂的健康——有更清楚、更多的指导作用。苏格拉底的辩证法发现,"本质上正确"的东西,或在任何时间、地点都正确的东西,并不表现为普遍的法律或准则(如后来被认为同于"自然法",或"绝对律令"的东西),而毋宁表现为存在于品质特征和运用这些品质时的愉悦或满足之中的诸目标的等级。[1]

对这些品质和愉悦的充分而富有同情的研究,揭示了人类内心深处正义和高尚的自然基础和力量——因此也使我们能比以往更清楚地看到这种自然基础和力量的各个方面。这些方面是引起好奇与迷惑的真正的或理性的(从各个方面来看的)源泉。美德或道德若包括自我牺牲,便会闪耀高尚的光芒。美德的这种悲剧特点比人类的任何体验都更清楚地唤起并且树立人们对上帝的帮助或奖赏的信念。然而,神灵对英雄品质的补偿的信念证明美德最终也被视为某种对占有者有利的东西,就像打开个人幸福与自我

---

〔1〕《自然权利及历史》,第140~143、162~164、193~194页;《什么是政治哲学》,第80~87、89~91页;《城邦与人》,第31、35~42、44页。

实现之门的钥匙一样。然而,美德的这两个相互矛盾的方面如何协调一致呢?〔1〕 既然美德能够被证明是一种知识或者需要一种知识,那么确切地说什么是判断人的责任、犯罪、惩罚、赞扬和责备的根据呢?〔2〕 这些及其他困惑,当被赋有精神力量的聪明人意识到时,便会暴露出公民行为美德本身的不完善。准确地说,当严肃地并整体地看待时,道德或虔诚的生活便由于理智上的缺陷而超越自己,并指向一种更觉醒地、不妥协地沉思的生活——一种哲学生活,像苏格拉底的生活一样。换句话说,苏格拉底的政治哲学以为哲学生活辩护而结束。然而现在,哲学生活不再被认为是一种蔑视政治的思想家处于社会边缘的生活,而被认为是致力于对公众意见及哲学观点的政治上负责的考察。苏格拉底的政治哲学思考深化了城邦,因为它迫使公众的生活更清楚地自我意识到其自身之伟大——同样也意识到其自身的不足或哲学倾向的有限性。〔3〕

如果在此将哲学确立为令人吃惊的人类存在的顶峰,那么政治哲学家义不容辞的责任便是,比以往任何时候都要具体得多地阐明真正哲学生活方式(与虚假的相反)之确切的本质。这进一步

---

〔1〕《城邦与人》,第23~28、226~231页;《自然权利及历史》,第128~129、133~134页;《论专制》,第109页;《色诺芬的苏格拉底式论著》(*Xenophon's Socrati'c Discourse*),伊萨卡,1970年版,第115~122、128~129、133~139、142~143、147~150、161~163页;《色诺芬的苏格拉底》,第59~61、68、69、76~77、83、85、98、121、167页。比较克利斯托弗·布鲁爱尔:《施特劳斯论色诺芬的苏格拉底》,载《政治学评论家》,XIV(1984年秋),第263~318页。

〔2〕《城邦与人》,第28~29、38~40页;《色诺芬的苏格拉底式论著》,第165~179、195页;《柏拉图〈法律篇〉的论点与行为》(*The Argument and the Action of plato's "Laws"*),芝加哥,1975年版,第70、130~137页;《柏拉图政治哲学研究》,第185页。

〔3〕《城邦与人》,第25~29、37、49页;《自然权利及历史》,第140~146、149~152、156~157页;《色诺芬的苏格拉底式论著》,第132、159~166、175~176、209页;《什么是政治哲学》,第29~33、90~94页;《柏拉图政治哲学研究》,第172~173页;《古今自由主义》,第13~14、19页。

说明为什么对诡辩的研究和攻击——在其更通俗的形式上,也在其最高最错综复杂的形式上——是柏拉图对话中一个无处不在的、引人注目的主题。施特劳斯用当代术语来表达柏拉图的这一关键主题,强调真正的哲学和现代“知识分子”之间的巨大差距——知识分子的地位要比古代智者低得多。与哲学家相比,知识分子或智者“与智慧打交道,但并非为了智慧本身——而是为了获取伴随智慧而来的荣誉或声望”。施特劳斯由此得出了一个令人难堪的结论:虽然确有许多人有过热爱真理的兴趣或体验,但真正的哲学家,即完全献身于这种爱的人,却是“极为罕见”,以至于“一个时代有一位活着的哲学家就是一种幸运”。[1]

为哲学生活方式所作的辩护——同时也是为哲学生活方式所下的准确的定义——是苏格拉底传统政治哲学思考的顶峰。这种辩护源于——而且反过来又引起——人们对社会整体利益的全面反思。毫无疑问,部分由于古典思想家们对有关公正的言论(logos,理性)非常注意,但也由于他们以认真观察政治生活为基础,所以他们争辩说,在政治舞台上,关键的社会现象是在下述问题上的分歧,即谁将在制定社会的最高目标中有决定权——决定社会的生活方式以及该生活所敬仰的东西。这并不意味着苏格拉底们认为根本的政治分歧只是口头进行的:正是因为苏格拉底认真对待公民辩论中的重大问题,所以他教人正确认识感情、暴力以及暴力威胁所起的作用。当一个社会中的基本分歧得以解决,一种政体(politeia)就会产生:“政体”首要地是确定由什么人进行统治,以及确立一种与众不同的生活方式,而有权力通过强制和权威性的规劝来实行这种生活方式。在这种最高意义上,

---

〔1〕《自然权利及历史》,第34、115~117页;《古今自由主义》,第3、7、53页;《论专制》,第198页。

政治与其他任何因素相比都能决定社会的性质，因此，政治科学是最基本的社会科学。甚至一个“自由”社会，假如它允许私人领域和市场在某种程度上凌驾于政治范畴之上，也只能通过一个专门的政治机构才能做到这一点，而这种政治机构的建立是根据某一政治决定的创立而实现的。因此，人的中心问题是，任何现存社会之最好的政体是什么？而这一问题的答案取决于对下述更一般的问题所作出的某种回答，即什么是最好的政体本身——标准是什么？[1]

如果政治哲学家过的是最好的生活，这主要是因为他最能理解整个人类的困境。如果哲学家因其专心致志地追求知识而最不易受金钱、荣誉和统治地位的诱惑，那么结论就应是：好的政体是哲学家统治并由他将最好或最适宜的东西分配给每个人的政体。但这种“最好的政体”是极其自相矛盾的。正如施特劳斯在本书中论柏拉图一章所指出的，《理想国》告诉人们为什么哲学家的统治是迫切需要的，但同时也告诉人们为什么——一旦实际加以思考之后发现——很显然这是不可能的，或者是荒唐的。政治哲学家的生活是为了追求普遍真理而坚持不懈地质疑、从容不迫地研究以及忘我地执著于世界主义的生活。政治家的生活则要求能立刻作出回答，要求献身于能产生结果的行动，要求热爱和忠诚于自己的人民，并要求对自己的人民有着内在的了解。这是两种完全不同的人，两种完全不同的生活方式：各自都可以从对方那里学到东西或者获益，但是一条鸿沟将其互相隔开并使其处于互相对峙的紧张状态之中。因为，哲学家的探索、怀疑及执著本身就倾向于动摇并损害那些将任何一个健全的社会紧密结合在一起的习俗上和

〔1〕《城邦与人》，第17、45～49页；《自然权利及历史》，第135～138、191～194页；《什么是政治哲学》，第33～36、83～90页。

感情上的纽带。按照施特劳斯的理解,《理想国》之伟大的实践学说是关于我们期望从政治中得到的东西的有限性之训诫——也是关于可以合理地约束政治哲学的训诫。永远不会有一个完全理性的或开明的社会,其中知识取代意见和习惯而居统治地位。永远不会有哲学家的言论自由。因此明智的哲学家必须有政治意识地进行哲学探讨。他必须学会如何利用口头的和书面的修辞,以便不引人注目地甚至暗地里继续进行他的消除疑问的探索,并与其他潜在的哲学家取得沟通。但同时,他对其同胞的自然的依恋,以及他关于自己依赖社会的知识,给他增加一些额外的、复杂的公民义务。哲学家必须尊重他自己的社会及其他社会的传统观点,即使他试图建设性地批判和扩展传统观点时也必须如此。[1]

实际的结论是,苏格拉底的传统所支持的现实可行的最理想政体,或者是行为的指南,是一个"混合"的共和政体,并尽可能地倾向于贵族政体。柏拉图的《法律篇》和亚里士多德的《政治学》为政治哲学家如何扮演仲裁人的角色提供了模式,而仲裁人的职能就是试图仲断或"混合"贫穷的多数和富有的少数互相冲突的要求,即调和皇室或贵族家庭、手工业者、士兵、商人、劳动者、水手、农民的要求,目标是发明一些不同阶层或党派可以共同负担政治责任的方法,以使各方发挥出自己特有的美德,抑制各方特有的不道德行为。然而苏格拉底派蔑视所有主要的统治权的竞争者。他赞成(只要能找到)真正的"绅士"或者贵族——受过教育的阶层和有闲阶级中极少数真正试图献身于美德和注重精神生活的人,即使只有在诗中或对神的虔诚中才能找到。正如苏格拉底对话中

〔1〕《古今自由主义》,第ⅷ页,第 14 ~ 15 页;《迫害与写作的艺术》,第 7 ~ 37 页;《什么是政治哲学》,第 221 ~ 232 页。

反复说明的那样,富人、出身高贵及受过良好教育的阶层中很少有人属于真正的贵族范畴,这通常带有某种喜剧效果。换句话说,苏格拉底派对于这种极少数真正的贵族在大多数共和政体中起举足轻重的作用没抱太大的希望——更不用说在大部分时间、大多数地方都居统治地位的专制政体中。苏格拉底派的政治声音典型地是一种孤独的反对的声音,尽管这种反对是忠诚和谨慎的:这个声音静静地但顽强地提醒人们注意真正的优秀或美德的意义和问题,同时提醒注意和批判占统治地位的生活方式中的各种盲目的偏见和狂热的癖好。就寡头政体而言,苏格拉底派对过分强调赚钱提出质疑;就神权政治而言,他们对奴隶般的顺从提出了质疑;就军人政权而言,他们对荒唐地强调男子汉气概提出了质疑;就民主政体而言,他们对无节制热衷于平等主义和放肆地解释自由提出了质疑。每一个政体都非常清楚地看到对手的弱点,但需要认真提醒它注意由于无条件地依恋它认为是“显然”正确的东西而引发的过度行为。[1]

施特劳斯的政治学说

施特劳斯自己的政治学说,就狭义而言,最好理解为试图使已有几个世纪的苏格拉底传统适应、应用于我们这一时代的全新情况中并使之恢复生机。施特劳斯在不幸的魏玛共和国长大成人,而有幸在美国得到庇护,逃脱了法西斯的迫害,所以他是自由民主制的坚定的支持者和朋友,但由于同样的原因他并不恭维自由民

〔1〕《古今自由主义》,第 14 ~ 15 页;《什么是政治哲学》,第 80 ~ 81、85 ~ 90 页;《自然权利及历史》,第 138 ~ 143 页;《论专制》,第 213 ~ 214、219 ~ 222 页。

主制。[1]

无论自由民主制还是大众民主制在其理论和实践上同古代的公民共和体制相距有多么遥远,自由民主制仍然是共和体制的一种形式。也就是说,它仍然是公民自治的一种形式。施特劳斯坚持认为,它仍然要求希腊和罗马理想公民的再现(当然,是一种弱化形式的再现),这种理想公民是积极的、自豪的,并且充满对杰出政治家之富有见地的尊敬。因此,施特劳斯哀叹那些愚蠢的平等主义历史学家所造成的影响——他们揭穿而不是使人更多地了解政治家的伟大。他强烈反对盛行的轻视政治历史的倾向,反对将公民与统治者的论点和行为仅仅看成是一个"意识形态"的表面,掩盖着似乎应该是更深的、作为政治基础的经济或社会力量。他不断向其从事社会学研究的一些同事提出挑战,因为他们强调所谓的"行为",并因而把法官的书面意见、代表们的商议以及公众舆论的形成统统看作完全可以量化并且大部分可以预言的"精英群"或"大众"现象。他争辩说,这些学术和学说的方式不仅破坏了对政治辩论以及对热心公共善的领导者本来就不稳定的尊重,而且歪曲了经验的证据以及人是政治动物这一现实。[2]

然而,在试图使共和制的公民品德和管理国家事务的才能发扬光大时,施特劳斯没有屈服于对城邦及其活力"公共空间"或"共

〔1〕《古今自由主义》,第15、23~25页;《什么是政治哲学》,第36~38、263~264、306~311页;《论专制》,第22页;《城邦与人》,第11页:"转向古典政治哲学的研究是必要的也是探索性的……我们不能指望对古代政治哲学作出新的理解就能提供种种办法解决我们当今的问题,这是因为现代政治哲学的相对成功导致了一种社会的出现,一种古代人一无所知的社会……只有我们今天活在世上的人才有可能找到解决当今问题的方法。但是,充分理解古人所阐述的理论可能是充分分析当今社会特性不可或缺的出发点,也是我们在自己的使命中应用这些理论不可缺少的出发点。当然,分析当今社会以及应用这些原理都有待我们去完成。"

〔2〕《古今自由主义》,第4~5、10、23、207~208、213~214、216、218~219页;《什么是政治哲学》,第27~28、78~87、235~241页。

同体意识”的任何形式的怀旧情绪。在这一点上施特劳斯不仅与各种当代左派和右派自由民主的批评家不同，而且与马基雅维利、卢梭、尼采以及其他激进的现代思想家有分歧，因为施特劳斯主要是忠诚于古典哲学，而不是忠诚于古典城邦甚至古典艺术。修昔底德解剖了伯里克利的葬礼演说为了赞美雅典帝国的辉煌而包含的一切过分之点，施特劳斯深受这种解剖的影响。部分地由于这一原因，施特劳斯从不带着鄙视的口吻谈论“资产阶级”的个人主义，或者忘恩负义地唾弃现代商业化共和国所带来的前所未有的人道、同情、社会福利以及对多元化的保护。施特劳斯或许比任何人都更清楚地看到了美国传统中更古老、更高贵但却更缺少影响力的古典的或公民的理想与新的、无往不胜的、随意的、个人主义的秩序之间的不和谐。但正是由于这个原因，他更清楚地看到了构成这一不稳定结合的每一构成部分所特有的美德和丑恶。[1]

尤其值得一提的是，施特劳斯钦佩对个人自由意志的容忍与尊重。这种容忍与尊重是自由主义的标志，不仅是因为它们为遭受迫害的哲学提供了避难所，还因为它们允许令人鼓舞的政治争论的出现，即使不鼓励其出现。这种政治争论有时远远超出了目前的事件与争论的范围。在现代“自由主义”中有着古代“自由主义”的余地。施特劳斯甚至在现代自由主义中发现了古代自由主义之最高要素的诞生地——这种自由主义在于通过对伟大著作中所提出的关于人类优秀品德的各种观点进行研究和辩论而解放思想。在最好的人文大学中，“人文教育”这一古老的观点——现代自由主义皇冠上的明珠——继续放射光芒，只要大学抵制民主社

---

〔1〕《城邦与人》，第22~23、151~153、192~195、226~229页；《迫害与写作的艺术》，第21、22~37页；《绪论》，上述第6页；《古今自由主义》，第15~23页，尤其是第21页。

会不停地要求同社会相“联系”、为社会“服务”以及赞同当前的道德讨伐和道德教条的扭曲的压力。[1]

施特劳斯论证说,对人文大学理念的威胁是普遍的,因为对真正精神自由的威胁的最尖锐的表现形式就是无所不在的现代自由主义:严重的事实是,正是开放社会的开放性本身具有一种自我毁灭的因素。施特劳斯指出的这种弊病,不是自由主义者愿意看到并经常高尚地加以抵制的那种弊病——持续存在和不断复活的“非官方”迫害与歧视。更加阴险的因而更有腐蚀性的是一种容忍堕落的民主倾向,堕落首先表现为一种随遇而安的信念:认为所有观点都是相同的(因而没有一个值得进行热情辩论、深刻分析,或是不屈不挠地为之辩护)。堕落其次表现为一种顽固的信念:认为任何为某种有特色的道德见解、某种生活方式或某种人的类型的优越性而辩护的人,都是“精英”统治论者或是反民主的——因而也就是不道德的。这种弊端就是托克维尔在较早的著述中所描述的新的、温和的“多数的暴政”:一种微妙的、无组织的、要求平等主义的一致性的完全扭曲的压力,因为一个心理上受到惩戒和威吓的人无力抵抗群众“舆论”的道德权威,以其最崇高的表现而论,平等保证每一个人有机会在才能和造诣、美德和智慧的自然等级上上升到一个公正的层次。但是,尤其是在要求一律的道德说教——它把自己装扮成“相对主义”——的毒害下,平等极容易堕落。[2] 而且,这一问题并未因为轻率地脱离“相对主义”的倾向而有所缓和,实际上反而使这一问题更加恶化,因为当代的民主的道德说教公开趋于过分强调一种相当温和或软弱的交际美德:

---

[1] 《古今自由主义》,第ⅵ页,第3~25、53~54、262页;《论专制》,第27页。

[2] 《古今自由主义》,第5、7~8、23~25、63~64、262~264、268、272页;《自然权利及历史》,第5~6页。

> 存在将好人与堂堂正正的好汉、有合作精神的人、“正常的人”等同起来的危险倾向，即过分强调社会美德的某一方面而相应忽视在私下，且不说在孤独中成熟起来的美德，尽管这些美德并不兴盛：在教育人们本着友好的精神互相合作的时候，没有同时培养与众不同或不落俗套的人和准备独处独自奋斗的人……民主制尚未找到一种办法，以防止逐渐蔓延的因袭盲从的态度，以及对民主所保护的隐私日益加剧的侵犯。[1]

根据施特劳斯的判断，只有一个适当的回答：“人文教育是大众文化的抗毒剂……一架梯子，我们可以通过它从大众民主上升到原来意义上的民主”，即“扩大为普遍贵族制的贵族制”。施特劳斯对这样一个社会的实现未抱希望，实际上他坚持认为人们不应该对其实现抱有扭曲的幻想和希望。但他坚持主张可以朝这一方向采取一些小的步骤，并认为采取这样的步骤是自由民主的最崇高的呼唤。[2] 然而，我们重述一遍，施特劳斯总是不厌其烦地强调区分——尤其是在政治上——什么是最崇高的和什么是最迫切的这二者的重要性。对于自由民主来说最迫切的不是自身的改良，而是自身的保护。施特劳斯论证说，我们渴望改良自由主义，但同时我们也必须重视我们已经拥有的珍贵的繁荣、博爱和自由。

施特劳斯发现，现代民主在其崇高的志向和对忠诚保护的迫切需要这两方面，都已经受到当代社会科学的威胁。我们已经解释过，这不仅是因为社会科学和社会科学史盛行的“方法论”必然导致对自主、合理的政治实践的可能性抱犬儒主义态度，更糟的

---

〔1〕《什么是政治哲学》，第38页。

〔2〕《古今自由主义》，第4~5、24~25页；《自然权利及历史》，第1~4页。

是,其意义或主旨是区分"规范的"和"经验的"命题,以及区分科学的"事实"与非科学的"价值"。正如施特劳斯在对马克斯·韦伯(以及对次要的实证主义者)的评论中所表明的,事实和价值区分的理论基础过去是、现在仍然是脆弱的。这种区分被广泛接受的真正根源——即使并不总是被承认为真正的根源——是它与平等主义的相对论的巧合,即同最简单化、最教条但由于这一原因也最易通用的一种民主的道德说教的巧合。但这就是说,原假定的"与价值无关的"社会科学掩盖了实际上对民主思想中最坏的倾向考虑的缺少,即掩盖了这种倾向的危险的扩展或发展。[1]

与这种潮流相反,施特劳斯受亚里士多德的《政治学》的启发,描述了一种完全不同的政治科学的基础。这另一政治科学形成的动力来自对政治学之"科学"研究的失败进行的反思。而这种反思可以根据从政治思想史中可以学到的东西来加以解释。但是施特劳斯心目中的政治学的实际实行却根本不限于历史研究。另一个方法是真正"经验的",因为它严格来自实际的政治行为和政治思想的经验。真正经验的政治学家不是从不可能的"科学的"空白开始,而是从"科学出现前"的政治常识开始。他们会避开科学行话和发明理论术语,而是以从事政治的人所用的实际语言来表达政治学。他们的研究试图既不是价值中立的(相对主义的)也不是"带有倾向性的"(仿照所谓"后行为主义"努力为左的或右的意识形态纲领搜集理论或经验证据的方式)。由于植根于苏格拉底对话对常识的超越,理论上健全的政治科学往往从批判为各种说教辩护的民众的观点开始,并且永远不会离开这种批判。从民众的观点来看,真正的政治学应该把上述意义上的"政体"作为其分析

[1] 《自然权利及历史》,第1~7、35~80页;《古今自由主义》,第26、28、222~223页;《什么是政治哲学》,第18~24页。

的基本范畴。政治学家选来指导自己的研究的那些问题,以及与指导他们的选择和资料取舍的相关标准或意义标准,将会是实际的而不是理论的或"科学的"。问题和相关标准有意识地来自激烈争论的问题,来自有关每一国家中的政体以及不同国家的政体之间的争论。其目的不仅是找到同各竞争党派的主张有关的新信息,而且要对每一主张加以推理直至达到其未表达或未意识到的结论,以便说明和仲断该国过去和现在最基本或最主要的争论的充分含义。现代数学及自然科学的方法和结果,会被明智地加以利用,但只能起到从属作用。政治科学不大会热衷于试图根据虚伪的宇宙法则或抽象模式作出预言(它会知道并承认,在政治上,除了琐碎和短期的,任何事情在很大程度上都是不可预测的),而会更多地致力于通过丰富公民对重大决定所涉因素和原则的范围、重要性及有效性的意识而引导真正的思考。政治科学的老练的研究者会较少地将注意力集中于所有政体所共有的特点(国防、金融、政策)而更多地注意赋予这些共同的事情以与众不同意义的各种政治目的。他们会通过评判不同且互相竞争的政体关于人之最高的东西的道德定义,而非常谨慎地追溯到人类的基本人性。[1]

施特劳斯试图使之复兴的公众的、经验的政治科学观点要求我们作为政治学家所首要关切的应该是研究我们自己的政体。这是因为这一焦点选择真实地表达了我们作为人类不可否认的、首要的关切,而且因为,由于我们意识到这一点,所以就需要对这些关切进行彻底的批判评论。那些了解亚里士多德和施特劳斯所强调的政体、政体间的根本差别及互相冲突的生活方式的政治科学

---

〔1〕《古今自由主义》,第205~215页;《什么是政治哲学》,第14~17、27~29、78~95页;《自然权利及历史》,第191~194页;《社会科学的状况》(*The State of Social Sciences*)中"社会科学与人文主义"部分,伦纳德·D. 怀特编辑,芝加哥,1956年版,第416~420页。

家,非常清楚每一个政体对在其中成长起来的人们的灵魂所施加的可怕的控制。正如柏拉图在其《理想国》中所说的,每种政体都是一种灵魂的洞穴监狱。能刻骨铭心地感受到这一真理的政治科学家会深切意识到,要认识到自己根深蒂固的道德和政治的世界观的可疑性是多么的困难。他们知道要进一步深化最初那种盲目性和扭曲是多么容易——巧妙地、无意识地将早期不同社会、不同政体的论点塞进根据道德和人类行为的假定而制定的理论框架中。仅仅同一个人在其中成长起来的那种政体相适应的他们不依靠所谓中立的科学方法来产生中立的结果:首先,他们知道政治学家所提出的最初的和基本问题不是这种方法产生的。其次,他们知道任何方法都不能抵挡其使用者根深蒂固的道德观念。最重要的是,他们知道,如果对政治现象不加以评价——假如它们是正义的或不正义的、残忍的或仁慈的、破坏性的或建设性的——就不可能真正把握并理解它们,从而也就不可能真正按照它们的本来面目来认识它们。因此亚里士多德政治学的学生从自己根深蒂固的观点中跳出来,转而对古今的外国政体进行富有成果的比较与辩论。在这样做的时候他们不仅是"比较学家",像昆虫学家比较蜂群一样比较政治制度。他们进行挑战性的辩论,着眼于什么更好和更坏,什么更正义和更不正义。他们的目的是提出忠告,以改善他们研究的那些人的生活。他们试图听到有助于改善他们自己的同胞的生活的批评。同任何在外国旅行并同外国人辩论以增长知识的明智的公民一样,这些政治科学家努力推迟作出判断,努力盘问他们自己的坚定信念——不是摆脱价值判断的结果,而是下述价值判断的直接结果,即真理是神圣的,本质上必须成为真正正义的基础。在这方面政治科学家会比平民走得更远,尤其是当他们受到政治哲学史的影响时。他们作为公民对真理的追求充满作为世界公民的一种义务感:他们将充当裁判,而不是充当人类最伟大论战中摆脱了偏见的竞争者。[1]

在我们的时代,压倒一切的政治论战是以美国为中心的西方自由民主和以苏联为中心的马克思主义之间的论战。施特劳斯坚持认为,我们对于通过谈判维持一个不稳定的和平所作出的努力和所寄予的希望不应该转移我们对这一实质性的、在可预见的未来持继续存在的道德和政治对抗的清楚认识。本意善良的"国际主义者"试图贬低这一冲突的重要意义,这既表明了对政治方面的意义或对政体方面的意义的无知,又表明了一种典型幼稚的、无政治意义的信念:尽管政治体制有深刻的意义的差别,但其领导人仍享有我们自由政体的"合理的"优先权,即使不具备我们自由政体对和平的、人道的美德的某些见解。政治科学的一个主要职能,若加以正确理解的话,就在于消除这种幻想,而达到这一目的的途径就是传播对政体之间之一般冲突及马克思主义与自由政体之特殊冲突的意义的正确认识。[2]

这意味着施特劳斯感到有一种特殊的责任:同最富思想性和表达力的马克思主义的辩护者进行论战,因此他将注意力转向了更正统的马克思主义者,如卢卡奇和麦克佛森。但他发现马克思主义观点最有说服力的解释出自伟大的黑格尔左派亚历山大·考耶夫。正是在与考耶夫进行的广泛的、尊敬但又不妥协的辩论中,施特劳斯充分发挥了他对马克思主义思想之最深刻的根源性反思。在施特劳斯复杂的反思中我们可以分辨出以下要点:在严格

---

〔1〕《什么是政治哲学》,第 10 ~ 17、21 ~ 25、27 ~ 29、56 ~ 57、73 ~ 77 页;《自然权利及历史》,第56 ~ 62 页,《古今自由主义》,第 216 ~ 223 页;《社会科学与人文主义》,第 418 ~ 419 页。

〔2〕《城邦与人》,第 4 ~ 6 页;《论专制》,第 21 ~ 22、201 ~ 202、202 ~ 226 页;《古今自由主义》,第 24 ~ 25、230 ~ 231、270 ~ 271 页。

的政治或实践的层面上,尽管明智的马克思主义很清楚地抓住了有关人性的自由民主的见解中的某些不当之处(如过分强调人是消费者,倾向于相对主义,价值中立的社会学的幻想),但是,一经彻底考察,却发现马克思主义提出的含混的正面观点同尼采对未来"末人"的社会的可怕幻想并无区别。[1] 而且,马克思主义同它的伟大的敌人尼采一样,都严重低估了自由社会的正派、同情、礼貌及合法自由的价值。最糟糕的是,马克思主义未能充分认识到利用制度的制约以防止滥用职权这一永久的需要。

在理论层面上,或关于人类所特有的最珍贵的天赋——理性的自我意识,所有形式的马克思主义都未能正确评价或容忍贯穿所有社会生活的最基本的和不可克服的矛盾,即以下两个方面之间的不均衡:一方面是现在被称为"意识形态"的政治化了的、集体化了的思想——一种"推理",一种即使在最好的情况下也决不超越教条或"信念"的推理;另一方面是完全独立的哲学探索,这种探索实质上拒绝向任何需要或道德律令作任何妥协,除非这些需要和律令已知为真理。真正的观点——一种信念,一种充满深情的献身,即矢志不移地扎根于自己的时代和人民之中——是所有政治社会,以及几乎所有个人都需要的东西,是他们呼吸的精神空气。真正的理性主义——植根于对无知的知识,带有对永恒真理的热望,在内心深处逃离洞穴的渴望——作为结果可能永远不会成为任何政治社会甚至世界主义社会的直接基础。[2]

正是施特劳斯毫无畏惧地承认的所有人类紧张关系中的这

---

〔1〕 尼采:《查拉图斯拉如是说》(*Thus Spake Zarathustra*),序,第5部分。

〔2〕《柏拉图政治哲学研究》,第32~34、229~231页;《相对论与人类研究》(*Rclativism and the study of Man*)中"相对论"部分,H. 施欧克与J. W. 威金斯合编,普林斯顿,1961年版,第145~148页;《论专制》,第143~226页;《什么是政治哲学》,第230~232页。